TRATADO DE

DIREITO CIVIL

XIV

DIREITOS REAIS

(2.ª PARTE)

ANTÓNIO MENEZES CORDEIRO
CATEDRÁTICO DA FACULDADE DE DIREITO DE LISBOA

TRATADO DE DIREITO CIVIL

XIV

DIREITOS REAIS

(2.ª PARTE)

PROPRIEDADE, PROPRIEDADE HORIZONTAL, USUFRUTO, USO E HABITAÇÃO, SUPERFÍCIE E SERVIDÕES

ALMEDINA
2023

TRATADO DE DIREITO CIVIL

AUTOR
ANTÓNIO MENEZES CORDEIRO

EDITOR
EDIÇÕES ALMEDINA, SA
Rua Fernandes Tomás n.os 76-80
3000-167 Coimbra
Tel.: 239 851 904
Fax: 239 851 901
www.almedina.net
editora@almedina.net

DESIGN DE CAPA
FBA

PRÉ-IMPRESSÃO
EDIÇÕES ALMEDINA, SA

IMPRESSÃO E ACABAMENTO

Novembro, 2022

DEPÓSITO LEGAL
/22

Biblioteca Nacional de Portugal – Catalogação na Publicação

CORDEIRO, António Meneses, 1953-

Tratado de Direito Civil. – v. – (Menezes Cordeiro)
V. 14, 2.ª parte: Direitos reais: propriedade, propriedade horizontal, usufruto, uso e habitação, superfície e servidões. – p.

ISBN 978-989-40-0909-2

CDU 347

Maria Leonor, António Ramiro e
Vicente Manuel

ADVERTÊNCIAS

O sistema de abreviaturas usado é o comum, constando do volume I do *Tratado*. No caso de publicações menos conhecidas, opta-se por prescindir de abreviaturas, citando os títulos na íntegra.

Em primeira citação, as obras são referidas pelo título completo e pela data da publicação. Nas citações ulteriores, recorre-se ao título abreviado e omite-se a data. Todavia, pelo relevo que a cronologia assume em Direitos Reais, os dados em causa são repetidos, sempre que, para eles, se pretenda chamar a atenção.

A obra agora dada a público não retoma o texto dos nossos *Direitos Reais* de 1979, *reprint* 1993: é inteiramente nova, mesmo quando se mantenham algumas opções então assumidas.

O presente XIV volume do *Tratado de Direito civil* está atualizado com referência a setembro de 2022. Os nomes antigos são citados com a grafia atualizada, de acordo com a técnica usada em genealogia, para facilitar a busca e a consulta.

Apesar do cuidado posto na sua revisão, nem o autor nem a Editora se responsabilizam pela exatidão das indicações legais: os práticos são convidados a confrontar sempre, com o maior cuidado, os precisos textos em vigor.

Serpa, outubro de 2022.

ÍNDICE DO DÉCIMO QUARTO VOLUME

I
DIREITO DE PROPRIEDADE

CAPÍTULO I – EVOLUÇÃO HISTÓRICO-COMPARATÍSTICA DA PROPRIEDADE

§ 1.º A propriedade na História

§ 2.º Os sistemas de propriedade

§ 3.º A propriedade na lusofonia

CAPÍTULO II – DOGMÁTICA GERAL DA PROPRIEDADE

§ 4.º As coordenadas da propriedade

§ 5.º Construções básicas da propriedade

§ 6.º Características e noção de propriedade

CAPÍTULO III – PROPRIEDADES ESPECIAIS

§ 7.º Propriedade urbana e *ius aedificandi*

§ 8.º **Propriedade agrária**

§ 9.º **Propriedade dominial**

§ 10.º **Domínios especiais**

CAPÍTULO IV – A DEFESA DA PROPRIEDADE

Secção I – **A AÇÃO DE REIVINDICAÇÃO**

§ 11.º **A reivindicação na história e no Direito comparado**

§ 12.º A reivindicação no sistema lusófono

§ 13.º A natureza da reivindicação

Secção II – A AÇÃO DIRETA

§ 14.º A ação direta e a propriedade

Secção III – AUTOTUTELAS REAIS

§ 15.º Autotutelas reais; a passagem forçada

§ 16.º Arranque e corte de árvores

§ 17.º Captura de animais

Secção IV – OUTRAS DEFESAS

§ 18.º A ação negatória

§ 19.º Responsabilidade civil

CAPÍTULO V – A EFICÁCIA REAL

Secção I – GENERALIDADES

§ 20.º Doutrina dos efeitos reais

Secção II – A OCUPAÇÃO, O ACHAMENTO E A AQUISIÇÃO DO TESOURO

§ 21.º A ocupação e as suas diretrizes

§ 22.º A ocupação *lato sensu*

§ 23.º O achamento

CAPÍTULO VI – DIREITO DA VIZINHANÇA

§ 35.º Vizinhança e Direito

§ 36.º Construção jurídica da vizinhança

§ 37.º Emissões

§ 38.º Instalações prejudiciais, escavações e ruína de construção

§ 39.º Escoamento natural e obras defensivas das águas

§ 40.º Direito de demarcação

II
DA PROPRIEDADE HORIZONTAL E DO DRHP

CAPÍTULO I – ORIGEM E EVOLUÇÃO DA PROPRIEDADE HORIZONTAL

§ 51.º Propriedade horizontal: nota histórico-comparatística

§ 52.º Experiência lusófona da propriedade horizontal

§ 53.º Regime e natureza da propriedade horizontal

CAPÍTULO II – O REGIME DA PROPRIEDADE HORIZONTAL

§ 54.º As disposições gerais sobre a propriedade horizontal

§ 55.º A constituição da propriedade horizontal

§ 56.º Direitos e encargos dos condóminos

§ 57.º A administração das partes comuns

§ 58.º O alojamento local

CAPÍTULO III – DO DIREITO REAL DE HABITAÇÃO PERIÓDICA (DRHP)

§ 59.º O DRHP; nota histórico-comparativa

§ 60.º Regime do DRHP, relevo e natureza

III
USUFRUTO, USO E HABITAÇÃO

CAPÍTULO I – COORDENADAS DO USUFRUTO

§ 61.º Evolução histórico-comparatística do usufruto

§ 62.º A experiência lusófona

§ 63.º As coordenadas gerais do usufruto

§ 64.º Direitos e deveres do usufrutuário

§ 65.º A extinção do usufruto

CAPÍTULO II – DIREITOS DE USO E HABITAÇÃO

§ 66.º O direito de uso

§ 67.º **O direito de habitação**

IV
DIREITO DE SUPERFÍCIE E SERVIDÕES

CAPÍTULO I – DIREITO DE SUPERFÍCIE

§ 68.º **Origem e evolução do Direito de superfície**

§ 69.º **Enquadramento e constituição da superfície**

§ 70.º **O conteúdo e a extinção**

CAPÍTULO II – SERVIDÕES PREDIAIS

§ 71.º **Origem e evolução das servidões**

§ 72.º **A experiência lusófona das servidões**

§ 73.º **O regime das servidões**

§ 74.º **Servidões legais**

§ 75.º **Exercício e extinção das servidões**

1. **Sequência**

I. O Código Civil insere, no título relativo à propriedade, muito do que poderia constituir uma "parte geral" dos direitos reais de gozo. O título em causa desdobra-se por seis capítulos:

I – Propriedade em geral (1302.º a 1315.º);
II – Aquisição de propriedade (1316.º a 1324.º);
III – Propriedade de imóveis (1325.º a 1384.º);
IV – Propriedade de águas (1385.º a 1402.º);
V – Compropriedade (1403.º a 1413.º);
VI – Propriedade horizontal (1414.º a 1438.º-A).

Se bem atentarmos, a propósito da "propriedade em geral", ocorrem aspetos que respeitam a princípios do Direito das coisas: 1302.º (objeto do direito de propriedade), 1303.º (propriedade intelectual), 1304.º (domínio do Estado e de outras pessoas coletivas públicas), 1306.º (*numerus clausus*), 1307.º (propriedade resolúvel e temporária), 1308.º (expropriações), 1309.º (requisições) e 1310.º (indemnizações). Todos esses preceitos têm uma aplicação aos diversos direitos reais e, nalguns casos, aos próprios direitos pessoais de gozo. Apenas os artigos 1305.º (propriedade das coisas) e 1305.º-A (propriedade de animais) estão cingidos ao direito de propriedade, ainda que com aplicação a outros direitos reais: aplicação muito clara, no caso dos animais. Compreende-se, pois, que estes pontos sejam versados na parte geral de Direitos Reais.

II. A matéria da defesa da propriedade, que envolve a ação de reivindicação (1311.º), os encargos com a restituição (1312.º), a imprescretibilidade da reivindicação (1313.º) e a ação direta (1314.º) são aplicáveis à defesa "de todo o direito real, com as necessárias correções" (1315.º). Desta feita, há que começar por conhecer o regime da defesa da propriedade: só depois será logicamente possível passar às "necessárias correções", para proceder à sua aplicação a "todo o direito real".

III. O capítulo II, relativo à aquisição da propriedade, reparte-se por três secções:

I – Disposições gerais (1316.º e 1317.º);
II – Ocupação de coisas e animais (1318.º a 1324.º);
III – Acessão (1325.º a 1343.º).

Estamos em face de matéria que ou releva, apenas, para a propriedade (ocupação) ou que só marginalmente poderá interessar a outros direitos reais e, ainda então, sempre com adaptações a partir do regime da propriedade.

IV. O capítulo III, sobre a propriedade de imóveis, abrange oito secções:

I – Disposições gerais (1344.º e 1352.º);
II – Direito de demarcação (1353.º a 1355.º);
III – Direito de tapagem (1356.º a 1359.º);
IV – Construções e edificações (1360.º a 1365.º);
V – Plantação de árvores e arbustos (1366.º a 1369.º);
VI – Paredes e muros de meação (1370.º a 1375.º);
VII – Fracionamento e emparcelamento de prédios rústicos (1376.º a 1382.º);
VIII – Atravessadouros (1383.º a 1384.º).

As "disposições gerais" comportam regras sobre os limites verticais dos prédios (1344.º), sobre imóveis sem dono (1345.º) e sobre relações de vizinhança (1346.º a 1352.º). Uma leitura atenta desses preceitos logo mostra que ou se aplicam, apenas, à propriedade ou estão moldados em face da propriedade, só remotamente podendo funcionar perante outros direitos reais ou, até, direitos pessoais de gozo.

As restantes secções (demarcação, tapagem, construções e edificações, plantações de árvores e arbustos, paredes e muros de meação, fracionamento e emparcelamento e atravessadouros) ou funcionam apenas na propriedade ou a pressupõem como base de aplicação ou, ainda, partem dela para, eventualmente, relevarem para outros direitos de gozo.

V. A "propriedade das águas" (1385.º a 1402.º) tem um universo próprio, também moldado sobre a propriedade, ainda quando admita outros direitos de gozo. A compropriedade (1403.º a 1413.º) comporta quadros aplicáveis a qualquer contitularidade, transcendendo os próprios direitos reais. Não deixa, todavia, de arrancar a partir da propriedade.

Já a propriedade horizontal (1414.° a 1438.°-A) opera como um direito real autónomo, ainda que moldado pela propriedade.

VI. Hoje, afigura-se-nos que o sistema do Código Civil deve ser tomado como base para uma exposição relativa aos Direitos Reais em especial. Integrar rubricas como a ocupação, a acessão, a propriedade de imóveis ou as águas, numa "parte geral" de Direitos Reais, sendo dogmaticamente ambicioso, acaba por se revelar inconveniente: (1) distorce a realidade jurídico-científica; (2) simplifica a informação, desligando-se do campo de aplicação histórica e culturalmente apurado; (3) dificulta a própria transposição para os direitos de gozo a que, sectorialmente, esses institutos possam interessar.

VII. A propriedade tem um papel matricial no campo de todos os direitos reais e, quiçá, dos diversos direitos patrimoniais privados. Ela preenche praticamente todo o campo jurídico-científico do regime das coisas: basta pensar que os demais direitos de gozo, além de postularem sempre, a seu lado, um proprietário, obtêm muito do seu regime por adaptação de alguns troços específicos da propriedade. A tendência, muito louvável, de construir, por via doutrinária, uma parte geral para Direitos Reais[1] deve ser marginada pelo realismo e pela primazia da Ciência do Direito. Esta evidência, claramente nacional, como resulta das considerações acima efetuadas, é confortada pelas diversas literaturas do nosso tempo[2].

VIII. A sequência será a seguinte:

I – Propriedade;
II – Propriedade horizontal;
III – Direitos reais menores.

Na apontada distribuição, temos em conta o relevo social e científico das figuras envolvidas.

[1] *Tratado*, XIII, 245 ss..

[2] O Código Civil italiano insere a matéria de Direitos Reais, incluindo as coisas e a posse, no seu livro III, intitulado *Della proprietà* (artigos 810.° a 1172.°). A leitura de um mero índice alemão confirma uma orientação desse tipo; p.ex., Fritz Baur/Jürgen F. Baur/ /Rolf Stürner, *Sachenrecht*, 18.ª ed. (2009), XI-XIII.

I

DIREITO DE PROPRIEDADE

CAPÍTULO I

EVOLUÇÃO HISTÓRICO-COMPARATÍSTICA DA PROPRIEDADE

§ 1.º A PROPRIEDADE NA HISTÓRIA

2. **Aspetos terminológicos**

I. "Propriedade" tem, na linguagem corrente por vezes acolhida na jurídica, sentidos distintos. Assim, pode traduzir:

(1) o direito real de propriedade;
(2) a apropriação em geral;
(3) o objeto dessa apropriação.

O direito real de propriedade reporta-se a coisas corpóreas e corresponde à noção do artigo 1305.º:

> O proprietário goza de modo pleno e exclusivo dos direitos de uso, fruição e disposição das coisas que lhe pertencem, dentro dos limites da lei e com observância das restrições por ela impostas.

II. A apropriação em geral ocorre quando se discuta a excelência da propriedade pública ou da privada. A este propósito, a "propriedade privada" garantida pelo artigo 62.º/1 da Constituição visa não apenas o direito real do artigo 1305.º, mas antes, em geral, todos os direitos patrimoniais privados, incluindo direitos de crédito, direitos societários e direitos sobre bens imateriais[3]. Num interessante e aprofundado paralelo, o art. 14.º(1) do

[3] O nosso *A Constituição patrimonial privada*, em Jorge Miranda (org.), *Estudos sobre a Constituição*, III (1979), 365-437 (392 ss.); Joaquim Gomes Canotilho/Vital

GG alemão, que garante a propriedade e o direito de sucessão, também usa *Eigentum* em sentido amplo[4], assegurando todos os direitos patrimoniais privados[5]. Releva o sentir social quanto ao âmbito da "propriedade ampla", a qual é ainda associada, pelos constitucionalistas, à ideia de liberdade. Recorde-se que, de acordo com a cultura ocidental, a liberdade individual de cada um é o justificativo fundamental para a defesa da propriedade privada[6].

III. Enquanto objeto da apropriação, propriedade figura, em especial, os prédios rústicos de alguma dimensão. Assim sucede quando, às herdades alentejanas, se chame "propriedades". A expressão não é juridicamente correta: corresponde a uma metonímia ou fenómeno linguístico pelo qual uma realidade é designada por uma locução atinente a outra eventualidade que lhe esteja próxima.

IV. Etimologicamente, propriedade adveio de *proprietas*, derivado de *proprius* (*pro privo*): o que é do próprio (o meu), por oposição ao dos outros. Esse alcance social veio a sobrepor-se ao latim técnico *dominium*. Podemos seguir esta progressão semântica em alemão (*Eigentum*, propriedade,

Moreira, *Constituição da República Portuguesa Anotada*, I, 4.ª ed. (2007), Art. 62.º, II (800); Jorge Miranda/Rui Medeiros, *Constituição Portuguesa Anotada*, I, 2.ª ed. (2010), Art. 62.º, VII (1247).

Sobre o tema, como obra de referência, Miguel Nogueira de Brito, *A justificação da propriedade privada numa democracia constitucional* (2007), 1133 pp..

[4] Hans Hofmann, em Bruno Schmidt-Bleibtreu/Franz Klein/Hans Hofmann/Hans-Günter Hennecke, *GG/Kommentar zum Grundgesetz*, 14.ª ed. (2018), Art. 14, Nr. 11 (673). Como exemplo, a decisão do BVerfG 17-ago.-2011, JZ 2012, 407-414, Nr. 29 (409/II), ponderou a inclusão de uma frequência de telemóvel, posta a leilão, na ideia ampla de "propriedade". Quanto ao caso, *vide* Jürgen Kübling/Manuel Klar, anot. a BVerfG 17-ago.-2011, JZ 2012, 414-418 e Peter Selmer, *Grundrechte: Ersteigerte Mobilfrequenznutzungsrechte als Eigentum*, JuS 2012, 1053-1055.

[5] Werner Böhmer, *Grundfragen der verfassungsrechtlichen Gewährleistung des Eigentums in der Rechtsprechung des Bundesverfassungsgerichts*, NJW 1985, 2561-2574 (2566/I ss.); Hans Hofmann, no *GG/Kommentar* cit., 14.ª ed., Art. 14, Nr. 14-43 (675-698); Reinhard Gaier, no *Münchener Kommentar zum BGB*, 8, 8.ª ed. (2020), Vor § 903, Nr. 14 (815).

[6] *Tratado*, XIII, § 10.º, especialmente 152; Miguel Nogueira de Brito, *A justificação da propriedade privada* cit., *passim*.

de *eigen*, próprio) ou em inglês (*ownership*, propriedade, de *own*[7], também próprio). Nas línguas latinas, encontramos *propriété* (francês), *proprietà* (italiano), *propriedad* (castelhano), *proprietate* (romeno), *proprietat* (catalão) e *propriedade* (galego). Ocorre ainda, em inglês, o termo *property*. Em todos estes idiomas, confirma-se que o uso social do "meu", por oposição ao do "outro" ganhou terreno, sobrepondo-se ao erudito *dominium*.

3. Direito romano

I. A evolução histórica da propriedade é, fundamentalmente, a evolução de Direitos Reais. Para aí remetemos[8]. Nas páginas subsequentes iremos, apenas, chamar a atenção para alguns pontos especificamente ligados ao *dominium*.

No mais antigo Direito romano, a propriedade terá começado por ter um teor comunitário[9]. A evolução sócio-económica permitiu alguma acumulação de riqueza, implicando uma direção mais efetiva. Daí adveio um incremento dos poderes do *pater*, com níveis políticos, na linguagem atual: poderes sobre as coisas corpóreas e sobre as pessoas e, depois, representação no senado. A autonomização do *dominium* operou quando lhe foram reconhecidos meios específicos de defesa. Decisiva foi a *rei vindicatio*, antepassada da atual reivindicação. A matéria evoluiu ao sabor das reformas processuais: primeiro, o esquema pesado e solene das *legis actiones* e, após, a *lex Aebutia*, o processo formulário.

II. O Direito romano clássico caminhou para uma certa abstração. Recordamos a noção de *actio in rem*, dada por Gaio[10]:

[7] Do inglês antigo *ägen*, frísio antigo *ëgen*, saxão antigo *ëgan* e alto-alemão antigo *eigan*, *vide* C. T. Onions (ed.), *The Oxford Dictionary of English Etymology* (1966), 638/II.

[8] *Tratado*, XIII, 55 ss., com indicações.

[9] Quanto à evolução da propriedade no Direito romano, Max Kaser, *Das römische Privatrecht*, I – *Das altrömische, das vorklassische und klassische Recht*, 2.ª ed. (1971), §§ 31 ss. (119 ss.) para o período antigo e §§ 97 ss. (400), para o período pré-clássico e clássico; *vide*, ainda, Luigi Capogrosso Colognesi, *Ownership and Power in Roman Law*, em Paul J. du Plessis/Clifford Ando/Kaius Tuori, *The Oxford Handbook of Roman Law and Society* (2020), 524-536.

[10] Gaio, *Institutiones*, IV, 3; na edição bilingue de Ulrich Manthe, *Gaius Institutiones/Die Institutionen des Gaius*, publ., trad. e com. (2004), 320-321.

> Uma ação é real quando se diga ou que uma coisa copórea é nossa ou que nos caiba qualquer outro direito como, por exemplo, o de usar ou de fruir (…).

O alargamento das ações reais a outros direitos não esconde o essencial: uma coisa corpórea é nossa. Temos, aí, a essência intuitiva da propriedade: um senhorio puro e simples (logo: pleno) sobre uma coisa corpórea.

III. Devemos ao Direito romano o essencial das regras relativas à propriedade e que hoje têm assento no Código Civil. Além da essência e das diversas formas de propriedade (aqui, com algumas evoluções), referimos a compropriedade, a aquisição derivada, a usucapião, os modos naturais de aquisição (hoje inseridos numa ideia ampla de acessão) e as vias de tutela[11]. A evolução geral do Direito romano, em especial no que tange à propriedade[12], segue uma curiosa via oscilatória: no início e partindo de inúmeros problemas concretos, o Direito desenvolve-se criando institutos diversificados e, por vezes, em sobreposição; o labor dos jurisprudentes permitiu alguma abstração e, daí, simplificações; as exigências de sociedades de crescente complexidade levaram a novas diferenciações.

A propósito das diversas rubricas, iremos encontrar os antecedentes romanos.

4. **Período intermédio**

I. No Direito romano pós-clássico ocorreu a *Vulgarisierung* ou vulgarização da Ciência jurídica, com consequências: a simplificação de

[11] Raúl Ventura, *História do Direito romano*, II – *Direito das Coisas* (1968), 157-261; António Santos Justo, *Direito romano*, III – (*Direitos Reais*) (1997), 15-145; Max Kaser, *Das römische Privatrecht* cit., I, 2.ª ed., §§ 97-104 (400-439). Os grandes clássicos incontornáveis são italianos: Pietro Bonfante, *Corso di diritto romano*, II – *La proprietà*, 1 (1926), XIV + 453 pp. e 2 (1928), XII + 339 pp.; Vittorio Scialoja, *Teoria della proprietà nel diritto romano*, por Pietro Bonfante, I (1933), XI + 506 pp. e II (1939), XII + 401 pp..

[12] A literatura preencheria várias vidas humanas; para uma apertada síntese, Dirk Olsen, *Die geschichtliche Entwicklung des zivilrechtlichen Eigentumsbegriffs*, JuS 1984, 328-335 (330-331); em língua latina, com muitas indicações: Salvatore di Marzo, *Proprietà*, NDI X (1939), 670-673; Ugo Brasiello, *Proprietà (diritto romano)*, NssDI XIV (1967), 111-120; Luigi Capogrossi Colognesi, *Proprietà (diritto romano)*, ED XXXVII (1988), 160-225.

conceitos; a confusão linguística entre realidades antes diferenciadas; a multiplicação de intervenções legislativas, em detrimento de uma evolução protagonizada pelos jurisprudentes[13]. Ocorreram, vindas do Oriente, novas figuras, como a da enfiteuse, que teria um papel significativo na Idade Média. A feitura do *Corpus Iuris Civilis* (século VI) foi decisiva para a preservação do Direito romano e para a conformação dos Direitos do Ocidente, em especial os do Continente, até aos nossos dias.

II. As chamadas grandes invasões colocaram o poder político e económico nos povos germânicos que disputaram o Império. Portadores de uma cultura mais ligada a sociedades de tipo nómada, os germanos privilegiavam a "propriedade" coletiva, acompanhada por prerrogativas territoriais de tipo político[14]. De certo modo, reiniciou-se o ciclo que, mais de mil anos antes, dera corpo à evolução do Direito romano[15]. A evolução privatizadora, alicerçada na sedentarização dos ocupantes e na manutenção de estruturas agrícolas, foi ainda impulsionada pelas receções do Direito romano[16].

III. Tais receções, desde a glosa inicial, não foram passivas. Sob a manutenção de fórmulas assentes no *Corpus Iuris Civilis*, elas foram trabalhadas por gerações de juristas, permitindo a construção de conceitos essenciais nas fases subsequentes da evolução do Direito. Muito significativa foi a elaboração do direito subjetivo, devida a Acúrsio (1182-1263) e que permitiu, a Bártolo (1313-1357), definir a propriedade como[17]:

[13] Max Kaser, *Das römische Privatrecht*, II – *Die nachklassischen Entwicklungen*, 2.ª ed. (1975), § 236 (238-242) e § 238 (246-251). Outros elementos: *Tratado*, XIII, 67 ss..

[14] Gianluigi Barni, *Proprietà (diritto intermedio)*, NssDI XIV (1967), 120-124.

[15] No plano metodológico, há que ter presente a refração representada pelo facto de analisarmos a matéria com os filtros da cultura atual; *vide* Paolo Grossi, *Proprietà (diritto intermedio)*, ED XXXVII (1988), 225-254 (226-227).

[16] Helmut Coing, *Europäisches Privatrecht*, I – *Älteres Gemeines Recht (1500 bis 1800)* (1985), § 1 (7-15).

[17] Bártolo, *Commentaria* (séc. XIV), D. 41.2.17, Anot. 4 = Bartolus a Saxoferrato, *In primam digesti novi*, ed. Lião 1581, 84 v.; Helmut Coing, *Europäisches Privatrecht* cit., I, § 54, II (291-292); *vide* o *Tratado*, XIII, 68-69, bem como Gustav Muller, *The Legal-Historical Context of Urban Forced Evictions in South Africa*, Fundamina 19/2 (2013), 367-396 (367), na *Net* e Sjev van Erp/Bram Akkermann (ed.), *Cases, Materials and Text on Property Law* (2018), LXXXII + 1170 pp., 218.

(…) ius in re corporali perfecte disponendi nisi lege pribeatur [o direito sobre uma coisa corpórea de dispor totalmente, salvo no que for proibido por lei].

Esta noção pode ser encontrada nos códigos civis da atualidade, mantendo as suas virtualidades dogmáticas. Ela é ainda relevante por configurar a passagem do sistema antigo, assente em ações, para uma estrutura moderna, baseada em posições substantivas.

IV. O período intermédio foi ainda marcado por construções que facultavam o desmembramento da propriedade, moldado na enfiteuse. Embora o retângulo lusitano não tivesse conhecido uma estruturação feudal de tipo francês, a distinção entre os domínios direto e útil era comum. A enfiteuse foi ainda usada para contornar a proibição canónico-civil dos juros[18]. As construções jurídicas do humanismo aprofundaram as vias abertas pela evolução linguística e pela dogmatização do direito subjetivo. Assim, Cujacius (Jacques Cujas, 1522-1590) apresenta o *dominium* como nada mais sendo do que a propriedade da coisa[19]. Por seu turno, Donellus (Hugues Doneau, 1527-1591) remete a noção de propriedade para a definição de Bártolo[20]: mais uma demonstração da vitalidade do velho comentador. Ambos estes autores dispersavam, depois, o instituto da propriedade em função de vários parâmetros, como sejam a sua aquisição, a sua transmissão e os seus diversos efeitos.

V. A partir da glosa, passando pelos comentadores, pelos humanistas e pelos jusracionalistas, a propriedade apresenta, nos seus domínios técnicos, uma especial estabilidade. Aplicar-se-ia, certamente, a realidades distintas, dando corpo a conceções sócio-económicas em permanente evolução. Os esquemas herdados do *Ius Romanum* demonstram a resiliência que se documenta na História e no Direito comparado.

[18] Mário Júlio de Almeida Costa, *Raízes do censo consignativo/Para a história do crédito medieval português* (1961), 304 pp..

[19] Jacobus Cujacius, *Observationes et emendationes* (1556-1595), Lib X, Cap. XVI = *Opera*, III, ed. Veneza, 1788, 248-249: *Et dominium proprio nihil aliud est quam proprietas rei.*

[20] Hugo Donellus, *Commentarii de iure civili* (a partir de 1565 e publ. nos finais do séc. XVI), Lib. X, Cap. XVI, X = *Opera omnia*, II, ed. Roma, 1828, 1196-1197.

5. A idade das codificações

I. No rescaldo dos movimentos jusnaturalista e jusracionalista, a Ciência europeia ficou madura para encetar mais uma fase de receção do Direito romano: a das codificações. Elas foram precedidas por um movimento de nacionalização do Direito privado[21]. O abandono do latim, a intervenção dos poderes régios nas legislações, a autonomização das universidades e a própria diversidade linguística quebraram o velho *ius commune*. Houve, ainda, um surto de exigências de tipo prático, com escopos económico-sociais: o *Corpus Iuris Civilis* era complicado, desorganizado, de difícil leitura, recheado de contradições e alimentado, ao longo de anos, por *subtilitates* propiciadoras de incerteza[22]. Havia que reescrever a matéria, com racionalidade, mas sem rejeitar o acervo românico aplicado há muitos séculos.

II. A tentativa do *Allgemeines Landrecht* prussiano, de 1794, conduziu a resultados demasiado complexos. Inclui regras processuais e de Direito público, sendo de consulta difícil. A propriedade preenche três títulos da parte I: os oitavo, nono e décimo[23], surgindo no seu seio diversas outras normas relevantes. O § 1 do título VIII define:

> É proprietário aquele que está legitimado, por si próprio ou através de um terceiro, para dispor da substância de uma coisa ou de um direito, com exclusão de outrem.

Afigura-se claro o pendor processualizante, firmando-se a propriedade pela negativa: o direito de excluir os outros.

III. Uma verdadeira codificação visa a elaboração de uma lei de fôlego, que cubra uma área normativa considerável e que use critérios jurídico-científicos. Estes ditam uma ordenação harmónica, a elaboração de princípios, a adoção de critérios capazes de auxiliar na integração de conceitos indeterminados e a capacidade para acolher matéria ontologicamente radicada e que se apresente como pré-dada. Formalmente simples,

[21] Helmut Coing, *Europäisches Privatrecht*, II – *19. Jahrhundert* (1989), § 1, I (1-2).
[22] *Idem*, § 2, II (8).
[23] Na ed. de A. J. Mankopff, *Allgemeines Landrecht für die Preussischen Staaten*, 1 (1837), 226-344.

a codificação pressupõe um intenso labor, que exigiu, por vezes, séculos de aprofundamento. As condições necessárias devem, ainda, incluir um apoio político convicto e prolongado durante o período de gestação. Tudo isso veio a ocorrer, nos Direitos de tipo continental, em momentos diferentes: estava já firmada a ideia do nacionalismo jurídico, levando assim as experiências a divergir. A primeira codificação foi a francesa, em 1804, por obra de Napoleão. A austríaca data de 1811, a italiana de 1865 e a alemã de 1896, para entrar em vigor no ano de 1900. As codificações cortaram, em definitivo, com o *ius commune*, acentuando as derivas entre os Direitos da Europa continental e sedimentando-se a cisura com o mundo do *Common Law*. A idade das codificações vem a tornar-se a idade do Direito comparado.

§ 2.º OS SISTEMAS DE PROPRIEDADE

6. Generalidades; o sistema francês

I. Tal como sucede com a evolução histórica, também no Direito comparado a propriedade dá corpo aos sistemas de Direitos Reais. Com efeito, os traços que permitem enquadrar esses sistemas têm a ver, fundamentalmente, com a propriedade[24]: o modo de transmissão, consensual ou não consensual, a aquisição *a non domino* ou posse vale título e o papel da usucapião. Nesta rubrica iremos considerar, apenas, algumas particularidades.

II. No Código Napoleão, a propriedade enquadrava-se nos três parâmetros que definem o sistema francês de Direitos Reais do modo seguinte[25]: acolhe a transmissão da propriedade por mero consenso, na sequência dos costumes e de Domat (1583.º); admite a posse vale título (2279.º/1), completada jurisprudencialmente com a exigência de boa-fé; reconhece a usucapião como a base da ordenação dominial imobiliária (2219.º a 2281.º, na versão original e 2260.º a 2277.º, após a reforma de 2008).

III. A propriedade é versada no título II do livro II, relativo aos bens e às diferentes modificações da propriedade. Releva a versão original do *Code*[26], uma vez que foi nela que colheu (em parte) inspiração a nossa doutrina oitocentista e, ainda, o próprio Visconde de Seabra. O articulado relativo ao direito de propriedade é sintético: cobre 34 artigos, com três iniciais e os restantes repartidos por três secções. Vamos reter os três primeiros artigos[27]:

[24] *Tratado*, XIII, 71 ss..

[25] *Idem*, 82 ss..

[26] *Code Civil de Français* (1804), 134-143; na publ. de Guy Venandet e outros, *Code Civil annoté*, 120.ª ed. (2021), 821-866.

[27] As epígrafes dos artigos são de nossa autoria; o texto do *Code* não as comporta.

544.º [Noção] A propriedade é o direito de gozar e de dispor das coisas do modo o mais absoluto, desde que não se faça disso um uso proibido pelas leis ou pelos regulamentos.

545.º [Expropriação] Ninguém pode ser constrangido a ceder a sua propriedade, a não ser por causa de utilidade pública e mediante uma indemnização prévia e justa.

546.º [Âmbito] A propriedade de uma coisa, seja mobiliária seja imobiliária, dá direito sobre tudo o que ela produza e sobre o que se lhe una acessoriamente, seja natural, seja artificialmente.

IV. O regime do Código Napoleão explicitamente dedicado à propriedade é absorvido pelo que denomina "acessão": 31 artigos em 34. O sistema e o conteúdo gerais são os seguintes:

Capítulo I – Do direito de acessão sobre o que é produzido pela coisa (547.º a 550.º): 547.º [frutos naturais e civis]; 548.º [frutos naturais pertencem ao proprietário com o encargo de reembolsar os custos de produção]; 549.º [frutos na posse de boa-fé]; 550.º [noção de posse de boa-fé][28].

Capítulo II – Do direito de acessão sobre o que se une e se incorpore à coisa (551.º a 564.º): 551.º [regra geral de que tudo o que se una e incorpore à coisa pertence ao proprietário];

Secção I – Do direito de acessão relativamente a coisas imobiliárias: 552.º [a propriedade do solo envolve a do espaço aéreo e a do subsolo]; 553.º [presunção a favor do proprietário, de tudo o que existe no local]; 554.º [obras e plantações com materiais alheios]; 555.º [obras e plantações feitas por terceiros]; 556.º [aluvião]; 557.º [*idem*]; 558.º [lagos e lagoas]; 559.º [avulsão]; 560.º [ilhas, ilhotas e mouchões em cursos navegáveis: pertencem à Nação]; 561.º [*idem*, em cursos não-navegáveis]; 562.º [mudança de leito]; 563.º [*idem*]; 564.º [pombos, coelhos e peixes].

Secção II – Do direito de acessão relativamente as coisas móveis: 565.º [sujeição à regra da "equidade natural"]; 566.º [união];

[28] 550.º: O possuidor está de boa-fé quando possua como proprietário, em virtude de um título translativo de propriedade cujos vícios ignore. Deixa de estar de boa-fé desde o momento em que esses vícios lhe sejam conhecidos.

567.º [parte principal]; 568.º [separação]; 569.º [critérios de valor relativo]; 570.º [especificação]; 571.º [casos de primazia de mão-de-obra]; 572.º [especificação com matéria parcialmente alheia]; 573.º [confusão]; 574.º [valor relativo]; 574.º [*idem*]; 575.º [licitação]; 576.º [mudança de espécie]; 573.º [indemnização].

V. Temos, subjacente, a ideia de que o direito de propriedade, pela sua lata extensão, pouco carece de regras, a não ser aquelas que venham limitar o poder do proprietário e que surgem dispersas. Os 34 artigos que o Código Napoleão dedica à propriedade contrastam com os 59 relativos ao usufruto e ao uso e habitação e com os 78 referentes às servidões. De resto, é a propósito destas que ocorrem algumas regras sobre as relações de vizinhança. Se recuarmos à pré-codificação, verificamos que a propriedade obtém um espaço de tratamento relativamente modesto. Domat (1625-1696) ocupa-se incidentalmente da propriedade, na sequência da posse[29]. Pothier (1699-1772), avançando, incluiu, entre os seus tratados, um dedicado ao "domínio de propriedade"[30]. Avulta, aí, o papel dado à acessão.

VI. Após a publicação do Código, a matéria da propriedade manteve um espaço modesto, documentado em Delvincourt (1762-1831)[31], mas com um desenvolvimento crescente, à medida que novos problemas eram aditados, com exemplo em Duranton (1783-1866)[32], Marcadé (1810-1854)[33], Demolombe (1804-1887)[34] e no belga Laurent (1810-1887)[35]. Na passa-

[29] Jean Domat, *Les loix civiles dans leur ordre naturel* (1689, cit. pela ed. conjunta de Paris (1756), 262/II. *Vide* outras indicações no *Tratado*, XIII, 76-77.

[30] Robert-Joseph Pothier, *Traité du droit de domaine de propriété* (1772), cit. pela ed. de Jean-Joseph Bugnet, *Œuvres de Pothier*, IX (1846, reimp., 1993), 100-265, sendo que, de 199-265, Pothier versa matéria processual relativa à reivindicação e à petição de herança.

[31] Claude-Étienne Delvincourt, *Cours de Code Civil*, I (1824), 148-150 e notas, 345-349.

[32] Alexandre Duranton, *Cours de Droit civil suivant le Code français*, II, 4.ª ed. (1841), 315-383.

[33] Victor-Napoléon Marcadé, *Explication théorique et pratique du Code Napoléon* (cont. Paul Pont), III, 5.ª ed. (1859), 656 pp., 394-443.

[34] Charles Demolombe, *Cours de Code Napoléon*, IX – *Traité de la distinction des biens/De la propriété/De l'usufruit, de l'usage et de l'habitation*, I (1881), 651 pp. (446--646).

[35] François Laurent, *Principes de droit civil français*, VI, 3.ª ed. (1878), 717 pp. (115--406).

gem para o século XX, Planiol (1853-1931) já acrescentava referências de tipo histórico e social[36]: uma orientação que se incrementou, com inclusão da posse, do registo e de alguns aspetos processuais em Josserand (1868-1941)[37] e com aportações relativas às minas e às águas, em Planiol/Ripert[38]. Na atual literatura, o tratamento da propriedade aproxima-se do que lhe é conferido pelos demais sistemas continentais: abrange as relações de vizinhança, as vicissitudes e a compropriedade[39]. Podemos considerar que, sob as particularidades gerais do Direito francês das coisas e tendo sempre em conta as subtilezas linguísticas, o sistema napoleónico da propriedade integra a grande família do *ius romanum*.

7. O sistema alemão

I. O Direito alemão das coisas viveu, no século XIX, à sombra do pandectismo[40]. Ganhou autonomia sistemática, nele avultando a propriedade. Assim, podemos reter clássicos como Thibaut (1772-1840)[41], Seuffert (1794-1857)[42], Göschen (1778-1837)[43], Puchta (1798-1846)[44], von Vangerow (1808-1870)[45], Arndts (1803-1878)[46], von Wächter (1797-

[36] Marcel Planiol, *Traité élémentaire de Droit civil*, I (1904), 740-807; aditava, ainda, as "propriedades incorpóreas".

[37] Louis-Étienne Josserand, *Cours de Droit civil positif français*, I (1932), 721-957.

[38] Marcel Planiol/Georges Ripert/Maric Picard, *Traité pratique de Droit civil français*, III, 2.ª ed. (1952), 221-565, seguindo-se as "propriedades incorpóreas" e, depois, os modos de adquirir a propriedade, com esquemas próprios de Direitos Reais.

[39] François Terré/Philippe Simler, *Droit civil/Les biens*, 10.ª ed. (2018), 187-696, absorvendo quase 2/3 da obra; Nadège Beboul-Maupin, *Droit des biens*, 8.ª ed. (2020), 236-556, abarcando quase metade do escrito.

[40] *Tratado*, XIII, 93 ss., com indicações.

[41] Anton Friedrich Justus Thibaut, *System des Pandekten-Rechts*, II, 5.ª ed. (1818), §§ 558-602 (7-43).

[42] Johann Adam Seuffert, *Lehrbuch des praktischen Pandektenrechts*, I (1825), 120-150 (163-209).

[43] Johann Friedrich Ludwig Göschen, *Grundriss zu Pandektenvorlesungen* (1831), §§ 222-286 (98-136).

[44] Georg Friedrich Puchta, *Pandekten*, 7.ª ed., por Adolph Rudorff (1853), §§ 144-173 (214-256).

[45] Karl Adolf von Vangerow, *Lehrbuch der Pandekten*, I, 7.ª ed. (1876), §§ 295-338 (540-684).

[46] Ludwig Arndts, Ritter von Arnesberg, *Lehrbuch der Pandekten*, 9.ª ed. (1877), §§ 130-174 (197-282).

-1880[47], Wendt (1846-1911)[48], Baron (1834-1898)[49], Dernburg (1829--1907)[50] e Windscheid (1817-1892)[51].

II. A leitura da rica produção pandectística, acima (apenas) exemplificada, revela exposições de Direito romano atual, isto é, de Direito romano simplificado, assente no *Corpus Iuris Civilis* e sem preocupações de rigorosas reconstituições históricas[52]. Estas podem ser seguidas nas inúmeras monografias e artigos especializados, publicados ao longo do século XIX. A preparação do BGB[53], assente em Windscheid e na pandectística tardia, revelou uma preocupação simplificadora e clarificadora, tendo ainda em conta os Direitos territoriais dos diversos Estados alemães, com relevo para o da Prússia[54]. A adoção do BGB, em 1896, para vigorar a partir de 1900, levou a um reescrever da matéria atinente às várias rubricas, entre as quais, naturalmente, a propriedade. Obras de transição, como a de Kuhlenbeck (1857-1920)[55] e a de Krückmann (1866-1943)[56], revelam uma imediata e extrema simplificação da matéria. Desaparecem as operosas remissões para o *Corpus Iuris Civilis*, substituídas pelo que já foi havido como o mesmo *Corpus*, mas agora em parágrafos e na língua de Goethe.

[47] Carl Georg von Wächter, *Pandekten*, publ. Oskar von Wächter, II (1880), §§ 118-121 (2-30) e §§ 130-147 (105-200).

[48] Otto Wendt, *Lehrbuch der Pandekten* (1888), §§ 112-140 (317-369).

[49] Julius Baron, *Pandekten* (1896), 239-285.

[50] Heinrich Dernburg, *Pandekten*, I, 7.ª ed., col. Johannes Biermann (1902), §§ 192-234 (443-560), enriquecido com as defesas.

[51] Bernhard Windscheid, *Lehrbuch des Pandektenrechts*, I, 9.ª ed., por Theodor Kipp (1906), §§ 167-199 (856-1021), também com um tratamento alargado.

[52] Cumpre ainda referir Carl Friedrich Ferdinand Sintenis (1804-1868), *Das praktische gemeine Civilrecht*, I – *Die allgemeinen Lehren und das Sachenrecht*, I, 3.ª ed. (1868), §§ 47-54 (482-547), quanto à propriedade: o apelo ao *ius commune* é permanente.

[53] Dispomos da recolha de Horst Heinrich Jakobs/Werner Schubert, *Die Beratung des Bürgerlichen Gesetzbuchs/in systematischer Zusammenstellung der unveröffentlichen Quellen/Sachenrecht*, I, §§ 854-1017 (1985), §§ 873-1017 (223-930).

[54] Heinrich Dernburg, *Das Sachenrecht des Deutschen Reichs und Preußens*, 2.ª ed. (1901), §§ 66-159 (191-549); encontramos, aí, especificidades quanto a fideicomissos, a águas e a minas.

[55] Ludwig Kuhlenbeck, *Vom der Pandekten zum Bürgerlichen Gesetzbuch/Eine dogmatische Einführung in das Studium des Bürgerlichen Rechts*, II (1899), §§ 20-37 (502-569).

[56] Paul Krückmann, *Institutionen des Bürgerlichen Gesetzbuches*, 2.ª ed. (1899), §§ 50-62 (221-258).

III. O BGB, na versão original, ocupava-se da propriedade na secção 3.ª do seu livro III, dedicado ao Direito das coisas: §§ 903 a 1017. Essa secção era antecedida pela 2.ª (§§ 873-902), relativa a quadros gerais sobre direitos imobiliários, com normas relativas à transmissão dos direitos e ao registo predial. Quanto à secção 3.ª, o seu teor comporta o subsistema seguinte[57]:

Título 1 – Conteúdo da propriedade (§§ 903-924);
Título 2 – Aquisição e perda da propriedade sobre imóveis (§§ 925-928);
Título 3 – Aquisição e perda da propriedade sobre móveis (§§ 929-984):
  Subtítulo I – Tradição (§§ 929-936);
  Subtítulo II – Usucapião (§§ 937-945);
  Subtítulo III – União, confusão, especificação (§§ 946-952);
  Subtítulo IV – Ocupação (§§ 958-964);
  Subtítulo V – Achamento (§§ 965-984).
Título 4 – Pretensões do proprietário (§§ 985-1007);
Título 5 – Compropriedade (§§ 1008-1011);
Título 6 – Superfície (§§ 1012-1017, revogados).

IV. A propósito do conteúdo da propriedade (título I)[58], surgem regras de vizinhança: emissões (§ 906), instalações prejudiciais (§ 907), perigo de desmoronamento (§ 908), escavações (§ 909), raízes e ramos do vizinho (§ 910), frutos caídos do vizinho (§ 912), prolongamento de edifício de boa-fé em terreno alheio (*Überbau*) (§ 912); renda pelo prolongamento (§ 913); prioridade, inscrição e extinção da renda (§ 914); aquisição da parcela ocupada (§ 915); prejuízo para a superfície ou as servidões (§ 916); passagem necessária (§ 917); exclusão da passagem (§ 918); demarcação (§ 919); confusão de limites (§ 920); uso comum de elementos de separação (§ 921); manutenção (§ 922); árvore limítrofe (§ 923); imprescritibilidade das pretensões de vizinhança (§ 924). Esta sistemática explica o teor contido no título 2, relativo à aquisição e à perda da propriedade sobre imóveis, onde ocorrem particularidades próprias do sistema alemão, com

[57] Entre os comentários da época, Gottlieb Planck (1824-1910) (org.), *Bürgerliches Gesetzbuch/Kommentar*, 3, 3.ª ed. (1906), 162-356; entre os atuais, Sebastian Herrler, no Christian Grüneberg (ex-Palandt), *Kommentar zum Bürgerliches Gesetzbuch*, 81.ª ed. (2022), 1615-1699; os §§ 1012 a 1017, relativos à superfície, foram revogados pela *Erbbaurechtsverordnung* de 15-jan.-1919, depois *Erbbaurechtsgesetz* de 23-nov.-2007, por último alterado pela Lei de 9-out.-2013.

[58] O BGB comporta, na sequência da grande reforma de 2021, epígrafes oficiais.

relevo para a *Auflassung* (§ 925). Tais particularidades surgem ainda a propósito da aquisição da propriedade sobre imóveis (título 3), sobressaindo a *Einigung* e a *Übergabe*[59].

V. As pretensões derivadas da propriedade (título 4) comportam, à cabeça, a reivindicação (§ 985), seguindo-se as exceções do possuidor (§ 986). Os frutos a cargo do possuidor (§§ 987 e 988), as indemnizações a cargo deste (§§ 989 a 993), as benfeitorias (§§ 994 a 1003), as pretensões de abstenção de ingerências (§ 1004), o direito de reaver uma coisa em terreno alheio (§ 1005), a presunção de propriedade a favor do possuidor de coisa móvel (§ 1006) e as pretensões do anterior possuidor de boa-fé preenchem esse título.

A compropriedade ocupa os quatro §§ do título 5: noção e enquadramento (§ 1008), oneração (§ 1009), acordos entre os comproprietários (§ 1010) e pretensões dos mesmos (§ 1011).

VI. O Direito alemão da propriedade, no confronto com o francês, mostra um desenvolvimento bastante superior. Confirmando a natureza diferenciada dos Direitos das coisas dos diversos países, encontramos uma ordenação distinta ainda que, tudo visto, as soluções surjam próximas: temos, no fundo, o Direito romano atual. Tal como ocorre com a generalidade dos Direitos, a matéria civil deve ser complementada com múltiplas leis, designadamente as relativas às expropriações e a outras limitações de interesse público e as que visam a disciplina das construções. O BGB dá, todavia, o torso geral.

8. O sistema italiano

I. Em Itália, uma sequência histórico-cultural levou ao predomínio do pensamento jurídico-napoleónico[60]. Esse fator foi especialmente ponderoso no livro II do Código Civil de 1865, intitulado *dos bens, da propriedade e das suas modificações*. Esse livro comportava cinco títulos:

I – Das distinções dos bens (406.º a 435.º);
II – Da propriedade (436.º a 475.º);

[59] *Tratado*, XIII, 745, quanto a estas noções, de tradução inviável.
[60] *Tratado*, XIII, 115 ss., com indicações.

III – Das modificações da propriedade (476.º a 672.º);
IV – Da comunhão (673.º a 684.º);
V – Da posse (685.º a 709.º).

No tocante à propriedade, temos o seguinte conteúdo geral:

Capítulo I – Disposições gerais (436.º a 443.º);
Capítulo II – Do direito de acessão (444.º a 445.º);
Capítulo III – Do direito de acessão sobre o que se incorpora e se une à coisa (446.º a 475.º):
Secção I – Do direito de acessão relativamente às coisas imóveis (447.º a 462.º);
Secção II – Do direito de acessão relativamente às coisas móveis (463.º a 475.º).

II. Muito próximo do Código Napoleão, o Código italiano de 1865 traduz, todavia, melhorias sistemáticas e de fundo. Vamos reter os oito artigos que preenchem as disposições gerais sobre a propriedade[61]:

436.º A propriedade é o direito de gozar e de dispor da coisa do modo mais absoluto, desde que dela não se faça um uso vedado pelas leis ou pelos regulamentos.
437.º As criações do espírito pertencem aos seus autores de acordo com as normas estabelecidas pelas leis especiais.
438.º Ninguém pode ser constrangido a ceder a sua propriedade ou a permitir que outrem faça uso dela a não ser por utilidade pública legalmente reconhecida e declarada e precedendo o pagamento de justa indemnização.
439.º O proprietário de uma coisa tem o direito de reivindicá-la de qualquer possuidor ou detentor, salvo as exceções estabelecidas pelas leis. (…)
440.º Quem tiver a propriedade do solo tem por isso a do espaço conexo e de tudo aquilo que se encontre acima e abaixo da superfície.
441.º Cada proprietário pode obrigar o seu vizinho a estabelecer, com despesas comuns, os limites entre as suas propriedades contíguas.
442.º Cada um pode vedar o seu fundo, salvo os direitos de servidão pertencentes a terceiros.
443.º A propriedade de uma coisa, seja móvel, seja imóvel, atribui o direito a tudo o que ela produz, ou que se una naturalmente ou pela arte; este direito chama-se acessão.

[61] Luigi Borsari, *Commentario del codice civile italiano*, II (1872), 130-262.

III. No confronto com os artigos 544.º, 545.º e 546.º do Código francês, o italiano leva claramente a melhor. Dos preceitos transcritos, não têm correspondência direta no texto napoleónico os artigos 437.º e 439.º. Quanto aos restantes: o 436.º do Código italiano corresponde ao 544.º do francês; o 440.º ao 552.º; o 441.º ao 646.º; o 442.º ao 682.º; o 443.º ao 551.º[62]: uma melhor distribuição sistemática. Verifica-se, ainda, tal como aquém dos Alpes, um entendimento aglutinante da acessão.

A literatura italiana tecida em torno do Código Civil de 1865, bastante extensa, procede, a propósito da propriedade, a desenvolvimentos histórico-sociais[63], sublinhando ainda a relatividade da noção[64] e a aposição de limites[65].

IV. A evolução doutrinária, especialmente marcada pela influência alemã e as necessidades de uma economia industrializada[66], levaram à cuidada preparação de uma nova codificação civil[67]: o Código de 1942, hoje em vigor. A ordenação napoleónica foi abandonada, mas sem ceder à pandectística. A matéria relativa às coisas e aos direitos reais foi reunida no livro III. Este comporta nove títulos, cujo teor recordamos:

I – Dos bens (810.º a 831.º);
II – Da propriedade (832.º a 951.º);
III – Da superfície (952.º a 956.º);
IV – Da enfiteuse (957.º a 977.º);
V – Do usufruto, do uso e da habitação (978.º a 1026.º);
VI – Das servidões prediais (1027.º a 1099.º);
VII – Da comunhão (1100.º a 1139.º);
VIII – Da posse (1140.º a 1170.º);
IX – Da denúncia de obra nova e do dano temido (1171 e 1172.º).

[62] Ferrarotti Teonesto, *Commentario teorico pratico comparato al Codice civile italiano*, II (1873), 101-146. Quanto ao artigo 436.º, *vide* Giovanni Vignali, *Commentario del codice civile italiano*, II (1880), 864 pp., 49 ss. (55).

[63] Nicola Stolfi, *Diritto civile*, II – *Diritti reali*, 1 – *Il possesso e la proprietà* (1926), 210 ss..

[64] Elio Vitucci, *Proprietà (diritto civile)*, NDI X (1939), 673-695 (675/II).

[65] Giacomo Perticone, *La proprietà e i suoi limiti* (1930), 142 pp., 53 ss..

[66] Angelo Belfiore, *Interpretazione e dommatica nella teoria dei diritti reali* (1979), 617 pp., 516 ss..

[67] *Tratado*, XIII, 119 ss., com indicações.

O título relativo à propriedade[68] desdobra-se nos seguintes capítulos[69]:

Capítulo I – Disposições gerais (832.º a 839.º);
Capítulo II – Da propriedade fundiária (840.º a 921.º);
Secção I – Disposições gerais (840.º a 845.º);
Secção II – Do reordenamento da propriedade rural (846.º a 856.º)[70];
Secção III – Da bonificação integral (857.º a 865.º);
Secção IV – Dos vínculos hidrológicos e das defesas fluviais (866.º a 868.º);
Secção V – Da propriedade edilícia (869.º a 872.º);
Secção VI – Das distâncias nas construções, plantações, escavações e dos muros, fossos e cercas (869.º a 899.º);
Secção VII – Das janelas e seteiras (900.º a 907.º);
Secção VIII – Do estilicídio (908.º);
Secção IX – Das águas (909.º a 921.º).
Capítulo III – Dos modos de aquisição da propriedade (922.º a 947.º):
Secção I – Da ocupação e da invenção (923.º a 933.º);
Secção II – Da acessão, da especificação, da união e da confusão (934.º a 947.º).
Capítulo IV – Das ações de defesa da propriedade (948.º a 951.º).

V. O Código italiano de 1942 representa um claro progresso, no campo do que possa ser uma codificação relativa à propriedade. Para além da ordenação sistemática, assistimos a um desenvolvimento das diversas rubricas. A influência do Código italiano sobre o nosso Código de 1966, especialmente na área de Direitos Reais, foi significativa. Iremos encontrar preceitos e doutrina italianos, a propósito das diversas rubricas.

[68] Na versão do projeto, a matéria preenchia os artigos 24.º a 141.º; *vide* Ludovico Barassi, *La proprietà: con riferimento al progetto di codice civile* (1939), 595 pp.; *idem*, *La proprietà nel nuovo codice civile* (1941), 458 pp.; Salvatore Pugliatti, em Mariano d'Amelio (dir.), *Codice civile/Libro della proprietà/Commentario* (1942), 121-523: um texto retomado em Salvatore Pugliatti, *La proprietà nel nuovo diritto* (1964), VIII + 350 pp.; houve poucas alterações, na passagem para o texto definitivo do Código.

[69] Chiara Ferrari e outros, em Massimo Franzoni/Rita Rolli, *Codice civile commentato con dottrina e giurisprudenza*, I (2018), 1085-1254.

[70] Os artigos 846.º a 848.º foram revogados pelo Decreto Legislativo n.º 228, de 18 de maio de 2001.

9. O Direito inglês

I. O Direito inglês dá corpo ao sistema do *Common Law*. Fortemente marcado por uma evolução histórica cheia de sortilégios, ele apresenta particularidades que dificultam um comparatismo direto[71]. Esse fenómeno é especialmente visível em Direitos Reais, transcendendo largamente um mero tema de propriedade. Impõe-se, por isso, uma remissão direta para o sistema inglês de Direitos Reais[72]. Faremos, aqui, um breve apontamento sobre a propriedade.

II. Falta, no Direito inglês tradicional, um conceito unitário de "propriedade"[73]. O problema é, desde logo, linguístico: na linguagem corrente, "propriedade" traduz-se por *ownership*; simplesmente, *ownership* não é um conceito jurídico, no âmbito do *Common Law*[74]. *Property*, por seu turno, tem um conteúdo mais amplo do que a "propriedade" continental[75]. Os *common lawyers* usam conceitos como *tenure*, *estate* e *interests in land*, sem tradução exata nos léxicos do Continente Europeu[76]. *Grosso modo*, há que distinguir a propriedade da terra da de outras situações de apropriação. Quanto à terra, mantém-se uma terminologia feudal[77]. *Tenure* (do francês *tenir*) significa que alguém detém direitos a partir do Rei ou de um *Lord*. O Rei era o senhor supremo, do qual se recebia o *fee* (do francês *fief*, latim *foedum*). O *estate* exprimia a detenção legítima da terra, mas sem especificar. O *fee simple* ocorria na ausência de limites temporais. Na falta de restrições, o *fee simple* era dito *absolute*. Na evolução subsequente, este filão desembocou nos *real estates* e na *real property*.

[71] A. Barreto Menezes Cordeiro, *Do Trust no Direito civil* (2014), 65 ss..

[72] *Tratado*, XIII, 125 ss..

[73] Wilhelm J. Zwalve/A.J. Boudevijn Sirks, *Grundzüge der europäischen Privatrechtsgeschichte/Einführung und Sachenrecht* (2012), 206 e 210.

[74] Uwe Kischel, *Rechtsvergleichung* (2015), § 5, Nr. 170 (331).

[75] *Law of Property* é usado, por Gerhard Dannemann/Reiner Schulze, *German Civil Code, Bürgerliches Gesetzbuch (BGB)*, I, *Article-by-Article Commentary* (2020), 1691 ss., para traduzir o alemão *Sachenrecht* (Direito das coisas).

[76] *Idem*, loc. cit.; *vide* Sir John Hamilton Baker, *An Introduction to English Legal History*, 5.ª ed. (2019), 241 ss..

[77] Sjef van Erp, *Comparative Property Law*, em Mathias Reimann/Reinhard Zimmermmann (ed.), *The Oxford Handbook of Comparative Law* (2008), 1043-1070 (1057-1059); Theodore F.T. Plucknett, *A Concise History of the Common Law* (2010), 506 ss..

III. No *Common Law*, a "propriedade" tem um alcance que transcende o da propriedade continental. No início, ele centrou-se na propriedade da terra, depois dita *real property*. Os clássicos *common law courts*, em Westminster, recusaram, durante muito tempo, ocupar-se de questões relativas a bens móveis: estas ficavam a cargo de jurisdições territoriais. Tradicionalmente, todos os objetos patrimoniais não classificáveis como imóveis eram ditos *chattels*: do latim medieval *catella*, gado, inglês atual *cattle*[78]. Na Idade Média, referia-se uma contraposição entre *chattels real* e *chattels personal*: os primeiros ligavam-se a imóveis e exprimiam *estates* limitados temporariamente, que apenas facultavam ações de indemnização. Daí evoluíram para a *personal property*[79]: um conceito muito amplo, obtido por defeito relativamente à titularidade de bens patrimoniais diversos dos imóveis. Estes dão hoje azo à *Land Law*. A *personal property* abrange (as nossas) coisas corpóreas, suscetíveis de posse (*tangible property*) e as incorpóreas (*intangible property*), que abarcam documentos, débitos, cheques, capitais e direitos de autor[80].

IV. Mau grado a geografia jurídica totalmente diferenciada, o Direito inglês acaba por disponibilizar soluções, no terreno, próximas ou mesmo equivalentes às dos Direitos do Continente. "Leis" relativamente recentes vieram simplificar os modos de transmissão da titularidade sobre as coisas, em especial através de reformas do registo, que o aproximaram dos Direitos continentais[81]. Também a venda de móveis (*chattels*) rege-se, hoje, pelo *Sale of Goods Act 1979*, que, simplificando, introduziu a transmissão consensual, ocorrendo com o acordo das partes[82].

[78] Wilhelm J. Zwalve/A.J. Boudevijn Sirks, *Grundzüge* cit., 244. *Vide*, com dados históricos: Sir John Hamilton Baker, *An Introduction to English Legal History* cit., 5.ª ed., 403 ss.; Michael Bridge, *Personal Property Law*, 4.ª ed. (2015), XXXIV + 317 pp., 10 ss.; Duncan Sheehan, *The Principles of Personal Property*, 2.ª ed. (2019), XLIV + 427 pp., 1 ss..

[79] *Vide*: Judith-Anne Mackenzie/Arune Nair, *Textbook on Land Law*, 18.ª ed. (2020), XXXV + 651 pp., 3 ss.; Mark Davys, *Land Law*, 11.ª ed. (2019), XL + 335 pp., 3 ss.; Ben McFarlane/Nicholas Hopkins/Sarah Nield, *Land Law*, 2.ª ed. (2020), XL + 453 pp., 2 ss.; todas estas obras têm um teor vincadamente prático.

[80] Duncan Sheehan, *The Principles of Personal Property* cit., 2.ª ed., 2-5.

[81] *Tratado*, XIII, 128.

[82] Michael Bridge, *Personal Property Law* cit., 4.ª ed., 153 ss.; Sjef van Erp, *Comparative Property Law* cit., 1061; Duncan Sheehan, *The Principles of Personal Property* cit., 2.ª ed., 33 ss..

V. O Direito inglês sofreu, nos últimos cento e cinquenta anos, uma evolução que o aproximou dos Direitos continentais. Todavia, manteve firme o fosso entre o *Land Law* e a *personal property*, em termos que surpreendem o jurista europeu comum. Os diversos institutos relativos ao aproveitamento das coisas – que não se limitam às corpóreas – obrigam a uma reconversão de conceitos com dificuldades linguísticas de readaptação. Não obstante, o sistema tem, na prática, evidentes contactos com os Direitos europeus continentais.

A evolução do *Common Law* nos Estados-Unidos é marcada por uma certa simplificação dos conceitos[83]. A propriedade está expressamente protegida pelas emendas 5.ª e 14.ª à Constituição. Há que lidar com regimes derivados da estrutura federal, com o UCC (*Uniform Commercial Code*)[84] e com a doutrina dos *Restatements*. Para uma introdução comparatística aos sistemas de Direitos Reais, a referência ao Direito inglês afigura-se suficiente. De notar que o Direito sul-africano, embora dando azo a uma literatura em inglês, não se integra no *Common Law*: mantém uma interessante ligação ao *Corpus Iuris Civilis*, utilizando claros e clássicos institutos românicos[85].

VI. Na literatura anglo-saxónica, confirma-se um desenvolvimento incipiente da matéria correspondente ao Direito das coisas, quando comparado com o espaço dado ao tema dos contratos e ao das sociedades. Todavia, estamos em face de um sistema maduro, adequado às realidades e que documenta como, sob os sortilégios histórico-culturais que modelam muitos institutos, é possível fazer atuar a Ciência do Direito, promovendo soluções racionais, razoáveis e previsíveis. Quanto à *property*: ela tem um campo de aplicação superior à propriedade de tipo romano-germânico, absorvendo diversos direitos reais, como o usufruto, a *mortgage* (paralela à hipoteca) e os bens intelectuais. O comparatismo tem, aqui, interessantes desafios.

[83] Com indicações: Uwe Kischel, *Rechtsvergleichung* cit., 360 ss..

[84] Consultável na Net; *vide* o § 2, Parte 3, sobre os efeitos da compra e venda e a Parte 4 quanto à aquisição de boa-fé.

[85] *Vide* Silberg/Schoemam, *The Law of Property*, 3.ª ed. por D.G. Kleyn/A. Boraine/W. der Plessis (1952), XVIII + 594 pp..

§ 3.º A PROPRIEDADE NA LUSOFONIA

10. As Ordenações

I. As Ordenações não sistematizam, em rubricas próprias, a matéria relativa a Direitos Reais. Ocupam-se da enfiteuse, das sesmarias, dos morgadios, da compra e venda e das defesas, sem preocupações exaustivas[86]. Essa situação deriva do recurso ao Direito comum, fundamentalmente às *Institutiones* de Justiniano. E se as Ordenações eram parcas quanto a Direitos Reais, elas só por incidente mencionam o direito de propriedade: o seu perfil básico era havido como evidente.

II. Os pequenos troços que referiam a propriedade salientavam a sua plenitude. Assim, no caso de, numa situação de enfiteuse, ocorrendo a morte do foreiro e não havendo acordo entre os herdeiros, ao fim de seis meses[87],

> (...) ficará o fôro devoluto ao Senhorio, se elle o quizer haver, e faça delle o que tiver por bem.

A propósito das sesmarias, verificados certos pressupostos relativamente a determinados prédios[88],

> (...) não os dêm de sesmarias, e deixem seus donos lograr-se delles, pois são seus.

[86] *Tratado*, XIII, 187.
[87] *Ord. Fil.*, Liv. IV, tit. XXXVI, § 1, *in fine* = ed. Gulbenkian, 813/I.
[88] *Ord. Fil.*, Liv. IV, tit. XLIII, § 11, *in fine* = ed. Gulbenkian, 825/II.

As Ordenações admitiam, ainda, a ação direta, por parte do "forçado"[89]. Em síntese e para além da defesa, as Ordenações deixam pairar as ideias de plenitude (*e faça delle o que tiver por bem*) e de pertença (*e deixem seus donos lograr-se delles, pois são seus*).

III. Pascoal de Melo (1738-1798) fixa os quadros gerais do domínio nos termos seguintes[90]:

O QUE É O DOMINIO

§ I – A principal espécie do direito *in re* (real) é o domínio, pelo qual entendemos o direito de dispor livremente da coisa, receber toda a sua utilidade, excluir os outros do seu uso, e reivindicá-la de quem quer que seja (...).

OS SEUS EFEITOS

§ II – Pode, pois, o dono dispor livremente da sua coisa, e transferi-la para outro; pode reivindicá-la em juízo por acções reais, e também defendê-la extrajudicialmente mesmo pela força, mas imediatamente e quando não é possível recorrer ao auxílio do juiz (...).

ALGUMAS VEZES RESTRINGEM-SE

§ III – Todavia, o domínio está sujeito às leis da sociedade, devendo o dono usar da coisa segundo as normas nelas prescritas, sem que com isso pareça perdê-lo ou possui-lo menos pleno. Por isso, os efeitos resultantes do domínio e a livre faculdade de usar a coisa são restringidos ora pelas leis gerais, ora pela própria convenção das partes.

IV. Nas suas *Notas a Melo*, Lobão (1744-1817) desenvolve um pouco a matéria. Reportando-se ao "domínio das pessoas particulares", Lobão explicita os efeitos seguintes[91]:

[89] *Ord. Fil.*, Liv. IV, tit. LVIII, § 2 = ed. Gulbenkian, 852/I e II.

[90] Pascoal de Melo, *Institutiones Juris Civilis Lusitani*, Liber III, *De jure rerum*, 4.ª ed., 1815, reimp., 1845), tit. II (*De dominio et possessione*), 13; usamos, no texto, a trad. de Miguel Pinto de Meneses, *Instituições do Direito civil português*, BMJ 165 (1967), 52-53.

[91] Manuel de Almeida e Sousa (de Lobão), *Notas de uso pratico e criticas/addições, illustrações, e remissões (à imitação das de Muller a Struvio)/Sobre todos os Titulos e todos os §§ do Livro 3.º das Instituições de Direito Civil Lusitano do Doutor Pascoal José de Mello Freire*, Parte III (1825), 81.

> 1.º poder qualquer alienallo livremente, se não ha Lei ou *pacto* que lhe cohiba a liberdade;
> 2.º defendello contra o invasor, ainda com mão armada;
> 3.º reivindicar do injusto possuidor a cousa (...).

V. Em síntese, podemos considerar que as Ordenações e a doutrina a elas ligada pressupunha o direito de propriedade como o direito máximo sobre uma coisa, assente na liberdade de disposição e nas medidas de defesa. Para além disso, boa parte do seu regime era construído por defeito, recorrendo-se ao *Corpus Iuris Civilis* para os meandros relativos aos modos de aquisição.

11. A pré-codificação

I. A pré-codificação, na área de Direitos Reais como noutras disciplinas, procedeu, antes de mais, a uma reordenação da matéria. O Direito das coisas ganhou uma autonomia mais clara, particularmente através do tomo IV do *Direito civil de Portugal*, de Borges Carneiro (1774-1833). Este Autor, procurando exprimir a ideia de propriedade, aproxima-se de uma fórmula geral mais completa[92]:

> O domínio ou senhorio de uma cousa consiste no direito de dispôr e usar della com exclusão de outrem; e de a desfrutar, alienar e reivindicar de qualquer possuidor (...)

II. Uma explanação geral sobre a "propriedade ilimitada", por oposição a direitos reais menores, deve-se a Liz Teixeira (1790-1847). Este Autor considera as coisas, o domínio e a posse e os diferentes modos de adquirir o domínio das coisas, seguindo-se a usucapião e o Direito das sucessões[93]. Quanto à propriedade, define[94]:

> O domínio, que hoje se diz geralmente propriedade, abrange, no sentido amplo, tudo o que é nosso, ou que forma o nosso patrimonio; e assim

[92] Manuel Borges Carneiro, *Direito civil de Portugal* (póstumo), IV (1840), Liv. II, t. 1, § 1 (41-42).

[93] António Ribeiro de Liz Teixeira, *Curso de direito civil portuguez*, II/1, *Do direito das cousas com relação à propriedade illimitada* (1848), XIV + 526 pp..

[94] *Idem*, 32-33.

> todas as cousas corporeas e incorporeas, que estão nos bens de cada um. Mas no sentido proprio ou restricto, diz-se propriedade ou dominio o direito, pelo qual uma cousa pertence a alguem completamente, para o que é necessario, que muitos direitos componentes, ou elementares se reunão no sujeito em quanto ao objecto, e são o direito de dispôr d'elle a seu gosto e vontade, o d'aproveitar-lhe toda a utilidade, de que elle é susceptivel, de mudar-lhe a fórma, o de vendel-o, dal-o, destruil-o, excluir os outros do seu uso, e finalmente o d'havel-o ou reivindical-o de qualquer, que o detem. Estes direitos, porém, elementos do dominio, que constituem sua natureza, e que como taes se atribuem ao sujeito, ou senhor nas differentes Ordd. citt. pelo A., não lhe permittem exercicio, nem de todos, nem de cada um d'elles, que seja contrario ás leis, ou offensivo dos direitos de terceiro, o que lhe resulta de seus deveres civis accumulados aos naturaes. Por isso é que o *Cod.* de Napoleão no art. 544., diz: «A propriedade é o direito de gozar e dispor das cousas da maneira mais absoluta, com tanto que d'ellas se não faça um uso prohibido pelas leis ou pelos regulamentos.»

A propriedade enriquece-se com diversos "direitos". Além disso, o Código Napoleão faz uma entrada na doutrina nacional.

III. Segue-se Correia Teles (1780-1849), que teve já em vista a preparação do "novo Código Civil". Dedica um título – o XIV – aos direitos e obrigações que derivam da propriedade. Esta é definida como[95]:

> (...) o direito de gozar de uma cousa e dos seus accessorios e rendimentos, com exclusão dos outros; e de poder dispôr d'ella como melhor parecer ao proprietario.

Ocupa-se, depois, das pessoas que podem ser proprietárias, do uso e abuso da propriedade, da compropriedade e da reivindicação[96]. Mau grado as múltiplas lacunas, a estrutura da propriedade e o seu regime ganham forma.

IV. Coelho da Rocha (1793-1850) traduz o ponto alto da pré-codificação. Dedicando o Livro II das suas Instituições aos "direitos das cousas", este Autor, já sob influência pandectística, versa a propriedade em geral, os modos de adquirir a propriedade, a posse e a prescrição, a propriedade

[95] José Homem Correia Teles, *Digesto Portuguez*, I, 3.ª ed. (1849), art. 732 (1, 94).
[96] *Idem*, art. 759-914 (97-116).

comum e os bens vinculados[97], antes de passar aos diversos direitos menores. Dá-nos a seguinte noção de propriedade[98]:

> § 401. *Propriedade*, no sentido lato, diz-se tudo o que faz parte da nossa fortuna, ou patrimonio: tudo o que nos pertence, seja corporeo, ou incorporeo. No sentido estricto diz-se *propriedade* (*dominium*) o direito de usar e dispor de uma cousa livremente, com exclusão de outros. O direito de propriedade contém, para assim dizer, um complexo de direitos parciaes, como o de dispor da cousa, de usar, de alienar, de a desfructar, de a possuir, e outros, os quaes se podem ainda decompôr. Quando estes direitos parciaes competem todos á mesma pessoa, diz-se que ella tem a *propriedade livre*, ou *perfeita* (*dominium plenum*). Porém muitas vezes estes direitos acham-se, ou divididos por differentes pessoas, ou ao menos restrictos pelos direitos, que outrem exerce sobre a mesma cousa; e neste caso diz-se *propriedade dividida, limitada, imperfeita*, ou *gravada (dominium minus plenum)*. Outras vezes a propriedade, quer livre, quer limitada, compete a muitas pessoas *pro indiviso*, e então diz-se *propriedade commum*. Estas differentes especies constituem a base da divisão das doutrinas d'este Livro.

Temos um tratamento muito completo, dotado de um sistema de exposição avançado. O passo seguinte coube ao Visconde de Seabra.

V. Ainda no período da pré-codificação, cumpre sublinhar a presença de obras relativas aos condicionamentos políticos e filosóficos subjacentes à propriedade. Autores como António Luís de Seabra (1798-1895)[99] e como João Madeira Abranches († 1883)[100] divulgaram o pensamento kantiano e krausista e sublinharam os limites do domínio. Tudo isso teve reflexo na codificação de 1867.

[97] Manuel António Coelho da Rocha, *Instituições de Direito civil portuguez*, 2.ª ed. (1848), §§ 401-530 (2, 282-365).

[98] *Idem*, § 401 (2, 282); os itálicos são do original.

[99] António Luís de Seabra (Visconde de Seabra), *A propriedade: philosophia do Direito: para servir de introducção ao commentario sobre a lei dos foraes* (1850), VII + + 320 pp., 35, 184 ss. e *passim*.

[100] João de Pina Madeira Abranches, *Até onde se pode extender a acção do Estado em quanto à propriedade territorial, e com respeito á cultura e saude publica?* (1864), 184 pp., 69 ss., 89 ss., 109 ss. e *passim*, incluindo uma análise sobre a enfiteuse (113 ss.).

12. O Código de Seabra (1867)

I. O primeiro Código Civil português ou Código de Seabra, de 1867[101], deu corpo a uma receção, adaptada e por vezes criativa, do sistema napoleónico[102]. Certas rubricas próprias de Direitos Reais foram remetidas para a parte relativa à aquisição de direitos (369.º a 566.º), enquanto o direito de propriedade ocupou a parte III (2167.º a 2360.º). Como "propriedades imperfeitas", foram aí incluídos os direitos reais menores (2189.º).

II. A noção de propriedade constava do seu artigo 2167.º:

> Diz-se direito de propriedade a faculdade, que o homem tem, dee applicar a conservação da sua existência, e ao melhoramento da sua condição, tudo quanto para esse fim legitimamente adquirir, e de que, portanto, pode dispôr livremente.

Explica o artigo 2169.º:

> O direito de propriedade abrange:
> 1.º O direito de fruição;
> 2.º O direito de transformação;
> 3.º O direito de excluir e defeza;
> 4.º O direito de restituição e de indemnisação, nos casos de violação, damno ou usurpação;
> 5.º O direito de alienação.

Prosseguindo o artigo 2170.º:

> O direito de propriedade, e cada um dos direitos especiaes que esse direito abrange, não teem outros limites senão aquelles que lhes forem assignados pela natureza das cousas, por vontade do proprietario, ou por disposição expressa da lei.

III. O "direito" de fruição ocupava o título V (2287.º a 2314.º), abrangendo a acessão. O de transformação (2315.º a 2338.º) ocupava o título VI, envolvendo plantações, escavações, construções e edificações, muros

[101] O projeto foi publicado: António Luís Seabra, *Codigo Civil Portuguez* (1859), 703 + IX pp.; aí, 543 ss., surge a matéria da propriedade.

[102] *Tratado*, XIII, 190 ss..

e paredes-meias e os depósitos de matérias nocivas. A exclusão e a defesa (2339.º a 2355.º) animavam o título VIII e comportavam a demarcação, a tapagem, a ação direta e o embargo de obra nova. A restituição e a indemnização (2356.º) abarcavam a reivindicação e o ressarcimento de danos (Título VIII), sendo o "direito" de alienação (Título IX, artigos 2357.º a 2360.º) "inerente à propriedade" (2359.º).

IV. À luz do Código de Seabra floresceram os grandes comentários de Dias Ferreira (1837-1909)[103] e de Cunha Gonçalves (1875-1956)[104], bem como relevantes exposições gerais de Direito das coisas[105]. Podemos considerar que, a partir de Seabra, o *ius romanum* atual falado em português ganhou um *corpus* praticamente integral. Já quanto à definição significativo-ideológica de propriedade (2167.º)[106] e à técnica de construir o domínio como um somatório de direitos parcelares (2169.º e 2170.º, acima transcritos): trata-se de composições que fizeram a sua época e que a doutrina subsequente se encarregaria de rever.

13. **A receção do pandectismo**

I. A receção do pandectismo, antecipada, no Brasil, através de Teixeira de Freitas e preparada pelo *usus modernus* e por Coelho da Rocha[107], foi consumada por Guilherme Moreira (1861-1922). Seguindo o sistema de Heise, este Autor colocou as coisas na Parte geral e inseriu Direitos Reais no Livro III[108]. A sua exposição não passou de uma pré-edição, sem frontespício e sem índice. Todavia, foi suficiente para prenunciar um novo momento no civilismo lusófono.

[103] José Dias Ferreira, *Codigo Civil portuguez annotado*, V, 1.ª ed. (1876), 7-106 e IV, 2.ª ed. (175-282).

[104] Luís da Cunha Gonçalves, *Tratado de Direito civil português/em Comentário ao Código Civil português*, XI (1937), 129-762 e XII (1938), 5-341.

[105] *Vide* a bibliografia referente a este período, no *Tratado*, XIII, 36-37.

[106] De inspiração krausista, na linha do Visconde de Seabra e como faz notar o próprio Guilherme Moreira, na obra referida na nota 108.

[107] *Tratado*, XIII, 195 ss. e *passim*.

[108] Guilherme Moreira, *Instituições de Direito civil*, III – *Dos direitos reaes* (s/d, mas 1904), 160 pp..

II. O Livro III de Guilherme Moreira, ocupava-se, sucessivamente, dos direitos reais, da posse, da propriedade e das diversas formas da sua aquisição. Criticando a noção de propriedade do Código de Seabra (2167.º), Moreira adere à noção de Chironi (1855-1918)[109], segundo o qual a propriedade é[110]:

> a relação entre a pessoa e a cousa, pela qual esta fica sujeita ao poder directo, absoluto e exclusivo daquella.

Ainda citando Chironi, a propriedade não resulta da soma ou reunião dos direitos especiais – que Guilherme Moreira explica tratar-se de poderes: é só "o poder absoluto e exclusivo, que abraça e abrange toda a cousa".

III. A opção de Guilherme Moreira, potenciando um aprofundamento da Ciência de Direitos Reais, não foi integralmente pandectística. Assim, versou as garantias reais no livro dedicado às obrigações. Isto dito e apesar de pouco desenvolvido, o seu sistema de Direitos Reais abriu uma via que, volvidos mais de um século, se mantém em aberto.

IV. Na evolução subsequente, o pandectismo conheceu retrocessos. Jaime de Gouveia (1886-1948), criticando o "sistema do positivismo jurídico" que considera professado por Windscheid e Bekker[111], defende uma orientação sociológica, inspirada em Comte[112] e em Duguit[113]: a propriedade não é um direito do proprietário: é uma função social[114]. Entende que ela abrange os poderes de fruição e de transformação, sendo os restantes

[109] Guilherme Moreira teve em vista Giampietro P. Chironi, *Istituzioni di diritto civile italiano*, 1888-1889, 1.ª ed.; a 2.ª (1912), comporta: 1 (XIX + 491 pp.) e 2 (594 pp.), sendo posterior à obra de Moreira. Chironi foi, com Luigi Abello (1870-1947), autor do *Trattato di diritto civile italiano*, I – *Pare generale* (1904), XII + 739 pp., de feição pandectística, tendo ainda traduzido para italiano as *Pandekten* de Dernburg, em três volumes.

[110] *Idem*. § 127 (47).

[111] Jaime Augusto Cardoso de Gouveia, *Construção jurídica de propriedade* (1919), 167 pp., 17.

[112] Auguste Comte (1798-1857), é conhecido como positivista de inspiração sociológica.

[113] Léon Duguit (1859-1928), publicista francês, é referenciado pelas posições negativistas relativamente ao direito subjetivo. Teve influência na Faculdade de Direito de Lisboa.

[114] Jaime de Gouveia, *Construção jurídica de propriedade* cit., 35 ss..

"direitos" referidos no Código de Seabra, fatores comuns aos demais direitos[115]. Em suma: com os avanços e os recuos próprios das humanísticas, a doutrina da propriedade foi progredindo, ao longo do século XX, mas sempre sob a capa do *ius romanum*.

14. O Código de 1966

I. Aquando da preparação do Código Civil de 1966, na sequência de trabalhos iniciados em 1944, o Direito das coisas foi atribuído a Fernando Andrade Pires de Lima[116]. Este Autor elaborou um anteprojeto relativo à propriedade[117], com exceção da compropriedade, confiada a Luís Pinto Coelho[118]. Ao contrário do que sucedeu com este último Autor, Pires de Lima limitou-se a apresentar um articulado corrido, sem anotações e sem qualquer justificação de motivos. Apenas no *Código Civil anotado* de Pires de Lima/Antunes Varela podemos encontrar algumas explicações sobre o texto apresentado.

II. O anteprojeto de Pires de Lima comporta 140 artigos, com uma ordenação idêntica à que hoje encontramos no Código Civil. As modificações foram mínimas. Elas podem ser seguidas na 1.ª (1963) e na 2.ª revisões ministeriais (1965), bem como no Projeto (1966): respetivamente artigos 1287.º a 1426.º[119], 1316.º a 1438.º[120] e 1316.º a 1438.º[121], incluindo a propriedade horizontal que deve, hoje, ser considerada como um tipo real autónomo.

III. O método seguido na preparação do Livro III do Código Civil, no que tange à propriedade, destoa fortemente com o seguido noutras áreas e, em especial, na das obrigações em geral. Claramente apoiado no Código

[115] *Idem*, 83.

[116] *Tratado*, XIII, 198 ss., com indicações.

[117] Fernando Pires de Lima, *Direito de propriedade (Anteprojecto para o futuro Código Civil)*, BMJ 123 (1963), 225-285.

[118] Luís Pinto Coelho, *Da comunhão de propriedade e da comunhão de outros direitos reais*, BMJ 102 (1961), 181-206 e 103 (1961), 155-282.

[119] *Código Civil/Livro III – Direito das coisas*, BMJ 124 (1963), 24-83.

[120] *Código Civil/Livro III – Direito das coisas (2.ª Revisão Ministerial)* (1965, polic.), 22-77.

[121] *Projecto de Código Civil* (1966), 378-423.

italiano de 1942, como veremos a propósito de cada rubrica, a propriedade, no Código Civil vigente, mantém-se como Direito romano atual.

15. **Os códigos brasileiros**

I. O Direito civil brasileiro assente na tradição lusófona das Ordenações e da Lei da Boa Razão (1769), enveredou para a área romano-germânica (ou pandectística), por obra de Teixeira de Freitas (1816-1883) e dos seus seguidores[122]. Na base de um anteprojeto de Clóvis Beviláqua (1859-1944), foi aprovado um primeito Código Civil, de 1916, de inspiração germânica.

II. A propriedade surge na parte especial, Livro II – Da posse e do Direito das coisas (485.º a 862.º). Ocupa, aí, o título II – Da propriedade, com o seguinte conteúdo[123]:

Capítulo I – Da propriedade (524.º a 529.º);
Capítulo II – Da propriedade immovel (530.º a 591.º):
  Secção I – Da acquisição da propriedade immovel (530.º);
  Secção II – Da acquisição pela transcripção do titulo (531.º a 535.º);
  Secção III – Da acquisição por acessão (536.º a 549.º);
  Secção IV – Do usucapião (550.º a 553.º);
  Secção V – Dos direitos de visinhança (554.º a 588.º);
  Secção VI – Da perda de propriedade immovel (589.º a 591.º).
Capítulo III – Da acquisição e perda de propriedade movel (592.º a 622.º):
  Secção I – Da occupação (592.º a 610.º);
  Secção II – Da especificação (611.º a 614.º);
  Secção III – Da confusão, commistão e adjunção (615.º a 617.º);
  Secção IV – Do usucapião (618.º e 619.º);
  Secção V – Da tradição (620.º a 622.º).
Capítulo IV – Do condomínio (623.º a 646.º):
  Secção I – Dos direitos e deveres dos condominos (623.º a 634.º);
  Secção II – Da administração do condominio (635.º a 641.º);
  Secção III – Do condomínio em paredes, cercas, muros e vallas (642.º a 645.º);
  Secção IV – Do compascuo (646.º).

[122] *Tratado*, XIII, 208 ss., com indicações.
[123] Paulo Merêa, *Código civil brasileiro anotado* (1917), 200-241.

Capítulo V – Da propriedade resoluvel (647.º e 648.º).
Capítulo VI – Da propriedade litteraria, scientifica e artistica (649.º a 673.º).

A ordenação é clara e muito correta, sendo percetível a sombra do BGB alemão. Apenas o capítulo VI implica um desvio, uma vez que não postula coisas corpóreas.

III. A evolução económico-social e jurídico-científica da grande Nação Brasileira recomendou a preparação de um novo Código Civil. Após prolongados preparatórios, este veio a ser adotado em 2002[124]. Conservou o sistema de 1916 e manteve muitos dos seus preceitos, permitindo aproveitar a doutrina e a jurisprudência formadas ao abrigo do Código anterior.

A propriedade surge no título III do livro III da Parte especial (1228.º a 1227.º). Tem o seguinte conteúdo geral:

Capítulo I – Da propriedade em geral (1228.º a 1237.º):
Seção I – Disposições preliminares (1228.º a 1232.º);
Seção II – Da descoberta (1233.º a 1237.º).
Capítulo II – Da aquisição da propriedade imóvel (1238.º a 1259.º):
Seção I – Da usucapião (1238.º a 1244.º);
Seção II – Da aquisição pelo registro do título (1245.º a 1247.º);
Seção III – Da aquisição por acessão (1248.º a 1259.º)[125].
Capítulo III – Da aquisição da propriedade móvel (1260.º a 1274.º):
Seção I – Da usucapião (1260.º a 1262.º);
Seção II – Da ocupação (1263.º);
Seção III – Do achado do tesouro (1264.º a 1266.º);
Seção IV – Da tradição (1267.º e 1268.º);
Seção V – Da especificação (1269.º a 1271.º);
Seção VI – Da confusão, da comistão e da adjunção (1272.º a 1274.º).
Capítulo IV – Da perda da propriedade (1275.º e 1276.º).
Capítulo V – Dos direitos de vizinhança (1277.º a 1313.º):
Seção I – Do uso anormal da propriedade (1277.º a 1281.º);
Seção II – Das árvores limítrofes (1282.º a 1284.º);
Seção III – Da passagem forçada (1285.º);
Seção IV – Da passagem de cabos e tubulações (1286.º e 1287.º);
Seção V – Das águas (1288.º a 1296.º);

[124] *Tratado*, XIII, 214 ss., com indicações.
[125] Foram omitidas as subsecções desta secção III.

Seção VI – Dos limites entre prédios e do direito de tapagem (1297.º e 1298.º);
Seção VII – Do direito de construir (1299.º a 1313.º).
Capítulo VI – Do condomínio geral (1314.º a 1330.º):
Seção I – Do condomínio voluntário (1314.º 1326.º)[126];
Seção II – Do condomínio necessário (1327.º a 1330.º).
Capítulo VII – Do condomínio edilício (1331.º a 1358.º-A):
Seção I – Disposições gerais (1331.º a 1346.º);
Seção II – Da administração do condomínio (1347.º a 1356.º);
Seção III – Da extinção do condomínio (1357.º e 1358.º);
Seção IV – Do condomínio de lotes (1358.º-A).
Capítulo VII-A – Do condomínio em multipropriedade (1358.º-B a 1358.º-U):
Seção I – Disposições gerais (1358.º-B a 1358.º-E);
Seção II – Da instituição da multipropriedade (1358.º-F a 1358.º-H);
Seção III – Dos direitos e das obrigações do multiproprietário (1358.º-I a 1358.º-K);
Seção IV – Da transferência da multipropriedade (1358.º-L);
Seção V – Da administração da multipropriedade (1358.º-M e 1358.º-N);
Seção VI – Disposições específicas relativas às unidades autónomas de condomínios edilícios (1358.º-O a 1358.º-U).
Capítulo VIII – Da propriedade resolúvel (1359.º e 1360.º).
Capítulo IX – Da propriedade fiduciária (1361.º a 1368.º-B.º).

IV. A entrada em vigor do Código Civil de 2002, como sempre sucede nestas ocasiões, originou uma literatura assente em comentários e em anotações à nova lei. Seguiu-se-lhe uma fase muito fecunda de exposições gerais, cujo número, em pouco tempo, ultrapassou as dezenas. Assim, em termos não exaustivos, referimos: Arnoldo Wald[127], Orlando Gomes[128], Paulo Nader[129], Álvaro Villaça Azevedo[130], Caio Mário da Silva Pereira[131],

[126] Foram omitidas as subsecções desta secção I.

[127] Arnold Wald, *Direito civil/Direito das coisas*, 13.ª ed. (2011), 387 pp., 141-250.

[128] Orlando Gomes, *Direitos reais*, atual. Luiz Edson Fachin, 21.ª ed. (2012), XXXVI + 462 pp..

[129] Paulo Nader, *Curso de Direito civil*, 4 – *Direito das coisas*, 7.ª ed. (2017), 573 pp., 91-317.

[130] Álvaro Villaça Azevedo, *Curso de Direito civil/Direito das coisas*, 2.ª ed., (2019), 216 pp., 49-140.

[131] Caio Mário da Silva Pereira, *Instituições de Direito Civil*, IV – *Direitos reais*, 27.ª ed. (2019), XX + 411 pp., 65-217.

Leonardo Estevam de Assis Zanini[132], Marco Aurélio Bezerra de Melo[133], Carlos Roberto Gonçalves[134], Flávio Tartuce[135], Gustavo Tepedino, Carlos Monteiro Filho e Pablo Renteria[136], Maria Helena Diniz[137], Pablo Stolze Gagliano e Rodolfo Pamplona Filho[138] e Sílvio de Salvo Venosa[139]. O papel da propriedade é preponderante, nas obras respetivas.

Seguem-se monografias especializadas que aprofundam os aspetos mais delicados da dogmática real.

V. O intercâmbio luso-brasileiro deve ser incentivado, dando corpo ao sistema lusófono de Direito. Em paralelo, os contactos com os demais Direitos lusófonos, dotados de relevantes experiências no campo do Direito das coisas[140], já em curso, devem igualmente ser intensificados.

[132] Leonardo Estevam de Assis Zanini, *Direito civil/Direito das coisas* (2019), 446 pp., 103-301.

[133] Marco Aurélio Bezerra de Melo, *Direito civil/Coisas* (2019), XXVI + 541 pp., 91-314.

[134] Carlos Roberto Gonçalves, *Direito civil brasileiro, 5 – Direito das coisas*, 15.ª ed. (2020), 680 pp., 223-456.

[135] Flávio Tartuce, *Direito civil, 4 – Direito das coisas*, 12.ª ed. (2020), 896 pp., 131-490.

[136] Gustavo Tepedino/Carlos Monteiro Filho/Pablo Renteria, *Fundamentos de Direito civil, 5 – Direitos reais* (2020), 616 pp.91-296.

[137] Maria Helena Diniz, *Curso de Direito civil brasileiro, 4 – Direito das coisas*, 34.ª ed. (2020), 722 pp., 127-399.

[138] Pablo Stolze Gagliano/Rodolfo Pamplona Filho, *Novo curso de Direito civil, 5 – Direitos reais*, 2.ª ed. (2020), 584 pp., 109-334.

[139] Sílvio de Salvo Venosa, *Direito civil, 4 – Direitos reais*, 20.ª ed. (2020), 768 pp., 171-478.

[140] *Tratado*, XIII, 222 ss..

CAPÍTULO II

DOGMÁTICA GERAL DA PROPRIEDADE

§ 4.º AS COORDENADAS DA PROPRIEDADE

16. A resiliência evolutiva

I. A propriedade, quer na sua construção jurídica, quer nos preentendimentos que a acompanham, foi tecida em torno do *dominium* dos imóveis. No longo período da sedentarização da Humanidade e até, *grosso modo*, ao século XIX, a ordem dominial imobiliária era o modelo da apropriação. O senhorio da terra significava riqueza, estatuto social e poder político. As revoluções tinham uma dimensão territorial: inscreviam, no rol das mudanças, a redistribuição da terra. Toda uma reestruturação dogmática, incluindo as representações mentais, foi talhada pela ideia da propriedade territorial. E ainda hoje, mau grado as alterações estruturais dos dois últimos séculos, ao folhear os códigos vigentes, o regime de Direitos Reais prefigura a atribuição jurídica da terra e as técnicas do seu aproveitamento.

II. Alguma doutrina aponta o Direito civil, particularmente Direitos Reais, como a ordem jurídica dos agricultores. Contrapor-se-ia ao Direito comercial, que lidaria com os serviços, a indústria e a distribuição. Há simplismo. Desde logo, não é possível proceder a uma estratificação dos Direitos civil e comercial: interpenetram-se, sendo que o Direito mercantil vai, ao civil, buscar o essencial da sua dogmática. De seguida, o fetichismo da terra domina na própria área comercial, promovendo os modelos de apropriação imobiliária junto dos comerciantes (*lato sensu*). Áreas aparentemente emancipadas, como o Direito bancário, trabalham correntemente com garantias reais sobre imóveis, sendo o grande motor, por exemplo, do registo predial. Finalmente, disciplinas indubitavelmente comerciais equivalem a evoluções de Direitos Reais: pense-se no registo comercial que, nominal e demarcadamente, se vem emancipando do registo predial[141].

III. A Revolução Industrial marcou o início de sucessivos saltos tecnológicos, até alcançar a digitalização em curso. A grande riqueza deslocou-se da propriedade da terra para a titularidade de unidades industriais, titularidade essa assegurada através de participações societárias, *maxime* ações de sociedades anónimas. De unidades industriais passou-se à prestação organizada de serviços, à propriedade intelectual traduzida, em especial, nas patentes. No terreno, as fortunas evoluíram para as fontes de energia, em especial o petróleo e, destas, para as multinacionais da informática e da distribuição. Com isto, poder-se-ia propugnar o declínio da disciplina Direitos Reais. Toda esta evolução nunca dispensou, todavia, a apropriação de coisas corpóreas. As sociedades anónimas que, em última análise, controlam a riqueza são, elas próprias as titulares dos direitos reais que escapam aos particulares.

IV. A construção básica da propriedade como um espaço de liberdade centrado na apropriação de um bem opera para além do estrito Direito das coisas. A propriedade, à qual devemos a ideia de direito subjetivo, funciona como matriz da ideia de "dono": o que manda, o que dispõe, o que é protegido pela ordem jurídica. A extraordinária resiliência da propriedade reside em que ela cristaliza as representações do bem estar geral e dos interesses dos próprios. Condiciona toda a política, os valores e as aspirações individuais, dando corpo ao progresso[142].

A propriedade legitimou, normalizou e traçou fronteiras entre o permitido e o proibido, evoluindo nos seus objetos e nas formas de concretização: sociedades esclavagistas, agrícolas, mercantilistas, industriais, pós-industriais, assentes em bens imateriais e digitalizadas: todas desembocam no grande oceano, implícito no imaginário individual e coletivo da

[141] *Vide Direito comercial*, 5.ª ed. (2022), 421 ss..

[142] Hannes Siegrist/David Sugarmann, *Geschichte als historisch-vergleichende Eigentumswissenschaft/Rechts-, kultur- und gesellschaftsgeschichtliche Perspektiven*, em Siegrist/David Sugarmann, *Eigentum im internationalen Vergleich (18.-20. Jahrhundert)* (1999), 293 pp., 9-29 (13). Há recensões quanto à publicação geral: John Breuilly, *The American Historical Review*, 105 (2000), 1703-1704 e Margrit Seckelmann, SZGerm 119 (2002), 922-926.

propriedade[143]. E o paradigma desse resiliente instituto é dado pelo *dominium* ou propriedade enquanto direito real, paradigma esse que, sendo o direito real mais importante[144], vem formatar, em termos abstratos[145], o essencial da apropriação privada e, por projeção, da denominada apropriação pública.

17. Componentes significativo-ideológicas

I. A propriedade está no núcleo do debate sobre a legitimidade da apropriação privada: para aí se remete[146]. Para além desse debate, é frequente integrar, nesse direito real, elementos respigados de entendimentos político-sociais sobre o que seja – ou deva ser – a apropriação de bens. Cabe ponderar esse fenómeno, que podemos *grosso modo* reconduzir ao envolvimento de dados significativo-ideológicos na própria construção jurídica da propriedade e, a partir daí, ao seu regime.

II. Admitindo a propriedade como ligada à natureza das pessoas[147], põe-se o problema das desigualdades daí decorrentes[148]. A correção, prefigurada na Constituição de Weimar através da fórmula "a propriedade obriga"[149], levou a um acentuar de deveres reportados ao seu titular[150], imergindo-a nas ideias de família ou de comunidade[151] e contrapondo-a a

[143] Temos em mente a interessante monografia de Gunnar Folke Schuppert, *Eigentum Neu Denken/Ein Rechtsinstitut zwischen Wandel und Resilienz* (2019), 273 pp., 204 ss., sublinhando a sua resiliência.

[144] Friedrich Darmstaedter, *Der Eigentumsbegriff des Birgerlichen Gesetzbuchs*, AcP 151 (1950/51), 311-342 (311): quanto à preparação do § 903/1, que dá conta dos poderes do proprietário, Horst Heinrich Jakobs/Werner Schubert, *Die Beratung des Bürgerlichen Gesetzbuches/in systematischer Zusammenstellung der unveröffentlichten Quellen//Sachenrecht* – I, §§ 854-1017 (1985), XIV + 945 pp. (441 ss.).

[145] O grande historiador Paolo Grossi, *La proprietà e le proprietà nell' officina dello storico*, em Enrico Cortese, *La proprietà e le proprietà* (1988), 568 pp., com escritos de 14 autores, 205-272 (271-272), sublinha precisamente a forte abstração da propriedade.

[146] *Tratado*, XIII, 141 ss..

[147] Recordamos Ferdinand Tönnies, *Das Eigentum* (1926), 50 pp., 14.

[148] Eugen Schwiedland, *Das Eigentum*, 2.ª ed. (1918), 27 pp., 23 ss..

[149] *Tratado*, XIII, 150 ss..

[150] Franz Wieacker, *Wandlungen der Eigentumsverfassung* (1935), 94 pp., 59.

[151] Hermann Eichler, *Wandlungen des Eigentumsbegriffes in der deutschen Rechts-*

pretensas correntes líbero-individualistas anteriores[152]. Orientações deste tipo, levadas ao extremo pelos regimes totalitários anteriores à II Guerra Mundial, na Alemanha e em Itália, tiveram um curioso paralelo no Leste europeu, então pró-soviético[153].

III. No segundo pós-guerra (após 1945), as posições mais extremistas, no tocante à transformação da liberdade dominial do proprietário, num feixe funcionalizado de obrigações, amainaram. Manteve-se, todavia, a ideia de uma dimensão social da propriedade, alicerçada no artigo 14.º da Lei Fundamental alemã, que reproduz, da Constituição de Weimar, o *Eigentum verpflichtet*[154]. Encontramos, nas literaturas italiana[155] e austríaca[156], projeções dessa mesma orientação. No fundo, procurou-se uma conciliação, ainda que vocabular, entre as orientações tradicionais de tipo liberal e as ideologias que questionavam a propriedade privada. O debate perdeu atualidade política. Teve, contudo, projeções dogmáticas que importa conhecer.

IV. O direito de propriedade sempre terá tido limites. A decisão quanto à extensão desses limites é uma opção política de governos e de parlamentos, a dosear com as dimensões tributárias[157]. Em termos de construção

auffassung und Gesetzgebung (1938), XVIII + 348 pp., 245 ss.; *vide* a rec. de Paul Rehme, SZ Germ 59 (1939), 617-619.

[152] Theodor Steimle, *Das deutsche Recht und der Eigentumsbegriff*, Zeitschrift für Nationalökonomie/Joumal of Economics 10 (1942), 293-304 (302).

[153] Benvenuto Samson, *Die Wandlungen des Eigentumsbegriffs in der SBZ*, JR 1961, 41-47 (41/II e *passim*); SBZ é a sigla para *Sowjetische Besatzungszone* ou Zona de Ocupação Soviética, que deu origem à ex-RDA.

[154] *Tratado*, XIII, 150-151, com indicações; recordamos Rudolf Reinhard, *Wo liegen für den Gesetzgeber die Grenzen, gemäß Art. 14 des Bonner Grundgesetzes über Inhalt und Schranken des Eigentums zu bestimmen?*, em Reinhard/Scheuner, *Verfassungsschutz des Eigentums/zwei Abhandlungen* (1954), 1-62 (7 ss.).

[155] Pietro Rescigno, *Per uno studio sulla propietà*, RDCiv XVIII (1972), I, 1-67 (37 ss.); Pietro Perlingieri, *Introduzione alla problematica della proprietà* (1971), 203 pp., 186 ss.; Paolo Pollice, *Introduzione allo studio di diritti reali* (1999), 202 pp., 20; Antonio Innarelli, *Proprietà e beni: saggi di diritto privato* (2018), XII + 5490 pp, 69 ss..

[156] Ursula Floβmann, *Eigentumsbegriff und Bodenordnung im historischen Wandel/ /Ein Beitrag zum Rechtsverständnis der konstitutionellen Eigentumsgewähleistung des 19. Jahrhundert* (1976), 151 pp., 22 ss. e *passim*; *vide* a rec. de Wolfgang-Rüdiger Mell, SZGerm 95 (1978), 371-377.

[157] Liam Murphy/Thomas Nagel, *The Myth of Ownership/Taxes and Justice* (2002), X + 228 pp., 173 ss. (a política não é feita por reis filósofos), Edward Feser, *Classical*

jurídica, o problema reside em saber se tais limites devem preencher o próprio núcleo técnico-juridico da propriedade. Podemos, com Pawlowski (1931-2016), contrapor uma propriedade substancial e uma propriedade funcional[158], com uma natural conclusão da utilidade das duas vertentes[159]. Na prática, perguntar pelo limite da propriedade é indagar até onde vai o poder de decisão do seu titular[160]. Esta margem deriva, em larga medida, de externalidades alheias ao domínio em si, sendo inevitável referir a sombra de Coase (1910-2013), abaixo mencionado.

18. Propriedade e *law & economics*

I. Uma aportação útil para apurar os contornos do direito de propriedade, tomada no sentido amplo do termo, vem-nos do pensamento materialista norte-americano, conhecido como análise económica do Direito ou *law & economics*. Como ponto de partida mais imediato, podemos apontar o professor inglês, radicado nos Estados-Unidos, Ronald Harry Coase (1910-2013), prémio Nobel da economia, em 1991. Coase sublinhou o papel da propriedade no jogo das influências que ela possa ter junto de terceiros: as externalidades. Estas podem ser positivas, quando aprazíveis, ou negativas, quando prejudiciais. Na presença de externalidades negativas (p. ex., uma fábrica poluente), o Estado pode intervir, com taxas ou com multas. Mas a melhor solução consiste num acordo entre o proprietário e os lesados: estes, mediante uma compensação acordada, podem reverter para positiva uma externalidades negativa. Temos um enunciado simples do teorema de Coase[161] o qual, na sua simplicidade, abre as portas a rela-

Natural Law Theory. Property Rights, and Taxation, em *Social Philosophy and Policy* 27 (2010), 21-52 (45 ss.).

[158] Hans-Martin Pawlowski, *Substanz- oder Funktionseigentum?*, AcP 165 (1965), 396-420 (411 ss. e 414 ss.).

[159] *Idem*, 419.

[160] Armen A. Alchiam/Harold Demsetz, *The Property Right Paradigm*, em The Journal of Economic History 33 (1973), 16-27 (17).

[161] Ronald Harry Coase, *The Problem of Social Cost*, em The Joumal of Law & Economics, 3 (1960), 1-44 (2 ss.): um dos escritos mais citados de sempre. Sobre o teorema de Coase, a literatura é inabarcável; referimos Peter Bernholz, *Property rights, contracts, cyclical social preferences and the Coase theorem: a synthesis*, European Joumal of Political Economy, 13 (1997), 419-442 (420 e *passim*); Horst Eidenmüller, *Effizienz als*

ções de reciprocidade que o domínio, aparentemente isolado na sua soberana relação com a coisa, não pode ignorar.

II. Em paralelo, progrediu a análise económica da propriedade[162]. Nome-chave desta corrente, Possner (nasc. 1939) sublinha que, do ponto de vista estático, a propriedade permite um aproveitamento (mais) eficiente dos recursos enquanto, no plano dinâmico, ela faculta a circulação de bens no mercado. Micheli (1946-2020) distingue as regras da propriedade das da responsabilidade: as trocas consensuais são regidas pelas primeiras, enquanto as não-consensuais assentam nas segundas. O consenso, por seu turno, deriva das mútuas vantagens obtidas pelos intervenientes[163] e dos custos de transação necessários para concretizar o acordo. Tais custos, sendo muito elevados, podem tornar ineficiente a transação acordada, sendo melhor substituídos pela responsabilidade[164]. Assim, se num desacordo entre vizinhos, os custos de um acordo forem muito elevados, melhor será pedir, ao tribunal, uma solução.

III. A análise económica lida com a ideia ampla de propriedade, ainda quando, no fundo, os exemplos e as matrizes desemboquem, geralmente, na titularidade de coisas corpóreas. Num prisma jurídico-económico, a propriedade implica direitos de atuação[165]: (1) a utilização ou *usus*; (2) a acaparação dos produtos dela derivados ou *usus fructus*; (3) a modificação

Rechtsprinzip/Möglichkeiten und Grenzen der ökonomischen Analyse des Rechts, 2.ª ed. (1998), XV + 522 pp., 59 ss..

[162] Richard Allen Possner, *Economic Analysis of Law*, 5.ª ed. (1998), XXI + 802 pp., 36 ss.; a 1.ª ed. é de 1973 e existe uma 8.ª, de 2010; Yoram Barzel, *Economic Analysis of Property Rights* (1999), IX + 161 pp., 3 (*individual ability*).

[163] Tendo, no horizonte, o ótimo de Pareto (1848-1923), obtido quando não seja possível aumentar as utilidades de um parceiro, sem prejudicar o outro. O ótimo de Pareto é completado com o critério ou melhoria (*improvement*) de Kaldor-Hicks (Nicholas Kaldor, 1908-1986 e John Hicks, 1904-1989), segundo o qual a pessoa beneficiada numa relação pode compensar a prejudicada, assim se obtendo uma eficiência que, à luz do puro ótimo de Pareto, não teria lugar.

[164] Thomas J. Miceli, *Economics of the Law/Torts, Contracts, Property, Litigation* (1997), X + 236 pp., 115 ss..

[165] Hans-Bernd Schäfer/Claus Ott, *Lehrbuch der ökonomischen Analyse des Zivilrecht*, 4.ª ed. (2005), XXXVII + 713 pp., 549 ss..

da forma e da substância ou *abusus*; (4) a transmissão desses "direitos": economicamente, é a base do mercado[166].

Num plano dinâmico, a propriedade opera no mercado, baseando a legitimidade processual. Além disso, ela define relações de poder empresariais e assegura a distribuição do risco, isto é, a atribuição de lucros e de perdas[167].

IV. A análise económica do Direito teve um influxo na doutrina alemã dos finais do século XX. De certo modo, acompanhou a penetração da cultura anglo-saxónica no Continente, o que só representa um ganho se não puser em causa leituras mais profundas das humanísticas. No plano jurídico, ela pretendeu potenciar um melhor conhecimento da atuação humana, partindo da ideia de que o *homo oeconomicus* está presente nos agentes que desenvolvem condutas juridicamente relevantes. Mas vai mais longe: a *law & economics* visa obter (melhores) soluções de Direito.

Num típico fenómeno de moda, a análise económica perdeu o influxo inicial[168]. Mas não deve ser minimizada nem, muito menos, ignorada: ela permite, sob fórmulas tradicionais, apurar a "verdade" das relações patrimoniais humanas. Pergunta-se se ela visa a política legislativa, a interpretação melhorada das fontes e dos contratos ou a própria bitola de decisão. Para além dessa ambiguidade, a análise económica joga mal com as dimensões histórico-culturais, particularmente vivas no Direito civil e em Direitos Reais. Além disso, é-lhe censurado[169]: (1) o desconsiderar os meandros da Ciência do Direito; (2) o remover os esquemas existentes, sem os substituir; (3) o prejudicar os fracos; (4) o pôr em causa a cultura jurídica.

V. Para além do potencial explicativo, útil, também, no Direito comparado[170] e na delimitação do domínio público[171], a análise económica

[166] Guy Kirsch, *Neue Politische Ökonomie*, 5.ª ed. (2004), XVIII + 439 pp., 35.

[167] Fernando Araújo, *Teoria económica do contrato* (2007), 1340 pp., 252 ss..

[168] *Vide* o *Tratado*, I, 4.ª ed., 481 ss., com indicações.

[169] Frank Laudenklos, *Methode und Zivilrecht in der ökonomischen Analyse des Rechts*, em Joachim Rückert, *Fälle und Fallen in der neueren Methodik des Zivilrechts seit Savigny* (1997), 289-313 (307).

[170] Svetozar Pejovich, *The Economics of Property Rights/Towards a Rheory of Comparative Systemsn*(1990), XIV + 204 pp., ocupando-se, ainda, do ex-sistema soviético (85 ss.).

[171] Yoram Barzel, *Economic Analysis of Property Rights*, 2.ª ed. (1999), IX + 161 pp., 16 ss..

assume um papel relevante na interpretação. A ponderação das consequências das decisões deve ser valorada[172]: quando uma via interpretativa conduza a resultados contrários ao fim da norma ou do próprio instituto, há que recomeçar o processo. O próprio manuseio das cláusulas gerais, com relevo para a boa-fé, constitui uma área em que a eficiência do decidido, nem prisma de equilíbrio entre as partes ou de maximização dos recursos – recorde-se o ótimo de Pareto e a melhoria de Kaldor/Hicks – são objetivos a ponderar pelos decisores.

[172] Horst Eidenmüller, *Effizienz als Rechtsprinzip* cit., 2.ª ed., 397 ss..

§ 5.º CONSTRUÇÕES BÁSICAS DA PROPRIEDADE

19. As noções romanas; os dilemas

I. Apresentada a propriedade como instituto matricial dotado de forte resiliência, cumpre ponderar as fórmulas linguísticas que lhe dão corpo. Para tanto, o Direito romano, conquanto que não definindo, propriamente, o Direito de propriedade, dá-nos algumas pistas relevantes para a dogmática atual[173].

II. Florentino, completando a distinção de Gaio entre homens livres e escravos, vem definir a liberdade nos termos seguintes[174]:

> Libertas est naturalis facultas eius quod cuique facere libet, nisi si quid vi aut iure prohibitur [A liberdade é a faculdade natural de fazer o que cada um queira, desde que não seja vedado pela força ou pelo Direito].

A noção de liberdade foi usada, pelos comentadores, como base do direito subjetivo e do próprio domínio.

III. Paulo apresentou a célebre definição de usufruto, hoje constante do artigo 1439.º do Código Civil[175]:

[173] Raúl Ventura, *Direito das coisas* cit., 158 ss..

[174] Florentino, D. 1.5.4, pr. = Okko Behrends, Rolf Knütel, Berthold Kupisch e Hans Hermann Seiler, *Corpus iuris civilis/Text und Übersetzung*, II (1995), 118. Note-se que, logo de seguida, Florentino considerava a escravatura contrária ao Direito natural, no que tem sido tomado como um reflexo da filosofia estóica; *vide* Max Kaser, *Das römische Privatrecht* cit., I, 2.ª ed., § 67, I (284).

[175] Paulo, D. 7.1.1. = Okko Behrends e outros, *Corpus iuris civilis* cit., II, 59 ss..

> Usus fructus est ius alienis rebus utendi fruendi salva rerum substantia [O usufruto é o direito de usar e de fruir coisas alheias, sem alterar a sua substância].

Daí resultam fórmulas milenárias, constantes do artigo 1305.º, que inserem, na propriedade, os "direitos" de uso e de fruição. Quanto ao "direito" de disposição, também dito "de abuso": ele resulta de um texto de Ulpiano, relativo à responsabilidade do possuidor de boa-fé, alijada quando este[176]:

> (...) dum re sua se abuti putant [enquanto este julgar que consome coisa sua].

O "direito de abuso" foi convolado para o de disposição, assim se completando a fórmula do artigo 1305.º.

IV. Em suma: conquanto que, no Direito romano, não ocorresse uma definição clara do direito de propriedade – até por faltar uma de direito subjetivo – já aí encontramos os segmentos que, nos milénios seguintes, permitiram apresentar as noções hoje correntes. Nos desenvolvimentos subsequentes, podemos discernir planos distintos – ainda que interligados – de questões, todas ligadas à construção jurídica da propriedade. Assim, diversas estruturações abordam a essência da propriedade a partir de considerações exógenas, isto é: exteriores à dogmática própria de Direitos Reais, porquanto alicerçadas sobre temas gerais do Direito. De seguida, ocorrem construções endógenas, que reconhecendo embora o papel explicativo das primeiras, optam por usar instrumentos técnico-jurídicos próprios do Direito das coisas. Começaremos pelas primeiras.

20. **Doutrinas exógenas**

I. As codificações recolocaram o problema da noção de propriedade e da sua construção. Os códigos da primeira geração deram pistas[177], mas

[176] Ulpiano, D. 5.3.25.11 = Okko Behrends cit., 531. Traduzimos *abuti* por "é consumido", acompanhando a ed. bilingue citada.

[177] Código Napoleão, 544.º (a propriedade é o direito de gozar e de dispor das coisas da forma mais absoluta, desde que não se faça delas um uso proibido pelas leis ou pelos regulamentos): § 903/1 (o proprietário de uma coisa pode, desde que não contrarie a lei ou

não apresentaram definições adequadas. Nem esse era o seu objetivo, mesmo admitindo que fosse encarável[178]. A sua publicação constitui, todavia, o ensejo para o surgimento de diversas intervenções doutrinárias, em especial na Alemanha[179]. Como sempre ocorre nestes casos, não há, propriamente, doutrinas erradas: cada uma comporta uma parcela da verdade, pelo que cabe uma rápida análise sobre o tema.

II. Uma primeira orientação, anterior ao BGB mas presente, no final do seu § 903 (... e excluir os outros de qualquer interferência) apresenta a propriedade como um simples direito de exclusão. Encontramos posições desse tipo em Lenel (1849-1912)[180], em Paul Oertmann (1865-1938)[181] e em Thon (1839-1912)[182]. Depois do BGB, coube a Schlossmann (1844-1909)[183] apresentar essa conceção:

> Definimos o direito de propriedade como aquele que, ao contrário dos direitos limitados sobre coisa alheia que apenas dispõem de um direito de exclusão restrito a um certo fim, não tem uma restrição de escopo.

os direitos de terceiros, proceder com a coisa como entender e excluir os outros de qualquer interferência).

[178] Em especial, quanto ao alcance do § 903: Jochen Lehmann, *Sachherrschaft und Sozialbindung?/Ein Beitrag zu Gegenwart und Geschichte des zivilrechtlichen Eigentumsbegriffs* (2004), 353 pp., 30 ss.; *vide* a significativa recensão de Thomas Finkenhauser, SZGerm 122 (2005), 1007-1011.

[179] Um curioso alinhamento de "teorias" sobre a propriedade surge no pequeno escrito de Luigi Picece, *Le teorie del diritto di proprietà/studio critico-ricostruttivo* (1911), 24 pp., 3-9.

[180] Otto Lenel, *Über Ursprung und Wirkung der Exceptionen* (1876), X + 151 pp., § 1 (14).

[181] Paul Oertmann, *Der Dinglichkeitsbegriff*, JhJb 31 (1892), 415-467 (447): o Autor via, nesse ponto, o traço unificador dos direitos reais. Mais tarde, Paul Oertmann, *Zur Struktur der subjektiven Privatrecht*, AcP 123 (1925), 129-160 (133), veio a matizar essa posição, admitindo um conteúdo interno, ainda que sublinhando, nos Reais, a preponderância da defesa.

[182] August Thon, *Rechtsnorm und subjektives Recht/Untersuchung zur allgemeinen Rechtslehre* (1878), XVII + 374 pp., 161: *Eingenthum im Sinne von Eingenthumsrecht bezeichnet den also gewährten Schuz* [a propriedade no sentido de direito de propriedade traduz, portanto, a proteção concedida].

[183] Siegmund Schlossmann, *Ueber den Begriff des Eigenthums*, JhJb 45 (1903), 289-390.

Estas orientações surgem na doutrina, até aos nossos dias[184]. Não devem ser minimizadas: com efeito, a propriedade é claramente percetível no momento em que deva ser defendida. A origem do *dominium* repousa nas *actiones in rem* e, em especial, na *rei vindicatio*. Podemos conceber a propriedade como um espaço livre, à mercê do seu titular, mas dotado de defesas exteriores.

A defesa é importante e deve ser incluída em qualquer noção escorreita de propriedade ou, mais latamente, de direito subjetivo. Afigura-se, todavia, que ela dá corpo a uma visão belicista do ordenamento. Pela técnica jurídica do Ocidente, desde a glosa, a defesa é subsequente a uma materialidade expressa pelo direito subjetivo e, *maxime*, pela propriedade. Além disso, esta deve dar-nos, pelo seu conteúdo positivo, um espaço no qual se possam inscrever poderes, faculdades e as limitações e restrições que possam atingir ambos. A noção protecionista de propriedade não é aceitável, por insuficiência e pelas distorções que implica[185].

III. Numa progressão rumo à substancialidade, Stammler (1856--1938)[186] propôs-se distinguir a propriedade dos demais direitos reais através do poder do dono de, discricionariamente, decidir em última instância quanto à coisa. A ideia foi aprofundada por Schmidt-Rimpler (1885-1975)[187]: a propriedade poderia definir-se pela negativa (o que o titular não pode fazer), enquanto os demais direitos reais provêm da positiva (o que os titulares respetivos podem fazer). De novo temos uma parcela de verdade. Todavia, a propriedade não pode definir-se por oposição aos demais direitos reais[188]. Além disso – e quiçá, sobretudo – a totalidade dos poderes atribuídos ao proprietário, que permitiriam a fórmula negativa,

[184] *Vide* Klaus F. Röhl/Hans Christian Röhl, *Allgemeine Rechtslehre/Ein Lehrbuch*, 3.ª ed. (2008), XX + 697, § 42, II (354-355). Outros elementos no *Tratado*, I, 4.ª ed., 883-884.

[185] Para uma crítica alargada, Jochen Lehmann, *Sachherrschaft und Sozialbindung?* cit., 53-57.

[186] Rudolf Stammler, *Eigentum und Besitz*, no *Handwörterbuch der Staatswissenschaften*, III, 3.ª ed. (1909), 608-628 (610).

[187] Walter Schmidt-Rimpler, *Die Eigentümerdienstbarkeit: zugleich in Beitrag zur Lehre von der Konfusion dinglicher Rechte, nebst einem Excurs über die Erbenhaftung im B.G.B.* (1911), 182 pp., 30 ss. e *passim*.

[188] Jochen Lehmann, *Sachherrschaft und Sozialbindung?* cit., 60-61.

não deve esquecer que o proprietário dispõe de algo positivo, que o Direito deve surpreender, numa deposição de Blomeyer (1906-1995)[189].

IV. A propriedade pode ainda ser apresentada como uma atribuição (*Zuordnung*), feita pelo ordenamento, a favor de um património. Encontramos essa afirmação em Wieacker (1908-1994), então na fase "institucionalista"[190]. A atribuição pode ser associada à ideia de pertença (*Zugehörigkeit*), na versão de Eichler (1907-1995)[191]. Mas a ideia de "atribuição" parece invertida: afinal, essa atribuição decorre do domínio da coisa e dos meios de defesa conferidos ao proprietário[192].

V. Alguns autores procuram alcançar a propriedade através de critérios significativo-ideológicos. Entre nós e como exemplo, diz Jaime de Gouveia (1886-1948), em 1919, que a propriedade é uma função social[193]. Esta orientação obnubila a propriedade enquanto direito subjetivo, marcado pela liberdade do seu titular. A função social, muito variável em função do objeto apropriado, consubstanciar-se-á com um *a posteriori*.

VI. Mais atual é o acentuar das dimensões culturais e sociais da propriedade, muitas vezes alicerçado na ideia da sua natureza pré-jurídica. O proprietário goza de paz, no seu aproveitamento da coisa, porque todos os demais proprietários estão nessas condições. Decorre, daí, uma ideia de reciprocidade negativa: não faço logo tu não fazes[194]. Este ponto é significativo ainda que dele, diretamente, não decorram consequências jurídicas.

[189] Arwed Blomeyer, *Die außerpositiven Grundlagen des Privateigentums* (1929), VII + 83 pp., 57 ss..

[190] Franz Wieacker, *Sachbegriff, Sacheinbeit und Sachzuordnung*, AcP 148 (1943), 57-104 (73).

[191] Hermann Eichler, *Institutionen des Sachenrechts*, I – *Allgemeiner Teil* (1954), XVI + 201 pp, 138-139.

[192] Robert Schultze-von Lasaulx, rec. a Harry Westermann, *Lehrbuch des Sachenrechts* (1951), AcP 151 (1950), 449-461 (454); Fritz Fabricius, *Zur Theorie des stückelosen Effektengiroverkhrs mit Wertrechten aus Staatsanleihen/Zugleich ein Beitrage zur Frage der Abgrenzung von Schuldrecht und Sachenrecht*, AcP 162 (1963), 457-484 (472). Com outras indicações, Jochen Lehmann, *Sachherrschaft und Sozialbindung?* cit., 86-89.

[193] Jaime de Gouveia, *Construcção jurídica da propriedade* cit., 35-36; *vide infra*, n.º 21, V.

[194] Friedrich Darmstaedter, *Der Eigentumsbegriff* cit., 334-340.

Muito associada ao pensamento alemão[195] e às doutrinas sociais de hoje[196], a ideia de funcionalização dos direitos reais foi já considerada[197]. Sempre presente estará a ideia da propriedade e da sua defesa como a grande plataforma para a liberdade[198].

VII. Como síntese, podemos retirar, das diversas doutrinas exógenas, os parâmetros seguintes:

(1) da propriedade como direito de exclusão: a necessidade de, na construção a propôr, contemplar o aspeto da defesa;
(2) da propriedade como facultando ao dono a última decisão: o facto de, por defeito, as prerrogativas sobre a coisa caírem na esfera do proprietário;
(3) da propriedade como atribuição: a legitimidade das formas de aquisição, a derivar da inclusão da propriedade no sistema jurídico;
(4) da propriedade como função: a subordinação da propriedade ao Direito e aos valores básicos do sistema;
(5) da reciprocidade negativa: a temática das relações de vizinhança e, mais latamente, dos deveres acessórios que acompanham o domínio.

21. Doutrinas endógenas: *dominium* ou *proprietas*?

I. As doutrinas exógenas permitem entender alguns dos meandros que rodeiam a propriedade. E para tanto, dão algumas aportações úteis, no plano dogmático. Todavia, a construção jurídica da propriedade exige um

[195] Com indicações: Jochen Lehmann, *Sachherrschaft?* cit., 214 ss.; Rainer Kirschdörfer e outros, *Von Wandel einer Institution/Die Geschichte des Eigentums*, em *Eigentum* (2018), 49-59.

[196] José Luís Ramos, *Manual de Direitos Reais* cit., 2.ª ed., 393 ss.; *vide* Paulo Mota Pinto, *O direito das coisas no primeiro século de vigência do Código Civil*, em António Pinto Monteiro (coord.), *50 anos do Código Civil* (2019), 185-209 (185 ss.).

[197] *Tratado*, XIII, 150 ss. e 443; *supra*, n.º 13, IV.

[198] Michael Fehling/Florian Faust/Thomas Römman, *Durchblick: Grund und Grenzen des Eigentums- und Vermögensschutzes*, JuS 2006, 18-25 (24/I).

calibrar de conceitos que a Ciência do Direito deve levar a bom porto. Para tanto, vamos colocar três questões clássicas:

(1) parte-se da coisa (pertença ou *dominium*) ou do dono (senhorio ou *proprietas*)?
(2) quanto ao conteúdo, a propriedade é analítica (conjunto de poderes ou de "direitos") ou compreensiva (um conteúdo unitário)?
(3) ela comporta características gerais ou depende simplesmente do objeto?

Vamos ver.

II. A definição de propriedade, como sucede com os conceitos básicos de estreita compreensão e grande extensão, é difícil: nas palavras de Caio da Silva Pereira, a propriedade mais se sente do que se define[199]. Diz-nos José Tavares:

> O conceito geral do direito de propriedade pertence à categoria das noções jurídicas instintivas, que até nas primeiras manifestações intelectuais e volitivas das crianças se revelam nitidamente. É o poder sobre aquilo que nos pertence, sobre aquilo que é nosso.
>
> Mas sob dois aspetos se pode conceber o direito de propriedade, conforme se tomar em consideração o poder que sobre uma coisa é conferido ao titular, ou a relação de pertença ou sujeição da coisa à pessoa. E os dois conceitos foram já traduzidos nos dois termos mais frequentes nos textos romanos – o *dominium* e a *proprietas*[200].

José Tavares ilustra as duas teses quanto à formulação do conceito de propriedade: a que parte do tipo de situação em que se encontra a coisa objeto da propriedade – a teoria da pertença –, de feição qualitativa, e a que parte do conjunto de prerrogativas que assistem ao proprietário – a teoria do senhorio[201] – de feição quantitativa. Ao longo da História, as teses em

[199] Caio Mário da Silva Pereira, *Instituições de Direito civil*, IV – *Direitos reais* cit., 27.ª ed., 74.

[200] José Tavares, *Os princípios fundamentais do Direito civil* cit., I, 2.ª ed. (1929), n.º 184 (619).

[201] Também dita teoria do domínio; *vide* Michele Costantino, *Contributo alla teoria della proprietà* (1967), XVIII + 354 pp., 34 ss. e Oliveira Ascensão, *Direito civil/Reais* cit., 5.ª ed., n.º 222 (447).

causa foram contracenando, ainda que sem questionar a ideia universal de propriedade[202].

II. A teoria da pertença ou *dominium* é a mais antiga[203] e a mais intuitiva: a propriedade traduz a ideia do *meu*, por oposição ao *dos outros*; consistiria na relação de subordinação de uma coisa em face do titular do direito em causa[204]. Neuner (1815-1882) explicava que[205]:

> Deve-se procurar a essência do direito de propriedade, tal como a essência de qualquer direito real, simplesmente na pertença da coisa [*in dem Zugehören der Sache*] diretamente a essa pessoa e não na plenitude e na exclusividade do domínio sobre a coisa.

Naturalmente: alargando a pertença a todos os direitos reais, haverá que recorrer a outros critérios, quiçá quantitativos, para alcançar o domínio.

Wirth (1786-1856) sublinhara que, quanto à propriedade, uma primeira observação revelaria a presença de uma série de poderes. Mas acrescenta que ela não se esgota em tal alinhamento, antes implicando o domínio jurídico total [*die totale rechtliche Herrschaft*] sobre um objeto corpóreo[206]. Pela nossa ótica, esta noção já é quantitativa, ainda que as meras traduções nunca captem a ideia precisa dos seus autores, caso a tivessem tido. Uma leitura atenta das dezenas de autores, do período pandectístico que, na Alemanha, se pronunciaram sobre o tema, permitiria apontar fórmulas variáveis e nem sempre redutíveis ao binómio pertença/senhorio.

[202] Apostolos Georgiades, *Eigentumsbegriff und Eigentumsverhältnis*, FG Joahnnes Sontis (1977), 149-166 (152); Dietmar Willoweit, *Dominium und proprietas/Zur Entwicklung der Eigentumsbegriff in der mittelalterlichen und neuzeitlichen Rechtswissenschaft*, Historiches Jahrbuch 84 (1974), 131-156. Entre nós, José Luís Bonifácio Ramos, *Manual de Direitos Reais*, cit., 2.ª ed., 377 ss..

[203] *Vide* Ludovico Barassi, *Proprietà nel nuovo codice* cit., 4 ss..

[204] Ou "(…) a pertença jurídica (*rechtliche Zugehörigkeit*) de uma coisa a uma pessoa", como quer Hermann Eichler, *Institutionen des Sachenrechts/Ein Lehrbuch*, I (1954), XVI + 201 pp., 139.

[205] Karl Georg Neuner, *Wesen und Arten der Privatrechtsverhältnisse/Eine civilistische Ausführung, nebst einem Anhange, den Grundriβ zu einem neuen Systeme für die Darstellung des Pandektenrechts enthaltend* (1866), VIII + 239 pp., § 9, b) (55).

[206] Karl Friedrich Wirth, *Beiträge zur Systematik des römischen Civilrechts/insbesondere hinsichtlich obligatorischer und dinglicher Rechte* (1856), VIII+ 136 pp., § 19 (28-29).

Em França, a teoria da pertença obteve, no século XIX, uma defesa radical. Marcadé exprime-se deste modo[207]:

> (...) esse direito, como é sabido, torna o proprietário dono e senhor da sua coisa e confere-lhe, sobre ela, uma omnipotência absoluta, um despotismo completo (...)

Esta orientação qualitativa primitiva defronta o obstáculo da indistinção, a que conduz, entre propriedade e titularidade[208], de direitos. Mesmo limitando a propriedade à pertença de coisas corpóreas, fica por explicar a sua diferença específica em relação aos restantes direitos reais: afinal pertença e inerência são a mesma realidade, considerada, respetivamente, a partir do titular e da coisa.

Por isso, hoje em dia, a teoria da pertença não tem defensores explícitos na sua versão pura. Está, no entanto, radicada entre os juristas e nos textos legais. Basta referir que, frequentemente, a lei refere, lado a lado, coisas e direitos[209]: quando isso suceda, pretende contrapor a propriedade aos restantes direitos reais ... só que a teoria da pertença operou, colocando, face a face, a coisa e o sujeito.

III. A teoria do senhorio, quantitativa, deriva dos trabalhos da pandectística[210], embora já tivesse merecido acolhimento anterior, por parte, p. ex., do Código Napoleão[211]. Há muitas flutuações na linguagem. Ocorrem

[207] Victor-Napoléon Marcadé, *Explication théorique et pratique du Code Napoléon* cit., II, 5.ª ed., n.º 405 (395); também Charles Démolombe, *Cours de Code Napoléon* cit., IX, n.º 543 (462) usa o termo "despotismo completo sobre a coisa".

[208] Daí falar-se em "propriedade de direitos" e "titularidade de coisas".

[209] P. ex., lembramos o artigo 1.º/1, do Código das Expropriações, aprovado pela Lei n.º 168/99, de 18 de setembro, por último alterado pela Lei n.º 56/2008, de 4 de setembro:

> Os bens imóveis e direitos a eles relativos podem ser expropriados por causa de utilidade pública (...).

[210] *Vide*: Heinrich Dernburg/Johannes Biermann, *Pandekten* 1, 7.ª ed. (1902), § 192, 2 (444): "o direito do senhorio geral (*allgemeiner Herrschaft*) sobre a coisa corpórea"; Bernhard Windscheid/Theodor Kipp, *Lehrbuch* des *Pandektenrechts* cit., 1, 4.ª ed., § 167 (856-857): "a propriedade significa que uma coisa corpórea pertence a alguém (...) uma coisa pertence, pelo Direito, a alguém significa que, pelo Direito, a sua vontade no conjunto das suas relações".

[211] Cujo artigo 544.º recordamos:

> A propriedade é o direito de gozar e dispor das coisas da maneira mais absoluta.

abordagens da propriedade nestes termos, que traduzem a ideia do senhorio "(...) o direito mais vasto de entre os direitos reais e o mais importante; a coisa fica totalmente submetida à vontade da pessoa (…)"[212]. Esta orientação permitiria distinguir com facilidade a propriedade dos outros direitos reais. Diz, nesta linha, Wolff que a propriedade é o direito real mais extenso que o ordenamento jurídico permite sobre uma coisa[213].

A teoria do senhorio foi acolhida entre nós, por exemplo, por Guilherme Moreira[214] e Pires de Lima[215]. Sublinhamos o facto de ela nos aparecer, por vezes, redigida por forma subtil. Chama-se, por exemplo, a atenção para a indeterminação dos poderes atribuídos ao proprietário uma vez que, mercê da sua vastidão, seria impossível enumerá-los exaustivamente[216]. Outros autores acentuam a situação de sujeição em que a coisa fica colocada em face do seu titular: repare-se que não é já apenas pertença, mas sujeição, como forma de salientar a amplidão da propriedade[217]. Finalmente, Oliveira Ascensão vem dizer que a "propriedade é o direito real que outorga a universalidade dos poderes que à coisa se podem referir"[218]. Para nós, isto equivale a dizer que o titular do direito da propriedade tem "a universalidade dos poderes que à coisa se podem referir",

[212] Elio Vitucci, *Proprietà (diritto civile)*, cit., 674; Julius von Gierke, *Bürgerliches Recht/Sachenrecht* (1925), VIII + 184 pp., § 23, I (66): "… o mais extenso senhorio imaginável sobre uma coisa corpórea" ("… *das denkbar umfassendste Herrschaftsrecht an einer Körperlichen Sache*"); Philipp Heck, *Grundriss des Sachenrechts*, 2.ª ed. (1930), XV + 540 pp., § 49, I (209): "A propriedade é, segundo o seu tipo, o direito real mais abrangente, o direito real pleno".

[213] Martin Wolff/Ludwig Raiser, *Sachenrecht/Ein Lehrbuch*, 10.ª ed. (1957), XX + + 825 pp., § 51, II (173). Acrescentam estes Autores (174):

> A questão de qual o direito real merece, por ser o mais extenso, o nome de propriedade, só pode ser constatada relativamente, com referência a um ordenamento social e historicamente dado.

[214] Guilherme Moreira, *Direitos reais* cit., 48: "O conceito de propriedade perfeita resulta da reunião na mesma pessoa de todas as faculdades que o homem pode exercer sobre a coisa".

[215] Pires de Lima, *Direitos Reais*, cit., 64: "O direito em virtude do qual uma coisa está sujeita e dominada pelos poderes de um indivíduo, dentro dos limites impostos pela ordem jurídica".

[216] Mota Pinto, *Direitos Reais* (1972), 234-235; também, em parte, Henrique Mesquita, *Direitos Reais* cit., 134.

[217] Salvatore Romano, *Sulla nozione di proprietà*, RTDPC XV (1960) 1, 337-352 (340-341).

[218] Oliveira Ascensão, *Direito civil/Reais* cit., 5.ª ed., 448.

o que é essencialmente quantitativo e se prende, de perto, com a tese do senhorio[219].

A teoria do senhorio claudica em face de um certo número de precisões extremamente simples: por exemplo, o titular do usufruto tem muitos mais poderes sobre a coisa do que o nu proprietário[220]. Quem tem o senhorio da coisa? No entanto, a propriedade nunca deixou de ser propriedade. Pense-se que a propriedade, uma vez que se pode reportar a coisas muito diferentes, vai oferecer aos seus beneficiários vantagens substancialmente diversas. Como se pode, nessa base, vir caracterizar quantitativamente uma coisa cujo conteúdo, em termos de grandeza, é essencialmente variado? Recordamos ainda que, em certos casos, limitações de Direito público podem reduzir o direito do proprietário a muito pouco. Mas o proprietário atingido não deixa de o ser.

IV. Perante as teorias da pertença e do domínio, ocorreram teses de compromisso. Diz, por exemplo, Scialoja:

> A propriedade é uma relação de direito privado pela qual uma coisa, como pertença de uma pessoa, é completamente sujeita à vontade desta em tudo o que lhe não seja vedado pelo direito público ou pela concorrência de direito alheio[221].

[219] Oliveira Ascensão, ao contrário do que afirmamos no texto, considera a sua definição como essencialmente qualitativa: o traço específico não residiria na atribuição da totalidade dos poderes que à coisa se podem referir, mas sim na atribuição como universalidade desses poderes (forma). A diferença existe; mas se a propriedade fosse, de facto, a tal universalidade de poderes, estes não poderiam deixar de ser atribuídos como universalidade, por evidentes razões práticas. Ou, por outras palavras, falta um traço qualitativo claro que traduza inequivocamente uma superação do entendimento quantitativo.

[220] Sobre o tema (no sentido que defendemos), *vide* Martin Klose, *Das Eigentum als* nudum ius *im Bürgerlichen Recht/Kritische Würdigung eines juristischen Fabelwesens* (2016), XIII + 230 pp., 174 ss. e *passim*. O nosso exemplo tem sido criticado nalguma literatura, ainda que sem uma refutação de fundo; *vide infra*, n.º 22, III.

[221] Vittorio Scialoja, *Teoria della proprietà* cit., I, 273. *Vide* Barassi na *Proprietà nel nuovo codice* cit., 6 ss.; Barbero explica que na propriedade se exprime, no máximo grau consentido, a pertença do objeto a dado sujeito [citado em Stefano Rodotà, *Proprietà (diritto vigente)* cit., 143. Mais subtilmente, José Tavares, *Princípios fundamentais* cit., I, 622:

> O direito de propriedade deve, pois, definir-se: o poder sobre as coisas que nos pertencem, destinado a fins lícitos.

As teses de compromisso aproximam-se, normalmente, da teoria do senhorio, uma vez que a pertença, ligada à inerência, pode ser facilmente descoberta noutros direitos reais, com a consequente elevação do senhorio à categoria de única diferença específica.

V. Alguns autores procuram alcançar a propriedade através de critérios significativo-ideológicos. Como exemplo, diz Jaime de Gouveia (1886-1948), em 1919[222]:

> A propriedade não é, pois, um direito do proprietário; é uma *função social*, é o poder de que se acham investidos certos indivíduos, de fazer todos os actos atinentes a bem se desempenharem da missão social que lhes incumbe em virtude da sua situação económica.
>
> Seja individual, seja colectiva, é este o conceito essencial de propriedade.

Esta orientação obnubila a propriedade enquanto direito subjetivo, marcado pela liberdade do seu titular. A função social, muito variável em função do objeto apropriado, consubstanciar-se-á com um *a posteriori*.

VI. Mais atual é o acentuar das dimensões culturais e sociais da propriedade, muitas vezes alicerçado na ideia da sua natureza pré-jurídica. O proprietário goza de paz, no seu aproveitamento da coisa, porque todos os demais proprietários estão nessas condições. Decorre, daí, a acima referida ideia de reciprocidade negativa: não faço logo tu não fazes[223].

22. A necessidade de referências axiológicas

I. A discussão em torno da natureza da propriedade coloca, aparentemente, uma questão linguística. Os autores conhecem bem a realidade em jogo, mas hesitam quanto às proposições vocabulares destinadas a exprimi-la. O tema é agravado pela necessidade que cada um sente de, à controvérsia, acrescentar o seu contributo. Vamos propor uma reposição metodológica: a fórmula capaz de exprimir a propriedade deve ter um

[222] Jaime de Gouveia, *Construção jurídica da propriedade* cit., 35-36.
[223] Friedrich Darmstaedter, *Der Eigentumsbegriff* cit., 334-340, *supra* n.º 20, VI.

conteúdo dogmático e, daí, uma qualquer utilidade para exprimir casos concretos.

II. O recurso a soluções quantitativas, mais ou menos matizadas e expressas pela ideia de *proprietas* ou senhorio parte do sujeito e enfoca a vastidão do direito de propriedade. Todavia, fácil é apontar exemplos em que o proprietário sofre limitações, restrições ou outras inibições, que reduzem o conteúdo do seu direito a nada ou a quase nada, sem que deixe de ser "propriedade". O nosso exemplo de propriedade onerada com o usufruto foi criticado pelo saudoso Professor Luís Carvalho Fernandes († 2012)[224]: (1) os poderes do usufrutuário podem, *in concreto*, ser mais vastos do que os do proprietário de raiz, mas ele não tem a generalidade dos poderes sobre a coisa; (2) os poderes de gozo pleno do usufrutuário não têm a amplitude que assumem na propriedade: o usufrutuário tem de respeitar a forma e substância da coisa (1439.º) e de respeitar o seu destino económico. Outros autores afirmam uma adesão à teoria do senhorio. Assim, Luís Menezes Leitão define a propriedade como[225]:

> o direito real que permite ao seu titular, dentro dos limites da lei, o aproveitamento pleno e exclusivo de todas e quaisquer utilidades proporcionadas por uma coisa corpórea.

Sob as flutuações de estilo próprias de cada autor, torna-se difícil, na literatura portuguesa atual, apontar claramente uma posição dominante[226].

III. Vamos retomar o exemplo do usufruto, que se nos afigura mal entendido. Bem se sabe que, em abstrato, o proprietário pleno tem faculdades que escapam ao usufrutuário. Mas no terreno: um prédio onerado com um usufruto mantém o proprietário à margem do seu uso e da sua fruição. O proprietário pode dispor do seu direito (1305.º); mas o usufrutuário também o pode fazer (1444.º/1). O proprietário tem poderes de transformação,

[224] Luís Carvalho Fernandes, *Lições de Direitos Reais* (2009), 333.

[225] Luís Menezes Leitão, *Direitos Reais*, 9.ª ed. (2020), 311.

[226] *Vide*, ainda: António Santos Justo, *Direitos Reais*, 7.ª ed. (2020), 237-239, sem tomar posição; José Alberto Vieira, *Direitos Reais*, 3.ª ed. (2020), 607, definindo: "a propriedade é o direito que atribui todo o aproveitamento possível de uma coisa corpórea"; José Luís Ramos, *Manual de Direitos Reais*, 2.ª ed. (2020), 390, adianta que "a propriedade é, simultaneamente, o direito mais extenso e mais intenso que o regime juridico permite exercer, sobre determinada coisa corpórea".

que escapam (em princípio) ao usufrutuário; mas, havendo usufruto, o proprietário também não pode (em princípio) transformar a coisa. Sejamos claros: o que nos impede de considerar que, enquanto existir o usufruto, o usufrutuário é o efetivo dono da coisa, enquanto o titular da raiz tem (apenas) uma expectativa protegida de vir a tornar-se proprietário? Há respostas históricas[227]. Mas na ausência de qualificações legais e atentando, apenas, nos regimes, que valoração jurídico-positiva permite dizer que uma pessoa que nada tem a ver com a coisa é, de facto, o proprietário? Os exemplos poderiam multiplicar-se: o próprio senhorio, num arrendamento de longa duração, pouco pode fazer com a coisa, apenas recebendo, do inquilino, a renda; o proprietário de bens classificados vê o seu aproveitamento fortemente limitado.

IV. Há que apurar, na propriedade, um traço axiológico ou valorativo que permita transcender critérios quantitativos claramente insuficientes. Para isso, vamos apurar uma característica de fundo da propriedade.

Sendo a propriedade, simplesmente, um grande conjunto de poderes e de faculdades, quiçá atribuídos de modo indeterminado, para preencher as muitas hipóteses de concretização que sempre acodem, podemos retirar uns quantos, sem prejudicar a sua natureza? É possível responder contrapondo as teorias do desmembramento e da oneração, no que toca à constituição de direitos reais menores. Uma orientação coerentemente quantitativa vai acolher-se ao desmembramento.

O que entender pela plenitude e pela exclusividade: duas características tradicionais da propriedade, incluídas no artigo 1305.º? Apontam para o *dominium* ou para a *proprietas*?

23. Desmembramento ou oneração?

I. Para além da controvérsia *dominum/proprietas*, o Direito reelabora e aprofunda essa noção, de modo a atingir o seu conteúdo, por contraposição com outros direitos reais sobre a coisa: os chamados direitos reais menores.

Discernimos dessas tradições:

[227] *Infra*, § 61.º.

(1) uma construção analítica, com dados quantitativos e que lida com um desmembramento;
(2) uma construção compreensiva, vincadamente qualitativa, que trabalha com um conceito de oneração.

II. A construção analítica ocorre na pandectística mais antiga e nalguma doutrina francesa. Thibaut (1772-1840) distinguia, na propriedade, os direitos de uso, de fruição e de disposição[228]: uma tradição românica, acolhida, por exemplo e também, no, entre nós influente, Mackeldey (1784-1834), na tradução francesa[229]. Explica este Autor que, na propriedade plena, estão reunidos todos os direitos parciais relativos à propriedade. O texto de Mackeldey foi acolhido, quase à letra, por Coelho da Rocha (1793-1850)[230]:

> O direito de propriedade contém, para assim dizer, um complexo de direitos parciaes, como o de dispor da cousa, de usar, de alienar, de a desfructar, de a possuir, e outros, os quais se podem ainda decompor.

A doutrina francesa mais antiga é pouco clara. Todavia, na literatura atual, encontramos ordenações da propriedade assentes em direitos parcelares e, designadamente, os de uso, de fruição e de disposição[231].

III. A construção analítica ou quantitativa foi expressamente acolhida no Código de Seabra. Vamos reter os seus artigos 2187.º e 2188.º[232]:

> 2187.º Propriedade perfeita é a que consiste na fruição de todos os direitos, contidos no direito de propriedade; propriedade imperfeita é a que consiste na fruição de parte d'esses direitos.

[228] Anton Friedrich Justus Thibaut, *System des Pandekten-Rechts*, II, 5.ª ed. (1818), §§ 560-561 (8-9).

[229] Ferdinand Mackeldey, *Manuel de Droit romain*, trad. Jules Beving, 3.ª ed. (1846), § 273 (138-139).

[230] Manuel António Coelho da Rocha, *Instituições de Direito civil portuguez*, 2.ª ed. (1848), § 401 (2, 282).

[231] François Terré/Philippe Simler, *Droit civil/Les biens*, 10.ª ed. (2018), n.º 121 ss. (132 ss.). *Vide* W. Dross, *Que l'article 544 du code civil nous dit-il de la propriété*, RTDC 2017, 27 ss..

[232] José Dias Ferreira, *Codigo civil portuguez annotado*, IV, 2.ª ed. (1905), 181.

2188.º Aquelle, a quem pertence qualquer fracção do direito de propriedade, gosa, pelo que toca a essa fracção, do direito de propriedade plenamente, salvas as restricções estabelecidas na lei, ou no título constitutivo da mesma propriedade.

IV. A construção compreensiva, presente na pandectística mais evoluída[233] e nos primórdios do BGB[234], domina na doutrina do século XX: a propriedade não corresponde à soma dos seus poderes[235]. Esta orientação contra o que pareceria a letra do Código de Seabra, foi introduzida, entre nós, por Guilherme Moreira[236] e retomada, com clareza, por Cunha Gonçalves[237]. Nessa linha, explica Dias Marques que "a natureza do direito de propriedade não está em ser uma soma mais ou menos volumosa de faculdades mas antes na circunstância de ser o centro unitário e autónomo de quantas podem recair sobre a coisa". O proprietário pode estar privado de algumas dessas faculdades sem deixar de o ser[238].

V. A doutrina portuguesa subsequente ao Código de 1966 admite esta posição: segundo Oliveira Ascensão (1932-2022), a propriedade é o direito real que outorga a universalidade dos poderes que, à coisa, se pode referir[239]. O seu "desmembramento" não é possível: apenas a sua oneração. O Código Civil, no seu artigo 1306.º/1, admite, vocabularmente, as

[233] Bernhard Windscheid/Theodor Kipp, *Lehrbuch des Pandektenrechts* cit., 9.ª ed., § 167 (1, 856-857).

[234] Ludwig Kuhlenbeck, *Von den Pandekten zum Bürgerlichen Gesetzbuch*, 2 (1899), § 20 (502-503).

[235] Martin Wolff/Ludwig Raiser, *Sachenrecht/Ein Lehrbuch* cit., 15.ª ed., § 51, II, 3 (175); Martin Klose, *Das Eigentum als* nudum ius *im Bürgerlichen Recht* cit., 174.

[236] Guilherme Moreira, *Instituições de Direito civil*, 3 – *Direitos reais* (1904), § 127 (48), citando Chironi. José Tavares, *Os princípios fundamentais do Direito civil*, 1, 2.ª ed. (1929), 633, ambos referindo a "moderna corrente civilista" que considera o direito de propriedade como sendo uno, admite "positivamente a realidade da distinção".

[237] Luís da Cunha Gonçalves, *Tratado de Direito civil*, XI (1937), n.º 1678 (313) (os itálicos são do original):

> (...) o direito de propriedade não se *fracciona*, porque ele não é a *soma* de diversos direitos, mas sim a *unidade* de poderes conferidos ao proprietário; donde resulta que, se alguns dêstes poderes pertencem a uma pessoa que não é o proprietário, o direito dêste fica *limitado*, *onerado*, *comprimido*, mas de nenhum modo *dividido*; o direito daquela pessoa não fica sendo propriedade, porque é exercido numa *cousa alheia*.

[238] José Dias Marques, *Direitos Reais (Parte Geral)*, I (1960), 351 pp., 116.

[239] José de Oliveira Ascensão, *Direito civil/Reais*, 5.ª ed. (2000), n.º 222, III (448).

duas hipóteses, ao referir, lado a lado, "restrições" e "figuras parcelares" da propriedade[240]. A crítica a esta dicotomia foi feita por Oliveira Ascensão, em termos definitivos[241]. Reforçando esta orientação, vale a doutrina italiana que, no campo dos Reais, muito influenciou a nossa. Comporti (1932-2020)[242] explica que o direito de propriedade não é desmembrável no seu conteúdo, dado que não se compõe de poderes e faculdade funcionáveis em direitos reais menores. Estes, por seu turno, não têm o mesmo conteúdo da propriedade: são quantitativa, qualitativa e funcionalmente diferentes, com disciplina própria.

V. Temos, assim, um primeiro dado valorativo: a propriedade não é, em definitivo, um somatório de faculdades ou de poderes, que lhe possam ser retirados. Opera como um conjunto elástico, que pode ser onerado, mas não desmembrado.

24. A conceitualização dos limites

I. No tocante ao conteúdo dos direitos reais, isto é, ao conjunto dos poderes e das faculdades que eles conferem aos seus titulares, distinguimos[243]:

(1) o conteúdo positivo, traduzido nas permissões envolvidas;
(2) o conteúdo negativo, resultante nos recortes que sejam feitos nessas permissões, reduzindo o campo de atuação do titular.

Por seu turno, o conteúdo negativo pode dar azo:

(1) a limitações: impostas por lei (proibição de ruídos, 1346.º) ou pelo sistema (proibição de abuso do direito, 334.º);
(2) a restrições: permissões concedidas a terceiros, para atuar no âmbito do direito real de base (uma servidão de passagem ou um comproprietário).

[240] *Tratado*, XIII, 311-312.
[241] José de Oliveira Ascensão, *A tipicidade dos direitos reais* (1968), 396 pp., 189-190.
[242] Marco Comporti, *Diritti reali in generale* (1980), VIII + 270 pp., n.º 26 (139).
[243] *Tratado*, XIII, 437 ss..

A exposição desta matéria cabe ao tratamento das diversas rubricas de Direitos Reais. De momento, vamos seguir as hipóteses de, na própria (re)construção do direito de propriedade, encontrar um enquadramento dogmático para incluir os limites referidos no final do artigo 1305.º. De acordo com a sistematização normalmente admitida[244], vamos distinguir: (1) a teoria externa; (2) a teoria da imanência; (3) a teoria da separação; (4) a teoria da relativização.

II. A teoria externa sustenta que o conteúdo da propriedade se mantém intacto, mesmo em face de limitações legais. Estas atingiriam, apenas, o exercício dos poderes em jogo, mas sem os remover da propriedade[245]. A questão tem muito de teórico[246]. Mas comportam uma parcela de verdade: ocorrendo limitações e vindo estas a desaparecer, a propriedade reintegra o seu conteúdo civil, por via da plenitude e da elasticidade[247].

III. A teoria da imanência, que conhece diversas versões, diz-nos, em síntese, que a propriedade é genuinamente limitada. No âmbito das limitações, cessa o direito. Os limites não são extrínsecos: antes se inscrevem no âmago do direito[248]. A ordem jurídica, funcionando como um todo, confere a propriedade também com as limitações legais[249].

IV. A teoria da separação pretende equacionar o tema através de uma estrita separação entre o conceito e o conteúdo da propriedade[250]. Dito noutros termos, a própria noção de propriedade não teria de se preocupar com os limites, que iriam surgir num segundo momento.

[244] Jochen Lehmann, *Sachherrschaft und Sozialbindung?* cit., 98-123.

[245] *Idem*, 98; em *Planck's Kommentar*, III – *Sachenrecht*, 3.ª ed. (1906), prenot. ao título da propriedade, 162-168, encontramos afirmações que retiram, ao conceito civil de propriedade, tais limites. A natureza externa dos limites consta, também, de Konrad Cosack/Heinrich Mitteis, *Lehrbuch des bürgerlichen Rechts*, II – *Sachenrecht*, 7.ª e 8.ª ed. (1924), XVI + 518 pp., § 33, I, 3 (129).

[246] Como não deixa de notar o *Planck's Kommentar*.

[247] *Infra*, n.º 25.

[248] Hermann Eichler, *Institutionen des Sachenrechts*, 1 cit., 142.

[249] Martin Wolff/Ludwig Raiser, *Sachenrecht* cit., 10.ª ed., § 51, II, 2 (174); anteriormente: Justus Wilhelm Hedemann, *Sachenrecht des Bürgerlichen Gesetzbuches* (1924), *maxime* § 7, IV (80).

[250] Apostolos Georgiades, *Eigentumsbegriff* cit., 151 ss. e 155 ss.; Martin Klose, *Das Eigentum* cit., 174 ss., com indicações.

V. A teoria da relativização parte da noção comum da propriedade como o "direito mais envolvente" sobre uma coisa[251]. Essa envolvência define-se por comparação com outros, isto é, relativamente a eles[252]. Além disso, a própria variabilidade do domínio opera em função das mais distintas circunstâncias. Todavia, essa circunstância não deve ser tomada como uma modificação no conceito tradicional de propriedade[253].

VI. A dogmatização dos limites relativos à propriedade não implica, de facto, mexer no conceito básico: tais limites definem-se e recortam-se, precisamente, sobre o conteúdo positivo desse direito. Não seria compaginável alterar o conceito básico de propriedade sempre que ocorressem alterações ou limitações no seu concreto exercício. A teoria da separação apresenta-se como a que melhor retrata a sua conceitualização. Mas qualquer solução proposta para definir a propriedade deve ter margens para comportar a variabilidade do conteúdo.

[251] Walther Mosich, *Das Grundeigen und seine Begrenzung nach §§ 905 und 906 BGB*, JhJb 80 (1930), 254-330 (255); na literatura atual: Klaus Vieweg/Almuth Werner, *Sachenrecht*, 8.ª ed. (2008), XLVII + 670 pp., § 3, Nr. 3 (67).

[252] Günter Düring, *Das Eigentum als Menschenrecht*, ZstaatsW 109 (1953), 326-350 (349).

[253] Jochen Lehmann, *Sachherrschaft und Sozialbindung?* cit., 112-113.

§ 6.º CARACTERÍSTICAS E NOÇÃO DE PROPRIEDADE

25. Plenitude, exclusividade e elasticidade

I. A noção de propriedade, para ser dogmaticamente útil, não deve advir de um labor puramente especulativo. Há que lidar com dados jurídico-científicos. Vamos avançar nessa base. Desde logo, a propriedade é um direito real: comporta as características próprias desse tipo de direitos, com relevo para a inerência e a tipicidade. De resto, essas características foram histórica e dogmaticamente elaboradas a partir do domínio. Como distingui-lo dos restantes direitos reais?

II. O artigo 1305.º, epigrafado "conteúdo do direito de propriedade", tem um teor útil[254]:

> O proprietário goza de modo pleno e exclusivo dos direitos de uso, fruição e disposição das coisas que lhe pertencem, dentro dos limites da lei e com observância das restrições por ela impostas.

Ao pretender pronunciar-se sobre o conteúdo, o Código Civil vem enunciar duas características da propriedade: a plenitude e a exclusividade (...) *de modo pleno e exclusivo*. Avancemos nessa base.

Quando o Código diz que o proprietário goza de modo pleno, pretende dizer que beneficia totalmente das qualidades da coisa. Como esse

[254] A inspiração no artigo 832.º do Código italiano é manifesta:

O proprietário tem o direito de gozar e dispor da coisa de modo pleno e exclusivo, dentro dos limites e com observância das obrigações estabelecidas pelo ordenamento jurídico.

Dissera, precursoramente, Filippo Vassalli, *Per una definizione legislativa dei diritto di proprietà* (1939) = *Studi Giuridici*, II (1939), 367-372 (371):

> Uma definição legislativa de propriedade não pode senão mencionar o poder geral e independente da pessoa sobre a coisa nos limites estabelecidos na lei.

mesmo preceito prevê limitações e restrições, e como qualquer aproveitamento da coisa não pode, aqui, deixar de se reger pelo Direito, diremos que a plenitude é a característica pela qual a permissão normativa de aproveitamento da coisa, na ausência de limitações ou restrições, se estende até aos confins das possibilidades jurídicas permitidas pela coisa.

Assim entendida, a plenitude é característica da propriedade; poderíamos compilar todos os outros direitos reais admitidos por lei: obteríamos a confirmação. De facto, só na propriedade se encontra semelhante prerrogativa[255].

Um ponto importante: a plenitude traduz a ideia da amplidão da permissão normativa que redunda em propriedade, por oposição a um somatório de várias permissões. O próprio Código poderia induzir a essa via errada ao falar em "direitos" de uso, fruição e disposição, esquecendo, como veremos, uma série de figuras. A permissão é só uma, tal como uma é a norma que a contém; apenas se trata de uma permissão com uma qualidade singular: é plena, total.

III. A ideia legal de "gozo exclusivo" não equivale ao *ius excludendi omnes alios*, ou seja, a faculdade de repelir todos os estranhos que se interponham entre o titular e a coisa objeto. Todos os direitos subjetivos devem ser respeitados, assim como todos podem concretamente, ser inoponíveis[256]. A propriedade não é exceção.

Mas podemos encontrar um significado útil para a exclusividade. Se percorrermos os diversos direitos reais, de gozo, de garantia ou de aquisição, verificamos que todos eles pressupõem um direito de propriedade, a seu lado. Ainda que, concretamente, o proprietário falte (seria a hipótese estranha do usufruto sobre coisa móvel que o proprietário tivesse abandonado antes de qualquer ocupação), existe sempre, ao lado de qualquer outro direito real, um lugar para o proprietário. O direito de propriedade coloca-se numa posição diametralmente oposta: não tem de ser, de forma alguma,

[255] Teremos a ocasião de complementar esta afirmação; a plenitude surge parcialmente em certos direitos reais complexos – como a propriedade horizontal e a superfície – que compreendem elementos da propriedade, mas não se confundem com ela.

[256] Josef Aicher, *Das Eigentum als subjektives Recht* (1975), 93 pp., 77 ss., acentua, todavia, esta dimensão, como característica da propriedade.

concorrido por qualquer outro direito e nunca, evidentemente, pressupõe qualquer outro "lugar" que não o seu[257]. É exclusivista em relação à coisa.

IV. Da plenitude e exclusividade assim entendidas resulta uma outra característica da propriedade: a elasticidade[258]. O direito de propriedade estende-se até às fronteiras do juridicamente possível, admitindo, evidentemente, exceções; o direito de propriedade é autossuficiente, não requerendo qualquer outro direito sobre a coisa sobre que incida. Sempre, porém, que surjam exceções à permissão ou que lhe seja imposta a concorrência com outro direito real sobre a mesma coisa, o direito comprime-se, na medida do necessário. Desaparecendo esses fatores estranhos, as suas características próprias voltam a operar: o direito distende-se. O fenómeno é traduzido pela expressão "elasticidade".

A elasticidade em rigor verifica-se em todos os direitos subjetivos, nos limites dos conteúdos respetivos[259]. Podemos, com esta prevenção, reservá-la para a propriedade; o único direito real que a comporta, estruturalmente e até aos confins do juridicamente possível.

26. Pretensas absolutidade, perpetuidade e indivisibilidade

I. Surgem ainda duas pretensas características do direito de propriedade: a absolutidade e a perpetuidade.

A absolutidade, neste contexto, pretenderia traduzir a ausência de limitações e restrições. A crítica resulta logo do final do artigo 1305.º[260].

[257] Salvatore Pugliatti, *La proprietà nel nuovo diritto* cit., 132, exprime esta ideia, que nos parece básica, dizendo que a propriedade é um direito fundamental. Também Francesco de Martino, *Della proprietà* (artigos 810-956), no *Commentario*, de Antonio Scialoja/Giuseppe Branca, 4.ª ed. (1976), XXXVII + 692 pp., 128, toma uma posição similar.

[258] Otto von Gierke, *Deutsches Privatrecht*, II – *Sachenrecht* cit., § 120, 6 (365); Andrea Tabet e Enzo Ottolenghi, *La proprietà* (1968), XX + 1017 pp., 9 ss..

[259] Até no direito à vida, Oliveira Ascensão, *Direito civil/Reais* cit., 5.ª ed., 449, nota 1, detetou o problema, embora o limite aos casos em que os "poderes são concedidos com universalidade". Pensamos que a elasticidade deriva da permissibilidade intrínseca dos direitos subjetivos.

[260] Perante esta situação, existem autores que passam para o extremo oposto: seria característica, hoje em dia, da propriedade o ser limitada. Mas não: as limitações (e restrições) têm a haver com o conteúdo geral dos direitos reais, não sendo específicas da

De resto, ao longo da História, a propriedade sempre conheceu limitações e restrições.

II. A perpetuidade seria a característica pela qual a propriedade, uma vez constituída, só se extinguiria pela ocorrência de uma causa extintiva: nunca pelo simples decurso de um prazo[261]. Em face do Direito português, semelhante tese é indefendível: o artigo 1307.º/2, do Código Civil, ao dispor "a propriedade temporária só é admitida nos casos especialmente previstos na lei", admite, expressamente, a propriedade temporária. É o caso da propriedade fiduciária, como se deduz do artigo 2293.º/2[262] e de outros casos que surgem no seio do direito da habitação[263].

III. Perante esta argumentação, tem-se tentado salvar a perpetuidade da propriedade dizendo que ela, ao contrário do que sucederia com outros direitos reais, nunca se extinguiria pelo não-uso[264]; aí residiria, portanto, a perpetuidade. Mas o artigo 298.º/3 diz expressamente que o direito de propriedade é extinguível pelo não-uso. Em qualquer altura uma previsão legal pode, concretamente, cominar tal eventualidade, uma vez que nada, na essência da propriedade, leva a repelir essa extinção.

IV. Tem-se ainda dito que o direito de propriedade seria indivisível, no sentido de não se poderem reconduzir a ele, por fracionamento, os outros direitos reais[265]. De facto, a técnica jurídica atual do direito das

propriedade. Tão-pouco há que fazer intervir a ideia de "função social" na propriedade: é uma constante de todos os direitos subjetivos.

[261] Martin Wolff/Ludwig Raiser, *Sachenrecht* cit., 10.ª ed., § 51, III (176-177), Tabet/ /Ottolenghi, *La proprietà* cit., 11; *vide* Amadeo de Fuenmayor Champin, *La revocacion de la propriedad* (1941), 62-63; Marcel Chauffardet, *Le problème de la perpétuité de la propriété/Étude de sociologie juridique et de droit positif* (1933), 90. Como este autor faz notar, as transmissões não obstam à perpetuidade: "La propriété se perpétue en se transmettant" (99).

[262] *Vide* Oliveira Ascensão, *Direito civil/Reais* cit., 5.ª ed., 458-459.

[263] *Vide* Arianna Scacchi, *La proprietà temporanea* (2005), VI + 184 pp., distinguindo, designadamente, as "falsas hipóteses" de propriedade temporária (23 ss.), das verdadeiras (65 ss.).

[264] Assim Henrique Mesquita, *Direitos Reais* cit, 137; Mota Pinto, *Direitos Reais* cit., 235. Segundo Chauffardet, ob. cit., 99, a grande maioria dos autores ainda aceita esta conceção (em 1933).

[265] *Vide* Ludovico Barassi, *La proprietà nel nuovo Codice* cit., 21 ss..

coisas repudia, na sequência de Windscheid[266] e da pandectística, a ideia de que todos os direitos reais seriam parcelas do domínio. Simplesmente não há aqui nenhuma característica específica e autónoma da propriedade: apenas a resultante lógica daquilo a que chamámos a plenitude.

27. Definição

I. O artigo 1305.º não define a propriedade. Superando, porventura, as ideias do seu autor material, esse preceito recorreu à técnica neo-hegeliana de, do conceito, apresentar as suas características mais relevantes. Ora, enquanto a referência ao uso, à fruição e à disposição tem uma natureza geral-concreta, o apelo à plenitude e à exclusividade, com o sentido que acima lhes demos, é dogmaticamente formal.

II. No termo da análise realizada, podemos avançar o conceito de propriedade. Esta é, assim, um direito real pleno e exclusivo, o que é dizer, a permissão normativa, plena e exclusiva, de aproveitamento de uma coisa corpórea.

III. A referência à "permissão normativa" deve ser tomada como um complexo de regras, recortadas positiva e negativamente. Nenhuma propriedade assenta numa norma isolada. Desse modo, acolhemos a imanência das limitações, de resto mencionadas genericamente no final do preceito. A "especificidade" explica a defesa: quem não for o destinatário da permissão específica incorre, automaticamente, na não-permissão ou proibição. Ainda a permissão tem as virtualidades apontadas no conceito de direito subjetivo e de direito real[267]: introduz, no seu coração, a ideia de liberdade e faculta uma cómoda integração no conjunto da ordem jurídica.

[266] *Vide* Ludovico Barassi, *I diritti reali limitati, in particolare l'usufrutto e le servitù* (1937), XV + 357 pp., 34; *vide supra* o n.º 23.

[267] *Tratado*, XIII, 353 ss. e 367 ss..

CAPÍTULO III

PROPRIEDADES ESPECIAIS

28. Justificação e sequência

I. O direito de propriedade, tal como resulta dos códigos civis e da doutrina que, desde o Direito romano, vem sendo desenvolvida, apresenta-se como um torso no qual vêm, depois, acostar-se diversos regimes especializados. O fenómeno, desde sempre presente, veio a agudizar-se com a industrialização e a evolução das atuais sociedades pós-industriais, imersas em problemas ambientais crescentes.

II. O proprietário de um terreno só muito limitadamente poderá, nele, exercer, de modo pleno e verdadeiro, as faculdades de uso e fruição. O uso que dê ao terreno depende de variáveis hoje dispersas por leis especiais cuja malha tem vindo a apertar-se cada vez mais. Podemos falar, a propósito da propriedade imobiliária, de direitos de exercício regulado. As coisas móveis, para além da delimitação derivada da natureza do objeto, podem integrar categorias sujeitas a regimes diferenciados e limitadores: obras de arte, armas ou automóveis, como exemplo.

As águas e os animais suscitam disciplinas próprias, onde o direito de propriedade opera como base para o enxerto de regras em diferenciação crescente.

III. Uma exposição de Direitos Reais não pode ignorar as especificidades[268] relativas ao urbanismo, à agricultura e ao domínio público.

[268] Andrea Tabet/Enzo Ottolenghi, *La proprietà* (1968), XX + 1017 pp., 215 ss.; Antonio Gambaro, *Il diritto di proprietà* (1995), XIV + 998 pp., 235 ss.; C. Massimo Bianca, *Diritto civile*, VI – *La proprietà*, 2.ª ed. (2017), 699 pp., 213 ss.; Baur/Stürner, *Sachenrecht* cit., 18.ª ed., § 27 (348 ss.).

Coloca-se apenas a dúvida sistemática: a referência a regimes especiais deve anteceder a exposição geral sobre o torso civil ou, pelo contrário, ser-lhe apenas subsequente? A doutrina recente opta pela primeira solução. Hoje, regimes específicos dão azo a disciplinas autónomas, como o Direito do urbanismo ou o Direito agrário, incomportáveis num estudo de Direitos Reais. Mas os aspetos gerais de tais regimes têm lugar no Direito das coisas, sendo antes relevante que eles antecedam a exposição geral. Esta será melhor apreendida quando tenha sido disponibilizado o *instrumentarium* mínimo que irá presidir à sua concretização.

IV. Na presente edição, iremos referenciar a propriedade urbana, a propriedade agrária e a propriedade dominial. Referências a outras situações especiais irão ocorrendo a propósito das diversas rubricas.

§ 7.º PROPRIEDADE URBANA E *IUS AEDIFICANDI*

29. Nota histórico-comparatística

I. De acordo com os conhecimentos disponíveis, a espécie humana desenvolveu-se, durante dezenas de milhares de anos, em pequenas comunidades de caçadores-coletores. A caça e a apanha de frutos e outros vegetais de criação espontânea constituíam a base da alimentação. O domínio do fogo permitiu ampliar a paleta alimentar disponível: através da cozedura, tecidos animais e vegetais tornavam-se consumíveis por parte dos seres dotados de inteligência, mas com escassas armas naturais. O passo seguinte foi o da agricultura e o da domesticação de animais: de acordo com a terminologia fixada pelo arqueólogo australiano Gordon Childe (1892-1957)[269], tratou-se da revolução do neolítico[270], base da propriedade privada[271]. A partir desse momento histórico, foi possível o incremento da produção, com a formação de excedentes, a diferenciação social e o controlo individual dos meios de produção. Surgiram as aglomerações humanas sedentarizadas ou permanentes, a que chamaremos urbes ou cidades.

II. Cidades significativas, com cerca de 15.000 habitantes, ocorreram em zonas hoje integradas na Ucrânia, na Roménia e na Moldávia, por volta de 5.000 a. C.. Desenvolveram-se em áreas de fácil defesa ou

[269] Vere Gordon Childe, *The Most Ancient East/The Oriental Prelude to European Prehistory* (1929), XVI + 258 pp., 42 ss.; *idem*, *What Happened in History* (1948), 305 pp. = trad. italiana. *Il progresso nel mondo antico/L'evoluzione delle società umane della preistoria agli inizi dell'ètà classica* (1975), 307 pp., 70 ss. e 97 ss.; há trad. portuguesa.

[270] A literatura relativa a este ponto é muito vasta; *vide*, p. ex., Alan H. Simmons, *The Neolitic Revolution in the Near East/Transforming the Human Landscape* (2007), XVIII + + 340 pp., com rec. de Geoffrey A. Clark, no American Anthropologist 110 (2008), 143-144.

[271] Samuel Bowles/Jung-Kyoo Choi, *The Neolithic Agricultural Revolution and the Origins of Private Property*, no Journal of Political Economy, 2018, 47 pp..

com vias de comunicação próximas. As edificações obedeciam já a uma certa racionalização: arruamentos, palácios ou templos centrais, mercado e diversas soluções de tipo higiénico. Sem regras, as urbes primitivas não seriam possíveis. O fenómeno da urbanização ocorreu, depois, na Mesopotâmia, na China, no Egito, no México e noutros locais, sem ligação entre si. Afigura-se ser uma consequência da inteligência e da evolução da Humanidade. A mais antiga cidade europeia terá sido Salnitsats (4.700 a. C. a 4.200 a. C.), na atual Bulgária. A História documenta, no Ocidente, importantes centros urbanos na Grécia antiga, onde surgiram os primeiros planos urbanos conhecidos, com relevo para Hippodamos de Mileto, 498 a. C.-408 a. C., pai da urbanização urbana em quadrículas (plano hipodâmico). Tudo isso assentava, necessariamente, em regras gerais.

III. As experiências antigas, particularmente Roma, deixaram-nos a imagem de tecidos urbanos organizados, em torno do *forum*, de anfiteatros e de templos. Na sequência do grande incêndio de 64 d. C., foram aplicadas regras avançadas de planificação: pórticos, ruas largas, bairros e termas, com uma rede de esgotos. Nas províncias, foram aproveitadas cidades anteriores à romanização (os *oppida*), primeiro fortificadas. O Direito romano documenta regras urbanísticas e regras de construção[272]. A segurança era importante, acompanhada por preocupações estéticas. Funcionavam regras sobre a largura das ruas e a altura máxima das construções.

IV. A Alta Idade Média é apontada como um período de decadência das grandes cidades romanas. A queda do Império do Ocidente implicou o termo das grandes linhas de abastecimento de água e de cereais. Roma era alimentada, em grande parte, pelo trigo egípcio. As populações sobreviveram nos campos, em autossubsistência. A partir do século XIII, o processo conheceu alguma involução. Cidades mercantis, em Itália e na Flandres, eram viabilizadas pelo comércio crescente. Noutra dimensão, a organização dos Estados nacionais permitiu o florescimento de capitais, assentes no poder político. Regras variadas disciplinavam a construção ainda que

[272] Fernando Alves Correia, *O plano urbanístico e o princípio da igualdade* (1989), 708 pp., 96 ss., com indicações; Jean-Bernard Auby/Hugues Périnet-Marquet/Razen Noguellou, *Droit de l'urbanisme et de la construction*, 12.ª ed. (2020), 1288 pp., n.º 6 ss. (20 ss.).

com um retrocesso em relação à ordem romana[273]. Todavia, ao longo dos séculos XVII e XVIII, foram surgindo leis nacionais que promoveram o embelezamento de várias cidades[274].

V. A era das cidades firmou-se a partir do século XIX, assente na Revolução Industrial. Para tanto contribuíram: (1) o crescimento demográfico, resultante da baixa mortalidade infantil; (2) o incremento das comunicações, permitindo a importação de alimentos; (3) a atração das indústrias e dos serviços junto das massas camponesas.

O Direito dos países em vias de industrialização foi acompanhando a evolução. As necessidades de planificação contracenavam com os postulados inerentes à propriedade e aos poderes do dono. O ALR prussiano dispunha, na I Parte, VIII título[275]:

§ 65 Todo o proprietário tem todo o poder de ocupar o seu fundo e solo com construções ou de modificar a sua construção.

§ 66 Todavia, não podem ser empreendidas quaisquer construções ou modificações com perigo ou com insegurança para o bem comum ou com desfiguração de cidades ou de praças públicas.

Legislação complementar vinha estabelecer regras de edificação, tendo em vista a segurança contra incêndios, o alinhamento e a uniformidade urbana. Na origem, essas regras remontavam a dispositivos municipais, ditos de "polícia da construção" (*Baupolizei*), surgindo, depois, em "fontes menores". O Estado Liberal veio dar azo ao Direito administrativo,

[273] Os autores sublinham a desordem urbanística reinante na Idade Média. Contudo, a presença de regras de urbanização nas diversas cidades parece ter sido uma constante. *Vide*, quanto à Inglaterra, Richard Holt/Gervase Rosser (org.), *The Medieval Town* (1990), VIII + 291 pp., com escritos de doze autores.

[274] Quanto à experiência francesa, Auby/Périnet-Marquet/Noguellou, *Droit de l'urbanisme* cit., 12.ª ed., n.º 7 (20-21); no que toca à inglesa, Peter Borsay (org.), *The Eighteeth-Century Town (1688-1820)* (1990), VIII + 383 pp., com escritos de dez autores.

[275] A. J. Mannkopf, *Allgemeines Landrecht für die Preussischen Staaten* I (1837), 251. Legislação complementar veio a estabelecer regras de edificação tendo em vista, designadamente, o risco de incêndio; *vide* Arthur Born, *Das preussische Baupolizeirecht/ /Kommentar* (1902, reimp., 2019), 497 pp., com especial relevo para o § 2, sobre o princípio da liberdade de construir (17-20); Cral Saß, *Preußisches Baupolizeirecht* (1909), 402 pp..

com uma cuidada repartição de poderes e o estabelecimento de leis relativas à construção, acompanhadas de vias de recurso quanto à sua aplicação.

30. O Direito do urbanismo; evolução

I. Ao longo do século XX e no presente século XXI, a evolução das cidades prosseguiu. A industrialização, os serviços, a alocação de tarefas e de empregos, os lazeres e a disponibilização de meios apenas possível em face de um número elevado de consumidores jogaram no sentido de uma crescente urbanização. A nível mundial, por volta de 2005, a população urbana ultrapassou a rural. Em 2050, 56% da Humanidade viverá em cidades. Neste momento, 59 países têm mais de 80% de população urbana. Na frente, para além de pequenos Estados totalmente urbanos, temos a Bélgica (98%), o Japão (93%), a Argentina (92%) e os Países Baixos (90% de população urbana). Em 2017, 30 cidades abrigavam mais de 10 milhões de habitantes[276]. Os números são eloquentes: implicam regras de todo o tipo, relativas a construções, a espaços utilitários e de lazer, ao saneamento, à segurança, à saúde e à educação.

II, Para além da urbanização crescente, especialmente após a II Guerra Mundial[277], quiçá contrariada, nos países do Ocidente, por algum regresso ao campo, jogam, hoje, problemas ambientais e exigências crescentes de desenvolvimento e bem-estar. Disciplinas jurídicas inteiras tendem a autonomizar-se. As preocupações reinantes levam a que o Direito se ocupe, também, das edificações fora da cidade. As sociedades pós-industriais, assim entendidas, constituem a base do Direito do urbanismo. Vamos partir da propriedade urbana.

III. Em sentido próprio, a propriedade urbana recaía sobre prédios urbanos, isto é, nos termos do artigo 204.°/2, sobre os edifícios incorporados

[276] As dez primeiras, em milhões de habitantes: Tóquio (38,4), Nova Delhi (26,454), Xangai (24,484), Bombaim (21,357), São Paulo (21,297), Pequim (21,240), Cidade do México (21,157), Osaka (20.337), Cairo (19,128) e Nova Iorque (18,604). A maior cidade europeia é Istambul (15.° lugar, com 14,365), seguida de Paris (25.° lugar, com 10,925) e de Londres (29.° lugar, com 10,434).

[277] *Vide*, p. ex., Pierre Langa, *la révolution urbaine/L'urbanisme au service de l'économie* (no interior: *L'arquitecture ao secours de l'économie politique*) (1946), 195 pp..

no solo, com os terrenos que lhes sirvam de logradouro[278]. Todavia, verifica-se que qualquer terreno, isto é, qualquer parcela delimitada da crosta terrestre pode, teoricamente, ser edificado. Nessa base, aplicar-se-lhe-á um regime especializado, que tem a ver com o fenómeno "urbanismo".

IV. Uma evolução milenária levou a que o Direito delimitasse a faculdade de construir ou *ius aedificandi*. O conjunto de normas e princípios que regem as edificações, quando sistematizado, constitui o Direito do urbanismo. Os estudiosos dão, do Direito do urbanismo, uma noção mais ampla: o conjunto das "normas e instituições respeitantes à ocupação, uso e transformação do solo"[279]. Por esta via, o Direito do urbanismo envolveria o Direito do ambiente e o próprio Direito agrário[280].

V. Os diversos ramos do Direito estão interligados. A uma situação concreta aplicam-se, em regra, diversas disciplinas jurídicas. Estando em causa prédios urbanos ou, mais latamente, a propriedade edificada ou a edificar, aplica-se, desde logo, o Direito privado das coisas. Mas deve recorrer-se, ainda, ao Direito das obrigações e, eventualmente, aos Direitos da família e das sucessões, sem esquecer a parte geral. Funcionam, ainda, o Direito processual, o Direito dos registos e do notariado, o Direito fiscal, o Direito do ambiente e diversos ramos do Direito público. Apenas um fenómeno de análise, ditado pelas naturais limitações humanas, leva a discernir disciplinas distintas. Feita esta precisão, o alargamento do Direito do urbanismo, sempre de aplaudir quando contribua para um aprofundamento

[278] *Tratado*, III, 4.ª ed., 179 ss..

[279] Fernando Alves Correia/José Alves Correia, *Regime jurídico dos programas e dos planos territoriais* (2021), 494 pp., 30-31; esses Autores esclarecem a noção de Direito do urbanismo acrescentando tratar-se do (…) *complexo das intervenções e das formas de utilização deste bem, independentemente da sua natureza e da sua finalidade, seja para fins de urbanização e de edificação, seja para fins agrícolas, florestais, de valorização e proteção da natureza, de recuperação de centros históricos, etc.*: *idem*, 31; o itálico é do original. Noções de Direito do urbanismo podem ser confrontadas em Fernando Alves Correia, *O plano urbanístico e o princípio da igualdade* (1989), 708 pp., 49 ss.; na mesma linha, Raquel Carvalho, *Introdução ao Direito do urbanismo*, 3.ª ed. (2021), 269 pp, 25; referimos, ainda: Maria da Glória Garcia, *Direito do urbanismo/Relatório* (1999), 117 pp., 32 ss.; Diogo Freitas do Amaral, *Direito do urbanismo/Sumários* (1992, polic.), 111 pp., 26.

[280] Em Fernando dos Reis Condesso/Ricardo Alexandre Azevedo Condesso, *Direito do urbanismo e do ambiente*, 2.ª ed. (2022), 1005 pp., pode confrontar-se uma exposição ampla do Direito do urbanismo.

jurídico-científico, não pode obnubilar o essencial: o regime da propriedade urbana,

VI. Na presente edição do *Tratado*, vamos limitar o Direito do urbanismo ao Direito da edificação ou construção (*ius aedificandi*): aquilo a que a Ciência alemã chama *Baurecht*. E aí, a distinção básica opera entre o Direito privado[281] e o Direito público[282]. A distinção afigura-se clara: no Direito do urbanismo privado dominam a liberdade e a igualdade; no público, surge o Estado (*lato sensu*) com poderes de autoridade, que só devem ser usados quando a lei o permita e nos termos em que o faça. Embora ambos os "Direitos" estejam entrelaçados, a teia hoje implicada pelas normas que regem o *ius aedificandi* é tão densa que, no conjunto, o Direito do urbanismo tende a bascular para o Direito público. A manutenção dos níveis privatísticos é, todavia, importante para a defesa da igualdade e dos direitos das pessoas.

31. A evolução em Portugal

I. Desde o século XVI, ficou sedimentada a ideia de que a matéria da construção e da segurança dos edifícios ficava a cargo da polícia municipal[283]. Para tanto, contribuíram: (1) a tradição do municipalismo medieval; (2) a relativamente fraca centralização do poder; (3) a própria escassez de normas públicas limitadoras da propriedade[284]. O terramoto de 1 de

[281] Como exemplos (neste momento) atuais: Mark von Wietersheim, *Privates Baurecht*, 4.ª ed. (2021), XVII + 286 pp.; Burkhard Messerschmidt/Wolfgang Voit, *Privates Baurecht/Kommentar zu §§ 613 ff BGB samt systematischen Darstellungen sowie Kurzkommentieriung zu VOB/B, HOAI und BauFordSiG*, 4.ª ed. (2022), XXIV + 2375 pp., com 25 colaboradores.

[282] Também como exemplos (neste momento) atuais: Ulrich Battis, *Öffentliches Baurecht und Raumordnungsrecht*, 7.ª ed. (2017), XVI + 241 pp., Stefam Muckel/ /Markus Ogorek, *Öffentliches Baurecht*, 4.ª ed. (2020), XVIII + 304 pp.; Frank Stollmann/ /Guy Beaucamp, *Öffentliches Baurecht*, 12.ª ed. (2020), XXXI + 377 pp.; os manuais de Direito administrativo, na parte especial, comportam sempre rubricas desenvolvidas sobre *Baurecht*.

[283] Fernando Alves Correia, *O plano urbanístico e o princípio da igualdade* cit., 123 ss.; *idem*, *Manual de Direito do urbanismo* cit., I, 2.ª ed., 180 ss..

[284] *Vide*, no entanto, Helda Carita, *O Bairro Alto e a legislação urbana para Lisboa nos séculos XVI e XVII*, em UAL/Actas do Colóquio Lisboa Iluminista e o seu tempo (1997), 303 pp., 25-31.

novembro de 1755, bem como o tsunami e o incêndio que se lhe seguiram destruíram boa parte da velha Lisboa medieval: ruíram ou arderam cerca de 10.000 edifícios, lamentando-se mais de 12.000 mortes.

Sebastião José de Carvalho e Melo (1699-1782), então Conde de Oeiras e, depois, Marquês de Pombal, promoveu a reconstrução, de acordo com planos de Manuel da Maia (1677-1768), de Eugénio dos Santos (1711-1760) e de Carlos Mardel (1695-1763). No plano jurídico, foi adotado o Alvará com força de lei de 12 de maio de 1758, com severas limitações à construção. Assim, cabe consignar, desse Alvará[285]:

> 1. Nas ruas principais, que pelo novo alinhamento tiverem na sua largura cincoenta palmos, e dahi para cima, se não devem attender para a conservação do Dominio dos seus antigos Donos aquellas propriedades, que constar pelos Tombos, que não tem pelo menos vinte e seis palmos completos nas suas frentes. Antes pelo contrario, aquelles Terrenos, que tiverem menos da referida frente, serão adjudicados pelo seu justo valor a qualquer dos donos visinhos confrontantes (...)
>
> 3. Em beneficio da mesma formosura da Cidade, e da comodidade publica dos seus habitantes, prohibo, que em cada huma das Ruas novas della, se edifiquem cazas com altura mayor, ou menor, ou com symetria diversa daquella, que for estabelecida nos prospetos, que mando publicar para a regularidade dos mesmos edificios, e que não poderão nunca ser alterados, sem especial dispensa minha.

Eram tomadas medidas de defesa contra incêndios e adotadas técnicas de construção antissísmica[286]. Torna-se curioso o entrelaçar de imposições públicas com regras de tipo privado[287].

[285] Tem muito interesse o plano da cidade de Lisboa, (...) para regular o alinhamento das Ruas, e reedificação das casas que se hão de erigir nos terrenos, que jazem entre a Rua Nova do Almada, a Padaria, e entre a extremidade Septentrional do Rocio até o Terreiro do Paço exclusivamente: Decreto de 12-jun.-1758, na *Collecção das Leys, Decretos e Alvarás de D. Jozé o I*, 1 (1790).

[286] Quanto à reconstrução de Lisboa, é clássica a monografia de José-Augusto França, *Une ville des lumières: la Lisbonne de Pombal* (1965), 259 pp., rec.: Albert Silbert, Revue Historique 236 (1966), 497-499; C. R. Boxer, The American Historical Revue 71 (1966), 590-591; Daniel Ligou, Revue d'Histoire Économique et Sociale 44 (1966), 268; de José-Augusto França *vide*, ainda, *Lisboa pombalina e a estética do iluminismo*, em UAL/Actas do Colóquio Lisboa Iluminista e o seu tempo (1997), 303 pp., 11-22.

[287] *Vide* o panorama constante de Rui Manuel de Figueiredo Marcos, *A legislação pombalina*, no BFD Supl. XXXIII (1990), 1-314, 247-251, nota 359, com indicações.

II. No período liberal, com exceção das áreas de intervenção em Lisboa[288], manteve-se o princípio da liberdade de construção, temperado pela atribuição, às câmaras municipais, de competência no domínio das construções.

O Código Administrativo de 14-mar.-1842[289] conferia, à câmara municipal, a competência para fazer posturas e regulamentos relativos ao "projecto dos edifícios dentro das povoações" (120.°, VII). Além disso, cabia-lhe deliberar (123.°)[290]:

> IV. Sobre os projectos de abertura e alinhamento de ruas e praças do Concelho;
>
> V. Sobre quaesquer outros projectos de construções novas, reconstruções e demolições, por conta do Concelho; (...)

Seguiu-se o importante Decreto de 31 de dezembro de 1864[291], conhecido por ter colocado uma série de bens de uso comum no domínio público, com relevo para as praias. Esse diploma comportava um título III: *Disposições relativas ás ruas e edificações no interior das cidades, villas e povoações* (34.° a 62.°). Salientamos, quanto a Lisboa[292]:

> Art. 34.° O governo mandará imediatamente proceder a um plano geral dos melhoramentos da capital, attendendo n'elle ao das ruas, praças, jardins e edificações existentes, e à construção e abertura de novas ruas, praças, jardins e edificações, com as condições de hygiene, decoração, commodo alojamento e livre transito do publico.

Nas restantes cidades, vilas e povoações, os proprietários que pretendessem edificar ou reedificar ficavam obrigados a pedir, na câmara municipal respetiva, o alinhamento e a cota de nível (54.°).

Notam os estudiosos que, no século XIX, não houve, entre nós, legislação urbana geral relativa a aspetos sanitários, causados pela industriali-

[288] A que poderíamos acrescentar outras intervenções pombalinas, como Vila Real de Santo António cuja traça setencentista, mau grado alguns crimes urbanísticos, ainda pode ser apreciada; *vide* Margarida Calado, *Urbanismo e poder no Portugal do século XVIII* em UAL/Actas cit., 171-184 (176-178).

[289] CoLP 1842, 108-149.

[290] CoLP 1842, 118-119.

[291] CoLP 1864,1041-1049.

[292] CoLP 1864, 1046.

zação, ao contrário do sucedido noutros países. Essa lacuna é explicável pelo atraso na industrialização. Além disso, foi em parte colmatada por medidas municipais diversas.

III. O século XX foi marcado, logo no início, pelo *Regulamento de salubridade das edificações urbanas/Condições hygienicas a adoptar na construção dos predios*, aprovado por Decreto de 14 de fevereiro de 1903 (Hintze Ribeiro)[293]. Esse Regulamento fixava regras sobre as alturas dos prédios e, sendo o caso, dos andares, sobre as dimensões dos quartos de dormir, sobre infiltrações e sobre diversos outros aspetos. Como disposições gerais:

(1) nas cidades de Lisboa e do Porto, toda e qualquer edificação, reconstrução ou modificação, ainda que dentro de uma propriedade particular, carecia de prévia licença das câmaras respetivas, precedendo parecer do conselho dos melhoramentos (56.º/I);
(2) o pedido de licença devia ser acompanhado da planta, alçados, cortes e esclarecimentos precisos (56.º/II);
(3) nenhuma casa construída de novo ou reconstruída poderia ser habitada sem licença da câmara municipal (57.º).

Seguiram-se numerosos outros diplomas, com relevo urbanístico[294]. Assim:

- Decreto-Lei n.º 24:802, de 21 de dezembro de 1934, que obriga as câmaras municipais a promover "planos gerais de urbanização"[295];
- Decreto-Lei n.º 33:921, de 5 de setembro de 1944, relativo a "planos de expansão" e a "planos parciais de urbanização"[296];

[293] COLP 1903, 66-70.

[294] Indicações: Fernando Alves Correia, *Manual de Direito do Urbanismo* cit., I, 2.ª ed., 185-189; *vide*: Fernando Gonçalves, *Evolução histórica do Direito do urbanismo em Portugal (1851-1988)* em INA/*Direito do Urbanismo* (1989), 225-268; José Osvaldo Gomes, *Manual dos loteamentos urbanos* (1983), 631 pp., 35 ss.; Teresa Rodrigues/Mário Luís Rocha Pinto, *A evolução urbana em Portugal no último século (1890-1991)*, em População e Sociedade 3 (1997), 7-22: a população urbana em Portugal passou, de 50%, em 1985, para 66,3%, em 2015; em 2050, será de 80%.

[295] DG I, n.º 299, de 21-dez.-1934, 2137-2140.

[296] DG I, n.º 197, de 5-set.-1944, 883-886.

– Decreto-Lei n.º 35:931, de 4 de novembro de 1946, quanto a "anteplanos de urbanização", aprovados pelo Ministro das Obras Públicas[297];
– Decreto-Lei n.º 37:251, de 28 de dezembro de 1948, que adotou o Plano de Urbanização da Costa do Sol[298].

A produção prosseguiu nos anos subsequentes[299].

32. Regras públicas; nota comparatística

I. Boa parte do denominado Direito do urbanismo, que comporta a realidade jurídica da propriedade imobiliária, advém de regras de Direito público. Dão poderes de autoridade ao Estado *lato sensu*, com tónica nos municípios, colocando os particulares em situações técnicas de sujeição. Como contrapartida, os particulares dispõem das garantias hoje conferidas aos administrados, garantias essas que, todavia, soçobram nos poços sem fundo dos tribunais administrativos.

Numa breve nota comparatística vamos referir as experiências alemã e francesa[300].

II. No Direito alemão, a competência relativa a regras sobre a construção pertence aos *Länder*[301]: trata-se da solução que decorre do artigo 70.º da Lei Fundamental[302]. Isso não exclui o *Raumordnungsgesetz* (ROG),

[297] DG I, n.º 250, de 4-nov.-1946, 1045.

[298] DG I, n.º 300, de 28-dez.-1948, 1715-1716.

[299] *Vide*, como exemplo, José Miguel Sardinha, *Direito do urbanismo e legislação complementar (Colectânea de legislação)* (1993), 1397 pp..

[300] Aubry/Périnet-Marquet/Noguellou, *Droit de l'urbanisme* cit., 12.ªed., n.º 255 ss. (209 ss.), para uma referência a outros ordenamentos. Entre nós, temos, no plano do Direito comparado do urbanismo, os escritos de: José Osvaldo Gomes, *Manual dos loteamentos urbanos* cit., 2.ª ed., 50 ss.; Martin Bassols Coma, *História do Direito do urbanismo na Europa*, INA/*Direito do urbanismo* (1989), 109-142; Georges Liet-Veaux, *O Direito do urbanismo em França, idem*, 143-159; Giancarlo Mengoli, *O Direito do urbanismo em Itália, idem*, 161-186; Tomás Ramón Fernández, *O Direito do urbanismo em Espanha, idem*, 187-210; J. F. Garnu, *O Direito do urbanismo em Inglaterra, idem*, 211-222.

[301] Mückel/Ogorek, *Öffentliches Baurecht* cit., 4.ª ed., Nr. 3-4 (10).

[302] Rüdiger Sannwald, em Schmidt-Bleibtreu e outros, *Grundgesetz Kommentar*, 14.ª ed. (2018), Art. 70, Nr. 24 (1897-1898), com um papel da jurisprudência nesse sentido.

de 22 de dezembro de 2008, alterado pela novela de 23 de maio de 2017: a Lei da ordenação do território para a União, os *Länder* e as regiões[303]. Os planos relativos à urbanização são escalonados, até às comunas[304]. A matéria ganha alguma dificuldade, sendo todavia possível indicar grandes linhas: o Direito da planificação de construção[305], o Direito da construção[306] e o Direito (público) de vizinhança[307].

III. Em França, distingue-se a planificação e a regulamentação da ocupação do espaço, com normas nacionais, intermédias e locais[308], regras sobre *aménagement urbain*[309] e as autorizações para a ocupação dos solos[310]. Um espaço especial é deixado ao contencioso urbanístico[311]. No plano legislativo, o Decreto n.º 54-766, de 26 de julho de 1954, adotou um Código do Urbanismo e da Habitação. Seguiu-se, em 8 de novembro de 1973, um Código do Urbanismo[312], com uma parte legislativa e uma parte regulamentar. Um decreto de 3 de janeiro de 1977 acrescentou uma terceira parte, que codifica regulamentos. Seguiram-se variadas reformas, com relevo para a resultante da Ordenança n.º 2015-1174, de 23 de setem-

[303] Ulrich Battis, *Öffentliches Baurecht und Raumordnungsrecht* cit., Nr. 78 (25).

[304] Stollmann/Beaucamp, *Öffentliches Baurecht* cit., 12.ª ed., Nr. 15-17 (16).

[305] Mückel/Ogorek, *Öffentliches Baurecht* cit., 4.ª ed., 19 ss..

[306] *Idem*, 185 ss..

[307] *Idem*, 226 ss..

[308] Henri Jacquot/François Priet/Soazic Marie, *Droit de l'urbanisme*, 8.ª ed. (2019), 1364 pp., 151 ss..

[309] Temos dificuldade em traduzir essa expressão; "implementação" ou "execução urbana" seriam possibilidades. O artigo L-300-1 do Código do Urbanismo, abaixo referido, define:

> As ações ou operações de *aménagement* têm como objetivo desencadear um projeto urbano, uma política local do *habitat*, organizar a manutenção, a extensão ou o acolhimento das atividades económicas, favorecer o desenvolvimento dos lazeres e do turismo, realizar equipamentos coletivos, lutar contra a insalubridade e o *habitat* indigno ou perigoso, permitir a renovação urbana e salvaguardar ou de valorizar o património construído e os espaços naturais.

Os próprios autores franceses consideram essa noção "complexa e incerta": Jacquot/ /Priet/Marie, *Droit de l'urbanisme* cit., 8.ª ed., n.º 514 (707).

[310] *Idem*, 985 ss..

[311] *Idem*, 1157 ss..

[312] Decreto n.º 73-1022, de 8-nov.-1973.

bro de 2015[313]. A doutrina considera o Direito do urbanismo "doente de uma complexidade demasiado evidente que requer longos comentários"[314]. Com efeito, a versão atual do *Code de l'urbanisme* soma, com numerações distintas, mais de 2000 artigos, misturando regras regulamentares com regras de fundo[315]. Em França, como entre nós, a matéria deve ser entregue a especialistas. Note-se, de resto, que a complexidade do Direito do urbanismo é afirmada, também, em Itália[316].

33. Direito público

I. Entre nós e no domínio das regras públicas vigentes, assume relevo o Regulamento Geral das Edificações Urbanas (RGEU), aprovado pelo Decreto-Lei n.º 38:382, de 7 de agosto de 1951[317] e que veio substituir o Decreto de 14 de fevereiro de 1903. Esse diploma fazia depender a generalidade das obras relativas a prédios de prévia licença das câmaras municipais (2.º); estas não poderiam conceder licenças sem previamente verificar se as obras pretendidas não colidem com o plano de urbanização geral ou parcial aprovado para o sector ou (…) *em todo o caso, não prejudicam a estética urbana* (3.º). Prevê, ainda, a sujeição de qualquer edificação nova, reconstruída, ampliada ou alterada a licença municipal prévia (8.º). Eram impostas circunstanciadas condições gerais de edificação (15.º a 44.º), regras quanto a comunicações verticais (escadas e elevadores) (45.º a 52.º), as condições gerais relativas à salubridade dos terrenos, de interiores e de instalações sanitárias e esgotos, água potável, evacuação de fumos e gases e alojamento de animais (53.º a 119.º). A estética das edificações era assegurada (121.º a 127.º). A segurança das edificações, envolvendo a sua solidez, a segurança pública e a dos operários no decurso das obras e a segurança contra incêndios (128.º a 159.º) eram visadas.

[313] Um apanhado das reformas pode ser confrontado em Jacquot/Priet/Marie, *Droit de l'urbanisme* cit., 8.ª ed., n.º 25 (24-28).

[314] Auby/Périnet-Marquet/Noguellon, *Droit de l'urbanisme* cit., 12.ª ed., n.º 33 (36).

[315] *Vide*, da Dalloz, Marie-Christine Mehll-Schonder, Jacques-Henri Driard, Remi Grand, Patrice Ibanez e Jean-Luc Pissaloux, *Code de l'urbanisme/Annoté et Commenté*, 30.ª ed. (2021), XXXIX + 3446 pp..

[316] P. ex., Paolo Urbani, *Urbanistica (diritto amministrativo)*, ED XLV (1992), 868-883 (868/II).

[317] DG I, n.º 166, de 7-ago.-1951, 715-729.

O RGEU conheceu 19 alterações, a última das quais pelo Decreto-Lei n.º 220/2008, de 12 de novembro, que adotou o Regime Jurídico da Segurança Contra Incêndios em Edifícios, por agora alterado pelo Decreto-Lei n.º 9/2021, de 29 de janeiro.

II. A presente obra não pretende dar uma panorâmica envolvente das regras aplicáveis aos prédios, no domínio de edificação e urbanismo *lato sensu*[318]. Deixamos, apenas, uma ideia das tendências evolutivas gerais[319]. O urbanismo debate-se, nas últimas décadas, com seis problemas:

(1) a construção clandestina;
(2) as complexidades e morosidades dos processos burocráticos;
(3) a multiplicação de instrumentos urbanísticos e das entidades com competência para intervir nesse domínio;
(4) a volubilidade das vereações municipais que, ao sabor das eleições e dos interesses locais, ora permitem em demasia, ora vedam obras óbvias, por vezes com quebra da igualdade;
(5) a insensibilidade a critérios estéticos, culturais e ambientais;
(6) a possibilidade de, tirando partido dos pontos (3), (4) e (5), contornar as regras mais evidentes, cometendo crimes urbanísticos e ambientais.

III. A construção clandestina desenvolve-se em áreas degradadas, através de barracas e outras construções precárias: os chamados bairros de lata. Mas também dá azo a edifícios com vários andares, disseminados em arruamentos, à margem de autorização e do planeamento aplicáveis. No primeiro caso, há que enquadrar o problema social subjacente; no segundo, que procurar regularizar a situação. E, sobretudo: que impedir qualquer construção clandestina, logo no início.

[318] A multiplicação de diplomas e as permanentes alterações a que eles são sujeitos tem inviabilizado a recolha atualizada das Leis do Urbanismo. Neste ponto – e quiçá de modo reforçado – retoma-se a recomendação que fazemos desde sempre: a de um especial cuidado na determinação das normas concretamente em vigor e aplicáveis. Para uma exposição: Raquel Carvalho, *Introdução ao Direito do urbanismo*, 3.ª ed. (2021), já citada. Quanto a uma recolha de diplomas: Fernando Alves Correia, *Direito do ordenamento do território e do urbanismo*, 12.ª ed. (2020), 477 pp., abrangendo algumas fontes que consideramos "Direito agrário".

[319] Como curiosidade: Rolf Kniffka, *Die Zukunft des Baurechts*, FS 50 Jhare Deutsches Anwaltsinstitut (2003), XIX + 581 pp., 131-146.

IV. As complexidades e morosidades dos processos burocráticos assumem, por vezes, dimensões demenciais. Sucedem-se as medidas simplificadoras. O Regime Jurídico da Urbanização e da Edificação (RJUE) aprovado pelo Decreto-Lei n.º 555/99, de 16 de dezembro, com vinte alterações e três republicações[320], assentou, entre outros aspetos, no diagnóstico seguinte, exarado no seu preâmbulo[321]:

> Neste domínio, a Administração move-se num tempo que não tem correspondência na vida real, impondo um sacrifício desproporcional aos direitos e interesses dos particulares.

Mas prossegue[322]:

> (...) uma nova lei só é justificável se representar um esforço sério de simplificação do sistema sem, contudo, pôr em causa um nível adequado de controlo público (...).

O desejo legislativo não terá sortido efeito: o Decreto-Lei n.º 136/2014, de 9 de setembro, reportando as múltiplas alterações sofridas pelo RJUE, explica que[323]:

> (...) o presente decreto-lei vem reforçar o esforço de simplificação e de aproximação ao cidadão e às empresas, introduzindo alterações, em particular, em alguns aspetos do procedimento de controlo prévio das operações urbanísticas.

V. A multiplicação de instrumentos urbanísticos anda a par com o número elevado de entidades competentes. Certas reconstruções óbvias, para além das licenças municipais, implicam pareceres vinculativos do IGESPAR, IP (antigo IPPAR) ou Instituto de Gestão do Património Arquitectónico e Arqueológico, do Ministério da Agricultura, do Parque Natural da área, da APA (Agência Portuguesa do Ambiente) e, ainda, de outras entidades. Uma licença depende da habilidade dos interessados de se movimentarem nos serviços competentes e respetivas secretarias. Mesmo

[320] Determinadas pela Lei n.º 60/2007, de 4 de setembro e pelos Decretos-Leis n.º 26/2010, de 30 de março e n.º 136/2014, de 9 de setembro.

[321] DR I-A, n.º 291, de 16-dez.-1999, 8912/II.

[322] *Idem*, 8912/II-8913/I.

[323] DR 1.ª série, n.º 173, de 9-set.-2014, 4809/II.

pondo de parte situações de corrupção que, potencialmente, variam na razão direta da opacidade dos processos, são óbvias as oscilações a que tudo isso pode dar azo.

VI. As flutuações no chamado poder local dão azo a descoordenações de todo o tipo. Nesse ponto, cabe referir as Bases Gerais da Política Pública de Solos, de Ordenamento do Território e do Urbanismo, adotada pela Lei n.º 31/2014, de 20 de maio[324]. Esse diploma[325] fixa os fins da política pública de solos, de ordenamento do território e de urbanismo, nos termos seguintes (2.º):

a) Valorizar as potencialidades do solo, salvaguardando a sua qualidade e a realização das suas funções ambientais, económicas, sociais e culturais, enquanto suporte físico e de enquadramento cultural para as pessoas e suas atividades, fonte de matérias-primas e de produção de biomassa, reservatório de carbono e reserva de biodiversidade;

b) Garantir o desenvolvimento sustentável, a competitividade económica territorial, a criação de emprego e a organização eficiente do mercado fundiário, tendo em vista evitar a especulação imobiliária e as práticas lesivas do interesse geral;

c) Reforçar a coesão nacional, organizando o território de modo a conter a expansão urbana e a edificação dispersa, corrigindo as assimetrias regionais, nomeadamente dos territórios de baixa densidade, assegurando a igualdade de oportunidades dos cidadãos no acesso às infraestruturas, equipamentos, serviços e funções urbanas, em especial aos equipamentos e serviços que promovam o apoio à família, à terceira idade e à inclusão social;

d) Aumentar a resiliência do território aos efeitos decorrentes de fenómenos climáticos extremos, combater os efeitos da erosão, minimizar a emissão de gases com efeito de estufa e aumentar a eficiência energética e carbónica;

e) Evitar a contaminação do solo, eliminando ou minorando os efeitos de substâncias poluentes, a fim de garantir a salvaguarda da saúde humana e do ambiente;

[324] Alterada (até hoje), pela Lei n.º 74/2017, de 16 de agosto, pelo Decreto-Lei n.º 3/2021, de 3 de janeiro e pelo Decreto-Lei n.º 52/2021, de 15 de junho.

[325] *Vide* Fernanda Paula Oliveira, *Direito do urbanismo/Do planeamento à gestão*, 4.ª ed. (2021), 509 pp., 37 ss.,

f) Salvaguardar e valorizar a identidade do território nacional, promovendo a integração das suas diversidades e da qualidade de vida das populações;
g) Racionalizar, reabilitar e modernizar os centros urbanos, os aglomerados rurais e a coerência dos sistemas em que se inserem;
h) Promover a defesa, a fruição e a valorização do património natural, cultural e paisagístico;
i) Assegurar o aproveitamento racional e eficiente do solo, enquanto recurso natural escasso e valorizar a biodiversidade;
j) Prevenir riscos coletivos e reduzir os seus efeitos nas pessoas e bens;
k) Salvaguardar e valorizar a orla costeira, as margens dos rios e as albufeiras;
l) Dinamizar as potencialidades das áreas agrícolas, florestais e silvo-pastoris;
m) Regenerar o território, promovendo a requalificação de áreas degradadas e a reconversão de áreas urbanas de génese ilegal;
n) Promover a acessibilidade de pessoas com mobilidade condicionada aos edifícios, equipamentos e espaços verdes ou outros espaços de utilização coletiva.

O mesmo diploma alinha, de seguida, os princípios gerais relativos às "… políticas públicas e a atuações administrativas em matéria de solos, de ordenamento do território e de urbanismo" (3.º/1)[326]:

a) Solidariedade intra e intergeracional, assegurando às gerações presentes e futuras qualidade de vida e um equilibrado desenvolvimento socioeconómico;
b) Responsabilidade, garantindo a prévia avaliação das intervenções com impacte relevante no território e estabelecendo o dever de reposição ou de compensação de danos que ponham em causa o património natural, cultural e paisagístico;
c) Economia e eficiência, assegurando a utilização racional e eficiente dos recursos naturais e culturais, bem como a sustentabilidade ambiental e financeira das opções adotadas pelos programas e planos territoriais;
d) Coordenação e compatibilização das diversas políticas públicas com incidência territorial com as políticas de desenvolvimento económico e social, assegurando uma adequada ponderação dos interesses públicos e privados em presença;
e) Subsidiariedade, simplificando e coordenando os procedimentos dos diversos níveis da Administração Pública, com vista a aproximar o nível decisório ao cidadão;

[326] Quanto aos instrumentos jurídicos de execução dos planos, Fernando Alves Correia, *Manual de Direito do urbanismo*, IV (2010), 359 pp., 21 ss..

f) Equidade, assegurando a justa repartição dos benefícios e dos encargos decorrentes da aplicação dos programas e planos territoriais e dos instrumentos de política de solos;

g) Participação dos cidadãos, reforçando o acesso à informação e à intervenção nos procedimentos de elaboração, execução, avaliação e revisão dos programas e planos territoriais;

h) Concertação e contratualização entre interesses públicos e privados, incentivando modelos de atuação baseados na vinculação recíproca entre a iniciativa pública e a privada na concretização dos programas e planos territoriais;

i) Segurança jurídica e proteção da confiança, garantindo a estabilidade dos regimes legais e o respeito pelos direitos preexistentes e juridicamente consolidados.

Toda esta principiologia, com encosto dos artigos 65.º (habitação e urbanismo) e 66.º (ambiente e qualidade de vida) da Constituição de 1976, é relevante, para efeitos de interpretação e para instilar uma certa ética num sector onde os interesses económicos do lucro fácil e imediato dominam. Resta subordinar as múltiplas operações urbanísticas aos referidos princípios.

VII. A multiplicação de instrumentos urbanísticos e a insensibilidade a critérios estéticos, culturais e ambientais foi tendencial e objetivamente enfrentada através do Decreto-Lei n.º 80/2015, de 14 de maio, que aprovou o Regime Jurídico dos Instrumentos de Gestão Territorial[327]. Distingue entre programas (nacional, sectoriais e especiais), vinculativos para as entidades públicas e os planos (intermunicipais e municipais), vinculativos, também, para os particulares (3.º/2). De âmbito municipal são o plano diretor municipal, os planos de urbanização e os planos de pormenor (2.º/5). Tais planos são decisivos para se saber quem pode construir, o quê e onde. O diploma confere aos particulares o direito à informação (5.º) e o dever de participação (6.º), no tocante a programas e a planos. O diploma

[327] Fernanda Paula Oliveira, *Direito do urbanismo* cit., 4.ª ed., 52 ss.; Cristina Guimarães, *Os planos territoriais: que desafios?*, em Atas do I Congresso de Direito do urbanismo, coord. Fernanda Paula Oliveira (2019), 338 pp., 49-62. Quanto aos diversos planos territoriais, *vide* João Miranda, *Estudos de Direito do ordenamento do território e do urbanismo* (2016), 219 pp., 39 ss..

prossegue, em 206 artigos, por vezes minuciosos[328]. Tudo isso para, nas palavras do seu preâmbulo, inverter[329]:

> (…) a tendência, predominante nas últimas décadas, de transformação excessiva e arbitrária do solo rural em solo urbano. Com efeito, pretende-se contrariar a especulação urbanística, o crescimento excessivo dos perímetros urbanos e o aumento incontrolado dos preços do imobiliário, designadamente através da alteração do estatuto jurídico do solo.

VIII. Os esforços do legislador comportam latos níveis linguísticos: quer por desenvolverem princípios programáticos que não têm em conta as realidades locais, quer por apresentarem, como novas, ideias já patentes no Alvará de 1758, através de remodelações vocabulares. Para além disso, o dispositivo vigente no domínio do Direito público do urbanismo e o modo por que ele é aplicado merece um forte juízo de censura[330]. Não se entende a destruição dos prédios das avenidas de Lisboa, como a Fontes Pereira de Melo e a da República, substituídos por prédios deslocados, desiguais e sem critério. O sucedido com a Praça Duque de Saldanha nunca teria lugar em qualquer capital europeia. A destruição de típicas aldeias no litoral algarvio, a favor de construções anárquicas e do pior estilo, é crime contra a cultura e o bom gosto. As facilidades dadas a estrangeiros, em contraste com a severidade demonstrada para com os nacionais, põe à luz os abismos do funcionalismo público local. O interior do País, Norte e Centro, foi desfigurado, nas últimas décadas, com moradias que nada têm a ver com a traça local. Restrições que não são cumpridas, mas que demoram os processos de licenciamento, fazem subir os preços no mercado, ao invés do apregoado no preâmbulo do Regime Jurídico dos Instrumentos de Gestão Territorial. Muitas vezes o que subsiste ainda foi o resultante dos diplomas "liberais" do século XIX e da primeira metade do século XX.

[328] Foi alterado pelo Decreto-Lei n.º 81/2020, de 2 de outubro e pelo Decreto-Lei n.º n.º 25/2021, de 29 de março.

[329] DR 1.ª série, n.º 93, de 14-mai-2015, 2470/I.

[330] Nesse sentido, *vide* páginas importantes de Fernando dos Reis Condesso/Ricardo Alexandre Azevedo Condesso, *Direito do urbanismo e do ambiente* cit., 2.ª ed., 83 ss. e *passim*.

34. Direito privado

I. Para além do colete jurídico-público que condiciona a construção e a utilização da propriedade urbana, há que lidar com regras privadas. Concentradas no Código Civil, elas transbordam, ainda, nalgumas fontes extravagantes. Na doutrina alemã, claramente liderante também nesta matéria, o *privates Baurecht* ou Direito privado da edificação alarga-se pelo BGB, §§ 631 a 650v, que envolvem os contratos de empreitada, de construção, de construção para os consumidores e de arquitetura e engenharia[331], as cláusulas gerais relativas a prestações de construção (VOB/B, de *Allgemeine Vertragsbedingungen für die Ausführung von Bauleistung*[332]) e a ordenança referente a honorários de arquitetos e engenheiros *(HOAI, de Verordnung über due Honorare für Architekten und Ingenieure)*[333]. Acrescenta-se, ainda, a lei sobre as garantias dos créditos de construção (BauFordSiG, de *Gesetz über die Sicherung der Bauforderungssicherungen* ou *Bauforderungssicherungsgesetz* de 1 de junho de 1909, por último alterada pela Lei de 29 de julho de 2009[334].

II. Como nota comparatística, recordamos que o regime da empreitada, no BGB, foi alterado pelo *Schuldrechtsmodernisierunggesetz* ou Lei da Modernização do Direito das Obrigações de 26 de novembro de 2001, em vigor desde 2002[335]. Esse diploma visou, no essencial, transpor a Diretriz 1999/44, de 25 de maio de 1999, sobre a compra e venda de consumo e

[331] Em Burkhard Messerschmidt/Wolfgang Voit, *Privates Baurecht*, 4.ª ed. (2022), *vide*: Claus von Rintelen, § 631 (913-957) e §§ 650a-650b (1643-1691); Antje Boldt, § 632 (957-976); Burkhard Messerschmidt, § 632a (976-1007), §§ 639-641 (1266-1490), § 646 (1559-1560) e § 650g (1783-1809); Oliver Moufang/Oliver Koos, §§ 633-638 (1008-1266); Thomas Stickler, §§ 642-643 (1490-1515); Dieter Merkens, §§ 644-645 (1515-1559); Thomas Hildebrand, § 647 (1561-1571), § 650e (1712-1734); Iris Oberhauser, §§ 648-649 (1572-1600), § 650h (1809-1810); Alexander Leidig, § 650 (1601-1643); Stefan Leupertz, §§ 650c-650d (1691-1712); Stefan Cramer, § 650f (1734-1783); Olaf Lenkeit, §§ 650i-650o (1810-1914); Hans Christian Schwenker/Markus Wessel, §§ 650p-650t (1914-1948); Reinhold Thode, §§ 650u-650v (1948-1963). Este apanhado dá uma ideia do grau de especialização hoje requerido pelo estudo do Direito privado do urbanismo; tudo isso acompanhado de centenas de indicações bibliográficas e de inúmera jurisprudência.

[332] Wolfgang Voit, em Messerschmidt/Voit, *Privates Baurecht* cit., 4.ª ed., 1965-2152.

[333] Christian Schwenker/Markus Wessel, em Messerschmidt/Voit, *Privates Baurecht* cit., 4.ª ed., 2153-2247.

[334] Reinmar Wolff, em Messerschmidt/Voit, *Privates Baurecht* cit., 4.ª ed., 2249-2281.

[335] *Tratado* VI, 3.ª ed., 72 ss..

as garantias do consumidor, com aplicação ao contrato de empreitada. No caso alemão, ele foi transposto para o próprio Código Civil, tendo levado a múltiplas modificações no seu articulado[336]. Um diploma de 28 de abril de 2017 – a Lei para a Reforma do Direito de Construção – induziu modificações significativas na empreitada: inseriu regras específicas sobre o contrato de construção (§§ 650 a 650h), o contrato de construção com consumidor (§§ 650i a 650o), os contratos de arquitetura e de engenharia (§§ 650p a 650t) e o contrato de construção para aquisição (§§ 650u e 650v)[337]. Tal como sucede nos vários ordenamentos, o contrato de empreitada apresenta-se, na Alemanha, como uma matéria vasta e complexa. Dá azo a extensos comentários ao BGB[338], a que acrescem anotações especializadas sobre o contrato de construção[339].

O equivalente à nossa empreitada de obras públicas é regido pela VOB (*Vergabe- und Vertragsordnung für Bauleistung*). Este instrumento comporta três vertentes: A, B e C. A parte A prende-se com as obras contratadas pelo sector público; a B comporta cláusulas gerais e a C, regras técnicas. A VOB constitui um caso de êxito de autorregulação. Ela remonta ao ano de 1926[340]. Em 1921, o *Reichstag* solicitou ao Governo a preparação de regras relativas às obras acordadas pelo *Reich* e pelos *Länder*. Os representantes dos empregadores, dos empreiteiros, dos arquitetos e dos engenheiros concluíram

[336] Heinz-Peter Mansell, no Jauernig/*Kommentar zum BGB*, 17.ª ed. (2018), Vor § 631 (1083-1091); a bibliografia publicada sobre a empreitada e a reforma ascende a centenas de títulos. Além dos comentários abaixo referidos: Jürgen Oechsler, *Vertragliche Schuldverhältnisse*, 2.ª ed. (2017), § 8 (805-881).

[337] Jan Busche, no *Münchener Kommentar zum BGB*, 6, 8.ª ed. (2020), §§ 650a a 650v (338-474).

[338] Em especial, entre os (neste momento) mais recentes: Frank Peters/Florian Jacoby, no *Staudingers Kommentar zum BGB*, §§ 631-651 (*Werkvertragsrecht*) (2014), 970 pp.; Ralf Leinemann/Jarl-Hendrick Kues, *BGB-Bauvertragsrecht* (2018), XXXV + 772 pp.; Beate Gsell e outros, *Grosskommentar BGB/Werkvertrag*, §§ 631-651 (2018), XXI + 2223 pp., em letra reduzida. Quanto a exposições gerais sobre contratos, temos Jürgen Oechsler, *Vertragliche Schuldverhältnisse*, 2.ª ed. (2017), XLI + 1124 pp., § 8 (805-881).

[339] Johann Peter Hebel, *Das neue BGB-Bauvertragsrecht: Textausgabe mit Einführung, Gesetzesmaterialien und Erläuterungen zu den wichtigsten Neuerungen* (2018), 218 pp., 116-218; Mark von Wietersheim (org.), *Bauvertragsrecht nach BGB und VOB/B* (2018), 657 pp., 223-261.

[340] Werner Schubert, *Zur Entstehung der VOB (Teile A und B) von 1926*, FS Hermann Korbion. 60 (1986), 389-410, com uma série de elementos históricos.

essa tarefa, na origem da VOB. Houve revisões em 1952 e em 1973[341], esta última tendo em conta as diretrizes europeias sobre concessões públicas. A VOB é obrigatória para a União, para os Estados Federados e para as comunas. Seguiram-se revisões em 1979, tendo em conta as regras sobre cláusulas contratuais gerais, em antecipação à Diretriz 93/37, de 14-jun.-1993 (cujos textos preparatórios já eram conhecidos e estavam estabilizados) e, em 1992, à Diretriz 90/531, de 17-set.-1990[342 343]. A revisão de 2002 teve em conta a *Schuldrechtsmodernisierung*[344]. Novas revisões ocorreram em 2009, especialmente na parte A e em 2012, com vista à Diretriz 2011/7, de 16-fev., sobre atrasos nos pagamentos, na parte B. A modificação de 2016 teve a ver com a parte A.

A VOB pode ser adotada por privados, designadamente na parte B[345]. Tem um interesse especial: não sendo fonte formal do Direito, ela é recebida nos contratos, segundo a técnica própria das cláusulas contratuais gerais.

No que toca às obras públicas: elas representam entre 16 e 17% do PIB europeu, movimentando 1,5 triliões de euros por ano: 360 biliões para a Alemanha, equivalentes a cerca de 1,5 do PIB português. Somando-lhe a contratação privada, temos uma imensa fatia da riqueza das nações, que circula em empreitadas[346].

III. Como adiantado, boa parte dos preceitos constantes do Código Civil sobre a propriedade têm, na realidade, a ver com a titularidade de prédios urbanos. Um relevo especial vai para a secção IV sobre construções e edificações (1360.º a 1369.º), para a secção VI, sobre paredes e muros de meação (1370.º a 1375.º) e para a propriedade horizontal (1414.º a 1438.º-A). Ainda no Código Civil temos o contrato de empreitada (1207.º a 1230.º), essencialmente relevante para o domínio da edificação.

[341] Horst G. Appelhagen, *Neuerungen in dem Verdingungsordnung für Bauleistungen*, BB 1974, 343-346; Wolfgang Heiermann, *Gewährleistung nach dem Bauvertragsrecht unter besonderer Berücksichtigung der Novellierung der Verdingungsordnung für Bauleistungen (VOB) 1973*, BB 1974, 958-964.

[342] Substituída pela Diretriz 2014/25, de 26-fev.-2014.

[343] Michael Alvermann, *Neuausgabe der Verdingungsordnung für Bauleistung (VOB) – Ausgabe 1992*, NJW 1993, 1244-1245.

[344] Jochen Markus, *Die neue VOB/B 2006: nach der Novelle ist vor der Novelle*, NJW 2007, 545-550.

[345] Quanto à VOB, um panorama geral pode ser confrontado em Jan Busche, no *Münchener Kommentar zum BGB*, 5/1, § 650a, Nr. 22-87 (334-354).

[346] Simon Bulla, no *Grosskommentar/Werkvertrag* cit., § 631, Nr. 1919-1990.1 (501-520), com indicações.

IV. O contrato de arquitetura constitui um ponto relevante no Direito privado do urbanismo. Com efeito, a Lei n.º 31/2009, de 3 de julho[347], muito alterada pela Lei n.º 40/2015, de 1 de junho, que o republicou em anexo e, depois, pela Lei n.º 25/2018, de 14 de junho, fixa as qualificações profissionais exigidas aos responsáveis pela elaboração e a subscrição de projetos e atividades similares, elencadas no seu artigo 1.º. Estão em causa arquitetos e determinados engenheiros (4.º), os quais subscrevem termos de responsabilidade (21.º), acompanhado por um seguro de responsabilidade civil (24.º). O particular interessado deve, assim, acordar com uma pessoa habilitada – em princípio, um arquiteto – um contrato de prestação de serviço. Tal contrato rege-se, nos termos gerais do artigo 1156.º e no que as partes não disponham de outra forma, pelo regime do mandato. Nas obras complexas, o contrato de arquitetura assume dimensões em proporção, sendo concluído com *ateliers* de especial dimensão. Temos, aqui, uma área significativa do Direito privado do urbanismo, ainda por explorar.

35. Natureza do *ius aedificandi*

I. Tecnicamente, o *ius aedificandi* é uma faculdade, isto é, um conjunto de poderes e de outras posições ativas, unificadas em torno de uma expressão tradicional. À partida, ele está entre o Direito público e o privado[348]. Todavia, no tocante à propriedade imobiliária, o dono pouco pode fazer sem o consentimento da Administração Pública. Além disso, a Administração não age para fazer aplicar regras estritas: ela goza de uma discricionariedade acentuada[349], a qual vai para além do que resulta das fórmulas legais. O legislador urbanístico toma as decisões básicas. As instâncias inferiores adotam programas e planos. Por exemplo, o preciso desenho de um PDM (plano diretor municipal) decide quais as áreas de construção. De

[347] Veio substituir o anterior Decreto n.º 73/73, de 28 de fevereiro. *Vide*, quanto à legislação anterior à Lei n.º 31/2009, a coletânea de António Cordeiro, *Direito da arquitectura*, 7.ª ed. (2004), 831 ss., com diplomas de Direito público do urbanismo. Esclarecemos que este Ilustre Autor não é nosso familiar.

[348] Alberto Trabucchi, *La facoltà di edificare tra diritto pubblico e diritto privato*, RDCiv XXVI (1980), II, 42-56.

[349] Fernando Alves Correia, *As grandes linhas da recente reforma do Direito do urbanismo português* (2000, reimp.), 155 pp., 51 ss..

opções tomadas ns secretaria depende o valor de um terreno e o *ius aedificandi*: se assiste, ou não, a um certo prédio e qual a sua precisa dimensão.

II. A doutrina debate se existe efetivamente, no âmbito da propriedade imobiliária, a faculdade de construir ou se esta pertence ao Estado, o qual a vai concedendo limitadamente e sempre sob estrita supervisão[350]. Entre nós, estão representadas as duas opiniões. Oliveira Ascensão, privatista, sustenta que mau grado as restrições urbanísticas, o proprietário tem o direito de construir[351]. Alves Correia, publicista, critica essa orientação como sendo uma "perspectiva distorcida da realidade jurídico-urbanística", com "desadaptação", uma vez que o proprietário não poderia decidir se pode construir e como construir no seu terreno[352]. O *ius aedificandi* não integraria o direito de propriedade privada, constante do artigo 62.º/1 da Constituição[353]. A discussão tem surgido noutros ordenamentos, como o já citado caso alemão e o italiano[354], não faltando saídas ideológicas para o problema[355].

III. Afigura-se indubitável que o *ius aedificandi* sofre múltiplas restrições de Direito público. Já assim sucedia na Antiguidade e assim permaneceu, com mais ou menos intensidade, até aos nossos dias. A proliferação de cidades com milhões de habitantes, a gestão racional e justa das comunidades e a crise ambiental e climática ampliam essas restrições, colocando uma teia densa de regras e sujeitando operações simples a autorizações da Administração, marcadas por margens sempre presentes de discricionariedade. Tudo está em saber se tais restrições crescentes são de molde a amputar o *ius aedificandi*.

[350] Walter Leisner, *Baufreiheit oder staatliche Baurechtsverleihung?*, DVBl 1992, 1065-1072; Harald Dähne, *Die sogenannte Baufreiheit/Das Bauen und die Eigentumsgarantie*, Jura 2003, 455-461; Muskel/Ogorek, *Öffentliches Baurecht* cit., 4.ª ed., § 3 (12-15), com outras indicações.

[351] José de Oliveira Ascensão, *O urbanismo e o direito de propriedade*, em INA/ /*Direito do Urbanismo* (1989), 319-344 (323 ss.).

[352] Fernando Alves Correia, *O plano urbanístico* cit., 375.

[353] *Idem*, 376.

[354] Adolfo di Majo/Lucio Francesco, *Proprietà edilizia*, ED XXXVII (1988), 337-367 (353/I ss.).

[355] Assim, para Frederico Spantigati, *Diritto urbanistico* (1990), X + 279 pp., 89 ss., segundo o qual a relação entre plano e propriedade seria aparente: a mesma classe (a burguesia), teria o controlo dos interesses em presença, os quais não seriam antagónicos.

IV. No limite, cessa o direito de propriedade, através da expropriação por utilidade pública, com justa indemnização. Havendo propriedade, a faculdade de construir, por limitada que seja, existe. O dono sujeita-se à Administração. Mas ainda pode decidir se constrói ou não, se destina o edifício a algum ramo económico e como, conquanto que limitadamente, organiza os interiores. Além disso, num fenómeno de elasticidade clássico ligado à propriedade e a outros direitos: desaparecendo ou atenuando-se os constrangimentos urbanísticos públicos, o direito expande-se até aos limites do juridicamente possível.

Este debate tem interesse prático. Se o *ius aedificandi* desaparece, substituído pelas boas graças de uma Administração tentacular, sujeita às flutuações políticas, técnicas e estéticas dos agentes que circunstancialmente a sirvam, ficam em causa, entre outros, os princípios da legalidade, da igualdade, da proporcionalidade e da boa-fé. A Administração deve estar consciente de que as suas decisões vão atingir direitos legítimos das pessoas, constitucionalmente garantidos. Deve limitar o seu (imenso) poder ao necessário, respeitar a lei e justificar o que faça. Negar *ad nutum* o *ius aedificandi* equivale a ampliar a intervenção pública para além do razoável.

Fica uma prevenção: o *ius aedificandi*, para além das limitações urbanísticas, pode esgotar-se, uma vez exercido. Desde o momento em que a propriedade edificada não possa ser demolida ou sobreelevada sem autorização, o prédio fica como que congelado. Mas isso não obsta ao *ius aedificandi*, inicialmente exercido. Outras faculdades, como a de disposição, sendo exercidas, não mais podem ser retomadas pelo titular inicial.

§ 8.º PROPRIEDADE AGRÁRIA

36. Aspetos evolutivos

I. A propriedade agrária recai sobre prédios rústicos (204.º/2)[356], por regra produtivos em termos agrícolas ou florestais ou com potencialidade para a produção. Tal como ocorre com a propriedade urbana, a propriedade agrária surge, ao longo dos tempos, onerada com múltiplas restrições de tipo público. Além disso, em face do Direito civil, variadas normas relativas à vizinhança, a servidões e a animais integram o subsistema do Direito agrário. A matéria não tem sido, entre nós, objeto de um tratamento sistemático: impõe-se, também por isso, uma referência adequada.

II. Desde a mais alta Antiguidade, ocorreram normas sobre as práticas agrícolas e o aproveitamento produtivo da terra. A sedentarização adveio da agricultura e da pecuária: era inevitável um sistema normativo adequado, sob pena de faltar a cooperação necessária para atividades desse tipo. As obras de irrigação, na Mesopotâmia, na China e no Egito postulavam uma planificação, uma organização, uma direção e uma execução impensáveis sem leis, no sentido mais amplo do termo.

III. No Direito romano, proliferaram medidas destinadas, direta ou indiretamente, a regular o fenómeno agrário[357]. Podemos agrupá-las em duas áreas, precursoras, de certo modo, dos atuais Direitos agrários público e privado: (1) a apropriação da terra e o seu aproveitamento; (2) as relações entre proprietários. Na primeira área podemos inserir a *lex Sempronia agraria*, rogada por Tibério Semprónio Graco, em 133 a. C., e que visava,

[356] *Tratado*, III, 4.ª ed., 179 ss..

[357] Edoardo Volterra, *Bibliografia di diritto agrario romano* (1951), 141 pp., rec. Maria-Thérèse Lenger, Latomus 12 (1953), 355-356, estendendo a pesquisa até ao séc. XVII.

entre outros aspetos, limitar a 500 jeiras de terra do Estado a apropriação privada. O assassinato de Tibério Graco pôs termo a essa experiência, a qual foi retomada, dez anos volvidos, pelo seu irmão, Caio, igualmente assassinado[358]. Na segunda, surge todo o universo das servidões prediais e das relações de vizinhança, com regras ainda hoje em vigor.

IV. Ao longo da História, o Direito agrário relativo às relações entre vizinhos manteve-se, sendo periodicamente reforçado pelas sucessivas receções do Direito romano. A estruturação feudal de algumas sociedades ocidentais deu azo, por seu turno, a especializações agrárias, refletidas nos regimes aplicáveis. Documentam-se, ainda e nos vários países, leis de defesa da caça, em especial das espécies mais prestigiadas em em perigo de extinção. Apenas o rei ou determinados aristocratas podiam caçar, em áreas reservadas[359].

V. Na sequência da Revolução Industrial e do crescimento demográfico dela decorrente, a agricultura sofreu uma integração no seio dos sectores económicos básicos. Desenvolveu-se uma ideia ampla de Direito agrário, que abarca a empresa e o empresário agrícola[360], o Direito público agrícola[361], a atividade agrícola *lato sensu*, envolvendo áreas circundantes, como o agro-turismo[362], os contratos agrários[363] e o Direito dos mercados-agroalimentares[364] e o Direito do ambiente[365]. Cabe, ainda, lidar com níveis desenvolvidos de Direito europeu, centrados na denominada

[358] Mario Talamanca, *Lineamenti di storia del diritto romano*, 2.ª ed. (1989), VIII + + 762 pp., 303 ss.; Jochen Bleicken, *Überlegungen zum Volkstribunat des Tiberius Sempronius Gracchus*, HZ 247 (1988), 265-293 (268 ss.).

[359] Tim Flannery, *Europe: a Natural History* (2019), 696 pp., 458 ss..

[360] Giangastone Bolla, *Diritto agrario*, ED XII (1964), 846-855 (851/II ss.); Paolo Conte, *Compendio di diritto agrario*, 6.ª ed. (2016), 191 pp., 29 ss. e 77 ss.; Alberto Germanò, *Manuale di diritto agrario*, 8.ª ed. (2016), XIII + 392 pp., 53 ss. e 105 ss..

[361] Christian Grimm/Roland Norer, *Agrarrecht*, 4.ª ed. (2015), XXXII + 330 pp., 115 ss., centrando-se no Direito agrário da construção; Alberto Germanò, *Manuale di diritto agrario* cit., 8.ª ed., 343 ss.; Paolo Conte, *Compendio di diritto agrario* cit., 6.ª ed., 135 ss..

[362] Paolo Conte, *Compendio di diritto agrario* cit., 6.ª ed., 69 ss..

[363] *Idem*, 101 ss.; Grimm/Norer, *Agrarrecht* cit., 4.ª ed., 99 ss., reportando as especialidades do Direito agrário no domínio das obrigações.

[364] Alberto Germanò, *Manuale di diritto agrario* cit., 8.ª ed., 343 ss..

[365] Grimm/Norer, *Agrarrecht* cit., 4.ª ed., 276 ss..

Política Agrícola Comum (PAC), base de múltiplos diplomas europeus[366]. O Direito agrário assim tomado assume um gigantismo de controlo e de conhecimento cada vez mais difíceis[367].

VI. Como adiantado, o Direito agrário não tem suscitado, entre nós, estudos envolventes. Os condicionamentos das nossas universidades a tanto conduzem. Já em grandes potências agrícolas, como o Brasil, encontramos uma produção considerável[368].

37. **Direito público agrário; as campanhas do trigo**

I. Os Estados da atualidade vieram a interessar-se, progressivamente, pela propriedade agrária. Podemos invocar, para tanto, razões nacionalistas, económicas e ambientais.

No plano nacional, a 1.ª Guerra Mundial (1914-1918) fez cair as importações de alimentos, essenciais para alimentar a população portuguesa. Houve racionamento alimentar, fome e sublevações, com ataques concertados a padarias. No início da II República, foram tomadas medidas que, de acordo com a filosofia e os conhecimentos da época, poriam o País ao abrigo dessas eventualidades. Assim, pelo Decreto n.º 1:752, de 21 de agosto de 1929[369], foi lançada a primeira campanha do trigo, de modo a "promover o aumento da produção do trigo até às necessidades de consumo". A matéria foi regulamentada pelo Decreto n.º 17:518, de 26 de outubro de 1929[370]. Seguiram-se medidas de incentivo à produção de trigo, incluindo subsídios e direitos aduaneiros sobre o trigo importado.

[366] Paolo Conte, *Compendio di diritto agrario* cit., 6.ª ed., 20 ss..

[367] A obra de Mechtild Düssing/José Martinez, *Agrarrecht*, 2.ª ed. (2022), XXXIII + 2547 pp. condensadas, soma mais de 50 leis e regulamentos anotados, remetendo para muitos outros instrumentos e para centenas de escritos; conta com 33 colaboradores.

[368] Compulsados: Mónica Castagna Molina/José Geraldo de Sousa Júnior/Fernando da Costa Tourinho Neto, *Introdução crítica ao Direito agrário* (2002), 416 pp.; Alcir Gursen de Miranda, *Direito agrário e ambiental* (2003), 166 pp., Sílvia Opitz/Oswaldo Opitz, *Curso completo de Direito agrário*, 11.ª ed. (2017), ed. Kindle; Josué Tomazi de Carvalho//Júnior Divino Fidelis/Marcela Albuquerque Maciel, 2.ª ed. (2018), 295 pp.; há mais de vinte títulos disponíveis, só em obras gerais.

[369] DG I, n.º 191, de 1-ago.-1929, 1875-1877.

[370] DG I, n.º 246, de 26-out.-1929, 2245-2246.

O Decreto-Lei n.º 22:871, de 24 de junho de 1933[371], criou a Federação Nacional dos Produtores de Trigo (FNPT): um organismo corporativo poderoso, ao qual obrigatoriamente pertenciam todos os produtores: proprietários, arrendatários, parceiros e seareiros. Tinha latas funções de proteção do mercado e de financiamento aos produtores. Na mesma data, o Decreto-Lei n.º 22:872[372], adotou o regime cerealífero. A FNPT foi um organismo forte, implantado de Norte a Sul do País e que difundiu a cultura do trigo, com especial incidência no Alentejo.

II. O Decreto-Lei n.º 283/72, de 11 de agosto, operou a fusão da FNPT com outras entidades, criando o Instituto dos Cereais[373]. Seguiu-se, pelo Decreto-Lei n.º 663/76, de 4 de agosto, a EPAC (Empresa Pública de Abastecimento de Cereais)[374], depois EPAC, SA. Foi dissolvida pelo Decreto-Lei n.º 572-A/99, de 29 de dezembro[375], vindo o Decreto-Lei n.º 187/2001, de 25 de junho, a regular o processo de liquidação[376]. A tutela da produção de trigo manteve-se, até ser substituída pela PAC (Política Agrícola Comum).

III. As medidas públicas destinadas a regular sectores agrícolas e alimentares sensíveis foram comuns, até à integração europeia. Recordem-se as intervenções do Marquês de Pombal nos vinhos e nas pescas. Exemplificámos com as campanhas do trigo.

Hoje, elas são questionáveis. No Alentejo, as campanhas de trigo levaram à desflorestações e ao desbaste de cobertura vegetal, designadamente ao longo do vale do Guadiana. Nos primeiros anos, o cultivo do trigo em terras virgens deu azo a colheitas abundantes. Seguiu-se-lhe, todavia, uma grave erosão, conduzindo à desertificação de áreas antes férteis. O trigo, sem subsídios e incapaz de se bater com a concorrência americana e do leste da Europa, desapareceu da paisagem alentejana. Foi substituído por novas monoculturas, como a da azeitona, dependente de dispendiosos planos de rega e da energia elétrica, cada vez mais cara. A planificação agrícola correta, capaz de, no médio e no longo prazo, ponderar todas as

[371] DG I, n.º 165, de 24-jul.-1933, 1444-1451.
[372] DG I, n.º 165, de 24-jul.-1933, 1451-1461.
[373] DG I, n.º 187, de 11-ago.-1972, 1059-1060.
[374] DR I, n.º 181, de 4-ago.-1976, 1896-1910.
[375] DR I-A, n.º 301, 1.º supl., de 29-dez.-1999, 9340-(2)-9340-(3).
[376] DR I-A, n.º 145, de 25-jun.-2001, 3787-3789.

variantes em presença, num Mundo que sabemos cada vez mais quente e seco, constitui o grande desafio da propriedade agrícola, sujeita à intervenção do Estado.

IV. As campanhas do trigo são ainda exemplificativas das consequências sociais e políticas que a intervenção do Estado na agricultura pode ter. Com efeito, o trigo é uma cultura extensiva. A sua generalização, no Alentejo, conduziu à extinção da pequena propriedade, proletarizando a população rural. A mão-de-obra requerida para a exploração do trigo tinha picos de atividade, aquando da monda e da ceifa. Fazia apelo a trabalhadores das Beiras e dos Algarves. Fora desses períodos, grassava o desemprego. Tudo isso jogou na explosão político-social de 1975 e na subsequente destruição da agricultura nacional[377].

38. A RAN (Reserva Agrícola Nacional)

I. Como primeiro instrumento geral de intervenção do Estado na propriedade agrícola, temos, na época atual, o Decreto-Lei n.º 356/75, de 8 de julho[378]: veio adotar medidas de defesa dos recursos naturais, designadamente no que respeita à utilização dos solos para fins de construção e outros. No preâmbulo, considera-se que apenas 12% do solo nacional têm elevada produtividade agrícola, havendo que protegê-los. O artigo 1.º/1 dispõe que, em solos classificados desse tipo (A, B, A/B e subclasse Ch),

> (...) independentemente da sua localização, ficam proibidas todas as construções com qualquer finalidade bem como aterros, escavações ou qualquer outro processo de inutilização desses solos, incluindo vias de comunicação e outras infra-estruturas públicas.

Seguiram-se algumas exceções, precedendo aprovação.

O Decreto-Lei n.º 357/75, do mesmo dia, proibia, sem prévia autorização das câmaras municipais competentes, todas as práticas de destruição do revestimento vegetal que não tivesse fim agrícola. Seguiu-se o Decreto-Lei n.º 308/79, de 20 de agosto[379], que aperfeiçoou o esquema, precisando as exceções.

[377] *Tratado*, XIII, 173-174, quanto ao fim e às consequências da reforma agrária.
[378] DR I, n.º 155, de 8-jul.-1975, 943-944.
[379] DR I, n.º 191, de 22-ago.-1979, 2003-2005.

II. O passo subsequente resultou do Decreto-Lei n.º 451/82, de 16 de novembro, que instituiu a RAN ou Reserva Agrícola Nacional[380]. Integrava os solos com maior aptidão agrícola (1.º), onde eram proibidas as ações que diminuíssem ou destruíssem as suas potencialidades (3.º/1). Iniciava a montagem de uma burocracia destinada a assegurar o uso agrícola dos solos. Um novo regime para a RAN adveio do Decreto-Lei n.º 196/89, de 14 de junho[381]: a malha normativa e burocrática foi intensificada.

III. Chegamos ao regime atual da RAN, adotado pelo Decreto-Lei n.º 73/2009, de 31de março, alterado pelo Decreto-Lei n.º 199/2015, de 16 de setembro, que o republicou em anexo[382]. O artigo 2.º define[383]:

> 1. A RAN é o conjunto das áreas que em termos agroclimáticos, geomorfológicos e pedológicos apresentam maior aptidão para a atividade agrícola.
>
> 2. A RAN é uma restrição de utilidade pública, à qual se aplica um regime territorial especial, que estabelece um conjunto de condicionamentos à utilização não agrícola do solo, identificando quais as permitidas tendo em conta os objetivos do presente regime nos vários tipos de terras e solos.

IV. O diploma prevê uma classificação das terras, de acordo com a sua aptidão agrícola (6.º e 7.º). As que apresentem elevada ou moderada aptidão agrícola integram a RAN (8.º), podendo ser-lhe aditadas outras terras ou solos (9.º). As áreas RAN são identificadas a nível municipal nos planos de ordenamento (11.º). Prevê-se todo um procedimento para a definição dessas áreas.

Quando integradas na RAN, observam-se os artigos 20.º e 21.º[384]:

> Artigo 20.º
>
> Afetação das áreas da RAN
>
> 1. As áreas da RAN devem ser afetas à atividade agrícola e são áreas non aedificandi, numa ótica de uso sustentado e de gestão eficaz do espaço rural.

380 DR I, n.º 265, de 16-nov.-1982, 3828-3832.

381 DR I, n.º 134, de 14-jun.-1989, 2318-2327.

382 DR 1.ªsérie, n.º 181, de 16-set.-2015, 8123-8140.

383 Na republicação: DR 1.ª série, n.º 181, de 16-set.-2015, 8128/II.

384 *Idem*, 8132-8133.

2. Aos assentos da lavoura de explorações ligadas à atividade agrícola ou a atividades conexas ou complementares à atividade agrícola, situados nas áreas da RAN, é aplicável o presente decreto-lei.

Artigo 21.º
Ações interditas

São interditas todas as ações que diminuam ou destruam as potencialidades para o exercício da atividade agrícola das terras e solos da RAN, tais como:

a) Operações de loteamento e obras de urbanização, construção ou ampliação, com exceção das utilizações previstas no artigo seguinte;
b) Lançamento ou depósito de resíduos radioativos, resíduos sólidos urbanos, resíduos industriais ou outros produtos que contenham substâncias ou microrganismos que possam alterar e deteriorar as características do solo;
c) Aplicação de volumes excessivos de lamas nos termos da legislação aplicável, designadamente resultantes da utilização indiscriminada de processos de tratamento de efluentes;
d) Intervenções ou utilizações que provoquem a degradação do solo, nomeadamente erosão, compactação, desprendimento de terras, encharcamento, inundações, excesso de salinidade, poluição e outros efeitos perniciosos;
e) Utilização indevida de técnicas ou produtos fertilizantes e fitofarmacêuticos;
f) Deposição, abandono ou depósito de entulhos, sucatas ou quaisquer outros resíduos.

As utilizações não-agrícolas das áreas RAN implicam concessão, aprovação, licença, autorização administrativa ou comunicação prévia (*vide* 23.º).

V. A inclusão de prédios na RAN tem ainda relevantes consequências civis:

(1) os proprietários de prédios rústicos ou mistos incluídos na RAN gozam do direito de preferência na alienação ou dação em cumprimento de prédios rústicos ou mistos confinantes, aplicando-se os artigos 416.º a 418.º e 1410.º do Código Civil (26.º);
(2) para efeitos de fracionamento, a unidade de cultura corresponde ao triplo da área fixada pela lei geral para a região onde se situa (27.º).

Seguem-se mútiplas regras de organização e de funcionamento administrativo. Os atos administrativos que violem a lei são nulos (38.º), cabendo ainda contraordenações (39.º).

39. A REN (Reserva Ecológica Nacional)

I. A Reserva Ecológica Nacional ou REN foi criada pelo Decreto-Lei n.º 321/83, de 5 de julho[385]. Segundo o seu artigo 1.º:

> É instituída a Reserva Ecológica Nacional, que integra todas as áreas indispensáveis à estabilidade ecológica do meio e à utilização racional dos recursos naturais, tendo em vista o correcto ordenamento do território.

A REN tinha a seguinte composição (2.º)[386]

> 1. Ecossistemas costeiros, designadamente:
> *a*) Praias;
> *b*) Primeira e segunda dunas fronteiras ao mar;
> *c*) Arribas, incluindo uma faixa até 200 m para o interior do território a partir do respectivo rebordo;
> *d*) Quando não existirem dunas nem arribas, uma faixa de 500 m para além da linha máxima de praia-mar de águas vivas;
> *e*) Estuários e rias, englobando uma faixa de 100 m para além da linha máxima de praia-mar de águas vivas;
> *f*) Ilhas, ilhotas e rochedos emersos no mar ao longo do litoral.
>
> 2. Ecossistemas interiores, designadamente:
> *a*) Lagoas, incluindo uma faixa de 100 m para além do limite máximo de alagamento, incluindo as faixas amortecedoras;
> *b*) Albufeiras e uma faixa de 100 m para além do regolfo máximo;
> *c*) Leitos normais dos cursos de água, zonas de galeria e faixas amortecedoras, além das suas margens naturais;
> *d*) Cabeceiras dos cursos de água definidas a partir da linha de cumeada de separação de rios e ribeiros até à rede hidrográfica;
> *e*) Encostas de declive superior a 25%;
> *f*) Escarpas e faixa envolvente de 3 vezes a sua altura para além da base e rebordo da escarpa;

[385] DR I, n.º 152, de 5-jul.-1983, 2425, 2427.
[386] *Idem*, 2426.

g) Áreas de infiltração máxima definidas pela sua natureza geológica;
h) Áreas abandonadas devido a acentuada erosão superficial ou a anterior exploração de inertes;
i) Uma faixa de 100 m para além das bermas das auto-estradas e vias rápidas e de 50 m para além das bermas das restantes estradas nacionais;
j) Uma faixa de 200 m ao longo de toda a costa marítima natural, no sentido do oceano, definida a partir do limite da linha de baixa-mar de águas vivas.

II. O regime da REN era claro (3.º):

1. Nos solos da Reserva Ecológica são Proibidas todas as acções que diminuam ou destruam as suas funções e potencialidades, nomeadamente vias de comunicação e acessos, construção de edifícios, aterros e escavações, destruição do coberto vegetal e vida animal.
2. Exceptuam-se do disposto no número anterior as utilizações e ocupações, a definir em diploma regulamentar.

Não havia *ius aedificandi* nem possibilidade de introduzir alterações na realidade existente.

III. O Decreto-Lei n.º 321/83 foi substituído pelo Decreto-Lei n.º 93/90, de 19 de março[387]. Esse diploma, referindo a agricultura e a silvicultura modernas, a par do crescimento urbano, veio reformular alguns pontos. Designadamente (3.º): o âmbito da REN, limitou-se, em circunstanciados anexos, a referir as áreas a integrar; só que tais áreas, precedendo todo um procedimento, seriam definidas por portarias de vários ministros (3.º). O Decreto-Lei n.º 93/90 sofreu alterações[388], até ao Decreto-Lei n.º 180/2006, de 6 de setembro o qual, com novas modificações, o republicou em anexo[389]. A delimitação da REN passou a ser feita por Resolução do Conselho de Ministros.

[387] DR I, n.º 65, de 19-mar.-1990, 1350-1354.

[388] Pelos Decretos-Leis n.º 316/90, de 13 de outubro, n.º 213/92, de 12 de outubro, n.º 79/95, de 20 de abril e n.º 203/2002, de 1 de outubro.

[389] DR 1.ª série, n.º 172, de 6-set.-2006, 6551-6578. Este diploma teve duas retificações: n.º 75-A/2006, de 3 de novembro e n.º 76/2006, de 6 de novembro.

IV. Um novo regime foi adotado pelo Decreto-Lei n.º 166/2008, de 22 de agosto[390], revogando-se o anterior Decreto-Lei n.º 93/90. Este diploma visou o reforço da REN e a simplificação dos procedimentos. Pretendeu, também, ultrapassar[391]:

> (…) uma visão estreitamente proibicionista sem fundamento técnico ou científico.

A delimitação da REN é agora feita a nível municipal (10.º), após todo um procedimento. Quanto ao regime (20.º): mantém-se a proibição de construir, bem como a de introduzir modificações, mas com uma série de exceções. Seguiram-se, de acordo com o costume nacional, múltiplas alterações: Decreto-Lei n.º 239/2012, de 2 de novembro, com republicação anexa; Decreto-Lei n.º 96/2013, de 19 de julho; Decreto-Lei n.º 80/2015, de 14 de maio, que extinguiu a Comissão Nacional da REN, substituída pela Comissão Nacional do Território; Decreto-Lei n.º 124/2019, de 28 de agosto, com republicação anexa[392].

V. Os diplomas sobre a REN têm uma malha cada vez mais complexa, assentando num entrosamento burocrático de grande dimensão. No terreno, a realidade é diversa do que poderia resultar dos textos legais. Com efeito, os prédios incluídos na REN são, em regra, os dotados de maior apetência nas áreas do turismo, do lazer, da restauração e de todas as atividades conexas. Os particulares têm evidente interesse, pessoal e comercial, em dispor dos seus prédios. Os municípios pretendem atrair o investimento e o turismo. A lei, com as suas exceções e os seus meandros e mesmo partindo do pressuposto de que não há corrupção, permite múltiplas abertas. A procura sobe e os preços elevam-se, mesmo em face de prédios que não têm qualquer hipótese de edificação ou de aproveitamento lúdico. São feitos investimentos consideráveis, que apostam na possibilidade de alterar a lei (o que é frequente) ou de, no terreno, modificar as delimitações municipais da REN. As exceções legais são aproveitadas até à medula. Os interessados, em regra com largos meios técnicos, sociais, jurídicos e, quiçá, políticos, conseguem construções aparatosas em áreas de todo inve-

[390] DR 1.ª série, n.º 162, de 22-ago.-2008, 5865-5884, com a retificação n.º 63-B//2008, de 21 de outubro.

[391] *Idem*, 5856/I.

[392] DR 1.ª série, n.º 164, de 28-ago.-2019, 60-118.

rosímeis. A técnica de, em PDM, considerar "áreas de construção" zonas que se situam no coração da REN, permitiu a destruição de aldeias inteiras e a pura e simples supressão de ecossistemas irrecuperáveis. Vale o exemplo da Ria Formosa, no Algarve, exemplo esse que opera em todo o País. As novas gerações, aqui como em tudo o que lide com o ambiente, vão ser herdeiras da incapacidade dos atuais regimes políticos, assentes em eleições periódicas e na regra do benefício imediato. A Ciência do Direito, no pouco que possa fazer, deve estar atenta.

40. **A propriedade florestal**

I. A floresta e a sua manutenção constituem – ou deveriam constituir – um ponto básico de qualquer política séria e empenhada na defesa do ambiente e na riqueza do País. Infelizmente, uma série de más práticas, agravadas pelo problema dos incêndios e pela intromissão de preconceitos ideológicos num domínio onde a Ciência deveria imperar, tem prejudicado o que pareceria óbvio. Por exemplo: os especialistas reconhecem que o eucalipto surge como o mais eficaz poço de carbono natural: é de crescimento rápido e exige pouca água. Apenas há que pôr termo aos incêndios, os quais, de resto e na atual situação climatérica, consomem todo o tipo de floresta. Mas o politicamente correto prefere ver encostas queimadas, anos a fio, em vez de incentivar uma rápida reflorestação.

II. Do ponto de vista jurídico, existem diplomas imensos sobre questões florestais[393]. Seria tempo de proceder a uma codificação cuidada, que substituísse principiologias por regras claras e de execução eficaz.

Como ponto de partida, aponta-se a remodelação do Ministério das Obras Públicas, criado em 1852 por Fontes Pereira de Melo e que reorganizou os Serviços Florestais[394].

O património florestal do Estado foi muito enfraquecido por sucessivas alienações. A floresta portuguesa, no essencial, é privada. A intervenção do Estado faz-se através de restrições sucessivas ao direito básico de propriedade.

[393] No preâmbulo do Decreto-Lei n.º 96/2013, de 19 de julho, pode ser confrontada diversa legislação florestal.

[394] Nicole Devy-Vareta, *O regime florestal em Portugal através do século XX (1903-2003)*, Revista da Faculdade de Letras/Geografia, Porto, XIX (2003), 447-455.

III. Vamos referir o Decreto-Lei n.º 96/2013, de 19 de julho[395], que estabeleceu o regime jurídico aplicável às ações de arborização e de rearborização. No essencial, esse diploma sujeita a autorização prévia do Instituto da Conservação da Natureza e das Florestas (ICNF, IP), as ações de arborização e de rearborização com recurso a qualquer espécie florestal (4.º/1). Seguem-se, depois, especialidade e exceções. O artigo 11.º/1 consigna o deferimento tácito, na hipótese de passarem 45 dias, sem decisão.

IV. Nas leis recentes, avultam as Bases da Política Florestal, adotadas pela Lei n.º 33/96, de 17 de agosto. Esta Lei foi derrogada pelo Código Florestal, aprovado pelo Decreto-Lei n.º 254/2009, de 24 de setembro, que revogou 44 diplomas. Todavia, o Código Florestal foi substituído pela Lei n.º 12/2012, de 23 de março, que repristinou a legislação em vigor à data da sua publicação. O Decreto-Lei n.º 16/2009, de 14 de janeiro, alterado pelos Decretos-Leis n.º 114/2010, de 22 de outubro, n.º 27/2014, de 18 de fevereiro e n.º 65/2017, de 12 de junho, que o republicou em anexo, foi, ainda, modificado pelo Decreto-Lei n.º 11/2019, de 21 de janeiro.

V. Os PROF ou programas regionais de ordenamento florestal estabelecem as normas de utilização e exploração florestal para as circunscrições a que se apliquem. Foram previstos pelo Decreto-Lei n.º 16/2009, sendo adotados por portaria. Vinculam, direta e imediatamente, os particulares relativamente (4.º/5):

a) À elaboração dos planos de gestão florestal;
b) Às normas de intervenção nos espaços florestais;
c) Aos limites de área a ocupar por eucalipto.

Em execução deste diploma, foram sendo publicadas múltiplas portarias de aprovação de PROF. Temos portarias transversais, como a n.º 18/2022, de 5 de janeiro, que procedeu à revisão dos limites máximos da área a ocupar por espécies do género Eucalyptus Spp, em cada concelho. Há que atender, ainda, a diversos outros normativos.

[395] DR 1.ª série, n.º 138, de 19-jul.-2013, 4215-4220.

41. Direito agrário privado

I. No Código Civil, encontramos diversas regras de Direito agrário, ou melhor: que poderiam integrar um sistema de Direito agrário, caso as normas que tenham a ver com a agricultura fossem organizadas em sistema. Assim:

(1) boa parte das regras sobre animais (201.º-B a 201.º-D, 1305.º-A, 1319.º a 1323.º);
(2) os frutos naturais (212.º a 215.º);
(3) o contrato de parceria pecuária (1121.º a 1128.º);
(4) diversas normas sobre a acessão natural (1327.º a 1332.º), sobre a acessão industrial imobiliária, no tocante a sementeiras e a plantações (1339.º a 1343.º), escavações (1348.º), escoamento natural de água (1351.º), obras defensivas das águas (1352.º), demarcação (1353.º a 1355.º) e tapagem (1356.º a 1359.º), sendo evidente que muitas das regras em causa só relevam em ambiente rural;
(5) a plantação de árvores e de arbustos (1366.º a 1369.º);
(6) o fracionamento e o emparcelamento de prédios rústicos (1376.º a 1382.º);
(7) os atravessadouros (1383.º e 1384.º);
(8) a propriedade das águas (1385.º a 1402.º), sem prejuízo de essa matéria poder dar corpo a uma propriedade especial relativa à água;
(9) regras sobre o usufruto (1453.º a 1456.º e 1462.º);
(10) normas sobre a superfície, quanto à denominada superfície vegetal, quanto a fazer ou manter plantações (1524.º, 1528.º, 1529.º);
(11) diversas regras sobre as servidões (1543.º a 1575.º).

II. Fora do Código Civil, encontramos o importante Decreto-Lei n.º 294/2009, de 13 de outubro, que aprovou o regime do arrendamento rural. Esse diploma substituiu o antigo regime, resultante do Decreto-Lei n.º 385/88, de 25 de outubro e absorveu o arrendamento florestal, antes regido pelo Decreto-Lei n.º 394/88, de 8 de novembro. De notar, ainda, o Decreto-Lei n.º 52/2021, de 15 de junho, que fixou um regime jurídico sobre o arrendamento forçado de prédios rústicos. Esse diploma visa, *inter alia*, casos de reconversão da paisagem e de prevenção de incêndios, quando os donos não tomem as medidas necessárias.

III. Em termos quantitativos, quase um terço dos preceitos do Código Civil relativos a Direitos Reais tem um conteúdo direta ou indiretamente agrário. Seria um interessante desafio organizar essa matéria num sistema de exposição, do qual decorreriam princípios ordenadores. Fica o convite.

§ 9.º PROPRIEDADE DOMINIAL

42. Noção e aspetos evolutivos

I. Usamos "propriedade dominial" para exprimir a situação jurídica dos bens do Estado *lato sensu*: o Estado central e as demais entidades públicas. No Direito civil vigente, o ponto de partida é constituído pelo artigo 1304.º, epigrafado "domínio do Estado e de outras pessoas coletivas públicas", com o teor seguinte:

> O domínio de coisas pertencentes ao Estado ou a quaisquer outras pessoas coletivas públicas está igualmente sujeito às disposições deste código em tudo o que não for especialmente regulado e não contrarie a natureza própria daquele domínio.

A leitura desse preceito permite inferir: (1) a existência do "domínio de coisas pertencentes ao Estado ou a outras pessoas coletivas públicas"; (2) a sua sujeição direta ao Código Civil; (3) com ressalva de regras especiais e da "natureza própria daquele domínio". Estamos claramente em face de uma propriedade especial.

II. Na origem, encontramos a categoria romana das *res extra commercium*[396] ou das coisas que não pertenciam ao disponente. Encontramos, ainda, as *res communes omnium*, isto é, as coisas que, pelas suas especiais características, não podiam ser objeto de apropriação individual[397]. Por

[396] Gaio, *Institutiones*, 2, 1 = ed. bilingue de Ulrich Manthe cit., 114-115, contrapunha as *res in patrimonio* às *res extra patrimonium*. Marciano, D. 20.3.1.2 = *Corpus iuris civilis*, ed. bilingue de Okko Behrends e outros cit., III, 631, refere as *res quia in commercium non est*, numa fórmula depois retida pela glosa e pelo comentário. *Vide*, por todos, Max Kaser, *Das römische Privatirecht* cit., I, 2.ª ed., § 92, II (377).

[397] Poderia tratar-se de resquícios de uma propriedade coletiva primitiva ou da consequência de conquistas, sem que tivesse ocorrido uma apropriação pelo Estado (*ager*

fim, o *populus Romanus* tinha património próprio: as *res publicae populi Romani*, sendo o *aerarium* de administração senatorial e o *fiscum*, de gestão imperial[398]. O núcleo do que seriam os bens públicos abarcava duas categorias básicas: (1) a dos bens das estruturas a que, hoje, chamaríamos Estado; (2) a dos bens utilizados por toda a comunidade, como o ar ou o mar.

III. Na evolução subsequente, os bens públicos eram detidos pela Coroa ou pelos soberanos, por entidades públicas reconhecidas, como as cidades ou as circunscrições territoriais e, com um estatuto próprio, pela Igreja e pelas autoridades eclesiásticas. Sobre todos esses bens incidia a propriedade, nas reconstruções resultantes das receções do Direito romano, ainda que complementado por regras especiais. Apenas com o nascimento do Direito administrativo, através da doutrina francesa, foi possível construir um domínio público, com características próprias[399].

IV. No Direito alemão, o tema do domínio público foi cientificamente introduzido por Otto Mayer[400]. Este Autor dispensou um circunstanciado desenvolvimento às coisas públicas, tratando-as sob o título sugestivo "Direito público das coisas"[401]. As coisas públicas pertenceriam a uma entidade pública, destinando-se imediatamente a prosseguir um escopo

publicus), seguida ou não da distribuição, em parcelas, a particulares. *Vide* Max Kaser, *Typen der römischen Bodenrechte in der späteren Republik*, SZRom 75 (1942), 1-81 (26 ss.) e, quanto ao período imperial, Otto Hirschfeld, *Der Grundbesitz der römischen Kaiser in den ersten drei Jahrhunderten*, KLIO 2 (1902), 45-72.

398 Max Kaser, *Das römische Privatrecht* cit., I, 2.ª ed., § 72, III (304), sem indicações.

399 Marcello Caetano, *Manual de Direito Administrativo*, 2, 9.ª ed. (1972), 870 ss. e Rui Machete, *O domínio público e a rede eléctrica nacional*, ROA 2001, 1367-1411 (1367 ss.). *Vide* André de Laubadère/Jean-Claude Venezia/Yves Gaudemet, *Traité de droit administratif*, 2, 9.ª ed. (1992), 169 ss.; Yves Gaudemet, *Droit administratif des biens*, 15.ª ed. (2014), n.º 10 ss. (9 ss.); Norbert Foulquier, *Droit administratif des biens*, 5.ª ed. (2019), n.º 18 ss. (8 ss.). Quanto ao regime do domínio público em França, Michel Rougevin-Baville/ /Renaud Denoix de Saint Marc/Daniel Labetoulle, *Leçons de droit administratif* (1989), 546 ss..

400 Otto Mayer (1846-1924), professor em Estrasburgo (então alemã) e em Leipzig, é geralmente apresentado como o grande clássico do Direito administrativo alemão; o seu pensamento reflete a doutrina francesa, doutrina essa que contribuiu, aliás, para refinar.

401 Otto Mayer, *Deutsches Verwaltungsrecht*, 2, 2.ª ed. (1917), 1-242 e 3.ª ed. (1924), 1-134. Existe uma versão em língua francesa, do próprio Autor e correspondendo à 1.ª ed.

público[402/403]. Teríamos a propriedade pública traduzida, pelo próprio Otto Mayer, como "domínio público"[404]. Temos, aqui, uma construção unitária de propriedade pública: uma "propriedade" estruturalmente suportada por regras de Direito público[405]. E a propriedade pública ocorreria através de um ato de classificação ou de afetação, praticado pelo Estado[406/407].

A doutrina de Otto Mayer veio, depois, a sofrer um longo e aprofundado labor crítico.

A afirmação de um "domínio público" tem, antes de mais, a preocupação ideológica de afirmar a submissão de determinadas coisas ao Estado[408]. De facto, a linguagem tradicional do "domínio público" é muito impressiva, designadamente nas referências ao interesse público e ao papel soberano do Estado, mas sem reflexos dogmáticos diretos. A opção de Otto Mayer é criticada[409]. À sua orientação, dita unitária, do domínio público, é contraposta uma doutrina dualista[410], normalmente confrontada com a construção francesa, de tipo unitário[411].

alemã (de 1896): *Le droit administratif allemand*, com pref. de H. Berthélemy (1905); *vide*, aí, todo o tomo 3.° (322 pp.).

402 Otto Mayer, *Deutsches Verwaltungsrecht*, 2, 3.ª ed. cit., § 35, IV (50).

403 De Otto Mayer, cabe ainda referir o trabalho *Eisenbahn und Wegerecht*, AöR 16 (1901), 38-87 e 203-243, onde ocorrem aplicações da sua doutrina.

404 Otto Mayer, *Le droit administratif allemand* cit., § 35 (3, 87 ss.). Para Otto Mayer, tal tradução é correta, dada a noção por ele perfilhada de "propriedade pública"; no atual Direito administrativo alemão, onde essa conceção é, em geral abandonada, a tradução ideal seria, simplesmente, "propriedade pública". Feita a prevenção, nenhuma dificuldade haverá em adotar a expressão "domínio público".

405 *Vide*, em especial, Hans-Jürgen Papier, *Recht der öffentlichen Sachen*, 3.ª ed. (1998), § 1, I, 4 (5 ss.).

406 Reinhold Zippelius, *Grundfragen des öffentlichen Sachenrechts und das Bayerische Strassen- und Wegegesetz*, DöV 1958, 838-850 (842).

407 *Vide*, ainda e sobre a propriedade pública, Karl Friedrichs, *Bürgerliches und öffentliches Sachenrecht*, AöR 40 (1921), 257-348 (307 ss. e 333 ss.).

408 Em especial, Theodor Maunz, *Hauptprobleme des öffentlichen Sachenrechts/ /Eine Studie zur Methodik und Dogmatik des deutschen Verwaltungsrechts* (1933), 172 ss..

409 Theodor Maunz, *Hauptprobleme* cit., 123 ss..

410 Assim: Michael Kromer, *Sachenrecht des öffentlichen Rechts/Probleme und Grundlage eines Allgemeinen Teils des öffentlichen Sachenrechts* (1985), 168 pp., 16 ss. e 26 ss. e Ernst Pappermann/Rolf-Peter Lühr/Wolfgang Andriske, *Recht der öffentlichen Sachen* (1987), 15 e 17 ss..

411 Herbert Hardinghaus, *Öffentliche Sachherrschaft und öffentliche Sachwaltung/ /eine Untersuchung des deutschen Rechts der öffentlichen Sachen verglichen mit dem französichen Recht des Domaine public* (1966), 168 pp., 76 ss. e 107 ss..

V. A evolução alemã levou ao aparecimento de doutrinas dualistas do domínio público. Ao contrário do que sucederia no Direito romano, a coisa pública não é, hoje, simplesmente uma coisa fora do comércio[412]. Sobre ela recai a propriedade do Estado, como repetidamente é reconhecido pelos tribunais[413]. Simplesmente, além desse elemento, haveria de jogar com um outro: o conjunto de regras de Direito público, relativas à coisa e que a colocariam numa situação de submissão ao interesse público e ao poder do Estado[414]. A propriedade pública seria, então, o produto das regras de propriedade (civis) e de normas de Direito público, com prevalência destas, no seu campo de aplicação, sobre as primeiras e que lhe dariam a sua especial coloração[415].

A doutrina admite ainda que, em princípio, a lei possa construir uma "propriedade pública" unitária; mas não seria esse o procedimento normal, no Direito alemão[416].

A construção dualista da propriedade pública teria uma série de vantagens. Ela permitiria uma melhor integração sistemática, drenando, para o domínio público normas experimentadas e totalmente coerentes – as do Direito privado – e facultando uma mais fácil coordenação com outros

[412] Ernst Forsthoff, *Lehrbuch des Verwaltungsrechts* – 1, *Allgemeiner Teil*, 10.ª ed. (1974), § 20 (379); Forsthoff (1902-1974) é, já hoje, um administrativista clássico. Este Autor iniciou-se na matéria, ainda como professor em Königberg, através das coisas sacras; *vide* Ernst Forsthoff, *Res sacrae*, AöR 70 (1940), 209-254 (219, 230 e *passim*).

[413] BGH 30-abr.-1953, BGHZ 9 (1953), 373-389 (380), BGH 18-nov.-1955, BGHZ 19 (1956), 85-94 (90 ss.), BGH 14-jul.-1956, BGHZ 21 (1956), 319-336 (327 ss.), BGH 15-jun.-1967, BGHZ 48 (1968), 99-108 (104 ss.) e BGH 30-out.-1970, NJW 1971, 94-96 (95).

[414] Hans-Jürgen Papier, *Recht der öffentlichen Sachen* cit., 3.ª ed., 9 ss.; *vide* Franz Mayer/Ferdinand Kopp, *Allgemeines Verwaltungsrecht*, 5.ª ed. (1985), 398 e, em especial, Hans J. Wolff/Otto Bachof/Rolf Stober, *Verwaltungsrecht* – 1, 10.ª ed. (1994), § 39, II (510).

[415] Além dos elementos citados: Ernst Pappermann, *Grundfälle zum öffentlichen Sachenrecht*, JuS 1979, 794-799 (798) e Hans Jürgen Papier, *Recht der öffentlichen Sachen*, em Dirk Ehlers/Hermann Pünder, *Allgemeines Verwaltungsrecht*, 15.ª ed. (2016), § 38 (815-879), Nr. 18 ss. (820 ss.).

[416] Ainda que com exceções sectoriais, nalguns Estados federados; *vide* Jürgen Saczwedel, em Hans-Uwe Erichsen (org.), *Allgemeines Verwaltungsrecht*, 10.ª ed. (1995), § 42, I, Nr. 4 (540).

institutos[417], designadamente com a responsabilidade[418]. Trata-se de uma orientação cientificamente elaborada. Queda verificar se joga com o Direito positivo considerado: oportunamente tomaremos posição perante o Direito português.

VI. Importa fixar o critério do domínio público. Apontado como visando servir fins públicos[419], ele obedece a dois critérios[420]: o do uso direto pelo público e o da colocação num *status* especial. Na primeira hipótese, a qualificação é imediata; na segunda, ele depende de um ato de afetação (a *Widmung*)[421]. Esse ato pode ser uma declaração de vontade pública (a interpretar e a integrar segundo o BGB), uma lei, um regulamento, um estatuto, uma norma consuetudinária ou um ato administrativo[422].

Afigura-se-nos importante reter, da experiência alemã, a ideia de que, excluindo os casos de evidente uso comunitário o qual, em regra, traduz uma inviabilidade de apropriação exclusivista por uma pessoa, se caminha da propriedade pública para as coisas públicas[423]. Ou seja: há um regime jurídico, historicamente determinado, que coloca as coisas ao serviço da Administração Pública, em moldes especializados e, nessa medida, diversos dos do Direito civil. E é a sujeição a esse regime que permite falar numa propriedade ou domínio público.

Pergunta-se se a noção do § 90 do BGB é adequada para as coisas públicas. Volta a frisar-se: a natureza pública advém do regime e não da coisa. Logo, nada inquina, à partida, o § 90, no campo público. Todavia,

[417] Papier, *Recht der öffentlichen Sachen* cit., 3.ª ed., 11 ss..

[418] Assim, como exemplo: Richard Bartlsperger, *Verkehrssicherungspflicht und öffentliche Sache* (1970), 19-20.

[419] Ulrich Hade, *Das Recht der öffentlichen Sachen*, JuS 1993, 113-118 (113/I).

[420] Wolfram Höfling, *Grundzüge des öffentlichen Sachenrechts*, JA 1987, 605-611 (605/I).

[421] Peter Axer, *Die Widmung als Schlüsselbegrif des Rechts der öffentlichen Sachen als Rechtsgebiet* (1994), 251 pp., 30 ss., 34 ss. e *passim*, Wolfram Höfling, *Grundzüge des öffentlichen Sachenrechts* cit., 606/I, Franz-Joseph Peine, *Das Recht der des öffentlichen Sachen/neue Gesetze und Rechtsprechung im Überblick*, JZ 2006, 593-608 (601/I) e Malte Stieper, no *Staudingers Kommentar* (2017) cit., §§ 90-124, prenot. §§ 90-103, N. 17 (8).

[422] Ulrich Hade, *Das Recht der öffentlichen Sachen* cit., 113/II.

[423] Schmidt-Jortzig, *Vom öffentlichen Eigentum zur öffentliche Sache*, NVwZ 1987, 1025-1031 (1026/I ss.).

a estreiteza desse preceito permite, a alguma doutrina, afirmar que ele é insuficiente, no Direito público[424].

VII. Existe uma efetiva teoria unitária das coisas públicas, ao ponto de se poder falar numa teoria geral da propriedade dos direitos reais públicos? As bases legais são frágeis e muito dispersas, uma vez que as normas públicas disponíveis, fortemente moldadas pelas realidades a que se aplicam (estradas, canais ou instalações militares, por exemplo) não permitem regras sólidas comuns. Um âmbito geral tem sido negado[425], enquanto as tentativas afirmativas assentam num paralelo com o Direito privado. Procuram-se, nas coisas públicas, os princípios do *numerus clausus*, da publicidade, da especialidade, da abstração e da imediação, como exemplos[426]. Tudo isto permite apreciar as vantagens, no Direito alemão, da construção dualista: aplica-se o Direito civil, quando não afastado por normas públicas especiais.

43. O Direito lusófono

I. Os bens do Estado eram, tradicionalmente, inseridos numa rubrica dita bens do Rei. A categoria era heterogénea; ela abrangia, designadamente[427]:

(1) bens reais: todos os que pertencem ao Rei;
(2) bens dominiais ou fiscais: os vacantes, os confiscados a condenados ou os deixados a pessoa indigna;
(3) bens da Coroa do Reino: caminhos públicos, rios perenes, portos de mar e de rios, ilhas adjacentes, desertos, matas maiores, tesouros, bens jazentes e, em geral todos os bens não ocupados por particulares;
(4) direitos majestáticos: os que têm a ver com impostos e com a moeda;

[424] Wilfried Erbguth, *Recht der öffentlichen Sachen*, Jura 2008, 193-200 (194/I) e Hans Jürgen Papier, *Recht der öffentlichen Sachen* (2016) cit., § 38, Nr. 3 (817)

[425] Peter Axer, *Die Widmung* cit., *maxime* 225.

[426] Michael Kromer, *Sachenrecht des öffentlichen Rechts/Probleme und Grundlagen eines Allgemeinen Teils des Öffentlichen Sachenrechts* (1985), 166 pp., 86 ss. e 91 ss.

[427] Pascoal de Melo, *Instituições de Direito Civil Português*, Liv. I – *Direito público*, Título IV – *Do erário e do fisco*, BMJ 161 (1966), 132 ss..

(5) erário régio: bens públicos do Estado, que se destinam a proteger a própria República e não à sustentação dos Imperantes.

Interessa reter, deste elenco, os bens da Coroa do Reino: as Ordenações contêm uma enumeração muito significativa e que, hoje, se aproxima do domínio público[428].

II. O liberalismo levou à institucionalização de classificações mais analíticas[429]. Borges Carneiro[430], citando Heineccius[431/432], distingue as coisas comuns, as coisas públicas, as coisas de corporação e as coisas do indivíduo. Seriam comuns as coisas "cuja propriedade pertence a todo o género humano [e] o uso a cada pessoa": o ar, a chuva, o mar aberto ou alto e as praias. Seriam públicas as coisas "cuja propriedade pertence a uma nação ou á sua Corôa, o uso a cada um dos cidadãos": os rios navegáveis e as estradas. De uma corporação ou universidade seriam aquelas cuja propriedade lhes pertenceria e o uso aos cidadãos, "como os logradouros dos Concelhos". Privadas, finalmente, seriam as coisas de cada pessoa ou indivíduo. Como se vê, estávamos perante uma enumeração pouco clara e marcadamente empírica.

Coelho da Rocha trata o tema a propósito das classificações das coisas, "em quanto aos possuidores"[433]. Apresentava o quadro seguinte: bens nacionais, municipais, dos estabelecimentos públicos e particulares. Os bens nacionais pertencem ao Estado ou Nação; poderiam sê-lo por natu-

[428] *Ord. Fil.*, Liv. II, Tít. XXVI, §§ 8 e seguintes (= ed. Gulbenkian, Livros II/III, 441 ss.).

[429] Com elementos históricos, Cunha Gonçalves, *Tratado* cit., 3, 108 ss. e José Luís Bonifácio Ramos, *As coisas públicas nos finais do século XX*, Estudos em Honra de Pedro Soares Martinez 2 (2000), 547-570 (547 ss.).

[430] Borges Carneiro, *Direito civil de Portugal* cit., 3, 7 ss..

[431] Johann Gottlieb Heineccius (Heinecke) (1681-1741) é considerado o mais célebre jurista alemão do séc. XVIII, embora fosse mais conhecido no Sul (particularmente em Itália e, como se vê, em Portugal), do que na sua terra de origem. Foi importante a sua técnica de *usus modernus,* ainda que conseguida à custa do rigor histórico. Particularmente marcantes foram os seus *Elementa juris civilis secundum ordinem pandectarum* (usamos a 3.ª ed., 1732), de que há numerosas edições póstumas, algumas das quais de Coimbra e os seus *Elementa juris civilis secundum ordinem Institutionum* (1749, ed. póstuma).

[432] Heineccius, *Pand.*, Lib. I, tit. VIII, § CXC = *Elementa juris civilis secunde um ordinem pandectarum* cit., 1, 60 (§ 190).

[433] Coelho da Rocha, *Instituições* cit., §§ 86 ss. (1, 50 ss.).

reza, como os tributos, as estradas, os rios navegáveis, as praças, os portos, os ancoradouros e cais e os muros e fortalezas, entre outros; e poderiam sê-lo por circunstância, como os bens vacantes, as ilhas e outros mouchões em rios navegáveis, os palácios e quintas destinados à família real e os estabelecimentos do Estado. Os bens nacionais corresponderiam aos bens da Coroa, na terminologia das Ordenações[434].

Os bens municipais são aqueles cuja "... propriedade pertence aos povos de um Concelho, ou Município", cabendo subdistinguir: aqueles cujo uso cabe a todos, como as ruas, os baldios e os caminhos e aqueles "... cujo uso e rendimento é especialmente aplicado para as despesas do Município". O mesmo se aplicaria aos bens das paróquias, depois: freguesias.

Os bens dos "estabelecimentos públicos" – Rocha especifica: Igrejas, Mosteiros, Hospitais, Misericórdias e Universidades – funcionam como particulares, embora com determinados privilégios, concedidos por lei, seguindo ainda as *cousas sagradas* regras especiais[435].

Finalmente, os bens dos particulares seriam objeto do Direito civil.

O quadro de Coelho da Rocha parece-nos bastante claro e abrangente: não se justificam as críticas que, por vezes, lhe são dirigidas, pelos atuais estudiosos do instituto dos baldios. Afigura-se, mesmo, que a doutrina de Coelho da Rocha poderia ter sido aproveitada, para desenvolver uma teoria nacional do domínio público. Isso não sucedeu, vindo esse sector a desenvolver-se na base da receção de elementos franceses.

III. O Visconde de Seabra conhecia a doutrina do seu tempo[436]: levou ao Código de 1867 um esquema claro e próximo do de Coelho da Rocha:

[434] Coelho da Rocha, *idem*, 51, referia ainda, como integrando a categoria, a casa de Bragança e a do Infantado.

[435] Diz Coelho da Rocha, *Instituições* cit., 51-52:

> Os bens ou cousas *sagradas*, isto é, benzidas com as preces da Egreja e immediatamente destinadas para o culto, como os templos, os calices, os altares, as imagens, estão *extra commercium*, e não podem ser objeto do patrimonio dos particulares, nem por conseguinte alienadas; excepto: 1.° depois de solemnemente profanadas; 2.° se estão de tal maneira transformadas, que não podem servir para o seu fim. Os bens ecclesiasticos, porém, destinados para a sustentação e despesas do culto, podem ser alienados, precedendo licença das autoridades competentes.

[436] António Luiz de Seabra, *A propriedade. Philosophia do Direito. Para ser de introducção ao commentario sobre a lei dos foraes*. Vol. I, Parte I (1850), cujo teor vai para além da estrita "propriedade".

Art. 370.° Podem ser objecto de apropriação todas as cousas que não estão fóra do commercio.

Art. 371.° As cousas podem estar fóra do commercio, por sua natureza, ou por disposição da lei.

Art. 372.° Estão fóra do commercio, por sua natureza, aquellas que não podem ser possuidas por algum individuo exclusivamente, e por disposição da lei, aquellas que a mesma lei declara irreduziveis a propriedade particular.

A doutrina explicava[437] que, por natureza, estavam fora do comércio: aquelas que por impossibilidade física não podiam ser apropriadas: o ar e a luz, como exemplos[438]. Nos restantes casos, a comercialidade das coisas ficaria na disposição da lei.

O desenvolvimento crescente do Direito administrativo levou a que, ao projeto de Seabra, fossem acrescentados novos preceitos sobre a matéria agora em análise[439/440]. Assim, temos:

Art. 379.° As cousas, em relação ás pessoas a quem a sua propriedade pertence, ou que d'ellas se podem livremente aproveitar, dizem-se publicas, communs e particulares.

As coisas públicas vinham explicitadas de seguida:

Art. 380.° São publicas as cousas naturaes ou artificiaes, apropriadas ou produzidas pelo estado e corporações publicas e mantidas debaixo da sua administração, das quaes é licito a todos, individual ou collectivamente, utilizar-se, com as restricções impostas pela lei, ou pelos regulamentos administrativos. Pertencem a esta categoria:

[437] José Dias Ferreira, *Codigo Civil Portuguez Annotado*, 1, 2.ª ed. (1894), 261-262.

[438] A própria natureza ditava esta situação, o que levou a doutrina – Guilherme Moreira, *Instituições* cit., § 30, n.° 126 (1, 341) e Teixeira d'Abreu, *Curso de Direito civil* cit., 1, 245-246 – a criticar o Código de Seabra: na visão então reinante, as coisas fora do comércio por natureza não seriam, sequer, verdadeiras coisas, pelo que o Código não se lhes devia ter reportado. A evolução subsequente mostraria, porém, que tudo é apropriável, pelo que a menção é útil.

[439] *Projecto de Codigo Civil Portuguez* (1867), 60 ss., com a redação definitiva.

[440] Na altura, diversos diplomas avulsos haviam já incluído no domínio público várias das categorias referidas pelo Código de Seabra; assim a Lei de 21 de julho de 1853, a Lei de 6 de junho de 1864, quanto a estradas municipais e os Decretos com força de Lei de 31 de dezembro de 1864, quanto a estradas, ruas, caminhos de ferro e telégrafos.

1.° As estradas, pontes e viaductos construidos e mantidos a expensas publicas, municipaes ou parochiaes;
2.° As aguas salgadas das costas, enseadas, bahias, fozes, rias e esteiros, e o leito d'ellas;
3.° Os lagos e lagôas, e os canaes e correntes de agua doce, navegaveis ou fluctuaveis, com os seus respectivos leitos ou alveos, e as fontes publicas.

(...)

Ao excluir da "propriedade particular" as coisas públicas, o Código de Seabra deixou, num primeiro tempo, ao Direito administrativo – e ainda que, eventualmente, aproveitando categorias civis – o cuidado de confecionar uma doutrina geral de domínio público. Este passaria a ser determinado pela positiva e não, apenas, pelos factos negativos: *extra commercium*.

44. A dogmática geral

I. A partir do Código de Seabra, a teoria do domínio público conheceu, entre nós, uma vincada atenção[441]. Na base da respetiva teoria, encon-

[441] Trata-se de matéria mais estudada do que a relativa às coisas (civis), acantonada, normalmente, a algumas páginas nas obras de Teoria geral do Direito civil – e com a exceção das águas. Além de latos desenvolvimentos nas obras gerais de Direito administrativo – *vide* Afonso Queiró, *Lições de Direito administrativo*, 2 (1959) e Marcello Caetano, *Manual de Direito administrativo*, 2, 9.ª ed. (col. Freitas do Amaral) (1972), 855-975 – cumpre referir monografias importantes, que se lhe reportam ou a tiveram em conta, como as de Jaime de Gouveia, *A construção jurídica da propriedade* (1919), Carlos Moreira, *Do domínio público*, 1 – *Os bens dominiais* (1931), Armando Marques Guedes, *A concessão* I (1954) e Diogo Freitas do Amaral, *A utilização do domínio público pelos particulares* (1965). Apenas mais recentemente o tema veio a ser retomado. Reportando-se ao escrito clássico de Freitas do Amaral, *vide* Maria João Estorninho, *A utilização do domínio público por particulares, de Diogo Freitas do Amaral, revisitado (quase) 50 anos depois*, em Est. Freitas do Amaral (2010), 119-126 e José Joaquim Gomes Canotilho, *A utilização do domínio público pelos cidadãos*, *idem*, 1073-1086. Em geral, cumpre referir: João Caupers, *O domínio público*, Themis VIII (2009), 108-116; José Luís Bonifácio Ramos, *O domínio público e o domínio privado: mitos e sonhos*, Est. Sérvulo Correia II (2010), 487-522 = O Direito 141 (2009), 815-852 e Ana Raquel Gonçalves Moniz, *A concessão de uso privativo do domínio público: instrumento de dinamização dos bens dominiais*, Est. Castanheira Neves 3 (2010), 293-366. Como escritos de referência: José Luís Bonifácio Ramos, *O achamento de bens culturais subaquáticos* (2008), 565 ss.; *idem*, *Direitos reais administrativos: ficção ou realidade?* (2019), 674 pp..

tramos o Estado, no sentido mais lato – abrangendo, portanto, o Estado Central, as autarquias e outras entidades dotadas de poderes públicos. O Estado, para o prosseguimento das suas funções, carece de meios materiais: entre estes, as coisas. Temos, pois, de nos colocar pelo prisma da atuação do Estado[442].

O Estado pode ser sujeito de Direito privado, sem usar os seus poderes de autoridade. Mas pode, também, aproveitar coisas corpóreas através do Direito público. Tradicionalmente, domínio público traduz o aproveitamento de bens, pelo Estado, usando poderes de autoridade, ou seja, através do Direito público[443].

II. As coisas sobre que recai o domínio público são enunciadas pela lei[444]. Não se trata de coisas que, por si, tenham a virtualidade de ser públicas; é sempre uma questão de regime[445]. Doutrinariamente e na sequência de Marcello Caetano[446], contrapõem-se dois grupos de distinções, de acordo com o critério a que obedeçam: (1) o critério do destino das coisas; (2) o critério das características que apresentam.

O destino dos bens abrange, ele próprio, três subcritérios: (1) o uso público: são públicas as coisas destinadas ao uso de todos; (2) o serviço público: são públicas as coisas utilizadas pelos serviços públicos ou sobre as quais incida a atuação destes; (3) o fim administrativo: são públicas as coisas que, diretamente, satisfaçam os fins de uma pessoa coletiva pública. Estes subcritérios apresentam uma progressão no sentido da artificialidade. Têm, no entanto, o óbice de não corresponderem inteiramente à realidade: é possível, nos três casos, apontar situações concretas que não são redutíveis por nenhuma das apontadas vias.

[442] *Vide* a abordagem de Marcello Caetano, *Manual de Direito administrativo* cit., 2, 9.ª ed., 855 ss..

[443] *Direitos Reais*, 1, 178. *Vide* Vincenzo Cerulli Irelli, *Beni pubblici*, em *Digesto delle Discipline Pubblicistiche*, 2 (1987), 273-303 e Vincenzo Caputi Cambrenghi, *Beni pubblici (uso dei)*, *idem*, 304-318. Apesar de desatualizados, tem interesse seguir os desenvolvimentos de Cunha Gonçalves, *Tratado* cit., 3, 104-159 e de Manuel de Andrade, *Teoria geral* cit., 1, 279-295.

[444] Carlos Moreira, *Do domínio público* cit., 124 ss..

[445] Quanto à distinção (fatalmente) formal entre os bens públicos e os bens privados, *vide* Aldo M. Sandulli, *Bene pubblici*, ED V (1959), 277-300 (280).

[446] Marcello Caetano, *Manual de Direito administrativo* cit., 2, 9.ª ed., 857 ss.. A distinção pode ser confrontada em Giovanna Colombini, *Demanio e patrimonio dello Stato e degli enti pubblici*, em *Digesto delle Discipline Pubblicistiche*, 5 (1990), 1-31 (16 ss.).

III. O critério que recorre às características das coisas dá azo a dois subcritérios: (1) a afetação: são públicas as coisas destinadas a produzir utilidade pública; (2) lei: são públicas as coisas assim consideradas por fonte bastante. O último subcritério deve ser considerado o mais ajustado. Os restantes, nas palavras de Marcello Caetano, mais não são do que indícios tidos (eventualmente) em conta, pelo legislador.

IV. A Constituição de 1933, no artigo 49.°, previa o domínio público e enumerava, direta e indiretamente, alguns bens que o integravam. Surpreendentemente, a categoria do domínio público não apareceu na Constituição de 1976, versão inicial. Havia que entender ter ela subsistido apoiada, apenas, na legislação ordinária[447]. A anomalia foi reparada na Revisão de 1989. Cabe recordar aqui o artigo 84.° da Constituição, tal como resultou da Revisão em causa[448]:

1. Pertencem ao domínio público:

a) As águas territoriais com seus leitos e os fundos marinhos contíguos, bem como os lagos, lagoas e cursos de água navegáveis ou flutuáveis, com os respetivos leitos;
b) As camadas aéreas superiores ao território acima do limite reconhecido ao proprietário ou superficiário;
c) Os jazigos minerais, as nascentes de águas mineromedicinais, as cavidades naturais subterrâneas existentes no subsolo, com exceção das rochas, terras comuns e outros materiais habitualmente usados na construção;
d) As estradas;
e) As linhas férreas nacionais;
f) Outros bens como tal classificados por lei.

2. A lei define quais os bens que integram o domínio público do Estado, o domínio público das regiões autónomas e o domínio público das autarquias locais, bem como o seu regime, condições de utilização e limites.

[447] Os nossos *Direitos Reais*, 1 (1979), 182-184 e STA(P) 29-fev.-1984 (Valadas Preto), AcD 276 (1984), 1437-1450 (1443); uma enumeração de diplomas pode ser confrontada em J. F. Nunes Barata, *Domínio público*, Pólis II (1984), 706-711 (707 ss.).

[448] *Vide* Gomes Canotilho/Vital Moreira, *Constituição da República Portuguesa Anotada*, 1, 4.ª ed. (2007), 1000-1007 e Jorge Miranda/Rui Medeiros, *Constituição Portuguesa Anotada*, II (2006), 70-96; *vide* TC n.° 103/99, de 10-fev. (Messias Bento), BMJ 484 (1999), 133-140 (137/I e 138/I).

Como se vê, para além da enumeração constitucional, o próprio artigo 84.º/2 remete para a lei. O regime é, também, matéria que preocupará o legislador ordinário.

V. O Direito público não é um Direito codificado. Muitos dos regimes que nele surgem têm uma generalização problemática. Estas considerações aplicam-se ao domínio público. As diversas hipóteses dominiais têm as suas regras: pense-se no domínio marítimo, no domínio ferroviário, no domínio hídrico ou no domínio militar. Não obstante – e ainda que à custa de uma certa abstração – é possível indicar alguns aspetos gerais. Como vetores normativos gerais atinentes ao domínio público, encontramos os seguintes[449]:

(1) a constituição, a transmissão, a modificação e a extinção da situação dominial pública regulam-se pelo Direito público e, designadamente: (a) só a lei pode determinar a publicização de um bem ou a sua desafetação[450]; (b) a comercialidade dos bens públicos não é possível em termos de Direito privado[451]; (c) só podem ser titulares pessoas coletivas de Direito público;
(2) o aproveitamento decorre em termos de Direito público, de modo a corresponder aos fins do Estado;
(3) a sua defesa é feita diretamente pelo Estado que, sem necessidade de prévio recurso aos tribunais, faz uso do seu *ius imperii*.

VI. Quanto à natureza do domínio público, perante o Direito português: os administrativistas optam por uma construção unitária do domínio público. Sob influência das doutrinas francesa e italiana, preconiza-se a ideia de uma propriedade de Direito público, endossada ao Estado ou a outros entes equiparáveis, pelas leis em vigor[452].

[449] *Direitos Reais*, 1, 180-181. *Vide* Sandulli, *Bene pubblici* cit., 295 ss..

[450] Admite-se, todavia e bem, que quando a natureza pública de uma coisa implique o seu uso público, que a desafetação possa ser tácita: STJ 30-out.-1997 (Pereira da Graça), CJ/Supremo V (1997) 3, 111-115 (115/I); em sentido diverso e exigindo sempre um ato administrativo de mutação dominial, RCb 3-out.-2000 (Araújo Ferreira), CJ XXV (2000) 4, 34-35 (35/I).

[451] STA 28-mai.-1997 (Pamplona de Oliveira), AcD 432 (1997), 1416-1425 (1421).

[452] Jaime de Gouveia, *Construção jurídica da propriedade* cit., 140, Afonso Queiró, *Lições de Direito administrativo* cit., 2, 9 ss. (13 ss.) e Marcello Caetano, *Manual de*

À partida, o domínio público pareceria estruturalmente diverso da propriedade civil. Esta é o direito subjetivo por excelência: representa, no seu âmbito, um espaço de total livre-arbítrio, do seu titular. Não seria concebível que o Estado pudesse usar de livre-arbítrio, perante o domínio público: num moderno Estado de Direito, existe uma permanente adstrição do poder público à prossecução dos objetivos que a lei lhe comete. Mas essa limitação funcional não atinge todo o complexo normativo que suporta um direito de propriedade. De resto, o Direito privado conhece esse fenómeno, sempre que se trate de administrar bens alheios ou por conta alheia ou seja: perante situações fiduciárias. Noutros termos: as normas que estabelecem o domínio público não são as mesmas que cometem funções ao Estado[453].

VII. As regras que modelam o domínio público devem ser procuradas no Direito civil. Saber o que o Estado pode fazer num museu nacional, numa biblioteca central, numa praia ou num navio de guerra resulta do grande fundo comum que rege as relações entre as pessoas: do Direito civil. É certo que surgem outras regras, de Direito público, que se sobrepõem, no seu âmbito, às primeiras. Tais regras têm uma densidade muito variável, consoante o concreto domínio público considerado. Mas elas operam sempre pela especialidade: onde não existam e onde os princípios gerais preponderantes não recomendem outra saída, o Direito privado tem aplicação. Era esta a orientação tradicional de grandes pensadores como Guilherme Moreira[454] e Cunha Gonçalves[455]; esta, ainda, a opção do artigo

Direito Administrativo cit., 2, 9.ª ed., 870; como verificámos, Otto Mayer não representa, de modo algum, o atual pensamento jurídico alemão.

[453] Abandonamos, por isso, a conceção, que já defendemos, do domínio público como uma permissão-obrigação pública normativa específica, plena e exclusiva, de aproveitamento de uma coisa corpórea, por oposição à propriedade privada: uma permissão normativa, plena e exclusiva, de proceder a esse aproveitamento. A "obrigação" do Estado deriva, efetivamente, de outros níveis.

[454] Guilherme Moreira, *Instituições de Direito civil* cit., 1, 360-361.

[455] Cunha Gonçalves, *Tratado de Direito civil* cit., 3, 110, a quem Marcello Caetano atribui posição diversa; diz, todavia, Cunha Gonçalves, no local citado:

> A chamada *propriedade pública* é também disciplinada em parte pelo direito civil e não é intrinsecamente diferente da propriedade patrimonial do Estado (...)

Alguma doutrina depõe circunstancialmente em sentido diverso sem, todavia, realizar qualquer análise dogmática dos institutos em presença; assim, José Tavares, *Os princípios fundamentais do Direito civil* cit., 2, 362, Cabral de Moncada, *Lições de Direito civil*, 2,

1304.º do Código Civil, que em nada contunde com o Direito público[456]. A jurisprudência tem vindo a consignar uma importante decorrência deste princípio: o Estado é civilmente responsável pela omissão de deveres de prevenir o perigo, em áreas do domínio público[457].

VIII. Por esta via dever-se-ia aderir à doutrina dualista da propriedade pública, defendida pelos atuais administrativistas alemães. Em termos comparatísticos, o Direito português do domínio público é mais publicizado do que o alemão. Equipará-lo a uma propriedade privada com serventia pública não corresponderia, em geral, à realidade do nosso sistema. Por isso, dentro de uma conceção geral de integração sistemática, admitimos que as regras civis, quando se apliquem ao domínio público, sofram um desvio: não serão, pois, em rigor, as mesmas que se aplicariam a particulares. Neste sentido, propendemos para uma conceção unitária do domínio público: mas onde o Direito civil está sempre presente. Abaixo procederemos à construção de uma fórmula geral[458].

45. O regime imobiliário público

I. O tratamento jurídico do domínio imobiliário geral tem um papel relevante, quer no campo da construção jurídica, quer no da fixação de um regime geral. Ao longo do século XX, foram surgindo diversos diplomas relevantes, nesse campo[459]. Assim:

Decreto-Lei n.º 23:465, de 18 de janeiro de 1934: permite ao Estado resolver os arrendamentos relativos aos seus prédios, rústicos ou urbanos, antes do prazo, se isso lhe convier[460];

3.ª ed. cit., 107, nota 1 = 4.ª ed. póstuma, 469, nota 1 e Manuel Rodrigues, *A posse*, 3.ª ed. póstuma por Fernando Luso Soares (1980), 121 ss..

[456] Pires de Lima/Antunes Varela, *Código Civil Anotado*, 3, 2.ª ed. (1984), 89 ss.; *vide*, ainda, José Pedro Fernandes, *Domínio público/Mitologia e realidade*, sep. RDES (1975).

[457] STJ 13-dez.-2000 (Neves Ribeiro), CJ/Supremo VIII (2000) 3, 171-174 (174/I): um caso de afogamento numa albufeira com fundões que não estavam devidamente assinalados: o Estado foi condenado a indemnizar.

[458] *Infra*, n.º 48.

[459] Todos estes diplomas foram expressamente revogados pelo Decreto-Lei n.º 280/ /2007, de 7 de agosto.

[460] DG I série, n.º 15, de 18-jan.-1934, 75.

Decreto-Lei n.º 24:489, de 13 de setembro de 1934: atribui exclusivamente ao Ministro das Finanças a compra de imóveis ou de direitos a ele relativos, para o domínio privado do Estado[461];

Decreto-Lei n.º 25:547, de 27 de junho de 1935: regula a reaquisição, em certas circunstâncias, de imóveis executados pelo Estado, atribui um direito de preferência aos arrendatários de prédios do Estado, na compra dos mesmos e regula alguns pontos dos arrendamentos de tais prédios;

Decreto-Lei n.º 31:156, de 3 de março de 1941: atribui exclusivamente ao Ministro das Finanças a aceitação de heranças, legados e doações a favor do Estado ou de quaisquer dos seus serviços, estabelecimentos ou organismos[462];

Decreto-Lei n.º 34:050, de 21 de outubro de 1944: regula a venda de bens do Estado[463];

Decreto-Lei n.º 45 133, de 13 de julho de 1963: estende às autarquias a faculdade do despejo antecipado dos arrendatários, nos termos fixados pelo Decreto-Lei n.º 23:465, de 18 de junho de 1934[464];

Decreto-Lei n.º 97/70, de 13 de março: regula a venda de bens imóveis do domínio privado do Estado para fins de interesse público[465];

Decreto-Lei n.º 27/79, de 22 de fevereiro: regula a aquisição, pelo Estado, do direito de propriedade e de outros direitos reais de gozo sobre imóveis[466];

Decreto-Lei n.º 507-A/79, de 24 de dezembro: rege o arrendamento de bens imóveis do domínio privado do Estado[467];

RCM n.º 20/83, de 31 de janeiro: faz preceder a aquisição onerosa de imóveis pelo Estado de oferta pública[468];

Decreto-Lei n.º 309/89, de 19 de setembro: autoriza os ministros a promover a alienação, em hasta pública, dos imóveis do Estado afetos aos respetivos ministérios[469];

[461] DG I série, n.º 216, de 27-jun.-1935, 915-916.
[462] DG I série, n.º 50, de 3-março.1941, 232-233.
[463] DG I série, n.º 232, de 21-out.-1944, 997-998.
[464] DG I série, n.º 164, de 13-jul.-1963, 950.
[465] DG I série, n.º 61, de 13-mar.-1970, 299-300.
[466] DR I série, n.º 45, de 22-fev.-1979, 284-285.
[467] DR I série, n.º 295, de 24-dez.-1979, 3334-(24)-3334-(25).
[468] DR I série, n.º 25, de 31-jan.-1983, 266.
[469] DR I série, n.º 216, de 19-set.-1989, 4179-4180.

Decreto-Lei n.º 228/95, de 11 de setembro: fixa normas aplicáveis ao arrendamento, pelo Estado e pelos institutos públicos de imóveis destinados à instalação de serviços públicos[470];

Decreto-Lei n.º 115/2000, de 4 de julho: disciplina a alienação de imóveis do Estado e dos organismos públicos que não empresas públicas, por hasta pública ou ajuste direto[471];

Despacho Normativo n.º 27-A/2001, de 31 de maio: define normas, termos e condições para a alienação de imóveis, por hasta pública ou ajuste direto, para o ano de 2001[472];

Decreto-Lei n.º 199/2004, de 18 de agosto: estabelece medidas de carácter extraordinário para a regularização da situação jurídica do património imobiliário do Estado e dos institutos públicos[473].

Esta sucessão de diplomas sugere que ou, por vezes, as normas em vigor não eram cumpridas ou que, em permanência, a situação de base exigia novas adaptações. Todos eles foram revogados e substituídos pelo Decreto-Lei n.º 280/2007, de 7 de agosto[474]. Este diploma foi alterado pelas leis orçamentais n.º 55-A/2010, de 31 de dezembro, n.º 64-B/2011, de 30 de dezembro, n.º 66-B/2012, de 31 de dezembro[475], n.º 83-C/2013, de 31 de dezembro e n.º 82-B/2014, de 31 de dezembro, em pontos não nucleares.

II. O Decreto-Lei n.º 280/2007, de 7 de agosto, comporta um regime assaz completo, relativo ao património imobiliário público. No seu preâmbulo, ele assume os objetivos da eficiência e da racionalização, acudindo as preocupações de simplificação e de sistematização. A sua sistemática dá uma ideia do seu conteúdo:

Capítulo I – Disposições gerais (1.º a 13.º).
Capítulo II – Domínio público (14.º a 30.º):
Secção I – Disposições gerais (14.º a 21.º);
Secção II – Utilização pela administração (22.º a 24.º);

[470] DR I série, n.º 210, de 11-set.-1995, 5713-5715.

[471] DR I-A, n.º 152, de 4-jul.-2000, 2888-2889.

[472] DR I-B, 2.º Supl., n.º 126, de 31-mai.-2001, 3278-(12)-3278-(14).

[473] DR I-A, n.º 194, de 18-ago.-2004, 5257-5260.

[474] DR 1.ª série, n.º 151, de 7-ago.-2007, 5048-5066.

[475] Executado pelo Decreto-Lei n.º 36/2013, de 11 de março, que alterou ainda o artigo 6.º do Decreto-Lei n.º 280/2007, de 7 de agosto.

Secção III – Utilização por particulares (25.º a 29.º):
Subsecção I – Uso comum (25.º e 26.º);
Subsecção II – Utilização privativa (27.º a 29.º);
Secção IV – Exploração (30.º);
Capítulo III – Domínio privado (31.º a 111.º):
Secção I – Aquisição (31.º a 51.º):
Subsecção I – Aquisição onerosa (32.º a 37.º);
Subsecção II – Aquisição gratuita (38.º a 41.º);
Subsecção III – Arrendamento e locação financeira (42.º a 44.º);
Subsecção IV – Registos (45.º a 51.º);
Secção II – Administração (52.º a 76.º):
Subsecção I – Cedência de utilização (53.º a 58.º);
Subsecção II – Arrendamento de imóveis do Estado (59.º a 66.º);
Subsecção III – Direito de superfície (67.º a 72.º);
Subsecção IV – Casas de função (73.º a 75.º);
Subsecção V – Ocupação sem título (76.º);
Secção III – Venda (77.º a 106.º):
Subsecção I – Disposições gerais (77.º a 85.º);
Subsecção II – Hasta pública (86.º a 95.º);
Subsecção III – Negociação (96.º a 104.º);
Subsecção IV – Ajuste direto (105.º e 106.º);
Secção IV – Permuta (107.º);
Secção V – Avaliações (108.º a 111.º).
Capítulo IV – Deveres de coordenação de gestão e de informação (112.º a 120.º):
Secção I – (112.º a 115.º);
Secção II – (116.º a 120.º).
Capítulo V – Disposições finais e transitórias (121.º a 129.º).

III. O artigo 2.º recorda os princípios gerais da atividade administrativa[476]: legalidade, prossecução do interesse público no respeito pelos direitos e interesses legalmente protegidos dos particulares, igualdade, proporcionalidade, justiça, imparcialidade e boa-fé. O artigo 3.º/1 refere a boa administração, na base da ponderação dos custos e benefícios. A onerosidade é regra (4.º), operando ainda uma ideia de equidade, quanto às decisões relativas à alienação e oneração e à escolha das formas de administração dos bens imóveis, designadamente entre gerações. No campo da principiologia, a Lei refere, ainda, a concorrência (7.º), a transparência

[476] Retoma, na sua 2.ª parte, o artigo 266.º/2 da Constituição.

(8.º), a proteção dos imóveis (9.º), a colaboração (10.º), a responsabilidade dos titulares dos órgãos e os seus funcionários (11.º) e o controlo (12.º).

46. A utilização privativa

I. A clivagem entre o domínio público e o domínio privado é básica. Pertencem ao domínio público os imóveis que, como tal, são classificados, pela Constituição ou pela Lei (14.º)[477]. A sua titularidade assiste ao Estado, às Regiões Autónomas ou às autarquias locais, abrangendo os poderes de uso, administração, tutela, defesa e disposição (15.º). A pertença ao domínio público implica: (1) a inalienabilidade, estando os respetivos bens fora do comércio (18.º); (2) a imprescritibilidade, não podendo, sobre eles, recair a usucapião (19.º); (3) a impenhorabilidade absoluta (20.º); a autotutela, devendo a Administração usar os poderes de autoridade necessários para, dentro da lei, assegurar a integridade do bem e da sua utilização (21.º).

II. O Decreto-Lei n.º 280/2007, de 7 de agosto, distingue, no tocante ao domínio público, a sua utilização pela Administração (22.º a 24.º) e por particulares (25.º a 29.º). Os imóveis de uso comum podem ser objeto de reservas dominiais, isto é, podem ver o seu uso, no todo ou em parte e por motivos de interesse público (estudo, investigação ou exploração, como exemplos) reservado para o seu titular, durante um prazo determinado (22.º/1). Na mesma linha, a sua utilização pode ser cedida, a título precário, a outras entidades públicas (23.º). O artigo 24.º prevê mutações dominiais subjetivas: a transferência da titularidade de imóveis do domínio público, por lei, ato ou contrato administrativo, para outra pessoa coletiva pública territorial, para os fins integrados nas suas atribuições, nos termos previstos no Código das Expropriações (24.º).

III. Os imóveis do domínio público podem ser objeto de uso comum (25.º e 26.º) ou de utilização privativa (27.º a 29.º). No uso comum, eles são fruídos por todos, em condições de acesso e de uso não arbitrárias ou discriminatórias, salvo quando o contrário resulte da sua natureza. Tal uso é gratuito, exceto em face de um aproveitamento divisível, que proporcione uma vantagem especial.

[477] *Supra*, n.º 39, IV.

Quando se trate de uso comum extraordinário, pode haver sujeição a autorização e ao pagamento de taxas (26.º).

IV. A utilização privativa do domínio público deriva da aquisição, por particulares, de direitos de uso privativo, mediante licença ou concessão (27.º). Tal ocorrência fica sujeita a prazo e ao pagamento de taxas (28.º/1). O direito de uso privativo resultante da concessão é transmissível por atos entre vivos. Pode, ainda, ser objeto de garantias reais, de arresto, de penhora ou de providências similares, precedendo autorização expressa da autoridade concedente (28.º/3).

47. O domínio privado

I. O Estado e as demais entidades públicas têm capacidade de gozo de Direito privado. Nessa qualidade, podem, como qualquer pessoa e sem poderes de autoridade, adquirir os diversos direitos reais, designadamente sobre imóveis. O conjunto desses direitos, uma vez na esfera pública, constituem o domínio privado. A especificidade das situações dita algumas regras específicas, hoje codificadas nos artigos 31.º a 111.º do Decreto-Lei n.º 280/2007, de 7 de agosto. Esses preceitos descem, por vezes, a níveis puramente regulamentares. Os direitos reais pertencentes a particulares entram no mercado e na lógica da apropriação privada. Cada um vela pelos seus interesses (pessoais) o melhor que pode e sabe. Se não o fizer ou se falhar, o mercado reage, providenciando, no limite pela insolvência, a redistribuição dos bens em jogo a quem assegure melhor gestão.

II. Tratando-se do Estado, a situação é diversa. Desde logo, os titulares de órgãos ou cargos políticos e administrativos não são os donos dos bens a seu cargo. Têm uma perspetiva diversa, evitando investimentos a longo prazo e optando por soluções rotineiras. Os mandatos, designadamente quando eletivos, são transitórios. Cada um tenta fazer o melhor no momento, ainda que não seja a opção ideal para os imóveis em jogo. Há, ainda, puras situações de desinteresse: qualquer deambulação pelas nossas terras mostra que, muitas vezes, os edifícios das entidades públicas são os pior conservados. Segue-se, depois, o problema do funcionalismo. Os titulares responsáveis agem, em regra, através de delegações e de funcionários no terreno. Estes têm uma lógica de carreira, à qual pode ser indiferente o real aproveitamento do património imobiliário público. Finalmente, à má gestão e ao desinteresse soma-se o problema da corrupção: real, possível ou inventada. Qualquer dessas hipóteses dá azo a mal-estar, a denúncias e a suspeições, fonte de novos embaraços. Estes problemas são conhecidos desde sempre, justificando que a Lei tome medidas para os minorar. A regulação em vigor aponta nesse sentido.

III. A aquisição de imóveis para o domínio privado tem regras de competência próprias (32.º). Implica, ainda, uma consulta prévia ao departamento com atribuições na área do tesouro e das finanças (33.º) e uma consulta ao mercado (34.º e 35.º), dispensada em circunstâncias especiais devidamente fundamentadas. A própria aquisição gratuita fica sujeita a um procedimento cauteloso (38.º a 41.º).

O Estado e os institutos públicos podem tomar imóveis de arrendamento, incluindo em locação financeira, observando certos procedimentos (42.º a 44.º).

IV. A administração dos imóveis integrados no domínio privado constitui um ponto sensível, sujeito a diversas regras (52.º a 76.º). A lei prevê (52.º/2) a cedência da sua utilização (53.º a 58.º), o arrendamento (59.º a 66.º) e a constituição do direito de superfície (67.º a 72.º). A cedência de exploração opera a título precário e oneroso e de acordo com certo procedimento. Ao cessionário cabem as despesas de conservação e de manutenção (56.º). A restituição é apoiada por um reforçado esquema de despejo (58.º e 76.º).

O arrendamento tem regras de competência (59.º), de negociação (60.º), de ajuste direto, quando possível (61.º) e de representação (62.º). Aplica-se-lhe o regime civil do arrendamento (63.º), com desvios: (1) quanto à denúncia, muito facilitada quando os prédios se destinem ao interesse público (64.º); (2) quanto à indemnização daí resultante (65.º); (3) quanto à antecipação de rendas, facilitada perante o regime comum (66.º).

O direito de superfície, subordinado ao interesse público, prevê a fixação do prazo, da retribuição e do início e conclusão de eventuais construções (67.º). Operam regras procedimentais (68.º e 69.º).

A lei admite a figura das casas de função (73.º a 79.º): estas podem ser atribuídas a funcionários, agentes e demais servidores do Estado e de institutos públicos, quando a lei lhes confira o direito à habitação por conta dessas entidades. Tem regras sobre quem possa aproveitar essa situação (74.º) e sobre a sua restituição (75.º).

V. Ponto muito sensível é o da venda de imóveis do Estado, integrados no domínio privado. Essa venda é possível desde que se trate de propriedade não necessária à prossecução de fins de interesse público, não sendo conveniente a sua manutenção na esfera do titular (77.º/1). Seguem-se regras sobre a competência, a avaliação, os procedimentos, as eventuais condições, as preferências, a informação e a publicidade, e o pagamento (78.º a 85.º). A hasta pública tem um regime regulamentado (86.º a 95.º), o mesmo sucedendo com a negociação (96.º a 104.º) e com o ajuste direto (105.º e 106.º).

48. A natureza

I. A natureza dos bens dominiais presta-se a largas discussões[478], tratáveis à luz da História e do Direito comparado. Os elementos disponíveis permitem, em face do Direito positivo português, esclarecer a matéria.

O domínio público pode ser apresentado como a afetação público-normativa, plena e exclusiva, de um imóvel, a favor do Estado *lato sensu*. Distingue-se da propriedade comum por não assentar numa permissão normativa mas, antes, em regras que conferem poderes. Tais poderes são conformados pela situação concreta em jogo e, designadamente, pelo facto de se tratar de bens de uso comum, de utilização pela Administração ou de utilização por particulares. Podemos defini-lo como propriedade pública *stricto sensu* ou em sentido próprio: um direito de propriedade especial, assente na propriedade civil mas moldada por regras de Direito administrativo. O Direito privado comum é aplicável sempre que normas administrativas não disponham de outra forma. Pense-se, por exemplo, no regime da acessão ou no das relações de vizinhança.

II. A utilização privativa do domínio público por particulares dá lugar, a favor destes, a direitos reais de gozo, a que podemos chamar, simplesmente, "direito de concessionário". Não são simples direitos pessoais de gozo uma vez que são transmissíveis e, ainda, suscetíveis de oneração com garantias reais (28.º/3). O seu regime é delimitado pelo título constitutivo: o contrato de concessão ou similar. Tem a natureza de direito real privado,

[478] José Luís Bonifácio Ramos, *Direitos reais administrativos* cit., 223 ss., com indicações.

dando azo a uma indemnização, caso se extinga antes do prazo por ato do concedente (29.º/1). O exercício de poderes sobre a coisa dá corpo a uma posse interdital[479], isto é: a uma posse boa, apenas, para a defesa.

III. O domínio privado do Estado equivale a um comum direito de propriedade privada. Se bem atentarmos, as regras especiais presentes no Decreto-Lei n.º 280/2007, de 7 de agosto, respeitam, fundamentalmente: (1) à atividade do Estado, que deve prosseguir o interesse público, interesse esse que, de resto, ao próprio Estado cabe definir, (2) às vicissitudes, sujeitas a regras que visem assegurar a isenção, a seriedade e o aproveitamento do mercado; as normas atinentes à aquisição ou à alienação dos imóveis. Tais regras, de resto, fazem largo apelo ao Direito privado, deixam incólume essa natureza.

Os direitos que os particulares possam assumir sobre eles – cedência, arrendamento e superfície – são claras situações de Direito privado. A "cedência" é uma locação precária: reúne todos os elementos próprios dessa situação. Apenas as referências ao interesse público e as vicissitudes constituem alguma especialidade, mas num plano exterior ao da natureza substantiva dos direitos em jogo.

IV. A presença do interesse público, repetida a cada passo pelo Decreto-Lei n.º 280/2007, de 7 de agosto, não desvirtua os direitos em jogo. Se pensarmos na propriedade de pessoas coletivas privadas, sejam elas associações, fundações, sociedades civis ou sociedades comerciais, logo verificamos que, no seu exercício, intervêm múltiplas regras. Os administradores estão submetidos a normas de conduta que visam a defesa dos interesses dos entes coletivos em jogo ou das realidades humanas a eles subjacentes. O interesse público – o qual, como adiantado, é fixado pelo próprio Estado (*lato sensu*) e caso a caso – não transmuta direitos privados em "direitos públicos"[480]. Não há, aqui, qualquer minoração do Direito público: este rege a atuação do Estado, mais do que a situação jurídica dos bens. Tal situação, ao dispor do Direito privado, fica mais rica e segura, podendo suportar as especialidades que a lei queira adotar.

[479] *Tratado*, XIII, 626.

[480] *Vide* José Luís Bonifácio Ramos, *Direitos reais administrativos: ficção ou realidade?* cit., 587 ss..

§ 10.º DOMÍNIOS ESPECIAIS

49. Domínio mobiliário

I. O artigo 84.º da Constituição, acima transcrito[481], enumera algumas coisas públicas, remetendo para a lei o completar dessa enumeração. Atualizando a classificação proposta por Marcello Caetano[482], podemos distinguir entre o domínio público do Estado, o das regiões autónomas e o das autarquias. Nos termos do artigo 84.º/2 da CR, compete à lei definir o teor e os limites de cada um deles[483]. De seguida, supõe-se a contraposição entre o domínio público natural e o construído, consoante derive da natureza ou da ação do homem. Surge a questão de saber se o domínio público abrange apenas coisas imóveis. Alguma jurisprudência propende para a positiva[484], alicerçada em diplomas que proclamam como imóveis universalidades de móveis ou que, pelo menos, abrangem móveis[485]. O artigo 206.º/1 ape-

[481] *Supra*, n.º 44, IV. *Vide* Gregoire Loiseau, *Typologie des choses hors du commerce*, RTDC 2000, 47-63, transcendendo largamente o domínio público.

[482] Marcello Caetano, *Manual de Direito Administrativo* cit., 2, 9.ª ed., 872 ss..

[483] Por exemplo, o Decreto-Lei n.º 208/90, de 27 de junho, que transferiu determinados bens do domínio público do Estado para o dos Açores e os Decretos-Leis n.º 139/98, de 16 de maio e n.º 336/99, de 21 de agosto, que transferiram bens do domínio público do Estado para o domínio privado daquela mesma Região.

[484] *Vide* RLx 8-fev.-1978 (Moreira de Andrade), CJ III (1978) 1, 93-95 (93-94), a propósito de quadros retirados da Igreja de Almoster, classificada como monumento nacional; efetivamente, tais quadros, quando licitamente retirados, deixarão de ser do domínio público: mas isso poderia suceder não por terem passado a ser móveis: mas por terem deixado de pertencer à universalidade pública em que antes se integravam. Em todas estas qualificações, respeitada a letra e o espírito dos diplomas públicos aplicáveis, nenhum obstáculo existe em utilizar os quadros civis.

[485] Assim o § único do artigo 1.º do Decreto-Lei n.º 23:565, de 15 de fevereiro de 1933, segundo o qual:

> Os museus e as bibliotecas são considerados imóveis, constituindo o seu recheio um todo indivisível.

nas admite universalidades de móveis[486]. Não vemos nenhuma vantagem em inventar novas categorias, a propósito do interesse público. O domínio público não se queda pelos imóveis. Isto dito: o domínio imobiliário geral é emblemático. Aí devemos procurar os princípios gerais que regem toda a matéria da propriedade pública.

II. No que respeita a coisas móveis, ao longo do tempo, diplomas soltos ocuparam-se da matéria. Assim, o Decreto-Lei n.º 31:972, de 13 de abril de 1942, além de outras medidas, dispunha sobre a venda e a troca de móveis e de semoventes do Estado (11.º e 12.º)[487]. Este diploma foi alterado pelo Decreto-Lei n.º 49 095, de 3 de julho de 1969[488]. Pretendendo simplificar e sistematizar a matéria, o Decreto-Lei n.º 307/94, de 21 de dezembro, veio reger, no tocante a móveis do Estado: (1) a sua aquisição (2.º); (2) a sua gestão, entregue à Direção-Geral do Património do Estado[489] (3.º); (3) a sua afetação (4.º); as suas disponibilização e reafetação (5.º e 6.º); a sua alienação (8.º a 12.º). Os procedimentos a observar ficavam a cargo de portaria do Ministro das Finanças (15.º).

III. O Decreto-Lei n.º 307/94, de 28 de dezembro, foi revogado pelo Decreto-Lei n.º 111-B/2017, de 31 de agosto, que aprovou uma série de alterações ao Código dos Contratos Públicos, aprovado pelo Decreto-Lei n.º 18/2008, de 29 de janeiro. A aquisição de móveis pelas entidades públicas consta dos artigos 437.º a 449.º do referido Código dos Contratos Públicos. Mantém-se a preocupação básica do legislador: a de assegurar a legalidade e a transparência das aquisições e das alienações.

IV. Finalmente, fazemos referência aos bens culturais móveis: dotados de proteção internacional e de um regime especial, eles constituem o objeto de uma disciplina especializada[490].

[486] Quanto a universalidades e quanto a este preceito, *Tratado* III, 4.ª ed., 222 ss..

[487] DG I, n.º 84, de 13-abr.-1942, 320-321.

[488] DG I, n.º 154, de 3-jul.-1969, 782.

[489] Com a Lei Orgânica adotada pelo Decreto-Lei n.º 518/79, de 28 de dezembro. A Direção-Geral do Património do Estado foi, pelo Decreto-Lei n.º 21/2007, de 29 de março, incluída na Direção-Geral do Tesouro e das Finanças.

[490] *Vide* José Luís Bonifácio Ramos, *Direitos reais e bens culturais móveis* (2021), 102 pp. e José Casalta Nabais, *Regime dos bens culturais móveis*, RLJ 151 (2021), 73-98.

50. Classificações dos demais domínios

I. Podemos isolar um domínio público natural, onde se incluem:

(1) o domínio hídrico, ele próprio subdivisível em domínio marítimo, domínio fluvial e domínio lacustre;
(2) o domínio aéreo;
(3) o domínio mineiro, suscetível de diversas subdistinções.

Contrapõe-se-lhe um domínio construído ou artificial, encontramos[491]:

(1) o domínio dos transportes;
(2) o domínio monumental ou cultural e artístico;
(3) o domínio militar.

II. Não existe um diploma uniforme sobre o domínio público ressalvando as regras gerais do Decreto-Lei n.º 280/2007, de 7 de agosto. Para além do artigo 84.º da Constituição, cabe lidar com o Decreto-Lei n.º 477/80, de 15 de outubro[492], que, substituindo o Decreto-Lei n.º 23:565, de 15 de fevereiro de 1934[493], mandou proceder ao inventário do património do Estado. O Decreto-Lei n.º 477/80 foi regulamentado pela Portaria n.º 42/2001, de 19 de janeiro. Dispõe o artigo 4.º daquele diploma, precisamente epigrafado "domínio público":

> Para efeitos do presente diploma, integram o domínio público do Estado:
> *a*) As águas territoriais com os seus leitos, as águas marítimas interiores com os seus leitos e margens e a plataforma continental;
> *b*) Os lagos, lagoas e cursos de água navegáveis ou flutuáveis com os respectivos leitos e margens e, bem assim, os que por lei forem reconhecidos como aproveitáveis para produção de energia eléctrica ou para irrigação;
> *c*) Os outros bens do domínio público hídrico referidos no Decreto n.º 5787-4I, de 10 de Maio de 1919, e no Decreto-Lei n.º 468/71, de 5 de Novembro;

[491] Marcello Caetano, *idem*, 872-873. *Vide* Cabral de Moncada, *Lições de Direito civil*, 2, 3.ª ed. (1959), 116.

[492] O Decreto-Lei n.º 477/80, de 15 de outubro, contém um interessante preâmbulo com elementos históricos, sobre o tema.

[493] O artigo 1.º deste diploma vem, ainda, parcialmente transcrito em Manuel de Andrade, *Teoria geral da relação jurídica*, 1 (1960), 281, em nota.

d) As valas abertas pelo Estado e as barragens de utilidade pública;

e) Os portos artificiais e docas, os aeroportos e aeródromos de interesse público;

f) As camadas aéreas superiores aos terrenos e às águas do domínio público, bem como as situadas sobre qualquer imóvel do domínio privado para além dos limites fixados na lei em benefício do proprietário do solo;

g) Os jazigos minerais e petrolíferos, as nascentes de águas mineromedicinais, os recursos geotérmicos e outras riquezas naturais existentes no subsolo, com exclusão das rochas e terras comuns e dos materiais vulgarmente empregados nas construções;

h) As linhas férreas de interesse público, as autoestradas e as estradas nacionais com os seus acessórios, obras de arte, etc.;

i) As obras e instalações militares, bem como as zonas territoriais reservadas para a defesa militar;

j) Os navios da armada, as aeronaves militares e os carros de combate, bem como outro equipamento militar de natureza e durabilidade equivalentes;

l) As linhas telegráficas e telefónicas, os cabos submarinos e as obras, canalizações e redes de distribuição pública de energia eléctrica;

m) Os palácios, monumentos, museus, bibliotecas, arquivos e teatros nacionais, bem como os palácios escolhidos pelo Chefe do Estado para a Secretaria da Presidência e para a sua residência e das pessoas da sua família;

n) Os direitos públicos sobre imóveis privados classificados ou de uso e fruição sobre quaisquer bens privados;

o) As servidões administrativas e as restrições de utilidade pública ao direito de propriedade;

p) Quaisquer outros bens do Estado sujeitos por lei ao regime do domínio público.

51. **Hídrico e marítimo**

I. Segundo o artigo 84.º/1 da Constituição, pertencem ao domínio público:

a) As águas territoriais com seus leitos e os fundos marinhos contíguos, bem como os lagos, lagoas e cursos de água navegáveis ou flutuáveis, com os respetivos leitos;

Podemos distinguir o domínio público marítimo, o fluvial, o lacustre, as nascentes e águas subterrâneas e as fontes públicas[494].

O domínio público marítimo conheceu uma expansão de que cumpre dar breve nota. No século XVII, discutiu-se se o mar alto podia ser apropriado pelos Estados. Defrontaram-se, na época, os partidários do *mare liberum*, designadamente defendido por Grotius[495] e do *mare clausum*, propugnado sucessivamente pelos estudiosos ibéricos[496] e ingleses[497]. Prevaleceria o *mare liberum*; todavia, aos Estados com fronteira marítima, foi reconhecida a possibilidade de se defenderem, exercendo a soberania sobre uma faixa litoral de largura equivalente ao alcance de um tiro de canhão colocado na costa: foi a regra adotada por Portugal, em Alvará de 4 de maio de 1805[498]. O crescente alcance dos canhões levou a fixar esse limite nas 3 milhas marítimas (cerca de 5.500 m), depois alargadas para 6 como zona de respeito e, mais tarde, como espaço territorial[499]. Atualmente, o mar territorial português tem a largura de 12 milhas – artigo 6.º da Lei n.º 34/2006, de 26 de julho, relativa a zonas marítimas sob soberania ou jurisdição nacional prevendo-se, ainda, uma zona contígua de 24 milhas (7.º) e uma zona económica exclusiva de 200 milhas (artigo 8.º, todos da mesma lei). Veja-se, ainda, a mesma Lei n.º 18/2012, de 7 de janeiro, quanto à investigação técnica de acidentes em transportes marítimos. Discutiu-se se o mar territorial era verdadeiro domínio público. Cunha Gonçalves respondeu negativamente: haveria, aí, uma simples manifestação da soberania do Estado, de resto limitada[500]. Dado o teor do artigo 84.º/1 da Constituição e o facto de, mau grado

[494] Surge-nos em Itália uma noção de domínio marítimo mais estreita: "complexo de bens destinados a satisfazer os interesses públicos respeitantes à navegação e ao tráfego marítimo": Francesco Alessandro Querci, *Demanio marittimo*, ED XII (1964), 92-110 (92/ /II); *vide* o artigo 822.º do *Codice civile*. Quanto à experiência francesa, *vide* Laubadère, *Traité* cit., 2, 9.ª ed., 178 ss..

[495] Hugo Grotius, *De iure praede* (1603): quanto à obra de Grotius e à sua sequência, *Da boa fé*, 211 ss..

[496] Marcello Caetano, *Portugal e a internacionalização dos problemas Africanos (História de uma batalha: da liberdade dos mares às Nações Unidas)*, 4.ª ed. (1971), 12 ss..

[497] Seldon, *Mare clausum seu de dominio maris* (1635), por incumbência do Rei Carlos I; Seldon foi, todavia, antecipado na resposta por Serafim de Freitas, *De iusto imperio lusitanorum asiatico* (1625); *vide*: Marcello Caetano, *Portugal e a internacionalização* cit., 4.ª ed., 43; Armando Marques Guedes, *Direito do Mar*, 2.ª ed. (1998), 24 ss.; Mário Tavarela Lobo, *Manual de Direito de Águas*, 1, 2.ª ed. (1999), 91 ss..

[498] *Vide* a transcrição de Marques Guedes, *Direito do Mar* cit., 2.ª ed., 29.

[499] *Idem*, 31 ss., para toda esta evolução.

[500] Luís da Cunha Gonçalves, *Tratado de Direito civil*, 3 (1930), 126.

o movimento molecular, uma faixa de 12 milhas constituir uma realidade perfeitamente delimitada, é de admitir, sobre ela, o domínio público, ficando abrangido o leito e os "fundos marítimos contíguos", isto é, a plataforma continental[501].

II. A Lei n.º 58/2005, de 29 de dezembro (Lei da Água)[502], que veio definir o regime dos bens do domínio público hídrico do Estado, deixou em aberto o domínio marítimo, remetido pelo anterior Decreto-Lei n.º 70/90, de 2 de março, que ela revogou, para legislação própria[503]. O tema foi colmatado pela referida Lei n.º 34/2006 que, todavia, evitou falar em domínio público. Aparentemente, as leis portuguesas subordinam-se a uma ideia de "politicamente correto" internacional, independentemente de qualquer reciprocidade. Manteve-se em vigor, para além do disposto sobre mar territorial, todo um conjunto de preceitos relativos às praias.

III. São praias as faixas litorais banhadas pelo mar; na costa atlântica elas têm, em regra, um solo arenoso típico. Já no Direito romano, as praias eram públicas, explicitando o Direito justinianeu que se tratava de *res communes*[504]. Entre nós, coube ao Decreto de 31 de dezembro de 1864 incluí-los no domínio público. Assim, segundo o artigo 2.º deste diploma[505],

[501] Artigo 9.º do revogado Decreto-Lei n.º 70/90, de 2 de março; a Lei n.º 2080, de 21 de março de 1956, também revogada, já dispunha, na sua Base I:

> O leito do mar e o subsolo correspondente nas plataformas submarinas contíguas às costas marítimas portuguesas, continentais ou insulares, que se denominam plataformas continentais, pertencem, mesmo fora dos limites do mar territorial, ao domínio público do Estado.

[502] Alterada pelos Decretos-Leis n.º 245/2009, de 22 de setembro, n.º 60/2012, de 14 de março e n.º 130/2012, de 22 de junho, que a republicou em anexo e, depois, pelas Leis n.º 17/2014, de 10 de abril (bases da política de ordenamento e gestão do espaço (OGE 2017) e n.º 44/2017, de 19 de junho (não-privatização do sector da água).

[503] Seguindo o seu artigo 1.º/2,

> O domínio público marítimo rege-se por legislação própria, sem prejuízo da aplicação das taxas e sanções previstas no presente diploma, tendo em vista o desenvolvimento de uma política coerente em matéria de qualidade das águas.

[504] Afonso Queiró, *As praias e o domínio público*, RLJ 96 (1964), 321-324, 337-341 e 353-355 (323). Quanto ao Direito romano, transcrevendo Cícero, *vide* Alan Watson, *The Law of Property in the Lates Roman Republic* (1968), 13.

[505] DLx n.º 10, de 13-jan.-1865, 98.

> Igualmente são do dominio publico, imprescriptivel, os portos de mar e praias, os rios navegaveis e fluctuaveis com as suas margems, os canaes e vallas, portos artificiaes e docas existentes ou que de futuro se construam.

O Decreto n.º 8, de 1 de dezembro de 1892 explicitou que as praias vão até onde alcançar o colo da máxima praiamar das marés vivas; além disso, ele estabeleceu uma linha de 50 m a contar da praia para a fiscalização das autoridades marítimas – artigo 14.º, 3. Concluía-se, daqui, que pertence ao domínio marítimo, além da praia, uma faixa de 50 m contados desde a linha máxima da maré e salvo se se provar que já antes de dezembro de 1864 existia domínio particular nessa área[506]. Havia, contudo, dúvidas constantes[507], removidas pelo Decreto-Lei n.º 468/71, de 5 de novembro, que veio aprovar o regime jurídico dos terrenos do domínio público hídrico – leitos e margens das águas do mar, correntes de água, lagos e lagoas – e regular o seu uso[508]. Este diploma, alterado diversas vezes, designadamente pela Lei n.º 16/2003, de 4 de junho, que o republicou em anexo e, depois, pela Lei n.º 54/2005, de 15 de novembro, sobre a titularidade dos recursos hídricos, foi, em boa medida, revogado pela Lei das Águas (Lei n.º 58/2005, de 29 de dezembro) e pelo regime de utilização de recursos hídricos (Decreto-Lei n.º 226-A/2007, de 31 de maio)[509]. A norma fundamental consta do artigo 5.º do referido Decreto-Lei n.º 468/71:

> 1. Consideram-se do domínio público do Estado os leitos e margens das águas do mar e de quaisquer águas navegáveis ou flutuáveis, sempre que tais leitos e margens lhe pertençam, e bem assim os leitos e margens das águas não navegáveis nem flutuáveis que atravessem terrenos públicos do Estado.

[506] Afonso Queiró, *As praias* cit., 341 e 354. No Direito francês, o limite é tradicionalmente aferido a 50 "passos geométricos" (os "passos do rei"), o que equivale a 81,2 m; após toda uma evolução, entende-se hoje que o espaço daí resultante integra o domínio privado do Estado, sendo respeitados os direitos constituídos dos particulares; *vide* Laubadère, *Traité* cit., 2, 9.ª ed., 181-182.

[507] Marcello Caetano, *Manual de Direito administrativo* cit., 2, 9.ª ed., 877 ss. e Tavarela Lobo, *Manual de Direito de águas* cit., 1, 2.ª ed., 219 ss..

[508] Sobre este diploma, Diogo Freitas do Amaral/José Pedro Fernandes, *Comentário à lei dos terrenos do domínio hídrico/Decreto-Lei n.º 468/71, de 5 de Novembro* (1978), 31 ss.. Este escrito publica, como anexos, diversos e importantes trabalhos preparatórios.

[509] Por último alterado pelo Decreto-Lei n.º 97/2018, de 27 de novembro.

A margem das águas do mar é fixada em 50 m – artigo 3.º/1 – aplicando-se-lhe diversas regras[510].

IV. Mantém-se a propriedade privada sobre as margens ou leitos, quando se demonstre que elas eram, por título legítimo, objeto de propriedade particular ou comum antes de 31 de dezembro de 1864 – artigo 8.º/1. A precisa delimitação do domínio público aqui em causa e os terrenos particulares adjacentes é feito por uma comissão – artigo 10.º – com determinado formalismo[511].

A ocupação de terrenos do domínio público é admitida, em certas condições, mediante o pagamento de uma taxa – artigo 24.º do Decreto-Lei n.º 468/71[512]. Põe-se, por fim, o problema das movimentações de terrenos: o prédio particular que se desloque para o domínio público manter-se-á privado até que sejam atuadas as regras da acessão[513]. Refira-se, ainda, que a Autoridade Marítima Nacional foi regulada pelo Decreto-Lei n.º 44/2002, de 2 de março, alterado pelo Decreto-Lei n.º 235/2012, de 31 de outubro e pelo Decreto-Lei n.º 121/2014, de 7 de agosto[514].

[510] Assim, o Decreto-Lei n.º 218/95, de 26 de agosto, alterado pelo Decreto-Lei n.º 159/2012, de 24 de julho, proíbe a circulação de veículos automóveis em praias, falésias e reservas integrais: como se vê, o âmbito deste diploma transcende o próprio domínio público. Bom seria que as autoridades competentes fizessem cumprir estas regras.

[511] Tavarela Lobo, *Manual do Direito de Águas* cit., 1, 2.ª ed., 331-332. Apenas tais "comissões de delimitação" – e não os tribunais – podem proceder à delimitação dos leitos e margens dominais confinantes com terrenos de outra natureza: RCb 10-mai.-1994 (Carvalho Costa), CJ XIX (1994) 3, 15-16 (16/I), com indicação de outra jurisprudência confluente. *Vide* Diogo Freitas do Amaral/José Pedro Fernandes, *Comentário à Lei dos terrenos do domínio hídrico* cit., 145.

[512] Freitas do Amaral/José Pedro Fernandes, *Comentário* cit., 206 ss..

[513] No sentido da privaticidade de tais prédios, OLG Schleswig 14-dez.-2000, NJW 2001, 1073-1074.

[514] Tudo isto funciona em termos pesados e burocratizados, desviando energias do Estado que deveriam estar concentradas na efetiva defesa do litoral. Cada vez mais se sabe que essa zona é sensível, sendo os 50 m, muitas vezes, insuficientes. Noutros casos, porém – designadamente quando exista, como em muitas povoações, uma marginal pública apetrechada –, nenhum sentido faz em considerar a linha de habitações licenciadamente edificadas no lado continental da via, como estando no domínio público, obrigando-as a fazer prova da sua preexistência lícita, em 1864 ou a enredar-se num interminável processo de autorização. Haveria, pois que, à luz destas reflexões, flexibilizar o regime e ampliar os poderes da Comissão.

V. A denominada Lei da Água, adotada pela Lei n.º 58/2005, de 29 de dezembro[515], apresenta-se como transpondo a Diretriz n.º 2000/60, de 23 de outubro e estabelecendo as "bases e o quadro institucional para a gestão sustentável da água". Ela foi alterada pelos Decretos-Leis n.º 245/2009, de 22 de setembro, n.º 60/2012, de 14 de março e n.º 130/2012, de 22 de junho, que a republicou em anexo. Seguiram-se novas alterações advenientes das Leis n.º 17/2014, de 10 de abril, n.º 42/2016, de 28 de dezembro e n.º 44/2017, de 19 de junho. Tem, ainda, um regime complementar aprovado pelo Decreto-Lei n.º 77/2006, de 30 de março, alterado pelo Decreto-Lei n.º 103/2010, de 24 de setembro, modificado, por seu turno, pelo Decreto--Lei n.º 83/2011, de 20 de junho[516]. É um diploma denso, em 106 artigos dos quais alguns de grande extensão, ordenados em dez capítulos:

I – Disposições gerais (1.º a 4.º);
II – Enquadramento institucional (5.º a 13.º);
III – Ordenamento e planeamento dos recursos hídricos (14.º a 44.º);
IV – Objetivos ambientais e monitorização das águas (45.º a 55.º);
V – Utilização dos recursos hídricos (56.º a 73.º);
VI – Infraestruturas hidráulicas (74.º a 76.º);
VII – Regime económico financeiro (77.º a 83.º);
VIII – Informação e participação do público (84.º a 88.º);
IX – Fiscalização e sanções (89.º a 97.º);
X – Disposições finais e transitórias (98.º a 107.º).

A Lei da Água tem um lato conteúdo programático, sendo de realçar os nove princípios alinhados no seu artigo 3.º/1[517]:

a) Princípio do valor social da água, que consagra o acesso universal à água para as necessidades humanas básicas, a custo socialmente aceitável, e sem constituir fator de discriminação ou exclusão;

b) Princípio da dimensão ambiental da água, nos termos do qual se reconhece a necessidade de um elevado nível de proteção da água, de modo a garantir a sua utilização sustentável;

c) Princípio do valor económico da água, por força do qual se consagra o reconhecimento da escassez atual ou potencial deste recurso e a necessi-

[515] Com a Ret. n.º 11-A/2006, de 23-fev., DR I-A n.º 39 (supl.), de 23 de fevereiro de 2006, 1524-(2).

[516] O Decreto-Lei n.º 77/2006, de 30 de março, foi ainda alterado pela Lei n.º 42/ /2016, de 1 de agosto.

[517] DR I-A, n.º 249, de 29 de dezembro de 2006, 7280/II-7281-/I.

dade de garantir a sua utilização economicamente eficiente, com a recuperação dos custos dos serviços de águas, mesmo em termos ambientais e de recursos, e tendo por base os princípios do poluidor-pagador e do utilizador-pagador;

d) Princípio de gestão integrada das águas e dos ecossistemas aquáticos e terrestres associados e zonas húmidas deles diretamente dependentes, por força do qual importa desenvolver uma atuação em que se atenda simultaneamente a aspectos quantitativos e qualitativos, condição para o desenvolvimento sustentável;

e) Princípio da precaução, nos termos do qual as medidas destinadas a evitar o impacte negativo de uma ação sobre o ambiente devem ser adotadas, mesmo na ausência de certeza científica da existência de uma relação causa-efeito entre eles;

f) Princípio da prevenção, por força do qual as acções com efeitos negativos no ambiente devem ser consideradas de forma antecipada por forma a eliminar as próprias causas de alteração do ambiente ou reduzir os seus impactes quando tal não seja possível;

g) Princípio da correcção, prioritariamente na fonte, dos danos causados ao ambiente e da imposição ao emissor poluente de medidas de correção e recuperação e dos respectivos custos;

h) Princípio da cooperação, que assenta no reconhecimento de que a protecção das águas constitui atribuição do Estado e dever dos particulares;

i) Princípio do uso razoável e equitativo das bacias hidrográficas partilhadas, que reconhece aos Estados ribeirinhos o direito e a obrigação de utilizarem o curso de água de forma razoável e equitativa tendo em vista o aproveitamento optimizado e sustentável dos recursos, consistente com a sua proteção.

VI. Este diploma descura o clássico domínio público marítimo, embora não o desconheça: 4.º, *b*), *h*), *gg*), 49.º/1, *a*), *iii*), 58.º e 60.º/1, *d*), como exemplos. Afigura-se a conveniência em disciplinar o regime do domínio público marítimo, crucial para o País, em diploma próprio, acessível a leigos.

Na gestão das águas, caberia um papel fulcral à Autoridade Nacional da Água – 4.º, *l*) e 8.º. Esta entidade sucede ao Instituto Nacional da Água (INAG), cujo estatuto orgânico fora aprovado pelo Decreto-Lei n.º 191/93, de 24 de maio[518], o qual abrange ainda as administrações dos recursos

[518] Retificado pela Declaração n.º 135/93, de 31 de julho e pela Declaração n.º 141-A/93, de 31 de julho; alterado pelo Decreto-Lei n.º 110/97, de 8 de maio.

hídricos – ARH. Esta estrutura sucedeu à Direção-Geral dos Recursos Naturais (DGRN) criada então há quatro anos – Decreto-Lei n.º 130/86, de 7 de junho – a qual, nos termos do Decreto-Lei n.º 246/87, de 17 de junho, já havia sucedido a diversos organismos anteriores.

O Decreto-Lei n.º 191/93, de 24 de maio, foi revogado pelo Decreto-Lei n.º 135/2007, de 27 de abril, que estabeleceu o Instituto da Água, IP: um diploma revogado, por seu turno, pelo Decreto-Lei n.º 56/2012, de 12 de março, que fez transitar as funções do Instituto da Água para a Agência Portuguesa do Ambiente, IP. Este diploma foi alterado pelo Decreto-Lei n.º 55/2016, de 26 de agosto, pelo Decreto-Lei n.º 108/2018, de 3 de dezembro e pelo Decreto-Lei n.º 101-D/2020, de 7 de dezembro. A volatilidade dos órgãos de direção da Administração Pública desafia a imaginação.

VII. A matéria atinente à exploração das águas de nascente – Decreto-Lei n.º 84/90, de 16 de março – às águas mineromedicinais – Decreto-Lei n.º 85/90, de 16 de março – e às águas minerais naturais – Decreto-Lei n.º 86/90, de 16 de março – é considerada "aproveitamento de recursos geológicos".

VIII. O regime de licenciamento de utilização do domínio público hídrico, sob jurisdição do então Instituto da Água, foi aprovado pelo Decreto-Lei n.º 46/94, de 22 de fevereiro[519]. O Decreto-Lei n.º 47/94, também de 22 de fevereiro, depois alterado pelo Decreto-Lei n.º 113/97, de 10 de maio, estabeleceu o regime económico e financeiro de utilização do domínio público hídrico, sob jurisdição do Instituto da Água. Este diploma tornou em boa parte inaplicável o Decreto-Lei n.º 70/90, como se infere do seu artigo 91.º/1. Ele distinguia 13 tipos de utilização do domínio hídrico, que devem ser titulados por contrato de concessão. Cumpre reter o seu âmbito artigo 2.º:

> 1. O domínio hídrico abrange, para efeitos do presente diploma, os terrenos das faixas de costa e demais águas sujeitas à influência das marés, nos termos do artigo 1.º do Decreto-Lei n.º 201/92, de 29 de setembro, as correntes de água, lagos ou lagoas, com seus leitos, margens e zonas adjacentes, nos termos do Decreto-Lei n.º 468/71, de 5 de novembro.

[519] *Vide* a Retificação n.º 63/94, de 31 de maio; trata-se de uma Retificação muito extensa e com largo alcance substancial.

2. O domínio hídrico referido no número anterior compreende o domínio público hídrico estabelecido no artigo 1.º do Decreto n.º 5787-III, de 10 de maio de 1919, e o domínio hídrico privado estabelecido nos artigos 1385.º e seguintes do Código Civil.

O Decreto-Lei n.º 46/94, de 22 de fevereiro, foi alterado pelo Decreto-Lei n.º 234/98, de 22 de julho. Ele foi substituído pela Lei da Água, adotada pela Lei n.º 58/2005, de 29 de dezembro, mas apenas na medida em que os instrumentos nela previstos fossem publicados.

IX. A utilização dos recursos hídricos é regulada pelo Decreto-Lei n.º 226-A/2007, de 31 de maio, alterado pelos Decretos-Leis n.º 391-A/2007, de 21 de dezembro, n.º 93/2008, de 4 de junho, n.º 107/2009, de 15 de maio, n.º 137/2009, de 8 de junho, n.º 245/2009, de 22 de setembro, n.º 82/2010, de 2 de julho, pelas Leis n.º 44/2012, de 29 de agosto, n.º 17/2014, de 10 de abril e n.º 12/2018, de 2 de março e pelo Decreto-Lei n.º 97/2018, de 27 de novembro[520]. Este diploma veio substituir o anterior Decreto-Lei n.º 47/94, de 22 de fevereiro. Cada vez mais os diversos domínios públicos, causticados por uma imbatível produção legislativa, exigem a atenção de juristas especializados. As entidades públicas e os municípios não devem hesitar em constituir mandatários adequados e experientes: a atual fixação nos cortes de custos conduz, neste domínio, a encargos acrescidos, com espetaculares condenações do Estado, em tribunal. Tais condenações são minoradas pelo mau funcionamento dos tribunais administrativos, o que não é solução.

X. Toda esta legislação ilustra a propriedade (pública) especial relativa aos domínios hídrico e marítimo. No fundo, prevalecem os princípios gerais do domínio imobiliário, complementados por uma floresta regulamentar.

52. Aéreo

I. O artigo 84.º/1, *b*), da Constituição inclui no domínio público:

[520] *Vide* Joana Mendes, *Direito administrativo da água*, em Paulo Otero/Pedro Gonçalves, *Tratado de Direito administrativo especial* 2 (2009), 12-134 (101 ss.), com indicações e Alexandra Leitão, *A utilização do domínio público hídrico por particulares* (2012), 43 pp., na net.

> As camadas aéreas superiores ao território acima do limite reconhecido ao proprietário ou superficiário.

Este preceito corresponde ao artigo 59.º, n.º 5, da Constituição de 1933. E tal como ele, pressupõe que a lei ordinária defina os limites verticais do direito do proprietário, o que a ordem civil (artigo 1344.º/1) acaba por não fazer. Por seu turno, o artigo 4.º do Decreto-Lei n.º 477/80, de 15 de outubro, inclui no domínio público:

> *f*) As camadas aéreas superiores aos terrenos e às águas do domínio público, bem como as situadas sobre qualquer imóvel do domínio privado para além dos limites fixados na lei em benefício do proprietário do solo.

Podemos considerar que o domínio aéreo começa para lá da altitude onde o interesse do proprietário já não chega[521].

II. A Convenção de Chicago da Aeronáutica Civil, de 7 de dezembro de 1944[522], dispõe, no seu artigo 1.º:

> Os Estados contratantes reconhecem que cada Estado tem a soberania completa e exclusiva sobre o espaço aéreo que cobre o seu território, compreendendo-se neste as águas territoriais.

Trata-se de uma orientação que mais do que atribuir um bem em propriedade (pública) para ser gozado, estabelece uma reserva de soberania, com fins de defesa, de segurança e de polícia. Para além dos limites da atmosfera, o espaço é considerado internacional.

III. O Decreto-Lei n.º 248/91, de 16 de julho, veio prever, em termos aéreos, áreas proibidas, restritas ou reservadas, para efeitos de tutela da segurança e do património histórico e natural. Tais áreas não devem ser sobrevoadas, exceto nas situações aí previstas. Vêm definidas pela Portaria

[521] Trata-se de matéria a regulamentar: a construção de um viaduto a grande altura, que sobrevoe um prédio particular pode dar-se a uma altitude que nunca seria ocupada pelo respetivo proprietário; todavia, ele tem todo o interesse em não ser "sobrevoado" pelo viaduto.

[522] Aprovada, para ratificação, pelo Decreto-Lei n.º 36:158, de 17 de fevereiro de 1947 e ratificada por Carta de 28 de abril de 1948.

n.º 837/91, de 16 de agosto[523]. O Decreto-Lei n.º 248/91 foi alterado pelo Decreto-Lei n.º 163/2015, de 17 de agosto, relativo ao céu único europeu.

IV. Com o domínio aéreo[524] não se confunde o domínio aeronáutico: este tem a ver com aeroportos e infraestruturas aeroportuárias. Cabe à lei positiva definir os privados e os públicos e ainda, nesta última categoria, os que se incluam no domínio público[525]. A matéria constava do Decreto-Lei n.º 102/90, de 21 de março, alterado pelos Decretos-Leis n.º 280/99, de 26 de julho, n.º 268/2007, de 26 de julho e n.º 216/2009, de 4 de setembro. Este diploma foi substituído pelo Decreto-Lei n.º 254/2012, de 28 de novembro, alterado pelo Decreto-Lei n.º 108/2013, de 31 de julho.

53. Geológico

I. Segundo o artigo 84.º/1, *c*), da Constituição, pertencem ao domínio público:

> *c*) Os jazigos minerais, as nascentes de águas mineromedicinais, as cavidades naturais subterrâneas existentes no subsolo, com exceção das rochas, terras comuns e outros materiais habitualmente usados na construção;

Segundo a tradição jurídica portuguesa, alicerçada em D. Duarte I, as minas pertenciam à Coroa[526]. O Decreto-Lei n.º 18:713, de 1 de agosto de 1930 estabelecia, no seu artigo 1.º[527]:

> O direito de propriedade dos depósitos ou jazigos de substâncias minerais úteis pertence ao Estado.

[523] Retificada pela Declaração n.º 260/91, de 30 de novembro e alterada pela Portaria n.º 362/97, de 2 de junho. Sobre toda esta matéria, cumpre referir Dário Moura Vicente (org.), *Estudos de Direito aéreo* (2012), 634 pp..

[524] Laubadère, *Traité* cit., 2, 9.ª ed., 183.

[525] Dante Gaeta, *Demanio aeronautico*, ED XII (1964), 84-85 e Aldo M. Sandulli/ /Salvatore Rosa, *Aerodromo*, ED I (1958), 637-641 (638).

[526] António Luiz de Seabra, *A propriedade* cit., 150.

[527] DG n.º 177, de 1 de agosto de 1930, 1551-1561; trata-se de um pequeno Código das Minas.

Perante o termo "propriedade", podia-se discutir se se tratava do domínio público do Estado ou do seu domínio privado[528]. A Constituição de 1933, no seu artigo 49.°, 1.°, incluiu a matéria no domínio público.

II. O regime geral de revelação e aproveitamento dos recursos geológicos foi aprovado pelo Decreto-Lei n.° 90/90, de 16 de março, depois substituído pela Lei n.° 54/2015, de 22 de junho.

Segundo o artigo 1.°/2 deste diploma:

> Consideram-se recursos geológicos os bens naturais designados por:
>
> *a*) Depósitos minerais;
> *b*) Águas minerais naturais;
> *c*) Águas mineroindustriais;
> *d*) Recursos geotérmicos;
> *e*) Massas minerais;
> *f*) Águas de nascente.

O artigo 2.° procede a uma circunstanciada lista de definições de diversos recursos.

III. A lei – artigo 18.°/1 da Lei n.° 54/2015 – admite que, sobre os recursos que integram o domínio público, se possam formar direitos de prospeção e pesquisa e direitos de exploração; tais direitos adquirem-se por contratos administrativos – *idem*, n.° 2 – vindo, depois, circunstanciadamente regulados[529]. O regulamento dos depósitos minerais consta do Decreto-Lei n.° 88/90, de 16 de março. Os Decretos-Leis n.° 84/90, 85/90, 86/90 e 87/90, todos de 16 de março, aprovaram os regulamentos, respetivamente, da exploração das águas de nascentes, das águas mineroindustriais, das águas minerais naturais e dos recursos geotérmicos. O Decreto-Lei n.° 88/90, de 16 de março, ocupava-se dos recursos geológicos, tendo sido substituído pelo Decreto-Lei n.° 30/2021, de 7 de maio. A "crise do lítio" tem a ver com esta movimentação legislativa.

[528] Cunha Gonçalves, *Tratado de Direito civil* cit., 3, 422.

[529] Perante o Direito anterior: José Luís Bonifácio Ramos, *O regime e a natureza jurídica do direito dos recursos geológicos dos particulares* (1994), 208 pp..

54. **Rodoviário e ferroviário**

I. Segundo o artigo 84.º/1, *d*), da Constituição, pertencem ao domínio público as estradas. O artigo 4.º, *h*), do Decreto-Lei n.º 477/80, de 15 de outubro, explicita:

> As linhas férreas de interesse público, as auto-estradas e as estradas nacionais com os seus acessórios, obras de arte, etc.;

Pelo antigo Direito, as estradas pertenciam à Coroa[530]: eram, pois, do domínio público. A legislação liberal manteve e reforçou esta orientação. O Decreto de 13 de agosto de 1832 integrava, no seu artigo 2.º, nos bens da Nação, as estradas gerais[531]; além de outras coisas, classificava as estradas e tomava medidas para a sua construção. Diz o referido artigo 2.º do Decreto n.º 44, de 13 de agosto de 1833 (Mouzinho da Silveira):

> Os bens da Nação tomados collectivamente, são os bens do uso geral e commum dos Habitantes, como Portos, Canaes, Rios navegaveis, Estradas geraes, e Pontes velhas construidas, Caes, e Edificios destinados para a residencia do Rei, ou para as Sessões das Camaras, Secretarias, Tribunaes, Aquartelamentos, Estaleiros, Arsenaes, e outros similhantes (...)[532].

As leis de 15 de julho de 1862[533] e de 6 de junho de 1864[534] (Duque de Loulé e João Crisóstomo) consideravam "*cousas publicas ou do domínio e uso publico*" as estradas, qualquer que seja a sua classificação: *reaes*, *districtaes*, *municipaes* ou *vicinaes*.

Um Decreto de 31 de dezembro de 1864 (João Crisóstomo), no seu artigo 1.º, veio dispor[535]:

[530] *Ord. Fil.*, Liv. II, tít. XXVI, § 8 = ed. Gulbenkian, 441/I; *vide* Borges Carneiro, *Direito Civil de Portugal* cit., 4, 7-8.

[531] José Dias Ferreira, *Código Civil Annotado* cit., 1, 271.

[532] *Chronica Constitucional do Porto*, n.º 32, de 21-ago.-1832, 150-152 (150).

[533] DLx n.º 164, de 24-jul.-1862, 1962.

[534] Artigo 14.º:

As estradas municipaes são de dominio publico e imprescriptivel; o terreno que ellas occupam, quando deixa de ter este destino, constitue propriedade municipal.

O diploma consta do DLx n.º 125, de 7 de junho de 1864, 1839-1840.

[535] DLx n.º 10, de 13-jan.-1865, 98-100 (98/I).

> As estradas de 1.ª, 2.ª e 3.ª ordem, as ruas que fazem parte d'ellas, e as demais ruas no interior das cidades, villas e povoações do reino constituem a viação ordinaria, são do dominio publico e imprescritiveis.

II. No silêncio do plano rodoviário aprovado pelo Decreto-Lei n.º 34.593, de 11 de maio de 1945, Marcello Caetano veio defender que apenas as estradas nacionais – as mais importantes – pertenceriam ao domínio público do Estado. Todavia, a Constituição de 1933 – artigo 49.º, n.º 6 – ia mais longe, uma vez que referia as estradas, sem distinção[536].

III. Os sucessivos planos rodoviários nacionais – designadamente o aprovado pelo Decreto-Lei n.º 380/85, de 26 de setembro, substituído pelo adotado pelo Decreto-Lei n.º 222/98, de 17 de julho[537], com as alterações introduzidas pela Lei n.º 98/99, de 26 de julho e pelo Decreto-Lei n.º 182/2003, de 16 de agosto – são omissos. Entendemos que se mantém a doutrina de Marcello Caetano, agora apoiada no transcrito artigo 4.º, *h*), do Decreto-Lei n.º 477/80, de 15 de outubro.

IV. Os caminhos de ferro foram integrados no domínio público logo por uma das Leis de 31 de dezembro de 1864 (João Crisóstomo).

Dizia o seu artigo 1.º[538]:

> Fazem parte da viação publica, e são do dominio publico, todos os caminhos de ferro, qualquer que seja o motor empregado na exploração, com as suas dependencias, obras accessorias e linhas telegraficas n'elles estabelecidas.

Trata-se de uma orientação retomada pelo Decreto-Lei n.º 13:829, de 25 de junho de 1927[539] e pelo Decreto-Lei n.º 39:780, de 21 de agosto

[536] A doutrina italiana, quer quanto a estradas, quer quanto a autoestradas, admite que possam ser públicas ou privadas; Carlo Talice, *Strade*, ED XLIII (1990), 1111-1130 (1112) e Aldo M. Sandulli, *Autostrade*, ED IV (1959), 525-529 (526).

[537] Retificação n.º 19-D/98, de 31 de outubro.

[538] DLx n.º 7, de 10-jan.-1865, 63.

[539] Este diploma veio uniformizar o novo regime de caminhos de ferro. Diz o seu artigo 1.º:

> Fazem parte da viação pública e são do domínio público todos os caminhos de ferro, inclusive os aéreos, qualquer que seja a natureza do motor, com as suas dependências, obras acessórias e linhas telegráficas e telefonicas nêles estabelecidas.

de 1954[540]. Temos uma sólida tradição, conservada na alínea *e*) do artigo 84.º/1, da Constituição[541]. Visando facilitar a reconstrução do sector, o Decreto-Lei n.º 269/92, de 28 de novembro, veio permitir a desamortização do domínio público ferroviário. Bastará reter os seus três primeiros artigos:

Artigo 1.º Os bens do domínio público ferroviário, desde que não adstritos ao serviço público a que se destinavam, poderão ser desafetados e integrados no património da CP – Caminhos de Ferro Portugueses, E.P., por despacho conjunto dos Ministros das Finanças e das Obras Públicas, Transportes e Comunicações.

Artigo 2.º As verbas resultantes da alienação dos bens integrados no património da CP, nos termos do artigo anterior, são afetas, na sua totalidade, a investimentos na modernização de infra-estruturas e material circulante da empresa.

Artigo 3.º O despacho referido no artigo 1.º constitui documento bastante para o registo na conservatória do registo predial respetiva, a favor da CP – Caminhos de Ferro Portugueses, E.P., dos imóveis nele identificados.

O Decreto-Lei n.º 269/92 foi, por seu turno, substituído pelo Decreto-Lei n.º 276/2003, de 4 de novembro, alterado pelo Decreto-Lei

O diploma, antecedido de um importante preâmbulo, consta do DG I Série n.º 132, de 25 de junho de 1927, 1138-1150.

540 Aprovou o Regulamento para a Exploração e Polícia dos Caminhos de Ferro – DG I Série n.º 184, de 21 de agosto de 1954, 870-880. Vamos reter os seguintes preceitos desse diploma:

Artigo 1.º

1. Os caminhos de ferro, compreendidos os aéreos, fazem parte da viação pública e são do domínio público, qualquer que seja o motor empregado na sua exploração (...)

Artigo 2.º

1. Com excepção do mobiliário, todo o estabelecimento industrial da empresa concessionário aplicado ao funcionamento do serviço (material fixo e circulante, edifícios e outras dependências ou imóveis e utensílios necessários ao serviço), está sujeito ao regime do domínio público (...)

541 *Vide*, como experiência estrangeira ilustrativa, Antonio Mocci, *Ferrovie dello Stato*, ED XVII (1968), 219-262 e Cesare Riboldi, *Ferrovie concesse*, *idem*, 263-288.

n.º 29-A/2011, de 1 de março. Segundo o sumário oficial, aquele diploma (o 276/2003):

> Estabelece o novo regime jurídico dos bens do domínio público ferroviário, incluindo as regras sobre a sua utilização, desafetação, permuta e, bem assim, as regras aplicáveis às relações dos proprietários confinantes.

55. Telegráfico, telefónico e elétrico

I. A Constituição remete, depois, para a lei ordinária, a fixação de outros domínios públicos, do Estado, das regiões autónomas e das autarquias. Seguindo a enumeração do artigo 4.º do Decreto-Lei n.º 477/80, de 15 de outubro, encontramos:

> *l*) As linhas telegráficas e telefónicas, os cabos submarinos e as obras, canalizações e redes de distribuição pública de energia elétrica.

Trata-se de uma orientação que remonta ao Decreto de 31 de dezembro de 1864 (João Crisóstomo), cuja artigo 1.º dispunha[542]:

> As linhas telegraphicas de qualquer systema, e as de signaes maritimos, destinadas ao serviço official do governo, e ao dos particulares, são propriedade do estado.

A rede elétrica nacional foi, sucessivamente, regulada pela Lei n.º 2002, de 26 de dezembro de 1944[543] e pelo Decreto-Lei n.º 43.350, de 19 de novembro de 1960[544].

II. Apesar da clareza do artigo 1.º, *b*), do Decreto-Lei n.º 23:565, de 15 de fevereiro de 1934, antecessor do atual artigo 4.º, *l*), do Decreto-Lei n.º 477/80, de 15 de outubro, a doutrina aparecia restritiva, quanto à integração de elementos nos domínios telegráfico e telefónico e da transmissão de

[542] DLx n.º 5, de 5 de janeiro de 1865, 44.
[543] DG I Série n.º 285, de 26 de dezembro de 1944, 1311-1314.
[544] DG I Série n.º 269, de 19 de novembro de 1960, 2469-2489.

eletricidade. Apenas integrariam o domínio público as redes de distribuição pública de energia elétrica de utilidade pública e interesse nacional[545].

Aquando da eletrificação do País, impôs-se uma filosofia que, para além de incentivar o interesse nacional na matéria, cometia ao Estado importantes funções. Atualmente domina um pensamento privatizador, com técnicas ágeis de gestão, que dispensam os esquemas pesados dominiais. Explicar-se-á assim o silêncio dos diplomas mais recentes, enquanto a doutrina propende para a comercialidade da generalidade dos bens afetos à rede elétrica[546]. Tudo isso foi rematado pela revogação do Decreto-Lei n.º 23:565, pelo Decreto-Lei n.º 477/80, de 15 de outubro, que criou o inventário geral do património do Estado. Subsequentemente, foi-se impondo uma ideia de regulação, hoje rematada pelo Decreto-Lei n.º 15/2022, de 14 de janeiro. Há que prevenir contra a burocratização.

56. **Cultural e histórico**

I. Prosseguindo na enumeração do Decreto-Lei n.º 477/80, de 15 de outubro, encontramos a alínea *m*), que inclui, no domínio público:

> Os palácios nacionais, monumentos, museus, bibliotecas, arquivos e teatros nacionais, bem como os palácios escolhidos pelo Chefe do Estado para a Secretaria da Presidência e para a sua residência e das pessoas de sua família.

Os museus, bibliotecas e arquivos incluem, naturalmente, o seu recheio[547]. As coisas com significado cultural e histórico dão azo a uma disciplina de importância crescente a que poderemos chamar património histórico-cultural[548]. Tal disciplina não se limita ao estabelecimento de uma dominialidade pública: exige, hoje, uma rubrica própria[549].

[545] Marcello Caetano, *Manual de Direito administrativo* cit., 2, 9.ª ed., 886-887.

[546] Rui Machete, *O domínio público e a rede eléctrica nacional*, cit., *maxime* 1410-1411.

[547] Em França, as bibliotecas e arquivos com significado histórico e as obras de arte integram o chamado "domínio mobiliário" do Estado – *vide* Laubadère, *Traité* cit., 2, 9.ª ed., 188.

[548] *Vide*, em especial, as obras de José Luís Bonifácio Ramos, referidas *supra*, n.º 44, I.

[549] *Tratado*, VIII, 4.ª ed., 121 ss.

II. Retomando aqui, apenas os elementos integrados no domínio público, temos, em primeiro lugar, os museus nacionais. Estes, segundo o Decreto-Lei n.º 20:985, de 7 de março de 1932[550], constituíam uma categoria diferente da dos museus regionais e municipais. Só eram nacionais os museus de Arte Antiga, dos Coches e de Arte Contemporânea[551] e, mais tarde, o Museu Soares dos Reis, no Porto, o Museu de Arqueologia e Etnologia (Museu Etnológico do Dr. Leite de Vasconcelos), anexo à Universidade de Lisboa e o Museu Machado de Castro, em Coimbra, na enumeração de Marcello Caetano[552].

Surgem, hoje, outros museus nacionais: o Museu Nacional da Ciência e da Técnica[553], o Museu Nacional do Azulejo[554], o Museu Nacional do Teatro[555], o Museu Nacional de Literatura[556], o Museu Nacional do Desporto[557], o Museu Nacional de Etnologia[558], o Museu Nacional Ferroviário[559] e o Museu Nacional da Floresta[560]. Cabe ainda lidar com a Lei n.º 47/2004, de 19 de agosto, ou Lei-Quadro dos Museus Portugueses.

III. No tocante a bibliotecas, Marcello Caetano preconiza uma interpretação restritiva do preceito, de modo a abranger apenas as bibliotecas nacionais[561]. Em compensação, entende esse Autor que deveria ficar incluído o Arquivo Geral da Torre do Tombo. O Direito comparado reporta os mais diversos estatutos para as bibliotecas: tudo depende das concretas normas aplicáveis[562].

[550] DG n.º 56, de 7de março de 1932, 431-436.

[551] Artigo 50.º do Decreto-Lei n.º 20 985, de 7 de março de 1932.

[552] Marcello Caetano, *Manual de Direito administrativo* cit., 2, 9.ª ed., 889.

[553] Decreto-Lei n.º 347/76, de 12 de maio, alterado pelo Decreto-Lei n.º 379/99, de 21 de setembro.

[554] Decreto-Lei n.º 404/80, de 26 de setembro.

[555] Decreto-Lei n.º 241/82, de 22 de junho.

[556] Decreto-Lei n.º 441/82, de 6 de novembro, revogado pelo Decreto-Lei n.º 216/90, de 3 de julho.

[557] Decreto-Lei n.º 295/85, de 24 de julho.

[558] Decreto-Lei n.º 248/89, de 8 de agosto; neste Museu foi integrado o Instituto de Investigação Científica e Tropical – Decreto-Lei n.º 249/89, da mesma data.

[559] Lei n.º 59/91, de 13 de agosto.

[560] Lei n.º 108/99, de 3 de agosto.

[561] Marcello Caetano, *Manual de Direito Administrativo* cit., 2, 9.ª ed., 890.

[562] Ettore Apolloni, *Biblioteca*, ED V (1959), 332-345 (335 ss.).

IV. Os palácios nacionais vêm enumerados no artigo 66.º do Decreto n.º 22:728, de 24 de junho de 1933[563]. A lei manda ainda qualificar como do domínio público os dois palácios escolhidos para sua residência pelo Presidente da República, quando o não fossem à partida.

São monumentos nacionais – artigo 24.º do Decreto-Lei n.º 20:985, de 7 de março de 1932[564],

> os imóveis cuja conservação e defesa, no todo ou em parte, represente interesse nacional, pelo seu valor artístico, histórico ou arqueológico

e desde que como tal sejam classificados por ato administrativo. Trata-se de matéria hoje regulada pela Lei do Património Cultural Português: a Lei n.º 107/2001, de 8 de setembro, alterada pela Lei n.º 36/2021, de 14 de junho. Apenas os monumentos nacionais do Estado pertencem ao domínio público; os restantes sujeitam-se a especiais regras de tutela e proteção.

V. Referia-se um domínio sacro, que abrangeria os templos católicos. Por via da Concordata de 1940, com a Santa Sé, eles passaram a ser património da Igreja, salvo quando classificados como "monumentos nacionais" ou como "imóveis de interesse público". São, então, do Estado portanto: do domínio público, quando monumentos nacionais, com afetação permanente ao serviço da Igreja[565]. O sistema conserva-se na Concordata de 2004: vejam-se os seus artigos 22.º a 25.º[566].

VI. A temática do património cultural e artístico dá azo a uma disciplina autónoma centrada nos bens em jogo. Para aí remetemos[567].

563 Trata-se de um diploma publicado no DG I Série n.º 140, de 24 de junho de 1933, que veio reorganizar os serviços da Direção-Geral da Fazenda Pública. O seu artigo 2.º, § único, foi revogado pelo artigo 18.º do Decreto-Lei n.º 477/80, de 15 de outubro.

564 Este diploma foi revogado pelo artigo 5.º, *pp*), do Decreto-Lei n.º 254/2009, de 24-set., que aprovou o Código Florestal (nem se percebe a que propósito): mas este último foi revogado pela Lei n.º 12/2012, de 13-mar., que repristinou as leis anteriores. Seja como for, o Decreto-Lei n.º 20:985 afigura-se em vigor.

565 Concordata de 7 de maio de 1940, artigos 6.º e 7.º; *vide* Vasco Pereira da Silva, *O património cultural da Igreja*, em *Direito do património cultural*, org. Jorge Miranda/ /João Martins Claro/Marta Tavares da Silva (1996), 475-497 (478 ss.).

566 DR I-A, n.º 269, de 16 de novembro de 2004, 6744.

567 *Tratado*, III, 4.ª ed., 121-132.

57. Domínio militar

I. O artigo 1.º do revogado Decreto-Lei n.º 22:728, de 24 de junho de 1933, incluía as obras de defesa militar e os navios de guerra – alínea *f*).

De facto, segundo o artigo 7.º da Lei n.º 2:078, de 11 de julho de 1955[568],

> As organizações ou instalações militares pertencem ao domínio público do Estado, do qual só pode ser distraídas mediante desafetação.
>
> § 1.º A desafetação dos bens do domínio público militar será feita por decreto.

II. Por seu turno, os navios de guerra vinham regulados no Decreto n.º 42 173, de 4 de março de 1959[569]. Este diploma fixava as diversas situações em que se podiam encontrar as unidades navais. Mesmo quando em estado de desarmamento não deixavam de ser navios de guerra, pelo que a sua pertença ao domínio público militar só cessa quando sejam abatidas aos efetivos da armada portuguesa.

Nesta sequência, o Decreto-Lei n.º 477/80, de 15 de outubro, incluía, no domínio público, como vimos:

i) As obras e instalações militares, bem como as zonas territoriais reservadas para a defesa militar;
j) Os navios da armada, as aeronaves militares e os carros de combate, bem como outro equipamento militar de natureza e durabilidade equivalentes;

III. Mais recentemente, têm vindo a multiplicar-se as situações de desafetação de prédios do domínio público militar[570]. Como exemplos, referimos o Forte Militar de Caxias[571] e a Carreira de Tiro da Guarnição de Coimbra[572]. Uma lista mais extensa consta do Decreto-Lei n.º 318/97, de

[568] DG I Série, n.º 152, de 11 de julho de 1955, 587-588.
[569] DG I Série, n.º 49, de 4 de março de 1959, 241-242.
[570] Sandulli, *Beni pubblici* cit., 283, quanto ao domínio militar em geral.
[571] Decreto-Lei n.º 383/87, de 19 de dezembro.
[572] Decreto-Lei n.º 154/90, de 17 de maio.

25 de novembro[573]. Também o domínio privado do Estado, afeto ao Ministério da Defesa Nacional, tem sido largamente atingido[574].

[573] Retificação n.º 6-A/98, de 28 de fevereiro.

[574] O Decreto-Lei n.º 196/2001, de 29 de junho, aprovou os critérios gerais e o procedimento de alienação dos imóveis envolvidos, ocupando-se a Lei Orgânica n.º 3/2008, de 8 de setembro, da programação militar. O País, à medida que abdica das suas Forças Armadas, desiste, sem qualquer consulta popular, das suas soberania e independência.

CAPÍTULO IV

A DEFESA DA PROPRIEDADE

58. Justificação e sequência

I. No Código Civil, a secção II do capítulo dedicado à propriedade em geral reporta-se à defesa desse direito. Comporta cinco artigos:

1311.º Ação de reivindicação;
1312.º Encargos com a restituição;
1313.º Imprescritibilidade da ação de reivindicação;
1314.º A ação direta;
1315.º Defesa de outros direitos reais.

Estão em causa preceitos muito gerais que, todavia, têm o mérito de enquadrar o regime.

II. Historicamente, a propriedade foi reconhecida no mercado: desde o momento em que interessados aceitavam permutas ou, mais tarde, procediam a compras e vendas, tinham de se reconhecer como proprietários. Oficialmente, a propriedade adquiriu eficácia quando obteve meios de defesa. No caso romano, valiam as ações reais. A defesa teceu, deste modo, um papel constituinte: o conteúdo último de qualquer direito é, no fundo, correspondente ao que obtenha meios de defesa.

III. Vamos seguir a ordem do Código Civil, antepondo a defesa aos modos de aquisição da propriedade. Na defesa, iremos considerar, sucessivamente:

(1) a reivindicação;
(2) a ação direta;
(3) outras defesas.

SECÇÃO I

A AÇÃO DE REIVINDICAÇÃO

§ 11.º A REIVINDICAÇÃO NA HISTÓRIA E NO DIREITO COMPARADO

59. Nota histórica

I. A *rei vindicatio* foi a grande matriz da reivindicação e das demais ações reais. Na origem, encontramos a figura geral da *vindicatio*, que permitia pedir medidas conservatórias ou de tutela[575]. Mais tarde (século I a. C.), autonomizou-se a *vindicatio* dirigida a coisas corpóreas ou *rei vindicatio*. Primeiro equacionada como uma *actio sacramenti in rem*, muito formal, ela veio a ser reconvertida, pela *lex Aebutia*, no processo formulário, mais manejável[576]. Simplificando: o autor tão-só o diria, perante o magistrado, que determinada coisa é sua, devendo-lhe ser entregue[577]. No final do Império, a *rei vindicatio*, tal como as demais ações, perdeu a bipartição que antes a caracterizava: o pretor dava a ação e o juiz verificava os

[575] Max Kaser/Karl Hackl, *Das römische Zivilprozessrecht*, 2.ª ed. (1996), XXXIV + 721 pp., § 14, I (89-93), com indicações e diversas hipóteses quanto à sua origem; ainda hoje, tem interesse confrontar Karl Sell, *Römische Lehre der dinglichen Rechte oder Sachen-Rechte*, I – *Römische Lehre des Eigenthums*, 2.ª ed. (1852), XVI + 419 pp., §§ 80 ss. (295 ss.).

[576] Indicações: *Tratado*, XIII, 62-67; Matteo Marrone, *Rivendicazione (diritto romano)*, ED XLI (1989), 1-29 (11 ss.); Nuno Andrade Pissarra, *Das ações reais* 1 (2021), 1381 pp., 315 ss.. Ainda hoje, como obra de referência sobre a reivindicação, cabe referir Antonio Butera, *La rivendicazione nel diritto civile, commerciale e processuale* (1911), XVIII + 598 pp.; quanto à evolução histórica *vide*, aí, 2 ss..

[577] Recorde-se Gaio, *Institutiones*, IV, 3 = ed. bilingue de Ulrich Manthe (2004), 321-322.

factos e aplicava o Direito. O processo passou a decorrer, todo ele, perante o príncipe ou um seu delegado.

II. No Ocidente, a queda do Império Romano, levou a um esfumar entre propriedade, posse e detenção. O dono demandava o detentor da coisa, não tanto invocando o seu próprio direito, mas antes sublinhando a falta de título do demandado[578]. Surgiu a *intertiatio* que, mais do que um reconhecimento da propriedade, visava uma "reivindicação da posse"[579], particularmente presente nos Direitos lombardo e franco.

III. As construções da Alta Idade Média perderam terreno em face das receções do Direito romano, subsequentes a Bolonha e às demais universidades[580]. A *rei vindicatio* seguia as regras romanas do *Corpus Iuris Civilis*, ainda que com a introdução de algumas especificidades, como sejam a das *praesumtiones* ou presunções[581]. Operando a partir da posse, elas facilitavam o processo. Ocorreram, ainda, limitações à reivindicação e, designadamente, quanto a móveis, as derivadas da "posse vale título". Donde o brocardo *mobilia non habent sequelam*[582]. No campo dos imóveis, *a praescriptio* representava a mais visível delimitação.

60. Direito francês

I. A afirmação progressiva dos Estados nacionais veio, a partir dos séculos XVI e XVII, provocar diferenciações dentro do *Ius Commune*. As clivagens daí resultantes explicam o essencial do Direito vigente. Deve-se, todavia, notar que as diferenças no campo da reivindicação, entre as doutrinas mais significativas da Europa, são escassas: o forte domínio do Direito romano a tanto conduziu.

[578] Alberto Sciumè, *Rivendicazione (diritto intermedio)*, ED XLI (1989), 29-49 (30-31).

[579] Antonio Butera, *La rivendicazione* cit., 3 ss. (5); Fockema Andreae, *Die Intertiatio im fränkischen Fahrnisprozess*, SZGerm 33 (1912), 129-138; para aspetos etimológicos, Gerhard Rohlfs, *Zur Herkunft von altfranz* ***Entercier***, Romanische Forschungen 64 (1952), 140-144.

[580] Alberto Sciumè, *Rivendicazione (diritto intermedio)* cit., 34/II ss..

[581] Helmut Coing, *Europäisches Privatrecht* cit., 1, § 54, V (294 ss.).

[582] *Tratado*, XIII, 82.

II. Em França, foi significativo o desenvolvimento dado à ação de reivindicação por Pothier, no seu Tratado do domínio de propriedade[583]. Salienta: (1) que qualquer coisa, móvel ou imóvel, pode ser objeto dessa ação; no caso dos móveis, retém a designação medieval de *entiercement*[584]; (2) a ação pertence ao titular do domínio sobre a coisa reivindicada[585]; (3) é intentada contra quem esteja na posse da coisa[586]. A reivindicação não era estritamente limitada à propriedade, podendo servir outros direitos.

O Código Napoleão não refere expressamente a reivindicação. A doutrina da época menciona-a de passagem[587], no que podemos tomar como uma ideia ancestral de *rei vindicatio* e do seu funcionamento[588]. Coube aos autores de formação germano-pandectística, como Zachariä, escrevendo para o público alemão e mais tarde traduzido em francês, dar, da reivindicação, uma noção técnica[589]. No início do século XX, a reivindicação vinha já corretamente definida[590], sendo tomada como ação real[591]. São relevadas as dificuldades de prova do direito de propriedade, sublinhando-se que o único meio absoluto de prova é a usucapião[592].

[583] Robert-Joseph Pothier, *Traité du droit de domaine de propriété* cit., n.º 281-364 = = *Œuvres*, 9, 199-234.

[584] *Idem*, 282-285 (200-201).

[585] *Idem*, 286-297 (201-204).

[586] *Idem*, 298-306 (204-208).

[587] P. ex., Alexandre Duranton, *Cours de droit civil*, 2, 4.ª ed. (1841), n.º 905-812 (276-277), em termos claramente dispersivos.

[588] Murad Ferid/Jürgen Sonnenberger, *Das französische Zivilrecht*, 2 – *Einzelne Schuldverhältnisse. Sachenrecht*, 2.ª ed. (1986), 3 C 405 (665).

[589] Karl Solomo Zachariä von Lingenthal, *Le droit civil français*, trad. G. Massé/Ch. Vergé, II (1855), § 299 (176-178). A reivindicação vem referida em paralelo com a ação publiciana, também omissa no *Code civil*: a ação que permitia ao possuidor, com posse boa para usucapião mas antes de concluído o prazo aplicável, manter o controlo da coisa. Também de Zachariä, *vide* o *Handbuch des Französischen Civilrechts*, 1, 5.ª ed., publ. August Anschütz (1853), § 218 (551).

[590] Marcel Planiol, *Traité élémentaire de droit civil*, 1, 3.ª ed. (1904), n.º 2445 (782):

> A reivindicação é a ação exercida por uma pessoa que reclama a restituição de uma coisa, pretendendo ser proprietário dela. A reivindicação fundamenta-se, pois, sobre a existência do direito de propriedade e tem por fim a obtenção da posse.

[591] *Idem*, loc. cit..

[592] *Idem*, n.º 2451 (784); quanto às dificuldades de prova, que fazem desse tema o núcleo dos estudos sobre a reivindicação: Murad Ferid/Jürgen Sonnenberger, *Das französische Zivilrecht* cit., 2, 2.ª ed., 3 C 406 (665).

III. A lei de 2008, que reformou a matéria da prescrição[593], introduziu um novo artigo 2227.º no Código Civil. Esse preceito, acolhendo doutrinas anteriores, veio proclamar a regra da imprescritibilidade do direito de propriedade. A doutrina atual aponta, como efeitos da reivindicação entre as partes, a restituição do imóvel e o acerto de contas; o possuidor vencido poderá ter direito a certas benfeitorias ou à compensação por elas[594]. Já relativamente a terceiros, a reivindicação vitoriosa apenas produz efeitos como meio de prova. Nada impede que um terceiro interessado venha, por seu turno, mover reivindicação contra o primeiro reivindicante[595]. No plano processual, a reivindicação segue os parâmetros do processo comum. Na hipótese de móveis, a reivindicação é delimitada pela regra posse vale título. Outras particularidades derivam da natureza das coisas a reivindicar[596].

61. Direito alemão

I. A evolução do Direito alemão, nos dois últimos séculos, ilustra, também na reivindicação, um novo acolhimento do Direito romano. Todavia, foi um acolhimento criativo, no plano da sistematização dos seus pressupostos e das suas consequências.

Tomando como exemplo de partida Glück (1755-1831), a reivindicação preenchia todo um título do livro VI, alargando-se a diversos aspetos práticos[597]. Apresentada como a ação petitória do proprietário, ela daria corpo a um *Vindicationsrecht* ou direito de reivindicação, a incluir, com outros direitos, no conteúdo da propriedade. Permitia perseguir a coisa onde ela se encontrasse[598]. Thibaut (1772-1840) sistematiza[599]: (1) a *rei vindicatio* tem, como autor, o proprietário da coisa ou aquele que, como tal, se considere; o réu é o possuidor da coisa; (2) o objeto da ação é uma

[593] *Tratado*, XIII, 85-86.

[594] François Terré/Philippe Simler, *Droit civil/Les biens* cit., 10.ª ed., n.º 509-513 (401-404).

[595] *Idem*, n.º 515 (404-405).

[596] *Idem*, n.º 516 (405-408).

[597] Christian Friedrich von Glück, *Die Pandecten*, 8 (1807), Lib. VI, Tit. I, *De rei vindicatione*, §§ 576-592 (26-310); Glück inclui, aí, diversa matéria relativa à propriedade.

[598] *Idem*, § 576 (45).

[599] Anton Friedrich Justus Thibaut, *System des Pandekten-Rechts*, II, 5.ª ed. (1818), §§ 563-565 (10-12).

coisa corpórea; (3) pode haver uma *exceptio dominii* ou *contravindicatio*, quando o réu sustente, ele próprio, ser o proprietário. Puchta (1798-1846) apresenta a propriedade como fundamento da reivindicação, propriedade essa que deve ser demonstrada[600]. O autor exige a restituição da coisa *cum omni causa*[601].

II. Na pandectística subsequente, com exemplo em Vangerow (1808-1870)[602], Arndts (1803-1878)[603], Wendt (1846-1911)[604] e Baron (1834-1898)[605], a reivindicação afigura-se estabilizada. As diferenças correspondem ao estilo próprio de cada autor. Nas obras que antecederam a publicação do BGB, a reivindicação obtém, além do lastro romano, considerações processuais[606].

A preparação do BGB envolveu, neste ponto, algum debate, mas apenas para afinação de linguagem. Desde o início ficou entendido que a reivindicação, agora vertida para o alemão *Herausgabe*, teria consagração expressa[607]. Tudo visto, o BGB consagrou, no seu § 985 epigrafado, na sequência da reforma de 2001/2002, pretensão de restituição ou *Herausgabeanspruch*, a seguinte norma[608]:

[600] Georg Friedrich Puchta, *Pandekten*, 7.ª ed. (1853), § 168 (248-249).

[601] *Idem*, § 170 (250).

[602] Karl Adolph von Vangerow, *Lehrbuch der Pandekten*, I, 7.ª ed. (1876), § 300 (553-555).

[603] Ludwig Arndts Ritter von Arnesberg, *Lehrbuch der Pandekten*, 9.ª ed. (1877), §§ 166-168 (265-270).

[604] Otto Wendt, *Lehrbuch der Pandekten* (1888), § 135 (355-357), recordando o brocardo *ubi rem meam invenio, ibi eam vindico*.

[605] Julius Baron, *Pandekten*, 9.ª ed. (1896), §§ 150-153 (278-283), com relevo para a prova (279).

[606] Assim, Heinrich Dernburg/Johannes Biermann, *Pandekten*, 7.ª ed. (1902), §§ 224-228 (522-539) e Bernhard Windscheid/Theodor Kipp, *Lehrbuch des Pandektenrechts*, 9.ª ed. (1906), §§ 192-197 (1, 985-1009).

[607] Horst Heinrich Jakobs/Werner Schubert, *Die Beratung des Bürgerlichen Gesetzbuchs, Sachenrecht* I, §§ 854-1017 (1985), 760-777.

[608] Entre os comentários antigos: Planck/*Kommentar zum BGB*, III – *Sachenrecht*, 3.ª ed. (1906), 298-299; nos atuais: Christian Berger, no *Jauernig Kommentar*, 17.ª ed. (2018), § 985 (1717-1718), Christoph Thole, no *Staudingers Kommentar* (2019), § 985 (11-100), antecedido por uma pré-anotação aos §§ 985-1007, relativos às pretensões do proprietário (*idem*, 1-11); Christian Baldus, no *Münchener Kommentar zum BGB*, 8, 8.ª ed. (2020), § 985 (1371-1411). Nestes dois últimos comentários, pode ser confrontada a bibliografia sobre o tema: centenas de títulos.

O proprietário pode exigir do possuidor a restituição da coisa.

No confronto com o Direito anterior, verifica-se que a pretensão do proprietário é dirigida, em primeira linha, à restituição da coisa e não ao reconhecimento do direito de propriedade[609]. De resto, este, a ser confirmado, teria mera eficácia *inter partes*[610]. Recordemos que o BGB fixa uma posse em sentido amplo, de modo a acolher a generalidade das situações havidas, entre nós, como de detenção[611].

III. O § 986 refere as exceções que o possuidor pode invocar, contra a pretensão de restituição do proprietário e, designadamente, o facto de dispor de uma justificação jurídica para possuir a coisa. A doutrina veio esclarecer alguns aspetos. Assim, não será exato dizer que a pretensão de restituição é exercida pelo proprietário não-possuidor contra o possuidor da coisa: pode o proprietário possuidor-mediato exigir a restituição[612]. O ponto delicado da prova é, quanto aos imóveis, facilitado com recurso à presunção resultante do registo (§ 891)[613]. No caso de móveis, opera a presunção do § 1006, derivada da posse[614]. Demandado em reivindicação, o réu pode contrapor: (1) o direito a ser possuidor, com base num direito real ou num direito dito pessoal, como o do locatário[615]; (2) uma posse mediata, ainda que não assente num direito real definitivo: o caso do comprador de um imóvel, a quem a coisa tenha sido entregue mas não tendo ainda havido o acordo para registo (*Auflassung*), quando o comprador dê a coisa em locação produtiva: o proprietário não pode reivindicar, sendo a posse do

[609] Justus Wilhelm Hedemann, *Sachenrecht* (1924), § 10, II (94).

[610] Ludwing Kuhlenbeck, *Von den Pandekten zum Bürgerlichen Gesetzbuch* 2 (1899), § 35 (553).

[611] *Tratado*, XIII, 560-562

[612] Konrad Cosack/Heinrich Mitteis, *Lehrbuch des Bürgerlichen Rechts*. II – *Sachenrecht*, 7.ª e 8.ª ed. (1924), § 54 (205).

[613] Hermann Eichler, *Institutionen des Sachenrechts*, II/1 – *Eigentum und Besitz* (1957), 211.

[614] Christian Berger, no Jauernig cit., 17.ª ed., § 1006 (1737-1738).

[615] Martin Wolff, *Sachenrecht* cit., 10.ª ed., § 84, IV, 1, a) (323); Ludwig Raiser, *Eigentumsanspruch und Recht zum Besitz*, FS Martin Wolff (1952), 123-139; Albrecht Zeuner, *Zum Verhältnis zwischen Vindikation und Besitzrecht*, FS Wilhelm Felgenträger 70. (1969), 423-433; Lutz Michalski, *Anwendungsbereich, Funktion und dogmatische Einordnung der Eigentümer-Besitzer-Verhältnisses*, FS Wolfgang Gitter 65. (1995), 577-646; Herbert Roth, *Das Eigentümer-Besitzer-Verhältnis*, JuS 2003, 936-943.

locatário considerada boa[616], (3) o direito de retenção por benfeitorias[617]: um dos temas que têm agitado a jurisprudência[618] e a doutrina relativas à reivindicação[619], em especial quando estejam em causa benfeitorias e despesas feitas por empreiteiros[620].

IV. A reivindicação pode ainda estar associada a diversas outras pretensões, cabendo acertá-la em situações de concurso[621]. As fronteiras da posse oponível ao reivindicante são ponderadas[622]. A reivindicação coabita com pretensões indemnizatórias[623], articulando-se ainda com o tema

[616] Martin Wolff, *Sachenrecht* cit., 10.ª ed., § 84, IV, 1, a) (325); Jürgen Kohler, *Schwebende Vindikationsklagen*, NJW 1988, 1054-1059

[617] Martin Wolff, *Sachenrecht* cit., 10.ª ed., § 84, IV, 2 (325).

[618] BGH 10-jul.-1953, BGHZ 10 (1953), 171-181, não considera, para o efeito em causa, como benfeitoria, uma construção levada a cabo pelo arrendatário e à qual haveria que aplicar o regime da acessão; BGH 15-mai.-2013, BGHZ 197 (2014), 235-242, relativo às benfeitorias e despesas, ocorrendo uma venda executiva; BGH 29-set.-2017, BGHZ 216 (2019), 84-95, precisando que a posse assente num direito pessoal não se transfere para quem não possa opor a situação ao proprietário.

[619] Manfred Wolff, *Die Verwendungsersatzansprüche des Besitzers im Anspruchssystem*, AcP 166 (1966), 188-228 (227-228), sublinhando que se deve ter em conta se, com a intervenção, a coisa mudou de escopo; Horst Heinrich Jakobs, *Die Begrenzung des Verwendungsersatzes*, AcP 167 (1967), 350-393; Hans Joseph Wieling, *Die Nutzungen des gutgläubigen Besitzers, insbesondere in fehlegeschlagenen Vertragsverhältnissen*, AcP 169 (1969), 137-170 (167 ss., as conclusões).

[620] Ludwig Raiser, *Verwendungsansprüche des Werkunternehmers*, JZ 1958, 681-685, Friedrich Schönfeld, *Verwendungsansprüche des Werkunternehmers bei Unwirksamkeit des Werkvertrages*, JZ 1959, 301-304; Karl Firsching, *Die Verwendungsansprüche des Unternehmers gegen den Eigentümer*, AcP 162 (1963), 440-455; Alfons Kraft, *Verwendungsersatzansprüche des Werkunternehmers gegen den Eigentümer der reparierte Sache*, NJW 1963, 1849-1853. Não são consideradas as benfeitorias e despesas levadas a cabo e que, não correspondendo a qualquer dever contratual, tenham sido livremente assumidas pelo empreiteiro: BGH 23-mai.-1958, BGHZ 27 (1958), 313-327 = JZ 1958, 697-699.

[621] Nas exposições gerais das obras (hoje) mais recentes: Baur/Stürner, *Sachenrecht* cit., 18.ª ed., § 11 (110 ss.); Hans Prütting, *Sachenrecht* cit., 36.ª ed., § 47 (220 ss.); Vieweg//Werner, *Sachenrecht* cit., 8.ª ed., § 7 (187 ss.); Marina Wellenhofer, *Sachenrecht* cit., 34.ª ed., § 21 (320 ss.).

[622] Hans-Jürgen Seidel, *Das Zurückbehaltungsrecht als Recht zum Besitz im Sinne des § 986 BGB?*, JZ 1993, 180-185; Frank Peter, *Das Pfandrecht als Recht zum Besitz/Zur Wirkungsweise des § 986 BGB*, JZ 1995, 390-392.

[623] Klaus Müller, *Deliktsrechtliche Haftung im Eigentüner-Besitzer-Verhältnis*, JuS 1983, 516-520; Günther Jahr, *Schadensersatz wegen deliktischer Nutzungsentziehung/*

do enriquecimento[624] que – recorde-se – não é subsidiário no Direito alemão[625].

62. Direito italiano

I. A experiência italiana tem um relevo direto. Situada, de certo modo, entre as influências francesa e alemã, ela foi diretamente utilizada por Pires de Lima, aquando da preparação do Código Civil de 1966. O Código italiano de 1865, retomando o artigo 444.º do Código Albertino[626], veio dispor, no seu artigo 439.º/1[627]:

> O proprietário da coisa tem o direito de reivindicá-la de qualquer possuidor ou detentor, salvo as exceções estabelecidas por lei.

Ultrapassando o silêncio do Código Napoleão, o legislador italiano consagrou a velha *rei vindicatio*. A referência a "possuidor ou detentor" advém da visão savignyana da posse[628]: uma noção objetivista e logo ampla bastar-se-ia com a referência ao possuidor, à semelhança do acima examinado § 985 do BGB. A doutrina da época apontava, na reivindicação, o escopo duplo: o reconhecimento do domínio e a condenação do possuidor ou detentor na restituição ou na entrega da coisa[629]. A ação de reivin-

/*zu Grundlagen des Rechtsgüterschutzes und des Schadensersatzrechts*, AcP 183 (1983), 725-794.

[624] Karl-August Klauser, *Aufwendungsersatz bei Neubauten und Werterhöhenden Verwendungen auf fremdem Grund und Boden/Zum Problem der aufgedrängten Bereicherung*, NJW 1965, 513-518; Dagmar Waltjen, *Das Eigentümer-Besitzer-Verhältnis und Ansprüch aus ungerechfertiger Bereicherung*, AcP 175 (1975), 109-142; Günter Haas, *Die Werwendungsersatzansprüche im Eigentüner-Besitzer-Verhältnis und die aufgedrängte Bereicherung*, AcP 176 (1976), 1-27; Günter Hager, *Grundfälle zur Systematik des Eigentüner-Besitzerverhältnisses und der bereicherungsrechtlichen Kondiktionen*, JuS 1987, 877-882.

[625] *Tratado*, VIII, 163 ss..

[626] Angelo Boron, *Codice civile per gli stati di S.M. il Re di Sardegna* (1842), 71; Ferrarotti Teonesco, *Commentario teorico pratico comparato al codice civile italiano*, II (1873), 127.

[627] Luigi Borsari, *Commentario del codice civile italiano*, II (1872), 151 ss..

[628] O Código de 1865 é, de resto, anterior a Jhering.

[629] Elio Vitucci, *Proprietà (diritto civile)*, NDI X (1939), 673-695, n.º 51 (690/II).

dicação é extracontratual[630] e, dela, foi feita uma utilização que transcende o Direito civil[631].

II. Os antecedentes oitocentistas italianos, somados ao conhecimento e à influência do BGB[632], levaram o Código italiano de 1942 a reforçar a ação de reivindicação. Segundo o seu artigo 948.º/I[633]:

> O proprietário pode reivindicar a coisa de quem quer que a possua ou detenha e pode prosseguir no exercício da ação ainda que, depois da demanda, este tenha cessado, por facto próprio, de possuir ou deter a coisa. Em tal hipótese, o demandado fica obrigado a recomprar, para o autor e à sua custa ou, na sua falta, o correspondente valor, além de ressarcir o dano.

O legislador aproveitou a noção de reivindicação para ultrapassar problemas surgidos no âmbito do Direito anterior. Isto dito e em face da noção legal, sublinhe-se que a referência à posse ou à detenção envolve a delimitação do remédio reivindicativo a coisas corpóreas e isso mau grado ocorrer a sua utilização no campo da propriedade industrial[634].

III. A *causa petendi*, na reivindicação, seria o próprio direito de propriedade[635]. A doutrina inclina-se, ainda que não de modo unânime, para construir a reivindicação como produto da propriedade, enquanto direito autodeterminado[636]. Na articulação dos pressupostos da reivindicação, aponta-se[637]: (1) a legitimidade ativa assiste ao proprietário ou a quem

[630] Antonio Butera, *La rivendicazione* cit., 86.

[631] Vittorio Vitale, *Rivendicazione (Azione di) (Diritto commerciale)*, NDI XI (1939), 875-884.

[632] Giacomo Russo, em Mariano d' Amelio, *Codice civili/Libro della proprietà/ /Commentario* (1942), 498 ss., com indicações histórico-comparatísticas e referências bibliográficas.

[633] *Vide* Matilde Girolami, em Giuseppe Trabucchi, *Istituzioni di diritto civile*, 40.ª ed. (2019), XLIII + 1618 pp., n.º 254 (776-779).

[634] Silvia Ferreri, *Rivendicazione (diritto vigente)*, ED XLI (1989), 49-63 (49/II).

[635] Chiara Esposito, em Massimo Franzoni/Rita Rolli, *Codice civile commentato*, I (2018), art. 948.º, n.º 1 (1246). C. Massimo Bianca, *Diritto civile*, VI – *La proprietà*, 2.ª ed. (2017), n.º 193 (291), acrescenta, ainda, a lesão da propriedade.

[636] Livia di Cola, em Filippo Preite/Marcello di Fabio, *Codice della proprietà e dei diritti immobiliari* (2015), art. 948.º, n.º 1.1 (1741).

[637] Carlo Argiroffi, *Della azioni e difesa della proprietà* (2011), XII + 231 pp., 56 ss. e 65 ss..

como tal se apresente, discutindo-se, depois, se a reivindicação pode servir direitos reais menores; (2) a passiva recai sobre os apresentados possuidor ou detentor; o *Codice* prefigura a hipótese de, na pendência da ação, o demandado ceder a coisa a terceiros: a ação mantém-se, ainda que o seu objeto seja em parte alterado: é a *perpetuatio legitimationis*[638].

O tema da prova, a cargo do reivindicante, suscita a referência à *probatio diabolica*[639]: este, para demonstrar o seu direito de propriedade, teria de invocar todas as transmissões anteriores, até alcançar uma constituição originária. Para além das presunções, a jurisprudência facilita a prova, considerando-a bastante desde que o demandado não conteste a aquisição[640]. Surgindo vários comproprietários, impõe-se um litisconsórcio necessário ativo[641].

[638] *Idem*, 85 ss..

[639] *Idem*, 128 ss.. *Infra*, n.º 63, III e nota 689.

[640] Livia di Cola, em Filippo Preite/Marcello di Fabio, *Codice della proprietà* cit., art. 948.º, n.º 2 (1746/II); CssIt 19-jan.-2022, n. 1569.

[641] CssIt 16-mar.-2022, n.º 8593.

§ 12.º A REIVINDICAÇÃO NO SISTEMA LUSÓFONO

63. Pré-codificação e Código de Seabra

I. Nos clássicos, a reivindicação era bem conhecida: valiam o Direito romano, na versão presente no Direito comum e nos praxistas[642] e os autores do *usus modernus pandectarum*, com relevo para Heineccius (Heineke, 1681-1741)[643] e para Waldeck (1751-1815)[644], enquanto mais influentes entre nós. O nosso Pascoal de Melo (1738-1798), entre os efeitos da propriedade, indicava a possibilidade de vindicar a coisa em tribunal[645]. Também sem desenvolver, Lobão (1744-1817) fazia uma referência similar[646].

II. Borges Carneiro (1774-1833) inclui, entre os direitos do dono, o de reivindicar, desenvolvendo o tema: uma ação real, baseada no domínio. O autor deve provar este último, bem como a posse do réu[647].

Correia Teles (1780-1849), mau grado o silêncio do Código Napoleão, alarga-se igualmente nessa matéria[648]. Entra nela nos termos seguintes[649]:

642 Augusto Barbosa, *Repertorium iuris civilis et canonici*, ed. Lião 1663, 99, quanto do modo de provar o domínio, com exemplo.

643 Johann Gottlieb Heineke, *Elementa Juris Civilis secundum ordinem Pandectarum*, 5.ª ed. Frankfurt 1747, §§ LXXVIII ss. (214 ss.); a obra foi editada em Coimbra, várias vezes e, por último, em 1826.

644 Johann Peter Waldeck, *Juris civilis heineccianne*, ed. Göttingen, 1800, § 282 (183); na ed. de Coimbra, 1814, reimp., 1887, § 278 (129).

645 Pascoal de Melo, *Institutiones juris civilis lusitani*, III – *De jure rerum*, ed, 1845, Lib. III, tit. II, § II (13).

646 Manuel de Almeida e Sousa de Lobão, *Notas a Mello*, III (1825), II, I (81).

647 Manuel Borges Carneiro, *Direito civil de Portugal*, IV (1840), § 14 (47-53); cita, em especial, Heineccius e Pegas.

648 José Homem Correia Teles, *Digesto Portuguez* 1, 3.ª ed. (1849), art. 863-914 (110-116).

649 *Idem*, art. 863 (110).

> O proprietário, se não póde obter a posse natural da sua cousa pelas acções possessórias, póde demandar o possuidor para que lhe restitua com seus accessorios e rendimentos, provando o seu dominio, ou pelo menos o titulo que tem para a dever possuir.

Coelho da Rocha (1793-1850) reforça[650]:

> Um dos principais direitos inherentes e constitutivos da propriedade, é o de poder-se repetir a cousa de qualquer possuidor, que indevidamente a detenha, usando para isso da *acção de reivindicação*.

Desenvolve, depois, alguns pontos dessa ação[651].

III. Apesar destes antecedentes, o Código de Seabra não referia expressamente a reivindicação. Os artigos 2339.º e 2354.º mencionavam o direito de defesa que assiste ao proprietário. O artigo 2356.º, indo um pouco longe, dispunha:

> Todo aquelle, cuja propriedade, ou cujos direitos forem violados ou usurpados, será restituido e indemnisado, nos termos declarados no presente codigo, e no codigo de processo.

Os primeiros anotadores nem referiram nem colmataram o silêncio[652]. Mais tarde, a reivindicação veio a ser isolada e estudada por autores como Manuel Rodrigues Júnior (1889-1946)[653] e Luís da Cunha Gonçalves (1875-1956)[654], que sedimentaram o tema.

[650] Manuel António Coelho da Rocha, *Instituições de Direito Civil*, 2.ª ed. (1848), § 406 (2, 285).

[651] *Idem*, § 406-408 (285-287).

[652] Assim, José Dias Ferreira, *Codigo civil portuguez annotado*, V, 1.ª ed. (1876), 105.

[653] Manuel Rodrigues Júnior, *A revindicação e o direito civil português*, RLJ 57 (1924), 113-115, 129-131, 145-146, 161-162, 177-179, 193-194 e 209-211; o Autor grafou "revindicação", o que denota as poucas referências ao instituto.

[654] Luís da Cunha Gonçalves, *Tratado de Direito civil*, XII (1938), n.º 1824-1826 (168-178).

64. As leis de processo anteriores a 1966

I. A reivindicação fica algures entre os Direitos civil e processual civil. Há que prescrutá-la, em ambos esses continentes. O Código de Processo Civil de 1876, logo no seu artigo 2.º, apresentava a seguinte classificação de ações[655]:

> As acções, quanto ao seu objecto, são reaes ou pessoaes; quanto ao fim que se propõem, conservatorias ou persecutorias.
>
> § 1.º As acções reaes tem por objecto a restituição de coisas mobiliarias ou immobiliarias.
>
> § 2.º As acções pessoaes têem por objecto o cumprimento de obrigações.
>
> § 3.º As acções conservatorias têem por objecto manter a posse ou a fruição de direitos ameaçados.
>
> § 4.º As acções persecutorias têem por objecto a restituição de coisas ou o cumprimento de obrigações.
>
> § 5.º As acções persecutorias revestem, para todos os effeitos, a natureza de conservatorias, quando da demora da sua instauração poder resultar a extincção do direito.

Este preceito obteve críticas generalizadas[656]. Dias Ferreira, por exemplo, proclama que[657]:

> (...) a divisão das acções reconhecida no artigo, além de inutil, assenta n'uma base falsa, e até contradictoria com a doutrina do Codigo.

A doutrina da época, sufragada hoje por Nuno Andrade Pissarra[658], substancializava a matéria: eram reais as ações fundadas num direito real e pessoais as baseadas numa obrigação. Dúvidas subsistiam sobre que direitos reais poderiam ser objeto de ações reais. Aparentemente, estas assistiriam a todos os direitos reais de gozo. Além disso, ficariam de fora as ações possessórias[659].

[655] José Dias Ferreira, *Codigo civil portuguez annotado*, I (1887), 4-6.

[656] Veja-se o apanhado feito por Nuno Andrade Pissarra, *Das ações reais* 1 (2021), 841-865, onde podem igualmente ser conferidas as teorias para esclarecer o tema.

[657] José Dias Ferreira, *Código* cit., I, 4.

[658] Nuno Andrade Pissarra, *Das ações reais* cit., 1, 850.

[659] *Idem*, 855.

II. Na preparação do Código de Processo Civil de 1939, Alberto dos Reis propôs a distinção entre ações reais e pessoais consoante pretendessem fazer valer um direito real ou um direito pessoal[660]. O preceito não passou ao texto promulgado, embora a expressão "acção real" ocorresse noutros artigos como os atinentes à legitimidade (19.º/3) ou à competência (73.º). Manuel Salvador, retomando fórmulas clássicas, apresenta como real a ação que nasça de um *jus in re* e pessoal a que advenha do cumprimento de uma obrigação[661]. A ideia do legislador processual de 1939 ficaria clarificada pela reforma levada a cabo, no Código de Seabra, pelo Decreto n.º 19:126, de 16 de dezembro de 1930, que precisou a série admitida de direitos reais[662]. Já a propriedade intelectual ficou fora do âmbito da reivindicação[663].

III. O Código de Processo Civil de 1961, substituiu as referências a propriedades imperfeitas, por direitos reais. As menções a "ações reais", que se mantiveram, visavam não apenas as dirigidas ao reconhecimento de direitos reais mas também as destinadas a fazer valer tais direitos[664].

IV. Podemos sintetizar. Os legisladores processuais anteriores ao Código Civil de 1966 não relevaram a ação de reivindicação. Esta não surge referida uma única vez. Apenas ocorriam as "ações reais", cada vez mais apagadas. Adiante veremos a explicação deste fenómeno[665].

65. As leis de processo posteriores a 1966

I. O Decreto-Lei n.º 47 690, de 11 de maio de 1967, veio introduzir alterações ao Código de Processo Civil de 1961[666]. Explica o seu preâmbulo[667]:

660 *Idem*, 865, com o texto do Projecto, de 1936.

661 *Tratado*, XIII, 759-760, a propósito do registo predial.

662 Manuel J. G. Salvador, *Elementos da reivindicação* (1958), 333 pp., § 4 (18-19). Em obra subsequente, *Suplemento aos elementos da reivindicação* (1962), 267 pp., essa ideia é precisada: § 4, 13-14, com Direito comparado.

663 Nuno Andrade Pissarra, *Das ações reais* cit., 1, 881 e *passim*.

664 *Idem*, 1, 887.

665 *Infra*, n.º 65.

666 DG I, n.º 112 (Supl.), de 11-mai.-1967, 967-1020.

667 *Idem*, 967/II.

As modificações introduzidas pelo presente diploma nos textos do Código de Processo Civil têm como fim quase exclusivo consagrar as inovações e as alterações exigidas pela entrada em vigor da nova lei civil, por não se julgar necessário nem oportuno levar mais longe, neste momento, a revisão do direito adjectivo.

O Código Civil de 1966 introduziu, no seu artigo 1311.º, uma referência expressa à ação de reivindicação. Seria de esperar que, dadas as finalidades assumidas pelo legislador processual de 1967, que a mesma obtivesse alguma especificação na reforma. Tal não sucedeu. O Decreto-Lei n.º 47 690 seguiu até o caminho inverso: suprimiu, dos artigos 17.º, 18.º e 19.º, *c*) (agora, 19.º), a propósito de ações que devam envolver ambos os cônjuges, as referências a "direitos reais"[668].

II. As reformas introduzidas pelo Decreto-Lei n.º 368/77, de 3 de setembro[669], que visou adequar a lei processual à Constituição, tão-pouco relevam, neste domínio[670]. A Lei n.º 35/81, de 27 de agosto, sobre a igualdade dos cônjuges, teve incidência processual, mas não nesta área[671]. O Decreto-Lei n.º 242/85, de 9 de junho, que visou simplificações no processo, tão-pouco a teve[672].

A reforma processual adotada pelo Decreto-Lei n.º 329-A/95, de 12 de dezembro[673] e que, como "uma das mais significativas alterações"[674], procedeu à supressão das ações possessórias, pondo termo (sem estudos conhecidos) a uma categoria que funcionou durante dois milénios (Nuno Andrade Pissarra), atingiu profundamente o Código de 1961, mas sem relevo para a reivindicação ou para outras ações reais. Esse mesmo diploma

[668] Nuno Andrade Pissarra, *Das ações reais* cit., 1, 888-889.

[669] DR I, n.º 204, de 3-set.-1977, 2140-2148. De notar a seguinte afirmação do seu preâmbulo (2140/II):

Usa dizer a doutrina que o pior inimigo da lei é o que a interpreta à letra. E é bem verdade.

[670] Este diploma foi naturalmente revogado pelo Código de Processo Civil de 2013. Todavia, a Lei n.º 36/2019, de 29 de maio, veio determinar a cessação da sua vigência, em conjunto com dezenas de outros diplomas; *vide* o seu artigo 6.º, alínea *bbb*).

[671] DR I, n.º 196, de 27-ago.-1981, 2245/I.

[672] DR I, n.º 155, de 9-jul.-1985, 1898-1910.

[673] DR I-A, n.º 285/95 (Supl.), 7780-(2)-7780-(268), republicando em anexo o Código de Processo Civil.

[674] *Idem*, 7780(21)/II.

notabilizou-se, ainda, por ter revogado *ad nutum* o artigo 2.º do Código Civil, relativo aos assentos[675]. Menos de um ano depois, o Decreto-Lei n.º 180/96, de 25 de setembro, alterou muitas dezenas de preceitos do Código de Processo Civil[676 677].

III. O Código vigente foi adotado pela Lei n.º 41/2013, de 26 de junho. Seguiram-se numerosas retificações[678] e dez diplomas de alteração[679]. Apesar da amplitude de alguns deles, não foi mexida a matéria das ações reais, nem feita referência à ação de reivindicação.

66. O artigo 1311.º; a prova

I. O artigo 1311.º contracena com o apagamento que a matéria das ações reais foi obtendo nas leis processuais. Na origem, temos o anteprojeto de Pires de Lima, cujo artigo 11.º[680] era muito semelhante ao que, através da 1.ª (1297.º)[681] e da 2.ª (1311.º)[682] revisões ministeriais, alcançaria a forma definitiva no Projeto (1311.º)[683]. Recordamos, para efeitos de análise, o seu teor exato, sob a epígrafe "ação de reivindicação"[684]:

> 1. O proprietário pode exigir judicialmente de qualquer possuidor ou detentor da coisa o reconhecimento do seu direito de propriedade e a consequente restituição do que lhe pertence.

[675] *Vide* o nosso *Código Civil Comentado* 1 (2020), 78-80.

[676] DR I-A, n.º 223, de 25 de setembro, 3336-3367.

[677] Sobre estas modificações e o seu possível influxo nas ações reais: Nuno Andrade Pissarra, *Das ações reais* cit., 1, 889 ss..

[678] Retificação n.º 36/2013, de 12 de agosto.

[679] Lei n.º 122/2015, de 1 de setembro, Lei n.º 40-A/2016, de 22 de dezembro; Lei n.º 8/2017, de 3 de março (estatuto jurídico dos animais); Decreto-Lei n.º 68/2017, de 16 de junho; Lei n.º 114/2017, de 29 de dezembro; Lei n.º 114/2017, de 29 de dezembro; Lei n.º 49/2018, de 14 de agosto (maior acompanhado); Lei n.º 27/2019, de 28 de março; Lei n.º 97/2019, de 26 de julho (tramitação eletrónica); Lei n.º117/2019, de 13 de setembro (inventário notarial); Lei n.º 55/2021, de 13 de agosto.

[680] Fernando Pires de Lima, *Direito de propriedade* cit., 228.

[681] *Código Civil/Livro III – Direito das coisas*, BMJ 124 (1963), 27.

[682] *Código Civil/Livro III – Direito das coisas* (*2.ª Revisão Ministerial*) (1965), 20-21.

[683] *Projecto de Código Civil* (1966), 380.

[684] DG I, n.º 274, de 25-nov.-1966, 1996/II.

2. Havendo reconhecimento do direito de propriedade, a restituição só pode ser recusada nos casos previstos na lei.

O texto de Pires de Lima colheu inspiração no artigo 948.º/1 do Código italiano, acima transcrito[685].

II. A exegese do artigo 1311.º/1, revela os pontos seguintes[686]:

(1) o Direito civil português admite, expressamente, a ação de reivindicação;
(2) nesta, comportam-se dois pedidos:
   (a) o reconhecimento do Direito de propriedade (*pronuntiatio*);
   (b) a restituição da coisa objeto desse direito (*condemnatio*);
(3) na reivindicação, é demandado quem quer que esteja no controlo material da coisa, seja ele possuidor, seja ele detentor;
(4) pode haver reconhecimento da propriedade, mas sem restituição: nos casos previstos na lei e que têm, *grosso modo*, a ver com contradireitos ou direitos que legitimem a posse ou a detenção por parte do demandado.

O legislador de 1966 poderia, porventura, ter seguido o exemplo do § 985 do BGB alemão[687], limitando-se o alcance da reivindicação à pretensão de restituição contra qualquer possuidor ou detentor indevidos. Ao colocar, à cabeça, o reconhecimento do domínio, o Código suscita interessantes problemas processuais e substantivos: quiçá dispensáveis, no plano prático.

III. O ponto nuclear da reivindicação e, daí, da concretização do artigo 1311.º, tem a ver com a prova do domínio. Tomado à letra, esse preceito indicaria que o reivindicante deveria começar por alegar e provar o seu direito de propriedade. Tal prova seria, logicamente, a de ter beneficiado de uma forma legítima de aquisição. Haverá que distinguir entre a aquisição originária e a aquisição derivada. Assim:

[685] *Supra*, n.º 62, II.

[686] Diogo Pessoa, em UCP/*Comentário ao Código Civil/Direito das coisas* (2021), 165-166, com indicações; Elsa Sequeira Santos, *Código Civil anotado* (coord. Ana Prata), II, 2.ª ed. (2022), 108-110.

[687] *Supra*, n.º 61, II.

(1) a aquisição originária ou constituição levaria a que o beneficiário pudesse preterir quaisquer outras pretensões; assim, serão originárias a usucapião, a acessão ou a ocupação; outros exemplos poderiam ser localizados nos diplomas sobre arrematações ou sobre expropriações por utilidade pública;

(2) a aquisição derivada mostra, apenas, que o beneficiário obteve um título relativo de um alienante: por exemplo, uma compra; todavia, tal título não é suficiente: o alienante poderia, ele próprio, não ser o titular legítimo.

Nesta hipótese, o reivindicante teria de ir além, reconstituindo toda uma cadeia de alienações, demonstradamente válidas, até desembocar numa forma originária de constituição de direito. Perfila-se, na forma sugestiva de Acúrsio, a *probatio diabolica*[688]. Com efeito, o alienante não pode ter transmitido, ao reivindicante, mais do que ele próprio tinha: *nemo plus iuris ad alium transferre potest quam ipse habet*[689], na velha máxima de Ulpiano[690].

IV. Para amenizar essa *probatio*, a lei, a doutrina e a jurisprudência têm afinado diversos institutos. Assim:

(1) as figuras da sucessão (1255.º) e da acessão na posse (1256.º): juntando à do próprio a(s) posse(s) do(s) seu(s) antecessor(es), o

[688] H. H. Pflüger, *Ueber die probatio diabolica*, AcP 77 (1891), 16-27; quanto à origem; Hans Kiefner, *Klassizität der 'probatio diabolica'?*, SZRom 81 (1964), 212-232; *vide*, ainda, Otto Wendt, *Ueber die Beweislast bei der rei vindicatio*, AcP 76 (1890), 397-438 (397 ss., 401 e *passim*) e Gianni Santucci, *Die rei vindicatio im klassischen Recht/ /Ein Überblick*, Fundamina 2014, 833-846.

[689] Gaston Carlin, *Nemo plus iuris ad alium transferre potest quam ipse habet/Insonderheit mit Bezug auf dem Erwerb dinglicher Rechte an Mobilien* (1981), 128 pp.. Entre nós: Manuel Rodrigues, *A reivindicação* cit., 177; Luís da Cunha Gonçalves, *Tratado de Direito civil* cit., 12, 171; Manuel Gonçalves Salvador, *Suplemento aos elementos da reivindicação* cit., 65-66; Pires de Lima/Antunes Varela, *Código Civil anotado* cit., III, 2.ª ed., 115; José Martins da Fonseca, *Acção de reivindicação; causa de pedir; factos constitutivos dos direitos de autor*, RMP 28 (1986), 35-51 (37 ss.); na literatura (hoje) atual: José Alberto Vieira, *Direitos Reais* cit., 3.ª ed., 448 ss., com observações críticas; Luís Menezes Leitão, *Direitos Reais* cit., 9.ª ed., 258-259.

[690] Ulpiano, D. 50.17.54 = ed. Theodor Mommsen cit., 369/II.

interessado pode, mais facilmente, beneficiar dos prazos fixados para a usucapião;

(2) a presunção de propriedade derivada da posse (1268.º/1)[691] [692];

(3) a presunção de titularidade assente no registo predial (7.º do CRP)[693];

(4) a natureza processual da reivindicação, que permite a procedência do "reconhecimento" da propriedade sempre que esta não seja contestada ou na hipótese de, contra ela, não ser aduzida melhor prova;

(5) a invocação de constituição originária do direito de propriedade: rápida, no caso da acessão e encurtada em várias modalidades de usucapião.

V. O ponto (4) acima referido, merece alguma atenção. Como bem fez notar Oliveira Ascensão, o reivindicante pretende, antes de tudo, a restituição da coisa[694]. O proprietário poderia limitar-se a formular esse pedido. A lei não exige a demonstração da aquisição originária, pelo que esta exigência tem sofrido uma contínua erosão: além de presunções *iuris*, o reivindicante poderia lançar mão de meras presunções de facto (*hominis*). Bastaria que, dentro das regras de livre apreciação de prova, o tribunal fique convicto de que o reivindicante é proprietário.

Adiante veremos alguma jurisprudência (hoje) recente, ilustrativa destes pontos. Cabe analisar a estrutura processual da ação de reivindicação.

[691] *Tratado*, XIII, 681 ss..

[692] Podemos entroncar aqui a *actio Publiciana*: uma criação pretoriana do séc. I a. C. e que permitia tutelar a posição do possuidor de boa-fé, enquanto não estivesse completo o prazo para a usucapião. Com indicações: Max Kaser, *Das römische Zivilprozessrecht* cit., I, 2.ª ed., § 104 (438 ss.). Referimos, ainda, Friedrich Wilhelm Tigerström, *Die bonae fidei possessio oder das Recht des Besitzes* (1836), VIII + 344 pp., § 17 (112 ss.); Meyer, *Ueber das Verhältniß der rei vindicatio zur actio Publiciana*, AcP 79 (1892), 446-450; Gerhard Thür, *Justinians Publiciana und directa "in rem"*, SZRom 89 (1972), 362-375; Peter Apathy, *Die actio Publiciana beim Doppelkauf vom Nichteigenstümer*, SZRom 99 (1982), 158-187.

[693] *Tratado*, XIII, 813 ss..

[694] José de Oliveira Ascensão, *Acção de reivindicação*, ROA 1997, 513-545, n.º 7 (519).

67. A causa de pedir

I. O Código de Processo Civil aprovado pelo Decreto-Lei n.º 29:637, de 28 de maio de 1939[695], dispôs sobre a exceção de litispendência: ocorreria quando se repetisse uma causa, propondo uma ação idêntica a outras anteriores quanto aos sujeitos, ao objeto e à causa de pedir (502.º)[696]. Dispunha o seu § 3.º:

> Há identidade de causa de pedir quando a pretensão deduzida nas duas acções procede do mesmo acto ou facto jurídico. A causa de pedir nas acções reais é o acto ou facto jurídico de que deriva o direito de propriedade perfeita ou imperfeita. (...)

Logo após a publicação do Código, Alberto dos Reis explicou[697]:

> Formulou-se esta doutrina para afastar a opinião dos que entendem que a causa de pedir nas acções reais é o *direito de propriedade*, independentemente do modo por que tenha sido adquirido.

II. No *Código anotado*, Alberto dos Reis desenvolve: tratou-se de afastar a doutrina de Chiovenda (1872-1937), segundo a qual, nas ações destinadas a fazer valer direitos reais ou absolutos, bastaria, para identificar a ação, a alegação do direito real[698]. Feita a afirmação, Chiovenda explica[699]:

> Na ação real, basta a afirmação da relação jurídica (propriedade, usufruto, servidão) para que a ação fique suficientemente identificada. Em particular na ação de reivindicação, basta afirmar ser proprietário de um dado objeto para que a identificação seja plena, e não é de facto necessário indicar o facto jurídico em virtude do qual se tornou proprietário; este poderá ser necessário para provar a existência da relação jurídica de propriedade, mas

[695] DG I, n.º 123, de 28-mai.-1939, 419-548.

[696] *Idem*, 458/I.

[697] José Alberto dos Reis, *Código de Processo Civil explicado* (1939), 892 pp., 329; o itálico é do original.

[698] José Alberto dos Reis, *Código de Processo Civil anotado*, III (1950), n.º 22 (122).

[699] Giuseppe Chiovenda, *Istituzioni di diritto processuale civile*, I – *I concetti fondamentali/La dottrina delle azioni* (1933), XV + 394 pp., 328-329. Alberto dos Reis usara uma versão em espanhol.

não para identificar a ação. A propriedade apresenta-se como um estado continuativo, que se identifica plenamente através da coisa sobre que recai.

Não vemos qualquer incongruência no texto de Chiovenda. Quando muito, haveria que ponderar se, ao invocar a propriedade com certo fundamento, o autor poderia repetir a ação com um fundamento diverso e isso *ad infinitum*. Não obstante, o pensamento de Alberto dos Reis fez lei.

III. No Código de Processo Civil de 1961[700], o transcrito artigo 502.º de 1939 foi renumerado como 494.º[701]. O seu agora n.º 4 manteve a redação anterior quanto à causa de pedir nas ações reais, mas agora substituindo a referência arcaica ao "direito de propriedade perfeita ou imperfeita" por "direito real". Na época, já eram conhecidos os preparatórios do Código Civil de 1966, que punham termo à ideia das propriedades imperfeitas, do Código de Seabra. A redação daí resultante não foi tocada nem pela reforma de 1967[702], nem pela de 1995[703]. O Código de Processo Civil de 2013 renumerou novamente o preceito: agora como artigo 581.º. O seu n.º 4[704] manteve a mesma redação, quanto à causa de pedir nas ações reais.

IV. Aqui chegados, é inevitável acentuar que a "causa de pedir" é, antes de tudo, um conceito processual[705]: cumpre a função de tornar a causa admissível mas não a de, só por si, levar à procedência da mesma. O artigo 581.º/4, ao referir como causa de pedir, nas ações reais, o facto de que deriva o direito real invocado não exige mais do que isso mesmo. Não tem de haver uma aquisição originária: basta uma aquisição simples. Para

[700] Aprovado pelo Decreto-Lei n.º 44 129, de 28 de dezembro de 1961, DG I, n.º 299, de 28-dez.-1961, 1783-1962.

[701] O Prof. João de Castro Mendes chamava a atenção para a desnecessidade e para os inconvenientes das renumerações deste tipo.

[702] *Vide* o DG I, n.º 112, de 11-mai.-1967, 982/I.

[703] *Vide* o DR I-A, n.º 285, de 12-dez.-1995, 7780-(172)/I.

[704] *Vide* José Lebre de Freitas/Isabel Alexandre, *Código de Processo Civil anotado*, 2, 4.ª ed. (2019), art. 581.º, n.º 5 (597-599); Antonio Abrantes Geraldes/Paulo Pimenta/Luís Pires de Sousa, *Codigo de Processo Civil anotado*, I (2018), 661-663.

[705] João de Castro Mendes/Miguel Teixeira de Sousa, *Manual de processo civil*, 1 (2022), 415.

a procedência da ação poderá ser necessário ir mais longe: mas isso já não tem a ver com a causa de pedir: antes com a procedência da ação[706].

68. A recusa de restituição; imprescritibilidade e encargos

I. Segundo o artigo 1311.º/2,

> Havendo reconhecimento do direito de propriedade, a restituição só pode ser recusada nos casos previstos na lei.

Este preceito dá corpo a uma possível linha de defesa do réu, em ação de reivindicação. Este pode, em abstrato:

(1) contestar a propriedade invocada pelo autor; tal opção pode advir (i) de o próprio réu se considerar proprietário; (ii) de, mais simplesmente, se impugnar a validade ou a eficácia do facto por ele aduzido como fonte da propriedade;
(2) admitir a propriedade do autor, mas contrapor um título de posse oponível ao reivindicante.

Esta última hipótese é a subjacente ao transcrito artigo 1311.º/2.

II. A referência a "casos previstos na lei" deve ser entendida como situações jurídicas que habilitem o réu a permanecer na posse da coisa. Temos as hipóteses seguintes:

(1) o réu é titular de um direito real menor que lhe faculta a posse da coisa; p. ex., um usufruto ou uma superfície;
(2) o reú beneficia de um direito pessoal de gozo, oponível ao reivindicante e que lhe faculta a posse da coisa[707]; tal o caso do direito do locatário;
(3) o réu dispõe de um direito de garantia que pressupõe a posse da coisa; assim sucede com o penhor ou com o direito de retenção;

[706] João de Castro Mendes/Miguel Teixeira de Sousa, *Manual de processo civil* cit., 1, 415.

[707] Ou, numa doutrina que não seguimos, a sua detenção.

(4) o proprietário criou, no réu, uma convicção legítima de que, em certas circunstâncias ou por um determinado período de tempo, não o iria desapossar; reunidas todas as condições, a reivindicação, na parte que implica um pedido de restituição, representaria um *venire contra factum proprium*, contrário à boa-fé, por via do artigo 334.º.

III. Este último ponto deve ser ponderado, quando se invoque uma *suppressio*[708], isto é, uma passividade prolongada do proprietário, de tal modo que o réu tenha desenvolvido uma crença legítima de que não iria perder o controlo material da coisa. Contra ela, pode-se invocar o dispositivo do artigo 1313.º: a ação de reivindicação não prescreve pelo decurso do tempo, sem prejuízo dos direitos adquiridos por terceiros, através pela usucapião. A insensibilidade do domínio à prescrição, firmada já no artigo 298.º/3, implica uma valoração geral do sistema. Além disso, o tempo permite a aquisição do domínio, mas expressamente apenas através da usucapião. Inferimos, daqui, que a *suppressio* não pode deter uma reivindicação, em termos definitivos[709]. Mas nada impede que ela possa ser invocada para retardar a execução da restituição. Dependendo das circunstâncias, poderá ser exigível, ao reivindicante, um pré-aviso para a entrega da coisa em jogo.

IV. O artigo 1312.º determina que a restituição da coisa, em decorrência de uma reivindicação, seja feita à custa do esbulhador, se o houver e no lugar do esbulho. Prevê-se um esbulho, numa norma própria da posse. O dispositivo deve ser latamente interpretado: visa não apenas o desfazer do esbulho mas, em geral, todas as depesas decorrentes da ambiência que conduziu à necessidade de reivindicar. Tudo isso deve ser imputado a quem provocou a pretensão reivindicativa. A norma pode, porém, ter um alcance mais extenso, como vamos aferir.

A reivindicação pode ser acompanhada por pedidos indemnizatórios, nos termos do artigo 483.º/1. A situação do réu em reivindicação, salvo tratando-se de um possuidor de boa-fé, é um facto ilícito, culposo e, tendencialmente, danoso. Têm lugar deveres de indemnizar, por factos ilícitos.

[708] *Tratado*, V, 3.ª ed., 349 ss..

[709] STJ 17-nov.-2021 (Ferreira Lopes), Proc. 6124/18.

Todavia, o artigo 1312.º imputa ao réu condenado em reivindicação os encargos de restituição, mas sem referir quaisquer requisitos próprios da responsabilidade civil. Dependendo do caso concreto, podemos ver, aqui, uma regra de distribuição do risco.

§ 13.º A NATUREZA DA REIVINDICAÇÃO

69. Aspetos práticos

I. A ação de reivindicação tem sofrido, pelo peso do *ius romanum* e pelo conservadorismo dogmático típico de Direitos Reais, uma estratificação que não acompanha a realidade dos nossos dias. Esta dimensão comunica-se, de resto, às demais ações reais. Com efeito, importa sublinhar que o artigo 1311.º não é uma norma processual, enquanto o artigo 581.º/4 do Código de Processo Civil não pretende assumir uma dimensão civil. Apesar da relevância substantiva das situações processuais[710], cabe não esquecer que as exigências funcionais do Direito processual civil podem assumir níveis de normalização simplificadora. E assim, a causa de pedir é um *minimum* destinado a identificar a ação. Não pretende ser mais do que isso.

II. Antes de prosseguir, cabe sumariar algumas aplicações (hoje) recentes da ação de reivindicação, nos nossos tribunais. São elas:

STJ 12-fev.-2019: não dispondo os detentores dos bens do direito de gozo ou fruição, resultante de relação real ou obrigacional, não há motivo para recusar a restituição dos bens móveis, nomeadamente nos termos do artigo 1311/2[711];

RLx 14-fev.-2019: a orientação jurisprudencial quanto às características da ação de reivindicação, nomeadamente sobre a alegação e prova da propriedade, tem evoluído para uma figura que faz lembrar a ação publiciana do Direito romano, que aceitava a demonstração de uma "usucapião incompleta"[712];

[710] *Vide* o nosso *Litigância de má-fé, abuso do direito de ação e culpa "in agendo"*, 3.ª ed. (2014), 40-43.

[711] STJ 12-fev.-2019 (Olindo Geraldes), Proc. 69/12.

[712] RLx 14-fev.-2019 (Luís Correia de Mendonça), Proc. 5786/13.

RGm 21-mar.-2019: pese embora a *probatio diabolica*, a tarefa dos reivindicantes é facilitada pela consagração legal de presunções, designadamente a derivada da posse (1268.º/1)[713];

STJ 9-abr.-2019: litiga de má-fé aquele que, tendo convencido a sua ex-cônjuge a deixar a casa de morada da família, na sequência do divórcio, para passar a viver gratuitamente, com os dois filhos menores do ex-casal, num apartamento propriedade do autor, de seguida propõe ação de reivindicação desse apartamento[714];

RPt 11-abr.-2019: tendo o autor colocado a sua pretensão no âmbito da aquisição originária e tendo a Ré contestante impugnado a mesma invocada pretensão, para além de igualmente invocar a aquisição do prédio a seu favor, a matéria deve resolver-se no âmbito de aquisição originária; apenas se não puder ser resolvida neste âmbito se pode lançar mão das presunções registrais[715];

RCb 8-mai.-2019: na ação de reivindicação fundada em aquisição derivada, o autor tem de alegar os factos tendentes a mostrar que adquiriu a coisa por um título e que o direito de propriedade já existia na pessoa do transmitente[716];

STJ 9-mai.-2019: não se mostrando factos suscetíveis de ilidir a presunção do registo, a reivindicação deve proceder[717];

RGm 19-nov.-2020: é de simples apreciação negativa (10.º/1, 2 e 3 do CPC) a ação em que o autor impugna a escritura pública na qual o réu alega ter exercido atos de posse sobre o imóvel, como fundamento de usucapião[718];

RPt 25-jan.-2021: na reivindicação, o autor tem o ónus de alegar os factos constitutivos do direito de propriedade sobre a coisa de que se afirma titular, de caracterizar, de forma tão precisa quanto possível, o objeto a que respeita o seu direito e descrever a ofensa que foi feita ou está a ser feita ao seu direito[719];

STJ 18-mar.-2021: a causa de pedir nas ações de reivindicação pode confinar-se ao facto base da presunção legal, donde, ao titular do registo,

[713] RGm 21-mar.-2019 (Eugénia Cunha), Proc. 61/17.

[714] STJ 9-abr.-2019 (Maria Olinda Garcia), Proc. 697/10.

[715] RPt 11-abr.-2019 (Vieira e Cunha), Proc. 4018/17.

[716] RCb 8-mai.-2019 (António Carvalho Martins), Proc. 32/18.

[717] STJ 9-mai.-2019 (Ilídio Sacarrão Martins), Proc. 94/15; *idem*, em face de um registo resultante de justificação notarial: STJ 11-abr.-2019 (Ilídio Sacarrão Martins), Proc. 68/14.

[718] RGm 19-nov.-2020 (José Amaral), Proc. 74/19.

[719] RPt 25-jan.-2021 (Joaquim Moura), Proc. 4029/18.

porque beneficiário de uma presunção, apenas baste invocá-la, sendo desnecessária a prova de facto presumido[720];

STJ 27-mai.-2021: se, numa reivindicação, foi reconhecido o direito de propriedade dos autores por usucapião, deveriam os réus ter contraposto, na contestação, a aquisição por acessão; não o tendo feito não podem, em nova ação, vir invocar esse fundamento, por já estar precludido[721];

STJ 7-out.-2021: numa reivindicação em que o réu se defende invocando a nulidade do contrato aquisitivo por simulação, o intuito de enganar terceiros deveria ter sido alegado[722];

STJ 16-nov.-2021: na reivindicação, a causa de pedir é um tanto complexa: compreendendo tanto os atos ou os factos jurídicos de que deriva o direito de propriedade invocado pelo autor, como a própria ocupação abusiva, feita pelo réu, do prédio reivindicado[723];

STJ 17-nov.-2021: não havendo uma relação de arrendamento válida, não podem os réus prevalecer-se do artigo 1311.º/2, para recusar a entrega do imóvel[724];

STJ 12-jan.-2022: não se colocando quaisquer dúvidas sobre a titularidade, pela Autora, do direito de propriedade sobre o imóvel reivindicado e a sua ocupação pela Ré, restringe-se o litígio à existência de um título que permite à Ré a ocupação do imóvel[725];

STJ 24-mai.-2022: traça as diferenças entre a reivindicação e a ação de demarcação[726].

III. A análise destes casos, complementada com jurisprudência anterior, permite determinar linhas de força:

(1) a manutenção de uma linguagem tradicional, com apelos à aquisição originária e à *diabolica probatio*;
(2) o aligeiramento radical da prova, com recurso à presunção tabular e, no caso de móveis, à presunção derivada da posse;
(3) a valorização da aquisição derivada, quando não posta eficazmente em causa;

[720] STJ 18-mar.-2021 (Oliveira Abreu), Proc. 435/11.

[721] STJ 27-mai.-2021 (Rosa Tching), Proc. 29/12; os interessados haviam sido condenados, na primeira ação, a demolir as obras realizadas.

[722] STJ 7-out.-2021 (António Magalhães), Proc. 4435/17.

[723] STJ 16-nov.-2021 (Isaías Pádua), Proc. 2534/17.

[724] STJ 17-nov.-2021 (Ferreira Lopes), Proc. 6124/18.

[725] STJ 12-jan.-2022 (João Cura Mariano), Proc. 9715/19.

[726] STJ 24-mai.-2022 (Isaías Pádua), Proc. 882/12.

(4) o alargamento das hipóteses de não-restituição a situações atípicas, como a da cedência gratuita a utilizadores de boa-fé em contexto familiar.

Por cautela, numa reivindicação devidamente blindada e sempre que possível, há que invocar: (1) a aquisição originária, a qual, havendo registo e boa-fé (que se presume), se completa em 10 anos, através da usucapião [1294.º, *a*)]; (2) sendo que basta o registo ou a posse, por via das presunções dela derivadas; (3) e acautelando a posse do demandado, se ocorrer alguma causa de não-restituição sendo a locação a mais frequente.

70. A natureza

I. Retomando arestos anteriores, parece-nos claro que a jurisprudência dispensa, no terreno, a *diabolica probatio*. A presunção derivada do registo é suficiente. Por outro lado, a mera invocação do facto aquisitivo do direito real, de modo a dar satisfação ao artigo 581.º/4 do Código de Processo Civil, afigura-se suficiente se o réu não invalidar esse mesmo facto.

II. O artigo 1311.º/1 traça o perfil substantivo da reivindicação, mas sem dar diretas instruções ao tribunal sobre a forma de assegurar a defesa da propriedade. Por seu turno, o artigo 581.º/4 do Código de Processo Civil preocupa-se, tão-só, com a identificação da ação, tendo em vista evitar a sua repetição. Processualmente, não se exige um facto constitutivo originário[727], mas apenas um facto. No decurso da ação, apenas haverá que produzir prova bastante: a decisão a que o juiz chegue só é oponível ao réu: basta um convencimento relativo a este.

III. Dada a necessidade de, mau grado a clivagem, articular os conceitos civis e os processuais, concluímos que não é necessário, numa reivindicação, pedir (e alcançar) um reconhecimento *erga omnes* da propriedade, reconhecimento esse que seria, de resto, impossível, por o caso julgado ser apenas oponível ao réu. Basta pedir a restituição, invocando a propriedade, sendo o reconhecimento (relativo) implícito. O fortalecimento do registo

[727] Nuno Andrade Pissarra, *Das ações reais* cit., II, 1978, após um largo e cuidadoso estudo sobre a matéria.

predial, hoje obrigatório, irá facilitar a reivindicação com base nas presunções tabulares. Nos móveis, a presunção possessória assume um papel de relevo.

IV. Na sequência de uma reivindicação, o proprietário vitorioso obtém um caso julgado que pode opor, apenas, ao réu. A posição derivada do processo não é absoluta: tão-só relativa. Há que compaginar essa asserção com a natureza absoluta da propriedade. Vale a explicação de Oliveira Ascensão: a propriedade é absoluta; a reivindicação meramente relativa. E também por isso, faz todo o sentido aliviar a prova exigível ao reivindicante[728].

71. As ações reais

I. O artigo 1315.º, epigrafado "defesa de outros direitos reais", dispõe:

> As disposições precedentes são aplicáveis, com as necessárias correções, à defesa de todo o direito real.

Este preceito descende do artigo 16.º do anteprojeto Pires de Lima, praticamente idêntico: apenas acrescenta, no final[729]:

> (...) sem prejuízo do que for especialmente regulado.

O preceito de Pires de Lima transitou, intocado, para a 1.ª (1302.º)[730] e para a 2.ª (1315.º)[731] revisões ministeriais, atingindo, nesta última, a redação final[732].

[728] José de Oliveira Ascensão, *Acção de reivindicação* cit., 545 e *passim*. A ação real, tudo visto, exprime uma pretensão, com aproximação clara às obrigações, sem esquecer a sua fonte; *vide* Johanna Croom-Gestefeld, *Dingliche Ansprüche und das allgemeine Schuldrecht*, ZfPW 2022, 285-309.

[729] Fernando Pires de Lima, *Direito de propriedade* cit., 230.

[730] *1.ª Revisão* cit., 28.

[731] *2.ª Revisão* cit., 21.

[732] *Vide* o *Projecto* cit., 381.

II. Pires de Lima não justificou, na época, o preceito. A explicação surge no *Código Anotado*[733]. O legislador de 1966 eliminou a referência às "propriedades imperfeitas". Daí resultaria que o alargamento das defesas dominiais aos diversos direitos reais não seria automático, donde a utilidade do atual artigo 1315.º.

III. O alargamento da reivindicação (...) *à defesa de todo o direito real* abre a porta à categoria das ações reais. Esta categoria surge, hoje, algo formalizada: dá, todavia, um espaço jurídico-científico que permite pesquisas básicas no campo do Direito das coisas, do Direito civil em geral e do Direito processual civil.

Com base no estudo aprofundado de Nuno Andrade Pissarra, limitamos as ações reais aos direitos reais de gozo e, mesmo aí, às que visem o reconhecimento, a modificação, o conteúdo, a transmissão ou a violação desse tipo de direitos[734]. A causa de pedir pode ser qualquer facto de que derive o pretendido na ação.

[733] Pires de Lima/Antunes Varela, *Código Civil anotado* cit., III, 2.ª ed., 1315.º, anot. 2 (119).

[734] Nuno Andrade Pissarra, *Das ações reais* cit., II, 1383 ss. e *passim*.

SECÇÃO II

A AÇÃO DIRETA

§ 14.º A AÇÃO DIRETA E A PROPRIEDADE

72. Generalidades e remissão

I. O artigo 2534.º do Código de Seabra dispunha[735]:

> Todo o proprietário tem o direito de defender a sua propriedade, repellindo a força pela força, ou recorrendo às autoridades competentes.

Este preceito inscreve-se numa tradição antiga, presente nas Ordenações do Reino[736]: a de permitir a autodefesa, no tocante ao controlo material das coisas corpóreas. A matéria deve ser tratada com alguma cautela. Por um lado, repugna a qualquer ordem jurídica civilizada que as pessoas recorram à própria força para defesa dos seus interesses: tal só poderá ser admitido em situações marginais muito justificadas. Por outro, há que calibrar os pressupostos da autodefesa, de modo a prevenir que, frente a frente, se encontrem contendores ambos legitimados para recorrer à força.

II. O anteprojeto de Pires de Lima, no seu artigo 15.º, propôs[737]:

[735] José Dias Ferreira, *Codigo Civil annotado* cit., IV, 1.ª ed., 100-103, referindo alguma doutrina da época.

[736] *Ord. Fil.*, Liv. IV, Tit. LVIII, § 2.º = ed. Gulbenkian, 852/I; este troço isentava de penas o esbulhado que, logo após o esbulho, usasse de força para recuperar a coisa.

[737] Fernando Pires de Lima, *A propriedade* cit., 229.

É admitida a auto-defesa da propriedade nos mesmos casos e condições em que é admitido o uso da própria força e autoridade para a defesa da posse.

Esse preceito passou, sem alterações, para o artigo 1301.º da 1.ª Revisão Ministerial[738]. Na 2.ª Revisão (1314.º)[739], optou-se pela remissão para a ação direta, com um texto que, salvo o número do hoje 336.º, ficou praticamente definitivo[740].

III. Temos uma remissão expressa para a ação direta. Esta foi examinada a propósito da posse: para aí remetemos[741].

73. A interpretação restritiva; legítima defesa

I. O artigo 1277.º permite, ao possuidor, a defesa da posse por ação direta. Vale o confronto com o artigo 1314.º:

1277.º	1314.º
O possuidor que for perturbado ou esbulhado pode manter-se ou restituir-se por sua própria força e autoridade, nos termos do artigo 336.º (…)	É admitida a defesa da propriedade por meio de ação direta, nos termos do artigo 336.º.

O artigo 1277.º é mais preciso e mais restritivo do que o 1314.º. O possuidor pode recorrer à sua própria força e autoridade, para se conservar ou restituir, em caso de perturbação ou de esbulho. Já o proprietário pode recorrer, genericamente, à ação direta. Pergunta-se: o proprietário não-possuidor pode "atacar" o possuidor (quiçá de boa-fé), de modo a recuperar a coisa? E nessa eventualidade, pode o possuidor usar de força para prevenir o esbulho? Afigura-se apodítico que o controlo material e efetivo de uma coisa só cessa por ordem do tribunal. O proprietário apenas poderá recuperar a coisa pela força se, ele próprio, for possuidor e desde que atue no momento do esbulho: era a solução das Ordenações.

738 *1.ª Revisão* cit., 28.

739 *2.ª Revisão* cit., 21.

740 *Vide* o *Projecto* (1314.º), 380.

741 *Tratado*, XIII, 711 ss..

II. O proprietário não-possuidor deve recorrer à reivindicação. Não se vê que ele não o possa fazer, em tempo útil, assim caindo na delimitação negativa do artigo 336.º. Além disso, num confronto com o possuidor, verifica-se que este beneficia da presunção de titularidade prevista no artigo 1268.º/1, presunção essa que é de apreciação imediata pela comunidade jurídica. Já o proprietário-possuidor irá beneficiar da ação direta prevista no artigo 1277.º, mais natural e espontânea do que a do 1314.º.

O espaço para a ação direta do proprietário fica reduzido: o artigo 1314.º deve ser interpretado restritivamente, valendo, antes de tudo, como uma declaração enfática de valorização da propriedade privada. Mas ainda tem alguma utilidade, no terreno. O proprietário não-possuidor poderá intervir, por exemplo, para evitar a destruição de uma sua coisa. Tudo isso terá de ser muito criteriosamente ponderado pelo tribunal. O proprietário que recorra à própria força para defender o seu interesse vai, muito provavelmente, surgir como um agressor. E perante isso, o agredido pode reagir em legítima defesa, uma vez que, de momento, não é possível apreciar a "agressão" do proprietário como conforme com a lei.

III. Situação diversa será a da legítima defesa. O artigo 337.º/1 permite a legítima defesa para afastar qualquer agressão atual e contrária à lei contra o património do agente ou de terceiro. A ideia de património é mais extensa do que a do direito real de propriedade: mas inclui esta. No caso de legítima defesa, temos um pressuposto mais grave: o de uma agressão ilícita[742]. Ninguém pode ficar à mercê de agressões. Se o Direito e o aparelho público do Estado não forem capazes de assegurar a integridade das pessoas e dos seus bens em face da violência, teremos de admitir que cada um o faça ou tente fazer.

O alargamento da legítima defesa à propriedade não suscita dúvidas, para além daquelas que resultam dessa modalidade de autodefesa.

[742] *Tratado*, V, 3.ª ed., 459 ss..

SECÇÃO III

AUTOTUTELAS REAIS

§ 15.º AUTOTUTELAS REAIS; A PASSAGEM FORÇADA

74. Autotutelas reais

I. Direitos Reais, pela especificidade do objeto que regula – as coisas corpóreas – tem, ainda que de modo não-patente na Parte geral do Código, uma dogmática própria: mais simples e mais ligada à vida prática a que respeita[743]. Assim, tem regras sobre a capacidade (1266.º e 1289.º/2). Além disso, assiste-se a um predomínio de atos *stricto sensu* e a uma multiplicação de factos *stricto sensu*, todos com eficácia real.

II. Vamos confirmar essa significativa dimensão no domínio da defesa da propriedade. Para além das figuras já ponderadas da reivindicação, das demais ações reais, da ação direta e da legítima defesa, encontramos, disseminadas no Código, diversas hipóteses de autotutela, centradas na propriedade. Dada a especial ligação que ela assegura em relação à coisa-objeto, compreende-se que, ao longo dos séculos, o Direito tenha vindo a autonomizar situações em que a autotutela é admitida, sob pena de neutralizar o aproveitamento permitido.

III. No Código Civil, relevamos as seguintes situações de autotutela real, ordenadas do geral para o especial:

(1) passagem forçada momentânea (1349.º);
(2) arranque e corte de plantas invasoras (1366.º/1);

[743] *Tratado* XIII, 255 ss..

(3) apanha de frutos (1367.º);
(4) animais selvagens com guarida própria (1320.º)
(5) enxames de abelhas (1322.º).

A generalidade da doutrina vê, na passagem forçada momentânea, no arranque e corte de plantas invasoras e na apanha de frutos, meras limitações ao direito de propriedade e a outros direitos reais, a integrar dentro das relações de vizinhança[744]. Trata-se de uma visão negativista e defensiva. Na realidade, o Direito pretende, com essas figuras, alargar o âmbito da propriedade e da sua defesa. O aspeto da limitação pode ser mínimo ou mesmo nulo.

Quanto aos animais selvagens com guarida própria e aos simpáticos enxames de abelhas: a sua localização como "ocupação" é errónea. A lei visa precisamente o contrário: a preservação do direito de propriedade, através do alargamento da autotutela.

Podemos, deste modo, aproximar todas essas figuras desarticuladas, lançando bases para uma efetiva dogmática real. A análise subsequente permitirá confirmá-lo.

75. **Passagem forçada momentânea; evolução**

I. O aproveitamento de um prédio requer, em certos casos, que se utilize o prédio vizinho. Tais situações são enquadradas, em princípio, através das servidões legais (1550.º a 1563.º)[745]. Uma situação diferente é a enquadrada pelo artigo 1349.º, relativo à passagem forçada momentânea, classicamente havida como "servidão momentânea".

Na origem encontramos o artigo 2314.º do Código de Seabra, assim concebido[746]:

[744] Nós próprios já seguimos essa orientação: *Direitos reais*, 1, 585 ss., em especial. 607 ss..

[745] *Infra*, n.º 306. No BGB, a passagem necessária (*Notweg*) é assegurada pela servidão correspondente: § 917; Christian Berger, no Jauernig cit., 17.ª ed., § 917 (1664-1665).

[746] José Dias Ferreira, *Codigo Civil portuguez annotado*, V, 1.ª ed. (1876), 75-76. Este Autor, apesar de reconhecer que as limitações à propriedade deviam apelar a uma interpretação restritiva, admitia que o preceito pudesse ser alargado a construções *ex novo*.

> Se for indispensavel, para reparar algum edificio, levantar andaimes, collocar alguns objectos sobre predio alheio, ou fazer passar por elle os materiaes para a obra, será o dono do dicto predio obrigado a consentil-o, com tanto que seja indemnisado de qualquer prejuízo, que d'ahi lhe provenha.

II. Cunha Gonçalves, que considerava tratar-se de uma "servidão de acesso coactivo", afirmou[747]:

> (...) ser imoral e injusto que um proprietário vá invadir o prédio vizinho para seu próprio beneficio. Constituiria isto verdadeiro abuso do direito, se não existisse texto legal que o permita.

Esse Autor procurava limitar a figura salientando, como condição essencial, a necessidade ou a indispensabilidade: tal "servidão" não poderia ser invocada para atos dispensáveis ou para simples melhoramentos[748].

III. Na preparação do Código de 1966, Pires de Lima começou por considerar a matéria como "servidão momentânea de passagem", propondo, num primeiro anteprojeto, o texto seguinte (15.º)[749]:

> 1. Se for indispensável para reforçar algum edifício levantar andaimes, colocar alguns objectos sobre prédio alheio, ou fazer passar por ele os materiais para a obra, será o dono do dito prédio obrigado a consenti-lo, sob pena de responder por perdas e danos.

No anteprojeto final de Pires de Lima, o preceito deixou a área das servidões e passou para a da propriedade, ainda que mantendo a epígrafe "servidão momentânea de passagem"[750]. Na sequência da proposta de Gomes da Silva[751], foi acrescentado um n.º 2[752]:

[747] Luís da Cunha Gonçalves, *Tratado de Direito civil* cit., 12, n.º 1790 (37-40).

[748] *Idem*, 37-38.

[749] Fernando Pires de Lima, *Servidões prediais*, BMJ 64 (1957), 5-39 (18); esse texto foi discutido em 30-mai.-1957, na Comissão revisora do anteprojeto sobre servidões prediais; da discussão resultou, por proposta do Prof. Manuel Gomes da Silva, que se procuraria uma redação mais abrangente; *vide* as *Actas da Comissão revisora do anteprojecto sobre servidões prediais do futuro Código civil português*, BMJ 136 (1964), 77-158 (117).

[750] Fernando Pires de Lima, *Direito de propriedade* cit., artigo 50.º (245).

[751] *Vide* a penúltima nota.

[752] Ob. e loc. cit. na penúltima nota.

Igualmente é permitido o acesso a prédio alheio àquele que pretende apoderar-se de coisas suas que acidentalmente aí se encontrem. O proprietário pode impedir o acesso entregando a coisa a seu dono.

O preceito atravessou, com poucas alterações, a 1.ª[753] e a 2.ª[754] revisões ministeriais. Apenas no Projeto final desapareceu a epígrafe "servidão momentânea de passagem", a favor da atual "passagem forçada momentânea"[755].

IV. O artigo 1349.º/1 colheu inspiração direta no artigo 843.º do Código italiano de 1942 o qual, com sabedoria, se limitou à epígrafe "acesso ao fundo"[756]. Embora cingido verbalmente à propriedade, a doutrina entende que ele tem aplicação aos demais direitos reais ou pessoais de gozo, que impliquem o controlo do prédio "sacrificado".

76. Aplicação

I. O regime vigente permite uma autêntica autotutela do direito de propriedade. Para defesa do seu direito, o proprietário pode, em prédio alheio, levantar andaime, colocar objetos, fazer passar por ele os materiais para a obra ou praticar outros atos análogos (n.º 1). O dono do prédio visado é "obrigado a consentir": um eufemismo para "deve suportar". Não há, aqui, uma servidão e nem sequer uma mera "passagem". Como requisito, a lei apenas refere a indispensabilidade das medidas. Impõe um dever de indemnizar (n.º 3), a cargo de quem se prevaleça desse regime. Fica todavia patente que a presença de andaimes e materiais no próprio prédio, para fazer obras no prédio vizinho (as quais, só por si, já podem ser um encargo desagradável) representa um sacrifício, a ponderar com as vantagens do beneficiário[757]. Esse preceito foi interpretado como tendo aplicação na hipótese de uma obra nova. Invocada a inconstitucionalidade dessa

[753] *1.ª Revisão* cit., 1336.º (43).

[754] *2.ª Revisão* cit., 1349.º (36).

[755] *Projecto* cit., 1349.º (392).

[756] Chiara Ferrari, em Massimo Franzoni/Rita Rolli, *Codice civile commentato* cit., I, 843.º (1106-1108).

[757] A lei não exige que o prédio em causa seja contíguo. A generalidade da doutrina lê, aqui, uma limitação do direito de propriedade, alargada a outros direitos reais. Acima defendemos um entendimento "positivo" da matéria: trata-se de defender a propriedade.

interpretação, foi a mesma julgada conforme com a Lei Fundamental, por acórdão do Tribunal Constitucional de 21 de dezembro de 2004[758]. Devemos ter presente, para entender a justiça do preceito, a presença de um sinalagma negativo[759]: hoje fazes obras, amanhã faço eu. A "passagem" forçada é recíproca, assim facultando o equilíbrio de interesses.

II. A jurisprudência permite documentar o horizonte da aplicação do preceito:

RGm 30-jun.-2004: a ocupação provisória do prédio vizinho tem subjacente a ideia de que se trata de obras legalizadas; não sendo o caso, há abuso do direito[760];

RLx 25-mai.-2012: o artigo 1349.º/1 pode ser interpretado no sentido de comportar também trabalhos de acabamento de construção nova[761];

RGm 13-mar.-2012: a recusa de consentimento do dono do prédio, para efeitos do artigo 1349.º, pode ser judicialmente ultrapassada por via do processo especial de suprimento do consentimento[762];

RPt 12-set.-2013: a providência cautelar antecipatória é adequada para obter a passagem forçada momentânea, nos termos do artigo 1349.º[763];

RPt 26-jan.-2016: para efeitos da indispensabilidade requerida pelo artigo 1349.º, não se avalia nem pelo facto de uma alternativa ser mais onerosa, nem pelo facto de ser menos cómoda; todavia, não se requer uma necessidade absoluta: basta uma relativa, isto é: a restrição não deixa de ser indispensável pelo facto de poder ser cumprida por meios extraordinários ou perigosos e inseguros para pessoas e bens[764].

III. Na aplicação do artigo 1349.º/1, mau grado a generosidade do Tribunal Constitucional, devemos ter presente a realidade do caso concreto. Uma casa de família com um pequeno jardim não pode ver este devassado e ocupado por andaimes, com entradas e saídas de pessoal estranho, para reparar, reconstruir ou mesmo construir o prédio vizinho. As preven-

[758] TC 21-dez.-2004 (Paulo Mota Pinto), Proc. 757/04.

[759] *Supra*, n.º 20, VI.

[760] RGm 30-jun.-2004 (Manso Rainho), CJ XXIX (2004) 3, 288-289 (289/I).

[761] RLx 25-mai.-2012 (Gonçalves Rodrigues), CJ XXXI (2006) 3, 103-105 (104/II).

[762] RGm 13-mar.-2012 (Maria Catarina Gonçalves), CJ XXXVII (2012) 2, 277-279 (278/II) = Proc. 89/11; no mesmo sentido, RGm 12-nov.-2015 (Anabela Tenreiro), Proc. 87/15.

[763] RPt 12-set.-2013 (Teles de Menezes), Proc. 3275/13.

[764] RPt 26-jan.-2016 (Vieira e Cunha), Proc. 626/12.

ções feitas nos anos trinta do século XX por Cunha Gonçalves mantêm-se atuais, sendo que nem sempre podem ser compensadas com recurso à ideia do sinalagma negativo. Impõe-se uma ponderação de interesses em que, à partida, os do proprietário atingido são mais ponderosos. A indemnização prevista no artigo 1349.º/3, de cálculo problemático, não resolve tudo. O ideal, dentro das regras da boa vizinhança, é que as partes se entendam.

IV. Bastante distinto é o dispositivo do artigo 1349.º/2, retirado do artigo 843.º/3 do Código italiano. Introduzido, como vimos, na sequência da discussão havida na Comissão revisora do anteprojeto sobre servidões, esse preceito permite que, por mão própria, o dono possa ir buscar, em prédio alheio, coisas suas que acidentalmente nele se encontrem. O termo "acidentalmente" deve ser interpretado latamente, no sentido de abarcar todas as situações em que não haja título jurídico para a presença das coisas em jogo, no prédio alheio. O proprietário deste tem um contradireito: o de evitar a intromissão, entregando a coisa ao seu dono. Este preceito é recortado negativamente pelas regras específicas referentes a animais mansuefactos e a enxames de abelhas. Em compensação, não oferece dúvidas a sua aplicabilidade a animais domésticos e de companhia que, por qualquer razão, se encontrem em prédio alheio.

§ 16.º ARRANQUE E CORTE DE ÁRVORES

77. Evolução histórico-comparatística

I. O tema das plantações coloca problemas delicados de vizinhança. Na hipótese de prédios rústicos, pergunta-se se os proprietários respetivos podem plantar árvores ou arbustos até à sua extrema. Se o fizerem, é inevitável que ramos e raízes se desenvolvam ocupando solo e subsolo do prédio vizinho. Havendo relações de vizinhança solidárias, tudo se resolve por consenso. Não sendo o caso, o Direito intervém. Em abstrato, duas são as soluções possíveis:

(1) ou se facultam plantações até às extremas, mas com a possibilidade do vizinho descontente arrancar as raízes invasoras ou cortar as plantas que extravasem a linha divisória;
(2) ou se fixam distâncias mínimas para as plantações, de tal modo que se previna a intromissão de ramos e de raízes no prédio alheio.

II. Ambas as hipóteses têm origens romanas. A primeira solução remonta à Lei das XII Tábuas (446 a. C.), sendo certamente anterior, por via do costume. A matéria teria constado da Tábua VII, Lei 9, perdida, mas que tem sido reconstruída com recurso a diversas referências que nos chegaram[765]. Na primeira reconstituição, de Jacobus Gothofredus (Jacques Godefroy, 1587-1652)[766], sufragada por Humbert[767], teríamos o texto seguinte:

[765] Dieter Flach, *Das Zwölftafelgesetz/Herausgegeben, übersetzt und kommentiert* (2004), 118-119; Michel Humbert, *La Loi des XII Tables/Édition et commentaire* (2018), 370-378.

[766] Jacques Godefroy, *Fragmenta XII. Tabularum suis nunc primum tabulis restituta probationis notis*, ed. Heidelberg 1616, 112.

[767] Michel Humbert, *La Loi des XII Tables* cit., 373 ; pode aí ser seguida a discussão sobre a tradução exata desta lei.

Si arbor in vicini fundum impendet, XV, pedes altius sublucator [se uma árvore pender no prédio do vizinho mais de XV pés de altura, seja cortada].

O sentido da disposição era o de permitir a ensolação do prédio vizinho, cortando, não a árvore em si, mas, dos seus ramos, os que ultrapassassem os quinze pés (cerca de 4,5 metros). De resto, afigura-se ser essa a interpretação clássica. Diz-nos Ulpiano[768]:

> Quod ait praetor, et lex duodecim tabularum, efficere voluit, ut quindecim pedes altius rami arboris circumcidantur: et hoc id circo effectum est, ne umbra arboris vicino praedio noceret [o que diz o pretor e a Lei das XII Tábuas já pretendia, é que os ramos das árvores mais altos do que os quinze pés fossem cortados: e isso com o fim de a sombra da árvore não prejudicar o prédio vizinho][769].

III. A segunda solução – a de fixar distâncias mínimas quanto às plantações – é, por Gaio, feita remontar às Leis de Sólon (638 a. C.-558 a. C.). Explica Gaio[770]:

> Se alguém construir perto do fundo de outrem um muro, não deve passar o seu limite. Se for um murete, deixar um intervalo de um pé. Se for uma casa, dois pés. Se for uma fossa, deixe um intervalo igual à sua profundidade. Se for um poço, uma braça. Oliveira ou figueira: devem ser plantadas a nove pés (cerca de 2,70 metros).

IV. Ao longo das receções, estes textos foram acolhidos, em função de diversas circunstâncias. Pothier, na pré-codificação francesa, aflora as soluções romanas, mas afirma que, "entre nós" (na França do século XVIII), o vizinho apenas tem o direito de cortar os ramos que se estendam

[768] Ulpiano, D. 43.27.8. = ed. Theodor Mommsen, *Corpus iuris civilis/Digesta*, I, 8.ª ed. (1899), 704/I.

[769] Tradução nossa, confrontada com a de Carl Ed. Otto/Bruno SChilling/Carl Friedrich Ferdinand Sintenis, *Das Corpus Juris Civilis in's Deutsche übersetzt*, IV (1831), 518.

[770] Gaio, D. 10.1.13 = ed. bil. Okko Behrends e outros cit., 802. Não transcrevemos o original grego. Estabelecemos o texto com base na trad. alemã; em francês, *vide* Catherine Saliou, *Aux limites du jardin. Le droit et les limites du jardin dans le monde romain*, em Paul van Ossel/Anne-Marie Guinier-Sorfets, *Archéologie des jardins* (2014), 195-202 (199-200).

sobre o seu terreno[771]. No Código Napoleão, a solução inverte-se: a sua versão original obrigava a que as plantações fossem feitas à distância do limite da propriedade fixada pelos regulamentos ou, na falta destes, a dois metros (671.º). O vizinho tinha o direito de exigir que as árvores plantadas a menor distância fossem arrancadas e ao de obrigar ao corte dos ramos que ultrapassassem o limite; quanto às raízes: tinha o direito de as cortar ele próprio (672.º)[772]. A matéria conheceu depois uma evolução legislativa, particularmente através de uma Lei de 20 de agosto de 1881[773].

V. No espaço alemão, sobre uma base de Direito romano[774], foram fixadas diversas regras relativas a plantações e ao respeito pelos limites. O ALR prussiano dispunha[775]:

> Ninguém é obrigado a tolerar, debaixo do seu solo, raízes ou, sobre os seus limites, ramos provenientes de árvores alheias.

Temos, aqui, uma base para entender a estrita solução do BGB, abaixo referida. Com efeito, após adequada discussão[776], o BGB, no § 910 (*Überhang*, "saliência" ou "ultrapassagem"), fixou um caso de autodefesa claro[777]:

> O proprietário de um fundo pode cortar e guardar as raízes de uma árvore ou de um arbusto que provenham de um prédio vizinho. O mesmo vale para os ramos que ultrapassem, quando o proprietário fixe ao possuidor

[771] Robert-Joseph Pothier, no *Premier appendice du contrat de société/Du quasi-contract de société*, n.º 243 = *Œuvres* cit., 4, 332.

[772] *Code Civil des français*, ed. facsimile, 163-164.

[773] Marcel Planiol, *Traité élémentaire de droit civil* cit., 1, 3.ª ed., n.º 2914 (942) ; *vide* o *Code Civil* da Dalloz, 120.ª ed. (2021), 987-989.

[774] Hermann Ortloff, *Rechtsschutz betr. Uebergang, Ueberfall, Grenzbaum im Nachbarrecht*, AbürgR 17 (1900), 234-291 (245 ss.); *vide* Guyet, *Bemerkungen aus dem römischen Oeconomierechte*, AcP 17 (1834), 31-76 (32 ss.).

[775] ALR, I, tit. IX, § 287 = A. J. Mannkopff, *Allgemeines Landrecht für die Preussischen Staaten* cit., 1, 298-299.

[776] Horst Heinrich Jakobs/Werner Schubert, *Die Beratung des Bürgerlichen Gesetzbuchs, Sachenrecht* cit., I, 467-473.

[777] Ansgar Staudinger/Herber Roth, no *Staudingers Kommentar zum BGB*, §§ 903-924, *Privates Nachbarrecht* (2020), 572 pp., § 910 (372-394); Bettina Brückner, no *Münchener Kommentar* cit., 8, 8.ª ed., § 910, 980-985.

do prédio vizinho um prazo razoável para os retirar e o corte não ocorra dentro desse prazo.

Este direito não assiste ao proprietário quando as raízes ou os ramos não prejudiquem a utilização do prédio.

VI. Numa referência ao Direito italiano, cuja influência é, em Direitos Reais, significativa, verificamos que o Código Civil de 1942, no seu artigo 892.º, ao estilo romano, fixa diversas distâncias mínimas entre diversas árvores e os limites do prédio a que pertençam[778]. Não sendo respeitada a distância legal, o vizinho tem o direito de exigir o arranque (894.º) e, caso pereçam árvores colocadas a uma distância não legal, não podem ser replantadas (895.º). O vizinho pode fazer cortar as raízes e os ramos provenientes do prédio alheio ou, não sendo voluntariamente retiradas, fazê-lo ele próprio (896.º)[779].

78. Direito português

I. No antigo Direito português, funcionavam as regras romanas, assentes no *Corpus Juris Civilis*[780]. Aquando da pré-codificação, Correia Teles (1780-1849), citando os *Digesta*, o Código da Prússia e o Código francês, indica uma série de regras[781]:

> 810. Se o tapar [o seu campo] com parede, póde fazel-o pela linha dos marcos; mas tapando com arbustos de raiz, deve deixar entre a linha dos marcos e a plantação o espaço de dous palmos.
>
> 811. Nesta mesma distancia devem ser plantadas as videiras, pecegueiros, e outras arvores de pequeno tronco.

[778] Umberto Parmigiani, em Massimo Franzoni/Rita Rolli, *Codice civile commentato* cit., I, artigo 892.º (1176-1178).

[779] *Idem*, 894.º, 895.º e 896.º (1179-1183).

[780] Manuel de Almeida e Sousa, de Lobão, *Fasciculo de dissertações juridico-praticas* (1816), Capítulo III, §§ 19-28 (473-481), quanto a interstícios que se devem observar no plantio das árvores e os prédios dos vizinhos e Capítulo IV, §§ 29-33 (481-483), relativo à forma de computação dos pés, nove ou cinco, segundo a Lei *finium regundorum*. Esta obra é referida, em vários autores, de modo incorreto. Também Manuel Borges Carneiro, *Direito civil de Portugal*, IV (1840), § 21, n.º 7-15 (74-75).

[781] José Homem Correia Teles, *Digesto Português* cit., 1, art. 810-813 (103-104); *vide*, também, Coelho da Rocha, *Instituições* cit., § 593 (408-409).

812. As arvores de grosso tronco devem ser plantadas a nove palmos distante da extrema.

813. As arvores velhas, que se acharem a menos distancia da extrema, devem ser conservadas, se forem passados trinta annos, que são bastantes para a prescripção das servidões, salva a obrigação de indemnizar a perda, que causaram.

II. O Código de Seabra deu, ao Direito português, uma orientação diferente. Dispôs o seu artigo 2317.º[782]:

> Será licita a plantação de arvores ou arbustos a qualquer distancia da linha divisoria, que separar do predio visinho aquelle em que a plantação for feita; mas o dono do predio visinho poderá arrancar e cortar as raízes, que se introduzirem no seu terreno, e os ramos que sobre elle propenderem, com tanto que não ultrapasse, arrancando e cortando essas raízes ou ramos, a linha perpendicular divisoria, e se o dono da arvore, sendo rogado, o não tiver feito dentro de tres dias.

Com oscilações, a jurisprudência entendeu que a rogativa exigida no final do preceito visava, apenas, as boas relações de vizinhança. Sendo omitida e ocorrendo o corte, não haveria crime[783].

III. Na preparação do Código de 1966, Pires de Lima propôs um texto (67.º)[784] que, com poucas alterações, atravessou as 1.ª (1353.º)[785] e 2.ª (1366.º)[786] revisões ministeriais, até ao Projeto (1366.º)[787]. Com estes antecedentes, o artigo 1366.º/1 manteve a solução de Seabra, contrária à tradição portuguesa e aos códigos francês e italiano. Aproxima-se, antes, da solução alemã, hipostasiando o direito de propriedade, ainda que com um certo sacrifício para os vizinhos. Os preparatórios não têm justificações de motivos, desvendando as valorações feitas pelo legislador. Mas elas surgem no *Código anotado*: afirma-se aí que as soluções restritivas trariam

[782] José Dias Ferreira, *Codigo civil annotado* cit., V, 1.ª ed., 77-84: uma anotação extensa.

[783] Luís da Cunha Gonçalves, *Tratado de Direito civil* cit., XII, n.º 1795 (53).

[784] Fernando Pires de Lima, *Direito de propriedade* cit., 252.

[785] *1.ª Revisão* cit., 50.

[786] *2.ª Revisão* cit., 43-44.

[787] *Projecto* cit., 397-398.

"inconvenientes graves de ordem económica" para as zonas de propriedade muito dividida[788]. Fazem-se, aí, três considerações:

(1) que, para compensar o lato poder do proprietário de plantar até à extrema, não se exige, ao vizinho que pretenda o corte de raízes ou ramos, a prova de qualquer prejuízo; de facto, a lei é omissa: mas se o dono das árvores provar que estas não causam qualquer prejuízo, pode haver abuso do direito, por desequilíbrio;
(2) que não cabe, ao titular cujo prédio tenha sido "invadido" por ramos e raízes vizinhas, qualquer indemnização, pois poderia ter procedido ao corte; tal afirmação não pode ser absolutizada, pois pode-se sempre demonstrar que houve facto ilícito e culposo[789];
(3) que as raízes e ramos cortados pelo vizinho pertencem ao dono das árvores; o vizinho em causa não tem qualquer título de aquisição.

IV. O artigo 1366.º/1 resolveu a dúvida anterior, quanto à rogativa para o corte: ela pode ser feita judicial ou extrajudicialmente. Mas não deve ser omitida. No terreno, um corte de ramos e um arranque de raízes, feito por quem não seja o dono, pode ser extremamente prejudicial para a planta. Além disso, o corte sem pré-aviso vai, necessariamente, deteriorar as relações de vizinhança.

79. Aplicação prática

I. A jurisprudência permite uma imagem mais clara das implicações do artigo 1366.º/1 e das soluções encontradas. Assim:

RCb 21-mar.-2006: a presença, no prédio vizinho, de uma árvore ornamental, junto a uma habitação, que provocou a rutura de canos e a fratura de uma lage de betão é abusiva do direito de propriedade e implica o dever de indemnizar[790];

[788] Pires de Lima/Antunes Varela, *Código Civil anotado* cit., III, 2.ª ed., 230-232.
[789] Como já defendido à luz do Direito anterior – STJ 1-mai.-1962 (Alfredo da Fonseca), BMJ 117 (1962), 495-497 (496) = RLJ 95 (1963), 366-367 (367/I), anot. Pires de Lima, *idem*, 367-368, concordante – a lei dá o direito de corte e de arranque mas não o de exigir, do dono das árvores, essas medidas, nem quaisquer indemnizações.
[790] RCb 21-mar.-2006 (Alexandre Reis), CJ XXXI (2006) 2, 18-21 (20).

RGm 22-mar.-2006: o artigo 1366.º/1 apenas reconhece ao dono do prédio o direito de arrancar raízes e de cortar ramos; as regras sobre eucaliptos aplicam-se apenas quando ocorram os seus pressupostos[791];

RGm 12-jun.-2007: age com abuso do direito quem, junto a linha divisória, planta e conserva dois pinheiros cujas galhas, embora não pendendo sobre o prédio vizinho, neste espalham, por força do vento, caruma que implica repetidas limpezas e danos[792];

RPt 8-jul.-2008: a manutenção de eucaliptos cujas raízes se meteram por baixo do muro vizinho, provocando fendas mas não danos de monta, não é abuso do direito; o eucalipto apenas é proibido a menos de 20 metros de terrenos cultivados e a menos de 30 metros de nascentes[793];

RPt 9-mar.-2010: o artigo 1366.º/1 não atribui qualquer indemnização ao dono do prédio invadido por raízes e ramos: apenas o direito de as arrancar ou cortar[794];

RGm 22-jun.-2010: o artigo 1366.º/1 visa o melhor aproveitamento de terrenos agrícolas e florestais: só abarca árvores e arbustos plantados até à linha divisória que correspondam a uma adequada ou aceitável exploração do prédio; é abuso do direito, num terreno agrícola de regadio em abandono, permitir silvas e outros arbustos espontâneos que invadam o prédio confinante; se não as limpar, pode ser condenado a fazê-lo e a indemnizar[795];

RCb 18-jan.-2011: não sendo ilícita a presença de eucaliptos em certo prédio, o vizinho atingido apenas tem o direito a arrancar raízes e a cortar ramos que ultrapassem a linha divisória; tão pouco ocorre conflito de direitos, a equacionar em face do artigo 335.º, uma vez que há normas expressas[796];

RCb 24-fev.-2015: o artigo 1366.º/1 só abarca árvores e arbustos até à linha divisória quando correspondam a uma aceitável exploração económica do prédio, sob pena de abuso do direito[797];

RCb 8-nov.-2016: o proprietário do prédio invadido não pode usar os direitos conferidos pelo artigo 1366.º/1, sem previamente avisar o dono das árvores[798];

[791] RGm 22-mar.-2006 (João Proença Costa), CJ XXXI (2006) 2, 270-272 (271) = = Proc. 2479/05.

[792] RGm 12-jun.-2007 (António Magalhães), Proc. 640/07.

[793] RPt 8-jul.-2008 (Cristina Coelho), CJ XXXIII (2008) 3, 193-196 (196/I).

[794] RPt 9-mar.-2010 (Sílvia Pires), Proc. 2899/05.

[795] RGm 22-jun.-2010 (António da Costa Fernandes), Proc. 468/08.

[796] RCb 18-jan.-2011 (Carlos Gil), Proc. 3018/08.

[797] RCb 24-fev.-2015 (Sílvia Pires), Proc. 968/13.

[798] RCb 8-nov.-2016 (Sílvia Pires), Proc. 968/13.

RGm 10-out.-2019: *idem*, explicitando ainda tratar-se de uma modalidade de ação direta[799].

II. Como resulta destas decisões, há que temperar o rigor do artigo 1366.º/1 recorrendo ao abuso do direito e acentuando a necessidade de pré-aviso. O Direito português, ao permitir plantações até à linha divisória dos prédios, distingue-se claramente dos demais Direitos europeus e, até, do próprio Direito romano. A explicação de permitir o maior aproveitamento da pequena propriedade é convincente: mas deve ser atualizada. Hoje, a pequena agricultura está moribunda, salvo situações pontuais. A mecanização, a automatização e, agora, a digitalização requerem áreas extensas. Em certos países, como a França, esses fatores têm levado ao abate de muitos milhões de árvores, para permitir a agricultura extensiva. A sobrecarga de CO_2 na atmosfera e a maior vulnerabilidade à erosão eólica e das águas são consequências infelizes, que cabe minimizar. Em Portugal, as plantações nas extremas visam hoje, predominantemente, o criar espaços protegidos, com privacidade assegurada através de meios naturais. A arborização das extremas serve, assim, os dois proprietários em presença: um ponto a ter em conta na interpretação e na aplicação do artigo 1366.º/1.

III. O artigo 1366.º/2 ressalva, no tocante a árvores e a arbustos, as leis especiais relativas à plantação ou sementeira de eucaliptos, acácias ou outras árvores "igualmente nocivas", nas proximidades de terrenos cultivados, terras de regadio, nascentes de água ou prédios urbanos, bem como quaisquer outras impostas por motivos de interesse público. A expressão "igualmente nocivas", datada de 1966, deve ser ultrapassada pela interpretação atualista. Não há espécies vegetais nocivas: nocivo é o *homo sapiens sapiens*, quando proceda a plantações desordenadas. Hoje, há diversa legislação especial sobre a propriedade agrícola e florestal. Além disso, as plantações exigem prévias autorizações municipais e de outras entidades[800].

Também este ponto sofreu uma modificação ditada pela integração do País na agricultura europeia, que conduziu à perda de muitas explorações incapazes de viver em concorrência estrangeira e à valorização da floresta. Intervém, aqui, o problema dos incêndios, que obrigará a novas técnicas de florestação. O aquecimento global vai agravar tudo isso, nos próximos

[799] RGm 10-out.-2019 (José Amaral), Proc. 555/18.
[800] *Supra*, n.º 40.

anos, numa escala que, a permanecerem as atuais políticas imediatistas, será catastrófica.

80. A apanha de frutos

I. A pré-codificação portuguesa, na base do *usus modernus* e, mais longe, do *ius romanum*, exarava, com exemplo em Borges Carneiro[801]:

> Se a arvore do predio vizinho lança fructos no meu predio, pode o dono vir apanhal-os até três dias depois de cahirem.

A regra passou ao artigo 2318.º do Código de Seabra, com algum floreado[802]:

> O proprietario da arvore ou do arbusto confinante, ou contiguo a predio de outrem, tem o direito de exigir que o dono do dicto predio lhe permitta fazer a apanha dos fructos, que se não pudérem recolher do seu lado; mas é responsavel por qualquer prejuizo, que com isso venha a causar.

Dias Ferreira explicava que, para permitir tal apanha, não era necessário que os ramos de origem estivessem pendentes sobre o prédio vizinho[803]. A doutrina da época explicitava, ainda, que a apanha se fazia, em regra, à mão[804].

II. O texto de Seabra, através do anteprojeto de Pires de Lima (68.º)[805], com retoques na 1.ª (1354.º)[806] e na 2.ª (1367.º)[807] revisões ministeriais

[801] Manuel Borges Carneiro, *Direito civil de Portugal* cit., IV, § 20 (76); justificava (§ 21):

> Pois entra alli a buscar o que é seu.

[802] José Dias Ferreira, *Codigo civil annotado* cit., V, 84.

[803] *Idem*, loc. cit..

[804] Luís da Cunha Gonçalves, *Tratado de Direito civil* cit., XII, n.º 1796 (57), abrindo uma exceção para a bolota, que poderia ser diretamente comida pelos porcos, com certas cautelas.

[805] Fernando Pires de Lima, *Direito de propriedade* cit., 252.

[806] *1.ª Revisão* cit., 50.

[807] *2.ª Revisão* cit., 44.

e no próprio Projeto (1367.º)[808], foi substancialmente inserido no artigo 1367.º do Código vigente. A lei apenas exige que a apanha não seja possível do lado do dono. Responsabiliza-o, ainda, pelo prejuízo que a apanha venha a causar. O texto não tem jurisprudência.

III. A solução portuguesa contrasta com as francesa (673.º)[809], alemã (§ 911)[810] e italiana (896.º[811], todos dos respetivos códigos civis). Os códigos desses países atribuem a propriedade dos frutos ao dono do prédio onde caiam. A originalidade portuguesa explica-se pelo facto, também original, de a lei permitir plantações de árvores e de arbustos até à linha divisória dos prédios (1366.º).

Por aplicação analógica do artigo 1349.º/2, *in fine*, o proprietário em cujo prédio caiam frutos vizinhos pode opor-se à intromissão desde que, ele próprio faça a apanha e entregue os frutos ao seu vizinho.

[808] *Projecto* cit., 398.

[809] O artigo 673.º, com a redação da Lei de 12-fev.-1921, apenas refere os frutos de ramos pendentes sobre o prédio vizinho: *Code Civil* cit., 120.ª ed. da Dalloz, 989.

[810] Ansgar Staudinger/Herber Roth, no *Staudingers Kommentar* cit., I, § 911 (394-398).

[811] Umberto Parmigiani, em Massimo Franzoni/Rita Rolli, *Codice civile commentato* cit., I, art. 896.º, anot. 4 (1182-1183).

§ 17.º CAPTURA DE ANIMAIS

81. Animais mansuefactos; evolução histórico-comparatística

I. Para além do dispositivo do artigo 1314.º, a interpretar de modo restritivo, ocorrem disposições especiais com casos específicos de ação direta. A primeira diz respeito a animais selvagens com guarida própria ou animais mansuefactos, em linguagem jurídica antiga[812]. Diz Correia Teles[813]:

> As pombas e outros animaes mansuefactos, que andam na sua liberdade, pertencem ao dono do pombal, em quanto não perdem o costume de voltar. Se desertam, passam para o domínio do dono do outro pombal, aonde se afazem.

Os animais mansuefactos representam um *tertium genus* entre os animais domésticos e os selvagens[814]: os primeiros convivem com o homem, enquanto os segundos vivem em liberdade. Os mansuefactos são livres mas, pelo trabalho do homem, têm uma guarida à qual costumam retornar (*consuetudo revertendi*).

II. O Código de Seabra acolheu a categoria, no seu artigo 401.º[815]:

[812] Em italiano, usa-se *animali mansuefatti* e, em espanhol, *mansuefacto*. A locução advém do latim *manuefactus* ou tornado manso. A expressão caiu em desuso, em português moderno, ainda que não haja qualquer problema em recuperá-la.

[813] José Homem Correia Teles, *Digesto Portuguez*, III, 3.ª ed. (1849), § 12 (7). Esta solução remonta a I. 2.1.15 = ed bilingue Okko Behrends e outros, *Corpus juris civilis/Text und Übersetzung*, I – *Institutionen*, 2.ª ed. (1997), 50.

[814] Andrea Tabet/Enzo Ottolenghi, *La proprietà* (1968), n.º 666 (714-715).

[815] O preceito compreendia um § único, assim redigido:

> Provando-se porém que os animaes foram attrahidos, por fraude e artificio do dono da guarida, a que se hajam acolhido, será este obrigado a entregar ao antigo dono os ditos animaes, ou a pagar-lhe em dobro o valor d'elles, senão podér restitui-los; isto sem prejuizo das penas correccionaes que possam ser applicadas.

> Os animaes bravios habituados a certa guarida, ordenada por industria do homem, que se passarem para outra guarida de diverso dono, ficarão pertencendo a este, se não pudérem individualmente ser reconhecidos, pois, no caso contrario, póde o antigo dono recupera-los, comtanto que o faça sem prejuizo do outro.

Na época, a doutrina interpretava o preceito de acordo com o que dele resultava: o dono podia ir buscar o animal em causa, se fosse possível distingui-lo[816]. Cunha Gonçalves explicava que se o animal mansuefacto reconhecível se tivesse recolhido a um prédio murado ou tapado e o titular do local não fizesse a entrega ao dono, podia este recorrer à autoridade policial ou administrativa e, em último caso, à ação juudicial[817]. Retiramos daqui que, não sendo o prédio murado ou tapado, o "dono" do animal podia recuperá-lo diretamente.

III. Os Direitos europeus mais influentes mostram oscilações. O BGB alemão, no seu § 960, relativo a animais selvagens, dispõe, nos seus n.ºs 2 e 3:

> 2. Quando um animal selvagem preso recupere a liberdade, fica sem dono, caso o seu proprietário não o persiga imediatamente ou quando desista da perseguição.
>
> 3. Um animal domesticado (mansuefacto? *gezähmtes*)[818] torna-se sem dono, caso ele perca o costume de regressar ao local que lhe seja determinado.

O Direito alemão confere um "direito de perseguição" relativo a animais selvagens evadidos mas não, de modo claro, a animais "domesticados" que não regressem ao local; uma regra que não se aplica se se tratar de animais perigosos, os quais podem ser "perseguidos"[819]. O preceito também é restringido quando não haja perseguição imediata: uma solução que

[816] José Dias Ferreira, *Codigo civil annotado*, I, 1.ª ed. (1870), 401.

[817] Luís da Cunha Gonçalves, *Tratado de Direito civil*, 3 (1930), n.º 326 (202).

[818] Quanto à distinção entre animal doméstico (*Haustier*) e animal domesticado, *vide* Otto Wendt, *Wie etwas heißt und was es ist! Warnung vor falschen Schlußfolgerungen aus Namen und Bezeichnung*, AcP 103 (1908), 417-460 (460).

[819] Karl-Heinz Gursky/Wolfgang Wiegand, no *Staudingers Kommentar*, III, *Eigentum 2 – Erwerb und Verlust des Eigentums* (2017), 835 pp., § 960, Nr. 13 (701).

ficou esclarecida num caso que envolveu um falcão de caça[820]. Com uma interpretação mais complicada, afigura-se que o Direito alemão faculta uma "ação direta" para defesa da propriedade de animais selvagens e de animais selvagens "domesticados" ou "mansuefactos".

IV. O Direito italiano afigura-se mais direto. Dispõe o artigo 925.º do Código Civil, epigrafado "animais mansuefactos" (*animali mansuefatti*)[821]:

> Os animais mansuefactos podem ser perseguidos no fundo alheio, salvo o direito do proprietário desse fundo à indemnização pelo dano.
>
> Pertencerão a quem se tenha apossado deles, se não forem reclamados dentro de vinte dias a partir de quando o proprietário tenha tido conhecimento do local onde se encontrem.

O direito de perseguir tais animais[822], ainda que com o limite dos vinte dias, afigura-se uma manifestação de ação direta. Os danos causados com o exercício de tal ação devem ser indemnizados, numa decisão de distribuição de risco.

82. O regime vigente

I. O Código Civil, na sequência do anteprojeto Pires de Lima[823] que não teve, praticamente, alterações até ao texto final[824], adotou o texto de Seabra, dispondo, no seu artigo 1320.º (animais selvagens com guarida própria)[825]:

[820] LG Bonn 15-out.-1992, NJW 1993, 940/I e II; sobre esse caso e sobre o tema: Martin Avenarius, *Der Freiflug des Falken – mobilia non habent sequelam*, NJW 1993, 2589-2590 e Wolfgang Brehm/Christian Berger, *Der verendete Falke/LG Bom, NJW 1993, 940*, JuS 1994, 14-16.

[821] Chiara Esposito, em Massimo Franzoni/Rita Rolli, *Codice civile commentato*, I (2018), art. 925 (1222).

[822] Raffaele Tommasini/Elena la Rosa, *I modi di acquisto della proprietà/Artt. 922-945*, em Francesco D. Busnelli (dir.), *Il codice civile/Commentario* (2017), XXIV + + 455 pp., art. 925 (183-189, 186), referindo ser já essa a solução do Código de 1865.

[823] Fernando Pires de Lima, *Direito de propriedade* cit., 21.º (231-232).

[824] *1.ª Revisão* cit., 1307.º (30); *2.ª Revisão* cit., 1320.º (23); *Projecto* cit., 1320.º (382).

[825] DG I, n.º 274, de 25-nov.-1966, 1997/I.

1. Os animais bravios habituados a certa guarida, ordenada por indústria do homem, que mudem para outra guarida de diverso dono ficam pertencendo a este, se não puderem ser individualmente reconhecidos; no caso contrário, pode o antigo dono recuperá-los, contanto que o faça sem prejuízo do outro.

2. Provando-se, porém, que os animais foram atraídos por fraude ou artifício do dono da guarida onde se hajam acolhido, é este obrigado a entregá-los ao antigo dono, ou a pagar-lhe em triplo o valor deles, se lhe não for possível restituí-los.

A natureza "bravia" de um animal não consta de definição legal. A lei pressupõe o sentido comum do termo[826]. O preceito não se reporta, todavia, a animais bravios *stricto sensu*, mas antes aos mansuefactos, isto é, àqueles que, por via de uma semi-domesticação, tenham uma guarida estável, devido à ação do homem. Os animais em causa regressam periodicamente à sua guarida (*consuetudo revertendi*). Infere-se da primeira parte do artigo 1320.º/1 que tais animais pertencem, em propriedade, a quem os tenha afeiçoado, preparando a guarida em causa. Não se incluem os jardins zoológicos e os aquários ou oceanários, onde os animais estão em cativeiro, sem hipótese de movimentação: são propriedade das instituições implicadas, sem o regime especial do preceito em análise.

II. Tais animais, caso mudem para uma guarida de diverso dono, passam a pertencer a este: uma forma de aquisição do domínio, que não tem a ver com a ocupação[827], embora seja confundida, na lei e nalguma doutrina, com ela[828]. Ocorre uma distinção importante, entre os animais que possam ser identificados (p. ex., pombos com anilhas ou viados e javalis com localizadores implantados) e os que o não possam. Neste último caso, opera a aquisição a favor do dono da nova guarida (p. ex., um pombal ou uma coelheira). Na primeira hipótese, mantém-se a propriedade do primitivo dono.

III. O final do artigo 1320.º/1 permite, ao titular que possa identificar os seus animais mansuefactos, (...) recuperá-los, contanto que o faça sem prejuízo do outro. Alguma doutrina, na sequência do *Código anotado* de

[826] Karl-Heinz Gursky/Wolfgang Wiegand, no *Staudingers Kommentar* cit., § 960, Nr. 1-3 (694-696).

[827] José Alberto Vieira, *Direitos Reais* cit., 3.ª ed., n.º 282 (649).

[828] *Vide infra*, § 22.º.

Pires de Lima/Antunes Varela[829], entende que o "recuperar" se faz por via da reivindicação[830]. Não seguimos: reivindicar um pombo não se afigura realista. De resto, a ser esse o caso, o final do 1320.º/1 seria inútil, assim como inútil seria a referência a "(...) contanto que o faça sem prejuízo do outro": a ação de reivindicação segue o regime comum, sem necessidade de cautela suplementares relativas ao réu. De facto, o artigo 1320.º/1 permite a atuação direta, sob as regras gerais: o titular pode dirigir-se ao local para recuperar a posse do animal; estando o local inacessível, pedirá ao dono que lhe franqueie o acesso ou que lhe faça a entrega dele. O paralelo com o artigo 1349.º (passagem forçada momentânea)[831] é, de resto, flagrante: na dúvida, este preceito terá aplicação. Temos, aqui, um claro exemplo da dogmática real.

IV. O artigo 1320.º/2 prevê a hipótese de os animais mansuefactos perderem o *mos revertendi* por via de fraude ou artifício do dono da nova guarida. A hipótese mais simples é a do aprisionamento desses animais, de modo a isolá-los da guarida inicial. A lei inverte os termos da solução: já não é o dono que pode recuperá-los: o autor da façanha é que deve restituí-los ou, não sendo isso possível, pagar em triplo o valor deles. Mais uma saída própria de Direitos Reais.

83. Enxames de abelhas

I. As abelhas[832] e o mel por elas produzido representam, desde a Antiguidade, uma iguaria apreciada, pelo sabor, como adoçante e como medicamento. Existe toda uma tradição, consignada nas *Institutiones* de Justiniano, que asseguram a sua propriedade e de regular a hipótese de uma colónia enxamear para outro prédio[833]. O regime romano foi acolhido no Direito comum e, daí, na pré-codificação portuguesa[834], passando ao Código de Seabra.

[829] Pires de Lima/Antunes Varela, *Código Civil anotado* cit., III, 2.ª ed., 128.

[830] José Alberto Vieira, *Direitos Reais* cit., 3.ª ed., 648-649.

[831] *Supra*, n.º 75-76.

[832] A expressão provém do latim *apicula*, diminuitivo de *apis*, abelha.

[833] I. 2.1.14 = Okko Behrends e outros, *Corpus iuris civilis*, ed. bil. cit., I, 2.ª ed., 50.

[834] P. ex., Coelho da Rocha, *Instituições de Direito civil* cit., § 411 (290).

II. O Direito comparado ilustra esta interessante receção. O BGB, na sequência do pandectismo[835], consagra-lhe os §§ 961 a 964 (*Bienenschwärmen* ou enxames de abelhas), com um regime não muito diverso do nosso[836]. A especial dignidade das abelhas – de resto, hoje em perigo pelo abuso dos pesticidas e pela introdução de predadores – explica o espaço que lhes é consagrado na lei civil fundamental. Por seu turno, o Código italiano consagra, aos enxames de abelhas (*sciami di api*) o seu artigo 924.º[837]: fonte inspiradora do nosso artigo 1322.º.

III. O Código de Seabra dedicou, aos enxames, o seu artigo 402.º, que deve ser preservado na nossa cultura jurídica. Dispunha[838]:

> Artigo 402.º É licito a qualquer occupar os enxames que primeiro encontrar:
>
> 1.º Não sendo perseguidos pelo dono da colmeia, de que houverem enxameado;
>
> 2.º Não se achando pousados em predio do dono da mesma colmeia, ou em qualquer edificio, ou dentro de predio em que não seja permittido caçar.
>
> § único. Mas se o enxame for perseguido pelo dono da colmeia, será o proprietario do predio obrigado a permittir-lhe que o recolha, ou a pagar-lhe o valor d'elle.

A doutrina da época explicava o regime legal, sem grandes dúvidas[839]. O texto bem poderia ter sido preservado em 1966, tal como, muitas vezes, fez o legislador brasileiro, no Código de 2002: os preceitos presentes no anterior Código, de 1916, foram mantidos, quando nada de novo havia a acrescentar.

[835] Quanto aos preparatórios: Horst Heinrich Jakobs/Werner Schubert, *Die Beratung des BGB, Sachenrecht* cit., I, 695-704.

[836] Karl-Heinz Gursky/Wolfgang Wiegand, no *Staudingers Kommentar* cit., §§ 961-964 (702-707); Jürgen Oechsler, no *Münchener Kommentar* cit., 8, 8.ª ed., §§ 961-964 (1324-1325).

[837] Raffaele Tommasini/Elena la Rosa, *I modi di acquisto della proprietà* cit., 173-182.

[838] José Dias Ferreira, *Codigo Civil annotado* cit., 1, 1.ª ed., 401-402.

[839] RLJ 15 (1882), 279-280, em resposta a uma consulta; António José Teixeira de Abreu, *Lições de Direito civil português*, I (1898), n.ºs 76 e 76 bis (301-306); Luís da Cunha Gonçalves, *Tratado de Direito civil* cit., 3, n.º 327 (203-206).

IV. Todavia, o Código de 1966, sempre impressionado, em Direito das coisas, pelo Código italiano de 1942, entendeu diferentemente. Na base do anteprojeto de Pires de Lima[840], apenas ligeiramente tocado na 2.ª Revisão Ministerial[841], o artigo 1322.º veio dispor[842]:

> 1. O proprietário de enxame de abelhas tem o direito de o perseguir e capturar em prédio alheio, mas é responsável pelos danos que causar.
> 2. Se o dono da colmeia não perseguir o enxame logo que saiba terem as abelhas enxameado, ou se decorrerem dois dias sem que o enxame tenha sido capturado, pode ocupá-lo.

Este texto corresponde ao artigo 924.º do Código italiano[843], desdobrado em dois números. Dele se infere:

(1) que o proprietário de enxame pode persegui-lo e capturá-lo em prédio alheio: uma autodefesa dos seus direitos;
(2) a perseguição deve iniciar-se logo que o proprietário tenha conhecimento do enxameamento;
(3) devendo a captura ocorrer dentro de dois dias.

Quando tal não suceda, o proprietário do prédio para onde o enxame se dirigir pode ocupá-lo ou permitir que outrem o ocupe.

V. O preceito dá lugar a dúvidas. O original italiano dispõe, na segunda parte do seu artigo 924.º:

> (...) se não o perseguir dentro de dois dias ou cessar, durante dois dias, de persegui-lo, o proprietário do fundo pode apreendê-lo e retê-lo.

O preceito era claro. Mas não a versão portuguesa. Aparentemente, esta fixa dois prazos: (1) um prazo imediato, a contar do conhecimento; (2) dois dias para a captura. Como o "conhecimento" é insondável, fica-nos,

[840] Fernando Pires de Lima, *Direito de propriedade* cit., artigo 23.º (232).

[841] *Vide*: *1.ª Revisão* cit., 1309.º (30); *2.ª Revisão* cit., 1322.º (24); *Projecto* cit., 1322.º (382).

[842] DG I, n.º 274, de 25-nov.-1966, 1997/I.

[843] Quanto à interpretação desse preceito, Chiara Esposito, em Massimo Franzoni/ /Rita Rolli, *Codice civile commentato* cit., I, art. 924.º (1221-1222); Raffaele Tommasini/ /Elena la Rosa, *I modi di acquisto della proprietà* cit., art. 924.º (173-182)..

na prática, o prazo de dois dias, a contar do dia seguinte ao da fuga das abelhas[844]. Porquê um prazo tão curto? Pires de Lima explica[845]: (1) porque a própria atuação das abelhas denuncia com antecedência que estão para enxamear; (2) porque não se afastam muito da colmeia-mãe. Receamos que, hoje, não seja assim.

VI. Antigamente, as colmeias eram vigiadas constantemente por apicultores: donos ou trabalhadores. Hoje, esse acompanhamento diário não é possível. Quanto às proximidades: em Trás-os-Montes ou nas Beiras, o acidentado do terreno pode tornar difícil a localização de enxames, tanto mais que o mato abunda, sendo, por vezes, de acesso inviável. A solução legal é pouco amiga dos apicultores. Pode ser afeiçoada através dos requisitos da ocupação, prevista no final do artigo 1322.º/2: enquanto esta não ocorrer, o enxame pertence ao dono inicial, podendo ser perseguido.

[844] Pires de Lima/Antunes Varela, *Código Civil anotado* cit., III, 2.ª ed., artigo 1322.º, anot. 4 (131).
[845] *Idem*, loc. cit..

SECÇÃO IV

OUTRAS DEFESAS

§ 18.º A AÇÃO NEGATÓRIA

84. Nota histórico-comparatística

I. No Direito romano, a propósito de ações disciplinadoras de relações entre o proprietário e os titulares de direitos reais menores, com incidência no usufruto e nas servidões, surgiram as ações negatória e confessória. A ação negatória visava a defesa do proprietário contra quem quer que invocasse, sobre a sua coisa, direitos reais menores inexistentes ou inoponíveis. A ação confessória permitia a tutela dos titulares de direitos reais menores contra o proprietário.

Retemos, como exemplo, um texto de Ulpiano[846]:

> De servitutibus in rem actiones competunt nobis ad exemplum earum quae ad usum fructum pertinet, tam confessoria quam negatoria, confessoria ei qui servitutes sibi competere contendit, negatoria domino qui negat. [em português[847]: quanto às servidões competem-nos ações reais que, tais como as que cabem ao usufruto, são quer negatórias, quer confessórias, as confessórias visam afirmar as servidões, as negatórias negam a sua existência].

Nas fontes romanas surge ainda a expressão *actio negativa*, para significar a negatória. Os romanistas debatem o emprego e o classicismo de

[846] D. 8.5.2.pr. = Okko Behrends e outros, *Corpus iuris civilis*, ed. bil. cit., II, 707.
[847] Tradução livre, confrontada com a trad. alemã referida na nota anterior.

ambas as denominações[848]. Provavelmente, a terminologia foi fixada no período pós-clássico, ficando consignada na compilação justinianeia.

II. O período intermédio assistiu ao acolhimento dos textos de Justiniano sobre as *actiones negatoria* e *confessoria*. Os glosadores clássicos referiram a matéria, com relevo para Placentinus (1135-1192)[849], sem modificar as linhas gerais dos *Digesta*. Os comentadores mantiveram essa orientação[850]. Na pandectistica do século XIX, a matéria foi analisada por autores como Tigerström[851], Mittermaier[852] e Reinhard[853]. Os tratadistas conferem-lhes algum desenvolvimento: assim Glück[854], Thibaut[855], Puchta[856], Arndts[857] e Dernburg[858], como exemplos. Em Windscheid, o

[848] Aldo Pezzana, *Azione confessoria e negatoria (diritto romano)*, ED, IV (1959), 838-842 (839), referindo outros fragmentos relevantes, bem como as diversas posições; Max Kaser, *Das römische Privatrecht* cit., I, 2.ª ed., § 103, II (437-438), também com indicações. Ainda no Direito romano: Alan Rodger, *Actio Confessoria and Actio Negatoria*, SZRom 88 (1971), 184-214; Peter Christiaan van Es, *De actio negatoria. Een studie naar de rechtsvorderlijke zijde van het eigendomsrecht* (2005), XX + 359 pp. (1-90), com rec. Christian Schnabel, SZRom 127 (2010), 629-632.

[849] Placentinus, *Summa de actionum varietatibus* (séc. XII), ed. Ludwig Wahrmund, *Die summa "De actionum varietatibus" des Placentinus*, em *Quellen zur Geschichte des römisch-kanonischen Processes im Mittelalter*, IV/3 (1925), XXIV + 87 pp., 39 ss..

[850] Ennio Cortese, *Azione confessoria e negatoria (diritto intermedio)*, ED IV (1959), 843-844:

[851] Friedrich Wilhelm von Tigerström, *Die bonae fidei possessio oder das Recht des Besitzes/eine civilistische Abhandlung* (1836), VIII + 344 pp., § 22 *Actio negatoria*, 143-147.

[852] Mittermaier, *Beiträge zur Lehre der Beweislast bei der actio negatoria*, AcP 19 (1836), 285-302.

[853] Reinhard, *Ueber das Recht des Eingenthümers, gegenüber dem Nachbarrecht und dem Recht auf Entschädigung/Dabei insbesondere von der cautio damni infecti und der actio negatoria*, AcP 30 (1847), 216-248 (242 ss.).

[854] Christian Friedrich Glück, *Pandecten*, X (1808), § 685 (231 ss.).

[855] Anton Friedrich Justus Thibaut, *System des Pandekten-Rechts* cit., II, 5.ª ed., § 625 (65 ss.).

[856] Georg Friedrich Puchta, *Pandekten*, 7.ª ed. (1853), § 172 (253 ss.).

[857] Ludwig Arndts Ritter von Arnesberg, *Lehrbuch der Pandekten*, 9.ª ed. (1877), § 169 (270 ss.).

[858] Heinrich Dernburg/Johannes Biermann, *Pandekten*, 7.ª ed. (1902), § 256 (623--626).

tema é modernizado: inclui-se numa rubrica sobre a tutela da propriedade contra ingerências[859].

III. As codificações deram, à negatória, tratamentos diversificados. O Código Napoleão foi omisso. Todavia, a jurisprudência, além de reconhecer o seu funcionamento prático no sentido de pedir a inexistência de onerações derivadas de uma servidão, manteve a designação tradicional *action negatoire*[860]. Esta ação teria um interesse no campo da prova: bastaria, ao proprietário, fazer a prova do seu direito, cabendo ao réu demonstrar a existência e a oponibilidade da sua servidão[861].

IV. O BGB, acolheu a tradição romana[862] no seu § 1004 e (hoje) sob a epígrafe "pretensão de cessação e de omissão" (*Beseitigungs- und Unterlassungsanspruch*)[863], dispõe:

> Caso a propriedade seja atingida por outra forma que não pelo esbulho ou pela prossecução da posse, pode o proprietário exigir, do perturbador, a cessação da interferência. Havendo que recear outras perturbações pode o proprietário requerer a omissão.
> A pretensão é excluída quando o proprietário esteja obrigado à tolerância.

Este preceito tem ocasionado várias monografias, a acrescentar aos comentários e às obras gerais. Foram confrontadas as de Picker[864], de Hoh-

[859] Reinhard Windscheid/Theodor Kipp, *Lehrbuch des Pandektenrechts* cit., § 198 (1, 1009 ss.).

[860] CssFr 23-jun.-1890, S 1893, 1, 519-520 (520), a propósito de uma servidão *altius non tollendi*.

[861] François Terré/Philippe Simler, *Droit civil/Les biens* cit., 10.ª ed., n.º 916 (820); CssFr 27-fev.-1889, S 1890, 1, 317-318 (318), com uma anotação esclarecedora.

[862] Yoshikazu Kawasumi, *Von der römischen actio negatoria zum negatorischen Beseitigungsanspruch des BGB* (2001), 196 pp., rec. Gerhard Köbler, SZGerm 129 (2009), 751.

[863] Christian Berger, no *Jauernig* cit., 17.ª ed., § 1004 (1731-1737); Christian Thole, no *Staudingers Kommentar*, 3 – *Sachenrecht §§ 985-1011 (Eigentumsschutz und Eigentümer-Besitzer-Verhältnis)* (2019), 717 pp., § 1004 (427-592): um desenvolvimento maciço, com muitas indicações, Thomas Raff, no *Münchener Kommentar* cit., 8, 8.ª ed., § 1004 (1506-1565), igualmente bem documentado.

[864] Eduard Picker, *Der negatorische Beseitigungsanspruch* (1972), 184 pp., apresentando o § 1004 como uma cláusula geral de tutela da propriedade, com rec. Fritz Bauer,

loch[865] e de Herrmann[866]. Muito debatido é, ainda, o problema da articulação das pretensões de cessação das intromissões e de abstenção com a eventual responsabilidade civil envolvida[867].

V. Também o atual Direito italiano conservou a ação negatória (*azione negatoria*). Dispõe o artigo 949.º do Código de 1942[868]:

> O proprietário pode agir para fazer declarar a inexistência de direitos invocados por outrem sobre a coisa, desde que tenha razões para recear um prejuízo.
>
> Se subsistirem, ainda, perturbações ou danos, o proprietário pode requerer que se ordene a cessação deles, além da condenação no ressarcimento dos danos.

Discute-se na doutrina transalpina se ocorre uma dualidade, com uma negatória de mero acertamento e uma negatória de condenação ou se opera a teoria unitária. A simples existência do artigo 949.º permitiu latos desen-

AcP 175 (1975), 177-180.

[865] Gerhard Hohloch, *Die negatorischen Ansprüch und ihre Beziehungen zum Schadensersatzrecht* (1976), 222 pp., com elementos históricos e comparatísticos e concluindo pelo relevo da figura; *vide* a rec. Eduard Picker, AcP 178 (1978), 499-504.

[866] Elke Herrmann, *Der Störer nach § 1004 BGB/Zugleich eine Untersuchung zu den Verpflichteten der §§ 907, 908 BGB* (1987), XX + 590 pp., com rec. de Gerhard Otte, AcP 195 (1995), 303-306

[867] Fritz Baur, *Der Beseitigungsanspruch nach § 1004 BGB/Zugleich ein Beitrag zum Problem der Rechtswidrigkeit auf dem Gebiet des Güterschutzes*, AcP 160 (1961), 465-493; Hans-Georg Mertens, *Zum Inhalt des Beseitigungsanspruchs aus § 1004 BGB*, NJW 1972, 1783-1786; Andrea Löhse, *§ 1004 BGB als Rechtsgrundlage für Zahlungsansprüche*, AcP 201 (2001), 902-931: a delimitação entre a ação negatória e a indemnização; Christian Armbrüster, *Eigentumschutz durch den Beseitigungsanspruch nach § 1004 BGB und durch Deliktsrecht*, NJW 2003, 3087-3090 (3090/II, o resultado); Tilman Bezzenberger, *Der negatorische Beseitigungsanspruch und die Kosten der Ersatzvornahme*, JZ 2005, 373-377 (377, o resumo); Matthias Katzenstein, *Der Beseitigungsanspruch nach § 1004 BGB/Zu dem Grundlagen negatorischer Haftung*, AcP 211 (2011), 58-104 (103-104, a conclusão).

[868] Ana Violante, em Massimo Franzoni/Rita Rolli, *Codice civile commentato* cit., I, art. 949.º (1249-1251); há muita literatura; referimos: Andrea Tabet/Enzo Ottolenghi, *La proprietà* (1968), §§ 108-116 (904-940).

volvimentos que, embora aquém dos alemães, fazem luz sobre múltiplos aspetos da defesa da propriedade[869].

85. A experiência portuguesa

I. A referência à ação negatória, em conjunto com a confessória, na base do Direito comum, pertencia à melhor tradição jurídica portuguesa[870]. Pascoal de Melo mencionava-as, no livro dedicado às ações e a propósito das servidões, quer reais, quer pessoais[871]. Borges Carneiro explicava que a ação negatória compete ao senhor do prédio livre, em que outrem injustamente pretende ter servidão[872]. Coelho da Rocha, também a propósito das servidões, faz breve menção à negatória[873].

II. Com o Código de Seabra, esta tradição ficou esbatida. Cunha Gonçalves fazia uma alusão: a ação negatória seria o meio de repelir a pretensão do indivíduo que pretenda ter, sobre o prédio, uma servidão ou qualquer outro direito real[874]. Manuel Salvador referia-a como uma ação real de defesa da propriedade ou de outros direitos contra um "parcial atentado"[875]. O Código Civil de 1966 agravou, pelo seu silêncio, o enfraquecimento da ação negatória.

III. Coube à doutrina manter viva e útil a velha *actio* romana. Oliveira Ascensão refere-a, explicando que, embora tendo deixado de ser típica, entre nós, os seus efeitos práticos podem ser obtidos através do processo comum. O titular do direito real pode, a todo o tempo, intentar ação de

[869] Angelo Danilo de Santis, em Filippo Preite/Marcello di Fabio, *Codice della proprietà e dei diritti immobiliari* (2015), artigo 949.º (1751-1772), com muitas indicações; C. Massimo Bianca, *Diritto civile*, VI – *La proprietà* (2017), n.º 199-202 (301-305); Paolo Gallo, *La proprietà, i diritti reali limitati, il possesso* (2019), 253-256; Ugo Mattei, *I diritti reali*, 2 – *La proprietà*, 2.ª ed. (2019), 374-382.

[870] Nuno Andrade Pissarra, *Das ações reais* cit., II, n.º 122 (1744-1749).

[871] Pascoal de Melo, *Institutiones juris civilis lusitani*, Liber IV – *De obligationibus et actionibus*, ed. 1815, reimp. 1845, Tit. VI, § XVII (78-79).

[872] Manuel Borges Carneiro, *Direito civil de Portugal* cit., IV, § 82 (389).

[873] Coelho da Rocha, *Instituições de Direito civil* cit., § 603 (2, 416): (…) pela qual, fundado na liberdade natural, pede seja o seu prédio declarado livre de servidão.

[874] Luís da Cunha Gonçalves, *Tratado de Direito civil* cit., 12, n.º 1819 (152).

[875] Manuel Salvador, *Suplemento aos elementos da reivindicação* cit., 247 ss..

simples apreciação, para fazer declarar a liberdade da coisa, relativamente a ónus alegados por terceiros[876]. Também Henrique Mesquita, referindo doutrina italiana, mantém viva a negatória, na nossa literatura[877]. Outros autores referem, igualmente, essa matéria[878], cabendo o maior desenvolvimento, em língua portuguesa, a Andrade Pissarra[879].

86. Construção atual

I. A ação negatória não tem, entre nós, nem *nomen iuris*, nem um regime típico fixado na lei. Pode o estudioso, invocando a tradição romana e recorrendo às doutrinas alemã e italiana, propor, para ela, um perfil e um conteúdo próprios. De seguida, com base no Código de Processo Civil, cumprirá demonstrar o seu funcionamento e a sua utilidade.

II. A ação negatória pode comportar duas modalidades: (1) a negatória simples; (2) a negatória de condenação. Na negatória simples, o autor lançaria mão de uma ação declarativa de simples apreciação, prevista nos artigos 10.º/3, *a*) do Código de Processo Civil e 343.º/1, do Código Civil[880]. O autor limitar-se-ia a pedir, em juízo, que fosse declarada a inexistência de determinada oneração sobre o seu direito de propriedade. Do ponto de vista probatório, ele limitar-se-ia a invocar e a demonstrar o seu direito de propriedade, cabendo à contraparte invocar e provar um eventual direito menor. Na hipótese de nem haver contestação, não tendo o réu dado azo a ação, o autor obteria ganho de causa, mas arcaria com as custas.

Na negatória de condenação, o autor, além de invocar o seu direito de propriedade, pediria a condenação do réu a abster-se de determinada

[876] José de Oliveira Ascensão, *Direito civil/Reais* cit., 5.ª ed., n.º 216 (432-434).

[877] Manuel Henrique Mesquita, *Direitos Reais* cit., 178-179; *idem*, *Obrigações reais e ónus reais* (1990), 107-109, em rodapé.

[878] Carlos Mota Pinto, *Direitos Reais* (1975), 238-239; Augusto Penha Gonçalves, *Curso de Direitos Reais*, 2.ª ed. (1993), 359-361; António Santos Justo, *Direitos Reais* cit., 7.ª ed., 314-315; Luís A. Carvalho Fernandes, *Lições de Direitos Reais* cit., 6.ª ed., 278; José Alberto Vieira, *Direitos Reais* cit., 3.ª ed., n.º 189 (457-460); Luís Menezes Leitão, *Direitos Reais* cit., 9.ª ed., 260. Nós próprios referimos brevemente essa matéria: *Direitos Reais*, 2, 850-851.

[879] Nuno Andrade Pissarra, *Das acções reais* cit., 2, especialmente 1743-1814.

[880] João de Castro Mendes/Miguel Teixeira de Sousa, *Manual de processo civil* cit., I, 62-63, relativamente a ações de apreciação negativa.

ingerência, ou a remover o circunstancialismo por ele construído, tendo em vista o exercício da pretensa oneração.

III. Na falta de *nomen iuris* e de regime específico, a negatória surge como uma denominação tradicional, devidamente tratada pela História e pelo Direito comparado, à qual se podem abrigar diversas figuras processuais. Em termos substantivos, a negatória exprime mais uma via de tutela do direito de propriedade.

§ 19.º RESPONSABILIDADE CIVIL

87. A tutela aquiliana

I. O direito de propriedade é protegido pelo instituto geral da responsabilidade civil aquiliana, previsto no artigo 483.º/1[881]. O núcleo duro da *lex Aquilia de damno* tinha precisamente a ver com lesões à propriedade[882]. Recordamos ainda o § 823 do BGB, norma inspiradora do nosso artigo 483.º, parágrafo esse que dispõe, precisamente[883]:

> Aquele que, com dolo ou negligência, viole ilicitamente a vida, a integridade física, a saúde, a liberdade, a propriedade ou outro direito alheio fica obrigado, perante ele, à indemnização do dano daí resultante.

O nosso artigo 483.º não especifica os direitos cuja violação implique responsabilidade: aparentemente, todos os direitos subjetivos são visados[884]. Mas a propriedade, como direito paradigmático, estará, naturalmente, na primeira linha.

II. A responsabilidade pode derivar de vários tipos de lesão. Assim:

(1) o dano direto causado na coisa-objeto, de tal modo que esta fique destruída ou deteriorada, de modo a não facultar as utilidades expectáveis;
(2) o atentado à produtividade da coisa: embora intocada, a coisa não produz o rendimento esperado, no que, do ponto de vista de

[881] *Tratado*, XIII, 285 ss..
[882] *Idem*, 296.
[883] Arndt Teichmann, no Jauernig cit., 17.ª ed., § 823, Nr. 6-11 (1521-1522), no tocante à propriedade.
[884] *Tratado*, VIII, 445-448.

Direitos Reais, equivaleria a uma supressão ou a uma quebra de fruição;

(3) a supressão ou a limitação do uso da coisa, o que pode envolver danos de natureza diversa;

(4) o atentado jurídico à propriedade, designadamente pela invocação e ou pelo exercício de direitos reais ou pessoais limitativos.

Outras hipóteses podem ser compaginadas.

III. A tutela aquiliana comum assenta nos clássicos pressupostos da responsabilidade delitual[885]: facto, ilicitude, culpa, dano e causalidade. O primeiro traço distintivo reside na ilicitude: a violação do direito de propriedade. A partir daí, os demais pressupostos são direcionados nesse sentido: o facto visa a propriedade; a culpa opera como juízo ético ligado aos deveres de respeito dos bens alheios; o dano prende-se com a coisa, nos termos acima alinhados; a causalidade emerge de ser atingido o valor que a norma jurídica violada – a que institui a propriedade – visa proteger.

Podemos considerar que, enquanto grande paradigma da subjetivação jurídica, a propriedade moldou, ao longo de dois mil e trezentos anos, o desenvolvimento da responsabilidade civil. O instituto em causa pertence ao Direito das obrigações. Todavia, seria um erro teórico e prático insularizar Direitos Reais. Esta disciplina, como as demais, deve ser integrada dentro do grande universo do sistema jurídico.

88. A tutela obrigacional

I. A concretização e o aproveitamento da propriedade operam, com frequência, através de complementos obrigacionais. Estes são por vezes, no terreno, mais eficazes do que o recurso à tutela real, designadamente à reivindicação. Assim, celebrado um contrato de compra e venda, o comprador adquire imediatamente a propriedade da coisa objeto, por via do artigo 408.º/1. Segundo o artigo 879.º, *b*), o vendedor tem a obrigação de entregar a coisa, que já não é sua[886]. Se não o fizer, o comprador tem, teoricamente, à sua disposição: (1) a execução específica para entrega de

[885] *Idem*, 429 ss..

[886] *Tratado*, XI, 147 ss.; pode haver particularidades, incluindo certas cláusulas, que modelem esta obrigação.

coisa determinada, prevista no artigo 827.º; (2) a ação de reivindicação, assente no artigo 1311.º. Normalmente, a primeira via é a mais simples, num exemplo de tutela obrigacional da propriedade.

II. As relações entre as pessoas analisam-se, juridicamente, em teias de obrigações específicas. Diversas situações reais podem ser defendidas por via creditícia. A defesa possessória tem uma dimensão obrigacional: põe no terreno a restituição ou a manutenção, dando corpo a uma clara relação jurídica. A própria reivindicação, por via do nível processual dessa ação, coloca, frente a frente, o proprietário, enquanto credor do dever de entrega e o possuidor indevido, adstrito a essa mesma entrega.

III. A tutela obrigacional da propriedade surge como uma companheira permanente e muito útil da tutela do proprietário e, mais longe, de qualquer direito absoluto. No terreno, por razões de eficácia e de economia processuais, é muitas vezes mais adequado exigir judicialmente o cumprimento da obrigação, do que recorrer às ações reais, necessariamente mais pesadas. Estas, mesmo quando vitoriosas, apenas permitem uma proteção relativa, uma vez que a competente sentença só é oponível a quem, na ação, tiver sido réu[887].

IV. Na hipótese de incumprimento, além de o proprietário poder exigir a execução da obrigação de entrega, se esse for o caso, cabe sempre lugar ao mecanismo da mora, com a obrigação de reparar os danos que dela resultem (804.º/1). E se, por ação da pessoa obrigada à entrega, esta se impossibilitar, segue-se o regime da impossibilidade culposa imputável ao devedor (801.º/1). Os remédios obrigacionais têm uma importante vantagem relativamente às saídas aquilianas e às próprias ações reais: a chamada presunção de culpa – na realidade, de ilicitude e de culpa[888] – que coloca o autor ao abrigo da *probatio diabolica* e da necessidade de demonstrar a "culpa" do autor da lesão (487.º/2).

V. No dominio obrigacional, a propriedade é ainda protegida, quer *in contrahendo*, quer na vigência da obrigação que a envolva, quer *post pactum finitum* pelos deveres acessórios, oriundos da boa-fé. Entre estes

[887] *Supra*, n.º 70, IV.
[888] *Tratado*, VIII, 392 e IX, 3.ª ed., 389 ss..

conta-se, designadamente, o dever de segurança, que protege a integridade de pessoas e bens.

Enquanto defesa da propriedade, cumpre sempre ter presente o reforço que resulta da cobertura constitucional.

89. As imputações pelo risco e pelo sacrifício

I. Mais próximas dos regimes do Direito das coisas, temos diversas situações de imputação de danos pelo risco e pelo sacrifício, também dita por ato lícito, que têm sido tratadas de modo desencontrado. Vamos relevar algumas normas:

artigo 1312.º (encargos com a restituição): tais entregas ficam a cargo do esbulhador, sejam eles quais forem; incluem despesas diretas, transporte, seguros e os arranjos e acomodações necessários;

artigo 1320.º/1 (animais selvagens com guarida própria): o dono pode recuperá-los, contanto que o faça sem prejuízo do outro; o "prejuízo" inclui os danos necessários e o risco envolvido;

artigo 1322.º/1 (enxames de abelhas): o proprietário pode persegui-los em terreno alheio, mas responde pelos danos que causar; ficam envolvidos os danos "necessários" e o risco;

artigo 1349.º/3 (passagem forçada momentânea): o proprietário tem direito a ser indemnizado do prejuízo sofrido; o "prejuízo" envolve os danos necessários e o risco envolvido;

artigo 1352.º/3 (obras defensivas das águas): há determinada distribuição das despesas, sem prejuízo da responsabilidade que recaia sobre o autor dos danos: atos lícitos e risco;

artigo 1367.º (apanha de frutos): pode ser feita pelo proprietário do prédio contíguo, sendo este responsável pelo prejuízo que a apanha venha a causar: abarca a atividade em si e o risco.

Outros exemplos poderiam ser apontados.

II. Nos casos elencados, não está em jogo uma comum responsabilidade aquiliana. Caso, nas situações descritas, alguém agir com dolo ou negligência e, sem causa de justificação, causar danos, é responsável, por via do artigo 483.º/1. Não haveria a mínima necessidade de repetir tal evidência, a propósito de umas quantas situações concretas. A lei pretendeu, aqui, uma outra dimensão. Uma vez que o agente ou está obrigado a uma atuação (1312.º) ou tem uma permissão de ingerência que, em princípio, lhe não caberia (os demais casos), a lei faz correr por conta dele:

(1) os danos resultantes da própria atuação lícita, no que se configura como hipóteses de responsabilidade pelo sacrifício;
(2) os danos colaterais, associados ao risco que uma atuação em campo alheio sempre envolve.

III. As responsabilidades pelo risco e pelo sacrifício são incluídas, na responsabilidade civil, por razões de absorção estrutural e linguística: concretizam-se através da denominada obrigação de indemnizar. Se percorrermos os seus pressupostos, verificamos:

(1) que não exigem nem ilicitude, nem culpa;
(2) que não lidam com causas de justificação as quais, a ocorrerem, podem dar lugar a precisões distintas, como será o caso do artigo 339.º/2, 2.ª parte, relativo ao estado de necessidade;
(3) que oferecem uma causalidade diversa.

Quanto à causalidade, não podemos recorrer à ideia do bem protegido pela norma que foi violada. Vale uma imputação naturalista e que faz apelo a uma causalidade negativa pronunciada: o lesado nunca deve ficar numa situação pior daquela em que se encontraria se não fosse a atuação do proprietário.

IV. Afigura-se ainda possível, por interpretação extensiva do artigo 807.º/2, aplicável também no caso do risco repercutido na esfera do possuidor de má-fé[889], fazer intervir a relevância negativa da causa virtual. Nos diversos casos em que um agente é responsabilizado independentemente de ilicitude e de culpa, ele pode ilibar-se demonstrando que os danos teriam ocorrido, independentemente da sua atuação. Ponto a ponto, há que compor uma dogmática real.

[889] *Tratado*, XIII, 684-685.

CAPÍTULO V

A EFICÁCIA REAL

SECÇÃO I

GENERALIDADES

§ 20.º DOUTRINA DOS EFEITOS REAIS

90. A eficácia jurídica; modalidades

I. A eficácia jurídica manifesta-se sempre que algo ocorra no mundo do Direito. As consequências juridicamente relevantes são sempre respeitantes a pessoas: sem Humanidade, não há Cultura, não há Ciência e, logo, não há Direito. A eficácia jurídica reporta-se, ainda, a situações jurídicas[890]. A situação jurídica, por seu turno, resulta de uma decisão jurídica, ou seja, assume-se como o ato e o efeito de realizar o Direito, solucionando um caso concreto.

A decisão jurídica é uma decisão humana, em sentido cognitivo-volitivo: implica Ciência – ou seria arbitrária – e implica opção – ou surgiria automática. A opção, ainda que pressupondo sempre uma margem maior ou menor de manobra, baseia-se em fatores colhidos nas fontes e que, por se mostrarem aptos a infletir a vontade humana, se apresentam como argumentos em sentido próprio. Os argumentos relevantes perante cada caso concreto articulam-se, com as suas conexões, os seus valores e o seu peso relativo, em modelos de decisão, isto é, em complexos concatenados que habilitem o intérprete-aplicador a decidir com legitimidade.

[890] *Tratado*, I, 4.ª ed., 863 ss. e II, 5.ª ed., 77 ss..

II. A eficácia é a dimensão dinâmica das situações jurídicas: do movimento depende a existência. Tendo em conta a ordenação, perante a situação jurídica, da eficácia, pode-se falar em eficácia constitutiva, transmissiva, modificativa e extintiva:

(1) constitutiva, caso se forme (se constitua) uma situação antes inexistente na ordem jurídica: por exemplo, há eficácia constitutiva quando, nos termos do artigo 1318.º, alguém pratique uma ocupação, constituindo-se proprietário da coisa apropriada;
(2) transmissiva, sempre que uma situação já existente, na ordem jurídica, transite da esfera de uma pessoa para a de outra; por exemplo, ocorrendo a tradição de uma coisa, a posse de uma coisa transfere-se para o novo possuidor, por via dos artigos 1263.º, *b*) e 1267.º, *a*);
(3) modificativa, na hipótese de uma situação, centrada numa determinada pessoa, aí se conservar, mas com alterações no seu conteúdo; a propriedade, sendo edificada ou havendo plantações, conserva-se, mas com alterações no seu objeto;
(4) extintiva, na eventualidade de se dar o desaparecimento, da ordem jurídica, de uma situação antes existente: o abandono da coisa provoca a cessação do direito de propriedade sobre ela.

III. Por vezes, a doutrina chama, à constituição, "aquisição originária" e, à transmissão, "aquisição derivada"[891]: trata-se, efetivamente, de designações equivalentes entre si, enfocando embora os fenómenos pelo prisma das esferas jurídicas. Temos evitado o termo "aquisição", para prevenir dúvidas. Em certos casos, pode extinguir-se uma situação e, de seguida, constituir-se nova situação, em tudo idêntica à anterior, mas noutra esfera jurídica. Não há, quando isso suceda, transmissão: exige-se, porém, uma análise do caso concreto, para evitar as dúvidas que a extinção-constituição sempre provocam.

IV. Em determinadas hipóteses, um efeito pode revelar-se, em simultâneo, constitutivo e modificativo. Assim, o proprietário que hipoteque um terreno – artigos 686.º e seguintes – constitui o direito de hipoteca a favor do credor hipotecário e modifica a sua própria situação de propriedade a

[891] Mota Pinto, *Teoria geral* cit., 4.ª ed., 360 ss..

qual, a partir de então, passará a estar onerada pela garantia. Fala-se, a tal propósito em "aquisição derivada constitutiva" (Mota Pinto).

As diversas modalidades de eficácia têm importância por conduzirem à aplicação de regimes próprios diferenciados, particularmente no Direito das coisas.

91. **Transmissão e sucessão**

I. Ainda que discutida[892], cabe operar uma distinção entre transmissão e sucessão. Esta integra, tão-só, um conceito de transmissão em sentido amplo.

Na transmissão, verifica-se a passagem de uma situação jurídica da esfera de uma pessoa, para a de outra; na sucessão, ocorre a substituição de uma pessoa por outra, mantendo-se estática uma situação jurídica a qual, por isso, estando inicialmente na esfera de uma pessoa, surge, depois da troca, na de outra.

II. Aparentemente idênticas nos resultados, transmissão e sucessão implicam eficácias diferentes, donde o seu particular interesse: na transmissão, a situação transferida pode sofrer certas alterações de elementos circundantes, enquanto na sucessão, ela mantém-se totalmente idêntica.

Assim sucede na posse[893]; diz-se de boa-fé quando o possuidor ignore, no início, prejudicar o direito de outrem – artigo 1260.º/1; havendo transmissão, ela pode tornar-se de má-fé sempre que, no momento da operação, o transmissário saiba estar a prejudicar outrem; na sucessão, pelo contrário, o sucessor recebe exatamente o que se encontrava na esfera do antecessor: se este estiver de boa-fé, ele fica de boa-fé e, inversamente: a má-fé do primeiro envolve a do segundo.

III. A base legal de distinção reside na contraposição dos regimes da sucessão na posse e da acessão da posse, consagrados nos artigos 1255.º e 1256.º do Código Civil.

[892] Entre nós, a distinção é defendida por Oliveira Ascensão, mas posta em dúvida por Galvão Teles; particularmente relevante no Direito das sucessões, ela transcende, no entanto, o seu âmbito estrito.

[893] *Tratado*, XIII, 632 ss. e 673 ss..

Havendo sucessão na posse, segundo o artigo 1255.°, esta continua nos sucessores, independentemente da apreensão material da coisa: ela mantém todas as suas características e dispensa qualquer manifestação de vontade ou atuação similar específica. Pelo contrário, na transmissão referida no artigo 1256.°[894], a posse pode mudar de características – pode ter "natureza diferente" – e depende, na sua continuidade, de uma manifestação de vontade do transmissário.

92. Factos, atos e negócios

I. Os factos jurídicos comportam múltiplas classificações. A mais simples distingue, nos factos jurídicos em geral ou *lato sensu,* os factos jurídicos em sentido estrito (*stricto sensu*) dos atos jurídicos, consoante, para efeitos de eficácia, eles sejam considerados como eventos naturais ou, pelo contrário, como manifestações de vontade humana. O facto jurídico *stricto sensu* pode redundar numa manifestação de vontade humana que, no entanto, não releve, enquanto tal, em termos de eficácia: o Direito trata-a como uma ocorrência. Isso sucede com a gestão de negócios – artigos 464.° e seguintes – e em várias hipóteses de enriquecimento sem causa – artigos 473.° e seguintes.

II. Os factos jurídicos *stricto sensu* abrangem eventos da mais diversa natureza. Torna-se problemático fazer uma sua teorização, que não seja pelo prisma da eficácia. Assim, o que pode haver de comum entre uma inundação, que aciona os mecanismos de um contrato de seguro, uma extração da lotaria, que confere direitos a determinados prémios e o nascimento de uma pessoa, que dá lugar a um novo centro de imputação de normas jurídicas é, justamente, a presença de eficácia jurídica.

III. Os atos jurídicos ocorrem no espaço, conferido às pessoas, pela autonomia privada. Quando tal ocorra, eles comportam a classificação de atos jurídicos em sentido estrito e negócios jurídicos, consoante impliquem, apenas, liberdade de celebração ou, pelo contrário, assentem, simul-

[894] Em vez de referir a "transmissão", a lei mencionou o "...houver sucedido na posse de outrem por título diverso da sucessão por morte...", numa complicação que tem sido criticada pela doutrina. *Vide* o nosso *A posse: perspectivas dogmáticas actuais*, 3.ª ed. (2000), 109 ss..

taneamente, na liberdade de celebração e na de estipulação[895]. Pelo contrário, os atos podem ter lugar em áreas não-permitidas. Trata-se, então, de atos ilícitos, aos quais o Direito associa efeitos próprios.

93. A eficácia real

I. Há eficácia real sempre que um facto jurídico *lato sensu* provoque a constituição, a transmissão, a modificação ou a extinção de situações jurídicas relevantes para o Direito das coisas. Refere-se, a tal propósito, uma eficácia real *quoad effectum*, contraposta à *quoad constitutionem*, que requer a tradição de uma coisa. O negócio real *quoad constitutionem* é, em regra, também real *quoad effectum*. A expressão "eficácia real" é ainda usada para exprimir ocorrências oponíveis a terceiros, mesmo quando não impliquem coisas corpóreas e, portanto, não tenham natureza real. Assim sucede com a preferência na aquisição onerosa de participações sociais, quando as partes lhe atribuam eficácia real[896], ou quando se refira esse tipo de eficácia reportado às preferências legais, independentemente de se considerar a natureza real das situações subjacentes[897].

II. Em Direitos Reais, existe uma forte representação – quiçá e em termos dogmáticos, um predomínio – de atos *stricto sensu* e de factos *stricto sensu*[898]. Dado o princípio da tipicidade e tendo em conta o imediatismo nas relações com as coisas, a autonomia privada tem, em Direitos Reais, um papel menor do que o denotado no Direito das obrigações. Mas esse papel existe, ainda que não se manifeste por via negocial.

Os atos e os factos *stricto sensu* têm regras próprias. Desde logo e por definição, os factos não comportam formas predeterminadas: pense-se na destruição da coisa, na acessão natural ou na confusão casual: basta demonstrar a sua ocorrência. Quanto aos atos: ainda que requerendo atuações voluntárias – recorde-se a ocupação, o achamento ou a plantação –, eles não lidam, em geral, com comunicações dirigidas a outrem ou ao público. A temática da forma e dos destinatários não se aplica.

[895] *Tratado*, II, 5.ª ed., 85 ss..

[896] REv 26-mai.-2022 (Jaime Pestana), Proc. 1209/18, como exemplo.

[897] STJ 14-out.-2021 (Abrantes Geraldes), Proc. 45/20.

[898] *Tratado*, XIII, 256-258, com listas (não-exaustivas) de atos *stricto sensu* e de factos *stricto sensu* dotados de eficácia real.

A eficácia real, em todos estes casos, tem regras simples e naturais para ser desencadeada.

III. Os negócios com eficácia real, quando relativos a imóveis, têm, em geral, formas solenes. Pense-se na compra e venda de imóveis, sujeita a escritura ou a documento particular autenticado (875.º). Com apoio em preceitos como os artigos 413.º/2 (promessa real) e 421.º (preferência real) e, ainda, no próprio artigo 939.º (alargamento das normas relativas à compra e venda), seria possível generalizar a regra, ainda que sempre com uma sindicância em cada caso concreto. Para além disso há que, caso a caso, verificar a existência de algum regime solene eventualmente fixado por lei.

IV. Quando estejam em causa contratos, há que lidar com o regime próprio do tipo em jogo. Nalgumas situações, como na do arrendamento, ocorre uma forte malha injuntiva, que delimita a vontade das partes. Quanto à propriedade: mau grado a autonomia privada de base, há que ter presente os muitos condicionamentos existentes, particularmente no que se prenda com o aproveitamento a dar à coisa. As limitações urbanísticas, agrárias e ambientais estão presentes, podendo inviabilizar diversas cláusulas. Nos direitos menores, que impliquem títulos constitutivos, a autonomia privada pode exercer-se nessas margens, com isso afeiçoando a eficácia real.

V. Na sequência, iremos considerar, sucessivamente: (1) a constituição; (2) a transmissão e a modificação; (3) a extinção da propriedade. Dentro da constituição, veremos a ocupação, o achamento, a aquisição do tesouro e a acessão, nas suas diversas modalidades. A usucapião e a aquisição tabular foram tratadas a propósito da posse[899] e do registo predial[900].

94. **Os modos de aquisição da propriedade**

I. O artigo 1316.º enumerou, como adiantado, os modos de aquisição da propriedade:

> O direito de propriedade adquire-se por contrato, sucessão por morte, usucapião, ocupação, acessão e demais modos previstos na lei.

[899] *Tratado*, XIII, 689 ss..
[900] *Idem*, 827 ss..

Esse peceito provém do artigo 17.º do anteprojeto Pires de Lima[901], o qual sofreu poucas alterações na 1.ª Revisão Ministerial (1303.º)[902], obtendo, na 2.ª Revisão (1316.º)[903], a sua redação definitiva[904]. Foi colhido no artigo 922.º do Código Civil italiano de 1942, o qual, de modo mais explícito, dispõe[905]:

> A propriedade adquire-se por ocupação, pelo achamento, por acessão, por especificação, por união ou confusão, por usucapião, por efeito de contratos, por sucessão por causa de morte e por outros modos estabelecidos pela lei.

A doutrina aproveita o espaço aberto por um preceito para referenciar as suas relações com a Constituição e a função social da propriedade e para fazer alguma dogmática relativa à eficácia jurídica[906]. Todavia, acrescenta a dificuldade de, no texto do artigo 922.º, discernir uma unidade, obrigando à busca de outros critérios axiológico-reais[907].

II. O intérprete-aplicador deve começar por fixar o sentido de uma enumeração de modos de aquisição da propriedade. Desde logo, qualquer enumeração fica dependente do regime que, depois, se venha a estabelecer. No limite, de pouco vale uma listagem se, depois, no momento decisivo de fixar regimes, o legislador optar por saídas que, com ela, não coincidam.

De seguida, a enumeração do artigo 1316.º não é taxativa: o próprio preceito refere os "demais modos previstos na lei". Por "lei" deve entender-se o Direito. Assim, para além da lista do artigo 1316.º, temos outros modos: (1) previstos no próprio Código e não elencados; (2) constantes de leis extravagantes; (3) derivados de construções jurídico-científicas, por vezes com consagração jurisprudencial. Tudo visto: cabe à Ciência do Direito, e não à lei, isolar, com base no Direito, os modos de aquisição da propriedade.

[901] Fernando Pires de Lima, *Direito de propriedade* cit., 230.

[902] *1.ª Revisão* cit., 28.

[903] *2.ª Revisão* cit., 22; *Projecto* cit., (1316.º), 381, sem modificações.

[904] DG I Série, n.º 274, de 15-nov.-1966, 1996/II.

[905] Adelaide Rossi, em Massimo Franzoni/Rita Rolli, *Codice civile commentato* cit., I, art. 922.º (1219-1220)

[906] Raffaele Tommasini/Elena la Rosa, *I modi di acquisto della proprietà* cit., 4-29.

[907] *Idem*, 29 ss..

III. Formas de constituição de propriedade previstas no Código Civil e ausentes do artigo 1316.º são, como exemplos:

(1) a aquisição de frutos, designadamente pelo possuidor de boa-fé 1270.º/1);
(2) a execução de uma preferência legal (1410.º/1);
(3) a expropriação por utilidade particular (1370.º).

Fora do Código encontramos, sempre como exemplos, a obtenção de coisas pelos sócios, na sequência da dissolução e da liquidação de uma sociedade[908] e diversos esquemas ligados ao Direito público.

A Ciência do Direito pode construir certas hipóteses de aquisição de domínio: pense-se na *surrectio ex bona fide* ou no próprio *venire contra factum proprium*.

IV. Centrando-nos no elenco do artigo 1316.º, verificamos que:

(1) o contrato e a sucessão por morte conduzem a modos de constituição derivada, enquanto a usucapião, a ocupação e a acessão implicam constituições originárias de propriedade;
(2) o contrato e a sucessão por morte não esgotam o universo das aquisições derivadas: poderíamos acrescentar a aquisição por negócio unilateral, por via indemnizatória, por gestão de negócios ou por restituição do enriquecimento; outros exemplos poderiam ser excogitados;
(3) a "ocupação" engloba formas distintas de constituição da propriedade, com regimes próprios: o achamento e a aquisição do tesouro, entre outras hipóteses ligadas aos animais mansuefactos e aos enxames de abelhas; a própria norma dadora (o artigo 922.º do Código italiano) distinguiu a ocupação do achamento;
(4) a "acessão" abrange, também, formas distintas de aquisição originária, todas com regimes próprios: a acessão natural, a união, a confusão, a especificação e a "acessão industrial imobiliária" ou acessão propriamente dita.

[908] Designadamente quando, no âmbito da liquidação de uma sociedade, houver lugar à partilha do ativo em espécie (artigo 156.º/1 do CSC): *vide* o nosso *Código das Sociedades Comerciais anotado*, 5.ª ed. (2022), 156.º, Nr. 2 (653).

Não há qualquer tipicidade fechada, no tocante aos modos de aquisição da propriedade.

V. Aqui chegados, pergunta-se qual a oportunidade de incluir no Código o elenco do artigo 1316.º: é insuficiente e não surge dogmaticamente correto. A justificação para a sua inclusão surge no *Código anotado*[909]: (1) a omissão do elenco seria rara em códigos latinos; (2) o Código velho (o de Seabra) era omisso; (3) contra isso protestaria Cunha Gonçalves; (4) a boa ordenação da matéria.

De facto, o Código italiano (922.º) e o espanhol (609.º) comportam enumerações de formas de aquisição da propriedade. O preceito italiano foi acima transcrito[910]. O espanhol dispõe:

> A propriedade adquire-se pela ocupação.
>
> A propriedade e os demais direitos sobre bens adquirem-se e transmitem-se pela lei, por doação, por sucessão testada e intestada e por consequências de certos contratos mediante a tradição.
>
> Podem também adquirir-se por meio de prescrição.

Trata-se de um preceito arcaico e claramente insuficiente: apenas antecipa a sistematização subsequente do Código espanhol. Não parece que, quase um século volvido, devesse constituir de exemplo ao Código de 1966, sendo certo que só remotamente o artigo 1316.º se lhe assemelha. Cunha Gonçalves disse, efetivamente[911]:

> Tendo o legislador dedicado tôda a parte III deste Código ao direito de propriedade, seria curial que, numa secção sobre disposições preliminares, indicasse quais os modos por que a propriedade se adquire. Mas não o fez: certamente porque julgou esta questão abrangida na parte II, que trata da aquisição dos direitos em geral.

De facto, na parte em causa, o Código de Seabra versava os modos de apropriação. E a esse propósito, Cunha Gonçalves elencava[912]: (1) a ocupação; (2) o trabalho, a criação e a invenção; (3) a convenção; (4) a posse ou a usucapião; (5) a transmissão a título gratuito; (6) a acessão; (7)

[909] Pires de Lima/Antunes Varela, *Código Civil anotado* cit., III, 2.ª ed., 118.

[910] *Supra*, n.º 94, I.

[911] Luís da Cunha Gonçalves, *Tratado de Direito civil* cit., 11, n.º 1655 (231).

[912] *Idem*, III, n.º 315 (160-161).

a especificação; (8) a adjudicação por sentença ou por ordem da autoridade competente; (9) a lei; (10) o enriquecimento sem causa. Nada disto foi aproveitado por Pires de Lima.

Quanto à "boa ordenação da matéria": a enumeração do artigo 1316.º, prenunciando a sequência, amalgamou formas distintas de aquisição da propriedade, designadamente quando refere a ocupação e a acessão.

VI. Tudo visto, o artigo 1316.º tem um alcance estilístico, como modo de introdução ao capítulo sobre a aquisição da propriedade. Poderia ter sido mais escorreito: bastava ter seguido de perto o Código italiano. E seria, seguramente, dispensável. Tem todavia o mérito de permitir um debate sobre várias questões subjacentes.

95. **O momento da aquisição**

I. O artigo 1317.º, prolongamento do artigo 1316.º, optou por indicar o momento da aquisição da propriedade, em função dos diversos modos que a ela conduzem. Tal como o anterior, ele reproduz, quase sem alterações, o artigo 18.º do anteprojeto Pires de Lima[913]. Ao contrário do artigo 1316.º, o 1317.º tem um conteúdo normativo direto. Há que relevá-lo.

II. No caso da aquisição por contrato, o momento da aquisição seria o designado nos artigos 408.º e 409.º – 1317.º, *a*). Esses preceitos lidam com uma temática obrigacional, dependendo da autonomia privada. Além disso, eles não pretendem fixar "momentos" mas, apenas, o da ocorrência da eficácia real. A dogmática do contrato de compra e venda diz-nos que o consensualismo tem uma série de desvios[914]. Temos:

(1) na venda de bens futuros, a aquisição só se dá com o seu surgimento na esfera do vendedor (880.º/1);

[913] Fernando Pires de Lima, *Direito de propriedade* cit., 230-231. *Vide* a *1.ª Revisão* cit., 1304.º (29); *2.ª Revisão* cit., 1317.º (22); *Projecto* cit., (1316.º), 381.

[914] *Vide* Carlos Ferreira de Almeida, *Transmissão contratual de propriedade/Entre o mito da consensualidade e a realidade de múltiplos regimes*, Themis 11 (2005), 5-17 (7-10); *Tratado*, XI, 277.

(2) a venda de frutos pendentes, de partes componentes ou integrantes, a transferência opera apenas com a separação (880.º/1);
(3) a venda de coisa alheia como tal segue o regime dos bens futuros (893.º);
(4) a venda de coisa genérica concretiza-se com a concentração (541.º);
(5) a venda de coisas alternativas concretiza-se com a escolha ou a impossibilidade de um dos termos (545.º, 546.º e 547.º);
(6) a venda de coisas indeterminadas opera a transferência com a determinação; nestes três casos, o sinal da transferência do domínio está ligado à do risco;
(7) na empreitada com materiais a fornecer pelo empreiteiro, a propriedade transfere-se para o dono com a aceitação da coisa (1212.º/1).

A remissão para os artigos 408.º e 409.º afigura-se insuficiente. Só não é perniciosa porque, na determinação da eficácia real do contrato, não se recorre ao artigo 1317.º.

III. No caso de sucessão por morte, a propriedade adquire-se no momento da abertura da sucessão – artigo 1317.º, *b*). O preceito pretende antecipar o artigo 2050.º/2, que faz retroagir os efeitos da aceitação ao momento da abertura da sucessão. A solução é tradicional e destina-se a evitar hiatos durante o período de jacência. Há todo um regime sucessório que deve ser tido em conta.

IV. Na hipótese de usucapião, o artigo 1317.º, *a*), retoma o artigo 1288.º, que já anunciara: invocada a usucapião, os seus efeitos retrotraem-se à data do início da posse. Todavia, essa afirmação não é rigorosa: sendo a acessão na posse facultativa (1256.º/1), pode o beneficiário pretender prevalecer-se não da data do início da posse, mas daquela em que, ele próprio, se tornou possuidor.

V. Mas discutível ainda é a indicação do artigo 1317.º, *d*): nos casos de ocupação e acessão, a propriedade adquire-se no momento da verificação dos factos respetivos. "Factos" parece apontar para os factos *stricto sensu* que desencadeariam a ocupação e a acessão. Só que tais "factos" podem implicar sequência de atos, dependentes da vontade do beneficiário, e que podem ser subsequentes aos factos[915]. Desta feita, a alínea *d)* não só não ajuda, como também complica.

VI. O artigo 1317.º corresponde a uma preocupação sistematizadora excessiva e, ao que parece, impossível de colocar no terreno. Além de ser omisso quanto a diversas formas de aquisição da propriedade, esse preceito é demasiado redutor e, por vezes, pressupõe regras que não correspondem à realidade normativa do próprio Código. Caso, no artigo 1317.º, víssemos efetivas diretrizes normativas, teríamos normas em contradição, a qual acabaria por ser ultrapassada contra ele.

[915] Quanto ao achamento e ao tesouro, *vide infra*, n.os 101 ss. e 104 ss., respetivamente; no que respeita à união, à confusão, à especificação e à acessão, *infra*, n.os 119-120, 121 e 122 ss., também respetivamente.

SECÇÃO II

A OCUPAÇÃO, O ACHAMENTO E A AQUISIÇÃO DO TESOURO

§ 21.º A OCUPAÇÃO E AS SUAS DIRETRIZES

96. Noção, relevo e evolução

I. A ocupação (*occupatio*, *occupazione* e *Aneignung*, em latim, italiano e alemão, respetivamente) é uma forma de constituição do direito de propriedade através do apossamento de uma coisa sem dono. Trata-se de um instituto que, desde os romanos, era aproximado do Direito natural. Em reconstituição histórico-filosófica, a ocupação, em paralelo com o trabalho, está na base da propriedade e da sua justificação. O próprio solo foi sendo ocupado pela Humanidade, desde o berço africano até à atual expansão generalizada. A ocupação foi invocada na expansão ultramarina da Europa, ainda que em detrimento das populações indígenas. Hoje, a ocupação restringe-se a móveis pouco significativos. Trata-se, todavia, de um instituto tradicional que fez jogar, em primeira linha, a dogmática tipicamente real.

II. No Direito romano, Gaio, em fragmentos preservados nos *Digesta*, explica que certos modos de aquisição da propriedade, assentes na razão são, como tal, aplicáveis a todos. E prossegue[916]:

> Omnia igitur animalia, quae terra mari caelo capiuntur, id est ferae bestiae et volucres pisces capientium fiunt [todos os animais que sejam cap-

[916] Gaio, D. 41.1, 1, *in fine* = ed. Theodor Mommsen cit., 644/I; a trad. é nossa, por confronto com a de Friedrich Sintenis, *Pandecten* cit., IV, 247.

turados na terra, no mar ou no céu, isto é, os animais selvagens, os pássaros e os peixes são propriedade daquele que os capture].

A matéria é retomada nas *Institutiones* de Justiniano[917], onde são elencados os animais selvagens, o butim tomado ao inimigo, as coisas encontradas no litoral, as ilhas surgidas no mar e nos rios e as coisas abandonadas (*res derelictae*). No fundamental, exigiam-se dois requisitos: (1) a disponibilidade da coisa; (2) o apossamento[918]. As fontes não são sempre unívocas[919]: o próprio termo *occupatio* não era usado pelos clássicos, que apenas mencionavam o verbo *occupare*. Ocorre, ainda, a referência a um terceiro requisito: a intenção de apreender a coisa para si ou *animus occupandi*[920].

III. O caso da ocupação das coisas abandonadas ou *res derelictae*, prestou-se a desenvolvimentos específicos[921]. Na Roma antiga, havia duas correntes: os sabinianos entendiam que elas podiam ser ocupadas, adquirindo-se, por essa via, a propriedade; os proculeianos, distinguiam: pela ocupação, adquiria-se a proteção bonitária; teria de haver *usucapio* para se alcançar o *dominium*[922].

IV. Ao longo da História, a ocupação manteve-se, com os elementos apontados pelos jurisprudentes romanos. O advento dos Estados nacionais

[917] I. 2.1, 12-22 = ed. bol. Okko Behrends cit., 49-52; *vide* = Gaetano Sciascia, *Occupazione*, NDI IX (1939), 3/I; Giannetto Longo, *Occupazione (diritto romano)*, NssDI XI (1965), 731-732 (731/I); Gennaro Franciosi, *Occupazione (storia)*, ED XXIX (1979), 610-616 (612/I-613/I); Max Kaser, *Das römische Privatrecht* cit., I, 2.ª ed., § 102, I, 1 (425-426), com indicações.

[918] Gennaro Franciosi, *Occupazione (storia)* cit., 610/II.

[919] Hans Ankum, *Pomp. D. 41,7,5,pr: Die occupatio einer res mancipi: derelicta und der Ausdruck in bonis alicuius esse in den klassischen römischen Rechtsquellen*, SZRom 103 (1986), 248-274, referindo (249) a existência de muita bibliografia.

[920] Raúl Ventura, *História do Direito romano* cit., II, 188; Letizia Vacca, *Derelictio e acquisto delle "res pro derelictio habitae": letture della fonti e tradizione sistematica* (1984), XII + 179 pp., 165 e *passim*, rec. Hans Wieling, SZRom 103 (1986), 556-561.

[921] Pietro Bonfante, *La derelizione e l'apprensione di cose derelitte* (1917), em *Scritti giuridici: varii*, II – *Proprietà e servitù* (1918), 342-369; *idem*, *Corso di diritto romano*, II – *La proprietà*, 2 (1928), 192-198.

[922] António Santos Justo, *Direito privado romano* cit., III – *Direitos Reais*, 35-36, indicando fontes.

e das codificações veio ditar algumas diferenças, que relevam para a evolução comparatística.

Em França, a pré-codificação manteve a ocupação em moldes românicos[923]. A caça, até pelas tradições medievais, tinha um tratamento alargado[924]. O Código Napoleão adotou um tratamento inverso: os seus artigos 539.º e 713.º dispunham que os bens sem dono pertenciam à nação[925]. Na mente do legislador terá jogado a ideia de serenar os ânimos e a sociedade, após as convulsões causadas pela Revolução Francesa. A não-referência expressa à ocupação levou a doutrina a tomar posições restritivas[926], ainda que tendencialmente não-absolutas, uma vez que o próprio Código admitia a caça[927]. A evolução doutrinária operou no sentido de não se admitir a ocupação de imóveis que, não tendo dono, pertenciam ao Estado, mas apenas de móveis, com a caça, a pesca e os produtos do mar em grande plano[928]. Trata-se de uma orientação que encontramos nos tratadistas atuais[929].

V. Na área germânica, o pandectismo conservou, ao longo do século XIX, a *occupation*, no alemão alatinado da época[930], depois *Okupation*, já contracenando com *Aneignung*[931]. Na preparação do BGB, ensaiou-se *Zueignung*[932], apenas no final surgindo a atual *Aneignung*, versada nos §§ 958 a 964 desse Código[933].

[923] Robert-Joseph Pothier, *Traité du droit de domaine de propriété* cit., 19-22 = = *Œuvres* cit., 9, 108-111.

[924] *Idem*, n.ºs 23-49 = *Œuvres*, 111-120.

[925] *Code civil des français* cit., 133 e 174, respetivamente.

[926] Zachariä, *Handbuch des Französischen Civilrechts* cit., 1, § 200 (496-497).*Le*

[927] Alexandre Duranton, *Cours de droit civil* cit., 2, 4.ª ed., n.º 1079-1085 (321-323).

[928] Marcel Planiol, *Traité Élémentaire de Droit Civil* cit., 1, 3.ª ed., n.º 2564-2580 (819-824) ; Murad Ferid/Jürgen Sonnenberger, *Das französische Zivilrecht* cit., 2, 2.ª ed., n.º 3 A 237 (555) e 3 B 121-133 (574-578).

[929] François Terré/Philippe Simler, *Droit civil/Les biens* cit., 10.ª ed., n.º 399 (320--322).

[930] Anton Thibaut, *System des Pandekten-Rechts* cit., 5.ª ed., § 593 (II, 34-36); Georg Friedrich Puchta, *Pandekten* cit., 7.ª ed., § 154 (224-226).

[931] Heinrich Dernburg/Johannes Biermann, *Pandekten*, 1, 7.ª ed., § 203 (472-474).

[932] Horst Heinrich Jakobs/Werner Schubert, *Die Beratung des BGB/Sachenrecht* cit., I, 690 ss..

[933] Ludwing Kuhlenbeck, *Von den Pandekten zum BGB* cit., 2, § 32 (542-544), na passagem das *Pandekten* para o BGB, usa ambas as expressões.

Nesses §§, o BGB trata, sucessivamente[934]: a aquisição de coisas sem dono (§ 858); o abandono (§ 859); os animais selvagens (§ 960); a perda da propriedade de enxames de abelhas (§ 961); o direito de perseguição do proprietário (§ 962); a multiplicidade de danos (§ 963); a união de enxames (§ 964).

O BGB afigura-se bem estruturado. Como ocupação surgem, efetivamente, situações que reúnem os elementos tradicionalmente imputados à velha *occupatio*. Não se trata de um tema que mereça especiais controvérsias dogmáticas.

VI. A sempre interessante experiência italiana documenta, logo no Código Civil de 1865, um distanciamento em relação ao sistema napoleónico. Com efeito, esse Código iniciava o seu livro terceiro, relativo aos modos de adquirir e de transmitir a propriedade e outros direitos sobre as coisas, com um título I, dedicado à ocupação (artigos 711.º a 719.º). Preenchem a secção I (da ocupação e da invenção) do capítulo III relativo aos modos de aquisição da propriedade[935]. Incluía-se, aí, a aquisição do tesouro (714.º) e outras figuras, como a dos animais mansuefactos que, em rigor, não são ocupação. O Código Civil de 1942 intensificou a ocupação, dedicando-lhe os artigos 923.º a 932.º[936]. Tal como o seu antecessor, também este diploma reuniu, na ocupação, formas de aquisição do domínio que, em rigor, não lhe são reconduzíveis, com relevo para o achamento e a aquisição do tesouro. A matéria é introduzida pelo artigo 923.º, que dispõe simplesmente:

> As coisas móveis que não sejam propriedade de ninguém adquirem-se pela ocupação.
>
> Tais são as coisas abandonadas e os animais objeto de caça ou de pesca.

[934] Christian Berger, no *Jauernig* cit., 17.ª ed., §§ 958-964 (1709-1711); Karl-Heinz Gursky/Wolfgang Wiegand, no *Staudingers Kommentar* cit., §§ 958-964 (670-707); Jürgen Oechsler, no *Münchener Kommentar* cit., 8, 8.ª ed., §§ 958-964 (1313-1325); Hanns Prütting, no PWW/BGB cit., 15.ª ed., §§ 958-964 (1996-1998); Sebastian Herrler, no *Grüneberg* (*ex-Palandt*), 81.ª ed., §§ 958-964 (1670-1671)..

[935] Ferrarotti Teonesco, *Commentario teorico pratico comparato al codice civile italiano*, IV (1873), 130-200; Nicola Stolfi, *Il possesso e la proprietà* (1926), 715 pp., 379-418; Gaetano Sciascia, *Occupazione*, NDI IX (1939), 3 (3/II).

[936] Raffaele Tommasini/Elena la Rosa, *I modi di acquisto della proprietà* cit., 143-271.

A doutrina distingue, na previsão relativa à ocupação: (1) o requisito objetivo da apreensão material da coisa e (2) o elemento subjetivo do *animus occupandi*[937]. Tal *animus* (insubsistente perante o Direito português[938]) equivale, no fundo, a uma analogia com a posse[939] ou com certa conceção de posse.

VII. Tem interesse relevar, no Código italiano de 1942, o conteúdo da secção relativa à ocupação: é conhecida a influência que o Código italiano teve no nosso, de 1966. Assim, ele versa[940]: coisas suscetíveis de ocupação (923.º); enxames de abelhas (924.º); animais mansuefactos (925.º); migrações de pombos, de coelhos e de peixes (926.º); coisas achadas (927.º); publicação do achamento (928.º); aquisição de propriedade de coisa achada (929.º); prémio devido ao achador (930.º); equiparação do possuidor ou do detentor ao proprietário[941] (931.º); tesouro (932.º); despojos do mar e plantas na margem; despojos aeronáuticos (932.º): remetidos para leis especiais.

Vamos encontar, com algumas simplificações, uma sucessão deste tipo no Código de 1966.

97. A evolução lusófona

I. Sob o Direito comum, a ocupação guiava-se, no espaço lusófono, pelas regras romanas constantes do *Corpus Iuris Civilis*. As Ordenações apenas continham regras disciplinadoras da caça e da pesca. Por exemplo, o Livro V, Título 88, continha proibições deste tipo[942]:

> Defendemos geralmente em nosso Reino, que pessoa alguma não mate nem cace perdizes, lebres, coelhos com com boi, nem com fios de arame (...) nem tome nem quebre ovos de perdizes (...)

[937] *Idem*, 145-148.

[938] *Infra*, n.º 99, IV.

[939] Alberto Trabucchi, *Occupazione (diritto privato)*, ED XXIX (1979), 616-626 (623/I).

[940] Chiara Esposito, em Massimo Franzoni/Rita Rolli, *Codice civile commentato* cit., I, 1220-1229.

[941] Para efeitos do artigo 923.º e seguintes.

[942] *Ord. Fil.*, Liv. V, Tit. LXXXVIII, pr. = ed. Gulbenkian, 1036/II; o § 5 continha outras artes de caça proibidas.

Seguiam-se várias proibições de caça nos meses de março, abril e maio, relativas a certas regiões. Também as pescarias comportavam uma série de limitações[943]. Todas estas regras eram acompanhadas por sanções penais. Havia uma preocupação ancestral em proteger as chamadas espécies cinegéticas.

II. Na pré-codificação, os elementos da ocupação estavam identificados. Segundo Correia Teles[944]:

> Sómente podem ser adquiridas por ocupação as cousas que nunca tiveram dono; e as que seu dono lançou fora ou abandonou, com animo de as não querer mais ter por suas.

De seguida, o Autor ocupava-se da caça e da pesca[945]. Coelho da Rocha explicava[946]:

> Occupação é o acto pelo qual alguem se apropria das cousas: *a*) que não têm dono; *b*) ou cuja apropriação é permittida a qualquer, por serem pertenças de bens nacionais ou municipaes. A primeira espécie verifica-se na caça dos quadrupedes, ou da volateria, e da pesca. A segunda nas aguas publicas, na pesquiza dos metaes, pedreiras, e outras quaesquer substancias minerais.

III. O Código de Seabra acolheu, no Título III do seu Livro I – Dos direitos originários e dos que se adquirem por facto e vontade propria independentemente da cooperação de outrem, da Parte II – Da acquisição dos direitos, a matéria da ocupação, com um largo aprofundamento sistemático. Ultrapassou largamente o modelo napoleónico. Eis o seu conteúdo geral[947]:

Capítulo I – Disposição geral (383.º);
Capítulo II – Da occupação dos animaes (384.º a 410.º):
  Secção I – Da caça (384.º a 394.º);

[943] *Ord. Fil.*, Liv. V, Tit. LXXXVIII, § 5-11 = ed. Gulbenkian, 1237/II-1239/I.
[944] José Homem Correia Teles, *Digesto Portuguez* cit., 3, art. 2 (5-6).
[945] *Idem*, art. 4-30 (6-9).
[946] M. A. Coelho da Rocha, *Instituições de Direito Civil* cit., § 410 (289).
[947] José Dias Ferreira, *Codigo civil annotado* cit., 1, 1 ed., 394-442; foram omitidas as subsecções.

Secção II – Da pesca (395.º a 399.º);
Secção III – Da occupação dos animaes bravios que já tiveram dono (400.º a 403.º);
Secção IV – Da occupação dos animaes domesticos abandonados, perdidos ou extraviados (404.º a 410.º).
Capítulo III – Da occupação das cousas inanimadas (411.º a 428.º):
Secção I – Da occupação das cousas moveis abandonadas (411.º e 412.º);
Secção II – Da occupação das cousas moveis perdidas (413.º a 421.º);
Secção III – Da occupação de thesouros e cousas escondidas (422.º a 427.º);
Secção IV – Da occupação das embarcações e de outros objectos naufragados (428.º).
Capítulo IV – Da occupação de objectos e productos naturais communs ou não apropriados (429.º a 473.º):
Secção I – Disposição geral (429.º e 430.º);
Secção II – Das águas (431.º a 464.º);
Secção III – Dos mineraes (465.º a 467.º);
Secção IV – Das substancias vegetaes, aquaticas ou terrestres (468.º a 473.º).

Como se vê, tínhamos 91 artigos relativos à ocupação. A matéria foi, na época, bastante analisada, sendo complementada com a referência a regras extravagantes, em especial as relativas à caça[948]. O facto de constar dos artigos iniciais do Código Civil ajudou: dentro da tradição de, nos códigos comentados, se ficar pelo 1.º volume permitiu que a ocupação fosse anotada, o que não sucedeu com outras rubricas[949].

IV. Na preparação do Código Civil de 1966, Pires de Lima reduziu os 91 artigos de Seabra a 7 artigos relativos à ocupação[950]. Esses preceitos, com poucas alterações de tipo formal, ultrapassaram as 1.ª (1305.º a

[948] António José Teixeira de Abreu, *Lições de Direito civil português*, I (1898), 199-470: porventura dos maiores desenvolvimentos sobre a ocupação, na nossa literatura, em conjunto com as anotações de Luís da Cunha Gonçalves, *Tratado de Direito civil* cit., 3, 159-452.

[949] Abel Andrade, *Commentario ao Codigo Civil Portuguez (Artt. 359.º e segg.)*, I (1895), CCXLII + 296 pp. (72-296), cobrindo a matéria apenas até parte das águas; A. F. Carneiro Pacheco, *Código Civil português actualizado*, I (1920), XX + 529 pp., 258-367.

[950] Fernando Pires de Lima, *Direito de propriedade* cit., artigos 19.º a 25.º (231-234).

1311.º)[951] e 2.ª (1318.º a 1324.º)[952] revisões ministeriais, bem como o Projeto (1318.º a 1324.º)[953]. O Código Civil, a propósito do que denomina ocupação, tem o alinhamento seguinte[954]:

1318.º – Coisas suscetíveis de ocupação;
1319.º – Caça e pesca;
1320.º – Animais selvagens com guarida própria;
1321.º – Animais ferozes fugidos;
1322.º – Enxames de abelhas;
1323.º – Animais e coisas móveis perdidas;
1324.º – Tesouros.

Foram retiradas, da ocupação, as matérias relativas às águas, às minas e às substâncias vegetais, aquáticas ou terrestres. Pires de Lima veio explicar que a redução se deveu ainda à recondução a princípios mais genéricos, tendo a ocupação perdido a importância que assumia nas legislações mais primitivas[955].

V. O Código Civil, na secção que dedica à ocupação, somou, em boa verdade, diversas formas de aquisição do domínio[956]. A diversidade é documentada pelos regimes respetivos, claramente distintos[957]. Assim, até por respeito pela designação oficial, podemos admitir que todas elas sejam redutíveis a uma ocupação *lato sensu*. Dentro desta, fácil é distinguir:

(1) a ocupação *stricto sensu*, presente no artigo 1318.º;
(2) a caça e a pesca, remetidas para leis especiais;

951 *1.ª Revisão* cit., 28-32.

952 *2.ª Revisão* cit., 22-25.

953 *Projecto* cit., 381-384.

954 DG I, n.º 274, de 25-nov.-1966, 1997/I-1997/II.

955 Pires de Lima/Antunes Varela, *Código Civil anotado* cit., III, 2.ª ed., 123.

956 Os nossos *Direitos Reais*, 2, 685 ss.; José Alberto Vieira, *Direitos Reais* cit., 3.ª ed., 645-646. A "desarticulação" da ocupação é comum nas demais doutrinas, com relevo para a italiana; *vide* Andrea Tabet/Enzo Ottolenghi, *La proprietà* cit., 698 ss. e 718 ss., que tratam a ocupação, o achamento e a descoberta do tesouro em capítulos distintos.

957 A doutrina reconhece-o, com maior ou menor ênfase: Luís A. Carvalho Fernandes, *Lições de Direitos Reais* cit., 6.ª ed., 335; António Santos Justo, *Direitos Reais* cit., 7.ª ed., 286 ss.; Luís Menezes Leitão, *Direitos Reais* cit., 9.ª ed., 302 ss.

(3) o regime relativo aos animais mansuefactos (1320.º) e os enxames de abelhas (1322.º);
(4) o achamento (1323.º);
(5) a aquisição do tesouro (1324.º).

VI. O artigo 1321.º, relativo a animais ferozes fugidos, dispunha:

> Os animais ferozes e maléficos que se evadirem da clausura em que o seu dono os tiver podem ser destruídos ou ocupados livremente por qualquer pessoa que os encontre.

Este preceito não tem, hoje, cabimento. Não há animais "ferozes e maléficos" e não se admite a sua "destruição" ou "ocupação" livre, por qualquer pessoa que os encontre. O combate da Humanidade não é contra os animais; trata-se, antes, de evitar ou retardar a hecatombe em curso de todas as espécies que, legitimamente, vivem no Planeta. Por isso, esse preceito foi revogado pelo artigo 7.º da Lei n.º 8/2017, que adotou um estatuto jurídico dos animais[958].

[958] DR 1.ª série, n.º 45, de 3-mar.-2017, 1149/II.

§ 22.º A OCUPAÇÃO *LATO SENSU*

98. A ocupação *stricto sensu*

I. A ocupação *stricto sensu* ou ocupação em sentido técnico-jurídico consta de parte do artigo 1318.º. Este preceito, na redação dada pelo artigo 2.º da Lei n.º 8/2017, de 3 de março, dispõe[959]:

> Podem ser adquiridos por ocupação os animais e as coisas móveis que nunca tiveram dono, ou foram abandonados, perdidos ou escondidos pelos seus proprietários, salvas as restrições dos artigos seguintes.

A alteração relativamente ao texto original[960] cifrou-se em substituir "animais e outras coisas móveis" por "animais e as coisas móveis". Essa pequena modificação tem o sentido especial de recordar que os animais não são considerados "coisas": são seres vivos dotados de sensibilidade e objeto de proteção jurídica (201.º-B), de acordo com a redação da Lei n.º 8/2017[961].

II. Do artigo 1318.º, relevamos o troço que vai até "abandonados". A hipótese de coisas (ou animais) perdidas leva-nos ao achamento; as coisas escondidas são, tecnicamente, tesouros. Temos, aí, formas distintas de adquirir a propriedade. A ocupação visa, apenas, coisas móveis e, de certo modo, os animais. Estes, todavia, dispõem de um regime cada vez mais diferenciado, sendo ainda, na categoria "animais", de distinguir diversas espécies, dotadas de proteção acrescida. A ocupação *stricto sensu* diz respeito, apenas, a móveis que nunca tiveram dono (conchas à beira-mar, pedras ou fósseis não protegidos, como exemplos) ou que foram abandona-

[959] DR 1.ª série, n.º 45, de 3-mar.-2017, 1145/II.

[960] DG I, n.º 274, de 25-nov.-1966, 1997/I.

[961] *Tratado*, III, 4.ª ed., 307 ss..

das pelo dono (objetos depositados no lixo, também como exemplo). Estão em causa, respetivamente, as *res nullius* e as *res derelictae*.

III. A lei não define como se processa a ocupação. Na base da tradição jurídica que remonta ao Direito romano, há uma aproximação relativamente ao regime do apossamento, vigente no campo da posse[962]. No plano objetivo, estão em causa: (1) um ato material de apreensão; (2) uma intensidade que traduza o controlo exclusivo da coisa-objeto; (3) uma publicidade mínima, traduzida na possibilidade de qualquer outro interessado tomar conhecimento da apreensão, sob pena de poder, ele próprio, pretender também ocupar. Estas três vertentes surgem isoladas apenas para efeitos de análise. No terreno, elas operam em conjunto: a apreensão material de uma (simples) coisa móvel implica, intrinsecamente, uma certa intensidade e alguma cognoscibilidade pública.

IV. Em compensação, não há que exigir qualquer *animus occupandi*: um elemento subjetivo que, mesmo para quem o subscreva, é de difícil definição. Quer por interpretação extensiva do artigo 1266.º, quer pela própria natureza das coisas, não vemos margem para tal *animus* no qual, de resto, nada vislumbramos de útil. Uma criança de tenra idade que encontre e apreenda uma *res nullius* ou uma *res derelictae* adquire, imediatamente, a sua posse e a sua propriedade. Qualquer outra exigência conduziria a desconsiderações e, até, a violências[963]. O mesmo raciocínio funciona perante

[962] Vittorio Scialoja, *Teoria della proprietà nel diritto romano*, II (1933), 21; quanto ao apossamento, *Tratado*, XIII, 661 ss..

[963] Recordamos a situação hipotética de Juanito, proposta por Miguel Borrachero, *El animus en la ocupación*, ADP XLI (1957), 1063-1087 (1063 ss.) e retomada no nosso *Direitos Reais*, 2, 693, nota 1075: Juanito, uma criança de seis anos, passeia à beira-mar e encontra uma pérola; um estranho pede-lha, para a ver e leva-a; tendo Juanito encontrado, no lixo, um objeto valioso, apanha-o e procura vendê-lo; o possível adquirente aceita a coisa e nada lhe paga; alguém abandona um selo valioso, que Juanito recolhe: um filatelista procede a uma avaliação e leva o selo. Conhecendo o sucedido, o pai de Juanito denuncia os três intervenientes como ladrões e pede a devolução dos objetos "levados". Estupefacto, verifica que, juridicamente, nada pode fazer, uma vez que uma criança de seis anos não teria *animus* para fazer uma ocupação. As coisas continuariam a ser *nullius* (ou *derelictae*), podendo ser livremente ocupadas pelo primeiro adulto que as tirasse das mãos da criança. Tal solução é inaceitável. O Direito português protegeria Juanito e sossegaria o seu pai: não só as coisas tiradas teriam de ser devolvidas a Juanito, legítimo proprietário, mas ainda os três intervenientes poderiam ser incriminados por roubo ou por furto, consoante tivesse ou não havido violência (artigos 210.º e 203.º do Código Penal).

pessoas crescidas, privadas do uso da razão. Para além do argumento jurídico, temos a natureza das coisas: com a ocupação, estamos no cerne mais simples, imediato e natural de Direitos Reais. O fenómeno é acessível à comunidade jurídica, sem necessidade de justificações suplementares.

V. O atual Direito português não distingue entre as coisas que nunca tiveram dono (*res nullius*) e as coisas abandonadas (*res derelictae*). No Direito romano, a aquisição da *res derelictae* representava uma categoria autónoma. Havia, mesmo, uma querela de escolas: os proculeianos entendiam que a coisa abandonada se mantinha na propriedade do dono, até ao momento em que fosse adquirida por quem, dela, se apoderasse: não haveria aqui uma verdadeira "ocupação" mas, antes, uma aquisição derivada, dada a conexão existente entre os dois intervenientes. Já os sabinianos defendiam que, com o abandono, a coisa passava a *nullius*, podendo ser ocupada, em termos originários[964]. Esta última posição prevaleceu, no Direito justinianeu, transitando para os ordenamentos atuais. A coisa abandonada segue o regime da que nunca teve dono, podendo ser objeto de ocupação *stricto sensu*. Todavia e como questão prévia, há que esclarecer a noção de "abandono" e a sua contraposição à perda (fortuita) da coisa; matéria a considerar a propósito da extinção dos direitos reais[965].

99. A caça e a pesca

I. O artigo 1319.º remete a caça e a pesca para legislação especial. Vimos que, desde as Ordenações, havia leis específicas nesse domínio. Na evolução recente, dispunha o chamado Código da Caça, adotado pela Lei n.º 2132, de 26 de maio de 1967[966]. A caça era definida como (Base I/1):

> (...) a ocupação ou apreensão dos animais bravios que se encontram em estado de liberdade natural e que não vivem habitualmente sob as águas.

Todas as pessoas tinham o direito de caça, desde que se conformem com as regras aplicáveis (Base II). A importante Base XV proibia caçar,

[964] Raúl Ventura, *História do Direito romano*, II – *Direito das coisas* cit., 195.

[965] *Infra*, n.º 143.

[966] DG I, n.º 123, de 26-mai.-1967, 1151-1158. O diploma foi regulamentado pelo Decreto n.º 47 847, de 14 de agosto de 1967.

salvo autorização dos proprietários ou possuidores, em vários locais, designadamente nos terrenos murados ou por outro modo vedados, bastando, para o efeito, estarem circundados por redes metálicas ou arames. Eram os chamados aramados que, designadamente no Alentejo, reservavam a caça aos donos do terreno ou a quem eles a autorizassem.

II. Na sequência da queda da II República, o Decreto-Lei n.º 354-A/74, de 14 de agosto[967], alterou profundamente esse regime, em (...) *conformidade com os princípios da democratização da vida nacional*[968]. Esse diploma veio considerar os terrenos circundados ou aramados livres para o exercício da caça (22.º/1). Os proprietários desses locais ficavam obrigados a deixar os portões abertos para que os caçadores pudessem entrar nos locais (25.º/1). Apenas era proibida a caça nas áreas de aparcamento de gado, mediante despacho do Secretário de Estado da Agricultura, sob proposta da Direção-Geral dos Serviços Florestais e Aquícolas, depois de ouvidas várias entidades (26.º/1). A reforma de 1974 terá tido a intenção louvável de democratização da caça. Mas teve efeitos venatórios e ambientais catastróficos. A febre da caça varreu o País, atraindo dezenas de milhares de citadinos que nada tinham a ver com o mundo rural[969]. Foram feridos e mortos, sem critério, sem cuidado e, muitas vezes, sem objetivo, muitos milhares de animais, por vezes deixados a apodrecer no local. Houve acidentes graves e danos colaterais consideráveis, causados nas estruturas agrícolas, nos montados e em gado pacífico, tudo isso acrescido pela poluição causada nos campos pelos plásticos dos cartuxos, pelo chumbo e pelo lixo deixado por caçadores improvisados. Subjacente esteve, naturalmente, o desrespeito pela propriedade privada – e, em certos casos, pública – e pelos investimentos legítimos feitos na criação da caça. Foram permitidos coutos de caça, mediante concessão do Estado, a favor de determinadas entidades. As poucas regras restritivas que o diploma de 1974 instituiu eram, na prática, inobservadas. O ambiente reinante e a falta de autoridade do Estado permitiram, de resto, que a caça fosse praticada fora das épocas fixadas, com danos cinegéticos óbvios.

[967] DG I, n.º 188, de 14-ago.-1974, 894(1)-894(14).

[968] *Idem*, 894(1)/I (o preâmbulo).

[969] Nas aberturas da caça, a ponte sobre o Tejo, às 2 h. da manhã, registava quilómetros de engarrafamento, a caminho do Alentejo.

III. A difícil reconstrução de um regime sustentável de caça foi encetada pela Lei n.º 30/86, de 27 de agosto[970]. Manteve a ideia de liberdade de caça em todos os terrenos (13.º), mas com novas restrições, revendo a instituição de zonas de caça associativas (26.º) e zonas de caça turística (27.º). Deve dizer-se que, no terreno, a febre da caça desencadeada em 1974 esmoreceu: o desaparecimento das espécies venatórias e a crise de 1983 retiram, do terreno, muitos milhares de caçadores. A Lei n.º 30/86 foi substituída pela Lei n.º 173/99, de 21 de setembro[971], que aprovou a Lei de Bases Gerais da Caça. Este diploma contém uma massa considerável de princípios relativos à riqueza nacional representada pelos recursos cinegéticos e pela necessidade de os preservar. No seu artigo 3.º, *g*), ele estabelece o ponto-chave, na presente rubrica:

> São propriedade do caçador os exemplares de espécies cinegéticas por ele legalmente capturados, exceto quando for diferentemente regulado.

IV. A Lei n.º 173/99, de 21 de setembro, foi regulamentada pelo Decreto-Lei n.º 202/2004, de 18 de agosto: um diploma extenso, que revogou dezenas de regulamentos anteriores e que se alarga por 171 artigos, com anexos. Alterado nove vezes, a última das quais (neste momento) pelo Decreto-Lei n.º 24/2018, de 11 de abril[972], esse regulamento procura dar corpo aos princípios da Lei de Bases Gerais da Caça. O exercício da caça implica a obtenção da carta de caçador, devidamente regulamentada.

V. No tocante à pesca, devemos lidar com a Lei n.º 7/2008, de 15 de fevereiro, que aprovou a Lei da Pesca nas Águas Interiores, revogando múltiplos diplomas anteriores. Foi alterada e republicada pelo Decreto-Lei n.º 221/2015, de 8 de outubro e novamente alterada pelo Decreto-Lei n.º 97/2021, de 15 de novembro. O Regime Jurídico do Exercício da Atividade Profissional de Pesca Comercial Marítima resulta, hoje, do Decreto-Lei n.º 73/2020, de 23 de setembro. A atividade em jogo articula-se com a Política

[970] DR I, n.º 196, de 27-ago.-1986, 2211-2220.

[971] Alterada pelo Decreto-Lei n.º 159/2008, de 8 de agosto, o qual foi revogado pelo Decreto-Lei n.º 135/2012, de 29 de junho, que aprovou a orgânica do Instituto da Conservação e Florestas, I.P. e pelo Decreto-Lei n.º 2/2011, de 6 de janeiro, que visou simplificações

[972] Além disso, foi republicado pelo Decreto-Lei n.º 201/2005, de 24 de novembro e pelo Decreto-Lei n.º 2/2011, de 6 de janeiro.

Comum das Pescas, gerida pela União Europeia. É preocupação vocabular da Lei a "conservação e gestão sustentável dos recursos".

VI. A prática da caça e da pesca levanta uma série de dúvidas éticas. Além disso, ela joga mal com a atual emergência climática e com a extinção maciça de espécies, ora em curso. As denominadas caça e pesca desportivas têm, provavelmente, os dias contados. Em Portugal, após o diploma de 1974, assistiu-se à referida popularização da caça, sem prévia formação dos caçadores. Como adiantado, dizimaram, em pouco tempo, as reservas existentes. Além disso, foram cometidos crimes contra a cultura. Por exemplo, no Alentejo, assistiu-se à destruição, a tiro, de painéis antigos de azulejos, nos montes tradicionais. A poluição de terrenos e de culturas pelo chumbo causou danos ambientais ainda por levantar. A falta de civismo de muitos caçadores conduziu, em certos locais de concentração de caça, a tapetes de cartuxos que tiveram de ser removidos pelos proprietários. Posto isso, o processo inverteu-se. O desaparecimento da caça, o (re)surgimento de áreas de caça turística, o valor das taxas e a dificuldade em obter a carta de caçador restringiram fortemente a prática da caça. Hoje, ela é um negócio, gerido por entidades especializadas. Não vale apelar ao "mundo rural": quem caça não pertence a esse universo. A caça dita desportiva deveria ser abolida quanto antes.

VII. A prática desordenada da caça provocou desequilíbrios graves, na articulação das espécies. A supressão sistemática dos predadores – raposas, serpentes e águias, como exemplos – levou a uma multiplicação desordenada de coelhos e de ratos. Medidas de proteção justificadas mas sem o ecossistema tradicional conduziram a pragas de javalis. Para além dos prejuízos que tudo isso representa para a agricultura, temos a expansão de certas epizootias, como a mixomatose dos coelhos. A proliferação destes conduziu a pragas de carraças ou carrapatos, vetores da doença de Lyme (borreliose de Lyme) e da febre da carraça (febre escaro-modular), que tornam inviáveis percursos florestais e ribeirinhos antes seguros. A caça pode intervir, de modo a (procurar) restabelecer algum equilíbrio perdido. Mas noutras áreas, como a da chamada caça grossa, em África ou a da "pesca" de cetáceos, em todo o Mundo, a prática da caça devia cessar de imediato.

VIII. Quanto à pesca: mau grado as prevenções e as cautelas da União Europeia, a sua prática industrial ameaça diversas espécies. Há que pôr termo aos abusos, com a dificuldade suplementar de as medidas eficazes terem de ser executadas no plano internacional.

100. **Animais mansuefactos e abelhas**

I. O artigo 1320.º ocupa-se do que denomina "animais selvagens com guarida própria" ou, na terminologia jurídica clássica, animais mansuefactos. Na linguagem da lei, trata-se de animais bravios habituados a certa guarida por indústria do homem. Examinámos o seu regime pelo prisma da extensão da defesa da propriedade: a lei permite ao antigo dono, recuperá-los, desde que eles possam ser individualmente reconhecidos[973]. Interessa, agora, considerar o preceito, pelo prisma da aquisição da propriedade.

II. O artigo 1320.º abriga duas hipóteses de constituição do domínio:

(1) a favor do "antigo dono", isto é, da pessoa que, tendo afeiçoado certa guarida à qual os animais bravios se venham a acolher: ele torna-se proprietário, ao ponto de poder persegui-los em terreno alheio;

(2) a favor do "novo dono", ou seja, da pessoa a cuja guarida os animais "fugitivos" se venham a acolher, desde que: (a) tais animais não possam ser individualmente reconhecidos ou (b) o primitivo dono, de todo, não os queira.

Este último ponto não é líquido. Desviando-se do inspirador Direito italiano, o Código Civil não fixou qualquer prazo para que se proceda à captura dos animais em causa. Pires de Lima limita-se a remeter para as regras da reivindicação[974]. Esta é imprescritível (1313.º), pelo que a situação poderia perdurar no tempo, até que o dono da nova guarida pudesse invocar, a seu favor, a usucapião. Mas tudo isto é surrealista: não se vê como aplicar a reivindicação a um pombo (devidamente identificado por anilha), contrapondo-lhe, para mais, a usucapião. Quedariam, ainda, questões colaterais: haveria enriquecimento sem causa, pelo valor dos alimentos consumidos no âmbito da segunda guarida? Poder-se-ia invocar o regime

[973] *Supra*, n.º 82, II.

[974] Pires de Lima/Antunes Varela, *Código Civil anotado* cit., III, 2.ª ed., 1320.º, anot. 3 (128).

das benfeitorias, pelas despesas havidas pelo dono do novo local de acolhimento? Uma solução seria aplicar, por analogia, o regime do artigo 1322.º, relativo às abelhas: início da perseguição logo que saiba da saída do animal e dois dias para a captura. Mas este regime é muito apertado, sendo duvidosa a sua praticabilidade. Não conhecemos jurisprudência sobre o tema.

III. O artigo 1322.º dispõe sobre enxames de abelhas. Também este tema foi ponderado pelo prisma da defesa da propriedade[975]. Vamos referi-lo, agora, enquanto forma de aquisição da propriedade. Assim, ele funciona:

(1) a favor do dono do local onde estejam as colmeias, seja por ele as ter lá instalado (hipótese frequente na moderna apicultura), seja por, espontaneamente, elas terem enxameado para o seu prédio;
(2) a favor do dono do prédio alheio para onde elas tenham enxameado, quer por o dono anterior não as ter perseguido logo que teve conhecimento da sua partida, quer por terem decorrido dois dias sem ele ter procedido à captura.

IV. Fixados os regimes, fica a pergunta: em todas estas hipóteses de constituição do direito de propriedade, há verdadeira ocupação? Salientamos os pontos seguintes:

(1) a aquisição inicial de animais mansuefactos não é uma ocupação estrita: falta um ato de apossamento ou apreensão, substituído pela semi-domesticação, paulatinamente concretizada pelo primeiro dono;
(2) a aquisição subsequente, levada a cabo pelo dono da segunda guarida, muito menos é uma ocupação: ele não toma nenhuma iniciativa no sentido de uma captura e, se o fizer, é sancionado nos termos do artigo 1320.º/2;
(3) a aquisição inicial de enxames de abelhas pode ocorrer por vias diversas: compra, casualidade ou ocupação em sentido próprio;
(4) a aquisição subsequente é obra do acaso e da perda da propriedade pelo primeiro proprietário: não iniciou a perseguição quando

[975] *Supra*, n.º 83.

soube terem as abelhas enxameado ou não as capturar no prazo de dois dias.

V. No que estas situações têm de específico, verifica-se que falta o ato voluntário da apreensão material dos animais em jogo. Esse ato é substituído por factos jurídicos que escapam ao controlo do beneficiário. Estamos, assim, em face de formas autónomas de constituição da propriedade, com algum contacto com a acessão natural[976]. Optamos, dadas as especificidades de regime, pela autonomia, sem prejuízo de, em conformidade com a sistemática legal, incluir estas figuras num conceito amplo de ocupação. Resta acrescentar que toda esta temática encerra interessantes problemas de construção dogmática, que permitem o afinamento de Direitos Reais. Não há jurisprudência relevante sobre eles.

[976] *Infra*, § 27.º.

§ 23.º O ACHAMENTO

101. Nota comparatística

I. O achamento pode, de modo sintético, definir-se como o ato pelo qual alguém se apossa de uma coisa móvel extraviada ou de um animal perdido. Não se trata, pois, de realidades que nunca tiveram dono (*nullius*) ou que foram abandonadas pelo dono (*derelictae*): os objetos visados foram perdidos, isto é, saíram, inadvertidamente e contra a vontade do dono, do seu poder. Antevê-se o problema: a coisa perdida mantém o seu dono legítimo. Se for encontrada por outrem, ela deve ser devolvida. Apenas um conjunto de circunstâncias pode levar a que o achador adquira o que, à partida, não era seu. Estas especificidades levam a que as codificações modernas, como o BGB, §§ 965 a 977 e o Código italiano, artigos 927.º a 931.º, deem, ao achamento, um tratamento totalmente separado do da ocupação.

II. O BGB, em subtítulo próprio, versa o achamento (*Fund*) nos termos seguintes[977]:

§ 965 – dever de anúncio do achador;
§ 966 – dever de guarda da coisa;
§ 967 – dever de entrega aos departamentos competentes;
§ 968 – responsabilidade do achador, apenas por dolo ou negligência grave;
§ 969 – restituição ao perdedor da coisa;
§ 970 – indemnização de despesas suportadas pelo achador;
§ 971 – prémio do achador;
§ 972 – direito de retenção do achador;

[977] Karl-Heinz Gursky/Wolfgang Wiegand, no *Staudingers Kommentar* cit., §§ 965-983 (708-772); Jürgen Oechsler, no *Münchener Kommentar* cit., 8, 8.ª ed., §§ 965-983 (1325-1351); a propósito de cada §, indicamos a epígrafe; quando esta for insuficiente para dar conta do teor do preceito, efetuamos um pequeno resumo do seu teor.

§ 973 – aquisição da propriedade pelo achador, ao fim de seis meses do achamento ou da entrega, se ninguém se manifestar;

§ 974 – aquisição da propriedade no silêncio do perdedor: tendo notícia de quem é o perdedor, o achador pode notificá-lo para efeitos do exercício das pretensões referidas nos §§ 970 a 972; se ele não responder, o achador adquire a propriedade;

§ 975 – direitos do achador após a entrega: tendo a coisa achada sido entregue às autoridades, os direitos do achador mantêm-se; se a coisa for vendida em leilão, o preço sub-roga-se à coisa;

§ 976 – aquisição pela comuna: se o achador entregar a coisa às autoridades e declarar que prescinde dos seus direitos, a propriedade é adquirida pela comuna;

§ 977 – pretensão de enriquecimento, a favor do perdedor contra o achador e a comuna, a prescrever em três anos;

§ 978 – achado em serviços públicos ou de transporte: o achador deve entregar a coisa à administração, não sendo aplicáveis os §§ 965 a 967 e 969 a 977;

§ 979 – transformação em valor: a administração pode fazer vender a coisa em leilão, sub-rogando-se-lhe o preço;

§ 980 – anúncio público de venda em leilão;

§ 981 – destino do produto da venda: reverte para entidades públicas, quando não seja reclamado no prazo de três anos;

§ 982 – regras sobre o anúncio público;

§ 983 – o regime dos §§ 979 a 982 é aplicável quando a Administração Pública esteja na posse de uma coisa e ela ignore quem seja o dono.

O regime do BGB dá-nos uma ideia dos meandros que podem estar em jogo no achamento. Além disso, fica perfeitamente claro que não estamos em face de uma ocupação *proprio sensu*.

III. O Código italiano de 1942 dedicou, ao achamento, os artigos 927.º a 931.º[978]. Em síntese:

927.º Coisas encontradas: o achador deve restituí-las ao proprietário, se o conhecer ou entregá-las sem demora ao *sindaco* (entidade responsável pela comuna), relatando as circunstâncias do achado;

928.º Publicação do achamento, a fazer pelo *sindaco*;

[978] Chiara Ferrari, em Massimo Franzoni/Rita Rolli, *Codice civile commentato* cit., I, artigos 927.º a 931.º (1223-1227).

929.º Aquisição da propriedade da coisa achada: passado um ano sobre o achamento sem que o proprietário se manifeste, a coisa ou o seu preço, se as circunstâncias aconselharem a venda, são entregues ao achador;

930.º Prémio ao achador: um décimo do valor, a pagar pelo dono;

931.º Equiparação do possuidor ou detentor ao proprietário, para efeitos de aplicação dos preceitos anteriores.

Embora aquém do BGB, o Código italiano, em preceitos claros, desenvolve o achamento. A doutrina sublinha a presença de uma *fattispecie* complexa, muito diferente do previsto para a ocupação[979].

102. Evolução lusófona

I. O Código de Seabra, dando nota de sensibilidade, tratava separadamente a "occupação de animais domésticos abandonados, perdidos ou extraviados" (404.º a 410.º)[980] e a "occupação de cousas moveis perdidas" (413.º a 421.º)[981]. Os animais perdidos ou extraviados deviam ser entregues ou anunciados ao dono, quando fosse conhecido, no prazo de três dias (406.º). Não sendo o dono domiciliado ou residente no mesmo concelho e não podendo o achador satisfazer o artigo 406.º, deve o achado ser comunicado à autoridade administrativa da freguesia no prazo de três dias (407.º). Não sabendo o achador de quem é o animal, deve anunciá-lo à autoridade da paróquia, a qual faria publicitar o caso; se, no fim de prazos variados consoante o tipo de animal, não surgisse o dono, o achador adquiria a propriedade (408.º). O dono, aparecendo, devia pagar as despesas, se não preferisse abandonar o animal (409.º). O achador que não cumprisse os deveres fixados incorria em responsabilidade civil e penal.

II. As "cousas moveis perdidas" obtinham um regime paralelo adaptado. Retemos o artigo 413.º:

> Quem achar cousa perdida, não sabendo cuja é, deve, no prazo de tres dias, dar d'isso conhecimento à autoridade administrativa da parochia, onde

[979] *Idem*, 1224/II.

[980] José Dias Ferreira, *Codigo civil annotado* cit., 1, 403-409.

[981] *Idem*, 410-411.

> a cousa for achada, declarando a natureza do objecto, o seu vallor aproximadamente, e o dia e o logar onde a achou, para que a dita auctoridade mande affixar nas portas da igreja parochial a noticia do facto.

Seria ainda, quando o valor da coisa excedesse os três mil reis, dada notícia à gazeta da relação do respetivo registo (416.º). O dono da coisa deveria pagar todas as despesas ocasionadas, se não preferisse abandoná-la (418.º). Não surgindo o dono, o achador faria sua a coisa encontrada, dentro de prazos que variavam em função do valor em jogo (419.º). O achador que não cumprisse os deveres elencados devia, ao dono, o valor da coisa, sujeitando-se, ainda, a responsabilidade civil e penal.

O artigo 421.º continha uma norma de grande relevo prático: quando não se soubesse ao certo se a coisa era perdida ou abandonada, presumia-se perdida.

III. Na preparação do Código de 1966 faltou um estudo preparatório que ponderasse o Direito comparado e o próprio regime de Seabra. Se este não era o conveniente, que pontos deveriam ser reformados? Pires de Lima optou, todavia, por tudo fundir num único preceito maciço (24.º)[982], sucessivamente alterado, ainda que não no essencial, na 1.ª (1310.º)[983] e na 2.ª (1323.º)[984] revisões ministeriais e, ainda, no próprio Projeto (1323.º)[985].

IV. O artigo 1323.º, redação inicial, foi alterado pelo Decreto-Lei n.º 323/2001, de 17 de dezembro, que procedeu à conversão dos valores que ele exprimia em escudos para euros. Novas e mais complexas alterações foram as introduzidas pelo artigo 2.º da Lei n.º 8/2017, de 3 de março, que estabeleceu um estatuto jurídico dos animais.

103. O regime vigente

I. Para a boa compreensão do regime vigente, afigura-se útil a comparação do texto original do artigo 1323.º com o resultante da Lei n.º 8/2017, de 3 de março. Assim:

[982] Fernando Pires de Lima, *Direito de propriedade* cit., 233.
[983] *1.ª Revisão* cit., 31.
[984] *2.ª Revisão* cit., 24-25.
[985] *Projecto* cit., 383.

Versão de 1966[986]	Versão de 2017[987]
1. Aquele que encontrar animal ou outra coisa móvel perdida e souber a quem pertence deve restituir o animal ou a coisa a seu dono, ou avisar este do achado; se não souber a quem pertence, deve anunciar o achado pelo modo mais conveniente, atendendo ao valor da coisa e às possibilidades locais, ou avisar as autoridades, observando os usos da terra, sempre que os haja.	1. Aquele que encontrar animal ou coisa móvel perdida e souber a quem pertence deve restituir o animal ou a coisa a seu dono ou avisá-lo do achado. 2. Se não souber a quem pertence o animal ou coisa móvel, aquele que os encontrar deve anunciar o achado pelo modo mais conveniente, atendendo ao seu valor e às possibilidades locais, e avisar as autoridades, observando os usos da terra, sempre que os haja. 3. Para efeitos do disposto no número anterior, deve o achador de animal, quando possível, recorrer aos meios de identificação acessíveis através de médico veterinário.
2. Anunciado o achado, o achador faz sua a coisa perdida, se não for reclamada pelo dono dentro do prazo de um ano, a contar do anúncio ou aviso.	4. Anunciado o achado, o achador faz seu o animal ou a coisa perdida, se não for reclamada pelo dono dentro do prazo de um ano, a contar do anúncio ou aviso.
3. Restituída a coisa, o achador tem direito à indemnização do prejuízo havido e das despesas realizadas, bem como a um prémio dependente do valor do achado no momento da entrega, calculado pela forma seguinte: até ao valor de mil escudos, dez por cento; sobre o excedente desse valor até cinco mil escudos, cinco por cento; sobre o restante, dois e meio por cento.	5. Restituído o animal ou a coisa, o achador tem direito à indemnização do prejuízo havido e das despesas realizadas.
4. O achador goza do direito de retenção e não responde, no caso de perda ou deterioração da coisa, senão havendo da sua parte dolo ou culpa grave.	6. O achador goza do direito de retenção e não responde, no caso de perda ou deterioração do animal ou da coisa, senão havendo da sua parte dolo ou culpa grave. 7. O achador de animal pode retê-lo em caso de fundado receio de que o animal achado seja vítima de maus-tratos por parte do seu proprietário.

986 DG I, n.º 274, de 25-nov.-1966, 1997/I-1997/II. *Vide* Pires de Lima/Antunes Varela, *Código Civil anotado* cit., III, 2.ª ed., 132-134.

987 DR 1.ª série, n.º 45, de 3-mar.-2017, 1145/II.

II. Em termos gerais, podemos considerar que o achador de um animal ou de uma coisa fica, *ipso iure*, na seguinte situação:

(1) deve, quando saiba a quem pertencem, restituir o animal ou a coisa ao seu dono ou avisá-lo do achado;
(2) se não souber, deve anunciar o achado pelo modo mais conveniente, atendendo ao seu valor e às possibilidades locais e avisar as autoridades, observando os usos da terra;
(3) tratando-se de um animal, o achador deve, quando possível, recorrer aos meios de identificação acessíveis, através de médico veterinário;
(4) anunciado o achado, o achador faz seu o animal ou a coisa perdida, se não for reclamada, dentro do prazo de um ano a contar do anúncio ou do aviso;
(5) feita a restituição, o achador tem direito à indemnização do prejuízo havido e das despesas realizadas;
(6) o achador tem o direito de retenção e só responde, no caso de perda ou deterioração do animal ou da coisa, havendo dolo ou culpa grave;
(7) o achador pode reter o animal, havendo fundado receio de que ele seja vítima de maus-tratos por parte do seu proprietário.

III. A reforma de 2017, bem intencionada, complicou um regime que já era denso. Teria porventura sido preferível desfibrar a matéria e prever um artigo novo com um regime diferenciado para os animais. Os animais de companhia, cumprindo-se a lei, estão identificados por meio de coleiras ou de *chips*: donde o recurso ao veterinário para os identificar. A lei atual não diferencia os regimes em função do valor dos achados e suprimiu o prémio que os diversos ordenamentos conferem ao achador que cumpra os seus deveres. Prevaleceu um preconceito anti-lucro, que só prejudica os valores que se pretende servir. Também não vislumbramos a que título pode o achador arvorar-se a juiz dos bons ou maus tratamentos dispensados ao animal, como pretende o 1323.º/7. Havendo sinais de maus-tratos, haveria que avisar as autoridades ou as associações competentes.

IV. Dogmaticamente, o achamento implica que o achador se aposse do animal ou da coisa. Só a partir daí ele vai, *ex lege*, ficar inserido numa série de deveres. Tem direito a uma indemnização por despesas (a responsabilidade é objetiva), a uma garantia real (a retenção) e goza de uma expectativa real: a da aquisição ao fim de um ano. O Código de 1966 suprimiu a presunção constante de Seabra: na dúvida se a coisa foi abandonada ou perdida, presume-se que foi perdida. Mas ainda funciona uma presunção *hominis*: o bom pai de família não abandona coisas com algum valor.

V. Finalmente: o regime vigente é pesado e não compensa o achador. Este, sendo cumpridor, vai arcar com uma série de encargos, sendo que dificilmente será indemnizado, salvo de despesas documentadas. Tratando-se de um animal, tudo piora. O senso comum mandaria que, perante um achado, o achador passe adiante, sem apreender o animal ou a coisa. Salvo se for um defensor militante dos animais, o levar um animal perdido para casa vai gerar deveres, despesas e incómodos. E se se afeiçoar a ele, terá de o restituir a quem, pelos vistos, o deixou perder. Tudo isso devia ter sido ponderado.

VI. O achamento de bens culturais subaquáticos requer uma disciplina própria, de tipo privado, que lida com dados internos e internacionais. Na presente edição, ficamo-nos por uma remissão para os estudos de José Luís Bonifácio Ramos[988].

[988] José Luís Bonifácio Ramos, *O achamento de bens culturais subaquáticos* (2008), 931 pp..

§ 24.º A AQUISIÇÃO DO TESOURO

104. Nota histórico-comparatística

I. Na definição do artigo 1324.º/1, o tesouro é uma coisa móvel de algum valor, escondida ou enterrada. Ao longo da História, guerras, invasões, pilhagens e epidemias levavam as pessoas a camuflar objetos e metais preciosos, em especial moedas. Quando, décadas volvidas, fossem encontrados, havia que dispor quanto ao seu destino. O Código de Manu, da antiga Índia (II a. C.), dispunha sobre tesouros. Estes eram atribuídos tendo em conta a casta das pessoas envolvidas[989]. Na Grécia clássica, particularmente sob as Leis de Sólon, o tesouro era havido como confiado à terra: pertencia exclusivamente ao depositário. Não sendo possível localizar este, recorria-se ao oráculo de Delfos[990]. No mais antigo Direito romano, não havia regras precisas. Discutia-se se ele devia, *iure accessionis*, pertencer ao dono do fundo onde o tesouro fora descoberto ou se, *iure inventionis*, ele devia caber ao achador.

III. Na evolução romana subsequente, houve que estabelecer regimes mais claros[991]. Começando pela definição, disse Paulo[992]:

> Thensaurus est vetus quaedam depositio pecuniae, cuius non exstat memoriam, ut iam dominum non habeat (…) [o tesouro é um depósito de dinheiro tão velho que do qual não existe memória de que quem fosse o dono (…)]

[989] Alberto Azara, *Tesoro*, no NssDI XIX (1973), 235-243 (236/II).

[990] *Idem*, loc. cit., com as fontes.

[991] Vittorio Scialoja, *Teoria della proprietà nel diritto romano* cit., II, 48 ss.; Max Kaser, *Das römische Privatrecht* cit., I, 2.ª ed., § 102, I, 3 (426-427); Carlo Busacca, *Tesoro (diritto romano)*, ED XLIV (1992), 382-391.

[992] Paulo, D. 41.1.31.1 = ed. Mommsen cit., 648/I.

Segundo uma lei de Adriano, Imperador entre 117 e 138 d. C., relatada nas *Institutiones*[993], sendo o descobridor do tesouro proprietário do local onde ele foi encontrado, caber-lhe-ia a totalidade; sendo a descoberta feita casualmente em local sagrado, pertencer-lhe-ia, igualmente, na totalidade; sendo feita, também por acaso, em local alheio, caberia metade ao achador e metade ao dono do local. No ano de 315, Constantino atribuiu o tesouro ao fisco, concedendo metade ao descobridor que, de modo espontâneo, comunicasse o achado[994]. Ocorreram outros regimes intermédios[995], até que Justiniano restabeleceu o regime de Adriano[996].

III. No perído intermédio, o papel do tesouro foi acrescido pelas convulsões ocorridas. Sucederam-se as leis com soluções que iam desde a total atribuição do tesouro ao soberano até à velha solução de Adriano, situada entre o *ius accessionis* e o *ius inventionis*[997]. Essa orientação sofreu desvios: Pothier repartia o tesouro em três partes: um terço para o senhor, um terço para o proprietário e um terço para o achador[998]. Tendo posto termo às classes sociais, o Código Napoleão recuperou as leis do Imperador Adriano. Segundo o seu artigo 716.º, o tesouro pertence a quem o encontre no seu próprio fundo; se foi encontrado num fundo alheio, será metade para o dono do local e metade para o achador[999].

IV. Idênticas soluções foram consagradas no ALR prussiano o qual, de resto, dispensava um tratamento pormenorizado ao tesouro[1000]. A solução foi acolhida no BGB[1001]. Segundo o seu § 984 (*Schatzfund*)[1002]:

[993] I. 2.1.39 = ed. Okko Behrends e outros cit., 58.

[994] Max Kaser, *Das römische Privatrecht* cit., I, 2.ª ed., § 244, I (289).

[995] Carlo Busacca, *Tesoro (diritto romano)* cit., 386/II.

[996] Solução fixada nas *Institutiones*, citadas na antepenúltima nota. Quanto à evolução romana do tesouro *vide*, entre nós, Raúl Ventura, *História do Direito romano*, II – *Direito das coisas* cit., 208-209.

[997] Gian Savino Pene Vidari, *Tesoro (diritto intermedio)*, ED XLIV (1992), 391-394.

[998] Robert-Joseph Pothier, *Traité du droit de domaine de propriété* cit., n.º 64 = = *Œuvres* cit., 9, 125.

[999] *Code civil des français* cit., 174-175; François Terré/Philippe Simler, *Les biens* cit., 10.ª ed., n.º 407 (327-328).

[1000] ALR, I, tit. IX, §§ 74-105 = ed. A. J. Mannkopff, *Allgemeines Landrecht für die Preussischen Staaten* cit., I, 283-285.

[1001] Jakobs/Schubert, *Die Bertung des BGB/Sachenrecht* cit., I, 756-760.

[1002] Christian Berger, no *Jauernig* cit., 17.ª ed., § 984 (1716).

Se for descoberta uma coisa que tenha sido enterrada há tanto tempo que não mais seja possível apurar o proprietário e, na sequência da descoberta, apossada, a propriedade cabe metade ao achador e metade ao proprietário da coisa na qual o tesouro tenha sido descoberto.

A "repartição de Adriano" consta assim do repertório alemão[1003], sendo sugerido, *de lege ferenda*, que o achador ilegítimo nada receba[1004].

V. No Direito italiano, a solução napoleónica teve assento nos códigos pré-unitários[1005] e no artigo 714.º do Código de 1865[1006]: quase à letra. Reencontramo-la no artigo 932.º do Código de 1942[1007], com um acrescento: o que submete os objetos de interesse histórico, arqueológico, paleoetnológico, paleontológico e artístico a leis especiais. A doutrina aponta os requisitos da aquisição do tesouro, que iremos retomar em face do Direito português e aponta os títulos de aquisição: acessão ou atração real, para o proprietário e ocupação, para o achador[1008]. O mero possuidor não tem sido equiparado ao proprietário, para efeitos de aquisição do tesouro[1009], o mesmo ocorrendo com o credor hipotecário[1010].

105. **A evolução lusófona**

I. Os nossos clássicos da pré-codificação, com exemplo em Correia

[1003] Klaus-Peter Schroeder, *Grundgesetz und Schatzregal*, JZ 1989, 676-679 (678); Karl-Heinz Gursky/Wolfgang Wiegand, no *Staudingers Kommentar* cit., § 984 (772-788), com muitas indicações; Jürgen Oechsler, no *Münchener Kommentar* cit., 8, 8.ª ed., § 984 (1351-1356).

[1004] Karl-Heinz Gursky/Wolfgang Wiegand, no *Staudingers Kommentar* cit., § 984, Nr. 23 (787-788).

[1005] Alberto Azara, *Tesoro* cit., 237-238.

[1006] Ferrarotti Teonesco, *Commentario teorico pratico comparato al codice civile italiano* cit., IV, 183-189.

[1007] Raffaele Tommasini/Elena la Rosa, *I modi di acquisto della proprietà* cit., 241-262; Chiara Esposito, em Massimo Franzoni/Rita Rolli, *Codice civile commentato* cit., I, art. 932 (1227-1228), com indicação de leis especiais.

[1008] Cianpiero Paolo Cirillo, *Tesoro (diritto vigente)*, ED XLIV (1992), 395-401 (397).

[1009] *Idem*, 400/I.

[1010] *Idem*, 401/I.

Teles[1011] e em Coelho da Rocha[1012], defendiam a solução de Adriano, com base nas *Institutiones*. Este último Autor definia o tesouro como[1013]:

> (...) o deposito antigo de dinheiro, ou de outras preciosidades enterradas, ou occultas, cujo dono se não póde averiguar.

E prosseguia[1014]:

> Este pertence ao inventor, *todo*, se foi achado em terreno proprio; *ametade*, se foi em terreno alheio ou publico; a outra metade compete ao dono do terreno, ou ao Estado.

II. O Código de Seabra desenvolveu largamente o regime do tesouro e alterou algumas das suas regras (422.º a 427.º)[1015]. Pelo seu interesse, afigura-se que o texto de Seabra não deve ser esquecido. Vamos transcrevê-lo:

SECÇÃO III
Da occupação de thesouros e cousas escondidas

Art. 422.º Quem encontrar enterrado ou escondido algum deposito de ouro, prata ou quaesquer outros objectos de algum valor, cujo dono seja conhecido, observará o que fica disposto nos artigos 406.º e 407.º.

Art. 423.º Se o que achar o sobredito deposito não souber cujo é, e não se conhecer evidentemente que o dito deposito tem mais de trinta annos de antiguidade, fará annunciar o achado na gazeta da relação do respectivo districto, e se o dono da cousa não apparecer dentro de dois annos, ficará esta sendo propriedade do achador, no todo ou em parte, conforme o que vae declarado no artigo seguinte.

§ único. Afóra a obrigação estabelecida n'este artigo, terá tambem o achador a de participar á auctoridade administrativa da parochia o achado, dentro do praso de tres dias, contados desde que elle aconteceu. A auctoridade administrativa, a quem o facto for noticiado, fará immediatamente constar aquelle achado por via de editaes e de annuncios em algum perio-

[1011] J. H. Correia Teles, *Digesto Português* cit., 3, 32, citando, além das *Institutiones*, o artigo 716.º do Código Napoleão.

[1012] Coelho da Rocha, *Instituições de Direito Civil* cit., § 416 (1, 292).

[1013] *Idem*, loc. cit..

[1014] *Idem*, loc. cit.; os itálicos são do original.

[1015] José Dias Ferreira, *Codigo civil annotado*, 1, 1.ª ed., 44-413.

dico, para que qualquer pessoa, que a elle tiver direito, venha recebel-o dentro de dois annos, sob pena de o perder, na fórma do presente artigo.

Art. 424.º Se o dono da coisa for desconhecido e do proprio deposito se evidenciar, que foi feito mais de trinta annos antes, ficará pertencendo inteiramente ao dono do predio onde a cousa foi enterrada ou escondida, se elle pessoalmente a achar; e, achando-a outra pessoa, pertencerão dois terços ao dono do predio, e um terço ao achador.

§ único. Se o predio onde o deposito se achou, for emphyteutico, o emphyteuta ou sub-emphyteutas serão equiparados aos proprietários com pleno dominio para os effeitos d'este artigo.

Art. 425.º A ninguem é permittido procurar thesouros em predio particular alheio, sem permissão de seu dono: o contraventor perderá, em proveito do proprietario, tudo o que achar, e responderá por perdas e damnos.

Art. 426.º A ninguem é permittido procurar thesouros em predios municipaes ou do estado, por maneira tal que os possa deteriorar, sem licença da municipalidade ou da repartição publica respectiva, debaixo da comminação do artigo precedente.

Art. 427.º Aquelle que se apropriar de thesouro ou cousa escondida, em prejuizo dos direitos de terceiro, declarados nos artigos precedentes, perderá a parte que aliás lhe pertenceria, a qual será applicada em proveito dos estabelecimentos de beneficencia pupillar da comarca, onde o thesouro tiver sido achado.

III. Os cuidados de Seabra poderão ter a ver com as sequelas das invasões francesas e da guerra civil entre liberais e miguelistas. Podemos admitir que, na sequência das convulsões então verificadas e que deixaram vivas memórias nas populações, se tivessem multiplicado os fenómenos de entesouramento, no sentido vocabular do termo. A doutrina procedeu a alguns esclarecimentos curiosos. Teixeira de Abreu distinguia entre tesouros e coisas escondidas[1016]: os primeiros eram os enterrados em prédio rústico; os segundos, em prédios urbanos. Quanto às suas características[1017]: (1) ser móvel e ter algum valor; (2) estar enterrado ou escondido em qualquer prédio; (3) manter a individualidade própria, distinta do prédio onde se encontre. As gazetas oficiais das Relações previstas no artigo 423.º nunca chegaram a ser criadas; a publicação aí exigida passou a fazer-se, no

[1016] António José Teixeira de Abreu, *Lições de Direito civil* cit., I, 346-347; desenvolvendo: Luís da Cunha Gonçalves, *Tratado de Direito civil* cit., 3, n.º 335 (238-240).

[1017] Teixeira de Abreu, *Lições* cit., 351; Cunha Gonçalves, *Tratado* cit., 240-242.

Continente e Ilhas, no *Diário do Governo* e nas províncias ultramarinas, no *Boletim Oficial*[1018]. Alguns pontos mereciam atenção[1019]:

(1) o direito de descobrir tesouros: assiste apenas ao proprietário do local ou a quem ele autorize; o usufrutuário e o arrendatário não têm esse direito. o artigo 425.º proíbe expressamente procurar tesouros sem autorização; também se requeria licença do Estado para fazer buscas no fundo do mar;
(2) a lei impunha uma série de diligências ao achador do tesouro, sancionando a sua inobservância;
(3) apenas observados os prazos – no limite, os trinta anos, que dispensariam mesmo os anúncios (423.º) – o tesouro poderia ser apropriado;
(4) a repartição era: a totalidade, se o achador for o dono do prédio; 1/3 para o achador e 2/3 para o dono, na hipótese inversa (424.º).

Temos um favorecimento do dono do prédio, relativamente às leis do Imperador Adriano e à própria pré-codificação: uma vénia à propriedade, de acordo com o espírito da época.

IV. Na preparação do Código Civil de 1966, faltou um estudo preparatório que, designadamente, desse a panorâmica dos achamentos de tesouros, após o Código de Seabra. Pires de Lima propôs um texto – o artigo 25.º do anteprojeto, em quatro números – que visava condensar num único os seis artigos de Seabra[1020]. Manteve a referência ao "depósito de ouro ou prata ou quaisquer coisas móveis de algum valor" e restabeleceu a repartição de Adriano: metade-metade. A 1.ª Revisão conservou a referência ao "ouro ou prata" e reduziu, formalmente, o preceito a três números (1311.º)[1021]. A 2.ª Revisão referiu apenas a "coisa móvel de algum valor", retirando a referência ao ouro e à prata[1022]. Novos retoques foram intro-

[1018] Carneiro Pacheco, *Código Civil* cit., 1, artigo 423.º (303).
[1019] Luís da Cunha Gonçalves, *Tratado de Direito civil* cit., 3, 242-247.
[1020] Pires de Lima, *Direito de propriedade* cit., 233-234.
[1021] *1.ª Revisão* cit., 31-32.
[1022] *2.ª Revisão* cit., 25.

duzidos no Projeto (1324.º)[1023]. A redação final apenas foi alcançada na versão promulgada[1024].

106. O Direito vigente

I. Com os antecedentes apontados, o regime vigente resulta do artigo 1324.º. Simples num plano descritivo[1025], a aquisição do tesouro permite alguns picos de reflexão dogmática. À partida, o tesouro distingue-se da ocupação e do achamento pelo elemento real: não se reporta nem a uma *res nullius*, nem a uma *res derelictae*, nem a uma coisa perdida: antes a uma coisa enterrada ou escondida. Só que o facto de se enterrar ou esconder uma coisa não significa nem um abandono, nem uma perda fortuita. Logo, a ideia de "escondida ou enterrada" coloca-se num plano distinto do da coisa sem dono ou do da coisa perdida. Recorde-se, ainda, que o direito de propriedade não prescreve (298.º/3) e que a ação de reivindicação é imprescritível (1313.º). No rigor das normas, moedas escondidas por um romano continuariam a pertencer à sua descendência, dois milénios volvidos.

II. A diferenciação do tesouro relativamente a coisas encontradas está no seguinte:

(1) uma coisa móvel de algum valor; a lei não remete para o ouro ou a prata, mas essa ideia está subjacente ao tesouro, podendo-se acrescentar pedras preciosas, pérolas, jóias montadas ou documentos valiosos; o *quantum* de valor não é fixado: há que retirá-lo do sentir social e do caso concreto; objetos estimativos para uma família podem ser "tesouros" ainda que, nesse caso, se possa determinar quem é ou quem foi o dono;

(2) escondida ou enterrada: uma situação que revela a intenção do proprietário de não abrir mão do seu direito mas, apenas, de o proteger; "enterrada" aponta para um esconderijo no solo; mas

[1023] *Projecto* cit., 384-385.

[1024] DG I, n.º 274, de 25-nov.-1966, 1997/II.

[1025] O nosso *Direitos Reais*, 2, 700-702; Luís A. Carvalho Fernandes, *Lições de Direitos Reais* cit., 6.ª ed., 338-339; Luís Menezes Leitão, *Direitos Reais* cit., 9.ª ed., 304; António Santos Justo, *Direitos Reais* cit., 7.ª ed., 289-291; José Alberto Vieira, *Direitos Reais* cit., 3.ª ed., 653-655.

poderia sê-lo num muro, numa parede, num soalho ou num sótão; "escondida" pode implicar um móvel: um armário ou uma escrivaninha, com "segredo" (ou sem ele); escondida ainda pode ser "dissimulada": imagine-se um lote de moedas de ouro, pintadas para parecerem de cobre ou de bronze, de tal modo que apenas um numismata conhecedor possa dar pelo subterfúgio;

(3) sendo impossível determinar quem é o dono: ou porque foi clandestinamente camuflada (podendo, inclusive, tratar-se de coisa furtada ou roubada) ou por ter decorrido muito tempo, sem ter ficado notícia;

(4) e sendo evidente que ela foi escondida há mais de vinte anos: se assim não for, não há tecnicamente tesouro mas, sim, achamento, como decorre do artigo 1324.º/2.

III. A grande diferença específica do tesouro reside no tempo: os mais de vinte anos referidos no artigo 1324.º/2. Tais vinte anos podem ser determinados com segurança: moedas romanas ou dobras de D. João V, como exemplos, com sinais de terem sido camufladas na época, são tesouros.

No fundo, a aquisição do tesouro revela uma curiosa forma de extinção da propriedade sobre móveis; o esquecimento de quem seja o dono, quando é evidente que este não pretendeu renunciar ao seu direito.

IV. Não se demonstrando que o objeto do achado foi escondido ou enterrado há mais de vinte anos, o regime é convolado para o de achamento (1324.º/2). Caso contário, segue-se a repartição de Adriano, acolhida pelo Código de 1966:

(1) o achador torna-se dono de metade do achado; a outra metade pertence ao proprietário do móvel ou do imóvel onde a coisa estava escondida; a totalidade pertencerá ao proprietário-achador; todavia, assim não será quando o achador aja por conta do proprietário; por exemplo, o empreiteiro que encontre valores num soalho entregará a totalidade ao dono da casa; o antiquário que restaure um quadro e descubra, debaixo da pintura, uma tela antiga e valiosa devolve o conjunto ao dono, cobrando (apenas) honorários; *idem* se, num móvel antigo, encontrar moedas;

(2) o achador que não convole o facto para o achamento, por falta de vinte anos, perde todos os seus direitos a favor do Estado (1324.º/3, 1.ª parte);

(3) o achador que faça seu o achado sabendo quem é o dono ou que o oculte do proprietário da coisa onde ele se encontrava perde os seus direitos a favor do Estado, sem exclusão dos que lhe caibam como proprietário (1324.º/3, 2.ª parte).

Têm surgido notícias de tesouros encontrados, inclusive por pessoas que não deram conhecimento do achado, quando deveriam tê-lo feito. Estas, as ocorrências não originaram jurisprudência publicada. O tesouro tem, todavia, relevo jurídico-científico.

V. Dogmaticamente, a aquisição do tesouro é uma forma autónoma de constituição da propriedade. Teoricamente, poderíamos decompô-lo num achamento (*ius inventionis*) e numa acessão (*ius accessionis*), conforme opere a favor do achador e/ou do proprietário do local. Mas o modo por que ambos os fatores estão embricados, bem como os regimes em jogo, não permitem tal dissociação. Temos um regime próprio, uma História bimilenária e uma axiologia social clara. Tudo isso reforça uma autonomia que apenas a sistemática aglutinante dos códigos modernos poderia pôr em dúvida.

SECÇÃO III

A ACESSÃO

§ 25.º EVOLUÇÃO HISTÓRICO-COMPARATÍSTICA DA ACESSÃO

107. As modificações objetivas das coisas

I. O direito de propriedade, matriz dos diversos direitos reais de gozo, reporta-se a coisas corpóreas. Estas existem como realidades exteriores aos humanos. Mas não são estáticas ou imutáveis: seja pela força da natureza, seja pela atuação do homem, as coisas modificam-se: juntam-se a outras, atraem outras, modificam-se na forma e na substância e sofrem todo o tipo de influxos exteriores. Desde o antigo Direito romano, o Direito reconhece os diversos fenómenos subjacentes e procura, para eles, encontrar soluções. As mutações ocasionadas nas coisas tornam-se particularmente relevantes quando, frente a frente, coloquem direitos de pessoas distintas.

II. Pelos prismas da geografia, da física, da química e da biologia, será difícil seriar, de modo exaustivo, todo o tipo de fenómenos que provocam junções ou modificações de coisas. Para o Direito, tal pretensão seria ainda mais difícil e, quiçá, indesejável. O Direito trabalha com grupos de situações típicas, mais ou menos pormenorizadas, sendo, em princípio, capaz de abrigar problemas e variações que não estavam inicialmente previstas. No caso das modificações objetivas das coisas, o Direito procurou, desde o início, construir regimes em torno de situações socialmente típicas. No início, tais situações eram muito diversificadas: o Direito – em particular o Direito privado, de base românica – construiu-se a partir de problemas concretos e não de abstrações. Como veremos, o Direito romano clássico admitia uma série de figuras ligadas à modificação das coisas objeto da propriedade. Dessas, a mais visível e, quiçá, a mais relevante, prendia-se

com alterações registadas nas coisas imóveis. Estas não desaparecem e as alterações que as atinjam são limitadas. Elas derivam, essencialmente de, a um prédio, serem feitas adjunções: plantações, sementeiras e construções, a que poderíamos acrescentar as modificações causadas por fenómenos naturais.

III. Reside, aí, o que poderíamos chamar o núcleo duro das modificações objetivas da propriedade, a que se deu o nome de acessão ou *accessio*. A maior visibilidade desta acessão levou, ao longo da História, a uma capacidade sistematizadora e, depois, aglutinadora. A acessão ligada ao imobiliário veio denominar todo este universo e a influenciá-lo com alguns traços do seu regime.

IV. O Direito e a sua Ciência assumem por vezes, ao longo da História, uma evolução oscilatória. Aos períodos empíricos do início corresponde uma multiplicação de situações jurídicas relevantes. Seguem-se períodos de contenção e de pedagogia, que requerem condensações conceituais. Dá-se uma simplificação, com uma generalização das figuras mais marcantes. Mas a aplicação prática dos conceitos gerais obtidos obriga, no terreno, a diferenciações, de modo a contemplar, com realismo, as especificidades do caso concreto. Daí resulta o apuramento de subtipos relevantes, com regimes diferenciados. A acessão permite documentar a evolução ondulatória do Direito: um fenómeno muito interessante, base de reflexões que transcendem o âmbito estrito da acessão.

108. Direito romano

I. A acessão não tinha, no Direito romano, um tratamento unitário[1026]. Foram surgindo diversas figuras que, em comum, tinham alterações ocor-

[1026] Entre a literatura existente, em especial de língua italiana, referimos, no tocante a artigos: Cesare Sanfilippo, *Accessione (diritto romano)*, NDI I (1937), 64-67; *idem*, *Accessione (diritto romano)*, NssDI I (1957), 129-132, com indicações; Giuseppe Branca, *Accessione*, ED I (1958), 261-272 (261-265). As diversas obras gerais de Direito romano ocupam-se da matéria; assim: Vincenzo Arangio-Ruiz, *Corso di instituzioni di diritto romano*, II – *Diritti reali e di obbligazione* (1921), 53-60; Pietro Bonfante, *Corso di diritto romano*, II – *La proprietà*, 2 (1928), 68-94; Vittorio Scialoja, *Teoria della proprietà nel diritto romano* cit., II (1933), 58-95; Edoardo Volterra, *Istituzioni di diritto privato romano*

ridas nas coisas objeto de propriedade. Apenas no período pós-clássico surgiu alguma sistematização. Prenunciando a ordem por que a matéria surge no Código Civil de 1966, vamos ver, sucessivamente: (1) a acessão de imóveis a imóveis; (2) a acessão de móveis a imóveis; (3) a acessão de móveis a móveis; (4) a adjunção do trabalho a móveis.

II. A acessão de imóveis a imóveis deriva, fundamentalmente, dos efeitos produzidos sobre os prédios pela erosão[1027]. Corresponde, por isso, à acessão natural de que fala o nosso Código Civil. As fontes mencionam as seguintes hipóteses:

alluvio (aluvião): aquilo que as águas dos rios iam paulatinamente acrescentando aos prédios situados nas suas margens e que era adquirido pelos proprietários dos prédios em causa[1028];

avulsio (avulsão): dava-se quando a corrente, violentamente, arrancasse parte de um prédio e juntasse o material arrancado a outro; nesta hipótese, uma vez que a parcela arrancada era reconhecível, não havia uma aquisição por acessão, pelo menos, imediatamente[1029];

alveus derelictus (leito abandonado): verifica-se quando um rio abandonasse o seu leito; este pertencia, por acessão, aos titu-

(1961), 318-326; Max Kaser, *Das römische Privatrecht* cit., I, 2.ª ed., 428-432 e *passim*; Álvaro d'Ors, *Derecho privado romano*, 10.ª ed. (2004), §§ 167-168 (236-238); Matteo Marrone, *Manuale di diritto privato romano* (2004), 191-193; entre nós, temos desenvolvimentos em Raúl Ventura, *História do Direito romano*, II – *Direito das coisas* cit., 217-230 e em António Santos Justo, *Direito privado romano*, III – *Direitos Reais* cit., 59-71, com indicações das fontes.

[1027] Raúl Ventura, *Direitos das coisas* cit., 218; Giacomo Russo, *Accessione (diritto di)*, NDI I (1937), 67-77 (69/II); Vittorio Scialoja, *Proprietà* cit., 59 ss.. Segundo Giuseppe Branca, *Accessione*, loc. cit., só neste caso, originariamente, se falaria em acessão. Chamamos a atenção para o facto de os romanos, além da erosão fluvial, mencionarem a possibilidade de deslocações de terra por ação de outras forças naturais. Falavam então de *crusta lapsa*.

[1028] Raúl Ventura, *Direito das coisas* cit., 220; Vittorio Scialoja, *Proprietà* cit., que cita textos romanos. Em geral, *vide* Giuseppe Branca, *Accessione* cit., 262.

[1029] Os textos que nos chegaram parecem pouco claros, havendo contradições ainda não esclarecidas. *Vide* Raúl Ventura, *Direito das coisas* cit., 221; Vittorio Scialoja, *Proprietà* cit., 64 ss..

lares dos prédios marginais, conforme a extensão das margens respetivas[1030];

insula in flumine nata (ilha nascida no rio): como o nome indica, tratava-se aqui da atribuição do direito sobre uma ilha que naturalmente se formasse no seio de um rio; havia aqui que distinguir consoante a ilha resultasse de um antigo prédio rodeado pelas águas – e então mantinha-se na titularidade do proprietário do mesmo – ou surgisse no leito do próprio rio – o que levantava uma série de problemas, sendo então, ao que parece, a propriedade atribuída por acessão aos proprietários das margens vizinhas de acordo com complicadas regras de proximidades[1031].

III. Quanto à acessão de móveis a imóveis[1032], distinguiam os jurisprudentes romanos três hipóteses:

implantatio: quando árvore alheia fosse plantada em determinado prédio: o proprietário do prédio adquiria a árvore, ainda que fosse ele próprio o autor da plantação;

satio: configurava a hipótese de sementes alheias serem lançadas num terreno: o titular deste adquiria as plantas que depois nascessem;

inaedificatio: a edificação de um edifício em determinado terreno, com materiais pertencentes a outrem; em princípio, dava-se a aquisição pelo dono do solo[1033].

IV. Finalmente, distinguiam a acessão de móveis a móveis[1034], a saber:

[1030] Raúl Ventura, *Direito das coisas* cit., 223; Vittorio Scialoja, *Proprietà* cit., 65 ss..

[1031] Raúl Ventura, *Direito das coisas* cit., 222 ss.; Vittorio Scialoja, *Proprietà* cit., 66 ss.. Quando a ilha surgisse no mar, a aquisição dava-se por ocupação.

[1032] Raúl Ventura, *Direito das coisas* cit., 226 ss.; Vittorio Scialoja, *Proprietà* cit., 72 ss..

[1033] A *inaedificatio* dava lugar a questões complicadas, havendo, nomeadamente, que atender à boa ou má-fé do construtor e que distinguir entre a propriedade do edifício e a dos materiais, que poderiam, depois, ser reivindicados, caso o edifício fosse destruído. *Vide* Raúl Ventura, *Direitos das coisas* cit., 227 ss.; Vittorio Scialoja, *Proprietà* cit., 73 ss.; Salvatore Riccobono, *Interpretazione e critica del fr. 63 D. 24-1 Paulus III, ad neratium ed il requesito della furtività nell'actio de tigno iunato*, AG LIII (1894), 521-543 e AG LIV (1895), 265-281.

[1034] Raúl Ventura, *Direito das coisas* cit., 217 ss.; Vittorio Scialoja, *Proprietà* cit., 75 ss.; Giuseppe Branca, *Accessione* cit., 263.

ferruminatio: duas coisas móveis eram soldadas por forma incindível: o proprietário da principal adquiria a secundária;

adplumbatio: a soldagem era imperfeita, sendo possível a separação; desta feita, não havia aquisição de propriedade, podendo a separação ser exigida[1035];

scriptura, pictura, tinctura, textura: hipóteses em que se escrevesse em papiro alheio, pintasse em tábua de outrem, tingisse tecido estranho ou tecesse com linho de pessoa diversa; com várias contradições, a solução geralmente encontrada pelos romanos era a do dono da coisa principal adquirir a matéria acessória.

V. Diferente era o caso da especificação – *specificatio*. A *specificatio* verificava-se quando alguém, pelo trabalho, transformasse uma coisa alheia, adquirindo esta diversa função económico-social[1036]. A atribuição da nova coisa daqui resultante era, contudo, discutida no seio do Direito romano. Queriam os proculeianos que a coisa pertencesse ao especificador, isto é, à pessoa que tivesse aplicado o seu trabalho. Pelo contrário, os sabinianos davam preferência ao proprietário da coisa transformada. Justiniano viria a adotar uma solução de meio termo – *media sententia* –, determinando que, quando a coisa pudesse ser reconduzida à antiga matéria, pertencesse ao proprietário anterior; caso contrário, deveria vingar o direito do especificador[1037].

VI. Finalmente, há que referir o caso da *confusio* ou *commixtio*[1038], que teria lugar quando dois corpos ou massas fossem misturados de tal

[1035] Sobre a *ferruminatio* e a *adplumbatio*, *vide*: Heinrich Robert Göppert, *Ueber die Bedeutung von ferruminare und adplumbare in den Pandekten* (1869), 30 pp.; *idem*, *Zu ferruminare*, SZGerm 9 (1870), 241-243; Muzio Pampaloni, *Sopra il significato delle parole ferruminare ed adplumbare nelle pandette e sopra il fondamento giuridico dell'acquisto di proprietà per ferruminazione in diritto romano*, AG XXIII (1879), 223-299.

[1036] *Vide* Raúl Ventura, *Direito das coisas* cit., 210 ss.; Vittorio Scialoja, *Teoria della proprietà* cit., II, 83 ss.; Mario Balzarini, *Specificazione (diritto romano)*, NssDI XVII (1970), 1084-1087 (1085-1086); Gianbattista Impallomeni, *Specificazione (diritto romano)*, ED XLIII (1990), 267-270.

[1037] Andrea Tabet, *Specificazione (diritto vigente)*, NssDI XVII (1970), 1087-1090 (1088); *vide* Vittorio Scialoja, *Teoria della proprietà* cit., II, 88-89. Anna Plisecka, *Accessio and specificatio reconsidered*, TS 74 (2006), 45-60 (60, a conclusão), entende que estava mais em causa a perda da propriedade do que a sua aquisição.

[1038] Alguns autores distinguem a *confusio*, referida a líquidos, da *commixtio*, repor-

forma que daí resultasse uma massa única. A solução encontrada era a de se criar uma situação de comunhão, em que os proprietários anteriores se tornariam comproprietários com quotas correspondentes aos materiais utilizados[1039].

109. Direito intermédio

I. A evolução posterior da acessão cifrou-se numa tendência para alargar o seu âmbito às diversas formas de constituição da propriedade que implicassem a adjunção de coisas ou a sua modificação.

Os juristas pós-clássicos, com consagração no *Corpus iuris civilis*, deram os primeiros passos, sistematizando a matéria em sequência[1040]. As próprias *Institutiones* comportariam elementos nesse sentido[1041]. O passo seguinte foi dado pelos glosadores. Estes vieram transformar em conceito abstrato aquilo que começou por ser uma mera arrumação sistemática: só escaparam a essa englobação a *commixtio* e a *specificatio*[1042].

tada a sólidos. *Vide* Carlo Maiorca, *Commissione*, NssDI III (1959), 656-667 (656-657); Francesco Guizzi, *Confusione nella proprietà (diritto romano)*, NssDI IV (1959), 87-89.

[1039] *Vide* Raúl Ventura, *Direitos das coisas* cit., 230; Vittorio Scialoja, *Proprietà* cit., 81; Carlo Maiorca, *Commissione* cit., 656; Aldo Bozzi, *Commissione*, NDI III (1938), 394; Francesco Guizzi, *Confusione* cit., 88. Autores fazem notar (p. ex., Guizzi e Maiorca) que, sendo possível a identificação da parte de cada um, a situação seria de *communio pro diviso*, isto é, cada um seria titular de parte da coisa, podendo ser provocada a divisão. Maiorca tenta ainda distinguir a união (*Commissione* cit., 657) da *commixtio* por aí não haver tanto uma interpenetração mas antes uma ligação externa. O autor reconhece, contudo, as dúvidas levantadas pela soldagem autógena.

[1040] I. 2.1.20-34 = ed. Okko Behrends e outros cit., 51-56.

[1041] Gino Gorla, *L'accessione* cit., 93 ss., com indicações; anteriormente, Heinrich Robert Göppert, *Ueber die organischen Erzeugnisse/eine Untersuchung aus dem römischen Sachenrecht* (1869), VIII + 408 pp., 89-90, já havia apontado aproximações nas Instituições de Justiniano.

[1042] Desenvolvemos essa orientação em *Direitos Reais*, II, 712 ss., apoiados no estudo de Gino Gorla, *L'accessione nel diritto civile italiano (Contributo alla dotrina dei modi d'acquisto della proprietà)*, RISG VI (nova série) (1931), 87-162; também nesse sentido: Giuseppe Branca, *Accessione* cit., 265/I; C. Massimo Bianca, *Diritto civile*, VI – *La proprietà* cit., 2.ª ed., n.º 159 (242). Anteriormente, a diversificação das figuras em jogo já havia sido sublinhada por August Bechmann, *Zur Lehre vom Eigenthumserwerb durch Accession und von den Sachgesammtheiten* (1867), IV + 79 pp.; *idem*, *Ueber den Rechtsgrund des Eigenthumserwerbs durch Specification*, AcP 47 (1864), 25-50, especialmente 28, nota 4, onde pedia uma revisão da doutrina.

II. Sob o humanismo, Donellus (1527-1591)[1043] e Vinnius (1588--1657)[1044] intensificaram a progressão aglutinante da acessão, acrescentando-lhe as próprias *commixtio* e *specificatio*[1045]. A evolução foi rematada por Pothier (1699-1772). Este Autor definiu a acessão como[1046]:

> (...) um modo de adquirir o domínio que é de direito natural, pelo qual o domínio de tudo o que é um acessório e uma dependência de uma coisa, é adquirido de pleno direito por aquele a coisa pertence, *vi ac potestate rei suae*.

Nesse seguimento, Pothier inclui na acessão a aquisição das coisas que são produzidas pela nossa, das coisas que se unem, naturalmente, à nossa, das coisas que se unem por facto do homem e as outras espécies de acessão, que são a especificação e a confusão[1047].

III. Pothier teve, também neste ponto, uma influência decisiva no Código Napoleão e, por via deste, em códigos de primeira geração[1048]. Vamos ponderar essa evolução, em termos comparatísticos.

110. As codificações

I. O Código Napoleão dispôs, no seu artigo 547.º[1049]:

> Os frutos naturais ou industriais da terra, os frutos civis e as crias de animais pertencem ao proprietário por direito de acessão.

[1043] Hugo Donellus, *Commentatorium de jure civili* (finais séc. XVI), Lib. IV, Cap. XXVII a XXXVIII = *Opera omnia* cit., 1, 837-908 : um imenso trabalho de sistematização.

[1044] Arnoldus Vinnius, *In quatuor libros Institutionum imperialium commentarius academieus et forensi*, ed. Nuremberga, 1726, 170 ss..

[1045] Gino Gorla, *L'accessione* cit., 96.

[1046] Robert-Joseph Pothier, *Traité du droit de domaine de propriété* cit., n.º 150 = = *Œuvres* cit., 9, 150.

[1047] *Idem*, loc. cit., confirmando essa orientação no desenvolvimento ulterior, n.º 151--193, *Œuvres* cit., 9, 151-168.

[1048] Gino Gorla, *L'accessione* cit., 99-101; Giuseppe Branca, *Accessione* cit., 265, *vide* Sergio Maiorca, *Unione*, NssDI XX (1975), 16-60 (18).

[1049] *Code Civil des français* cit., 135.

O artigo 551.° do mesmo Código, veio rematar[1050]:

> Tudo o que une e incorpora na coisa pertence ao proprietário, de acordo com as regras de seguida estabelecidas.

Ocorria, depois, a acessão relativamente às coisas imobiliárias (552.° a 564.°), onde eram incluídas as construções, as plantações e as obras (553.°), a aluvião (556.°), as ilhas e mouchões (560.°) e a mudança de curso de água (563.°). Seguiam-se as mobiliárias, com a união (566.° a 569.°), a especificação (570.°) e a confusão (573.°). Note-se que as denoninações são usadas por nós, de acordo com a tradição romana. O Código Napoleão limita-se a descrever as figuras.

II. A posição do Código Napoleão facilitava a sistematização da matéria, dando seguimento a uma postura que vinha já das *Institutiones* de Justiniano. Mas além disso, ele assumia a perspetiva significativo-ideológica de deificar a propriedade. Duranton (1783-1866) exprimia-se nestes termos[1051]:

> A acessão é uma forma de adquirir de Direito natural, consagrada pela lei civil e segundo a qual tudo o que é um produto, uma dependência de uma coisa é adquirido pelo proprietário, pela simples força e poder do direito de propriedade (*par la seule force et puissance du droit de propriété*).

Essa orientação manteve-se, embora com uma linguagem mais comedida, na viragem para o século XX[1052]. A doutrina do século XXI conserva a orientação napoleóncia, ainda que operando, na acessão global, distinções e subdistinções sugestivas: a acessão por produção, por incorporação a um móvel, que inclui a união, a especificação e a confusão (*adjonction, spécification, mélange*) e a incorporação a um imóvel, subtistinguindo-se a natural (aluvião, avulsão, formação de ilhas e mouchões e mudança do curso de água) e a artificial (diversas possibilidades de construção e de plantação[1053].

[1050] *Idem*, 136.

[1051] Alexandre Duranton, *Cours de droit civil suivant le code français*, II, 4.ª ed. (1841), n.° 1155 (346/II).

[1052] Marcel Planiol, *Traité élémentaire de droit civil* cit., 1, 3.ª ed., n.° 2717 (876-877).

[1053] François Terré/Philippe Simler, *Droit civil/Les biens* cit., 10.ª ed., n.° 227-254 (209-227).

III. A orientação napoleónica foi plenamente acolhida pelo Código italiano de 1865. Segundo o artigo 443.º desse diploma[1054]:

> A propriedade de uma coisa, seja móvel ou seja imóvel atribui direito sobre tudo o que ela produza ou que se lhe una naturalmente ou por arte; este direito chama-se o direito de acessão.

A doutrina subsequente, para mais num País que mantinha, muito ativos, os estudos de Direito romano, não deixou de sublinhar que, pelo caminho do Código, se incluíam na acessão matérias profundamente diversas entre si[1055]. O Código apresenta a acessão como um desenvolvimento do direito de propriedade; todavia, há, para tanto, que lidar num plano elevado de abstração[1056].

IV. O Código de 1942 alterou profundamente este modo de organizar a temática da acessão. Desistiu da definição e recolocou os frutos em local adequado. Quanto à união, à confusão e à especificação, lê-se no relatório do *Guardasigilli* (Ministro da Justiça) que[1057]:

> (...) não podem, sem um grande esforço, reconduzir-se, como reconduzia o código de 1865, ao âmbito da acessão. Na especificação, de facto, não é possível apurar, como a doutrina mais recente evidencia, uma relação de subordinação entre dois elementos heterogéneos, a matéria e o trabalho: na união e na confusão ocorre, em regra, uma relação de comunhão e apenas no caso de uma coisa poder ser considerada principal em relação à outra ou de valor muito superior, opera a atracção *per praevalentiam* e se regressa à órbita da acessão.

Esta orientação mereceu o apoio da doutrina subsequente[1058]. O Código apenas considera acessão o modo de aquisição da propriedade por

[1054] Ferrarotti Teonesco, *Commentario teorico pratico comparato al codice civile italiano* cit., II, 144 ss., onde pode ser confrontado o (exato) paralelo com o artigo 449.º do Código albertino e com o artigo 546.º do Código francês.

[1055] Nicola Stolfi, *Diritto civile*, II – *Diritti reali* cit., 1, n.º 668 (421).

[1056] Giacomo Russo, *Accessione (diritto di)* cit., 68.

[1057] *Codice civile/Testo e relazione ministeriale* (1943), n.º 429 (91/II).

[1058] Carlo Maiorca, *Accessione (diritto civile)* cit., 132-133; Giuseppe Branca, *Accessione* cit., 265-266.

incorporação, no solo, de plantações, construções ou obras[1059]. Vamos reter a sistemática do Código italiano de 1942. Numa secção II do capítulo relativo aos modos de aquisição da propriedade, o diploma reúne, mas sem confundir, a acessão, a especificação, a união e a confusão (934.º a 947.º)[1060]:

> Assim[1061]: 934.º (obras feitas sobre solo ou no subsolo); 935.º (obras feitas pelo proprietário do solo com materiais alheios); 936.º (obras feitas por um terceiro com materiais próprios); 937.º (obras feitas por um terceiro com materiais alheios); 938.º (ocupação de uma faixa do fundo contíguo); 939.º (união e confusão); 940.º (especificação); 940.º (aluvião); 941.º (lagos e lagoas); 944.º (avulsão); 945.º (ilhas e uniões de terras); 946.º (leito abandonado); 947.º (mudanças de leito).

Como se vê, o *Codice* optou por tratar, em separado, as diversas hipóteses que a evolução aglutinante da acessão reconduziu a esta última. Manteve as designações romanas e não se preocupou com sistemáticas teorizantes. Teria sido um bom exemplo para 1966.

V. A experiência alemã, dada a forte receção do Direito romano, desenvolveu-se dentro das coordenadas clássicas: mais do que dentro da deriva aglutinadora do Direito comum[1062]. Thibaut, usando o termo *accession*, apresenta esta como a forma de aquisição de propriedade que opera quando alguém detenha uma coisa que se una a outra. Tal pode ocorrer por várias vias, distinguindo a *industrialis*, a *naturalis* ou *casualis* e a *mixta*. As várias modalidades romanas são articuladas nesse contexto, sem se elaborar um conceito de cúpula, que tudo englobaria[1063]. Puchta aflora o tema, usando já o alemão *Verbindung*, ao lado de *Accession*. Refere os

[1059] C. Massimo Bianca, *Diritto civile*, VI – *La proprietà* cit., 2.ª ed., n.º 159 (241).

[1060] Raffaele Tommasini/Elena la Rosa, *I modi di acquisto della proprietà* cit., art. 934.º-947.º (273-441).

[1061] Adelaide Rossi, em Massimo Franzoni/Rita Rolli, *Codice civile commentato* cit., I, art. 934.º-943.º (1229-1243) e Anna Violante, *idem*, art. 944.º-947.º (1244-1245).

[1062] Alguns dados comparatísticos em Denis Schlimpert, *Integrale und funktionale Verbindung aus Sachen im französischen und deutschen Recht* (2015), 356 pp., 46 ss., 50 ss. e *passim*.

[1063] Anton Justus Thibaut, *System des Pandekten-Rechts* cit., II, 5.ª ed., §§ 594-599 (36-41).

vetores gerais[1064]. Nas vésperas da preparação do BGB, Dernburg estuda, em separado, os vários casos de acessão[1065], numa orientação que encontramos, também, em Windscheid[1066]. A matéria estava madura para a codificação, sem ter sofrido as derivas do sistema napoleónico. Na preparação do BGB houve questões formais de redação mas não, propriamente, temas de fundo[1067]. A transição para o BGB decorreu sem dificuldade[1068].

VI. O BGB surgiu sintético, neste domínio. No título relativo à aquisição e perda da propriedade, surge um subtítulo intitulado *Verbindung, Vermischung, Verarbeitung*, que podemos traduzir por acessão, união e especificação (§§ 946-952)[1069].

Em síntese, temos o conteúdo seguinte: § 946 (acessão a um prédio); § 947 (união); § 948 (confusão); § 949 (extinção de direitos de terceiros); § 950 (especificação); § 951 (indemnização pela perda de direitos); § 952 (propriedade de títulos de divida).

O tema que mais tem ocupado a doutrina é o da indemnização pela perda de direitos (§ 952). Os demais pontos são, também, analisados. A acessão tem sido considerada nalgumas monografias[1070], ainda que num ritmo inferior ao que estamos habituados na doutrina germânica. A natureza da acessão não é havida como a de um negócio ou de uma atuação jurídicos: antes como um efeito sem fatores subjetivos[1071]. Surgem pontos

[1064] Georg Friedrich Puchta, *Pandekten* cit., 7.ª ed., §§ 162-165 (242-245). Uma breve referência consta de Viktor Platner, *Sachenrecht* (1875), § 26 (115-116).

[1065] Dernburg/Biermann, *Pandekten* cit., 1, 7.ª ed., §§ 207-210 (483-490).

[1066] Windscheid/Kipp, *Lehrbuch der Pandekten* cit., 9.ª ed., §§ 188-190 (1, 972-984).

[1067] Horst Heinrich Jakobs/Werner Schubert, *Die Beratung des Bürgerlichen Gesetzbuchs. Sachenrecht* cit., 1, 642-760.

[1068] Ludwig Kuhlenbeck, *Von der Pandekten zum BGB* cit., 2, §§ 29-30 (532-540).

[1069] Entre os comentários mais comuns: Christian Berger, no Jauernig cit., §§ 946-952 (1700-1707); Wolfgang Wiegand, no *Staudingers Kommentar* cit., §§ 946-952 (513-626); Hanns Prütting, no PWW/BGB cit., 15.ª ed., §§ 946-952 (1986-1993); Jens Thomas Füller, no *Münchener Kommentar* cit., 8, 8.ª ed., §§ 946-952 (1240-1306); Sebastian Herrler, no Grüneberg (ex-Palandt) cit., 81.ª ed., §§ 946-952 (1662-1668).

[1070] Karl Lammers, *Eigentumserwerb durch Verbindung und Vermischung* (1932), XI + 41 pp.; Fritz Schulz, *System der Rechte auf den Eingriffserwerb*, AcP 105 (1909), 1-488 (377 e *passim*).

[1071] H. Tobias, *Eigentumserwerb durch Verbindung*, AcP 94 (1903), 371-464 (419-420); com jurisprudência, Richard Giesen, *Scheinbestandteil – Beginn und Ende*, AcP 202 (2002), 689-721 (699).

curiosos, como o de saber se a propriedade atingida pela acessão ficava numa situação de quiescência (*dominium dormens*) até poder ressurgir ou se não se deveria proceder a uma compensação por via obrigacional: esta última solução é a validada[1072].

[1072] Hans Josef Wieling, *Von untergegangen, schlafenden und aufgewachten Eigentum bei Sachverbindungen*, JZ 1985, 511-518 (518/II).

§ 26.º A EXPERIÊNCIA LUSÓFONA

111. A pré-codificação

I. A doutrina portuguesa da pré-codificação acolhia o Direito comum, sendo muito sensível ao entendimento aglutinante da acessão. Borges Carneiro exprimia-se nestes termos[1073]:

> Outro attributo do domínio é o direito que tem o dono d'uma cousa de senhorear e desfructar todos os seus accessorios, pertences, incrementos, utilidades, fructos e produções; ou estas procedam sómente da natureza (*accessio naturalis*), ou da industria humana (*industrialis*), ou do consumo d'uma e outra (*mixta*).

Referia, de seguida, várias hipóteses. Essa posição era, com mais pormenores de regime, a de Correia Teles[1074]:

> O proprietario de uma cousa tem direito a tudo o que ella produz, e a tudo o que se une a ella pelo direito de acessão.

Também Coelho da Rocha nos deixou textos elegantes, nesse sentido[1075].

II. Dentro da tradição lusófona da abertura ao exterior, podemos considerar que, nas vésperas da codificação, o Direito lusófono estava maduro para acolher as soluções mais avançadas.

[1073] Manuel Borges Carneiro, *Direito civil de Portugal* cit., IV, § 20 (71-72).

[1074] J. H. Correia Teles, *Digesto Português* cit., 3, art. 59-79 (13-16), apoiado, quanto à noção, no Código francês e quanto ao desenvolvimento, no Direito comum.

[1075] M. A. Coelho da Rocha, *Instituições de Direito Civil* cit., §§ 417-423 (293-296), denotando o mesmo cruzamento entre o Direiro francês e elementos do Direito comum.

112. O Código de Seabra (1867)

I. O Código de Seabra acolheu, na forma, a orientação napoleónica, embora, em substância, dela já se diferenciasse. Nos atributos da propriedade incluía o direito de fruição o qual englobaria (2287.º): (1) o direito de perceber os frutos; (2) o direito de acessão; (3) o direito de acesso. Quanto ao "direito de acessão" (2289.º):

> Dá-se accessão quando, com a cousa que é propriedade de alguem, se une e encorpora outra cousa que lhe não pertencia.
>
> § único. A accessão pode ser produzida por acção da natureza, ou por industria do homem.

II. O capítulo relativo à acessão arrumava-se pela forma seguinte[1076]:

Secção I – Disposição geral (2289.º);
Secção II – Da accessão natural (2290.º a 2297.º);
Secção III – Da accessão industrial ou por facto do homem (2298.º a 2308.º):
  Subsecção I – Da accessão mobiliaria (2299.º a 2303.º);
  Subsecção II – Da accessão immobiliaria (2304.º a 2308.º).

Encontraremos algumas especialidades do regime de 1867 a propósito do Direito atual.

III. Na vigência do Código de Seabra, faltou uma monografia forte sobre a acessão: comparável, por exemplo, com a investigação que Manuel Rodrigues dedicou à posse. Esta fraqueza, de resto comum à disciplina de Direitos Reais, terá contribuído para desamparar a preparação do Código Civil de 1966.

113. O sistema do Código de 1966

I. Na preparação do Código Civil de 1966, valeu o anteprojeto de Pires de Lima (artigos 26.º a 44.º)[1077]. Ele foi pouco modificado nas 1.ª

[1076] José Dias Ferreira, *Codigo civil annotado* cit., 62-70; Luís da Cunha Gonçalves, *Tratado de Direito civil* cit., XI, 714-764.

[1077] Fernando Pires de Lima, *Direito de propriedade* cit., 234-242.

(1312.º a 1330.º)[1078] e 2.ª (1325.º a 1343.º)[1079] revisões ministeriais e no Projeto (1325.º a 1343.º)[1080]. Trouxe, até nós, textos cuja justificação de motivos nunca foi publicada, mas que podemos, em parte, reconstruir através do *Código anotado*[1081]. Regressaremos aos preparatórios a propósito das diversas soluções comentadas, quando elas tenham relevância interpretativa.

II. A acessão preenche a secção III do capítulo relativo à aquisição da propriedade. Tem a arrumação seguinte (1325.º a 1343.º)[1082]:

Subecção I – Disposições gerais (1325.º e 1326.º);
Subecção II – Acessão natural (1327.º a 1332.º);
Subecção III – Acessão industrial mobiliária (1333.º a 1338.º);
Subecção IV – Acessão industrial imobiliária (1339.º a 1343.º).

A uma primeira leitura verifica-se que foram adotados esquemas oriundos do Código de Seabra, em detrimento da tradição romana, acolhida, por exemplo, no Código Civil italiano de 1942. Não se teve em conta a evolução semântica do termo "industrial", hoje conectado com a atividade empresarial produtiva mais do que com a atuação humana.

III. A noção do artigo 1325.º é questionável, dentro do próprio sistema do Código. Diz-nos:

> Dá-se a acessão, quando com a coisa que é propriedade de alguém se une e incorpora outra coisa que lhe não pertencia.

Semelhante noção exclui a especificação (1336.º a 1338.º), uma vez que, nesta, há uma adstrição entre uma coisa e o trabalho humano e não uma incorporação de coisas diversas. Ora o Código considera a especificação um caso de "acessão industrial mobiliária" quando, desde o século XIX, a doutrina sustenta uma natureza diferenciada para a especificação[1083].

[1078] *1.ª Revisão* cit., 32-40.
[1079] *2.ª Revisão* cit., 26-34.
[1080] *Projecto* cit., 384-390.
[1081] Pires de Lima/Antunes Varela, *Código Civil anotado* cit., III, 2.ª ed., 137-172.
[1082] DG I, n.º 274, de 25-nov.-1966, 1997/II-1999/II.
[1083] *Supra*, n.º 109, em especial nas notas de rodapé.

IV. O artigo 1326.º, a propósito de alinhar "espécies" de acessão, reincide. Diz o seu n.º 1:

> A acessão diz-se natural, quando resulta exclusivamente das forças da natureza; dá-se a acessão industrial, quando, por facto do homem, se confundem objetos pertencentes a diversos donos, ou quando alguém aplica o trabalho próprio a matéria pertencente a outrem, confundindo o resultado desse trabalho com propriedade alheia.

É inegável um certo esforço para coisificar o trabalho. Mas este não pode, definitivamente, ser entendido como uma "coisa", de modo a preencher o *minimum* para que, de acessão, se possa falar. O próprio artigo 1326.º/2, segundo o qual:

> A acessão industrial é mobiliária ou imobiliária, conforme a natureza das coisas,

enquadra mal a realidade e o regime subsequentemente fixado pelo Código: pode haver uma junção entre uma coisa imóvel e uma móvel sem que o conjunto reverta (sequer) para o dono do imóvel: recorde-se a hipótese de acessão invertida, constante do artigo 1340.º/1, 2.ª parte[1084].

V. Na sequência, vamos "restaurar" a terminologia civil de base romana, tal como é de uso nas atuais doutrinas alemã e italiana. Todavia, para efeitos de mais fácil concatenação com o Código em vigor vamos, nas epígrafes das rubricas, conservar a sistemática legal.

VI. Finalmente, pergunta-se se é possível estabelecer requisitos gerais de acessão, isto é, parâmetros normativos que surgiriam nas suas diversas "espécies", na linguagem do artigo 1326.º. Entre eles, avultaria, segundo alguma doutrina, a "inseparabilidade" das coisas incorporadas. Em Direito, é sempre possível construir princípios gerais, desde que se suba na escala da abstração. Isso dito: a diversidade de institutos que o Código Civil reuniu na secção relativa à acessão é de tal ordem que melhor será, figura a figura, apurar o regime e, sendo o caso, construir princípios.

[1084] *Infra*, n.º 130.

§ 27.º A ACESSÃO NATURAL

114. Noção e nota evolutiva

I. O artigo 1327.º dá o princípio geral que permite fixar a noção de acessão natural[1085]:

> Pertence ao dono da coisa tudo o que a esta acrescer por efeito da natureza.

Esta fórmula pretende abarcar as figuras referidas na subsecção II da secção sobre a acessão: acessão natural. São elas:

(1) 1328.º: aluvião;
(2) 1329.º: avulsão;
(3) 1330.º: mudança de leito;
(4) 1331.º: formação de ilhas ou mouchões;
(5) 1332.º: lagos e lagoas.

Temos, em português, as velhas figuras romanas[1086]: *alluvio*, *avulsio*, *alveus derelictus* e *insula in flumine nata*.

II. No Código de Seabra, a acessão natural recebeu um tratamento circunstanciado. Para além do artigo 2290.º, que enuncia o princípio hoje contido no artigo 1327.º, temos mais sete artigos que não devem ser esquecidos na nossa cultura jurídica:

> **Art. 2291.º** Pertence aos donos dos predios confinantes com os rios, ribeiros ou quaesquer correntes de agua, tudo o que, por acção das aguas, se lhes unir, ou n'elles for depositado.

[1085] Fernando Pires de Lima, *Direito de propriedade* cit., 235, propôs (28.º):

> Pertence ao dono da coisa ou do prédio tudo o que, por efeito da natureza, acrescer à mesma coisa ou ao mesmo prédio.

A contraposição entre "coisa" e "prédio", não era feliz, acabando por cair na *2.ª Revisão Ministerial* (1327.º) cit., 27-28, aí recebendo a redação definitiva.

[1086] *Supra*, n.º 108, II.

Art. 2292.º Mas, se a corrente arrancar quaesquer plantas, levar qualquer objecto, ou porção conhecida de terreno, e arrojar essas cousas sobre os predios alheios, conservará o dono d'ellas o seu direito, e podera exigir, que lhe sejam entregues, contanto que o faça dentro em tres mezes, se antes não for intimado para fazer a remoção no praso, que judicialmente lhe for assignado.

Art. 2293.º Se a corrente mudar de direcção, os donos dos predios invadidos adquirirão direito ao terreno, que occupava o alveo antigo, cada um em proporção do terreno perdido pela variação da corrente.

Art. 2294.º As ilhas e mouchões, que se formarem nos mares adjacentes ao territorio portuguez, ou nos rios navegaveis ou fluctuaveis, pertencerão ao estado, e só poderão ser adquiridos pelos particulares, por legitima concessão ou por prescripção.

§ único. Porém, se, por occasião da formação de mouchões e aterros nos rios, algum dos predios marginaes, ou mais de um padecerem diminuição, os mouchões ou aterros pertencerão aos proprietarios dos terrenos, onde a diminuição houver ocorrido, e em proporção d'ella.

Art. 2295.º Os mouchões e aterros, que se formarem nos rios não navegaveis nem fluctuaveis, pertencerão aos proprietarios marginaes, de cujo lado se formarem, tirando uma linha divisoria pelo meio do alveo do rio.

§ único. A estes mouchões e aterros é applicavel o que fica disposto no § único do artigo precedente.

Art. 2296.º Se a corrente se dividir em dois ramos, ou braços, sem que o leito antigo seja abandonado, o dono ou os donos dos predios invadidos conservarão os direitos, que tinham no terreno que lhes pertencia, e que foi invadido pela corrente.

Art. 2297.º As disposições dos artigos antecedentes são igualmente applicaveis aos lagos e lagoas, nos factos analogos que ahi possam ocorrer.

III. O anteprojeto Pires de Lima que, como referido, passou com alterações formais, ao texto em vigor, introduziu algumas simplificações. Nas muitas décadas de aplicação do Código Civil, não relevamos jurisprudência sobre temas de acessão natural. A doutrina dedica-lhe espaços restritos, nas monografias[1087], nas obras gerais[1088] e nos comentá-

[1087] António Carvalho Martins, *Acessão* (1992), 146 pp., 24-69; Júlio Manuel Vieira Gomes, *Da acessão, mormente da acessão industrial imobiliária* (2020), 169 pp., 35-50. Referimos, ainda, o artigo de Mónica Jardim/Margarida Costa Andrade, *O desaparecimento e recomposição de imóveis – a perda, a acessão e a demarcação*, RevCDOUA XII, n.º 24 (2009), 57-76 (59-70), com especial interesse para a avulsão.

[1088] O nosso *Direitos Reais*, 716-718; José de Oliveira Ascensão, *Direito civil/Reais*

rios[1089], sendo que apenas suscita alguma dúvida no plano da construção teórica, a abordar depois de conhecidos os regimes aplicáveis.

115. Aluvião

I. Segundo o artigo 1328.º/1:

> Pertence aos donos dos prédios confinantes com quaisquer correntes de água tudo o que, por ação das águas, se lhes unir ou neles for depositado, sucessiva e impercetivelmente.

No confronto com o artigo 2291.º do Código de Seabra, verifica-se que foi acrescentado o final "sucessiva e impercetivelmente". O preceito lida com a ideia de acrescentos, feitos num prédio ribeirinho, ocorridos naturalmente, de modo paulatino, de tal modo que não se possa determinar a origem das partículas aditadas.

II. O artigo 1382.º/2 coloca a hipótese de, no âmbito desse mesmo fenómeno, ser possível determinar a origem dos materiais que acresceram ao prédio beneficiado e isso mau grado a deslocação ser "insensível". Explica mesmo que tal pode suceder de uma das margens para outra ou de um prédio superior para o inferior. A novidade está em esclarecer que o proprietário do terreno perdido não pode invocar direitos sobre ele (1328.º/2, *in fine*). Explica Pires de Lima que o preceito teve por fonte o artigo 942.º do Código italiano[1090]. Todavia, o que este preceito manda é diverso: os terrenos que insensivelmente mudem de margem pertencem ao domínio público, sem que o dono do prédio atingido possa reclamar o terreno perdido.

cit., 5.ª ed., 303-304; Luís A. Carvalho Fernandes, *Lições de Direitos Reais* cit., 6.ª ed., 341-342; José Alberto Vieira, *Direitos Reais* cit., 3.ª ed., 628; António Santos Justo, *Direitos Reais* cit., 7.ª ed., 293-296; Luís Menezes Leitão, *Direitos Reais* cit., 9.ª ed., 240-241.

[1089] Pires de Lima/Antunes Varela, *Código Civil anotado* cit., III, 2.ª ed., 140-150; Rui Pinto/Cláudia Trindade, *Código Civil anotado* (coord. Ana Prata), II (2017), 138-143.

[1090] Pires de Lima/Antunes Varela, *Código Civil anotado* cit., III, 2.ª ed., 142 (anot. 1).

III. O regime da aluvião deve ser conjugado com as regras aplicáveis relativas ao regime das águas, aprovado pelo Decreto n.º 5:787-4 I, de 10 de maio de 1919[1091], ao elenco das águas particulares constante do artigo 1386.º do Código Civil e com o regime da titularidade dos recursos hídricos, aprovado pela Lei n.º 54/2005, de 15 de novembro, republicada pela Lei n.º 31/2006, de 23 de agosto[1092]. Em síntese:

(1) pertencem ao domínio público lacustre e fluvial os cursos de água navegáveis ou flutuáveis com os respetivos leitos e as margens pertencentes a entes públicos (5.º da Lei n.º 31/2006);
(2) são privadas as águas nascidas em prédio particular, as pluviais que nele caírem, enquanto não transpuserem os limites do mesmo prédio ou que, ultrapassando, corram por prédios particulares e sejam consumidas antes de se lançarem ao mar ou em outra água pública – 1386.º/1, *a*) e 1387.º/1, *b*).

No tocante às águas particulares, o problema não se põe, enquanto correrem em terreno privado, de um lado e do outro. Se forem divisórias, temos margens com donos diferentes, pelo que opera o regime da aluvião; o álveo é dividido pela linha média (1387.º/3).

Quanto às águas públicas, há que verificar a quem pertencem as margens. Se forem públicas, não há espaço para o 1328.º: os acrescentos são-no ao domínio público. As noções de leito e de margem constam dos artigos 10.º/3 e 11.º/3 da Lei n.º 31/2006: o leito corresponde à estrema dos terrenos que as águas cobrem em condições de cheias médias e as margens têm a largura de 30 metros ou de 10 metros, consoante estejam ou não em jogo águas navegáveis ou flutuáveis. Qualquer ocorrência de aluvião deve ser antecedida pela precisa determinação do estatuto das águas envolvidas e das suas margens[1093]. Há uma tendência larvar para a sua publicização, sendo de esperar que, à medida que a mutação climática prossiga, essa tendência vá alastrando.

[1091] Colf 1919, 1166-1178; este diploma é normalmente citado como Decreto n.º 5:787 iiii.

[1092] A qual revogou o artigo 1.º do Decreto n.º 5:787-IIII, que fixava a lista das águas do domínio público.

[1093] Pires de Lima/Antunes Varela, *Código Civil anotado* cit., III, 2.ª ed., 143, à luz do Direito anterior à Lei n.º 31/2006.

IV. A aluvião não se coaduna com a ideia básica da acessão, definida no artigo 1325.º[1094]. Com efeito, as partículas que se vão depositando, "sucessiva e impercetivelmente" não são "coisas", para efeitos jurídicos. Não têm autonomia nem visibilidade. No fundo, a aluvião reporta-se a uma modificação paulatina, natural e casual dos prédios atingidos, mercê das águas e não a uma união de coisas. Apenas por respeitável tradição, que remonta à *alluvio* das *Institutiones*, é possível aproximar esta figura das demais hipóteses de acessão natural.

116. Avulsão

I. Dispõe o artigo 1329.º:

> 1. Se, por ação natural e violenta, a corrente arrancar quaisquer plantas ou levar qualquer objeto ou porção conhecida de terreno, e arrojar essas coisas sobre prédio alheio, o dono delas tem o direito de exigir que lhe sejam entregues, contanto que o faça dentro de seis meses, se antes não foi notificado para fazer a remoção no prazo judicialmente assinado.
> 2. Não se fazendo a remoção nos prazos designados, é aplicável o disposto no artigo anterior.

Relativamente ao artigo 2292.º do Código de Seabra, que dispunha sobre a matéria, a novidade foi o alongamento para seis meses do prazo que antes era de três.

II. As diferenças entre a aluvião e a avulsão são as seguintes:

(1) na aluvião, a adjunção é sucessiva e impercetível; na avulsão, ela é violenta e visível;
(2) na aluvião, estão em causa partículas de terreno[1095]; na avulsão, a lei refere plantas ou qualquer objeto ou porção conhecida de terreno.

[1094] José de Oliveira Ascensão, *Estudos sobre a superfície e a acessão* (1973), 75 pp., 43; o nosso *Direitos Reais*, 2, 717.

[1095] A lei não o diz; mas uma adjunção paulatina e impercetível respeita a partículas de terreno: não a objetos ou a plantas.

O texto remonta às *Institutiones* de Justiniano[1096], tendo origem muito anterior. Visava, durante algum tempo, preservar a propriedade inicial levada pelas águas. Referia "alguma parte do prédio" (*partem aliquam ex tuo praedio*) e depois referia a hipótese de englobar árvores que lançassem raízes. No século XXI e em emergência climática, as hipóteses serão de tornados ou de ciclones que arrojem para um prédio, objetos como antenas, automóveis, equipamento hoteleiro, caravanas ou embarcações. Preconizamos, assim, uma interpretação atualista, que estenda o artigo 1329.º para além das meras correntes de água.

III. Quando objetos alheios se encontrem, casualmente, em determinado prédio, o dono tem o direito de ir lá buscá-los: o proprietário do prédio (só) pode impedir o acesso, entregando os objetos ao dono deles (1349.º/2)[1097]. Agora, o artigo 1329.º/1 vem colocar um prazo: ou seis meses ou menos, por notificação judicial. No fundo, a avulsão funciona como causa extintiva da propriedade, tanto mais que o "beneficiário" pode não ter qualquer interesse nos objetos arremessados. Ultrapassado o prazo, o dono do terreno adquire a propriedade dos objetos, por via da remissão do artigo 1329.º/2 para o regime da aluvião. Pode-se suscitar a hipótese de ocorrer um acordo tácito entre o dono dos objetos e o do terreno. Nestes pontos, há uma clara divergência em relação ao Direito italiano: não só este limita a avulsão a uma "parte considerável e cognoscível de um fundo contíguo", mas também não prevê a possibilidade de ocorrer uma restituição: a aquisição por avulsão é automática.

IV. Tal como a aluvião, também a avulsão coloca problemas à ideia básica da acessão: a adjunção inseparável, de certo modo expressa, no artigo 1325.º, pela expressão "acrescer". Na avulsão, não se requer qualquer ligação firme entre o imóvel beneficiado e os objetos e materiais que nele sejam depositados. Pelo contrário: parte-se do princípio inverso, uma vez que se confere um direito à sua remoção. Pouco aplicado, este preceito é capaz de ter futuro, pelas piores razões. Todavia, em cenários de grave desestabilização da natureza, é previsível o surgimento de legislação de emergência. Questão em aberto é a de saber se o proprietário do terreno tem a obrigação de avisar o dono da presença dos seus objetos. *Ex bona*

[1096] I. 2.1.21 = ed. Okko Behrends e outros cit., 51.
[1097] *Supra*, n.º 75-76.

fide, entendemos que, podendo, deve fazê-lo, sob pena de abuso no direito de aquisição.

V. Subproblema suplementar será o de o proprietário aparentemente beneficiado via avulsão não pretender, de todo, adquirir as plantas, os objetos ou a porção de terreno projetados no seu prédio. No caso concreto, eles podem dar-lhe apenas prejuízo. Será obrigado? Uma aquisição *contra voluntatem* é *contra naturam*. Nessa eventualidade, vemos três saídas:

(1) há que verificar se a avulsão registada não ocorreu por inobservância dos deveres de cuidado aplicáveis; sendo esse o caso, segue-se a responsabilidade civil, cabendo ao dono das matérias arrojadas retirá-las e pagar as despesas e danos;
(2) há ainda que indagar se a aplicação de regras de polícia ou de segurança não implica outras soluções: ninguém é obrigado a "adquirir" um automóvel que lhe tenha sido lançado sobre o telhado, por um tornado;
(3) finalmente: o regime do artigo 1329.º tem duas vias: representa um risco para todos os intervenientes.

Nos diversos cenários, o enriquecimento sem causa pode ser supletivamente invocado. O artigo 944.º do Código italiano (*avulsione*) prevê que o proprietário beneficiado pague ao prejudicado uma indemnização dentro do limite da valorização do seu prédio.

117. Mudança de leito, ilhas e mouchões

I. O artigo 1330.º coloca a hipótese de mudança de leito. Atentando no seu teor, verifica-se que ele não dispõe qualquer aquisição do domínio. Se a corrente abandonar o leito antigo, os proprietários mantêm o direito que tinham sobre ele, enquanto os donos do terreno ocupado pela mudança conservam essa mesma qualidade (n.º 1). O mesmo se aplica se a corrente se dividir em dois braços, sem que o leito antigo tenha sido abandonado.

II. A razão de ser do artigo 1330.º foi, simplesmente, a de revogar o artigo 2293.º do Código de Seabra, acima transcrito, pelo qual, havendo mudança de leito, os proprietários invadidos adquiriam o direito ao antigo leito, na proporção do que perderam. O artigo 2293.º foi criticado por

Guilherme Moreira que chamou a atenção para as dificuldades de cálculo que ele envolvia e para os inconvenientes do excessivo fracionamento da propriedade do antigo leito. Chamou ainda a atenção para a necessidade de conjugar o preceito com o regime legal das águas[1098]. Pires de Lima aderiu às críticas de Moreira, propondo a solução inversa à do Código de 1867[1099], a qual transitou, com aplauso, para o de 1966.

Na hipótese de o rio se dividir em dois braços, o regime vigente, que não toca na titularidade, corresponde ao artigo 2296.º de Seabra.

III. O tema das ilhas e mouchões formados em correntes de água originava, no Direito romano, variadas e interessantes hipóteses de solução[1100]. O Código de Seabra distinguia: as ilhas e mouchões que se formassem nos mares adjacentes ou nos rios navegáveis ou flutuáveis pertencem ao Estado (2294.º, corpo)[1101]; os formados em rios não navegáveis nem flutuáveis caberiam aos proprietários marginais, tirando uma linha divisória pelo meio do alveo do rio (2295.º). Pires de Lima simplificou a matéria, propondo, no artigo 32.º do seu anteprojeto, a solução hoje presente no artigo 1331.º[1102]. Quanto à atribuição de ilhas ou mouchões ao Estado: o Código é omisso, uma vez que se trata de Direito público[1103].

IV. Os artigos 1328.º a 1331.º configuram hipóteses fluviais. O artigo 1332.º determina a aplicação dos seus regimes, em face de factos análogos, a lagos e lagoas: tal a proposta de Pires de Lima, que transitou para o texto final[1104]. A referência à analogia leva a que, caso a caso, ela deva ser verificada[1105]. No fundo, há que determinar se os lagos ou lagoas são públicos ou privados; na primeira hipótese, patente quando os lagos ou lagoas sejam

[1098] Guilherme Alves Moreira, *As águas no Direito civil portuges*, I – *Propriedade das águas*, 2.ª ed. (1960), n.º 39 (especialmente 273-274). Quanto ao tema: Luís da Cunha Gonçalves, *Tratado de Direito civil* cit., 11, n.º 1775 (729 ss.).

[1099] Pires de Lima/Antunes Varela, *Código Civil anotado* cit., III, 2.ª ed., 147 (anot. 4).

[1100] Vittorio Scialoja, *Teoria della proprietà* cit., II, 66 ss.; Raúl Ventura, *Direito das coisas* cit., 222-223.

[1101] O § único previa a hipótese de as ilhas e mouchões se formarem por avulsão, aplicando o regime desta: matéria hoje presente no artigo 1331.º/2.

[1102] Fernando Pires de Lima, *Direito de propriedade* cit., 237.

[1103] Pires de Lima/Antunes Varela, *Código Civil anotado* cit., III, 2.ª ed., 148.

[1104] Fernando Pires de Lima, *Direito de propriedade* cit., art. 33.º (237).

[1105] Pires de Lima/Antunes Varela, *Código Civil anotado* cit., III, 2.ª ed., 149-150.

navegáveis ou flutuáveis, as ilhas ou mouchões que se formem pertencem ao Estado; na segunda, aos donos dos lagos ou lagoas. Não se provando quem é o dono e havendo vários proprietários ribeirinhos, traçam-se linhas medianas: a solução proposta por Cunha Gonçalves, ao abrigo da lei anterior[1106] e que Pires de Lima e Antunes Varela pretendem aplicar em face da lei atual[1107]. Parece-nos que não ocorre outra solução, embora haja, para a sustentar, que fazer apelo ao artigo 10.º/3.

118. **Natureza e âmbito**

I. Na posse dos regimes aplicáveis às várias hipóteses de acessão natural, cabe proceder à redução dogmática da matéria. A primeira e mais básica constatação é a de que, em rigor, apenas na avulsão há uma aquisição de propriedade e, ainda aí, somente como subproduto da perda sofrida pelo proprietário inicial. Assim:

(1) na aluvião há uma modificação paulatina e impercetível de um prédio; as partículas que se vão deslocando não são coisas capazes de suportar direitos reais;
(2) na avulsão ocorre um prazo de seis meses (ou menos, mediante notificação judicial) para a remoção do material ou dos objetos projetados para um prédio alheio; não sendo observado o prazo em causa, o proprietário perde o direito aos materiais ou aos objetos, os quais, ficando *nullius*, revertem para o dono do terreno beneficiado; a avulsão implica ainda novas reflexões, quando seja nociva para o proprietário aparentemente beneficiado;
(3) na mudança de leito e na formação de ilhas e mouchões, não há qualquer aquisição de propriedade: tudo fica como estava, mau grado as alterações registadas.

II. A acessão natural é, tudo visto, um mero conceito de enquadramento. Ela contempla formas automáticas de adaptação da propriedade às evoluções que possam sofrer os seus objetos, por força da natureza. E assim sucede independentemente de se revelar alguma aptidão aquisitiva.

[1106] Luís da Cunha Gonçalves, *Tratado de Direito civil* cit., XI, 733.
[1107] Pires de Lima/Antunes Varela, *Código Civil anotado* cit., III, 2.ª ed., 148.

III. Quer histórica, quer dogmaticamente, a acessão natural é um instituto da propriedade. Todavia, ela pode bulir com outros direitos reais de gozo e, até, com direitos pessoais de gozo. Na hipótese de, nas diversas situações reguladas nos artigos 1327.º a 1331.º, concorrerem direitos reais menores ou, até, um arrendamento, as situações em causa acompanham o ocorrido com a propriedade. Por isso já sustentámos a natureza geral desse tipo de acessão[1108]. Mantemos essa orientação, sem prejuízo de, pelas razões pragmáticas acima expostas[1109], procedermos à sua análise a propósito da propriedade.

[1108] *Direitos Reais*, 2, 732 ss..
[1109] *Supra*, n.º1.

§ 28.º A ACESSÃO INDUSTRIAL MOBILIÁRIA

119. Enquadramento e nota evolutiva

I. O Código Civil, em subsecção intitulada "acessão industrial mobiliária", reúne as figuras seguintes:

(1) 1333.º: união ou confusão de boa-fé;
(2) 1334.º: união ou confusão de má-fé;
(3) 1335.º: confusão casual;
(4) 1336.º: especificação de boa-fé;
(5) 1337.º: especificação de má-fé;
(6) 1338.º: casos de especificação.

Desta feita, emergem as velhas *ferruminatio* (soldagem incindível), *adplumbatio* (soldagem reversível) e *scriptura*, *pictura*, *tinctura* e *textura* (escrita em papiro alheio, pintura em tábua de outrem, tingimento em tecido estranho e tecido com linho de terceiro)[1110].

II. A acessão ora em jogo abre na acessão industrial, isto é, na acessão por facto do homem, por oposição à acessão natural. Dispunha o Codigo de Seabra[1111]:

> **Art. 2299.º** Se alguem, em boa fé, unir ou confundir objecto seu com objecto alheio, de modo que a separação d'elles não seja possivel, ou, sendo-o, resulte d'ella prejuizo para alguma das partes, fará sua a cousa adjunta o dono d'aquella que for de maior valor, comtanto que indemnise o dono da outra, ou lhe entregue cousa equivalente.

[1110] *Supra*, n.º 108, II.
[1111] José Dias Ferreira, *Codigo Civil annotado* cit., V, 1.ª ed., 65.

§ 1.º O auctor da confusão será comtudo obrigado a ficar com a cousa adjunta, ainda que esta seja de maior valor, se o dono d'ella preferir a sobredita indemnisação.

§ 2.º Se ambas as cousas forem de igual valor, e os donos não se accordarem, sobre qual haja de ficar com ellas, abri-se-há entre elles licitação, adjudicando-se o objecto licitado áquelle, que maior valor offerecer por elle. Verificada a somma, que n'este valor deverá pertencer ao outro, será o adjudicatário obrigado a pagar-lh'a.

§ 3.º Se os interessados não quizerem licitar, será a cousa vendida, e cada um d'elles haverá no producto da venda a parte que dever tocar-lhe.

Ainda o Código de Seabra veio estabelecer regras sobre a união, a confusão e a especificação, que passamos a preservar:

Art. 2300.º Se a confusão tiver sido feita de má fé, e a coisa podér ser separada, sem padecer detrimento, será restituida a seu dono com perdas e damnos.

§ único. Se, porém, a cousa não podér ser separada sem padecer detrimento, será obrigado o auctor da confusão a restituir o valor com perdas e damnos, quando o dono da cousa confundida não quizer ficar com ambas as cousas adjuntas, pagando ao auctor da confusão o valor da que lhe pertencia.

Art. 2301.º Se a adjunção, ou confusão se operar casualmente, e as cousas assim adjuntas, ou confundidas, se não podérem separar sem detrimento de alguma d'ellas, ficarão pertencendo ao dono da mais valiosa, que pagará o justo valor da outra, e, se o não quizer fazer, pertencerá o mesmo direito ao dono da menos valiosa.

§ 1.º Se nenhum d'elles quizer ficar com a cousa, será esta vendida, e cada um haverá a parte do preço que lhe pertencer.

§ 2.º Se ambas as cousas forem de igual valor, observar-se-há o que fica disposto nos §§ 2.º e 3.º do artigo 2290.º.

Art. 2302.º Se alguem em boa fé, der nova fórma, por seu trabalho e industria, a qualquer objecto movel pertencente a outrem, fará seu o objecto transformado, se a cousa não podér ser restituida á sua primeira fórma, ou não o podér ser sem perda do valor creado pela especificação.

§ 1.º N'este ultimo caso, porém, terá o dono da materia o direito de ficar com o objecto, se a valia do lavor não exceder a da materia.

§ 2.º Em ambos os casos acima ditos, será obrigado o que ficar com a cousa a indemnisar o outro do valor, que direitamente lhe pertencer.

Art. 2303.º Se a especificação tiver sido feita de má fé, será a cousa especificada restituida a seu dono no estado em que se achar, com perdas e damnos, sem que o dito dono seja obrigado a indemnisar o especificador, se o valor da especificação não tiver sido augmentado em mais de um terço o valor da cousa especificada; pois, n'este caso, deverá o dono da cousa repor o que exceder o dito terço.

III. Desde já adiantamos que o Código de Seabra sedimentou, no Direiro pátrio, um regime que depende da boa ou da má-fé dos intervenientes[1112].

É certo que as *Institutiones* consagravam, a propósito de diversas manifestações da hoje chamada acessão, regimes dependentes da *bona fides*, contraposta à *exceptio doli mali*[1113]. Essa orientação, provavelmente já resultante de uma generalização justinianeia, teve, na base, a difusão horizontal da boa-fé[1114]. Aplicada à acessão, a boa-fé ocorre em Mackeldey, cuja tradução francesa[1115] foi direta e confessadamente usada por Coelho da Rocha; este previa, no caso de má-fé do autor da adjudicação, um dever alargado de indemnizar[1116]. Seabra alargou o recurso à boa-fé/má-fé a diversos pontos do regime da acessão industrial. Esta orientação não tem paralelo nos Direitos francês, alemão e italiano, que apenas preveem, em certas circunstâncias, compensações e indemnizações, mas não o destino do produto da acessão. Tal especificidade, que encontramos também no Direito brasileiro[1117], deveria ser investigada: fica o desafio.

IV. Na preparação do Código Civil de 1966, valeu o anteprojeto de Pires de Lima (artigos 34.º a 39.º)[1118] que, com meros ajustes formais, atravessou a 1.ª (1320.º a 1325.º)[1119] e a 2.ª (1333.º a 1338.º)[1120] revisões ministeriais, bem como o Projeto (1333.º a 1338.º)[1121]. Algumas explica-

[1112] Ainda hoje, sobreleva Luís da Cunha Gonçalves, *Tratado de Direito civil* cit., XI, 740 ss..

[1113] Assim, I. 2.1.32 a 35 = ed. Okko Behrends cit., 1, 56-57.

[1114] O nosso *Da boa fé*, 106 ss..

[1115] Ferdinand Mackeldey, *Manuel de droit romain*, 3.ª ed. (1837), § 282 (142).

[1116] M. A. Coelho da Rocha, *Instituições de Direito civil* cit., § 422 (2, 295-206); o Autor cita, também, o artigo 577.º do Código Civil francês; todavia, este preceito, prevê a hipótese de responsabilidade, mas sem referir a boa ou a má-fé.

[1117] *Vide*, p. ex., Leonardo de Assis Zanini, *Direito civil/Direito das coisas* (2019), 446 pp., 146 e *passim*.

[1118] Fernando Pires de Lima, *Direito de propriedade* cit., 237-240.

[1119] *1.ª Revisão* cit., 35-38.

[1120] *2.ª Revisão* cit., 28-31.

[1121] *Projecto* cit., 376-388.

ções quanto às escolhas legislativas podem ser confrontadas no *Código Civil anotado* de Pires de Lima e Antunes Varela[1122].

À semelhança do que sucede com a acessão natural, a acessão industrial mobiliária não tem conhecido especial aplicação, nos nossos tribunais. Constitui um espaço tradicional de aprofundamento da Ciência do Direito[1123].

120. União ou confusão

I. Seguindo o esquema do Código de Seabra (2299.º), os artigos 1333.º e 1334.º ocupam-se da união ou confusão. Estas modalidades surgiam diferentes, no Direito romano[1124]. Em rigor, na união temos a adjunção de coisas sólidas (*ferrominatio*), enquanto na confusão ocorre uma mistura de líquidos (*comixtio*). O artigo 1333.º/1 coloca requisitos: (1) alguém de boa-fé; (2) une ou confunde objeto seu com objeto alheio; (3) sendo a separação impossível ou danosa para alguma das partes; (4) um dono da parte de maior valor; (5) indemnize o outro ou lhe entregue coisa equivalente. Vamos ver.

II. A hipótese básica, constante do artigo 1333.º/1, começa por referir um autor de boa-fé. "Boa-fé" surge usada na aceção subjetiva e traduz a situação da pessoa que ignore, sem culpa, estar a lesar o direito de outrem. Essa boa-fé pode ter, na origem: (a) ou uma autorização do dono da parte unida ou confundida; (b) ou a convicção de que a coisa é própria, desde que tenham sido observados os deveres de cuidado que ao caso caibam. Perfilha-se a conceção ética da boa-fé subjetiva[1125]. A conceção ética enuncia-se: ou sabe ou devia saber. Opõe-se à psicológica: sabe ou não sabe. A primeira aceção prevalece pelo seguinte: (1) razões normativas: ao Direito não é indiferente que as pessoas ajam de boa ou de má-fé; logo, predispõe

[1122] Pires de Lima/Antunes Varela, *Código Civil anotado* cit., III, 2.ª ed., 150-159.

[1123] Como exemplo: o nosso *Direitos Reais*, 2, 723-726; José de Oliveira Ascensão, *Direito civil/Reais* cit., 5.ª ed., 304; António Santos Justo, *Direitos Reais* cit., 7.ª ed., 297-301; José Alberto Vieira, *Direitos Reais* cit., 3.ª ed., 626-630, não incluindo a especificação; Luís Menezes Leitão, *Direitos Reais* cit., 9.ª ed., 241-243.

[1124] *Supra*, n.º 108, IV.

[1125] *Tratado*, I, 4.ª ed., 964 ss.; *idem*, XIII, 634-635; *Da boa fé no Direito civil* cit., 415 ss., com indicações.

deveres acessórios de conduta, que prescrevam algum cuidado, nas atuações relevantes; (2) razões de justiça: admitir uma mera boa-fé psicológica é premiar os néscios e os preguiçosos; (3) razões práticas: o juiz não pode, em definitivo, penetrar na mente das pessoas, sendo desejável que o não faça; ele apenas pode considerar que, dadas as circunstancias, certa pessoa ou sabe ou devia saber. Acrescenta-se, ainda, que a primazia da boa-fé subjetiva ética é pacífica no Direito alemão e no Direito italiano[1126].

III. A união ou a confusão são levadas a cabo pelo autor da adjunção. Caso seja casual, segue-se o regime do artigo 1335.º. Devem, ainda, ocorrer de tal modo que a separação não seja possível ou, sendo-o, daí resulte prejuízo para alguma das partes (2.º e 3.º requisitos). Isso significa que a coisa resultante da união ou da confusão é indivisível[1127]. Deve haver um dono de uma parte de mais valor, o qual faz sua a coisa (4.º requisito). Não o havendo, segue-se o regime do artigo 1333.º/2. O dono em causa deve indemnizar o dono da outra ou entregar-lhe coisa idêntica (5.º requisito). Trata-se de um requisito prévio: "contanto", diz a lei. Além disso, seria disfuncional privar alguém da sua propriedade sem prévia indemnização.

IV. Os restantes números do artigo 1333.º enquadram problemas colaterais. A união ou confusão de boa-fé surge dominada pelo critério do valor. Se as coisas em jogo forem de igual valor, na falta de acordo, abre-se licitação. O adjudicatário deve, da soma obtida, entregar ao outro o que lhe couber (n.º 2). Se as partes não quiserem licitar[1128], vende-se a coisa e divide-se o produto (n.º 3). Em qualquer dos casos o autor deve ficar com a coisa adjunta, ainda que de mais valor, se a outra parte preferir a indemnização (n.º 4).

V. Situação diversa é a da união ou confusão de má-fé (1334.º), ou seja: levada a cabo sem autorização, por quem saiba não ser o dono da coisa ou por quem, com culpa, ignore tratar-se de coisa alheia. Aí:

[1126] Trata-se da posição que sempre defendemos; no mesmo sentido, José Alberto Vieira, *Direitos Reais* cit., 3.ª ed., 625-626.

[1127] *Tratado*, III, 4.ª ed., 230 ss..

[1128] Ou se alguma não quiser fazê-lo: não vemos como licitar apenas com um interessado.

(1) se a coisa (adjunta) puder ser separada sem padecer detrimento, será restituída ao seu dono (ainda que com prejuízo para o autor da união ou confusão);
(2) não podendo haver separação: (a) o autor deve restituir o valor da coisa e indemnizar o dono; (b) salvo se este preferir ficar com o conjunto, pagando ao autor o valor calculado segundo as regras do enriquecimento sem causa.

VI. Finalmente, o artigo 1335.º ocupa-se da confusão (ou união) casual. Não podendo haver separação sem detrimento para alguma das coisas, o conjunto daí resultante cabe ao dono da coisa mais valiosa, pagando ao outro o justo valor da outra; se não quiser, assiste esse direito ao dono da menos valiosa (n.º 1). Se nenhum quiser, vende-se a coisa e reparte-se o preço, na proporção que couber a cada um (n.º 2). Sendo de valor igual, abre-se licitação ou, se nenhum quiser, vende-se a coisa e reparte-se o preço.

VII. A natureza da união ou da confusão levanta dúvidas. Como ponto prévio domina a autonomia privada: as partes podem sempre acordar sobre o destino da coisa, como refere o artigo 1333.º/2, numa regra que pode ser alargada às diversas hipóteses. De seguida, verifica-se um predomínio da parte mais valiosa (1331.º/1 e 1335/1), embora seja problemático fazer intervir a figura das coisas acessórias ou pertenças (201.º/1), dada, para mais, a anómala regra do artigo 201.º/2[1129]. A união ou confusão, em si, constituem um ato *stricto sensu* ou, sendo casuais, um facto *stricto sensu*. Quanto à aquisição em si: ela não é automática. Com efeito:

(1) na união ou confusão de boa-fé, o dono da parte mais valiosa adquire, "contanto que pague" (1333.º/1): enquanto o não fizer, não há aquisição;
(2) sendo as coisas de igual valor, segue-se licitação (1333.º/2) ou a venda (1333.º/3), aplicáveis à união e confusão casual (1335.º/3): até ao termo do processo, não há aquisição;
(3) o autor fica com a coisa, se o dono da coisa adjunta, ainda que de mais valor, preferir a indemnização (1333.º/4); mas parece razoá-

[1129] *Tratado*, III, 4.ª ed., 241 ss..

vel que isso só suceda depois de paga a indemnização (*idem*, *in fine*);

(4) mesmo na união ou confusão de má-fé, a aquisição depende do exercício de vários direitos potestativos e isso mesmo admitindo que a restituição de enriquecimento não deva ser prévia (1334.º/2).

Temos, pois, aquisições diferidas, condicionadas a certos pagamentos e dependentes de decisões nesse sentido. No fundo, a denominada acessão industrial mobiliária desencadeia um processo aquisitivo, que procura ponderar os interesses, por vezes não coincidentes, dos intervenientes.

121. Especificação

I. O Código Civil trata a especificação nos seus artigos 1336.º, 1337.º e 1338.º. Os dois primeiros correspondem aos artigos 2302.º e 2303.º do Código de Seabra, enquanto o artigo 1338.º encontrou inspiração[1130] no § 950 (1) do BGB[1131] e no artigo 1061.º/1, *in fine*, do Código Civil grego[1132].

II. A especificação, herdeira das velhas *scriptura*, *pictura*, *tinctura* e *textura*[1133], vem reunir situações nas quais alguém, pelo seu trabalho, dá nova forma a um móvel pertencente a outrem. Na especificação, não há uma adjunção entre coisas de donos diferentes: antes à incidência de uma atividade humana sobre uma coisa, de modo a transformá-la. O artigo 1338.º exemplifica: a escrita, a pintura, o desenho, a fotografia, a impressão, a gravura e outros atos semelhantes, feitos com utilização de materiais alheios. Também aqui o Código de Seabra veio introduzir o papel da boa-fé/má-fé, alargando elementos anteriores e dando, ao Direito lusófono, uma posição especial. Os preparatórios foram tranquilos, uma vez que Pires de Lima, no seu anteprojeto (37.º a 39.º)[1134], apresentou um texto

[1130] Pires de Lima/Antunes Varela, *Código Civil anotado* cit., III, 2.ª ed., 159.

[1131] Christian Berger, no *Jauernig* cit., 17.ª ed., § 950 (1702-1703).

[1132] Na trad. alemã de Demetrius Gogos cit., 126 e, na trad. francesa de Pierre Mamopoulos cit., 172.

[1133] *Supra*, n.º 108, IV.

[1134] Fernando Pires de Lima, *Direito de propriedade* cit., 239-240.

pouco alterado nas 1.ª (1323.º a 1325.º)[1135] e 2.ª (1336.º a 1338.º)[1136] revisões ministeriais, bem como no Projeto (1336.º a 1338.º)[1137]. Não se localiza jurisprudência e a doutrina é escassa[1138].

III. A especificação de boa-fé pressupõe que o especificador trabalhe com matéria alheia devidamente autorizado ou convicto, sem culpa, de não lesar um direito alheio. Também aqui e pelas razões apontadas, domina uma conceção ética de boa-fé subjetiva. Posto isto, é necessário (1336.º):

(1) que o autor, pelo seu trabalho, dê nova forma a uma coisa móvel alheia; a referência a "forma" deve ser latamente entendida, de modo a poder, em certos casos, cobrir alterações de substância; por exemplo, se alguém, com uma peça de carne, faz croquetes;
(2) que a coisa não possa ser restituída, à primitiva forma ou não possa sê-lo sem perda do valor criado pela especificação.

Como consequência: (1) o dono da coisa tem o direito de ficar com a coisa, se o valor da especificação não for superior ao da matéria (1336.º/1, *in fine*); (2) o que ficar com a coisa, deve indemnizar o outro do valor que lhe pertencer (1336.º/2).

IV. Ocorrendo uma especificação de má-fé, o artigo 1337.º toma uma feição sancionatória[1139]. Assim:

(1) a coisa especificada é restituída ao dono no estado em que se encontrar;

[1135] *1.ª Revisão* cit., 37-38.
[1136] *2.ª Revisão* cit., 30-31.
[1137] *Projecto* cit., 387-388.
[1138] P. ex.: o nosso *Direitos Reais*, 2, 725-726; José de Oliveira Ascensão, *Direito civil/Reais* cit., 5.ª ed., 302-303; António Santos Justo, *Direitos Reais* cit., 7.ª ed., 298-301; Luís Menezes Leitão, *Direitos Reais* cit., 9.ª ed., 243. O desenvolvimento da matéria ocorre em Pires de Lima/Antunes Varela, *Código Civil anotado* cit., III, 2.ª ed., 156-159. Referimos, ainda, Rui Pinto/Cláudia Trindade, em Ana Prata (org.), *Código Civil anotado* cit., II, 2.ª ed., 148-151 e Júlio Gomes, em UCP/*Comentário ao Código Civil/Direito das coisas* cit., 209-218: um desenvolvimento relevante.
[1139] Pires de Lima/Antunes Varela, *Código Civil anotado* cit., III, 2.ª ed., 158, consideram a solução "individualista, dado o domínio do direito de propriedade sobre o trabalho".

(2) com indemnização dos danos;
(3) sem que o dono deva indemnizar o especificador salvo se o valor da especificação aumentar em mais de um terço o valor da coisa especificada;
(4) e, sendo superior, apenas com o valor que ultrapasse esse terço.

De facto, não é admissível que alguém, sabendo (ou devendo saber) tratar-se de coisa alheia e sem qualquer autorização, venha apoderar-se e modificar a matéria em causa. No terreno – e com agravante – não vemos como especificar coisa alheia sem cometer um esbulho.

V. Quanto à natureza: a especificação não é acessão, uma vez que não postula qualquer adjunção de coisas[1140]. Apenas a tradição do Direito comum, com uma conceção aglutinante da acessão, pode explicar a inclusão sistemática deste instituto, levada a cabo pelo Código de Seabra e pelo Código vigente. Isto dito, também aqui encontramos um processo complexo de aquisição do domínio: passa pela atividade especificadora, pelo conhecimento obtido pelo dono da matéria, pela determinação do valor da atuação, pela opção do dono da matéria e pelo pagamento de indemnização. Tudo isto antecedido pela valoração da conduta do especificador, através do recurso à boa-fé subjetiva ética. A especificação apresenta-se, deste modo, como um instituto próprio, com uma axiologia sua e com uma projeção característica.

VI. Quanto ao momento da aquisição e tal como sucede com as demais espécies de "acessão": fazendo aplicação do artigo 1317.º, *d*), aos factos complexos, ela opera aquando da verificação do último evento integrado na sequência aquisitiva.

[1140] O nosso *Direitos Reais*, 2, 705-706 e 725; José de Oliveira Ascensão, *Direito civil/Reais* cit., 5.ª ed., 302.

§ 29.º A ACESSÃO INDUSTRIAL IMOBILIÁRIA EM GERAL

122. Enquadramento, nota evolutiva e princípios

I. A acessão industrial imobiliária ou, simplesmente, a acessão *stricto sensu* constitui o núcleo mais relevante de entre as possíveis adjunções de coisas. Apresentada como a ligação, feita por mão humana, entre um imóvel e uma ou mais coisas móveis, a acessão deriva das velhas *implantatio* (plantação de árvore alheia), *satio* (semeadura com sementes alheias) e *inaedificatio* (edificação com materiais alheios)[1141]. Ao longo dos séculos, essas eventualidades, para quem fosse o seu autor, obedeciam à máxima *superficies solo cedit*[1142]: pertence ao dono do solo tudo quanto acresça à superfície. Englobada numa ideia ampla de acessão, esta modalidade de aquisição do domínio impôs-se, pelo seu relevo prático.

II. O Código Civil, ainda que colocando-a na cauda do que considera espécies de acessão, deu-lhe um tratamento condigno, em cinco preceitos maciços[1143]:

(1) 1339.º: obras, sementeiras ou plantações com materiais alheios;
(2) 1340.º: obras, sementeiras ou plantações feitas de boa-fé em terreno alheio;
(3) 1341.º: obras, sementeiras ou plantações feitas de má-fé em terreno alheio;

[1141] *Supra*, n.º 108, III.

[1142] Quanto às origens: Jens Peter Heincke, *Superficies solo cedit*, SZRom 88 (1971), 136-183 (136 ss.).

[1143] Rui Pinto/Cláudia Trindade, *Código Civil anotado* (coord. Ana Prata) cit., II, 2.ª ed., 156-163; Júlio Gomes, UCP, *Comentário ao Código Civil/Direito das coisas* cit., 218-240.

(4) 1342.º; obras, sementeiras ou plantações feitas com materiais alheios em terreno alheio;
(5) 1343.º: prolongamento de edifício por terreno alheio.

III. Tem interesse relevar o articulado de Seabra, relativo à "acessão imobiliária": para além do valor cultural – os nossos textos jurídicos não devem ser esquecidos! – o regime de 1867 explica várias opções feitas em 1966. Assim[1144]:

Art. 2304.º Quem em terreno seu construir alguma obra, com materiaes pertencentes a outrem, adquirirá os ditos materiaes pagando o valor d'elles, além das perdas e damnos.

Art. 2305.º Quem em terreno seu fizer sementeira, ou plantações com sementes, ou plantas alheias, adquirirá as ditas sementes, ou plantas, ficando sujeito ás obrigações impostas no artigo precedente: se, porém, o dono das plantas preferir a entrega d'estas, ser-lhe-hão restituidas as ditas plantas; mas, n'este caso, não terá direito a mais nenhuma indemnisação, salvas as acções criminaes, que possam competir-lhe.

Art. 2306.º Se o dono de quaesquer materiaes, sementes, ou plantas, tiver feito em terreno alheio obras, sementeiras ou plantações, possuindo, aliás, esse terreno em proprio nome, com boa fé e justo titulo, observar-se-ha o seguinte:

§ 1.º Se o valor que taes obras, sementeiras ou plantações, tiverem dado á totalidade do predio onde forem feitas, for maior do que o valor que este tinha d'antes, o verdadeiro dono só haverá o valor que o predio tinha antes das ditas obras, sementeiras ou plantações, ou o que teria ao tempo da evicção, conforme preferir.

§ 2.º Se o valor dado for igual, haverá licitação entre o antigo dono e o auctor das obras, sementeiras ou plantações, pela fórma estabelecida no artigo 2301.º.

§ 3.º Se o valor dado for menor, as obras, sementeiras ou plantações, pertencerão ao dono do terreno, com obrigação de indemnisar o auctor d'ellas do valor que tiverem ao tempo da evicção.

Art. 2307.º Se forem feitas de má fé algumas obras, sementeiras ou plantações em terreno alheio, poderá o dono d'este exigir, que essas plantações, sementeiras e obras sejam desfeitas, e o terreno restituido ao seu primitivo estado á custa do auctor d'ellas. Porém, se o dono do terreno preferir ficar com as obras, sementeiras ou plantações, poderá fazel-o, pagando ao

[1144] José Dias Ferreira, *Codigo civil annotado*, V, 1.ª ed., 67-70.

auctor d'ellas o valor que tiverem n'esse tempo, ou o dos materiaes e trabalho empregado n'ellas, como mais quizer.

Art. 2308.º O dono do predio onde existirem arvores alheias, poderá adquiril-as, pagando o seu valor, excepto se, por efeito de contracto, se tiver obrigado a conserval-as no dominio alheio, por certo numero de annos, que nunca poderão exceder a trinta.

Tal como ocorre relativamente à acessão industrial mobiliária, também na imobiliária o Código de Seabra fez depender o regime aplicável da boa-fé subjetiva do autor da intervenção[1145]. Trata-se uma solução original, própria do Direito lusófono e que permite uma melhor diferenciação de soluções.

IV. O Código Civil acolheu, também quanto a este instituto, a proposta de Pires de Lima, ínsita no seu anteprojeto (40.º a 44.º)[1146]. Os textos desse anteprojeto atravessaram a 1.ª (1326.º a 1330.º)[1147] e a 2.ª (1339.º a 1343.º)[1148] revisões ministeriais, bem como o Projeto (1339.º a 1343.º)[1149], com poucas alterações, de resto, formais. Na falta de estudos preparatórios publicados, podemos recorrer ao *Código anotado* de Pires de Lima e Antunes Varela, onde afloram algumas justificações[1150]. O interesse prático da acessão imobiliária explica que, nos livros de doutrina[1151], em monografias e artigos[1152] e na jurisprudência[1153], ele esteja bem representado. A aces-

[1145] *Supra*, n.º 120, III.

[1146] Fernando Pires de Lima, *Direito de propriedade* cit., 240-242.

[1147] *1.ª Revisão* cit., 38-40.

[1148] *2.ª Revisão* cit., 31-34.

[1149] *Projecto* cit., 388-390.

[1150] Pires de Lima/Antunes Varela, *Código Civil anotado* cit., III, 2.ª ed., 160-172.

[1151] Assim: o nosso *Direitos Reais*, II, 735-743; José de Oliveira Ascensão, *Direito civil/Reais* cit., 5.ª ed., 304-309; Luís A. Carvalho Fernandes, *Lições de Direitos Reais* cit., 6.ª ed., 346-351; António Santos Justo, *Direitos Reais* cit., 7.ª ed., 301-306; José Luís Ramos, *Manual de Direitos Reais* cit., 2.ª ed., 157-160; José Alberto Vieira, *Direitos Reais* cit., 3.ª ed., 630-645; Rui Pinto Duarte, *Curso de Direitos Reais* cit., 4.ª ed., 102-110; Luís Menezes Leitão, *Direitos Reais* cit., 9.ª ed., 241-247.

[1152] Assim, além de Oliveira Ascensão, *Estudos sobre a superfície e a acessão*, de António Carvalho Martins, *Acessão* e de Júlio Gomes, *Da acessão, mormente da acessão industrial imobiliária*, já citados, referimos: António Quirino Duarte Soares, *Acessão e benfeitorias*, CJ/Supremo IV (1996) 1, 11-30; *idem*, *Construção sobre edifício alheio*, DCP 12 (2005), 3-12; Cristina Dias, *Da acessão no âmbito da titularidade dos bens no regime de comunhão de adquiridos/Bens adquiridos por virtude de titularidade de bens próprios,*

são imobiliária, ao contrário das denominadas acessão natural e acessão mobiliária, tem um relevo prático muito marcado, originando pareceres e jurisprudência variados. Há, na interpretação dos vários preceitos, que atentar nas consequências práticas em jogo.

V. As diversas hipóteses de acessão imobiliária previstas no Código Civil têm alguns pontos em comum. Podemos, a tal propósito, formular princípios. São três: (1) a irreversibilidade; (2) *superficies solo cedit*; (3) a boa-fé. Vamos principiar a exposição da matéria por esses pontos ainda que, no plano da investigação, o caminho seja o inverso: apenas após o conhecimento dos diversos tipos de acessão será possível construir os invocados princípios.

123. A irreversibilidade

I. Na denominada acessão industrial imobiliária, temos, no essencial, coisas móveis (materiais, sementes ou plantas) incorporadas, por ação humana, num prédio, quando os proprietários respetivos sejam pessoas diversas. O regime da acessão procura responder à questão seguinte: qual dos proprietários em presença passa a ser o dono do conjunto daí resultante?

À partida, cada um é dono do que, de modo legítimo, tenha adquirido: uma situação reconhecida e protegida pelo Direito, com garantia constitucional (artigo 62.º/1, da Constituição). A acessão tem dupla face: a constituição de um novo direito, em regra pelo alargamento de um direito anterior e a extinção de um direito preexistente, à partida totalmente legítimo. Exige-se, assim, uma ponderação cuidadosa. Tenha-se presente, em toda a

em Estudos 10.º Aniversário da Licenciatura em Direito da Universidade do Minho (2004), 229-249; Luís A. Carvalho Fernandes, *Aquisição do direito de propriedade na acessão industrial imobiliária*, Est. Oliveira Ascensão, 1 (2008), 637-665; Elsa Sequeira Santos, *A aquisição por acessão é potestativa?*, Est. Oliveira Ascensão, 1 (2008), 697-710; Rui Pinto Duarte, *Dois apontamentos sobre acessão industrial imobiliária*, Est. Henrique Mesquita, 1 (2009), 783-795.

[1153] *Vide* Rui Pinto Duarte, *A jurisprudência portuguesa sobre acessão industrial imobiliária/Algumas observações*, Themis 5 (2002), 255-264; ainda veremos decisões ulteriores.

aplicação do instituto, que o aspeto extintivo da acessão deve ser restringido, por via interpretativa, nos limites facultados pela Ciência do Direito.

II. O motor da acessão é o facto, normativamente previsto, de as coisas incorporadas nos prédios (materiais, sementes ou plantas) perderem autonomia. O artigo 204.º/1, quando enumera as coisas móveis, refere as árvores, os arbustos e os frutos naturais, enquanto estiverem ligados ao solo – alínea *c*) – e as partes integrantes dos prédios rústicos e urbanos – alínea *e*). O artigo 204.º/3 esclarece que a parte integrante é toda a coisa móvel ligada materialmente ao prédio, com carácter de permanência[1154]. Subjacente está a ideia de que as árvores, os arbustos e as partes integrantes não têm autonomia, inserindo-se nos prédios respetivos[1155]. Apenas por ação de normas jurídicas especiais é possível quebrar essa unidade: cada direito real incide sobre uma coisa.

III. A perda de autonomia de coisa móvel transformada em árvore ou em arbusto de certo prédio ou em parte integrante depende, todavia, de certos requisitos. O artigo 204.º/3 contém o princípio básico: a parte integrante, para o ser, exige: (1) uma ligação material ao prédio; (2) com carácter de permanência. A regra é extensiva às plantações e às sementeiras. Se faltar essa ligação material ou se, havendo-a, ela não for permanente, a inserção mantém a sua autonomia, podendo suportar direitos de outras pessoas que não o proprietário do prédio. Nas diversas hipóteses de acessão imobiliária, se a coisa aditada puder ser removida sem danos desproporcionados, não se aplica esse instituto, com a sua vertente mais grave: a perda do direito do seu dono. As próprias benfeitorias, definidas (discutivelmente) como meras despesas, podem ser levantadas quando isso não prejudique a coisa e sejam úteis (1273.º/2).

IV. Se, numa situação de potencial acessão imobiliária, os materiais, as sementes ou as plantas não mostrarem uma ligação efetiva com carácter de permanência, o instituto não funciona. As coisas alheias ou, sendo o caso, as próprias em terreno alheio devem ser incorporadas em termos social e economicamente irreversíveis. A pessoa que se apodere de uma coluna ou de uma estátua antigas e as aparafuse no seu terreno não as

[1154] *Tratado*, III, 4.ª ed., 190-198.
[1155] Júlio Gomes, *Da acessão* cit., 81-82.

adquire: deve restituí-las ao seu dono legítimo, o qual as pode reivindicar. Do mesmo modo, aquele que retire uma pequena árvore tropical do vizinho e a plante no seu terreno terá de a restituir, enquanto as raízes permitirem a deslocação. Com as próprias sementes, podemos construir hipóteses paralelas. Poderíamos desenvolver uma teoria baseada na ideia de individualização: quando for possível reconhecer a autonomia da coisa incorporada e esta puder ser retirada sem danos, não há acessão. Seria, de resto, estranho um regime mais severo do que o das benfeitorias (1273.º/1), tanto mais que, aqui, a incorporação é feita pelo próprio dono do prédio. O tema será retomado a propósito da distinção entre acessão e aquisição de benfeitorias[1156].

124. *Superficies solo cedit*; evolução geral

I. A ideia de que, feita uma incorporação com material alheio num terreno, este prevalece, remonta à Lei das XII Tábuas. Segundo a Tábua VI, 8, na reconstrução possível[1157]:

> Tignum iunctum aedibus vineave e(t) concapi(t) nel solvito [Que não se separe do edifício ou da vinha o suporte incorporado].

A ideia básica manteve-se. Nas *Institutiones* de Gaio[1158]:

> Praeterea id, quod in solo nostro ab aliquo aedificatum est, quamvis ille suo nomine aedificaverit, iure naturali nostrum fit, quia superficies solo cedit [Além disso, o que for edificado, por alguém, no nosso solo, mesmo que seja edificado no nome dele, segundo o Direito natural, torna-se nosso, porque a superfície cede ao solo].

A locução reaparece em Ulpiano[1159]:

1156 *Infra*, n.º 128.

1157 Quer a reconstrução, quer a tradução (estamos em face de latim arcaico) levantam dúvidas e suscitam divergências, embora haja acordo quanto ao essencial. Adotamos a versão de Michel Humbert, *La Loi des XII Tables* cit., 307 ss., com fontes; um texto diverso consta da ed. bilingue de Dieter Flach, *Das Zwölftafelgesetz* cit., 108-109.

1158 Gaio, *Institutiones*, II, 73 = ed. bil. Ulrich Manthe cit., 135-137.

1159 Ulpiano, D. 9.2.50 = ed. bil. Okko Behrends e outros cit., 764.

(...) superficies ad dominum soli pertinet (...) [a superfície pertence ao dono do solo].

O princípio *superficies solo cedit* ocorre, nas fontes romanas, com diversas outras variações[1160]. Ele surge sempre referido, quer a propósito da acessão[1161], quer do direito de superfície[1162].

II. Na evolução subsequente, *superficies solo cedit* foi generalizado, com uma aplicação especial à acessão[1163]. O Direito comum acolheu-o[1164], tirando ainda partido da evolução aglutinante da acessão. Presente na pré-codificação francesa[1165], o princípio foi recebido, com naturalidade, no Código Napoleão (artigos 553.º a 555.º)[1166], numa proposição que, com delimitações, se mantém na literatura atual[1167].

III. No Direito alemão, onde foi dado um especial aprofundamento à temática das partes integrantes ou pertenças[1168], os preparatórios acolheram a ideia sublinhando a natureza firmemente integrante dos elementos aduzidos e a perda da propriedade por parte dos seus titulares[1169]. O texto definitivo, presente no § 946, afirma simplesmente[1170]:

[1160] Jens Peter Meincke, *Superficies solo cedit*, SZRom 88 (1971), 136-183 (136-138).

[1161] Johannes Biermann, *Superficies solo cedit*, JhJb 34 (1895), 169-280, § 1 (169 ss.); Max Kaser, *Das römische Privatrecht* cit., I, 2.ª ed., § 102, III, 4 (429). Em línguas latinas, referimos: Ana Zaera Garcia, *Superficies solo cedit*, AFDUDC 12 (2008), 1007-1015; Emanuela Calore, *Superficies solo cedit: il legame naturale tra superficie et suolo nel diritto romano e la scelta dei codificatore latinoamericani del XIX secolo sul diritto di superficie e sulla propretà orizzontale*, 58 pp., na *Net*.

[1162] Adolf Schmidt, *Das Recht der Superficies*, SZRom 11 (1890), 121-164 (124).

[1163] Leopold Wenger, *Superficies solo cedit*, Philologus 88 (1933), 254-258 (256).

[1164] Johannes Biermann, *Superficies solo cedit* cit., § 2 (182 ss.).

[1165] Robert-Joseph Pothier, *Traité du droit de domaine de propriété* cit., n.º 170 = = *Œuvres* cit., 9, 157-158.

[1166] Marcel Planiol, *Traité élémentaire de droit civil* cit., 1, 3.ª ed., n.º 2721 (878-879).

[1167] François Terré/Philippe Simler, *Droit civil/Les biens* cit., 10.ª ed., n.º 243 (216-217).

[1168] P. ex.: Joseph Kohler, *Zur Lehre von den Pertinenzen*, JhJb 26 (1888), 1-184 (35 ss. e *passim*).

[1169] Horst Heinrich Jakobs/Werner Schubert, *Die Beratung des BGB/Sachenrecht* cit., I, 643.

[1170] Sebastien Herrler, no Grüneberg (ex-Palandt) cit., 81.ª ed., § 946 (1662-1663).

Caso uma coisa móvel seja ligada a um prédio de tal modo que se torne uma parte integrante desse prédio, a propriedade desse prédio alarga-se a essa coisa.

A ligação desse preceito à *superficies solo cedit* é pacífica, constando de monografias[1171] e de comentários[1172].

IV. Os demais códigos integrados no sistema romano-germânico comportam igualmente a receção do princípio *superficies solo cedit*. O Código italiano de 1865 fê-lo, nos seus artigos 449.º a 452.º; este último preceito excecionava a hipótese de prolongamento de um edifício por terreno alheio, o qual permitia a "acessão invertida" ou aquisição pelo dono da obra, contra o pagamento do dobro do valor do terreno ocupado[1173]. Na preparação do Código de 1942, o tema não suscitou dúvidas[1174], tendo sido acolhido o regime anterior[1175]. O tema transitou para os seus artigos 934.º a 938.º, com a interessante particularidade de alargar o instituto às obras subterrâneas (934.º)[1176]. Salvo a especificidade do Direito lusófono, abaixo sublinhada[1177], os preceitos italianos foram tidos em especial conta no anteprojeto de Pires de Lima, como será verificado a propósito dos diversos tipos de acessão imobiliária.

V. O Código Civil grego, no seu artigo 1057.º[1178], contém um texto muito próximo do § 946 do BGB. Orientação semelhante ocorre no artigo 671.º-A do Código suíço. O Código Civil espanhol acolhe plenamente a *superficies solo cedit* (360.º a 365.º): a eventual má-fé de algum dos inter-

[1171] Jens Thomas Füller, *Eigenständiges Sachenrecht?* cit., 345-346.

[1172] *Idem*, no *Münchener Kommentar* cit., 8, 8.ª ed., § 946, Nr. 1 (1242).

[1173] Ferrarotti Teonesco, *Commentario* cit., II, 161-177; Luigi Borsari, *Commentario* cit., II, 186-204.

[1174] Antonio Azzara, em *Codice civile, Libro della proprietà/Commentario* (org. Mariano d'Amelio) cit., 458-475; os preceitos em jogo constavam dos artigos 125.º a 128.º do anteprojeto.

[1175] Adelaide Rossi, em Massimo Franzoni/Rita Rolli, *Codice civile commentato* cit., I, 934.º a 938.º (1229-1238).

[1176] Raffaele Tommasini/Elena la Rosa, *I modi di acquisto della proprietà* cit., 275 ss..

[1177] *Infra*, n.º 126,

[1178] Na trad. alemã de Demetrius Gogos, *Das Zivilgesetzbuch von Griechenland* cit., 125; na trad. francesa de Pierre Mamopoulos, *Code civil hellénique* cit., 171.

venientes apenas tem consequências reparadoras ou indemnizatórias[1179]. A lei espanhola não prevê a acessão invertida na hipótese de prolongamento do edifício por terreno alheio; a doutrina constrói essa hipótese, através da integração de uma lacuna[1180]. Curiosamente, o Código Civil da Catalunha comporta um importante desvio relativamente ao velho *superficies solo cedit*, aproximando-se do sistema lusófono. Dispõe o seu artigo 542.º-9[1181], na língua de Joanot Martorell[1182]:

> Article 542-9. Construcció en sòl aliè amb valor superior de l'edificació – 1. El propietari o proprietària del sòl en què una altra persona ha construït totalment o parcialment, de bona fe, quan el valor del sòl envaït és inferior o igual al de la construcció i el sòl aliè, ha de cedir la proprietat de la part del sòl envaïda als constructors si aquests l'indemnitzen pel valor del sòl més els danys i perjudicis causats i si l'edificació constitueix una unitat arquitectònica que no és divisible materialment.
>
> 2. Els proprietaris del sòl envaït poden obligar els constructors a comprar-los tot el solar quan el sòl envaït no es pot dividir o la resta del sòl resulta inedificable.
>
> 3. Els proprietaris del sòl envaït poden optar per una indemnització en espècie consistent en l'adjudicació de pisos o locals si els constructors han constituït el règim de proprietat horitzontal o si aquest règim es pot constituir físicament en l'edifici construït.

VI. Os diversos ordenamentos acima referidos consagram desvios em relação à *superficies solo cedit*[1183]. Esta mantém-se, todavia, como princípio ordenador, cabendo referir os valores que ela serve. Histórica e dogmaticamente, podemos apontar quatro[1184]:

[1179] Angel Acedo Penco, *Derechos reales y derecho immobiliario registral*, 3.ª ed. (2016), 87-89.

[1180] *Idem*, 89-90.

[1181] Resultante da *Llei 5/2015, del 13 de maig, relatiu als drets reals*, no expressivo idioma catalão.

[1182] Judith Sole Resina, *Codi Civil de Catalunya*, 14.ª ed. (2020), 437; *vide*, em castelhano, Antonio Monserrat Valero, *Curso de derecho civil de Cataluña/Derechos Reales* (2020), 274-275.

[1183] Júlio Gomes, *Da acessão* cit., 95 ss..

[1184] *Idem*, 89-92; Wolfgand Wiegand, no *Staudingers Kommentar* cit., § 946, Nr. 1 (517).

(1) o solo é o elemento mais valioso: tudo o que a ele aceda tem a natureza de parte integrante ou de elemento acessório;
(2) o solo é o fator permanente, tendencialmente perpétuo: as construções, plantações ou sementeiras são efémeras;
(3) a circulação dos bens seria dificultada quando, para além do proprietário do solo e das diversas formas de adquirir a propriedade sobre ele, ainda houvesse que contar com os imponderáveis da ação humana;
(4) o respeito pela ordem dominial.

Isoladamente, estes valores podem ser questionados. A primazia do valor do solo é exata numa sociedade rural. Nas cidades, uma grande construção vai, com facilidade, bater o valor do solo. A perpetuidade do solo mantém-se quando a sua titularidade passasse para o construtor. Quanto à circulação dos bens: bastaria melhorar o funcionamento do registo predial. Finalmente, o respeito pela ordem dominial diz-nos que não se afigura aceitável atribuir o *ius aedificandi* a quem não seja titular do solo ou a quem não tenha uma autorização adequada. A propriedade imobiliária não pode transformar-se numa área de iniciativas ilegítimas.

No seu conjunto, estes valores fazem sentido, sendo todavia claro que podem admitir desvios.

Particularmente delicado é o quarto ponto. Abdicar da *superficies solo cedit*, sem pôr em causa a ordem dominial, exige cuidadas fronteiras, com adequados sistemas de compensação. No Direito lusófono, isso conseguiu-se através das exigências da boa-fé ética e da natureza potestativa da acessão, abaixo ponderadas[1185].

125. As especificidades lusófonas

I. No Direito português vigente, somente o artigo 1339.º consagra, no seu campo de aplicação, a *superficies solo cedit*. Embora apenas o Código Civil de 1966 tenha rematado a evolução que conduziu ao regime atual[1186],

[1185] *Infra*, n.º 126 e n.º 127, respetivamente.

[1186] *Vide* o diferendo entre Júlio Gomes e Elsa Sequeira Santos, *infra*, n.º 126, IV. Quanto aos antecedentes do artigo 1340.º: Rui Pinto Duarte, *Dois apontamentos sobre acessão industrial imobiliária* cit., 784 ss..

encontramos, logo no período da pré-codificação, elementos que apontam nesse sentido.

Disse Lobão[1187]:

> Este principio do direito romano, que o *edificio cede ao solo* (…) ou se deve limitar precisamente no caso em que o edificio se fez á vista, e face do dono do solo sem sua contradicção, ou quando o solo é de pouca, e o edificio de muito, e muitas vezes superior estimação.

Correia Teles, depois de afirmar que o edifício pertence ao dono do solo, veio excecionar, mais comedidamente[1188]:

> Se o dono da terra teve conhecimento da edificação que se fazia no seu terreno, e se não oppoz até o edificio ser feito, nada mais pode pedir ao edificante do que a indemnização pelo terreno.

Coelho da Rocha explica[1189]:

> O edificio construido em terreno alheio com materiaes proprios pertence ao dono do terreno: mas se foi construido em boa fé á vista e face do proprietario, que se não oppoz, nem por isso póde reclamal-o: apenas pedir a indemnisação.

Quer Correia Teles, quer Coelho da Rocha omitem a acessão invertida com base no valor relativo edifício/terreno. Coelho da Rocha introduz uma referência interessante à boa-fé. A tutela do construtor que atua "à vista e face do proprietário, que não se opôs" correspondente a uma tutela da confiança: matéria que, na época, não estava estudada mas era já intuída.

II. O Código de Seabra acolheu parte da pré-codificação. Dispôs o seu artigo 2316.º[1190]:

[1187] Manuel de Almeida e Sousa de Lobão, *Tratado historico, encyclopedico, critico, pratico sobre todos os direitos relativos a casas* (1829, ed. Imprensa Nacional, 1881), 236 pp., § 51 (31): o itálico é do original.

[1188] José Homem Correia Teles, *Digesto Portuguez* cit., III, 3.ª ed., artigo 70 (14); tal como Lobão, cita fontes romanas.

[1189] Manuel António Coelho da Rocha, *Instituições de Direito Civil* cit., § 421 (1, 295); o Autor cita Lobão e o Código Sardo.

[1190] José Dias Ferreira, *Codigo civil annotado* cit., V, 1.ª ed., 68 ss..

> Se o dono de quaesquer materiaes, sementes ou plantas, tiver feiro em terreno alheio obras, sementeiras, ou plantações, possuindo, aliás, esse terreno em proprio nome, com boa fé e justo titulo, observar-se-há o seguinte:
>
> § 1.º Se o valor, que taes obras, sementeiras, ou plantações, tiverem dado á totalidade do predio onde foram feitas, for maior do que o valor que este tinha d'antes, o verdadeiro dono só haverá o valor que o predio tinha antes das dictas obras, sementeiras, ou plantações, ou o que teria ao tempo da evicção, conforme preferir.
>
> § 2.º Se o valor dado for egual, haverá licitação entre o antigo dono e o auctor das obras, sementeiras, ou plantações, pela fórma estabelecida no artigo 2301.º.
>
> § 3.º Se o valor dado for menor, as obras, sementeiras, ou plantações pertencerão ao dono do terreno, com a obrigação de indemnisar o auctor d'ellas do valor que tiverem ao tempo da evicção.

De facto, o Código de Seabra afastou aqui, claramente, o princípio *superficies solo cedit*[1191]. Mas fê-lo conservando apenas a hipótese de elementos incorporados mais valiosos do que o terreno (a sugestão de Lobão) e, ainda aí, em termos restritivos. Veio exigir "posse com boa-fé e justo título" o que remete para a propriedade aparente, com graves problemas de prova[1192].

III. O Código de 1966, infelizmente sem estudos preparatórios conhecidos[1193], dispôs, no seu artigo 1340.º/1:

> Se alguém, de boa-fé, construir obra em terreno alheio, ou nele fizer sementeira ou plantação, e o valor que as obras, sementeiras ou plantações tiverem trazido à totalidade do prédio for maior do que o valor que este tinha antes, o autor da incorporação adquire a propriedade dele, pagando o valor que o prédio tinha antes das obras, sementeiras ou plantações.

O n.º 2 prevê licitação, no caso de o valor acrescentado ser igual ao do terreno; o n.º 3 determina que, se o valor acrescentado for menor, o dono do terreno adquire, com dever de indemnizar; o n.º 4 define a boa-fé, em termos a examinar.

[1191] Luís da Cunha Gonçalves, *Tratado de Direito civil* cit., XI, n.º 1781 (753).

[1192] *Vide*, quanto à problemática levantada por este preceito, *infra*, n.º 126, II e III.

[1193] E, neste ponto, Pires de Lima/Antunes Varela, *Código Civil anotado* cit., III, 2.ª ed., 162, pouco ajudam, uma vez que se limitam a indicar diferenças em relação a Seabra.

A evolução dos preparatórios pouco acrescenta. O anteprojeto de Pires de Lima, ainda que com uma apresentação por alíneas, em vez de números, comportava já o regime final, exceto quanto à "definição" de boa-fé, na qual era omisso e uma referência à "evicção", para referir a situação do proprietário das incorporações de menor valor[1194]. A 1.ª Revisão Ministerial manteve o texto (1327.º)[1195]. A 2.ª Revisão conservou o regime em alíneas, suprimiu a referência arcaica à evicção e, num então n.º 2, introduziu uma noção de boa-fé (1340.º)[1196]. E esse mesmo esquema permaneceu no Projeto (1340.º)[1197], de tal modo que apenas na versão promulgada surgiu o texto que hoje conhecemos.

IV. Existe, assim, toda uma tradição de acessão invertida. Perante o texto de Seabra, Biermann (1865-1915), já havia assinalado a especificidade desse Código, no campo da acessão: mais favorável ao construtor ou ao plantador[1198]. O Código de 1966 reforçou essa orientação. Até que ponto foi original?

A questão obteve uma primeira e interessante análise de Júlio Gomes. Estudando o enriquecimento sem causa[1199], este Autor considera que, no domínio da acessão, o Código Civil[1200]:

> (...) não só se revela confuso e lacunoso, como também despreza, em grande medida, a necessidade de protecção da liberdade contratual do proprietário, consagrando, frequentemente, situações de genuína expropriação privada, só compreensíveis à luz do ambiente politico que rodeou a feitura do Código e que demonstra, na nossa opinião, que, nesta matéria, o Código se acha imbuído de uma ideologia pouco compatível com o respeito pela propriedade privada.

Elsa Sequeira Santos critica Júlio Gomes, afirmando que a possibilidade de o autor da incorporação adquirir o solo vinha de há muito[1201].

[1194] Fernando Pires de Lima, *Direito de propriedade* cit., 241.
[1195] *1.ª Revisão* cit., 38-39.
[1196] *2.ª Revisão* cit., 32.
[1197] *Projecto* cit., 389.
[1198] Johannes Biermann, *Superficies solo cedit*, JhJb 34 (1895), 169-280 (243-244).
[1199] Júlio Manuel Vieira Gomes, *O conceito de enriquecimento, o enriquecimento forçado e os vários paradigmas do enriquecimento sem causa* (1998), 889 pp., 334 ss..
[1200] *Idem*, 337.
[1201] Elsa Sequeira Santos, *A aquisição por acessão é potestativa?* cit., 701.

Júlio Gomes responde que, anteriormente ao Código de 1966, apenas ocorriam exceções à *superficies solo cedit*[1202]. Cita, em abono, Rui Pinto Duarte[1203].

Um debate sobre a acessão deve ser aproveitado. As observações de Júlio Gomes sobre o "ambiente político que rodeou a feitura do Código" não visam tanto a acessão invertida: antes se dirigem ao esquema dos pagamentos e indemnizações previstos em vários preceitos e que, por não terem em conta os valores reais, assumem uma dimensão expropriativa. Tem toda a razão: melhor seria ter-se recorrido ao enriquecimento sem causa[1204].

Quanto à II República: ao contrário de leituras simplistas "politicamente corretas", ela não propendia para um liberalismo defensor da propriedade privada. Apresentava-se como "intervencionista" e, através de variados instrumentos, com relevo para o "condicionamento industrial", limitava a propriedade privada. No Código Civil, institutos como a compra e venda, com um regime largamente favorável ao vendedor e a empreitada, favorável ao empreiteiro, jogavam, mercê de algum desenvolvimentismo, contra os proprietários. O mérito de Júlio Gomes foi o de demonstrar que essa dimensão também operou na acessão.

Quanto ao tema de fundo: foi o Código de 1966 inovador? A resposta é claramente positiva. Mau grado os antecedentes, com relevo para Lobão, o Código de Seabra, ao exigir, para a acessão invertida *ratione valoris*, posse em nome próprio, com boa-fé e justo título, retirava com uma mão, o que parecia dar com a outra. Por exemplo, decisões sob Seabra entenderam que a pessoa autorizada a edificar em terreno alheio não podia beneficiar da acessão, uma vez que faltava um "justo título" válido. As leis devem ser interpretadas global e sistematicamente. Em 1966, o legislador foi inovador embora, com esforços interpretativos, fosse possível alargar o "justo título" de Seabra.

V. Uma nótula sobre Direito brasileiro. O Código Civil de 1916 assentava, quanto à acessão imobiliária, na *superficies solo cedit* (artigos 545.º a 549.º)[1205]. O Código vigente, de 2002, inovou. Segundo o nóvel artigo 1255.º, § único[1206]:

[1202] Júlio Gomes, *Da acessão* cit., 91-94.

[1203] Rui Pinto Duarte, *Dois apontamentos sobre acessão industrial imobiliária* cit., 786, sublinhando a originalidade do texto atual.

[1204] *Infra*, n.º 130, VI.

[1205] Paulo Merêa, *Codigo civil brasileiro anotado* (1917), 207-208.

[1206] José Miguel Garcia Medina/Fábio Caldas de Araújo, *Código Civil comentado* (2014), 791, considerando, nesta inovação, haver uma hipótese de importantíssima valori-

> Se a construção ou a plantação exceder consideravelmente o valor do terreno, aquele que, de boa-fé, plantou ou edificou, adquirirá a propriedade do solo, mediante pagamento da indenização fixada judicialmente, se não houver acordo.

A lei não explica o que seja "exceder consideravelmente o valor do terreno". Trata-se de um aspeto deixado, propositadamente, à doutrina e à jurisprudência. Esta, de resto e mau grado o silêncio do Código de 1916, já havia aberto as portas à inovação formalizada em 2002[1207].

VI. O Direito lusófono comporta uma significativa delimitação negativa ao princípio *superficies solo cedit*. Poder-se-ia dizer que este princípio não opera, na nossa ordem jurídica? Oliveira Ascensão vai nesse sentido[1208]. José Alberto Vieira previne contra exageros[1209]. Em que ficamos? Não há dúvida de que o Código Civil de 1966 vai mais longe do que qualquer outro, neste domínio. Podemos tentar uma bissetriz: o regime nacional da acessão imobiliária postula um sistema móvel que lida com quatro parâmetros: a primazia do solo, o valor relativo do implante, a boa ou má-fé dos intervenientes e a autonomia privada, vertida na natureza potestativa da acessão. Vamos ver esses dois últimos aspetos.

126. A boa-fé

I. A chave do sistema lusófono da acessão, do qual depende o seu funcionamento "invertido" – isto é: a favor do autor da incorporação – resulta na boa-fé do incorporador. A aquisição de um terreno alheio por parte do autor de determinada incorporação – obras, sementeiras ou plantações – exige, nos termos do artigo 1340.°/1, além do maior valor da incorporação, a boa-fé desse mesmo autor. A boa-fé em causa é definida, no n.° 4 desse preceito; no entanto, o seu perfeito entendimento fica mais claro com a colocação do conceito, dentro do sistema axiológico civil. Com efeito, o Direito civil lusófono conhece duas aceções para a boa-fé: (a) a boa-fé objetiva (*Treu und Glauben*) na qual esta noção exprime uma regra de con-

zação da função social da propriedade.

[1207] *Vide* Sílvio de Salvo Venosa, *Direito civil/Reais*, 20.ª ed. (2020), 215.

[1208] José de Oliveira Ascensão, *Direito civil/Reais* cit., 5.ª ed., n.º 146 (305).

[1209] José Alberto Vieira, *Direitos Reais* cit., 3.ª ed., 631, nota 2008.

duta – p.ex., os artigos 227.º, 334.º ou 762.º/2, todos do Código Civil; (b) a boa-fé subjetiva (*guter Glaube*) na qual ela traduz um estado do sujeito – p. ex., a posse "de boa-fé" ou a acessão "de boa-fé".

Por seu turno, a boa-fé subjetiva pode ser utilizada com dois diferentes alcances: (a) um sentido puramente psicológico: está de boa-fé quem pura e simplesmente desconheça certo facto ou estado de coisas; (b) um sentido ético: a boa-fé implica o desconhecimento não culposo; ou noutros termos: é equiparado à má-fé o estado da pessoa que, com culpa (portanto com inobservância dos deveres de cuidado que no caso caibam) desconheça aquilo que deveria conhecer.

Quando esteja em causa a boa-fé subjetiva, o saber se se visa um alcance meramente psicológico ou uma dimensão ética é questão de interpretação e de construção científica. O problema está hoje definitivamente esclarecido, a favor da conceção ética da boa-fé subjetiva. Todavia, por força de práticas ingénuo-antiquárias, têm ocorrido retrocessos. Importa verificar a sua origem: remonta à formalização da boa-fé, induzida do Código de Seabra.

II. O artigo 2306.º do Código de Seabra de 1867[1210] admitia que o autor de obras, sementeiras ou plantações, feitas com materiais próprios em terreno alheio, o pudesse adquirir, desde que possuísse esse terreno em nome próprio, com boa-fé e justo título e o valor acrescentado ao prédio fosse maior do que o do prédio antes da incorporação. Além desta aproximação, um tanto discutível, feita à posse, nada se dizia quanto à hipótese de haver autorização por parte do dono do terreno. Os problemas não poderiam deixar de surgir.

Em 1910 foi dirigida, à *Revista de Legislação e de Jurisprudência*, uma consulta com o seguinte problema: um pai faz a um filho, pelo casamento deste, uma doação de um terreno, inválida por falta de forma; o filho constrói; pelo Código de Seabra, tomado à letra, o filho não poderia beneficiar da acessão, uma vez que o "título" tinha falhas que ele não poderia deixar de conhecer – *vide* o artigo 476.º do Código de Seabra. A *Revista* sentiu a injustiça dessa solução, pelo que procurou dissociar o título e a boa-fé[1211].

[1210] *Supra*, n.º 123, III.

[1211] RLJ 43 (1910), 151-152, a consulta, e 152-153, a resposta. Esta, de acordo com o costume observado, na época, pela *Revista*, não vinha assinada; provavelmente terá sido redigida por Guilherme Moreira.

III. Nas vésperas da aprovação do Código Civil de 1966, o problema da autorização, para efeitos de boa-fé na acessão, tornou-se mais agudo. Em 1962, um acórdão do Supremo Tribunal de Justiça entendeu que, havendo autorização do dono do terreno para a edificação, surgiria uma situação não tratada na lei; a lacuna, daí resultante, deveria ser integrada, nos termos do artigo 16.º do Código de Seabra, então vigente, aplicando-se o regime da boa-fé: de outro modo chegar-se-ia ao absurdo de dar o direito de fazer destruir, a quem permitira a construção[1212]. Esta linha foi mantida em 1966, quando o Supremo foi chamado a julgar sobre a matéria seguinte: fora acordada a compra e venda de um terreno, com pagamento de preço e com tradição, a favor do comprador; a escritura, porém, nunca chegou a ser celebrada; o comprador edificou o terreno; anos volvidos, o vendedor vem pedir o reconhecimento, a seu favor, do conjunto; o pedido era injusto: o Supremo denegou-o, considerando que, dados os factos, o dono autorizara a construção, o que implicava boa-fé e justo título por parte do comprador[1213].

Porém, em 1968, mas sempre à luz do Código de Seabra, houve uma viragem na jurisprudência do Supremo. Num problema posto por uma edificação levada a cabo por uma sociedade, num terreno de um dos sócios, com autorização deste, veio-se entender que, por falta de justo título (não houvera aquisição regular) e de boa-fé (a sociedade sabia que o terreno era alheio), não havia lugar a acessão[1214]. A contradição, gerada com a jurisprudência anterior, acabaria no Pleno[1215] que, em 28 de novembro de 1969, lavrou assento assim concebido:

> Para efeitos do art. 2306.º do Código Civil de 1867, os conceitos de boa-fé e justo título são os definidos respetivamente nos arts. 476.º e 518.º do mesmo diploma.

[1212] STJ 27-jul.-1962 (Arlindo Martins), BMJ 119 (1962), 461-466. Diferentemente, foi o problema decidido em STJ 5-nov.-1963 (Arlindo Martins), BMJ 131 (1963), 386-389: entendeu-se, aí, faltar o justo título para a acessão; simplesmente não houvera, nesse caso, qualquer autorização.

[1213] STJ 1-jul.-1966 (Joaquim de Melo), BMJ 159 (1966), 419-423 (421) = RLJ 100 (1967), 10-12 (10 e 11), com anotação de Pires de Lima; este Autor considerou, aí, que tal solução só seria possível, à luz do futuro Código Civil.

[1214] STJ 19-jul.-1968 (Torres Paulo), BMJ 179 (1968), 170-175 (175).

[1215] STJ(P) 28-nov.-1969 (Torres Paulo), BMJ 191 (1969), 185-189 (189); votaram vencidos os conselheiros Santos Carvalho Júnior, Eduardo Correia Guedes e Alberto Nogueira, com base nas razões aduzidas pelo acórdão do Supremo de 27-jul.-1962.

IV. O assento de 28 de novembro de 1969, independentemente da sua valoração, à luz do Direito positivo da época, consagrou uma solução demasiado rígida. Na verdade, se à "boa-fé" e ao "justo título", requeridos pela acessão, se aplicassem as correspondentes noções vigentes, na época, para a posse, nunca haveria, na prática, acessões, sobretudo no caso mais óbvio: quando autorizadas. Na verdade, o simples facto da autorização mostrava bem que o autor da incorporação sabia, ao fazê-la, que o terreno era alheio. Conhecedor da problemática subjacente, o Projeto do Código Civil de 1966 preocupou-se em evitar o escolho, corrigindo o menos conseguido assento de 28 de novembro de 1969.

O Anteprojeto de Pires de Lima não continha, no tocante à boa-fé requerida para a acessão, qualquer definição – artigo 41.º[1216]. O texto correspondente ao atual n.º 4, do artigo 1340.º, só foi introduzido na segunda revisão ministerial do Anteprojeto[1217]: houve, manifestamente, a intenção de consagrar na Lei a orientação jurisprudencial mais alargada, que se desenvolvera ao abrigo do Código de Seabra, antes do assento referido[1218]. A pura autorização do dono equivaleria, pois, à boa-fé. De todo o modo, e dado o teor do referido Assento, a jurisprudência veio considerar o Código de 1966 como inovatório, nesse ponto; não teria, pois, eficácia retroativa[1219]. Não parece ser esse o caso, uma vez que o Código mais não fez do que validar uma orientação jurisprudencial anterior ao assento.

V. Na preparação do Código Civil de 1966, não houve margem para se debater o tema da natureza ética ou psicológica da boa-fé, para efeitos de acessão. O tema, entre nós e na época era, de resto, pouco conhecido. Em parte alguma foi explicado por que razão, nos artigos 291.º/3 e 1648.º/1 ocorrem noções éticas de boa-fé, enquanto, nos 243.º/2, 1260.º/1e 1340.º/4, verbalmente, as noções parecem psicológicas. Uma análise elementar das situações em presença mostra que não há diferenciações justificativas. A conclusão é inevitável: as flutuações vocabulares que resultam

[1216] Pires de Lima, *Direito de propriedade* cit., 241.

[1217] *2.ª Revisão* cit., 32; *vide* Jacinto Rodrigues Bastos, *Direito das coisas*, 1 (1975), 203.

[1218] Possivelmente a alteração introduzida na 2.ª versão ministerial ter-se-á ficado a dever ao próprio Pires de Lima que, *de iure condendo*, considerava preferível esta orientação.

[1219] Assim: STJ 15-jan.-1971 (Campos Carvalho), BMJ 203 (1971), 163-167 (166) e STJ 12-jul.-1974 (Oliveira Carvalho), BMJ 239 (1974), 186-189 (189).

desses preceitos têm a ver com os acasos da redação do Código e não com uma vontade normativa de optar ora por uma ora por outra das soluções. E sobre tudo isso acresce o essencial: não está na disponibilidade do legislador impor noções psicológicas de boa-fé. Esta, mesmo quando subjetiva, é o produto da Ciência do Direito.

Podemos confirmar os acasos da legiferação não apoiada em estudos de fundo, semelhantes, por exemplo, aos muitos milhares de páginas que Vaz Serra produziu no âmbito da preparação do Direito das obrigações, através das vicissitudes da preparação da boa-fé possessória.

No anteprojeto de Luís Pinto Coelho, ocorria um artigo 19.º cujos dois primeiros números dispunham[1220]:

> 1. A posse diz-se de boa fé quando o possuidor ignore que a sua actuação pode ser lesiva de um direito alheio.
>
> 2. A ignorância é, contudo, irrelevante se procede de culpa ou negligência grave do possuidor.

Prefigurava-se uma noção ética de boa-fé possessória, ainda que formulada pela via indireta da "ignorância irrelevante". Quanto ao fundo, Pinto Coelho, embora sem o explicar (e foi pena) terá tido presentes as soluções alemã e italiana para o problema: ambas passam pela penalização da "ignorância" gravemente negligente, como compete a qualquer ordem jurídica civilizada e justa. Todavia, sempre sem explicações, logo a 1.ª Revisão Ministerial alterou o texto de Pinto Coelho, suprimindo (1239.º)[1221] a referência à irrelevância do desconhecimento procedente de culpa ou de negligência grave. Terá prevalecido uma ideia de simplificar (aparentemente) o fenómeno possessório, mantendo os quadros de Seabra (que não os do Direito romano …)[1222].

Esta noção amputada de boa-fé possessória veio contaminar a boa-fé exigida na acessão. Todavia, a Ciência do Direito atual não pode ceder nem em face de práticas exegéticas literais, nem perante preparatórios não acompanhados de justificações.

[1220] Luís Pinto Coelho, *Da posse*, BMJ 88 (1959), 139-158 (145).

[1221] *1.ª Revisão* cit., 8.

[1222] Ainda subjacente à amputação realizada na 1.ª Revisão Ministerial poderá ter estado a ideia de permitir que a ignorância resultante de um erro de direito não afetasse a boa-fé. A boa-fé ética tudo resolve: o erro de direito será desculpável ou não, consoante as circunstâncias.

VI. Não obstante a evidência científica, a fase exegética que se seguiu à publicação do Código Civil deixou marcas. No Código anotado, Pires de Lima afirma a natureza psicológica da boa-fé possessória[1223], dela aproximando a boa-fé para efeitos de acessão[1224]. Henrique Mesquita, que aliás colaborou nas anotações em causa, firmou a mesma opção, quanto à posse[1225]. Orlando de Carvalho tomou idêntica posição, ainda que referindo também a acessão. Dá, todavia, uma breve justificação: não haveria que tomar em linha de conta qualquer padrão ético-jurídico, dada a natureza da posse como mero facto[1226]. O peso destes autores levou a que, até hoje, diversa jurisprudência tivesse vindo afirmar a natureza psicológica da boa-fé, ainda que, tudo visto, se trate de *obiter dicta*, isto é, de afirmações, feitas de passagem e sem qualquer influência na matéria sob decisão[1227]. Dispomos, porém, de decisões que, no bom sentido, acolhem a boa-fé ética[1228]. Quanto à doutrina atual: a opção ética obtém os sufrágios dos autores atualizados que se têm dedicado a estudar o tema: José Alberto Vieira[1229], Luís Menezes Leitão[1230] e Júlio Gomes[1231]. E o próprio artigo 1340.º/4 dá uma pista nesse sentido: ao equiparar à boa-fé a situação das obras autorizadas pelo dono, ele pressupõe uma ponderação jurídica que transcende os "factos psicológicos".

VII. Pode, por tudo isto, considerar-se que, segundo o Código Civil, há boa-fé para efeitos de acessão sempre que o autor da incorporação desconhecesse, sem culpa, que o terreno era alheio; além disso, há boa-fé sem-

[1223] Pires de Lima/Antunes Varela, *Código Civil anotado* cit., III, 2.ª ed., 20.

[1224] *Idem*, 164.

[1225] Henrique Mesquita, *Direitos Reais* cit., 91: quatro linhas sem qualquer justificação ou explicação.

[1226] Orlando de Carvalho, *Introdução à posse*, RLJ 122 (1989), 292-294 (292/I).

[1227] Assim: STJ 8-nov.-2018 (Maria do Rosário Morgado), Proc. 401/13. Anteriormente: STJ 17-jun.-1999 (Miranda Gusmão), Proc. 99B490; STJ 11-jun.-2005 (Azevedo Ramos), Proc. 04A4029; STJ 28-mai.-2009 (Santos Bernardino), Proc. 09B0349; RCb 22-jun.-2010 (Gonçalves Ferreira), Proc. 4/08.

[1228] RCb 4-abr.-2006 (Coelho de Matos), Proc. 3661/05 (posse); RPt 21-mar.-2022 (Miguel Baldaia de Morais), Proc. 4416/15 (simulação); REv 7-abr.-2022 (Emília Ramos Costa), Proc. 701/19 (coisa defeituosa).

[1229] José Alberto Vieira, *Direitos Reais* cit., 3.ª ed., 625-626.

[1230] Luís Menezes Leitão, *Direitos Reais* cit., 9.ª ed., 244.

[1231] Júlio Gomes, *Da acessão* cit., 113-114; *idem*, em UCP, *Comentário ao Código Civil/Direito das coisas* cit., 228.

pre que o dono do mesmo terreno tenha autorizado a incorporação. Nessa eventualidade, o autor em causa saberá bem que o terreno é alheio, o que não prejudica a boa-fé, numa situação que o circunstancialismo histórico, acima explanado, permitirá, ao que se pensa, explicar e reforçar[1232]. Evidentemente: tratando-se de autorização, a boa-fé dependerá do teor do que foi autorizado e daquilo que o autor das obras tenha efetuado. Uma autorização precária nunca daria azo a boa-fé, para efeitos de uma incorporação perpétua.

VIII. Quanto ao conceito, em si, de boa-fé: não vemos como sustentar o entendimento meramente psicológico. Surpreende que, para além da breve referência de Orlando de Carvalho à natureza da posse como um facto (que hoje ninguém perfilha), não haja nenhum argumento, salvo o literal, na defesa de tal teoria. Além de injusta, é insondável e contrária a elementares dados comparatísticos[1233]. Fica-nos, por interpretação sistemática e teleológica, a noção ética: está de boa-fé quem, sem culpa, ignore estar a lesar um direito alheio.

127. **A natureza potestativa**

I. Verificados os requisitos da acessão, pergunta-se se ela atua imediatamente, em termos automáticos, ou se, pelo contrário, ela deriva de uma manifestação de vontade do beneficiário e, porventura, ainda de outros circunstancialismos dependentes dos envolvidos. A acessão traduz, para o beneficiário, a aquisição de um direito. Há uma regra no Direito civil, velha e quase absoluta, pela qual ninguém adquire direitos sem ter dado o seu assentimento. Tanto basta para indiciar que a acessão deve ser invocada por aquele a quem aproveite. Recorde-se que a própria usucapião deve ser alegada – artigos 1292.º e 303.º do Código Civil – redundando pois, em rigor, no direito potestativo de o fazer.

[1232] *Vide* aplicações destes princípios em STJ 27-jan.-1993 (Martins da Fonseca), CJ/Supremo I (1993) 1, 102-104, RPt 22-jun.-1995 (Manuel Ramalho), CJ XX (1995) 3, 240-242 (241) e STJ 25-mai.-1999 (Francisco Lourenço), BMJ 487 (1999), 303-308 (306), com expressa referência à boa-fé ética.

[1233] A matéria, tal como exposta no nosso *Da boa fé*, 415 ss., continua à espera de contradita.

II. O Código Civil, nos diversos preceitos que se reportam à acessão, pressupõe que esta, além da invocação, implica outras atuações do beneficiário. Assim:

artigo 1339.º – Aquele que (...) adquire (...) pagando o respetivo valor, além da indemnização a que haja lugar.
artigo 1340.º/1 – Se alguém (...) adquire a propriedade dele, pagando o valor que o prédio tinha (...).
2 – (...) haverá licitação (...)
artigo 1341.º – (...) tem o dono (...) o direito de exigir que seja desfeita (...) ou, se preferir, o direito de ficar com a obra (...).
artigo 1343.º/1 – (...) o construtor pode adquirir a propriedade (...) se tiverem decorrido três meses (...) sem oposição (...) pagando o valor do terreno e reparando o prejuízo (...).

Queda concluir que o próprio regime vivo da acessão desenvolveu-se no sentido de ela funcionar apenas quando: (a) seja invocada pelo beneficiário; (b) o qual, além disso, procede a certos pagamentos prévios; (c) e havendo ainda, por vezes, outras atuações necessárias, tais como licitações, não-oposição e decurso de certo prazo.

A acessão não é automática: ela surge, antes, potestativa, requerendo diversas condições para funcionar.

III. A natureza potestativa – logo: não automática – da acessão vem sendo uniformente reconhecida, pela jurisprudência dos últimos cinquenta anos. Assim:

STJ 20-mar.-1964: (...) a aquisição de propriedade mediante acessão não se opera automaticamente.

O reconhecimento judicial desse direito depende da alegação de factos que conduzam à acessão a favor do pretendente e da prova deles.

A acessão não é de sentido único.

Há que apurar o valor relativo das obras e do terreno, para se poder dizer em favor de qual das partes ela se opera.

Determiná-lo pode, inclusivamente, depender de licitação.

Nem a transmissão de propriedade por acessão industrial pode ser declarada oficiosamente. Tem que ser requerida, com simultâneo oferecimento da contraprestação que a condiciona[1234];

[1234] STJ 20-mar.-1964 (Lopes Cardoso), BMJ 135 (1964), 442-445 (444). Como se

STJ 15-dez.-1967: (...) a aquisição do direito de propriedade mediante acessão industrial não se opera automaticamente, pelo que o reconhecimento judicial desse direito depende da alegação de factos que conduzam à acessão a favor do pretendente e da prova deles[1235];

STJ 7-jul.-1970: (...) tal aquisição só poderá verificar-se com acordo do dono do terreno, ou depois de convencido em ação contra ele instaurada, e sempre após o pagamento do valor que o prédio tinha antes das obras[1236];

RCb 13-jul.-1973: A aquisição por acessão – forma de aquisição originária – não é, no nosso sistema legal, uma aquisição automática, mas potestativa, dependendo de manifestação da vontade do beneficiário nesse sentido expressa e formulada, não bastando, pois, a realidade material da união de coisas, incorporadora e incorporada, para que o direito opere[1237];

RPt 14-fev.-1980: (...) a aquisição por acessão, forma de aquisição originária, não é no nosso sistema legal uma aquisição automática, mas potestativa, dependendo de manifestação de vontade do beneficiário, nesse sentido expressa, e formulada, não bastando pois a realidade material da união de coisas (...)[1238];

REv 22-mai.-1980: Todavia não entendemos a incorporação do edifício no terreno como base da acessão, mas unicamente como um seu pressuposto: é condição necessária, mas não suficiente. Para que a acessão se dê é ainda necessária uma manifestação de vontade nesse sentido por parte daquele a quem a lei privilegia no conflito.

(...)

E daí que, segundo a nossa lei, quer no regime do Código de 1867, quer no do Código de 1966, a aquisição na acessão industrial imobiliária é potestativa (...)[1239];

RCb 30-mar.-1982: Afigura-se-nos preferível a doutrina da acessão potestativa por exigir clareza de intenções, através da sua exteriorização, da parte de quem pretende exercer o direito. Esta doutrina, impondo a necessidade da prática de um ato volitivo e nem sempre imediato da

vê, a orientação surgiu ainda no âmbito do Código de Seabra, perante argumentos que o Código atual só veio reforçar.

1235 STJ 15-dez.-1967 (Oliveira Carvalho), BMJ 172 (1968), 262-265 (264).

1236 STJ 7-jul.-1970 (Rui Guimarães), BMJ 199 (1970), 220-224 (223); este aresto cita já o Código Civil de 1966.

1237 RCb 13-jul.-1973, BMJ 230 (1973), 161 (o sumário, sem indicação do Relator).

1238 RPt 14-fev.-1980 (José Calejo), CJ V (1980) 1, 40-41 (41, 1.ª coluna).

1239 REv 22-mai.-1980 (Folque de Gouveia), CJ V (1980) 3, 23-26 (25, 1.ª coluna).

parte do beneficiário, conduz-nos a termos de reconhecer a coexistência de duas propriedades simultâneas – a do terreno e a das obras – (...) (...) a transmissão da propriedade do terreno não implica a transmissão da propriedade da obra nele incorporada[1240];

RCb 2-jul.-1991: Acresce que se tem admitido, como melhor solução, aquela que considera na acessão industrial imobiliária, ser a aquisição potestativa, isto é, dependente da manifestação de vontade do beneficiário e ainda, nomeadamente, da efetivação de determinado pagamento, mantendo-se as propriedades distintas enquanto o direito não for exercido e, eventualmente, pago o respetivo valor[1241];

RCb 28-mar.-1995: Os valores referidos no artigo 1340.º (acessão industrial imobiliária) desempenham dupla função: determinam o titular do direito de aquisição potestativa e baseiam a determinação de quanto o beneficiário da acessão há-de pagar[1242];

RLx 9-mai.-1997: (...) não temos qualquer dúvida que para quem, como nós, adira à tese da aquisição voluntária, só levada a cabo através do exercício do correspondente direito potestativo (...)[1243];

RCb 17-fev.-1998: Nesse sentido se aceita que o direito de acessão seja um direito potestativo (...)[1244];

RPt 28-mar.-2012: A acessão industrial imobiliária é uma forma potestativa de aquisição originária do direito de propriedade, de reconhecimento necessariamente judicial[1245];

RLx 27-mai.-2014: A acessão industrial imobiliária é uma forma de aquisição originária da propriedade que opera por via potestativa com efeito retroativo ao momento da incorporação, ainda que sob a condição suspensiva do pagamento de uma quantia determinada[1246];

RLx 2-out.-2014: É hoje preponderante a posição de que a acessão industrial imobiliária representa uma forma potestativa de aquisição do direito de propriedade[1247];

STJ 10-jan.-2019: a aquisição originária do direito de propriedade por acessão industrial, tem natureza potestativa[1248];

[1240] RCb 30-mar.-1982 (Oliveira Matos), CJ VII (1982) 2, 94-95 (95).

[1241] RCb 17-set.-1991 (Virgílio de Oliveira), CJ XVI (1991) 4, 91-94 (94, 2.ª col.).

[1242] RCb 28-mar.-1995 (Virgílio de Oliveira), CJ XX (1995) 2, 21-23 (22, 2.ª col.).

[1243] RLx 8-mai.-1997 (Pessoa dos Santos), CJ XXII (1997) 3, 77-82 (81/I).

[1244] RCb 17-fev.-1998 (Araújo Ferreira), CJ XXIII (1998) 1, 39-41 (40/II) = BMJ 474 (1998), 555.

[1245] RPt 28-mar.-2012 (Augusto de Carvalho), Proc. 2584/06.

[1246] RLx 27-mai.-2014 (Tomé Gomes), Proc. 242/08.

[1247] RLx 2-out.-2014 (Ondina Carmo Alves), Proc. 1143/06.

[1248] STJ 10-jan.-2019 (Rosa Tching), Proc. 4982/15.

REv 23-abr.-2020: quase uniformemente se entende que a acessão tem natureza potestativa[1249];

REv 10-set.-2020: sendo potestativa, a acessão não pode, todavia, contrariar normas imperativas[1250].

Este painel jurisprudencial é muito significativo[1251].

IV. Na doutrina, coube a Oliveira Ascensão demonstrar a natureza potestativa da acessão[1252]. Este Autor começa por sublinhar a existência de casos nos quais a aquisição nunca poderia ser automática: (a) no caso do artigo 1343.º/1: o construtor poderá adquirir o terreno ... passados três meses e em certas condições; (b) nos casos dos artigos 1333.º/2, 1335.º/3 e 1340.º/2: há licitação; (c) nos casos dos artigos 1334.º/4 e 1335.º/1 e 2: hipóteses em que os sujeitos não querem adquirir; (d) nos casos de obras, sementeiras ou plantações feitas de má-fé – artigo 1341.º: o dono do terreno tem o direito de exigir que elas sejam desfeitas ou, se o preferir, o de ficar com a obra, indemnizando o autor dela. Daqui, infere-se um vetor, aplicável aos casos em que, pela acessão, se adquire pagando, isto é, desde que se pague – artigos 1339.º, 1340.º/1 e 1343.º/1.

V. Estes dados legais são dobrados, por Oliveira Ascensão, por importantes argumentos substanciais, que depõem contra uma aquisição potestativa. São eles: (a) a inconveniência de forçar o beneficiário a um pagamento automático para o qual pode não estar preparado; (b) a inconveniência de vedar soluções diversas, acordadas pelas partes; (c) a inconveniência de impedir que as partes perpetuem a separação através do direito de superfície; (d) a inconveniência de transferir desde logo o risco para o beneficiá-

1249 REv 23-abr.-2020 (Silva Rato), Proc. 1498/14.

1250 REv 10-set.-2020 (Albertina Pedroso), Proc. 883/05.

1251 Por vezes, vem citado como contrariando a posição dominante, o acórdão do Supremo de 12-jul.-1974; porém, feito o confronto – STJ 12-jul.-1974 (Oliveira Carvalho), BMJ 239 (1974), 186-189 (188) –, verifica-se que o acórdão em causa apenas diz que, no caso sob decisão, não interessa tomar posição definitiva no problema. Também STJ 26-abr.-1996 (Machado Soares), CJ/Supremo IV (1996) 1, 153-157 (156/I) fala, incidentalmente, em "aquisição automática"; trata-se, todavia, de uma afirmação que não relevou para a decisão aí tomada.

1252 José de Oliveira Ascensão, *Acessão*, em *Estudos sobre a Superfície e a Acessão* cit., 41-75 (50 ss.). *Vide*, deste Autor, *As relações jurídicas reais* (1962), 138 e ss. e *Direito Civil/Reais* cit., 5.ª ed., 306 ss..

rio; (e) a injustiça da perda automática a troco de um pagamento diferido; (f) a inconveniência de vedar ao incorporador de má-fé o *ius tollendi*[1253], quando possível.

Tudo isto é decisivo. Pelo Direito positivo português, a aquisição por acessão é, seguramente, potestativa e não automática. Foi a posição que sempre defendemos[1254] e que hoje encontra guarida na jurisprudência e na doutrina mais atualizada[1255].

VI. Para encerrar este ponto, recordamos os dois argumentos em contrário, isto é, favoráveis a uma aquisição automática por via da acessão[1256]: ambos formais. São eles:

(1) o artigo 1317.º, *d*), segundo o qual o direito de propriedade se adquire, nos casos de acessão, no momento da verificação dos respetivos factos;
(2) os artigos 1339.º e 1340.º/1 utilizam o presente "adquire" e não "adquirirá".

Tais argumentos são reversíveis. Quanto ao momento: os "factos" relativos à acessão imobiliária são complexos: só ficam completos com o exercício do direito potestativo e o inerente pagamento. O tempo do verbo "adquirir" é questão de estilo: tanto dá dizer "adquire pagando" como "adquirirá pagando". O uso do presente é mais elegante e ficou acordado logo no início da preparação do Código Civil[1257]. Em compensação, não se mostram minimamente rebatidos os argumentos favoráveis à natureza potestativa da acessão, apresentados por Oliveira Ascensão ainda antes da publicação do Código Civil.

[1253] Oliveira Ascensão, *A acessão* cit., 58-59.

[1254] Menezes Cordeiro, *Direitos Reais*, 721-723.

[1255] José Alberto Vieira, *Direitos Reais* cit., 3.ª ed., 641-643; António Santos Justo, *Direitos Reais* cit., 7.ª ed., 302-304; Luís Menezes Leitão, *Direitos Reais* cit., 9.ª ed., 245-247, dando ainda conta de opções mistas.

[1256] Pires de Lima/Antunes Varela, *Código Civil anotado* cit., IV, 2.ª ed., 165-166.

[1257] Adriano Vaz Serra, *A revisão geral do Código Civil/Alguns factos e comentários*, BMJ 2 (1947), 24-76 (41).

128. Acessão e benfeitorias

I. A distinção entre a acessão e a aquisição de benfeitorias coloca questões práticas de difícil solução. Além disso, ela exemplifica as dificuldades de construção cientifica de Direitos Reais, enquanto disciplina dependente de acasos históricos, surgidos, ao longo dos séculos, sem qualquer preocupação de ordenação sistemática.

Historicamente, as benfeitorias desenvolveram-se a partir das aplicações (*impensae*) feitas pelo marido nos bens dotais da mulher[1258]. Mais tarde, elas vieram a alargar-se a despesas e melhoramentos feitos pelo possuidor em coisa alheia. Ao sabor das necessidades, o seu âmbito de aplicação foi novamente ampliado, sem preocupações de coordenação sistemática. Recordamos que, segundo o artigo 216.º/1, são benfeitorias todas as despesas feitas para conservar ou melhorar a coisa. Esse ponto é decisivo, de tal modo que o artigo 1273.º/1 trata com indiferença a boa ou a má-fé do seu autor, desde que elas sejam necessárias. Sendo úteis – e sempre independentemente da boa ou da má-fé de quem as tenha realizado – elas podem ser levantadas, desde que não haja detrimento para a coisa principal.

II. A acessão progrediu a partir de diversas situações de incorporação de coisas corpóreas. Ela conheceu uma evolução aglutinante, que, num esquema de muitos séculos, atraiu, para a sua órbita, situações distintas. Temos, no seu núcleo, a incorporação de coisas de proprietários diferentes (1325.º). E assim nasce o problema: o alargamento das benfeitorias permite, em certos casos, abarcar franjas onde se assiste à junção de coisas corpóreas; a evolução aglutinante da acessão levou-a a penetrar nas fronteiras das benfeitorias, dobrando as iniciativas de atuações necessárias ou úteis para a coisa principal. A interpenetração parcial dos dois institutos não causaria dúvidas se eles não implicassem regimes diferentes. Basta ver que, na acessão, em especial na imobiliária, não domina o "interesse" da coisa principal mas, antes, o valor relativo das coisas incorporadas e a boa ou má-fé do incorporador. E as consequências de umas e da outra não são coincidentes.

[1258] *Tratado*, III, 4.ª ed., 250 ss..

III. A necessidade de apurar uma fronteira útil entre as benfeitorias e a acessão levou ao surgimento de algumas teorias. Na presente edição, vamos limitar a análise à doutrina portuguesa. Assim, Manuel Rodrigues, estudando a posse, propõe o seguinte: na acessão, há uma inovação em face da coisa preexistente; nas benfeitorias, apenas se melhora ou se preserva algo já existente[1259]. Esta ideia foi recuperada por Manuel de Andrade[1260], ainda que de modo dubitativo.

Pires de Lima e Antunes Varela, apoiando-se – de resto: incorretamente – nalguma doutrina italiana, propõem outra leitura sem, todavia, criticarem a primeira: na acessão, faltaria qualquer relação entre o seu autor e a coisa; na aquisição de benfeitorias, essa relação existiria: a posse, a locação, o comodato ou o usufruto, como exemplos (1273.º a 1275.º, 1046.º, 1074.º, 1082.º, 1138.º e 1450.º)[1261]. A questão não é tão simples. Na doutrina italiana atual, considera-se que as regras sobre a acessão são derrogadas quando exista um título, contratual ou legal que, à incorporação, dê outro destino[1262]. Parece claro: se o incorporador for um empreiteiro, aplicam-se as regras da empreitada e não as da acessão. Na mesma linha, havendo direitos reais de gozo menores sobre a coisa, as incorporações levadas a cabo pelos seus autores seguem as regras próprias, afastando a acessão[1263]. E de igual modo, a acessão é afastada quando alguma lei expressa mande aplicar o regime das benfeitorias: logicamente. Sublinhamos, ainda, o artigo 1590.º/4 do Código italiano[1264]:

> Quanto às adições feitas pelo possuidor sobre a coisa aplica-se o artigo 936.º [acessão!]. No entanto, se as adições constituírem melhoramentos e o possuidor estiver de boa-fé, é devida uma indemnização correspondente ao aumento do valor da coisa.

1259 Manuel Rodrigues, *A posse* (1924), 342.

1260 Manuel de Andrade, *Teoria Geral da Relação Jurídica*, 1 (1960), 273-284, nota 4.

1261 Pires de Lima/Antunes Varela, *Código Civil anotado* cit., III, 2.ª ed., 163.

1262 Raffaele Tommasini/Elena la Rosa, *I modi di acquisto della proprietà* cit., 288 ss..

1263 Antonio Gambaro, *Il diritto di proprietà* (1995), n.º 124 (762).

1264 Virginia Zambrano, em Filippo Preite/Marcello di Fabio, *Codice della proprietà* cit., art. 1150.º, n.º 6 (2703-2704); Sonia Ugolini, em Massimo Franzoni/Rita Rolli, *Codice civile commentato* cit., I, art. 1150.º, Nr. 6 (1534).

Com todo o respeito: o *Código anotado* inseriu, nalgumas doutrina e jurisprudência portugueses, uma versão de doutrina italiana que não tem seguimento em Itália. Aquilo que Pescatore e Ruperto – autores por ele usados – dizem não ampara o pretendido: havendo um título que regule a incorporação, aplica-se o que dele resulte e não a acessão[1265]. Temos um exemplo ilustrativo dos sortilégios que modelam o Direito das coisas: campo fácil, em virtude da falta de estudos aprofundados, em especial no Direito comparado.

IV. O lapso do *Código anotado* teve consequências práticas em Portugal, muito para além do que, jamais, Pescatore e Ruperto poderiam imaginar. Inicialmente, a jurisprudência inclinou-se para a construção tradicional de Manuel Rodrigues: na acessão, temos algo de inovatório, ao contrário do que sucederia na benfeitoria[1266]. Todavia, o peso do *Código anotado*, apesar de assente num aparatoso equívoco, levou a jurisprudência a subscrever a teoria do "vínculo"[1267], numa posição que se tem vindo a incrementar[1268]. A generalidade dos arestos que acolhe esta orientação decidiu, mau grado o óbice original, no bom sentido: havendo um negócio

[1265] Gabriele Pescatore/Cesare Ruperto, *Codice civile annotato*, 7.ª ed. (1978), 3120 pp., art. 934.º (700): a edição usada por Pires de Lima/Antunes Varela. Há edições subsequentes; a 10.ª, de 1998, aqui usada, retoma precisamente a que foi referida no *Código anotado*. Ora, o que, de facto, se passa, é o seguinte. O artigo 934.º do Código italiano, dispõe:

> Qualquer plantação, construção ou obra existente sobre ou sob o solo pertence ao proprietário deste, salvo quanto ao disposto nos artigos 935.º, 936.º, 937.º e 938.º e salvo o que resulte diversamente do título ou da lei.

O "título", negocial ou legal, é uma fonte jurídica que regula diversamente a relação com a obra. Não está em causa nada que tenha a ver com benfeitorias. O *Código anotado* cita parcialmente Pescatore/Ruperto, *Codice civile annotato* cit., 7.ª ed., art. 934.º (700) = = 1, 10.ª ed. (1997), art. 934.º, n.º 2 (1164), na parte em que estes autores transcrevem uma decisão da CssIt, 23-jun.-1972, n.º 2098: aí, havendo um contrato de concessão (o "título"), recusou-se que uma comuna adquirisse, por acessão, determinada obra. Feito o confronto, nada encontramos, em Pescatore/Ruperto, que apoie as asserções do *Código anotado*.

[1266] STJ 27-jan.-1993 (Martins da Fonseca), CJ/Supremo I (1993) 1, 102-104 (104); STJ 17-mar.-1998 (Machado Soares), BMJ 475 (1998), 690-703 (700-701).

[1267] STJ 9-mai.-1993 (Pais de Sousa), CJ/Supremo III (1995) 2, 70-72 (71).

[1268] RPt 8-mar.-2019 (Amaral Ferreira), Proc. 401/13; STJ 30-abr.-2019 (Ilídio Sacarrão Martins), Proc. 5967/17; RCb 8-out.-2019 (Freitas Neto), Proc. 802/11; REv 23-abr.-2020 (Silva Rato), Proc. 1498/14; RCb 12-out.-2020 (Maria Teresa Albuquerque), Proc. 2124/15; REv 30-jun.-2021 (José António Moita), Proc. 189/14; STJ 14-dez.-2021 (Maria João Vaz Tomé), Proc. 158/14.

ou outro título que legitime a construção, não há acessão (nem benfeitoria), antes se observando o título em causa.

V. Mau grado as dificuldades, a Ciência do Direito não deve desistir de procurar fronteiras coerentes entre as benfeitorias e a acessão. Como ponto de partida, deve ficar claro que, pela evolução cultural (por oposição a lógico-sistemática) da matéria, não há um critério único e firme de distinção entre esses institutos. No núcleo duro das benfeitorias entram as despesas feitas para conservar ou melhorar a coisa (216.º/1). Pode nem haver qualquer incorporação, enquanto a referência a "conservar e melhorar" aponta para a velha doutrina de Manuel Rodrigues. Por seu turno, no cerne da acessão entram: (1) as incorporações feitas pelo dono do solo, ainda que com material alheio (1339.º); (2) as incorporações que deem lugar a acessões invertidas (1340.º); (3) o prolongamento de edifícios por terreno alheio (1343.º). Em todas estas situações, o regime da acessão prevalece, afastando o das benfeitorias.

Vamos imaginar que o arrendatário de um terreno constrói, nele, um edifício. Há uma "relação específica" e o artigo 1046.º equipara, salvo estipulação em contrário, o locatário ao possuidor de má-fé, quanto a benfeitorias que tenha feito na coisa locada. Mas o regime da acessão prevalece, por evidente necessidade técnica e ético-jurídica. Assim, haverá que ponderar se houve autorização do dono e em que termos. Não a havendo, deve apurar-se a boa ou má-fé do construtor. Seguem-se, depois, os regimes dos artigos 1340.º ou 1341.º: o das benfeitorias não cobre a situação ocorrida.

Nas suas áreas de aplicação, as regras da acessão prevalecem.

VI. Como zonas remanescentes de tipo cinzento, temos:

(1) obras, sementeiras ou plantações feitas pelo possuidor de boa ou de má-fé: havendo incorporação, aplica-se o regime da acessão; o artigo 1273.º apenas funciona, havendo (mera) "benfeitoria" (despesas para conservação ou melhoramento); recorda-se que o Código italiano, indevidamente usado para cobrir a "teoria da relação", remete nesta situação, expressamente, para o regime da acessão;
(2) obras, sementeiras ou plantações feitas de má-fé em terreno alheio: aplica-se o artigo 1341.º, com a interpretação restritiva

de se admitir o *ius tollendi*, como forma de restituir o terreno ao estado primitivo.

Em suma: no concurso entre a acessão e as benfeitorias, prevalecem as regras da acessão. Tal concurso pressupõe a ocorrência de incorporações. Estas, quando ocorram, solicitam o regime muito mais diferenciado da acessão: *superficies solo cedit*, boa ou má-fé; valor relativo das coisas em presença; natureza potestativa; prevalência da autonomia privada. E é precisamente por esta via que podem ser explicadas muitas das decisões judiciais que apelam para a existência de uma "relação".

§ 30.º TIPOS DE ACESSÃO INDUSTRIAL IMOBILIÁRIA

129. Materiais alheios em solo próprio

I. Dispõe o artigo 1339.º do Código Civil:

> Aquele que em terreno seu construir obra ou fizer sementeira ou plantação com materiais, sementes ou plantas alheias adquire os materiais, sementes ou plantas que utilizou, pagando o respetivo valor, além da indemnização a que haja lugar.

No tocante a obras, este preceito corresponde ao artigo 2304.º do Código de Seabra. Quanto à sementeira ou à plantação, equivale ao artigo 2305.º do mesmo Código, com uma diferença: Seabra admitia que, no caso de plantas, as mesmas pudessem ser devolvidas ao dono, sem quaisquer indemnizações e ressalvando as eventuais ações criminais.

II. O artigo 1339.º adveio do artigo 40.º do anteprojeto de Pires de Lima[1269]. Este texto acrescentava, depois do valor "além das perdas e danos". A 1.ª Revisão Ministerial (1326.º), com pequenos retoques formais, reforçou, no final (...) *além das perdas e danos a que haja lugar*[1270]. O texto manteve-se na 2.ª Revisão (1339.º), que atualizou a fórmula "perdas e danos" para "indemnização"[1271]. O Projeto (1339.º) manteve a redação[1272].

III. Na hipótese de incorporação de materiais alheios em solo próprio, o artigo 1339.º opta, em absoluto, pelo princípio *superficies solo cedit*.

[1269] Fernando Pires de Lima, *Direito de propriedade* cit., 240.
[1270] *1.ª Revisão* cit., 38.
[1271] *2.ª Revisão* cit., 31-32.
[1272] *Projecto* cit., 388.

O dono do solo adquire os materiais, independentemente de estar de boa ou de má-fé. O mesmo regime opera no caso de sementeiras ou de plantações com sementes ou plantas alheias, mas agora sem a hipótese de devolução, prevista no Código de Seabra. A aquisição não opera *ad nutum*: apenas adquire pagando o seu valor, além da indemnização a que haja lugar. O valor em causa é o do mercado; a indemnização, a arbitrar nos termos dos artigos 483.º/1 ou 798.º[1273], consoante o tipo de situação que o incorporador tenha inobservado, mede-se pelo dano e pelos cálculos que ele implica. Não há, aqui, uma hipótese de responsabilidade objetiva: esta esgota-se, de certo modo, no dever de pagar os materiais incorporados, valor esse que deve incluir as despesas conexas.

IV. O artigo 1339.º retomou o esquema romano, acolhido nos *Digesta*, de não permitir a separação[1274]. Com efeito, Ulpiano, a propósito da junção de materiais de construção alheios a um fundo (*de tigno iuncto*), recordava que a sua reivindicação não era concedida[1275]. O regime da incorporação de materiais é, pelo preceito em estudo, alargado uniformizadamente às hipóteses de sementeira e de plantação. Como referido, foi suprimida a regra, presente no Código de Seabra, que permitia a remoção das plantas e sementes e a sua restituição ao dono. Pires de Lima atenua o impacto da uniformização, recordando que a indemnização pode e deve ser em espécie (566.º/1)[1276]. Com certeza. Mas a rigidez do esquema vigente é aparente: ela cede em face de uma interpretação sistemática que obriga a centrar a atenção em dois pontos: (1) a natureza da incorporação; (2) a própria estrutura potestativa da acessão.

IV. A estrutura potestativa da acessão radica em que, nas diversas hipóteses, a aquisição por ela propiciada não é automática: depende da vontade

1273 Pires de Lima/Antunes Varela, *Código Civil anotado* cit., III, 2.ª ed., 160, apenas referem o artigo 483.º. Todavia, pode o incorporador ter operado uma apropriação de materiais, plantas ou sementes, em violação de alguma obrigação específica, contratual ou outra. Essa hipótese é relevante para os efeitos de presunção de culpa-ilicitude, nos termos do artigo 799.º.

1274 Ulpiano, D. 47, 3,1.1 = ed. Theodor Mommsen cit., 774/I.

1275 *Idem*, loc. cit..

1276 Pires de Lima/Antunes Varela, *Código Civil anotado* cit., III, 2.ª ed., 160.

do beneficiário e, ainda, de certos pagamentos. Este ponto melhor ficou esclarecido considerando as diversas hipóteses de acessão imobiliária[1277].

V. Quanto ao valor dos materiais, sementes ou plantas, que o proprietário incorporador deverá pagar ao seu (despojado) dono: fica em aberto o saber-se qual o momento relevante para o cálculo. Os preços agrícolas oscilam, tal como os materiais de construção, com especial amplitude em períodos de inflação como aquele que, inesperadamente, hoje se apresenta. De acordo com a valoração do artigo 566.º/2, vale a data mais recente a que se puder atender. Se, porém, o dono dos implantes foi privado deles numa altura em que valessem mais, há que incrementar o complemento indemnizatório. Não vemos que, à luz dos valores constitucionais, alguém possa beneficiar da propriedade de outrem, sem uma causa legitimadora.

130. Materiais próprios em terreno alheio, de boa-fé

I. O artigo 1340.º ocupa-se de obras, sementeiras ou plantações feitas de boa-fé em terreno alheio. Trata-se do preceito mais complexo e mais relevante, no domínio da acessão. Segundo estimativa de Rui Pinto Duarte, contam-se mais de 300 decisões judiciais sobre essa matéria[1278]. Esse preceito tem um relevo direto na delimitação negativa da *superficies solo cedit*[1279] e na boa-fé relevante para efeitos de acessão[1280]: pontos acima analisados, para que se remete. Também os seus preparatórios, embora colados ao anteprojeto inicial de Pires de Lima[1281] têm algum relevo, tendo sido referenciados[1282].

II. A hipótese contemplada no artigo 1340.º, com grandes especificidades lusófonas acima evidenciadas, é a de uma acessão invertida, isto é: uma acessão que, em vez de funcionar a favor do dono do solo, opera em

[1277] *Supra*, n.º 129.

[1278] Informação verbal, colhida pessoalmente em junho de 2022, que muito agradecemos.

[1279] *Supra*, n.º 125.

[1280] *Supra*, n.º 126.

[1281] *Supra*, n.º 122, IV.

[1282] *Idem*, loc. cit..

prol do interventor. O artigo 1340.°/1 joga com um sistema equacionável, segundo a jurisprudência[1283], em cinco proposições:

(1) incorporação material, resultante da realização voluntária de uma obra em terreno alheio;
(2) pertença inicial dos materiais ao autor da incorporação;
(3) formação de um todo único do terreno e da obra;
(4) maior valor do acrescento em relação ao anterior valor do prédio;
(5) a boa-fé do autor da obra.

III. A incorporação material surge como um ato jurídico *stricto sensu*. Na falta deste elemento, cair-se-ia ou numa acessão natural ou num qualquer fenómeno de tipo sísmico, ao qual, com adaptações, se aplicariam as regras desse tipo de acessão.

A pertença inicial dos materiais ao autor da incorporação é um pressuposto claro: de outro modo, nem haveria espaço para se debaterem eventuais acessões.

A formação de um todo único do terreno e da obra decorre da inseparabilidade: se os materiais puderem ser retirados sem danos para ninguém, falta uma verdadeira incorporação material[1284].

O maior valor deve ser entendido desta forma: o valor acrescentado ao todo é superior ao valor inicial do terreno. O cálculo deve ser aferido no momento em que a acessão for atuada, em termos de mercado. Não releva, pois, o valor dos materiais, sementes ou plantas incorporados mas, sim, a mais-valia resultante da incorporação.

IV. A boa-fé do autor da obra resulta de, aquando da incorporação – portanto: no início e no decurso da maior parte da sua concretização – o incorporante desconhecer, sem culpa, estar a lesar o direito alheio. Afigura-se que a conceção ética da boa-fé subjetiva está hoje radicada na doutrina e na jurisprudência[1285]. Quanto à duração da boa-fé: ela deve existir no momento em que se inicia a incorporação. Esta, todavia, particularmente na hipótese de construção, pode prolongar-se por meses ou anos.

[1283] STJ 10-jan.-2019 (Rosa Tching), Proc. 4982/15; *vide*, também: RGm 16-jan.-2020 (Fernando Fernandes Freitas), Proc. 904/16; REv 30-jun.-2021 (José António Moita), Proc. 189/14.

[1284] *Supra*, n.° 125.

[1285] *Supra*, n.° 126.

No seu decurso, pode o construtor ser informado do verdadeiro estatuto do terreno. Alguma jurisprudência requer que a boa-fé seja contínua, durante toda a incorporação[1286]. A regra relativa à boa-fé na posse é a de que releva o momento da aquisição (1260.º/1)[1287]. Com isso, contrariou-se uma orientação canónica, depois acolhida no Direito comum, segundo o qual *mala fides superveniens nocet*[1288]. A aplicação do artigo 1260.º/1 à boa-fé na acessão levanta dúvidas. Com efeito, a pessoa que, de boa-fé (ética), coloque um primeito tijolo num prédio alheio e, depois de avisada, prossiga até ao fim na construção de um edifício de vários andares, não pode adquirir invocando boa-fé. Inversamente: a pessoa que construa esse edifício e, quando faltava o último tijolo, seja avisada do erro, vê bloqueado o artigo 1340.º/1? Onde fazer passar a fronteira? Na falta de norma e de analogia, propomos (10.º/3) a solução seguinte: a acessão a favor do construtor de boa-fé funciona desde que, no momento em que ela cesse, a construção já tenha ultrapassado, em valor acrescentado, o do terreno. Para efeitos de verificação da boa-fé, são irrelevantes os factos posteriores à consumação das obras[1289].

V. A lei portuguesa, mercê do circunstancialismo histórico já referido[1290], especifica, no artigo 1340.º/4, 2.ª parte, como alternativa à boa-fé, o ter sido autorizada a incorporação pelo dono do terreno. A autorização em causa pode ser tácita, nos termos gerais: todavia, é necessário que ela resulte de factos que, com toda a probabilidade, revelem a sua ocorrência[1291]. Quando ocorra, ela deve ser atentamente interpretada[1292]: basta pensar que a "autorização" pode, na realidade, dar azo a uma situação jurídica de empreitada. Nessa eventualidade, aplica-se o regime especial do artigo 1212.º/2: vale a propriedade do dono da obra, quando este seja o proprietário do terreno. Os materiais são adquiridos à medida que vão sendo

[1286] RGm 8-jul.-2020 (Alcides Rodrigues), Proc. 335/17.

[1287] Opera o brocardo *mala fides superveniens non nocet*.

[1288] Salvatore Riccobono, *Mala fides superveniens nocet*, Appolinaris 21 (1948), 25-35 (29 ss.); o nosso *Da boa fé*, 153 ss. e 157 ss.; no Direito atual, Stephen Lorenz, *Mala fides superveniens im Eigentümer-Besitzer-Verhältnis und Wissenszurechnung von Hilfspersonen*, JZ 1994, 549-555.

[1289] REv 6-dez.-2018 (Francisco Matos), Proc. 89/13.

[1290] *Supra*, n.º 126, II e III.

[1291] RCb 29-jan.-2019 (Moreira do Carmo), Proc. 202/11; Júlio Gomes, *O conceito de enriquecimento* cit., 347.

[1292] RLx 3-dez.-2020 (Carlos Castelo Branco), Proc. 4711/18.

incoporados no solo[1293]. Esta regra nada tem de excecional: o empreiteiro não pode invocar boa-fé, para efeitos de acessão.

VI. Quanto aos valores relativos do terreno e do implante: o artigo 1340.º/2 prevê a hipótese de valores idênticos, prescrevendo uma licitação, nos termos do artigo 1333.º/2. O n.º 3 daquele preceito explicita que, sendo o valor menor, o dono do terreno adquire o mesmo implante, indemnizando o autor dele do valor que ele tinha, ao tempo da incorporação. A solução é inaceitável[1294]. O valor acrescido pode ser mínimo ou nulo: como obrigar o proprietário a pagar uma cifra, quando nada teve a ver com a iniciativa e quando não lhe compete arcar com o risco de um negócio ao qual é estranho? A solução correta teria sido a de remeter para o enriquecimento sem causa: o proprietário nunca teria de pagar mais do que o valor correspondente ao incremento do seu património. Perante esta singularidade legal, queda uma saída: sempre que o autor do implante peça uma indemnização superior à mais-valia real auferida pelo proprietário, há abuso do direito, por violação da boa-fé, na vertente da materialidade subjacente. O referencial é o enriquecimento em concreto do dono do terreno.

VII. O funcionamento da acessão invertida pode dar lugar ao fracionamento do prédio inicial: uma hipótese possível, tanto mais que, dada a natureza potestativa da acessão, podem intervir acordos das partes. Em qualquer caso, não é possível, através da acessão, contornar ou afastar regras de Direito público imperativas, relativas às edificações e ao ordenamento do território[1295].

VIII. A aquisição pelo artigo 1340.º assenta no exercício, pelo beneficiário, de um direito potestativo. Ele deve manifestar a vontade de adquirir e deve efetivar os pagamentos nele previstos[1296]. Quanto ao pagamento: a

[1293] *Tratado*, XII, 875-877.

[1294] Assim, Júlio Gomes, *O conceito de enriquecimento* cit., 343-344.

[1295] RLx 27-nov.-2018 (Ana Pessoa), Proc. 10444/06; REv 10-set.-2020 (Albertina Pedroso), Proc. 883/05; RPt 9-dez.-2020 (Miguel Baldaia de Morais), Proc. 1585/17, segundo o qual só é possível a acessão de parte do prédio se for junta certidão camarária que ateste o cumprimento dos requisitos do fracionamento.

[1296] *Supra*, n.º 127; *vide* REv 23-abr.-2020 (Silva Matos), Proc. 1498/14; REv 10-set.-2020 (Albertina Pedroso), Proc. 883/05, já citado.

prática, vertida na jurisprudência, permite colmatar a magreza da regulação legal. Assim:

(1) a declaração definitiva de que o incorporador adquiriu a propriedade só opera depois de depositado o montante devido[1297];
(2) o montante deve ser atualizado à data do pagamento, justificando-se que o seja de acordo com a evolução do índice de preços[1298].

Trata-se, efetivamente, de uma dívida de valor. Este ponto terá um relevo acrescido, nas épocas de inflação. Já para calcular o valor da causa, releva o montante da incorporação, independentemente das suas consequências[1299].

IX. Quedam dois problemas que não têm solução direta na lei: (1) o direito de usar e fruir o implante, enquanto não se definir o tema da propriedade; (2) a compensação pelo implante, quando o seu autor não queira exercer o direito potestativo à sua aquisição. Quanto ao primeiro ponto, seguimos a doutrina do Supremo, 7 de outubro de 2021: reunidos os pressupostos da acessão, o dono do implante tem o direito de o usar, independentemente de aquisição da propriedade, que fica diferida para o momento do pagamento[1300]. O segundo corresponde a mais uma lacuna do Código Civil, no domínio da acessão, detetada por Rui Pinto Duarte[1301] e por Júlio Gomes[1302]. Não lhe conferir nenhum direito iria colidir com a lógica do artigo 1341.º: se o próprio interventor de má-fé, quando o dono do terreno queira ficar com o implante, tem direito à restituição do enriquecimento, como negar qualquer direito ao interventor de boa-fé que não queira adquirir? A solução está na aplicação das regras gerais sobre o enriquecimento[1303]. Mas ainda com uma dificuldade: e se o proprietário do terreno não quiser ou não puder pagar? Temos de admitir uma propriedade

[1297] RGm 2-jun.-2021 (Sandra Melo), Proc. 37/16.
[1298] RLx 10-mar.-2022 (Jorge Leal), Proc. 3206/09.
[1299] REv 7-abr.-2022 (José Lúcio), Proc. 324/18.
[1300] STJ 7-out.-2021 (Fátima Gomes), Proc. 146/17.
[1301] Rui Pinto Duarte, *Dois apontamentos sobre acessão* cit., 783.
[1302] Júlio Gomes, *Da acessão* cit., 130 ss..
[1303] Júlio Gomes, *Da acessão* cit., 131, aventa ainda a aplicação, ao interventor-possuidor, das regras sobre benfeitorias.

separada, tipo superfície. Os velhos institutos, percorridos há milénios, quando aprofundados, revelam sempre novos e desafiantes problemas.

X. A lei explicita, a propósito da acessão imobiliária, a construção sobre "terrenos". Os preceitos em jogo podem ser aplicados a construções sobre edifícios preexistentes: a sobrelevação[1304], que o artigo 1526.º apenas refere a propósito da superfície, mas que deve ser alargada a edifícios não superficiários. Há, também então, que ponderar a boa ou má-fé dos construtores e o valor relativo do implante, em face do edifício preexistente e do terreno. O preceito funciona ainda na hipótese de obras no subsolo: construída uma garagem subterrânea sob terreno alheio, há que aplicar os meandros do artigo 1340.º. De resto, é essa a solução italiana (934.º do Código Civil de 1942).

131. Materiais próprios em terreno alheio, de má-fé

I. O artigo 1341.º, contraface do 1340.º, ocupa-se das obras, sementeiras e plantações feitas de má-fé em terreno alheio. Dispõe, para efeitos de análise:

> Se a obra, sementeira ou plantação for feita de má-fé, tem o dono do terreno o direito de exigir que seja desfeita e que o terreno seja restituído ao seu primitivo estado à custa do autor dela, ou, se o preferir, o direito de ficar com a obra, sementeira ou plantação pelo valor que for fixado segundo as regras do enriquecimento sem causa.

O preceito adveio do anteprojeto de Pires de Lima (42.º)[1305], retocado formalmente na 1.ª (1328.º)[1306] e na 2.ª (1341.º)[1307] revisões ministeriais, tendo atingido a redação definitiva no Projeto (1341.º)[1308]. Corresponde ao artigo 2307.º do Código de Seabra, com a particularidade de este último, que não autonomizava o enriquecimento sem causa, se limitar a remeter o

[1304] Assim: STJ 11-abr.-2019 (Bernardo Domingos), Proc. 138/14, recordando o brocardo: *ubi eadem ratio legis, ibi eius dispositio* [onde ocorra a mesma razão da lei, aí opera a mesma solução].

[1305] Fernando Pires de Lima, *Direito de propriedade* cit., 241.

[1306] *1.ª Revisão* cit., 39.

[1307] *2.ª Revisão* cit., 32-33.

[1308] *Projecto* cit., 389.

valor a pagar pelo titular do terreno que optasse por ficar com o implante para o valor deste ou para o dos materiais e trabalho empregado, como mais quiser[1309].

II. A primeira pretensão do dono do terreno que, não tendo dado qualquer autorização, veja o seu prédio invadido por construções, sementeiras ou plantações feitas por terceiros de má-fé, é a de exigir a devolução ao estado inicial ou a remoção dos elementos ilicitamente introduzidos. Trata-se de um corolário incontornável da ordem dominial privada, constitucionalmente garantida. Poderíamos, no limite, restringir esse direito, por via da boa-fé: destruir, por exemplo, uma sementeira ou uma plantação valiosa, *ad nutum*, poderia ser havido como abuso do direito, por desequilíbrio no exercício[1310].

III. A segunda pretensão é – não sendo exercida a primeira – a de atuar a acessão: o dono do terreno adquire o implante, desde que restitua, ao interventor, a mais-valia faturada, de acordo com as regras do enriquecimento[1311]. Pergunta-se se, não querendo o dono do terreno adquirir o implante, não poderá o interventor removê-lo, sem danos para o solo. A resposta é positiva: não tanto por aplicação do regime das benfeitorias, pois isso nos obrigaria a "qualificar" a acessão de acordo com uma trilogia que não foi pensada para ela (necessária, útil e voluptuária) mas pela interpretação direta do artigo 1341.º: "restituir ao estado primitivo" é, antes de mais, retirar o que está a mais.

IV. Queda o problema delicado da eventual recusa do dono do terreno que, não tendo exigido a sua recondução ao estado anterior, não queira ou não possa restituir o enriquecimento. Não vemos como obrigá-lo a adquirir o que não queira, com a alternativa bizarra de (ter de) mandar destruir um implante socialmente útil. Queda a solução acima apontada para um problema similar no âmbito do artigo 1340.º[1312]: reconhecer pro-

[1309] José Dias Ferreira, *Codigo civil annotado* cit., V, 1.ª ed., 68-70, com referências aos preparatórios; Luís da Cunha Gonçalves, *Tratado de Direito civil* cit., XI, n.º 1781, especialmente 757 ss..

[1310] *Vide* referências em Oliveira Ascensão, *Acessão* cit., 352 e de Júlio Gomes, *Da acessão* cit., 134-135.

[1311] STJ 14-jun.-2012 (Serra Baptista), CJ/Supremo XX (2012) 2, 123-130 (129/II).

[1312] *Supra*, n.º 130, IX.

priedades separadas do solo e do implante, ao abrigo de um direito de superfície *ex lege*.

132. Materiais alheios em terreno alheio

I. Segundo o artigo 1342.º, epigrafado "obras, sementeiras ou plantações feitas com materiais alheios em terreno alheio":

1. Quando as obras, sementeiras ou plantações sejam feitas em terreno alheio com materiais, sementes ou plantas alheias, ao dono dos materiais, sementes ou plantas cabem os direitos conferidos no artigo 1340.º ao autor da incorporação, quer este esteja de boa, quer de má-fé.

2. Se, porém, o dono dos materiais, sementes ou plantas tiver culpa, é-lhe aplicável o disposto no artigo antecedente em relação ao autor da incorporação; neste caso, se o autor da incorporação estiver de má-fé, é solidária a responsabilidade de ambos, e a divisão do enriquecimento é feita em proporção do valor dos materiais, sementes ou plantas e da mão-de-obra.

Desta feita, o preceito nasceu no anteprojeto Pires de Lima (43.º), com a particularidade de referir "culpa grave"[1313], a qual se manteve na 1.ª (1323.º)[1314] e na 2.ª (1342.º)[1315] revisões ministeriais. Apenas no Projeto foi suprimida a menção "grave" (1342.º)[1316]. Na base inspiradora encontramos o artigo 937.º do Código civil italiano[1317].

II. A remissão feita, no artigo 1342.º/1, para o artigo 1340.º parece adequada: o dono do terreno é o único interlocutor possível, em face do dos materiais incorporados. Valem as objeções acima formuladas quanto à obrigação de pagar o valor dos implantes[1318]: o enriquecimento real pode ser inferior a essa cifra. O dono legítimo das realidades incorporadas não deve ser prejudicado: por isso, queda-lhe exigir, ao autor do implante, todo o dano que tenha vindo a sofrer.

[1313] Fernando Pires de Lima, *Direito de propriedade* cit., 242.

[1314] *1.ª Revisão* cit., 39-40.

[1315] *2.ª Revisão* cit., 33.

[1316] *Projecto* cit., 389-390.

[1317] Raffaele Tommasini/Elena la Rosa, *I modi di acquisto della proprietà* cit., 349-356.

[1318] *Supra*, n.º 130, IX e n.º 131, IV.

III. Pode o dono dos materiais, sementes ou plantações ter "culpa" (1342.º/2), isto é: ter, por ação ou omissão, ocasionado ou dado azo à sua incorporação em terreno alheio. Nessa eventualidade, opera o artigo 1341.º: pretensão de recondução ao estado anterior ou pretensão de aquisição mediante a restituição do enriquecimento. Quando, à "culpa" do dono dos materiais, acrescer a má-fé do incorporante, há responsabilidade solidária; cabendo a restituição do enriquecimento, opera-se uma divisão na proporção do valor dos materiais (para o dono deles) e da mão-de-obra (para o autor do implante) (1342.º/2, 2.ª parte). Resta concluir que o artigo 1342.º proporciona um excelente exercício jurídico, ainda que de escassa aplicação prática.

133. Prolongamento do edifício por terreno alheio

I. O artigo 1343.º cujo texto retemos para efeitos de análise, dispõe, sob a epígrafe "prolongamento de edifício por terreno alheio":

> 1. Quando na construção de um edifício em terreno próprio se ocupe, de boa-fé, uma parcela de terreno alheio, o construtor pode adquirir a propriedade do terreno ocupado, se tiverem decorrido três meses a contar do início da ocupação, sem oposição do proprietário, pagando o valor do terreno e reparando o prejuízo causado, designadamente o resultante da depreciação eventual do terreno restante.
>
> 2. É aplicável o disposto no número anterior relativamente a qualquer direito real de terceiro sobre o terreno ocupado.

Na origem, ocorreu o anteprojeto de Pires de Lima (44.º)[1319], num troço que atravessou, com retoques formais, as 1.ª (1330.º)[1320] e 2.ª (1343.º)[1321] revisões ministeriais, alcançando, no Projeto (1343.º)[1322], a redação definitiva. Este preceito representa uma inovação, no Direito português. Ele pro-

[1319] Fernando Pires de Lima, *Direito de propriedade* cit., 242.
[1320] *1.ª Revisão* cit., 39.
[1321] *2.ª Revisão* cit., 33-34.
[1322] *Projecto* cit., 390.

veio do artigo 938.º do Código Civil italiano[1323] e, mais longe, do § 912.º do BGB alemão[1324]. O preceito não tem equivalente no Código de Seabra.

II. O artigo 1343.º/1 regula uma nova hipótese de "acessão invertida", isto é, de quebra do princípio *superficies solo cedit*. Para tanto, prevê[1325]:

(1) a construção de um edifício num terreno próprio; não pode principiar-se pela ocupação do terreno alheio, sob pena de se cair no artigo 1340.º;
(2) a ocupação de uma parcela do terreno (contíguo) alheio; se for mais do que isso, caímos, novamente, no artigo 1340.º[1326];
(3) a boa-fé subjetiva ética do construtor;
(4) o decurso de três meses a contar do início da ocupação, sem que o proprietário de oponha;
(5) o pagamento do valor do terreno e a reparação do prejuízo causado, em especial o resultante da depreciação eventual do terreno restante.

De iure condendo, o pagamento previsto deveria ser mais severo. Para evitar o proliferar de "prolongamentos", resta afirmar a ideia de boa-fé, numa linha de exigência. Parece claro que quem queira construir tem o encargo de confirmar precisamente os limites do seu terreno.

III. A "acessão invertida" por via do prolongamento, de boa-fé, da construção de um edifício por terreno alheio tem o sentido de prevenir a destruição de riqueza, por desacertos ocorridos na fixação dos limites horizontais do prédio. As soluções que postulam assentam no facto de a ocupação se limitar a uma "parcela". A lei não quantifica. Há que lidar com duas variáveis: (1) a parcela é uma pequena percentagem da construção;

[1323] Com a epígrafe *occupazione di porzione di fondo attiguo*; Raffaele Tommasini/ /Elena la Rosa, *I modi di acquisto della proprietà* cit., 357-377; prevê, como indemnização, o dobro do valor da área ocupada.

[1324] Epigrafado *Überbau; Duldungspflicht* [sobreconstrução; dever de suportação]; *vide* Christian Berger, no Jauernig cit., 17.ª ed., 1662-1663; o BGB trata este tema não no âmbito da acessão, mas no das relações de vizinhança.

[1325] STJ 1-mar.-2007 (João Camilo), Proc. 07A107; STJ 20-out.-2013 (Nuno Cameira), Proc. 364/03.

[1326] STJ 25-mar.-1999 (Francisco Lourenço), BMJ 487 (1999), 303-308; STJ 7-abr.-2011 (Moreira Alves), Proc. 108/1999; STJ 29-out.-2013 cit..

(2) e deve, ainda, equivaler a uma pequena faixa do prédio invadido. Este pode ficar inutilizado se a parcela ocupada tiver um especial relevo: acesso à estrada, ao rio ou à paisagem, com exemplos. A boa-fé exigida – e terá de ser ética, sob pena de fragilizar todo o instituto – deve ser muito exigente. Tudo o que ponha em causa estes limites conduz-nos à aplicação dos artigos 1340.º ou 1341.º, consoante os casos.

IV. Quanto à boa-fé, o acórdão do Supremo de 2 de fevereiro de 1973[1327] veio entender: (1) que a "boa-fé" requerida pelo artigo 1343.º/1 era a mesma do artigo 1340.º/4; (2) que tal boa-fé deve existir enquanto a construção se realiza e cessa com a citação para uma ação de reivindicação movida pelo proprietário cuja faixa foi ocupada; (3) que o pressuposto da falta de oposição durante três meses só é relevante quando haja boa-fé do ocupante. Este acórdão, apoiado por uma anotação de Vaz Serra[1328], aponta para uma noção psicológica de boa-fé. Tal como verificámos a propósito do artigo 1340.º/4[1329], este preceito deve ser interpretado, dentro da lógica do Código Civil e do sistema, não dando cobertura a uma "boa-fé indesculpável". De outro modo, vamos permitir situações escandalosas: p. ex., o construtor, ao verificar que o seu edifício vai tirar o acesso do vizinho à faixa costeira ou à via pública, deve ponderar muito cuidadosamente quais são os limites do seu prédio; uma mera convicção psicológica, ainda por cima insondável e por parte de um interessado direto não pode valer como boa-fé, caso represente uma desconsideração de deveres de cuidado que ao caso caibam.

V. Em 1973, fazia-se a exegese do Código Civil. O *Código anotado* de Pires de Lima e de Antunes Varela foi decisivo, nessa fase naturalmente subsequente à publicação de um novo Código. Décadas volvidas, o Mundo jurídico lusófono é totalmente diferente. Recorrer a escritos, ainda que respeitáveis, com mais de meio século, para decidir casos controversos é, na terminologia de Fikentscher, um procedimento ingénuo-antiquário. Os grandes mestres da época foram decisivos; mas justamente por isso há que prosseguir na via por eles aberta, aperfeiçoando o Direito e diversificando soluções.

[1327] STJ 2-fev.-1973 (Oliveira Carvalho), BMJ 224 (1973), 162-167 (166) = RLJ 107 (1974), 41-45 (44/II).

[1328] Adriano Vaz Serra, anot. STJ 2-fev.-1973, RLJ 107 (1974), 45-48.

[1329] *Supra*, n.º 126.

134. A acessão e outros direitos reais

I. No termo do estudo sobre a acessão, pergunta-se se esta é, apenas, uma forma de aquisição originária do direito de propriedade. Temos dado resposta negativa[1330]: através da acessão, é possível constituir direitos reais de gozo menores, direitos reais de garantia e, até, direitos pessoais de gozo. Isso não obsta, de acordo com a nossa atual ordenação pragmática, que a acessão seja estudada a propósito da propriedade.

II. Como ponto de partida, recordamos que a acessão está, antes de tudo, ligada a alterações na coisa-objeto. Seja qual for a sua modalidade, são tais alterações que requerem, depois, a intervenção do Direito. Pois bem: se, sobre a coisa, incidirem direitos reais ou pessoais de gozo diferentes da propriedade, terá sempre de haver alguma consequência, também para eles. Imaginemos um arrendamento rural: o arrendatário semeia com sementes alheias. Aplica-se o artigo 1339.º: o seu direito alarga-se à sementeira, cabendo-lhe acertar as contas com o dono das sementes. Ou então: temos um direito de superfície *ad aedificandum*; o superficiário constrói, mas usa materiais alheios; de novo funciona o artigo 1339.º. Nalguns casos, há lei expressa. Assim, quanto ao usufruto, o artigo 1449.º dispõe que o mesmo abrange as coisas acrescidas. Quanto à hipoteca: ela abrange, por remissão para o artigo 204.º/1, *c*) a *e*), as diversas hipóteses de acessão industrial e ainda, as acessões naturais: artigo 691.º/1, *a*) e *b*).

III. Pergunta-se, na presença de diversos direitos reais ou pessoais sobre uma coisa, a qual dos titulares cabe o exercício dos poderes resultantes da acessão bem como a quem compete arcar com os inerentes encargos e despesas? A resposta é simples: o acervo resultante da acessão cabe ao titular em cujo direito se inscreva a atuação correspondente à incorporação realizada. Assim, o arrendatário rural pode semear, mas não pode edificar. Logo, cabe-lhe contracenar com o dono das sementes, em termos de acessão; mas havendo uma construção, apenas o senhorio pode intervir. O alargamento da acessão a outros direitos reais, por nós defendido[1331], obteve a concordância de Oliveira Ascensão[1332] e de José Alberto Vieira[1333].

[1330] *Direitos Reais*, 732 ss.; *Da natureza do direito do locatário*, 147-148.

[1331] *Vide* a nota anterior.

[1332] José de Oliveira Ascensão, *Direito civil/Reais* cit., 5.ª ed., n.º 144 (301).

[1333] José Alberto Vieira, *Direitos Reais* cit., 3.ª ed., 634-636.

IV. Este último Autor levanta, todavia, uma interessante e diversa questão. A atuação da acessão, ainda que levada a cabo por titulares de direitos diversos do de propriedade, conduz à constituição do domínio ou à de outros direitos reais? José Alberto Vieira explica, com riqueza de argumentos, que apenas pode estar em causa a constituição de propriedade[1334]. Sempre? Por exemplo: um usufrutuário efetua uma plantação com plantas alheias; adquire, por via do artigo 1339.º, a propriedade ou o usufruto sobre as plantas em causa? Terá de ser titular (apenas) do usufruto: se este cessar, as plantas consolidam-se na esfera do proprietário. E se numa situação de propriedade horizontal surgir uma modificação suplementar numa parte comum? Ela integra-se na lógica da propriedade horizontal. Caso a caso haverá que ponderar o tema, ultrapassando, pela interpretação e pela integração, as múltiplas dúvidas práticas que poderão surgir.

[1334] *Idem*, 636-640.

SECÇÃO IV

A TRANSMISSÃO E A EXTINÇÃO

§ 31.º TRANSMISSÃO, FRACIONAMENTO E EMPARCELAMENTO

135. **A transmissão negocial**

I. A propriedade é, por natureza, transmissível. O Código Civil refere, no seu artigo 1305.º, o "direito" de disposição, pleno e exclusivo, enquanto o artigo 62.º/1 da Constituição garante a sua transmissão em vida e por morte. O aspeto nuclear dessa transmissibilidade é a possibilidade de a concretizar por via negocial, isto é, através da autonomia privada, considerada na sua mais ampla manifestação: liberdade de celebração e liberdade de estipulação.

II. A transmissão puramente negocial da propriedade, genericamente reconhecida no artigo 408.º/1 do Código Civil, adveio de uma evolução histórica complexa[1335]. E ainda hoje, ela é apanágio dos sistemas tributários do Código Napoleão[1336]. Direitos como o alemão ou o brasileiro exigem, para essa transmissão, a tradição, no caso de móveis e o registo, no dos imóveis[1337]. Feita esta prevenção, sublinhamos que não há qualquer tipicidade relativamente a negócios transmissivos. Como modelos temos a compra e venda, quanto a transmissões onerosas e a doação, quanto às gratuitas. Para além deles, os mais diversos negócios, típicos ou atí-

[1335] *Tratado*, XI, 47 ss..

[1336] *Tratado*, XIII, 81-82.

[1337] *Tratado*, XIII, 100-103; Julien Dubarry, *Le transfert conventionnel de propriété/ /Essai sur le mécanisme translatif à la lumière des droits français et allemand* (2014), XIV + 710 pp..

picos, podem implicar, facultar ou promover a transmissão do direito de propriedade.

III. Toda esta matéria comporta especialidades, exceções e regimes particularmente visados para certas realidades. Trata-se, em geral, de matéria própria dos contratos, a versar em Direito das obrigações. Outras disciplinas privadas podem intervir, com relevo para o Direito comercial. Além disso, há que contar com condicionamentos próprios do Direito da família. Quanto à transmissão por morte, negocial quando testamentária: opera o Direito das sucessões. As diversas disciplinas acabam, nas suas dimensões patrimoniais por, pela positiva ou pela negativa, operar no Direito de propriedade.

A transmissibilidade da propriedade torna-se mais visível sublinhando as suas delimitações negativas. Com base no Código Civil, isso nos leva a considerar os temas do fracionamento e do emparcelamento.

IV. Pergunta-se se é possível convencionar a intransmissibilidade da propriedade ou de determinada propriedade Com eficácia *inter partes*, não haverá dificuldades. Já uma intransmissibilidade com eficácia real, sem prazo, equivaleria à criação de um tipo real não previsto na lei[1338]. Por via do artigo 1306.º, a cláusula que a tanto se abalançasse teria uma mera eficácia obrigacional.

136. O problema do fracionamento

I. Os temas do fracionamento (1376.º a 1381.º) e do emparcelamento (1382.º) têm a ver com a viabilidade das explorações agrícolas. Variando com o clima, com o tipo de solo e com a natureza das culturas, os prédios rústicos, para darem azo a empresas agrícolas viáveis, devem ter um mínimo de dimensão. Em zonas férteis, com água, podemos imaginar situações de subsistência em que courelas mínimas, na base do trabalho braçal, possam operar como produtivas: seriam, pelo menos, um auxiliar de produção para uma classe camponesa. Mas em regra, tal não é possível. Desde o momento em que se requeiram infraestruturas e investimentos, nada é pensável sem dimensão. Essa evidência intensifica-se com a meca-

[1338] José Alberto Vieira, *Direitos Reais* cit., 3.ª ed., 400-401.

nização da lavoura: apenas em face de explorações agrícolas dimensionadas, faz sentido adquirir maquinaria agrícola, essencial para uma produção remuneratória.

II. A lógica de mercado conduz a fenómenos de concentração. No limite, todas as explorações agrícolas seriam viáveis: aquelas que não atingissem a dimensão mínima requerida cairiam na insolvência ou, em qualquer caso, seriam vendidas, assim se reconstituindo, no médio prazo, o *minimum* exigível para uma agricultura coerente. Mas com um óbice, derivado da duração da vida humana. Sempre que faleça um empresário agrícola, abre-se um procedimento sucessório. Ao longo da História, sistemas que, como o romano ou o anglo-saxónico, permitiam uma ampla liberdade de testar, facultavam, ao empresário agrícola, escolher em vida o seu sucessor mais apto para prosseguir na exploração. Outros sistemas concentravam a capacidade sucessória nalgum dos descendentes – normalmente, o varão primogénito – assim viabilizando as explorações agrícolas. O liberalismo, com relevo para o Código Napoleão, modificou profundamente os dados do problema[1339]. Com efeito, esse diploma, embora com algum tempero, acolheu a orientação igualitária adotada nas leis da Revolução, as quais conduziram a dois pontos básicos: (1) desaparecimento de regimes sucessórios específicos para certo tipo de bens e, em especial, para a terra; (2) repartição igualitária do património do falecido pelos seus filhos legítimos.

III. O sistema igualitário, no campo das sucessões, deixava prenunciar uma evolução desfavorável para a agricultura. Após a queda de Napoleão, as potências vencedoras representadas no Congresso de Viena (1814), discutiam sobre o futuro do País vencido. O embaixador inglês, Lord Castlereagh (1769-1822)[1340], terá exclamado: "é inútil destruir a França, o Código Civil encarregar-se-á disso". Com efeito, o Código Civil foi havido (Le Play) como uma *machine à hacher le sol* ou "máquina para fazer o solo em picado". Efetivamente, em cada geração, as empresas agrícolas

[1339] Quanto à evolução do sistema sucessório, tendo em conta as leis revolucionárias francesa e o Código Napoleão: Christian Jubault, *Droit civil/Les successions, les libéralités*, 2.ª ed. (2006), Nr. 15-18 (15-17).

[1340] Robert Stewart, 2.º Marquês de Londonberry e Visconde de Castlereagh; secretário dos assuntos estrangeiros (1812-1822), ficou ainda conhecido por atividades repressivas contra os nacionalistas irlandeses.

eram divididas e repartidas pelos herdeiros, originando explorações cada vez mais reduzidas e, no limite, inviáveis. O problema é muito visível no campo agrícola, mas manifesta-se em face de qualquer empreendimento produtivo.

IV. No plano agrícola, o fracionamento sucessório da propriedade tem, ainda, outros efeitos, para além da inviabilização das explorações. Os donos de pequenas parcelas desafetaram-nas da agricultura, dando-lhes utilizações lúdicas ou procurando edificá-las. Tudo isso joga contra a atividade agrícola, originando disciplinas corretoras.

137. **A experiência lusófona**

I. Uma primeira medida destinada a combater a excessiva divisão da propriedade rústica foi adotada pelo Decreto n.º 5:705, de 10 de maio de 1919[1341]. O seu artigo 1.º definia:

> O emparcelamento ou reunião de glebas ou parcelas rústicas tem por fim agrupar numa única gleba, se possível for, ou em número restrito, todas as glebas ou parcelas de um mesmo proprietário dispersas no território a corrigir.

Tal medida implicava trocas de glebas, com cautelas para não prejudicar os proprietários, particularmente havendo casa de habitação (o 5.º, § único). O emparcelamento só seria declarado obrigatório se, pelo menos, dois terços dos proprietários representando dois terços das terras estiverem de acordo; o Ministro da Agricultura deveria autorizar. Previam-se, depois, múltiplas medidas burocráticas, com vias de recurso, bem como benefícios fiscais.

II. Quanto ao fracionamento propriamente dito, encontramos medidas iniciais no Decreto n.º 16:731, de 13 de abril de 1929, que modificou o regime tributário[1342]. Dispunha o artigo 107.º desse diploma[1343], a propósito da sisa:

1341 DG I, n.º 98, de 10-mai.-1919, 1117-1118.
1342 DG I, n.º 83 (Supl.), 909-951.
1343 *Idem*, 926/I.

É proibida, sob pena de nulidade, ainda quando derivada de partilha judicial ou extrajudicial, a divisão de prédio rústico de superfície inferior a 1 hectare ou de que provenham novos prédios de menos de ½ hectare.

O legislador aproveitou as estruturas fiscais para, de certo modo, controlar a excessiva divisão do solo. O esquema, para além de primitivo, uniformizava, por todo o País, realidades diversas.

III. Coube à Lei n.º 2116, de 14 de agosto de 1962[1344], fixar um primeiro regime coerente de fracionamento e de emparcelamento. A sua Base I/1, dispunha:

Os terrenos aptos para cultura não podem fraccionar-se em parcelas de área inferior a determinada superfície mínima, correspondente à unidade de cultura fixada pelo Governo para cada zona do País, ouvida a Corporação da Lavoura. Esta unidade poderá variar, no interior de cada zona, em atenção às exigências técnicas de cultivo e às condições locais de natureza económico-agrária e social.

O n.º 2 da mesma base prosseguia:

São nulos os actos de divisão, partilha ou transmissão contrários ao disposto no número antecedente, bem como a constituição contratual de direitos reais de garantia sobre partes alíquotas de prédios insusceptíveis de fraccionamento.

As secções de finanças fiscalizariam o fracionamento (Base III). Havendo prédios confinantes de área inferior à unidade de cultura, assistiam-lhes preferências legais recíprocas (Base VI). Nas Bases VII e seguintes versava-se o emparcelamento, prevendo-se um procedimento burocrático complexo, que desembocava no Conselho de Ministros. A Lei n.º 2116 foi regulamentada pelo Decreto n.º 44 647, de 26 de outubro de 1962[1345].

Seguiam-se algumas portarias parcelares que fixaram unidades mínimas de cultura para várias zonas do País. Por fim, a Portaria n.º 202/70, de 21 de abril, longamente em vigor, veio aprovar o Regulamento que fixa a unidade de cultura para Portugal continental[1346].

[1344] DG I, n.º 186, de 14-ago.-1962, 1093-1098.
[1345] DG I, n.º 247, de 26-out.-1962, 1394-1399.
[1346] DG I, n.º 93, de 21-abr.-1970, 504.

IV. O Código Civil nos seus artigos 1376.º a 1382.º ocupou-se do fracionamento e do emparcelamento, adotando preceitos que ainda estão em vigor. Como pano de fundo, operavam a Lei n.º 2116, de 14 de agosto de 1962, com o seu Regulamento e a Portaria n.º 202/70, de 21 de abril.

Seguiu-se o Decreto-Lei n.º 384/88, de 25 de outubro, precedido por um interessante preâmbulo, com dados históricos e estatísticos e que aprovou um novo regime para o emparcelamento (1.º a 18.º) e para o fracionamento (19.º a 21.º)[1347]. Este diploma dá conta dos escassos resultados obtidos com o emparcelamento. No tocante ao fracionamento, aponta para o regime do Código Civil, remetendo para decreto regulamentar do Governo a fixação dos limites mínimos de unidade de cultura, de acordo com a realidade das várias zonas do País. O Decreto-Lei n.º 384/88 foi regulamentado pelo Decreto-Lei n.º 103/90, de 22 de março[1348]. Este diploma, no seu artigo 53.º, ressalvou a Portaria n.º 202/70, de 21 de abril, até serem fixadas as unidades de cultura, nos termos do artigo 21.º do Decreto-Lei n.º 384/88.

V. Neste momento, opera a Lei n.º 111/2015, de 27 de agosto: estabelece o Regime Jurídico das Estruturação Fundiária, altera o Código Civil, e revoga os Decretos-Leis n.º 834/88, de 25 de outubro e 103/90, de 22 de março. Trata-se de um diploma de fôlego, dedicado ao emparcelamento (4.º a 47.º) e com alguns preceitos sobre o fracionamento (48.º a 50.º). A unidade de cultura seria fixada por portaria do membro do Governo responsável pela área do desenvolvimento rural, devendo ser atualizada com um intervalo máximo de dez anos (49.º). Foi alterado o artigo 1379.º do Código Civil. A Lei n.º 111/2015, de 27 de agosto, foi modificada pela Lei n.º 89/2019, de 3 de setembro[1349].

VI. Quanto à unidade mínima de cultura: ela resulta, hoje, da Portaria n.º 219/2016, de 9 de agosto[1350] (anexo II), alterada pela Portaria n.º

[1347] DR I, n.º 247, de 25 de outubro de 1988, 4232-4237. O preâmbulo dá conta de que dois terços das explorações têm dimensão inferior a 2 ha, sendo a média geral de apenas 6,6 ha.

[1348] DR I, n.º 66, de 22-mar.-1990, 1430-1440. Foi alterado pelo Decreto-Lei n.º 59/ /91, de 30 de janeiro.

[1349] DR 1.ª série, n.º 168, de 3-set.-2019, 45-48.

[1350] DR 1.ª série, n.º 152, de 9-ago.-2016, 2708-2709.

19/2019, de 15 de janeiro[1351]. Como novidade, o dispositivo vigente distingue terrenos de regadio, de sequeiro e de floresta fixando áreas mínimas que variam, para regadio e para sequeiro e floresta, por exemplo, no Alentejo, entre 4 e 48 hectares, no Alto Minho, entre 2,5 e 4 hectares e no Algarve, entre 2,5 e 48 hectares.

138. O fracionamento no Código Civil

I. O Código Civil, no capítulo III relativo à propriedade de imóveis, consagrou uma secção VII ao fracionamento e ao emparcelamento de prédios rústicos. Quanto ao fracionamento, através do anteprojeto de Pires de Lima (77.º a 82.º)[1352], pouco alterado nas 1.ª (1363.º a 1368.º)[1353] e 2.ª (1376.º a 1381.º)[1354] revisões ministeriais e no Projeto (1376.º a 1381.º)[1355], o Código Civil acolheu os preceitos fundamentais da Lei n.º 2116, de 14 de agosto de 1962. Podemos estabelecer a correspondência seguinte[1356]:

1376.º (fracionamento): base I/1, 1.ª parte;
1377.º (possibilidade de fracionamento): base II/1 e 2, *a*) e *b*);
1378.º (troca de terrenos): base IV/1;
1379.º (sanções): bases II/2, IV/2 e V;
1380.º (direito de preferência): base VI/1 e 3;
1381.º (casos em que não existe o direito de preferência): base VI/7.

Note-se que o artigo 59.º da Lei n.º 111/2015, de 27 de agosto[1357], alterou o artigo 1379.º, reforçando as sanções. A transposição para o Código Civil de preceitos oriundos da Lei n.º 2116 levou a uma adequação da linguagem e à utilização de esquemas gerais, com exemplo na ação de preferência.

[1351] DR 1.ª série, n.º 10, de 15-jan.-2019, 199-200.

[1352] Fernando Pires de Lima, *Direito de propriedade* cit., 257-260.

[1353] *1.ª Revisão* cit., 54-57.

[1354] *2.ª Revisão* cit., 48-51.

[1355] *Projecto* cit., 401-403.

[1356] O nosso *Direitos Reais*, n.º 241 (764-767); Pires de Lima/Antunes Varela, *Código Civil anotado* cit., III, 2.ª ed., 255-277; Rui Pinto/Cláudia Trindade, *Código Civil anotado* (coord. Ana Prata), cit., II, 2.ª ed., 191-198; António Agostinho Guedes, em UCP//*Comentário ao Código Civil* cit., artigos 1376.º-1381.º (307-324).

[1357] DR 1.ª série, n.º 167, de 27-ago.-2015, 6387/II.

II. No ponto sensível, o artigo 1376.º/1 proíbe o fracionamento dos terrenos aptos para cultura, quando daí resultem parcelas de área inferior à fixada para a unidade de cultura da região considerada. Hoje, essas áreas mínimas de cultura resultam do referido anexo II à Portaria n.º 219/2016, de 9 de agosto, alterado pela Portaria n.º 19/2019, de 15 de janeiro. O artigo 1376.º/1, 2.ª parte, equipara ao fracionamento a constituição de usufruto sobre uma parcela do terreno. O n.º 2 do preceito proíbe fracionamentos dos quais possam resultar encraves, isto é, prédios sem saída para a via pública (1550.º/1). O n.º 3 proíbe o fracionamento, desde que os terrenos sejam contíguos e pertençam ao mesmo proprietário: eles são considerados como um único.

III. A aplicação do preceito e, daí, de todo o instituto do fracionamento, depende de se tratar de um terreno "apto para a cultura". Neste ponto, ocorre uma formalização: qualquer prédio rústico é "apto para a cultura", salvo se exibida certidão camarária que ateste aptidão edificativa[1358]. Em compensação, a ideia de fracionamento é substancial: opera quando ocorram transmissões a proprietários distintos e não se proceda a uma divisão meramente matricial, sem qualquer transferência[1359].

IV. O artigo 1379.º visa delimitar negativamente a proibição de fracionamento. Esta não se concretiza nalguma das três situações nele fixadas:

(a) terrenos que constituam partes componentes de prédios urbanos ou se destinem a algum fim que não seja a cultura; a aptidão do terreno prova-se por certidão camarária;
(b) o adquirente da parcela fracionada é proprietário do terreno contíguo ao adquirido, desde que a parte restante do terreno fracionado corresponda, pelo menos, a uma unidade de cultura;
(c) o fracionamento tiver por fim a desintegração de terrenos para construção ou retificação de extremas; também aqui operam as certidões camarárias.

Embora a Lei não o diga de modo expresso, a aquisição por usucapião permite afastar as limitações postas pelas regras sobre o fracionamen-

[1358] RGm 4-dez.-2008 (Raquel Rego), CJ XXXIII (2008) 5, 285-288 (287-288).
[1359] STJ 7-jun.-2011 (Nuno Cameira), CJ/Supremo XIX (2011) 2, 98-101 (99/II).

to[1360]. Efetivamente, a usucapião conduz a uma aquisição originária, sendo-lhe indiferente os vícios do título aquisitivo de onde proveio a posse[1361]. De resto, a usucapião retroage à data do início da posse, cabendo verificar qual a lei então vigente[1362]. A justificação notarial é suficiente, para a basear[1363]. Este ponto é importante: sem esse papel decisivo da usucapião, todas as pequenas parcelas poderiam ser questionadas, pondo em causa a confiança e a estabilidade assentes na posse[1364].

V. A troca de terrenos poderia ser usada para tornear as proibições de fracionamento. O artigo 1378.º fixa as circunstâncias em que ela é admissível. São elas: (a) ambos os terrenos têm área igual ou superior à unidade de cultura; (b) não sendo o caso, da troca resulte um novo prédio com área igual ou superior àquela unidade; (c) ou, independentemente das áreas, ambos os permutantes adquiram um terreno confinante com prédio seu.

139. **Sanções e preferências**

I. As sanções pela violação das regras sobre o fracionamento variaram. Assim:

(1) o artigo 107.º do Decreto-Lei n.º 16:731, de 13 de abril de 1929, fixava a nulidade;
(2) a Base I/2 da Lei n.º 2116, de 14 de agosto de 1962, previa também a nulidade para os atos de divisão, partilha ou transmissão, enquanto a base IV/2 do mesmo diploma fixava a nulidade para as trocas prevaricadoras;
(3) o artigo 1379.º, versão original do Código Civil, reportava a anulabilidade dos atos indevidos de fracionamento ou de troca;
(4) o mesmo preceito, na redação dada pelo artigo 59.º da Lei n.º 111/ /2015, de 27 de agosto, optou pela nulidade.

1360 STJ 1-mar.-2018 (Rosa Tching), Proc. 1011/16; a jurisprudência, nesse sentido, é constante; REv 2-mai.-2019 (Mata Ribeiro), Proc. 941/17.

1361 STJ 21-fev.-2019 (Rosa Ribeiro Coelho), Proc. 7651/16; STJ 30-mai.-2019 (Rosa Ribeiro Coelho), Proc. 916/18.

1362 STJ 2-mai.-2019 (Maria da Graça Trigo), Proc. 514/07: vigorava, neste caso, o Decreto n.º 16 731; STJ 24-out.-2019 (Fátima Gomes), Proc. 317/15.

1363 STJ 18-jun.-2019 (Graça Amaral), Proc. 1786/17.

1364 STJ 12-jul.-2018 (Fonseca Ramos), Proc. 7601/16.

No tocante aos diplomas de 1929 e de 1962, recordamos não estar clara, na época, a diferença entre nulidade e anulabilidade. Já em 2015, o assunto estava esclarecido: houve mesmo uma preocupação legal de atingir, mais profundamente, as violações às regras sobre o fracionamento.

II. Na hipótese do artigo 1377.º, *a*), ou seja, de ocorrer um fracionamento para construção, o artigo 1379.º/2 prevê a anulabilidade do ato, se a edificação não for iniciada no prazo de três anos. Tem legitimidade para pedir a anulação o Ministério Público ou qualquer preferente (1379.º/3), caducando a ação ao fim de três anos após o prazo do artigo 1379.º/2 (1379.º/4).

III. De grande relevo prático é a atribuição, pelo artigo 1380.º, aos proprietários de terrenos confinantes, de área inferior à unidade de cultura, de direitos recíprocos de preferência, na venda ou dação em cumprimento de qualquer dos prédios a quem não seja proprietário confinante (n.º 1). O artigo 1380.º/2 faz precisões: (a) no caso de alienação de um prédio encravado, a preferência cabe ao proprietário onerado com servidão de passagem; (b) nos outros casos, ao proprietário que obtenha a área que mais se aproxime da unidade de cultura. Havendo igualdade de situações, abre-se licitação (1380.º/3). A preferência tem eficácia real, aplicando-se, com adaptações, os artigos 416.º a 418.º e 1410.º, com as necessárias adaptações.

IV. O artigo 1381.º exclui a preferência: (a) quando algum dos terrenos seja parte componente de um prédio urbano ou se destine a algum fim que não seja a cultura; (b) quando a alienação abranja um conjunto de prédios que, embora dispersos, constituam uma exploração agrícola de tipo familiar. Alguma jurisprudência (hoje) recente permite precisar alguns aspetos da preferência dos confinantes. Assim:

– *STJ 14-jan.-2021*: os requisitos da preferência resultantes do artigo 1380.º/1 devem ser alegados e provados pelo preferente; quem se lhe oponha deverá provar as causas de exclusão do artigo 1381.º; este aresto sublinha, ainda, a necessidade de os prédios envolvidos estarem mesmo afetos à exploração rústica, não bastando que sejam aptos para tanto[1365];

[1365] STJ 14-jan.-2021 (Rosa Tching), Proc. 892/18.

– *REv 11-fev.-2021*: o artigo 1381.° não é aplicável à preferência prevista na Reserva Agrícola Nacional (artigo 26.° do Decreto-Lei n.° 73/2009)[1366];
– *RLx 14-set.-2021*: a preferência do artigo 1380.° pressupõe que ambos os prédios tenham uma dimensão inferior à unidade de cultura[1367];
– *RCb 25-jan.-2022*: a prefiguração de arrumos agrícolas (80,80 m^2) não chega para afastar a preferência: o fim continua a ser a cultura[1368].

V. O tema do fracionamento e o dos direitos de preferência envolvidos devem ser ponderados com cuidado, antes de cada aquisição. Há sempre que evitar simulações. Tenha-se ainda presente que o relevo agrícola de toda esta matéria é, no fundo e muitas vezes, teórico. Estão sim em jogo operações de recomposição imobiliária, sobretudo em zonas sensíveis para eventuais e futuras construções ou iniciativas lúdicas. Recomenda-se a consulta prévia a um advogado experiente.

140. **O emparcelamento**

I. O artigo 1382.°/1 define emparcelamento. Será[1369]:

> (…) o conjunto de operações de remodelação predial destinadas a pôr termo à fragmentação e dispersão dos prédios rústicos pertencentes ao mesmo titular, com o fim de melhorar as condições técnicas e económicas da exploração agrícola.

O n.° 2 desse preceito remete para legislação especial.

II. O emparcelamento tem suscitado enormes dificuldades práticas[1370]. Recorde-se o preâmbulo do hoje revogado Decreto-Lei n.° 384/88,

[1366] REv 11-fev.-2021 (Ana Margarida Pinheiro Leite), Proc. 1214/20.

[1367] RLx 14-set.-2021 (Carlos Oliveira), Proc. 769/17.

[1368] RCb 25-jan.-2022 (Maria João Areias), Proc. 627/19.

[1369] António Agostinho Guedes, em UCP/*Comentário ao Código Civil* cit., artigo 1382.° (324-325).

[1370] Tem muito interesse o parecer da Câmara Corporativa n.° 32/VII (1959-1960) (José Augusto Vaz Pinto), ACC 95, de 26-abr.-1960, 1031-1074, sobre o Projeto de Decreto-Lei n.° 509, relativo ao emparcelamento da propriedade rústica: o minifúndio impera no País.

de 25 de outubro[1371]. Hoje manda a Lei n.º 111/2015, de 27 de agosto, acima apresentada[1372]. Para funcionar, teria de haver um sério empenho do Estado, com larga disponibilidade de meios.

[1371] *Supra*, n.º 137, IV.
[1372] *Supra*, n.º 137, V.

SECÇÃO V

A EXTINÇÃO

§ 32.º EXTINÇÃO DA PROPRIEDADE

141. **Dogmática geral**

I. O Código Civil inseriu, a propósito da aquisição da propriedade, muito do que poderia constar de uma parte geral de Direitos Reais. No entanto, tal não sucedeu, no que diz respeito à extinção. O Código ocupa-se da extinção da posse (1267.º), do usufruto (1476.º a 1483.º), da superfície (1536.º a 1542.º) e das servidões (1569.º a 1575.º). Das diversas hipóteses contempladas a propósito desses direitos, algumas são específicas, enquanto outras surgem como afloramentos de regras gerais. O artigo 1411.º/3, relativo à compropriedade, admite que um seu titular renuncie ao seu direito.

II. Fora do Código Civil, ocorrem diversas hipóteses de extinção do direito de propriedade, com relevo para a expropriação por utilidade pública, regulada pelo Código das Expropriações em vigor, aprovado pela Lei n.º 168/99, de 18 de setembro, por último alterado pela Lei n.º 56/2008, de 4 de setembro. Também referimos a Lei n.º 30/2017, de 30 de maio, referente ao congelamento e perda dos instrumentos e produtos do crime na União Europeia e a Lei n.º 88/2009, de 31 de agosto, que adotou o Regime jurídico da emissão e execução de decisões de perda de instrumentos.

III. Apesar da insuficiência legislativa, afigura-se indubitável que o direito de propriedade, como qualquer outro direito, pode extinguir-se. Diversas ocorrências levam a essa extinção, cabendo à Ciência do Direito construir uma dogmática geral sobre essa matéria[1373]. No tocante a Direitos

[1373] Entre nós, o nosso *Direitos Reais*, 2, 775-812; José de Oliveira Ascensão, *Direito*

Reais em geral, podemos arrumar as diversas formas de extinção de acordo com os parâmetros seguintes:

(1) supressão da coisa: destruição, deterioração e impossibilidade de exercício;
(2) decisão do titular: abandono e renúncia;
(3) decurso do tempo: prescrição, caducidade e *suppressio*;
(4) formação de direito incompatível: achamento, aquisição de tesouro, usucapião, acessão e aquisição tabular.

Algumas destas formas de extinção ganham tonalidades específicas, quando estejam em causa direitos reais menores. Na sua aplicação à propriedade, impõem-se adaptações, como veremos de seguida.

Por fim, dedicaremos uma rubrica própria ao abandono e à renúncia e à expropriação por utilidade pública e a outras formas coativas de extinção da propriedade.

142. **Destruição da coisa**

I. O direito de propriedade cessa, como qualquer outro direito, com o desaparecimento do seu objeto. O Código refere esse tipo de extinção a propósito da posse – 1267.º/1, *b*): "destruição material da coisa" – do usufruto – 1476.º/1, *d*): "perda total da coisa usufruída" – e da superfície – 1536.º/1, *e*): "desaparecimento ou inutilização do solo". Pela natureza as coisas, a propriedade é-lhes sensível: não pode manter-se sem o seu objeto. A substituição de um objeto por outro – fenómeno que ocorre, por exemplo, em situações de sub-rogação real – não evita a extinção: a propriedade que se lhe siga é um direito diverso.

II. A destruição da coisa, no caso da propriedade, deve ser total. Uma destruição que deixe salvados ou equivalente não é extintiva, uma vez que a propriedade se mantém, no remanescente. Assim, ela é mais fácil de configurar perante móveis, do que em face de imóveis, tendencialmente indestrutíveis. Mas ela ocorre: prédios à beira-mar tragados pelo Oceano

civil/Reais cit., 5.ª ed., 390-417; José Alberto Vieira, *Direitos Reais* cit., 3.ª ed., 405-437; Luís Menezes Leitão, *Direitos Reais* cit., 9.ª ed., 263-271.

ou enxurradas que modifiquem totalmente uma encosta, ao ponto de desaparecer uma faixa determinada. Em certos casos, a (mera) deterioração da coisa pode ser de tal ordem que não faça sentido reportar um direito (uma permissão específica de aproveitamento).

III. Já a simples perda, no sentido de saída fortuita do objeto do controlo do seu titular, não é extintiva. Apesar de perdida, a coisa mantém-se na propriedade do dono. Caso sobrevenha um achamento, segue-se o regime do artigo 1323.º o qual, pelo menos em parte do percurso, pressupõe que a primitiva propriedade se mantenha.

IV. A impossibilidade de exercício dos direitos do proprietário, total, efetiva e definitiva, poderia ser construída como uma causa de extinção do domínio. Por exemplo, a pessoa que, no alto-mar, deixe cair uma moeda nas profundezas abissais, nunca mais a poderá aproveitar. Afirmar a manutenção da propriedade seria quimérico. Mas não totalmente: a manutenção dessa propriedade poderá relevar, por exemplo, para acionar um seguro ou para responsabilizar terceiros. Havendo indemnização, pode a propriedade cessar, por reversão para o segurador[1374] ou o responsável. Podemos, todavia, ver aqui uma transmissão.

Além destes aspetos, recordamos que a impossibilidade, enquanto fator de extinção das obrigações, perde terreno[1375]. Não recomendamos, hoje, a sua introdução na propriedade.

143. O decurso do tempo

I. A propriedade é pouco sensível ao decurso do tempo. O artigo 1313.º considera a ação de reivindicação como sendo imprescritível, enquanto o artigo 298.º/3 isenta de prescrição a propriedade, o usufruto, o uso e a habitação, a (ex-)enfiteuse, a superfície e a servidão. É certo que esse preceito sujeita esses mesmos direitos ao não-uso: mas apenas nos casos especialmente previstos na lei. Ora a lei comporta regras "especiais" nesse sentido para o usufruto – 1476.º, *c*) – e para as servidões – 1569.º/1,

[1374] Artigo 129.º da LCS: havendo cláusula nesse sentido; *vide* o nosso *Direito dos seguros*, 2.ª ed. (2016), 756. A matéria é, em regra, regida por cláusulas contratuais gerais. Assim, STJ 26-jan.-2021 (Henrique Araújo), Proc. 3652/17.

[1375] *Tratado*, IX, 3.ª ed., 312 ss., 333 ss. e *passim*.

b): mas não para a propriedade. A situação do tesouro tem pontos de contacto com o não-uso: sendo evidente que ele foi escondido ou enterrado há mais de vinte anos, o achador nem tem de proceder aos anúncios, passando logo à fase da apropriação. Todavia, alguém escondeu o tesouro. Temos de admitir, aqui, uma forma de extinção, uma vez que a situação já existia antes do achamento.

II. Quando seja admissível a constituição da propriedade a termo ou sob condição resolutiva, há extinção por caducidade: com o expirar do termo ou com a verificação da condição resolutiva[1376]. A eficácia real de tais eventos deve ser tratada caso a caso, em face do princípio da tipicidade.

III. Fica em aberto a hipótese da extinção da propriedade por *suppressio*[1377]. Isto é: um direito de propriedade não seria exercido durante um período considerável de tempo, de tal modo que terceiros ficassem com a convicção legítima de que ele nunca mais seria atuado; na base dessa convicção, esse terceiro efetuaria um investimento de confiança; toda esta situação seria imputável ao proprietário absentista. Assim apresentada, a *suppressio* poderia deter alguns exercícios, por parte do proprietário: mas não suprimir, *ad nutum*, o domínio. Já o inverso seria pensável: um terceiro, *ex bona fide*, tornar-se-ia proprietário por *surrectio*, isto é, por, beneficiando dos pressupostos de tutela da confiança, se encontrar numa posição de propriedade aparente merecedora de tutela. Nessa eventualidade, o direito de propriedade inicial extinguir-se-ia pela constituição de um direito incompatível.

144. **Formação de um direito incompatível**

I. Um proprietário pode ver formar-se, relativamente à coisa-objeto, um direito incompatível na esfera de um terceiro e, designadamente, uma nova propriedade. Tal pode ocorrer por usucapião, por ocupação *lato sensu* (englobando o achamento e a aquisição de tesouro) e a aquisição tabular.

[1376] Arianna Scacchi, *La proprietà temporanea* (2005), VI + 184 pp., analisando as várias hipóteses, "falsas" (23 ss.) e "verdadeiras" (65 ss.).

[1377] *Tratado*, V, 3.ª ed., 349 ss..

II. Posicionamos aqui a relativa insensibilidade do direito de propriedade ao decurso do tempo. O proprietário absentista continuará, tendencialmente, a sê-lo até ao dia do juízo. Todavia, a sua inércia pode conduzir a que um terceiro, designadamente pela usucapião, adquira, sobre a coisa, um direito incompatível. As outras formas de aquisição originária pode conduzir ao mesmo efeito, com relevo para a acessão.

III. Poderíamos ensaiar aqui a doutrina dos direitos reais naturais. A propriedade que visse, contra ela, formar-se um direito incompatível não desapareceria do ordenamento. Ficaria inerme. Mas, na hipótese de, supervenientemente, desaparecer o condicionalismo que conduziu à formação do direito incompatível, ela poderia recuperar a sua eficácia[1378]. Temos um ponto que deixamos aos investigadores do futuro.

[1378] *Tratado*, XIII, 838-839, a propósito da aquisição tabular. Na hipótese de usucapião, o paralelo com o artigo 304.º/2 (embora omitido no artigo 1292.º) é evidente. Se o beneficiário da usucapião desistir da sua invocação, a propriedade original retoma vida.

§ 33.º O ABANDONO E A RENÚNCIA À PROPRIEDADE

145. Abandono e renúncia

I. Diz-se abandono a perda voluntária da posse: artigo 1267.º, *a*)[1379]. As valorações em jogo permitem o seu alargamento à propriedade. O proprietário que abandone a coisa – colocando-a, por exemplo, no lixo – extingue, *ipso iure* o seu direito. O terceiro que, depois, se aposse dela adquire a propriedade *ex novo*, por ocupação (1318.º). Podemos reservar o termo "abandono", enquanto modo unilateral de extinção da propriedade, para as situações em que ocorra, em paralelo, um ato material de *derelictio*[1380], como forma de manifestar a vontade de desistir de um direito real, através de um comportamento concludente. Equiparar abandono e renúncia, além do desvio semântico, não é boa pista: termos distintos, significados próprios. Por evidentes razões práticas, o abandono coaduna-se mais facilmente com móveis: não vemos como pôr um prédio no lixo ou como largá-lo na via pública. Mas a doutrina, designadamente a italiana e a nacional, aproxima muitas vezes, o "abandono" e a "renúncia". Há que estar prevenido.

II. A renúncia é um ato jurídico unilateral destinado a extinguir um direito. Alguma doutrina vê, nela, um negócio jurídico.Todavia, de acordo com o critério adotado, verifica-se que, nela, há liberdade de celebração mas não liberdade de estipulação. O renunciante apenas declara querer extinguir o seu direito; se acrescentar "cláusulas", já não haverá renúncia.

[1379] *Tratado*, XIII, 676.

[1380] Em *Direitos Reais*, 2, 783, ensaiamos "abandono" para coisas móveis e "renúncia" para os imóveis. Nada impediria essa especialização linguística. Todavia, a doutrina ulterior preferiu dissentir. Não insistimos: multiplicar querelas linguísticas só complica. Mas recordamos que a tendência nacional de discordar, sem contrapor soluções positivas, apenas prejudica a Ciência jurídica lusófona.

Logo, ela analisa-se, estruturalmente, num ato jurídico *stricto sensu*. No campo dos direitos de crédito, a renúncia só é possível quando prevista pela lei ou pelo contrato. Com efeito, ela vai, de modo automático, beneficiar o devedor, o que não é possível sem o consentimento deste[1381]. Aplica-se o regime da remissão, a qual é contratual (863.º/1). A área de possível aplicação da renúncia é, pois, a dos direitos absolutos: de personalidade[1382] e reais. Quanto aos primeiros, as hipóteses de renúncia são limitadas, nos termos do artigo 81.º. Por excelência, a renúncia manifesta-se em Direitos Reais.

III. Ocorre uma distinção entre a renúncia liberatória e a renúncia abdicativa[1383]. Na liberatória, o renunciante age com o fito de se exonerar de obrigações *propter rem* que incidam sobre ele, por força da titularidade de um direito real. Assim sucede nos preceitos seguintes:

1375.º/5: perante um muro comum, ambos os consortes estão obrigados a suportar o custo da sua reparação ou reconstrução; todavia, qualquer deles pode eximir-se dos encargos em causa, renunciando ao seu direito nos termos do artigo 1411.º/1 e 2;

1411.º/1: os comproprietários devem contribuir, na proporção das suas quotas, para as despesas necessárias à conservação ou fruição da coisa comum; podem eximir-se a esse encargo renunciando ao seu direito; essa renúncia é puramente unilateral, aproveita aos demais consortes, na proporção das respetivas quotas e está sujeita à forma prescrita para a doação (n.º 3); exige-se o consentimento dos demais consortes, quando a despesa tenha sido anteriormente aprovada pelo renunciante[1384] e é revogável quando as despesas previstas não se realizem (n.º 2);

1472.º/3: o usufrutuário deve suportar as despesas ordinárias indispensáveis à conservação da coisa, bem como as despesas de administração (n.º 1); pode eximir-se renunciando ao usufruto (n.º 3);

[1381] *Tratado*, IX, 3.ª ed., 983-984.

[1382] O problema tem sido versado pelo prisma da renúncia a direitos fundamentais; *vide* António Reis Novais, *Renúncia a direitos fundamentais*, DJAP, 1.º Supl., 2007, 409-425.

[1383] *Vide infra* nota 1386.

[1384] A letra do preceito parece afirmar que a própria renúncia dependeria, nessa eventualidade, do acordo dos demais donos o que, dogmaticamente, lhe retiraria a natureza de renúncia; propendemos para a alternativa: a renúncia é eficaz, mas não exonera o renunciante das despesas que, anteriormente, ele tenha aprovado.

1569/2 e 5: no domínio das servidões, havendo vários proprietários dominantes, todos devem contribuir para as despesas de obras, podendo eximir-se renunciando à servidão em proveito dos restantes (n.º 2); o proprietário serviente, caso se tenha obrigado a custear as obras, só pode eximir-se renunciando ao seu direito de propriedade a favor do dominante (n.º 4).

Em todos estes casos, numa tradição que remonta ao Direito romano[1385], a Ordem Jurídica entende que, sendo o direito real uma vantagem, o beneficiário pode desistir caso os encargos associados (obrigações *propter rem*) ultrapassem o seu valor ou, em qualquer hipótese, caso eles o levem a desinteressar-se do seu direito. Na renúncia liberatória assim entendida, a Lei determina o beneficiário da desistência.

IV. À renúncia liberatória contrapõe-se a renúncia abdicativa[1386]. Esta não visaria a liberação de obrigações *propter rem*, correspondendo antes a uma pura decisão do proprietário. Pela natureza das coisas, ao abdicar de um direito, o seu titular mostra que, por razões objetivas ou subjetivas, ele já não lhe interessa. Hipóteses de renúncia abdicativa ocorrem no artigo 1476.º/1, *e*) e 1476.º/2, quanto ao usufruto e no artigo 1569.º/1, *d*) e 5, quanto às servidões. Em ambos os casos, a lei explicita que tais renúncias não requerem a aceitação do proprietário. Este, todavia, é o beneficiário, mercê de um fenómeno de elasticidade, subsequente à desoneração.

[1385] Assim, a propósito da renúncia ao muro de separação, disse Ulpiano, D. 8,5,6,2 = Okko Behrends e outros, ed. bil. cit., 711:

> Labeo autem hanc servitutem non hominem debere, sed rem, denique licere domino rem derelinquere scribit [Também Labeão disse que tal servidão não obriga uma pessoa mas sim a coisa; por isso pode o proprietário abandonar a coisa.]

Curiosamente, em alemão traduz-se o latim *derelinquere* por *derelinquieren*. Em Português (antigo) surge "derelicção", ocorrendo o verbo "derrelinquir" e o substantivo "derrelinquiente". Seria oportuno reintroduzir essa expressão. Algumas considerações históricas podem ser confrontadas em Ettore Favara, *Abbandono di fundo*, NssDI I (1957), 8-13 (9).

[1386] Henrique Mesquita, *Obrigações reais e ónus reais* (1990), 360 ss.; Francisco Manuel de Brito Pereira Coelho, *A renúncia abdicativa no direito civil (algumas notas tendentes à definição do seu regime)* (1995), 196 pp., 33 ss. (renúncia atributiva e 124 (negócio abdicativo); Luís Carvalho Fernandes, *Da renúncia dos direitos reais*, Est. Dias Marques (2007), 571-592 (573 ss.).

V. A renúncia está, ainda, legalmente prevista no tocante aos direitos reais de garantia: consignação de rendimentos (664.º), penhor (677.º), hipoteca (730, *d*) e 731.º) e privilégios creditórios (752.º): os dois primeiros e o último por remissão para o regime de hipoteca. O artigo 732.º/1 contém regras formais quanto à renúncia à hipoteca: documento com assinatura do renunciante reconhecida presencialmente ou na presença do funcionário da conservatória de registo predial. A aceitação do devedor ou do autor da hipoteca é expressamente dispensada. Tecnicamente, as renúncias em causa são abdicativas.

146. **Dados comparatísticos**

I. A discussão sobre a renunciabilidade ao direito de propriedade, em especial sobre imóveis tem, no Direito português, ficado limitada a alguns particularismos formais. Essa posição deve ser superada. À partida, não se afigura adequada a insularização do Código Civil de 1966. Sem servilismos, ele deve ser ponderado tendo em conta o grande universo da Ciência Jurídica continental. Vamos, para quebrar o círculo, ponderar sinteticamente as experiências mais significativas: francesa, alemã e italiana.

II. Em França, o pensamento liberal que dominou aspetos importantes da Revolução, levaram à admissibilidade do abandono da propriedade fundiária, como modo de evitar a contribuição predial relativa a terras pouco produtivas. Assim, o artigo LXV da Lei de 3 frimário do ano VII (23 de novembro de 1798), relativa à contribuição predial, previa que tais terras ficassem sujeitas à contribuição predial, por módico que fosse o seu produto médio. Nesse seguimento, o artigo LXVI dispunha:

> Os particulares não poderão liberar-se da contribuição à qual os fundos referidos no artigo anterior deveriam estar sujeitos a não ser renunciando a essas propriedades a favor da comuna na qual elas estejam situadas.
>
> A declaração detalhada desse abandono perpétuo será feita por escrito no secretariado da administração municipal pelo proprietário ou por um procurador munido de poderes especiais.
>
> (...)

Esse dispositivo sedimentou a ideia da renunciabilidade ao domínio imobiliário, como forma de evitar sobrecargas fiscais[1387]. O Código Napo-

[1387] Marcel Planiol, *Traité élémentaire de droit civil* cit., 1, 3.ª ed., n.º 2566 (820).

leão não refere, em geral, a renúncia à propriedade: afigurou-se desnecessário, dada a amplitude conferida a esse direito. Num escrito clássico, sobre a renúncia aos direitos reais em geral, Breton explicava, reportando-se ao titular de um direito real[1388]:

> Uma vez que ele pode, sem qualquer intermediário, aproveitar as vantagens que comporta o direito real, ele pode igualmente, sem qualquer intermediário, renunciar a essas vantagens e abandonar o direito real.

No Direito atual, a renúncia à propriedade surge mencionada a propósito de diversas situações[1389]. Todavia, afigura-se subjacente a ideia de uma renunciabilidade geral[1390].

III. Na Alemanha, a matéria da renúncia tem obtido alguma atenção[1391]. O BGB previu expressamente, no seu § 875, a renúncia a direitos reais limitados[1392] e, no § 928, a renúncia ao direito de propriedade sobre imóveis[1393].

Dispõe o § 928:

> (1) A propriedade de um imóvel pode ser extinta desde que o proprietário declare a sua renúncia na conservatória do registo predial e a renúncia seja inscrita no registo.
>
> (2) O direito de aquisição do prédio cabe ao fisco do Estado (federado) no qual o prédio se situe. O fisco adquire a propriedade assim que ele seja inscrito como proprietário no registo.

[1388] André Breton, *Théorie générale de la renonciation aux droit réels*, RTDC (1928), 264-549 (280).

[1389] P. ex., Murad Ferid/Hans Jürgen Sonnenberger, *Das französische Zivilrecht* cit., 2, 2.ª ed., 595, 614 e 661-662, como exemplo.

[1390] Jean Carbonnier, *Droit civil/Les biens* cit., n.º 702 (1583), François Terré/ /Philippe Simler, *Droit civil/Les biens* cit., 10.ª ed., n.º 127 (136-137) e n.º 482 (380-381).

[1391] Christian Berger, no Jauernig cit., 17.ª ed., § 875 (1623-1624); Christian Heinze, no *Staudingers Kommentar §§ 854-882* (2018), § 875 (514-552), com muitas indicações; Jürgen Kohler, no *Münchener Kommentar* cit., 8, 8.ª ed., § 875 (155-163).

[1392] Recordamos a monografia clássica de Hans Walsmann, *Der Versicht/Allgemeine Grundlagen einer Versichtslehre im Privatrecht* (1912), VIII + 325 pp..

[1393] Christian Berger, no Jauernig cit., 17.ª ed., § 928 (1671-1672); Axel Pfeifer/ /Thomas Diehn, no *Staudingers Kommentar §§ 925-984* (2017), § 928 (152-166); Sebastian Ruhwinkel, no *Münchener Kommentar* cit., 8, 8.ª ed., § 928 (1062-1066).

A regra é clara. A propriedade sobre imóveis é renunciável, de acordo com a opção livre do seu titular. Ocorrendo a renúncia, o prédio cai na titularidade do fisco. O sistema é operacionalizado, da melhor forma, pelas regras do registo constitutivo alemão.

IV. No Direito italiano, distingue-se entre a *derelizione* e *abbandono liberatorio*. A primeira corresponde à nossa renúncia abdicativa e, a segunda, à liberatória. Tal como ocorria já no Direito romano, a *derelizione* de imóveis é admitida[1394]. O artigo 1350.º do Código italiano de 1942[1395] fixa os atos que devem ser feitos por "ato público". Entre eles, alinha: (1) os contratos que transferem a propriedade de bens imóveis e (5) os atos de renúncia aos direitos indicados nos números precedentes. A renúncia abdicativa à propriedade tem, deste modo, não apenas cobertura legal mas também uma forma preestabelecida. O artigo 827.º do Código italiano facilita o funcionamento do instituto ao dispor que os bens imóveis que não sejam propriedade e ninguém pertencem ao Estado. É, pois, esse o destino dos imóveis objeto de renúncia: a sua titularidade passa para o Estado[1396].

Estes pontos pacíficos resultam da análise doutrinária. O Código italiano não comporta uma enumeração dos modos de extinção da propriedade e não refere, em termos semelhantes aos do BGB, a renúncia ao domínio.

V. Esta breve análise comparatística revela que a renúncia ao direito de propriedade, enquanto forma inteiramente livre de, unilateralmente, extinguir esse direito, é comum e pacífica. Poderíamos admitir que, em Portugal, determinadas especialidades locais ou culturais pudessem ditar uma solução diversa. Mas haveria, então, que dar com elas.

[1394] Giommaria Deiana, *Abbandono (diritto civile)*, ED I (1958), 5-16 (9), com muitas indicações (16); Antonio Gambaro, *Il diritto di proprietà* cit., n.º 150 (867-868).

[1395] Massimo Franzoni, em Franzoni/Rolli, *Codice civile commentato* I (2018), art. 1350.º (1867-1872). Em especial. Valerio Brizzolari, *La rinuncia alla proprietà immobiliare*, RDCiv LXIII (2017), 187-221 (219 ss., as conclusões).

[1396] Andrea Tabet/Enzo Ottolenghi, *La proprietà* cit., n.º 654 (696-697); Antonio Gambaro, *Il diritto di proprietà* cit., n.º 150 (868).

147. O Direito português

I. No Direito português surgiram dúvidas quanto à aplicação da renúncia abdicatória ao direito de propriedade. Pode um proprietário, por vontade própria, deixar de o ser? No tocante a móveis, não vemos margem para dúvidas. O artigo 1267.º/1, *a*), prevê a extinção da posse pelo abandono. Inevitavelmente, o abandono atinge, igualmente, o direito de propriedade, eventualmente subjacente: de novo damos o exemplo do lixo. Todavia, nalguns casos, há vinculações ligadas a móveis e, em especial, a semoventes, que não podem ser alijadas *ad nutum*. Não pode uma pessoa abandonar um automóvel no Rossio de Lisboa, assim como não pode derrilinquir um contentor no Terreiro do Paço. Há formalidades e cautelas a observar: o automóvel deve ser entregue no ferro-velho, com baixa do título de propriedade/ /livrete, enquanto o contentor deve ser confiado à entidade portuária competente. Cumpridas estas formalidades, a renúncia à propriedade mobiliária é possível, sem prejuízo para obrigações anteriormente constituídas.

II. Na nossa doutrina, foram suscitadas dificuldades quanto à possibilidade de renunciar à propriedade de imóveis. A opção negativa remonta ao *Código Anotado*, segundo o qual[1397]:

> O abandono das coisas imóveis não é admitido, com carácter geral, em nenhuma disposição do novo Código.

Henrique Mesquita (1934-2021) procurou dar uma dimensão mais aprofundada ao argumento formal. Admitindo que, *de iure condendo*, a renunciabilidade ao domínio era a solução preferível, esse Autor constrói uma "interpretação sistemática da lei" para concluir pela falta de apoio legal a tal renunciabilidade[1398]. Carvalho Fernandes tenta substancializar a opção negativista, considerando que, à renúncia de propriedade, se opõe a sua função social[1399]. Posição similar ocorre em Menezes Leitão[1400]

[1397] Fernando Pires de Lima/João Antunes Varela, *Código Civil anotado* cit., III, 2.ª ed., 125 (n.º 6). O tema é retomado a propósito da superfície – *idem*, 606-607 – invocando-se, aí, a intencionalidade na omissão.

[1398] Manuel Henrique Mesquita, *Obrigações reais e ónus reais* cit., 375 e 376.

[1399] Luís A. Carvalho Fernandes, *Lições de Direitos Reais* cit., 6.ª ed., 263-265; *idem*, *Da renúncia dos direitos reais* cit., 585-586.

[1400] Luís Menezes Leitão, *Direitos Reais* cit., 9.ª ed., 266-267.

Outra doutrina propende para a renunciabilidade do direito de propriedade sobre imóveis; nós próprios[1401], Oliveira Ascensão[1402], Francisco de Brito Pereira Coelho[1403], Rui Pinto Duarte[1404] e José Alberto Vieira[1405]. O debate é interessante e vem bulir com dados estruturais do Direito das coisas. Além disso, mercê de populismos que grassam nas atuais sociedades, ele pode adquirir um relevo prático que, até hoje, tem faltado.

III. Em primeira linha, há que descartar o argumento formal exegético. O Código Civil de 1966 consigna, efetivamente, hipóteses dispersas de renúncia liberatória[1406] e alguns casos de renúncia abdicativa, a propósito de direitos reais menores[1407]. Mas daí tanto se pode concluir *a contrario* como por analogia: o mero esforço exegético, ainda que apelidado "sistemático" não permite progredir. Com efeito, se o Código não refere expressamente a renunciabilidade à propriedade imobiliária, também não a exclui. Caso o legislador estivesse tão convicto, relativamente à irrenunciabilidade, deveria tê-lo dito, por exemplo, nos termos seguintes: a propriedade é imprescritível e irrenunciável, sem prejuízo de disposições em contrário.

IV. Também não vemos que a função social da propriedade, para mais quando apoiada no (hoje) artigo 88.º da Constituição, possa conduzir à irrenunciabilidade. Diz o preceito constitucional:

> 1. Os meios de produção em abandono podem ser expropriados em condições a fixar pela lei, que terá em devida conta a situação específica da propriedade de trabalhadores emigrantes.
>
> 2. Os meios de produção em abandono injustificado podem ainda ser objeto de arrendamento ou de concessão compulsivos, em condições a fixar por lei.

Esse preceito remete para legislação especial. Será, aí, possível integrar o Decreto-Lei n.º 52/2021, de 15 de junho, que adotou o Regime

[1401] *Direitos Reais*, II, 784-786.

[1402] José de Oliveira Ascensão, *Direito civil/Reais* cit., 5.ª ed., 406-407.

[1403] Francisco de Brito Pereira Coelho, *A renúncia abdicativa* cit., 17 e nota 15.

[1404] Rui Pinto Duarte, *Curso de Direitos Reais* cit., 4.ª ed., n.º 2.1.2.3. (64).

[1405] José Alberto Vieira, *Direitos Reais* cit., 3.ª ed., 411-412.

[1406] *Supra*, n.º 145, III.

[1407] *Supra*, *idem*, IV e V.

jurídico do arrendamento forçado de prédios rústicos, de resto em termos minimalistas.

O artigo 88.º da Constituição, hoje com uma redação pouco significativa, é herdeiro dos preceitos que, na versão inicial de 1976, apontavam para uma coletivização da economia. A ideia de "meios de produção em abandono", constituiu, nos tempos da reforma agrária, uma cobertura ideológica para a mesma. Difundiu-se, com efeito, a ideia de que os prédios ocupados estavam em abandono, quando sucedeu precisamente o contrário: foram ocupados os prédios mais produtivos. Para além destes aspetos históricos, o artigo 88.º em causa até depõe no sentido favorável à renúncia à propriedade: o titular que não tenha possibilidade de explorar o imóvel, poderia renunciar ao seu direito em vez de, passivamente, aguardar uma expropriação (nos termos de uma lei que ainda nem existe) ou um "arrendamento forçado".

V. Pela positiva e no núcleo decisivo: a propriedade é um direito subjetivo que confere, ao seu titular, uma área de liberdade. Ser "proprietário à força" é um completo contrassenso: já não haveria propriedade mas, antes, um feixe de deveres que apenas uma lei constitucionalmente admissível poderia instituir. Isto dito: o artigo 1305.º confere, ao proprietário, o direito pleno e exclusivo de disposição. Ora "dispor" envolve as hipóteses de venda, de doação e de renúncia. A "transmissão" presente no artigo 62.º/1 da Constituição, a propósito de garantia de propriedade privada, envolve, numa interpretação lata, a hipótese de renúncia.

VI. Havendo renúncia à propriedade imobiliária, o prédio em jogo não fica *nullius*, assim se afastando um argumento *ad terrorem* subjacente ao negacionismo. Mercê do artigo 1345.º, tal prédio passaria a património do Estado. Esse preceito, mau grado a redação floreada ("sem dono conhecido" e "consideram-se")[1408] implica, precisamente, que não haja imóveis *nullius*: se, não havendo "dono conhecido", o prédio é do Estado, *a fortiori* assim será quando se saiba que não há dono, por renúncia.

Quanto ao *modus operandi* da renúncia: ela deve ser consignada por escritura pública ou por documento autenticado e está sujeita a inscrição

[1408] O artigo 827.º do Código Civil italiano, relativo a "bens vacantes", dispõe simplesmente:

> Os bens imóveis que não sejam propriedade de ninguém, pertencem ao património do Estado.

no registo – 2.º/1, *z*) do CRP – a qual é obrigatória. O notário ou o conservador que tenham conhecimento dela devem comunicá-lo ao Estado, tendo em vista o artigo 1345.º. Os aspetos sucessórios devem ser acautelados: a renúncia a um imóvel valioso e muito produtivo, em detrimento dos herdeiros legitimários, pode ser reduzida por inoficiosidade (2168.º e 2169.º).

VII. Resta esclarecer o porquê do silêncio do Código de 1966 e a razão pela qual os seus autores materiais (Pires de Lima e Antunes Varela) preferiram a irrenunciabilidade. À luz da II República, a renúncia à propriedade poderia ser uma via para eludir leis fiscais ou normas impositivas, próprias de um Estado expressamente proclamado "intervencionista". Hoje, o problema não se põe.

A renúncia à propriedade de imóveis não tem tido expressão prática. Mas pode vir a tê-la. Na terceira década do século XXI, são percetiveis tendências populistas. Estas, nalgumas das suas orientações, perseguem a propriedade e os proprietários com impostos sobre supostos rendimentos, que não existem. E ocorrem verdadeiros impostos sobre o capital. Prédios inaproveitáveis, com ruínas irrecuperáveis, são taxados em termos incomportáveis para casais de reformados. A renúncia surge como a última defesa possível dos cidadãos contra a bulimia fiscal e contra os populismos cujos contornos se vêm desenhando no horizonte.

§ 34.º A EXPROPRIAÇÃO POR UTILIDADE PÚBLICA

148. Conceito geral e afins

I. Expropriação por utilidade pública é o evento jurídico pelo qual se extinguem direitos reais sobre bens imóveis, constituindo-se, concomitantemente, novos direitos na titularidade de pessoas que se entende prosseguirem o interesse público, mediante o pagamento de justa indemnização[1409].

II. A expropriação por utilidade pública deve ser cuidadosamente separada de outras realidades que com ela se podem confundir. Assim:

(1) o resgate, figura pela qual o concedente de um serviço público retoma a sua gestão direta, antes do prazo acordado, mediante indemnização;
(2) a constituição de servidão administrativa pela qual a Administração afeta a seu favor determinadas utilidades de certa coisa, limi-

[1409] Marcello Caetano, *Manual de Direito administrativo*, II, 9.ª ed. (1973), 996, define expropriação por utilidade pública como "a relação jurídica pela qual o Estado, considerando a conveniência de utilizar determinados bens imóveis em um fim específico de utilidade pública, extingue os direitos subjetivos constituídos sobre eles e determina a sua transferência definitiva para o património da pessoa a cujo cargo esteja a prossecução desse fim, cabendo a esta pagar ao titular dos direitos extintos uma indemnização compensatória". *Vide*, do mesmo autor, o artigo *Em torno do conceito de expropriação por utilidade pública*, O Direito, 1949, 212; referimos G. Baudry, *L'expropriation pour cause de utilité publique*, 3.ª ed. (1953), 3; Guido Landi, *Espropriazione per pubblica utilità*, ED XV (1966), 806-834 (806) (este autor faz notar que expropriar, etimologicamente, significa tirar a propriedade, referindo-se o ato ablatório ao direito de propriedade e não à detenção material). Na literatura alemã, com muitas indicações, Fritz Ossenbühl, *Staatshaftungsrecht*, 5.ª ed. (1998), 144-212; há, de Fritz Ossenbühl/Mathias Cornils, *Staatshaftungsrecht*, 6.ª ed. (2019).

tando, consequentemente, os direitos preexistentes dos particulares; a matéria consta, hoje, do Código das Expropriações (8.º)[1410];

(3) a destruição por utilidade pública, pela qual a Administração pode determinar a destruição dos edifícios que ameacem ruína, com perigo para os particulares[1411];

(4) a ocupação temporária, que traduz a utilização direta e imediata de imóveis particulares pela Administração Pública, independentemente de ato administrativo e da intervenção dos proprietários, durante o tempo necessário e com posterior atribuição de indemnização[1412];

(5) a requisição, de origem militar e com um conteúdo diversificado, que ora permite a utilização temporária de bens ou serviços, ora traduz uma forma de extinção de direitos sobre bens móveis, sempre mediante indemnização[1413];

(6) a apreensão e o confisco, que, embora podendo implicar alterações em matéria de direitos reais, tem carácter criminal.

III. Haveria que recordar a problemática das nacionalizações e das expropriações feitas no âmbito da chamada reforma agrária. Limitamo-nos, para já, a esclarecer que quer umas quer outras visam, em princípio, fins diferentes dos prosseguidos pela expropriação por utilidade pública, obedecendo, além disso, a técnicas jurídicas próprias. Quanto à "aquisição pública por via de nacionalização", vigora a Lei n.º 62-A/2008, de 11 de novembro (anexo), aplicada no caso do Banco Português de Negócios, SA, com os maus resultados que, hoje, são pacífica e publicamente reconhecidos[1414].

[1410] *Vide* o artigo 351.º do Código dos Contratos Públicos. Ocorre diversa legislação especial; p. ex., no âmbito do programa de estabilização económica e social, o Decreto-Lei n.º 15/2021, de 23 de fevereiro.

[1411] *Vide* Código Administrativo, artigo 51.º, revogado pelo artigo 114.º da Lei n.º 79/77, de 25 de outubro; hoje vigora o artigo 62.º/2, *h*) desta Lei; Marcello Caetano, *Em torno do conceito* cit., 182.

[1412] *Idem*, ob. cit., 185.

[1413] *Vide*, de Luís Pinto Coelho, *Subsídios para o estudo da requisição*, RFDUL X (1954), 5-37.

[1414] *Vide*, na época, o nosso *Da nacionalização do BPN*, RDS 2009, 57-91.

149. Nota histórica

I. É questão discutida pelos especialistas o saber se, no Direito romano, tinha ou não lugar a expropriação por utilidade pública[1415]. De facto, alguns textos já então admitiam figuras que, pelo menos, lhe estavam próximas. Durante a Idade Média, eram frequentes os confiscos e ocorrências semelhantes, que não se confundem com a expropriação; esta teria sido conseguida pelos burgos, defendendo a propriedade privada contra as prepotêndas da classe feudal[1416]. A expropriação por utilidade pública, tal como a conhecemos hoje em dia, é um instituto criado com a vitória, no Direito, dos princípios liberais.

II. Em Portugal sempre teria tido aplicação a ideia da extinção dos direitos de particulares sobre bens imóveis, como forma de prosseguir o interesse público. Antes do liberalismo é possível apontar diversos casos em que, por decisão do Rei, a expropriação operou[1417]; visavam-se, através dela, a prossecução de fins tais como a construção de castelos, torres e pontes, residências de leprosos, estabelecimento de cerca de um mosteiro, construção da capela-mor de uma igreja, exploração de minas, urbanização, edificações de casas para teares de seda e moradia de operários, construção de estradas, encanamento de um rio e construções de fábricas[1418]. Em todos estes casos foi sempre entregue ao expropriado uma indemnização considerada justa.

III. A necessidade da regulamentação genérica da expropriação por utilidade pública surgiu com o liberalismo. Na Constituição de 1822, só a necessidade pública e urgente permitia a expropriação. A Carta Constitucional, mais comedida no que toca ao radicalismo dos princípios liberais perfilhados, limitava-se a exigir o bem público[1419]. Seguiu-se a Lei

[1415] Vittorio Scialoja, *Teoria della proprietà nel diritto romano* cit., I, 315; Ugo Nicolini, *Espropriazione per pubblica utilità (storia)*, ED XV (1961), 802-806.

[1416] *Vide* Nicolini, *Espropriazione per pubblica utilità* cit., 803; também Michele Rossano, *L'espropriazione per pubblica utilità*, I (1964), 1 ss., e, do mesmo autor, *L'espropriazione per pubblica utilità*, NssDI VI (1960), 937-955.

[1417] *Vide* Rivera Martins de Carvalho, *Subsídios para a história da expropriação em Portugal*, BMJ 21 (1950), 5-36.

[1418] Martins de Carvalho, *Subsídios* cit., 20.

[1419] Marcello Caetano, *Manual de Direito administrativo* cit., II, 9.ª ed., 997.

de 23 de julho de 1850, que rodeou a expropriação de inúmeras cautelas, tornando-a, assim, em operação complicada e demorada. O tribunal tinha um papel muito importante. De então para cá, a expropriação por utilidade pública não parou de se generalizar, aumentando a sua fase administrativa em detrimento da judicial[1420]. Paralelamente, acentuou-se a sua rapidez, reduzindo-se as garantias que rodeavam o pagamento de indemnizações e multiplicando-se as hipóteses de urgência. A consideração do interesse geral como primordial em relação ao interesse particular a isso tem conduzido[1421]. Esta solução estava já clara na Lei n.º 2:030, de 22 de junho de 1948, e nos seus regulamentos sucessivos aprovados pelos Decretos n°s 37:759, de 22 de fevereiro de 1950, e 43:587, de 8 de abril de 1961.

IV. Depois de 25 de abril de 1974, concretizou-se a orientação tendente a simplificar e acelerar o processo de expropriação, multiplicando-se as hipóteses em que o mesmo possa ocorrer.

Fruto do labor de um subgrupo de trabalho, cujo relatório foi apresentado em 7 de julho de 1975, surgiu o Decreto-Lei n.º 71/76, de 27 de janeiro, que estabeleceu o novo regime das expropriações, revogando, no seu artigo 107.º, vasta legislação anterior e nomeadamente boa parte da Lei n.º 2:030. Conforme se pode inferir da leitura do preâmbulo respetivo, este diploma visou essencialmente:

(1) abreviar o processo judicial;
(2) simplificar o ato de declaração de utilidade pública;
(3) abolir (ou melhor, restringir severamente) o direito de reversão;
(4) facultar a posse administrativa.

A vigência do Decreto-Lei n.º 71/76, de 27 de janeiro, teve curta duração, uma vez que foi revogado e substituído, nesse mesmo ano, pelo Código das Exproprições, aprovado pelo Decreto-Lei n.º 845/76, de 11 de dezembro[1422]. O texto desse Código das Expropriações não foi, aliás, muito diferente do do seu antecessor Decreto-Lei n.º 71/ 76; apresenta uma

[1420] *Vide* a evolução traçada por Marques Guedes em *Natureza jurídica do acto de declaração de utilidade pública ou equivalente*, RFDUL (1949), *maxime*, 331.

[1421] Pode ver-se um desenvolvimento desta temática em Franco Bartolomei, *L'espropriazione nel Diritto pubblico*, parte geral, I (1965), por exemplo, 434.

[1422] Quanto a este diploma: Mário Jorge de Lemos Pinto, *Código das expropriações anotado* (1984), 198 pp..

redacção mais cuidada, foi harmonizado com a Lei dos Solos, entretanto aprovada pelo Decreto-Lei n.º 794/76, de 5 de novembro, e tratou, mais explicitamente, as garantias dos expropriados[1423].

V. A serenidade constitucional permitiu estudos e jurisprudência, relativamente às expropriações. O ambiente jurídico e político ficou maduro para um novo Código das Expropriações: aprovado pelo Decreto-Lei n.º 438/91, de 9 de novembro, precedendo autorização parlamentar dada pela Lei n.º 24/91, de 16 de julho. O novo Código pretendeu corresponder melhor às exigências constitucionais, sendo o menos gravoso possível, para os particulares. No seu preâmbulo, o Decreto-Lei n.º 438/91 proclamou ainda o objetivo de integrar os princípios básicos da Administração, fixados no artigo 266.º da Constituição: imparcialidade, igualdade e justiça[1424]. Foi dada primazia, quando viáveis, às aquisições por via do Direito privado. Procurou-se melhorar a justa indemnização e o direito de reversão. O artigo 51.º/1 do Código das Expropriações atribuiu, ao tribunal da comarca, a competência para apreciar os recursos relativos à justa indemnização.

VI. A experiência adquirida levou à aprovação de novo Código das Expropriações. Tal o papel da Lei n.º 168/99, de 18 de setembro, que revogou o anterior Decreto-Lei n.º 438/91, de 9 de novembro. O Código foi sucessivamente alterado pela Lei n.º 13/2002, de 19 de fevereiro, que aprovou o Estatuto dos Tribunais Administrativos e Fiscais, pela Lei n.º 67-A/2007, de 31 de dezembro (OGE 2008), pela Lei n.º 30/2008, de 10 de julho, relativa às Regiões Autónomas e pela Lei n.º 56/2008, de 4 de setembro, que alterou vários preceitos, republicando o Código em anexo. O Código pôs em evidência os princípios constitucionais (2.º) e fixou limites para a expropriação (3.º). O direito de reversão, no caso de, passados dois anos, os bens expropriados não serem aplicados ao fim que determinou a medida ou no de cessarem as finalidades da expropriação, foi reforçado (5.º). O procedimento foi aperfeiçoado, em especial atenção à

[1423] O Código das Expropriações foi alterado pelo Decreto-Lei n.º 323/77, de 8 de agosto.

[1424] DR I-A, n.º 258, de 9-nov.-1991, 5746/I.

arbitragem destinada a calcular a indemnização. Esta foi, quando possível, aproximada dos valores do mercado[1425].

150. A natureza

I. Classicamente, a expropriação por utilidade pública era equiparada a uma venda forçada. Não querendo o titular de determinados bens vendê-los à entidade que deles necessitasse para fins de utilidade pública, intervinha o Estado, que, usando dos seus poderes de império, provocava a venda[1426].

Hoje em dia ninguém defenderia semelhante construção[1427]. A compra e venda é um negócio jurídico de tipo contratual, dominado pelos princípios gerais do Direito civil e sob o império da autonomia da vontade, que se coloca muito longe da expropriação por utilidade pública.

II. A doutrina atual considera a expropriação por utilidade pública como um instituto de Direito público. Mas, na sequência ainda do entendimento primitivo da expropriação como venda forçada, veio defender-se que o beneficiário dessa operação adquiria os direitos expropriados a título derivado, não obstante o ato público[1428]. Essa construção equivaleria a dizer que, pelo Direito público, haveria uma transmissão de direitos e não a sua extinção.

III. Não há, na expropriação, qualquer aquisição a título derivado por parte da entidade expropriante. Pelo contrário: na expropriação por utilidade

[1425] Referimos, quanto ao Código em causa, na versão inicial, J. A. Santos, *Código das expropriações anotado e comentado*, 2.ª ed. (2000), 876 pp. e João Pedro de Melo Ferreira, *Código das expropriações anotado*, 2.ª ed. (2000), 253 pp. e, na versão atual, Ana Isabel Pacheco, *Código das expropriações anotado* (2022), 288 pp..

[1426] Assim pensava Cunha Gonçalves, *Tratado de Direito civil* cit., XII, 190. Parece-nos ser, também, o pensamento de Moraes Carvalho, *Da expropriação por utilidade pública* (1878), 13.

[1427] Por exemplo, Guido Landi, *Espropriazione* cit., 808; Carugno, *L'espropriazione* cit., 23; entre nós, Manuel Gonçalves Pereira, *Expropriações por utilidade pública*, BMJ 109 (1961), 106. Trata-se dos trabalhos preparatórios do Decreto n.º 43 587, de 8 de abril de 1961.

[1428] *Vide* Pasquale Carugno, *L'espropriazione per pubblica utilità* (1950), 24-28, que defende esta orientação.

pública, o beneficiário adquire a título originário, isto é, vê constituir-se *ex novo* um direito seu sobre a coisa expropriada. Consequentemente, a expropriação provoca a extinção do direito ou direitos anteriores[1429].

De facto, toda a atividade pressuposta pelo expropriante é diretamente dirigida ao aproveitamento de determinados bens, de nada lhe interessando a natureza dos direitos particulares existentes sobre a coisa, a não ser, evidentemente, para efeitos de indemnização. O direito do expropriante, uma vez constituído, em nada padece dos vícios de que podia enfermar o direito anterior. O Código Civil parece aceitar esta orientação, uma vez que considera a expropriação de utilidade pública como causa de extinção da superfície [artigo 1536.º, n.º 1, alínea *f*), e artigo 1542.º] e, embora com terminologia específica, do arrendamento [artigo 1051.º, n.º 1, alínea *f*)]. Assim o entende, aliás, a melhor doutrina publicística[1430].

IV. A expropriação por utilidade pública opera como uma forma geral de extinção de direitos reais; não é, pois, nem uma forma de transmissão, nem uma figura limitada à propriedade. Veja-se, nesse sentido, o artigo 1.º, do Código das Expropriações vigente:

> Os bens imóveis e direitos a eles inerentes podem ser expropriados por causa de utilidade pública, compreendida nas atribuições, fins ou objeto da entidade expropriante, mediante o pagamento contemporâneo de uma indemnização nos termos do presente Código.

V. Assim sendo, qual é a natureza da indemnização? Procedendo por exclusão de partes, temos que a indemnização não é:

(1) um preço, uma vez que não há qualquer compra e venda, apesar de o Código das Expropriações de 1976 falar, por lapso, no seu artigo 6.º, n.º 5, em "preço da expropriação", evitado na lei atual;

[1429] Em Itália, Michele Rossano, *L'espropriazione* cit., defende posição intermédia: a aquisição provocada pela expropriação seria originária na medida em que prescinde de quaisquer relações entre o expropriado e o expropriante; mas, simultaneamente, seria derivada, uma vez que nela um direito de propriedade ou outro, preexistente, é transferido para o expropriante (ob. cit., 166-167). Pensamos que esta ambiguidade de natureza é inadequada perante conceitos objetivos de constituição e transmissão dos direitos reais.

[1430] Por exemplo, Marcello Caetano, *Manual de Direito administrativo* cit., II, 9.ª ed., 996; Manuel Baptista Lopes, *Expropriações por utilidade pública* (1968), 15-16.

(2) uma indemnização em sentido próprio, porquanto não deriva de quaisquer atos que, objetiva ou sujetivamente, constituam o expropriante em responsabilidade.

Tem-se dito também que a indemnização seria o produto de uma conversão legal de bens em dinheiro. Trata-se de uma fórmula pouco conseguida, com intuitos meramente figurativos; nada nos esclarece quanto à natureza dessa indemnização.

A solução mais recente inclina-se para fazer derivar a indemnização do princípio da igualdade dos contribuintes em face do Estado[1431]. Nos termos das diversas constituições, cada um deve contribuir para o erário público na medida das suas possibilidades; só a diversidadc de capacidades contributivas pode ditar desigualdades de contribuições para o Estado. Ora essa igualdade seria gravemente perturbada pela expropriação, que atinge os cidadãos independentemente das respetivas capacidades económicas; a indemnização seria, então, uma compensação destinada a restabelecer a igualdade perturbada.

151. Do confisco e da apreensão

I. Tradicionalmente, o confisco distinguia-se da expropriação pelo seu fim, pelo processo de aplicação e pela indemnização: de facto, o confisco não visava, diretamente, a prossecução de uma atividade de utilidade pública, mas sim a aplicação de uma sanção de carácter penal; o seu processo nada tinha a ver com o das expropriações e, ao contrário da expropriação, não previa, obviamente, qualquer indemnização.

A Constituição da República, ao admitir expropriações por utilidade pública sem quaisquer indemnizações (artigo 62.º/2) a que parece poder conduzir-se a perda de bens sancionatória referida no seu artigo 88.º/2, veio esbater um pouco a clássica distinção entre a expropriação e o confisco.

II. Em teoria, a distinção residiria no seguinte: no confisco[1432], verifica-se uma extinção de direitos reais permitida por lei e atuada por ato

[1431] *Vide* Guido Landi, *Espropriazione* cit., 819.

[1432] Piergiovanni Piscione, *Confisca (diritto amministrativo)*, ED VIII (1961), 974-980; Michele Massa, *Confisca (diritto e procedura penale)*, ED VIII (1961), 980-992.

administrativo ou por decisão judicial[1433], mas com fins de sanção e sem dar direito a qualquer compensação.

III. Do confisco se deve distinguir a apreensão de bens, que não provoca a extinção da propriedade mas apenas um desapossamento provisório, temporário, com fins cautelares. A apreensão é, porém, muitas vezes o primeiro passo para o confisco.

[1433] Marcello Caetano, *Manual de Direito administrativo* cit., II, 9.ª ed., 966.

CAPÍTULO VI

DIREITO DA VIZINHANÇA

§ 35.º VIZINHANÇA E DIREITO

152. Valores pessoais, sociológicos e ambientais

I. O Código Civil, de acordo com a técnica comum às codificações, rege situações juridicas típicas. No núcleo, fá-lo de modo isolado: cada situação é esquematizada como única, no universo jurídico. Ao intérprete-aplicador cabe, depois e com recurso à Ciência do Direito, proceder à integração da situação em causa no grande oceano dos factos juridicamente relevantes para o caso concreto considerado. Esse fenómeno é claramente percetível nos contratos. Aparentemente, os modelos constantes do Código Civil (compra e venda, doação, sociedade, locação e os demais, até à transação) funcionam por si, de modo isolado. Mas na vida prática, em regra, os contratos articulam-se entre si, em constelações variáveis, com inevitáveis consequências nos seus regimes.

II. Em Direitos Reais, esse mesmo fenómeno deveria operar e por maioria de razão: privado de uma parte geral e manietado pelo princípio da tipicidade, o Direito das coisas apresenta uma sucessão de situações jurídicas subjetivas estáticas, sem ligação ao mundo real exterior. Todavia, o facto de, em Reais, se lidar com factos materiais, por oposição aos vínculos abstratos que imperam nas obrigações, induz, no legislador, a necessidade de contar com a concorrência ou o conflito entre direitos reais. Com efeito, no universo das coisas corpóreas, nenhuma opera isoladamente. Designadamente no tocante a prédios, há relações de proximidade ou de vizinhança que impedem o titular de um prédio de agir como se fosse o único, no Mundo.

III. Há vizinhança quando dois ou mais prédios estejam geograficamente próximos, de tal modo que o exercício da propriedade, num deles, possa bulir com o aproveitamento do outro. Hipótese extrema de vizinhança é a da contiguidade: os prédios confinam, sendo separados apenas por linhas divisórias, mais ou menos patentes, no terreno. A vizinhança gera conflitos entre direitos de propriedade[1434]: sendo todos plenos e exclusivos, eles vão ter de se conformar, mutuamente, de modo a permitir o melhor aproveitamento para os titulares envolvidos.

IV. O pré-entendimento da matéria relativa à vizinhança é relevante para a interpretação e a aplicação das normas em jogo. As situações de vizinhança vêm, desde logo e potencialmente, bulir com os valores pessoais dos sujeitos envolvidos. Todo o catálogo dos direitos de personalidade, dobrados pelos direitos fundamentais, pode estar em causa; pense-se nos direitos à vida, à integridade física e mental, à saúde, ao bem-estar, ao trabalho e à realização profissional, à família e tantas outras: todos eles podem ser afetados pelo que se passe no prédio vizinho. Não há estatísticas. Todavia e por amostragem que qualquer citadino pode confirmar, verifica-se que a qualidade de vida da generalidade da população, com relevo para os estratos mais idosos e, como tal, com menos defesas, sofre um contínuo abaixamento mercê das vizinhanças. Ruídos, obras, discussões, músicas, televisões em altos brados, latidos de cães, arrastamento de móveis e má higiene nas áreas coletivas são moeda corrente nas nossas sociedades. O Direito civil pode ajudar, sendo porém certo que apenas com recurso a outras áreas, como a dos bons costumes e a do trato social, o problema pode ser erradicado. Os direitos de personalidade, por seu turno, reforçam muito da axiologia própria da vizinhança.

V. A vizinhança suscita uma problemática sociológica relevante. Todos prezam o sossego, a tranquilidade e a segurança. Se pretendem, para si, essas benesses, devem reconhecê-las, também, a favor dos outros. Joga, aqui, um fenómeno de coesão social. Nas pequenas povoações, em que todos se conhecem, surgem mais facilmente fenómenos de interação decisivos para boas relações de vizinhança. Nas urbes impera o anonimato. A coesão é lassa ou falta por completo. Ainda aqui opera uma clivagem

[1434] Wolfgang Lücke, em Herbert Grziwotz/Wolfgang Lüke/Roland Rudolf Saller, *Nachbarrecht/Praxishandbuch*, 3.ª ed. (2000), XLVIII + 655 pp., Kap. 1, Nr. 2 (2).

entre as populações do norte e os povos latinos. As primeiras cultivam relações sociais com os vizinhos, convidando-os para convívios e estabelecendo relações de entreajuda. Os segundos são mais individualistas. Nas nossas cidades, vizinhos de décadas desconhecem os nomes respetivos e mal se cumprimentam, quando se cruzam. Um erro: em situações de necessidade, de acidente ou de súbita carência, os vizinhos são os primeiros a poder ajudar. Em suma: a coesão social, o espírito de grupo e a solidariedade entre pessoas geograficamente próximas constituem pilares decisivos para a axiologia da vizinhança. Ver, no vizinho, um inimigo, ao nível do inferno sartriano[1435], é uma falha básica na coesão de qualquer sociedade humana.

VI. Por fim, a vizinhança, no sentido mais amplo do termo, é uma peça básica no combate ambiental. O que cada um faça, no seu prédio ou na sua casa, pode, isoladamente, pouco significar, no plano do ambiente. Mas o que façam nove biliões de seres humanos não é despiciendo, no tocante ao futuro do Planeta. Uma cultura ambiental apreende-se, antes de mais, em casa. Há uma dimensão pedagógica inegável. Para além disso, a generalidade dos atentados ambientais são, em primeira linha, sentidos e sofridos pelos vizinhos. Radica, aqui, a problemática crescente das emissões. O Direito privado opera como uma primeira defesa do ambiente, ao alcance de todos os interessados. As normas ambientais devem ser conjugadas com o universo do Direito da vizinhança.

153. Nota histórico-comparatística

I. A disciplina da vizinhança surgiu com a sedentarização e com a consequente formação de povoados e, depois, de cidades. No antigo Direito romano, encontramos regras sobre vizinhança nas XII Tábuas: recor-

[1435] Recordamos Jean-Paul Sartre, *Huis clos* (1944) na ed. de 1947, 93: numa peça de teatro com um ato único e cinco cenas, Inês, Estelle e Garcin morrem e vão para o inferno; com surpresa constatam que ficarão para sempre, os três, numa sala; a peça de teatro desenvolve-se com múltiplas discussões, entre eles; no final, Garcin conclui:

> Vocês são apenas duas? Pensei que seriam mais numerosas. (Ri) Então isto é o inferno. Nunca o teria imaginado … Lembram-se: o enxofre, a fogueira, o grelhador … Ah! que brincadeira. Não é necessário o grelhador: o inferno, são os outros.

dem-se as regras sobre plantações[1436]. Max Kaser refere, neste período[1437]: (a) as referidas regras sobre plantações; (b) normas sobre a apanha de frutos próprios em prédio vizinho; (c) a *actio aquae pluviae arcendae*, para reagir a alterações no prédio vizinho que prejudicassem o aproveitamento de águas pluviais; (d) a *actio de damni infecti*, para proteção da ruína de construções; (e) a *operis novi nuntiatio*, antepassada do nosso embargo da obra nova, que mostrasse ser prejudicial ao vizinho; (f) a *actio finium regundorum*, antecessora da nossa ação de demarcação, para melhor delimitar as fronteiras dos prédios. Se bem atentarmos, estas regras, datadas de há 2.500 anos, constam, hoje, dos códigos civis, incluindo o nosso. Na evolução clássica e pós-clássica, o Direito da vizinhança oriundo das XII Tábuas foi acolhido e desenvolvido, ponto por ponto[1438]. A matéria das servidões desenvolveu-se, no Direito romano, também em torno de questões nucleares de vizinhança.

II. Na evolução subsequente, as relações de vizinhança foram moldadas de acordo com os quadros romanos. Estes, pela racionalidade intrínseca em que assentavam, sobreviveram às diversas mutações registadas pela História, nos milénios subsequentes. O advento dos Estados modernos e as codificações permitiram, nas relações de vizinhança, discernir normas de Direito público e de Direito privado[1439]. No Direito do urbanismo e no Direito agrário, localizamos diversas regras disciplinadoras, direta ou indiretamente, das relações de vizinhança e que, por postularem a intervenção de entidades públicas dotadas de poderes de autoridade são, tecnicamente, Direito público. Há, ainda, importantes normas públicas sobre as emissoes. Nos códigos civis ocorrem normas que conferem direitos e deveres aos vizinhos, enquanto tais, em acervos que cada interessado poderá atuar.

[1436] *Supra*, n.º 77.

[1437] Max Kaser, *Das römische Privatrecht* cit., I, 2.ª ed., § 32, V, 3 (126), com indicações das fontes, na Lei das XII Tábuas. Está especialmente em causa a Tábua VII; *vide*, na reconstituição de Dieter Flach, *Das Zwölftafelgesetz* cit., 109 ss. e na de Michel Humbert, *La Loi des XII Tables* cit., 315 ss..

[1438] Max Kaser, *Das römische Privatrecht* cit., I, 2.ª ed., § 98, III (406-410), com indicações.

[1439] Jan Schapp, *Das Verhältnis von privatem und öffentlichem Nachbarrecht* (1978), 256 pp., com rec. Otto Mühl, AcP 180 (1980), 300-307, onde pode ser confrontado um resumo da obra.

III. No Direiro francês, ocorrem múltiplas restrições à propriedade privada sobre imóveis, ditadas pelo interesse público. Têm a ver com comunicações por terra, por rios ou aéreas e, ainda, com trabalhos públicos de diversa natureza[1440]. O referido "interesse público" ditaria o seu destino como normas de Direito público[1441]. O Código Civil comporta "limitações de interesse privado", regendo-as como: "servidões que resultam da situação dos locais" (artigos 640.º a 648.º); muro e fossas comuns (653.º a 673.º); distâncias requeridas por certas construções (674.º); vistas sobre a propriedade do vizinho (675.º a 680.º); estilicídio (681.º); servidão de passagem (682.º a 685.º). Seguem-se as servidões estabelecidas por contrato ou servidões propriamente ditas, na nossa linguagem (686.º a 710.º)[1442]. A doutrina não isola, propriamente, um "direito da vizinhança", em termos paralelos aos que dominam na doutrina romano-germânica[1443]. Trabalha com as denominadas servidões legais de vizinhança[1444] e com as "responsabilidades derivadas de relações de vizinhança"[1445]. Impera uma certa visão individualista da propriedade, pela qual as restrições de vizinhança procuram conciliar direitos "soberanos" autónomos. Um "Direito da vizinhança" surge autonomizado em escritos comparatísticos[1446].

IV. A experiência alemã documenta um tratamento mais integrado das limitações ao direito de propriedade sobre imóveis, derivadas do fenómeno da vizinhança. A interação com regras públicas é reconhecida[1447]. Além

[1440] Murad Ferrid/Hans Jürgen Sonnenberger, *Das Französische Zivilrecht* cit., 2, 2.ª ed., 3 C 113 ss. (604 ss.); François Terré/Philippe Simler, *Droit civil/Les biens* cit., 10.ª ed., n.º 318-363 (270-302).

[1441] Matéria que aflora no Código Napoleão, artigo 650.º.

[1442] Temos em vista a versão inicial do Código Napoleão: *Code civil des français* cit., 156-173.

[1443] Reconhece, todavia, o fenómeno: François Terré/Philippe Simler, *Droit civil/Les biens* cit., 10.ª ed., n.º 255 (228).

[1444] *Idem*, n.º 257-300 (218-256).

[1445] *Idem*, n.º 301-317 (256-259).

[1446] Além da obra básica de Murad/Sonnenberger, acima citada, referimos Urs Neuenschwander, *Die Leistungspflichten der Grundeigentümer im französischen Code Civil und im schweizerischen ZGB unter besonderer Berücksichtigung des Nachbarrechts* (1966), XXI + 567 pp., com rec. Hermann Eichler, RabelsZ 32 (1968), 773-775.

[1447] Fritz Baur, *Möglichkeiten und Grenzen des Zivilrechts bei der Gewährleistung öffentlicher und sozialer Erfordernisse im Bodenrecht*, AcP 176 (1976), 97-118 (102 ss. e 109 ss.); Peter Badura, *Möglichkeiten und Grenzen des Zivilrechts bei der Gewährleistung öffentlicher und sozialer Erfordernisse im Bodenrecht*, AcP 176 (1976), 119-144 (127 ss.).

disso, a Lei da Introdução ao BGB (EGBGB, art. 124.º)[1448] remete regras de vizinhança para as leis especiais dos *Länder*[1449]. Isto dito, o próprio BGB, nos seus §§ 903 a 924, comporta o núcleo tradicional e essencial do Direito privado da vizinhança[1450].

O conteúdo geral do título 1 (conteúdo da propriedade) da secção 3 (propriedade) do livro III (Direito das coisas), tal como resulta das epígrafes dos parágrafos, é o seguinte[1451]: § 903 (poderes do proprietário); § 904 (estado de necessidade); § 905 [limites (verticais) da propriedade]; § 906 (emissões); § 907 (instalações perigosas); § 908 (perigo de ruína de construção); § 909 (escavações); § 910 (ultrapassagem de raízes e ramos); § 911 (frutos); § 912 (prolongamento de edifício em terreno alheio); § 913 (renda pelo prolongamento); § 914 (posicionamento, inscrição e extinção da renda); § 915 (alienação); § 916 (prejuízos por superfície edificada ou por servidão); § 917 (servidão legal de passagem); § 918 (exclusão da servidão legal de passagem); § 919 (demarcação); § 920 (confusão de extremas); § 921 (utilização comum de meios de demarcação); § 922 (modo de utilização e manutenção); § 923 (árvore de demarcação); § 924 (imprescritibilidade das pretensões de vizinhança).

A matéria agrupada no Direito da vizinhança sob tratamento alemão pode ser sistematizada de modo diverso, como ocorre na presente obra. Todavia, a sequência do BGB, mais ou menos retomada nas exposições gerais do Direito das coisas[1452], permite deixar claro que boa parte da deli-

[1448] Sebastian Herrler, no *Grüneberg (ex-Palandt)*, EG 124 (2893-2894).

[1449] Existem comentários a várias dessas leis, com relevo para a da Baviera.

[1450] Christoph Althammer/Herbert Roth, no *Staudingers Kommentar, §§ 903-924 (Privates Nachbarrecht)* (2020), 572 pp.; Herbert Grziwotz/Wolfgang Lüke/Roland Rudolf Saller, *Nachbarrecht*, 3.ª ed. (2020), XLVIII + 655 pp.; Curt M. Jeromin/Bernhard Klose/ /Gerhard Ring/Hubertus Schulte Beerbühl (org.), *Nachbarrecht* (2021), 1357 pp., com a colaboração de 21 autores, reunindo elementos de Direito público e de Direito penal e assumindo uma prática sistematização dos temas, organizados por ordem alfabética.

[1451] Bettina Brückner, no *Münchener Kommentar*, 8, 8.ª ed. (2020), §§ 903-924 (888--1032); entre os comentários atuais mais acessíveis: Christian Berger, no Jauernig cit., 17.ª ed., §§ 903-924 (1651-1666); Reiner Lemke, no *PWW/BGB Kommentar*, 15.ª ed. (2020), §§ 903-924 (1926-1963); Sebastian Herrler, no Grüneberg (ex-Palandt), *BGB Kommentar*, 81.ª ed. (2022), §§ 903-924 (1618-1642).

[1452] Como exemplo; Baur/Stürner, *Sachenrecht* cit., 18.ª ed., § 25 (319-337); a bibliografia é numerosa.

mitação privada do direito de propriedade tem a ver com o fenómeno da vizinhança.

V. O Código Civil italiano, no capítulo II (Da propriedade fundiária) do título III (Da propriedade) do livro III, relativo à propriedade, comporta uma série de preceitos relativos a situações de vizinhança. Logo na secção I sobre disposições gerais (840.º a 843.º), surgem o direito de vedar o prédio (841.º), o acesso (843.º) e as emissões (844.º). A secção IV diz respeito a vínculos hidrológicos e a defesas fluviais (866.º a 868.º). As distâncias das construções, plantações, muros e sebes de meação preenchem a secção VI (873.º a 899.º); as janelas e frestas, na secção VII (900.º a 907.º); o estilicídio, na secção VIII (908.º). Apesar de alguma dispersão, a doutrina não tem dificuldade em ordenar a matéria em torno das relações de vizinhança (*rapporti do vicinato*)[1453]. Com isso preenche um espaço muito considerável, no tocante ao regime da propriedade.

VI. Esta breve ronda histórico-comparatística mostra a resiliência dos esquemas romanos, claramente vertidos nas três grandes experiências do Direito continental. Apesar das flutuações sistematizadoras, as soluções a que se chega são bastante próximas. Não obstante, interessa sempre ter em conta as concretizações nacionais: estamos numa área em que os pormenores são decisivos.

154. **A experiência lusófona**

I. Os clássicos da pré-codificação repousam, quanto à vizinhança, nas normas do Direito comum. Comportam poucas regras sobre essa matéria, citando códigos estrangeiros[1454]. O Código de Seabra, com originalidade[1455], deu, à matéria, um tratamento unitário, a propósito do "direito de transformação", próprio do domínio. No título VI da parte III (Do direito

[1453] Andrea Tabet/Enzo Ottolenghi, *La proprietà* cit., 297-682 ; Antonio Gambaro, *Il diritto di proprietà* cit., 466-572.

[1454] *Vide*, como exemplo, Coelho da Rocha, *Instituições de Direito civil* cit., 2.ª ed., §§ 403-405 (2, 284-285) e *passim*.

[1455] Luís da Cunha Gonçalves, *Tratado de Direito civil*, XII (1938), n.º 1791 (41), escreve que, salvo erro, o Código de Seabra é o único que, ao desdobrar o direito de propriedade em diversas faculdades, menciona o direito de transformação.

de propriedade), relativo ao referido "direito de transformação", ocorre um capítulo II – *Das restricções impostas á propriedade em defeza da propriedade alheia* (2317.º a 2338.º) . Comportava cinco secções[1456]:

I – Da plantação de árvores e arbustos (2317.º a 2320.º);
II – Das escavações (2321.º a 2323.º);
III – Das construcções e edificações (2324.º a 2327.º);
IV – Dos muros e paredes-meias (2328.º a 2337.º);
V – Da construcção de depositos de materias nocivas e de outras construcções similhantes (2338.º).

II. No título VII, relativo ao "direito de exclusão e de defesa", ocorrem dois capítulos relevantes para o Direito de vizinhança[1457]:

I – Do direito de demarcação (2340.º a 2345.º);
II – Do direito de tapagem (2346.º a 2353.º).

O Código de Seabra estava em boas condições para permitir o desenvolvimento de uma teoria da vizinhança. Tal não sucedeu. Os preceitos pertinentes foram remetidos para o final do Código. De acordo com os condicionamentos universitários então existentes, os manuais e as "lições" não alcançavam essa área. Os desenvolvimentos mais relevantes couberam aos códigos anotados, com especial relevo para o *Tratado* de Cunha Gonçalves[1458]. O Código de Seabra, à semelhança do essencial dos seus congéneres, fixou relações de vizinhança tipicamente rurais. Daí resultam necessidades de adaptação, quando se passe para a propriedade urbana e, sobretudo: a necessidade de intervenção de normas de Direito público.

III. Na preparação do Código Civil de 1966, foi determinante o anteprojeto de Pires de Lima (47.º a 76.º)[1459], pouco alterado, quanto ao fundo, pelas 1.ª (1333.º a 1362.º)[1460] e 2.ª (1346.º a 1375.º)[1461] revisões ministeriais e no Projeto final (1346.º a 1375.º)[1462]. As modificações introduzidas

[1456] José Dias Ferreira, *Codigo civil annotado* cit., V, 1.ª ed., 37-94.
[1457] *Idem*, 94-100.
[1458] Luís da Cunha Gonçalves, *Tratado de Direito civil* cit., XII, 46-148.
[1459] Fernando Pires de Lima, *Direito de propriedade* cit., 243-256.
[1460] *1.ª Revisão* cit., 41-54.
[1461] *2.ª Revisão* cit., 35-48.
[1462] *Projecto* cit., 391-400.

ao longo deste processo preparatório foram, essencialmente, de natureza formal, embora por vezes com projeções substanciais[1463].

A falta de um estudo preparatório publicado é parcialmente compensada pelo *Código anotado* de Pires de Lima e Antunes Varela[1464], onde podem ser confrontadas explicações úteis.

IV. Numa panorâmica geral, verifica-se que as normas relativas a vizinhanças ocorrem no capítulo relativo à propriedade de imóveis. Aí, encontramos:

Secção I – *Disposições gerais*, com preceitos sobre as emissões, as instalações prejudiciais, as escavações, a passagem forçada momentânea, a ruína de construção, o escoamento natural de águas e as obras defensivas de águas (1346.º a 1352.º);
Secção II – *Direito de demarcação* (1353.º a 1355.º);
Secção III – *Direito de tapagem* (1356.º a 1359.º);
Secção IV – *Construções e edificações* (1360.º a 1365.º);
Secção V – *Plantação de árvores e arbustos* (1366.º a 1369.º);
Secção VI – *Paredes e muros de meação* (1370.º a 1375.º).

Têm, ainda, a ver com relações de vizinhança o fracionamento e o emparcelamento de prédios rústicos (secção VII, 1376.º a 1382.º) e os atravessadouros (secção VIII, 1383.º e 1384.º).

V. O articulado civil relativo a relações de vizinhança denota a influência do Código de Seabra e do Código Civil italiano. Pontualmente, o BGB alemão e o Código Civil grego também foram utilizados. Mau grado as influências, o Código Civil de 1966 comporta um teor marcadamente nacional, podendo ser considerado, no Livro III sobre o Direito das coisas, como o sector melhor construído. No plano doutrinário, o Direito de vizinhança tem obtido alguma atenção nas obras gerais[1465] e uma dissertação

[1463] Um panorama geral pode ser confrontado em Jacinto Rodrigues Bastos, *Direito das coisas*, II (1975), 12-79.

[1464] Pires de Lima/Antunes Varela, *Código Civil anotado* cit., III, 2.ª ed., 176-257.

[1465] O nosso *Direitos Reais*, 1, 590-610 (conteúdo negativo; restrições de vizinhança); José de Oliveira Ascensão, *Direito civil/Reais* cit., 5.ª ed., 249-258 (conflitos de vizinhança); Luís A. Carvalho Fernandes, *Lições de Direitos Reais* cit., 6.ª ed., 216-230 (limitações emergentes de relações de vizinhança); António Santos Justo, *Direitos Reais* cit., 7.ª ed., 258-282 (limitações por interesse privado); Rui Pinto Duarte, *Curso de Direitos*

de mestrado[1466]. Existe alguma jurisprudência esclarecedora, que iremos encontrar a propósito de cada concreta situação de vizinhança.

Reais cit., 4.ª ed., 89-101; José Luís Ramos, *Manual de Direitos Reais* cit., 2.ª ed., 410-420 (relações de vizinhança); José Alberto Vieira, *Direitos Reais* cit., 3.ª ed., 317-327 (conteúdo negativo imposto pelas relações de vizinhança); Luís Menezes Leitão, *Direitos Reais* cit., 9.ª ed., 194-214 (limitações de direito privado/relações de vizinhança).

[1466] José Alberto Gonzalez, *Relações de vizinhança* (1994), 194 pp., polic.; *idem, restrições de vizinhança (de interesse particular)*, 2.ª ed. (2010), 256 pp..

§ 36.º CONSTRUÇÃO JURÍDICA DA VIZINHANÇA

155. Generalidades; ónus reais

I. Na construção jurídica das relações de vizinhança, cabe utilizar a categoria das obrigações *propter rem* ou obrigações originadas pela coisa. Na base, podemos apontar a categoria dos ónus reais, nos termos introduzidos e desenvolvidos por Oliveira Ascensão[1467]. Ónus real, em sentido técnico-jurídico, é o direito de exigir prestações positivas, únicas ou periódicas, a quem seja o titular de um direito real de gozo sobre determinado prédio.

A expressão "ónus real" tem conhecido uma utilização diversificada, sem precisão técnica[1468]. Pode significar um direito de qualificação duvidosa, uma oneração com efeitos de garantia ou um direito real menor. Ónus real é ainda, por vezes, confundido com a obrigação *propter rem*, abaixo tratada. Tendo a matéria sido estudada por Oliveira Ascensão, há mais de sessenta anos, em termos coerentes, racionais e de boa capacidade prática: não vemos qualquer vantagem em, *ad nutum*, vir proceder a remodelações linguísticas. Se cada autor que estude um tema proceder, sem justificações substanciais, a revisões terminológicas, não há Ciência possível.

II. A ideia de ónus real tem antecedentes romanos, no período tardio. A expressão *onera realia* só ocorreu, todavia, na baixa Idade Média[1469], tendo evoluído, no seu conteúdo prático, mercê de aportações germâni-

[1467] José de Oliveira Ascensão, *As relações jurídicas reais* (1962), 226; *idem*, *A tipicidade dos direitos reais* (1968), 129; *idem*, *Direito civil/Reais* (1993), 586.

[1468] O fenómeno, muito patente na nossa doutrina, ocorre também em Itália; *vide* Giuseppe Gandolfi, *Onere reali*, ED XXX (1980), 127-149 (127).

[1469] Romualdo Trifone, *Oneri reali (storia del diritto)*, NssDI XI (1965), 926-928 (926); podem, aí, ser confrontados diversos elementos históricos.

cas[1470]. No domínio das relações de vizinhança, Pothier fez apelo à figura dos quase-contratos[1471]: uma categoria caída depois em desuso.

No Direito lusófono, a figura mais clara de ónus real era a da renda ou censo consignativo. O artigo 1644.º do Código de Seabra dava, dela, a definição seguinte:

> Contrato de censo consignativo, ou renda, é aquelle, pelo qual uma pessoa presta a outra certa somma ou capital, para sempre, obrigando-se aquelle que o recebe a pagar certo interesse annual, em generos ou em dinheiro, consignando em alguns, certos e determinados, immoveis, a obrigação de satisfazer ao encargo.

Esta situação era expressamente qualificada, no artigo 2189.º do mesmo Código de Seabra, como "propriedade imperfeita", razão por que lhe era reconhecida natureza real. O censo consignativo permitia a alguém – o seu titular – cobrar um "interesse annual" a quem fosse proprietário de determinado prédio, sendo que, na origem, tinha um contrato descrito no artigo 1644.º. Contrapunha-se ao censo reservativo (1706.º), que se caracterizava por, na origem, alguém transmitir a outrem um imóvel, reservando-se o direito de cobrar certa prestação anual.

Esta figura remonta ao séc. XII, tendo sido largamente usada como forma de contornar a proibição, de origem canónica, de celebrar mútuos onerosos, isto é, com juros[1472]. Assim, o "financiado" recebia uma quantia líquida e obrigava-se, com base num ou mais prédios, a pagar uma renda[1473].

Mas se o censo apenas dava direito a uma prestação, como atribuir-lhe natureza real? A qualificação legal era decisiva. Além disso fez-se, dele, uma construção semelhante à da hipoteca[1474]: os prédios garantiriam o pagamento do "interesse anual".

[1470] Giuseppe Gandolfi, *Onere reali*, ED XXX (1980), 127-149 (129-130); na doutrina italiana *vide*, ainda, Lina Bigliazzi Geri, *Oneri reali e obbligazioni "propter rem"* (1984), 184 pp..

[1471] Robert-Joseph Pothier, *Traité du contrat de société/Second appendice*, n.º 230 = *Œuvres* cit., 4, 328.

[1472] Mário Júlio de Almeida Costa, *Raízes do censo consignativo/Para a história do crédito medieval português* (1961).

[1473] *Idem*, 15; Luiz da Cunha Gonçalves, *Tratado de Direito civil* IX (1934), 189 ss., com indicações.

[1474] Dias Ferreira, *Codigo Civil Annotado* cit., IV, 1.ª ed., 103.

O censo foi, pelo artigo 1518.º do Código Civil, reconduzido à enfiteuse[1475], abolida em 1975 e 1976[1476]. Desapareceu, assim, o melhor exemplo de ónus real. Mas outros se mantêm.

III. Os ónus reais sobrevivem no BGB alemão: §§ 1105 e seguintes[1477], depois de terem suscitado dúvidas *de iure condendo*[1478]. Tem o maior interesse conhecer a inerente Ciência Jurídica, para o bom conhecimento da figura[1479].

IV. Os ónus reais surgem, muitas vezes, integrados em direitos mais amplos. Assim sucede com o denominado cânon superficiário: uma prestação anual devida pelo superficiário ao fundeiro (1530.º). Mas temos casos de ónus reais autónomos:

(1) a reserva do direito, pelo doador, de receber certa quantia sobre os bens doados (959.º/1), a qual está sujeita a registo (959.º/2);
(2) o apanágio do cônjuge sobrevivo (2018.º/1): este tem o direito a ser alimentado pelos rendimentos dos bens deixados pelo falecido, devendo o apanágio ser registado (2018.º/3).

156. Obrigações *propter rem* e relações juridicas reais

I. No ónus real, há que distinguir: as diversas prestações a que ele vai dando lugar, prestações essas que constituem o objeto de efetivas obrigações e o direito-matriz ou direito a fazer surgir essas mesmas obrigações.

[1475] Pires de Lima/Antunes Varela, *Código Civil Anotado* cit., III, 2.ª ed., 736 ss. e o *Tratado*, XIII, 174 ss..

[1476] *Vide* o nosso *Da enfiteuse: extinção e sobrevivência*, O Direito 2008, 285-315.

[1477] *Vide* Dieter Eickmann, no PWW/BGB, 3.ª ed. (2008), §§ 1105 ss. (1964 ss.), Martin Ahrens, no PWW/BGB, 15.ª ed. (2020), §§ 1105 ss. (2064 ss.) e Christoph Reymann, no *Staudingers Kommentar, §§ 1018-1112* (2017), §§ 1105-1112 (1003-1073), com muitas indicações.

[1478] Ernst Freih. von Schwind, *Die Reallastenfrage*, JhJb 33 (1894), 1-148; depois do BGB, Erich Dümchen, *Schuld und Haftung, insbesondere bei den Grundpfandrecht. Die Reallastenfrage*, JhJb 54 (1909), 355-468 (418 ss.). *Vide*, ainda, elementos históricos recentes em Burkhard Hess, *Dienstbarkeit und Reallast im System dinglicher Nutzungs- und Verwertungsrechte*, AcP 198 (1998), 489-515.

[1479] *Infra*, em especial o § 70.º, a propósito da superfície.

O direito-matriz – o ónus propriamente dito – traduz uma forma de aproveitamento da coisa. Uma forma artificial, é certo: mas os direitos reais não se limitam, hoje, aos de gozo. De facto, nos ónus reais, não haveria mediação, sendo patente a sua natureza relativa. Todavia, surge a inerência: o beneficiário pode solicitar as prestações ao proprietário da coisa, onde quer que este se encontre. Temos, assim, um direito real de aquisição[1480], direito esse que é fonte de obrigações: as obrigações *propter rem*, também ditas "obrigações reais"[1481]. Preferimos evitar esta última designação: poderia implicar que tais obrigações tenham natureza real, o que não sucede.

II. As relações jurídicas reais (Oliveira Ascensão) são as que se estabelecem entre titulares de direitos reais, com vista a resolver conflitos de vizinhança ou de sobreposição. Podemos apresentá-las como o produto de ónus reais recíprocos.

A vizinhança é o referido fenómeno sociológico e jurídico que deriva da contiguidade ou da proximidade entre prédios ou partes de prédios (frações autónomas). Quando ocorra, o exercício da propriedade (ou de outro direito de gozo) por um dos vizinhos pode bulir com os direitos dos outros. O Direito intervém, fixando uma teia complexa de relações entre vizinhos, de modo a permitir uma convivência pacífica e mutuamente proveitosa. O Código Civil, nos seus artigos 1346.º a 1382.º versa diversas relações de vizinhança.

III. Todas estas relações surgem entre titulares de Direitos reais, sejam eles quais forem. Elas são inerentes às coisas em presença; mas dão origem a obrigações de diversa natureza. Do nosso ponto de vista, têm natureza real[1482]; no seu funcionamento, elas podem originar direitos potestativos e, ainda, verdadeiras obrigações, também *propter rem*.

[1480] Henrique Mesquita, *Obrigações reais* cit., 454-455, pretende que os bens onerados respondem pelas obrigações, o que nos levaria aos direitos reais de garantia; mas sem base legal. Oliveira Ascensão, *Reais* cit., 5.ª ed., 592 ss., nega-lhes natureza real por não lhes descobrir um "aproveitamento funcional da coisa": mas isso equivale a negar os direitos reais de aquisição, o que está hoje fora de causa.

[1481] Giovanni Balbi, *Obbligazione reale*, NssDI XI (1965), 666-674 (666 ss.).

[1482] *Direitos reais*, n.º 173.

157. Aplicação às relações de vizinhança

I. A natureza das relações de vizinhança, bem como o seu regime, são esclarecidas com recurso ao esquema dos ónus reais e das obrigações *propter rem*. Cumpre proceder a uma enumeração, na base do Codigo Civil. Temos:

(1) abstenção de certas emissões (1346.º);
(2) abstenção de instalações prejudiciais (1347.º);
(3) cuidados no tocante a escavações (1348.º);
(4) passagem forçada momentânea (1349.º);
(5) providências quanto à ruína de construção (1350.º);
(6) escoamento natural das águas (1351.º);
(7) obras defensivas de águas (1352.º);
(8) direito de demarcação (1353.º a 1355.º);
(9) direito de tapagem (1356.º a 1359.º);
(10) regras quanto a construções e edificações (1360.º a 1369.º);
(11) regras quanto a muros de meação (1370.º a 1375.º);
(12) regras quanto ao fracionamento e ao emparcelamento de prédios rústicos (1376.º a 1382.º).

II. Todas estas situações originam feixes de obrigações ou de sujeições, contracenando com direitos de crédito ou com direitos potestativos. Podemos, em geral, considerar essa matéria como obrigações *propter rem* ou obrigações reais. Os ónus reais são as posições permanentes que permitem a emergência das obrigações em jogo. Não têm autonomia: inscrevem-se no conteúdo do direito de propriedade sobre imóveis. Pelo conteúdo passivo, encontramos:

(1) obrigações de abstenção (emissões, instalações prejudiciais e escoamento natural de águas);
(2) obrigações de cuidado e de reparação (escavações, ruína de construção e obras defensivas de águas);
(3) sujeição à denominada passagem forçada momentânea;
(4) institutos complexos (demarcação, tapagem, construções e edificações, paredes e muros de meação e fracionamento e emparcelamento).

III. A aplicação plena da técnica das obrigações *propter rem* às relações de vizinhança implica um alargamento dessas obrigações, de modo a abranger as meras abstenções e as sujeições. Pelo prisma ativo, encontramos os correspondentes direitos de crédito – visam o aproveitamento de condutas humanas – e, em certos casos, de direitos potestativos. Às obrigações *propter rem* aplica-se o regime próprio do Direito das obrigações, modelado em função das circunstâncias em que ocorram. A sua fonte primeira é, todavia, o ónus real, inscrito *ex lege*, no conteúdo do direito real. Chamamos a atenção para os pontos seguintes, relativos às obrigações *propter rem*:

(1) não são suscetíveis de renúncia antecipada (809.º): tal renúncia só será possível, em cada caso, depois da sua constituição;
(2) podem ser afeiçoadas pelas partes, no exercício da sua autonomia privada;
(3) dependendo de cada situação, podem ser exigíveis em sentido forte ou, apenas, fraco; neste último caso, exigem interpelação;
(4) são sensíveis à impossibilidade superveniente não-imputável ou à alteração das circunstâncias;
(5) salvo disposição em contrário (por exemplo, o artigo 1355.º, quanto à demarcação), são prescritíveis.

IV. Os ónus reais e as relações jurídicas reais obedecem ao regime do Direito das coisas. Submetem-se ao princípio da tipicidade e são publicitados através da publicidade dada ao direito de propriedade em que se inscrevem. Têm inerência, pelo prisma ativo e pelo passivo. Permitem a extensão do gozo e, daí, o aproveitamento de uma coisa corpórea. Inscrevem-se na permissão normativa básica. Têm, pois, natureza real[1483].

Já as obrigações *propter rem* que delas decorram: são efetivas obrigações que, em tudo quanto não sofra inflexão, seguem o regime geral.

V. Devemos ter presente que, cada vez mais, o aproveitamento das coisas corpóreas assegurado por Direitos Reais, em especial no tocante à propriedade sobre imóveis, depende de uma teia de obrigações. Algumas, como as ligadas ao fornecimento de energia, de água, de sinais digitais e de segurança privada devem ser expressamente contratadas. Outras, derivam

[1483] O nosso *Direitos Reais*, n.º 173.

da lei, preenchendo o Direito da vizinhança. Sem o cumprimento de tais obrigações, nenhum aproveitamento se tornaria possível.

158. A colisão de direitos

I. O Direito da vizinhança enquadra conflitos entre titulares de direitos reais sobre prédios vizinhos. À partida, todos esses direitos são plenos: podem, pois, colidir entre si. A colisão de direitos tem um enquadramento geral no artigo 335.º do Código Civil, cujo teor importa ter presente[1484]:

> 1. Havendo colisão de direitos iguais ou da mesma espécie, devem os titulares ceder na medida do necessário para que todos produzam igualmente o seu efeito, sem maior detrimento para qualquer das partes.
>
> 2. Se os direitos forem desiguais ou de espécie diferente, prevalece o que deva considerar-se superior.

Na aplicação deste preceito, a jurisprudência e a doutrina têm apurado diversos critérios de harmonização dos direitos em conflito[1485]. Tais critérios cedem em face de normas especiais de Direito da vizinhança. Mas não totalmente: no que tais normas especiais deixem em aberto ou nas áreas em que as necessidades da sua interpretação impliquem o recurso ao sistema, os parâmetros dsenvolvidos sob o artigo 335.º retomam a sua capacidade aplicativa.

II. Assim, perante direitos de espécie diferente, temos os tópicos seguintes:

(1) a antiguidade relativa;
(2) os danos pelo não-exercício;
(3) os lucros do exercício;
(4) a prevalência em abstrato;
(5) o igual sacrifício;
(6) a composição aleatória equilibrada;
(7) a composição aleatória.

[1484] *Vide* o nosso *Código Civil comentado*, I, 942 ss..

[1485] *Tratado*, V, 3.ª ed., 423 ss., onde podem ser confrontadas as indicações pertinentes; *idem*, 437 ss., quanto à jurisprudência.

Os três primeiros critérios são normais; os quatro últimos, de recurso.

O primeiro e inevitável tópico é dado pelo brocardo *prior tempore, potior iure*: o direito primeiro constituído tenderá a prevalecer, no seu exercício, sobre os direitos igualmente válidos, mas só depois formados. Embora algo pesado, este critério dá corpo a vetores de estabilidade que dominam nas sociedades humanas desde a sedentarização; além disso, acolhe igualmente o princípio da confiança, muito importante nos nossos dias.

Na base deste critério, por exemplo, uma fábrica não pode cessar a sua laboração por causa da construção de novas residências, cujos proprietários invoquem o direito ao repouso. Mas já não poderia instalar-se, *ex novo*, tal fábrica, junto de um bairro residencial preexistente.

III. O segundo tópico remonta aos clássicos (Thibaut, Correia Teles e Seabra): o da minimização dos danos. De facto, o direito subjetivo é, antes de mais, uma vantagem para o titular: há que interpretá-lo e que concretizá-lo, de modo a que não se converta em prejuízo. Perante uma colisão, haverá sempre que perguntar pelas consequências do não-exercício ou do não-exercício pleno, por parte de cada um dos envolvidos. Feita essa operação, dar-se-á prevalência àquele cujo não-exercício acarrete maiores danos.

O "dano" aqui, deve ser considerado em termos sociais e humanos: não meramente econométricos.

Por exemplo: numa colisão entre o direito de iniciativa económica (a construção de uma linha de metropolitano) e o direito ao repouso do morador, poderá ceder este último se se verificar que, com uma pequena despesa, o morador pode ser provisoriamente realojado, enquanto a paragem noturna das obras acarretaria um prejuízo astronómico: claro está: o morador deverá ser indemnizado; quanto à dimensão social do dano: haverá que ponderar, quando se mande parar uma unidade fabril, a perda de postos de trabalho ou os prejuízos para a exportação.

Também aqui intervêm os danos não-patrimoniais. Assim, na colisão de direitos de usar um automóvel, prevalece o do titular que pretenda levar o filho ao hospital, sobre o do que queira ir passear: o dano do não-exercício é, no primeiro caso, superior ao do segundo.

IV. O terceiro tópico prende-se com os lucros. O lucro tem uma dimensão individual: a lógica da subjetivação jurídica, que dobra, ela própria, a da apropriação privada. Todavia, ele tem ainda um papel social, que interessa a toda a sociedade e que o Direito valoriza. Numa colisão de direitos, este fator deve ser usado: se o exercício de um direito dá, ao seu titular, um bom lucro, ele prevalecerá sobre outro exercício igualmente legítimo, mas sem tais consequências. Resta acrescentar que "lucro" não é, aqui, apenas faturação; releva, antes, uma dimensão social ampla.

Por exemplo: na utilização de uma casinha, num certo fim de semana, prevalece o exercício do contitular que tenha sete filhos sobre o de um outro que, tendo alternativas, lá vá *solo*; do mesmo modo, a utilização produtiva de um recinto leva a melhor sobre a sua manutenção devoluta.

V. Os três apontados tópicos prevalecem, pela ordem indicada, uns sobre os outros. Mas não fatalmente: pode acontecer que um critério à partida menos ponderoso assuma, *in concreto*, tais dimensões, que deva passar à frente dos restantes. Para tanto, faremos apelo à ideia de sistema móvel[1486]: um conjunto articulado de proposições intermutáveis, em função dos valores que representam e das solicitações exteriores. Pode, todavia, suceder que o recurso aos três apontados tópicos não permita qualquer conclusão.

Nessa altura, recorremos ao quarto tópico: a ponderação abstrata. Uma vez que o exercício concreto não permite conclusões, impõe-se recorrer a esse tipo de ponderação. Como excluímos do âmbito da colisão os casos dotados de regimes explícitos – p. ex.: direitos reais *versus* direitos de crédito – ficam-nos situações de tal modo diversas que não foram, pela História da dogmática, objeto de específicas soluções. Pense-se na colisão entre direitos indisponíveis e direitos disponíveis: prevalecem os primeiros.

Por essa via, os direitos de personalidade tenderão a prevalecer sobre os direitos reais: mas apenas na inoperacionalidade de qualquer dos critérios anteriores. Nas hipóteses-limite de perigo de vida ou equivalentes, dispomos do instituto do estado de necessidade.

VI. Não sendo possível, também por esta via, fazer uma destrinça concreta, teremos de concluir que, apesar de diferentes, os dois direitos acabam empatados. Será, então, de recorrer ao critério previsto para os "direitos iguais ou da mesma espécie" (335.º/1): devem os titulares ceder na medida do necessário para que todos produzam igualmente o seu efeito,

[1486] *Tratado* I, 4.ª ed., 973.

sem maior detrimento para qualquer das partes. Evidentemente: essa cedência mútua postula que, no concreto, se trate de direitos que comportem exercícios parcelares. É o critério do igual sacrifício.

VII. Se nenhum dos critérios operar e não sendo possível resolver o problema pelo igual exercício, queda o quinto tópico: ambos os direitos se anulam, nenhum podendo ser exercido. Tal saída teria, a seu favor, a manutenção de uma certa paz social. Todavia, parece-nos pouco razoável, pois redundaria no desperdício de riqueza. Por isso, ficam-nos os sexto e sétimo tópicos: as composições aleatórias: equilibrada, se possível ou pura, na hipótese contrária.

Por exemplo: se uma pessoa tem o direito de levar um automóvel para uma discoteca e a outra, para um local diferente de diversão, na falta de outro critério, uma de duas: ou combinam que uma vai num fim de semana e outra no outro, à escolha ou à sorte ou, se for saída única, sorteiam quem sai.

É evidente que, chegados a este ponto, o Direito reconhece que já não tem critérios científicos para oferecer. O problema poderia ser encarado com regras de cortesia ou de trato social: essenciais, mas não-jurídicas.

VIII. Na hipótese de os direitos serem "iguais ou da mesma espécie", a lei determina, simplesmente, a prevalência do princípio do igual tratamento: *devem os titulares ceder na medida do necessário para que todos produzam igualmente o seu efeito, sem maior detrimento para qualquer das partes*, nas palavras do artigo 335.º/1, 2.ª parte.

A consequência da cedência mútua postula que os direitos sejam, por natureza, suscetíveis de exercícios parcelares. Além disso, a cedência mútua parte ainda do princípio de que é possível uma repartição, por igual, das vantagens do direito e, ainda, uma igualização de "detrimentos". E se o não for? A "igualdade" ou a "pertença à mesma espécie" são constatáveis em abstrato. Na hipótese de a colisão não poder ser resolvida com recurso ao princípio do igual tratamento, temos uma lacuna. Não oferece dúvidas, quer pela analogia manifesta, quer pela proximidade sistemática, fazer então apelo ao artigo 335.º/2: verificando, em concreto, se algum dos tais direitos "iguais ou da mesma espécie" deve considerar-se superior, no seu exercício. Caímos, assim, nos três primeiros critérios acima enunciados, a articular nos termos de um sistema móvel: a antiguidade relativa, o menor dano e o maior prejuízo.

Se nenhum desses critérios – ou todos em conjunto – se mostrar operacional, temos um problema: não se pode apelar à prevalência em abstrato, uma vez que estamos perante direitos iguais, nem ao igual sacrifício, que já vimos ser impossível. Ficam-nos, nessa altura, as composições aleatórias: ou com equilíbrio ou puras.

159. As regras especiais sobre vizinhança

I. Recordados os vetores gerais sobre a colisão de direitos, cabe agora verificar algumas particularidades próprias do Direito da vizinhança. No essencial, elas apenas concretizam vetores presentes na doutrina oriunda do artigo 335.º. Podemos sistematizar tais particularidades em três parâmetros:

(1) a reciprocidade negativa;
(2) o equilíbrio imobiliário;
(3) o controlo pelo sistema (abuso do direito).

A reciprocidade negativa, já usada a propósito das doutrinas exógenas sobre a propriedade[1487], recorda que, no mundo real, ninguém está isolado. O proprietário que procure proteção relativamente aos vizinhos deve, ele próprio, ser respeitador: não faço para que tu não faças. Esta ideia é muito fecunda: as diversas regras civis, patentes nos artigos 1346.º e seguintes, são formuladas em termos unilaterais. Mas elas contemplam, de igual modo, todos os implicados. A medida em que isso ocorra ou possa ocorrer constitui um bom complemento interpretativo e aplicativo do Direito da vizinhança.

II. O equilíbrio imobiliário tempera, com uma nota de bom senso, a aplicação do Direito de vizinhança[1488]. Imaginando que uma fábrica dispendiosa tenha sido instalada, incomodando os moradores de uma vivenda. Na pureza do artigo 1346.º, ela deveria cessar: os moradores poderiam

[1487] *Supra*, n.º 20.

[1488] José de Oliveira Ascensão, *A preservação do equilíbrio imobiliário como princípio orientador da relação de vizinhança*, Est. Henrique Mesquita 1 (2009), 205-230 (227 ss.); este Autor refere, em abono, os artigos 1396.º, segunda parte (águas subterrâneas) e 566.º/1 (indemnização em dinheiro).

proibir as emissões dela resultantes. Mas como alternativa razoável para todos: a dona da fábrica poderia financiar uma moradia idêntica, em local sossegado. Digamos que a riqueza imobiliária funciona num *continuum*, devendo prevalecer o equilíbrio e a razoabilidade[1489].

III. Por fim, todas as situações de vizinhança podem ser sindicadas pelo sistema, através do princípio da boa-fé e do abuso do direito. Os casos emblemáticos da chaminé falsa de Colmar ou dos dirigíveis de Compiègne[1490] eram, de facto, problemas de vizinhança. Atos emulativos, exercícios gravosos inúteis e desequilíbrios sensíveis e injustificados são sindicados pelos tribunais como abusivos[1491]. O equilíbrio nas relações de vizinhança sai, assim, reforçado.

[1489] Christian von Bar, *Gemeineuropäische Sachenrecht*, II – *Besitz; Erwerb und Schutz subjektiver Sachenrecht* (2019), § 4, II (164 ss.); p. ex. e em especial, Nr. 132 (201).

[1490] *Tratado*, V, 3.ª ed., 283 ss..

[1491] Christian von Bar, *Gemeineuropäisches Sachenrecht*, I – *Grundlagen, Gegenstände sachenrechtlichen Rechtsschutzes, Arten und Erscheinungsformen subjektiver Sachenrechte* (2015), § 3, Nr. 352 (518) e *passim*.

§ 37.º EMISSÕES

160. Generalidades; papel do Direito público e dos direitos de personalidade

I. O artigo 1346.º do Código Civil protege os proprietários (ou mais genericamente, as pessoas) das "emissões de fumos, produção de ruídos e factos semelhantes". Trata-se de um preceito complexo, com muitas interações nas áreas do Direito público e do Direito da personalidade e que tem obtido uma rica concretização jurisprudencial. Podemos subscrever a afirmação do Tribunal Federal Alemão, a propósito do § 906 do BGB, correspondente ao nosso artigo 1346.º, segundo o qual esse preceito constitui a *Generalnorm* do Direito privado da vizinhança[1492]. A doutrina retoma essa ideia[1493]. O estudo do artigo 1346.º e dos meandros da sua aplicação permite soluções úteis para a defesa das pessoas e do ambiente e disponibiliza uma técnica essencial para gerir situações de conflito entre direitos subjetivos igualmente legítimos. Note-se que "emissões", usado na lei portuguesa, tem a ver com o prédio que as produz; "imissões", usada na Alemanha (*Immissionen*) e em Italia (*immissioni*), traduz esse fenómeno, pelo prisma do prédio que as sofre.

II. A defesa assegurada pelo artigo 1346.º articula-se com o Direito público do ambiente e com os direitos de personalidade. Como fundamento jurídico-positivo recordamos o artigo 9.º, *d*), da Constituição, que comete ao Estado a tarefa fundamental de promover o bem-estar, a qualidade de vida do povo e a efetivação dos direitos ambientais, referidos no artigo 66.º, sobre o ambiente e a qualidade de vida. Esta área é desenvolvida pela

[1492] BGH 25-out.-2013, BGHZ 198 (2014), 327-337, Nr. 8 (330).

[1493] Reiner Lemke, no PWW/BGB cit., 15.ª ed., § 906, Nr. 1 (1934); Bettina Brückner, no *Münchener Kommentar* cit., 8, 8.ª ed., § 906, Nr. 1 (914).

Lei de Bases do Ambiente, aprovada pela Lei n.º 19/2004, de 14 de abril. Dispõe, por exemplo, o artigo 5.º desse diploma:

> 1. Todos têm direito ao ambiente e à qualidade de vida, nos termos constitucional e internacionalmente estabelecidos.
>
> 2. O direito ao ambiente consiste no direito de defesa contra qualquer agressão à esfera constitucional e internacionalmente protegida de cada cidadão, bem como o poder de exigir de entidades públicas e privadas o cumprimento dos deveres e das obrigações, em matéria ambiental, a que se encontram vinculadas nos termos da lei e do direito.

A efetivação das regras contidas na Lei de Bases do Ambiente deveria constituir uma tarefa básica do Parlamento, dos partidos políticos (todos), do Governo, da Administração Pública e dos tribunais.

III. Em decorrência das regras básicas sobre o ambiente, cabe lidar com múltiplas fontes relativas a pontos específicos em causa. O Direito das emissões pode, a essa luz, ser articulado numa "pirâmide" de normas[1494]. O presente *Tratado* centra-se no Direito civil. Mas não ignora as articulações com o Direito público, decisivas, em certos casos. Sem a intervenção eficaz do Estado e dos poderes públicos, não há defesa consistente do ambiente, nem um controlo efetivo das emissões. Desde já adiantamos um ponto decisivo: em caso algum normas do Direito público podem ser usadas para diminuir o nível de proteção conferido pelo Direito civil. A defesa das pessoas contra emissões, particularmente contra ruídos, contra gases ou elementos semelhantes nunca pode ser prejudicada porque o emitente conseguiu uma "licença" da câmara municipal[1495] ou porque os sons emi-

[1494] Hans D. Jarass, *Grundstrukturen des Immissionsschutzrechts*, JuS 2009, 608-614 (608/II).

[1495] STJ 22-mar.-2018 (Maria da Graça Trigo), Proc. 184/13, onde se decidiu, e bem, que o direito ao repouso, ao sono e à tranquilidade prevalecem sobre o de manter um poste de média tensão, não obstante a atividade da ré estar licenciada e a nível do ruído não exceder os limites regulamentares; RLx 9-abr.-2019 (Dina Maria Monteiro), Proc. 27564: um caso de campos de padel, que mau grado a existência de uma licença camarária, constituíam uma base para ruídos que incomodavam os moradores; diz: "a licença especial de ruído (artigo 15.º do Regulamento Geral do Ruído) não pode ser considerada como alienação municipal de tranquilidade". *Vide*, ainda, entre outros, RCb 5-jul.-2000 (Maria Regina Rosa), Proc. 759/2000.

tidos ficam aquém do do Regulamento do Ruído[1496], abaixo referido[1497]. A orientação pela qual as regras públicas, até porque servem valores próprios, não restringem os direitos dos particulares são igualmente acolhidas na doutrina[1498].

IV. O Direito da personalidade funciona, hoje, paredes-meias com o tema das emissões. Com efeito, os direitos à vida, à integridade física e moral, à saúde, ao sono e ao repouso[1499], entre outros, são diretamente violados pela generalidade das emissões. Estas, sendo agressivas, não suscitam, apenas, um tema de vizinhança; antes põem em causa os direitos de personalidade (em regra dobrados por direitos fundamentais) dos moradores atingidos. Além de um tópico argumentativo muito usado em processos relativos a emissões[1500] os direitos de personalidade operam com muito peso em ocorrências de conflitos de direitos. Em regra, eles prevalecem, facilitando as decisões dos tribunais.

161. **Efeito de estufa, emissões industriais e ruído**

I. Como adiantado, o problema das emissões tem, hoje, um relevante nível ambiental. O Código Civil versa essa matéria pelo prisma dos interesses privados diretos: permite, a cada proprietário, proteger-se contra práticas que atinjam essa sua posição. Mas para além disso, as emissões vêm bulir com evidentes interesses públicos. Elas podem afetar toda a comunidade, independentemente de quaisquer situações de propriedade. Têm, assim, vindo a multiplicar-se as medidas de Direito público tendentes

[1496] STJ 17-jun.-2002 (Quirino Soares), Proc. 01B4140. Diz-se no sumário:

> 3. A ilicitude de um comportamento ruidoso, que prejudique o repouso, a tranquilidade e o sono de terceiros, está no facto de, injustificadamente e para além dos limites do socialmente tolerável, lesar tais baluartes de integridade pessoal.
>
> 4. A ilicitude, nesta perspectiva, dispensa a aferição do nível do ruído por padrões legais estabelecidos.

[1497] *Infra*, n.º 161, IV.

[1498] Henrique Mesquita, *Direitos Reais* cit., 142; Luís A. Carvalho Fernandes, *Lições de Direitos Reais* cit., 6.ª ed., n.º 87, III (220-221); José Alberto Vieira, *Direitos Reais* cit., 3.ª ed., n.º 95, II (319); Luís Menezes Leitão, *Direitos Reais* cit., 9.ª ed., n.º 4.2.1. (197).

[1499] *Tratado*, IV, 5.ª ed. (2019), 165 ss..

[1500] *Vide* múltiplos exemplos *infra*, n.º 163.

a conter as emissões dentro de limites havidos como aceitáveis. A natureza pública de tais medidas decorre da intervenção de entidades públicas dotadas de poderes de autoridade seja na definição de limites, seja na fiscalização: normalmente, em ambas essas dimensões. Vamos referenciar, a título não-exaustivo:

(1) os gases com efeito de estufa;
(2) as emissões industriais;
(3) O Regulamento Geral do Ruído.

II. A emissão de gases com efeito de estufa, com especial focagem no dióxido de carbono ou CO_2, está a provocar um aquecimento sem precedentes da atmosfera. A prosseguir e no espaço de duas gerações, esse fenómeno irá provocar uma forte elevação do nível do mar, inundando centenas de cidades costeiras, fenómenos metereológicos extremos, desertificação e extinções em massa[1501]. A Humanidade está avisada há décadas. Todavia, os líderes mundiais não têm coragem para tomar medidas efetivas. Pelo contrário: conflitos locais obtêm a atenção global, quando o essencial passa ao lado.

Algumas iniciativas têm sido tomadas. Sublinhamos o Decreto-Lei n.º 38/2013, de 15 de março, que transpôs a Diretriz 2003/87, de 13 de outubro, relativa à emissão de gases com efeito de estufa. Esse diploma foi substituído pelo Decreto-Lei n.º 12/2020, de 6 de abril[1502], que manteve transitoriamente em vigor alguns preceitos do Decreto-Lei n.º 38/2013. O esquema das licenças visa disciplinar a emissão de GEE (gases com efeito de estufa), permitindo a recolha de fundos e o estabelecimento de um mercado, uma vez que as licenças podem ser alienadas (24.º). Preveem-se penalizações por incumprimento de valores-limite (35.º) e por emissões excedentárias (36.º). Tais medidas, mesmo a serem observadas, são de duvidosa eficácia: os principais poluentes internacionais (Estados-Unidos, China e Índia) não observam limitações minimamente razoáveis.

[1501] *Vide* o Relatório do GIEC (Grupo de peritos intergovernamental sobre a evolução do clima) AR6 de 28-fev.-2022, na Net. Outros relatórios, menos otimistas, apontam para uma série de reações em cadeia que poderiam provocar uma inabitabilidade geral, tipo Vénus.

[1502] Alterado pelo Decreto-Lei n.º 114/2021, de 15 de dezembro de 2021.

III. o Decreto-Lei n.º 127/2013, de 30 de agosto, em transposição da Diretriz 2010/75, de 24 de novembro, estabeleceu o Regime das emissões industriais aplicável à prevenção e ao controlo integrados da poluição. Tem em vista a redução de emissões para o ar, a água e o solo e a produção de resíduos, para alcançar um elevado nível de proteção do ambiente no seu todo. O diploma comporta uma série de instalações em anexo, as quais só podem ser exploradas precedendo licenças previstas no diploma (11.º). Estas licenças ambientais pressupõem um procedimento (34.º a 43.º). As instalações de incineração e de coincineração de resíduos são regulamentadas (58.º a 67.º). Seguem-se diversas outras disposições por sectores e preveem-se contraordenações (111.º).

IV. O Regulamento Geral do Ruído foi aprovado pelo Decreto-Lei n.º 9/2007, de 17 de janeiro[1503], substituindo o anterior regime legal sobre poluição sonora, aprovado pelo Decreto-Lei n.º 292/2000, de 14 de novembro. Tal Regulamento estabeleceu regras para a prevenção e o controlo da poluição sonora, visando a salvaguarda da saúde humana e o bem-estar das populações (1.º). Aplica-se à construção civil, à laboração de estabelecimentos industriais, comerciais e de serviços, a equipamentos para utilização no exterior, a infraestruturas de transporte, veículos e tráfegos, a espetáculos, diversões, manifestações, feiras e mercados e a sistemas sonoros de alarme; funciona, ainda perante o ruído de vizinhança (2.º/1 e 2). Fixa valores-limite de exposição ao ruído; prevê licenças especiais de ruído (15.º), permite obras no interior de prédios, das 8 às 20 horas (16.º) e abre ainda outras exceções. As autoridades policiais podem suspender, oficiosamente ou a pedido do interessado, certas atividades ruidosas (18.º); são fixadas sanções contraordenacionais (28.º).

A técnica de remeter competência, aos municípios, para autorizar ruídos, permite que interesses locais, bem posicionados nas vereações, obtenham licenças desconformes com o bem-estar e o sossego dos habitantes. Para além disso, a fiscalização é escassa e pouco eficaz: uma licença para barulho até à meia-noite pode ser utilizada até às 7 da manhã, sem que as autoridades policiais, desmoralizadas por contínuas campanhas, tenham margem para intervir.

[1503] Alterado pelo Decreto-Lei n.º 278/2007, de 1 de agosto, em especial quanto ao artigo 15.º (licenças especiais de ruído).

V. O Direito público das emissões, categoria do Direito público do ambiente, é decisivo: apenas com a autoridade do Estado é possível disciplinar uma área em que todos dizem acreditar mas em que poucos praticam. É essencial que a lei seja cumprida. Isto dito, cabe salientar três pontos decisivos:

(1) as regras públicas sobre emissões funcionam como normas de proteção, para efeitos do artigo 483.º/1;
(2) para além das vias que os próprios diplomas de Direito público preveem, os particulares prejudicados podem dirigir-se à Administração Pública e, ainda, requerer medidas cautelares de proteção;
(3) o mero respeito pelas regras de Direito público não isenta os agentes poluidores da observância dos direitos privados, conferidos pelo Código Civil e garantidos pela Constituição.

Este último ponto é decisivo: nenhuma licença administrativa, mesmo quando regularmente concedida, pode isentar seja quem for da observância do artigo 1346.º do Código Civil. Há jurisprudência constante, nesse sentido[1504].

162. **Artigo 1346.º**

I. O artigo 1346.º do Código Civil, sob a epígrafe "Emissão de fumo, produção de ruídos e factos semelhantes", dispõe:

> O proprietário de um imóvel pode opor-se à emissão de fumo, fuligem, vapores, cheiros, calor ou ruídos, bem como à produção de trepidações e a outros quaisquer factos semelhantes, provenientes de prédio vizinho, sempre que tais factos importem um prejuízo substancial para o uso do imóvel ou não resultem da utilização normal do prédio de que emanam.

Este preceito adveio do artigo 47.º do anteprojeto Pires de Lima, que tinha uma feição inversa[1505]:

[1504] *Infra*, n.º 163, III.
[1505] Fernando Pires de Lima, *Direito de propriedade* cit., 244.

> O proprietário de um imóvel não pode impedir as emissões de fumo, de fuligem, de vapores, de cheiros, de calor, de ruídos, de trepidações e outras propagações semelhantes provenientes de prédio vizinho, se elas não importarem um prejuízo substancial ao uso do imóvel, ou se elas não resultam da utilização normal do prédio de que emanam.

O artigo 1333.º da 1.ª Revisão Ministerial manteve, com retoques formais, essa mesma redação[1506]. A reviravolta deu-se no artigo 1346.º da 2.ª Revisão Ministerial que, pela positiva, firmou as condições em que o proprietário pode proibir as emissões[1507]. A redação final foi obtida no artigo 1346.º do Projeto[1508].

II. O artigo 1346.º colheu inspiração no artigo 844.º do Código Civil italiano[1509] e no § 906 do BGB alemão[1510]. Todavia, afigura-se que, na versão inicial de Pires de Lima, ele traduziu, praticamente à letra, o artigo 1003.º do Código Civil grego, assim redigido[1511]:

> O proprietário de um imóvel não pode proibir a emissão de fumo, de fuligem, de vapores, de calor, de ruídos, de trepidações e outras reações similares provenientes de outro prédio, se elas não importarem um prejuízo substancial ao uso do seu próprio prédio ou se elas resultarem do uso ordinário, para os imóveis da região, do fundo de onde emanam.

Os três códigos "dadores", com relevo para o grego, adotaram fórmulas "negativas": "não pode proibir". A 2.ª Revisão Ministerial, ao efetuar a conversão para um esquema positivo, mas sem corrigir o resto do preceito, ocasionou diversas perplexidades, abaixo apontadas.

III. Decompondo a previsão do artigo 1346.º nos seus pressupostos, temos: (1) o proprietário de um imóvel; (2) pode opor-se; (3) à emissão de fumo, fuligem e outras realidades; (4) provenientes de um prédio vizinho; (5) sempre que imponham um prejuízo substancial para o uso do imó-

1506 *1.ª Revisão* cit., 41-42.

1507 *2.ª Revisão* cit., 35.

1508 *Projecto* cit., 391.

1509 Chiara Ferrari, em Franzoni/Rolli, *Codice civile commentato*, I (2018), 1108-1114.

1510 Christian Berger, no Jauernig cit., 17.ª ed., § 906 (1653-1659).

1511 Demetrius Gogos, *Das Zivilgesetzbuch von Griechenland* cit., 119 e Pierre Mamopoulos, *Code civil hellénique* cit., 163, nas traduções alemã e francesa, respetivamente.

vel; (6) ou não resultem da utilização normal do prédio de onde emanem. Vamos ver.

(1) o proprietário de um imóvel: o preceito aplica-se a outros direitos de gozo, reais ou pessoais; em função das circunstâncias, as emissões podem ser proibidas pelo condómino, pelo usufrutuário ou pelo superficiário e, ainda, pelo arrendatário; este não pode recorrer ao locador, em virtude do artigo 1037.º/1, *in fine*, pelo que terá de o fazer diretamente contra o emitente;
(2) pode opor-se: o proprietário tem o direito potestativo de proibir as emissões; não tem prazo para o fazer e este poder não prescreve; tão-pouco pode o beneficiário da não-proibição de emissões adquirir a posse de uma "servidão de ruído": ele beneficia da *res facultatis* – 1253.º, *a*)[1512] – sendo mero detentor; todavia, quando o seu não-exercício induza a uma situação de confiança legítima e justificada, originando investimentos de confiança, a proibição superveniente *ad nutum* pode dar azo a um abuso do direito (*suppressio*); a oposição não é precludida pelo facto de, aquando da aquisição da propriedade, as emissões já estarem em curso;
(3) as emissões alinhadas no artigo 1346.º (fumo, fuligem, vapores, cheiros, calor, ruídos e trepidações) são assumidamente exemplificativas ("e quaisquer outros factos semelhantes"); analisando-as, vemos que estão em causa elementos gasosos (fumo, fuligem, vapores e cheiros), energia (calor), vibrações sonoras (ruídos) e vibrações materiais (trepidações); o leque pode ser alargado com facilidade; no tocante a gases, podemos acrescentar ozono, monóxido de carbono, cloro ou vapor de água; quanto à energia, valem a radioatividade, os raios x, os raios gama e os *lasers*; quanto a vibrações, temos fenómenos resultantes de aparelhos de ar condicionado, de descolagens de aviões, de trânsito em autoestradas e vias rápidas, de pirotecnias, de carreiras de tiro, de músicas e de festividades; em compensação, não são havidas como emissões as projeções de líquidos ou de partículas sólidas de alguma dimensão[1513]: estas podem ser sempre proibidas pelos

[1512] *Tratado*, XIII, 618-622.
[1513] Henrique Mesquita, *Obrigações reais* cit., n.º 33 (143-144).

proprietários dos prédios atingidos[1514]; pôs-se a questão de saber se, para efeitos das proibições, valem as "emissões imateriais", isto é, as projeções negativas que possam advir de práticas licenciosas ou imorais perpetradas no prédio vizinho; em França, a jurisprudência do século XIX foi severa em relação às *maisons de tolérance*, resolvendo o "problema" através da responsabilidade civil[1515]; na Alemanha, o tema pôs-se a propósito de casas com práticas contrárias aos bons costumes[1516], de casas de banhos[1517] e de bordéis[1518]; os tribunais entenderam que não havia aqui lugar para as emissões previstas no § 906, com o apoio da doutrina[1519]; em Itália, alguma jurisprudência entendeu abrangidas pelo artigo 844.º certas "emissões" imateriais que provoquem reflexos negativos na propriedade do interessado, designadamente quando estejam em causa a moral e o decoro; o problema pôs-se a propósito das aí denominadas "casas de tolerância"[1520]: uma orientação que parece não ter seguimento[1521]; elas são denominadas "influências"; perante o nosso artigo 1346.º, as "emissões imateriais" só poderiam relevar se ocasionassem verdadeiras emissões: ruídos, música, movimento fora de horas ou perturbações físicas; fora isso, os problemas causados por práticas descabidas, como tabernas ou *sex-shops* junto a escolas, teriam enquadramento no Direito público; o Direito civil poderá ajudar através dos direitos de personalidade, designadamente o direito à integridade moral;

1514 RLx 30-out.-2018 (Manuel Marques), Proc. 118/16.

1515 Cosmas P. Yocas, *Les troubles de voisinage* cit., 27-28; *vide*, como exemplo, Cour Imp. Besançon 3-ago.-1859, S 1860, 2, 255-257 (*établissement dit des Allemandes*).

1516 RG 9-abr.-1904, RGZ 57 (1904), 239-242 (241).

1517 RG 8-abr.-1911, RGZ 76 (1911), 130-133 (133).

1518 BGH 12-jul.-1985, BGHZ 95 (1986), 307-312 (309 e 312).

1519 Bettina Brückner, no *Münchener Kommentar* cit., 8, 8.ª ed., § 906, Nr. 49 (923--924).

1520 CssIt 26-abr.-1951, n. 1017, FI 1952, 1, 349-351 (350/II): o Tribunal Supremo italiano entendeu que "a destinação de um imóvel a casa de tolerância não é uma forma normal de exercício da propriedade" e que, a presença da casa de meretrício não era conduzida com cautela e com circunspeção. *Vide* ainda Chiara Ferrari, em Massimo Franzoni//Rita Rolli, *Codice civile commentato* cit., art. 844.º, 2 (I, 1109).

1521 Chiara Ferrari, ob. e loc. cit., com indicações; Andrea Tabet/Enzo Ottolenghi, *La proprietà* cit., n.º 121 (102), também com indicações; Gino Terzago/Patricia Terzago, *I rapporti di buon vicinato* cit., n.º 2.4. (36).

(4) provenientes de um prédio vizinho: hoje há consenso que "vizinho" significa "próximo" e não, necessariamente, contíguo[1522]; para efeitos do artigo 1346.º, é vizinho todo o prédio cujas emissões possam alcançar o imóvel em causa;
(5) sempre que imponham um prejuízo substancial ao uso do imóvel: "substancial" significa, aqui, considerável; não valem bagatelas que podem ser invocadas apenas por quesílias de vizinhança;
(6) ou não resultem da utilização normal do prédio de onde emanem; neste ponto, ocorrem dúvidas quanto a saber se "prejuízo substancial" e "uso anormal" devem ser entendidos cumulativa ou disjuntivamente; pela nossa parte, já sustentámos a presença de um lapso, na letra do Código[1523]: um "uso anormal" (por exemplo, um holofote) que não cause qualquer prejuízo, não poderia ser proibido; e paralelamente, um "uso normal" que cause prejuízos substanciais (por exemplo, alguém constrói uma vivenda junto de uma fábrica preexistente) não poderia ser proibido.

IV. Na interpretação do artigo 1346.º, é importante ter em conta o facto de, na sequência da misteriosa 2.ª Revisão Ministerial, ele ter mudado a linguagem negativa dos códigos civis alemão, italiano e grego, para uma linguagem positiva. Recordamos que, segundo as normas "dadoras" constantes desses códigos, o proprietário não podia proibir certas emissões: de fumo, fuligem e outras desde que: (1) elas não provocassem ou prejuízo substancial (2) ou elas resultassem da utilização normal do prédio imitente, acrescentando mesmo o Código grego: "uso ordinário para os imóveis da região". Daí resultava:

(1) que todas as demais emissões (designadamente sólidos e líquidos) pudessem ser sempre proibidas;
(2) que os dois termos "prejuízo substancial" e "utilização normal" operassem em alternativa.

O anteprojeto Pires de Lima e a 1.ª Revisão Ministerial estavam, pois, corretos. Mas a 2.ª Revisão, ao substituir "não pode impedir" por "pode opor-se", sem corrigir o resto do preceito levantou uma série de dúvidas.

[1522] Miguel Mesquita, *A oposição às emissões em relações de vizinhança*, Est. Manuel Henrique Mesquita, II (2009), 197-225 (199).

[1523] *Direitos Reais*, 1, 595.

Desde logo houve que, por via doutrinária (Henrique Mesquita), explicar que o proprietário pode sempre opor-se a emissões de líquidos e de sólidos. De seguida, ficou em aberto a alternativa "prejuízo substancial" e "uso normal". Aqui chegados, mau grado parte da doutrina[1524] e da jurisprudência[1525] terem seguido o caminho inverso, não vemos como não manter a nossa posição inicial[1526]. Repetimos a ideia:

(1) o prejuízo substancial pode ser insuficiente quando, antes da edificação do prédio prejudicado, já estivesse em laboração uma unidade produtiva fonte de emissões: mandar parar a Autoeuropa, para construir ao lado uma casa de repouso;
(2) o uso anormal também pode ser insuficiente: usar um campo agrícola para projeções de desenhos de criança que não prejudiquem ninguém.

Dada a fórmula positiva adotada pelo artigo 1346.º, afigura-se-nos que os dois termos "prejuízo substancial" e "utilização não-normal" devem ser tomados conjuntamente. A exata forma de articulação depende, toda-

[1524] Pires de Lima/Antunes Varela, *Código Civil anotado* cit., III, 2.ª ed., 1346.º, anot. 5 (178-179), citando Wolff; feito o confronto, com recurso ao original da última edição de Martin Wolff/Ludwig Raiser, *Sachenrecht* cit., 10.ª ed., § 53, II (189-190), verifica-se que, dada a feição negativa do § 906 do BGB, a alternativa funciona: "não pode proibir" se não houver prejuízo ou se o uso for normal; mas isso não é transponível para o artigo 1346.º do Código de 1966: "pode proibir" se houver prejuízo ou (aliás: e) o uso for nornal. O diabo está nos pormenores …; Luís A. Carvalho Fernandes, *Lições de Direitos Reais* cit., 6.ª ed., n.º 87, II (220), embora apontado como defendendo a alternatividade, apresenta, de facto, uma ideia mais trabalhada:

> (…) havendo utilização anormal, tem de haver prejuízo, mas este não carece de ser substancial. Se a emissão resultar da utilização normal do prédio, o prejuízo tem de ser substancial.

Henrique Sousa Antunes, *Direitos Reais* cit., 187-188; Elsa Vaz de Sequeira, UCP/ /*Comentário ao Código Civil* cit., 253 (ambos estes Autores com cautelas); Santos Justo, *Direitos Reais* cit., 7.ª ed., 261, afirma que a letra da lei inculca a alternatividade, mas sem tomar posição; Luís Menezes Leitão, *Direitos Reais* cit., 9.ª ed., n.º 4.2.1. (195-196). Temos dúvidas quanto a ser claro que esta é a posição maioritária.

[1525] REv 5-dez.-2019 (Mário Silva), Proc. 895/17.

[1526] Sensíveis a essa ordenação, além de Carvalho Fernandes, referido na nota anterior; Miguel Mesquita, *A oposição às emissões em relações de vizinhança* cit., 203-209; José Alberto Vieira, *Direitos Reais* cit., 3.ª ed., 321.

via, do uso concreto: digamos que funcionam nos termos de um sistema móvel.

163. Aplicação prática; tendências atuais

I. O artigo 1346.° comporta diversos conceitos indeterminados. Para além da enumeração puramente exemplificativa das emissões, ele reporta "prejuízo substancial" e "utilização normal": noções que apenas em face do caso concreto podem ser esclarecidas. Existe numerosa jurisprudência dos nossos tribunais superiores, em especial nos últimos vinte anos: as pessoas estão mais conscientes dos seus direitos e fazem-nos valer. Além disso, observa-se uma crescente integração no tema das emissões no sistema jurídico, sendo notável a sua aproximação aos direitos de personalidade. De modo a ilustrar, no terreno, os aspetos em causa, vamos reportar algumas decisões, arrumadas por ordem alfabética, quanto ao tipo de emissão[1527].

II. Temos:

aerogeradores: STJ 30-mai.-2013[1528];
agropecuária: RGm 31-mai.-2007[1529];
alta tensão (linhas de): STJ 3-mai.-2018[1530];
ar condicionado: RPt 8-jul.-2015[1531];
bar: RGm 16-jun.-2004[1532] STJ 19-abr.-2012[1533]; REv 10-mar.-2022[1534];

[1527] É a técnica seguida por Curt Jeromin e outros, no *Nachbarrecht/StichwortKommentar* (2021), 1357 pp. maciças, com 134 entradas, envolvendo embora outras situações de vizinhança.

[1528] STJ 30-mai.-2013 (Granja da Fonseca), Proc. 2209/98.

[1529] RGm 31-mai.-2007 (Espinheira Baltar), Proc. 638/07.

[1530] STJ 3-mai.-2018 (Cabral Tavares), Proc. 2115/04.

[1531] RPt 8-jul.-2015 (Fernando Samões), Proc. 912/14; neste caso, havia ainda emissões provenientes de altifalantes internos e de vozearia.

[1532] RGm 16-jun.-2004 (Maria Rosa Tching), CJ XXIX (2004) 3, 285-288 (287/I).

[1533] STJ 19-abr.-2012 (Álvaro Rodrigues), Proc. 3920/07.

[1534] REv 10-mar.-2022 (Francisco Xavier), Proc. 642/17; o som ultrapassava mesmo os limites do Regulamento do Ruído.

cães: REv 26-mar.-2004[1535]; RLx 28-jun.-2007[1536]; RLx 11-nov.-2008[1537]; STJ 30-set.-2010[1538]; REv 11-abr.-2019[1539]; RLx 11-mar.-2021[1540];
café-restaurante: STJ 13-fev.-2014[1541];
cedros: RCb 11-jun.-2019[1542];
centro comercial: RLx 18-set.-2007[1543];
chaminés: RCb 15-fev.-2022[1544];
combustíveis (posto de venda): STJ 7-nov.-2019[1545];
currais (vacas e ovelhas): RPt 12-dez.-2002[1546];
discoteca: STJ 24-out.-1995[1547];
esplanada: RPt 16-set.-2013[1548];
estábulo (gado caprino): STJ 7-abr.-2005[1549];
exaustores, RCb 16-mai.-2000[1550];
fábrica (corte de mármore): RCb 15-fev.-2000[1551];
galinheiro: RPt 28-abr.-1998 (Cândido de Lemos), Proc. 9820181[1552];

1535 REv 26-mar.-2004 (Alexandra Moura Santos), CJ XXIX (2004) 2, 245-247 (246).

1536 RLx 28-jun.-2007 (Salazar Casanova), Proc. 1692/2007.

1537 RLx 11-nov.-2008 (Rui Vouga), Proc. 4724/2008; este caso, além de cães, coloca outras emissões.

1538 STJ 30-set.-2010 (Álvaro Rodrigues), Proc. 1229/05: um aresto bizarro, que faz prevalecer o ladrar de cães sobre o direito ao sono.

1539 REv 11-abr.-2019 (Mata Ribeiro), Proc. 955/18.

1540 RLx 11-mar.-2021 (Pedro Mártires), Proc. 223/19; a decisão valorizou os direitos de personalidade, violados pelos latidos.

1541 STJ 13-fev.-2014 (Lopes do Rego), Proc. 373/04.

1542 RCb 11-jun.-2019 (Jorge Arcanjo), Proc. 1653/18; invocou-se, aqui, o artigo 1346.º, por analogia.

1543 RLx 18-set.-2007 (Luís Espírito Santo), Proc. 4545/2007.

1544 RCb 15-fev.-2022 (Cristina Neves), Proc. 1848/19: originavam fumos, cheiros nauseabundos, detritos e fuligem.

1545 STJ 7-nov.-2019 (Ilídio Sacarrão Martins), Proc. 1386/15.

1546 RPt 12-dez.-2002 (João Bernardo), CJ XXVII (2002) 5, 192-195.

1547 STJ 24-out.-1995 (Fernando Fabião), Proc, 087187 = BMJ 450 (1995), 403-415: a discoteca originava, pela noite fora, rixas, discussões, palavrões escabrosos e ruídos estridentes de escapes.

1548 RPt 16-set.-2013 (Manuel Domingos Abrantes), Proc. 312/12.

1549 STJ 7-abr.-2005 (Bettencourt de Faria), Proc. 04B4781: o estábulo estava em zona urbana, traduzindo um uso anormal do prédio.

1550 RCb 16-mai.-2000 (Garcia Calejo), Proc. 1045/00 = CJ XXV (2000) 3, 16-20.

1551 RCb 15-fev.-2000 (Ferreira de Barros), CJ XXV (2000) 1, 23-26.

1552 STJ 3-out.-2019 (Cândido de Lemos), Proc. 9820/81.

galos e galinhas: STJ 3-out.-2019[1553];
habitação: RPt 8-fev.-2021[1554];
indústria: STJ 22-set.-2009[1555];
insolação: RPt 13-jun.-2019[1556];
jogos (padel): RLx 9-abr.-2019[1557];
laboratório (ensaios): STJ 22-fev.-2000[1558];
lavagem de veículos: STJ 7-nov.-2019[1559]; RPt 22-mai.-2019[1560];
lavandarias: STJ 16-mai.-2000[1561]; RPt 12-jan.-2010[1562]; STJ 18-set.-2018[1563];
líquidos: RLx 3-mar.-2020[1564];
marcenaria: STJ 20-abr.-2004[1565];
mugidos: RGm 28-mai.-2015[1566];
nemato do pinheiro (extermínio): STJ 20-abr.-2021[1567];
obras: REv 5-dez.-2019[1568];
oficina de automóveis: RPt 27-jun.-1999[1569];
orquestra (ensaios): RLx 19-fev.-1987[1570];
passos ruidosos: RPt 11-nov.-2014[1571];

[1553] STJ 3-out.-2019 Rosa Tching), Proc. 3722/16.

[1554] RPt 8-fev.-2021 (Eugénia Cunha), Proc. 22463/17: a violação dos artigos 1346.º e seguintes dá azo ao artigo 483.º.

[1555] STJ 22-set.-2009 (Sebastião Povoas), CJ/Supremo XVII (2009) 3, 75-79 (78).

[1556] RPt 13-jun.-2019 (Filipe Caroço), Proc. 673/17.

[1557] RLx 9-abr.-2019 (Dina Maria Monteiro), Proc. 27564/16; estavam em jogo os ruídos provenientes de sete campos de padel.

[1558] STJ 22-fev.-2000 (Fernandes de Magalhães), Proc. 99A1084.

[1559] STJ 7-nov.-2019 (Ilídio Sacarrão Martins), Proc. 1386/15.

[1560] RPt 22-mai.-2019 (Anabela Tenreiro), Proc. 1386/15.

[1561] STJ 16-mai.-2000 (Silva Paixão), CJ/Supremo VIII (2000) 2, 67-69.

[1562] RPt 12-jan.-2010 (José Carvalho), Proc. 1000/06, aplicando ainda sanções pecuniárias compulsórias, até à cessação dos ruídos e vibrações.

[1563] STJ 18-set.-2018 (Pedro Lima Gonçalves), Proc. 4964/14.

[1564] RLx 3-mar.-2020 (Manuel Marques), Proc. 55/16, recordando que o artigo 1346.º não se aplica a emissões de líquidos, as quais podem ser sempre proibidas.

[1565] STJ 20-abr.-2004 (Nuno Cameira), Proc. 03A4440.

[1566] RGm 28-mai.-2015 (António Sobrinho), Proc. 2372/12.

[1567] STJ 20-abr.-2021 (António Magalhães), Proc. 19/18.

[1568] REv 5-dez.-2019 (Mário Silva), Proc. 895/17.

[1569] RPt 27-jun.-1999 (Viriato Bernardo), Proc. 9630326; a oficina originava diversas emissões.

[1570] RLx 19-fev.-1987 (Carvalho Pinheiro), CJ XII (1987) 1, 141-143 (142/II).

[1571] RPt 11-nov.-2014 (Rodrigues Pires), Proc. 445/14.

pinhas e caruma: RGm 1-out.-2020[1572];
pintura de automóveis: STJ 5-abr.-2018[1573];
pintura eletrostática: RGm 20-nov.-2002[1574];
restaurante: STJ 22-set.-2005[1575]; RLx 10-mar.-2022[1576]; REv 7-abr.-2022[1577];
suínos: STJ 10-mai.-2005[1578]; STJ 27-mar.-2007[1579];
supermercado: RCb 19-fev.-2004[1580];
talho: STJ 21-out.-2003[1581]; RPt 15-jan.-2013[1582]; RPt 8-mai.-2014[1583];
teatro (ensaios): REv 22-abr.-2004[1584];
tiros (máquina de tiros): STJ 15-mar.-2007[1585];
viteleiro: RCb 7-jan.-1992[1586].

III. Uma apreciação de uma decisão judicial implica sempre a análise cuidada do acórdão em jogo e, muitas vezes, o estudo do próprio processo em cujo termo ela foi proferida. A seriação anterior é ilustrativa, sem prejuízo para a apontada necessidade. No seu conjunto, ela permite determinar algumas linhas de força e tendências evolutivas dela decorrentes. Assim:

(1) os nossos tribunais estão, hoje, sensíveis ao tema das emissões, apoiados em questões ambientais e em direitos de personalidade; longe vão os tempos em que, no conflito entre um galinheiro (com o célebre galo Tenório) e uma clínica oftalmológica, se deu a primazia ao primeiro[1587];

[1572] RGm 1-out.-2020 (Fernando Fernandes Freitas), Proc. 149/18: as emissões diretas de corpos sólidos sobre o prédio vizinho são sempre proibidas.

[1573] STJ 5-abr.-2018 (Abrantes Geraldes), Proc. 1853/11.

[1574] RGm 20-nov.-2002 (Leonel Serôdio), Proc. 1057/02.

[1575] STJ 22-set.-2005 (Pereira da Silva), Proc. 04B4264.

[1576] RLx 10-mar.-2022 (Maria José Mouro), Proc. 19750/20

[1577] REv 7-abr.-2022 (Manuel Morgado), Proc. 3315/19.

[1578] STJ 10-mai.-2005 (Lopes Pinto), Proc. 05A1176.

[1579] STJ 27-mar.-2007 (Silva Salazar), Proc. 07A400.

[1580] RCb 19-fev.-2004 (Paulo Távora Vítor), CJ XXIX (2004) 1, 34-37 (35-36).

[1581] STJ 21-out.-2003 (Afonso de Melo), CJ/Supremo XXVIII (2003) 3, 106-108 (108/I).

[1582] RPt 15-jan.-2013 (Fernando Samões), Proc. 902/09.

[1583] RPt 8-mai.-2014 (José Manuel de Araújo Barros), Proc. 169/07.

[1584] REv 22-abr.-2004 (Artur Mota Miranda), CJ XXIX (2004) 2, 251-254 (253).

[1585] STJ 15-mar.-2007 (Oliveira Rocha), Proc. 07B585.

[1586] RCb 7-jan.-1992 (Cardoso de Albuquerque), CJ XXVIII (1992) 1, 83-85 (84).

[1587] STJ 6-mai.-1969 (Carvalho Júnior; vencidos: Correia Guedes e Albuquerque

(2) mau grado as dezenas de decisões disponíveis, as quais, de um modo geral, foram favoráveis aos autores/queixosos, estamos em face da ponta do *iceberg*: a generalidade das pessoas sofre, em silêncio, o degradar do nível de vida, por força das emissões; há, pois, que reforçar a cultura e o Direito;

(3) a legitimação do ruído e das emissões através de licenças camarárias deve, de vez, ser posta de lado: há sempre que, no concreto, ponderar os efeitos reais sobre os lesados;

(4) os tribunais optam por reforçar a estrita dogmática dos direitos reais, centrada no artigo 1346.º, com o recurso aos direitos de personalidade[1588]; parece bem: o rendilhado do artigo 1346.º torna, por vezes, duvidoso o tema do concurso de direitos; além disso, faculta-se o recurso ao artigo 335.º e aos critérios dele decorrentes;

(5) os tribunais prestam ainda atenção a elementos circundantes: por exemplo, o título constitutivo da situação em jogo pode não permitir a atividade emitente[1589];

(6) quando possível, os tribunais acolhem soluções de meio-termo, a que não é estranha uma certa equidade; afigura-se, em geral, preferível a saída mais eficaz.

IV. Em defesa das pessoas e do futuro do nosso Planeta, a matéria das emissões constitui uma das áreas de eleição do moderno Direito das coisas, em articulação com o sistema jurídico no seu conjunto. Ela deve ser estudada, cabendo aos tribunais, sem receios, aplicar as normas em jogo e concretizar os valores que, nelas, afloram.

Rocha), BMJ 187 (1969), 121-125 = RLJ 103 (1970), 371-374: um dos acórdãos menos felizes e mais criticados da nossa jurisprudência.

[1588] O mote foi lançado por Adriano Vaz Serra, anot. ao infeliz STJ 6-mai.-1969, RLJ 103 (1970), 374-380 (374/II). Este acórdão foi citado na nota anterior.

[1589] P. ex., RLx 4-mar.-2004 (Manuel Gonçalves), Proc. 10334/2003.

§ 38.º INSTALAÇÕES PREJUDICIAIS, ESCAVAÇÕES E RUÍNA DE CONSTRUÇÃO

164. Instalações prejudiciais

I. Em face da realidade da vizinhança, não é indiferente o que esteja instalado no prédio vizinho, mesmo quando, de momento, não provoque quaisquer emissões. O problema era contemplado no Código de Seabra, em secção intitulada *Da construcção de depositos de materias nocivas, e de outras construcções similhantes*. Essa secção continha um único artigo: o 2338.º, assim redigido[1590]:

> Todo aquelle que quizer abrir cloaca, fossos ou canos de despejo juncto de qualquer muro, quer este seja commum quer inteiramente alheio, ou construir, encostado ao dicto muro, chaminé, lar, fogão ou forno, ou depositos de sal, ou de quaesquer substancias corrosivas, ou que produzam infiltrações nocivas, será obrigado a guardar as distancias, e a fazer as prevenções determinadas nos regulamentos administrativos locaes; mas, se taes regulamentos não houver, poderão os interessados requerer que se tomem todas as cautelas que, por declaração de peritos, foram julgadas necessarias.

Segundo Cunha Gonçalves, este preceito teria sido escusadamente separado do artigo 2323.º, tendo ambos tido por fonte comum o artigo 674.º do Código Napoleão[1591]. O artigo 674.º do Código Napoleão determina a observância de distâncias e de obras de cautela, quando se pretenda cavar um poço, uma fossa, uma chaminé, uma forja, um forno, um estábulo ou um armazém de sal ou de matérias corrosivas. O artigo 2323.º do

[1590] José Dias Ferreira, *Codigo civil annotado* cit., V, 1.ª ed., 94, fazendo remissões para os artigos 450.º e 2321.º.

[1591] Luís da Cunha Gonçalves, *Tratado de Direito civil* cit., XII, n.º 1798 (63).

Código de Seabra fica próximo deste dispositivo, o mesmo sucedendo, em certa medida, com o transcrito artigo 2338.º.

II. O artigo 1347.º do Código Civil adveio do artigo 48.º do anteprojeto Pires de Lima[1592]. O texto sofreu alterações na 1.ª (1334.º)[1593] e na 2.ª (1347.º)[1594] Revisões Ministeriais, bem como no Projeto (1347.º)[1595]. Isto dito, verificamos que Pires de Lima se distanciou claramente do modelo napoleónico, de certo modo adotado por Seabra. Transcrevemos, para o efeito, o artigo 1347.º em causa:

> 1. O proprietário não pode construir nem manter no seu prédio quaisquer obras, instalações ou depósitos de substâncias corrosivas ou perigosas, se for de recear que possam ter sobre o prédio vizinho efeitos nocivos não permitidos por lei.
>
> 2. Se as obras, instalações ou depósitos tiverem sido autorizados por entidade pública competente, ou tiverem sido observadas as condições especiais prescritas na lei para a construção ou manutenção deles, a sua inutilização só é admitida a partir do momento em que o prejuízo se torne efetivo.
>
> 3. É devida, em qualquer dos casos, indemnização pelo prejuízo sofrido.

Como se vê, não há qualquer problema de distâncias. Antes se prevê um regime formalmente claro[1596]:

(1) o proprietário não pode construir ou manter no seu prédio obras, instalações ou depósitos de substâncias perigosas, se for de recear efeitos nocivos sobre o prédio vizinho;

(2) mas se tais instalações tiverem sido autorizadas pela entidade pública competente ou se tiverem sido observadas as condições

[1592] Fernando Pires de Lima, *Direito de propriedade* cit., 244.

[1593] *1.ª Revisão* cit., 42.

[1594] *2.ª Revisão* cit., 35.

[1595] *Projecto* cit., 391.

[1596] Luís A. Carvalho Fernandes, *Lições de Direitos Reais* cit., 6.ª ed., 221-222; Henrique Sousa Antunes, *Direitos Reais* cit., 200; Rui Pinto/Cláudia Trindade, em Ana Prata (org.), *Código Civil anotado* cit., II, 2.ª ed., 169-170; José Alberto Vieira, *Direitos Reais* cit., 3.ª ed., 322-323; Rui Pinto Duarte, *Curso de Direitos Reais* cit., 4.ª ed., 95-96; António Santos Justo, *Direitos Reais* cit., 7.ª ed., 261-263; Maria João Vasconcelos, UCP/ /*Comentário ao Código Civil* cit., 256-258..

especiais prescritas na lei, a sua inutilização só é possível se o prejuízo se tornar efetivo;

(3) em qualquer caso, é devida indemnização.

Qual a fonte inspiradora de Pires de Lima? Não houve estudos preparatórios publicados. O Código Anotado refere, de passagem, o § 907 do BGB[1597]. Feito o confronto, verifica-se que esse preceito[1598], diretamente ou através dos artigos 1004.º e 1005.º do Código grego[1599], cuja letra está próxima do artigo 1347.º/1 e 2, foi, de facto, a fonte inspiradora do preceito em causa. Já os artigos 889.º e 890.º do Código italiano, por vezes aproximados do preceito em estudo, mantêm a técnica napoleónica das distâncias.

III. O artigo 1347.º comporta normas totalmente distintas. O seu n.º 1 dirige-se à eventualidade de danos, tendo um alcance preventivo. Prevê a construção ou a manutenção de obras, instalações ou depósitos de substâncias corrosivas ou perigosas. Esta fórmula é mais lata do que a do acima transcrito artigo 2338.º do Código de Seabra. Todavia, a sua interpretação atualista implica, ainda, maiores alargamentos:

(1) a ideia de "substâncias perigosas" alarga-se a todas as que, *in concreto*, possam gerar perigo; assim sucede com a água que, mercê de obras de construção de uma autoestrada, possam escoar para os prédios vizinhos[1600];
(2) o perigo pode residir em emissões: será o caso de um forno de lenha que gere fumo e faúlhas[1601];
(3) a prevenção de instalações perigosas envolve, como caso muito atual, o direito de exigir a limpeza do terreno vizinho, para evitar incêndios[1602];

[1597] Pires de Lima/Antunes Varela, *Código Civil anotado* cit., III, 2.ª ed., 181.

[1598] Bettina Brückner, no *Münchener Kommentar* cit., 8, 8.ª ed., § 907 (962-969); Herbert Roth, no *Staudingers Kommentar* cit., § 907 (318-337).

[1599] Demetrius Gogos, *Das Zivilgesetzbuch von Griechenland* cit., 119; Pierre Mamopoulos, *Code civil hellénique* cit., 163.

[1600] RCb 12-mar.-2013 (Albertina Pedroso), Proc. 412/05.

[1601] RPt 10-dez.-2013 (Luís Moreira), Proc. 40/12.

[1602] STJ 22-jun.-2017 (Oliveira Vasconcelos), Revista 1281/12.2, *Sumários*, junho de 2017, 59.

(4) a aplicação do artigo 1347.º/1 fica reforçada quando, não havendo autorização pública, se verifiquem desde logo prejuízos efetivos: assim sucedeu num caso de fossas que provocaram a contaminação de um poço[1603].

IV. O artigo 1347.º/1, em conjunto com outros preceitos do Código Civil, entre os quais os artigos 492.º, 493.º/1 e 1348.º, integra-se num princípio geral de prevenção de perigo[1604], base dos deveres de tráfego[1605]. Este aspeto é muito relevante, devendo intensificar-se no futuro: o artigo 1347.º/1 está virado para a prevenção. A Lei civil pretende que não haja danos. Quando estes se perfilem, ainda que como hipótese, ocorrem deveres para os evitar.

V. O artigo 1347.º/2 tem uma feição distinta. Ele articula-se com normas de Direito público que prevejam: (1) ou uma autorização, pela entidade pública competente, para as instalações perigosas; (2) ou a observância das condições especiais prescritas na lei para a sua construção ou manutenção. Nessa eventualidade, as instalações prejudiciais só podem ser inutilizadas quando o dano se torne efetivo.

Este preceito tenta um equilíbrio numa área delicada. Em abstrato, tudo pode ser perigoso, dependendo das circunstâncias. As inovações assustam, por vezes, os espíritos. A experiência atual documenta movimentos de pura histeria coletiva: os episódios da coincineração e do lítio documentam-no, independentemente das dúvidas científicas que devam ser tidas em conta. O Código Civil admite que, havendo uma autorização admininistrativa (pressupondo-se que foi antecedida por estudos técnicos capazes e concludentes), o risco das instalações perigosas baixe consideravelmente, ao ponto de não ser necessária a prevenção. O mesmo sucede quando, havendo condições especiais prescritas na lei, elas se mostrem observadas. Nessa altura, só se justifica a inutilização das instalações se o dano for efetivo. Impõe-se, todavia, uma interpretação restritiva: se for evidente que vai haver dano, afigura-se quimérica e, mesmo, irresponsável

[1603] STJ 21-nov.-2006 (Azevedo Ramos), Proc. 06A3711 = CJ/Supremo XIV (2006) 3, 121-124.

[1604] STJ 7-out.-2014 (Silva Salazar), Proc. 2009/11; STJ 14-fev.-2017 (Alexandre Reis), Proc. 528/09; STJ 25-out.-2018 (Alexandre Reis), Proc. 2511/10; STJ 14-jul.-2021 (Vieira e Cunha), Proc. 1168/13.

[1605] *Tratado*, VIII, 571-589, com indicações; *infra*, n.º 167.

que se deva aguardar um prejuízo real (quiçá: perda de vidas humanas), para pôr cobro ao perigo, neutralizando as instalações.

VI. Em termos processuais, cabe apontar uma evolução. O Código de Processo Civil aprovado pelo Decreto-Lei n.º 44 129, de 28 de dezembro de 1961, previa, no seu artigo 1052.º, no domínio das ações de arbitramento, um procedimento específico para as ações de prevenção contra o dano[1606]. A reforma introduzida pelo Decreto-Lei n.º 329-A/95, de 12 de dezembro, deu, a esse preceito, uma redação diferente, suprimindo a prevenção do dano[1607]. A partir daí, há que recorrer à ação declarativa comum[1608].

165. Escavações

I. O artigo 1348.º dispõe sobre escavações. Para efeitos de análise, eis o seu texto:

> 1. O proprietário tem a faculdade de abrir no seu prédio minas ou poços e fazer escavações, desde que não prive os prédios vizinhos do apoio necessário para evitar desmoronamentos ou deslocações de terra.
> 2. Logo que venham a padecer danos com as obras feitas, os proprietários vizinhos serão indemnizados pelo autor delas, mesmo que tenham sido tomadas as precauções julgadas necessárias.

Este preceito tem antecedentes no Código de Seabra. Este comportava uma secção relativa a escavações (2321.º a 2323.º)[1609]. No 2321.º permitia, ao proprietário abrir, no seu prédio, minas e poços e fazer as escavações que "bem lhe parecerem", salvo as disposições seguintes. No 2322.º proibia a extensão das minas e escavações para além da linha perpendicular divisória, sem o consentimento do vizinho. No 2323.º, vedava poços, furos, valas ou canos de despejo junto ao muro divisório, sem guardar distâncias ou sem proceder a obras que previnam danos[1610].

[1606] DG I, n.º 299 (supl.), de 28-dez.-1961, 1911/I.
[1607] DR I-A, n.º 285 (supl.), de 12-dez.-1995, 778-(235)/II.
[1608] STJ 21-nov.-2006 (Azevedo Ramos), já cit..
[1609] José Dias Ferreira, *Codigo civil annotado* cit., V, 1.ª ed., 85, sem anotações.
[1610] Luís da Cunha Gonçalves, *Tratado de Direito civil* cit., XII, 59-66, para uma análise destes preceitos.

O dispositivo de Seabra, embora cuidadoso, surgia restritivo, sobretudo à medida que novos meios técnicos permitiam escavações mais profundas e, daí, perigosas. Também não havia razão para limitar o regime reportando-o a "muros". Nessa linha, Pires de Lima veio, no artigo 49.º do seu anteprojeto[1611], propor um texto que, com alterações formais na 1.ª (1335.º)[1612] e na 2.ª (1348.º)[1613] revisões ministeriais e no Projeto (1348.º)[1614], consta, hoje, do Código Civil.

II. O artigo 1348.º, que não tem correspondente exato noutros códigos civis europeus, comporta regras que já se poderiam inferir dos princípios gerais do Direito da vizinhança. Assim:

(1) a faculdade de realizar escavações resulta do artigo 1344.º/1: a propriedade abrange o subsolo correspondente à superfície[1615];
(2) o dever de evitar desmoronamentos ou deslocações de terras que prejudiquem o prédio vizinho decorre do direito de propriedade sobre o mesmo;
(3) o dever de indemnizar os danos que resultem das escavações é natural, quando estas sejam ilícitas; o 1348.º/3 prevê, todavia, que ele surja mesmo quando tenham sido tomadas as precauções necessárias e, portanto: mesmo que não tenha havido "culpa".

III. As escavações, ao tempo de Seabra, tinham essencialmente a ver com poços e com minas. Hoje, elas são moeda-corrente: alicerces, canalizações, fibras, metropolitano, garagens subterrâneas, passagens desniveladas e túneis, como exemplos. O artigo 1348.º conhece renovadas áreas de aplicação. A jurisprudência documenta: (1) deficiências na construção periférica[1616]; (2) desmonte de uma rocha com explosivos[1617]; (3) desvio de várias linhas de escoamento de águas pluviais para apenas uma, causando

[1611] Fernando Pires de Lima, *Direito de propriedade* cit., 245.
[1612] *1.ª Revisão* cit., 42.
[1613] *2.ª Revisão* cit., 36.
[1614] *Projecto* cit., 392.
[1615] Como tal, é lícita a exploração de águas subterrâneas: STJ 19-mar.-2002 (Oliveira Barros), Proc. 02B421.
[1616] STJ 12-jun.-2003 (Salvador da Costa), Proc. 03B1813.
[1617] STJ 31-jan.-2007 (Custódio Montes), CJ/Supremo XV (2007) 1, 57-61.

inundações a jusante[1618]; (4) vibrações[1619]; (5) obras de demolição[1620]; (6) uso de brocas para construir um furo artesiano[1621]. Em compensação, o Supremo não aplica o artigo 1348.º quando estejam em causa obras que não se realizem no subsolo[1622] ou quando o agente tenha colocado, sem autorização, materiais no prédio vizinho[1623].

IV. O artigo 1348.º torna-se especialmente interessante no seu n.º 2: os vizinhos lesados são indemnizados pelo autor das obras, mesmo que tenham sido tomadas todas as precauções. Sobressaem três pontos, devidamente enquadrados pela jurisprudência: (1) quem são os "autores" das obras; (2) o que abrange a indemnização; (3) a natureza objetiva da imputação. Vamos ver.

São "autores" das obras não os seus executantes materiais (em regra, empreiteiros ou subempreiteiros) mas antes os donos do prédio onde se pratiquem as escavações: RPt 5-jun.-2003 (o dono da obra)[1624]; STJ 12-jun.-2003 (o proprietário do prédio)[1625]; STJ 25-set.-2007 (dono do prédio)[1626]; RLx 19-nov.-2009 (proprietário do prédio)[1627]; STJ 29-mar.-2011 (dono das obras)[1628]. O proprietário que recorra a empreiteiros sempre seria responsabilizável por via do artigo 800.º, relativo à responsabilidade por atos de representantes ou auxiliares[1629].

A indemnização prevista no artigo 1348.º abrange todos os danos causados no prédio vizinho[1630], com primazia para uma obrigação de reposi-

[1618] STJ 13-dez.-2007 (Mário Cruz), Proc. 07A3550.

[1619] STJ 13-nov.-2012 (Gabriel Catarino), Proc. 777/05.

[1620] STJ 23-mai.-2019 (Maria do Rosário Morgado), Proc. 8053/13.

[1621] STJ 30-abr.-2020 (Ilídio Sacarrão Martins), Proc. 1934/16.

[1622] STJ 21-abr.-2016 (Orlando Afonso), Proc. 20/10; STJ 26-nov.-2020 (Maria da Graça Trigo), Proc. 895/17.

[1623] STJ 4-mar.-2008 (Alves Velho), CJ/Supremo XVI (2008) 1, 151-157; nesta hipótese, o lesado tem, à sua disposição, diversos outros meios reais, para pôr termo ao ilícito e para ser ressarcido; o acórdão refere os artigos 1305.º e 483.º.

[1624] RPt 5-jun.-2003 (Menezes e Melo), CJ XXVIII (2003) 3, 188-190.

[1625] STJ 12-jun.-2003 (Salvador da Costa), Proc. 03B1813.

[1626] STJ 25-set.-2007 (Nuno Cameira), Proc. 07A2010.

[1627] RLx 19-nov.-2009 (Fátima Galante), CJ XXXIV (2009) 5, 71-76.

[1628] STJ 29-mar.-2011 (Fernandes do Vale), Proc. 2958/03.

[1629] *Vide* o *Tratado*, IX, 3.ª ed., 403 ss..

[1630] STJ 5-nov.-2013 (Sousa Leite), *Sumários do STJ/Cível* 2013, 702.

ção, quando possível[1631]. Ficam incluídos os danos morais[1632] e os danos de privação do uso[1633]. Se necessário, o tribunal pode recorrer à equidade[1634].

V. Por fim, a imputação prevista no artigo 1348.º/2 é puramente objetiva, isto é, independente de culpa: (…) *mesmo que tenham sido tomadas todas as precauções julgadas necessárias*. A jurisprudência refere, a esse propósito, uma situação de responsabilidade objetiva por ato lícito[1635]. Há que ponderar. É lícito fazer escavações. É ilícito provocar, com elas, danos no prédio vizinho. Tais danos podem ocorrer mesmo quando as normas de segurança tenham sido aplicadas e o dono tenha agido com a diligência requerida. Nesta hipótese, a lei determina que o risco do que venha a suceder corra pelo dono da obra. Há responsabilidade pelo risco. Impõe-se, todavia, um complemento interpretativo. Na base das valorações patentes nos artigos 491.º, 492.º/2, 493.º/1, todos *in fine* e 807.º/2, podemos aplicar aqui uma regra de responsabilidade negativa pelo dano virtual: o dono não responde (a transferência do risco não opera) quando demonstre que os danos teriam ocorrido, independentemente das escavações.

VI. Na área das escavações como nas demais, o Direito pretende que não haja danos. Por isso, temos entendido as hipóteses de imputação objetiva ou pelo risco como ilicitude imperfeita[1636]: elas constituem, ainda, um modo de o sistema incentivar os agentes jurídicos a tomar um suplemento de precaução, mesmo quando não exigidas pela lei, para prevenir danos.

166. **Ruína de construção**

I. Segundo o artigo 1350.º do Código Civil (ruína de construção):

> Se qualquer edifício ou outra obra oferecer perigo de ruir, no todo ou em parte, e do desmoronamento puderem resultar danos para o prédio vizi-

[1631] STJ 21-jan.-2014 (Gregório Silva Jesus), *Sumários do STJ/Cível* 2014, 37.

[1632] RPt 5-jun.-2003, cit. *supra*, nota 1624.

[1633] STJ 12-jul.-2018 (Acácio das Neves), Proc. 2875/10.

[1634] STJ 13-abr.-2010 (Fonseca Ramos), Proc. 109/2002.

[1635] RLx 19-nov.-2009 (Fátima Galante), CJ XXXIV (2009) 5, 71-75; RPt 18-mar.-2010 (Filipe Caroço), Proc. 250/08; STJ 7-jul.-2010 (Alves Velho), Proc. 4531/09; RLx 28-fev.-2012 (Pedro Brighton), CJ XXXVII (2012) 1, 296-297 (o sumário).

[1636] *Tratado*, VIII, 217 ss..

nho, é lícito ao dono deste exigir da pessoa responsável pelos danos, nos termos do artigo 492.º, as providências necessárias para eliminar o perigo.

O Código de Seabra não comportava uma norma diretamente equivalente. O preceito encontra antecedentes no § 908 do BGB (*Drohender Gebäudeeinsturz*)[1637], no artigo 1006.º do Codigo Civil grego[1638], muito próximo do texto alemão e do nosso e no artigo 1172.º do Código italiano (*denunzia di danno temuto*)[1639], um pouco mais distante.

II. Pires de Lima, incluiu, no seu anteprojeto, um artigo 51.º (Ruínas de construção)[1640] que, com alterações formais, passou ao artigo 1337.º da 1.ª Revisão Ministerial[1641], atingindo, na 2.ª (1350.º)[1642], a redação final.

III. O artigo 1350.º articula-se com o 492.º, para o qual, de resto, ele próprio remete. Recorde-se que este último preceito, epigrafado "Danos causados por edifícios ou outras obras", dispõe[1643]:

> 1. O proprietário ou possuidor de edifício ou outra obra que ruir, no todo ou em parte, por vício de construção ou defeito de conservação, responde pelos danos causados, salvo se provar que não houve culpa da sua parte ou que, mesmo com a diligência devida, se não teriam evitado os danos.
>
> 2. A pessoa obrigada, por lei ou negócio jurídico, a conservar o edifício ou obra responde, em lugar do proprietário ou possuidor, quando os danos forem devidos exclusivamente a defeito de conservação.

Portanto e em esquema:

(1) o artigo 1350.º dispõe sobre o perigo de um edifício ruir: dispõe o dever de tomar medidas para que tal suceda;

[1637] Christian Berger, no Jauernig cit., 17.ª ed., § 908 (1660); Herbert Roth, no *Staudingers Kommentar* cit., § 908 (337-344); Bettina Brückner, no *Münchener Kommentar* cit., 8, 8.ª ed., § 908 (969-971).

[1638] Demetrius Gogos, *Das Zivilgesetzbuch von Griechenland* cit., 119-120; Pierre Mamopoulos, *Code civil hellénique* cit., 163.

[1639] Sonia Ugolini, em Massimo Franzoni/Ritta Rolli, *Codice civile commentato* cit., 1, art. 1172.º (1566-1567).

[1640] Pires de Lima, *Direito de propriedade* cit., 245.

[1641] *1.ª Revisão* cit., 43.

[1642] *2.ª Revisão* cit., 37; *vide* o *Projecto* cit. (1350.º), 392.

[1643] Quanto a este ponto: *Tratado*, VIII, 578 ss..

(2) o artigo 492.º fixa regras de responsabilidade civil se ocorrer, de facto, um desmoronamento.

Os dispositivos civis devem ser conjugados com normas de Direito público. O Decreto-Lei n.º 555/99, de 16 de dezembro, com dezoito alterações[1644] e três ratificações, aprovou o Regime Jurídico da Urbanização e Edificação. O seu artigo 89.º (dever de conservação)[1645] manda[1646]:

> 1. Os edifícios devem ser objeto de obras de conservação pelo menos uma vez em cada período de oito anos, devendo o proprietário, independentemente desse prazo, realizar todas as obras necessárias à manutenção da sua segurança, salubridade e arranjo estético.
>
> 2. Sem prejuízo do disposto no número anterior, a câmara municipal pode a todo o tempo, oficiosamente ou a requerimento de qualquer interessado, determinar a execução das obras necessárias à correção de más condições de segurança ou de salubridade ou das obras de conservação necessárias à melhoria do arranjo estético.
>
> 3. A câmara municipal pode, oficiosamenteou a requerimento de qualquer interessado, ordenar a demolição total ou parcial das construções que ameacem ruína ou ofereçam perigo para a saúde pública e para a segurança das pessoas.
>
> (...)

Estes peceitos não são, habitualmente, nem aplicados, nem aplicáveis. As câmaras não têm, em geral, meios para indicar os elementos instrutórios necessários (89.º/4). Os proprietários que deixem deteriorar os seus edifícios estão, em regra, sem meios para realizar as obras necessárias, particularmente no interior do País. Quanto às cidades: o arrendamento vinculístico joga contra as obras, enquanto prédios recuperáveis são deixados cair, na expectativa de, das câmaras, se conseguirem licenças para construção de edifícios muito maiores. Subjacente à Lei administrativa está o estereótipo de que o proprietário é rico e está de má-fé. Além disso, os impostos sobre a propriedade, agravados por puros populismos aos quais,

[1644] A última das quais, neste momento, adveio da Lei n.º 118/2019, de 17 de setembro.

[1645] Alterado pela Lei n.º 60/2007, de 4 de setembro e pelo Decreto-Lei n.º 66/2019, de 21 de maio.

[1646] Ilustrativamente, quanto a uma ordem de demolição decretada por uma câmara: TCAS 30-jan.-2020 (Ana Cristina Lameiro), Proc. 98/05.

irrefletidamente, os partidos políticos moderados aderem, só complicam: taxam o capital e não o rendimento. Seria necessário abdicar de preconceitos ideológicos e de estudar devidamente como salvar o património imobiliário do País. Isto dito, há que interpretar e aplicar a lei civil.

As normas de Direito público podem ser a fonte de normas de proteção, para efeitos do artigo 483.º/1. Por outro lado, quando os municípios não exerçam os poderes que a Lei lhes comete e, daí, resultem danos para os particulares, pode ocorrer a responsabilidade civil extracontratual do Estado e demais entidades públicas, nos termos da Lei n.º 67/2007, de 31 de dezembro[1647].

IV. Os elementos previsivos do artigo 1350.º, compaginados com o artigo 492.º, redundam no seguinte[1648]:

(1) um proprietário ou possuidor de qualquer edifício ou obra: o artigo 1350.º remete este ponto primacial para "a pessoa responsável pelos danos, nos termos do artigo 492.º", o qual faculta essa delimitação;
(2) um edifício ou outra obra que ofereça perigo de ruir, no todo ou em parte;
(3) do desmoronamento puderem resultar danos para o prédio vizinho.

Verificados esses pressupostos, o dono do prédio vizinho pode exigir, do proprietário ou possuidor do imóvel em perigo, as medidas necessárias para o eliminar. O facto de um edifício ou outra obra oferecerem perigo de ruir, com danos para a vizinhança, indicia, só por si, haver ilicitude: o lesado não terá o ónus de provar que houve violação de quaisquer normas[1649]. Quanto ao próprio conceito de "ruína": vale qualquer situação suscetível de causar danos aos prédios vizinhos[1650], descartando a força maior (por exemplo, um terramoto). Mas mesmo nesta eventualidade, a

[1647] *Tratado*, VIII, 625 ss..

[1648] RGm 4-abr.-2019 (Eugénia Cunha), Proc. 1717/17.

[1649] RPt 26-jun.-2012 (Márcia Portela), Proc. 506/07; RLx 7-jul.-2016 (Teresa Pais), Proc. 12509/14; RGm 30-nov.-2017 (Eugénia Cunha), Proc. 1624/13, RPt 7-fev.-2022 (Eugénia Cunha), Proc. 9096/16.

[1650] RPt 15-dez.-2021 (Miguel Baldaia de Morais), Proc. 18783/18.

má conservação de um prédio pode potenciar maiores danos, o que não é admissível.

V. A jurisprudência permite, ainda, aflorar outros aspetos relativos à ruína de construção. Assim:

STJ 13-nov.-2008: o atual proprietário não responde pelas escavações feitas pelo anterior, salvo o regime do artigo 1350.º[1651];

RCb 28-jan.-2009: o artigo 1350.º protege o proprietário e não o hipotético beneficiário de uma servidão de passagem; além disso, cabe demonstrar que, da ruína, podem resultar danos para o prédio vizinho[1652];

RPt 22-set.-2009: o direito a que alude o artigo 1350.º pode ser cumulado com pedidos indemnizatórios, designadamente *ex* 492.º/1[1653].

Cumpre fazer algumas ponderações. O regime do artigo 1350.º aplica-se a situações de vizinhança. Embora gizado sobre a propriedade, ele protege quaisquer titulares de direitos de gozo: reais ou pessoais. O artigo 1350.º traduz, tecnicamente, um ónus real bilateral. Tem natureza real e inscreve-se no concreto conteúdo da propriedade, o mesmo sucedendo com o artigo 1348.º, relativo às escavações. Nessa medida, tem natureza real e origina relações jurídicas reais entre os intervenientes, de acordo com a doutrina Oliveira Ascensão. Já os deveres que deles promanem são meras obrigações *propter rem*. Não têm inerência, pelo que, uma vez constituídos, só vinculam quem, no momento, for proprietário.

167. **Os deveres do tráfego (prevenção de perigo)**

I. Os artigos 1347.º (instalações prejudiciais), 1348.º (escavações) e 1350.º (ruína de construção) constituem, em Direitos Reais, uma projeção do instituto da prevenção de perigo, através dos denominados deveres do tráfego[1654]. Como ponto de partida, tais deveres representam um desenvolvimento da responsabilidade civil aquiliana, mais propriamente, no nosso caso, do artigo 483.º. Tomado à letra, este preceito determinaria situações

[1651] STJ 13-nov.-2008 (Custódio Montes), Proc. 08B3485.
[1652] RCb 28-jan.-2009 (Francisco Caetano), Proc. 546/96.
[1653] RPt 22-set.-2009 (Vieira e Cunha), Proc. 1043/06.
[1654] Desenvolvimento e indicações: *Tratado*, VIII, § 55.º (571 ss.).

de responsabilidade em face de atuações positivas. Melhor construído, haveria que concluir pela hipótese de atuações negativas responsabilizantes, isto é, da inobservância de deveres de conduta destinados a prevenir danos. São os denominados deveres de segurança no tráfego ou, mais simplesmente, deveres do tráfego.

II. Os deveres do tráfego correspondem a um vetor muito relevante no atual pensamento político e social. Com efeito, a Humanidade apercebe-se de que a prevenção prima sobre a contenção e a reparação. As indemnizações são sempre problemáticas. Por muito que se elevem – e os nossos tribunais só com dificuldade se vão libertando do miserabilismo, nesse domínio – elas não podem mexer no passado, nem suprimir o sofrimento que, aí, tenha ocorrido. Além disso, um dano indemnizado permanece um dano: para o ambiente ou para a riqueza, em geral. A filosofia da prevenção toma corpo, no Direito civil, precisamente através dos deveres do tráfego. No Código Civil, há manifestações explícitas desse tipo de deveres[1655]: 491.º (responsabilidade das pessoas obrigadas à vigilância de outrem), 492.º (danos causados por edifícios ou outras obras), 493.º/1 (danos causados por coisas ou animais) e 493.º/2 (danos causados por atividades perigosas). Essa matéria lida com deveres efetivos destinados a prevenir danos e contempla, depois, as consequências da sua eventual inobservância, no plano da responsabilidade civil.

III. Para além das estritas previsões legais podemos, doutrinariamente, seriar situações potencialmente geradoras de deveres do tráfego. Assim:

(1) a criação do perigo: quem dá azo a tal situação deve tomar as medidas adequadas; pense-se na pessoa que deixe armas ao alcance de adolescentes ou de crianças;
(2) o controlo do espaço: quem o tenha deve prevenir os perigos inerentes: assim, o dono de uma obra deve vedar o local;
(3) a abertura ao tráfego: quem a decida deve assegurar a segurança de quem lá circule;
(4) a assunção de uma tarefa: o arquiteto ou o construtor garantem a segurança de quaisquer terceiros;

[1655] *Idem*, 575 ss., com jurisprudência.

(5) a introdução de bens no tráfego: o seu autor deve prevenir danos daí decorrentes, com exemplo explícito na responsabilidade do produtor;
(6) a responsabilidade do Estado, sobre o qual impendem inúmeros deveres de cautela;
(7) o governo da casa ou da empresa: quem o detenha deve assegurar-se que, aí, não haja danos.

Estas fontes podem, sempre doutrinariamente, originar deveres de tipo diverso. Assim:

(1) deveres de aviso e de proibição de acesso a locais perigosos:
(2) deveres de formação das pessoas sujeitas à fonte do perigo;
(3) deveres de controlo do perigo, confinando-o;
(4) deveres de escolha criteriosa de colaboradores;
(5) deveres de avisar e pedir auxílio, em tempo útil, às autoridades públicas;
(6) deveres de cuidado e de assistência personalizados: não servir álcool a pessoas violentas; não convidar, em simultâneo, pessoas travadas de razões; não entregar uma arma a um apaixonado ciumento, como exemplos.

IV. A fonte do perigo pode localizar-se na titularidade de direitos reais, concretizando-se a propósito das relações de vizinhança. Aqui intervêm os ónus reais: os vizinhos envolvidos veem formar-se, no conteúdo dos seus direitos de propriedade, situações *propter rem* bilaterais destinados a esconjurar danos.

A jurisprudência tem vindo a conectar os artigos 1347.°, 1348.° e 1350.°, com os artigos 492.° e 493.°/2, articulando-os com o instituto dos deveres do tráfego[1656], os quais vêm sendo também desenvolvidos à margem das relações de vizinhança[1657].

Em termos gerais, cabe ao lesado alegar e provar a situação de base, que origina os deveres e o dano resultante da sua inobservância. O nexo de

[1656] STJ 7-out.-2014 (Silva Salazar), Proc. 2009/11; STJ 14-fev.-2017 (Alexandre Reis), Proc. 528/09; STJ 25-out.-2018 (Alexandre Reis), Proc. 2511/10; STJ 14-jul.-2021 (Vieira e Cunha), Proc. 1168/13.

[1657] STJ 22-jun.-2021 (Jorge Arcanjo), Proc. 151/18; STJ 22-set.-2021 (Ricardo Costa), Proc. 19707/18; STJ 12-jan.-2022 (Barateiro Martins), Proc. 433/18.

causalidade é, aqui, naturalístico, quedando-se pela adequação comum. No caso das situações obrigacionais (492.º e 493.º/2) há presunção de "culpa". No das situações reais, cabe lidar com a distribuição do risco, base de imputações objetivas.

§ 39.º ESCOAMENTO NATURAL E OBRAS DEFENSIVAS DAS ÁGUAS

168. Escoamento natural; evolução

I. O artigo 1351.º do Código Civil (escoamento natural das águas) remonta à *actio aquae pluviae arcendae*, já presente na Lei das XII Tábuas[1658]. A ideia básica era a seguinte: o percurso natural das águas, designadamente da chuva, não devia ser perturbado: nem pelo proprietário do prédio superior, reduzindo ou agravando o débito, nem pelo do inferior, bloqueando as águas e provocando inundações. A regra atravessou os séculos[1659], sendo levada aos *Digesta*. Ulpiano, comentando o édito, refere Labeão, num troço citado por Guilherme Moreira[1660]:

> (…) semper enim hanc esse servituten inferiorum praediorum, ut natura profluentem aquam excipiant [pois sempre existe uma serventia dos prédios inferiores de receber a água fluente como resulta da natureza].

A matéria suscitou um especial interesse[1661]. Schöllbauer, num artigo que reporta várias intervenções de Labeão sobre o tema[1662], e que Humbert

[1658] Dieter Flach, *Das Zwölftafelgesetz* cit., Tábua VII (117 ss.); Michael Humbert, *La Loi des XII Tables* cit., Tábua VII, 8 (363 ss.).

[1659] Francesco Sitzia, *Ricerche in tema di "actio aquae pluviae arcendae"/Dalle XII tavole all'epoca clássica* (1975), IV + 238 pp., com rec. de Frank Peters, SZRom 96 (1979), 413-415.

[1660] Ulpiano, D. 39.3.1.22 = ed. Mommsen cit., 601/II; a trad. é nossa, confrontada com a de Sintenis, *Pandecten* cit., IV, 60.

[1661] Adolf Berger, *Zur Passivlegitimation bei der actio aquae pluviae aecendae*, SZRom 31 (1910), 405-406; Alan Rodger, *The Palingenesis of Paul's Commentary on the actio aquae pluviae arcendae*, SZRom 105 (1988), 726-728; Vittorio Scialoja, *Teoria della proprietà* cit., 1, 416-417; Max Kaser, *Das römische Privatrecht* cit., 1, 2.ª ed., § 98, II, 6 (407), com indicações.

[1662] Ernst Schöllbauer, *Die actio aquae pluviae arcendae/Ein Beitrag zur Geschichte des römischen Agrarrechtes*, SZRom 54 (1934), 233-257.

considera ideologicamente marcado[1663], sustenta que, em nome de uma solidariedade de grupo, haveria uma imposição de trabalhos destinados a evitar danos[1664]. Sargenti, por seu turno, entendeu que apenas tardiamente se veio imputar responsabilidade à ação do homem[1665].

II. A velha *actio aquae pluviae arcendare*, presente nas sucessivas receções do Direito romano, encontrou abrigo no artigo 640.º do Código Napoleão[1666]:

> Os fundos inferiores estão sujeitos, perante os mais elevados, a receber as águas que deles derivem naturalmente, sem que a mão do homem tenha contribuído para isso.
>
> O proprietário inferior não pode construir um dique que impeça esse corrimento.
>
> O proprietário superior nada pode fazer que agrave a serventia do prédio inferior.

A matéria era considerada entre as "servidões que derivam da situação dos locais". Correia Teles acolheu essa orientação. No seu *Digesto Portuguez*, exara[1667]:

> 445. Há servidões constituidas pela natureza: tal é a que os prédios inferiores tem de receber as aguas que nascem nos superiores, ou que ahi cáem quando chove.

> 446. Por tanto o dono do prédio inferior não pode fazer dique que impeça ou reoreze aquella corrente natural; e o dono superior não póde fazer obra com a qual esta servidão se faça mais onerosa ao inferior, como seria se fizesse a corrente impetuosa ou violenta.

[1663] Michel Humbert, *La Loi des XII Tables* cit., 364.

[1664] Ernst Schöllbauer, *Die actio aquae pluviae arcendae* cit., 236-237.

[1665] Manlio Sargenti, *L'actio aquae pluviae arcendae/Contributo alla dottrina della responsabilità per danno nel diritto romano* (1940), IX + 205 pp., 40-47; *vide* a rec. de Condanari-Michler, SZRom 62 (1942), 436-439.

[1666] *Code civil des français* cit., 137.

[1667] José Homem Correia Teles, *Digesto Portuguez* cit., 3, 66.

III. O Código de Seabra acolheu esta doutrina. Dispõe o seu artigo 2282.º[1668]:

> Os predios inferiores estão obrigados a receber as aguas que decorrem, naturalmente e sem obra do homem, dos predios superiores, assim como a terra ou entulhos, que arrastem na sua corrente. Nem o dono do predio inferior póde fazer obras que estorvem esta servidão, nem o dono do predio superior obras que a possam agravar.

Essa matéria foi retomada pela denominada Lei das Águas, aprovada pelo Decreto n.º 587 iiii, de 10 de maio de 1919[1669]. O corpo do seu artigo 110.º reproduzia o transcrito preceito de Seabra, surgindo, agora, um § único[1670]:

> Quando as obras feitas no prédio superior tiverem por objectivo algum dos lícitos aproveitamentoa permitidos neste decreto, serão os donos dos prédios inferiores indemnizados do prejuízo que lhes resultar das águas vertentes.

Este preceito obteve o comentário de Guilherme Moreira[1671] e o de Cunha Gonçalves[1672]. O primeiro já evitou reportar-se a esta situação como sendo uma "servidão".

169. **Regime vigente**

I. O artigo 1351.º acolheu, quase à letra, toda esta tradição. Dispõe (escoamento natural das águas):

> 1. Os prédios inferiores estão sujeitos a receber as águas que, naturalmente e sem obra do homem, decorrem dos prédios superiores, assim como a terra e entulhos que elas arrastam na sua corrente.

[1668] José Dias Ferreira, *Codigo civil annotado* cit., V, 1.ª ed., 61, sem anotações.

[1669] COLP 1919, 1166-1178.

[1670] *Idem*, 1918/I.

[1671] Guilherme Moreira, *As águas no Direito civil português*, II, 2.ª ed. (1960, equivalente à original, de 1919), n.º 50 (248-250).

[1672] Luís da Cunha Gonçalves, *Tratado de Direito civil* cit., III, n.º 368 (380-386) e XI, n.º 1769 (706-709), mantendo a locução "servidão de receber águas".

2. Nem o dono do prédio inferior pode fazer obras que estorvem o escoamento, nem o dono do prédio superior obras capazes de o agravar, sem prejuízo da possibilidade de constituição da servidão legal de escoamento, nos casos em que é admitida.

O preceito adveio do artigo 52.º do anteprojeto Pires de Lima, o qual reunia os dois atuais números num único[1673]. Essa orientação manteve-se no artigo 1338.º da 1.ª Revisão Ministerial[1674], tendo a 2.ª (1351.º) desdobrado o texto[1675]. O Projeto (1351.º) introduziu retoques formais[1676], como de resto sucedeu com as revisões ministeriais. O legislador terá ainda sido confortado pelo artigo 913.º do Código Civil italiano[1677], o qual, nas suas 1.ª e 2.ª partes, se aproxima do texto de Pires de Lima.

II. No domínio da propriedade imobiliária, para mais havendo vizinhança, ocorre um princípio do respeito pelo *statu quo*. À partida, cada um tem o direito de, no seu prédio, fazer as obras e as modificações que entender, ainda que com subordinação às densas regras que delimitam quer o *ius aedificandi*, quer as atividades agrárias. Mas não pode o dono tomar iniciativas que se projetem em prédios alheios salvo, naturalmente, havendo acordo entre os proprietários envolvidos, acordo esse que, para ser válido e consistente, ainda deve passar por determinadas formalidades e, designadamente, pela constituição de servidões.

O respeito pelo escoamento natural da água não é, tecnicamente, uma servidão mas, antes, um ónus bilateral, com as obrigações *propter rem* que dele decorram[1678]. Dada a natureza de não-servidão das regras do artigo 1351.º invoca-se uma mera extensão do direito de propriedade[1679], um encargo normal imposto por lei ao direito de propriedade[1680] ou uma restrição a esse mesmo direito[1681]. Não se trata de uma mera questão de qualificação abstrata: a servidão obedece a princípios próprios (1543.º

[1673] Fernando Pires de Lima, *Direito de propriedade* cit., 246.

[1674] *1.ª Revisão* cit., 43-44.

[1675] *2.ª Revisão* cit., 37.

[1676] *Projecto* cit., 393.

[1677] Umberto Parmigiani, em Massimo Franzoni/Rita Rolli, *Codice civile commentato* cit., I, art. 913.º, 1211-1213.

[1678] RPt 4-mai.-2022 (Miguel Baldaia de Morais), Proc. 40/18.

[1679] STJ 9-nov.-1995 (Pereira da Graça), CJ/Supremo III (1995) 3, 104-107 (106/II).

[1680] STJ 23-jan.-2001 (Reis Figueira), CJ/Supremo IX (2001) 1, 77-80 (80/I).

[1681] RCb 10-jul.-2007 (Cardoso de Albuquerque), Proc. 1/2001.

a 1546.º) e observa regras específicas de constituição (1547.º a 1549.º). Ocorrem servidões legais de águas (1557.º a 1563.º), entre as quais a de escoamento (1563.º). O exercício (1564.º a 1568.º) e a extinção (1569.º a 1575.º) das servidões suscita normas específicas. Nada disto funciona em face do escoamento natural das águas, fixado no artigo 1351.º: um ónus real que se inscreve no conteúdo do domínio, por oposição a um direito real menor a ele estranho.

III. As situações práticas enfrentadas pelos nossos tribunais permitem, ainda, apurar outros aspetos. Entre as iniciativas que implicam a violação do artigo 1351.º estão:

(1) a construção de um terrapleno impeditivo do curso normal da água[1682] ou de um muro[1683];
(2) só estão em causa situações em que a água escoe naturalmente[1684];
(3) não valem como tal situações nas quais as águas sofram uma prévia e nociva ação do homem[1685], designadamente ficando inquinadas e com materiais imundos[1686];
(4) o desvio do curso natural só pode ser licitamente levado a cabo através de uma servidão constituída nos termos gerais do artigo 1547.º/1[1687] ou de uma servidão de escoamento prevista no artigo 1563.º/1, *a*) e *b*)[1688];
(5) um alegado agravamento de um escoamento natural de águas deve ser provado por quem o invocar[1689];
(6) a indemnização devida pela violação do artigo 1351.º pode atender aos danos morais[1690].

[1682] STJ 9-mar.-2004 (Afonso Correia), CJ/Supremo XII (2004) 1, 107-110 (109/II).

[1683] RPt 29-mai.-2012 (Ondina Carmo Alves), CJ XXXVII (2012) 3, 327 (o sumário).

[1684] RPt 13-set.-2007 (Diolinda Varão), CJ XXXII (2007) 4, 176-180 (179).

[1685] RPt 29-mai.-2012 (Ondina Carmo Alves), CJ XXXVII (2012) 3, 327 (o sumário), já citado.

[1686] STJ 3-out.-1991 (Albuquerque de Sousa), BMJ 410 (1991), 776-787.

[1687] STJ 15-jan.-2019 (Tomé Gomes), Proc. 388/14.

[1688] RPt 7-dez.-2018 (Joaquim Correia Gomes), Proc. 60/17; RGm 9-jun.-2020 (Maria Cristina Cerdeira), Proc. 4868/17.

[1689] RPt 8-mar.-2021 (Mendes Coelho), Proc. 1429/16.

[1690] STJ 25-mar.-2021 (Abrantes Geraldes), Proc. 660/07.

IV. A inobservância do artigo 1351.º implica a violação de obrigações *propter rem* específicas, às quais se aplica o regime geral das obrigações[1691]. Demonstrado o facto, há presunção de culpa-ilicitude, nos termos do artigo 799.º. Todos os danos implicados, incluindo os morais, devem ser dignamente compensados. Além disso, o local deve ser restituído à situação anterior.

170. **Obras defensivas de águas**

I. Vamos transcrever, para efeitos de análise, o artigo 1352.º (obras defensivas de águas). Dispõe:

> 1. O dono do prédio onde existam obras defensivas para conter as águas, ou onde, pela variação do curso das águas, seja necessário construir novas obras, é obrigado a fazer os reparos precisos, ou a tolerar que os façam, sem prejuízo dele, os donos dos prédios que padeçam danos ou estejam expostos a danos iminentes.
> 2. O disposto no número anterior é aplicável, sempre que seja necessário despojar algum prédio de materiais cuja acumulação ou queda estorve o curso das águas com prejuízo ou risco de terceiro.
> 3. Todos os proprietários que participam do benefício das obras são obrigados a contribuir para as despesas delas, em proporção do seu interesse, sem prejuízo da responsabilidade que recaia sobre o autor dos danos.

Este preceito é um bom exemplo da interação que deve existir entre proprietários de prédios vizinhos. Com efeito, os possíveis danos causados por águas devem, em certos casos, ser prevenidos com recurso a obras defensivas, levadas a cabo em prédios alheios.

II. Os três números do artigo 1352.º retomam, praticamente, os artigos 2283.º, 2284.º e 2285.º do Código de Seabra[1692]. Esses preceitos foram acolhidos nos artigos 111.º, 112.º e 113.º do Decreto n.º 5787, iiii. Pires de Lima, no artigo 52.º do seu anteprojeto, fundiu esses preceitos num único[1693]. O texto sofreu retoques formais na 1.ª (1339.º)[1694] e na

[1691] *Supra*, n.º 156.
[1692] José Dias Ferreira, *Codigo civil annotado* cit., V, 1.ª ed., 61.
[1693] Fernando Pires de Lima, *Direito de propriedade* cit., 246.
[1694] *1.ª Revisão* cit., 246.

2.ª (1352.º)[1695] revisões ministeriais, bem como no Projeto (1352.º)[1696]. Revertendo a situação anterior que via, nos preceitos de Seabra, um tipo de servidão, Pires de Lima, atendendo a críticas já formuladas por Guilherme Moreira[1697], retirou a matéria da área das servidões para a do conteúdo da propriedade[1698]. Temos, assim, ónus reais recíprocos, com as obrigações *propter rem* que deles derivam.

III. A previsão básica pode ser decomposta nos elementos seguintes (1352.º/1):

(1) um prédio onde existam obras defensivas para conter as águas ou onde, pela variação do seu curso, seja necessário fazer obras novas;
(2) a obrigação, a cargo do dono desse prédio, de fazer os reparos precisos ou de tolerar que outros interessados os façam;
(3) assistindo esse direito aos donos dos prédios que padeçam danos ou estejam expostos a danos iminentes.

O n.º 2 complementa dispondo que esse mesmo regime é aplicável para despojar algum prédio de materiais cuja acumulação estorve o curso das águas, com prejuízo ou risco de terceiro.

As medidas previstas no artigo 1352.º/1 e 2 implicam custos. O n.º 3 determina que os proprietários que participem do benefício das obras são obrigados a contribuir na proporção do seu interesse. Não se isenta o autor dos danos da sua responsabilidade.

IV. A jurisprudência permite precisar alguns aspetos práticos. Assim:

(1) a lei fala em "reparos"; logo, não fica abrangido o desvio e o encaminhamento das águas por forma diversa da que se vinha processando há mais de 50 ou 60 anos, dado tratar-se de obra nova[1699];

[1695] *2.ª Revisão* cit., 37-38.
[1696] *Projecto* cit., 393.
[1697] Guilherme Moreira, *As águas* cit., II, n.º 55 (264-265).
[1698] Pires de Lima/Antunes Varela, *Código Civil anotado* cit., III, 2.ª ed., 194.
[1699] RCb 11-dez.-1979 (Raul de Campos), BMJ 294 (1980), 406 (o sumário).

(2) as obras defensivas de águas visam, em conjunto com outros preceitos, o controlo do perigo[1700];
(3) o artigo 1352.º envolve a necessidade de suportar uma atuação alheia[1701], estando em causa restrições de interesse privado[1702].

O tema das obras defensivas de águas irá ganhar nova dimensão à medida que, como está previsto, se vá elevando o nível do mar. O Direito civil deve manter uma dogmática apurada.

[1700] RPt 31-mai.-2015 (José Carvalho), Proc. 820/07; RPt 14-mai.-2020 (Fernando Baptista), Proc. 966/18; em ambos estes arestos, a referência ao artigo 1352.º surge, apenas, no texto e não no sumário.
[1701] RCb 17-mar.-2015 (Barateiro Martins), Proc. 511/2002.
[1702] RPt 24-jan.-2012 (Ondina Carmo Alves), Proc. 116/09.

§ 40.º DIREITO DE DEMARCAÇÃO

171. Nota histórico-comparatística

I. Em Direitos Reais, demarcação é o ato e efeito de fixar, de modo preciso, os limites entre prédios. O tema tem delicadeza desde o momento em que, superada uma teórica e primitiva propriedade coletiva, se veio consagrar a propriedade privada, primeiro familiar e, depois, individual: houve que prever esquemas destinados a, dentro de uma lógica de paz, delimitar o espaço de cada beneficiário. Acolhendo regras e costumes anteriores, a Lei das XII Tábuas, nas reconstituições possíveis, previa já uma *actio finium regundorum*, destinada à demarcação[1703]. Gaio, num comentário à Lei das XII Tábuas, hoje perdido, mas do qual alguns fragmentos foram preservados, designadamente nos *Digesta*, dá conta da aproximação entre a demarcação e as regras sobre as plantações e outras iniciativas humanas, até aos limites[1704]. Os estudos romanísticos prolongaram-se até aos nossos dias, sendo de referir as monografias de Helmschrott (1930)[1705] e de Behrends (1992)[1706] e os artigos de Hoffmann (1848)[1707] e de Hin-

[1703] Tábua VII, 2; Dieter Flach, *Das Zwölftafelgesetz* cit., VII, 111; Michel Humbert, *La Loi des XII Tables* cit., VII, 2 (322 ss.).

[1704] Gaio, D. 10.1.13 = ed. Okko Behrends e outros cit., 802-803. Referimos, de entre a vasta bibliografia disponível, Otto Georg Schwarz, *Die Gestaltung der actio finium regundorum in den XII Tafeln und den Schriften der römischen Feldmesser/ein Beitrag zur Geschichte des römischen Civilprozesses* (1897), 47 pp.; Georg Ciulei, *Finium regundorum*, SZRom 81 (1964), 303-308.

[1705] Johann Helmschrott, *Wesen und rechtliche Behandlung des Grenzscheidungsanspruchs : dargestellt unter besonderer Berücksichtigung der actio finium regundorum des römischen Rechts* (1930), IV + 52 pp..

[1706] Okko Behrends, *Die römische Feldmeßkunst: interdisziplinäre Beiträge zu ihrer Bedeutung für die Zivilisationsgeschichte Roms* (1992), 452 pp.. Outras indicações: Max Kaser, *Das römische Privatrecht* cit., I, 2.ª ed., § 98, I, 10 (409-410).

[1707] Emil Hoffmann, *Ueber das Wesen der actio finium regundorum, namentlich in ihrem Unterschied von der rei vindicatio*, AcP 31 (1848), 493-534.

richts (1994)[1708]. Nesta área como noutras, verifica-se um fenómeno aparentemente paradoxal: quanto mais um tema é estudado, mais há que o analisar[1709].

II. Ao longo das receções do Direito romano, a *actio finium regundorum* obteve um interesse marcado. Para além de comentários gerais, onde o tema sempre aparece, retemos as monografias de[1710]: Harpprecht (1612)[1711], Rigault (1614)[1712], Kühlewein (1646)[1713], Thomae (1650)[1714], Cosel (1653)[1715], Meuron (1693)[1716], Eisenhart (1761)[1717], Brackenhoffer (1784)[1718], Schmidt (1850)[1719] e Friedberg (1861)[1720].

III. O advento das literaturas nacionais e das subsequentes codificações permitiu acolher a velha *actio finium regundorum*, com pequenas adaptações. Em França, Pothier apresenta a vizinhança como um "quase-contrato que forma as obrigações entre vizinhos, ou seja, entre os

[1708] Focke Tannen Hinrichts, *Zur Geschichte der Klage finium regundorum*, SZRom 111 (1994), 242-279.

[1709] Em língua italiana: Mario Bellomo, *Confini (regolamento di) (diritto romano)*, ED VIII (1961), 955-962; Gerardo Broggini, *Regolamento di confini (diritto romano)*, NssDI XV (1968), 247-256 (249 ss.).

[1710] Disponíveis na *Bayerische Staatsbibliotek*, onde, além das citadas, podem ainda ser confrontadas bastante outras.

[1711] Johann Harpprecht, *Judicium finium regundorum* (1612), 24 pp.; recordamos que Harpprecht foi o "descobridor" do instituto da conversão dos negócios jurídicos.

[1712] Nicolas Rigault, *Auctores finium regundorum* (1614), 106 pp.; Rigault é um Autor francês, tendo esta monografia sido publicada em Paris (*Lutetia*).

[1713] Friedrich Kühlewein, *De iure et actione finium regundorum* (1646), LXI pontos, não paginado.

[1714] Johannes Thomae, *De finium regundorum* (1650), 16 fl., não paginadas.

[1715] Heinrich Cosel, *Actiones finium regundorum delibatio* (1653), 8 fl., não paginadas.

[1716] Stephan Meuron, *De iure et controversiis limitum ac finium regundorum* (1693), 29 fl., não paginadas.

[1717] Johann Friedrich Eisenhart, *Ad leg. XIII. D. finium regundorum* (1761), 42 pp..

[1718] Jacob F. Brackenhoffer, *De finium regundorum actione* (1784), 42 pp., mais tabelas.

[1719] Friedrich Victor Schmidt, *De actione finium regundorum* (1850), 47 pp..

[1720] Emil Friedberg, *De finium inter ecclesiam et civitatem regundorum judicio quid medii aevi doctores et leges statuerint* (1861), VIII + 251 pp.; *idem*, *Die Gränzen zwischen Staat und Kirche und die Garantien gegen deren Verletzung* (1872), XV + 944 pp.; houve reimpressões de 1962, o que originou a rec. de Christoph Link, SZKan 52 (1966), 495-505.

proprietários ou possuidores de herdades contíguas". A esse propósito principia pela demarcação, a qual pode ser atuada pela *action de bornage* ou *finium regundorum*[1721]. A matéria transitou para o artigo 646.ºdo Código Napoleão, que vale a pena transcrever no elegante original[1722]:

> Tout propriétaire peut obliger son voisin au bornage de leurs propriétés contiguës. Le bornage se fait à frais communs.

A regra mantém-se em vigor. Havendo acordo, os vizinhos fixam os limites entre os prédios respetivos. Não sendo o caso, há que lançar mão da *action en bornage*: cada proprietário apresenta as suas provas e o tribunal decide[1723].

IV. Na Alemanha, a *actio finium regundorum* foi trabalhada pela pandectística, desde a mais antiga[1724], até à mais recente[1725]. O desenvolvimento do instituto, a partir do Direito romano e do Direito comum até ao projeto do BGB foi objeto de um estudo clássico de Rönnberg, sobre a "ação de delimitação" (*Grenzschweidungsklage*)[1726]. A matéria ficou madura para o BGB, aí preenchendo o § 920 (*Grenzverwirrung* ou confusão de extremas), que transcrevemos[1727]:

> (1) Quando, no caso de uma confusão de extremas, não seja possível apurar os limites corretos, é determinante para a delimitação a situação

[1721] Robert-Joseph Pothier, *Traité du contrat de société/Second Appendice, Du voisinage*, n.º230-234 = *Œuvres* cit., IV, 328-330. Curiosamente, Pothier associa, através da ideia de vizinhança e de comunhão, a demarcação à sociedade.

[1722] *Code civil des français* cit., 158.

[1723] Perante a prática atual: François Terré/Philippe Simler, *Droit civil/Les biens* cit., 10.ª ed., n.º 263-268 (231-234). *Vide* o *Code civil annoté* (Dalloz) cit., 120.ª ed., Art. 646.º (897-899).

[1724] Anton Friedrich Justus Thibaut, *System des Pandekten-Rechts* cit., II, 5.ª ed., §§ 576-577 (21-22).

[1725] Windscheid/Kipp, *Lehrbuch* des *Pandektenrechts* cit., 9.ª ed., § 450 (2, 945-947). A *Grenzverwirrung* era, aí e curiosamente, colocada na sequência da comunhão, que, "de certo modo", poderia resultar da confusão dos limites.

[1726] Wilhelm Rönnberg, *Die Grenzschweidungsklage nach römischem und gemeinem Recht sowie nach den Entwürfen eines bürgerlichen Gesetzbuches für das Deutsche Reich*, AburgR 11 (1896), 119-179 e 251-286 (251 ss., o Direito comum e 272 ss., os projetos de BGB).

[1727] Tradução nossa, de acordo com a materialidade do § e não da sua letra. *Vide* Bettina Brückner, no *Münchener Kommentar* cit., 8, 8.ª ed., § 920 (1020-1021).

possessória. Se a situação possessória não puder ser determinada, a área em discussão é repartida, por igual, entre cada prédio.

(2) Caso a repartição fixada neste preceito conduza a um resultado que, nas circunstâncias existentes, em especial a dimensão dos prédios, não satisfaça, os limites devem se fixados conforme a equidade, em face dessas circunstâncias.

V. O Código Civil italiano de 1942 acolheu a velha *actio finium regundorum* como *azione di regolamento di confini*[1728]:

> Quando os limites entre dois fundos sejam incertos, qualquer dos proprietários pode requerer que sejam judicialmente fixados.
>
> Qualquer meio de prova é admitido.
>
> Na falta de outros elementos, o juiz atém-se ao limite delineado pelos mapas cadastrais.

A doutrina analisa o preceito, sublinhando ainda o tema da aposição de marcos (951.º)[1729].

VI. Este breve périplo mostra um certo relevo decrescente da *actio finium regundorum*. À medida que se aperfeiçoam o registo predial e as técnicas cadastrais, os limites dos prédios estão cuidadosamente fixados, não havendo espaço para grandes disputas. Todavia, sobretudo em áreas de grande propriedade, nem sempre os limites estão rigorosamente patentes, pelo que o dispositivo mantém atualidade. Também registamos a solução socialmente sensível do § 920 do BGB alemão, que deixa margem ao juiz para, em caso de dúvida, optar por saídas de equidade mais justas.

172. A experiência lusófona

I. No espaço lusófono, funcionou o Direito comum, durante séculos. Na pré-codificação, Coelho da Rocha, citando o ALR prussiano, preconiza (demarcação)[1730]:

[1728] Chiara Esposito, em Massimo Franzoni/Rita Rolli, *Codice civile commentato* cit., 1, art. 950.º (1251-1253).

[1729] Andrea Magazzu, *Confini (Regolamento di) (diritto vigente)*, ED VIII (1961), 963-970; Massimo Brone, *Regolamento di confini (diritto vigente)*, NssDI XV (1968), 256-261.

[1730] M. A. Coelho da Rocha, *Instituições de Direito civil* cit., § 472 (328).

Quando os limites dos predios confinantes estão confundidos, resulta uma espécie de communhão, a qual cada um dos interessados póde terminar, requerendo a demarcação (*actio finium regundorum*). Segue os mesmo termos que a acção de divisão. Os louvados devem metter os marcos, onde apparecerem vestigios dos antigos limites: se estes não apparecerem, nem os confinantes provem posse liquida, deve dividir-se a parte litigiosa do terreno.

II. O Código de Seabra acolheu o "direito de demarcação", no título VII da propriedade, reservado ao "direito de exclusão e de defesa" (2340.º a 2344.º). Vale reter o articulado da época[1731]:

Art. 2340.º O proprietario, e bem assim qualquer usufructuario ou possuidor em proprio nome, tem o direito de obrigar os donos dos predios confinantes a concorrerem para a demarcação das respectivas estremas entre o seu predio e os d'elles.

Art. 2341.º A demarcação será feita na conformidade dos títulos de cada um, e, na falta de títulos sufficientes para isso, pelo que resultar da posse em que estiverem os confinantes.

Art. 2342.º Se os títulos não determinarem os limites ou a área pertencente a cada proprietario, e a questão não poder resolver-se pela posse ou por outro meio de prova ante o juizo contencioso, será a demarcação feita distribuindo-se o terreno, objecto da contenda, por partes eguaes.

Art. 2343.º Se os títulos dos confinantes reunidos indicarem um espaço maior ou menor do que aquelle que a totalidade do terreno abrange, o acrescimo ou a falta distribuir-se-há proporcionalmente á parte de cada um.

Art. 2344.º Se os marcos tiverem sido collocados por um título commum não contestado, e houver erro n'essa collocação, será o erro reformado, sem que possa oppôr-se prescripção.

Explica Cunha Gonçalves que a demarcação é a ação material de colocar marcos ou sinais exteriores permanentes e visíveis, que assinalam diversos pontos da linha divisória entre dois prédios contíguos[1732].

III. O Código de Processo Civil de 1876 comportava, nos seus artigos 555.º a 558.º uma ação especial denominada "do tombamento ou demarcação"[1733] e que visava o "direito de demarcação" de Seabra. Nos

[1731] José Dias Ferreira, *Codigo civil annotado* cit., V, 1.ª ed., 94-97.

[1732] Luís da Cunha Gonçalves, *Tratado de Direito civil* cit., XII, n.º 1811 (119).

[1733] José Dias Ferreira, *Codigo civil annotado* cit., II (1888), 89-99.

quase cem anos de vigência do Código de 1867, o maior desenvolvimento sobre o tema deve-se a Cunha Gonçalves[1734]. Note-se que a ação de demarcação manteve a sua autonomia nos Códigos de Processo Civil de 1939 (1051.º e 1057.º) e de 1961 (1052.º e 1058.º): era incluída entre as ações de arbitramento. Perdeu esse arrimo com a reforma de 1995.

173. O direito de demarcação (1353.º)

I. O Código Civil, no seu artigo 1353.º (Conteúdo), fixa o teor do "direito" de demarcação:

> O proprietário pode obrigar os donos dos prédios confinantes a concorrerem para a demarcação das estremas entre o seu prédio e os deles.

O preceito adveio do artigo 54.º do anteprojeto de Pires de Lima, o qual referia: "o proprietário tem o direito"[1735]. O texto passou ao artigo 1340.º da 1.ª Revisão Ministerial[1736]. No artigo 1353.º da 2.ª Revisão, "o direito de obrigar" passou a "pode obrigar"[1737]. No Projeto (1353.º), corrigiu-se, no final, "e o deles" para "e os deles"[1738].

Não houve trabalhos preparatórios publicados. Todavia, o *Código anotado* dá nota de que o anteprojeto foi discutido e que, nessa ocasião, Vaz Serra propôs que se regulasse também o direito à aposição de marcos, como no Código de Seabra. Não se reconheceu utilidade a essa proposta[1739].

II. A primeira e mais natural e eficaz solução para problemas de demarcação é o acordo entre os proprietários confinantes. Havendo dúvidas de ambos quanto à exata delimitação dos prédios respetivos – o que, em regra, só sucede na ausência de marcos ou de outros sinais distintivos – os proprietários conversam e, em regra, dividem por igual a faixa questionada. O acordo que então celebrem é, tecnicamente, um negócio jurídico de acertamento, por oposição ao de alienação. Não está sujeito a qualquer

[1734] Luís da Cunha Gonçalves, *Tratado de Direito civil* cit., XII, 116-137.

[1735] Fernando Pires de Lima, *Direito de propriedade* cit., 247.

[1736] *1.ª Revisão* cit., 45.

[1737] *2.ª Revisão* cit., 38.

[1738] *Projecto* cit., 393.

[1739] Pires de Lima/Antunes Varela, *Código Civil anotado* cit., III, 2.ª ed., 198.

forma solene (219.º), podendo ser verbal. O acordo assim fechado é válido enquanto não for anulado ou declarado nulo[1740]. Essa mesma lógica funciona perante a permuta de pequenas áreas, para acerto de estremas[1741].

III. Pergunta-se se a demarcação é uma ação real ou uma ação pessoal. A doutrina nacional inclinou-se para a sua natureza real. Pires de Lima/Antunes Varela, chamam a atenção para o facto de o Código italiano reconhecer uma ação para a aposição de marcos, que seria pessoal e outra para a determinação das estremas (a *actio finium regundorum*) que seria real[1742]. Outros autores[1743], incluindo processualistas[1744], seguem a linha em causa: a da demarcação como ação real.

A jurisprudência chega a uma conclusão inversa: a ação de demarcação tem natureza pessoal. Este ponto é interessante, uma vez que documenta a necessidade de atender à História e à prática, antes de proceder a qualificações. À partida, são reais as ações que têm por objeto o direito de propriedade ou direitos reais de gozo menores (Nuno Pissarra)[1745]. A contraposição entre a ação de reivindicação e a de demarcação cifra-se no seguinte:

(1) na reivindicação, invoca-se um facto constitutivo de propriedade (581.º/4 do Código de Processo Civil); na demarcação, a causa de pedir é complexa: prédios confinantes, proprietários distintos e estremas incertas ou duvidosas[1746];
(2) na reivindicação, pede-se o reconhecimento da propriedade e a restituição da coisa a qualquer possuidor ou detentor (1311.º/1);

[1740] STJ 26-set.-2000 (Azevedo Ramos), CJ/Supremo VIII (2000) 3, 40-42 (41/II); STJ 22-abr.-2004 (Ferreira de Almeida), Proc. 04B987.

[1741] RGm 5-fev.-2015 (Eva Almeida), Proc. 344/09.

[1742] Pires de Lima/Antunes Varela, *Código Civil anotado* cit., III, 2.ª ed., art. 1353.º, anot. 2 (197).

[1743] José de Oliveira Ascensão, *Direito civil/Reais* cit., 5.ª ed., n.º 218 (436); José Alberto Vieira, *Direitos Reais* cit., 3.ª ed., n.º 188 (446); Luís Menezes Leitão, *Direitos Reais* cit., 9.ª ed., 260; Luís A. Carvalho Fernandes, *Lições de Direitos Reais* cit., 6.ª ed., n.º 126 (278) não é explícito.

[1744] José Lebre de Freitas/Isabel Alexandre, *Código de processo civil anotado*, 1, 4.ª ed. (2021), art. 302.º, anot. 3 (611).

[1745] Nuno Pissarra, *Das ações reais* cit., 905.

[1746] RCb 30-jan.-2007 (Hélder Roque), CJ XXXII (2007) 1, 13-15 (15).

na demarcação, exige-se que o proprietário confinante concorra para a determinação das estremas (1353.º)[1747];

(3) na reivindicação, o demandante que não prove o facto aquisitivo perde a ação; na demarcação, que mau grado a reforma de 1995 é uma ação de arbitramento, não pode o processo naufragar por falta de prova: em face do artigo 1354.º, há sempre solução[1748];

(4) na reivindicação, o tribunal trabalha com os elementos levados, pelas partes, ao processo; na demarcação, materialmente um arbitramento, pode o tribunal recolher, oficiosamente, outros dados[1749];

(5) na reivindicação, há um conflito de títulos de aquisição; na demarcação, entre prédios[1750].

No Direito romano, a *actio finium regundorum* era uma *actio in personam*: implicava uma *intentio* pessoal[1751]. O génio romano mantém-se, agora com uma explanação técnica mais cabal. Por isso, a jurisprudência constante considera a ação de demarcação como uma ação pessoal[1752]. Tal a opção de Nuno Pissarra[1753], à qual aderimos.

IV. Consequências práticas da natureza pessoal da ação de demarcação – consequências essas que permitem confirmar essa sua natureza – são as seguintes:

(1) na demarcação, ambos os intervenientes devem reconhecer-se como proprietários: ou caímos na reivindicação;

[1747] STJ 26-set.-2000 (Azevedo Ramos), BMJ 499 (2000), 294-298 (297-298); STJ 7-mai.-2014 (Serra Baptista), Revista 2306/06, em *Sumários do STJ/Cível*, 2014, 292-293.

[1748] REv 4-nov.-2009 (Mário Mendes Serrano), CJ XXXIV (2009) 5, 223-227 (225).

[1749] RCb 7-fev.-2012 (Barateiro Martins), CJ XXXVII (2012) 1, 36-39.

[1750] RGm 1-jun.-2005 (Carvalho Martins), Proc. 980/05; RPt 15-dez.-2021 (Judite Pires), Proc. 882/12; RGm 17-nov.-2004 (Carvalho Martins), CJ XXIV (2004) 5, 279-283.

Outra jurisprudência surge citada em Nuno Pissarra, *Das ações reais* cit., 1, 940, nota 2123. A generalidade das decisões acima referidas, para ilustrar as diferenças entre a reivindicação e a demarcação vão no mesmo sentido.

[1751] Nuno Pissarra, *Das ações reais* cit., 1, 1247-1248.

[1752] STJ 26-set.-2000 cit., BMJ 499, 297/I.

[1753] Nuno Pissarra, *Das ações reais* cit., 1, n.º 101 (1246-1296).

(2) caso uma das partes pretenda que determinada porção de terreno foi usurpada pelo confinante, há dúvidas quanto ao título: cai-se na reivindicação[1754];

(3) a demarcação não é o meio adequado para pedir uma parte ocupada de um prédio; para tanto, temos a reivindicação[1755].

174. O modo de proceder à demarcação (1354.º)

I. O artigo 1354.º prescreve o modo de proceder à demarcação. Para efeitos de análise:

> 1. A demarcação é feita de conformidade com os títulos de cada um e, na falta de títulos suficientes, de harmonia com a posse em que estejam os confinantes ou segundo o que resultar de outros meios de prova.
>
> 2. Se os títulos não determinarem os limites dos prédios ou a área pertencente a cada proprietário, e a questão não puder ser resolvida pela posse ou por outro meio de prova, a demarcação faz-se distribuindo o terreno em litígio por partes iguais.
>
> 3. Se os títulos indicarem um espaço maior ou menor do que o abrangido pela totalidade do terreno, atribuir-se-á a falta ou o acréscimo proporcionalmente à parte de cada um.

Este preceito adveio do artigo 55.º do anteprojeto Pires de Lima[1756], o qual reuniu, nos seus três números, os artigos 2341.º, 2342.º e 2343.º do Código de Seabra[1757]. Esta proposta passou, sempre com pequenos retoques, aos artigos 1341.º e 1354.º respetivamente das 1.ª[1758] e 2.ª[1759] revisões ministeriais e 1354.º do Projeto[1760].

[1754] RCb 30-jan.-2007 cit., CJ XXXII, 1, 15/II; STJ 1-jul.-2010 (Helder Roque), Proc. 854-B/1997.

[1755] RCb 17-mar.-2022 (Vítor Amaral), Proc. 1205/21.

[1756] Fernando Pires de Lima, *Direito de propriedade* cit., 247.

[1757] *Supra*, n.º 172, II.

[1758] *1.ª Revisão* cit., 45.

[1759] *2.ª Revisão* cit., 38-39.

[1760] *Projecto* cit., 394.

II. O artigo 1354.º/1 mandou atender, para a demarcação: (1) aos títulos de cada um; (2) na sua falta, à posse; (3) ou segundo o que resultar de outros meios de prova.

Quanto aos títulos temos, desde logo, o facto aquisitivo: caso seja explícito e caso seja harmonizável com os factos relativos ao outro confinante. O registo predial dá azo à presunção do que dele resulte (7.º do CRP)[1761]. Todavia, a descrição, no tocante à área do prédio e às suas confrontações não é abrangida[1762]: ela resulta da declaração inicial feita apenas por um dos interessados. O mesmo sucede em face de inscrições matriciais, feitas nos departamentos do Ministério das Finanças[1763]. Já as plantas cadastrais geométricas[1764], porquanto elaboradas por entidades oficiais, merecem mais crédito, ainda que não façam prova absoluta: são um meio de prova privilegiado, mas sem dispensar outros meios[1765]. Todavia, embora não absoluto, o registo é um meio de prova a apreciar pelo julgador[1766].

A posse, enquanto meio de prova para a demarcação, terá de ser exclusiva, de quem a invoque[1767]. Mas ela não é, aqui, objeto de litígio: apenas um meio de prova desse objeto[1768]. Além disso e como meio de prova, ela não tem predominância sobre os demais meios[1769].

O final do artigo 1354.º/1 admite "outros meios de prova". Estão em causa, designadamente, a prova testemunhal[1770] e a prova pericial[1771].

Na hipótese de não ser possível proceder à demarcação através do título, da posse ou de outros meios, o artigo 1354.º/2 determina: distribui-se o terreno em litígio em partes iguais[1772]. Também por cautela, o n.º

[1761] *Tratado*, XIII, 813 ss..

[1762] *Tratado*, XIII, 815; REv 5-mar.-1998 (António Almeida Simões), BMJ 475 (1998), 788-789 (o sumário); STJ 9-fev.-2006 (Pereira da Silva), Proc. 06B035.

[1763] RCb 9-mar.-1999 (Eduardo Antunes), CJ XXIV (1999) 2, 14-17 (16/II).

[1764] *Vide*, por último, a Lei n.º 78/2017, de 17 de agosto.

[1765] STJ 13-mai.-2008 (Mário Cruz), Proc. 08A868; STJ 9-set.-2010 (Lopes do Rego), Proc. 398/04.

[1766] STJ 11-fev.-2016 (Lopes do Rego), Proc. 6500/07.

[1767] *Vide* RCb 27-mar.-2012 (Virgílio Mateus), CJ XXXVII (2012) 2, 299 (o sumário), que reclama, de resto, a inversão do título de posse, para a usucapião.

[1768] STJ 30-jun.-2011 (Bettencourt de Faria), Proc. 2382/06.

[1769] RGm 13-jun.-2019 (Joaquim Boavida), Proc. 841/13.

[1770] REv 8-out.-2015 (Manuel Bragado), Proc. 380/12.

[1771] STJ 20-nov.-2019 (Ilídio Sacarrão Martins), Proc. 841/13.

[1772] RCb 3-mai.-2011 (Barateiro Martins), CJ XXXVI (2011) 3, 5-8 (8); STJ 7-mai.-2014 cit., *Sumários* 2014, 292-293.

3 desse preceito prevê a hipótese de os títulos indicarem um espaço maior ou menor do que o abrangido pelo terreno (em litígio); nessa altura, a falta ou o acréscimo são atribuídos proporcionalmente à parte de cada um.

IV. Falta, no Direito português, um preceito equivalente ao § 920/2 do BGB alemão[1773], segundo o qual o juiz deve recorrer à equidade, quando, atentas as circunstâncias e, em especial, a dimensão dos prédios, a demarcação a fazer não seja satisfatória. Pense-se, por exemplo, numa pequena unidade que seja invializada pela repartição igualitária prevista no artigo 1354.º/2. Todavia, há solução: o juiz deverá sempre sindicar o resultado a que chegue à luz do sistema, da boa-fé e do abuso do direito.

175. A imprescritibilidade

I. Dispõe o artigo 1355.º que o direito de demarcação é imprescritível, sem prejuízo dos direitos adquiridos por usucapião. No anteprojeto Pires de Lima, o artigo 56.º determinava a não caducidade desse direito[1774], numa redação mantida no artigo 1342.º da 1.ª Revisão Ministerial[1775]. A 2.ª Revisão Ministerial corrigiu o texto para "não prescreve", embora tenha esquecido a correção da epígrafe (1355.º)[1776]. O Projeto, no seu artigo 1355.º, fixou a redação final[1777].

II. A evolução patente nos preparatórios processou-se no bom sentido[1778]. Com efeito, a ação de demarcação não está sujeita a qualquer termo nem a outro evento extintivo[1779]. Logo, nunca poderia caducar. Em compensação, tratando-se de uma pretensão pessoal, isto é, obrigacional, ela estaria sujeita à prescrição, nos termos do artigo 298.º/1. Manter, indefinidamente, uma situação de incerteza, por falta de demarcação e por os direitos recíprocos de lhe pôr termo estarem prescritos é uma situação de todo inconveniente. Assim se entende a exceção legal firmada no artigo 1355.º.

[1773] *Supra*, n.º 171, IV.
[1774] Fernando Pires de Lima, *Direito de propriedade* cit., 247.
[1775] *1.ª Revisão* cit., 45.
[1776] *2.ª Revisão* cit., 39.
[1777] *Projecto* cit., 394.
[1778] Pires de Lima/Antunes Varela, *Código Civil anotado* cit., III, 2.ª ed., 202-203.
[1779] Quanto à noção de caducidade: *Tratado*, V, 3.ª ed., 242 ss. e 254 ss.; *vide* o artigo 298.º/2.

§ 41.º DIREITO DE TAPAGEM

176. Generalidades; conteúdo geral

I. O direito de tapagem preenche os artigos 1356.º a 1359.º do Código Civil. O primeiro desses preceitos, epigrafado "conteúdo", é lapidar:

> A todo o tempo o proprietário pode murar, valar, rodear de sebes o seu prédio, ou tapá-lo de qualquer modo.

O artigo equivale ao 2346.º do Código de Seabra[1780], apenas acrescentando "a todo o tempo" e, no final, retirando "conformando-se com as disposições desta secção". Foi proposto por Pires de Lima[1781], tendo atravessado os preparatórios subsequentes sem modificações[1782]. Remonta ao Direito romano, paredes-meias com a demarcação e as regras sobre plantações e construções, tendo a tapagem encontrado assento nos artigos 647.º do Código Napoleão e 841.º do Código civil italiano.

II. O direito de tapagem é uma evidência ligada à lógica da propriedade civil. Ele exprime, por excelência, os traços distintivos do domínio. Além disso, dá corpo a necessidades de defesa, de segurança, de resguardo e de proteção da intimidade privada. Publicita, ainda, situações de posse e efetiva, com clareza, a demarcação.

Como qualquer direito, a tapagem conhece restrições públicas e privadas. Quanto às primeiras, há que atender a diplomas diversos, a regras sobre estradas e caminhos, a determinações municipais e aos PDMs aplicáveis. Quanto às segundas, deve-se atentar na eventualidade de servidões

[1780] José Dias Ferreira, *Codigo civil annotado* cit., V, 1.ª ed., 97-98.

[1781] Fernando Pires de Lima, *Direito de propriedade* cit., 248.

[1782] *1.ª Revisão* cit., 1343.º (46); *2.ª Revisão* cit., 1356.º (39); *Projecto* cit., 1356.º (394).

de passagem, de aqueduto ou de vistas, como exemplos. Nessas eventualidades, o direito de tapagem deve ser exercido de modo a não impedir os ónus em causa.

O direito de tapagem pode representar um ónus para os vizinhos e, em especial, para os titulares de prédios contíguos. Ocorrem situações de suportação bilaterais. Ainda como qualquer direito, o exercício concreto da tapagem deve ser sindicado pelo sistema e pela boa-fé, cedendo quando haja abuso do direito. Exemplos emblemáticos são o do muro inútil, que apenas vise tirar a luz e o ar ao vizinho ou o exagero na tapagem, com meios inestéticos ou perigosos, apenas para incomodar terceiros.

III. A tapagem pode ser exercida por vários modos[1783]. O artigo 1356.º refere, relativamente ao prédio, murar, valar e rodear de sebes, acrescentando "ou tapá-lo de qualquer modo". Nos artigos subsequentes, o Código complementa regras quanto a certos tipos de tapagem: valas, regueiras e valados (1357.º e 1358.º) e sebes vivas (1359.º). As paredes e muros de meação (1370.º a 1375.º), que também têm a ver com a tapagem, mereceram uma secção própria.

As técnicas de tapagem dependem de decisão do proprietário. Elas correspondem a potencialidades próprias do *dominium*, que Seabra integrava na sua defesa, mas que hoje melhor ficam nas faculdades de uso, de fruição e de transformação. Na prática e para além da liberdade básica, elas derivam do tipo de propriedade em jogo. Nas áreas urbanas, ela resulta de paredes, muros ou redes densas. Nas rurais, depende da exploração. O minifúndio ou as pequenas quintas são muradas. Nas herdades, usam-se arames ou redes de malhas largas. Os aramados derivaram das antigas leis da caça, mantendo-se com as atuais. Redes são usadas para aparcar gado, evitando que este se disperse. Os caminhos de acesso são, com essa finalidade, dotados de canadianas, isto é, grelhas que podem ser transpostas por pessoas e por veículos, mas que o gado evita.

177. A evolução pátrica dos condicionamentos

I. O direito de tapagem vem, na prática, a ser precisado pela negativa. Partindo da permissão básica de tapar o seu prédio, por qualquer modo, o

[1783] RLx 27-mai.-2008 (Roque Nogueira), Proc. 2856/2008; este acórdão veio a ocupar-se do abuso do direito.

proprietário enfrenta uma série de restrições. Como adiantado, há constrangimentos de Direito público e de Direito privado. Nestas últimas, o estudo da jurisprudência ilustra uma curiosa evolução. Num primeiro momento, o direito de tapagem era compaginado com o tema das servidões, designadamente as de passagem e de aqueduto. Assim:

RPt 19-fev.-2000: o dono do prédio serviente pode vedá-lo ou tapá-lo com portão ou cancela, mesmo fechada, desde que seja apenas com o trinco e aberta à mão com toda a facilidade, de modo a não estorvar o uso de uma servidão de passagem[1784];

RPt 6-jul.-2001: o proprietário do prédio serviente pode exercer o direito de tapagem, desde que deixe dispositivo que permita livre e cómodo ingresso do proprietário dominante[1785];

RCb 30-abr.-2003: o proprietário do prédio serviente pode colocar um portão junto à via pública, desde que o titular da servidão de passagem não fique privado de abrir esse portão e de, por ele, aceder ao seu prédio[1786];

STJ 8-jun.-2006: o proprietário serviente mantém o direito de tapagem; há que conciliá-lo com o interesse do dominante, o que, tratando-se de um portão, pode ser feito através de entrega, a este, da sua chave[1787];

REv 31-mai.-2009: a simples incomodidade, para o titular da servidão de passagem, de ter de abrir e fechar o portão não é de interesse relevante para obstar ao direito de tapagem[1788];

REv 9-jul.-2009: o dono do prédio serviente que vedou o prédio e colocou portões na entrada e entregou as chaves aos donos do prédio dominante, tem o direito de exigir destes, sem que isso constitua um estorvo para o exercício da servidão, que fechem os portões após passarem por eles[1789];

STJ 15-jun.-2019: não havendo servidão de escoamento, pode exercer-se a tapagem[1790];

[1784] RPt 19-fev.-2000 (Ribeiro de Almeida), Proc. 0051634.

[1785] RPt 6-jul.-2001 (Soares de Almeida), Proc. 0120087.

[1786] RCb 30-abr.-2003 (Jaime Ferreira), CJ XXVIII (2003) 3, 5-8.

[1787] STJ 8-jun.-2006 (Pereira da Silva), Proc. 06B1480; num sentido semelhante, RCb 27-mai.-2008 (Jacinto Meca), Proc. 386/2002.

[1788] REv 31-mai.-2009 (Pires Robalo), Proc. 2854/05. Este aresto mandou, todavia, desligar um sistema elétrico de abertura, o que é bizarro: desde que o proprietário do prédio dominante tivesse acesso ao código do mecanismo, seria mais fácil para todos.

[1789] REv 9-jul.-2009 (Manuel Marques), Proc. 1332/03. Este caso exemplifica o desacerto das más relações de vizinhança: tudo se resolve entre pessoas educadas e com bom-senso.

[1790] STJ 15-jun.-2019 (Tomé Gomes), Proc. 388/14.

RGm 2-jun.-2021: o direito de tapagem é concretamente limitado pelo direito à água do prédio contíguo[1791];

RCb 28-jun.-2022: a servidão de passagem exclui, na medida do seu conteúdo, o direito de propriedade, de conteúdo mais vasto; não pode o proprietário do prédio serviente opor, ao titular da servidão de passagem, o direito de murar a sua propriedade[1792].

II. Num segundo momento, ainda que materialmente sobreposto com os outros dois, os tribunais vieram invocar, de modo repetido, o abuso do direito, para delimitar certos exercícios da tapagem. Como exemplos:

RGm 19-nov.-2003: o direito de tapagem só se justifica se e enquanto o seu titular se contiver no contexto circunstancial da vedação; impedir o acesso a ele de estranhos e de animais; se a concreta vedação exorbitar esse fim, essa regalia terá de ser moldada ao seu conteúdo[1793];

RPt 21-dez.-2004: com referência a um muro excessivamente elevado: pese embora a regulamentação na lei civil das relações de vizinhança, é possível atalhar os conflitos derivados de tal relação através do instituto do abuso do direito e, para o caso, o tipo abusivo do exercício danoso inútil[1794];

STJ 3-nov.-2005: não se pode considerar excessivo um muro cuja altura máxima não atinja um metro a mais da altura média de um indivíduo, de modo a garantir a privacidade e a segurança[1795];

RLx 2-out.-2007: a vedação ou tapagem de um prédio, tendo em vista garantir a privacidade de uma piscina, protegendo-a dos ventos e da devassa fácil, não é abuso do direito, ainda que ensombre o prédio vizinho e lhe tape a vista para o mar[1796];

RGm 10-abr.-2012: um poprietário, numa extensão de 60 metros, mantém 7 plátanos e 36 cedros, para garantir a privacidade; não pode o adquirente do prédio contíguo alegar abuso do direito, invocando que as árvores lhe tiram vistas[1797];

[1791] RGm 2-jun.-2021 (Helena Melo), Proc. 1512/17.

[1792] RCb 28-jun.-2022 (Teresa Albuquerque), Proc. 2236/19.

[1793] RGm 19-nov.-2003 (António Gonçalves), Proc. 1894/03, referindo, como base, o abuso do direito e citando STJ 16-mar.-1995 (Roger Lopes), CJ/Supremo III (1995) 1, 121-124 (124).

[1794] RPt 21-dez.-2004 (Henrique Araújo), Proc. 0423026.

[1795] STJ 3-nov.-2005 (Bettencourt de Faria), Proc. 05B2728.

[1796] RLx 2-out.-2007 (Roque Nogueira), Proc. 5387/2007.

[1797] RGm 10-abr.-2012 (Rosa Tching), CJ XXXVII (2012) 2, 282-286 (286/I).

STJ 11-jul.-2013: a lei civil não impõe, aos proprietários confinantes, muros para vedação com a mesma altura; a única condicionante prende-se com o eventual exercício abusivo do direito de tapagem, quando exista uma flagrante desproporção entre a utilidade obtida com o muro e a consequência nefasta para o vizinho, o que não foi o caso[1798];

STJ 29-out.-2013: tendo um muro a altura mínima para satisfazer a sua função, não há abuso[1799];

STJ 10-abr.-2014: a construção de um muro é abusiva (334.º) se teve por objetivo alterar a largura de uma servidão, exercida há 27 anos[1800].

O abuso do direito permite, nestes casos, proceder a uma ponderação entre valores e interesses contrapostos. O desenvolvimento técnico permite tapagens acessíveis que, antes, seriam dispendiosas. Multiplicam-se, pois, as situações potencialmente conflituosas.

III. A temática posta por um exercício excessivo do direito de tapagem evoluiu para a área do conflito de direitos, previsto no artigo 335.º. Nas questões de vizinhança, a parte prejudicada vem invocar, cada vez mais, o atentado aos seus direitos de personalidade. Muros e vedações excessivos podem contundir com a insolação e o arejamento, pondo em causa os direitos à saúde, ao repouso e ao bom-ambiente, num fenómeno paralelo ao ocorrido com as emissões[1801]. Como exemplos:

STJ 28-out.-2008: o direito à insolação integra-se no direito à saúde, na vertente do direito de personalidade; ocorre colisão de direitos (com a tapagem) sempre que ambos se mostrem incompatíveis, devendo prevalecer a que tutela o interesse superior, como é o caso dos direitos de personalidade; em concreto, há que examinar a intensidade ao exercício do direito e a sua antiguidade[1802];

[1798] STJ 11-jul.-2013 (Gregório da Silva Jesus), Revista 10/2000, *Sumários* cit., 2013, 497.

[1799] STJ 29-out.-2013 (Nuno Cameira), Revista 364/03, *Sumários* cit., 2013, 680-681. Este aresto refere também a colisão de direitos.

[1800] STJ 10-abr.-2014 (Salazar Casanova), Revista 478/11, *Sumários* cit., 2014, 254-255.

[1801] *Supra*, n.º 163, III.

[1802] STJ 28-out.-2008 (Sebastião Povoas), Proc. 08A3005 = CJ/Supremo XVI (2008) 3, 97-101 (100-101); este acórdão obteve uma importante anot. Pedro de Albuquerque, ROA 2009, 377-396 (390 ss.), com muitas indicações.

RGm 3-mar.-2016: desenha um conflito entre o direito à reserva da intimidade da vida privada e o direito a um ambiente sadio, no qual se inclui o direito à insolação; não pode, na conciliação desses direitos, considerar-se excessiva uma vedação de 1,80 m.[1803];

RGm 26-abr.-2018: o direito à privacidade, defendido pela tapagem, cede perante o direito à saúde, havendo que diminuir a opacidade de um muro[1804];

RGm 7-nov.-2019: ocorre colisão de direitos quando temos o direito à tapagem, por um lado e, por outro, o direito à insolação; a conciliação consegue-se com um muro não superior a 1,5 m., como dispõe o regulamento aplicável, de Direito público[1805];

RGm 22-out.-2020: existindo colisão entre o direito ao repouso, ao sossego e à tranquilidade e o direito à tapagem, prevalece o primeiro; no caso, fora feita uma vedação com chapas metálicas que chocalhavam com o vento e a chuva[1806].

IV. A jurisprudência relativa à tapagem ilustra, ainda, outras questões. Assim, pode estar envolvido o direito a indemnizações, quer por exercício indevido da tapagem, quer por se obstaculizar ilicitamente ao mesmo. Assim, como exemplos:

RCb 11-nov.-2008: os proprietários de prédio serviente colocam uma cancela que fecharam, sem nada dizer ao titular de uma servidão de passagem, impedindo-o de entrar no seu prédio: cabe indemnização por danos patrimoniais e morais[1807];

RPt 17-jun.-2021: impedir o exercício do direito à tapagem através de ameaças a trabalhadores e da colocação de obstáculos (viaturas e tratores) para impedir a obra dá azo a responsabilidade extracontratual[1808].

Nestes casos, seria possível construir situações de responsabilidade obrigacional: são violadas obrigações *propter rem* e, portanto, vínculos específicos, por oposição ao dever geral de respeito, ínsito no artigo 483.º/1. Logo, têm aplicação os artigos 798.º e 799.º/1, o que permite o funcionamento da muito útil presunção de culpa-ilicitude.

[1803] RGm 3-mar.-2016 (Miguel Baldaia Morais), Proc. 593/11.

[1804] RGm 26-abr.-2018 (Margarida Sousa), Proc. 144/15.

[1805] RGm 7-nov.-2019 (Anizabel Sousa Pereira), Proc. 5454/8.

[1806] RGm 22-out.-2020 (Heitor Gonçalves), Proc. 875/18.

[1807] RCb 11-nov.-2008 (Isabel Fonseca), Proc. 81/04.

[1808] RPt 17-jun.-2021 (Freitas Vieira), Proc. 1836/18.

V. O recurso ao abuso do direito e aos direitos de personalidade representa ganhos dogmáticos efetivos: permitem soluções mais diferenciadas, em função dos problemas concretos. Não obstante, ele não pode obnubilar o bom e velho direito de tapagem, apanágio da propriedade. A existência de vizinhos, se for bem cultivada, representa uma mais-valia. Todavia, tem sempre os seus incómodos, que devem, na medida do razoável, ser suportados por cada um. A propriedade envolve riscos. Isto dito, o direito de tapagem insere-se no grande oceano do sistema, devendo afeiçoar-se, no seu exercício, aos valores fundamentais do ordenamento.

178. Valas, regueiras e valados (1357.º e 1358.º)

I. O artigo 1357.º do Código Civil dispõe:

> O proprietário que pretenda abrir vala ou regueira ao redor do prédio é obrigado a deixar mota externa de largura igual à profundidade da vala e a conformar-se com o disposto no artigo 1348.º; se fizer valado, deve deixar externamente regueira ou alcorca, salvo havendo, em qualquer dos casos, uso da terra em contrário.

O preceito equivale ao artigo 2347.º do Código de Seabra[1809]: apenas acrescentou as "regueiras", que não eram expressamente referidas nesse Código. Adveio do artigo 58.º do anteprojeto Pires de Lima[1810], com ligeiros retoques nos artigos 1344.º e 1357.º das 1.ª[1811] e 2.ª[1812] revisões ministeriais, respetivamente e no artigo 1357.º do Projeto[1813].

II. O recurso às anotações feitas ao Código de Seabra[1814] e às do *Código anotado* de Pires de Lima/Antunes Varela[1815] permitem esclarecer os termos usados e a justificação para o regime fixado. Uma regueira é uma vala mais pequena. Isto dito, ambas correspondem a escavações feitas

[1809] José Dias Ferreira, *Codigo civil annotado* cit., V, 1.ª ed., 98-99.

[1810] Fernando Pires de Lima, *Direito de propriedade* cit., 248.

[1811] *1.ª Revisão* cit., 46.

[1812] *2.ª Revisão* cit., 39-40.

[1813] *Projecto* cit., 394.

[1814] Luís da Cunha Gonçalves, *Tratado de Direito civil* cit., XII, n.º 1816 (141 ss.); José Dias Ferreira, *Codigo civil annotado* cit. *supra*, nota 1802.

[1815] Pires de Lima/Antunes Varela, *Código Civil anotado* cit., III, 2.ª ed., 206-207.

ao longo dos limites do prédio. Essa situação pode provocar desmoronamentos no prédio contíguo. Para o prevenir, o artigo 1357.º, numa solução romana que remonta às leis gregas de Sólon, determina que, entre a vala ou a regueira e a estrema seja deixada uma faixa de segurança (a mota externa) de largura igual à profundidade da vala (ou da regueira). Além disso, funciona o artigo 1348.º, relativo às escavações, o qual tem aplicação cumulativa.

III. O valado é um muro espesso de terra, com 1 a 2 metros de altura e o equivalente, de largura. Esse muro pode degradar-se ou desabar, invadindo o prédio contíguo. Para o evitar, manda o artigo 1357.º, 2.ª parte, que o proprietário deixe, entre o valado e a estrema, uma regueira ou uma alcorca, ou seja, quanto a esta, um fosso resultante da extração da terra para fazer o valado[1816]. A ressalva do final do preceito quanto a haver uso da terra em contrário levanta dúvidas: tal uso, se for no sentido de dispensar a mota externa, a regueira ou a alcorca, é pernicioso, pois permite danos e acidentes; se viesse impor maiores larguras para essas realidades, seria paralisador de riqueza. Não conhecemos, todavia, aplicações práticas de tais usos, caso existam.

IV. Quando ocorram valas, regueiras ou valados, entre prédios de distintos donos[1817], que não respeitem o artigo 1357.º, estabelece o artigo 1358.º/1 uma presunção de comunhão, enquanto o n.º 2 desse mesmo preceito fixa "sinais" que afastem essa presunção. O artigo 1358.º retoma os artigos 2348.º e 2349.º do Código de Seabra[1818]. Adveio do artigo 59.º do anteprojeto Pires de Lima[1819] o qual não sofreu alterações, nos subsequentes trabalhos preparatórios[1820]. *Summo rigore*, os artigos 1357.º e 1358.º poderiam ter uma ordem inversa. Com efeito, a existência de motas, de regueiras ou de alcorcas externas mostra que elas não são comuns, antes cabendo ao proprietário que as tenha previsto. Na sua falta, não se saberá

[1816] Quanto à expressão, Luís da Cunha Gonçalves, *Tratado de Direito civil* cit., XII, 142.

[1817] Se os prédios tiverem o mesmo dono e, depois, se separarem, pode ocorrer a constituição de uma servidão por destinação do pai de família (1549.º).

[1818] José Dias Ferreira, *Codigo civil annotado* cit., V, 1.ª ed., 98-100, sem anotações.

[1819] Fernando Pires de Lima, *Direito de propriedade* cit., 248.

[1820] *1.ª Revisão* cit. (1345.º), 46; *2.ª Revisão* cit. (1358.º), 40; *Projecto* cit. (1358.º), 395.

a quem pertençam: a lei estabelece uma presunção de comunhão[1821]. Tal presunção, meramente *iuris tantum*, pode ser afastada por prova em contrário (350.º/2). Para tanto, todos os meios de prova admitidos em direito são lícitos. O artigo 1358.º/2, na tradição de Seabra, veio considerar como sinal de não-comunhão o achar-se, durante mais de um ano, a terra da escavação ou da limpeza lançada só de um lado. Presume-se, nessa eventualidade, que a vala é propriedade do proprietário de cujo lado a terra estiver. Como explica Cunha Gonçalves, se a vala fosse comum, a terra estaria lançada, indiferentemente, para ambos os lados[1822]. Podemos acrescentar outro aspeto: o proprietário que, do seu lado, fizesse vala ou regueiras na estrema, lançando a terra para o prédio vizinho, veria formar-se, contra ele, uma presunção de que elas pertenceriam ao dono do prédio sobrecarregado. O "sinal" referido no artigo 1358.º é, ele próprio, uma presunção *iuris tantum*. Pode ser afastada por prova em contrário.

V. Os artigos 1357.º e 1358.º correspondem a normas do Direito agrário tradicional, patente, de resto, nas expressões arcaicas que utilizam. Hoje, a generalidade dos agricultores não saberá o que são "valas", "regueiras", "valados", "motas" e "alcorcas". As modernas técnicas de construção permitem as funções das antigas, em termos mais baratos e eficientes. Todavia, elas fazem todo o sentido, num código civil, até como repositório de cultura.

179. Sebes vivas

I. As sebes vivas são plantações que sirvam de demarcação. O artigo 2351.º do Código de Seabra dispunha[1823]:

> Se dois predios forem separados por sebe viva, deverá presumir-se que esta é d'aquelle que mais precisar d'ella, e se ambos estiverem no mesmo

[1821] STJ 20-mar.-1984 (Joaquim Figueiredo), Proc. 071389 (o sumário) = BMJ 335 (1984), 287-292 (291-292). Segundo este aresto, essa presunção é independente das circunstâncias que tenham conduzido à ocorrência. Em cinquenta anos, é o único acórdão que localizámos sobre a matéria.

[1822] Luís da Cunha Gonçalves, *Tratado de Direito civil* cit., XII, 145.

[1823] José Dias Ferreira, *Código Civil anotado* cit., V, 1.ª ed., 100, sem anotação.

caso, reputar-se-há commum, se não houver costume da terra pelo qual se determine de outro modo a propriedade de tais sebes.

O Decreto n.º 19:126, de 16 de dezembro de 1930, alterou o artigo 2353.º, relativo a sebes mortas; na sua segunda parte, acrescentou[1824]:

(...) as sebes vivas não podem plantar-se sem prèviamente se colocarem marcos a dividir o prédio dos prédios vizinhos, de comum acordo ou mediante demarcação judicial.

No artigo 60.º do seu anteprojeto, Pires de Lima reuniu o final do artigo 2353.º resultante da reforma de 1930, no n.º 1 e o essencial do artigo 2351.º, no n.º 2. O preceito foi retocado no artigo 1346.º da 1.ª Revisão Ministerial[1825] e no artigo 1359.º da 2.ª[1826]. O Projeto manteve, no artigo 1359.º, essa mesma redação[1827], havendo contudo retoques na redação final promulgada.

II. As sebes vivas, segundo Cunha Gonçalves[1828] retomado por Pires de Lima/Antunes Varela[1829], são feitas com arbustos espinhosos, como a *aquia pinata*, o buxo ou a murteira. Hoje, recorre-se também a linhas de ciprestes ou a certos arbustos exóticos, como o *ficus austalis*. A sua colocação pode levantar dificuldades: estando viva, a sebe pode crescer para o prédio vizinho, colocando problemas de demarcação. Além disso, o seu autor pode podá-las apenas do seu lado, potenciando a invasão. A prévia colocação de marcos resolve o problema (1359.º/1).

III. Havendo dúvidas, o artigo 1359.º/2 considera que as sebes vivas pertencem ao proprietário que mais precise delas. Cunha Gonçalves, à luz do preceito semelhante do Código de Seabra, explica que tal sucede, por exemplo, quando num dos prédios haja uma vinha e no outro um olival: a vinha carece de maior proteção[1830]. Podemos reforçar a ideia: em princípio, o proprietário mais necessitado será o que coloca sebes. Trata-se, contudo

1824 DG I, n.º 292, de 16-dez.-1930, 2440/II.

1825 *1.ª Revisão* cit., 47.

1826 *2.ª Revisão* cit., 40.

1827 *Projecto* cit., 395.

1828 Luís da Cunha Gonçalves, *Tratado* cit., XII, n.º 1818 (146).

1829 Pires de Lima/Antunes Varela, *Código civil anotado* cit., IV, 2.ª ed., 216.

1830 Luís da Cunha Gonçalves, *Tratado* cit., XII, 146-147.

e apenas, de uma presunção, admitindo-se prova em contrário. Se este critério não solucionar o problema, temos uma nova presunção: a de que as sebes são comuns[1831], salvo uso da terra em contrário.

[1831] RLx 4-fev.-2006 (Fernanda Isabel Pereira), Proc. 3583/2005-6.

§ 42.º CONSTRUÇÕES E EDIFICAÇÕES

180. **Janelas, portas e varandas (1360.º); evolução lusófona**

I. O Código Civil, no capítulo relativo à propriedade sobre imóveis, comporta uma secção (a IV) relativa a construções e edificações (1360.º a 1365.º). De facto, não se visam construções e edificações em geral mas, apenas, algumas normas que disciplinam relações de vizinhança. O primeiro ponto em jogo é o do artigo 1360.º: abertura de janelas, portas, varandas e obras semelhantes. O artigo 1360.º, transcrito para facilidade de análise, dispõe:

> 1. O proprietário que no seu prédio levantar edifício ou outra construção não pode abrir nela janelas ou portas que deitem diretamente sobre o prédio vizinho sem deixar entre este e cada uma das obras o intervalo de metro e meio.
>
> 2. Igual restrição é aplicável às varandas, terraços, eirados ou obras semelhantes, quando sejam servidos de parapeitos de altura inferior a metro e meio em toda a sua extensão ou parte dela.
>
> 3. Se os dois prédios forem oblíquos entre si, a distância de metro e meio conta-se perpendicularmente do prédio para onde deitam as vistas até à construção ou edifício novamente levantado; mas, se a obliquidade for além de quarenta e cinco graus, não tem aplicação a restrição imposta ao proprietário.

II. Este preceito remonta às Ordenações. Segundo o seu Livro I, título LXVIII, § 24[1832]:

> Qualquer pessoa, que tiver casas, póde nellas fazer eirado, com peitoril, janellas, frestas e portaes, quando lhe aprouver, e alçar-se quanto quizer, e tolher o lume a qualquer outro visinho dante si. Porém não poderá fazer

[1832] *Ord. Fil.*, Liv. I, Tit. LXVIII, § 24 = ed. Gulbenkian cit., 1, 160/II.

fretas, nem janellas, nem eirado com peitoril, sobre casa, ou quintal alheio, per que o descubra, que atè junto á parede, onde quer fazer a janella, fresta, ou eirado, sem cousa alguma se metter em meio. Mas bem poderá fazer eirado com parede tão alta que se não possa encostar sobre ella, para ver a casa, ou quintal de outrem. E assi poderá fazer na sua parede, sobre o telhado, ou quintal de outrem, seteira, pela qual sómente possa ter claridade. E quando o outro, sobre cujo quintal, ou telhado se faz, se quizer levantar, poder-lhe-há fazer tapar, postoque seja passado anno e dia, ou outro qualquer mais tempo, que stiver feita.

Na pré-codificação, o tema foi objeto da atenção de Lobão e de Borges Carneiro. Lobão começa por recordar a liberdade natural de edificar janelas, postigos e seteiras, como regra geral[1833]. Posto isso, ocupa-se das restrições a essa liberdade, citando o transcrito § 24 das Ordenações, que passa a examinar crítica e circunstanciadamente[1834]. Borges Carneiro, ainda que de modo menos sistematizado, refere também a liberdade de, no seu edifício, fazer portas e janelas[1835], indicando, depois, limitações[1836]. O tema foi retomado pelos clássicos Correia Teles[1837] e Coelho da Rocha[1838], citando as Ordenações e alguns códigos da época. Estamos em face de regras de vizinhança razoáveis, nos seus princípios, mas cuja aplicação prática exige regras mais pormenorizadas, que vêm surgindo nos diversos códigos.

III. O nosso Código de Seabra acolheu e atualizou as regras das Ordenações, no seu artigo 2325.º[1839]:

O proprietario, que levantar muro, parede ou outra edificação, juncto á estrema do seu terreno, não poderá n'elle abrir janellas, nem fazer eirado, ou varanda, que deite directamente sobre o predio vizinho, sem deixar intervallo de um metro e cinco decímetros entre os dois predios.

[1833] Manuel de Almeida e Sousa de Lobão, *Tratado histórico, encyclopedico, critico, pratico sobre todos os direitos relativos a casas* (1829, ed. 1881), § 150 (80).

[1834] *Idem*, § 157 a 178 (82 a 91).

[1835] Manuel Borges Carneiro, *Direito civil de Portugal*, IV (1840), § 48, Nr. 2 (268).

[1836] *Idem*, § 54 (299-304).

[1837] J. H. Correia Teles, *Digesto Portuguez* cit., 1, 3.ª ed., art. 781 (100).

[1838] M. A. Coelho da Rocha, *Instituições de Direito civil* cit., 2.ª ed., § 594 (2, 409-410.

[1839] José Dias Ferreira, *Codigo civil annotado* cit., V, 1.ª ed., 86-88, dando conta dos preparatórios e da sua evolução.

§ 1.º A disposição d'este artigo não abrange as frestas, seteiras, ou oculos para luz.

§ 2.º As aberturas para luz, mencionadas no § antecedente, não prescrevem contra o vizinho, e poderá este, a todo o tempo que queira, levantar a sua casa, ou contra-muro, ainda que véde a luz das dictas aberturas.

Cunha Gonçalves comenta o preceito explicando que, antigamente, não era lícito abrir janelas que permitissem devassar conventos de freiras e templos. Mais tarde, à luz do Código de Seabra, a liberdade de abrir janelas e semelhantes só é restringida quando o proprietário levante muro, parede ou outra edificação junto da estrema do seu terreno: pelo artigo 2325.º não poderá aí abrir janela ou porta ou fazer eirado ou varanda, que permitam a devassa[1840].

IV. Na preparação do Código Civil, o texto que hoje preenche o artigo 1360.º resultou do anteprojeto Pires de Lima, cujo artigo 61.º atualizou, *grosso modo*, o artigo 2325.º de Seabra[1841], sendo ainda confortado pelos artigos 905.º e 906.º do Código Civil italiano[1842]. A proposta de Pires de Lima mereceu meros retoques formais no artigo 1347.º da 1.ª Revisão Ministerial[1843], no artigo 1360.º da 2.ª[1844] e no artigo 1360.º do Projeto[1845].

181. Escopo e concretização prática

I. O artigo 1360.º tem sido comentado[1846], obtendo ainda referência em obras gerais[1847] e sendo objeto de diversa jurisprudência, abaixo exem-

[1840] Luís da Cunha Gonçalves, *Tratado de Direito civil* cit., XII, n.º 1800 (70).

[1841] Fernando Pires de Lima, *Direito de propriedade* cit., 249.

[1842] Umberto Permigiani, em Franzoni/Rolli, *Codice civile commentato* cit., I, art. 905.º e 906.º (1196-1202).

[1843] *1.ª Revisão* cit., 47-48.

[1844] *2.ª Revisão* cit., 40-41.

[1845] *Projecto* cit., 395-396.

[1846] Pires de Lima/Antunes Varela, *Código Civil anotado* cit., III, 2.ª ed., 212-216; Pedro Vaz Mendes, em UCP/*Comentário* cit., 283-285; Rui Pinto/Cláudia Trindade, *Código Civil anotado* (org. Ana Prata), II, 2.ª ed., 179-180.

[1847] O nosso *Direitos Reais*, n.º 196 (603 ss.); Henrique Mesquita, *Direitos Reais* cit., 149; José de Oliveira Ascensão, *Direito civil/Reais* cit., 5.ª ed., n.º 120 (255); José Alberto Vieira, *Direitos Reais* cit., 3.ª ed., n.º 101 (325); António Santos Justo, *Direitos*

plificada. Na sua aplicação, importa ter presente o escopo da norma, experimentada há muitos séculos.

As construções em espaços rurais distam, normalmente, umas das outras, pelo que não se impõe fixar regras quanto às confrontações. Em cenários urbanos ou semi-urbanos, o problema põe-se. Podendo edificar até à estrema, o proprietário que o faça e, na edificação, lance janelas, varandas, terraços, eirados ou obras semelhantes sobre o prédio vizinho, vai colocar três tipos de problemas:

(1) pode devassar o que se passa no prédio vizinho, espreitando de dia e de noite; mesmo quando não o faça, o titular do prédio contíguo nunca estaria à vontade[1848];
(2) pode arremessar objetos, líquidos ou dejetos, provocando danos e desconforto; também aqui, essa possibilidade está sempre em aberto, ainda que não se concretize; repare-se que o proprietário do local, por muito cuidadoso e circunspecto que seja, nunca poderá garantir tudo quanto se passe na sua casa;
(3) pode correr o risco de que o dono do prédio contíguo queira, ele próprio, construir também até à estrema; se o fizer, vai entaipar as janelas do vizinho, num sério conflito de vizinhança.

A higiene social e a boa ordenação das construções recomenda que não haja, nas estremas, janelas ou o equivalente lançadas sobre o prédio contíguo. Ao impor, para o lançamento de tais janelas, uma separação mínima de metro e meio relativamente à estrema vizinha, a lei limita, de modo direto, os perigos da devassa e das projeções. Mas além disso e sobretudo: desincentiva, de modo indireto, o lançamento de quaisquer janelas. Como ninguém quer perder um metro e meio de construção, a generalidade dos proprietários preferirá aproveitar toda a área de construção, lançando as janelas para jardins ou pátios internos ou para a via pública.

Podem, porém, ter sido lançadas janelas sem observar a distância prescrita. Nessa eventualidade, elas devem ser tapadas, a menos que, nos termos do artigo 1362.º, se tenha constituído, por usucapião ou por outra via, uma servidão de vistas. Nessa altura, o vizinho onerado não poderá

Reais cit., 7.ª ed., n.º 131 (268-270); Luís Menezes Leitão, *Direitos Reais* cit., 9.ª ed., n.º 4.2.3. (198-199).

[1848] Este aspeto é o mais referido na jurisprudência que se ocupa do tema; RCb 17-nov.-2009 (Gonçalves Ferreira), Proc. 6/04.

construir a menos de um metro e meio das janelas em causa (1362.º/2, *in fine*).

II. A aplicação do artigo 1360.º, como sucede com outros dispositivos civis próprios das relações de vizinhança, vai cruzar-se com diversas normas de Direito público, relativas a edificações. Tais normas não podem agravar as relações de vizinhança, designadamente permitindo janelas ou outras construções ou edificações vedadas pelo Código Civil. Este ponto é particularmente relevante: é possível, designadamente a particulares bem relacionados, obter, das câmaras municipais – as quais trabalham com os elementos que os interessados, unilateralmente, lhes façam chegar – licenças para obras que perturbem, por vezes radicalmente, o sossego, a segurança e o bem-estar dos vizinhos e das populações circundantes. O Direito civil constitui, nas nossas sociedades, a defesa última dos direitos das pessoas. As licenças para execução de obras e a fiscalização municipal do seu decurso não isentam a aplicação das regras civis de vizinhança com relevo para o artigo 1360.º do Código Civil[1849]. Compreende-se que, num ambiente urbano, os direitos reais não possam ser exercidos em termos ideais, nas palavras do Supremo: é inevitável uma certa compressão. Mas esta deve ser justa, razoável, equilibrada e igualitária cabendo, no limite, uma sindicância *ex bona fide*, com recurso ao abuso do direito[1850].

III. A jurisprudência começa por se preocupar com a noção de "janela"[1851]. Com efeito, esse termo tem um alcance corrente imediata-

[1849] STJ 19-mai.-2011 (João Trindade), Rev. 284/05, *Sumários do STJ*, 2011, 402. *Vide* Adriano Vaz Serra, anotação a STJ 9-mar.-1976 (José António Fernandes), BMJ 255 (1976), 143-147 = RLJ 110 (1977), 59-61, *idem*, 61-64 (62/I).

[1850] STJ 29-jan.-2014 (Pinto de Almeida), Rev. 926/07, *Sumários do STJ*, 2014, 75-76: um caso em que, para uma vantagem mínima relacionada com janelas em contravenção ao artigo 1360.º, se exigiria a demolição das paredes e pilares de uma casa, com prejuízos avultadíssimos.

[1851] O português "janela" provém do latim *janua* (porta de entrada da casa) com o diminutivo *ela*: porta pequena; o latim *porta* aplicava-se às portas da cidade. Ainda em latim, janela era dita *fenestra*, na origem do português "fresta" e presente, ainda, em defenestrar. *Fenestra* deu azo a *fenètre* (francês), *finestra* (italiano) e, até, a *Fenster* (alemão): expressões que, nesses idiomas, designam a nossa janela. O inglês *window* adveio de *wind* (vento), enquanto o espanhol (castelhano) usa, para janela, *ventana*, também de vento. A étimologia é útil, em Direito: documenta os sortilégios da Historia e da cultura.

mente reconhecível[1852], mas que o Direito não pode deixar de precisar. Em especial, é decisiva a distinção entre janelas e frestas[1853]. Estas últimas resultam do artigo 1367.º/2, em paralelo com as seteiras ou óculos para luz e ar: devem situar-se a, pelo menos, um metro e oitenta centímetros de altura, a contar do solo ou sobrado e não devem ter, numa das suas dimensões, mais de quinze centímetros. Quanto às janelas: o seu conceito técnico pode ser precisado recorrendo à sua função. Elas permitem que alguém veja através delas, para cima, para baixo e para os lados e, ainda, que se debruce nela. Facultam a passagem de objetos ou de líquidos. Assim, aberturas com 62 e 98 cm de altura e 57 cm de largura com parapeito onde as pessoas se podem apoiar e debruçar, de modo a desfrutar comodamente de vistas, olhando em fundo, para os lados, para cima e para baixo, com possibilidade de devassamento, são janelas, ainda que com duas barras metálicas colocadas na horizontal[1854]. O traço último da janela é, tudo visto, a possibilidade de devassamento que ela oferece[1855]. Por via de regra, elas representem ainda um risco grave: se forem edificadas e não forem contrariadas, elas possibilitam a constituição de uma servidão de vistas, a qual irá impedir o proprietário do prédio contíguo de construir até à sua estrema (1362.º)[1856].

IV. As restrições aplicáveis às janelas (ou portas) que deitem diretamente para o prédio do vizinho são, como adiantado, as de deixar o intervalo de metro e meio. Essa restrição é aplicável às varandas, terraços, eirados ou obras semelhantes quando servidos por parapeitos de altura inferior a metro e meio em toda a sua extensão ou parte dela (1360.º/2). Entendeu o legislador que, abaixo dessa dimensão, agrava-se a possibilidade de devassa[1857]. A cifra de metro e meio pode, hoje, considerar-se insuficiente, dado o facto da contínua elevação da altura média da população[1858].

[1852] STJ 22-abr.-2004 (Ferreira Girão), CJ/Supremo XII (2004) 2, 43-45.

[1853] RCb 26-jan.-2010 (Teles Pereira), CJ XXXV (2010) 1, 18-21; *vide infra*, n.º 186, quanto a "frestas irregulares".

[1854] Palavras do STJ 19-mai.-2011 (João Trindade), *Sumários do STJ*, 2011, 402.

[1855] STJ 29-jan.-2014 (Pinto de Almeida), Rev. 926/07, *Sumários do STJ*, 2014, 75-76; RPt 13-jul.-2022 (Fernando Vilares Pereira), Proc. 132/22.

[1856] *Infra*, n.º 183.

[1857] RPt 15-mai.-2012 (Rodrigues Pires), CJ XXXVII (2012) 3, 208-211; RLx 2-jul.-2015 (Tomé Ramião), Proc. 208/05.2; este acórdão explica, ainda, que "varanda" é um terraço estreito.

[1858] O artigo 905.º/2 do Código Civil italiano limita-se a dizer que o parapeito não

V. Questão complementar é a da eventual obliquidade dos prédios em presença. O artigo 1360.º encara-a da seguinte forma: se a obliquidade for além dos quarenta e cinco graus, não há restrições. Sendo aquém, elas aplicam-se, sendo o metro e meio contado perpendicularmente do prédio para onde deitem as vistas, até à construção do edifício novamente levantado. Leia-se: até ao ponto da construção mais próximo[1859]: não vemos outra saída, em face da lei.

VI. Suscitaram-se, na base da doutrina italiana, duas outras questões: (1) a da eventual presença, entre as janelas e as estremas, de um muro de resguardo; (2) a da contagem da distância na hipótese de um muro comum[1860]. Havendo um muro de resguardo, as janelas contraventoras não permitem a devassa. Logo, podem ficar. Mas se o muro for demolido ou desaparecer, as janelas devem ser tapadas, só nessa altura se iniciando a contagem do prazo da constituição de uma servidão de vistas, por usucapião. Havendo um muro comum, defende-se que a distância de metro e meio deve ser contada do ponto médio do muro (Pires de Lima/Antunes Varela, invocando o paralelo com o artigo 1373.º/1). Parece razoável.

182. **Prédios isentos (1361.º)**

I. O artigo 2326.º do Código de Seabra dispunha[1861]:

> As disposições do artigo precedente não são applicáveis a predios entre si separados por qualquer estrada, caminho, rua, travessa, becco ou outra passagem publica.

Pires de Lima, no artigo 62.º do seu anteprojeto, acolheu esse preceito. Mas retirou a referência a "beco" e substituiu "passagem pública"

deve permitir que as pessoas se debrucem sobre o prédio vizinho. O Código civil, para evitar dúvidas, fixou a referida cifra de metro e meio para o parapeito. Os, italianos, tradicionalmente considerados "pequenos", têm hoje, em média, alturas superiores a 1,80 m. Embora aquém (por agora), a população portuguesa também vem crescendo. A cifra de metro e meio é, hoje, modesta.

1859 Em Pires de Lima/Antunes Varela, *Código Civil anotado* cit., III, 2.ª ed., 216, dá-se conta de outras soluções.

1860 *Idem*, 212 e 213.

1861 José Dias Ferreira, *Codigo civil annotado* cit., V, 1.ª ed., 86 e 88 (a anotação pertinente).

por "passagem por terreno do domínio público"[1862]. O texto atravessou, incólume, os demais preparatórios[1863]. Não aplaudimos o mudar por mudar[1864]. Além disso, as alterações introduzidas não são conseguidas. A expressão "beco", que o *Código anotado* considera inútil, tinha significado: um beco não é, em rigor, um "local de passagem". E a troca de "passagem pública" por "passagem por terreno do domínio público" só complica. Desde logo, "passagem por terreno" inculca que as próprias "margens" da via são públicas: não é costume considerar-se o solo onde passam a estrada ou o caminho como um "terreno". De seguida, a referência ao domínio público implica uma remissão para matéria que escapa ao Código Civil. Leis desencontradas mexem nessa noção, enquanto atos administrativos inexcogitáveis para o legislador civil podem proceder a desafetações ou a mutações dominiais. Finalmente, admitimos "passagens públicas" em terrenos privados. Conhecemos casos em que proprietários contíguos combinaram abrir uma rua para o público, à custa dos seus prédios, sem que nenhuma norma pública a tanto os afetasse.

II. As menores felicidades de 1966 não devem levantar dúvidas quanto ao regime. Os edifícios respeitam a privacidade. Assim, segundo a lei, não se lançam janelas ou portas sobre os vizinhos, sem respeitar as distâncias legais. Mas havendo ruas ou passagens abertas ao público, esses mesmos edifícios devem poder abrir, para aí, as suas portas e janelas, sob pena de ficarem enclausurados. Além disso, em face de uma circulação do público, os prédios já são devassados: tomam medidas, com portadas ou cortinas. Nenhuma razão ocorre para colocar o vizinho numa situação pior do que a do transeunte.

III. Caso a estrada ou o caminho sejam desafetados do uso público, as restrições do artigo 1360.º recuperam a sua aplicação. Todavia, as portas e as janelas que tenham sido lançadas mantêm-se: os efeitos já produzidos são respeitados, nos termos gerais do artigo 12.º/1.

[1862] Fernando Pires de Lima, *Direito de propriedade* cit., 250.

[1863] *1.ª Revisão* cit. (1348.º), 48; *2.ª Revisão* cit. (1361.º), 41; *Projecto* cit. (1361.º), 396.

[1864] Temos louvado o legislador brasileiro que, aquando da preparação do Código Civil de 2002, conservou os preceitos do Código Civil de 1916, quando nenhuma razão impusesse alterações de fundo.

183. **Servidão de vistas (1362.º)**

I. O Decreto n.º 19:126, de 16 de dezembro de 1930, alterou diversos artigos do Código de Seabra[1865]. Entre eles, conta-se o artigo 2325.º, ao qual veio acrescentar um § 3.º, com o teor seguinte[1866]:

> As obras executadas em contravenção do disposto no corpo dêste artigo prescrevem, contra o proprietário vizinho, no prazo de dez anos, constituindo servidões unicamente de ar e luz, podendo o proprietário serviente levantar a todo o tempo qualquer edifício ou construção no seu próprio prédio, logo que deixe entre êste e as mesmas obras o espaço mínimo de metro e meio, correspondente à extensão das mesmas obras.

Pires de Lima, no artigo 63.º do seu anteprojeto[1867], acolheu este preceito, inserindo-o num artigo autónomo. Conservou o prazo de 10 anos para a constituição da servidão e, no final do preceito, depois do "metro e meio, correspondente à extensão das obras" acrescentou "se outra coisa não tiver sido convencionada". A 1.ª Revisão Ministerial, no seu artigo 1349.º, manteve essa orientação[1868]. Todavia, na 2.ª Revisão[1869], o artigo 1362.º introduziu uma alteração importante, que foi mantida no Projeto[1870], para que chamamos a atenção. Assim:

1.ª Revisão (artigo 1349.º)	*2.ª Revisão (artigo 1362.º)*
I. A existência de janelas, portas, varandas, terraços, eirados ou obras semelhantes, em contravenção do disposto na lei, sem oposição do proprietário vizinho, durante o prazo de dez anos, importa a constituição, por usucapião, da servidão de vistas.	I. A existência de janelas, portas, varandas, terraços, eirados ou obras semelhantes, em contravenção do disposto na lei, pode importar, nos termos gerais, a constituição da servidão de vistas por usucapião.

II. Como se vê, o prazo de 10 anos para a aquisição, por usucapião, da servidão de vistas foi substituído pelos "termos gerais". Ora estes, porque

[1865] DG I, n.º 292, de 16-dez.-1930, 2427-2441.
[1866] *Idem*, 2440/I.
[1867] Fernando Pires de Lima, *Direito de propriedade* cit., 252.
[1868] *1.ª Revisão* cit., 48.
[1869] *2.ª Revisão* cit., 41-42.
[1870] *Projecto* cit., 396.

visualizamos que não haja nem título, nem boa-fé, conduzirão ao prazo comum dos 20 anos (1296.º). Há um completo contraciclo. O Código Civil de 1966 reduziu o prazo comum da prescrição de 30 para 20 anos. As recentes reformas vão mais longe: na Alemanha, o prazo comum desceu para 3 anos, ainda que numa base subjetiva e com exceções[1871]. As próprias Ordenações apontavam para "ano e dia". Não se entende a que propósito veio o legislador de 1966 duplicar o prazo para a usucapião de uma servidão de vistas. O *Código anotado* justifica dizendo que a alteração ocorrida na 2.ª Revisão Ministerial se deveu a uma sugestão de Vaz Serra, que terá perguntado[1872]:

> (...) por que motivo haveria o proprietário de poder adquirir servidão de vistas no prazo uniforme de dez anos, se não pode adquirir, por usucapião outra qualquer servidão senão nos termos gerais.

A dúvida de Vaz Serra tem resposta. Não estamos em face de uma qualquer servidão. Trata-se, antes, da decorrência de janelas e similares, abertas em contravenção ao artigo 1360.º, mas à vista de todos, em termos pacíficos e com a maior publicidade. Se o proprietário atingido, durante 10 anos, não reage, vai-se criar, na comunidade jurídica e nos eventuais adquirentes do prédio em jogo, uma situação de confiança legítima de que não mais o fará. O Direito de vizinhança procura paz e boas relações: não incentiva litigiosidades. O prazo de 10 anos já é excessivo. Passá-lo para 20 anos é solução surrealista, que não tem justificação[1873]. Nestas condições, admitimos que o poder de mandar entaipar janelas contraventoras possa ser limitado por *suppressio*, sempre que, da parte do proprietário "prejudicado", ocorram atitudes que fortaleçam a confiança na manutenção das janelas.

III. Ainda quanto aos preparatórios, o artigo 1362.º/2, *in fine*, manteve a ressalva "se outra coisa não tiver sido convencionada". Este troço foi suprimido apenas na versão final promulgada. Terá sido considerado

[1871] *Tratado*, V, 3.ª ed., 180 ss..

[1872] Pires de Lima/Antunes Varela, *Código Civil anotado* cit., III, 2.ª ed., 220.

[1873] De facto, o prazo de constituição da servidão de vistas vem mesmo a ser de 20 anos – STJ 16-dez.-2020 (Rosa Tching), Proc. 12380/17 – iniciando-se a contagem com o termo das obras que originaram as janelas contraventoras – RCb 17-dez.-2002 (Quintela Proença), CJ XXVII (2002) 5, 31-33.

inútil. Todavia, a sua supressão, nas mãos de uma interpretação subjetivista exegética, pode gerar a ideia de que todo o artigo 1362.º é imperativo. Algumas razões poderiam depor nesse sentido. Recorde-se que o regime da usucapião é inderrogável (300.º, *ex vi* 1292.º) e que a renúncia antecipada não é possível (302.º, *ex vi* 1292.º). Além disso, estamos no campo dos Direitos Reais, menos sensíveis à autonomia privada do que as Obrigações. Em suma: a "simplificação" levada a cabo na ponta final da preparação do Código só complica. Ao abrigo da autonomia privada, as partes podem convencionar uma servidão de vistas com um conteúdo diverso do "legal" (1544.º). Mas para tanto, há uma série de formalidades, que tornam tudo mais pesado.

184. **Aspetos práticos**

I. A jurisprudência permite esclarecer alguns meandros da constituição, da manutenção e do funcionamento da servidão de vistas. Como ponto de partida, convém sublinhar que "servidão de vistas" tem um sentido técnico que não corresponde ao da linguagem comum: melhor seria servidão *de non aedificandi*. O titular de tal servidão não adquire propriamente um direito à vista ou à paisagem mas, apenas, o de manter portas, janelas e similares a menos de metro e meio da estrema. A jurisprudência é constante; por exemplo: REv 10-mai.-2018[1874], RGm 10-jul.-2018[1875], RGm 31-out.-2018[1876], RCb 21-mai.-2019[1877] e RGm 12-set.-2019[1878].

II. Muito relevante é o facto de a servidão de vistas, prevista no artigo 1362.º, só operar em face de janelas, portas, varandas, terraços, eirados ou obras semelhantes e não de frestas, seteiras ou óculos para luz e ar, excluídos por via do artigo 1363.º. A jurisprudência explicita:

STJ 3-abr.-1991: só a existência das aberturas referidas no artigo 1362.º/1 pode conduzir à constituição de uma servidão de vistas; a existência de aberturas, ainda que abaixo das da altura e fora das medidas previs-

[1874] REv 10-mai.-2018 (Paulo Amaral), Proc. 793/08.
[1875] RGm 10-jul.-2018 (Margarida Sousa), Proc. 188/14.
[1876] RGm 31-out.-2018 (José Alberto Morais Dias), Proc. 418/15.
[1877] RCb 21-mai.-2019 (Carlos Moreira), Proc. 130/16.
[1878] RGm 12-set.-2019 (Helena Melo), Proc. 3739/17.

tas no artigo 1362.º/2 e com setenta anos não podem ser consideradas janelas[1879];

REv 27-nov.-2003: sete aberturas quadradas, com a dimensão de 70x70 cm, a 2,5 m do solo, sem parapeito e tapadas com vidros fixos não são janelas, para efeito do artigo 1362.º/2[1880];

RCb 8-mar.-2006: a existência, há mais de 20 anos, de aberturas localizadas a menos de 1,8 m do solo, com 90 cm de largura e 93 a 97 de altura, dotadas de duas folhas e portada interior pode acarretar a constituição de uma servidão de vistas, mesmo que não permitam o debruçamento[1881];

RCb 26-jun.-2007: se a abertura não permite a passagem de uma cabeça para o exterior, não é janela[1882];

STJ 1-abr.-2008: a diferença entre fresta e janela está, além das dimensões, na sua função; a janela, além da maior dimensão, deve ter um parapeito e proporcionar a passagem da parte superior do corpo humano para o exterior[1883];

RLx 23-jun.-2009: a servidão de vistas constitui-se e funciona perante um alpendre[1884].

Iremos considerar o regime das frestas ou seteiras que, não sendo janelas, também não correspondam aos requisitos legais destas, a propósito do artigo 1363.º[1885].

III. Quanto à manutenção da servidão de vistas, há alguma oscilação. Depois de constituída, as janelas "beneficiárias" podem ser mudadas? Dizem os nossos tribunais superiores:

RCb 29-fev.-2000: a servidão constituída pode manter-se no caso de demolição e de reconstrução de imóvel, desde que conservem a mesma localização e as mesmas dimensões[1886];

[1879] STJ 3-abr.-1991 (Ricardo da Velha), BMJ 406 (1991), 644-652 = RLJ 128 (1995), 119-126, anot. Henrique Mesquita, *idem*, 126-128 e 149-154; esta anotação sufraga o acórdão, mas aproveita para analisar o tema das aberturas para luz e artigo.

[1880] REv 27-nov.-2003 (Maria Laura Leonardo), CJ XXVIII (2003) 5, 255-258.

[1881] RCb 8-mar.-2006 (Araújo Ferreira), CJ XXXI (2006) 2, 5-7.

[1882] RCb 26-jun.-2007 (Serra Baptista), CJ XXXII (2007) 3, 30-34.

[1883] STJ 1-abr.-2008 (João Camilo), Proc. 07A3114.

[1884] RLx 23-jun.-2009 (Maria Rosário Barbosa), Proc. 11117/2008.

[1885] *Infra*, n.º 186.

[1886] RCb 29-fev.-2000 (Garcia Calejo), CJ XXV (2000) 1, 33-36 = BMJ 494 (2000), 406 (o sumário).

STJ 2-fev.-2017: saber se obras nas janelas agravam a servidão de vistas, já constituída depende de elas aumentarem, ou não, a devassa objetiva[1887];

RGm 25-out.-2018: existindo uma servidão de vistas relativamente a uma janela, se esta for substituída por frestas, cessa a proteção própria daquele tipo de servidão[1888];

RGm 24-fev.-2022: constituída uma servidão de vistas, não se podem mudar as janelas nem na vertical, nem na horizontal, nem nas suas características[1889].

Não aumentando a "devassa objetiva", não vemos para que "congelar" as janelas e a servidão de vistas. Sufragamos, pois, a doutrina Prazeres Beleza, exarada pelo acima citado acórdão do Supremo de 2-fev.-2017.

IV. No tocante ao exercício, a servidão de vistas, além de subsistir a menos de um metro e meio da estrema, impede o titular do prédio contíguo de construir a menos de metro e meio da janela. Este titular não pode neutralizá-la, por outras vias. Assim, mesmo respeitando a distância de metro e meio, ele não pode cercar a janela com paredes de mais de três metros de altura, privando os donos do prédio dominante da luminosidade e da circulação de ar fresco[1890].

185. **Frestas, seteiras ou óculos (1363.º)**

I. O artigo 1363.º, claramente associado ao 1360.º, dispõe:

> 1. Não se consideram abrangidos pelas restrições da lei as frestas, seteiras ou óculos para luz e ar, podendo o vizinho levantar a todo o tempo a sua casa ou contramuro, ainda que vede tais aberturas.
>
> 2. As frestas, seteiras ou óculos para luz e ar devem, todavia, situar-se pelo menos a um metro e oitenta centímetros de altura, a contar do solo ou do sobrado, e não devem ter, numa das suas dimensões, mais de quinze centímetros; a altura de um metro e oitenta centímetros respeita a ambos os lados da parede ou muro onde essas aberturas se encontram.

[1887] STJ 2-fev.-2017 (Maria dos Prazeres Beleza), Proc. 85/11.4.
[1888] RGm 25-out.-2018 (Joaquim Boavida), Proc. 3/15.
[1889] RGm 24-fev.-2022 (António Figueiredo de Almeida), Proc. 102/17.
[1890] STJ 28-fev.-2008 (Salvador da Costa), Proc. 08B276.

O transcrito n.º 1 adveio do artigo 2325.º, § 1.º, do Código de Seabra, cuja versão original dispunha[1891]:

> A disposição d'este artigo não abrange as frestas, seteiras ou óculos para a luz.

II. O Decreto n.º 19:126, de 16 de dezembro de 1930, que alterou diversos preceitos desse Código, acrescentou, nesse preceito, o troço seguinte[1892]:

> (...); e estas aberturas não prescrevem contra o vizinho, que poderá, a todo o tempo que queira, levantar a sua casa ou contra-muro, ainda que vede a luz das ditas aberturas.

III. Houve uma preocupação de evitar dúvidas. Na preparação do Código Civil de 1966, Pires de Lima, no artigo 64.º/1 do seu anteprojeto, acolheu o preceito de Seabra, complementado em 1930. No n.º 2 inovou. Veio precisar que as frestas, seteiras ou óculos deviam situar-se, pelo menos, a dois metros de altura sem ter, numa das suas dimensões, mais de quinze centímetros[1893]. A 1.ª Revisão Ministerial, no seu artigo 1350.º, baixou a altura das frestas para um metro e meio e aumentou para vinte centímetros a sua dimensão[1894]. Na 2.ª Revisão, artigo 1363.º, manteve-se o metro e meio de altura e baixou-se para quinze centímetros o tamanho das frestas[1895], dimensões essas conservadas no artigo 1363.º do Projeto[1896]. Apenas na versão final promulgada se chegou à cifra vigente de metro e oitenta centímetros de altura. O *Código anotado* esclarece que se colheu inspiração nos velhos reinícolas. Feitas as necessárias confrontações, temos Lobão, dando conta de várias orientações, entre as quais a de que a seteira seria um buraco de meio palmo, sem o exceder e de altitude de dois palmos[1897]. Explica, depois, que no espírito da nossa lei, apenas

[1891] José Dias Ferreira, *Codigo civil annotado* cit., V, 1.ª ed., 86-88: Elementos históricos anteriores podem ser confrontados em Luís da Cunha Gonçalves, *Tratado de Direito civil* cit., XII, n.º 1801 (81-85).

[1892] DG I, n.º 292, de 16-dez.-1930, 2440/I.

[1893] Fernando Pires de Lima, *Direito de propriedade* cit., 250.

[1894] *1.ª Revisão* cit., 48-49.

[1895] *2.ª Revisão* cit., 42.

[1896] *Projecto* cit., 396-397.

[1897] Manuel de Almeida e Sousa de Lobão, *Tratado histórico/Casas* cit., § 168 (87).

se consideram seteiras os buracos feitos para que a casa interior somente tenha claridade: não se poderia, por aí, expedir algum lixo ou meter uma cabeça humana[1898].

Borges Carneiro refere dever a seteira abrir-se acima da altura de um homem para que, em pé, não possa ver para fora[1899]. Correia Teles, citando as Ordenações, recorda que as seteiras devem ficar nove palmos acima do sobrado e que por elas não possa caber a cabeça[1900]. Coelho da Rocha retoma o tema, com um pequeno desenvolvimento[1901].

As hesitações patentes nos preparatórios derivam de debates havidos, dos quais não ficou rasto a não ser as menções feitas no *Código anotado*[1902]: Vaz Serra, citando o Código francês (676.º e 677.º) e o italiano (901.º), propôs os dois metros de altura, enquanto Tavarela Lobo, referindo os códigos chileno (875.º), argentino (2655.º), boliviano (410.º) e holandês (693.º), sugeriu o metro e oitenta: solução escolhida. Numa situação destas, é evidente a margem de arbítrio do legislador.

186. As frestas irregulares

I. O artigo 1363.º isenta, das "restrições da lei", as frestas, seteiras ou óculos para luz e ar. Esses conceitos apelam ao uso comum dos termos: fresta é uma janela pequena; seteira, uma fenda estreita por onde se lançavam setas; óculo, uma abertura redonda. Quanto às "restrições" da lei, são elas duas:

(1) a do artigo 1360.º, que proíbe, perante construções ou edifícios construídos na estrema do prédio, lançar janelas ou portas para o prédio contíguo;
(2) a do artigo 1362.º, que faculta, às janelas ou portas em contravenção, a sua manutenção, quando se tenha constituído uma servidão de vistas.

1898 *Idem*, § 169 (87-88).
1899 Manuel Borges Carneiro, *Direito civil de Portugal* cit., IV, § 54, n.º 19 (302).
1900 José Homem Correia Teles, *Digesto Portuguez* cit., I, 100 (artigo 782.º).
1901 M. A. Coelho da Rocha, *Instituições de Direito civil* cit., § 594 (409-410).
1902 Pires de Lima/Antunes Varela, *Código Civil anotado* cit., III, 2.ª ed., 224.

No *Código anotado*, parece admitir-se a constituição de uma espécie de servidão de vistas relativamente às frestas, seteiras e óculos que não cumpram as exigências da lei: se bem se entende, o proprietário contíguo perderia a hipótese, prevista no artigo 1363.º/1 de "levantar a todo o tempo a sua casa ou contramuro, ainda que vede tais aberturas"[1903]. Não parece a melhor solução nem é essa a orientação da jurisprudência. Com efeito, sendo a fresta regular, o vizinho poderia tapá-la a todo o tempo; sendo irregular, só poderia tapá-la antes do prazo da usucapião. A dissonância é gritante. Há que resolver o problema, através da construção de uma pequena dogmática sobre as frestas, seteiras e óculos. Notamos, todavia, que o problema perde acuidade. Os edifícios modernos dispõem de sistemas de aquecimento, ventilação e ar condicionado (AVAC) e de iluminação automática, não mais se colocando a hipótese de "desperdício" de espaços de construção por via de frestas.

II. Na dogmática das aberturas, aquando de construções e edifícios situados nas estremas dos prédios, sobre os prédios contíguos, há que distinguir três situações: (1) portas e janelas; (2) frestas, seteiras e óculos; (3) frestas, seteiras e óculos irregulares[1904]. A essas três figuras chamaremos, simplesmente, janelas, frestas regulares e frestas irregulares.

(1) às janelas, aplicam-se os artigos 1360.º e 1362.º: devem respeitar a distância de 1,5 m até à estrema; se o não fizerem, pode-se constituir, por usucapião, uma servidão de vistas;
(2) às frestas regulares, isto é, àquelas que cumpram os requisitos do artigo 1362.º/2, aplica-se o regime do artigo 1363.º/1: não são abrangidas pelas restrições da lei e, designadamente, pela proibição do artigo 1360.º, com o tempero da servidão de vistas do artigo 1362.º; todavia, o vizinho pode, "a todo o tempo" vedar essas aberturas, construindo casa ou contramuro;
(3) as frestas irregulares, ou seja, as que não cumpram o disposto no artigo 1363.º/2; quanto a estas, temos três teorias: (a) proteção igual à das janelas; (b) nenhuma proteção; (c) possibilidade de uma servidão *sui generis*. Vamos ver.

[1903] *Idem*, 225.

[1904] Esta esquematização deve-se a Henrique Mesquita, *anot. a STJ 3-abr.-1991* cit., 149-154.

III. A equiparação das frestas irregulares às janelas foi propugnada, como referido, pelo *Código anotado*[1905] e nalguma jurisprudência mais antiga[1906]. A lógica é a seguinte: não sendo frestas, por não integrarem os requisitos legais, são janelas; sendo assim, há que lhes aplicar o regime das janelas, com relevo para a possibilidade de constituição de servidão de vistas. Henrique Mesquita sujeitou esta tese a críticas irrespondíveis[1907]. Vamos supor que uma fresta tem dezasseis centímetros, em todas as suas dimensões. Não se vê que valores efetivos lhe poderiam retirar o regime das frestas, previsto no artigo 1363.º/1. Mas além disso, o facto de, pela inércia do proprietário contíguo, se poder constituir uma servidão de vistas levaria este, imediatamente, a opor-se à abertura, por mais insignificante que fosse o desvio, sob pena de surgir a servidão em causa, com a consequente obrigação *non aedificandi* a menos de metro e meio. Haveria um ambiente geral de litigiosidade, com danos para toda a comunidade.

IV. A segunda hipótese – a de não haver qualquer proteção – também é problemática. O proprietário confinante poderia, a seu belo prazer, mandar entaipar seteiras inofensivas, mesmo que elas tivessem existido pública e pacificamente, com a maior antiguidade.

V. Fica a terceira teoria: a da servidão *sui generis*. A fresta irregular, por não reunir as condições do artigo 1363.º/2, não beneficia do regime do n.º 1 desse preceito. Logo, pode ser mandada tapar, mesmo que o vizinho atingido não pretenda construir nem contramuro, nem uma casa. No entanto, se se verificarem os pressupostos da usucapião, o dono do prédio com as frestas irregulares adquire uma servidão *sui generis*. Tal servidão não impede o vizinho de construir até à estrema, tapando as aberturas. Bloqueia, todavia, a pretensão de, através de uma ação negatória, mandar pôr termo às mesmas, bem como a de exigir que sejam reconduzidas aos limites legais[1908].

Pressupõe-se que a noção de janela, não definida por lei, tenha um conteúdo material, como acima foi definido[1909]. Uma fresta irregular não

[1905] Pires de Lima/Antunes Varela, *Código Civil anotado* cit., III, 2.ª ed., 225-226.

[1906] STJ 15-jan.-1971 (Manuel José Fernandes Costa), BMJ 203 (1971), 169-174 (173).

[1907] Henrique Mesquita, *anot. a STJ 3-abr.-1991* cit., 150-151.

[1908] *Idem*, 152-154.

[1909] *Supra*, n.º 180, III.

é, seguramente, uma janela, se não permitir desempenhar a função que a esta cabe.

VI. A jurisprudência cedo abandonou a equiparação das frestas irregulares a janelas. Seguiu-se uma fase em que se limitou a explicitar que as frestas irregulares não permitiam a constituição de servidões de vistas: REv 14-jan.-1999[1910], REv 27-jan.-2000[1911] e RPt 21-set.-2000[1912]. Posto o que os nossos tribunais superiores acolheram, de modo constante, a doutrina da servidão *sui generis* ou da manutenção das frestas irregulares, mas sem prejudicar o *ius aedificandi* do vizinho. Assim e como exemplos:

STJ 19-set.-2002: o proprietário que abre frestas em desconformidade com a lei fica, após o decurso do prazo para a usucapião, na situação que resulta das frestas regulares: o vizinho não pode reagir contra a violação cometida, exigindo que elas sejam tapadas ou modificadas, mas mantém o direito de, a todo o tempo, construir no seu prédio, ainda que vede ou inutilize as aberturas[1913];

RCb 9-fev.-2010: perante uma fresta irregular, pode-se constituir não uma servidão de vistas, mas uma servidão atípica, de vistas, entrada de ar e luz[1914];

RPt 22-fev.-2011: (…) servidão predial que permite ao proprietário dominante manter as aberturas em condições irregulares, mas não limita o *ius aedificandi* do serviente, o qual pode construir na linha divisória, vedando as aberturas[1915];

REv 28-fev.-2013: o vizinho não pode reagir contra a violação cometida, exigindo que as frestas sejam tapadas ou modificadas, mas mantém o direito de construir no seu prédio, ainda que vede ou inutilize tais aberturas[1916];

RGm 15-nov.-2018: as frestas irregulares dão origem a uma servidão atípica, que não prejudica o direito do vizinho de construir até à estrutura[1917];

[1910] REv 14-jan.-1999 (Manuel Pereira), CJ XXIV (1999) 1, 262-265.

[1911] REv 27-jan.-2000 (Maria Alexandra Santos), BMJ 493 (2000), 431 (o sumário).

[1912] RPt 21-set.-2000 (Gonçalo Silvano), CJ XXV (2000) 4, 189-191.

[1913] STJ 19-set.-2002 (Neves Ribeiro), Proc. 02B2406.

[1914] RCb 9-fev.-2010 (Falcão de Magalhães), Proc. 1506/03.

[1915] RPt 22-fev.-2011 (Maria Cecília Agante), Proc. 2583/08 = CJ XXXVI (2011) 1, 217.

[1916] REv 28-fev.-2013 (Mata Ribeiro), CJ XXXVIII (2013) 1, 254-257.

[1917] RGm 15-nov.-2018 (José Amaral), Proc. 1724/15.3.

RPt 25-jan.-2021: as frestas irregulares podem originar uma servidão que bloqueie uma ação negatória ou a pretensão de simplesmente as mandar fechar; não atingem, porém, o *ius aedificandi* do vizinho[1918].

VII. Se a usucapião de uma servidão *sui generis*, resultante de frestas irregulares, não for invocada ou não reunir os pressupostos legais para a sua constituição, o vizinho atingido pode requerer a redução das suas dimensões ao máximo legal[1919]. A jurisprudência acima referida ilustra, no coração de Direitos Reais, uma interessante complementação *praeter legem* do Direito da vizinhança.

187. Janelas gradadas (1364.º)

I. O artigo 1364.º manda aplicar o disposto no artigo 1363.º/1, relativo às frestas,

> (…) às aberturas, quaisquer que sejam as suas dimensões, igualmente situadas a mais de um metro e oitenta centímetros do solo ou do sobrado, com grades fixas de ferro ou outro metal, de secção não inferior a um centímetro quadrado e cuja malha não seja superior a cinco centímetros.

O Código de Seabra não tinha um preceito equivalente. Todavia, as janelas gradadas surgiam no artigo 676.º do Código Napoleão (*fenêtres à fer maillé et verre dormant*)[1920] e no artigo 901.º do Codigo italiano (*grata fissa in metallo*)[1921], ainda que com características diversas.

II. Amparado nos referidos preceitos, Pires de Lima propôs, no artigo 65.º do seu anteprojeto, um preceito semelhante, mas fixando dois metros de altura[1922]. A 1.ª Revisão Ministerial, no seu artigo 1351.º, baixou a altura para metro e meio[1923], cifra mantida na 2.ª (1364.º)[1924] e no Pro-

[1918] RPt 25-jan.-2021 (Fernando Almeida), Proc. 5986/20.
[1919] REv 12-out.-2017 (Sequinho dos Santos), Proc. 110/14.
[1920] *Code civil des français* cit., 165.
[1921] Dario Zanotti, em Franzoni/Rolli, *Codice civile commentato* cit., art. 901.º (1189-1191).
[1922] Fernando Pires de Lima, *Direito de propriedade* cit., 251.
[1923] *1.ª Revisão* cit., 49.
[1924] *2.ª Revisão* cit., 42.

jeto (1364.º)[1925]. A versão final acertou pelo metro e oitenta centimetros. Valem, quanto a esta evolução, as circunstâncias referidas a propósito do artigo 1363.º[1926].

III. As janelas gradadas, com as exigências fixadas no artigo 1364.º (secção não inferior a um centímetro quadrado e malha não superior a cinco centímetros), colocadas, para mais, a não menos de um metro e oitenta centímetros do solo ou sobrado representam uma via de luz e de arejamento totalmente intransponíveis para uma cabeça humana Logo, não oferece dúvidas a decisão legal de remeter para o regime do artigo 1361.º/1. Se as exigências legais de secção, de malha ou de altura forem desrespeitadas, temos uma situação semelhante à das frestas irregulares, cabendo aplicar o regime acima referido[1927] e afinado pela jurisprudência. Mas se o "desrespeito" for ao ponto de permitir a passagem da parte superior do corpo humano, com a subsequente e potencial devassa, então haverá uma janela, com o competente regime.

188. Estilicídio (1365.º)

I. O artigo 1365.º, relativo ao estilicídio, encerra a secção referente às construções e edificações. O termo "estilicídio", de uso erudito, advém do latim *stillicidium*: água que cai gota a gota. *Stillo* (*stilare*) significa gotejar. Em quase todo o Mundo, as construções humanas, designadamente as destinadas a habitação, têm coberturas ponteagudas (telhados), de modo a permitir a evacuação da água da chuva. Apenas em zonas muito secas surgem terraços, em regra inclinados por forma a permitir a recolha, em cisternas, da chuva que caia. Os telhados podem ser orientados, para dirigir as águas pluviais. Quando tais águas caiam no prédio do vizinho, há uma relação que o Direito disciplina.

[1925] *Projecto* cit., 397.

[1926] Pires de Lima/Antunes Varela, *Código Civil anotado* cit., III, 2.ª ed., 227; *supra*, n.º 185, III.

[1927] Nesse sentido, STJ 19-mai.-2011 (João Trindade), CJ/Supremo XIX (2011) 2, 71-75 (74/I) e, em paralelo com as frestas, RCb 3-mar.-2015 (Alexandre Reis), Proc. 335/13.

II. O problema das águas pluviais gotejantes dos telhados foi enquadrado pelo Direito romano, em termos gerais que se mantêm. À partida, temos o princípio de que não se deve mexer na ordem natural das coisas. Logo, não pode um telhado provocar um suplemento de água no prédio vizinho. Outra solução poderia resultar de uma servidão de estilicídio. Gaio incluía-a entre os *iura urbanorum praediorum*[1928]:

> (...) stillicidium avertendi in tectum vel aream vicini aut non avestendi [o direito de deixar verter as águas da chuva no telhado ou no páteo do vizinho ou a proibição de o fazer].

As regras romanas percorreram os séculos. O Código Napoleão acolheu-a em termos claros. Segundo o seu artigo 681.º[1929]:

> Todo o proprietário deve estabelecer os telhados de modo a que as águas pluviais corram para o seu terreno ou para a via pública; ele não as pode despejar no fundo do seu vizinho.

O preceito foi recebido, quase à letra, pelo artigo 591.º do Código italiano de 1865[1930]. Daí transitou para o artigo 908.º do Código de 1942[1931], podendo, nos termos gerais, ser "derrogado" por uma servidão de estilicídio[1932].

III. Nas nossas Ordenações, dispunha-se[1933]:

> E se alguem tiver casa, que lance agua de seu telhado sobre a casa de seu visinho, o qual visinho quiser fazer parede no seu, póde-lhe quebrar as beiras e cimalhas e encanamentos, e alçar-se quanto quizer. E se o seu

[1928] Gaio, D. 8.2.2. = ed. Okko Behrends e outros cit., 670. *Vide* Max Kaser, *Das römischen Privatrecht* cit., I, 2.ª ed., § 105, II (442) e, sem indicação de autor, *Stillicidio*, NDI XII/1 (1940), 891-894 (891-892).

[1929] *Code civil des français* cit., 166. *Vide* Marcel Planiol, *Traité élémentaire de droit civil* cit., 1. 3.ª ed., n.º 2911 (941).

[1930] Ferrarotti Teonesto, *Commentario teorico oratico* cit., III, 193-197; Luigi Borsari, *Commentario del codice civile* cit., II, 689-693.

[1931] Umberto Parmigiani, em Franzoni/Rolli, *Codice civile commentato* cit., 1, art. 908.º (1205-1207).

[1932] Gino Cavalli, *Stillicidio*, NssDI XVIII (1971), 438-440 (440/I); Marco Comporti, *Stillicidio*, ED XLIII (1990), 1089-1092 (1091/II).

[1933] *Ord. Fil.*, Liv. I, Tit. LXVIII, § 38 = ed. Gulbenkian, I, 162/I. Os §§ 39 e 40 prosseguiam, com várias regras relativas ao estilicídio.

visinho ahi não tiver fresta, ou janella, quando se assi alçar tomar-lhe-há as aguas, e dará servintia para ellas em tal maneira que o dito seu visinho não receba dano.

Os autores da pré-codificação foram aperfeiçoando a linguagem. Lobão explica que não se podem descarregar as águas do seu telhado sobre a casa, átrio ou prédio do vizinho, salvo servidão[1934]. Correia Teles dizia[1935]:

791. Todo o proprietario deve construir suas casas em modo, que as beiras do telhado cáiam em terra sua; ou na rua, e não que cáiam sobre telhado, ou terra do vizinho.

792. Se não for possível, que as beiras cáiam para outro lado, deve o edificante deixar por fóra da parede o espaço de dous palmos para as beiras cairem.

Esta orientação é retomada por Coelho da Rocha[1936]. Perante tais antecedentes, entende-se o artigo 2327.º do Código de Seabra, com um esforço de precisão[1937]:

O proprietario deve edificar de modo que a beira do seu telhado não gotteje sobre o predio vizinho, deixando, pelo menos, um intervallo de cinco decímetros entre os dictos predio e beira, se de outro modo não poder evitar.

A doutrina explicava que "entre os dictos prédio e beira" significava que o proprietário devia deixar, pelo menos, meio metro entre a extremidade do beiral construído e o terreno do prédio vizinho[1938].

IV. O Código Civil de 1966, na base do artigo 66.º do anteprojeto Pires de Lima[1939], pouco retocado nos artigos 1352.º da 1.ª Revisão Minis-

[1934] Manuel de Almeida e Sousa de Lobão, *Tratado /todos os direitos relativos a casas* cit., § 197 (98).

[1935] J. H. Correia Teles, *Digesto Portuguez* cit., 1, § 791-792 (101); este Autor cita Lobão e o Código civil francês, artigo 681.º.

[1936] M. A. Coelho da Rocha, *Instituições de Direito civil* cit., 2.ª ed., § 594 (2, 410).

[1937] José Dias Ferreira, *Codigo civil annotado* cit., V, 1.ª ed., 88, sem anotação.

[1938] Luís da Cunha Gonçalves, *Tratado de Direito civil* cit., XII, n.º 1803 (88).

[1939] Fernando Pires de Lima, *Direito de propriedade* cit., 252.

terial[1940] e 2365.º da 2.ª[1941] e com redação definitiva no artigo 1365.º do Projeto[1942], veio tratar o estilicídio no seu artigo 1365.º. Contém duas distintas normas. No número 1 prescreve uma conduta relativa às edificações:

> O proprietário deve edificar de modo que a beira do telhado ou outra cobertura não goteje sobre o prédio vizinho, deixando um intervalo mínimo de cinco decímetros entre o prédio e a beira, se de outro modo não puder evitá-lo.

Este preceito integra-se na lógica das emissões (1360.º), ainda que não se limite a dar, ao vizinho, o direito potestativo de proibir o gotejar[1943]: veda-o, de modo direto. Além disso, ele articula-se com o artigo 1360.º, que proíbe as portas e janelas a menos de metro e meio da estrema. Isso significa que o proprietário, ao deixar meio metro sem construção, para evitar o estilicídio, não pode, nessa parede, abrir portas ou janelas: terá de recuar mais um metro. Há, aqui, um forte incentivo para que, "de outro modo", ele evite o gotejar para o vizinho. Hoje, em face das técnicas de construção, não oferece dificuldade o encanamento das águas pluviais, de modo a, sem contundir com o artigo 1365.º, não desperdiçar terreno[1944]. As águas que vertam naturalmente do prédio superior para o inferior – portanto: independentemente de telhados ou outras coberturas – não podem ser estorvadas (1351.º).

V. O artigo 1365.º/2 reporta-se à servidão de estilicídio, isto é, ao direito real menor que permite, ao proprietário dominante, aproveitar, do prédio serviente, uma utilidade: a de, nele, verter as águas pluviais, sem a margem de meio metro. Dispõe:

> Constituída por qualquer título a servidão de estilicídio, o proprietário do prédio serviente não pode levantar edifício ou construção que impeça o escoamento das águas, devendo realizar as obras necessárias para que o escoamento se faça sobre o seu prédio, sem prejuízo para o prédio dominante.

1940 *1.ª Revisão* cit., 49.

1941 *2.ª Revisão* cit., 43.

1942 *Projecto* cit., 397.

1943 "Gotejar" envolve, *a fortiori*, o fio de água, o jacto, os borbulhões, as cascatas e outras manifestações concretas de vazamento.

1944 Pires de Lima/Antunes Varela, *Código Civil anotado* cit., III, 2.ª ed., 229.

Temos a contraface da servidão de estilicídio. Alguma jurisprudência permite enquadrar a concretização das regras em presença. Assim:

RPt 25-out.-1993: o dono do prédio não pode fazer obras que agravem o escoamento natural das águas que nele caiam e se encaminhem para um prédio inferior[1945];

STJ 24-jan.-1995: "estorvar o exercício de servidão" abrange não só os atos que o embaracem mas também os que impeçam ou dificultem esse exercício[1946];

RPt 7-nov.-1995: se as águas pluviais gotejarem sobre o prédio vizinho por causa do tipo do prédio do lado, o proprietário deste tem o dever de implantar um algeroz que impeça tal ocorrência[1947];

RPt 14-fev.-1996: se o titular de uma servidão de estilicídio destruir o beiral por onde se exercia a servidão não equivale à renúncia a ela, visto haver o propósito de uma reconstrução; mas se o novo beiral invadir o prédio contíguo em 38 cm, em vez dos 35 anteriores, há que recuar o beiral 3 cm[1948];

RPt 15-set.-1998: numa servidão de estilicídio, o titular serviente pode fazer alterações desde que não prejudique o dominante e o faça à sua custa[1949];

RPt 21-dez.-2000: a servidão de estilicídio só pode resultar da queda da água da cobertura do prédio vizinho e não da presença de uma caleira que recolha as águas dessa cobertura; essa servidão só confere as vantagens do artigo 1365.º e não o direito de pedir a destruição de toda a obra que se faça no prédio serviente[1950];

RPt 17-dez.-2002: constituída uma servidão de estilicídio por usucapião, os beneficiários podem realizar obras no seu prédio que mantenham ou reduzam as suas vantagens: mas não aumentá-las[1951];

RCb 31-jan.-2006: *idem* o beneficiário não pode agravar o escoamento, reunindo as diversas quedas de água numa caleira e, daí, encaminhar as águas para um ponto de queda único[1952];

[1945] RPt 25-out.-1993 (Simões Freire), CJ XVIII (1993) 4, 244-247 (246/II).

[1946] STJ 24-jan.-1995 (Ramiro Vidigal), CJ/Supremo III (1995) 1, 43-44 (44/I).

[1947] RPt 7-nov.-1995 (Joaquim Dias), CJ XX (1995) 5, 101-104 (104/I).

[1948] RPt 14-fev.-1996 (Soares de Almeida), Proc. 9620911 (o sumário); a cifra de 3 cm é supreendente; em regra, o inerente pedido seria abusivo.

[1949] RPt 15-set.-1998 (Lemos Jorge), Proc. 9720450.

[1950] RPt 21-dez.-2000 (Pires Condesso), Proc. 0031207.

[1951] RPt 17-dez.-2002 (Alziro Cardoso), Proc. 0120140.

[1952] RCb 31-jan.-2006 (Jaime Ferreira), Proc. 3950/05.

STJ 28-fev.-2008: os donos do prédio dominante que, voluntariamente, deixem de aproveitar a vantagem derivada da servidão de estilicídio, agem com abuso do direito caso pretendam a demolição da edificação feita pelos donos do prédio serviente[1953];

RCb 11-fev.-2014: o proprietário pode evitar que a água goteje do seu telhado, usando algerozes; fazendo-o, não se constitui uma servidão de estilicídio[1954];

REv 2-jun.-2016: perante uma servidão de estilicídio, o proprietário serviente não pode impedir o escoamento; as alterações exigem o acordo das partes ou uma decisão judicial[1955];

RGm 11-mar.-2021: constituída uma servidão de estilicídio, o dono do prédio serviente não pode levantar edifício ou construção que impeça o escoamento; o do dominante não o pode agravar[1956];

STJ 14-jul.-2021: o gotejar direto no logradouro do vizinho ou a condução, das águas, a esse local podem originar uma servidão de estilicídio[1957].

[1953] STJ 28-fev.-2008 (Salvador da Costa), Proc. 08B276; temos, aqui, o controlo, pelo sistema, do exercício de servidão de estilicídio.

[1954] RCb 11-fev.-2014 (José Avelino Gonçalves), Proc. 539/08.

[1955] REv 2-jun.-2016 (Mata Ribeiro), Proc. 1573/10.5.

[1956] RGm 11-mar.-2021 (Raquel Baptista Tavares), Proc. 2888/17.

[1957] STJ 14-jul.-2021 (Catarina Serra), Proc. 33/15.

§ 43.º PLANTAÇÃO DE ÁRVORES E ARBUSTOS

189. Permissão e autotutela (1366.º e 1367.º)

I. O Código Civil dedica, à plantação de árvores e arbustos, a Secção V do capítulo relativo à propriedade de imóveis. Comporta quatro artigos:

- 1366.º – Termos em que pode ser feita;
- 1367.º – Apanha de frutos;
- 1368.º – Árvores ou arbustos situados na linha divisória;
- 1369.º – Árvores ou arbustos que sirvam de marco divisório.

A matéria deve ainda ser compaginada com o artigo 1359.º, relativo à tapagem feita com sebes vivas.

II. O Código Civil acolheu, praticamente, da proposta de Pires de Lima, os artigos 67.º a 70.º do anteprojeto[1958]. Passaram aos artigos 1353.º a 1356.º da 1.ª Revisão Ministerial[1959] e, daí, aos artigos 1366.º a 1369.º da 2.ª Revisão[1960] e do Projeto[1961]: com meros retoques. Foram essencialmente aproveitados os artigos 2317.º a 2320.º do Código de Seabra[1962]. O Direito português, com as particularidades já assinaladas relativas à permissão de plantar até às estremas, afigura-se estabilizado[1963].

III. O artigo 1366.º/1 permite, como aludido, a plantação de árvores e de arbustos até à linha divisória dos prédios[1964]. Tem uma contraface: o

[1958] Fernando Pires de Lima, *Direito de propriedade* cit., 252 e 253.
[1959] *1.ª Revisão* cit., 50-51.
[1960] *2.ª Revisão* cit., 43-44.
[1961] *Projecto* cit., 397-398.
[1962] José Dias Ferreira, *Codigo civil annotado* cit., V, 1.ª ed., 77-85.
[1963] Pires de Lima/Antunes Varela, *Código Civil anotado* cit., III, 2.ª ed., 229-242.
[1964] *Supra*, n.º 78, III.

dono do prédio vizinho pode rogar judicial ou extrajudicialmente, o dono das plantas para arrancar e cortar as raízes que se introduzirem no seu terreno, bem como o tronco ou ramos que sobre ele propenderem; se o não fizer, o titular do prédio "invadido" pode, ele próprio, fazê-lo (1366.º/2). Temos, aqui, uma liberdade de plantar, contrabalançada pela autotutela do vizinho.

IV. O artigo 1367.º, relativo à apanha de frutos, insere-se na mesma linha. Podendo plantar até à linha divisória, são possíveis frutos que apenas do prédio vizinho possam ser apanhados. Donde o regime: o dono deste prédio deve permitir que o dono dos frutos faça, do seu lado, a apanha. Por interpretação extensiva e como alternativa: o proprietário vizinho pode impedir a intromissão, fazendo ele próprio a entrega dos frutos. Os prejuízos são indemnizáveis[1965].

190. Árvores ou arbustos comuns (1368.º)

I. O artigo 1368.º, transcrito para efeitos de análise, dispõe:

> As árvores ou arbustos nascidos na linha divisória de prédios pertencentes a donos diferentes presumem-se comuns; qualquer dos consortes tem a faculdade de os arrancar, mas o outro tem direito a haver metade do valor das árvores ou arbustos, ou metade da lenha ou madeira que produzirem, como mais lhe convier.

Remontando ao Código de Seabra, temos[1966]:

> 2319.º Havendo contestação sobre a propriedade das arvores ou arbustos collocados na estrema divisoria, presumir-se-hão communs, em quanto não se provar o contrario.

> 2320.º Se algum dos proprietarios da arvore ou do arbusto commum o quizer arrancar, não poderá o outro oppôr-se, mas terá o direito de haver metade do valor da arvore ou do arbusto, ou metade da lenha ou madeira, que ella ou elle produzir, conforme lhe convier.

[1965] *Supra*, n.º 80.
[1966] José Dias Ferreira, *Codigo civil annotado* cit., V, 1.ª ed., 84-85.

Pires de Lima, no artigo 69.º do seu anteprojeto, reuniu num só estes dois troços legais[1967]. Houve pequenos ajustes no artigo 1355.º da 1.ª Revisão Ministerial[1968], tendo a 2.ª, no seu artigo 1368.º, fechado a redação definitiva[1969]. No *Código anotado*[1970], dá-se conta de discussões havidas na comissão revisora quanto a árvores "nascidas"; o Código brasileiro de 1916 referia "árvore que estiver" (556.º)[1971]; o francês, "árvores que se encontrem" (673.º)[1972]; o italiano, "as árvores que surjam" (899.º/II)[1973]. O diferendo resolveu-se, como seria expectável, no sentido do anteprojeto Pires de Lima: árvores nascidas. Melhor seria manter a locução da epígrafe: "árvores situadas". Com efeito, a árvore plantada na linha divisória ou, para ela, transplantada, não é, aí, "nascida" …

II. O artigo 1368.º estabelece, relativamente às árvores "nascidas" na linha divisória, uma presunção de comunhão. A presunção é ilidível (350.º/2), abrindo-se, então, o tema do seu estatuto: estando metade da árvore em terreno alheio, podem colocar-se questões de posse e de demarcação; no limite: de propriedade do solo. Consequência da comunhão, proveniente do Código de Seabra e mantida na 2.ª parte do artigo 1368.º, é a faculdade que cada consorte tem de arrancar as árvores ou os arbustos comuns, quedando ao outro o direito a metade do valor da árvore ou arbusto ou a metade da lenha ou madeira, à sua escolha.

Não temos conhecimento de decisões judiciais relativas a este regime. Todavia, ele é arcaico: hoje, o arranque de uma árvore é, antes de mais, uma despesa: a lenha compra-se industrialmente e, quando relativa a uma árvore ou a um arbusto, não tem valor; a madeira, tão-pouco.

III. Uma árvore ou um arbusto valem por si, como seres vivos e não pela madeira ou pela lenha, apenas. Permitir que, numa situação de comunhão, qualquer dos consortes os possam arrancar *ad nutum*, seria, antiga-

1967 Fernando Pires de Lima, *Direito de propriedade* cit., 253.

1968 *1.ª Revisão* cit., 51.

1969 *2.ª Revisão* cit., 44.

1970 Pires de Lima/Antunes Varela, *Código Civil anotado* cit., III, 2.ª ed., 241.

1971 Paulo Merêa, *Codigo civil brasileiro anotado* cit., 213.

1972 *Code civil des français* cit., 164 : *Les arbres qui se trouvent dans la haie mitoyenne* (...) e não "as árvores plantadas", como se lê, por lapso, no *Código anotado.*

1973 Umberto Parmigiani, em Massimo Franzoni/Rita Rolli, *Codice civile commentato* cit., I, art. 899.º (1186) (*Gli arbori sorgenti sulla linea di confine* …).

mente, uma forma de evitar litígios. Hoje, normalmente, será um modo de os incentivar. Melhor seria admitir, aqui, a solução do artigo 1369.º, para as árvores ou arbustos que sirvam de marco divisório: apenas de comum acordo podem ser arrancados.

191. Marco divisório

I. Segundo o artigo 1369.º, epigrafado "árvores ou arbustos que sirvam de marco divisório",

> Servindo a árvore ou o arbusto de marco divisório, não pode ser cortado ou arrancado senão de comum acordo.

O preceito retoma o artigo 2320.º, § 1.º, do Código de Seabra. Corresponde ao artigo 70.º do anteprojeto Pires de Lima[1974], que não conheceu, nos trabalhos subsequentes, qualquer alteração[1975].

II. Em princípio e de acordo com o artigo 1359.º, não podem ser usadas árvores ou arbustos nas estremas, para efeitos de tapagem, sem previamente se colocarem marcos divisórios. A hipótese de, como "marco", ser usada uma planta viva pressupõe a inobservância desse preceito, em regra por acordo dos vizinhos nesse sentido. Hipótese curiosa, já verificada, é a de serem usadas estacas como marcas as quais, uma vez no solo, ganham vida e crescem como árvores comuns.

III. O artigo 1369.º funciona como inverso do 1359.º: a árvore ou o arbusto que sirvam de marco divisório só podem ser cortados ou arrancados por comum acordo dos vizinhos implicados. Havendo corte, a demarcação será assinalada por outra forma: provavelmente.

[1974] Fernando Pires de Lima, *Direito de propriedade* cit., 253.

[1975] *1.ª Revisão* cit. (1356.º), 51; *2.ª Revisão* cit. (1369.º), 44; *Projecto* cit. (1369.º), 398.

§ 44.º PAREDES E MUROS DE MEAÇÃO

192. A comunhão forçada; nota histórico-comparatística

I. As paredes e muros de meação originam problemas clássicos de Direito da vizinhança, enquadrados desde o antigo Direito romano[1976]. De acordo com uma linha que permaneceria durante milénios, a matéria era havida como reportada à servidões prediais[1977] e não, propriamente, ao conteúdo da propriedade. No Direito romano não encontramos, todavia, uma regra semelhante à do artigo 1370.º do Código Civil que permita, ao titular de um prédio, adquirir uma "comunhão forçada" sobre um muro de separação construído pelo dono do prédio contíguo, no terreno deste. Teria o maior interesse (histórico, comparatístico e dogmático) investigar a precisa origem histórica dessa regra: uma tarefa aliciante, mas que transcende os parâmetros deste *Tratado*. Aos vindouros, deixaremos algumas notas de pesquisa.

II. Em reconstituição romana, haveria duas possibilidades para os muros de separação: (1) ou pertenciam apenas a um dos proprietários, podendo eventualmente ser onerados com servidões; (2) ou pertenciam a ambos, em compropriedade (*partes communes*). O tema foi analisado por Próculo, no I século a. C.. No período antonino, a comunhão do muro surge aprofundada. Na época bizantina, na Palestina e no Egito, generalizou-se a prática do muro comum, no que hoje se diria "comunhão forçada"[1978].

[1976] Gaio, D. 8.2.8; Ulpiano, D. 8.2.9; Marcelo, D. 8.2.10 = Okko Behrends e outros cit., II, 672 e *passim*.

[1977] Gaio, *Institutiones* cit., II, 14 = ed. Ulrich Manthe cit., 116.

[1978] Algumas indicações em Catherine Saliou, *Les lois des bâtiments/Voisinage et habitat urbain dans l'Empire romaine* (2015), 340 pp., n.º 21-23, em Kindle.

No Direito francês, ela é apresentada como uma especificidade, sem correspondência no Direito alemão[1979]. Com efeito, segundo o artigo 611.º do Código Napoleão[1980]:

> Todo o proprietário confinante com um muro tem ainda a faculdade de o tornar comum (*mitoyen*) no todo ou em parte, reembolsando o dono do muro de metade do seu valor da parte que queira tornar comum, e metade do valor do solo no qual o muro esteja construído.

Procurando nos clássicos da pré-codificação francesa – Domat[1981] e Pothier[1982] –, não encontramos uma estrita regra equivalente. Este último refere, contudo, que nos costumes de Paris e de Orleães, regras permitem que um proprietário obrigue o vizinho a contribuir para a construção de um muro comum. Os autores franceses, mesmo os mais atentos à dimensão histórico-cultural do Direito, referem, a propósito da preferência pela comunhão, uma vitória do norte de França (social), sobre o sul (individualista), enquanto autores como Josserand remetem a origem e o desenvolvimento da comunhão de muros para a "nossa velha França"[1983]. Há, pois, que recuar aos "coutumes" franceses. Olivier Martin, na sua História do costume de Paris, explica as vantagens da comunhão dos muros, no plano da economia e da boa gestão e afirma que desde o século XIV, o proprietário de um muro tinha de ceder comunhão ao vizinho[1984]. Levando a pesquisa ao texto do costume de Paris, encontramos o artigo CXCIIII (194.º), que transcrevemos, no saboroso francês do século XVI:

> Siaucun veut bastir contre un mur non moitoyen, faire le peut en payant moitié tant du dit mur que fondation d'iceluy à son Heberge [se alguém

[1979] Murad Ferid/Jürgen Sonnenberger, *Das französische Zivilrecht* cit., II, 2.ª ed., 3 C 172 (616), ainda que sem aprofundar.

[1980] *Code civil des français* cit., 161.

[1981] Jean Domat, *Les loix civiles* cit., Liv. II, tit. VI (174-175) ; Domat (*idem*, § III) limita-se a dizer que o muro-limite é comum, servindo de demarcação; o que o construa no seu proprio prédio fica com ele, guardando a distância necessária à estrema.

[1982] Robert-Joseph Pothier, *Traité du contrat de société/Premier appendice, du quasi-contract de communauté*, n.º 202 = *Œuvres* cit., 4, 314-315.

[1983] Louis Josserand, *Cours de droit positif français* cit., 1, 2.ª ed., n.º 1798 (930).

[1984] Olivier Martin, *Histoire de la coutume de la Prévôté et Vicomté de Paris*, II (1925), 130.

quiser construir contra um muro não comum, pode fazê-lo pagando metade tanto do dito muro como da sua fundação, até ao seu solo].

O Código Napoleão, no transcrito artigo 611.º, terá, assim, acolhido um antigo "costume" de Paris, assegurando a sua vigência até aos nossos dias[1985]. O preceito foi, passados mais de duzentos anos, contestado na sua constitucionalidade. O Conselho Constitucional francês, por decisão de 12 de novembro de 2010, julgou-o conforme com a Constituição[1986].

III. De França, a regra passou ao artigo 556.º do Código italiano de 1865[1987], sendo comentado pelos autores da época com alguma naturalidade e sem justificações históricas[1988]. A norma é retomada e aperfeiçoada no artigo 874.º do Código de 1942[1989]: um preceito incluído nas relações de vizinhança[1990], que merece, até pela sua especialidade, alguma atenção[1991]. A doutrina discute a natureza dessa figura: um tema a versar a propósito do Direito pátrio.

193. **Direito lusófono (1370.º)**

I. A comunhão forçada, no sentido do artigo 1370.º do Código Civil, tem antecedentes muito interessantes. As Ordenações Manuelinas, a propósito dos poderes do almotacé, dispunham, no título XLIX do seu Livro I[1992]:

[1985] François Terré/Philippe Simler, *Droit civil/Les biens* cit., 10.ª ed., n.º 745-749 (671-675).

[1986] Conseil Constitutionnel, decision n.º 2010-60 QPC, du 12-nov.-2010, consultável na Net.

[1987] Ferrarotti Teonesto, *Commentario teorico comparato al codice civile italiano* cit., III, 92. O preceito adveio do artigo 578.º do Código Albertino, de forte feição napoleónica.

[1988] Luigi Borsari, *Commentario del codice civile italiano* cit., II, 586-593.

[1989] Anna Violante, em Massimo Franzoni/Rita Rolli, *Codice civile commentato* cit., I, art. 874.º (1142-1143).

[1990] Raffaele Albano, *Muro*, NssDI X (1964), 1013-1028 (1014); Roberto Triola, *Vicinato*, ED XLVI (1993), 686-702 (692-693); Antonio Gambaro, *Il diritto di proprietà* cit., n.º 93 (552-566).

[1991] Andrea Tabet/Enzo Ottolenghi, *La proprietà* cit., n.º 457-499 (452-512).

[1992] *Ord. Man.*, Liv. I, tit. XLIX, § 37 = ed. Gulbenkian, 1, 353.

> Item ninhuũ nom poderá meter trave em parede, em que non tever parte; porem se lhe quiser paguar ametade do que a dita parede le custou, poderá nella madeirar, sendo a parede para isso.

O preceito foi retomado nas Ordenações Filipinas[1993]. Teria interesse averiguar a sua origem, sendo pouco provável que advenha dos costumes franceses. Em Espanha, o artigo 578.º tem um teor semelhante, mau grado as flutuações de linguagem[1994]. Fica o desafio aos investigadores do nosso século. Afigura-se possível que, na Idade Média, mercê especialmente das construções urbanas, surgissem usos generalizados de comunhões forçadas, em muros e paredes de meação.

II. Na preparação do Código de Seabra, houve algumas hesitações. Segundo relata Dias Ferreira, o artigo 2526.º do projeto primitivo, correspondente ao artigo 2328.º do texto finalmente adotado, só admitia essa "servidão" quando fosse necessária para a edificação de casas. A comissão revisora alargou, mais tarde, o poder de aquisição, independentemente de novas edificações[1995]. O referido artigo 2328.º do Código de Seabra ficou com a compleição seguinte[1996]:

> Todo o proprietario, confinante com parede ou muro alheio, póde adquirir n'elle communhão, no todo ou em parte, pagando metade do seu valor e metade do valor do solo que estiver construido o dicto muro ou parede.
>
> (...)

Admitimos que, no reforço da comunhão forçada resultante da versão final de Seabra, tivesse pesado a influência do Código Napoleão.

III. O anteprojeto de Pires de Lima, no tocante à comunhão forçada, comportava um artigo 71.º cujo número 1 correspondia ao atual artigo 1370.º/1. O artigo 71.º/2 dava "igual direito" (apenas) ao superficiário, enquanto o n.º 3 acrescentava que a faculdade de exigir a comunhão cessava se existisse servidão de vistas sobre o prédio de que pretende obter a

[1993] *Ord. Fil.*, Liv. I, tit. LXVIII, § 35 (161); *vide* Coelho da Rocha, *Instituições de Direito civil* cit., 2.ª ed., § 595 (2, 410-411).

[1994] Alejo Garcia Moreno (org.), *Código civil español*, 2.ª ed. (1906), 206.

[1995] José Dias Ferreira, *Codigo civil annotado* cit., V, 1.ª ed., 89.

[1996] Luís da Cunha Gonçalves, *Tratado de Direito civil* cit., XII, n.º 1804-1805 (93-100).

comunhão[1997]. Evidentemente: ou cessaria, *ad nutum*, a referida servidão, bem como os valores que ela pretende acautelar. A 1.ª Revisão manteve, no artigo 1357.º, essa orientação[1998], enquanto a 2.ª Revisão suprimiu o n.º 3 e, no n.º 2, substituiu "direito" por "faculdade", acrescentando o enfiteuta[1999]. A redação final passou ao Projeto, artigo 1370.º[2000]. A supressão da ressalva relativa à servidão de vistas, operada na 2.ª Revisão Ministerial, é explicada, no *Código anotado*: havendo tal servidão, ela não poderia ser afetada pela superveniência da comunhão[2001].

IV. A comunhão forçada releva, em especial, no domínio das edificações urbanas. Segundo os clássicos, ela visa evitar o desperdício do terreno e as rixas entre vizinhos[2002]: o muro de separação entre duas casas, a pertencer apenas a um dos proprietários em presença, seria intocável, do lado do outro: não poderia apoiar, nele, barrotes ou outras técnicas de construção, restando-lhe fazer um novo muro, junto ao anterior. Explica ainda a doutrina que o proprietário obrigado à comunhão é beneficiado[2003]: recebe um preço por algo que nunca poderia vender e passa a suportar, apenas, metade das despesas de reparação ou de reconstrução (1375.º).

V. A lei não explicita como proceder à comunhão forçada. De acordo com as regras gerais[2004], ela pressupõe uma sequência deste tipo:

(1) declaração de vontade, feita pelo interessado ao dono do muro, manifestando a intenção de adquirir;
(2) acompanhada por uma proposta relativa ao valor de metade do valor do muro e do valor do solo sobre o qual ele esteja edificado;
(3) o acordo do dono do muro, quanto às cifras indicadas, sendo o caso;

1997 Fernando Pires de Lima, *Direito de propriedade* cit., 253.

1998 *1.ª Revisão* cit., 51-52.*2.ª Revisão* cit.,.

1999 *2.ª Revisão* cit., 45. O acrescento do "enfiteuta" terá resultado de uma sugestão de Vaz Serra: Pires de Lima/Antunes Varela, *Código Civil anotado* cit., III, 2.ª ed., 245.

2000 *Projecto* cit., 253-254.

2001 Pires de Lima/Antunes Varela, *Código Civil anotado* cit., III, 2.ª ed., 243; a mesma lógica funciona perante a servidão de estilicídio e em face de outras servidões.

2002 Coelho da Rocha, *Instituições de Direito civil* cit., 2.ª ed., § 595 (2, 410).

2003 Marcel Planiol, *Traité élémentaire de droit civil* cit., 1, 3.ª ed., n.º 2514 (803).

2004 Em Itália, Anna Violante, em Massimo Franzoni/Rita Rolli, *Codice civile commentato* cit., I, 1142-1143.

(4) uma eventual contraproposta, relativa a esses mesmos valores;
(5) o acordo entre as partes, quanto aos valores; esse acordo deverá ser formalizado por escritura ou por documento autenticado e registado, nos termos gerais;
(6) não havendo acordo, seja quanto aos pressupostos de aquisição, seja quanto ao valor, há que seguir as vias judiciais[2005].

A comunhão forçada pode, ainda, resultar, de usucapião ou de o proprietário visado não questionar as presunções de compropriedade que joguem contra si. Nesta última hipótese, apenas a usucapião permite fechar o processo. Não há, em tais eventualidades, qualquer compensação para o proprietário inicialmente exclusivo.

VI. A jurisprudência tem vindo a moderar o uso do artigo 1370.º, através do recurso ao sistema. Assim:

RCb 15-mar.-2011: não se justifica o recurso à comunhão forçada se o interessado já tinha, ele próprio, uma parede sua; haveria um exercício inútil[2006];

RCb 29-abr.-2014: *idem*; além disso, a comunhão forçada não pode ser desencadeada se conduzir a insegurança e desconforto para com o vizinho visado[2007];

STJ 13-mai.-2004: a parte que requeira a remoção de um tubo de gás não o pode fazer se não invocar o mecanismo da comunhão forçada, podendo fazê-lo[2008].

VII. A natureza da comunhão forçada tem levantado algumas hipóteses. Designadamente, tratar-se-ia[2009]:

(1) de uma expropriação forçada; todavia, a figura nada tem a ver diretamente com o interesse público; além disso, não suscita a

[2005] Antes da reforma processual de 1995, caberia um processo de arbitramento; agora, há que recorrer ao processo comum ainda que, materialmente, esteja em causa um processo de jurisdição voluntária; *vide* RLx 28-fev.-1991 (Rodrigues Codeço), Proc. 0154527 (o sumário); RLx 18-abr.-1996 (Damião Pereira), Proc. 0029536.

[2006] RCb 15-mar.-2011 (Judite Pires), Proc. 180/07.

[2007] RCb 29-abr.-2014 (José Avelino Gonçalves), Proc. 2463/09.

[2008] STJ 13-mai.-2004 (Lopes Pinto), Proc. 04A1443.

[2009] Raffaele Albano, *Muro* cit., 1014/I.

aplicação de um regime que tenha a ver com a expropriação *proprio sensu* (por utilidade pública);

(2) de uma venda forçada; mas se for "forçada", não pode ser venda;

(3) do exercício de uma servidão; contudo, nada há, aqui, que nos aproxime do proveito previsto no artigo 1543.º: basta ver que é de atuação instantânea;

(4) de um negócio misto; com efeito, na comunhão forçada ocorre a eventualidade de um acordo, quanto aos valores; mas a liberdade de celebração é, aqui, muito duvidosa.

A comunhão forçada deve ser reconhecida como uma forma potestativa de aquisição da propriedade. Ela pressupõe, à semelhança da acessão, um pagamento prévio. Tecnicamente, ela traduz uma faculdade de exercício potestativo, a integrar no conteúdo do direito de propriedade. Nos termos do artigo 1370.º/2, ela assiste, também, ao superficiário. A referência ao enfiteuta perdeu alcance com a extinção da enfiteuse, em 1976[2010].

194. **Presunção de compropriedade (1371.º)**

I. No tocante a paredes e muros divisórios, o artigo 1371.º estabelece presunções de compropriedade. O preceito adveio do artigo 72.º do anteprojeto Pires de Lima[2011]. Reuniu, num único, os artigos 2336.º e 2337.º do Código de Seabra[2012], este último com a redação introduzida pelo Decreto n.º 19:126, de 16 de dezembro de 1930[2013]. O Código de Seabra, segundo Pires de Lima/Antunes Varela, teria ido buscar inspiração no Código Civil francês[2014]. A proposta de Pires de Lima foi alterada no artigo 1358.º da

[2010] *Tratado*, XIII, 174 ss..

[2011] Fernando Pires de Lima, *Direito de propriedade* cit., 254.

[2012] José Dias Ferreira, *Codigo civil annotado* cit., V, 1.ª ed., 92-93; Luís da Cunha Gonçalves, *Tratado de Direito civil* cit., XII, n.º 1809 (111-114).

[2013] DG I, n.º 292, de 16-dez.-1930, 2440/II.

[2014] Pires de Lima/Antunes Varela, *Código Civil anotado* cit., III, 2.ª ed., 245; estes autores referem o artigo 563.º; trata-se, porém, dos artigos 653.º e 654.º; *vide* o *Code civil des français* cit., 160.

1.ª Revisão Ministerial[2015], no artigo 1371.º da 2.ª Revisão[2016] e no artigo 1371.º do Projeto[2017], ainda que em aspetos não essenciais[2018].

II. Explicam os clássicos que, sendo as construções recentes, não haverá problemas em demonstrar a propriedade de muros de meação: compete a quem os construir. Mas havendo muros com centenas de anos, a memória do construtor está há muito perdida. Além disso, sempre pode ter ocorrido uma situação superveniente de comunhão. Visando simplificar as relações de vizinhança, a lei, precisamente no artigo 1371.º, estabelece presunções de propriedade. O dispositivo básico é o do número 1 desse preceito:

> A parede ou muro divisório entre dois edifícios presume-se comum em toda a sua altura, sendo os edifícios iguais, e até à altura do inferior, se o não forem.

Esta presunção pode ser ilidida, nos termos gerais[2019]. "Iguais" significa, aqui, "da mesma altura"[2020]. A presunção mantém-se no caso de destruição de um dos prédios e de reconstrução do muro. Verifica-se, ainda, que o artigo 1371.º/1 apenas fixa uma presunção de compropriedade quando se trate de dois edifícios e não, apenas, de dois prédios urbanos[2021]; não funciona quando um dos prédios seja rústico e o outro urbano[2022].

III. Estando em jogo prédios rústicos ou pátios e quintais de prédios urbanos[2023], volta a operar a presunção de comunhão: mas apenas se não houver sinal em contrário: artigo 1371.º/2. O n.º 3 desse preceito indica

[2015] *1.ª Revisão* cit., 52.

[2016] *2.ª Revisão* cit., 45-46.

[2017] *Projecto* cit., 399.

[2018] Quanto ao preceito, Pires de Lima/Antunes Varela, *Código Civil anotado* cit., III, 2.ª ed., 245-249; Maria Gabriel Teixeira Duarte, em UCP/*Comentário ao Código Civil* cit., 298-300.

[2019] STJ 20-out.-2011 (Silva Gonçalves), Proc. 2018/07; recusa-se, aí, ainda, a hipótese de um abuso do direito.

[2020] Pires de Lima/Antunes Varela, *Código Civil anotado* cit., III, 2.ª ed., 246.

[2021] RPt 4-jun.-2019 (Maria Cecília Agante), Proc. 246/16.

[2022] STJ 11-nov.-1997 (Lopes Pinto), Proc. 97A683.

[2023] Mas não se se tratar de um edifício e de um quintal ou pátio contíguo: RPt 12-abr.-2005 (Henrique Araújo), Proc. 0520851.

"sinais em contrário". A jurisprudência admite a natureza taxativa da enumeração, ainda que a completar com a presunção do n.º 4[2024]. São sinais em contrário[2025]: (a) a existência de espigão em ladeira só para um lado; (b) a presença, só de um lado, de cachorros de pedra salientes, encravados em toda a largura dele[2026], (c) não estar o prédio contíguo igualmente murado pelos outros lados. O artigo 1371.º/4 explica que a presunção derivada do espigão em madeira, leva a presumir que o mesmo pertença ao titular do prédio para cujo lado se inclina a ladeira; no caso dos cachorros de pedra e no do muro só de um lado, a presunção joga a favor daquele de cujo lado se encontrem os sinais ou construções. O n.º 5 acrescenta, ainda, outra presunção: a favor do dono da construção que esteja só do lado em que se encontre uma edificação sustentada, em toda a sua largura, pela construção em causa.

195. **Janelas, frestas ou alterações (1372.º)**

I. Segundo o artigo 1372.º,

> O proprietário a quem pertença em comum alguma parede ou muro não pode abrir nele janelas ou frestas, nem fazer outra alteração, sem consentimento do seu consorte.

Este preceito retoma, com pequenas alterações, o artigo 2329.º, do Código de Seabra. Foi acolhido no artigo 73.º do anteprojeto Pires de Lima[2027], com poucos retoques nos trabalhos preparatórios subsequentes[2028].

[2024] RPt 13-out.-2011 (Filipe Caroço), CJ XXXVI (2011) 4, 191-194 (194/I); em RPt 16-nov.-2015 (José Eusébio de Almeida), Proc. 2794/12, explica-se que o simples facto de o muro ter sido pago por um dos proprietários não implica o afastamento da presunção de comunhão.

[2025] RPt 11-jan.-2011 (Cecília Agante), CJ XXXVI (2011) 1, 184-186 (186/I).

[2026] Os "cachorros de pedra" são pedras salientes inseridas nos muros ou paredes, para suporte de terraços, pérgolas ou similares; inicialmente, teriam a forma de cabeças de cães – RPt 7-set.-2010 (Guerra Banha), Proc. 2248/07 – o que hoje já não sucede – RPt 12-abr.-2005 (Henrique Araújo), Proc. 05208510.

[2027] Fernando Pires de Lima, *Direito de propriedade* cit., 255.

[2028] *1.ª Revisão* cit. 1359.º), 53; *2.ª Revisão* cit. (1372.º), 46; *Projecto* cit. (1372.º), 400.

II. A solução do artigo 1372.º afigura-se elementar: havendo comunhão, apenas com o acordo dos titulares é possível introduzir modificações no objeto. A doutrina explica ainda que a comunhão aqui presente é *pro indiviso* e os consortes são, ambos, donos do conjunto[2029]. Daí que as alterações exijam o consenso. A lei refere a abertura das janelas e das frestas. Mas, no inverso: se se tratar de as fechar, num muro ou parede em comunhão, requer-se igualmente o acordo de ambas as partes. A Relação do Porto, em 1 de abril de 1986, explicou que a proibição do artigo 1372.º funciona igualmente quando um dos prédios seja comum[2030].

196. Construção sobre o muro comum (1373.º)

I. No campo das paredes e dos muros de meação, a Lei regula as relações de vizinhança, procurando conciliar duas ordens de valores: (1) o direito de propriedade, com o que ele envolve de liberdade e de exclusividade, para o seu beneficiário; (2) a racionalidade no desenvolvimento das construções, com a consequente criação de riqueza. A presença de um muro comum não poderia paralisar o desenvolvimento urbano, na parte em que dele dependesse. Para assegurar essa potencialidade, os artigos 1373.º e 1374.º vêm delimitar negativamente o dispositivo do artigo 1372.º, que veda alterações no muro comum, sem o acordo de ambos os consortes.

II. O artigo 1373.º ocupa-se da construção sobre o muro comum. Na sequência do anteprojeto Pires de Lima, no seu artigo 74.º[2031], pouco alterado nos trabalhos subsequentes[2032], esse preceito veio, permitir a qualquer dos consortes: (1) edificar sobre ele; (2) introduzir, nele, traves ou barrotes, desde que não ultrapasse o seu meio. Seguiu-se o artigo 2330.º do Código de Seabra[2033] e, mais longe, o artigo 657.º do Código Napoleão[2034].

[2029] Pires de Lima/Antunes Varela, *Código Civil anotado* cit., III, 2.ª ed., 245.

[2030] RPt 1-abr.-1986 (Fernandes Fugas), CJ XI (1986) 2, 188-192 (ponto I do sumário).

[2031] Fernando Pires de Lima, *Direito de propriedade* cit., 255.

[2032] *1.ª Revisão* cit. (1360.º), 53; *2.ª Revisão* cit. (1373.º), 46; *Projecto* cit. (1373.º), 400.

[2033] José Dias Ferreira, *Codigo civil annotado* cit., V, 1.ª ed., 90-91; Luís da Cunha Gonçalves, *Tratado de Direito civil* cit., XII, n.º 1807 (103-104).

[2034] *Code civil des français* cit., 160-161.

O artigo 1373.º/2 apoiou-se no § único do artigo 2330.º daquele Código: um acrescento feito pelo Decreto n.º 19:126, de 16 de dezembro de 1930, assim concebido[2035]:

> Sendo a parede singela, isto é, inferior a 50 centimetros, ambos os proprietários podem aproveitá-la em toda a sua espessura, respondendo por qualquer prejuízo causado ao outro proprietário.

Pires de Lima pretendeu simplificar: permitiu, na eventualidade da "parede singela"[2036] ultrapassar o meio da sua espessura, mas sem reportar o "seu prejuízo"[2037]. Havendo ilicitude, pode-se apelar ao artigo 483.º/1. Mas a atuação é lícita: seria conveniente uma norma que cominasse a responsabilidade. A falha legislativa pode ser compensada com recurso à natureza específica das relações de vizinhança e dos deveres acessórios que a acompanham (762.º/2): há presunção de culpa (799.º), o que facilita o ressarcimento.

III. A referência a "traves ou barrotes", proveniente de Seabra, dava corpo às técnicas de construção civil dos meados do século XIX. Uma interpretação atualista permite ir mais longe, abarcando, por exemplo, a abertura de cavidades em sentido vertical para o encrastamento de pilares de ferro e de cimento, para suporte de placas[2038].

197. **Alçamento do muro comum (1374.º)**

I. O artigo 1374.º ocupa-se do alçamento do muro comum. Trata-se de um complemento do disposto no artigo 1373.º. Pires de Lima, no artigo 75.º do seu anteprojeto, aproveitou os artigos 2372.º e 2373.º do Código

[2035] DG I, n.º 292, de 16-dez.-1930, 2440/II.

[2036] "Singela" por ser constituída por uma única fileira de tijolos, então com os cinquenta centímetros.

[2037] A justificação consta de Pires de Lima/Antunes Varela, *Código Civil anotado* cit., III, 2.ª ed., 251-252.

[2038] RCb 3-jun.-1997 (Bordalo Lemos), BMJ 468 (1997), 485 (o sumário); STJ 26-fev.-1998 (Sampaio da Nóvoa), BMJ 474 (1993), 492-496 (495).

de Seabra[2039], apresentando um texto próximo do atual[2040]. Com efeito, os retoques dados nos preparatórios subsequentes não tiveram um alcance quanto ao fundo[2041]. Contém três normas, bastante claras:

(1) qualquer dos consortes pode alterar a parede ou o muro, desde que o faça à sua custa e assuma todas as despesas de conservação da parte alterada: permite-se a construção, mas sem onerar a parte que, nela, não participe;
(2) se a parede ou o muro não suportarem o alçamento, o consorte interessado tem de o reconstruir por inteiro à sua custa e, se lhe aumentar a espessura, o espaço necessário é tomado do seu lado;
(3) mantém-se a faculdade da comunhão forçada: o consorte que não tiver contribuído para o alçamento pode adquirir comunhão na parte aumentada, pagando metade do seu valor e metade do valor do solo correspondente a esse aumento.

II. A jurisprudência permite algumas precisões. Assim:

RPt 2-nov.-2001: não é admissível o alteamento de um muro com menos de 50 cm de espessura, deixando livre parte da espessura do lado do consorte[2042]; inviabiliza que este, após adquirir a comunhão sobre o acrescento, possa construir em toda a espessura do muro;
RGm 25-set.-2008: tendo um consorte construído sobre a parede divisória deixando livres alguns centímetros até ao meio, é abusiva a pretensão de mandar destruir a chaminé e o telhado edificados posteriormente pelo outro consorte, ocupando o espaço deixado pelo primeiro[2043];
RCb 18-fev.-2014: ao invocar-se um muro comum, há que alegar e provar a sua espessura[2044].

[2039] José Dias Ferreira, *Codigo civil annotado* cit., V, 1.ª ed., 90-91; Luís da Cunha Gonçalves, *Tratado de Direito civil* cit., XII, 105-106.
[2040] Fernando Pires de Lima, *Direito de propriedade* cit., 255.
[2041] *1.ª Revisão* cit. (1361.º), 53; *2.ª Revisão* cit. (1374.º), 46-47; *Projecto* cit. (1374.º), 400.
[2042] RPt 2-nov.-2001 (Antas de Barros), CJ XXVI (2001) 5, 190-192 (191/I).
[2043] RGm 25-set.-2008 (Gouveia Barros), Proc. 1781/08.
[2044] RCb 18-fev.-2014 (Fonte Ramos), Proc. 84/11.

198. Reparação e reconstrução do muro (1375.º)

I. Na presença de um muro comum, há que dispor quanto à sua reparação e à sua reconstrução. O Código de Seabra dispunha sobre o tema, no seu artigo 2334.º[2045]. O texto de Seabra foi aproveitado, de muito perto, pelo artigo 76.º do anteprojeto Pires de Lima[2046], sem alterações significativas, até ao artigo 1375.º, hoje em vigor[2047].

II. A regra básica é a do artigo 1375.º/1: as despesas de reparação e de reconstrução da parede ou do muro comuns são suportadas por conta de ambos os consortes, na proporção das suas partes. Afigura-se que o preceito também abarca as despesas de manutenção. A jurisprudência esclarece que essa repartição igualitária das despesas ocorre mesmo que os arranjos ocorram apenas de um dos lados: o muro é comum[2048]. Sendo a despesa comum, é justo que ambos os consortes intervenham quer na decisão de manutenção, de reparação ou de reconstrução, com vista a determinar a sua necessidade e a sua extensão, quer no *modus operandi*, escolhendo, por exemplo, o empreiteiro, os materiais a usar e o teto de despesa. Não havendo acordo, o recurso ao juiz é inevitável, com aplicação do artigo 1407.º/2: o juiz pode recorrer à equidade.

III. As regras do artigo 1375.º/2, 3 e 4, fixam a esses preceitos quatro desvios:

(1) se o muro for apenas de vedação, as despesas é dividida em partes iguais (e não na proporção das partes de cada consorte);
(2) se, além da vedação, tirar, do muro, um proveito que não seja comum ao outro, a despesa é rateada em função do proveito comum: uma norma de aplicação difícil, se não houver acordo;
(3) se a ruína do muro provier de facto do qual apenas um dos consortes tirar proveito, somente o beneficiário é obrigado a repará-lo ou a reconstruí-lo;

[2045] José Dias Ferreira, *Codigo civil annotado* cit., V, 1.ª ed., 91.

[2046] Fernando Pires de Lima, *Direito de propriedade* cit., 256.

[2047] *1.ª Revisão* cit. (1362.º), 54; *2.ª Revisão* cit. (1375.º), 47-48; *Projecto* cit. (1375.º), 400-401. As alterações tiveram a ver com a numeração do artigo 1411.º/1 e 2 para que remete o artigo 1375.º/5.

[2048] STJ 15-set.-2011 (Fernando Bento), Proc. 996/05.

(4) o consorte pode sempre eximir-se aos encargos renunciando ao seu direito, nos termos do artigo 1411.º/1 e 2: uma hipótese clássica de renúncia liberatória[2049].

[2049] *Supra*, n.º 145.

CAPÍTULO VII

DIREITO DA ÁGUA

§ 45.º AS ÁGUAS E O DIREITO

199. O Planeta azul

I. A água, no seu estado líquido, constitui, tanto quanto se sabe, o elemento fundamental para o surgimento e a manutenção da vida. Funciona como o solvente no qual proliferam as moléculas de carbono que operam como os tijolos fundamentais dos entes biológicos. Na busca de exobiologias, no Sistema Solar e, mais longe, pela Via Láctea e pelo Universo, o ponto de partida é a localização de água líquida. Neste momento, apenas se conhece um caso de água líquida à superfície de um Planeta: o nosso. Foi apurada, com um grau de probabilidade muito acentuada, a presença de oceanos subterrâneos em três satélites de Júpiter (Europa, Ganimedes e Calisto) e em dois satélites de Saturno (Encelade e Titã). Provavelmente, o mesmo sucederá com Tritão, satélite de Neptuno. Trata-se, todavia – e porventura com a exceção de Europa e de Encelade – de oceanos a várias dezenas de quilómetros abaixo das superfícies sólidas dos satélites, sem luz, de elevada salinidade e, ao que parece, também sem contacto com um fundo sólido, capaz de proporcionar trocas minerais necessárias para a vida. Europa e Encelade têm os seus oceanos mais à superfície, podendo, se a Humanidade for racional, merecer uma exploração direta até ao final do século.

II. Sempre de acordo com os conhecimentos atuais, terá havido água líquida em Marte, há cerca de 4 biliões de anos. Com uma massa reduzida, pouca gravidade à superfície e um campo magnético frágil[2050] e em rápido

[2050] O campo magnético, à semelhança do existente na Terra e que se deve ao núcleo

declínio, Marte perdeu o essencial da sua atmosfera e, depois, da água. Terá conservado gelo, nos pólos e abaixo da superfície. A hipótese de vida marciana atual parece afastada. No passado, terá sido uma possibilidade em aberto, sujeita a intensa investigação. Aguardamos respostas nos próximos anos, sobretudo quando amostras do solo puderem ser encaminhadas para a Terra e, aí, examinadas. Este ponto é sensível: se – como parece – houve rios e oceanos em Marte e se – o que se desconhece – nessa altura tiver surgido a vida, ganha consistência a ideia de que, reunidas algumas condições, os seres biológicos são automáticos. Provavelmente, isso sucederia por todo o Universo. Na hipótese contrária, tudo permaneceria em aberto.

III. Os dados hoje disponíveis são mais céticos quanto a Vénus. Planeta irmão, Vénus parece ter sofrido, nas origens do Sistema Solar, um impacto catastrófico, que provocou a inversão dos pólos. Daí a rotação lenta e retrógrada. Até há pouco, admitia-se ter tido um oceano primitivo, que se teria evaporado mercê de um efeito de estufa avassalador. Essa situação não é explicável pela sua maior proximidade ao Sol: sabemos que, há 4 biliões de anos, a nossa Estrela emitia menos 30% da energia atual. As últimas modelizações hoje disponíveis indicam, todavia, que nunca teria havido água líquida em Vénus. Planeta mais quente do Sistema Solar[2051], Vénus constitui hoje um espetro: o que poderá estar reservado à Terra, se o curso atual prosseguir.

IV. A Terra surge como um oásis de vida, numa situação tributária da água líquida. O ciclo da água, o papel estabilizador do oceano e as propriedades únicas da combinação oxigénio/hidrogénio são decisivas. A ficção científica pode fantasmar com esquemas de vida diferentes, independentes da água líquida. Não há conhecimentos que permitam sedimentar tal hipótese. Quanto à vida extrassolar verifica-se, neste momento, uma curiosa clivagem: enquanto os astrónomos e os cosmólogos são favoráveis a essa eventualidade, a qual, no seu topo, tem a denominada vida inteligente, os biólogos são céticos. Apenas um conjunto extraordinário de coin-

de ferro e à presença da Lua, funcionando ambos como um dínamo, é essencial, para proteger a superfície do Planeta da radiação solar; sem ele, a atmosfera seria soprada para o espaço.

2051 A temperatura à superfície de Vénus ultrapassa os 460.° C, para uma pressão atmosférica 90 vezes superior à da Terra. Como se chegou a isso é questão que as pesquisas das próximas décadas procurarão resolver.

cidências permitiu o surgimento, o desenvolvimento e a evolução da vida na Terra[2052]. E mesmo surgindo vida: há que recordar que, na História do nosso Planeta, durante dois biliões de anos, ela foi monocelular. Apenas nos últimos 600 milhões surgiram organismos mais complexos. A nossa espécie datará de há 200.000 anos, a civilização tecnológica somará 200 anos e a pesquisa espacial pouco mais de 50. Por fim, os biólogos recordam que, mau grado os conhecimentos e os meios disponíveis e apesar de alguns passos inicialmente promissores, não foi possível, até hoje e em múltiplas reconstituições da Terra primitiva, "criar" vida em laboratório. A vida parece ser muito rara[2053].

V. Em 1970, estavam publicados, sob estreita sindicância, os estudos que associavam o CO_2 ao efeito de estufa e que previam a elevação de ambos, mercê da atividade humana. As décadas subsequentes ilustraram e demonstraram essas asserções iniciais. Hoje, as evidências são óbvias: todos os serem humanos já sentiram, de modo direto, a elevação contínua da temperatura. Entre as muitas consequências, temos secas severas em zonas sensíveis do Planeta, secas essas que não são compensadas por chuvas torrenciais e por tempestades que, por vezes, se abatem por todo o Planeta. A Humanidade – ou os seus líderes – teimam em não agir. Além de puros irracionalismos, como o dos "climacéticos", o da religião antinuclear (a não confundir com prudência e cautelas) ou o da provocação de conflitos desnecessários (e todos o são), temos de enfrentar a tibieza dos líderes mundiais e a ganância de interesses económicos imediatistas.

VI. Portugal, com a sua dimensão reduzida, pouco contará no xadrez climático mundial. Mas em embrião, contém todos os grandes problemas: incapacidade de medidas de fundo contra incêndios e contra a seca; irra-

[2052] Como tópicos: um sistema planetário na periferia da galáxia, ao abrigo de fenómenos cósmicos mais intensos; uma estrela de tipo médio, marcada pela estabilidade; dois planetas gigantes que, por interação, não migraram para o interior do sistema, destruindo todos os planetas telúricos tipo Terra; um planeta rochoso de dimensão calibrada para reter uma atmosfera; a colisão inicial desse planeta com o planetóide Thea, de dimensão marciana e da qual resultou a Lua e o núcleo de ferro, capaz de gerar um campo magnético protetor; uma estabilidade desse sistema durante 4 biliões de anos; o deslocamento de Neptuno para o exterior que teria provocado um bombardeamento de cometas, os quais trouxeram (mais) água para a Terra.

[2053] Recordamos o já clássico Peter D. Ward, *Rare Earth: Why Complex Life is Uncommon in the Universe* (2000), 372 pp., traduzido em vários idiomas.

cionalidade agrícola que, numa situação de seca extrema e sem fim à vista, insiste em plantar espécies grandes consumidoras de água; destruição de níveis freáticos; poluição dos rios; populismo na perseguição das empresas moderadas, com incapacidade de controlar os grandes poluidores. Em suma: as gerações do século XXI vão herdar um Mundo em declínio, com uma crise climática cada vez mais incontrolável. No centro de tudo isso, temos a água.

VII. O civilista deve integrar-se nos problemas do seu tempo. Uma cultura cosmológica, planetária e ambiental básica é necessária para aplicar o Direito, designadamente no campo da água. A Humanidade pôs o Planeta azul em perigo; cabe-lhe a tarefa, cada vez mais difícil, de reverter o processo.

200. **Nota histórico-comparatística**

I. Um estudo desenvolvido sobre o Direito da água, com níveis históricos, comparatisticos e dogmáticos (logo: práticos) exigiria, do presente *Tratado*, um volume específico. Na presente edição, vamos moderar o desenvolvimento a algumas previsões gerais e ao estudo da lei civil.

Nos primórdios da sedentarização, os agregados humanos estabeleciam-se onde houvesse água potável. As pessoas, o gado e a agricultura dela dependiam. E foi ao longo dos grandes rios que surgiram as primeiras civilizações: China, Mesopotâmia e Egito. As grandes realizações levadas a cabo por esses pólos de desenvolvimento exigiam uma coordenação humana que, hoje, parece quase impossível: sem meios de comunicação, sem informática e com instrumentos precários, foi possível construir as pirâmides. Apenas regras de conduta complexas e diferenciadas, perfeitamente adaptadas às realidades humanas e geográficas, tornaram tais realizações possíveis. O Direito da água é, pois, da maior antiguidade.

II. O Direito romano comportava normas e princípios relativos à água: à sua apropriação e à sua gestão[2054]. Surgiu alguma arrumação: o

[2054] Alfred Ossig, *Römisches Wasserrecht* (1898), VIII + 194 pp.; Lucio Bove, *Acque (diritto romano)*, NssDI I/1 (1957), 191-195; Guido Astuti, *Acque (storia)*, ED I (1958), 346-387 (348 ss.) (com muitas dezenas de indicações bibliográficas); ainda hoje vale o clássico de Emilio Costa, *Le acque nel diritto romano* (1919), XIV + 117 pp., com rec.

mar, alguns rios e as margens eram *res communes omnium*. A distinção relativamente às *res publicae* não estava clara. Estas abrangiam os rios permanentes (*flumina perennia*)[2055]. Os direitos privados à água, pelo prisma das ações, eram reconhecidos, ainda que os romanistas apontem a ausência de regras claras quanto à contraposição às águas públicas[2056]. Sabemos, todavia, que pela lógica do *dominium*, ao dono do solo cabiam as águas que lá se encontrassem. O Direito romano deu um interesse especial às servidões de águas, designadamente ao *aequaeductus*, bem como às relações de vizinhança relacionadas com o respeito pela ordem natural, com relevo para a *actio aquae pluviae arcendae*[2057].

III. O período intermédio assistiu a uma multiplicação de regimes. Ainda que se conservasse a ideia básica de pertença da água ao dono do solo, ocorreram direitos específicos, relacionados com a estruturação feudal da sociedade. Os glosadores e os comentadores teriam tido pouca influência, neste domínio[2058]. Surgiam regras senhoriais, comunais e burguesas, procurando racionalizar, do ponto de vista das classes dominantes, o uso da água: dela dependiam a agricultura e o gado[2059].

IV. As codificações, a partir do século XIX, ilustraram a diversidade de orientações, nos diversos Direitos continentais[2060]. Não obstante, existem princípios comuns e uma tendência de fundo para publicizar a matéria. O Código Napoleão, na sua versão inicial, ocupava-se das águas nos artigos 640.º a 645.º: elementares e de pendor privatista. Todavia, o artigo

Leopold Wenger, SZRom 41 (1920), 307-309; mais recente: Sergio Lazzarini, *In tema di acque/Profili di diritto romano* (2018), 128 pp..

[2055] Ulpiano, D. 43.12.1.3-4 = ed. Theodor Mommsen cit., 686/II; *vide* Max Kaser, *Das römische Privatrecht* cit., I, 2.ª ed., § 93, II, 2 e 3 (380-381), com indicações.

[2056] Lucio Bove, *Acque (diritto romano)* cit., 193.

[2057] *Supra*, 153, I.

[2058] Maria Ada Benedetto, *Acque (diritto intermedio)*, NssDI I/1 (1957), 195-206 (200).

[2059] Já em tempos mais recentes, multiplicavam-se, em Itália, os regimes e os regulamentos: por regiões e dentro das próprias regiões; *vide* Maria Ada Benedetto, *Acque (diritto intermedio)* cit., 204-205.

[2060] Apesar de desatualizado, tem interesse o escrito de Mário Tavarela Lobo, *As águas no Direito português e no Direito comparado* (1976), 96 pp..

645.º demonstra uma preocupação de integração de interesses que transcende o puro individualismo. Dispunha[2061]:

> Se ocorrer um litígio entre os proprietários aos quais essas águas podem ser úteis, os tribunais, ao decidir, devem conciliar os interesses da agricultura com o respeito devido à propriedade; e em todos os casos, os regulamentos particulares e locais sobre o curso e uso das águas devem ser observados.

Uma Lei de 8 de abril de 1898 modificou diversos artigos do Código Civil[2062]. Atribuiu a propriedade do leito dos rios aos particulares, os quais, ainda que a água fosse *res communis*, podiam usá-la para irrigação. O curso navegável pertencia ao domínio público. O desenvolvimento das explorações hidroelétricas, em conjunto com a ambiência intervencionista subsequente à I Guerra Mundial (1914-1918), levou à Lei de 16 de outubro de 1919: exigência de concessão ou de autorização do Estado para tais explorações. A produção, o transporte, a distribuição e a importação de eletricidade foram nacionalizados, em 1946, na vaga estadualizante subsequente à II Guerra Mundial (1939-1945). Algumas regras transitaram para o Código Rural adotado pela Lei n.º 55-433, de 16 de abril de 1955. Uma Lei de 16 de dezembro de 1964 acentuou a visão estatizante da água: esta passou a ser de apropriação pública, independentemente de ser navegável ou flutuável. Um novo Código Rural, depois intitulado Código Rural e da Pesca Marítima foi adotado, por fases, a partir de 1981. Rematado pela Ordenança n.º 2000-550, de 15 de junho de 2000, ele foi diversas vezes alterado, designadamente pela Lei n.º 2014-1170, de 13 de outubro de 2014[2063]. Tem pouca relevância direta quanto às águas, as quais transitaram para o *Code de l'environnement*[2064], cujo Livro II, Título I, tem precisamente a ver com a água. Este Código, no seu artigo L. 211-1, 1), comporta o princípio:

> O uso da água pertence a todos, no quadro das leis e dos regulamentos assim como dos direitos anteriormente estabelecidos.

[2061] *Code civil des français* cit., 158.

[2062] A evolução do regime das águas pode ser seguida em François Terré/Philippe Simler, *Droit civil/Les biens* cit., 10.ª ed., n.º 207 (197-198); pelo prisma do Direito público, Norbert Foulquier, *Droit administratif des biens*, 5.ª ed. (2019), 105 ss..

[2063] Isabelle Couturier (com.), *Code rural et de la pêche maritime* (Dalloz), 41.ª ed. (2021), LXI + 2712 + índices.

[2064] AAVV (com.), *Code de l'environnement* (Dalloz), 25.ª ed. (2022), 3360 pp..

O Código Civil conserva-se em vigor ainda que, na sua aplicação, haja que lidar com a vasta legislação complementar[2065].

V. Na Alemanha, ocorreu uma dupla tradição: as águas têm regimes próprios, em função das regiões e escapam à codificação civil. Ainda hoje, a doutrina privatista proclama que a água está na fronteira do Direito privado e do público[2066]. No antigo Direito alemão, as águas, tal como os bosques, eram de uso comum por todos os membros da comunidade[2067]. O fortalecimento da propriedade privada levou a considerar incluída, na titularidade do solo, a água nele presente. As águas navegáveis, que constituam significativas vias de comunicação (*Reichswasserstraßen*) cabiam ao soberano. A *constitutio de regalibus* de 1158 consagrou a contraposição entre rios navegáveis e não navegáveis. Os primeiros seriam públicos, numa estruturação que passou aos Direitos regionais[2068]. A Constituição de Weimar, no seu artigo 97.º, considera tarefa do *Reich* assumir a propriedade das vias de comunicação fluvial[2069]. Por seu turno, a Constituição de Bona (1949), no seu artigo 89.º, efetuou a transição, para a União, as antigas *Reichswasserstraßen*. Também a sua administração competiria à União[2070]. A ordenação das águas foi levada a cabo pelo *Wasserverbandsgesetz* de 1 de maio de 1991, por último (neste momento) alterado pela Lei de 15 de maio de 2002[2071]. Em paralelo, vigora o *Wasserhaushaltsgesetz* de 31 de julho de 2009. Este diploma procede a uma classificação das águas; a sua utilização, quando não se disponha de outro modo, requer uma licença

[2065] François Terré/Philippe Simler, *Droit civil/Les biens* cit., 10.ª ed., n.º 207 (198).

[2066] Baur/Stürner, *Sachenrecht* cit., 18.ª ed., § 27, Nr. 43 (358-359).

[2067] Um apanhado histórico do Direito alemão das águas consta de Martin Wolff/Ludwig Raiser, *Sachenrecht* cit., 10.ª ed., § 99 (401-403); elementos mais recentes podem ser confrontados em Michael Reinhardt, *Wasserrecht*, 3.ª ed. (2020), XXIII + 646 pp., IX-XXIII.

[2068] Uma enumeração de diversas leis dos Estados alemães consta de E. Scheele, *Das Preussische Wasserrecht* (1860), 135 pp., 3-4; Wilhelm Endemann, *Das ländliche Wasserrecht* (1862), 114 pp., 24 ss. (direitos dos privados); Nadja Straub, *Die Entwicklung des Wasserrechts in Preußen im 19. Jahrhundert* (2019), 386 pp.; *vide*, no tocante à atual situação na Baviera, Ulrich Drost/Marcus Ell, *Das neue Wasserrecht*, 3.ª ed. (2021), 420 pp..

[2069] *Das Verfassung des Deutschen Reiches* (1919, ed. facsimilada), 51.

[2070] Christian Maiwald, em Bruno Schmidt-Bleibtreu, *Kommentar zum Grundgesetz*, 14.ª ed. (2018), Art. 89 (2303 ss.).

[2071] Entre os comentários disponíveis: Michael Reinhardt e outros, *Wasserverbandsgesetz*, 2.ª ed. (2021), XXII + 443 pp..

(§ 8). Em suma: o Direito alemão das águas vem, hoje, fundamentalmente, a ser estudado por publicistas[2072].

VI. Em Itália, encontramos uma tradição própria. Ao contrário do Código Napoleão, que classificava as águas em públicas ou privadas consoante fossem ou não navegáveis ou flutuáveis, o Código de 1865 limitava-se a considerar os rios e as ribeiras (*fiume e torrenti*) como pertencendo ao domínio público[2073]. Na época, suscitou-se a questão de saber se as águas que não fossem *fiume* ou *torrenti* podiam ser privadas (tese privatista) ou se os próprios "cursos menores" eram, também, dominiais (tese dominialista)[2074]. A legislação avulsa veio ampliar o campo das águas públicas[2075]. O Código Civil de 1942, no seu artigo 822.º, considera de domínio público, os rios, os ribeiros, os lagos e outras águas consideradas públicas pelas leis[2076]. Perante este quadro, alguns autores entendem que não há, em Itália, águas privadas; quando muito poderiam os particulares, mediante um título adequado, ter a sua posse[2077]. Todavia, o Código Civil de 1942 comporta diversos preceitos sobre as águas[2078]: o uso das águas, consórcios para o aproveitamento das águas e diversas servidões de águas. As águas mantêm, assim, alguma presença, ainda que residual, no Direito civil.

VII. O Direito comparado documenta uma fuga para o Direito público. À medida que a crise climática se acentue, as questões da água vão requerer a intervenção da comunidade humana organizada: o Estado e as organizações internacionais. Mantém-se, todavia, um núcleo privado, fundamental para a defesa dos direitos das pessoas.

[2072] Martin Eifert, em Friedrich Schoch (publ.), *Besonderes Verwaltungsrecht* (2018), Kap. 5, G. *Wasserrecht*, Nr. 233-264 (832-842), como exemplo. Há muita literatura.

[2073] Ferrarotti Teonesto, *Commentario teorico comparato al codice civile italiano*, II (1873), 72-76; Luigi Borsari, *Commentario del codice civile* cit., II, 109-115.

[2074] Guido Astuti, *Acque private*, ED I (1958), 387-400 (388). A jurisprudência terá admitido uma tese intermédia: os cursos menores poderiam ser públicos ou privados, de acordo com as circunstâncias.

[2075] Indicações em Ugo Pernigotti, *Acque pubbliche*, ED I (1958), 400-429 (400/II ss.).

[2076] Jacobo Marin, em Massimo Franzoni/Rita Rolli, *Codice civile commentato* cit., I, art. 822, 1076/I.

[2077] Guido Astuti, *Acque private* cit., 389/I.

[2078] Carlo Petrocchi, *Acque (diritto privato)*, NssDI I/1 (1957), 206-201.

201. O Direito lusófono

I. Nas Ordenações encontramos uma enumeração dos direitos reais (direitos do Rei). Aí se incluíam[2079]:

> (...) os rios navegáveis, se são caudais, que corram em todo o tempo (...). E posto que o uso (...) dos rios seja igualmente comum a toda a gente, e ainda a todos os animais, sempre a propriedade deles fica no Património Real.

Em termos atualistas, "Património Real" traduz os bens do Estado, numa apropriação coletiva, por oposição a individual[2080]. Aquando da pré-codificação, esse ponto é tomado como base para a exposição do regime das águas. Assim sucede com Lobão[2081], que apenas concede algum espaço, ao domínio particular das águas[2082]. Um ponto importante: os privados tinham a "liberdade natural e civil" de extrair águas dos rios públicos, para regar prédios ou "agitar moinhos"[2083]. Um especial desenvolvimento era dado às servidões de águas[2084]: elas dão corpo, por excelência, ao ponto sensível dos conflitos de vizinhança causados por interesses contrapostos às águas[2085].

Coelho da Rocha analisa igualmente a ocupação das águas dos rios públicos, bem como o uso das nascentes nos terrenos públicos ou baldios, dos enxurros e das águas pluviais que correm pelas ruas e estradas[2086].

II. Foram tomadas medidas legislativas pontuais; a obra de referência manteve-se, todavia, a de Lobão. Coube ao Código de Seabra sistematizar a matéria. Na Parte II, sobre a aquisição dos direitos, Livro I – Dos direitos originários e dos que se adquirem por facto e vontade própria independen-

[2079] *Ord. Fil.*, Liv. II, tit. XXVI, § 8.º = ed. Gulbenkian, 2, 441/I.

[2080] Guilherme Moreira, *As águas no Direito civil português*, I – *Propriedade das águas*, 2.ª ed. inalt. (1960), 649 pp., 23.

[2081] Manuel de Almeida e Sousa de Lobão, *Tratado pratico e compendiario das aguas/Com duas dissertações analogas: primeira sobre as aguas pluviaes; segunda sobre as aguas subterrâneas* (1911, reimp.), XXIII + 203 pp., 1-10.

[2082] *Idem*, 10-15.

[2083] *Idem*, 12-13.

[2084] *Idem*, 39-142.

[2085] *Infra*, n.º 206-207.

[2086] M. A. Coelho da Rocha, *Instituições de Direito civil* cit., §§ 413-414 (1, 290-291).

temente da cooperação de outrem, Capítulo IV – Da ocupação dos objetos e produtos naturais comuns ou não apoiados, surge uma secção II – Das águas (431.º a 464.º). Tem cinco subsecções[2087]:

I – Das águas públicas e particularmente das águas navegáveis e flutuáveis (431.º a 433.º);
II – Das correntes de água, não navegáveis e não flutuáveis (434.º a 443.º);
III – Das fontes e nascentes (444.º a 452.º);
IV – Das águas pluviais (453.º a 455.º);
V – Dos canais, aquedutos particulares e outras obras relativas ao uso das águas (456.º a 464.º).

Muito claro e sistematizado, o Código de Seabra distanciou-se, no tocante às águas e largamente, dos Códigos da sua geração. Fez uma bissetriz dogmática entre águas públicas e privadas, ainda que o essencial do aproveitamento seja, por natureza, privado. Com isso, trouxe, para o Direito civil, a disciplina das águas[2088].

III. O passo seguinte adveio do Decreto n.º 5:787, iiii, de 10 de maio de 1919[2089]. Do seu curto preâmbulo, retiramos o troço seguinte[2090]:

> Atendendo a que a legislação reguladora do uso das mesmas águas se encontra dispersa por vários diplomas, alguns dos quais baseados em princípios que os progressos da sciência moderna condenam, carecem de ser reformados, e outros mais recentes incluem disposições cujos inconvenientes, revelados pela prática, importa prover de eficaz remédio; (…)

Ficam assim apresentados os grandes objetivos deste diploma. Muito sistematizado, com 145 artigos repartidos por sete títulos, o Decreto n.º

[2087] José Dias Ferreira, *Codigo civil annotado*, I, 1.ª ed. (1870), 414-439; *idem*, I, 2.ª ed. (1894), 298-326.

[2088] Jogou ainda o facto academicamente importante de a matéria ser tratada nas primeiras rubricas do Código Civil, o que facilitou o seu ensino. *Vide* António José Teixeira de Abreu, *Lições de Direito civil português* (1898), 481 pp., 379-470; *idem*, 2.ª ed. (1905), 412 pp., 210-397. Também nos comentários ao Código, mesmo incompletos, as águas, pela sua posição no sistema, eram versadas; assim, A. F. Carneiro Pacheco, *Código Civil Portugues Actualizado*, I (1920), XX + 529 pp., 306-357.

[2089] CoLP 1919, 1166-1178; oficialmente, a designação é Decreto n.º 5:787-4 I; mas passou a ser conhecido por iiii.

[2090] *Idem*, 1166/II.

5:787, também conhecido como "Lei das Águas" surge como um pequeno código. Eis o seu conteúdo geral:

Título I – Do domínio da água (1.º a 3.º).
Título II – Do uso das águas públicas (4.º a 35.º).
Título III – Do aproveitamento das águas por concessão (36.º a 98.º):
Capítulo I – Das concessões em geral (36.º a 42.º);
Capítulo II – Das concessões de utilidade pública (43.º a 76.º):
Secção I – Instituição e regime das concessões (43.º a 56.º);
Secção II – Disposições especiais para cada um dos aproveitamentos (57.º a 76.º):
Subsecção I – Abastecimento de povoações (57.º a 60.º);
Subsecção II – Regas e outros melhoramentos agrícolas (61.º a 69.º);
Subsecção III – Aproveitamento de energia hidráulica (70.º a 76.º).
Capítulo III – Dos aproveitamentos de interesse privado (77.º a 98.º):
Secção I – Expediente do alvará de concessão (77.º a 90.º);
Secção II – Liquidação de indemnizações. Processo judicial (91.º a 98.º).
Título IV – Das águas particulares (99.º a 109.º).
Título V – Das obras e servidões relativas ao uso das águas (110.º a 127.º).
Título VI – Disposições gerais (128.º a 140.º).
Título VII – Disposições transitórias (141.º a 149.º).

O Decreto n.º 5:787 iiii correspondeu aos avanços do seu tempo. Afigura-se presente alguma influência francesa. Houve ainda um imfluxo de Direito público, denotado no desenvolvimento dado às águas públicas e nos níveis regulamentares a que, por vezes, o diploma chega. Foi, todavia, preservado um significativo núcleo civil (99.º a 127.º) o qual, retomando o Código de Seabra, foi bastante aproveitado na feitura do Código de 1966.

IV. O Decreto n.º 5:787 iiii permitiu o florescimento de alguma literatura sobre as águas. Ao contrário do que, por vezes, se lê, esse sector não foi descurado pela doutrina, tendo em conta as dimensões da nossa literatura. À cabeça, temos a obra maciça de Guilherme Moreira (1861-1922), em dois volumes[2091]. João Veloso de Almeida foi autor de um comentário

[2091] Guilherme Moreira, *As águas no Direito civil português*, I – *Propriedade das águas* (1920), VI + 655 pp. e II – *Das servidões das águas* (1922), 468 pp.. Há uma reimpressão de 1960, apresentada como 2.ª edição e aqui usada.

à "lei de águas"[2092]. As lições de Direitos Reais de Pires de Lima davam muito espaço a essa matéria[2093]. Houve, ainda, estudos parcelares sobre temas conexos[2094].

202. A fuga para o Direito público

I. Tal como ilustrado no Direito comparado, também na experiência portuguesa se documenta o que podemos considerar como uma fuga para o Direito público. Na sequência da Constituição de 1976, cabe hoje lidar com um extenso domínio público marítimo, fluvial e lacustre, a que se deve acrescentar o das nascentes e águas subterrâneas e as fontes públicas. O regime geral é enquadrado pela Lei n.º 58/2005, de 29 de dezembro ou Lei da Água[2095]. Impera a Autoridade Nacional da Água, cabendo ainda contar com diversa legislação complementar[2096].

II. O Direito europeu tem vindo a ocupar-se da água. A Diretriz 2000/60, de 23 de outubro, conhecida como Diretiva Quadro da Água (DQA)[2097], veio estabelecer as "bases e o quadro institucional para a gestão sustentável da água". Com um largo preâmbulo explicativo em 53 pontos, a DQA comporta principiologias e deveres para os Estados[2098]. Haverá que ir mais longe.

III. O recente agravamento da crise climática, com uma seca generalizada e com a multiplicação dos incêndios, deveria conduzir a uma reforma cuidadosa e, sobretudo, a redobrados esforços para quebrar a inércia.

[2092] João Augusto Simões Veloso de Almeida, *Comentário à lei de águas*, 1.ª ed. (1937), IX + 462 pp.; há 2.ª ed. (1958), 546 pp.; teve um prefácio de Fernando Pires de Lima.

[2093] Fernando Pires de Lima, *Lições de Direito civil (direitos reais)*, por David Augusto Fernandes, 3.ª ed. (1945-46), 428 pp., 109-231, quanto à propriedade de águas.

[2094] P. ex., Ruy Mayer, *O problema da água na agricultura portuguesa*, BFD VIII (1926), 116-141.

[2095] Alterada pelos Decretos-Leis n.º 245/2009, de 22 de setembro, n.º 60/2012, de 14 de março e n.º 130/2012, de 22 de junho, que a republicou em anexo e, depois, pelas Leis n.º 17/2014, de 10 de abril (bases da política de ordenamento e gestão do espaço (OGE 2017) e n.º 44/2017, de 19 de junho (não-privatização do sector da água).

[2096] *Supra*, n.º 51.

[2097] JOUE n.º L-327, 1-73, de 22-dez.-2000.

[2098] *Vide* Franz Oberleitner, *Europäisches Wasserrecht/Die Gewässer in Rechtsvorschriften der Europäischen Gemeinschaft* (2009), 128 pp., com esquemas.

§ 46.º AS ÁGUAS NO CÓDIGO CIVIL

203. A preparação

I. Na preparação do Código Civil, os autores materiais dos projetos depararam-se com uma escolha tripla: (1) ou mantinham o esquema do Código de Seabra e do Decreto n.º 5:787 iiii, de 10 de maio de 1919, tratando, em conjunto, das águas privadas e das águas públicas; (2) ou regulavam, apenas, as águas privadas, remetendo as públicas para leis especiais; (3) ou, finalmente, à semelhança do modelo alemão e, em parte, do italiano, consideravam as águas como essencialmente públicas e, como tal, alheias à lei civil fundamental. A favor da primeira solução depõem argumentos presentes no preâmbulo do Decreto n.º 5:787 iiii[2099]:

> (...) a diversidade das condições naturais em que se apresentam as águas terrestres, pela multiplicidade e interdependência das suas aplicações, e ainda pela variação do regime legal a que estão sujeitas, muito comvém reunir e sistematizar todas as disposições aplicáveis ao uso das águas num único diploma redigido no espírito progressivo que hoje inspira neste assunto todas as legislações cultas;

II. A integração das águas, sejam elas públicas, comuns ou privadas, num único diploma, cientificamente elaborado – portanto: um Código da Água – seria uma solução dogmaticamente interessante. Teria, contra si, a prolixidade do Direito público, necessariamente complementado com regulamentos de pormenor e a sua instabilidade, em especial no que toca à orgânica dos departamentos implicados. A tradição nacional ia no sentido de se admitir um sector privado significativo, no tocante à água. Apenas estudos complexos, que nunca foram feitos, permitiria testar esquemas do

[2099] COLP 1919, 1166/II; este troço também foi transcrito por Pires de Lima/Antunes Varela, *Código civil anotado* cit., III, 2.ª ed., 285.

tipo alemão. Por isso, Pires de Lima optou pela segunda solução: águas privadas no Código Civil enquanto as públicas, remetidas para leis especiais, ficavam, para já, na experiente Lei da Água de 1919.

III. Pires de Lima, no seu anteprojeto relativo à propriedade, dedicou o capítulo IV às águas: artigos 86.º a 103.º[2100]. O anteprojeto limitou-se, no essencial, a acolher o texto do Decreto n.º 5:787 iiii[2101]. Este, de resto, já havia recebido diversos preceitos do Código de Seabra. Podemos considerar que, no domínio das águas, o projeto não pretendeu realizar qualquer reforma. Apenas deu, à matéria, uma melhor ordenação, expurgando-a de regras de Direito público. O texto de Pires de Lima passou aos artigos 1372.º a 1389.º da 1.ª Revisão Ministerial[2102] e, daí, aos artigos 1385.º a 1402.º da 2.ª Revisão[2103] e do Projeto[2104]: ora sem alterações, ora com alterações mínimas. Em toda esta estabilidade, foi decisiva a sombra de Guilherme Moreira.

204. O sistema

I. Na sequência dos preparatórios sumariados, o capítulo IV do título dedicado à propriedade ficou organizado em três secções:

I – Disposições gerais (1385.º a 1388.º);
II – Aproveitamento das águas (1389.º a 1397.º);
III – Condomínio das águas (1398.º a 1402.º).

Nas disposições gerais, o Código ocupa-se dos pontos seguintes: classificação das águas (1385.º); águas particulares (1386.º); obras para arma-

[2100] Fernando Pires de Lima, *Direito de propriedade* cit., 261-269.

[2101] Assim: o artigo 86.º do anteprojeto corresponde ao 1.º do Decreto; o 87.º, ao 2.º; o 88.º, ao 2.º/4 e 5 e 3.º, §§ 1.º, 2.º e 3.º; o 89.º, ao 7.º; o 90.º, ao 9.º; o 91.º, aos 99.º a 121.º; o 92.º, ao 105.º; o 93.º, aos 100.º e 101.º o 94.º, ao 106.º; o 95.º, ao 102.º; o 96.º é novo; o 97.º, ao 109.º; o 98.º, aos 33.º e 34.º; o 99.º, aos 125.º e 126.º, § 2.º; o 100.º, ao 132.º; o 101.º, ao 133.º; o 102.º, aos 134.º e 135.º; o 103.º, ao 136.º.

[2102] *1.ª Revisão* cit., 59-66.

[2103] *2.ª Revisão* cit., 52-60.

[2104] *Projecto* cit., 404-410.

zenamento ou derivação de águas; leito das correntes não-navegáveis nem flutuáveis (1387.º); requisição de águas (1388.º).

II. Na secção II, relativa ao aproveitamento das águas, o Código versa: fontes e nascentes (1389.º); título de aquisição (1390.º); direitos dos prédios inferiores (1391.º); restrições ao uso das águas (1392.º); águas pluviais e de lagos e lagoas (1393.º); águas subterrâneas (1394.º); títulos de aquisição (1395.º); restrições ao aprovisionamento das águas (1396.º); águas originariamente públicas (1397.º).

III. Por fim, a secção III, sobre o condomínio das águas, obtém os preceitos seguintes: despesas de conservação (1398.º); divisão de águas (1399.º); costumes na divisão de águas (1400.º); costumes abolidos (1401.º); interpretação dos títulos (1402.º).

IV. O Código Civil apresenta um sistema consistente. Mas não se trata de um sistema fechado. Por um lado, há que recorrer ao Código, no seu conjunto e, em especial, ao regime das coisas (202.º a 216.º) e a Direitos Reais. Por outro, cumpre ter presente a existência, lado a lado, de uma poderosa presença do Direito público das águas, com relevo para a Lei da Água, de 2005.

V. À luz do Código Civil, surgiu alguma bibliografia sobre as águas. Desde logo, o *Manual* de Tavarela Lobo, cujo âmbito ultrapassa largamente o Direito civil[2105]. Vale, ainda, o escrito de Cândido de Pinho, *As águas no Código Civil*[2106]. De seguida, temos as anotações e os comentários ao Código Civil, com relevo para o *Código anotado* de Pires de Lima e Antunes Varela que, neste domínio, se mantém como a obra de referência para o conhecimento da lei civil fundamental[2107]. Referimos, com apreço, os comentários aos artigos 1385.º a 1402.º, de António Teles e Miguel do Carmo Mota[2108], bem como os de Rui Pinto e Cláudia Trindade[2109]. Nas obras gerais sobre Direito das coisas, ocorrem rubricas sobre as águas, com

[2105] Mário Tavarela Lobo, *Manual do Direito das águas*, 1, 2.ª ed. (1999), 627 pp. e 2, 2.ª ed. (1999), 601 pp.. Releva, em especial, o 2.º volume.

[2106] José Cândido de Pinho, *As águas no Código Civil* (2005), 528 pp..

[2107] Pires de Lima/Antunes Varela, *Código civil anotado* cit., III, 2.ª ed., 285-343.

[2108] Em UCP/*Comentário ao Código Civil* cit., 345-378

[2109] Em Ana Prata (org.), *Código Civil anotado* cit., II, 2.ª ed., 200-214.

relevo para Henrique Mesquita[2110], Oliveira Ascensão[2111], Henrique Sousa Antunes[2112], Santos Justo[2113] e José Alberto Vieira[2114]. Ocorre, ainda, uma jurisprudência esclarecedora[2115]. Pelas mutações em curso no Planeta, o estudo das águas deve ser incentivado.

205. As disposições gerais

I. O artigo 1385.º distingue as águas públicas das particulares. As primeiras regem-se por leis especiais: hoje, a Lei da Água (Lei n.º 58/2005, de 29 de dezembro), com os diplomas complementares. As águas particulares mantêm-se no Código Civil[2116].

II. O artigo 1386.º/1, retomando o artigo 2.º da Lei da Água de 1919, enumera as águas particulares, em seis alíneas. São elas:

a) as águas nascidas em prédio particular e as pluviais que nele caiam, antes de saírem, abandonadas, desse prédio ou daquele para que o dono as tenha conduzido e, ainda, as que transpondo esses limites, corram por prédios particulares, sejam consumidas, antes de chegaren ao mar ou a outra água pública;
b) as águas subterrâneas existentes em prédios particulares[2117];

[2110] Henrique Mesquita, *Direitos Reais* cit., 181-234.

[2111] José de Oliveira Ascensão, *Direito civil/Reais* cit., 5.ª ed., 499-503; José Alberto Vieira, *Direitos Reais* cit., 3.ª ed., n.º 101 (325); António Santos Justo, *Direitos Reais* cit., 7.ª ed., n.º 131 (268-270); Luís Menezes Leitão, *Direitos Reais* cit., 9.ª ed., n.º 4.2.3. (198-199).

[2112] Henrique Sousa Antunes, *Direitos Reais* cit., 339-368.

[2113] António Santos Justo, *Direitos Reais* cit., 7.ª ed., 323-340.

[2114] José Alberto Vieira, *Direitos Reais* cit., 3.ª ed., 655-685.

[2115] *Vide* Abílio Neto, *Código civil anotado*, 20.ª ed. (2018), 1273-1283, a completar com recurso à ITIJ.

[2116] RCb 24-mar.-1991 (Herculano Namora), CJ XVII (1992) 2, 58-60 (59), ao abrigo do Direito anterior; STJ 18-dez.-2012 (Salazar Casanova), Proc. 205-07 = CJ/ /Supremo XX (2012) 3, 182-186 (184/II).

[2117] Ignorando a Lei, Câmaras Municipais efetuam furos em terrenos privados, para captar águas com vista ao consumo público. Além do ilícito civil, há margem para procedimento criminal. *Vide* a RGm 14-dez.-2005 (Espinheira Baltar), CJ XXX (2005 5, 305-307, quanto ao perímetro de tais águas.

c) os lagos e lagoas existentes num prédio particular, quando não alimentados por correntes públicas;
d) as águas originariamente públicas, que tenham entrado no domínio privado até 21 de março de 1868 (no dia seguinte, entrou em vigor o Código de Seabra) por preocupação (aquisição por quem, primeiro, instalasse engenho de captação de água pública, pelo Direito antigo, ressalvado pelo artigo 438.º do Código de Seabra)[2118], doação régia ou concessão (ressalvadas pelo artigo 438.º do Código de Seabra, pelo Decreto n.º 5:787 iiii e pelo preceito em análise do Código Civil);
e) as água públicas concedidas perpetuamente para regas ou melhoramentos agrícolas (artigo 61.º/2 da Lei da Água);
f) nas águas subterrâneas existentes em terrenos públicos municipais, exploradas mediante licença, para regas ou melhoramentos agrícolas.

O artigo 1386.º/2 disciplina o caudal a retirar nas hipóteses das alíneas *d*), *e*) e *f*): não estando fixado, é (apenas) o necessário para o fim a que se destine.

O artigo 1387.º enumera as obras para armazenamento ou derivação de águas e explicita o que entender por leito ou álveo das correntes não navegáveis nem flutuáveis: são privados.

O artigo 1388.º/1, retomando o artigo 7.º da Lei da Água, permite a requisição de águas particulares, sem dependência de processo, pelas autoridades administrativas: para enfrentar, com urgência, incêndios ou calamidades públicas: um preceito infelizmente muito atual. O n.º 2 faculta a indemnização, a suportar por quem a água retirada aproveitou, quando a requisição cause danos apreciáveis. Temos uma responsabilidade objetiva, que procede a uma repartição do risco.

206. **Aproveitamento das águas**

I. A secção II do capítulo relativo à propriedade das águas prende-se com o seu aproveitamento. O artigo 1389.º, retirado do artigo 99.º da Lei da

[2118] Preocupação, neste sentido, deveria dizer-se "pré-ocupação" ou ocupação anterior. Na RLJ 88 (1955), 197-199, em resposta a uma consulta, refere-se água "preocupada antes da promulgação do Código Civil por meio de um açude e de um aqueduto de derivação". Sobre esta matéria dispunha o Alvará de 27-nov.-1804, cujos §§ XI, XII e XIII estão transcritos em Pires de Lima/Antunes Varela, *Código civil anotado* cit., III, 2.ª ed., 293-294.

Água, permite, ao dono do prédio onde haja fontes ou nascentes de água, o livre aproveitamento, salvo se terceiro tiver adquirido direitos legítimos ao seu uso. O artigo 1390.º, colhido nos artigos 99.º e 121.º da Lei da Água de 1911, complementa, fixando os títulos de aquisição da água: qualquer meio legítimo de adquirir a propriedade de imóveis ou de constituir servidões[2119] (n.º 1). O n.º 2 explica – quiçá desnecessariamente – que a usucapião exige obras visíveis e permanentes, no prédio da fonte ou nascente, que revelem a captação e a posse da água (n.º 2)[2120]. Visando a divisão ou partilha do prédio sem intervenção de terceiro, a aquisição por destinação do pai de família (1549.º) não depende de sinais reveladores[2121].

II. O artigo 1391.º, retirado do artigo 105.º da Lei da Água, determina que os donos dos prédios para onde se derivem as águas vertentes de qualquer fonte ou nascente podem aproveitá-las; mas sem privação do uso por efeito desse aproveitamento, que o proprietário de fonte ou nascente queira fazer. Temos aqui um caso específico de *res facultatis*, prevista no artigo 1251.º, *a*), segundo o nosso entendimento[2122].

III. Algumas restrições ao uso da água resultam do artigo 1392.º, equivalente aos artigos 100.º e 101.º da Lei de Águas de 1911. O dono da fonte ou nascente não pode mudar-lhe o curso costumado se os habitantes de uma povoação ou de um casal se abastecerem dele há mais de cinco anos para gastos domésticos (n.º 1). Todavia, se tais habitantes não tiverem adquirido a água por título legítimo, o dono tem direito a uma indemnização, a pagar pela junta de freguesia ou pelo dono do casal (n.º 2).

IV. O artigo 1393.º manda aplicar o disposto nos artigos antecedentes às águas pluviais e às águas de lagos e lagoas, referidas no artigo 1386.º/2, *a*) e *c*), respetivamente.

V. O artigo 1394.º, colhido no artigo 102.º da Lei de Águas, mantém uma prerrogativa importante do proprietário de um prédio: a de procurar águas subterrâneas, por meio de poços, minas ou quaisquer escavações,

[2119] RGm 20-jan.-2021 (Rosália Cunha), Proc. 2657/17: uma doação para um fontanário.

[2120] RCb 4-mai.-2021 (Carlos Barreira), Proc. 152/19.

[2121] *Vide* o caso decidido por RGm 5-mai.-2022 (José Flores), Proc. 221/18.

[2122] *Tratado*, XIII, 617.

sem prejudicar direitos de terceiros (n.º 1). Se, com isso, diminuir o caudal de qualquer água, pública ou particular, não há violação do direito de terceiro, salvo se a captação se fizer por meios não naturais (n.º 2). O artigo 1395.º complementa indicando os justos títulos de aquisição de águas subterrâneas: os referidos no artigo 1390.º/1 e 2 (n.º 1). O n.º 2 é relevante: a atribuição, a um terceiro, do "direito" de explorar águas subterrâneas não importa, para o proprietário, privação desse mesmo direito, se tal abdicação não resultar claramente de título.

VI. Em recorte negativo ao artigo 1394.º/2, o artigo 1396.º obriga o proprietário que, ao explorar as suas águas subterrâneas, altere ou faça diminuir as águas de fonte ou reservatório destinado a uso público, a repor as coisas no seu estado anterior ou, não sendo possível, a fornecer para o mesmo uso, em local apropriado, água equivalente.

VII. O artigo 1386.º, *d*), *e*) e *f*), considera privadas, em certas condições, águas que, originariamente, eram públicas. O artigo 1397.º fixa, relativamente a elas, algumas restrições. Assim: (1) elas são inseparáveis dos prédios a que se destinem; (2) elas revertem para o domínio público se forem abandonadas ou se, delas, não se fizer um uso proveitoso para o fim a que se destinam.

207. **O condomínio das águas**

I. O artigo 1398.º, proveniente dos artigos 125.º e 126.º, § 2.º, da Lei da Água, dispõe sobre as despesas de conservação, no caso de a água pertencer a dois ou mais co-utentes: todos devem contribuir para o conveniente aproveitamento, na proporção do seu uso. Podem fazer-se as obras necessárias quando haja perda ou diminuição do caudal (n.º 1). Em derrogação ao artigo 1411.º/1, relativo à comunhão em geral, o co-utente não pode eximir-se ao encargo, renunciando ao seu direito em beneficio dos outros, contra a vontade destes (n.º 2).

II. O artigo 1399.º, repescado do artigo 132.º da Lei da Água de 1919, fixa regras para a divisão das águas: no silêncio do título, ela é feita na proporção da superfície, necessidades e natureza da cultura dos campos a regar, podendo repartir-se o caudal ou o tempo de utilização, como mais conveniente ao seu aproveitamento. Mantendo a orientação do artigo 133.º da Lei de 1919, o artigo 1400.º ressalva os costumes na divisão de águas, quando fixem um regime estável e normal, há mais de 20 anos: uma espécie de usucapião.

III. Todavia, alguns costumes considerados nocivos foram abolidos, numa medida já tomada pelos artigos 134.º e 135.º da Lei de 1919. Segundo o artigo 1401.º, tal sucede com o sistema torna-torna ou semelhante, pelo que a água pertence ao primeiro ocupante, sem critério: quando tal sucede, as águas têm-se por indivisas (n.º 1). O mesmo sucede com o costume de romper os açudes e diques, de prédios superiores; se os inferiores tiverem direito ao aproveitamento, as águas consideram-se indivisas.

IV. O artigo 1402.º, retomando o artigo 136.º da Lei da Água, dimana regras sobre a interpretação dos títulos, quando, deles, não resulte outro sentido. Assim:

(1) uso contínuo: o de todos os instantes;
(2) uso diário: o de 24 horas, a contar da meia-noite;
(3) uso diurno ou noturno: o que medeia entre o nascer do Sol ou vice-versa;
(4) uso semanal: o que principia ao meio-dia de domingo e termina à mesma hora do domingo seguinte;
(5) uso estival: o que começa a 1 de abril e termina no dia 1 de outubro seguinte;
(6) uso hibernal: o que corresponde aos outros meses do ano.

CAPÍTULO VIII

DA COMPROPRIEDADE

§ 47.º NOTA HISTÓRICO-COMPARATÍSTICA SOBRE A COMUNHÃO

208. A comunhão

I. O Código Civil ocupa-se da compropriedade no capítulo V do título reservado à propriedade. Preenche, aí, os artigos 1403.º a 1413.º. O artigo 1404.º manda aplicar as regras da compropriedade à comunhão de quaisquer outros direitos: com as necessárias adaptações e sem prejuízo do disposto especialmente para cada um deles. A compropriedade surge, efetivamente, como a matriz das situações de comunhão ou de contitularidade de direitos e demais situações jurídicas. Estão em causa ocorrências nas quais várias pessoas encabeçam posições jurídicas basicamente desenhadas para uma única.

II. Em rigor, a comunhão constitui uma rubrica de teoria geral do Direito civil. Ela manifesta-se, depois, nas várias áreas civis: (1) nas obrigações, através da pluralidade de sujeitos ou obrigações subjetivamente complexas (512.º e 538.º); em reais, a propósito da compropriedade ora em análise; na família, onde ocorrem múltiplas manifestações, por exemplo, a propósito dos regimes de bens: comunhão de adquiridos (1721.º a 1731.º) e comunhão geral (1732.º a 1734.º); nas sucessões, com relevo para a herança indivisa, até à partilha (2101.º e seguintes). Todas estas disciplinas implicam, para a comunhão, regras próprias. O fundo comum, pelos sortilégios que animam o Direito civil, reside na compropriedade.

III. Dentro de Direitos Reais, a comunhão pertenceria, seguramente, à parte geral ou, pelo menos, à parte geral dos direitos reais de gozo. Ainda então, vários seriam os posicionamentos possíveis quanto à sua colocação[2123]: (1) um ponto autónomo no regime da propriedade; (2) uma rubrica nos direitos reais; (3) uma manifestação dos conflitos de direitos reais; (4) um capítulo autónomo numa parte geral do Direito das coisas. Nós próprios já tratámos a matéria na área dos conflitos paralelos de direitos reais, integrando o seu conteúdo[2124]. No presente *Tratado*, vamos ensaiar o seu estudo na compropriedade. A propósito dos demais direitos reais de gozo, faremos as necessárias adaptações. Quanto aos direitos reais de garantia e aos de aquisição: estão mais próximos do Direito das obrigações (subjetividade complexa) do que do Direito das coisas.

III. Não podemos considerar as diversas geografias da comunhão como "certas" ou "erradas". Todas são possíveis, desde que haja o cuidado de recordar o artigo 1404.º e de explicar que, mau grado a aplicabilidade tendencialmente geral das regras da compropriedade, cada área tem um regime próprio. Isto dito, o aprofundamento da matéria faz-se, aqui e agora, a propósito da propriedade. De outro modo, soçobramos em generalidades. Estamos ainda conscientes de que, na prática, as situações de comunhão, nos Reais, são-no de compropriedade.

209. Evolução histórica

I. Admite-se, com os elementos disponíveis e em reconstituição histórica, que a propriedade primitiva fosse comunitária. A ser assim, a compropriedade teria antecedido a propriedade. O regime aplicável à primitiva apropriação comunitária era, todavia, muito diferente do da atual compropriedade. Pressupunha a autoridade do *pater*, que tudo decidia ou a de um conselho de *patres*, com prerrogativas semelhantes. No momento seguinte, o *dominium* foi institucionalizado como uma prerrogativa individual, servida pela ação *rei vindicatio*. Todo o sistema de aproveitamento das coisas corpóreas, com relevo para a terra e os escravos, seguia esse modelo.

[2123] José Alberto Vieira, *Direitos Reais* cit., 3.ª ed., n.º 110 (331-333), onde se procede à ordenação dos diversos autores, por estas categorias. Vieira integra a quarta categoria, acima mencionada.

[2124] *Direitos Reais*, 1, 611 ss..

O brocardo *duorum in solidum dominium vel possessio esse non potest*[2125] [a propriedade ou a posse singulares não podem ocorrer em duas pessoas], aproveitado pelos glosadores e por Bártolo, é sugestivo dessa orientação, ainda que não se considere uma regra plena[2126].

II. A comunhão romana foi espoletada pelo instituto inevitável da sucessão por morte. Havendo vários herdeiros, surgia uma comunidade indiferenciada entre eles, ocasionando o *consortium ercto non cito*[2127]. A ação de divisão remonta às XII Tábuas[2128]. A ideia evoluiu, tendo, no período clássico, conduzido à *communio* em geral: cada parte deteria uma quota sobre o conjunto do objeto (*pars pro indiviso*), já com um regime próprio[2129], paredes meias com a *societas*, numa orientação acentuada no período pós-clássico[2130].

III. A comunhão romana contrapôs-se, histórica e dogmaticamente, à comunhão germânica (*Gesammteigentum*) ou comunhão em mão-comum (*Gemeinschaft zur gesammten Hand*)[2131]. Esta, em vez de lidar com quotas ideais, pressupunha que cada comunheiro fosse titular de tudo: os seus atos, mesmo isoladamente praticados, seriam eficazes. O instituto seria viável num ambiente de forte coesão social e, por razões formais, não permitiria uma disposição de imóveis, por decisão, apenas, de um comunheiro.

A mão-comum, propriedade em mão-comum ou comunhão em mão-comum, constitui um tema clássico de História dogmática do Direito.

[2125] Retirado de Ulpiano, D. 13.5.15 = Okko Behrends e outros cit., II, 168. A contitularidade operaria *pro partes* e não *in solidum*; *vide* Biondo Biondi, *Communione (diritto romano)*, NssDI III (1959), 855-857 (855/II). Quanto à comunhão romana, com indicações: Elsa Vaz de Sequeira, *Da contitularidade de direitos no Direito civil/Contributo para a sua análise morfológica* (2015), 538 pp., 29-139.

[2126] Vittorio Scialoja, *Teoria della proprietà nel diritto romano* cit., 1, 425-426.

[2127] Gaio, *Institutiones*, III, 154a = Ulrich Manthe, *Institutionen* cit., 282-283; *vide*: Max Kaser, *Das römische Privatrecht* cit., I, 2.ª ed., § 24, III, 1 (99); Antonio Guarino, *Comunione (diritto romano)*, ED VIII (1961), 232-239 (236/II).

[2128] Max Kaser, loc. cit., 3 (100); feito o confronto, temos a Tábua V, 10, reconstituída em Dieter Flach, *Das Zwölftafelgesetz* cit., 93-96 e em Michel Humbert, *La loi des XII Tables* cit., 235-240.

[2129] Max Kaser, *Das römische Privatrecht* cit., I, 2.ª ed., § 138, 2 (390-392).

[2130] *Idem*, II, 2.ª ed., § 267, III (413-414).

[2131] Lino Salis, *La comunione* (1939), XXXII + 413 pp. (XXI-XXIV); Ugo Gualazzini, *Comunione (diritto intermedio)*, ED VIII (1961), 240-245 (244/I); Elsa Vaz de Sequeira, *Da contitularidade de direitos* cit., 165-246.

Apesar de algumas referências tradicionais[2132], ele veio a desenvolver-se com o pensamento nacionalista alemão[2133]. A noção era feita decorrer da primitiva propriedade comunitária germânica[2134], contrapondo-se a uma ideia menos marcada de comunhão latina[2135].

A História da mão-comum foi estudada especialmente por Buchda[2136], passando a ser de referência obrigatória. Todavia, a matéria terá sido misturada com institutos romanos[2137], surgindo, hoje, mais como um princípio que transparece em outras situações, como a comunhão hereditária[2138] do que como instituto autónomo[2139].

A mão-comum fica muito próxima da personalidade coletiva; não se deixa, porém, caracterizar perante o Direito vigente, a não ser aproveitando figuras dogmáticas autónomas, como a comunhão conjugal, a comunidade de herdeiros ou a própria sociedade[2140].

2132 *Vide* a rec. de G. Rümelin a Scheurl, *Zur Lehre von der Teilbarkeit der Rechte. Bedeutung der Begriffsbildung und legislatorische Behandlung*, JhJb 28 (1889), 386-484 e Andreas von Tuhr, *Allgemeiner Teil des Deutschen Bürgerlichen Rechts*/I – *Allgemeine Lehre und Personenrecht* (1910, reimp., 1957), 78 ss. e 348 ss..

2133 August Sanger, *Gemeinschaft und Rechtsteilung* (1913), 43 ss..

2134 A qual persistiu, nalgumas manifestações, ao longo dos séculos.

2135 Konrad Engländer, *Die regellmässige Rechtsgemeinschaft*, I – *Grundlegung* (1914), 1 ss.; este Autor estuda, depois, diversas formas de comunhão no BGB; a sua ordenação interior (ob. cit., 162 ss.) teria de ser vista, caso a caso.

2136 Gerhard Buchda, *Geschichte und Kritik der deutschen Gesamthandlehre* (1936), 15 ss. (história) e 225 ss. (crítica).

2137 Karl Larenz, *Zur Lehre von der Rechtsgemeinschaft*, JhJb 83 (1933), 108-177 (108); *vide*, 176-177, um pequeno quadro da matéria.

2138 Horst Bartholomeyczik, *Das Gesamthandsprinzip beim gesetzlichen Vorkaufsrecht der Miterben*, FS Nipperdey I (1965), 145-175 (145 ss.); este Autor dá conta de que já Otto von Gierke havia formulado essa ideia.

2139 Wolfgang B. Schünemann, *Grundprobleme der Gesamthandgesellsschaft* (1975), 22 ss.; as diversas teorias podem ser vistas em Jürgen Blomeyer, *Die Rechtsnatur der Gesamthand*, JR 1971, 397-403 (398 ss.).

2140 Werner Flume, *Gesellschaft und Gesamthand*, ZHR 136 (1972), 177-207 (184 e 190). A RLx 9-jun.-2022 (Cristina Lourenço), Proc. 962/21, explica, deste modo: a compropriedade e o património comuns dos cônjuges são realidades distintas; o comproprietário é titular de um direito sobre um bem específico; no património comum, o direito de cada contitular incide sobre o património entendido como um todo unitário.

210. Nota comparatística

I. Nas codificações, o tema da comunhão conheceu algumas flutuações. O Código Napoleão não se ocupou diretamente da matéria: considerou tratar-se de "indivisão", ligada ao inevitável fenómeno sucessório, a qual, sendo transitória, não exigiria medidas complexas. O artigo 815.º dispunha que ninguém é obrigado a permanecer na indivisão: a partilha pode ser sempre provocada. Esta poderia ser requerida pelos credores de um dos consortes (2205.º). As decisões relativas ao bem-comum deveriam ser unânimes, o que dificultava a gestão dos bens indivisos. A jurisprudência permitiu, todavia, que cada consorte praticasse atos conservatórios, prestando contas[2141]. Esta surpreendente lacuna do Código Napoleão, apenas parcialmente colmatada pela jurisprudência, veio a ser integrada pela Lei n.º 76-1286, de 31 de dezembro de 1976 e, sobretudo, pela Lei n.º 2006-728, de 23 de junho de 2006. Foram introduzidos, no Código e a propósito das sucessões, artigos sobre o regime legal da indivisão (815.º a 815.º-18) e um capítulo sobre a partilha (816.º a 842.º)[2142]: um regime que se aplica a indivisões não-sucessórias. Estão em causa regras muito particularizadas, quiçá mesmo, em certos pontos: regulamentares.

II. Bastante distinta foi a opção alemã. O BGB ocupa-se da comunhão (*Gemeinschaft*), inserindo-a na área das obrigações em especial: título 17 (§§ 741 a 758)[2143], entre a sociedade e a renda. Dispõe o § 741[2144]:

> Quando um direito caiba conjuntamente a várias pessoas, aplicam-se, quando da lei não resulte outra solução, os §§ 742 a 758.

O Direito alemão aproxima-se do romano, com alguns desvios[2145]. Presume-se, na dúvida, que as quotas de cada comunheiro são iguais (§

[2141] Indicações: François Terré/Philippe Simler, *Droit civil/Les biens* cit., 10.ª ed., n.º 548 (445-447).

[2142] No *Code civil* cit., 120.ª ed., 1087-1142, com muitas anotações.

[2143] Rolf Stürner, no *Jauernig* cit., 17.ª ed., 1409-1423; Gerd-Hinrich Langheim, no *Staudingers Kommentar zum BGB*, §§ 741-764 (2002), 1-291; Hartwig Sprau, no *Grüneberg* (*ex-Palandt*) cit., 81.ª ed., 1331-1341; a bibliografia alemã sobre a comunhão é inabarcável.

[2144] Hoimar von Ditfurth, BGB/PWW cit., 15.ª ed., § 741 (1585-1586).

[2145] Gerd-Hinrich Langheim, no *Staudingers Kommentar* cit., Vorbem zu §§ 741 ff, Nr. 7 (7).

742); os frutos repartem-se na proporção das quotas, tendo cada um o uso da coisa, sem prejudicar o dos outros (§ 743); a administração é comum, podendo cada comunheiro tomar as medidas conservatórias necessárias (§ 744); a administração e a utilização podem ser decididas por maioria representativa de quotas (§ 745); as deliberações assim tomadas são oponíveis aos sucessores dos comunheiros, a título singular (§ 746); cada um pode dispor da sua quota, mas não do objeto comum, salvo unanimidade (§ 747); cada comunheiro suporta as despesas e encargos do objeto, na proporção da sua quota (§ 748); cada um pode pedir a divisão; se um contrato a excluir ou a limitar a um certo tempo, a divisão só é possível havendo um motivo grave; qualquer cláusula em contrário é nula (§ 749); a cláusula de indivisão caduca, na dúvida, com a morte de algum dos comunheiros (§ 750); pode ser oponível aos sucessores a título particular (§ 751); divisão *in natura*, se o objeto for divisível (§ 752); venda e divisão do preço, se o não for (§ 753); venda de um crédito comum (§ 754); respondência dos comunheiros como devedores solidários (§ 755); respondência por uma dívida parcial, de um comunheiro para com outros (§ 756); garantia pelas qualidades da coisa, quando seja adjudicada a um dos comunheiros (§ 757); imprescritibilidade do direito de pôr termo à comunhão (§ 758). O BGB, na secção relativa à propriedade, comporta um título 5.º sobre a compropriedade (§§ 1008 a 1011): propriedade por quotas (§ 1008); oneração a favor de um comproprietário (§ 1009); sucessor singular de um comproprietário (§ 1010); pretensões de compropriedade (§ 1011). Aplicam-se, no omisso, as regras gerais da comunhão (§§ 742 ss.)[2146].

Como se vê, o regime é minucioso[2147]. Algumas normas são de ordem geral; outras visam, essencialmente, obrigações ou reais.

III. O Direito italiano ilustra outra via. A matéria da comunhão surge num título VII, integrado no livro III, relativo à propriedade. Aí, o capítulo I versa a comunhão em geral (1100.º a 1116.º), enquanto o capítulo II se ocupa do condomínio nos edifícios. O artigo 1100.º dá o mote:

> Quando a propriedade ou outro direito real respeite em comum a várias pessoas, se o título ou a lei não dispuserem diversamente, aplicam-se as normas seguintes.

[2146] BGH 7-jun.-1991, BGHZ 115 (1992), 1-11 (8-9), como exemplo.

[2147] No apanhado realizado, procedemos à simplificação do conteúdo de alguns dos §§.

Vamos reter a ideia geral sobre o dispositivo adotado em 1942[2148]: normas reguladoras (1100.º); quotas dos participantes (1101.º); uso da coisa comum (1102.º); disposição da quota (1103.º); obrigações dos participantes (1104.º); administração (1105.º); regulamento da comunhão e designação do administrador (1106.º); impugnação do regulamento (1107.º); inovações e outros atos que transcendam a administração ordinária (1108.º); impugnação das deliberações (1109.º); reembolso das despesas (1110.º); dissolução da comunhão (1111.º); coisas não sujeitas a divisão (1112.º); intervenção na divisão e oposições (1113.º); divisão em natura (1114.º); obrigações solidárias dos participantes (1115.º); aplicabilidade das normas sobre a divisão hereditária (1116.º).

IV. O rápido périplo sobre as três ordens jurídicas continentais que mais longe têm levado o estudo do Direito permite documentar um fenómeno de instabilidade sistemática. O ordenamento francês ignorou quase, inicialmente, o fenómeno da comunhão. Apenas com uma reforma recente (em termos de Direito civil) veio a equacionar um regime completo, inserindo-o na área das sucessões. O BGB alemão acabou por incluir a comunhão no Livro das obrigações, entre as relações especiais. O Código italiano optou por posicionar a comunhão no Livro sobre a propriedade, dirigindo-o primacialmente, para Direitos Reais. Nesse mesmo sentido vai o Direito lusófono, como veremos de seguida.

[2148] Cristiamo Cicero, *Della comunione, Artt. 1100-1166* (2017), XXI + 158 pp.; Claudia Patti, em Massimo Franzoni/Rita Rolli, *Codice civile commentato* cit., I, art. 1100-1166 (1446-1472).

§ 48.º A EXPERIÊNCIA LUSÓFONA DA COMUNHÃO

211. Evolução até ao Código de Seabra

I. Nos clássicos da pré-codificação, a comunhão ocorria a propósito da compropriedade. Correia Teles inseria, logo de seguida, o tema dos muros de meação[2149]. Coelho da Rocha menciona a "propriedade comum", versando, num primeiro capítulo, a "propriedade commum d'uma cousa". Incluía rubricas sobre a administração, a divisão de coisa comum e das águas, os baldios e as demarcações[2150]. Seguia-se, separadamente, o tema das heranças[2151]: eram indicadas fontes dispersas: fragmentos dos *Digesta*, regras das Ordenações e códigos estrangeiros.

II. O Código de Seabra, logo no título III do livro único, Parte III, relativa ao direito de propriedade, veio regular a "propriedade singular" e a "propriedade commum". Vamos reter os preceitos correspondentes[2152], cujo conhecimento não se deve perder:

> **Art. 2175.º** Propriedade singular é a que pertence a uma única pessoa; propriedade commum é a que pertence a duas ou mais pessoas simultaneamente.
>
> **Art. 2176.º** O proprietario singular exerce exclusivamente os seus direitos, nos termos declarados nos titulos precedentes; o proprietario em commum, consorte ou com-proprietario, exerce, conjunctamente com os outros seus consortes, todos os direitos que pertencem ao proprietario singular, em proporção da parte que tem na propriedade commum.

[2149] J. H. Correia Teles, *Digesto Portuguez* cit., 1, artigos 822.º a 862.º (105 a 110): uma secção intitulada "como devem usar os com-proprietarios da cousa commum".

[2150] M. A. Coelho da Rocha, *Instituições de Direito civil* cit., §§ 466-472 (3, 324-328).

[2151] *Idem*, §§ 473-475 (329-331)

[2152] José Dias Ferreira, *Codigo civil annotado* cit., V, 1.ª ed., 6-10.

Art. 2177.º O com-proprietario não póde, todavia, dispor especificamente de qualquer parte do objecto commum, sem que esta lhe seja assignada em partilha; e a cessão do direito, que tem á parte que haja de pertencer-lhe, poderá ser limitada na conformidade da lei.

Art. 2178.º Todo o com-proprietario tem o direito de constranger os seus consortes a contribuirem para as despezas da conxservação da cousa, ou do direito commum, salvo se estes renunciarem á parte da cousa, que possa pertencer-lhes.

Art. 2179.º O uso e administração da cousa, ou do direito commum, serão regulados pelo que fica disposto nos artigos 1249.º e seguintes.

Art. 2180.º Nenhum com-proprietario será obrigado a permanecer na indivisão, e poderá em todo o tempo requerer partilha, excepto:

1.º Nos casos de casamento ou sociedade, em conformidade das respectivas disposições d'este codigo;

2.º Se a cousa ou o direito for de sua natureza não partivel.

Art. 2181.º A divisão da cousa commum pódre fazer-se amigavelmente, ou por arbitros nomeados a aprazimento das partes, não sendo estas incapazes.

Art. 2182.º No caso de ser feita a divisão por arbitros, estes devem formar as sortes com perfeita igualdade, tanto em relação á quantidade, como em relação á qualidade das cousas, evitando quanto seja possivel, as tornas a dinheiro.

Art. 2183.º Se a cousa não póde ser dividida em substancia, e os consortes não convierem, em que se adjudique a algum d'elles, inteirando-se os outros a dinheiro, será vendida e repartir-se-há o preço.

Art. 2184.º A divisão dos bens immobiliarios é nulla, não sendo feira em escriptura ou auto publico.

Art. 2185.º Os com-proprietarios não podem renunciar o direito de exigir divisão, mas podem convencionar, que a cousa se conserve indivisa por certo espaço de tempo, comtanto que não exceda a cinco annos; será, todavia, licito renovar este praso por nova convenção.

Art. 2186.º O com-proprietario, a quem tocar a cousa commum ou parte d'ella, gosará dos direitos de que gosam os herdeiros na partilha da herança.

III. O Código de Seabra, no domínio do contrato de compra e venda, comportava, ainda, um importante preceito, sobre o direito de preferência dos comproprietários. Dispunha, no seu artigo 1566.º:

Não podem os com-proprietarios de cousa indivisível vender a estranhos a sua respectiva parte, se o consorte a quizer tanto por tanto. O com-proprietario, a quem não se der conhecimento da venda, póde, depositando o preço, haver para si a parte vendida a estranho, contanto que o requeira no prazo de seis mezes.

§ único. Se forem muitos os com-proprietarios, preferirá o que tiver maior parte. Se as partes forem iguaes, haverão todos os consortes, ou os que a quizerem, a parte vendida, feito previamente o deposito do preço.

A redação prestou-se a dúvidas. Assim, o Decreto n.º 19:126, de 16 de dezembro de 1930, que reformou alguns preceitos do Código de Seabra veio, ao transcrito artigo 1566.º, dar a redação seguinte[2153]:

Artigo 1566.º Não podem os comproprietários de cousa indivisível ou indivisa vender a estranhos a sua respectiva parte, se o consorte a quiser tanto por tanto.

§ 1.º O comproprietário, a quem se não der conhecimento da venda, poderá haver para si a parte vendida a estranhos, contanto que o requeira dentro do prazo de seis meses, a contar da data em que tenha conhecimento da venda, depositando, antes de efectuada a entrega, o preço que, segundo as condições do contrato, estiver pago ou vencido.

§ 2.º Havendo mais do que um consorte, observar-se há o disposto nos §§ 4.º e 5.º do artigo 2309.º; mas, se os quinhões forem desiguais e o maior consorte quiser preferir, ser-lhe há adjudicado o respectivo direito, independentemente de licitação.

§ 3.º O direito de preferência, em quaisquer casos, não é prejudicado pelo distrate do respectivo contrato, quer feito extrajudicialmente, quer mediante confissão ou transacção judicial.

§ 4.º O prazo a que se refere o § 1.º deste artigo é extensivo a todos os outros casos de preferência.

IV. No âmbito do Código de Seabra, há a assinalar, para além do comentário de Cunha Gonçalves[2154], o estudo, em dois volumes, de Luís Pinto Coelho (1912-1995)[2155] e o artigo de Manuel Rodrigues (1889-1946)[2156]. A matéria foi estudada, ainda que com falhas no campo comparatístico,

[2153] DG I, n.º 292, d3e 16-dez.-1930, 2434/II.

[2154] *Tratado de Direito civil* cit., XI, n.º 1658 a 1677 (245-309).

[2155] Luís da Câmara Pinto Coelho, *Da compropriedade no Direito português*, 1 (1939), XIII + 221 pp.; e 2 (1943), 302 pp..

[2156] Manuel Rodrigues Júnior, *A compropriedade no Direito civil português*, RLJ 58 (1925), 17-20, 33-36, 49-51, 65-68, 81-83 e 97-99.

designadamente no que toca ao pandectismo e ao Direito alemão. A jurisprudência produzida teve, como fulcro, o direito de preferência.

212. A preparação do Código de 1966

I. Na preparação do Código Civil de 1966, o tema da compropriedade foi entregue a Luís Pinto Coelho. Este Autor apresentou um anteprojeto, em 34 artigos, arrumados em dois capítulos[2157]:

I – Disposições gerais (1.º a 22.º);
II – Disposições aplicáveis na insuficiência do título e na falta de convenção (23.º a 34.º).

O articulado foi acompanhado por anotações, artigo a artigo, publicadas logo a seguir[2158]. São notas extensas e cuidadosas, sem, todavia, assumir o nível de uma investigação dogmática, tipo Vaz Serra. Encontraremos as soluções aí propostas e justificadas a propósito de cada preceito hoje em vigor.

II. Na 1.ª Revisão Ministerial, os 34 artigos de Luís Pinto Coelho foram reduzidos a 12: 1390.º a 1401.º[2159]. Manteve-se a divisão em dois pontos, agora "secções":

I – Disposições gerais (1390.º a 1392.º);
II – Direitos e encargos do proprietário (1393.º a 1401.º).

Verificou-se alguma influência do Código Civil italiano. Relevante foi a inserção dos artigos 1396.º e 1397.º, sobre o direito de preferência e a ação de preferência. Na 2.ª Revisão Ministerial, o capítulo relativo à compropriedade perdeu mais um artigo: o relativo à "situação posterior à divisão" (1401.º, da 1.ª Revisão). A 2.ª Revisão deu, à matéria, a numera-

[2157] Luís da Câmara Pinto Coelho, *Da comunhão de propriedade e da comunhão de outros direitos reais*, BMJ 102 (1961), 181-206.

[2158] Luís da Câmara Pinto Coelho, *Da comunhão de propriedade e da comunhão de outros direitos reais*, BMJ 103 (1961), 155-282; para prevenir confusões, citaremos este escrito como *Da comunhão de propriedade/Notas* e o primeiro, como *Da comunhão de propriedade/Articulado*.

[2159] *1.ª Revisão* cit., 67-71.

ção que ainda hoje conserva: artigos 1403.º a 1413.º[2160]. O Projeto (1403.º a 1413.º) introduziu retoques formais[2161].

III. A peparação do Código Civil não constituiu, na área da compropriedade, um ensejo para investigar a dogmática da comunhão e para testar a valia das soluções oferecidas pelo Direito comparado. Algumas explicações podem ser colhidas no *Código anotado* de Pires de Lima e Antunes Varela[2162].

IV. No termo dos preparatórios, o Código Civil manteve a estruturação proveniente da 1.ª Revisão Ministerial. Em suma:

> Secção I – *Disposições gerais*: noção (1403.º); aplicação das regras da compropriedade a outras formas de comunhão (1404.º); posição dos comproprietários (1405.º);
>
> Secção II – *Direitos e encargos do comproprietário*: uso de coisa comum (1406.º); administração da coisa (1407.º); disposição e oneração de quota (1408.º); direito de preferência (1409.º); ação de preferência (1410.º); benfeitorias necessárias (1411.º); direito de exigir a divisão (1412.º); processo de divisão (1413.º).

O dispositivo relativo à compropriedade, que tem uma aplicação tendencialmente geral (1404.º), deve ser compaginado com as diversas "comunhões" especiais, presentes no Código e noutros diplomas.

2160 *2.ª Revisão* cit., 61-65.

2161 *Projecto* cit., 411-414.

2162 Fernando Pires de Lima/João Antunes Varela, *Código Civil anotado* cit., III, 2.ª ed., 343-390.

§ 49.º COMPROPRIEDADE: DISPOSIÇÕES GERAIS E NATUREZA

213. Noção e natureza

I. Segundo o artigo 1403.º/1,

> Existe propriedade em comum, ou compropriedade, quando duas ou mais pessoas são simultâneamente titulares do direito de propriedade sobre a mesma coisa.

O legislador de 1966 entendeu corrigir:

(1) a noção do Código de Seabra, constante do artigo 2175.º, 2.ª parte: *propriedade commum é a que pertence a duas ou mais pessoas simultaneamente*;
(2) a proposta de Pinto Coelho, no artigo 1.º do seu anteprojeto: *Dá-se comunhão de propriedade, propriedade em comum ou compropriedade quando pertence a duas ou mais pessoas simultaneamente, sobre um mesmo objecto, o complexo dos poderes*[2163] (...)

O papel das definições legais, quando se trate de conceitos pacíficos e, para mais, num Código Civil, é questionável. Por regra, trata-se de normas de enquadramento, sem papel prescritivo. No caso presente, todavia, temos uma anomalia: os autores materiais do Código vieram a público explicar que a "noção legal" de compropriedade visava resolver, num certo sentido, a discussão académica sobre a natureza da compropriedade[2164]. Tanto basta para que, a propósito do transcrito artigo 1403.º/1, se justifique analisar o tema da natureza da comunhão.

[2163] Luís Pinto Coelho, *Da comunhão/Articulado* cit., 181.

[2164] Fernando Pires de Lima/João Antunes Varela, *Código Civil anotado* cit., III, 2.ª ed., 344.

II. Antes de ponderar a natureza da comunhão, cumpre ultrapassar três questões prejudiciais. São elas:

(1) afastamos a pretensa consagração legal da unicidade do direito, com pluralidade de sujeitos: não se vê que caiba, ao legislador, abandonar a sua função constitucional de legislar, para vestir os trajes académicos e teorizar;
(2) afastamos o aproveitamento de troços desgarrados, de autores diversos, onde eles afirmem a existência de um direito com vários sujeitos: isso sucede por meras razões de estilo, sem representar uma opção científica assumida; por exemplo, é óbvio que a teoria da vontade, quanto ao direito subjetivo, não convive com a tese da unicidade; a vontade é individual, havendo tantas vontades quantos os sujeitos; recorde-se que, para Savigny, a própria personalidade coletiva era uma ficção;
(3) afastamos a ultrapassagem do problema através da contagem dos autores que defendam uma ou outra posição; as boas teorias são válidas, mesmo quando a maioria as rejeita: recorde-se o *e pur si muove*, de Galileu.

III. Em breve síntese, podemos apontar, para a natureza jurídica da comunhão, quatro teses[2165]: (1) teoria da titularidade de quotas ou partes intelectuais da coisa comum; (2) a teoria da personalidade coletiva; (3) a teoria do direito único, com vários sujeitos; (4) a teoria dos vários direitos sobre a mesma coisa. Vamos ver.

A teoria da titularidade a partes intelectuais da coisa ou teoria clássica, foi defendida, entre nós, designadamente, por Guilherme Moreira[2166], por Manuel Rodrigues[2167], por Cunha Gonçalves[2168] e por Carlos Mota Pinto[2169]. Esta orientação apoia-se em autores italianos

[2165] Mantém toda a atualidade o exame de Luís Pinto Coelho, *Da compropriedade no Direito civil português* cit., 1, 35-136; *vide* Lino Salis, *La comunione* cit., 1-18.

[2166] Guilherme Moreira, *Instituições de Direito civil* cit., III, 4 128 (59-60).

[2167] Manuel Rodrigues, *A compropriedade* cit., 20.

[2168] Luís da Cunha Gonçalves, *Tratado de Direito civil* cit., XI, n.º 1659 (249), ainda que, depois, proceda a algumas especificidades.

[2169] Carlos Mota Pinto, *Direitos reais* (1971), 256; *idem*, *Compropriedade, propriedade horizontal, direito de superfície, servidões prediais, usufruto, uso e habitação*, sep. RDES 1977, 96.

(Bonelli[2170]), franceses (Planiol[2171] e Josserand[2172]) e alemães (Dernburg[2173]). Esta tese não pode ser rejeitada de ânimo leve. Em certos tipos de comunhão – pense-se na hereditariedade ou na dos bens comuns do casal – afigura-se quimérico pretender descobrir tantos direitos (com um titular único ou com vários, por cada direito) quantas as coisas, os créditos ou os bens intelectuais, como exemplos. Há um direito global – ideal, se se preferir – à herança ou a parte dela[2174]. O aprofundamento da matéria levaria a pôr em causa uma noção unitária de comunhão. No que toca à compropriedade, o problema é diverso. Os direitos reais, na tradição pandectística, acolhida entre nós e que sedimenta toda a dogmática da disciplina, só recaem sobre coisas corpóreas. Admiti-los sobre quotas ideais obrigaria a perguntar quem, afinal, tem direito sobre a coisa e, ainda, como explicar direitos reais sobre realidades intelectuais. Do ponto de vista prático – os teóricos das "quotas ideais" acabam por ignorar essa particularidade quando expõem a matéria – a teoria não funciona. E na vertente da construção dogmática, ela só complica.

IV. A teoria da personalidade coletiva entende que, pelo jogo dos conceitos em presença há, na compropriedade, um único sujeito e um único direito. O "sujeito" corresponde à coletividade dos participantes, distinta destes. Em suma, teríamos, aqui, uma pessoa coletiva. Propugnada pelo suíço Vogt (1829-1901)[2175] e defendida, em Itália, por autores como Luz-

[2170] Gustavo Bonelli, *I concetti di comunione e di personalità nella teorica delle società commerciali*, RDComm I (1903) I, 285-328 (295 ss.).

[2171] Marcel Planiol, *Traité élémentaire de Droit civil* cit., I, 3.ª ed., n.º 2497 (798).

[2172] Louis Josserand, *Cours de Droit civil* cit., 1, 2.ª ed., n.º 1787 (923).

[2173] Heinrich Dernburg/Johannes Biermann, *Pandekten* cit., 1, 7.ª ed., § 195 (424). Reportando-se ao *Miteigentum*, diz Dernburg:

> É impossível uma propriedade exclusivista de várias pessoas sobre a mesma coisa, na sua totalidade – *plurium dominium in solidum*. Mas é possível e frequente a compropriedade sobre partes ideais – *pro partibus indivisis*.

Dernburg cita diversas outras doutrinas, da época.

[2174] Assim, RPt 4-out.-2021 (Augusto de Carvalho), Proc. 5773/19.

[2175] Gustav Vogt, *Zur Theorie der Handelsgesellschaft, insbesonder der Aktiengesellschaft*, ZHR 1 (1858), 477-539 (489): o Autor critica a teoria das "partes ideais" e defende uma comunidade fechada com uma unidade de vontade.

zatto[2176], Carnelutti[2177] e Dossetto[2178], esta orientação não é ilógica. Ela poderia mesmo ser reforçada pela atual tendência de admitir personalidades "parcelares" ou pessoas coletivas rudimentares, isto é, pessoas cuja personalidade operaria, apenas, em certos campos, como o da chamada personalidade judiciária[2179]. No plano europeu, a Lei alemã de modernização do Direito das sociedades de 2021, que veio admitir a personalidade coletiva das sociedades civis puras, mediante um certo formalismo[2180], acentua a natureza formalística da personalidade coletiva: esta surge mediante a observância de um procedimento burocrático, sem necessidade de qualquer substrato. Acentua-se, assim, o interesse de aprofundar a personalidade rudimentar: um substrato, ainda que sem formalismo. A aproximação entre a comunhão e a personalidade rudimentar afigura-se fecunda, sempre que o regime o justifique. Assim sucede, com a comunhão hereditária. Com a compropriedade simples, o Direito – num ponto a sindicar – lida com os titulares individuais, sem recorrer ao modo coletivo. Por isso não acolhemos, aqui, essa orientação.

V. A teoria do direito único com vários titulares tem poderosos defensores. Foi essa a opção de Pires de Lima, sufragada por Antunes Varela[2181] e por Henrique Mesquita[2182] e, depois de um período de pousio, retomada por Santos Justo[2183], por Elsa Vaz de Sequeira[2184] e por Menezes Lei-

[2176] Ruggero Luzzatto, *La comproprietà nel diritto italiano* (1908), XI + 168 pp., 17-19, sublinhando o relevo das deliberações maioritárias. Ruggero Luzzato, *La comproprietà nel diritto italiano / Nuovi studii* (1909), 110 pp., 3 ss., enfoca as obrigações do condomínio.

[2177] Francesco Carnelutti, *Personalità giuridica e autonomia patrimoniale nella società e nella comunione*, RDComm XI (1913), I, 86-127 (100 ss.).

[2178] Mario Dossetto, *Comunione (diritto civile)*, NssDI III (1959), 857-878 (859-860).

[2179] *Tratado*, IV, 5.ª ed., 661 ss..

[2180] *Vide* o nosso *A lei alemã de modernização do Direito das sociedades de pessoas de 2021*, RDS 2022, 9-22.

[2181] Pires de Lima/Antunes Varela, *Código civil anotado* cit., II, 2.ª ed., 344 e *passim*.

[2182] Henrique Mesquita, *Direitos Reais* cit., 246. Este saudoso Autor colaborou no *Código anotado* referido na nota anterior.

[2183] António Santos Justo, *Direitos Reais* cit., 7.ª ed., 348.

[2184] Elsa Vaz de Sequeira, *Da contitularidade* cit., 490 e *passim*. Desta Autora *vide*, ainda: *Da distinção entre contitularidade de direitos e concorrência de direitos*, Est. Bernardo Xavier II (2015), 39-70 (59 ss.); *idem*, *Contitularidade de direitos: noção e efeitos*, ROA 2015, 859-893 (873 ss.); *idem*, *Compropriedade: uso e administração da coisa comum*, em Elsa Vaz de Sequeira/Fernando Oliveira e Sá (org.), *Código Civil/Edição*

tão[2185]. Tem apoios na doutrina alemã, onde a vizinhança da mão-comum pressiona nesse sentido[2186]. Temos alguma dificuldade em reconstituir a argumentação de fundo. No essencial, ela centra-se em três pontos: (1) a crítica à teoria clássica e à da personalidade coletiva; (2) o apoio dado pela letra do artigo 1403.º; (3) o alegado ilogismo da teoria da pluralidade de direitos. Sufragamos o primeiro ponto; desvalorizamos o segundo (a Lei comanda mas não teoriza)[2187]; rebatemos o terceiro. Todas as teorias são possíveis, dependendo muito de simpatias iniciais e de arranjos literários. Temos, todavia, de as testar, à luz do Direito positivo e, depois, à luz do sistema jurídico.

214. **A pluralidade de direitos sobre a coisa**

I. A teoria da pluralidade de direitos de propriedade sobre a coisa-objeto afigura-se a orientação mais correta, para explicar a compropriedade. Admitimos que as situações mais próximas da mão-comum, com a comunhão conjugal e a comunhão hereditária, possam jogar com outras explicações. Atemo-nos, agora, à propriedade.

II. Numa situação de compropriedade, há faculdades que tanto poderiam ser explicadas pela teoria unitária, como pela teoria pluralista. Assim:

(1) a administração da coisa, quando coletiva (1407.º/1 e 2);
(2) a disposição e a oneração da quota (1408.º);
(3) o regime das "benfeitorias" (1411.º).

Mais especificamente, no tocante à pluralidade: o facto de se prever uma administração conjunta não a prejudica; pense-se na propriedade horizontal: a disposição e a oneração da quota poder ser havida como uma

comemorativa do cinquentenário (2017), 501-524 (503 ss.); *idem*, UCP/*Comentário ao Código Civil* (2021), art. 1403.º, anot. 4 (380).

[2185] Luís Menezes Leitão, *Direitos Reais* cit., 9.ª ed., 227.

[2186] Na presente edição, não expomos a vertente da doutrina alemã: obrigaria a examinar dezenas de obras, em geral mal adaptadas ao nosso Direito das coisas.

[2187] De resto, o artigo 1403.º/2 fala nos "direitos dos consortes ou comproprietários sobre a coisa comum" …

oneração ou disposição do direito onerado pelos seus congéneres; o regime das benfeitorias é neutro.

III. Temos, depois, faculdades que melhor se enquadram na teoria pluralista. Se singrar a unitária, temos, à cabeça de um único direito, várias pessoas. Mas se assim for, apenas conjuntamente se podem exercer as prerrogativas do domínio sob pena de devermos apurar direitos – verdadeiros direitos! – de cada um. Ora:

(1) cada comproprietário pode reivindicar, sozinho, a coisa (1405.º/1);
(2) cada comproprietário tem o uso de toda a coisa, desde que respeite o fim da coisa e os direitos dos demais (1406.º): o direito ao uso é individual, conquanto que limitado;
(3) cada comproprietário tem o direito de preferência (1409.º e 1410.º): um direito claramente individual;
(4) cada comproprietário tem o direito de renúncia: individual, por definição;
(5) cada comproprietário tem o direito, naturalmente individual, de pedir a divisão (1412.º).

IV. O regime da compropriedade é mais límpido admitindo direitos individuais dos consortes. Estes são livres de tomar diversas opções, ainda que limitadas. Dizer que não têm, cada um deles, o seu direito, dificulta o entendimento do regime. E daqui passamos ao sistema. Recorde-se que cada comproprietário decide, individual e livremente: (a) se reivindica a coisa; (b) se a usa e como o faz; (c) se exerce o direito de preferência; (d) se renuncia à sua posição, (e) se pede a divisão.

Com isso, satisfaz-se, no plano do Direito subjetivo: (1) a teoria da vontade (Savigny): cada comproprietário tem a sua; (2) a teoria do interesse: cada comproprietário tem os seus, que podem não coincidir com os dos outros; (3) a teoria da defesa: cada um exerce-a, ou não; (4) a teoria lógico-formal: cada um dispõe de uma permissão normativa específica de aproveitamento.

A pluralidade de direitos coloca os diversos comproprietários numa situação de conflito: agora, paralelo. O Direito prevê uma série de relações jurídicas, trabalhadas por Oliveira Ascensão, para ultrapassar o conflito. Toda esta técnica, elaborada e sedimentada há mais de sessenta anos, não se deve perder pelo gosto da controvérsia.

Construir uma teoria de direito subjetivo pluripessoal levar-nos-ia às fronteiras da personalidade coletiva. Guarino refere, a tal propósito, um *monstrum*, do ponto de vista da lógica geral[2188].

V. O reclamado plano axiológico também joga a favor da pluralidade. O direito subjetivo é, por excelência, o espaço de liberdade de cada um. Para coletivismos, há outros instrumentos. Na compropriedade, mantém-se essa perspetiva. Cada consorte é livre e assim deve permanecer. Há restrições. Mas isso não é drama: todo o Direito implica compromissos.

VI. A teoria da pluralidade de direitos teve, em Itália, seguidores importantes como Scialoja[2189], Salis[2190] e Guarino[2191]. Entre nós, ela é defendida por Luís Pinto Coelho[2192], por Oliveira Ascensão[2193], por nós, desde o início[2194], por Carvalho Fernandes[2195], por Henrique Sousa Antunes[2196], por José Alberto Vieira[2197] e por Bonifácio Ramos[2198]. Afigura-se que ela corresponde melhor às exigências práticas, sistemáticas e axiológicas dos nossos dias. Perante uma sociedade cada vez mais invasiva, o direito subjetivo, bem centrado na propriedade, é um valor a defender. Contra ele não se pode invocar a exclusividade e a plenitude da propriedade: a exclusividade significa, apenas, que a propriedade, ao contrário dos outros direitos reais, não postula, necessariamente, outro direito a seu lado: mas admite-o[2199]; a plenitude implica, tão-só, que na ausência de limitações e de restrições, o espaço do proprietário vai até à fronteira do juridicamente possível[2200]. A nua-propriedade, no usufruto, é mais onerada do que

[2188] Antonio Guarino, *Comunione (diritto romano)* cit., 233/I.

[2189] Vittorio Scialoja, *Teoria della proprietà nel diritto romano* cit., 1, 432.

[2190] Lino Salis, *La comunione* cit., 14-17.

[2191] Antonio Guarino, *Comunione (diritto romano)* cit., 250-251.

[2192] Luís Pinto Coelho, *Da compropriedade* cit., 120-136.

[2193] José de Oliveira Ascensão, *Direito civil/Reais* cit., 5.ª ed., n.º 128 (271).

[2194] *Direitos Reais*, 618-620.

[2195] Luís A. Carvalho Fernandes, *Direitos Reais* cit., 6.ª ed., 353 ss., n.º 181 (354-355).

[2196] Henrique Sousa Antunes, *Direitos Reais* cit., 163, acentuando a individualidade do direito a exigir a divisão.

[2197] José Alberto Vieira, *Direitos Reais* cit., 3.ª ed., 362-363.

[2198] José Luís Bonifácio Ramos, *Direitos Reais* cit., 2.ª ed., 439.

[2199] *Supra*, n.º 25, III.

[2200] *Supra*, 25, II.

o direito do comproprietário. Mau grado essa oneração, ela não será exclusiva e plena? A resposta é seguramente afirmativa: ou não seria propriedade. Essas prerrogativas têm o significado jurídico que se lhes conhece: não devemos miscegenizá-lo com o sentido corrente, próprio de leigos.

215. A presunção de igualdade e o relevo prático

I. O artigo 1403.º/2 dispõe:

> Os direitos dos consortes ou comproprietários sobre a coisa comum são qualitativamente iguais, embora possam ser quantitativamente diferentes; as quotas presumem-se, todavia, quantitativamente iguais na falta de indicação em contrário do título constitutivo.

A presunção de igualdade advém do artigo 23.º do anteprojeto de Pinto Coelho[2201]. Este Autor sublinha que, no Código de Seabra, não havia tal disposição. Pelo contrário, ela consta do artigo 674.º do Código Civil italiano de 1865 e do 1101.º do de 1942[2202]. A 1.ª Revisão Ministerial, no seu artigo 1390.º, acolheu esse preceito, mas como n.º 2, a seguir à noção de compropriedade[2203]: uma orientação que transitou para o artigo 1403.º/2 da 2.ª Revisão[2204] e para o idêntico preceito do Projeto[2205].

II. A presunção da 2.ª parte do artigo 1403.º/2 é meramente *iuris tantum*. Pode ser afastada por prova em contrário (350.º/2). Em paralelo, as "quotas" são qualitativamente iguais: se o não fossem, estaríamos em face ou de direitos reais menores (por exemplo: nua propriedade e usufruto) ou de direitos reais *sui generis*, vedados pela tipicidade. Pode haver desigualdade quantitativa: uma quota de 1/3 e outra de 2/3, como exemplo, mas sempre de propriedade.

A presunção de igualdade das quotas serve dois propósitos:

[2201] Luís Pinto Coelho, *Da comunhão (articulado)* cit., 198.

[2202] *Idem, Da comunhão (justificação)* cit., 241-242.

[2203] *1.ª Revisão* cit., 67.

[2204] *2.ª Revisão* cit., 61.

[2205] *Projecto* cit., 411.

(1) integra o princípio da igualdade, o qual é, sempre, válido, em Direito;
(2) corresponde à maioria das situações: quando nada se diga, há situações igualitárias.

III. O relevo prático da compropriedade liga-se, desde logo, ao artigo 1404.º: as regras da compropriedade são aplicáveis, com as necessárias adaptações, à comunhão de quaisquer outros direitos, salvo normas diversas. Já referimos a existência de regras especiais, designadamente quanto à comunhão decorrente dos regimes de bens no casamento e à comunhão de herdeiros. Para além disso, o dispositivo da compropriedade deve estar sempre presente.

IV. A compropriedade tem assumido, nas duas últimas décadas, um papel ampliado pela multiplicação das uniões de facto. Estas, designadamente quando se trate de adquirir casa de habitação, levam os unidos a comprar, em conjunto, o local de que necessitem. Ocorrem problemas quando optem por colocar o local em nome de apenas um deles e ambos contribuam para a amortização de empréstimos e outros encargos ou quando, na aquisição, um deles pague mais de metade do preço. Terminada a união, há que resolver. O regime da comunhão de bens no casamento é mais justo: se um dos membros da união fica em casa, a tratar dos filhos e o outro trabalha, ambos deveriam ter direito à casa. Cabe aos parlamentos ponderar este e outros problemas. Quebrando as cortinas do politicamente correto, o País real diz-nos que a união de facto é, em regra, desfavorável para a mulher. Há que estudar o terreno e fazer as reformas adequadas.

216. Posição dos comproprietários (1405.º)

I. Segundo o artigo 1405.º/1:

> Os comproprietários exercem, em conjunto, todos os direitos que pertencem ao proprietário singular; separadamente, participam nas vantagens e encargos da coisa, em proporção das suas quotas e nos termos dos artigos seguintes.

O preceito adveio do artigo 2176.º, 2.ª parte, do Código de Seabra, tendo desconsiderado o anteprojeto de Pinto Coelho, cujo artigo 24.º apenas se referia ao proveitos do objeto comum[2206]. Vários outros preceitos do anteprojeto Pinto Coelho poderiam ser referidos, quanto à génese do artigo 1405.º/1[2207]. A 1.ª Revisão Ministerial, no seu artigo 1392.º, cortou cerce a iniciativa de Pinto Coelho, com um texto praticamente igual ao definitivo[2208]: o artigo 1405.º da 2.ª Revisão acolheu integralmente o texto da 1.ª[2209] o qual passou ao artigo 1405.º do Projeto[2210] e, daí, ao texto definitivo.

II. O artigo 1405.º/1, tomado à letra, afigura-se intrinsecamente contraditório: a sua 1.ª parte diz que os comproprietários exercem, "em conjunto", "todos os direitos que pertencem ao proprietário singular" para, de seguida, dizer que "separadamente, participam nas vantagens da coisa". Pinto Coelho pensou defender a sua construção da compropriedade como uma pluralidade de direitos (a tese pluralista), enquanto Pires de Lima procurou, na lei, consagrar a sua ideia contrária (a tese unitária). A feitura de Leis não é palco para debates académicos. Mas um ponto é certo: o desfrute de uma coisa corpórea sujeita a apropriação privada é, sempre, individual. E assim, o artigo 1405.º/1 começa com uma afirmação (exercício conjunto) para, de seguida, dizer o contrário (aproveitamento individual).

III. Há que conciliar. Em conjunto, os comproprietários exercem, efetivamente, todos os "direitos" que cabem a um proprietário singular. Assim é, mesmo quando não seja necessária a intervenção de todos[2211]. Mas de seguida, o próprio Código, a começar pelo artigo 1405.º/1, 2.ª parte, vai indicar que faculdades cabem ao comproprietário isolado. Os encargos são repartidos, na proporção das quotas respetivas.

IV. O artigo 1405.º/2 permite que cada consorte reivindique, sozinho, de terceiro, a coisa comum, sem problema de ilegitimidade[2212]. Quanto

[2206] Luís Pinto Coelho, *Da comunhão (articulado)* cit., 199; *idem*, *Da comunhão (justificação)* cit., 242-243, explicando que a comunhão repele a ideia de um fracionamento entre os consortes.

[2207] *Vide* Jacinto Rodrigues Bastos, *Direito das coisas* cit., II, 144-145.

[2208] *1.ª Revisão* cit., 68.

[2209] *2.ª Revisão* cit., 61-62.

[2210] *Projecto* cit., 411.

[2211] RLx 8-nov.-2007 (Ana Paula Boularot), Proc. 3844/2007-2.

[2212] STJ 24-abr.-1996 (Mário Cancela), Proc. 088107; STJ 11-abr.-2019 (António Joaquim Piçarra), Proc. 204/13.

a outras ações, há que ponderar caso a caso. O artigo 1405.º/2 permite a reivindicação isolada: de outro modo, um comproprietário, por razões obscuras, poderia bloquear a faculdade básica da propriedade. E noutras ações? A jurisprudência dá algumas luzes. Assim:

- o comproprietário não pode, sozinho, agir numa ação relativa à validade de contratos[2213];
- não existe litisconsórcio necessário entre os comproprietários de um prédio que pretendam exigir indemnização por danos causados naquele, pela construção de um imóvel contíguo[2214];
- o comproprietário pode, sozinho, deduzir embargos de terceiro, por interpretação extensiva do artigo 1405.º/2[2215];
- o arrendamento de um prédio indiviso, celebrado por um dos comproprietários, é ineficaz em relação aos demais que, no contrato não tenham intervindo, enquanto não ratificarem[2216];
- o comproprietário pode exigir de terceiro a totalidade da indemnização por dano causado por este na coisa em compropriedade[2217].

Podemos, desta amostragem, retirar princípios atuantes. Assim:

(1) o artigo 1405.º/2, por interpretação extensiva, permite, além da reivindicação, mover, sem litisconsórcio necessário de todos os comproprietários, ações ligadas à defesa da propriedade e, em especial, ações de indemnização;
(2) mas já não faculta legitimidade para atuações contratuais que transcendam a quota do interessado.

[2213] REv 28-abr.-1994 (Matos Canas), BMJ 436 (1994), 469 (o sumário).
[2214] STJ 27-jun.-1995 (Ramiro Vidigal), BMJ 448 (1995), 309-313 (311-312).
[2215] STJ 28-fev.-2002 (Ribeiro Coelho), Proc. 02A3263.
[2216] STJ 22-set.-2005 (Pereira da Silva), Proc. 04B4641.
[2217] STJ 13-set.-2007 (João Bernardo), Proc. 07B1860.

§ 50.º DIREITOS E ENCARGOS DO COMPROPRIETÁRIO

217. Uso da coisa comum (1406.º)

I. O artigo 1406.º dispõe:

> 1. Na falta de acordo sobre o uso da coisa comum, a qualquer dos comproprietários é lícito servir-se dela, contanto que a não empregue para fim diferente daquele a que a coisa se destina e não prive os outros consortes do uso a que igualmente têm direito.
>
> 2. O uso da coisa comum por um dos comproprietários não constitui posse exclusiva ou posse de quota superior à dele, salvo se tiver havido inversão do título.

Faz-se remontar este preceito ao artigo 2179.º do Código de Seabra. Todavia, este preceito limitava-se a remeter para os artigos 1249.º e seguintes, relativos à sociedade particular. O artigo 25.º do anteprojeto Pinto Coelho reportou-se ao uso do objeto comum[2218], embora com um formato diferente. Na realidade, como fonte do artigo 1406.º/1, operou o artigo 1102.º do Código Civil italiano, 1.ª parte[2219]. Este preceito foi traduzido à letra pelo artigo 1393.º da 1.ª Revisão Ministerial[2220], com redação definitiva no artigo 1406.º da 2.ª Revisão[2221].

II. Um acordo relativo ao uso da coisa comum é sempre possível. Terá natureza meramente obrigacional, apenas vinculando os comunheiros que

[2218] Luís Pinto Coelho, *Da comunhão (articulado)* cit., 199; *idem*, *Da comunhão (justificação)* cit., 245-251.

[2219] Claudia Patti, em Massimo Franzoni/Rita Rolli, *Codice civile commentato* cit., I, art. 1102 (1450-1452).

[2220] *1.ª Revisão* cit., 68.

[2221] *2.ª Revisão* cit., 62; *vide* o *Projecto* cit., 412.

o celebrem. Se, no âmbito desse acordo, o comproprietário beneficiário pagar uma retribuição, não há arrendamento[2222].

O uso que cabe a cada comunheiro é integral: envolve a totalidade das potencialidades da coisa, em termos de utilização. Não pode, daqui, operar uma "divisão" da coisa: enquanto se mantiver a compropriedade, todos têm direito a "tudo"[2223]. Todavia, ocorrem duas restrições[2224]:

(1) deve ser respeitado o fim a que a coisa se destina; havendo vários fins, cada comunheiro pode escolher o seu;
(2) nenhum dos comproprietários pode ser privado desse mesmo uso; como conciliação, pode recorrer-se à calendarização do uso.

Na hipótese de os comunheiros não se entenderem quanto ao uso comum e não sendo possível formar maioria, o tribunal decide, segundo a equidade, por aplicação do artigo 1407.º/2[2225].

III. O artigo 1406.º/2 determina que o uso da coisa por um comproprietário não implique uma posse que exceda o âmbito da sua quota: salvo inversão do título[2226]. Podemos aprofundar: o comunheiro, agindo como tal sobre a totalidade da coisa, fá-lo *nomine proprio*, no âmbito da sua quota e *nomine alieno*, no das outras. Pode adquirir a coisa por usucapião, para si e para os demais.

218. **Administração da coisa (1407.º)**

I. O artigo 1407.º dispõe sobre a administração da coisa. Fá-lo nos termos seguintes:

[2222] RLx 2-out.-2008 (Ana Luísa Geraldes), CJ XXXIII (2008) 4, 103-106 (105).

[2223] STJ 15-fev.-2007 (Bettencourt de Faria), Proc. 06B4630.

[2224] RGm 24-mar.-2022 (Ana Cristina Duarte), Proc. 2924/20; RLx 26-mai.-2022 (Nelson Borges Carneiro), Proc. 12883/21.

[2225] Assim o caso decidido em STJ 27-set.-2018 (Maria da Graça Trigo), Proc. 10808/14.

[2226] STJ 25-jun.-2015 (Abrantes Geraldes), Proc. 17933/12; em STJ 19-set.-2013 (Granja da Fonseca), Rev. 433/2001, *Sumários do STJ/Cível* 2013, 556, indicam-se elementos integrativos da inversão, numa linha de exigência.

1. É aplicável aos comproprietários, com as necessárias adaptações, o disposto no artigo 985.º; para que haja, porém, a maioria dos consortes exigida por lei, é necessário que eles representem, pelo menos, metade do valor total das quotas.

2. Quando não seja possível formar a maioria legal, a qualquer dos consortes é lícito recorrer ao tribunal, que decidirá segundo juízos de equidade.

3. Os atos realizados pelo comproprietário contra a oposição da maioria legal dos consortes são anuláveis e tornam o autor responsável pelo prejuízo a que der causa.

A remissão, no tocante à administração da coisa comum, para o regime das sociedades civis vinha já do artigo 2179.º do Código de Seabra. O anteprojeto Pinto Coelho, elaborado num momento em que ainda não havia – ou não era conhecido – o texto relativo às sociedades, desenvolvia largamente a administração da coisa comum: artigos 28.º a 32.º, de considerável extinção (vinte e um números)[2227].

II. O legislador, logo no artigo 1394.º da 1.ª Revisão Ministerial[2228], simplificou radicalmente a matéria. Afastando-se de outros modelos, mais complexos e até atreitos a dúvidas, como o do Código italiano[2229], veio manter a linha de Seabra: a remissão para as regras da administração das sociedades civis sob forma civil ou sociedades civis puras (Paulo Cunha). Com poucos retoques, o preceito passou ao artigo 1407.º da 2.ª Revisão[2230] e ao Projeto[2231].

III. Na sequência da evolução reportada, o artigo 1407.º/1, 1.ª parte, remete para o artigo 985.º. A administração das sociedades abrange duas grandes áreas[2232]: o poder de gestão e o poder de administração. Trata-se de posições potestativas funcionais, conferidas aos administradores: a gestão implica a prática de todos os atos, materiais e jurídicos, necessários para

[2227] Luís Pinto Coelho, *Da comunhão (articulado)* cit., 201-205; *idem*, *Da comunhão (justificação)* cit., 254-280.

[2228] *1.ª Revisão* cit., 68-69.

[2229] Fernando Pires de Lima/João Antunes Varela, *Código civil anotado* cit., III, 2.ª ed., 362-363.

[2230] *2.ª Revisão* cit., 62-63

[2231] *Projecto* cit. (1407.º), 412.

[2232] *Tratado*, XI, 537-538; maiores desenvolvimentos, *Direito das sociedades*, I, 5.ª ed. (2022), 753 ss. (758 ss. e 761 ss.).

o desempenho da sociedade; a representação faculta atos praticados em nome da sociedade, cujos efeitos vão ocorrer na esfera desta. A remissão para o artigo 985.º não pode deixar de atender aos fatores que o circundam: sem eles, esse preceito ficará uma ilha isolada, com escassa capacidade de interpretação.

IV. A administração das sociedades civis é confiada à autonomia privada. O contrato social pode estipular as soluções que as partes entendam sufragar. E pode, inclusive, confiar a administração da sociedade a terceiros que não sejam sócios: uma situação que vem, de resto, referida no artigo 997.º/3, do Código Civil. Apenas na falta de convenção haverá que recorrer ao artigo 985.º, expressamente assumido como supletivo. Este aspeto aplica-se à compropriedade: a remissão para o artigo 985.º é supletiva[2233]. Posto isto, as regras a aplicar, no silêncio das partes, são as seguintes:

(1) todos os comproprietários têm igual poder para administrar – 985.º/1: trata-se de uma administração disjunta, uma vez que os inerentes poderes não têm de ser exercidos conjuntamente; antes podem sê-lo em separado[2234];
(2) cabendo a administração a todos ou a alguns dos comproprietários, qualquer um deles tem o direito de se opor ao ato que o outro pretenda realizar; cabe, então, à maioria decidir sobre o mérito da oposição; quer isso dizer que, havendo oposição, a administração passa a ser conjunta, envolvendo todos os comunheiros – 985.º/2[2235];
(3) quando o acordo firme uma regra de administração conjunta, deve entender-se, "na dúvida", que ela opera por maioria – 985.º/3; como alternativa, pode resultar, do contrato, uma regra de unanimidade;

[2233] STJ 9-mar.-2021 (Maria Clara Sotto Mayor), Proc. 26213/17.

[2234] RLx 9-set.-2019 (Pedro Brighton), Proc. 4517/16.7.

[2235] Tal como está redigida, a lei só permite a oposição em relação a um ato que o administrador atuante pretenda realizar. Não cabe qualquer oposição, perante um ato já realizado. A oposição ao ato deve chegar ao poder do administrador atuante ou dele ser conhecida, antes da consumação do ato, nos termos gerais dos atos recipiendos – artigo 224.º. Todavia, deve ficar entendido que o administrador que saiba da oposição plausível de ato, deve abster-se da sua prática, antes procurando o assentimento da maioria dos seus consortes: é uma exigência da boa-fé.

(4) ainda a título supletivo, a "maioria" exige, aqui, mais de metade dos sufrágios dos administradores (maioria pessoal) – 985.º/4; ficam, pois, afastadas maiorias relativas – inferiores a 50% – ou maiorias qualificadas; ficam, de igual modo, afastadas maiorias não-pessoais, em que, na base do capital detido ou de quaisquer outros fatores, o voto não seja igualitário; esta regra é, pelo artigo 1407.º/1, 2.ª parte, derrogada quanto à administração da coisa comum: a maioria dos consortes exige que "representem" (detenham), pelo menos, metade do valor total das quotas (maioria real);

(5) não sendo possível formar uma maioria legal, qualquer dos consortes pode recorrer ao tribunal, que decide segundo juízos de equidade;

(6) para reuniões de consortes, há que fazer convocatórias com antecedência razoável[2236];

(7) independentemente das situações contratualmente fixadas e, designadamente, de se ter combinado que, para a administração em geral ou para determinada categoria de atos, seja necessário o assentimento de todos os administradores ou da maioria deles, a qualquer comproprietário é lícito praticar os atos de administração urgentes destinados a evitar, à coisa comum, um maior dano – 985.º/5, do Código Civil[2237];

(8) os atos praticados pelo comproprietário contra a oposição da maioria legal dos consortes são anuláveis e tornam o autor responsável pelos danos (1407.º/3); todavia, essa regra deveria sofrer um desvio, em face de terceiros de boa-fé: uma regra própria do Direito das sociedades.

V. Sendo um dos consortes designado administrador, ou assumindo algum (ou alguns) deles essa qualidade, surgem direitos e deveres. Cabe apelar ao artigo 987.º, que remete para o regime do mandato.

No tocante às obrigações do administrador e na base do artigo 1161.º (obrigações do mandatário), ele deverá:

[2236] STJ 4-abr.-2006 (Fernandes Magalhães), CJ/Supremo XIV (2006) 2, 31-33.
[2237] STJ 12-nov.-2020 (Nuno Pinto Oliveira), Proc. 7984/09.

a) Praticar os atos próprios da sua posição, segundo as instruções dos consortes;
b) Prestar aos consortes as informações que eles lhes peçam;
c) Comunicar aos consortes a execução do seu mandato ou, se o não tiver feito, a razão por que assim procedeu;
d) Prestar contas, no fim do mandato ou quando lhe sejam exigidas; infere-se do artigo 988.º/2 que tais contas são prestadas anualmente, no fim de cada ano civil[2238];
e) Entregar aos consortes o que recebeu em execução do mandato ou no seu exercício.

Além disso, ele dispõe do *ius variandi* referido no artigo 1162.º, valendo o artigo 1163.º, do mesmo diploma, quanto à aprovação do mandato[2239].

A matéria dos direitos do administrador infere-se dos artigos 1167.º e seguintes, do Código Civil. Assim, cabe-lhe:

a) Receber dos consortes os meios necessários à execução do mandato;
b) Receber a retribuição, caso a haja;
c) Receber o reembolso de despesas justificadas, com juros;
d) Receber a indemnização do prejuízo recebido em consequência do mandato, mesmo que os consortes não tenham culpa.

Quando a sociedade não cumpra os deveres que decorram, para ela, da referida alínea *a*), pode o administrador abster-se das suas funções: artigo 1168.º, do Código Civil.

Os administradores podem ser responsabilizados pelos seus atos ou omissões. Trata-se de matéria complexa, no domínio das sociedades comerciais[2240]. No tocante às civis, a lei atribui a cada sócio o direito de responsabilizar os administradores – 987.º/2.

VI. Numa situação de compropriedade, quando um consorte pratique atos eficazes, estes vinculam os demais. Há representação. A sociedade civil pura é representada, em juízo e fora dele, pelos seus administradores – artigo 996.º/1:

2238 RLx 23-mai.-1996 (António Abranches Martins), BMJ 457 (1996), 428 (o sumário).

2239 *Tratado*, XII, 574-577.

2240 *Direito das sociedades* 1, 5.ª ed., 867 ss..

(1) de acordo com o que resulte do contrato;
(2) segundo as regras fixadas no artigo 985.º, relativas ao próprio exercício da administração.

Trata-se de uma representação orgânica, à qual haverá que aplicar, na medida em que exista analogia e com as adaptações necessárias, as regras da representação voluntária. A lei preocupa-se, depois, com a proteção dos terceiros que contratem com a sociedade. Assim, as deliberações sobre a extinção ou modificação dos poderes dos administradores não são oponíveis a terceiros de boa-fé, ou seja: a terceiros que, sem culpa, as ignoravam ao tempo em que contrataram com a sociedade – 996.º/2. Acrescenta a lei que se considera culposa a ignorância se, à deliberação, foi dada publicidade conveniente. Nas sociedades anónimas, como parece razoável, a tutela conferida aos terceiros vai mais longe: não basta, para provar o conhecimento que eles tenham das limitações de poderes dos administradores, a mera publicidade dada ao contrato de sociedade – o qual está, aí sim, sujeito a registo comercial; veja-se o artigo 409.º/3, do Código das Sociedades Comerciais.

Pergunta-se se tais regras e, em especial, o artigo 996.º, são aplicáveis à compropriedade. Diretamente, afigura-se que não: o artigo 1407.º/1 remete, apenas, para o artigo 985.º. Mas sempre que surjam problemas, é possível recorrer àquele preceito, para aplicação analógica.

VII. Queda acrescentar o seguinte. O regime das sociedades civis puras é, organicamente, complexo. Enquanto a matéria não for reformada, os interessados recorrem a sociedades por quotas que, hoje, são de muito fácil constituição. No tocante à compropriedade, estas considerações saem reforçadas. Os consortes que pretendam manter essa situação, com administradores, têm toda a facilidade para constituir uma sociedade. Esta poderá ser dona do bem em jogo ou ter meros poderes para administrar; é uma decisão dos comproprietários. Chamamos a atenção para um ponto prático importante, designadamente no tocante a comunhões hereditárias. Ao constituir sociedades, os consortes abdicam do direito à divisão. Qualquer desentendimento é de muito mais difícil superação. Embora haja soluções societárias para esse problema, recomenda-se sempre a consulta prévia a um jurista experiente.

219. Disposição e oneração da quota (1408.º)

I. Para efeitos de análise, cumpre reter o artigo 1408.º:

> 1. O comproprietário pode dispor de toda a sua quota na comunhão ou de parte dela, mas não pode, sem consentimento dos restantes consortes, alienar nem onerar parte especificada da coisa comum.
> 2. A disposição ou oneração de parte especificada sem consentimento dos consortes é havida como disposição ou oneração de coisa alheia.
> 3. A disposição da quota está sujeita à forma exigida para a disposição da coisa.

O preceito retoma, com mais desenvolvimento, o acima transcrito artigo 2177.º do Código de Seabra. Desta feita, foi em parte antecipado o artigo 10.º do anteprojeto Pinto Coelho[2241]. O preceito foi reduzido a dois números, no artigo 1395.º da 1.ª Revisão Ministerial[2242]: o n.º 1 corresponde, com alterações formais, ao atual 1408.º/1, enquanto o n.º 2 propunha uma regra curiosa:

> A nulidade proveniente da falta de consentimento fica sanada se os interessados não impugnarem a disposição no prazo de seis meses a contar da data em que dela tiverem conhecimento.

No artigo 1408.º da 2.ª Revisão Ministerial, adotou-se uma redação próxima da definitiva[2243], tendo o Projeto, também no artigo 1408.º, introduzido breves retoques, designadamente na epígrafe[2244].

II. O artigo 1408.º, conquanto que útil, sempre resultaria de três regras básicas: (1) a faculdade de dispor do direito sobre a coisa (1305.º); (2) a proibição de dispor de coisa alheia (*nemo plus iuris transferre potest quam ipse habet*), sendo nula a venda de bens alheios (892.º); (3) o facto de o direito do comproprietário recair, ainda que em concurso com os dos outros consortes, sobre a totalidade da coisa.

[2241] Luís Pinto Coelho, *Da comunhão (articulado)* cit., 187; *idem*, *Da comunhão (justificação)* cit., 176-179.

[2242] *1.ª Revisão* cit., 69.

[2243] *2.ª Revisão* cit., 63.

[2244] *Projecto* cit., 412-413.

Assim, o comproprietário pode dispor (alienar ou onerar) a sua "quota", isto é, o seu direito, na dimensão que ele tiver, mas não uma parte especificada da coisa comum (1408.º/1). E se o fizer, a operação é havida como disposição ou oneração de coisa alheia (1408.º/2).

III. A regra do artigo 1408.º, originária da 2.ª Revisão Ministerial é óbvia: a disposição da "quota" está sujeita à forma exigida para a disposição da coisa. Assim se entende que o contrato de constituição de compropriedade por documento particular seja formalmente nulo[2245]. Na mesma linha, quando uma escritura exare que as quotas de uma determinada situação de compropriedade são iguais, ocorre uma repartição que não pode ser afastada pelo facto de uma das partes ter pago mais do que a outra[2246].

220. **O direito de preferência (1409.º e 1410.º)**

I. O direito de preferência do comproprietário, na venda ou na dação em pagamento, a estranhos, da quota de qualquer consorte, regulado nos artigos 1409.º e 1410.º, adveio do artigo 1566.º do Código de Seabra, melhorado pela reforma introduzida pelo Decreto n.º 19:126, de 16 de dezembro de 1930[2247]. Trata-se de uma especialidade portuguesa. O Direito francês apenas conheceu a preferência na comunhão hereditária, sob a forma de retratação (artigo 841.º, original, do Código Napoleão)[2248]. Esse preceito foi revogado pela Lei n.º 76-1286, de 31 de dezembro de 1976, a qual criou um direito de preempção a favor dos consortes em indivisão (*indivisaires*): o novo artigo 815.º-14[2249], já próximo do nosso direito de preferência dos comproprietários, embora longe da expansão deste. O BGB conhece uma preferência obrigacional (§§ 463 a 473) e uma preferência imobiliária real (§§ 1094 a 1104): ambas de base convencional. O Código italiano não prevê, com generalidade, a *prelazione*, desenvolvida pela doutrina e de base convencional; no campo sucessório ocorre um direito de retratação,

[2245] STJ 7-jun.-2022 (Jorge Arcanjo), Proc. 1517/20.

[2246] RLx 12-set.-2019 (Pedro Martins), Proc. 260/11.

[2247] *Supra*, n.º 211, III, com os textos em jogo.

[2248] *Code civil des français* cit., 205-206; *vide* Marcel Planiol, *Traité élémentaire de Droit civil* cit., 3, 2.ª ed. (1903), n.º 2443-2462 (710-713).

[2249] Elementos comparatísticos podem ser confrontados no *Tratado*, VII, 466-468; quanto à origem e à evolução histórica, *idem*, 463-466, com indicações.

surgindo preferências legais na área do emparcelamento e no de certas locações[2250].

II. No anteprojeto Pinto Coelho, a preferência dos comproprietários era largamente tratada: artigos 11.º a 16.º, num total de 30 números[2251]. Na altura, não era conhecida a regulação hoje constante dos artigos 414.º a 423.º, o que explica, em parte, esse desenvolvimento. Os artigos 1396.º (direito de preferência) e 1397.º (ação de preferência) da 1.ª Revisão Ministerial, reduziram a matéria a dois preceitos[2252], os quais, com retoques nos artigos 1409.º e 1410.º da 2.ª Revisão[2253] e do Projeto[2254], conduziram à redação atual.

III. A preferência do comproprietário foi, pelo Código Civil, alargada a numerosas outras situações. Temos as preferências seguintes: (1) do arrendatário urbano (1091.º); (2) do senhorio, no caso de trespasse do estabelecimento ou do local de trabalho (1112.º/4); (3) do proprietário contíguo, no âmbito do emparcelamento (1379.º/2, 1380.º e 1381.º); (4) do senhorio direto ou do enfiteuta, na ex-enfiteuse (1507.º, 1519.º e 1523.º); (5) do fundeiro, na superfície (1535.º); (6) do proprietário onerado com uma servidão legal de passagem; (7) do co-herdeiro (2130.º); (8) da pessoa designada como preferente, por testamento (2235.º). Temos, além disso, a preferência convencional, à qual pode ser dada eficácia real (414.º a 423.º). Fora do Código Civil, temos ainda dezenas de situações de preferência, em leis especiais[2255], a que podemos acrescentar preferências na área societária.

IV. O direito de preferência e a sua multiplicação dão azo a uma forte litigiosidade, com milhares de decisões judiciais[2256] e algumas querelas doutrinárias já clássicas. Na sua grande maioria, não têm a ver com a prefe-

[2250] *Vide* Roberto Triola, *La prelazione legale e voluntaria*, 2.ª ed. (2007), XIII + + 411 pp..

[2251] Luís Pinto Coelho, *Da comunhão (articulado)* cit., 188-194; *idem*, *Da comunhão (justificação)* cit., 179-216.

[2252] *1.ª Revisão* cit., 69-70.

[2253] *2.ª Revisão* cit., 63-64.

[2254] *Projecto* cit., 413.

[2255] *Vide* uma amostragem em *Tratado*, VII, 478-479.

[2256] Na base de dados da *Legix* e apenas no ITIJ, temos mais de 10.000 entradas.

rência dos comproprietários, mas antes com outras preferências legais[2257]. Por razões de tradição, a ação de preferência surge a propósito da compropriedade. Nesta, a preferência visa facilitar o termo da comunhão, reunindo numa várias pessoas ou direitos de propriedade relativos à mesma coisa. Em termos de política legislativa, o direito de preferência e a sua proliferação afiguram-se inconvenientes. Prejudicam a livre circulação dos imóveis e fazem baixar o seu valor de mercado. Além disso, pela litigiosidade que originam, elevam os custos da transação. Vaz Serra chegou a propor a supressão desse instituto. O legislador de 1966 não o atendeu. Pelo contrário, as preferências legais, com a ação de preferência a elas associadas, vieram a proliferar.

V. A dogmática da preferência e da ação de preferência tem a ver com o Direito das obrigações. Há, aí, que estudar as figuras afins, as modalidades, o pacto de preferência, os procedimentos da preferência, a comunicação ao preferente (quem deve comunicar, a quem, o quê, como e quando), a resposta deste, a notificação judicial, a venda de uma coisa conjuntamente com outras, a prestação acessória, a pluralidade de preferentes, o problema da simulação e o andamento da ação de preferência. No presente *Tratado*, tudo isso é versado a propósito do pacto de preferência. Para aí remetemos[2258].

221. As benfeitorias necessárias; a renúncia (1411.º)

I. O artigo 1411.º dispõe quanto a benfeitorias necessárias. Fá-lo nos termos que se transcrevem, para efeitos de análise:

> 1. Os comproprietários devem contribuir, em proporção das respetivas quotas, para as despesas necessárias à conservação ou fruição da coisa comum, sem prejuízo da faculdade de se eximirem do encargo renunciando ao seu direito.
>
> 2. A renúncia, porém, não é válida sem o consentimento dos restantes consortes, quando a despesa tenha sido anteriormente aprovada pelo

[2257] Em amostragem: entre os dez acórdãos publicados, de fevereiro a julho de 2022, sobre ações de preferência, nenhuma tinha a ver com a compropriedade; na sua maioria, resultam de arrendamentos e da contiguidade (emparcelamento).

[2258] *Tratado*, VII, 461-536.

interessado, e é revogável sempre que as despesas previstas não venham a realizar-se.

3. A renúncia do comproprietário está sujeita à forma prescrita para a doação e aproveita a todos os consortes, na proporção das respetivas quotas.

O preceito remonta ao artigo 2178.º do Código de Seabra, já transcrito. O anteprojeto Pinto Coelho reportava-se a essa matéria em três extensos preceitos: artigos 8.º (Despesas necessárias à conservação dos bens comuns), 9.º (Faculdade de abandono liberatório. Forma. Efeitos) e 27.º (Proporcionalidade dos encargos da comunhão)[2259]. Tudo isso foi condensado no artigo 1398.º da 1.ª Revisão Ministerial[2260], retocado nos artigos 1411.º da 2.ª Revisão[2261] e do Projeto[2262]. A 1.ª Revisão seguiu o disposto no artigo 1104.º do Código Civil italiano[2263].

II. O Código Civil chama "benfeitorias" às despesas (216.º/1). Estão em jogo, no artigo 1411.º/1, 1.ª parte, as despesas necessárias à conservação e à fruição da coisa: o Código italiano diz (e bem) ao gozo da coisa. O "necessário" é determinado no âmbito da administração da coisa e, portanto, do artigo 1407.º[2264]. Além disso, ficam envolvidas as despesas legais, com relevo para os impostos. A 2.ª parte do artigo 1411.º/1, e os seus números 2 e 3 dizem respeito à hipótese do abandono liberatório.

III. Em esquema, o abandono liberatório é o seguinte:

(1) cada proprietário pode renunciar à propriedade, como forma de evitar contribuir para as despesas necessárias para a conservação e a fruição da coisa comum (1411.º/1, 2.ª parte);
(2) a renúncia é unilateral; mas exige o acordo dos restantes consortes, se a despesa tiver sido anteriormente aprovada pelo interessado (1411.º/2, 1.ª parte); de outro modo, haveria um *venire contra factum proprium*;

[2259] Luís Pinto Coelho, *Da comunhão (articulado)* cit., 186-187 e 201; *idem*, *Da comunhão (justificação)* cit., 171-176 e 253 e 254.

[2260] *1.ª Revisão* cit., 70.

[2261] *2.ª Revisão* cit., 64-65.

[2262] *Projecto* cit., 413-414.

[2263] Claudia Patti, em Massimo Franzoni/Rita Rolli, *Codice civile commentato* cit., I, art. 1104.º (1453-1455).

[2264] *Supra*, n.º 218.

(3) a reúncia é revogável se as despesas previstas não se realizarem (1411.º/2, 2.ª parte): é justo, uma vez que, na previsão dessas despesas, houve a renúncia;
(4) a renúncia está sujeita à forma prevista para a doação (1411.º/3, 1.ª parte);
(5) e aproveita aos demais consortes, na medida das suas quotas (1411.º/3, 2.ª parte).

A renúncia, como forma de extinguir direitos reais, foi analisada em geral[2265]. Os grandes vetores aí apurados têm, aqui, cabimento.

IV. Na aplicação deste diploma, a RCb 21-jan.-1991 considerou que a construção de uma casa para arrumos, a abertura de um poço, a instalação de eletricidade e a plantação de videiras e fruteiras não eram benfeitorias necessárias: exigiriam uma aprovação unânime, não podendo ser impostas[2266]. Este entendimento tende a paralisar as coisas em compropriedade. Salvo exageros abusivos – o excesso de despesa pode ser uma forma de expelir um consorte – a ideia de "benfeitorias necessárias" deve ser alargada às despesas que traduzam investimentos produtivos recomendados pela situação. O custear despesas é uma obrigação *propter rem*. O direito-base transmite-se com a coisa. Mas o mesmo não sucede com as despesas concretas que, dele, se venham a desprender[2267].

V. Quanto ao abandono liberatório: não tem tido aplicação.

222. A divisão (1412.º e 1413.º)

I. Os artigos 1412.º e 1413.º dispõem, respetivamente, sobre o direito de exigir a divisão da coisa comum e sobre o processo de divisão. Remontam aos artigos 2180.º, 2181.º e 2184.º do Código de Seabra. Quanto ao direito de exigir a revisão, vamos encontrá-lo no artigo 17.º do anteprojeto

[2265] *Supra*, § 33.º.

[2266] RCb 21-jan.-1991 (António da Costa Marques), CJ XVII (1992) 1, 85-88 (87/II); *vide* STJ 13-mai.-2003 (Silva Salazar), Proc. 02A2586, que apela para uma "gestão normal", excluindo as "inovações".

[2267] RPt 29-nov.-2006 (Teles de Menezes e Melo), CJ XXXI (2006) 5, 183-185 (185/II).

Pinto Coelho[2268]. Daí passou ao artigo 1399.º da 1.ª Revisão Ministerial, que simplificou o texto, reduzindo a três os sete números de Pinto Coelho[2269]. Os artigos 1412.º da 2.ª Revisão[2270] e do Projeto[2271] introduziram retoques. O artigo 1111.º do Código Civil italiano foi tido em boa conta.

II. A regra básica é a de que ninguém é obrigado a permanecer na indivisão (1412.º/1, 1.ª parte). A compropriedade é, sempre, uma situação tendencialmente litigiosa. Além disso, ela tende a nivelar os investimentos, coartando o progresso económico e social. Todavia, podem as partes ter celebrado um pacto de indivisão, o qual é lícito (1412.º/1, 2.ª parte). Quanto a esse pacto, observa-se o seguinte:

(1) não pode exceder a duração de cinco anos (1412.º/2, 1.ª parte);
(2) o pacto pode ser renovado por uma ou mais vezes, por nova convenção (1412.º/2, 2.ª parte);
(3) a cláusula de indivisão pode ser oponível a terceiros, desde que registada (1412.º/3).

III. Para a divisão de coisa comum, o artigo 1413.º refere o processo de divisão. No anteprojeto de Pinto Coelho, previam-se dois circunstanciados artigos: o 18.º, relativo à divisão extrajudicial e o 19.º, quanto à judicial[2272]. A 1.ª Revisão Ministerial, no seu artigo 1400.º, sintetizou essa matéria nos seus dois números[2273]. A 2.ª Revisão, no artigo 1413.º[2274], simplificou ainda mais, dela resultando o texto atual[2275].

IV. A divisão amigável, sempre preferível, é feita por acordo entre os consortes. Se a coisa for fisicamente divisível, basta proceder à repartição. Não o sendo, há várias soluções e, designadamente, atribui-se a coisa a um consorte, que compensa os outros ou vende-se a coisa e reparte-se o

[2268] Luís Pinto Coelho, *Da comunhão (articulado)* cit., 194-195; *idem*, *Da comunhão (justificação)* cit., 216-221.
[2269] *1.ª Revisão* cit., 71.
[2270] *2.ª Revisão* cit., 65.
[2271] *Projecto* cit., 413-414.
[2272] Luís Pinto Coelho, *Da comunhão (articulado)* cit., 195-197; *idem*, *Da comunhão (justificação)* cit., 221-236.
[2273] *1.ª Revisão* cit., 71.
[2274] *2.ª Revisão* cit., 65.
[2275] *Projecto* cit., 414.

preço. Não havendo acordo, recorre-se ao processo especial de divisão da coisa comum, versado nos artigos 925.º a 929.º, do Código de Processo Civil. A divisão pode ser feita em substância ou, sendo a coisa indivisível, em conferência de interessados, pela adjudicação a algum ou alguns dos consorciados, preenchendo-se as quotas dos restantes em dinheiro. Na falta de acordo, a coisa é vendida, podendo os consortes concorrer à venda (929.º/2, do CPC).

II

DA PROPRIEDADE HORIZONTAL

CAPÍTULO I

ORIGEM E EVOLUÇÃO DA PROPRIEDADE HORIZONTAL

§ 51.º PROPRIEDADE HORIZONTAL: NOTA HISTÓRICO-COMPARATÍSTICA

223. Noção; Direito romano

I. A propriedade horizontal é, na linguagem jurídica portuguesa, a situação jurídica derivada de, num edifício com diversas frações, as mesmas poderem pertencer a titulares diferentes. Cada um desses titulares diz-se condómino. O próprio edifício será um condomínio, expressão essa que também designa o universo dos seus vários titulares. O condómino é titular de um direito de propriedade horizontal sobre a sua fração.

II. A propriedade horizontal representa uma solução encontrada pelo Direito para, quebrando os princípios da *superficies solo cedit*, da exclusividade do direito de propriedade e da especialidade relativamente ao objeto (cada coisa, um direito), permitir uma gestão justa e racional de edifícios habitados ou ocupados por várias pessoas. A problemática que enfrenta pôs-se com a sedentarização e com a concentração urbana, que levaram ao desenvolvimento de edifícios com vários pisos, aos quais se acolhiam famílias distintas. A possibilidade de se admitirem propriedades distintas sobre cada um dos pisos de um edifício terá sido consagrada em certos Direitos orientais[2276]. Cuq (1850-1934) aponta, em especial, docu-

[2276] *Vide* Manuel Battle Vasquez, *La propriedad de casas por pisos*, 3.ª ed. (1956), 222 pp., 17 ss., rec. G. Hubrecht, RIDC 1957, 773-774; na 2.ª ed. (1954), 215 pp., 17 ss., rec. Fernando Flores García, RFDMex 22 (1956), 208-209; Pontes de Miranda, *Tratado de*

mentos babilónios que ilustrariam vendas de frações divididas de casas[2277]. Comprovam-se experiências desse tipo na antiga Caldeia e no próprio Código de Hamurabi[2278]. Na verdade, numa edificação por pisos habitados por famílias distintas, afigura-se lógico que cada uma possa ter direito ao local que usa. Uma ideia primitiva de propriedade horizontal poderá ter surgido em locais geográficos sem ligação entre si.

III. O Direito romano implicou um retrocesso relativamente à propriedade horizontal. Recordamos que, no plano cultural, Roma foi uma sociedade agrícola. O poder da terra era dominante, absorvendo quanto surgisse sobre o solo. Ocorre, aqui, o princípio *superficies solo cedit*[2279], que Raúl Ventura, acolhendo Arangio-Ruiz, deriva de uma "exasperação do critério do absoluto senhorio sobre a coisa"[2280]. Na evolução de Roma, sabemos que esta, quando cabeça de um imenso império, teve uma população que terá excedido o milhão de habitantes. As casas cresceram em altura, chegando a alcançar os cinco pisos. Tal situação terá assumido projeções jurídicas. Estas, contudo, foram pouco acolhidas nos fragmentos clássicos que nos chegaram. Papiniano põe a hipótese de alguém ter duas casas com um único telhado. Admite que possa deixá-las a pessoas diferentes, ficando cada uma com o seu piso, sem poder demandar a outra[2281]. Ulpiano aceita o caso de um andar construído sobre uma casa, com defesas possessórias próprias[2282].

Direito privado, XII (1955), § 1308 (149-150); Armindo Ribeiro Mendes, *A propriedade horizontal no Código Civil de 1966*, ROA 1970, 5-78 (12).

2277 Edouard Cuq, *Études sur le Droit babylonien. Les lois assyriennes et les lois hittites* (1929), VII + 522 pp., 185, p. ex.; este Autor explica que, dadas as técnicas de construção então existentes, a edificação de vários andares era pouco frequente ; mas documenta-se e com donos diferentes.

2278 Luigi Rizzi/Vincenzo Rizzi, *Il condominio negli edifici e le enorme sulla comunione generale secondo il vigente codice civile (Artt. 1100-1139)*, 1 (1964), 608 pp., 13 ss; Gabriel Marty/Pierre Raynaud, *Droit civil*, II – *Les biens*, I (1965), 244; Francisco Rodrigues Pardal/Manuel Baptista Dias da Fonseca, *Da propriedade horizontal no Código Civil e legislação complementar*, 2.ª ed. (1979), 319 p., n.º 4.2 (59-61); estes Autores principiam pela análise das cavernas (57).

2279 *Supra*, n.º 124.

2280 Raúl Ventura, *O direito de superfície*, RFDUL V (1948), 104-124 (108).

2281 Papiniano, D. 8.2.36 = Okko Behrends e outros cit., II, 682.

2282 Ulpiano, D. 43.17.3.7 = ed. Mommsen cit., 691/II-692/I.

IV. A abertura romana para a atual propriedade horizontal deu-se através do direito de superfície. Numa breve antecipação[2283], o direito de superfície terá surgido no *ager publicus* ou solo do *populus romanus* ou dos *municipia*. Aí não era possível a comum propriedade privada. Todavia, foram-se radicando concessões de utilização, que permitiam aos particulares construir e gozar, com exclusividade, a construção. Para a sua tutela, o pretor instituiu o *interdictum de superficiebus*[2284]. Na evolução justinianeia, os poderes do superficiário foram incrementados, até assumirem o conteúdo próprio de um direito real. O direito de superfície quebrou a lógica implacável do princípio *superficies solo cedit*. Mas este manteve-se profundamente ancorado na cultura jurídico-privada, dificultando a marcha para a propriedade horizontal.

224. Evolução intermédia

I. Durante a Idade Média, designadamente no seu final, desenvolveram-se cidades amuralhadas. Esse fator conduzia a um crescimento na vertical: a técnica da edificação urbana permitia a construção de diversos andares. Provavelmente, numa base consuetudinária ou com o apoio de regulamentos municipais, foi admitida a titularidade diferenciada de andares. Os costumes franceses são ricos em exemplos. Assim, o Costume de Auxerre no seu artigo CXLVI, coloca a hipótese de uma casa ou local pertencer a várias pessoas, de tal modo que[2285]:

> à l'un desquels appartient le bas & à l'autre le dessus, celuy à qui appartien le bas est tenu faire & entretenir (…)

Por seu turno, o Costume de Orleães, no seu artigo CCLVII, dispõe[2286]:

> Si une maison est divisée en telle maniere, que l'un ait le bas d'icelle, & l'autre le dessus; celui qui a le bas, est tenu de soustenir & entretenir les édifices estans au-dessous du premier plancher (…) celui qui a le dessus, est

[2283] Quanto à origem do direito de superfície *vide infra*, n.º 287.

[2284] Andrea Paladini, *Superficie (diritto romano)*, NssDI XVIII (1971), 941-944 (942).

[2285] *Coutume du Comté et Bailliage d'Auxerre* (ed. Paris, 1693), 232.

[2286] *Coutumes du Duché, Bailliage et Prévôté d'Orléans* (ed. Paris, 1780) (com notas de Pothier), 406.

> tenu de soustenir & entretenir la couverture & autres édifices qui sont sous icelle (...)

II. Na Alemanha, houve uma maior preocupação em enquadrar, em termos românicos, a hipótese de uma dissociação da propriedade por pisos. O problema foi superado com recurso à figura da superfície[2287], numa situação que perdurou até aos nossos dias[2288].

III. Também em Itália, os estatutos locais previam a possibilidade de, numa casa, os pisos terem donos diferentes. Os de Milão articulavam a hipótese de:

> (...) eo qui habet inferiorem partem domus et eo qui habet superiorem (...),

regulando, à semelhança dos costumes franceses, os encargos de cada um dos condóminos[2289].

IV. Em síntese, a evolução intermédia dos antecedentes da propriedade horizontal documenta um crescente desenvolvimento, ocasionado por necessidades práticas. Os estatutos de algumas cidades preveem o fenómeno, tratando-o pelo prisma das relações de vizinhança. A experiência alemã veio, todavia e desde bastante cedo, a distanciar-se das demais: recorreu, como dito, ao direito de superfície.

225. **Direito francês**

I. Acolhendo a tradição de diversos costumes, o Código Napoleão, na secção reservada ao muro e à fossa comuns, veio dispor, no seu artigo 664.º[2290]:

> Quando os diversos andares de uma casa pertençam a proprietários diversos, se os títulos de propriedade não regularem a forma das reparações e reconstruções, estas devem ser feitas como segue.

[2287] Anton Justus Thibaut, *System des Pandekten-Rechts* cit., II, 5.ª ed., § 626 (67).
[2288] *Infra*, n.º 226.
[2289] Armindo Ribeiro Mendes, *A propriedade horizontal* cit., 15.
[2290] *Code civil des français* cit., 162-163.

As paredes-mestras e o telhado ficam a cargo de todos os proprietários, cada um na proporção do valor do andar que lhe pertença.

O proprietário de cada andar faz o soalho no qual ele ande.

O proprietário do primeiro andar faz a escada que aí conduza; o proprietário do segundo andar faz, a partir do primeiro, a escada que conduza à sua casa; e assim por diante.

Como se vê, a hipótese de uma propriedade por andares afigura-se claramente admitida. Além disso, as paredes-mestras e o telhado prefiguram partes necessariamente comuns. Todavia, o Código Napoleão, pouco permeável a divisões da propriedade, não foi mais longe do que isso, tendo o preceito sido introduzido à última hora[2291].

II. Este sistema manteve-se. Passado um século, Planiol refere, como partes comuns, o solo, as paredes-mestras, o telhado e as dependências. Considera que essa situação provém, em geral, de heranças, quando os herdeiros optem por esse tipo de divisão. E faz críticas a essa figura, dizendo que ela dificulta a manutenção das casas e que é uma fonte de litígios frequentes[2292].

III. A corrida às cidades e a situação sócio-económica subsequente à Grande Guerra de 1914-1918, levaram a uma difusão da propriedade horizontal, designadamente em Paris. Assim, em 30 de junho de 1938, foi publicada uma *Lei tendente a regular o estatuto da compropriedade dos imóveis divididos em apartamentos*[2293]. A matéria consta, aí, do Capítulo II, artigos 5.º a 13.º. Em súmula: (1) fixa as partes comuns; (2) permite, salvo convenção em contrário, o uso dessas partes por todos os condóminos (6.º); (3) considera, supletivamente, todos os proprietários reunidos num sindicato, com um agente oficial que o representa: o síndico (7.º); (4) prevê um regulamento para o gozo das partes comuns, com uma possível cláusula compromissória (8.º); (5) determina, na falta de um regulamento, os poderes do sindicato, sujeito a maiorias qualificadas, para certas deli-

[2291] François Terré/Philippe Simler, *Droit civil/Les biens* cit., 10.ª ed., n.º 605 (502-503).

[2292] Marcel Planiol, *Traité élémentaire de droit civil*, I, 3.ª ed. (1904), n.º 255-2323 (805), apelando, ainda, para os costumes locais e sublinhando que o Código alemão proíbe tal prática (§ 1014).

[2293] JORF, 30-jun.-1938, 7578-7579; a Lei foi aprovada em 28-jun.-1938.

berações; (6) rege a execução das deliberações (10.º); (7) *idem*, quanto a impugnações (11.º); (8) versa a delimitação e a reconstrução do edifício (12.º); (9) revoga o artigo 664.º do Código Napoleão (13.º).

IV. Esse regime surge substituído pelo da Lei n.º 65-557, de 10 de julho de 1965, fixando o estatuto da compropriedade de *imóveis edificados*[2294]. O regime foi desenvolvido e pormenorizado[2295]: os 9 artigos de 1938 passam a 48, arrumados em cinco capítulos: I – Definição e organização da compropriedade (1.º a 16.º): II – Administração da compropriedade (17.º a 29.º); III – Melhoramentos, adições de locais privativos e exercício do direito de sobrelevação (30.º a 37.º); IV – Reconstrução (38.º a 41.º); V – Disposições gerais (42.º a 48.º). O artigo 48.º revogou a Lei de 1938 e confirmou a derrogação do artigo 664.º do Código Napoleão.

V. A Lei n.º 65-557 foi diversas vezes modificada[2296] e, por último, pela Lei n.º 2018-1021, de 23 de novembro de 2018 e pela Ordenança n.º 2019-1101, de 30 de outubro[2297]. Após a 2.ª Guerra Mundial (1939-1945), os fatores que já anteriormente haviam jogado no sentido da generalização da propriedade horizontal intensificaram-se: (1) dificuldades de financiamento para investimentos com retorno a longo prazo; (2) fraqueza do arrendamento urbano, mercê de repetidas medidas vinculísticas; (3) necessidade de, com pouco espaço, alojar famílias de antigos agricultores ou de imigrantes estrangeiros. A contraface é apontada pelos estudiosos: (1) endividamento dos jovens casais; (2) perda de mobilidade dos jovens; (3) dificuldades de gestão e de conservação do parque imobiliário[2298].

226. **Direito alemão**

I. Na evolução da pandectística, o Direito alemão mostrou-se estreitamente ligado aos preconceitos romanos relativos à natureza exclusiva do

[2294] JORF n.º 159, de 11-jul.-1965, 5590-5954.

[2295] *Vide* Christian Atias, *Droit civil/Les biens* cit., 4.ª ed., n.º 298-408 (287-340).

[2296] François Terré/Philippe Simler, *Droit civil/Les biens* cit., 10.ª ed., n.º 607 (506-507). Tem interesse, embora já desatualizada, a monografia de Siegfried Manfred Wietek, *Wohnunseigentum in Frankreich* (1976), X + 186 pp.

[2297] O texto consolidado consta do *Code civil* (ed. Dalloz), 120.ª ed. (2021), 936-956, a propósito do revogado artigo 664.º do Código Napoleão.

[2298] Jean Carbonnier, *Droit civil/Les biens* cit., n.º 843 (1802).

direito de propriedade. A prática de conferir direitos de apropriação individual a pisos ou a andares de edifícios ocorreu nas diversas cidades alemãs, num fenómeno semelhante ao das cidades francesas e italianas. Essa realidade escapava aos grandes tratadistas, que apenas reportavam a superfície. Aquando da preparação do BGB, o assunto foi pensado. A conflituosidade entre condóminos e as dificuldades que a propriedade horizontal iria provocar no Direito do registo predial levaram, todavia, a que aquele diploma proibisse esse tipo de direito. Segundo o seu § 1014[2299]:

> É vedada a limitação do direito de superfície a uma parte de um edifício e, em especial, a um andar.

Esta medida radical levou a Lei de Introdução ao Código Civil, no seu artigo 131.º, a ressalvar as situações de propriedade horizontal preexistentes, remetendo-as para o Direito anterior[2300].

II. A emergência habitacional subsequente à Grande Guerra de 1914-1918 recomendou um desenvolvimento. A *Verordnung* de 15 de janeiro de 1919, relativa ao Direito de superfície, revogou os §§ 1012 a 1017 do BGB, substituindo-os por um regime mais pormenorizado[2301]. Esta Ordenança foi várias vezes alterada tendo, após a reforma de 23 de novembro de 2007, passado a Lei do direito de superfície (*Erbbaurechtsgesetz* ou *ErbbauRG*). Neste momento, a última modificação data de 9 de outubro de 2013[2302]. O § 1 (3) da *ErbbauRG* mantém a proibição da superfície sobre um andar: apenas pode recair sobre edifícios autónomos[2303].

[2299] Gottlieb Planck, *Bürgerliches Gesetzbuch Kommentar*, III – *Sachenrecht*, 3.ª ed. (1906), § 1014 (351); Ludwig Krückmann, *Von den Pandekten zum Bürgerlichen Gesetzbuch*, II (1899), § 38 (571).

[2300] *Vide* a anot. 1 ao § 1014, no *Plancks Kommentar* sup. cit.; quanto a Baden-Würtemberg: Hans-Wolf Thümmel, *Abscheid vom Stockwerkseigentum (?)*, JZ 1980, 125-134.

[2301] Na época: Ferdinan Kretzschmar, *Das neurechtliche Erbbaurecht: Verordnung über das Erbbaurecht von 15.Jan.1919* (1919), 111 pp..

[2302] A literatura especializada é muito numerosa. Referimos: Manfred Rapp, no *Staudingers Kommentar zum BGB*, 3 – *Sachenrecht*, *ErbbauRG*, *§§ 1018-1112* (2017), 1-275; Jörn Heinemann, *Gesetz über das Erbbaurecht*, no *Münchener Kommentar zum BGB*, 8, 8.ª ed. (2020), 1623-1790; Matthias Nagel, *Erbbaurechtsgesetz* (2022), XVII + + 575 pp..

[2303] Jörn Heinemann, no *Münchener Kommentar* cit., 8, 8.ª ed., § 1 *ErbbauRG*, Nr. 16 (1633); este Autor explica que a regra vai ao encontro do princípio de que o direito real recai sobre todo o objeto.

III. A situação subsequente à II Guerra Mundial (1939-1945) forçou uma mudança de rumo. Recorde-se que, depois da derrota nazi, a Alemanha perdeu os seus territórios de Leste, tendo o remanescente sido dividido em dois Estados: a República Federal Alemã, de tipo ocidental e a República Democrática Alemã, de tipo soviético. A República Federal acolheu cerca de 12 milhões de refugiados, carecidos de habitação. Foi aprovada, em 19 de março de 1951, a Lei sobre a Propriedade da Habitação e do Direito de Habitação Duradoura (*Wohnungseigentumsgesetz* ou WEG)[2304]. O WEG é um diploma extenso, em 49 §§ minuciosos e que, no essencial, admite uma propriedade comum sobre determinadas partes de um edifício e um direito exclusivo relativo a habitações autónomas[2305]. Ao contrário dos Direitos latinos, a construção do WEG parte da compropriedade sobre as partes comuns e não do direito às frações autónomas[2306].

IV. A experiência adquirida levou a diversas alterações, das quais a última, neste momento, data de 12 de janeiro de 2021. Na parte relativa à "propriedade de habitação", a lei comporta cinco secções: 1 – Definições (§ 1); 2 – Constituição da propriedade de habitação (§§ 2 a 9); 3 – Capacidade jurídica da comunidade de condóminos (§§ 9a e 9b); 4 – Relações jurídicas dos condóminos entre si e com a comunidade de condóminos (§§ 10 a 29); 5 – Superfície de habitação (§ 30)[2307]. O *Wohnungseigentum* suscita diversas orientações quanto à sua natureza e, designadamente, a de saber se se trata de verdadeira propriedade[2308]. Ocasiona numerosas questões práticas[2309] e está na origem de uma jurisprudência numerosa e de operosos comentários[2310].

2304 Mais precisamente: *Gesetz über das Wohnungseigentum und das Dauerwohnrecht*, no *Bundesgesetzblatt*, 1951, 175-185.

2305 Quanto à sua origem e evolução, Baur/Stürner, *Sachenrecht* cit., 18.ª ed., § 29, Nr. 5-6 (375-376). A necessidade de "reintroduzir" a propriedade horizontal ou uma figura equivalente fora uma conclusão do 33 DJT, de 1924; *vide* Heinz Paulick, *Zur Dogmatik des Wohnungseigentums nach dem Wohnungseigentumsgesetz vom 15. März 1951*, AcP 152 (1952/1953), 420-432 (420).

2306 *Idem*, 424.

2307 Uma análise desta Lei pode ser consultada em Hartmut Wicke, no Grüneberg (ex-Palandt) *Kommentar zum BGB*, 81.ª ed. (2022), 3039-3124.

2308 Baur/Stürner, *Sachenrecht* cit., 18.ª ed., § 29, Nr. 10 (377).

2309 Christian Armbrüster, *Grundfälle zum Wohnungseigentumsrecht*, JuS 2002, 141-144, 245-250, 348-350, 450-453, 564-569 e 665-669.

2310 Neste momento, como comentários de referência: Johannes Bärmann/Eckhart

227. Direito italiano

I. A Itália funcionou como o grande motor do Renascimento e do Humanismo. Nas suas cidades, durante a Idade Média, ocorreram fenómenos hoje ditos propriedade horizontal. Todavia, no plano jurídico, veio a soçobrar no *mos italicus* e na influência napoleónica. O Código Civil de 1865, na linha do artigo 584.º do Código Albertino, compreendia, no seu artigo 562.º, um preceito que previa algumas regras quando (…) *i diversi piani di una casa appartengono à piu proprietari*[2311]. O artigo 563.º distribuía os encargos, enquanto o artigo 564.º proibia, ao proprietário do último piso, sobrelevar o edifício, sem consentimento dos donos dos outros andares[2312]. O relevo prático da matéria superava largamente o tratamento legislativo[2313].

II. A situação social e económica subsequente à Grande Guerra de 1914-1918 mostrou a necessidade de regular, de modo mais profundo e abrangente, o problema do "condomínio sobre as casas". Assim surgiu o *Regio Decreto Legge* n.º 56, de 15 de janeiro de 1934[2314], com a *disciplina dei rapporti di condominio sulle case*. Trata-se de um diploma com 35 artigos, arrumados em quatro capítulos: I – Disposições gerais (1.º a 15.º); II – Da administração e representação do condomínio (16.º a 26.º); III – Dos regulamentos do condomínio (27.º a 31.º); IV – Disposições finais e transitórias (32.º a 35.º). O esquema geral do regime aponta para um modelo-padrão: possibilidade da propriedade separada, partes comuns, transmissibilidade, sobrelevação, encargos, administrador e assembleia[2315]. O diploma teve algumas alterações[2316].

Pick, *WEG, Wohnungseigentumsgesetz Kommentar* (2020), cerca de 1000 pp. e Georg Jennißen e outros, *WEG Kommentar*, 7.ª ed. (2022), 1766 pp..

[2311] Ferrarotti Teonesto, *Commentario teorico pratico comparato al codice civile italiano*, III (1873), 110-114.

[2312] Luigi Barassi, *Commentario del codice civile italiano*, II (1872), 601-615.

[2313] Na doutrina, além dos comentários ao Código Civil, cabe referir: Riccardo Amati, *Il condominio pro diviso delle case*, RDComm XXV (1927) 1, 333-350; Domenico Riccardo Peretti-Griva, *Il regime della proprietà delle case divisi fra più condomini: studio teorico-pratico com referimenti di giurisprudenza* (1928), XII + 262 pp..

[2314] Publicado na *Gazzetta Ufficiale* n.º 27, de 2-fev.-1934, 510-514.

[2315] Domenico R. Peretti-Griva, *Casa di vari proprietari*, NDI II (1937), 911-917.

[2316] *Idem*, 911; *vide* Gioacchino Scaduto, em Mariano d' Amelio (org.), *Codice civile/Libro della proprietà/Commentario* (1942), 899-900.

III. O passo seguinte foi dado pelo Código Civil de 1942. No título VII do Livro III – Propriedade, é versada a comunhão. Após um capítulo sobre a comunhão em geral (1100.° a 1116.°), temos o capítulo II – *Del condominio negli edifici* (1117.° a 1139.°)[2317]. Verificaram-se diversas alterações, algumas das quais minuciosas, que preveem, designadamente, implantes de receção de radiotelevisão e de produção de energias renováveis e implantes de videovigilância (1122.° bis e 1122.° ter). Temos um longo artigo sobre o administrador (1129.°) e preceitos desenvoltos sobre a assembleia (1135.° e 1136.°).

IV. A evolução recente do Direito italiano relativo à propriedade horizontal permite sublinhar dois parâmetros: (1) a necessidade de adaptar os condomínios às novas tecnologias e à defesa do clima o que, em regra, implica investimentos; (2) o problema suscitado pelas decisões dos condóminos as quais podem não ser unânimes: há alguma pressão no sentido de operarem por maioria e, de acordo com o modelo das sociedades comerciais.

228. Síntese

I. A Ciência do Direito não conhece fronteiras. O Direito português não pode ser isolado da sua própria evolução e das lições do Direito comparado: a História e a comparação de experiências constituem os nossos grandes laboratórios. Só aí podemos fazer experimentação. O breve périplo pelos ordenamentos francês, alemão e italiano, como prelúdio à análise do Direito lusófono, permite fixar linhas de força. Outras experiências poderiam ser consideradas, como a da Lei austríaca de 2002[2318], a Lei

[2317] Lino Salis, *Il condominio negli edifici*, NssDI III (1959), 1116-1162; Federigo Alessandro Marina/Giovanni Giacobbe, *Condominio negli edifici*, ED VIII (1961), 816-836; Michela Cavallaro, *Il condominio negli edifici* (2009), XVII + 331 pp.; Giuseppe Musolino, em Filippo Preite/Marcello di Fabio, *Codice della proprietà e dei diritti immobiliari* (2015), art. 1117-1138 (2527-2554) e Lanfranco Fuccillo, *idem*, art. 1139 (2554-2599); Claudia Patti, em Massimo Franzoni/Rita Rolli, *Codice civile commentato* cit., I, art. 1117-1139 (1473-1515); a bibliografia italiana é considerável; nas obras citadas constam indicações.

[2318] *Wohnungseigentumsgesetz* de 2002, por último alterada em 2021; *vide* Gert Iro/ /Olaf Riss, *Sachenrecht*, 7.ª ed. (2019), § 5 C (105-122).

espanhola de 1999[2319] e as experiências anglo-americanas[2320]: exigências editoriais recomendam-nos contenção.

II. A propriedade horizontal é um instituto do século XX. Mau grado antecedentes que remontam à Antiguidade e que permitem datar este instituto com quase três milénios, a dogmática básica da propriedade horizontal, com a especificidade de lidar com uma assembleia de condóminos, com um administrador e com uma série de partes comuns de delicada gestão ocorreu, apenas, com as reformas de 1934 (Itália) e de 1937 (França). Os factos ultrapassaram a Ciência do Direito: esta não dispunha de instrumentos para adaptar o *dominium*, tradicionalmente pleno e exclusivo, a uma repartição por pisos ou andares. Curiosamente, foi no Direito alemão, detentor da Ciência Jurídica mais elaborada, que a dificuldade só pôde ser ultrapassada através da Lei de 1951.

III. As causas que conduziram à necessidade e ao êxito da propriedade horizontal são similares, em todo o espaço ocidental. Temos: (1) a pressão demográfica resultante da fuga para as cidades; (2) a incapacidade do arrendamento, tolhido por medidas vinculísticas, de acudir à necessidade habitacional dos mais jovens; (3) a conveniência em, na construção de edifícios, poder contar com pequenas poupanças; (4) o desinteresse dos investidores pelos "prédios de rendimento". A satisfação desses problemas depõe a favor da propriedade horizontal.

IV. Como inconvenientes, temos: (1) problemas de vizinhança; (2) dificuldades em conseguir consensos para obras de manutenção; (3) dificuldades em conseguir investimentos para melhorias e para acompanhar o processo tecnológico; (4) a degradação das partes comuns: o que é de todos, não tem dono. As reformas sucessivas, nos diversos ordenamentos, visam ultrapassar estes óbices. Todavia, o Direito não substitui a cultura e o trato social. Estes devem estar subjacentes à propriedade horizontal.

[2319] O artigo 396.º do Código Civil espanhol, versão original, comportava uma disposição semelhante ao artigo 664.º do Código Napoleão. A propriedade horizontal foi desenvolvida pela Lei de 26-out.-1939 e, depois, pela Lei n.º 49/1960, de 21 de junho. A terceira reforma adveio da referida Lei n.º 8/1999, de 6 de abril. *Vide* Luis Díez-Picazo, *Fundamentos del derecho civil patrimonial*, IV – *Derechos reales* (2012), 95-132, com muita bibliografia.

[2320] Alguns elementos em Armindo Ribeiro Mendes, *A propriedade horizontal* cit., 23-24.

§ 52.º EXPERIÊNCIA LUSÓFONA DA PROPRIEDADE HORIZONTAL

229. Ordenações e Código de Seabra

I. A divisão horizontal da propriedade, no Direito português, remonta, pelo menos, às Ordenações Manuelinas (1512-1514). Segundo o seu Livro I, título XLIX, § 36[2321]:

> ITEM se hũa casa for de dous senhorios, de guisa, que de huũ deles seja o sotam, a d'outro o sobrado, non poderá aquelle cujo for o sobrado fazer janela sobre o portal d'aquele cujo for o sotamm nem outro edificio alguũ.

A estatuição é menos clara, mas a previsão é indiscutível: uma casa com dois senhores: um com o sótão e outro com o sobrado. Isso coloca o Direito português à frente de muitos costumes franceses. Teria o maior interesse averiguar qual a origem dessa regra: fica o desafio. A disposição das Ordenações Manuelinas transitou para as Filipinas: Livro I, Título LXVIII, § 34[2322].

II. Lobão refere a hipótese de uma casa:

> (…) já no seu todo está dividida, mas por solares, tendo hum os altos, outro os baixos.

Refere uma série de textos latinos e acaba por aplaudir, como as providências (…) *mais práticas, e ajustadas à razão* (…) as do artigo 657.º

[2321] *Ord. Man.*, Liv. I, Tít. XLIX, § 36 = ed. Fundação Gulbenkian, 1,353.
[2322] *Ord. Fil.*, Liv. I, Tít. LXVIII, § 34 = ed. Fundação Gulbenkian, 1, 161/II.

do Código Civil dos franceses[2323]. Com efeito, as Ordenações impunham restrições de vizinhança, mas não regulavam a repartição das despesas. O tema não terá tido grande relevo.

III. O artigo 2335.º do Código de Seabra, por influência napoleónica, ocupou-se do instituto. Dispôs[2324]:

> Art. 2335.º Se os diversos andares de um edificio pertencerem a diversos proprietarios, e o modo de reparação e concerto se não achar regulado nos seus respectivos titulos, observar-se-há o seguinte:
> § 1.º As paredes communs e os tectos serão reparados por todos, em proporção do valor que pertence a cada um.
> § 2.º O proprietario de cada andar pagará a despeza do concerto do seu pavimento e forro.
> § 3.º O proprietario do primeiro andar pagará a despeza do concerto da escada de que se serve; o proprietario do segundo a da parte da escada de que egualmente se serve, a partir do patamar do primeiro andar, e assim por deante.

Escrevendo em 1937, Cunha Gonçalves considera que as "compropriedades horizontais" não são, entre nós, muito frequentes, ao contrário de França, Itália, Espanha e Bélgica[2325]. Mau grado, na altura, a falta de um regime mais desenvolvido, este Autor procede a diversas previsões úteis[2326]. Sobre o tema, ainda sob Seabra, cabe referir a tese de licenciatura de António Pires[2327].

230. **O Decreto-Lei n.º 40 333, de 14-out.-1955**

I. Em meados da década de cinquenta do século passado, as necessidades sócio-económicas e os exemplos de França, de Itália e de Espanha,

[2323] Manuel de Almeida e Sousa de Lobão, *Tratado historico sobre todos os direitos relativos a cazas* (1817), §§ 262-263 (221-224).

[2324] José Dias Ferreira, *Codigo civil commentado*, V, 1.ª ed. (1876), 91-92 (sem notas) e IV, 2.ª ed. (1905), 268.

[2325] Luís da Cunha Gonçalves, *Tratado de Direito civil* cit., XI, n.º 1669 (283).

[2326] *Idem*, 283-292.

[2327] António Pires, *Da propriedade por andares* (1949, dact.), 151 pp., com História (17 ss.), Direito comparado (23 ss.), teoria sobre a natureza (40 ss.) e regime (55 ss.); um escrito interessante, por dar conta do tema antes do Decreto-Lei n.º 40 333, de 14-out.-1955.

levaram o legislador a prever um regime para a propriedade horizontal. Assim, logo no segundo pós-guerra, a Lei n.º 2:030, de 22 de junho de 1948[2328], dispôs, no seu artigo 30.º[2329]:

> O Governo deverá, no prazo de seis meses, proceder à revisão e regulamentação do artigo 2335.º do Código Civil, estabelecendo o regime da propriedade por andares ou propriedade horizontal.

O preceito não foi cumprido. Apenas em 1955 surgiu um Projeto de Decreto, remetido para parecer da Câmara Corporativa. Esta desempenhou-se, sendo relator Manuel Gomes da Silva[2330]. O parecer contém uma introdução sócio-política, relativa à excelência da habitação própria. Recorda que, em Lisboa e no ano de 1949, menos de 3,5% da população vivia em casa ocupada por proprietários ou comproprietários. Refere os custos de construção e a conveniência em limitar a extensão das cidades e recorda que as alterações introduzidas ao arrendamento afastam os (...) *capitalistas mais desinteressados, dando lugar ao aparecimento dos célebres "gaioleiros"*. Pondera vários sistemas, com relevo para o anglo-saxónico e o francês. Conclui que a propriedade por andares é uma modalidade de propriedade, com uma estrutura de um direito exclusivo sobre uma habitação e uma comunhão sobre partes não exclusivas[2331]. Passa, depois, a um exame na especialidade[2332].

II. Na sequência dos preparatórios, foi publicado o Decreto-Lei n.º 40 333, de 14 de outubro de 1955 o qual "estabelece o regime da propriedade horizontal"[2333]. O diploma vem antecedido por um extenso e interessante preâmbulo doutrinário[2334]. O diploma não está sistematizado em capítulos ou em secções, comportando 37 artigos corridos. No primeiro

[2328] DG I, n.º 143, de 22-jun.-1948, 529-538.

[2329] *Idem*, 532/II.

[2330] ACC n.º 56, de 3-set.-1955, 591-604.

[2331] *Idem*, 591-596.

[2332] *Idem*, 596-604. Sobre a história recente da propriedade horizontal, *vide* Rui Pinto Duarte, *Evolução do regime da propriedade horizontal*, em Elsa Vaz de Sequeira/ /Fernando Oliveira e Sá, *Código Civil/Edição comemorativa do cinquentenário* (2017), 525-553.

[2333] DG I, n.º 223, de 14-out.-1055, 879-886. Era Ministro da Justiça João Antunes Varela.

[2334] *Idem*, 879-883.

grupo de artigos (1.º a 10.º) preveem-se noções gerais e regras notariais e de registo. No segundo, alinham-se os direitos dos proprietários e referem-se os deveres. Recordamos o artigo 12.º, que não passaria ao Código Civil, embora lhe subjaza:

> No exercício do seu direito devem os proprietários suportar as limitações necessárias ao bem de todos, em virtude das relações de vizinhança, da compropriedade nas coisas comuns e da circunstância de as fracções pertencerem ao mesmo edifício.

III. Segue-se um terceiro bloco, no qual logo apresenta um especial relevo o artigo 13.º, que enumera as partes comuns e, ainda, as partes que se presumem comuns (13.º, § 1.º). Os proprietários devem contribuir para as despesas relativas aos bens comuns, de acordo com a permilagem das respetivas frações.

Um quarto bloco refere a assembleia, à qual, por maioria de 2/3, cabe aprovar as obras inovadoras; os proprietários dissidentes só poderiam, todavia, ser compelidos a cumprir se a sua recusa fosse havida como infundada (18.º).

Após um núcleo de preceitos sobre as obras indispensáveis, a destruição do edifício e o seguro obrigatório (19.º a 22.º), o diploma retorna à assembleia de proprietários e aos seus direitos e deveres, com relevo para a indissociabilidade dos direitos e deveres quanto às partes comuns, relativamente à propriedade singular (25.º) e para a irrenunciabilidade dos direitos às partes comuns, como forma de escusa ao pagamento dos encargos (26.º).

Num sexto bloco, o Decreto-Lei n.º 40 333 refere o administrador (27.º e, depois, 33.º a 35.º) e as reuniões da assembleia (28.º a 32.º). Esta delibera por maioria do capital investido, sendo as deliberações judicialmente anuláveis. O diploma encerra enumerando os livros que o administrador deve ter.

IV. O regime estabelecido em 1955 corresponde a uma espinha dorsal da propriedade horizontal. Presta-se a algumas críticas sistemáticas: a matéria poderia estar melhor arrumada, evitando saltos de umas áreas para as outras. Todavia, constituiu o ponto de partida para uma aplicação prática, no terreno e, ainda, para o surgimento dos escritos sobre a propriedade horizontal[2335].

[2335] Assim: Luís da Cunha Gonçalves, *Da propriedade horizontal ou por andares/*

231. A preparação do Código Civil

I. Na preparação do Código Civil, a propriedade horizontal foi entregue a Pires de Lima. Este Autor ocupou-se do tema colocando-o no VI Capítulo, dedicado à propriedade: artigos 116.° a 140.°, distribuídos por secções: I – Disposições gerais (116.° a 118.°); II – Constituição (119.° a 121.°); III – Direitos e encargos dos condóminos (122.° a 131.°); IV – Administração das partes comuns do edifício (132.° a 140.°). No essencial, Pires de Lima retomou os preceitos do Decreto-Lei n.° 40 333, dando-lhes uma melhor arrumação. A propósito da numeração do Código Civil, estabeleceremos as equivalências. Não houve qualquer justificação de motivos: provavelmente, o projeto do então futuro Decreto-Lei n.° 40 333, já teria sido propugnado por Pires de Lima, no âmbito do Ministério da Justiça, então encabeçado por Antunes Varela.

II. Na 1.ª Revisão Ministerial (artigos 1402.° a 1426.°) houve poucas modificações e, praticamente, de natureza formal[2336]. A 2.ª Revisão (artigos 1414.° a 1438.°) estabilizou a numeração dos artigos e deu alguns retoques, também formais[2337]. O Projeto fechou o ciclo dos preparatórios[2338].

III. Podemos considerar que o Código Civil, assim preparado, veiculou, para o resto do século XX e para o início do nosso século XXI, o regime geral do Decreto-Lei n.° 40 333, de 14 de outubro de 1955. Por esta via, as influências francesa e italiana vieram a tomar assento no Código Civil.

/*Breve estudo e comentário do Decreto n.° 40.333 de 14 de outubro de 1955* (1955), 165 pp., 9 ss., com dados comparatísticos e 21 ss., com o estudo do regime: esta obra transcreve o Parecer da Câmara Corporativa sobre o Projeto de Decreto n.° 508 (71-131); A. A. Tavares de Almeida, *Da propriedade horizontal ou por andares*, BMJ 55 (1956), 311-318; Armando Guerra, *Da propriedade horizontal e da propriedade superficiária*, 2.ª ed. (1964), 232 pp., com os antecedentes e os preparatórios.

2336 *1.ª Revisão* cit., 723.

2337 *2.ª Revisão* cit., 66-77.

2338 *Projecto* cit., 414-423.

§ 53.º REGIME E NATUREZA DA PROPRIEDADE HORIZONTAL

232. O sistema do Código Civil

I. O Código Civil acolheu, como adiantado, o tecido normativo do Decreto-Lei n.º 40 333, de 14 de outubro de 1955.

Temos as seguintes correspondências, retendo a versão original do Código[2339]: o artigo 1415.º do Código corresponde ao 1.º do Decreto-Lei; o 1415.º, ao 4.º; o 1417.º, ao 2.º; o 1418.º, ao 3.º; o 1419.º, ao 5.º; o 1420.º, ao 10.º e seu § único; o 1421.º, ao 13.º; o 1422.º, ao 12.º; o 1423.º, ao § único do 11.º e ao § 2.º do 13.º; o 1424.º, ao 16.º; o 1425.º, ao 17.º; o 1426.º, ao 18.º; o 1427.º, ao 10.º; o 1428.º, ao 20.º e ao 21.º; o 1429.º, ao 22.º e seu § único; o 1430.º, aos 27.º e 28.º; o 1431.º, ao 29.º e seu § 1.º; o 1432.º, ao 31.º e seu § único; o 1433.º, ao 32.º e seus §§; o 1434.º, ao 29.º, § 2.º; o 1435.º, ao 33.º; o 1436.º, ao 34.º e ao 35.º; § 3.º; o 1437.º, ao 35.º e seus §§ 1.º e 2.º; o 1438.º, ao 37.º.

Na versão original do Código Civil, praticamente apenas o artigo 1415.º representa matéria nova.

Apesar desta proximidade, a redação de vários destes preceitos foi melhorada.

II. A novidade do Código Civil foi a sistematização e a rearrumação da matéria. Assim, no capítulo VI, relativo à propriedade horizontal, temos, agora, quatro secções:

I – Disposições gerais: princípio geral (1414.º); objeto (1415.º); falta de requisitos legais (1416.º);
II – Constituição: princípio geral (1417.º); individualização das frações (1418.º); modificação do título (1419.º);

2339 DG I, n.º 274, de 25-nov.-1966, 2006-2009.

III – Direitos e encargos dos condóminos: direitos dos condóminos (1420.º); partes comuns do prédio (1421.º); limitação ao exercício de direitos (1422.º); direitos de preferência e de divisão (1423.º); encargos de conservação e fruição (1424.º); inovações (1425.º); encargos com as inovações (1426.º); reparações indispensáveis e urgentes (1427.º); destruição do edifício (1428.º); seguro obrigatório (1429.º);

IV – Administração das partes comuns do edifício: órgãos administrativos (1430.º); assembleia de condóminos (1431.º); convocação e funcionamento da assembleia (1432.º); impugnação das deliberações (1433.º); compromisso arbitral (1434.º); administrador (1435.º); funções do administrador (1436.º); legitimidade do administrador (1437.º); recurso de atos do administrador (1438.º).

Como se vê, cerca de ¾ das disposições relativas à propriedade horizontal têm a ver com as partes comuns e com a organização relativa à sua administração.

III. A matéria normativa referente à propriedade horizontal é fundamentalmente regulamentar. O seu estudo tende a ser descritivo, uma vez que, como questões dogmáticas de nível jurídico-científico temos, essencialmente, duas: a natureza da propriedade horizontal e o perímetro das partes comuns do edifício.

233. **Alterações legislativas; o problema dos comuns**

I. O Código Civil, passado mais de meio século sobre a sua promulgação conheceu, na área da propriedade horizontal, cinco alterações. Esta surge como a área mais instável do Código, no livro do Direito das coisas. Podemos adiantar que essa relativa instabilidade se deve ao clássico problema dos comuns, isto é, das partes do edifício que pertencem a todos os condóminos, partes essas que, como resulta do artigo 1421.º, atingem elementos estruturais, que não podem ser minimizados. O poder de decisão, no tocante a elas, cabe à assembleia dos condóminos: esta implica uma série de óbices, sociais, económicos, culturais e psicológicos que dificultam o seu funcionamento[2340].

[2340] *Infra*, n.º 234, IV e n.º 251, III.

II. A primeira alteração adveio do Decreto-Lei n.º 267/94, de 25 de outubro, que segundo o sumário oficial "altera o regime de propriedade horizontal constante do Código Civil e o Código do Registo Predial"[2341]. Esse diploma integrou-se num "pacote" relativo à propriedade horizontal: o Decreto-Lei n.º 268/94, também de 25 de outubro, estabeleceu normas regulamentares do regime da propriedade horizontal e o Decreto-Lei n.º 269/94, do mesmo dia, criou as contas poupança-condomínio. Foi precedido por um preâmbulo explicativo, um pouco ao estilo do Decreto-Lei n.º 40 333, de 14 de outubro de 1955, que reportando a evolução subsequente à 1.ª Guerra Mundial, apresenta uma imagem encomiástica da propriedade horizontal. Diz, designadamente[2342]:

> A propriedade horizontal constituiu, ao longo deste século, e principalmente a partir da 1.ª Guerra Mundial, um instrumento indispensável à ultrapassagem das sucessivas crises de habitação que se tem deparado às populações.
>
> A concentração demográfica, associada ao desenvolvimento industrial, a escassez dos solos, a procura intensa destes por parte dos investidores imobiliários, as novas técnicas e materiais utilizados na construção, correspondem a alguns dos factores que explicam o acolhimento que este instituto recebeu nos diferentes ordenamentos contemporâneos. Permitindo o acesso à propriedade por segmentos da população a que aquela estaria vedada por razões económicas e representando um poderoso meio de incremento da edificação, a propriedade horizontal acabaria por ser vista com favor, também, pelo legislador português.

Refere o artigo 2335.º do Código de Seabra e o Decreto-Lei n.º 40 333, de 14 de outubro de 1955, que considera tardio mas feliz, uma vez que teria propagado o condomínio. Quanto ao Código Civil, critica: ele teria abandonado a regulamentação de muitos aspetos anteriormente contemplados, numa omissão censurada por parte da doutrina. Dá uns tópicos de Direito comparado e refere, ainda, o problema da empreitada. Posto o que altera os artigos 1418.º, 1419.º e 1421.º, relativos, respetivamente, ao título constitutivo (os dois primeiros) e às partes comuns (o último). Modifica, ainda, os artigos 1422.º, 1424.º, 1426.º, 1429.º, 1432.º, 1433.º, 1435.º e 1436.º e acrescenta os 1422.º-A, 1429.º-A, 1435.º-A e 1438.º-A, todos relacionados

[2341] DR I-A, n.º 247, de 25-out.-1994, 6429-6433; era Ministro da Justiça Álvaro Laborinho Lúcio.

[2342] *Idem*, 6429/I.

com a administração das partes comuns. Iremos encontrar as novas redações a propósito de cada rubrica. Todavia, embora os novos preceitos se tenham integrado no Código Civil, sendo interpretados nesse plano, existe, entre eles, uma conexão que requer sempre uma ponderação à luz do próprio Decreto-Lei n.º 267/94. Este diploma alterou ainda o artigo 1225.º, relativo à empreitada e os artigos 82.º e 95.º do Código do Registo Predial, em pontos regulamentares relativos à propriedade horizontal.

A introdução de aspetos regulamentares no Código Civil é sempre questionável. Isto dito e no tocante à propriedade horizontal, ela afigura-se preferível à confeção de um diploma extravagante sobre a matéria. Pela sua dignidade, a propriedade horizontal deve inserir-se no Código Civil.

III. Uma segunda alteração adveio da Lei n.º 6/2006, de 27 de fevereiro[2343], que adotou o Novo Regime do Arrendamento Urbano (NRAU), em termos que temos criticado[2344]. Esse diploma modificou o artigo 1417.º, permitindo que a propriedade horizontal possa ser constituída por decisão administrativa.

IV. A terceira alteração foi inserida no Decreto-Lei n.º 116/2008, de 4 de julho, que veio aprovar medidas de simplificação e desformalização de atos e processos na área do registo predial e do notariado. De passagem, este Decreto-Lei alterou o artigo 1419.º, facilitando a forma do título constitutivo e a do artigo 1422.º-A, relativo às operações de junção ou de cisão de frações[2345].

V. A quarta alteração teve origem na Lei n.º 32/2012, de 14 de agosto, que alterou o regime jurídico da reabilitação urbana, aprovado pelo Decreto-Lei n.º 307/2009, de 23 de outubro. Surge, neste regime, um novo artigo 81.º-A, relativo ao termo de responsabilidade do técnico que certifique os requisitos necessários para a constituição da propriedade horizontal. Esse diploma acrescentou, ao artigo 1424.º, um número 5 relativo a despesas com rampas de acesso e plataformas elevatórias[2346].

[2343] DR I-A, n.º 41, de 27-fev.-2006, 1559/I.

[2344] *Tratado*, XI, 639 ss..

[2345] DR 1.ª série, n.º 128, de 4-jul.-2008, 4155/II-4156/I.

[2346] DR 1.ª série, n.º 157, de 14-ago.-2012, 4461/I.

VI. A quinta alteração, por fim, foi adotada pela Lei n.º 8/2022, de 10 de janeiro, que veio "rever o regime da propriedade horizontal, alterando o Código Civil, o Decreto-Lei n.º 268/94, de 25 de outubro e o Código do Notariado". Quanto ao Código Civil, foram modificados os artigos 1419.º, 1424.º, 1427.º, 1431.º, 1432.º, 1436.º e 1437.º e aditado um novo artigo 1424.º-A: tudo relativo a deliberações dos condóminos. O Decreto-Lei n.º 268/94, de 25 de outubro, com normas regulamentares sobre a propriedade horizontal, veio alterar os seus artigos 1.º, 3.º, 4.º e 6.º, sendo acrescentado um artigo 1.º-A: matéria também referente à assembleia de condóminos. Este diploma foi republicado em anexo.

234. **Problemas e perspetivas**

I. O regime da propriedade horizontal está traçado para edifícios de média dimensão: digamos, até 20 frações. As suas regras são pesadas para condomínios com dois ou três condóminos e são impraticáveis para edifícios com muitas dezenas ou, até, centenas de frações autónomas. Quando a dimensão seja reduzida, as regras não são observadas, salvo litígio: basta uma conversa entre vizinhos, para resolver quanto surja. Em face de edifícios de grande dimensão, há que recorrer a empresas especializadas. Atualmente, de resto, mesmo em edifícios médios, é hábito contratar entidades especializadas para assegurarem a contabilidade e as múltiplas prestações de serviços necessárias para uma boa administração das partes comuns.

II. A tendência regulamentar da propriedade horizontal deve ser meditada. Embora útil, ela não pode esquecer que se trata de regras dirigidas a cidadãos comuns, sem preparação jurídica e que, muitas vezes, nem conhecem os textos legais. A Lei n.º 8/2022, de 10 de janeiro, veio causar confusão nos condomínios. A legislação sobre propriedade horizontal deve ponderar a *Realpolitik*, isto é, o que, de facto, ocorre no terreno.

III. A progressiva assunção, por sociedades especializadas, da administração das partes comuns dos edifícios deve levar à ponderação desses agentes. Sem burocracias, há que assegurar a sua idoneidade e a qualidade dos serviços que prestem. Numa lógica de defesa do consumidor, a supervisão afigura-se inevitável. A propriedade horizontal funciona, ainda, como matriz de outros direitos que lidem com a gestão coletiva da habitação, como a habitação periódica.

IV. Por fim, a propriedade horizontal é, antes de mais, uma organização de pessoas. Os aspetos humanos envolvidos têm sido postergados por leis que tudo reduzem a decisões, a deliberações, a encargos e a formalidades. A cultura e a boa educação não se decretam. Mas as leis assumem uma dimensão pedagógica e, nos casos mais vincados, devem dar, aos condóminos, meios de defesa. Apenas padrões de civilidade, de higiene e de respeito pelos outros viabilizam uma boa qualidade de vida nos nossos centros urbanos. As normas sobre obras, sobre ruídos, sobre cães e sobre diversões, dispersas em múltiplas fontes de conhecimento problemático para o cidadão comum, deviam ser aperfeiçoadas e reunidas, protegendo os direitos fundamentais em jogo.

235. **A natureza**

I. A determinação da natureza da propriedade horizontal constitui uma rubrica nobre. Todos os autores, das diversas nacionalidades, tomam posição. A questão é tributária das múltiplas teses relativas à compropriedade: agravadas pela maior complexidade do condomínio em edifícios. Na presente edição, vamos indicar, apenas, as teorias mais vincadas[2347].

II. À partida e nas diversas legislações, a propriedade horizontal tem uma dupla estrutura: uma "propriedade exclusiva" sobre as frações autónomas e uma compropriedade das partes comuns do edifício (1420.º/1). Perante estes dados, têm surgido as teses seguintes: (1) teoria da pessoa coletiva; (2) a teoria da superfície; (3) a teoria da compropriedade; (4) a teoria dualista; (5) a teoria da propriedade especial; (6) a teoria do direito real autónomo. Vamos ver.

III. A teoria da pessoa coletiva, com assento no Direito anglo-saxónico e, em parte, no Direito francês, tem duas versões: na primeira (versão

[2347] Entre nós: Armindo Ribeiro Mendes, *A propriedade horizontal* cit., 27 ss.; o nosso *Direitos Reais*, II, 906 ss.; Luís A. Carvalho Fernandes, *Da natureza jurídica do direito de propriedade horizontal*, CDP n.º 15 (2006), 3-14 = Est. Ruy de Albuquerque, I (2006), 269-284; José Alberto Vieira, *Direitos Reais* cit., 3.ª ed., 708-712; Rui Pinto Duarte, *Curso de Direitos Reais* cit., 4.ª ed., 194; Luís Menezes Leitão, *Direitos Reais* cit., 9.ª ed., 341-344; José Luís Ramos, *Manual de Direitos Reais* cit., 2.ª ed., 481 ss.; Ana Taveira de Sousa, UCP/*Comentário ao Código Civil* cit., art. 1414, anot. 6 (434-436).

radical), o conjunto do edifício pertenceria a uma sociedade, de que os condóminos seriam os sócios; no seio desta, as frações seriam repartidas; na segunda (versão moderada) a pessoa coletiva surgiria, apenas, para explicar a gestão das partes comuns. Estas orientações, mais do que leituras teóricas, têm a ver com os regimes aplicáveis. À luz dos Direitos continentais, não é viável tratar o condomínio, globalmente, como uma sociedade: não se lhe aplica o regime societário e não há, propriamente, um exercício em comum de uma atividade (980.º). Já apurar, no conjunto dos condóminos, um centro parcial de imputação de normas jurídicas (portanto: uma pessoa rudimentar) afigura-se uma evidência. Mas tem a ver com o nível de organização e, não, com a permissão normativa de aproveitamento do edifício, aqui em causa.

IV. A teoria da superfície evoluiu no Direito alemão, mercê das vicissitudes que, no BGB, bloquearam a propriedade horizontal. Todavia, reencontramo-la em Itália[2348]. José Luís Ramos, quando posiciona o "direito real de condomínio" depois do direito de superfície[2349], mostra alguma sensibilidade ao tema, embora subscrevendo a tese do direito real autónomo. Teoricamente, seria possível construir uma superfície por pisos sucessivos, onerados com servidões de passagem. Quanto ao solo: ou os donos do piso térreo assumem essa qualidade ou haveria que a atribuir, em comunhão, a todos. Mas muito ficaria por explicar e, designadamente, a gestão das partes comuns. Não obstante uma ideia deve ser retida: a propriedade horizontal pressupõe, tal como a superfície, a quebra do brocardo *superficies solo cedit*.

V. A teoria da compropriedade[2350] explica que, na propriedade horizontal, todos os condóminos são donos do edifício. Mas ocorre uma *communio pro diviso* relativamente às frações autónomas: cada titular teria o seu uso exclusivo. Há algum jogo de palavras: a *communio pro diviso* postula que cada titular seja dono de uma parte especificada da coisa. Tal não é possível, por violação da tipicidade: os acordos entre consortes que a tal

[2348] Lino Salis, *Il condominio negli edifici* cit., 1117-1118; *vide* Ribeiro Mendes, *A propriedade horizontal* cit., 31 ss..

[2349] José Luís Ramos, *Manual de Direitos Reais* cit., 2.ª ed., 481 ss..

[2350] Presente em Luís da Cunha Gonçalves, *Da propriedade horizontal ou por andares* cit., 14 ss..

conduzam têm mera natureza obrigacional[2351]. Além disso, a *communio pro diviso* não é verdadeira propriedade. Esta tese deixa, pois, por explicar o essencial.

VI. A teoria dualista considera haver, na propriedade horizontal, uma combinação de dois direitos: uma propriedade plena, de cada condómino, sobre a sua fração específica e uma compropriedade sobre as partes comuns[2352]. Esta orientação é descritiva, mas não explicativa. Desde logo, considerar que o direito do condómino à sua fração é uma "propriedade plena" equivale a uma hipostasiação da linguagem: os poderes sobre a fração não são, seguramente, "plenos". De seguida, o complexo normativo que rege a propriedade horizontal tem uma coerência intrínseca, constituindo um todo indissociável.

VII. A teoria da "propriedade especial" é propugnada por Oliveira Ascensão: na propriedade horizontal, a propriedade seria o fundamental e a compropriedade, apenas, instrumental[2353]. A ideia de uma propriedade especial tem algum apoio no Código Civil: trata a propriedade horizontal a propósito da propriedade. José Luís Ramos chama a atenção para o inconveniente da própria expressão "propriedade horizontal", que considera arcaica: chama-lhe "direito real de condomínio". Quanto à locução: se, como defendemos, a propriedade horizontal não é verdadeira propriedade, a designação dada pelas leis, desde 1955, está tecnicamente errada. A mensagem de José Luís Ramos é válida: mas podemos conservar a expressão tradicional, como é de regra em Direito civil. Quanto ao fundo: devemos manter atuantes os parâmetros que caracterizam o direito de propriedade: a plenitude e a exclusividade. Quanto à plenitude, o condomínio em edifícios poderia respeitá-la, uma vez que ela resiste às restrições originadas por direitos concorrentes. A compropriedade não deixa de ser propriedade. Mas a exclusividade não ocorre. Esta característica – recordemo-lo – diz-nos que o direito de propriedade não postula um outro direito concorrente, ainda que o admita. Ora a propriedade horizontal está, toda ela,

[2351] *Supra*, n.º 217, II.

[2352] Entre nós: Carlos Mota Pinto, *Direitos Reais* cit., 273-274 e *Compropriedade, propriedade horizontal* cit., 107; Pires de Lima/Antunes Varela, *Código civil anotado* cit., III, 2.ª ed., 397.

[2353] José de Oliveira Ascensão, *Direito civil/Reais* cit., 5.ª ed., n.º 231, III (464); esta noção foi retomada por José Alberto Vieira, *Direitos Reais* cit., 3.ª ed., 711-712.

traçada para assegurar vários direitos concorrentes. Não há exclusividade. E este ponto não é de somenos; justamente por operarem, necessariamente, direitos sobre a mesma coisa é que surge toda a complexa regulação da propriedade horizontal que, desde 1966, não parou de se densificar. Não há, nela, uma propriedade "especial": apesar de não faltar "especialidade" não ocorre, já, nenhuma propriedade.

VIII. Queda-nos a última teoria, que tem vindo a obter um apoio alargado na doutrina mais recente[2354]: a propriedade horizontal corresponde a um direito real autónomo, devidamente tipificado na lei, com uma dogmática própria, irredutível ao domínio.

[2354] Assim, além de nós próprios, *Direitos Reais*, 2, 910; Luís A. Carvalho Fernandes, *Da natureza jurídica do direito de propriedade horizontal* cit., 283-284 (na versão dos Est. Ruy de Albuquerque); José Luís Ramos, *Manual de Direitos Reais* cit., 2.ª ed., 500-501; Luís Menezes Leitão, *Direitos Reais* cit., 9.ª ed., 343-344, com outras indicações.

CAPÍTULO II

O REGIME DA PROPRIEDADE HORIZONTAL

§ 54.º AS DISPOSIÇÕES GERAIS SOBRE A PROPRIEDADE HORIZONTAL

236. Princípio geral e objeto (1414.º e 1415.º)

I. Segundo o artigo 1414.º,

> As frações de que um edifício se compõe, em condições de constituírem unidades independentes, podem pertencer a proprietários diversos em regime de propriedade horizontal.

O presente preceito equivale a uma simplificação do artigo 1.º do Decreto-Lei n.º 40 333, de 14 de outubro de 1955: substituiu-se "suscetíveis" por "em condições" e suprimiu-se "para os fins de habitação, de atividade cultural, de atividade económica ou semelhantes". Curiosamente, essa simplificação ocorreu, apenas, no Projeto final[2355]. A referência a "condições", que têm, em Direito civil, um significado técnico, não foi conseguida.

II. O ponto essencial reside no objeto. Só podem acolher este direito os prédios que reúnam os requisitos do artigo 1415.º: comportem: (1) frações autónomas; (2) independentes entre si; (3) distintas e isoladas; (4) com saída própria para uma parte comum ou para a via pública. O preceito descende do artigo 4.º do Decreto-Lei n.º 40 333, que apenas refe-

[2355] Assim: Fernando Pires de Lima, *Direito de propriedade* cit., (116.º), 269; *1.ª Revisão* cit., 1402.º, 72; *2.ª Revisão* cit., 1414.º, 66; *Projecto* cit., 1414.º, 414.

ria "sejam suficientemente distintas e isoladas entre si", reportando-se às frações autónomas. O suplemento de requisitos foi acrescentado por Pires de Lima, no artigo 117.º do seu anteprojeto[2356] o qual, sem alterações, passou ao artigo 1403.º da 1.ª Revisão Ministerial[2357] e ao artigo 1415.º da 2.ª[2358]. O Projeto final (1415.º) alterou essa redação, suprimindo a referência anterior e acrescentando "independentes"[2359]. O facto de, no Projeto em causa, ocorrerem alterações mostra que esta matéria mereceu, até ao último momento, uma cuidada atenção.

III. A aptidão de um edifício para ser colocado no regime da propriedade horizontal é muito relevante. O objetivo do instituto é o de proporcionar, às pessoas, alojamentos ou instalações condignas: não se podem converter numa fonte de promiscuidade. Tal aptidão resulta de uma licença passada pela câmara municipal, mediante certificado de um técnico encartado[2360].

237. **Falta de requisitos legais (1416.º)**

I. O artigo 1416.º dispõe sobre a falta de requisitos legais. Eis o seu teor:

> 1. A falta de requisitos legalmente exigidos importa a nulidade do título constitutivo da propriedade horizontal e a sujeição do prédio ao regime da compropriedade, pela atribuição a cada consorte da quota que lhe tiver sido fixada nos termos do artigo 1418.º ou, na falta de fixação, da quota correspondente ao valor relativo da sua fração.
> 2. Têm legitimidade para arguir a nulidade do título os condóminos, e também o Ministério Público sobre participação da entidade pública a quem caiba a aprovação ou fiscalização das construções.

Este preceito é novo, relativamente ao Decreto-Lei n.º 40 333, de 14 de outubro de 1955. Corresponde a uma ideia de Pires de Lima, exarada no

[2356] Fernando Pires de Lima, *Direito de propriedade* cit., 270.
[2357] *1.ª Revisão* cit., 72.
[2358] *2.ª Revisão* cit., 66.
[2359] *Projecto* cit., 415.
[2360] Recorde-se o artigo 81.º-A, do Decreto-Lei n.º 307/2009, de 23 de outubro, na redação dada pela Lei n.º 32/2012, de 14 de agosto.

artigo 118.º do seu anteprojeto[2361]. Sofreu arranjos formais na 1.ª Revisão Ministerial (1404.º)[2362], na 2.ª (1416.º)[2363] e no próprio Projeto (1416.º)[2364].

II. Dogmaticamente, temos aqui uma conversão legal. O título constitutivo, quando se reporte a uma estrutura que não reúna os requisitos legais para a propriedade horizontal, é nulo, nos termos gerais dos artigos 280.º/1 e 294.º. Todavia, há que dar um destino ao edifício. A solução legal é a da convolação da propriedade horizontal para o regime da compropriedade, ficando cada consorte com uma quota equivalente ao valor relativo da "sua" fração, segundo o artigo 1418.º. A conversão legal não pode dispensar o previsto no artigo 293.º. Assim, quando se verifique que o fim prosseguido pelas partes não permita supor que elas teriam querido a compropriedade, se tivessem previsto a invalidade, não pode haver conversão. O negócio subjacente ao título constitutivo e quaisquer outros, a seu montante, são nulos por ilicitude ou por impossibilidade jurídica do seu objeto.

III. Pode ainda suceder que a falta de requisitos legais seja mínima ou que ela apenas atinja uma pequena parte do edifício. Nessa eventualidade, podemos ponderar a hipótese de redução do título, ficando a parcela incorreta na posição de parte comum[2365]. Por exemplo: um título que consigne, como fração autónoma, uma garagem ou uma arrecadação: estas devem integrar o acervo das partes comuns.

238. **Extensão e alterações ao objeto**

I. A imagem comum associada a um edifício em propriedade horizontal é a de diversos pisos e/ou diversos apartamentos por piso. Mas pode a propriedade ser "vertical": duas frações lado a lado, como exemplo. O artigo 1438.º/7, acrescentado pelo artigo 2.º do Decreto-Lei n.º 267/94, de 25 de outubro, permite a aplicação do regime da propriedade horizontal a conjuntos de edifícios: (1) funcionalmente ligados entre si; (2) pela exis-

[2361] Fernando Pires de Lima, *Direito de propriedade* cit., 270.

[2362] *1.ª Revisão* cit., 72-73.

[2363] *2.ª Revisão* cit., 66.

[2364] *Projecto* cit., 415.

[2365] *Vide* RLx 27-jan.-2021 (Cristina Lourenço), Proc. 5219/19.

tência de partes comuns afetadas ao uso de todas ou algumas unidades ou frações que as comportam.

II. A aplicação da propriedade horizontal a conjuntos de edifícios está, em regra, associada à ideia de "condomínio fechado". Este traduz um conjunto edificado, com partes comuns que requerem privacidade e segurança: piscinas, campos desportivos e salas de convívio. Reservados a camadas abastadas, os condomínios fechados pressupõem serviços de segurança adequados.

III. Uma vez constituído um regime de propriedade horizontal, podem ocorrer alterações ao objeto. O artigo 1419.º rege a modificação do título. Mas além disso, temos a hipótese de junção e de divisão de frações autónomas, constante do artigo 1422.º-A, introduzido pelo Decreto-Lei n.º 267/94, de 25 de outubro e simplificado, quanto à forma, pelo Decreto-Lei n.º 116/2008, de 4 de julho. Outra hipótese, surpreendentemente inserida no artigo 1526.º, respeitante ao direito de superfície, é a da sobrelevação: a construção sobre edifício alheio deve obedecer às regras relativas à propriedade horizontal, passando o construtor a condómino. A regra, devidamente adaptada, aplica-se quando a sobrelevação seja levada a cabo por quem já seja condómino.

§ 55.º A CONSTITUIÇÃO DA PROPRIEDADE HORIZONTAL

239. Princípio geral (1417.º)

I. A constituição da propriedade horizontal é um ponto decisivo, no regime depois aplicável: estamos no domínio da autonomia privada, sem prejuízo de alguns constrangimentos. Assim, cabe ao dono ou aos donos do edifício: (1) decidir a constituição de propriedade horizontal ; (2) traçar o seu perfil, desenhando as frações autónomas e as partes comuns, nos limites legais. Mas se esse é o esquema-base, pode haver outras vias de constituição. O artigo 1417.º fixa o seguinte princípio geral:

> 1. A propriedade horizontal pode ser constituída por negócio jurídico, usucapião, decisão administrativa ou decisão judicial, proferida em ação de divisão de coisa comum ou em processo de inventário.
>
> 2. A constituição da propriedade horizontal por decisão judicial pode ter lugar a requerimento de qualquer consorte, desde que no caso se verifiquem os requisitos exigidos pelo artigo 1415.º.

Esse preceito adveio do artigo 2.º do Decreto-Lei n.º 40 333, de 14 de outubro de 1955, bastante mais completo. A simplificação ocorreu no artigo 119.º do anteprojeto Pires de Lima[2366], tendo atravessado, sem grandes retoques, os preparatórios subsequentes[2367]. A Lei n.º 6/2006, de 27 de fevereiro, acrescentou "decisão administrativa", ao original de 1966.

II. A constituição de propriedade horizontal por negócio jurídico unilateral é a hipótese mais comum. O construtor do edifício, desejando colocar no mercado as diversas unidades que o componham, obtém a com-

[2366] Fernando Pires de Lima, *Direito de propriedade* cit., 271.

[2367] *1.ª Revisão* cit. (1405.º), 73; *2.ª Revisão* cit. (1417.º), 67; *Projecto* cit. (1417.º), 415.

petente licença e titula a propriedade horizontal. Previamente, ele terá já celebrado contratos-promessas relativos às frações futuras, como forma de obter financiamento. A hipótese de vários comproprietários de um edifício decidirem passá-lo a propriedade horizontal, pouco frequente, dará azo a um título contratual. Em qualquer dos casos, o título constitutivo oriundo da autonomia privada deveria ser interpretado e integrado de acordo com as regras dos artigos 236.º e 237.º do Código Civil[2368]. Todavia, uma vez que ele se irá aplicar a pessoas que nada tiveram a ver com a sua celebração, pode prevalecer um tipo de interpretação mais marcadamente objetivista.

III. A constituição por decisão administrativa ou judicial pode advir de uma ação de divisão de coisa comum ou de inventário. Nessa eventualidade, ela irá seguir os moldes requeridos por qualquer consorte[2369], desde que se verifiquem os requisitos legais: só assim poderá produzir um título constitutivo. Note-se que os §§ 1.º e 2.º do artigo 3.º do Decreto-Lei n.º 40 333 explicitam como montar um título constitutivo nas hipóteses de divisão de coisa comum (incluindo o inventário) e de decisão administrativa. Essas normas perderam-se. Mas, apesar de revogadas, elas podem ajudar na interpretação de lacunas.

IV. A hipótese de uma constituição de propriedade horizontal por usucapião – hipótese essa que bem vinca a sua natureza real – opera, em regra, perante uma invalidade formal do título constitutivo. Fora isso, não se vê como, através de uma posse não titulada, preencher os meandros requeridos pelo título, os quais resultam do artigo 1418.º.

240. O conteúdo do título constitutivo (1418.º); o regulamento (1429.º-A)

I. O artigo 3.º do Decreto-Lei n.º 40 333, de 14 de outubro de 1955, determinava que o título constitutivo especificasse as partes do edifício componentes de cada fração autónoma e fixasse o seu valor relativo, em percentagem ou permilagem do valor total do prédio. Nessa linha, o artigo 120.º do anteprojeto Pires de Lima, do qual adveio o artigo 1418.º original,

[2368] STJ 11-dez.-2014 (Abrantes Geraldes), Proc. 833/11.

[2369] A Lei n.º 6/2006 alterou o artigo 1417.º/1; mas esqueceu o seu n.º 2, que apenas refere a sentença judicial.

sob a epígrafe "individualização das frações", exarava regras similares[2370]. Essa ideia, com poucas alterações, passou ao artigo 1406.º da 1.ª Revisão Ministerial[2371] e, daí, aos artigos 1418.º da 2.ª Revisão[2372] e do Projeto[2373].

II. O preceito era insuficiente. Assim, o artigo 1418.º foi alterado pelo Decreto-Lei n.º 267/94, de 25 de outubro. A epígrafe, que no original era "individualização de frações" passou a ser "conteúdo do título constitutivo". O corpo do artigo passou a n.º 1, surgindo, agora, o seguinte n.º 2:

> 2. Além das especificações constantes do número anterior, o título constitutivo pode ainda conter, designadamente:
> *a*) Menção do fim a que se destina cada fração ou parte comum;
> *b*) Regulamento do condomínio, disciplinando o uso, fruição e conservação, quer das partes comuns, quer das frações autónomas;
> *c*) Previsão do compromisso arbitral para a resolução dos litígios emergentes da relação de condomínio.
>
> 3. A falta da especificação exigida pelo n.º 1 e a não coincidência entre o fim referido na alínea *a*) do n.º 2 e o que foi fixado no projeto aprovado pela entidade pública competente determinam a nulidade do título constitutivo.

A menção do fim visa prevenir a fuga para o comércio, isto é, a utilização comercial de frações licenciadas para habitação. O regulamento do condomínio visa a definição das partes comuns. O compromisso arbitral consta do artigo 1434.º, remontando ao artigo 29.º, § 2.º, do Decreto-Lei n.º 40 333.

III. A sanação da nulidade do título, prevista no artigo 1418.º/3, deve ser matizada. Sempre que, por redução, for possível evitar a nulidade total do título, há que evitá-la. A solução será a de regularizar o título, corrigindo o vício. O desvio perante o projeto aprovado pela entidade pública competente (a câmara municipal) correspondia, por vezes, à prática de certos construtores que pretendiam vender, à parte, as garagens ou as arrecadações. A solução de nulidade do título pode beneficiar os infratores.

2370 Fernando Pires de Lima, *Direito de propriedade* cit., 271.
2371 *1.ª Revisão* cit., 73-74.
2372 *2.ª Revisão* cit., 67-68.
2373 *Projecto* cit., 416.

IV. O artigo 1429.º-A, inserido pelo Decreto-Lei n.º 267/94, de 25 de outubro, fora do local correto, dispõe sobre a elaboração do regulamento do condomínio.

241. A modificação do título (1419.º)

I. O artigo 1419.º dispõe sobre a modificação do título constitutivo. Comporta várias normas, pelo que se impõe a sua transcrição, para efeitos de análise:

> 1. Sem prejuízo do disposto no n.º 3 do artigo 1422.º-A e do disposto em lei especial, o título constitutivo da propriedade horizontal pode ser modificado por escritura pública ou por documento particular autenticado, havendo acordo de todos os condóminos.
> 2. A falta de acordo para alteração do título constitutivo quanto a partes comuns pode ser suprida judicialmente, sempre que os votos representativos dos condóminos que nela não consintam sejam inferiores a 1/10 do capital investido e a alteração não modifique as condições de uso, o valor relativo ou o fim a que as suas frações se destinam.
> 3. O administrador, em representação do condomínio, pode outorgar a escritura ou elaborar e subscrever o documento particular a que se refere o n.º 1, desde que o acordo conste de ata assinada por todos os condóminos.
> 4. A inobservância do disposto no artigo 1415.º importa a nulidade do acordo; esta nulidade pode ser declarada a requerimento das pessoas e entidades designadas no n.º 2 do artigo 1416.º.

O preceito remonta ao artigo 5.º do Decreto-Lei n.º 40 333, de 14 de outubro de 1955. O § único desse preceito exigia, havendo modificação das frações autónomas ou de a modificação exigir obras, a aprovação da entidade competente. A regra era sábia, mas perdeu-se. Na sua versão inicial, o artigo 1419.º comportava, apenas, dois números, correspondentes aos seus atuais n.º 1 e n.º 3: o n.º 1 sem a referência ao "sem prejuízo ...". Adveio, com poucas alterações, do artigo 121.º do anteprojeto Pires de Lima[2374].

[2374] Fernando Pires de Lima, *Direito de propriedade* cit., 271; *vide* a *1.ª Revisão* cit. (1407.º), 74; *2.ª Revisão* cit. (1419.º), 68; *Projecto* cit. (1419.º), 416.

II. O artigo 1419.º foi modificado pelo Decreto-Lei n.º 267/94, de 25 de outubro: introduziu a ressalva do início do n.º 1 e aditou o n.º 2, passando o anterior n.º 2 a n.º 3. A Lei n.º 116/2008, de 4 de julho, em nova alteração, acrescentou, à escritura pública mencionada no n.º 2, o "documento particular" permitido pelos rearranjos formais a que procedeu.

III. A ideia básica, em conexão com a natureza da propriedade horizontal enquanto direito unitário, é a de que, uma vez constituída a mesma, qualquer alteração na sua geografia exige o acordo unânime dos condóminos. A lei exceciona o artigo 1422.º-A, relativo à junção e à divisão de frações autónomas e dá, ainda, abertura para outras exceções resultantes de leis especiais (n.º 1). Cabe ao administrador, obtida a deliberação unânime de todos os condóminos ou, de qualquer modo, desde que todos tenham dado o seu acordo, outorgar a escritura ou subscrever o competente documento particular (1419.º/3). Este preceito diz, *ipsis verbis*, que o faz "em representação" do condomínio.

§ 56.º DIREITOS E ENCARGOS DOS CONDÓMINOS

242. **Direitos dos condóminos (1420.º)**

I. O artigo 1420.º dispõe sobre os direitos dos condóminos nos termos seguintes:

> 1. Cada condómino é proprietário exclusivo da fração que lhe pertence e comproprietário das partes comuns do edifício.
> 2. O conjunto dos dois direitos é incindível; nenhum deles pode ser alienado separadamente, nem é lícito renunciar à parte comum como meio de o condómino se desonerar das despesas necessárias à sua conservação ou fruição.

O preceito adveio do artigo 10.º e do seu § único do Decreto-Lei n.º 40 333, de 14 de outubro de 1955. Este diploma especificava que a compropriedade na parte comum de prédio era acessória. O anteprojeto Pires de Lima acolheu-o, com alterações pouco significativas, no seu artigo 122.º[2375]: um troço que passou ao artigo 1408.º da 1.ª Revisão Ministerial[2376], obtendo, na 2.ª Revisão (1420.º), a sua redação definitiva[2377].

II. O artigo 1420.º é relevante para a geografia da propriedade horizontal. Com efeito, ele fixa os dois parâmetros do instituto: direito exclusivo à fração e compropriedade nas partes comuns. O n.º 2 reforça a ideia: o conjunto é incindível e não há lugar à renúncia liberatória, para evitar os encargos com as partes comuns. O preceito não esgota – nem pretende esgotar – as prerrogativas dos condóminos. Ao considerá-los "proprietá-

[2375] Fernando Pires de Lima, *Direito de propriedade* cit., 272.
[2376] *1.ª Revisão* cit., 74.
[2377] *2.ª Revisão* cit., 68; *vide* o artigo 1420.º do *Projecto* cit., 416.

rios", ele dá margem para a aplicação da generalidade dos preceitos sobre a propriedade e designadamente:

(1) as regras sobre a defesa (1311.º a 1314.º), se necessário com apelo ao artigo 1315.º;
(2) as regras sobre aquisição, exceto as que, por sua natureza, não sejam configuráveis (1316.º);
(3) as regras sobre vizinhança, com especial atenção às emissões (1346.º) e às instalações prejudiciais (1347.º); em relação às demais, que tenham aplicação, há que verificar se estão em jogo as frações autónomas ou as partes comuns.

III. Na aplicação das regras gerais à compropriedade, cabe fazer as adaptações necessárias. Recordamos, todavia, que a propriedade horizontal é, antes de tudo, um direito, isto é: um espaço de liberdade centrado no aproveitamento de determinada parte da coisa. Deve ser compatibilizado com os direitos dos outros: mas sem perder essa sua essência.

243. **As partes comuns (1421.º)**

I. O ponto sensível da propriedade horizontal é a enumeração das partes comuns. O artigo 1421.º procede, nos seus dois números, a uma distinção do maior relevo: no n.º 1, enumera as partes imperativamente comuns; no n.º 2, elenca partes que se presumem comuns, podendo tal presunção ser afastada pelo título constitutivo. A distinção, com poucas mudanças, remonta ao artigo 13.º do Decreto-Lei n.º 40 333, de 14 de outubro de 1955. O corpo desse artigo referia, com quatro números, as partes necessariamente comuns; o seu § 1.º, em cinco números, listava as partes presumivelmente comuns. O anteprojeto Pires de Lima, no seu artigo 123.º, acolheu esse esquema transformando em n.º 2 o § 1.º do artigo 13.º do Decreto-Lei n.º 40 333[2378]. O preceito passou com poucos retoques ao artigo 1409.º da 1.ª Revisão Ministerial[2379] e, daí, ao artigo 1421.º da 2.ª Revisão[2380], ficando com a redação definitiva[2381].

[2378] Fernando Pires de Lima, *Direito de propriedade* cit., 272.
[2379] *1.ª Revisão* cit., 75.
[2380] *2.ª Revisão* cit., 69.
[2381] *Projecto* cit., 417.

II. O Decreto-Lei n.º 267/94, de 25 de outubro, veio introduzir ligeiras alterações. No artigo 1421.º/1, *b*), substituiu "terraços de cobertura, ainda que destinados ao uso do último pavimento" por "ainda que destinados ao uso de qualquer fração". Na alínea *d*) do mesmo preceito, acrescentou, depois de "ar condicionado", "gás" e "comunicações". Além disso, no mesmo artigo, n.º 2, na alínea *d*), após "garagens", inseriu "e outros lugares de estacionamento". Trata-se de retoques pontuais, que vieram esclarecer dúvidas concretas. O diploma de 1994 aditou, ainda, o n.º 3, abaixo transcrito.

III. Com a apontada evolução, o artigo 1421.º tem a redação seguinte:

1. São comuns as seguintes partes do edifício:
a) O solo, bem como os alicerces, colunas, pilares, paredes mestras e todas as partes restantes que constituem a estrutura do prédio;
b) O telhado ou os terraços de cobertura, ainda que destinados ao uso de qualquer fração;
c) As entradas, vestíbulos, escadas e corredores de uso ou passagem comum a dois ou mais condóminos;
d) As instalações gerais de água, electricidade, aquecimento, ar condicionado, gás, comunicações e semelhantes.
2. Presumem-se ainda comuns:
a) Os pátios e jardins anexos ao edifício;
b) Os ascensores;
c) As dependências destinadas ao uso e habitação do porteiro;
d) As garagens e outros lugares de estacionamento;
e) Em geral, as coisas que não sejam afetadas ao uso exclusivo de um dos condóminos.
3. O título constitutivo pode afetar ao uso exclusivo de um condómino certas zonas das partes comuns.

O artigo 1421.º tem um alcance que transcende o mero jogo de presunções. O seu n.º 1 enumera as partes necessariamente comuns: nem o título constitutivo nem nenhum outro instrumento podem desanexá-las, entregando-as a algum dos condóminos ou excluindo qualquer deles da sua contitularidade. O n.º 2 desse preceito alinha partes que, embora presumivelmente comuns, podem, pelo título constitutivo, caber apenas a certo ou certos condóminos. A tendência vai, no entanto, no sentido de alargar as partes necessariamente comuns. Por exemplo, as garagens e outros lugares de estacionamento: até por razões de bom ordenamento urbano, elas devem poder ser usadas por todos os condóminos, desde que haja espaço. As licenças de construção encaminham-se nesse sentido, havendo que incentivá-lo.

IV. Na concretização do artigo 1421.º, a jurisprudência tem-se debruçado sobre algumas situações de fronteira, procurando esclarecê-las. Assim:

RLx 26-mar.-2015: o terraço que cobre duas garagens, pertencentes a frações autónomas diferentes, situado ao nível do primeiro andar e contíguo a uma das frações autónomas, apesar de não estar ao nível do telhado do edifício e não servir de cobertura integral ao mesmo, é terraço de cobertura[2382];

RGm 9-abr.-2015: ainda que o terraço se destine ao uso exclusivo de um dos condóminos, ele não deixa de ser comum, cabendo ao condomínio a sua conservação e manutenção[2383];

RPt 4-mai.-2015: o telhado e as caleiras são partes comuns, cabendo ao condomínio (e não ao senhorio) a sua reparação, para evitar infiltrações[2384];

RGm 26-jun.-2020: os terraços intermédios de cobertura, mesmo afetos a um condómino, são partes comuns[2385];

RPt 14-nov.-2020: o peitoril de uma janela, no seu lado exterior, está integrado na fachada, sendo parte comum[2386];

RPt 28-jan.-2021: há partes comuns suscetíveis de serem adquiridas por usucapião, seja por um dos condóminos, por inversão do título de posse, seja por terceiros, sem pôr em causa a ordem pública[2387];

RLx 23-fev.-2021: apenas os terraços de cobertura do edifício são partes necessariamente comuns[2388];

RGm 13-jan.-2022: o logradouro, na falta de elementos em contrário, é parte comum por via do artigo 1421.º/2[2389];

[2382] RLx 26-mar.-2015 (Vítor Amaral), Proc. 2656-10.

[2383] RGm 9-abr.-2015 (Ana Cristina Duarte), Proc. 4649/11.

[2384] RPt 4-mai.-2015 (Soares de Oliveira), Proc. 2769/13.

[2385] RGm 26-jun.-2020 (Isaías Pádua), Proc. 26/18.

[2386] RPt 14-nov.-2020 (Joaquim Correia Gomes), Proc. 241/16.

[2387] RPt 28-jan.-2021 (Filipe Caroço), Proc. 1048/18.

[2388] RLx 23-fev.-2021 (Michaela da Silva Sousa), Proc. 362/18.

[2389] RGm 13-jan.-2022 (Alcides Rodrigues), Proc. 1826/19.

RPt 4-abr.-2022: integram as partes comuns as fachadas e coberturas, mesmo que terraços intermédios, cabendo ao condomínio as obras necessárias para evitar infiltrações nas frações autónomas[2390].

V. Curiosamente, esta amostragem documenta: (1) uma especial problematicidade dos terraços; (2) não propriamente pelo seu uso – até por haver terraços que só podem ser usados por determinados condóminos, por apenas terem acesso através da sua fração autónoma: antes para saber quem é responsável pelas obras de manutenção. A tendência de os considerar partes comuns visa assacar a despesa ao condomínio.

244. **Limitações ao exercício dos direitos (1422.º)**

I. O artigo 1422.º dispõe sobre o que considera limitações ao exercício dos direitos dos condóminos. Inicialmente, esse artigo tinha apenas os dois primeiros números: os 3.º e 4.º foram aditados pelo Decreto-Lei n.º 267/94, de 25 de outubro. A reforma visou facilitar o processo de decisão no âmbito dos condomínios, embora possa, neste caso, ter efeitos colaterais inadequados. Os dois primeiros números do artigo 1422.º correspondem ao corpo do artigo 12.º do Decreto-Lei n.º 40 333, de 14 de outubro de 1955, o primeiro e ao § único desse mesmo artigo, o segundo. O anteprojeto Pires de Lima acolheu esse preceito, no seu artigo 124.º, atualizando a técnica de numeração e acrescentando aquela que hoje surge como a alínea *d*) do n.º 1[2391]. Os artigos 1410.º da 1.ª Revisão Ministerial[2392], 1422.º, da 2.ª[2393] e 1422.º, do Projeto[2394], representaram retoques formais.

II. Segundo o artigo 1422.º/1,

> Os condóminos, nas relações entre si, estão sujeitos, de um modo geral, quanto às frações que exclusivamente lhes pertencem e quanto às partes comuns, às limitações impostas aos proprietários e aos comproprietários de coisas imóveis.

[2390] RPt 4-abr.-2022 (Eugénia Cunha), Proc. 1207/19; no mesmo sentido, RPt 22-nov.-2021 (Eugénia Cunha), Proc. 21401/19.

[2391] Fernando Pires de Lima, *Direito de propriedade* cit., 273.

[2392] *1.ª Revisão* cit., 75-76.

[2393] *2.ª Revisão* cit., 69-70.

[2394] *Projecto* cit., 417.

Este preceito confirma a presença, na propriedade horizontal, do Direito da vizinhança, na parte em que tenha aplicação[2395].

III. Dispõe o artigo 1422.º/2:

2. É especialmente vedado aos condóminos:
a) Prejudicar, quer com obras novas, quer por falta de reparação, a segurança, a linha arquitetónica ou o arranjo estético do edifício;
b) Destinar a sua fração a usos ofensivos dos bons costumes;
c) Dar-lhe uso diverso do fim a que é destinada;
d) Praticar quaisquer atos ou atividades que tenham sido proibidos no título constitutivo ou, posteriormente, por deliberação da assembleia de condóminos aprovada sem oposição.

A alínea *a*) visa preservar a segurança, a linha arquitetónica ou o arranjo estético do edifício. Os condóminos ficam investidos nas inerentes finalidades, as quais não podem ser prejudicadas: nem por ação, nem por omissão. A alínea *b*), relativa aos bons costumes, tem uma interpretação atualista: o seu alcance não é, na primeira década do século XXI, idêntico ao que supuseram os autores materiais do Código. Em vista estão, hoje, regras mínimas de moral social – é natural que, num edifício, possam residir crianças – e de deontologia.

Discutível é a alínea *c*), que bloqueia o uso, pelo condómino, da fração fora do fim a que seja destinada. Há, aqui, uma restrição severa ao direito de propriedade, tendo sido já questionada, sem êxito, a sua constitucionalidade[2396]. Quando nada esteja previsto quanto ao destino da fração, pode o condómino afetá-la a qualquer fim lícito ou alterar o tipo de utilização que lhe dê: sempre no absoluto respeito pelos direitos de vizinhança.

A alínea *d*) veda a prática de atos ou atividades proibidos no título constitutivo o qual, nos termos do artigo 1418.º/2, *b*), inclui o regulamento do condomínio, que disciplina o uso, a fruição e a conservação quer das partes comuns, quer das frações autónomas. E veda, ainda, os atos ou atividades proibidos, posteriormente, por acordo de todos os condóminos.

[2395] *Supra*, n.º 242, II.

[2396] TC n.º 44/99, de 14-set.-1999 (Luís Nunes de Almeida): os condóminos detinham, no Porto, uma fração destinada a "armazém-comércio" e pretendiam utilizá-la na confeção de vestuário de cabedal.

IV. O problema dos animais domésticos em edifícios suscita algumas questões. À partida, os animais ditos de companhia podem ser aprazíveis para as pessoas, designadamente quando vivam sós. Devem ser bem tratados: um animal que chora e uiva é vítima de desleixo e de maus tratos. Todavia, os vizinhos não têm de suportar ruídos, latidos, dejetos nos elevadores e nas escadas e doenças ou alergias transmitidas por tais animais. Juridicamente, pergunta-se se, num arrendamento, pode ser introduzida uma cláusula que proíba animais em casa. A jurisprudência procurou flexibilizar: tais cláusulas deveriam ser interpretadas, delas decorrendo que tudo depende do incómodo que os animais possam causar[2397]. Quanto a situações de propriedade horizontal: podem os animais de companhia ser proibidos no título constitutivo ou no regulamento do condomínio. Estamos no Direito privado. Quando muito, admitimos que as situações licitamente constituídas não possam ser prejudicadas por alterações supervenientes ao regulamento. No silêncio do título constitutivo e do regulamento, a lei geral permite até três cães ou até quatro gatos nos apartamentos[2398], numa cifra que pode subir até seis, mediante autorização do presidente da câmara municipal[2399]. Estes números são excessivos. Independentemente disso, o regulamento do ruído permite vedar latidos entre as 23.00 e as 7.00 horas[2400]. As regras habituais facultam proibir animais nas zonas comuns, por decisão do administrador ou da assembleia de condóminos. Regras elementares de higiene vedam excreções de animais, pelos e restos de comida. A permissividade ditada pelas vagas do politicamente correto não devem esquecer dois aspetos: não há defesa consistente da vida animal quando não se respeitem as pessoas; animais barulhentos são animais em sofrimento. Deixar sozinho um animal de companhia é um contrassenso: linguístico e ético. Cada um faz, na sua fração, o que entender, dentro da lei. Mas ninguém tem de, na sua fração, suportar o que se faça nas demais. Num conflito entre os direitos de personalidade de um condómino, designadamente os direitos ao sono e à integridade física e o direito do vizinho de deter animais de

2397 RPt 21-nov.-2016 (Manuel Domingos Fernandes), Proc. 3091/15.

2398 Decreto-Lei n.º 314/2003, de 17 de dezembro, artigo 3.º/2. O artigo 3.º desse diploma afirma que o regulamento do condomínio pode estabelecer um número inferior. A nosso ver, pode proibir qualquer animal.

2399 Decreto-Lei n.º 20/2019, de 30 de janeiro, artigo 2.º, *d*).

2400 *Vide* o Regulamento Geral do Ruído, adotado pelo Decreto-Lei n.º 9/2007, de 17 de janeiro, alterado pelo Decreto-Lei n.º 278/2007, de 1 de agosto (artigo 24.º).

companhia, prevalecem os primeiros: mal fica vir argumentar. A ideia de que o animal de companhia integra a personalidade do seu dono e isso em termos de poder competir com a personalidade do vizinho[2401] é um simples arranjo linguístico: não corresponde a valorações básicas de um sistema civilizado.

V. O artigo 1422.º/3, acrescentado pelo Decreto-Lei n.º 267/94, de 25 de outubro, veio permitir obras que modifiquem a linha arquitetónica ou o arranjo estético do edifício, mediante prévia autorização da assembleia de condóminos, aprovada por uma maioria representativa de dois terços do valor total do prédio. Esta regra visou permitir o fecho de varandas com *marquises*: uma prática corrente que desfigura as nossas cidades e que deveria ser tratada aquando da aprovação dos projetos.

VI. O artigo 1422.º/4, também derivado da reforma de 1994, veio restringir o uso de cada fração autónoma. Quando o título constitutivo nada disponha, o condómino poderá afetá-lo a qualquer fim legal. Mas feita essa afetação, não poderá alterar o seu uso, salvo autorização da assembleia de condóminos, aprovada por uma maioria representativa de dois terços do valor total do prédio. Esta regra visa colocar os condomínios ao abrigo de surpresas, congelando o uso de frações.

245. **Direitos de preferência e de divisão (1423.º)**

A propriedade horizontal implica elementos da propriedade sobre parte de uma coisa e de compropriedade sobre as partes comuns. Pode suscitar-se o problema da aplicabilidade de certas normas relativas à compropriedade: o direito de preferência (1409.º) e o direito de exigir a divisão (1412.º). Sedimentando a especificidade e a unidade da propriedade horizontal, o artigo 1423.º exclui ambos esses direitos. Trata-se da solução que remonta aos artigos 11.º, § único (preferência) e, em parte, 13.º, § 2.º, do Decreto-Lei n.º 40 333. O anteprojeto Pires de Lima classificou e reuniu

[2401] Sandra Passinhas, *Os animais e o regime português da propriedade horizontal*, ROA 2006, 833-873 (869-870).

essa matéria no seu artigo 125.º[2402], em termos que, sem alterações, surgem hoje no artigo 1423.º[2403].

246. Encargos de conservação e de fruição (1424.º)

I. A temática dos encargos de conservação e de fruição ocasionados pelas partes comuns do edifício constitui o nó gordio das assembleias de condóminos. Convém ter presente o artigo 1424.º, na sua redação atual, proveniente da Lei n.º 8/2022, de 10 de janeiro: este preceito vai na quarta redação. Dispõe:

> 1. Salvo disposição em contrário, as despesas necessárias à conservação e fruição das partes comuns do edifício e relativas ao pagamento de serviços de interesse comum são da responsabilidade dos condóminos proprietários das frações no momento das respetivas deliberações, sendo por estes pagas em proporção do valor das suas frações.
> 2. Sem prejuízo do disposto no número anterior, as despesas relativas ao pagamento de serviços de interesse comum podem, mediante disposição do regulamento de condomínio, aprovada, sem oposição, por maioria dos condóminos que representem a maioria do valor total do prédio, ficar a cargo dos condóminos em partes iguais ou em proporção à respetiva fruição, desde que devidamente especificadas e justificados os critérios que determinam a sua imputação.
> 3. As despesas relativas às partes comuns do prédio que sirvam exclusivamente algum dos condóminos ficam a cargo dos que delas se servem.
> 4. Nas despesas dos ascensores só participam os condóminos cujas fracções por eles possam ser servidas.
> 5. Nas despesas relativas às rampas de acesso e às plataformas elevatórias, quando colocadas nos termos do n.º 3 do artigo seguinte, só participam os condóminos que tiverem procedido à referida colocação.
> 6. Caso o estado de conservação das partes comuns referidas no n.º 3 do artigo 1421.º afete o estado de conservação ou o uso das demais partes comuns do prédio, o condómino a favor de quem está afeto o uso exclusivo daquelas apenas suporta o valor das respetivas despesas de reparação na proporção indicada no n.º 1, salvo se tal necessidade decorrer de facto que lhe seja imputável.

[2402] Fernando Pires de Lima, *Direito de propriedade* cit., 274.
[2403] Pires de Lima/Antunes Varela, *Código Civil anotado* cit., III, 2.ª ed., 429-430.

Vamos reconstituir a marcha para esta disposição.

II. O artigo 1424.º, na sua versão original correspondente aos atuais números 1, 3 e 4, adveio do artigo 16.º do Decreto-Lei n.º 40 333, de 14 de outubro de 1955. Pires de Lima acolheu esse preceito no artigo 126.º do seu anteprojeto[2404], o qual teve ligeiros retoques nos artigos 1412.º da 1.ª Revisão Ministerial[2405], 1424.º da 2.ª Revisao[2406] e 1424.º do Projeto[2407].

O Decreto-Lei n.º 267/94, de 25 de outubro, acrescentou o n.º 2 o qual, com as alterações abaixo referidas, corresponde ao atual. O n.º 2 original passou a 3, com uma ligeira alteração formal e o n.º 3, a 4.

A Lei n.º 32/2012, de 14 de agosto, acrescentou o n.º 5, relativo às rampas de acesso e às plataformas elevatórias.

Por fim (por agora), a Lei n.º 8/2022 alterou os números 1, 2 e 3 do preceito e acrescentou-lhe o n.º 6. Em jogo estiveram pequenos ajustes; o próprio n.º 6 corresponde a princípios gerais, sendo a sua solução alcançável anteriormente.

III. A ideia básica da Lei é a da distribuição igualitária dos encargos de conservação e de fruição, em função de cada fração, expresso na percentagem ou na permilagem exaradas no título constitutivo. A solução tem, depois, os recortes negativos que resultam dos diversos números do preceito. Mas para além deles, ela pode não parecer justa: o condómino do vigésimo andar paga, pelos elevadores, tanto quanto o do primeiro andar. Todavia, não há outra solução: o condómino do vigésimo andar pode declarar que vai sempre pela escada ... Não sendo possível individualizar o uso efetivo das instalações comuns, a repartição igualitária é a possível salvo, naturalmente, os recortes negativos referidos.

247. **Inovações e encargos (1425.º e 1426.º)**

I. O artigo 1425.º, relativo a inovações, comportava, na versão original do Código Civil, apenas dois números: os correspondentes aos atuais 1 a 7. Esses dois números advieram do artigo 17.º e seu § único do Decreto-

[2404] Fernando Pires de Lima, *Direito de propriedade* cit., 274.
[2405] *1.ª Revisão* cit., 76.
[2406] *2.ª Revisão* cit., 71-72.
[2407] *Projecto* cit., 418.

-Lei n.º 40 333, de 14 de outubro de 1955, após breve tratamento dado pelo artigo 123.º do anteprojeto Pires de Lima[2408], incólume no artigo 1413.º da 1.ª Revisão Ministerial[2409] e ligeiramente retocado no artigo 1425.º da 2.ª Revisão[2410].

II. O preceito atravessou intacto a reforma de 1994, mas foi fortemente mexido pela Lei n.º 32/2012, de 14 de agosto, relativa à reabilitação urbana. Este diploma alterou ligeiramente o número 1, acrescentou-lhe os atuais números 2 a 6 e fez passar a 7 o anterior número 2. Na sua redação atual, dispõe o preceito:

> 1. Sem prejuízo do disposto nos números seguintes, as obras que constituam inovações dependem da aprovação da maioria dos condóminos, devendo essa maioria representar dois terços do valor total do prédio.
>
> 2. Havendo pelo menos oito frações autónomas, dependem da aprovação por maioria dos condóminos que representem a maioria do valor total do prédio, as seguintes inovações:
>
> *a*) Colocação de ascensores;
>
> *b*) Instalação de gás canalizado.
>
> 3. No caso de um dos membros do respetivo agregado familiar ser uma pessoa com mobilidade condicionada, qualquer condómino pode, mediante prévia comunicação nesse sentido ao administrador e observando as normas técnicas de acessibilidade previstas em legislação específica, efetuar as seguintes inovações:
>
> *a*) Colocação de rampas de acesso;
>
> *b*) Colocação de plataformas elevatórias, quando não exista ascensor com porta e cabina de dimensões que permitam a sua utilização por uma pessoa em cadeira de rodas.
>
> 4. As inovações previstas nas alíneas *a*) e *b*) do número anterior podem ser levantadas pelos condóminos que as tenham efetuado ou que tenham pago a parte que lhes compete nas despesas de execução e manutenção da obra, desde que:
>
> *a*) O possam fazer sem detrimento do edifício; e
>
> *b*) Exista acordo entre eles.

[2408] Fernando Pires de Lima, *Direito de propriedade* cit., 274.

[2409] *1.ª Revisão* cit., 77.

[2410] *2.ª Revisão* cit., 71; *vide* o *Projecto* cit. (1425.º), 419.

5. Quando as inovações previstas nas alíneas *a*) e *b*) do n.º 3 não possam ser levantadas, o condómino terá direito a receber o respetivo valor, calculado segundo as regras do enriquecimento sem causa.

6. A intenção de efetuar as inovações previstas no n.º 3 ou o seu levantamento deve ser comunicada ao administrador com 15 dias de antecedência.

7. Nas partes comuns do edifício não são permitidas inovações capazes de prejudicar a utilização, por parte de algum dos condóminos, tanto das coisas próprias como das comuns.

III. No essencial, esse diploma vem permitir as inovações por maioria qualificada, mas dispensando a unanimidade. Com efeito, em assembleia de condóminos surgem, com frequência, pessoas que discordam de tudo, assim se bloqueando qualquer processo de decisão. De seguida, facilitaram-se os elevadores, o gás canalizado, as rampas de acesso e as plataformas elevatórias (n.º 3 e n.º 4), com as precisões dos números 5 e 6.

IV. As despesas ocasionadas pelas inovações têm um regime próprio, constante do artigo 1426.º. O preceito remonta ao artigo 18.º do Decreto-Lei n.º 40 333, de 14 de outubro de 1955. Pires de Lima, no artigo 128.º do anteprojeto, preservou-o, com atualização da numeração[2411]. Houve retoques no artigo 1414.º da 1.ª Revisão Ministerial[2412], com uma redação definitiva na 2.ª Revisão (1426.º)[2413]. O Decreto-Lei n.º 267/94, de 25 de outubro, alterou o número 2: enquanto, na versão inicial, os condóminos que tivessem votado contra a inovação só poderiam ser compelidos a pagá-la se a recusa fosse judicialmente havida como infundada, o novo número 2 inverteu: são obrigados a pagar, salvo se a recusa for judicialmente havida como fundada. De facto, era frequente os condóminos votarem contra as inovações (por exemplo: um sistema de abertura automática da garagem), não as pagarem e, depois, passarem a utilizá-las em pé de igualdade com os pagadores.

V. A Lei n.º 32/2012 veio aditar o atual número 5: mal, uma vez que essa matéria devia ter sido levada ao artigo 1425.º. Dadas estas explicações, eis a redação atual do artigo 1426.º:

[2411] Fernando Pires de Lima, *Direito de propriedade* cit., 276.

[2412] *1.ª Revisão* cit., 77.

[2413] *2.ª Revisão* cit., 71-72; *vide* o *Projecto* cit. (1426.º), 418-419.

1. As despesas com as inovações ficam a cargo dos condóminos nos termos fixados pelo artigo 1424.º.

2. Os condóminos que não tenham aprovado a inovação são obrigados a concorrer para as respetivas despesas, salvo se a recusa for judicialmente havida como fundada.

3. Considera-se sempre fundada a recusa, quando as obras tenham natureza voluptuária ou não sejam proporcionadas à importância do edifício.

4. O condómino cuja recusa seja havida como fundada pode a todo o tempo participar nas vantagens da inovação, mediante o pagamento da quota correspondente às despesas de execução e manutenção da obra.

5. Qualquer condómino pode a todo o tempo participar nas vantagens da colocação de plataformas elevatórias, efetuada nos termos do n.º 3 do artigo anterior, mediante o pagamento da parte que lhe compete nas despesas de execução e manutenção da obra.

248. **Reparações indispensáveis e urgentes (1427.º)**

I. O artigo 1427.º, relativo a despesas indispensáveis e urgentes, dispõe, na redação dada pela Lei n.º 8/2022, de 10 de janeiro, que lhe acrescentou o atual número 2:

1. As reparações indispensáveis e urgentes nas partes comuns do edifício podem ser levadas a efeito, na falta ou impedimento do administrador, por iniciativa de qualquer condómino.

2. São indispensáveis e urgentes as reparações necessárias à eliminação, num curto prazo, de vícios ou patologias existentes nas partes comuns que possam, a qualquer momento, causar ou agravar danos no edifício ou conjunto de edifícios, ou em bens, ou colocar em risco a segurança das pessoas.

O número 1 remonta ao artigo 19.º do Decreto-Lei n.º 40 333, de 14 de outubro de 1955. Pires de Lima apurou o texto, no artigo 129.º do seu anteprojeto[2414], em termos que, sem alterações, atravessou os preparatórios, até à versão promulgada do Código.

II. A Lei n.º 8/2022 veio definir, no acrescento do número 2, as reparações "indispensáveis e urgentes". Não se afigura uma disposição inova-

[2414] Fernando Pires de Lima, *Direito de propriedade* cit., 275.

tória, embora seja útil como tópico nas discussões que esta matéria sempre acarreta.

249. Destruição do edifício (1428.º) e seguro obrigatório (1429.º)

I. Segundo o artigo 1428.º, relativo à destruição do edifício:

> 1. No caso de destruição do edifício ou de uma parte que represente, pelo menos, três quartos do seu valor, qualquer dos condóminos tem o direito de exigir a venda do terreno e dos materiais, pela forma que a assembleia vier a designar.
> 2. Se a destruição atingir uma parte menor, pode a assembleia deliberar, pela maioria do número dos condóminos e do capital investido no edifício, a reconstrução deste.
> 3. Os condóminos que não queiram participar nas despesas da reconstrução podem ser obrigados a alienar os seus direitos a outros condóminos, segundo o valor entre eles acordado ou fixado judicialmente.
> 4. É permitido ao alienante escolher o condómino ou condóminos a quem a transmissão deve ser feita.

O preceito adveio dos artigos 20.º e 21.º do Decreto-Lei n.º 40 333, de 14 de outubro de 1955. O anteprojeto Pires de Lima, no seu artigo 130.º, completou esse preceito, designadamente através do acrescento dos números 3 e 4[2415]. Seguiram-se pequenas modificações nos artigos 1416.º da 1.ª Revisão Ministerial[2416] e no artigo 1428.º da 2.ª Revisão[2417] e do Projeto[2418].

II. O artigo 1428.º não tem tido aplicação. Em regra, a reconstrução de um edifício exige um capital que não está na disponibilidade dos condóminos. Assim, a tendência será para a venda do terreno e dos materiais. Todavia, na hipótese de algum ou alguns condóminos optarem pela reconstrução, o preceito afigura-se claro.

III. O artigo 1429.º, retomando o artigo 22.º do Decreto-Lei n.º 40 333, acolhido pelo artigo 131.º do anteprojeto Pires de Lima, refere

[2415] Fernando Pires de Lima, *Direito de propriedade* cit., 276.
[2416] *1.ª Revisão* cit., 78.
[2417] *2.ª Revisão* cit., 72.
[2418] *Projecto* cit., 419.

o seguro obrigatório[2419]. Nos preparatórios subsequentes houve, apenas, ligeiros retoques no artigo 1429.º da 2.ª Revisão Ministerial[2420]. O Decreto-Lei n.º 267/94, de 25 de outubro, alterou o preceito; no número 1, explicitando que o seguro de incêndio deve cobrir quer as frações autónomas, quer as partes comuns. O número 2, versão inicial, permitia que qualquer dos condóminos efetuasse o seguro, quando o administrador o não fizesse. A versão de 1994 diz que o seguro deve ser celebrado pelos condóminos: todos? mas quantos? qualquer deles? E agora: o administrador deve efetuar o seguro quando os condóminos não o tenham feito, dentro do prazo e pelo valor fixados na assembleia. E se esta nada deliberar? Ao querer esclarecer dúvidas, neste caso, a reforma de 1994 só veio complicar. O Decreto-Lei n.º 268/94, de 25 de outubro, alterado por último pela Lei n.º 8/2022, de 10 de janeiro, comporta o seguinte artigo 5.º:

> 1. É obrigatória a atualização anual do seguro contra o risco de incêndio.
> 2. Compete à assembleia de condóminos deliberar o montante de cada atualização.
> 3. Se a assembleia não aprovar o montante da atualização, deve o administrador atualizar o seguro de acordo com o índice publicado trimestralmente pelo Instituto de Seguros de Portugal.

[2419] Fernando Pires de Lima, *Direito de propriedade* cit., 276.
[2420] *2.ª Revisão* cit., 73.

§ 57.º A ADMINISTRAÇÃO DAS PARTES COMUNS

250. Órgãos administrativos; a assembleia (1430.º e 1431.º)

I. O artigo 1430.º (órgãos administrativos), dispõe:

> 1. Havendo mais de quatro condóminos e caso não faça parte do título constitutivo, deve ser elaborado um regulamento do condomínio disciplinando o uso, a fruição e a conservação das partes comuns.
>
> 2. Sem prejuízo do disposto na alínea *b*) do n.º 2 do artigo 1418.º, a feitura do regulamento compete à assembleia de condóminos ou ao administrador, se aquela o não houver elaborado.

O preceito adveio do artigo 27.º (n.º 1) e do artigo 28.º (o n.º 2) do Decreto-Lei n.º 40 333, de 14 de outubro de 1955. Ele foi estruturado pelo artigo 132.º do anteprojeto Pires de Lima, com a particularidade de, no número 1, referir o administrador por ela (a assembleia) eleito[2421]. Essa orientação manteve-se no artigo 1418.º da 1.ª Revisão Ministerial[2422], enquanto a 2.ª Revisão, no artigo 1430.º, exarou "após por ela nomeado[2423]. O Projeto suprimiu qualquer referência à escolha do administrador, dando, ao artigo 1430.º, a redação definitiva[2424].

II. O artigo 1430.º/1 pode ser considerado uma norma de enquadramento. O número 2 tem um conteúdo precetivo, uma vez que determina: (1) que todos os condóminos tenham assento na assembleia; (2) que, nela, tenham tantos votos quantas as unidades inteiras que caibam na permilagem referida no artigo 1418.º. Pergunta-se se essa norma é imperativa.

[2421] Fernando Pires de Lima, *Direito de propriedade* cit., 277.
[2422] *1.ª Revisão* cit., 79.
[2423] *2.ª Revisão* cit., 73.
[2424] *Projecto* cit., 420.

Conhecemos um caso em que, num condomínio, uma fração equivalia a 60% da permilagem; todavia, no regulamento e por unanimidade, ficou exarado que ela apenas deteria 49% dos votos. Mais tarde, o condómino maioritário veio impugnar o regulamento em que ele próprio tinha votado, por contrariedade ao título constitutivo. De facto, o título constitutivo, elaborado de acordo com o projeto de construção aprovado, deve prevalecer. Mas se um condómino gera, nos restantes, uma situação de confiança, com um investimento também de confiança, a impugnação do que ele próprio aprovou pode ser abusiva, por *venire contra factum proprium*.

III. O artigo 1431.º ocupa-se da assembleia. Eis o seu texto atual, tendo o número 4 resultado da Lei n.º 8/2022, de 10 de janeiro:

> 1. A assembleia reúne-se na primeira quinzena de janeiro, mediante convocação do administrador, para discussão e aprovação das contas respeitantes ao último ano e aprovação do orçamento das despesas a efetuar durante o ano.
> 2. A assembleia também reunirá quando for convocada pelo administrador, ou por condóminos que representem, pelo menos, vinte e cinco por cento do capital investido.
> 3. Os condóminos podem fazer-se representar por procurador.
> 4. A reunião prevista no n.º 1 deste artigo pode realizar-se, excecionalmente, no primeiro trimestre de cada ano se esta possibilidade estiver contemplada no regulamento de condomínio ou resultar de deliberação, aprovada por maioria, da assembleia de condóminos.

Os três números iniciais provieram do artigo 29.º do Decreto-Lei n.º 40 333, de 14 de outubro de 1955, acolhido no artigo 133.º do anteprojeto Pires de Lima[2425] e pouco tocado nos preparatórios subsequentes[2426].

A obrigação de reunir na primeira quinzena de janeiro, para aprovação das contas do ano anterior, é irrealista. Num edifício de média dimensão, a elaboração das contas implica uma contabilidade com recibos, faturas, extratos bancários e pagamentos que não estão disponíveis, antes de 15 de janeiro. E os próprios contabilistas, assoberbados com dezenas de

[2425] Fernando Pires de Lima, *Direito de propriedade* cit., 277.

[2426] *1.ª Revisão* cit. (1419.º), 79-80; *2.ª Revisão* cit. (1431.º), 73-74; *Projecto* cit. (1431.º), 420.

edifícios, não têm possibilidade de as elaborar. Assim, o preceito nunca foi cumprido[2427]. Apenas em 2022, o novo artigo veio flexibilizar o regime.

IV. O artigo 1431.º/2 permite a convocação pelo administrador ou pelos condóminos, desde que representem 25% do capital social. O n.º 3 permite a representação por procurador: faz-se normalmente por carta, dirigida ao administrador.

251. **Convocação e funcionamento (1432.º)**

I. O artigo 1432.º, na sua versão inicial, compreendia apenas três números, correspondentes, *grosso modo*, aos atuais 1, 3 e 4. Adveio dos artigos 30.º (o n.º 1), 31.º (o n.º 3) e 31.º, § único (o n.º 4). Esses preceitos foram reunidos, no anteprojeto Pires de Lima, no artigo 134.º[2428]. Daí, com alterações ligeiras, passou ao artigo 1420.º da 1.ª Revisão Ministerial[2429] e, depois, ao 1432.º da 2.ª Revisão[2430], que lhe deu a redação final.

II. O Decreto-Lei n.º 267/94, de 25 de outubro, alterou os anteriores números 1, 2 (que passou a 3) e 3 (que passou a 4). Além disso, acrescentou-lhe mais seis números, de tipo regulamentar. O artigo 1432.º foi, novamente, alterado pela Lei n.º 8/2022, de 10 de fevereiro: modificou três números e acrescentou mais três. De notar a abertura a convocatórias por via eletrónica. A matéria é autoexplicativa: recomenda-se a sua leitura cuidada, na versão atualizada. A matéria deve ser completada com o Decreto-Lei n.º 268/94, de 25 de outubro, relativa, no essencial, à assembleia e ao seu funcionamento. Foi alterado pela Lei n.º 8/2020, acima referida, com especial atenção ao artigo 1.º. O novo artigo 1.º-A permite a reunião por meios de comunicação à distância, quando o administrador o determine ou a maioria dos condóminos o requeira. Este diploma determina, ainda (4.º) a constituição de um fundo comum de reserva.

III. As assembleias de condóminos constituem uma curiosa experiência humana, para além dos aspetos jurídicos. Muitas vezes elas constituem

[2427] Quanto ao funcionamento da assembleia: José António França Pitão/Gustavo França Pitão, *Condomínio e propriedade horizontal*, 2.ª ed. (2020), 366 pp., 39 ss..

[2428] Fernando Pires de Lima, *Direito de propriedade* cit., 278.

[2429] *1.ª Revisão* cit., 80.

[2430] *2.ª Revisão* cit., 74.

uma ocasião para vizinhos se conhecerem e dialogarem. Por vezes vêm ao de cima problemas e quesílias, que cabe apaziguar. A figura do administrador é decisiva, na ordenação e no desenrolar dos trabalhos. Recomenda-se a observância escrupulosa do roteiro legal, designadamente quanto a convocatórias, ordem de trabalhos, atas e sua divulgação. Como adiantado, há uma tendência para recorrer a empresas especializadas, que assegurarão, com experiência, o seu funcionamento. O desenrolar dos trabalhos, a aprovação de contas e despesas e as inovações dependem muito da matriz sócio-cultural e económica dos condóminos. Quando prevaleça uma maioria de pensionistas, por exemplo, é difícil fazer passar mais despesas. A constituição de fundos, mediante pequenas quotizações é, então, muito relevante. Havendo predomínio de quadros ou de empresários, manifesta-se um maior dinamismo. Mas há que contar com as figuras típicas dos obstrutores ou de litigantes habituais, que obrigam a sucessivas votações.

252. **Impugnação das deliberações (1433.º)**

I. O artigo 1433.º rege a impugnação das deliberações da assembleia. Na sua versão original, comportava apenas quatro números, correspondentes aos atuais 1, 4, 5 e 6. A matéria remonta ao artigo 32.º do Decreto-Lei n.º 40 333, de 14 de outubro de 1955, muito completo. Foi modernizado pelo artigo 135.º do anteprojeto Pires de Lima[2431], ligeiramente alterado na 1.ª Revisão Ministerial, artigo 1421.º[2432]. O preceito foi alterado pelo Decreto-Lei n.º 267/94, de 25 de outubro, que lhe conferiu os pormenores regulamentares hoje presentes na Lei.

II. Temos alguma dificuldade em, às deliberações da assembleia de condóminos, aplicar as regras próprias das assembleias gerais das sociedades. Trata-se de matéria civil. Assim, para além da anulabilidade das deliberações reportada no n.º 1 do preceito, temos de admitir a sua nulidade, caso contrariem disposições legais imperativas. Não vemos como tal vício se possa sanar, pelo decurso do tempo[2433].

[2431] Fernando Pires de Lima, *Direito de propriedade* cit., 278.

[2432] *1.ª Revisão* cit., 80-81; *vide* a *2.ª Revisão* cit. (1433.º), 74-75 e o *Projecto* cit. (1433.º), 421.

[2433] Pires de Lima/Antunes Varela, *Código civil anotado* cit., III, 2.ª ed., 447-448; Ana Filipa Morais Antunes/Rodrigo Moreira, UCP/*Comentário ao Código Civil* cit., 500; *vide* RLx 2-mai.-2013 (Fátima Galante), Proc. 2917/09.

III. Num plano substantivo, as deliberações da assembleia, a sua impugnabilidade e a legitimidade do administrador para intervir na matéria mostram que os condomínios têm personalidade jurídica rudimentar. Limitada à capacidade judiciária e a outros aspetos que a lei reconheça, ela dá uma especial consistência ao funcionamento da comunidade dos condóminos[2434].

A aplicação prática do artigo 1431.º comporta várias dimensões[2435]. Vamos ilustrar com alguma jurisprudência do ano de 2022:

RPt 13-jan.-2022: recorda os requisitos da executoriedade de uma ata de assembleia e considera contrária à boa-fé a convocatória, que indique, como segunda data para a reunião, meia hora ou uma hora após a primeira reunião[2436];

RPt 25-jan.-2022: correndo uma ação contra um condomínio, representado pelo administrador, para anulação de uma deliberação da assembleia, não podem os condóminos que a votaram intervir na ação a título principal, ao lado do administrador[2437];

RGm 10-fev.-2022: na impugnação de deliberação da assembleia de condóminos, a legitimidade passiva cabe ao condomínio, pelo que devem ser intentadas contra este, representado pelo administrador ou por quem a assembleia indicar[2438];

RLx 10-mar.-2022: são nulas as deliberações que aprovem uma despesa estranha ao interesse do condomínio[2439];

RPt 4-abr.-2022: as ações de impugnação devem ser instauradas contra o condomínio, representado pelo administrador ou por quem a assembleia indicar[2440];

[2434] O n.º 6 do artigo 1433, aditado pelo Decreto-Lei n.º 267/94, fala em "representação judiciária"; mal: esta cabe a um advogado. Depois admite que a "representação" possa caber a quem a assembleia designar; mas isso parece entrar em conflito com o artigo 1437.º/1, na redação dada pela Lei n.º 8/2022, que diz "sempre representado (…) pelo seu administrador"; confusões deste tipo, numa área que vai ser aplicada por leigos, deveriam ser evitadas.

[2435] Por último (neste momento) e com indicações: Ana Filipa Morais Antunes/ /Rodrigo Moreira, UCP/*Comentário ao Código Civil* cit., 498-508.

[2436] RPt 13-jan.-2022 (Filipe Caroço), Proc. 143/08.

[2437] RPt 25-jan.-2022 (Rui Moreira), Proc. 6263/21.

[2438] RGm 10-fev.-2022 (Raquel Baptista Tavares), Proc. 3227/20.

[2439] RLx 10-mar.-2022 (Orlando Nascimento), Proc. 15187/19.

[2440] RPt 4-abr.-2022 (Carlos Gil), Proc. 3445/20; *vide*, também, RPt 27-jun.-2022 (José Eusébio Almeida), Proc. 17683/21.

RGm 19-mai.-2022: reporta as condições em que a ata da assembleia de condóminos é título executivo[2441].

253. Compromisso arbitral

I. O artigo 1434.º dispõe, sob a epígrafe "compromisso arbitral":

> 1. A assembleia pode estabelecer a obrigatoriedade da celebração de compromissos arbitrais para a resolução de litígios entre condóminos, ou entre condóminos e o administrador, e fixar penas pecuniárias para a inobservância das disposições deste código, das deliberações da assembleia ou das decisões do administrador.
>
> 2. O montante das penas aplicáveis em cada ano nunca excederá a quarta parte do rendimento colectável anual da fração do infractor.

O preceito remonta ao artigo 29.º, § 2.º, do Decreto-Lei n.º 40 333, segundo o qual a assembleia podia estabelecer a obrigatoriedade de celebração de compromissos arbitrais para os litígios de proprietários entre si ou deles com o administrador, bem como fixar penas pecuniárias com o limite de um quarto do rendimento coletável. O preceito foi acolhido pelo anteprojeto Pires de Lima, no seu artigo 136.º[2442], daí passando ao artigo 1422.º da 1.ª Revisão Ministerial[2443] e aos artigos 1434.º da 2.ª Revisão[2444] e do Projeto[2445], onde obteve a redação definitiva.

II. Diz-se cláusula compromissória a convenção pela qual as partes remetem a composição de eventuais litígios futuros para os árbitros[2446]. A ideia do legislador, desde 1955, é a de facilitar a composição de litígios de condomínio, retirando-os do foro comum. Todavia, a arbitragem para pequenos litígios não se afigura ideal: a montagem de um tribunal arbitral pode ser complexa e, relativamente a pequenos valores, dispendiosa.

[2441] RGm 19-mai.-2022 (Elisabete Moura Alves), Proc. 5422/14; *vide*, também, RPt 8-jun.-2022 (Miguel Baldaia de Morais), Proc. 7097/20; REv 9-jun.-2022 (Maria Adelaide Domingos), Proc. 1370/20.

[2442] Fernando Pires de Lima, *Direito de propriedade* cit., 278.

[2443] *1.ª Revisão* cit., 81.

[2444] *2.ª Revisão* cit., 75.

[2445] *Projecto* cit., 421.

[2446] O nosso *Tratado da arbitragem* (2016), 86 e *passim*.

III. O preceito prevê, ainda, "penas aplicáveis" aos condóminos, por violação do código, das deliberações ou das decisões do administrador. Tais "penas" são limitadas a um quarto do rendimento anual coletável da fração do prevaricador o que, em regra, conduz a cifras irrisórias. Conhecemos regulamentos que preveem tais sanções: nunca são aplicadas, em nome de uma "boa vizinhança". Tecnicamente, têm a natureza de cláusulas penais puras[2447], pouco permeáveis à redução equitativa prevista no artigo 812.º.

IV. A Lei n.º 8/2022, de 10 de janeiro, aditou um artigo 1424.º-A, relativo à responsabilidade por encargos do condomínio, mais precisamente do condónimo que queira alienar a sua fração: o administrador emite uma declaração adequada.

254. **O administrador (1435.º)**

I. A matéria relativa ao administrador consta dos artigos 1435.º a 1438.º-A[2448]. Ela é crucial para o bom funcionamento do condomínio. Por isso, as reformas de 1994 e de 2022 vieram densificar a matéria. O artigo 1435.º entra na matéria em termos que transcrevemos, para efeitos de análise:

> 1. O administrador é eleito e exonerado pela assembleia.
> 2. Se a assembleia não eleger administrador, será este nomeado pelo tribunal a requerimento de qualquer dos condóminos.
> 3. O administrador pode ser exonerado pelo tribunal, a requerimento de qualquer condómino, quando se mostre que praticou irregularidades ou agiu com negligência no exercício das suas funções.
> 4. O cargo de administrador é remunerável e tanto pode ser desempenhado por um dos condóminos como por terceiro; o período de funções é, salvo disposição em contrário, de um ano, renovável.
> 5. O administrador mantém-se em funções até que seja eleito ou nomeado o seu sucessor.

O preceito adveio do artigo 33.º do Decreto-Lei n.º 40 333, de 14 de outubro de 1955; incluído, como artigo 137.º, no anteprojeto Pires de

[2447] *Tratado*, IX, 3.ª ed., 481 ss..

[2448] Aspetos práticos: José António França Pitão/Gustavo França Pitão, *Condomínio e propriedade horizontal* cit., 2.ª ed., 27 ss..

Lima[2449], ele passou, com alterações ligeiras, aos artigos 1423.º da 1.ª Revisão Ministerial[2450] e 1435.º da 2.ª[2451] e do Projeto[2452], onde alcançou a redação final.

O Decreto-Lei n.º 267/94, de 25 de outubro, alterou o número 4 que previa uma duração supletiva do mandato de dois anos, reduzindo-o para um ano. E acrescentou o número 5.

II. A designação do administrador é um ponto sensível. A prática das suas funções exige desenvoltura contabilística e alguns conhecimentos jurídicos. Além disso, ele deve ter facilidade de contactos com os muitos prestadores de serviço que podem ser necessários ou úteis para os condóminos. Em regra, são funções ingratas: muitas vezes os administradores dão o seu melhor, consomem horas de trabalho e, até, gastam do seu bolso, sem que ninguém agradeça. A redução supletiva dos mandatos para um ano é inexplicável: um administrador normal vai gastar mais de seis meses para se inteirar dos *dossiers*; quando tem algum domínio da matéria, é substituído. A prática tradicional dos condomínios era a de, rotativamente, designarem como administradores cada um dos condóminos. Chegavam a esse cargo pessoas totalmente alheadas da vida do condomínio e, até, pessoas ausentes do edifício. Em suma: tudo funciona na base de boa vontade, o que nem sempre é a via mais indicada para uma gestão adequada.

III. Como antecipado, a prática vai-se orientando, nos edifícios de média e de grande dimensão, para entregar a administração a empresas especializadas. Isso sem prejuízo de se designar um condómino como administrador, que servirá como elemento de ligação.

IV. O artigo 1435.º-A aditado, prevê um esquema algo aleatório para se encontrar um administrador provisório, se a assembleia não eleger um administrador e este não houver sido nomeado judicialmente. O preceito é bem intencionado, mas levanta dificuldades práticas. Basta ver que, sem uma ata (ou uma decisão judicial), o "administrador provisório" não vai conseguir movimentar as contas bancárias do condomínio.

[2449] Fernando Pires de Lima, *Direito de propriedade* cit., 279.
[2450] *1.ª Revisão* cit., 81-82.
[2451] *2.ª Revisão* cit., 75-76.
[2452] *Projecto* cit., 421-422.

255. As funções do administrador (1436.º) e os recursos (1438.º)

I. O artigo 1436.º, versão original, num número único, enumerava, em nove alíneas, as funções do administrador. Ele repescou os artigos 34.º e 35, § 3.º, do Decreto-Lei n.º 40 333, de 14 de outubro de 1955, através do artigo 138.º do anteprojeto Pires de Lima[2453] e, depois, dos artigos 1424.º da 1.ª Revisão Ministerial[2454] e 1436.º da 2.ª[2455], onde atingiu a sua redação definitiva[2456].

II. O Decreto-Lei n.º 267/94, de 25 de outubro, veio densificar o papel do administrador, passando o preceito para doze alíneas. A Lei n.º 8/2022, de 10 de janeiro, subiu para as dezassete alíneas e acrescentou dois números. Recomenda-se a leitura atenta do preceito. O tipo de funções que agora se pretendem, do administrador, apontam para a sua profissionalização. Além disso, lamentamos a introdução, no Código Civil, de uma linguagem militarizada: segundo o novo número 2, tratando-se de obras, (...) o administrador está obrigado a apresentar, pelo menos, três orçamentos (...); e o novo número 3 sujeita o administrador que não cumpra as funções cometidas pelo artigo, noutras disposições legais ou em deliberações da assembleia, a sanções civis e criminais. Já assim era. Mas dizê-lo desta forma apenas contribui para azedar certas assembleias de condóminos, inibindo-os de aceitar mandatos: ingratos e perigosos.

III. O artigo 1438.º, retomando o artigo 37.º do Decreto-Lei n.º 40 333, de 14 de outubro de 1955, prevê que, dos atos do administrador, haja recurso para a assembleia. Nessa eventualidade, esta poderá ser convocada pelo condómino recorrente. Este preceito, se aplicado, pode ser uma fonte de chicana.

256. Representação do condomínio em juízo (1437.º)

I. O artigo 1437.º, versão original, dispunha sobre a legitimidade do administrador para intervir em juízo. Ele acolheu o artigo 35.º do

[2453] Fernando Pires de Lima, *Direito de propriedade* cit., 280.
[2454] *1.ª Revisão* cit., 82.
[2455] *2.ª Revisão* cit., 76-77; *vide* o *Projecto* cit. (1436.º), 422.
[2456]

Decreto-Lei n.º 40 333, de 14 de outubro de 1955, captado pelo artigo 139.º do anteprojeto Pires de Lima, epigrafado "capacidade judiciária do administrador"[2457]. Passou, com poucas mexidas, ao artigo 1425.º da 1.ª Revisão Ministerial[2458] e, daí, ao artigo 1437.º da 2.ª Revisão[2459]. Apenas no Projeto se alcançou a redação final[2460].

II. A Lei n.º 8/2022, de 10 de janeiro, remodelou o artigo 1437.º, epigrafando-o, agora, de "representação do condomínio em juízo". Vale a pena comparar as duas redações:

Versão original[2461]	Versão de 2022[2462]
1. O administrador tem legitimidade para agir em juízo, quer contra qualquer dos condóminos, quer contra terceiro, na execução das funções que lhe pertencem ou quando autorizado pela assembleia.	1. O condomínio é sempre representado em juízo pelo seu administrador, devendo demandar e ser demandado em nome daquele.
2. O administrador pode também ser demandado nas acções respeitantes às partes comuns do edifício.	2. O administrador age em juízo no exercício das funções que lhe competem, como representante da universalidade dos condóminos ou quando expressamente mandatado pela assembleia de condóminos.
3. Exceptuam-se as acções relativas a questões de propriedade ou posse dos bens comuns, salvo se a assembleia atribuir para o efeito poderes especiais ao administrador.	3. A apresentação pelo administrador de queixas-crime relacionadas com as partes comuns não carece de autorização da assembleia de condóminos.

A versão de 2022 deveria ter sido estudada, antes de ser submetida ao Parlamento. Tecnicamente, a expressão correta é a de 1966: tem legitimidade. Quando, em 2022, se vem dizer "é sempre representado" confunde-se legitimidade com patrocínio judiciário: apenas o advogado representa, em

[2457] Fernando Pires de Lima, *Direito de propriedade* cit., 280.
[2458] *1.ª Revisão* cit., 83.
[2459] *2.ª Revisão* cit., 77.
[2460] *Projecto* cit., 422.
[2461] DG I, n.º 274, de 25-nov.-1966, 2009/I.
[2462] DR 1.ª série, n.º 6, de 10-jan.-2022, 8-9.

juízo, seja quem for. Além disso, o novo 1437.º/1 entra em contradição com o artigo 1433.º/6 que admite a representação pelo administrador ou por quem a assembleia designar: logo, não é "sempre". O novo 1437.º/2 afigura-se redundante: basta lê-lo e confrontar com o n.º 1. Finalmente, suprimiu-se o antigo número 3, muito importante uma vez que, estando em causa a posse ou a propriedade de partes comuns, o administrador põe em risco a substância dos direitos reais dos condóminos: fazia todo o sentido exigir poderes especiais. O novo artigo 1437.º/3 é inútil: qualquer condómino pode formular denúncias ou apresentar queixas-crime relacionadas com as partes comuns; os poderes gerais do administrador bastariam, para o efeito. Aparentemente, o legislador de 2022 quis introduzir uma nota criminalística no coração do Direito civil. Não é costume e não é adequado.

§ 58.º O ALOJAMENTO LOCAL

257. O regime aplicável

I. O Decreto-Lei n.º 39/2008, de 7 de março, veio, segundo as palavras do seu preâmbulo[2463], consagrar o novo regime jurídico da instalação, exploração e funcionamento dos empreendimentos turísticos, procedendo à revogação dos diversos diplomas que regulam atualmente essa matéria e reunindo, num único decreto-lei, as disposições comuns a todos os empreendimentos, de modo a tornar mais fácil o acesso às normas reguladoras da atividade. Esse diploma pretendeu agilizar o licenciamento dos empreendimentos turísticos e diminuir as tipologias e subtipologias existentes. O seu artigo 2.º/2, *b*), veio dispor que não se consideram "empreendimentos turísticos" as instalações que, embora destinadas a proporcionar alojamento temporário com fins lucrativos, revistam natureza de alojamento local.

II. O alojamento local vem definido e regulado pelo artigo 3.º do Decreto-Lei n.º 39/2008, nos termos seguintes:

> 1. Consideram-se estabelecimentos de alojamento local as moradias, apartamentos e estabelecimentos de hospedagem que, dispondo de autorização de utilização, prestem serviços de alojamento temporário, mediante remuneração, mas não reúnam os requisitos para serem considerados empreendimentos turísticos.
>
> 2. Os estabelecimentos de alojamento local devem respeitar os requisitos mínimos de segurança e higiene definidos por portaria conjunta dos membros do Governo responsáveis pelas áreas do turismo e da administração local.

[2463] DR 1.ª série, n.º 48, de 7-mar.-2008, 1440/II.

3. Os estabelecimentos de alojamento local que reúnam os requisitos previstos no presente artigo são obrigatoriamente registados na câmara municipal da respectiva área.

4. Apenas os estabelecimentos de alojamento local registados nas câmaras municipais da respectiva área podem ser comercializados para fins turísticos quer pelos seus proprietários, quer por agências de viagens e turismo.

5. As câmaras municipais devem facultar ao Turismo de Portugal, I. P., o acesso informático ao registo do alojamento local.

6. Os estabelecimentos referidos no presente artigo devem identificar-se como alojamento local, não podendo, em caso algum, utilizar a qualificação turismo e ou turístico, nem qualquer sistema de classificação.

O Decreto-Lei em causa conheceu, até hoje, para além duma retificação[2464], seis modificações[2465]. A Portaria n.º 517/2008, de 25 de junho, regulamentou o transcrito artigo 3.º, tendo sido alterada pela Portaria n.º 138/2012, de 14 de maio, em nome de regras europeias.

III. O alojamento local obteve um diploma próprio: o Decreto-Lei n.º 128/2014, de 29 de agosto[2466]. Foram revogados os artigos 3.º, 22.º/1, *b*) e 67.º/1, todos do Decreto-Lei n.º 39/2008, de 7 de março, bem como a Portaria n.º 517/2008, de 25 de junho, com a alteração referida. De acordo com os costumes nacionais, esse diploma foi modificado já quatro vezes:

[2464] Declaração de Retificação n.º 25/2008, de 6 de maio, com seis "retificações.

[2465] A saber: Decreto-Lei n.º 228/2009, de 14 de setembro, com numerosas alterações, republicando, em anexo, o diploma atingido; Decreto-Lei n.º 15/2014, de 23 de janeiro, com dezenas de modificações (entre as quais o artigo 3.º, de modo a permitir a legalização do alojamento local por comunicação prévia e determinando a afixação de uma placa identificativa), republicando novamente o Decreto-Lei n.º 228/2009, em anexo; Decreto-Lei n.º 128/2014, de 29 de agosto, que aprovou o regime do alojamento local, acima considerado, revogando o artigo 3.º; o Decreto-Lei n.º 186/2015, com múltiplas alterações, republicando, pela terceira vez, o martirizado Decreto-Lei n.º 228/2009; o Decreto-Lei n.º 80/2017, de 30 de junho, atingindo diversos preceitos, com vista a "implementar" a medida *Simplex*, republicando, agora pela quarta vez, o mesmo diploma; o Decreto-Lei n.º 9/2021, de 29 de janeiro, que a propósito do Regime Jurídico das Contraordenações Económicas, reviu alguns artigos.

[2466] *Vide* J. Pinto Furtado, *Do alojamento local, sua relação com a propriedade horizontal*, RDC 2017, 529-574.

(1) pelo Decreto-Lei n.º 63/2015, de 23 de abril, para (...) melhor adaptar à realidade e ainda recente experiência da figura do alojamento local[2467];
(2) pela Lei n.º 62/2018, de 22 de agosto, que modificou numerosos dos seus artigos, republicando-o em anexo;
(3) pela Lei n.º 71/2018, de 31 de dezembro (OGE 2019), que modificou o seu artigo 13.º-A;
(4) pelo Decreto-Lei n.º 9/2021, de 29 de janeiro, sobre o produto das coimas.

IV. O Regime Jurídico da Exploração dos Estabelecimentos de Alojamento Local, adotado pelo Decreto-Lei n.º 128/2014, em versão consolidada, ordena-se em seis capítulos:

I – Disposições gerais (1.º a 4.º);
II – Registo de estabelecimentos (5.º a 10.º);
III – Requisitos (11.º a 15.º);
IV – Exploração e funcionamento (16.º a 20.º-A);
V – Fiscalização e sanções (21.º a 28.º);
VI – Disposições finais e transitórias (29.º a 35.º).

No essencial, temos o seguinte:

(1) estabelecimentos de alojamento local são os que prestam serviço de alojamento temporário, nomeadamente a turistas, mediante remuneração e que reúnam os requisitos do diploma (2.º/1); este tipo de exploração não é possível para as entidades ditas "empreendimentos turísticos";
(2) há quatro modalidades: (a) moradia; (b) apartamento; (c) estabelecimento de hospedagem; (d) quartos (3.º/1); os n.º 2 e 3 desse preceito referem expressamente, como locais próprios para o alojamento local, as frações autónomas de um edifício;
(3) o registo dos estabelecimentos em causa faz-se por comunicação prévia dirigida ao presidente da câmara municipal territorialmente competente (5.º/1), com uma série de indicações (6.º);

[2467] DR 1.ª série, n.º 79, de 23-abr.-2015, 2048/I.

(4) o título de abertura ao público é o documento do Balcão Único Eletrónico (7.º); segue-se uma vistoria pelos serviços da câmara (8.º);

(5) outros aspetos, como a capacidade dos locais (11.º), os seus requisitos (12.º), a segurança (13.º), os seguros (13.º-A), a publicidade (17.º e 18.º), o período de funcionamento, a publicitar e livremente fixado pelo titular do local (19.º) e outras regras regulamentares constam do diploma;

(6) o condomínio pode fixar o pagamento de uma contribuição adicional correspondentes às despesas decorrentes da utilização acrescida das partes comuns, com o limite de 30% das quotas (20.º-A).

V. No tocante à interação entre o alojamento local e a propriedade horizontal, cabe atentar no artigo 9.º/2 a 4, na redação resultante da Lei n.º 62/2018, de 22 de agosto[2468]:

> 2. No caso de a atividade de alojamento local ser exercida numa fração autónoma de edifício ou parte de prédio urbano suscetível de utilização independente, a assembleia de condóminos, por decisão de mais de metade da permilagem do edifício, em deliberação fundamentada, decorrente da prática reiterada e comprovada de atos que perturbem a normal utilização do prédio, bem como de atos que causem incómodo e afetem o descanso dos condóminos, pode opor-se ao exercício da atividade de alojamento local na referida fração, dando, para o efeito, conhecimento da sua decisão ao Presidente da Câmara Municipal territorialmente competente.
>
> 3. O Presidente da Câmara Municipal territorialmente competente, com faculdade de delegação nos vereadores, decide sobre o pedido de cancelamento.
>
> 4. O cancelamento do registo determina a imediata cessação de exploração do estabelecimento, sem prejuízo do direito de audiência prévia.

Temos, aqui, uma solução que visa conciliar, quando necessário, os interesses dos condóminos comuns e os dos condóminos que dirijam as suas frações autónomas para o alojamento local. Tem dois requisitos: (a) uma deliberação que represente metade da permilagem do edifício; (b) a

[2468] DR 1.ª série, n.º 161, de 22-ago.-2018, 4301/II: o n.º 4 resulta da renumeração levada a cabo pela Lei n.º 62/2018; era o anterior n.º 2.

prática reiterada e comprovada de atos que perturbem a normal utilização do prédio ou que incomode e afetem o descanso dos condóminos.

258. O AUJ 22-mar.-2022

I. O alojamento local conheceu, em especial após 2014, uma expansão exponencial, representando um volume de negócios de muitas centenas de milhões de euros. Surgiu como o fator de (re)animação do mercado imobiliário, particularmente nos grandes centros urbanos. De certo modo, ele veio compensar a fraqueza do arrendamento tradicional, cada vez mais apertado entre as medidas vinculísticas que desde a (infeliz) reforma de 2006, se têm vindo a inserir no nosso ordenamento. O alojamento local suscita – ou pode suscitar – alguns problemas, no plano dos edifícios em propriedade horizontal. Efetivamente, em especial quando celebrado a favor de jovens estudantes estrangeiros, o alojamento local pode implicar uma multiplicação de utentes das partes comuns, normalmente desconhecidos. Há, ainda, abusos, com festas fora de horas: este último ponto não é, todavia, exclusivo do alojamento local, podendo ocorrer em qualquer fração usada pelo seu condómino. As queixas de barulhos incomodativos têm, de resto, mais a ver com obras e com cães do que com o alojamento local.

II. Os incómodos suscitados por algumas situações de alojamento local deram azo a jurisprudência, anterior a 2014. Como exemplos, enquanto a RLx 20-out.-2016 decidiu que, destinando-se, pelo título constitutivo da propriedade horizontal, uma fração a habituação, não se lhe poderia dar, como destino, o alojamento local[2469]. Em sentido contrário, a RPt 16-set.-2016 entendeu que, em face do destino "habitação", não haveria, em princípio, impedimento a que a fração fosse afetada a alojamento local[2470]. As dúvidas exigiam uma intervenção legislativa: dado o peso do turismo na economia nacional, não faria sentido deixar essa delicada matéria ao sabor das características dos casos concretos. Assim surgiu a acima referida Lei n.º 62/2018, de 22 de agosto que, alterando o Regime do Arrendamento Local de 2014, veio permitir que a assembleia de condóminos, por deliberação justificada e representativa da maioria do capital, peça

[2469] RLx 20-out.-2016 (Ilídio Sacarrão Martins), Proc. 12579-16.
[2470] RPt 16-set.-2016 (Aristides Rodrigues de Almeida), Proc. 4910/16.

o cancelamento da licença administrativa para esse tipo de atividade[2471]. Esta linha tem a sua valia, não podendo ser minimizada com a afirmação de que ela não protege, individualmente, cada condómino. De facto, qualquer condómino que habite, com a sua família, uma determinada fração autónoma pode optar por acolher a via do alojamento local, valorizando o seu investimento. Num edifício que, pura e simplesmente, proíba o alojamento local, as suas frações autónomas perdem valor de mercado.

III. A clivagem jurisprudencial estava lançada. Ela não pararia com a Lei n.º 62/2018. Assim, o STJ 28-mar.-2017 entendeu que o arrendamento de uma fração a turistas, por curto período, designado por alojamento local não é um ato de comércio e respeita o título constitutivo que a destine a habitação[2472]. Pelo contrário, o mesmo Supremo, em 23-jan.-2020, sufragou uma opção inversa[2473]. Interposto um recurso para uniformização de jurisprudência, veio a ser prolatado o Acórdão Uniformizador de Jurisprudência n.º 4/2022, de 22-mar.-2022, com a seguinte orientação[2474]:

> No regime da propriedade horizontal, a indicação no título constitutivo, de que certa fracção se destina a habitação, deve ser interpretada no sentido de nela não ser permitida a realização de alojamento local

259. Crítica; a natureza do alojamento local

I. A orientação do AUJ n.º 4/2022 suscita perplexidade[2475]. Antes de atentar nos pontos concretos ponderados pelo Supremo, interessa referir três aspetos prévios. Assim:

(1) esta orientação vai provocar uma litigiosidade elevada, já que se podem multiplicar as ações individuais destinadas a fazer cessar alojamentos locais: da ordem das dezenas de milhar, em todo o

[2471] *Supra*, n.º 257, V.
[2472] STJ 28-mar.-2017 (Salreta Pereira), Proc. 12579/16.
[2473] Citado em AUJ 22-mar.-2022, abaixo referido.
[2474] AUJ n.º 4/2022, de 22-mar.-2022 (Fátima Gomes), DR 1.ª série, n.º 90, de 10-mar.-2022, 8-32 (29) = Proc. 24471/16.
[2475] *Vide*, em especial, o cuidado e excelente estudo de Pedro de Albuquerque, *Alojamento local e propriedade horizontal/Anotação crítica ao acórdão uniformizador de jurisprudência STJ 22-02-2022*, 238 pp., com importantes conclusões.

País; houve muitos milhões de euros em investimentos no alojamento local que ficariam perdidos, com detrimento do princípio da confiança;

(2) o artigo 9.º/2 do Decreto-Lei n.º 128/2014, na redação dada pela Lei n.º 62/2018, fica, na prática, derrogado: não vale a pena, num condomínio, exigir-se a maioria, numa deliberação justificada, quando, sem razões e apenas invocando o título constitutivo "habitação", qualquer condómino pode, sozinho, conseguir o mesmo efeito;

(3) não pode haver uma regra geral para interpretar um título constitutivo; este, tendo (como tem) natureza negocial, segue os parâmetros do artigo 236.º/1, podendo ter alcances diferentes, conforme as situações;

(4) a propriedade horizontal fica desvalorizada, caso os condóminos percam a possibilidade de optar pelo alojamento local.

II. Quantos títulos constitutivos de propriedade horizontal, por todo o País, permitem expressamente o alojamento local? Quantas situações de alojamento local existem, em todo o País e quantas provocaram queixas justificadas? Ao vedar, genericamente, o alojamento local nos edifícios em propriedade horizontal, quais as consequências para o turismo? Tudo isto deveria ser estudado e ponderado por um gabinete de estudos, munido de dados estatísticos, económicos e sociológicos, que apoiasse o Governo ou o Parlamento. O Supremo não tem (não tem de ter) tais apetrechos. Sempre defendemos os assentos e sempre criticámos a (infeliz) reforma de 1995 que, por pruridos ditados por um hoje insufragável positivismo constitucional, veio revogar o artigo 2.º do Código Civil e os próprios assentos[2476]. Mas prevenimos: em certos casos, o Supremo não tem meios para regular, em termos gerais.

III. Complementarmente, cabe esclarecer outros três pontos:

(1) a pretensa natureza comercial do alojamento local: nenhuma lei o considera como tal; logo, para o fazer, teríamos de caminhar por analogia[2477]; só que não vemos qualquer lacuna; além disso,

[2476] *Tratado*, I, 4.ª ed., 639 ss..

[2477] *Vide*, sobre o tema da qualificação, por analogia, de certos atos comerciais, o nosso *Direito comercial* cit., 5.ª ed. (2022), 211 ss..

o regime do comerciante não se aplica aos donos de frações; eles não têm de adotar firma e não se sujeitam ao registo comercial, como exigiria o artigo 18.º do Código Comercial;

(2) a pretensa natureza do alojamento local como "prestação de serviço": embora esse termo seja usado pelas leis turísticas, estas não vinculam, quando façam meras qualificações; o cerne do alojamento de coisa é o gozo da coisa, proporcionado ao beneficiário; logo, temos aqui um direito pessoal de gozo, reconduzível ao arrendamento;

(3) quer no seu uso corrente, quer no uso técnico-jurídico, "habitação" abrange o alojamento local: recordem-se os arrendamentos (…) para habitação, por curtos períodos, em praias, termas ou outros lugares de vilegiatura, ou para outros fins especiais transitórios, nos termos do artigo 1083.º/2, *b*), versão original do Código Civil.

IV. Em suma: quer por razões exógenas, quer pelas endógenas, o AUJ n.º 4/2022 não foi, com a devida vénia, conseguido. Prolatado sob a influência de concretas situações em que o alojamento local tenha provocado problemas de vizinhança[2478], ele generalizou. Ora tais problemas têm solução:

(1) individualmente, através do artigo 1346.º, reforçado pelos direitos de personalidade, com relevo para o direito à saúde, ao repouso e ao bom ambiente[2479];

(2) coletivamente, com recurso ao artigo 9.º/2 do Decreto-Lei n.º 128/2014, na redação dada pela Lei n.º 62/2018 ou, ainda, pela majoração da quota para condomínios;

(3) por via do título constitutivo da propriedade horizontal, sempre que proíbam, lícita e legitimamente, o alojamento local[2480].

V. O AUJ n.º 4/2022 deve ser tomado restritivamente, cabendo afastá-lo sempre que as circunstâncias do caso mostrem que o alojamento local é regular e não incomoda mais do que a normal vizinhança. Com uma particularidade: o ónus da prova cabe a eventuais queixosos.

[2478] Problemas esses que são comuns, fora de quaisquer alojamentos locais.

[2479] *Supra*, § 37.º.

[2480] O mero regulamento é insuficiente para limitar o uso das frações permitido pelo título constitutivo.

CAPÍTULO III

DO DIREITO REAL DE HABITAÇÃO PERIÓDICA (DRHP)

§ 59.º DRHP; NOTA HISTÓRICO-COMPARATÍSTICA

260. Origem e natureza multifacetada

I. O direito real de habitação periodica (DRHP), expressão jurídica portuguesa para designar o *timeshare*, expresso em França como *location en temps partagé*, *immobilier en temps partagé* ou como *multipropriété*[2481], em Itália como multiproprietà[2482], em Espanha como multipropriedad[2483] e na Alemanha como *Time-Sharing* ou *Ferieneigentum*[2484].

Na origem, temos práticas europeias, nas instâncias de esqui nos Alpes, nos anos sessenta do século XX. Os autores ora indicam os Alpes franceses, ora os suíços, como origem. O problema encarado era o seguinte: no Norte e no Centro da Europa, nos países ocidentais, radicou-se a prática de férias de Inverno, em instâncias desportivas. Para tanto, o ideal era adquirir um direito temporalmente limitado de ocupar um local adequado para habitação.

[2481] Jacques Raynard/Jean-Baptiste Seube, *Droit civil/Contrats spéciaux*, 5.ª ed. (2015), n.º 277-278 (238-239).

[2482] Giovanni Caselli, *La multiproprietà/La direttiva comunitaria 94/47 del 26 ottobre 1994/Dottrina, Giurisprudenza e Proposta di legge in Italia*, 3.ª ed. (1995), nXV + + 172 pp..

[2483] Rojas Ulloa Milushka, *La naturaleza jurídica de la multipropiedad/Forma moderna e práctica de adquirir un bien immueble* (2011), 152 pp..

[2484] Anne R. Zipsky, *Time-Sharing von Ferienimmobilien/Vertragsgestaltung und Steuerrecht* (2003), 438 pp.; Baur/Stürner, *Sachenrecht* cit., 18.ª ed., § 29, Nr. 84-92 (400-401).

II. Nos anos setenta do século XX difundiu-se, nos Estados Unidos, particularmente na Florida, uma prática semelhante, ainda que com construções jurídicas proprias[2485]. O movimento teve repercussões na Europa, agora com uma incidência marcada nas zonas de veraneio mediterrânicas[2486]. Foram adotadas práticas comerciais e publicitárias agressivas[2487]: a rendibilidade de um empreendimento turístico passava pela rápida colocação, no mercado, das frações físicas e temporais, com um grande número de aderentes e a maior compressão possível, no plano dos custos. A prática do *time-sharing* não tinha, nos vários países, uma regulação expressa[2488]. Multiplicaram-se os escândalos, com prejuízo para os particulares e suas famílias. A União Europeia decidiu intervir, adotando duas diretrizes sucessivas:

(1) Diretriz 94/47, de 26 de outubro, relativa à proteção dos adquirentes quanto a certos aspetos dos contratos de aquisição de um direito de utilização a tempo parcial de bens imóveis[2489];
(2) Diretriz 2008/122, de 14 de janeiro, que substituiu a anterior[2490].

III. A preocupação fundamental das diretrizes europeias foi a de assegurar uma ampla e prévia informação aos consumidores de *time-sharing* (a de 1994) e a de melhorar o direito de saída ou de resolução do contrato (a de 2008). Alguns países (como o nosso) anteciparam-se à legislação europeia, adotando leis sobre o DRHP que, depois, tiveram de rever. Outros, em transposição da Diretriz 94/47, dotaram-se de leis específicas. A Alemanha aprovou o *Gesetz über die Veräußerung vom Teilzeitnutzungsrechten an Wohngebäuden* (*Teilzeit-Wohnrecht – TzWrG*), de 20 de dezembro

[2485] Annette e Günter Hallwachs/Paul C. Lane, *Time-Sharing in der USA am Beispiel Floridas*, NJW 1996, 3243-3248.

[2486] Andreas Shomerus, *Gerichtliche Durchsetzung von Rückzahlungsansprüchen aus Time-Sharing-Verträgen in Spanien*, NJW 1996, 3239-3243.

[2487] *Vide* José Lobo Moutinho/Luís Bernardes, *Estudo sobre o direito real de habitação periódica*, DJ VII (1993), 403-416 e VIII (1994), 295-364 (298).

[2488] Concretizações jurisprudenciais deste período podem ser confrontadas em Thomas Hildebrandt, *Time-Sharing-Verträge in der Rechtspraxis*, I, NJW 1994, 1992-1996 (1992, quanto à tutela do consumidor) e II, NJW 1996, 3249-3256.

[2489] JOCE N.º L 280/83-87, de 29-out.-1994. *Vide* Christina Jehle, *Die Timesharing – – Richtlinie der EU von 26. Oktober 1994 und deren Umsetzung in den deutschsprachigen Ländern* (2001), 259/1.

[2490] JOUE N.º L 33/10-30, de 7-fev.-2009.

de 1996, em doze parágrafos[2491]. Em Itália, tal ocorreu por via do Decreto Legislativo n.º 427, de 9 de novembro de 1998[2492]. Em França, valeu a Lei 86-18, de 6 de janeiro, relativa *aux sociétés d'attribution d'immeubles en jouissance à temps partagé*[2493]. A diversidade de designações dá já uma ideia das distintas técnicas jurídicas, encontradas dentro do espaço europeu, para regular o *time-sharing*.

IV. A reforma do BGB de 2001/2002 foi o ensejo para levar a matéria do *time-sharing* para o BGB, §§ 481 a 487[2494]. A matéria foi complementada por uma Lei de 23 de fevereiro de 2011, em transposição da Diretriz 2008/122[2495]. Em Itália, a *multiproprietà* foi inserida no Código do Consumo de 2005, com alterações subsequentes. Em França, a Lei n.º 2009-888, de 22 de julho, relativa ao desenvolvimento e à modernização dos serviços turísticos, introduziu alterações ao diploma de 1994.

V. Este breve périplo pelo Direito europeu documenta uma diversidade de soluções legislativas, ainda que confluentes, no que toca à tutela dos particulares. Temos leis especiais (França), Código Civil (Alemanha) e Código do Consumo (Itália). As construções jurídicas variam: como abaixo será aludido, é duvidoso, em face dessas soluções, que o *time-sharing* seja (sempre) um direito real.

261. **Evolução lusófona**

I. O direito real de habitação periódica ou DRHP foi instituído pelo Decreto-Lei n.º 355/81, de 31 de dezembro. Esse diploma teve, na origem,

[2491] *Vide* Michael Martinek, *Das neue Teilzeit-Wohnrechtgesetz/Mißratener Verbraucherschutz bei Time-Sharing-Verträgen*, NJW 1997, 1193-1199 (1199), pouco convencido.

[2492] Marco Nazareno-Mizzau/Nuccia Parodi, em Filippo Preite/Marcello di Fábio, *Codice della proprietà e dei diritti immobiliari* (2015), 812.º (150).

[2493] Jorf n.º 0006, de 8-jan.-1986. *Vide* Wolfram G. Hellmann, *Die Multipropriété Frankreich/Nach der Reform durch das Gesetz Nr. 86-16, "relative aux sociétés d'attribution d'immeubles en jouissance à temps partagé"* (1989), XXI + 207 pp..

[2494] Michael Martinek, no *Staudingers Kommentar zum BGB*, §§ 433-487 (2004), Virbem zu §§ 481-487, Nr. 1 (779).

[2495] Martin Franzen, no *Münchener Kommentar zum BGB*, 4, 8.ª ed. (2019), Vor § 481 (538 ss.); a bibliografia é muito extensa.

um projeto elaborado por Henrique Mesquita[2496]. Ele vem apresentado, no artigo 1.º/1 e 2, desse diploma:

> 1. Sobre um imóvel ou um conjunto imobiliário urbanos destinados a fins turísticos, ou sobre as respetivas frações, podem constituir-se, com eficácia real, direitos de habitação limitados a período certo de tempo de cada ano, com duração mensal.
>
> 2. Quando o direito de habitação previsto no número antecedente não abranja todo um imóvel, só pode incidir sobre frações autónomas do mesmo que, além de constituírem unidades independentes, sejam distintas e isoladas entre si e tenham saída própria para uma parte comum do prédio ou para a via pública.
>
> (...)

II. Ocorreu uma evolução legislativa, abaixo sumariada. Hoje, vigora o Decreto-Lei n.º 275/93, de 5 de agosto, que no seu artigo 1.º epigrafado "direito real de habitação periódica", diz simplesmente:

> Sobre as unidades de alojamento integradas em empreendimentos turísticos qualificados como hotéis-apartamentos, aldeamentos turísticos, conjuntos turísticos e apartamentos turísticos podem constituir-se direitos reais de habitação limitados a um período certo de tempo de cada ano.

Estamos em face de um direito real de gozo, limitado ao alojamento com fins turísticos, que recai sobre edifícios adequados ou sobre suas fraçõeas autónomas e que opera durante um período certo de tempo, em cada ano. Apresenta um parentesco com a propriedade horizontal: (1) respeita apenas a um edifício, muitas vezes já em propriedade horizontal; (2) pressupõe uma integração num modo coletivo de aproveitamento de imóveis; (3) postula uma assembleia e um administrador.

III. O DRHP, criado nos finais de 1981, denota uma forte instabilidade legislativa. Assim:

(1) Decreto-Lei n.º 355/81, de 31 de dezembro: cria o DRHP e regula-o, em quinze artigos;

[2496] Manuel Henrique Mesquita, *Uma nova figura real: o direito de habitação periódica*, RDE VIII (1982), 49-60.

(2) Decreto-Lei n.º 368/83, de 4 de outubro: altera o Decreto-Lei n.º 355/81, em três pontos: (a) reduz para uma semana o periodo temporal, de referência; (b) permite a sua duração perpétua; (c) faculta que a prestação periódica a pagar pelo seu titular seja substituída por uma quantia única, a liquidar com o preço de aquisição do título[2497];

(3) Decreto-Lei n.º 130/89, de 18 de abril: estabelece um novo regime para o DRHP, substituindo o do Decreto-Lei n.º 355/81, que revoga; o novo regime comporta, agora, 48 artigos, arrumados em quatro capítulos;

(4) Decreto-Lei n.º 275/93, de 5 de agosto: aprova um terceiro regime para o DRHP, revogando o Decreto-Lei n.º 130/89; temos, agora, 62 artigos, também em quatro capítulos[2498];

(5) Decreto-Lei n.º 180/99, de 22 de maio: transpõe a Diretriz 94/47 e invoca determinadas conveniências; altera 41 artigos do Decreto-Lei n.º 275/93; embora sem o assumir, ele adota, de facto, um quarto regime para esse diploma;

(6) Decreto-Lei n.º 22/2002, de 31 de janeiro: modifica 10 artigos do Decreto-Lei n.º 275/93;

(7) Decreto-Lei n.º 76-A/2006, de 29 de março, que aprovou a reforma do Direito das sociedades; alterou o artigo 48.º, do mesmo Decreto-Lei;

(8) Decreto-Lei n.º 116/2008, de 4 de julho, relativo a medidas de simplificação, desmaterialização e eliminação de atos e procedimentos no âmbito do registo predial e atos conexos; modifica seis artigos desse diploma;

(9) Decreto-Lei n.º 37/2011, de 10 de março: com vista a transpor a Diretriz 2008/122, altera 26 artigos do Decreto-Lei n.º 275/93 e adita-lhe mais 7; republica-o em anexo;

(10) Decreto-Lei n.º 245/2015, de 20 de outubro: transpondo (ainda mais) a Diretriz 2008/122, de 14 de janeiro de 2009, altera 4 artigos do diploma; adita-lhe um novo artigo e revoga uma alínea;

[2497] À luz destes dois primeiros diplomas: A. Lúcio Vidal, *O direito real de habitação periódica* (1984), 104 pp..

[2498] À luz deste diploma, versão original: Isabel Pereira Mendes, *Direito real de habitação periódica* (1993), 281 pp..

(11) Decreto-Lei n.º 9/2021, de 29 de janeiro, que aprova o Regime Jurídico das Contraordenações Económicas: modifica 3 artigos do Decreto-Lei n.º 275/93.

§ 60.º REGIME DO DRHP, RELEVO E NATUREZA

262. Sistema e aspetos gerais

I. O DRHP é regulado pelo Decreto-Lei n.º 275/93, de 5 de agosto, por último alterado, neste momento, pelo Decreto-Lei n.º 9/2021, de 29 de janeiro[2499]. O diploma comporta 62 artigos, assim ordenados:

Capítulo I – Do direito real de habitação periódica (1.º a 44.º):
- Secção I – Disposições gerais (1.º a 4.º);
- Secção II – Constituição (5.º a 9.º);
- Secção III – Do certificado predial (10.º e 11.º);
- Secção IV – Da transmissão e oneração de direitos reais de habitação periódica (12.º a 20.º);
- Secção V – Direitos e deveres dos titulares de direitos reais de habitação periódica (21.º a 24.º);
- Secção VI – Da administração e conservação de empreendimentos (25.º a 35.º);
- Secção VII – Destituição e substituição na administração do empreendimento (36.º a 41.º);
- Secção VIII – Da renúncia ao direito real de habitação periódica (42.º);
- Secção IX – Publicidade, comercialização e formas de referência (43.º e 44.º).

Capítulo II – Dos direitos de habitação turística (43.º a 53.º-B);
Capítulo III – Das infrações e sua sanção (54.º a 62.º).

[2499] Na nossa literatura, além dos escritos já referidos: José de Oliveira Ascensão, *Direito civil/Reais* cit., 5.ª ed., 513-521; Rui Pinto Duarte, *Curso de Direitos Reais* cit., 4.ª ed., 323-331; José Alberto Vieira, *Direitos Reais* cit., 3.ª ed., 815-822; António Santos Justo, *Manual de Direitos Reais* cit., 7.ª ed., 489-503; José Luís Ramos, *Manual de Direitos Reais* cit., 2.ª ed., 503-512; *idem*, *Direito real de habitação periódica: do bem de consumo, à realidade*, O Direito 2021, 675-689; Luís Menezes Leitão, *Direitos Reais* cit., 9.ª ed., 431-450.

II. O objeto do DRHP é apresentado no artigo 1.º: unidades de alojamento integradas em hotéis-apartamentos, aldeamentos turísticos e apartamentos turísticos. As unidades de alojamento devem ser independentes, distintas e isoladas entre si, com saída própria para uma parte comum do empreendimento ou para a via pública – artigo 4.º/1, *a*): um preceito semelhante ao que regula as frações autónomas dos edifícios em propriedade horizontal. O proprietário das unidades de alojamento sujeitas a DRHP não podem constituir outros direitos reais sobre as mesmas; mas pode anteceder a constituição do DRHP pela sujeição, do edifício, à propriedade horizontal. Deduz-se, pois, que o DRHP onera um direito de base: a propriedade.

III. O DRHP, supletivamente, é perpétuo; pode-lhe, porém, ser fixado um limite de duração não inferior a um ano (3.º/1). A não confundir com a duração do direito é a delimitação temporal do seu exercício, determinado ou determinável, em cada ano (3.º/2).

IV. Um empreendimento explorado no regime de DRHP deve ter uma série de requisitos, elencados no artigo 4.º: uma matéria especialmente fixada pelo Decreto-Lei n.º 22/2002, de 31 de janeiro. Para evitar que ele perca o cordão umbilical com o turismo, o artigo 4.º/1, *b*), determina que pelo menos 30% das unidades de alojamento afetas à exploração turística não sejam objeto de DRHP.

263. **Constituição, transmissão e extinção; habitação turística**

I. A constituição de DRHP exige uma comunicação prévia com prazo, nos termos do artigo 8.º/2, *a*), do Decreto-Lei n.º 92/2010, de 26 de julho, ao Turismo de Portugal, I.P. (5.º/1), com uma série de elementos (5.º/2). O DRHP opera por escritura pública ou por documento particular autenticado (6.º/1), exigindo-se idêntica forma para a modificação do título de constituição, com o acordo dos titulares afetados, judicialmente suprível (6.º/1 e 2). A constituição ou o processo de constituição do DRHP deve ser antecedida da prestação, ao consumidor, das extensas informações elencadas no artigo 9.º. Antes da assinatura do contrato, o vendedor deve informar o adquirente de que dispõe de um prazo de 14 dias para resolver o contrato, estando vedado o pagamento de quaisquer quantias. O titular do DRHP pode extingui-lo por renúncia. O título de constituição do DRHP está sujeito a registo (8.º). A conservatória emite um certificado predial com os competentes elementos (10.º e 11.º).

II. A transmissão e a oneração de DRHP faz-se por declaração das partes no certificado predial, com reconhecimento presencial das assinaturas (12.º).

III. O adquirente do DRHP pode resolver o contrato, sem dar justificações e sem encargos, no prazo de 14 dias a contar da data do negócio ou da entrega do formulário de resolução (16.º). Trata-se do clássico direito de arrependimento conferido aos consumidores. Tais posições são irrenunciáveis (20.º).

264. Direitos, deveres e administração

I. Segundo o artigo 21.º/1, o titular do DRHP tem as faculdades seguintes:

> 1. O titular do direito real de habitação periódica tem as seguintes faculdades:
> *a*) Habitar a unidade de alojamento pelo período a que respeita o seu direito;
> *b*) Usar as instalações e equipamentos de uso comum do empreendimento e beneficiar dos serviços prestados pelo titular do empreendimento;
> *c*) Exigir, em caso de impossibilidade de utilização da unidade de alojamento objecto do contrato devido a situações de força maior ou caso fortuito motivado por circunstâncias anormais e imprevisíveis alheias àquele que as invoca, cujas consequências não poderiam ter sido evitadas apesar de todas as diligências feitas, que o proprietário ou o cessionário lhe faculte alojamento alternativo num empreendimento sujeito ao regime de direitos reais de habitação periódica, de categoria idêntica ou superior, num local próximo do empreendimento objecto do contrato;
> *d*) Ceder o exercício das faculdades referidas nas alíneas anteriores.

II. No tocante a deveres, salientamos o artigo 21.º/2:

> 2. No exercício do seu direito, o titular deve agir como o faria um bom pai de família, estando-lhe especialmente vedadas a utilização da unidade de

alojamento e das partes do empreendimento de uso comum para fins diversos daqueles a que se destinam e a prática de actos proibidos pelo título constitutivo ou pelas normas reguladoras do funcionamento do empreendimento.

3. A cedência a que se refere a alínea *d*) do n.º 1 deve ser comunicada por escrito à entidade responsável pela gestão do empreendimento até ao início do período de exercício do direito, sob pena de opor a tal cedência.

Um relevo especial é o da "prestação periódica", constante do artigo 22.º, que transcrevemos:

1. O titular do direito real de habitação periódica é obrigado a pagar anualmente ao proprietário das unidades de alojamento sujeitas ao regime dos direitos reais de habitação periódica a prestação pecuniária indicada no título de constituição.

2. A prestação periódica destina-se exclusivamente a compensar o proprietário das unidades de alojamento sujeitas ao regime dos direitos reais de habitação periódica das despesas com os serviços de utilização e exploração turística a que as mesmas estão sujeitas, contribuições e impostos e quaisquer outras previstas no título de constituição e a remunerá-lo pela sua gestão, não podendo ser-lhe dada diferente utilização.

3. O valor da prestação periódica pode variar consoante a época do ano a que se reporta o direito real de habitação periódica, mas deve ser proporcional à fruição do empreendimento pelo titular do direito.

4. A percentagem da prestação periódica destinada a remunerar a gestão não pode ultrapassar 20% do valor total.

O seu não cumprimento dá azo às consequências garantísticas do artigo 23.º. Pode, ainda, haver alterações, por via do artigo 24.º.

III. A administração e conservação das unidades de alojamento, do seu equipamento, recheio, instalações e do equipamento de uso comum cabem ao proprietário (25.º/1). Tecnicamente, estamos em face de obrigações *propter rem*, operando o DRHP como ónus real ou direito do qual derivam as diversas obrigações em causa. Ele pode ceder a exploração do empreendimento (25.º/2). A conservação, a limpeza e as reparações devem ser asseguradas (26.º e 27.º). Diversas regras reforçam esses deveres.

Prevê-se uma assembleia geral de titulares de DRHP, com a competência elencada no artigo 34.º. O administrador pode ser destituído, caso não cumpra (36.º a 41.º).

IV. A Lei prevê, ainda, direitos de habitação turística, que não são DRHP (45.º). Implicam uma série de requisitos (46.º). Podem ser perpétuos ou com uma duração não inferior a um ano (47.º). Têm uma série de regras que tutelam o consumidor (47.º-A) e podem ser transmitidos (48.º).

265. **Perspetivas e natureza**

I. O DRHP foi lançado com especial publicidade. Ele permitiria, com custos relativamente reduzidos, assegurar aos particulares lugares aprazíveis e predeterminados, no espaço e no tempo, para as suas férias. Além disso, joga-se, aqui, um investimento: o DRHP pode ser alienado. Todavia, quer a análise da Lei, quer a consideração da realidade mostram que, em termos económicos, o titular desse direito adquire um pacote de serviços, sem os quais não há qualquer aproveitamento. Temos a limpeza, o funcionamento do equipamento e a idoneidade da mobília, para além dos cuidados respeitantes às partes comuns. Por isso, noutros ordenamentos, o DRHP é construído em torno de um contrato (Alemanha) ou de sociedades prestadoras (França), admitindo-se soluções diversas.

II. O DRHP sofre, hoje, uma forte concorrência por parte de outros produtos turísticos mais flexíveis. Desde logo o já examinado alojamento local. De seguida e, sobretudo, a possibilidade de, pela Net, fazer reservas de todo o tipo, incluindo transportes, diversões e restauração. Tudo isso a preços muito razoáveis e com total flexibilidade. Quem adquira um DRHP perpétuo ficará cristalizado. Além disso: como estará o equipamento passados vinte anos? Não obstante estas reservas, o DRHP é um instrumento ao serviço do turismo: num País como o nosso, isso é fundamental.

III. A natureza do DRHP pode levantar dúvidas. Desde logo, é evidente que não se lhe aplicam pontos essenciais de Direitos Reais. Assim sucede com a defesa possessória e a própria reivindicação[2500]. O titular que se apresente na "sua" unidade e a encontre ocupada, quando tinha a facul-

[2500] A jurisprudência existente tem a ver com o desvio às regras do DRHP – assim, STJ 17-nov.-2021 (Manuel Capelo), Proc. 700/10 – com o não-pagamento das prestações que incumbam ao titular – assim, REv 25-jun.-2020 (Maria Domingas), Proc. 4262/13 – ou com a impugnação das deliberações da assembleia – assim, REv 24-fev.-2022 (Isabel de Matos Peixoto Imaginário), Proc. 690/19.

dade de a usar durante uma semana, mais não pode fazer do que queixar-se à administração. E se o local não estiver em condições: a lei dá-lhe uma série de pretensões cuja atuação demorará meses ou anos. Melhor será ir para um hotel ou – se for exequível – exigir a substituição do local previsto no artigo 21.º/1, *c*), acima transcrito, numa negação da sequela. Em certos casos, o próprio regime do arrendamento é mais assertivo. A qualificação legal do DRHP como "real", com todo o cortejo de formalismos, incluindo o certificado, tem algum sentido promocional. Não obstante, ele comporta um direito de gozo estruturalmente real. Desta feita e ao contrário do direito do locatário, nenhuma tradição romana impõe a sua colocação no Direito das obrigações. Dentro dos direitos de gozo é um direito não-exclusivo (pressupõe, sempre, um proprietário) e limitado. Tem um paralelo com a propriedade horizontal: além de poder respeitar a frações autónomas, ele pressupõe um exercício temporalmente limitado: ambora onerando todo o seu objeto, o gozo que faculta só opera no período previsto no título. Em suma: o DRHP, em face do Direito português, é um direito real de gozo autónomo.

III

USUFRUTO, USO E HABITAÇÃO

CAPÍTULO I

COORDENADAS DO USUFRUTO

§ 61.º EVOLUÇÃO HISTÓRICO-COMPARATÍSTICA DO USUFRUTO

266. Origem romana

I. Nos *Digesta*[2501], em noção retomada nas *Institutiones* de Justiniano[2502], o usufruto é definido, por Paulo, nos termos seguintes:

> Usus fructus est ius aliena rebus utendi fruendi salva rerum substantia [o usufruto é o direito de usar e de fruir uma coisa alheia, sem atingir a substância das coisas].

Na sequência dessa definição, Celso complementa[2503]:

> Est enim usus fructus ius in corpore, quo sublato et ipsum tolli necesse est [então o usufruto é um direito sobre uma coisa corpórea; caso esta desapareça, perde-se necessariamente esse direito].

A originalidade destas noções tem sido discutida. De momento, elas são úteis para introduzir a matéria.

II. O usufruto foi ditado por necessidades histórico-sociais. A explicação geralmente aceite pelos romanistas apela às mutações registadas

[2501] Paulo, D. 7.1.1 = Okko Behrends e outros, *Corpus Iuris Civilis* cit., II, 591.
[2502] I. 2.4.pr. = Okko Behrends e outros, *idem*, I, 62. O citado fragmento das *Institutiones* comporta, também, D. 7.1.2, abaixo citado.
[2503] Celso, D. 7.2.1 = Okko Behrends e outros cit., II, 591.

no Direito da família, no século III a. C.[2504]. Inicialmente, os casamentos eram celebrados *cum manu*: a mulher perdia as suas origens e ingressava na família do marido, ficando sob a sua *potestas*. Quando enviuvasse – o que era frequente, quer pela diferença de idades entre os cônjuges, quer pela maior mortalidade masculina, dada, para mais, a permanente atividade bélica – herdava como se fosse filha. A evolução sócio-cultural veio corroer a *potestas* do *pater*. Os casamentos passaram a ser concluídos *sine manu*: a mulher mantinha a família de origem e nada herdava, salvo se houvesse um testamento a seu favor. Mas havendo-o, os bens que lhe fossem deixados passavam para o perímetro da mulher e da sua família de origem, ficando perdidos para a do marido. Como resolver? Foi criado um direito limitado e vitalício a favor da viúva: esta, enquanto viva, poderia usar e fruir os bens deixados pelo falecido marido. Quando morresse, os bens regressavam à família deste, designadamente aos filhos.

III. Se a finalidade do usufruto surge esclarecida, a sua precisa origem levanta dúvidas[2505]. Parece claro que, para os compiladores do século VI, o usufruto era, efetivamente, o que hoje diríamos um direito real. Originava *actiones in rem*. Mas no início, qual o esquema técnico seguido? Surgiram diversas teorias[2506]. Para Pampaloni, o usufruto seria uma *pars dominii*, isto é, uma parcela da propriedade[2507]. Esta orientação tem sido rejeitada: apoia-se em fontes que não visam, propriamente, uma construção conceitual mas, tão-só uma descrição da realidade[2508]. Riccobono defende que,

[2504] Mario Bretone, *La nozione romana di usufrutto – I. Dalle origini a Diocleziano* (1962), XVI + 266 pp., 20; *vide* rec. de Dieter Medicus, SZRom 81 (1964), 424-430. Max Kaser, *Das römische Privatrecht* cit., 1, 2.ª ed., § 106, I, 1 (448); Giovanni Pugliese, *Usufrutto (diritto romano)*, NssDI XX (1975), 316-326 (316/II); Nevio Scapini, *Usufrutto (dirito romano)*, ED XLV (1992), 1088-1100 (1088/II); entre nós: Raúl Ventura, *Aditamento às lições de História do Direito romano/Direitos Reais/O direito de usufruto* (1971, polic.), 139 pp., 3-4; António Santos Justo, *Direito privado romano* – III (*Direitos reais*) (1997), 190-191.

[2505] Raúl Ventura refere, na origem do usufruto: (1) antigos direitos de crédito; (2) formas diversas de propriedade; (3) antigos direitos greco-egípcios; (4) formas de aproveitamento de bens do Estado.

[2506] Pietro Bonfante, *Corso di diritto romano*, III – *Diritti reali* (1933, reimp., 1972), 516 pp., n.º 2 (67-73); outras construções em Mario Bretone, *La nozione romana* cit., 3 ss.. Raúl Ventura, *O direito de usufruto* cit., 4-8, mas sem indicações nem citações.

[2507] Muzio Pampaloni, *Il concetto classico dell' usufruto*, BIDR XXII (1910), 109-154 (122 ss.).

[2508] Pietro Bonfante, *Diritti reali* cit., 67-69.

inicialmente, o usufruto apenas permitia, ao beneficiário, a faculdade de se apoderar dos frutos de certo fundo ou de parte deles. A referência *salva rerum substantia* seria um resquício dessa orientação[2509]. A doutrina de Riccobono teria, contudo, insuficiente apoio nas fontes[2510]. Perozzi, por fim, vê, no usufruto antigo, uma propriedade de duração limitada[2511]. No entanto, as fontes documentam uma posição, em coisa alheia.

IV. No tocante à data do surgimento do usufruto, Elvers (1825-1891) coloca-a pouco depois da Lei das XII Tábuas. Para tanto, apoia-se na lógica dos testamentos, então desenvolvida[2512]. Karlowa (1836-1904) fica-se pela primeira metade do século III a. C., apoiado nas reformas da família[2513]. Voigt (1826-1905) situa o surgimento do usufruto na primeira metade do século II a. C., época da expansão de Roma[2514]: uma opção que Bonfante considera mais provável.

V. O usufruto é havido como uma típica criação romana. A ideia de um aproveitamento, amplo mas temporário, de uma coisa alheia, respeitando a sua substância, aparentemente arrojada, radicou-se e funciona, de modo adequado, até hoje.

267. Regime romano

I. O regime romano do usufruto[2515] é muito semelhante ao que hoje vigora nos sistemas romano-germânicos. Quanto à constituição, os roma-

[2509] Salvatore Riccobono, *Lezioni di Istituzioni* (1907-1908), *passim*.

[2510] Pietro Bonfante, *Diritti reali* cit., 69-72.

[2511] *Idem*, 72-73, sem indicar a fonte.

[2512] Rudolf Elvers, *Die römische Servitutenlehre* (1856), XIV + 862 pp., 16-19.

[2513] Otto Karlowa, *Römische Rechtsgeschichte*, 2 – *Privatrecht und Civilprozess* (1905), VI + 1416 pp., 533-535.

[2514] Moritz Voigt, *Über den Bestand und die historische Entwickelung der Servituten und Servitutenklagen während der römischen Republik* (1874, separata), 71 pp., 34, 35 e *passim*.

[2515] Além das obras já citadas, referimos obras gerais exemplificativas: Edoardo Volterra, *Istituzioni di diritto privato romano* (1961), 416-422; Antonio Guarino, *Istituzioni di Diritto romano* (2006), 240-243; Andrea Lovato/Salvatore Pugliatti/Laura Solidoro, *Diritto privato romano*, 2.ª ed. (1983), 362-371; Alberto Burdese, *Diritto privato romano*, 4.ª ed. (1993, reimp., 2019), 363-371. Entre nós: Raúl Ventura, *O direito de usufruto* cit., 20 ss. e António Santos Justo, *Direito privado romano*, III (*Direitos Reais*) cit., 195 ss..

nistas consideram que o usufruto podia advir: (1) de *legatum* ou legado testamentário; (2) de *adiudicatio* ou adjudicação, por decisão do juiz, num juízo divisório que atribuísse a uma pessoa a *nuda proprietas* e a outra o *usus fructus*; (3) a *deductio* numa *mancipatio*: o dono transferia o *dominium* mas conservava o *usus fructus*[2516]. Mais tarde, o usufruto poderia advir de disposições legais específicas ou da *longi temporis praescriptio*, na origem da atual usucapião.

II. O usufruto (palavras de Gaio), recaía não apenas sobre fundos rústicos e edificações mas também sobre escravos, gado ou outras coisas[2517]. O usufrutuário não podia modificar a coisa mas, apenas, mantê-la e conservá-la, no estado em que a recebeu, tratando-se de edifícios[2518]. No caso de escravos, não pode sobrecarregá-los nem dar-lhes uma ocupação diferente da inicial[2519]. Pela via do enunciado casuístico de várias situações, ao usufrutuário era reconhecido o *fructus*, isto é, o produto das coisas em jogo, numa perspetiva de respeito pela propriedade. Por exemplo; as crias dos rebanhos eram, em primeira linha, afetas à substituição dos animais mortos; apenas no excedente cabiam ao usufrutuário. Surgiram dúvidas quanto ao *partus* da escrava: a criança pertencia ao proprietário ou ao usufrutuário[2520]? Ulpiano responde que o usufruto não se estende à criança: *neque enim in fructu hominis homo esse potest* [pois uma pessoa não pode ser o fruto de outra pessoa][2521]. Note-se que os romanos consideravam a escravatura contrária ao Direito natural; mas não deram o passo de a abolir, no Direito civil.

O usufrutuário devia agir com a prudência própria do *bonus pater familias*: uma referência feita a propósito de várias situações concretas[2522]. Arcava com tributos, limpezas e despesas relativas à conservação da coisa ou à alimentação do escravo, conforme a sua condição.

[2516] Max Kaser, *Das römische Privatrecht* cit., I, 2.ª ed., § 106, I, 4 (451).

[2517] Ulpiano, D. 7.1.15.1 = Okko Behrends e outros cit., 601.

[2518] Gaio, D. 7.1.3.1 = Okko Behrends e outros cit., 591.

[2519] Ulpiano, D. 7.1.7.3 = Okko Behrends e outros cit., 593-594.

[2520] Vsevolod Basanoff, *Partus ancillae* (s/d mas 1929), 294 pp., com rec. Erich-Hans Kaden, SZRom 51 (1931), 532-534; Max Kaser, *Partus ancillae*, SZRom 75 (1958), 156-200.

[2521] Ulpiano, D. 7.1.68.pr. = Okko Behrends e outros cit., 621.

[2522] Ulpiano, D. 7.4.1 = Okko Behrends e outros cit., 594, a propósito de pedreiras e areeiros.

III. O usufrutuário era apenas detentor da coisa. Tinha a ação confessória ou *vindicatio usus fructus*, de acordo com o modelo da *rei vindicatio*[2523]. Perante a reivindicação do proprietário, podia opor a exceptio ususfructus[2524].

O usufruto extinguia-se pelo decurso do tempo por que fosse constituído e, em especial, pela morte do usufrutuário[2525]. Cessava ainda por renúncia[2526], por confusão, isto é, pela reunião, na mesma pessoa, das qualidades de proprietário e de usufrutuário[2527] e pelo não-uso.

IV. Dúvidas surgiram a propósito do usufruto de coisas consumíveis. Estas, pelo seu uso normal, eram destruídas. O problema decorreu das deixas de patrimónios que compreendessem coisas de diversa natureza, incluindo as consumíveis. Um *senatusc onsultum* de data incerta, mas provavelmente do tempo de Augusto[2528] veio admitir esse tipo de "usufruto": o usufrutuário passaria a ser o proprietário da coisa consumível, devendo restituir o *tantundem eiusdem generis et qualitatis* (outro tanto do mesmo género e qualidade)[2529] no termo do seu direito. Podia, em garantia, ser prestada uma *cautio ususfructuaria*. A figura do usufruto sobre consumíveis foi, depois, designada *quasi ususfructus*.

268. **Período intermédio e codificações**

I. Sob o vulgarismo, a estrita separação entre a propriedade e o usufruto esbateu-se: joga a tendência para ampliar o velho *dominium*[2530]. Com a compilação de Justiniano, o usufruto voltou a ser colocado como *ius*

[2523] Ulpiano, D. 7.1.5.1 = Okko Behrends e outros cit., 630.

[2524] Ulpiano, D. 7.9.7.pr. = Okko Behrends e outros cit., 661; *vide* Max Kaser, *Das römische Privatrecht* cit., I, 2.ª ed., § 106, I, 6 (453).

[2525] Ulpiano, D. 7.4.3.3 = Okko Behrends e outros cit., 633; *vide* Max Kaser, *Das römische Privatrecht* cit., I, 2.ª ed., § 106, I, 5 (452-453).

[2526] Gaio, *Institutiones*, 2.30 = Ulrich Manthe cit., 122-123.

[2527] I. 2.4.3 e 4 = Okko Behrends e outros cit., I, 2.ª ed., 63-64.

[2528] Nevio Scapini, *Usufrutto (diritto romano)* cit., 1099/II; Max Kaser, *Das römische Privatrecht* cit., I, 2.ª ed., § 106, I, 8 (453-454); *vide* Gaio, D. 7.5.2 = Okko Behrends e outros cit., 641.

[2529] I. 2.4.2 = Okko Behrends e outros cit., I, 2.ª ed., 63.

[2530] Max Kaser, *Das römische Privatrecht*, II – *Die nachklassischen Entwicklungen*, 2.ª ed. (1975), § 247, I (303).

in re aliena diferente da propriedade: não-transmissível, não sucessível e limitado ao uso e fruição da coisa[2531]. O paralelo com as servidões foi acentuado o que levaria à sua inclusão nas servidões pessoais, por oposição às servidões prediais ou servidões propriamente ditas.

II. Na Idade Média, o usufruto manteve a função básica herdada de Roma[2532]. Mas houve algumas particularidades[2533]: (1) atribuiu-se, ao usufrutuário, um leque de poderes mais vasto; (2) especializou-se a sua utilização no legado a favor da mulher e na *donatio reservatu usufructu*; (3) sob os glosadores, isso originou o "usufruto causal", levando ao estudo do seu título constitutivo, na linguagem atual; (4) sob os comentadores, afinou-se a contraposição entre a nua propriedade e o usufruto, reconduzindo-se este, reformadamente, a uma servidão pessoal.

III. Mau grado as clivagens surgidas ao longo da História, o usufruto encontrou, no Código Napoleão, uma consagração romanista. O *Code* dedicou-lhe, depois do título II do livro II, relativo à propriedade, um título III, capítulo I[2534], artigos 578.º a 624.º, no que se apresenta como uma regulação pormenorizada. O usufruto é definido (578.º):

> (...) o direito de gozar coisas de que um outro tem a propriedade, como o próprio proprietário, mas com o encargo de conservar a sua substância.

Após quatro preceitos de enquadramento, surgem três secções:

I – Dos direitos do usufrutuário (582.º a 599.º);
II – Das obrigações do usufrutuário (600.º a 616.º);
III – Como cessa o usufruto (617.º a 624.º).

A doutrina atual mantém o essencial do *acquis* romano. Sublinha, como vantagens do usufruto, a sua flexibilidade e, como inconvenientes, a aleatoriedade (depende da duração da vida do beneficiário) e à relativa

[2531] *Idem*, § 247, II (304), com indicações.

[2532] Giovanni Rossi, *Usufrutto (diritto intermedio)*, ED XLV (1992), 1100-1111 (1010/II).

[2533] *Idem*, 1010-1110, com indicações.

[2534] O capítulo II visa o uso e a habitação.

paralisia em que os bens usufruídos são colocados[2535]. O Direito francês mantém o usufruto separado das servidões.

IV. A experiência alemã acolheu uma via um tanto diversa. Seguindo a lição do Direito comum, a pandectística acolheu o usufruto (*Niessbrauch*) como uma servidão pessoal[2536]. Refere o *quasi-usufructus* e, quanto ao regime, aproxima as regras do usufruto das das servidões prediais[2537]. Essa orientação manteve-se, ao longo do século XIX[2538]. A matéria foi acolhida no BGB: o usufruto é havido como a mais extensa "servidão pessoal" suscetível de recair não só sobre imóveis, mas também relativamente a móveis e a direitos[2539]. O BGB inclui o usufruto no título II da secção reservada às servidões (§§ 1030-1093). Distingue três subtítulos[2540]:

I – Usufruto sobre coisas (§§ 1030 a 1067);
II – Usufruto sobre direitos (§§ 1068 a 1084);
III – Usufruto sobre um património (§§ 1085 a 1089).

A grande especialidade tem a ver com a manutenção da categoria medieval das "servidões prediais". O regime, comportando algumas adaptações relativas ao registo, é o romano. Todavia, o BGB desvia-se da velha definição de Paulo, apresentando o usufruto nestes termos (§ 1030):

(1) Uma coisa pode ser onerada de tal modo que aquele a favor do qual opere a oneração, possa retirar os frutos da coisa.
(2) O usufruto pode ser limitado através da exclusão de algumas utilidades.

Falta, aqui, a ideia da (necessária) plenitude que ocorre no Direito português.

2535 François Terré/Philippe Simler, *Droit civil/Les biens* cit., 10.ª ed., n.º 777 (704-706).

2536 *Vide*, p. ex., Anton Friedrich Thibaut, *System des Pandekten-Rechts* cit., II, 5.ª ed. (1818), § 609 (52).

2537 *Idem*, §§ 611-625 (53-68).

2538 Windscheid/Kipp, *Lehrbuch des Pandektenrechts* cit., 9.ª ed., § 203-206 (1, 1032-1055).

2539 Ludwig Kuhlenbeck, *Von den Pandekten zum Bürgerlichen Gesetzbuch* cit., 1, § 43 (594-611); no § 44 (611-612) trata o quase usufruto.

2540 Petra Pohmann, no *Münchener Kommentar* cit., 8, 8.ª ed., §§ 1030-1089 (1889-2096).

V. A codificação italiana de 1865 seguiu o mote do Código Napoleão (artigos 477.º a 520.º)[2541]: quer quanto à noção, retirada de Paulo (477.º), quer quanto à sistematização da matéria[2542]. À luz deste Código, foram elaborados importantes estudos sobre o usufruto, com relevo para a obra de Venezian[2543], a quem se deve a superação da fórmula *salva rerum substantia*[2544].

O Código italiano de 1942 regulou o usufruto nos seus artigos 978.º a 1020.º[2545]. Comporta várias regras que influenciaram o nosso Código Civil de 1966 e deu azo a vasta bibliografia. Será considerado a tal propósito.

[2541] Luigi Borsari, *Commentario del codice civile italiano* cit., II, art. 476.º a 520.º, §§ 924-1052 (263-470); Ferrarotti Teonesto, *Commentario teorico comparato al codice civile italiano* cit., II, 234-374; Rosario Nicolò/Michele Giorgianni, *Usufrutto*, NDI XII/2 (1940), 778-801.

[2542] Na linha dos códigos pré-unitários; *vide* Angelo Boron, *Codice civile per gli Stati di S. M. Il Re di Sardegna* (1842), artigo 488.º (78).

[2543] Giacomo Venezian, *Il diritto civile secondo la doctrina e la giurisprudenza*, 2 – *Dell' usufrutto, dell' uso e dell' abitazione* (1913), 1037 pp.; há uma segunda edição póstuma, de 1931.

[2544] *Infra*, n.º 276, V.

[2545] Attilio Guarneri/Davide Tessera, *Dell' usufrutto, dell' uso e dell' abitazione* (2017), XXVII + 1099 pp. (1-959 (trata-se de um comentário ao Código Civil); Filippo Preite/Marcello di Fabio (org.), *Codice della proprietà e dei diritti immobiliari* (2015), art. 978.º-1020.º (1954-2156); Filippo Guariglia, em Massimo Franzoni/Rita Rolli, *Codice civile commentato* cit., I (2018), art. 978.º-1020.º (1298-1346).

§ 62.º A EXPERIÊNCIA LUSÓFONA

269. Pré-codificação e Código de Seabra

I. Pascoal de Melo considerava o usufruto como uma servidão pessoal[2546]. Apoiava-se, quanto ao seu regime, no Direito comum, com algumas referências às Ordenações, apontando um regime de tipo germânico[2547]. Correia Teles, em páginas já influenciadas pelo Código Napoleão, complementando este e a tradição romana, apresenta uma definição envolvente[2548]:

> O usufructo é a servidão que a cousa de um dono deve a certa pessoa, ou por certo tempo, ou durante a sua vida; a qual tem direito de a gozar, com a obrigação de deixar salva a substancia da cousa.

No desenvolvimento subsequente, Correia Teles adota uma ordenação napoleónica do material romano[2549]. Coelho da Rocha aborda o usufruto enquanto limitação à propriedade: o direio de usar e gozar uma coisa alheia, salva a sua substância[2550]. O regime é exposto em termos claros e sem aderência ao Código Civil francês[2551].

II. O Código de Seabra considerou o usufruto como uma propriedade imperfeita. Dedicou-lhe a Secção I do Capítulo III – *Do usufructo e do uso*

[2546] Pascoal de Melo, *Institutiones Juris Civilis Lusitani* cit., Liv. III, Tit. XIII, § IV (216).
[2547] *Idem*, §§ V-VIII (217-220).
[2548] José Homem Correia Teles, *Digesto Portuguez* cit., III, 3.ª ed., artigo 504.º (74).
[2549] *Idem*, artigos 512.º a 587.º (75-81).
[2550] Manuel António Coelho da Rocha, *Instituições de Direito civil* cit., § 607 (2, 417).
[2551] *Idem*, §§ 609-621 (419-427).

e habitação do título relativo ao direito de propriedade (2197.º a 2253.º). O artigo 2197.º dava uma definição inabitual[2552]:

> Usufructo é o direito de converter em utilidade propria o uso ou producto de cousa alheia, mobiliaria ou immobiliaria.

O Projeto inicial de Seabra, propunha, no seu artigo 2363.º, o usufruto como:

> o direito de gosar da cousa alheia, salva a sua forma e substancia, nos termos declarados neste capítulo.

Na evolução subsequente dos preparatórios suprimiu-se, primeiro, o "salva a sua forma e substância", quiçá por se admitir o usufruto de coisas consumíveis. Por fim, desapareceu o "gozar a coisa alheia", a favor da definição transcrita do artigo 2197.º[2553].

III. No Código de Seabra, a matéria do usufruto ordenava-se do modo seguinte[2554], em quatro subsecções:

I – Disposições gerais (2197.º a 2201.º);
II – Dos direitos do usufrutuário (2202.º a 2220.º);
III – Das obrigações do usufrutuário (2221.º a 2240.º);
IV – Da extinção do usufruto (2241.º a 2254.º).

Como se vê, estamos próximos do Código Napoleão, no plano sistemático. Quanto aos aspetos substanciais: o usufruto demonstra, como já focado, uma grande resiliência, ao longo dos milénios. Ainda hoje ele está muito próximo do Direito romano. Algumas particularidades serão apontadas a propósito dos preceitos hoje em vigor.

[2552] Quanto à evolução dos preparatórios, *vide* José Dias Ferreira, *Codigo civil annotado* cit., V, 1.ª ed., 14. A definição a que se chegou é especialmente criticada por Luís da Cunha Gonçalves, *Tratado de Direito civil* cit., XI, n.º 1683 (333-334).

[2553] José Dias Ferreira, *Codigo civil annotado* cit., IV, 2.ª ed., 188.

[2554] José Dias Ferreira, *Codigo civil annotado* cit., V, 1.ª ed., 14-41; Luís da Cunha Gonçalves, *Tratado de Direito civil* cit., XI, n.º 1683-1733 (333-540): ainda hoje o maior desenvolvimento nacional sobre a matéria.

270. O Código Civil de 1966

I. Na preparação do Código Civil de 1966, a matéria do usufruto foi confiada a Pires de Lima. Este Autor apresentou um anteprojeto[2555] que, ao contrário do ocorrido com a propriedade, foi acompanhado, artigo a artigo, por uma breve justificação de motivos. Estavam em causa 57 artigos arrumados em cinco capítulos:

I – Disposições gerais (1.º a 7.º)
II – Direitos do usufrutuário (8.º a 32.º);
III – Obrigações do usufrutuário (33.º a 42.º);
IV – Extinção do usufruto (43.º a 50.º);
V – Uso e habitação (51.º a 57.º).

Houve influência do Código Civil italiano, a seguir preceito a preceito. A sistemática é a tradicional, presente já no Código Napoleão. Relativamente ao Código de Seabra, o anteprojeto Pires de Lima veio atualizar a linguagem e provocar uma reaproximação ao *usus fructus*, reintroduzindo o fragmento de Paulo: *salva rerum substantia.*

II. Na subsequente evolução dos preparatórios, o texto de Pires de Lima foi pouco mexido. A 1.ª Revisão Ministerial manteve a linha inicial (1427.º a 1483.º, incluindo o uso e a habitação)[2556]. Uma orientação conservada na 2.ª Revisão (1439.º a 1490.º), onde houve uma ligeira condensação, com a "perda" de cinco artigos[2557], mantida no Projeto final (1439.º a 1490.º)[2558]. Alguma extensão da matéria do usufruto tem a ver com a necessidade de regular situações especiais: coisas consumíveis, coisas deterioráveis, árvores e arbustos, plantas de viveiro, minas, pedreiras, água, tesouros, animais, rendas, capitais, prémios e participações.

III. O Código Civil de 1966 deixa, em aberto, duas questões debatidas há dois mil anos: o sentido de *salva rerum substantia* e a sua conjugação com outros elementos que delimitam negativamente e a natureza do próprio direito de usufruto. Para além disso, temos regras que têm atra-

2555 Fernando Pires de Lima, *Do usufruto, uso e habitação*, BMJ 79 (1958), 35-101.
2556 *1.ª Revisão* cit., 83-104.
2557 *2.ª Revisão* cit., 78-96.
2558 *Projecto* cit., 423-437.

vessado, com especial estabilidade, muitos séculos de mutações sociais e económicas. A doutrina relativa ao usufruto é – exceto naqueles pontos – relativamente pacífica[2559]. As anotações e os comentários ao Código Civil têm, igualmente, um papel de relevo[2560].

[2559] P. ex.: José de Oliveira Ascensão, *Direito civil/Reais* cit., 5.ª ed., 470-479; António Santos Justo, *Direitos Reais* cit., 7.ª ed., 397-427; Rui Pinto Duarte, *Curso de Direitos Reais* cit., 4.ª ed., 286-297; José Alberto Vieira, *Direitos Reais* cit., 3.ª ed., 713-739; José Luís Ramos, *Manual de Direitos Reais* cit., 2.ª ed., 441-459; Luís Menezes Leitão, *Direitos Reais* cit., 9.ª ed., 345-373.

[2560] Pires de Lima/Antunes Varela, *Código civil anotado* cit., III, 2.ª ed., 457-544; Rui Pinto/Cláudia Trindade, *Código Civil anotado* (org. Ana Prata) cit., II, 2.ª ed., 296-359, Henrique Sousa Antunes/Rodrigo Moreira/Fátima Gomes/Rita Gouveia, UCP/*Comentário do Código Civil* cit., 546-627.

§ 63.º AS COORDENADAS GERAIS DO USUFRUTO

271. Um direito (tendencialmente) real

I. Ao apresentar as coordenadas do usufruto, o primeiro ponto tem a ver com a sua natureza de direito real. Parece não haver dúvidas: (1) desde o Direito romano é protegido por *actiones in rem*; (2) reporta-se a uma coisa corpórea[2561], embora o artigo 1439.º, desviando-se do artigo 2197.º do Código de Seabra, tenha vindo, logo na "noção", referir o usufruto relativo a direitos; (3) surge no Livro III do Código Civil; (4) comporta uma série de regras centradas, na sua maioria, em coisas corpóreas; (5) implica um regime que, no seu núcleo, dispensa qualquer mediação de devedores. Todavia, a qualificação do usufruto como "real" não é absoluta: os artigos 1463.º a 1467.º referem-se a usufrutos "de direitos", na sua maioria direitos de crédito. Esse tipo de situações, com um regime próximo do do usufruto, não tem natureza real, por via do seu objeto. Nada obsta, contudo, que seja versado a propósito do usufruto propriamente dito. Como direito real previsto na lei, passa na barreira do artigo 1306.º/1: é um direito típico.

II. Alguma doutrina, incluindo a alemã, afirma uma natureza unitária do usufruto, quer respeite a coisas, quer a direitos[2562]. Particularmente impressivas, nesse sentido, são as noções legais que o apresentam como o direito relativo a coisas ou a direitos, sem mais explicitações. Temos de atentar nos regimes. O usufruto sobre uma coisa corpórea implica a posse desta e, depois, todo um conjunto de atuações que se inserem nas faculdades do gozo, isto é, do uso e da fruição. Recaindo sobre créditos ou outros

[2561] *Vide* Ludovico Barassi, *I diritti reali limitati, in particolare l' usufrutto e le servitù* 81937), XV + 357 pp., 19 ss. e Domenico Barbero, *L' usufrutto e i diritti affini* (1952), XII + 566 pp., 8 ss..

[2562] Christian Heinze, no *Staudingers Kommentar* cit., Vorbem zu §§ 1030 ff, Nr. 3 (504).

direitos, nada disso ocorre: cabe apelar ao Direito das obrigações para apurar o seu regime. As qualificações decorrem do regime: nunca o inverso, sob pena de conceitualismo.

III. Sendo real, o usufruto é um direito de gozo: dispensa, ao seu titular, as utilidades que, pela sua natureza, a coisa-objeto pode dispensar a um ser humano. Daí decorrem algumas derivações:

(1) o usufruto dá lugar à posse da coisa: o usufrutuário tem o controlo material da coisa; esse controlo é exercido em termos de usufruto; em termos de propriedade, o usufrutuário é mero detentor, uma vez que atua por conta do titular da raiz: salvo inversão do título, ele vai manter-se nessa qualidade;
(2) o usufruto dá azo à publicidade própria dos direitos de gozo: espontânea, por via da posse e artificial, no caso dos prédios, por estar sujeito a registo – artigos 2.º/1, *a*), 95.º/1, *b*), 98.º/1 e 3, 100.º/3 e 101.º/1, *b*), *e*) e *h*), do CRP;
(3) o usufruto é dotado de imediação, daí se podendo projetar a inerência à coisa, com as faculdades (descritivas) da sequela e da prevalência: de tipo I (entre direitos reais de gozo, prevalece o mais antigo) e de tipo II (prevalece perante créditos, mesmo anteriores).

IV. O usufruto é um direito real de gozo, por este ser o seu aspeto preponderante. Mas para além das faculdades de uso e fruição, ele abrange as de alienação e oneração (1444.º/1), de administração (1446.º), de transformação (1472.º), de reivindicação (1311.º) e de ação direta (1314.º), ambas *ex vi* 1315.º[2563].

Na qualificação do usufruto como direito real de gozo, inserido na sequência da propriedade, joga uma tradição bimilenária: quase cem gerações de juristas aprofundaram a matéria, com esses quadros em mente. Numa área como a do Direito civil, esse fator é decisivo na concretização do regime. Acrescente-se, ainda, que mau grado alguns aspetos técnicos, a sabedoria popular reconhece o usufruto como um direito ao aproveitamento imediato da coisa-objeto.

[2563] RLx 21-mai.-2020 (Nelson Borge Carneiro), Proc. 338/19.

272. Um direito não-exclusivo e limitado

I. O usufruto é, logo na noção do artigo 1439.º, apresentado como um direito de gozar "uma coisa alheia". Isso significa que o usufruto concorre, necessariamente, com um direito de propriedade: ambos sobre a mesma coisa[2564]. Recordamos que apenas a propriedade é um direito exclusivo, no sentido de existir, isolado sobre uma coisa e isso não obstante poder admitir onerações e, daí, direitos concorrentes. Os demais direitos, com relevo para o usufruto, foram, pelo Direito, desenhados de tal maneira que postulam sempre, a seu lado, espaço para o direito de propriedade.

II. A natureza não-exclusiva do usufruto implica que, no recorte legal do seu tipo, ocorram restrições expressas em diversas obrigações *propter rem*. Heβ, a tal propósito, fala em direitos com cabeça de Jano: uma ordenação real e uma arrumação obrigacional, relativamente ao proprietário[2565]. Podemos falar numa "relação obrigacional legal" (Pohlmann)[2566], que integra o tipo "usufruto", ainda que o título constitutivo possa modelar vários aspetos. Em diversos códigos, as regras aplicáveis ao usufruto são mais extensas do que as da propriedade: justamente para assegurar a convivência entre os direitos concorrentes.

III. O usufruto é um direito limitado. O artigo 1439.º, ao definir o usufruto, refere "gozar plenamente uma coisa". Aparentemente, um direito "pleno" não é limitado. Na origem desse termo, encontramos o anteprojeto Pires de Lima. Essa locução não consta do Código de Seabra (2197.º). Tão-pouco ocorre no Direito comparado, com relevo para o § 1030 do BGB e para o Código italiano, que não define o usufruto. Pires de Lima justifica-a dizendo que ela permite, por um lado, distinguir o usufruto do arrendamento e de outros vínculos obrigacionais que atribuem igualmente o uso e a fruição da coisa e, por outro, harmonizar a noção com a possibilidade de transmitir o usufruto por ato *inter vivos*[2567]. Não acompanhamos: no terreno, o arrendamento pode ser mais "pleno" do que o usufruto e a transmissibilidade não tem a ver com o gozo, ainda que pleno. Além

[2564] RPt 9-mai.-2019 (Amaral Ferreira), Proc. 27449/17.

[2565] Burkhard Heβ, *Dienstbarkeit und Reallast im System dinglicher Nutzungs- und Verwertungsrechte*, AcP 198 (1998), 489-515 (502-503).

[2566] Petra Pohlmann, no *Münchener Kommentar* cit., 8, 8.ª ed., § 1030, Nr. 23 (1900).

[2567] Fernando Pires de Lima, *Direito de propriedade* cit., 35.

disso, o gozo não é "pleno": deve respeitar o destino económico da coisa (1446.º), além da salva *rerum substantia*.

IV. Numa interpretação objetiva e atualista, a plenitude do usufruto corresponderá à ideia de que se trata de um direito de gozo abrangente ou envolvente (*umfassend*)[2568], assim se contrapondo aos demais direitos reais menores ou, mais particularmente, às servidões[2569]. Isto dito, o usufruto caracteriza-se, como qualquer direito real menor, pela enumeração das faculdades reconhecidas ao usufrutuário, no próprio plano do gozo (1446.º e 1467.º), como "direitos do usufrutuário". Fosse o direito pleno, no sentido dado à propriedade pelo artigo 1305.º e tal enumeração seria inútil ou, mesmo, perniciosa. Daqui passamos para a natureza limitada do usufruto. Justamente por não ser pleno *proprio sensu*, ele não abrange a totalidade das utilidades que a coisa pode dispensar. Valem três ordens de restrições:

(1) a cláusula geral da *salva rerum substantia*, bem como a do respeito pelo destino económico da coisa (1439.º e 1446.º);
(2) no plano do exercício, o perfil do *bonus pater familias* (1446.º, *in fine*);
(3) quanto ao conteúdo: o jogo dos "direitos" e das obrigações do usufrutuário.

Tudo isto permite sufragar as milenárias cautelas de Javoleno, quanto a definições jurídicas.

273. Um direito temporário

I. A definição do artigo 1439.º comporta o ponto básico do usufruto: a sua natureza temporária. Desde as origens, no século III a. C., o dado existencial do usufruto era o de facultar, ao beneficiário, um aproveitamento alargado de uma coisa, mas apenas durante um certo tempo. E porque o direito de usufruto incorre nessa limitação visceral, surgem as diversas restrições que o rodeiam. O Direito vai tão longe quanto possível, no favoreci-

[2568] Christian Heinze, no *Staudingers Kommentar* cit., Vorbem zu §§ 1030 ff, Nr. 5 (505).

[2569] Este aspeto é particularmente relevante no Direito alemão, onde o usufruto é havido com "servidão pessoal".

mento do usufrutuário, mas desde que isso não prejudique o titular da raiz, enquanto destinatário último dos bens.

II. Precisando o artigo 1439.º, o artigo 1443.º fixa a duração do usufruto:

(1) a vida do usufrutuário, quando seja uma pessoa singular; veja-se, também, o artigo 1476.º/1, *a*), que prevê a extinção do usufruto pela morte do titular[2570];
(2) trinta anos de duração máxima, quando constituído a favor de uma pessoa coletiva, de Direito público ou privado[2571].

III. A natureza temporária do usufruto implica, ainda, um ponto relevante: o usufrutuário não pode onerar a sua posição para além do seu termo. O caso mais visível é o da locação: segundo o artigo 1051.º, *c*), ela caduca quando cesse o direito ou findem os poderes legais de administração com base nos quais o contrato foi celebrado[2572]. No caso do usufruto, se o beneficiário alienar o seu direito ou renunciar a ele, a locação só caduca pelo seu termo normal – 1052.º, *b*).

274. Constituição e dinâmica

I. O artigo 1440.º dispõe quanto à constituição do usufruto: contrato, testamento, usucapião ou disposição de lei. Corresponde ao artigo 2198.º do Código de Seabra que, todavia, não referia a usucapião. Quando se recorra ao contrato, a hipótese mais frequente é a doação. Aí, de duas uma: ou o proprietário doa a coisa, mas reserva para si a nua-propriedade ou, inversamente, doa a propriedade, mas reserva-se o usufruto[2573]. Quando constou a criação de um (novo) imposto sobre as sucessões, multiplicaram-se as doações com reserva de usufruto a favor dos filhos. Qualquer outro contrato é possível. O testamento é uma forma comum de constituir

[2570] RLx 4-fev.-2020 (Higina Castelo), Proc. 18090/18.

[2571] STJ 8-fev.-1974 (José António Fernandes), Proc. 064679 = BMJ 234 (1974), 286-290.

[2572] RLx 4-fev.-2020 cit. na penúltima nota; RPt 17-mai.-2022 (Rui Moreira), Proc. 974/21

[2573] *Vide* o artigo 2029.º/1.

o usufruto: está na sua origem, há mais de dois mil anos[2574]. Através dele, o testador dispõe dos seus bens em dois planos: no do aproveitamento imediato e transitório e no do destino final. Por exemplo: deixa o usufruto aos filhos e a propriedade aos netos, de modo a assegurar-se de que os bens se mantêm na família, sem prejudicar os filhos. A hipótese de usucapião é útil nos casos em que ocorra alguma invalidade do título constitutivo. Quanto a "usufrutos legais": a versão inicial do Código Civil previa-os nos artigos 1893.º (usufruto legal dos pais sobre os bens do filho menor) e 2146.º (usufruto legal do cônjuge sobrevivo). Essas hipóteses foram revogadas pela reforma de 1977; mas podem ressurgir noutros casos.

Temos ainda a hipótese de um "usufruto presumido": quando o doador faça uma doação a um nascituro, presume-se que reserva para si o usufruto dos bens doados, até o nascimento do donatário (952.º/2).

II. O artigo 1441.º prevê a hipótese de usufrutos simultâneos e sucessivos[2575], retomando o artigo 2199.º do Código de Seabra. No usufruto simultâneo, o mesmo é constituído a favor de duas ou mais pessoas. Qualquer uma delas pode usar, fruir e administrar a coisa[2576], dentro do quadro da comunhão[2577]. Sendo o usufruto sucessivo, ele constitui-se a favor de uma pessoa e, falecendo esta (ou cessando o direito a qualquer outro título), passa a uma outra[2578]. A Lei põe, todavia, uma restrição: é necessário que, no momento em que o direito do primeiro usufrutuário se torne efetivo, os beneficiários existam.

III. O artigo 1442.º consagra o direito de acrescer, seguindo o artigo 2250.º do Código de Seabra. Salvo cláusula em contrário, o usufruto constituído por contrato ou testamento a favor de várias pessoas conjuntamente só se consolida com a propriedade por morte da última que sobreviva[2579]. Ou seja: em situações de co-usufruto, ocorrendo a extinção de um dos

[2574] Temos, então, o legado do usufruto; *vide* os artigos 2041.º/1, *c*) e 2290.º/2.

[2575] Henrique Sousa Antunes/Rodrigo Moreira, UCP/*Comentário ao Código Civil* cit., 552-555; anteriormente: A. Carlos Lima, *Aspectos do usufruto simultâneo e sucessivo. Contitularidade de direitos*, ROA 1983, 41-61.

[2576] REv 31-jan.-2019 (Francisco Matos), Proc. 1839/17.

[2577] Assim, qualquer usufrutuário pode transmitir o seu direito: REv 19-nov.-2015 (Francisco Matos), Proc. 2489/13 e RPt 7-abr.-2022 (Carlos Portela), Proc. 664/20.

[2578] STJ 13-fev.-1996 (Martins Costa), Proc. 088145.

[2579] Fernando Pires de Lima/João Antunes Varela, *Código Civil anotado* cit., III, 2.ª ed., 467-468.

direitos em comunhão, expandem-se os demais usufrutos, sem nada se acrescentar à propriedade da raiz[2580]. Pode haver cláusula em contrário. Embora a lei refira, apenas e a propósito do direito de acrescer, a constituição de usufruto por contrato ou testamento, há que alargar o direito de acrescer às hipóteses de usucapião, designadamente quando esta seja invocada para suprir alguma nulidade formal do título[2581]. Há que estar atento a esta realidade: pode um co-usufrutuário renunciar ao seu direito, para beneficiar o titular da raiz; mas com isso, vai beneficiar, sim, o outro co-usufrutuário.

IV. O artigo 1444.º/1 permite, ao usufrutuário trespassar ou o seu direito a outrem ou onerá-lo, salvo as restrições impostas pelo título constitutivo ou pela lei. O usufruto é, assim, um direito transmissível. Todavia, mantém algo do seu cunho romano pessoal: o usufrutuário responde pelos danos que as coisas sofram por culpa do adquirente (1444.º/2). Quanto à oneração: a hipótese mais habitual é a da hipoteca do usufruto, referida nos artigos 688.º/1, *e*) e 699.º. Havendo transmissão do usufruto, este subsiste enquanto o primitivo titular for vivo. Note-se, por fim, que "trespasse" equivale a transmissão, seja qual for o título por que opere: venda, doação, entrada para uma sociedade ou constituição de direitos pessoais de gozo, como a locação ou o comodato. As regras do trespasse devem ser aferidas, em cada caso, pelo negócio jurídico que lhe sirva de base. Dada a associação do usufruto à vida do beneficiário, ele não pode ser transmitido *mortis causa*.

[2580] RPt 28-abr.-1998 (Emérico Soares), Proc. 9820256; STJ 9-mar.-2021 (António Magalhães), Proc. 3936/03.

[2581] Esta hipótese terá escapado a Pires de Lima, *Do usufruto, uso e habitação* cit., 38-39, por não constar do Código de Seabra.

§ 64.º DIREITOS E DEVERES DO USUFRUTUÁRIO

275. **O título constitutivo; normas imperativas e supletivas**

I. O artigo 1445.º remete os direitos e obrigações do usufrutuário para o título constitutivo do usufuruto; apenas na sua falta ou insuficiência teriam aplicação os preceitos subsequentes[2582]. Tomado à letra e tendo em conta a sistemática do Código Civil, os artigos 1439.º a 1444.º seriam imperativos; os subsequentes, supletivos. Não é assim. De facto, dado o referido artigo 1445.º, o tipo legal de usufruto é um tipo aberto: a lei fixa margens dentro das quais a autonomia privada dispõe como os titulares legitimados entendam, aquando da constituição do direito. Mas dentro dessa ideia, caso a caso haverá que determinar a natureza supletiva ou imperativa das normas em jogo.

II. Quanto às disposições gerais, verifica-se que dependem do título constitutivo: (1) o usufruto simultâneo ou sucessivo (1441.º); (2) o direito de acrescer (1442.º); (3) a duração, dentro de certo limite (1443.º); (4) o trespasse (1444.º). Nos preceitos subsequentes, afiguram-se imperativos os seguintes artigos:

(1) 1447.º, quanto à indemnização do usufrutuário, uma vez que a renúncia antecipada não é possível (809.º);
(2) 1448.º, relativo a frutos alienados antes da colheita, pela mesma razão;
(3) 1451.º/2: o usufruto de coisas consumíveis não importa a transferência da propriedade para o usufrutuário: de outro modo, já não haveria usufruto;
(4) 1452.º/2: responsabilidade do usufrutuário pelas coisas deterioráveis que não apresente: não há renúncia antecipada possível (809.º);

[2582] RPt 9-mai.-2019 (Amaral Ferreira), Proc. 27449/17.

(5) 1454.º a 1458.º e 1462.º; situações em que o usufruto pode pôr em causa a nua-propriedade; se o título constitutivo o permitir, será de verificar se há, efetivamente, usufruto.

III. Quanto às obrigações do usufrutuário referidas nos artigos 1468.º a 1473.º, admitimos a sua natureza supletiva, a confirmar caso a caso. Já os artigos 1474.º (impostos e outros encargos anuais) e 1475.º (atos lesivos da parte de terceiro) afiguram-se imperativos. E também imperativas serão, pelo menos tendencialmente, as regras relativas à extinção do usufruto (1476.º a 1483.º).

276. *Salva rerum substantia* ou destino económico?

I. O artigo 1439.º, ao dar uma noção de usufruto, fixa, como aparente limite, o não alterar a forma ou substância da coisa-objeto. Esse preceito deve ser compaginado com o artigo 1446.º, segundo o qual o usufrutuário pode usar, fruir e administrar a coisa como faria um bom pai de família, respeitando o seu destino económico. Dizem o mesmo? Se sim, porque repetem? E se não, qual prevalece? Este ponto é dos poucos que, hoje, suscitam dúvidas dogmáticas. Cabe esclarecer.

II. A referência ao respeito pela forma ou substância da coisa recupera a locução de Paulo: *salva rerum substantia*[2583]. No Direito romano, esse troço já era duvidoso. Recordamos as duas teses básicas[2584]: (1) estaria em causa uma limitação ao conteúdo do direito: o usufrutuário não poderia provocar alterações na materialidade intrínseca da coisa usufruída; (2) visar-se-ia limitar o objeto do direito: não poderia recair sobre coisas consumíveis. A segunda hipótese caiu, quando se aceitou o quase-usufruto. Terá quedado a primeira. Mas o que seja a *rerum substantia* ou substância da coisa é ideia teórico-filosófica, que pouco elucida quanto a condutas a adotar. Por isso, já se sustentou que a fórmula atribuída a Paulo teria sido interpolada, de modo a acolher uma ideia greco-filosófica. Afigura-se certo que, ao longo da História, *salva rerum substantia* cumpriu o seu papel de transmitir uma ideia conservadora de manutenção da coisa usufruída a

[2583] *Supra*, n.º 266, I.

[2584] Raúl Ventura, *Direito de usufruto* cit., 8.

qual, intacta, reverteria no final do direito, para o titular da raiz. Mas seria isso suficiente, em sociedades industriais? E no século XXI?

III. Afigura-se útil reconstituir a evolução da fórmula de Paulo ao longo da primeira codificação, mantendo os textos originais, sem tradução. Temos:

Código Napoleão (1804):

578.º – L'usufruit est le droit de jouir des choses dont un autre a la propriété, comme le propriétaire lui-même, mais à la charge d'en conserver la substance.

Código italiano (1865):

477.º – L' usufrutto è il diritto di godere delle cose, di cui altri há la proprietà, de modo che ne godrebbe il proprietario, ma coll' obbligo di conservar la sostanza nella materia quanto nella forma.

Código espanhol (1888):

467.º – El usufructo da derecho á disfrutar los bienes ajenos con la obligación de conservar su forma y sustancia, á no ser que el titulo de su constitución ó da ley autoricen otra cosa.

Os preceitos estão próximos. Mas a ideia de respeito (também) pela forma surgiu apenas com o Código italiano de 1865, enquanto o espanhol considera essa regra, expressamente, como supletiva. Esses três códigos, herdeiros legítimos de Paulo, mantêm a ideia, mau grado as flutuações apontadas. Mas nada dizem de concreto sobre as regras a observar. E essa lacuna acentua-se à medida que se caminha para sociedades mais dinâmicas e mais instáveis.

IV. Aquando da preparação do BGB, numa Alemanha em plena industrialização, a *salva rerum substantia*, perfeitamente conhecida pelos pandectistas, foi abandonada[2585]. Procurou-se um enunciado mais claro e

[2585] Quanto aos preparatórios dos (atuais) §§ 1036 e 1037: Horst Heinrich Jakobs/Werner Schubert, *Die Beratung des Bürgerlichen Gesetzbuchs/in systematischer Zusammenstellung der unveröffentlichten Quellen, Sachenrecht* II, §§ 1018-1296 (1991), XIV + 1148 pp., 115 ss..

eficiente, relativamente aos limites do direito de usufruto[2586]. Assim, para além de se pormenorizar determinados usufrutos em função das realidades sobre que recaíssem, fixam-se, como limites, os §§ 1036 e 1037/I, que transcrevemos em vernáculo:

§ 1036 Direito de posse; exercício do usufruto

(1) O usufrutuário tem direito à posse da coisa.
(2) Ele deve conservar[2587], no exercício do direito de fruição, o destino económico da coisa então existente e agir segundo as regras de uma economia ordenada.

§ 1037 (Modificação)

(1) O usufrutuário não tem o direito de alterar a coisa ou de a modificar essencialmente.

(...)

Este preceito deve ser interpretado em conjunto com o anterior[2588]. Afigura-se, apesar de alguma indeterminação, que se avança para além da *salva rerum substantia* de Justiniano.

V. Entretanto, em Itália, mau grado o respeito quase religioso dispensado à *salva rerum substantia*, a sua insuficiência dogmática era sublinhada. Num troço fundamental, Venezian explica que uma coisa pode ter inúmeras utilidades, variando as suas aptidões[2589]. A função que ela seja chamada a desempenhar depende do destino que lhe queira dar o seu dono. Essas ajustadas considerações foram proferidas à luz do Código de 1865, tendo tido seguidores. Por isso, aquando da preparação do Código Civil de 1942, no Relatório justificativo, o Ministro da Justiça (*Guardasigili*) evita definir o usufruto, explicando o artigo 981.º, o qual (em português)[2590]:

[2586] Ludwig Kuhlenbeck, *Von der Pandekten zum Bürgerlichen Gesetzbuch* cit., II, 596-597.

[2587] Em alemão, *aufrechterhalten*; explicam os comentadores que estão em causa não apenas condutas negativas, mas também positivas; *vide* Christian Heinze, no *Staudingers Kommentar* cit., § 1036, Nr. 15 (601-602).

[2588] Christian Heinze, no *Staudingers Kommentar* cit., § 1037, Nr. 1 (603).

[2589] Giacomo Venezian, *Usufrutto* cit., II, 310.

[2590] *Relazione del Ministro Guardasigilli Grandi al Codice Civile del 1942* (1943), n.º 406 (97).

(...) atribui ao usufrutuário o direito de gozar a coisa, mas lhe impõe respeitar a destinação económica. Determina-se, assim, o conteúdo do direito do usufrutuário, que pode gozar a coisa, com um limite que o gozo do proprietário não tem. Modificando a fórmula do artigo 477.º do código anterior (*salva rerum substantia*), fez-se uma remissão expressa a um critério económico social preferível a um critério puramente materialístico.

Afigura-se-nos basilar conhecer a origem dos preceitos a interpretar.

V. O nosso Código de Seabra, como referido, abandonando a sugestão do Visconde de Seabra, que ainda referia a *salva rerum substantia*[2591], omitiu qualquer referência a essa locução[2592]. Pires de Lima reintroduziu-a, explicando que a sua substituição por "sem alteração do destino económico" ou "como um prudente proprietário" não trariam maior precisão ao conceito[2593]. A explicação do Código italiano afasta tal argumento: o dono dá um destino económico à coisa, que o usufrutuário não deve alterar. *Salva rerum substantia* nunca permitiria chegar aí, exceto pela elaboração doutrinária. Mas Pires de Lima foi mais longe, uma vez que, no artigo 8.º/1 do anteprojeto, correspondente ao atual 1446.º/1, manda respeitar, também, o destino económico. Considera esse troço compaginável com a *salva rerum substantia*, embora, de seguida, dê exemplos em que prevalece, sempre, o respeito pelo destino económico[2594]. Note-se que o artigo 1450.º/1 coloca, em paralelo, a forma ou substância da coisa e o seu destino económico.

VI. Não vemos como extrair um conteúdo dogmático útil da referência ao respeito pela forma e substância da coisa. Os desenvolvimentos linguísticos possibilitados por locuções desse tipo são infindáveis. Qual será a forma e substância de uma herdade? E de um automóvel? Já o destino económico da coisa permite uma precisão da maior utilidade: qualquer coisa pode ter múltiplas funções. Mas apenas o proprietário pode decidir, por exemplo, se uma mesa serve para refeições ou para queimar na lareira, aquecendo a família. Do mesmo modo, o proprietário optará por, de um recinto, fazer um curral ou um teatro. O usufrutuário terá de se conformar com o destino económico preestabelecido.

2591 *Vide* o já referido José Dias Ferreira, *Codigo civil commentado* cit., 14.
2592 *Supra*, n.º 269, II.
2593 Fernando Pires de Lima, *Direito de usufruto, uso e habitação* cit., 36.
2594 *Idem*, 44.

VII. Na linha de Oliveira Ascensão, ilustres Autores entendem que o artigo 1439.º é, com a *salva rerum substantia*, a exigência mais genérica, compondo o próprio tipo do usufruto. Já o respeito pelo destino económico do artigo 1446.º/1 seria um preceito supletivo, que poderia ser afastado. Dá como exemplos o usufruto que permitisse ao usufrutuário demolir um prédio e construir outro ou aplicar um prédio adstrito à pecuária para o cultivo de produtos hortícolas[2595]. Ambas as hipóteses são possíveis. Só que, no primeiro caso, tendo o prédio reconstruído o uso do anterior, não há alteração do destino económico. E no segundo, o proprietário veio alargar o destino económico do prédio, permitindo, com isso, "nova" utilização pelo usufrutuário.

VIII. Mantemos, pois, a posição que sempre temos defendido, agora fortalecida pela manifesta incapacidade de se indicar um conteúdo dogmático útil para a *salva rerum substantia*. Não basta dizer que faz parte do tipo: a ser o caso, qual o seu teor normativo? Omite-se. Já o limite ao destino económico é claro: recorda que, pela ordem dominial vigente, apenas o proprietário pleno pode tomar certas decisões. A *salva rerum substantia* opera como uma simpática apresentação tradicional, que liga o usufruto às suas origens.

IX. Podemos, dentro de uma interpretação atualística, sistemática e teleológica, flexibilizar a interpretação do artigo 1446.º. Este preceito é imperativo, mau grado o artigo 1445.º, relativamente ao qual há uma opinião comum de que deve ser tomado restritivamente. A manutenção do destino económico é assegurada quando o usufrutuário se limite a modificações que possam ser revertidas. Desde que, no termo do usufruto, o titular da raiz receba o que, no início, fora confiado ao usufrutuário, o artigo 1445.º deve ter-se por respeitado.

277. **Ordenação dos direitos; quase-usufruto e créditos**

I. Os artigos 1447.º a 1467.º enumeram e regulam direitos do usufrutuário, variáveis em função do seu objeto. Podemos distinguir direitos: (1) relativos a indemnizações (1447.º e 1448.º); (2) acessões e benfeitorias

[2595] José de Oliveira Ascensão, *Direito civil/Reais* cit., 5.ª ed., 476.

(1449.º e 1450.º); (3) coisas consumíveis (1451.º); (4) coisas deterioráveis (1452.º); (5) plantas (1453.º a 1456.º); (6) minas, pedreiras e águas (1457.º a 1459.º); (7) universalidades de animais (1462.º); (8) usufruto de direitos (1463.º a 1467.º). Categorias à parte são a constituição de servidões (1460.º) e a aquisição de tesouros (1461.º). O estudo destes preceitos é fundamentalmente descritivo: ficará para o nosso *Código Civil comentado*, em preparação. Uma explicação deve, todavia, ser dada, no tocante ao chamado quase-usufruto e ao usufruto de créditos.

II. As coisas consumíveis são definidas no artigo 208.º: aquelas cujo uso regular importa a sua destruição ou a sua alienação. Afigura-se claro que tais coisas não poderiam suportar um usufruto. O artigo 1451.º, acolhendo uma tradição romana, admite o quase-usufruto: aquele que recai, precisamente, sobre as coisas consumíveis[2596]. O regime é o tradicional: o "usufruto" é viável, podendo o usufrutuário servir-se delas (consumo físico) ou aliená-las (consumo jurídico) desde que, no termo, entregue o seu valor ao titular da raiz, se as coisas tiverem sido estimadas ou coisas do mesmo género, qualidade e quantidade ou o seu valor na conjuntura em que findar o usufruto, se não tiver havido avaliação (n.º 1). O artigo 1451.º/2 determina que, não obstante esse regime, o quase-usufruto não implica a transferência da propriedade das coisas para o usufrutuário. Pelo seguinte: se as coisas forem fortuitamente destruídas, a lógica da apropriação determina que o risco corra pelo proprietário.

III. O usufruto de créditos toma corpo em diversas manifestações: rendas vitalícias (1463.º), capitais postos a juro (1464.º), dinheiro e capitais levantados (1465.º), prémios e utilidades aleatórias (1466.º) e, de certo modo, títulos de participação (1467.º). O ponto deve ficar claro: não se trata, aqui, de um direito real de gozo, uma vez que faltam coisas corpóreas. O paralelo económico-social com o usufruto explica, todavia, que o Código verse, nesta área, o usufruto de créditos e outros direitos. Tecnicamente, afastamos a figura dos direitos sobre direitos: uma complicação que nada explica e que torna inviável a aplicação de uma doutrina do direito subjetivo escorreita. O usufruto do direito de crédito é, na realidade, um

[2596] Henrique Sousa Antunes/Rodrigo Moreira, UCP/*Comentário ao Código Civil* cit., 574-576.

direito à prestação, qualitativamente diferente do direito do credor "principal". As diversas disciplinas harmonizam, depois, os direitos concorrentes.

278. **As obrigações do usufrutuário**

I. As obrigações do usufrutuário surgem elencadas nos artigos 1468.º a 1475.º. Novamente ocorre matéria descritiva e autoexplicativa. Temos dois blocos: (1) relacionamento e caução (1468.º a 1470.º); (2) obras e reparações (1471.º a 1473.º). A concluir, o artigo 1474.º dispõe sobre impostos e outros encargos anuais e o artigo 1475.º sobre atos lesivos da parte de terceiro.

II. Constituído um usufruto, sobretudo quando respeite a uma universalidade ou a um património, com relevo para uma herança, há que conhecer precisamente o perímetro incluído: donde o dever de relacionar os bens, nos termos do artigo 1468.º, *a*). De seguida, poderá haver, da parte do usufrutuário, que garantir a restituição dos bens, a uma integridade e, sendo o caso, o seu valor. A caução pode ser dispensada (1469.º) e, não sendo prestada, justifica as medidas cautelares do artigo 1470.º.

III. O proprietário pode realizar obras e melhoramentos, desde que não diminua o valor do usufruto (1471.º/1). Se o aumentar, a vantagem cabe ao proprietário (1471.º/2). As reparações ordinárias indispensáveis e as despesas de administração cabem ao usufrutuário (1472.º/1). O usufrutuário pode eximir-se, renunciando ao usufruto (1472.º/3). As reparações extraordinárias cabem ao proprietário, podendo o usufrutuário ser implicado (1473.º).

IV. Como adiantado, os impostos e outros encargos que recaiam sobre o rendimento cabem ao usufrutuário (1474.º). E a este cabe avisar o proprietário de atos lesivos de terceiros, sob pena de responder pelos danos (1475.º).

§ 65.º A EXTINÇÃO DO USUFRUTO

279. Causas de extinção

I. O usufruto é, estruturalmente, um direito temporário. A sua extinção, no médio prazo, é uma eventualidade incontornável: há que contar com normas relevantes, nesse domínio. Cumpre ter presente o artigo 1476.º, que enumera as causas de extinção:

> 1. O usufruto extingue-se:
> *a*) Por morte do usufrutuário, ou chegado o termo do prazo por que o direito foi conferido, quando não seja vitalício;
> *b*) Pela reunião do usufruto e da propriedade na mesma pessoa;
> *c*) Pelo seu não exercício durante vinte anos, qualquer que seja o motivo;
> *d*) Pela perda total da coisa usufruída;
> *e*) Pela renúncia.
> 2. A renúncia não requer aceitação do proprietário.

II. Este preceito corresponde, com alterações, ao artigo 2241.º do Código de Seabra. Este, no seu n.º 4.º, referia a prescrição, substituída, no Código de 1966, pelo não-uso – 1476.º/1, *c*)[2597]. Deriva do artigo 43.º do anteprojeto Pires de Lima[2598], que tinha apenas um número e quatro alíneas. A 1.ª Revisão Ministerial (1469.º) acrescentou a alínea *e*), sobre a renúncia[2599]. A 2.ª (1476.º) aditou o n.º 2, quanto à necessidade de aceitação da renúncia, pelo proprietário[2600]. O Projeto (1476.º) deu retoques

[2597] José Dias Ferreira, *Codigo civil annotado*, V, 1.ª ed., 36-37.
[2598] Fernando Pires de Lima, *Do usufruto, uso e habitação* cit., 88.
[2599] *1.ª Revisão* cit., 99.
[2600] *2.ª Revisão* cit., 91-92.

formais[2601]. Em face de uma enumeração bastante extensa, suscita-se logo a questão de saber se é exaustiva. Não é. Para além das causas de extinção elencadas no artigo 1476.º, há que acrescentar a expropriação por utilidade pública e a formação, pelo registo predial ou pela usucapião, de um direito real incompatível. A hipótese de expropriação vem aludida no artigo 1480.º/2, impondo, porém, uma precisão: a expropriação extingue o direito visado o qual, por isso, não "prossegue" na indemnização. Esta é objeto de um direito novo.

III. Percorrendo as causas de extinção alinhadas no artigo 1476.º:

a) Morte do usufrutuário ou prazo para que foi constituído: é o meio normal de extinção: deve-se ter em conta a situação das pessoas coletivas: não havendo prazo fixado de duração, o usufruto cessa ao fim de trinta anos (1443.º, 2.ª parte);

b) Reunião do usufruto e da propriedade na mesma pessoa, isto é, por confusão: esta, todavia, não opera se se mantiverem situações diferenciadas; por exemplo, uma hipoteca que onere, apenas, o usufruto ou a nua propriedade;

c) Não-uso durante vinte anos, seja qual for o motivo: temos uma concretização do artigo 298.º/3; chama-se a atenção para o facto de, por força desse preceito, se aplicarem as regras da caducidade e não as da prescrição;

d) Perda total da coisa usufruída: não pode haver direitos sem objeto; se a perda não for total, o usufruto conserva-se sobre o remanescente (1478.º/1);

e) Renúncia: pode ser liberatória, quando o usufrutuário pretenda eximir-se ao pagamento de reparações e de despesas (1472.º/3) ou, simplesmente, por decisão benemerente do próprio.

IV. A extinção por decurso do prazo obtém, ainda, a precisão do artigo 1477.º. Se o usufruto for constituído até certa idade de terceira pessoa, ele dura pelos anos prefixados: mesmo que essa pessoa faleça antes da idade referida. Mas se o usufruto tiver sido concedido só em atenção à existência dessa pessoa – por exemplo, para apoiar a sua educação – ele cessa com a morte da pessoa em causa.

[2601] *Projecto* cit., 433.

280. **Perdas parciais, mau uso e restituição**

I. Normalmente, as coisas não desaparecem, sobretudo tratando-se de imóveis. E quando se deteriorem, podem dar azo ao surgimento de novos direitos, designadamente a indemnização. O Código Civil consagra, a essas eventualidades, quatro artigos: 1478.° a 1481.°. A ideia de base é constituída pelo primeiro desses preceitos. Determina:

(1) se a coisa se perder só em parte, o usufruto mantém-se no remanescente; o mesmo sucede no caso de direitos objeto de usufruto, embora, aí, não seja tecnicamente correto falar em "perda" (n.° 1);
(2) na hipótese de *rei mutatio* – portanto de a coisa se transformar noutra que ainda tenha valor – o usufruto mantém-se na nova coisa, mesmo que a finalidade económica se tenha alterado (n.° 2).

II. No caso de destruição de edifícios, o usufrutuário não pode, em princípio, proceder à reconstrução. Todavia, o usufruto conserva-se sobre o solo e os materiais restantes (1479.°/1). A situação de paralisia económica não é vantajosa; por isso, o artigo 1479.°/1 permite que o proprietário reconstrua o edifício, usando o solo e os materiais, desde que, na vigência do usufruto, pague ao usufrutuário os juros correspondentes ao valor do solo e dos materiais em causa (1479.°/2). Esses preceitos operam quando se trate de prédios rústicos (1479.°/3).

III. Caso ocorra uma destruição ou deterioração da coisa (ou do direito) e houver indemnização, o usufruto passa a incidir sobre esta (1480.°/1). Esse esquema funciona em face das indemnizações devidas por expropriação ou requisição, por extinção da superfície e por outros casos análogos (1480.°/2). O seguro da coisa destruída dá azo às diversas regras do artigo 1481.°. Todas elas são autoexplicativas.

IV. Ao contrário do que sucederia em face de direitos pessoais de gozo, o mau uso da coisa, por parte do usufrutuário, não extingue o usufruto (1482.°). Mas se o abuso for consideravelmente prejudicial para o proprietário, pode ser tomada uma das seguintes medidas, sempre segundo esse preceito:

(1) ser a coisa entregue ao proprietário, devendo este entregar ao usufrutuário, anualmente, o produto líquido da coisa, deduzidas as despesas e o prémio pela sua administração;
(2) tomarem-se as medidas previstas no artigo 1470.º, para a hipótese de não ser prestada a caução, quando devida.

Para além destas saídas, o usufrutuário que danifique a coisa, prejudicando o proprietário é responsável: (1) por via obrigacional, com presunção de "culpa" (798.º e 799.º) quando não cumpra obrigações especificas que lhe incumbam; (2) por via aquiliana (483.º/1), nos termos gerais. Dada a situação especial dos direitos confluentes sobre a mesma coisa, a solução dominante será a da responsabilidade obrigacional.

V. Sobre o usufrutuário incide ainda a obrigação específica de restituir a coisa ao proprietário, findo o usufruto (1483.º). O quase-usufruto tem o regime especial do artigo 1451.º. Sendo o caso, pode haver retenção a favor do usufrutuário. Na hipótese comum de o usufruto se extinguir por morte do usufrutuário, o dever de restituição incumbe aos sucessores do falecido.

CAPÍTULO II

DIREITOS DE USO E DE HABITAÇÃO

§ 66.º O DIREITO DE USO

281. Nota histórica

I. O Direito romano distinguia claramente entre o uso e a fruição. O primeiro reportava-se à mera utilização da coisa, enquanto o segundo envolvia as realidades por ela produzidas, isto é, os frutos em sentido técnico. O *usus fructus* tinha a ver com coisas produtivas e, portanto, com a sua fruição. Mas se se tratasse de coisas não produtivas? O Direito romano isolou, a tal propósito, uma situação específica: o uso[2602]. Este, pelo menos inicialmente, reportar-se-ia, apenas, a coisas não frutíferas. O *Corpus Iuris Civilis* deu-lhe uma autonomia sistemática: nas *Institutiones*, o título V do livro II, *de usus et habitatione*[2603] e nos *Digesta*, o título VIII do livro VII[2604]. Gaio apresentava a matéria[2605]:

> Constituitur etiam nudus usus, id est sine fructu: qui ipse isdem modis constitui solet, quibus et usus fructus [Pode também ser constituído o mero uso, isto é, sem fruto; ele é constituído do mesmo modo que o usufruto].

[2602] Max Kaser, *Das römische Privatrecht* cit., I, 2.ª ed., § 106, II (454); *vide* Pietro Bonfante, *Diritti reali* cit., 113 ss.; Francesco Ricci, *Abitaziome e uso*, NDI I (1937), 36-43 (37/I); Raúl Ventura, *Direito das coisas* cit., 317 ss.; António Santos Justo, *Direito romano* cit., III (Direitos reais), 202 ss..

[2603] I. 2.5.1 a 6 = Okko Behrends e outros cit., I, 64-65.

[2604] D. 7.8.1 a 23 = Okko Behrends e outros cit., II, 649-658.

[2605] Gaio, D. 7.8.1 = Okko Behrends e outros cit., II, 649.

II. A ideia do uso veio a alargar-se, ainda no Direito romano. Assim, de uma pura ausência de fruição, própria de coisas totalmente improdutivas, passou-se à de uma certa participação nos frutos da coisa, mas apenas na medida das necessidades pessoais. Coube a Riccobono[2606], retomado por Bonfante[2607] esclarecer a evolução: no Direito romano clássico, o *usus* não implicava qualquer fruição; no Direito justinianeu, houve uma evolução que permitiu, ao usuário, fazer seus alguns frutos. A tal propósito, fala-se, na evolução pós-clássica, de uma certa aproximação entre o uso e o usufruto[2608]. No Direito romano, o uso manteve-se como um direito ligado à pessoa do seu titular: indivisível e instransmissivel.

III. Na evolução intermédia, mau grado o estabelecimento de certas fronteiras, a receção do Direito romano assegurou a manutenção do direito de uso, até aos nossos dias. A forte autonomia sistemática resultante do *Corpus Iuris Civilis* reforçou a sobrevivência desse direito. O *droit d'usage* foi acolhido no Código Napoleão (625.º a 636.º) em conjunto com o de habitação. Ficou fixado que o usuário apenas podia perceber os frutos necessários para si e para a sua família (630.º), não podendo cedê-lo ou locá-lo a outrem (631.º). Uma regulação similar passou ao Código Civil italiano de 1865 (521.º a 530.º). Um caminho diverso foi seguido pelo BGB alemão: nos seus §§ 1090 e seguintes, veio admitir a figura de "servidões pessoais limitadas". Entre várias situações, releva aquela em que o beneficiário pode aproveitar algumas utilidades da coisa mas, ao contrário do usufruto, não todas as que ela possa proporcionar[2609]. O Código italiano de 1942, na melhor tradição romana, acolheu o uso, com as regras tradicionais[2610].

282. **Direito lusófono**

I. O nosso Código de Seabra consignou o uso no seu artigo 2254.º. Fê-lo nos termos seguintes[2611]:

[2606] Salvatore Riccobono, *Usus*, em St. Vittorio Scialoja I (1933), 579 ss..

[2607] Pietro Bonfante, *Diritti reali* cit., 113-114.

[2608] Max Kaser, *Das römische Privatrecht* cit., II, 2.ª ed., § 247, III (306).

[2609] Christoph Reymann, no *Staudingers Kommentar* cit., Vorbem zu §§ 1090 ff, Nr. 3 (855); *vide* Jochen Mohr, no *Münchener Kommentar* cit., 8, 8.ª ed., § 1090 (2099 ss.).

[2610] Attilio Guarnieri/Davide Tessera, *Dell'usufrutto, dell'uso e dell'abitazione* cit., 963 ss..

[2611] José Dias Ferreira, *Codigo civil annotado*, V, 1.ª ed., 41-42.

> O direito de uso consiste na faculdade concedida a alguma ou algumas pessoas de servir-se de certa cousa alheia, tão somente em quanto o exigirem as suas necessidades quotidianas.

A matéria, sempre muito associada ao Direito romano, não suscitou especiais dúvidas[2612].

II. Na preparação do Código Civil de 1966, Pires de Lima preconizou o tratamento do uso e da habitação num capítulo subsequente ao do usufruto[2613]: sete artigos, com breves notas explicativas. A grande especialidade relativamente ao Código italiano, havido como bússula, foi a ideia de que o uso permitia a utilização da coisa pelo beneficiário e a sua fruição, mas um e outra apenas na medida das suas necessidades pessoais e na da sua família[2614]. O Código italiano apenas consigna essas limitações quanto à fruição.

III. O texto de Pires de Lima atravessou a 1.ª (1477.º a 1483.º)[2615] e 2.ª (1484.º a 1490.º)[2616] revisões ministeriais, bem como o Projeto (1484.º a 1490.º)[2617], com meros retoques. Hoje surge nos artigos 1484.º a 1490.º do Código Civil[2618], mantendo os grandes traços do Direito romano[2619].

283. Regime

I. O direito de uso vem definido no artigo 1484.º/1, como a

[2612] Luís da Cunha Gonçalves, *Tratado de Direito civil* cit., XI, n.º 1734-1740 (540-562).
[2613] Fernando Pires de Lima, *Do usufruto, uso e habitação* cit., 96-101.
[2614] *Idem*, 97.
[2615] *1.ª Revisão* cit., 102-104.
[2616] *2.ª Revisão* cit., 94-96.
[2617] *Projecto* cit., 435-437.
[2618] Valem os comentários: Pires de Lima/Antunes Varela, *Código civil anotado* cit., III, 2.ª ed., 545-553; Marta Sá Rebelo, UCP/*Comentário ao Código Civil* cit., 627-651.
[2619] José de Oliveira Ascensão, *Direito civil/Reais* cit., 5.ª ed., 479-482; Rui Pinto Duarte, *Curso de Direitos Reais* cit., 4.ª ed., 298-300; António Santos Justo, *Manual de Direitos Reais* cit., 7.ª ed., 429-435; José Alberto Vieira, *Direitos Reais* cit., 3.ª ed., 745-755; José Luís Ramos, *Manual de Direitos Reais* cit., 2.ª ed., 461-464; Luís Menezes Leitão, *Direitos Reais* cit., 9.ª ed., 375-380.

(...) faculdade de se servir de certa coisa alheia e haver os respetivos frutos, na medida das necessidades, quer do titular, quer da sua família.

Como adiantado, a especificidade relativamente ao Código italiano, que serviu de modelo a Pires de Lima, foi estender expressamente a limitação ditada pelas necessidades do titular e da sua família ao próprio uso e não, apenas, à fruição.

II. As necessidades do usuário (ou do morador usuário) são determinadas pela sua "condição social" (1486.º). Esta fórmula, puramente tradicional, deve sofrer uma interpretação atualista, uma vez que não se admite, hoje, que haja "condições sociais" diferentes. Tais necessidades dependem das circunstâncias concretas de cada caso: serão diferentes consoante se trate de uma vivenda ou de uma cabana de veraneio.

Quanto ao âmbito da família: o artigo 1487.º foi cauteloso: ela abrange, apenas, o cônjuge não separado judicialmente de pessoas e bens, os filhos solteiros, outros parentes a quem sejam devidos alimentos e as pessoas que, convivendo com o titular, prestem serviço, a este ou às pessoas designadas. Podemos alargar a série ao unido de facto.

III. O direito de uso constitui-se e extingue-se pelos mesmos modos do usufruto, exceto a usucapião – 1293.º, *b*) (1485.º). Vale, quanto ao conteúdo, o seu título constitutivo ou, na sua falta, as normas legais (1485.º, 2.ª parte).

O direito de uso não pode ser trespassado ou onerado por qualquer modo (1488.º); fica excluída, também, a locação ou a constituição de outros direitos pessoais de gozo, sob pena de se defraudar o "âmbito da família".

IV. Quanto aos encargos: o usuário assume, apenas, os correspondentes à parcela dos frutos que receba (1489.º): todos ou apenas parte.

No restante, o artigo 1490.º manda aplicar as normas relativas ao usufruto.

284. A natureza

I. O direito de uso é um direito real de gozo. Como tal, ele compartilha as características gerais dessa categoria jurídica: dá lugar a posse, comporta reivindicação e ação direta (1311.º e 1314.º, *ex vi* 1315.º), tem publicidade, quer espontânea (pela posse), quer artificial (pelo registo) e confere a permissão de aproveitamento da coisa sem mediações, revelando-se a inerência com o corolário da sequela e da prevalência, de tipo I (entre direitos reais) e de tipo II (perante os direitos de crédito), com a redução dogmática que propomos para essas noções.

II. Não se trata de propriedade, por falta de exclusividade: pressupõe sempre um direito de propriedade a seu lado, falando, por isso, o artigo 1484.º, em "coisa alheia". Além disso, comporta limitações intrínsecas, independentes da capacidade da coisa objeto.

III. Pergunta-se se se trata de um direito real autónomo ou, apenas, uma modalidade de usufruto. Anda próxima deste, uma vez que a generalidade das normas do usufruto lhe são aplicáveis (1490.º). Todavia, a autonomia que lhe foi concedida no *Corpus Iuris Civilis* bem como pela tradição subsequente e o facto de ter um conteúdo modelado pelas necessidades do seu titular fazem, dele, uma figura autónoma.

§ 67.º O DIREITO DE HABITAÇÃO

285. Conspecto geral, regime e prática

I. O direito de habitação é um direito de uso, especialmente adaptado ao objeto "habitação". O artigo 1484.º/2 define-o, simplesmente, como o direito de uso referido a uma casa de morada. O Direito de habitação (*habitatio*) remonta ao Direito romano. Assumiu, aí, no início, uma variante do *usus* ou do *usus fructus*, particularizada por se reportar a uma casa[2620]. O diferendo entre essas duas reconduções tinha a ver com o seguinte[2621]. Se fosse um usufruto, a casa-objeto poderia ser locada; não o sendo, admitia-se, apenas, o seu uso pessoal. A autonomização do direito de habitação ficou a dever-se a uma constituição de Justiniano, do ano 530 d. C.[2622]. A partir daí, ela veio encontrar lugar ao longo da História, surgindo, nas codificações, lado a lado com o direito de uso.

II. O Código de Seabra versou o direito de habitação, em conjunto com o de uso (2254.º a 2261.º). Posição semelhante foi a de Pires de Lima, no seu anteprojeto[2623], assim se chegando ao Código Civil de 1966.

III. Os artigos 1484.º a 1490.º do Código Civil são, todos eles, bifrontes: contemplam, em conjunto, os direitos de uso e de habitação. Cabe, apenas, em cada situação concreta, verificar as adaptações que se imponham. Curiosamente, o direito de habitação tem projeções práticas mais vincadas do que o de uso. Chamamos a atenção para as espécies seguintes:

2620 Salvatore Orlando Cascio, *Abitazione (diritto di)*, na ED I (1958), 91-102 (91/II).

2621 Pietro Bonfante, *Diritti reali* cit., 117-119, com os textos mais relevantes.

2622 C. 3.33.13 = ed. Paul Krüger cit., 140/II; Giovanni Pugliese, *Abitazione e uso (diritto romano)*, NssDI I/1 (1957), 55-56 (55/II).

2623 Fernando Pires de Lima, *Do usufruto, uso e habitação* cit., 96-101.

STJ 23-jan.-1986: o direito de ocupar vitaliciamente um quarto de hotel pode corresponder a um direito de habitação previsto no artigo 1484.º/2; tendo o interessado a sua posse e havendo esbulho, pode ser provisoriamente restituído[2624];

RLx 2-nov.-1989: o direito de habitação é impenhorável[2625];

STJ 14-mar.-1990: traça o perfil de um hipotético direito de habitação[2626];

RPt 21-nov.-1994: o direito de uso e habitação pode decorrer de um contrato inominado e misto, de doação e prestação de serviço[2627];

RPt 23-mar.-2006: o objeto do direito de habitação abrange não só toda a casa como os respetivos acessórios e dependências, como adegas, garagens e jardins, desde que o seu uso seja necessário às normais condições de residência do titular e de sua família[2628];

REv 12-jul.-2012: o direito real de uso e habitação é um direito real menor cujo conteúdo se molda em atenção ao seu objeto (casa de morada) e ao fim do gozo: habitação do morador usuário e da sua família; o poder de disposição não integra o seu conteúdo; havendo cedência, esta é nula, mas não importa a extinção do direito de habitação[2629];

RLx 21-mai.-2020: os direitos de uso e habitação incluem as faculdades de uso, fruição, administração e transformação da coisa; no entanto, o seu exercício encontra-se limitado ao necessário para a satisfação das necessidades pessoais do titular do direito e de um conjunto de sujeitos, legalmente fixado[2630].

IV. O direito real de habitação foi ainda reanimado por alguns diplomas atuais e, designadamente, pela Lei n.º 6/2001, de 11 de maio. Este diploma aprovou medidas de proteção de pessoas que vivam em economia comum. O artigo 5.º/1 da referida Lei n.º 6/2001, dispõe:

Em caso de morte da pessoa proprietária da casa de morada comum, as pessoas que com ela tenham vivido em economia comum há mais de dois anos nas condições previstas na presente lei têm direito real de habitação

2624 STJ 23-jan.-1986 (Lima Cluny), BMJ 353 (1986), 376-381 (380).

2625 RLx 2-nov.-1989 (José da Silva Paixão), BMJ 391 (1989), 681 (o sumário).

2626 STJ 14-mar.-1990 (Castro Mendes), BMJ 395 (1990), 580-583 (582).

2627 RPt 21-nov.-1994 (Guimarães Dias), CJ XIX (1994) 5, 213-215 (215/I).

2628 RPt 23-mar.-2006 (Pinto de Almeida), CJ XXXI (2006) 2, 171-174 (172).

2629 REv 12-jul.-2012 (Rui Machado Moura), CJ XXXVII (2012) 3, 271-274 (273/II).

2630 RLx 21-mai.-2020 (Nelson Borges Carneiro), Proc. 338/19.

sobre a mesma, pelo prazo de cinco anos, e, no mesmo prazo, direito de preferência na sua venda[2631].

O artigo 5.º/1 da Lei n.º 7/2001, de 11 de maio, relativa a medidas de proteção das uniões de facto, veio atribuir igual direito, no caso de morte do membro da união de facto proprietário da casa de morada de família e do respetivo recheio, ao membro sobrevivo. O n.º 2 do mesmo artigo vai mais longe: caso a união de facto tenha começado há mais de cinco anos antes da morte, o direito de habitação dura por tempo igual ao da duração de facto.

V. Estas e outras medidas são bem intencionadas e têm a sua justiça. Mas ao atribuir direitos a uma pessoa, a lei vai, inevitavelmente, retirá-los a outra ou outras e, designadamente, aos filhos do falecido, que podem estar mais necessitados do que o morador usuário agora autorizado. A justiça com os bens dos outros deve ser sempre bem ponderada.

286. **O direito real de habitação duradoura (DHD)**

I. Uma nova manifestação do direito de habitação foi criado pelo Decreto-Lei n.º 1/2020, de 9 de janeiro. Este diploma, no seu preâmbulo, fez uma radiografia do estado insatisfatório da habitação no País. Lê-se, designadamente, nesse texto[2632]:

> Em paralelo com o agravamento das dificuldades de acesso a uma habitação adequada e com as alterações relativas às necessidades sentidas pelos agregados familiares, designadamente quanto à flexibilidade e à mobilidade habitacional, o perfil do parque habitacional do país em termos de regime de ocupação não tem contribuído para dar resposta aos problemas existentes.
>
> Com efeito, em Portugal foi fortemente privilegiado o regime de habitação própria face ao de arrendamento, por diversas razões, das quais se destacam a escassez de oferta e a existência de disfuncionalidades no mercado de arrendamento, a facilidade de obtenção de crédito hipotecário, a disponibilização de apoios do Estado à compra de habitação e aspetos culturais que valorizam a propriedade.

[2631] Leia-se: na sua compra.

[2632] DR 1.ª série, n.º 6, de 9-jan.-2020, 2.

Em resultado, 73 % dos alojamentos familiares clássicos de residência habitual em Portugal são ocupados pelos proprietários, o endividamento dos agregados familiares para aquisição de habitação assume valores muito elevados, o setor do arrendamento é diminuto e pouco acessível em termos de preços e as famílias encontram-se numa situação pouco favorável à mobilidade, o que reduz as suas opções e dificulta a sua adaptação a alterações nas dinâmicas pessoais, familiares e profissionais.

Feitas estas constatações, o diploma prossegue[2633]:

> Adicionalmente, coloca-se na atualidade o novo desafio de conciliar as necessidades em termos de estabilidade e de segurança na ocupação do alojamento, cruciais para o desenvolvimento da vida familiar, com as de flexibilidade e mobilidade, que derivam de uma maior mutabilidade dos percursos de vida das pessoas.
>
> Se em muitos casos o regime de habitação própria se tem mostrado pouco adequado pela sua rigidez, pelo peso do investimento que representa e pelas dificuldades de acesso ao mesmo, por outro lado, o regime de arrendamento nem sempre é conducente à estabilidade e segurança desejáveis.
>
> Estas desadequações afetam, de forma mais acentuada, as faixas etárias mais vulneráveis da população: os mais jovens, com menor capacidade de investimento e maiores necessidades de mobilidade, e os idosos, que já não conseguindo aceder a crédito hipotecário carecem de fortes condições de segurança e de estabilidade habitacional.
>
> Assim, uma política de habitação que combine as duas lógicas está, portanto, melhor preparada para fazer face ao caráter mutável das necessidades de habitação das famílias ao longo do seu ciclo de vida.

Procurando conciliar o acesso à habitação, a mobilidade e a estabilidade, o diploma critou o direito real de habitação duradoura ou DHD (1.º)[2634]: no fundo, uma versão retocada e onerosa da velha *habitatio* romana.

[2633] *Idem*, loc. cit..

[2634] O direito real de habitação duradoura já encontrou assento nas exposições gerais do Direito das coisas; assim, José Alberto Vieira, *Direitos Reais* cit., 3.ª ed., 823-836; José Luís Ramos, *Manual de Direitos Reais* cit., 2.ª ed., 513-518; Luís Menezes Leitão, *Direitos Reais* cit., 9.ª ed., 441-450.

II. O Decreto-Lei n.º 1/2020, de 9 de janeiro, é um diploma em trinta e quatro artigos, alguns dos quais de certa extensão. Segundo o artigo 2.º do diploma:

> O DHD faculta a uma ou a mais pessoas singulares o gozo de uma habitação alheia como sua residência permanente por um período vitalício, mediante o pagamento ao respetivo proprietário de uma caução pecuniária e de contrapartidas periódicas.

O artigo 3.º comporta "definições", entre as quais a de "agregado habitacional": o conjunto das pessoas que têm a sua residência permanente na mesma habitação e mantêm entre si vínculos familiares, de convivência estável ou de dependência, bem como as situações determinadas por vínculo contratual que implique residência ou habitação comum: uma noção próxima do âmbito da família, fixado no artigo 1487.º.

III. A constituição do DHD tem requisitos particulares: (1) uma avaliação prévia (4.º); (2) um contrato com forma solene, do qual conste: (a) a "caução" inicial e as "contrapartidas" periódicas; (b) a declaração do morador de aceitar o estado de conservação da habitação; (c) os endereços; (3) a inscrição no registo predial.

IV. O DHD é oneroso. O morador deve pagar, ao proprietário (6.º e 7.º):

(1) logo no início, uma "caução" pecuniária de montante entre 10% e 20% do valor do local; essa caução é prestada pelo prazo de 30 anos, sendo progressivamente reduzida a partir do 11.º ano de vigência e até ao 30.º: 5% ao ano;
(2) uma prestação pecuniária mensal atualizável pelo índice de preços;
(3) uma prestação anual por cada ano decorrido desde o 11.º, até ao final do 30.º.

Por seu turno, o proprietário deve (8.º):

(1) assegurar que a habitação é entregue em estado, no mínimo, médio;
(2) pagar os custos relativos às partes comuns;

(3) assegurar os seguros obrigatórios;
(4) realizar as obras de conservação extraordinária;
(5) gerir o montante da caução e assegurar a sua devolução ao morador.

O morador deve, ainda (9.º), utilizar a habitação exclusivamente para sua residência permanente, pagar as taxas municipais e entregar ao proprietário os montantes relativos ao IMI e, ainda, realizar e suportar o custo das obras ordinárias, entre outros aspetos.

V. A propriedade é transmissível, em termos gerais (11.º); o DHD não é transmissível *mortis causa* e, *inter vivos*, exeto para pagar a hipoteca relativa a um crédito contraído para efetivar a caução (13.º).

O proprietário pode resolver o contrato, em caso de mora prolongada do morador (14.º). O contrato caduca com a morte do morador (16.º) ou por renúncia deste (17.º). Extinto o DHD, a habitação deve ser entregue, nos termos circunstanciadamente regulamentados no artigo 19.º. Seguem-se outras regras, sendo, no omisso, aplicável o disposto nos artigos 1484.º e seguintes (23.º).

VI. A doutrina é muito crítica quanto aos resultados práticos do DHD[2635]. Os interessados moradores que comecem por desbloquear 10 a 20% do valor do local e, depois, pagar uma "renda" periódica por algo que nunca poderão vender preferem adquirir casa própria. Os proprietários, envoltos numa teia de deveres, vão receber uma pequena quantia (a "caução") que, depois, irão devolver e receber uma "renda", numa situação muito mais rígida do que o arrendamento.

O pior será ainda, porventura, a incerteza que o regime muito pesado do Decreto-Lei n.º 1/2020 veio instituir. O proprietário, querendo rendibilizar o seu imóvel, tem as soluções da venda ou do arrendamento, já experimentadas e, aparentemente, mais remuneradoras. O DHD seria interessante se a "prestação pecuniária mensal" devida pelo morador for (muito) elevada. Mas se ela se aproximar (ou ultrapassar!) o encargo mensal de um mútuo para aquisição de habitação própria, ninguém irá assentar a sua vida num DHD: ao fim de trinta anos, depois de uma vida de pagamentos, fica

[2635] Sufragamos, no essencial, as considerações de Luís Menezes Leitão, *Direitos Reais* cit., 9.ª ed., 442-443.

sem nada. Além disso, perde a sua mobilidade: o DHD é vitalício e deve sempre funcionar como habitação permanente.

VII. O DHD fica, todavia, como uma opção para o aproveitamento de habitações. Pode discutir-se a sua natureza: está mais próximo do arrendamento do que de um direito real clássico. Todavia, como o próprio arrendamento já é estruturalmente real, qualidade que só não lhe é reconhecida por razões histórico-culturais, não temos dificuldade em reconhecer, no DHD, natureza real. A qualificação legal vai nesse sentido. Dentro de Direitos Reais, tem parentesco com o direito de habitação. Será, assim, uma modalidade de *habitatio* ou direito real de habitação comum, constante do artigo 1484.º e seguintes do Código Civil, supletivamente aplicáveis.

IV

DIREITO DE SUPERFÍCIE E SERVIDÕES

CAPÍTULO I

DIREITO DE SUPERFÍCIE

§ 68.º ORIGEM E EVOLUÇÃO DO DIREITO DE SUPERFÍCIE

287. Direito romano

I. De acordo com o Direito romano, pertence ao dono do terreno tudo quanto, nele, seja incorporado. Opera o princípio *superficies solo cedit* ou a superfície cede ao solo. Fortemente ancorado em perceções sócio-culturais do direito de propriedade, esse princípio encontrou assento na própria Lei das XII Tábuas[2636]. A *superficies solo cedit* generalizou-se, ao longo dos séculos, vindo a atingir um ponto alto no Código Napoleão. Ele subjaz às regras da acessão imobiliária[2637], sendo apenas contraditado pela tradição jurídica lusófona, nos casos em que admite a chamada acessão invertida[2638].

II. Nos textos romanos, a *superficies* abarcava não apenas o que se encontrasse na linha do solo mas, ainda, tudo o que se situasse também em altura, no terreno considerado[2639]. A existência de solos públicos, nos quais certos particulares eram admitidos a construir ou a aproveitar agricolamente levou a admitir uma dissociação[2640]. Para tutelar essa posição,

[2636] Tábua VI, 8; *vide supra*, n.º 124, I.

[2637] *Supra* n.º 124, III-IV, com indicações.

[2638] Recorde-se o artigo 1340.º, do Código Civil.

[2639] Domenico Simoncelli, *Diritti di superficie*, NDI XII/1 (1939), 1212-1224 (1213/I); o termo *superficies* advirá, no latim, de *super* + *facies*, sobre a face ou a paisagem; De Simoncelli, *"Superficies"*, NDI XII/1 (1939), 1224-1225 (1224/I). O estudo clássico, neste domínio, é o de Nicola Coviello, *Della superficie*, no AG XLIX (1892), 3-195 (5 ss.).

[2640] Heinrich Vogt, *Das Erbbaurecht des klassischen römischen Rechts* (1950), 118 pp..

o pretor teria admitido o *interdictum de superficiebus*. Moldado sobre o *interdictum uti possidentis*[2641], o de *de superficiebus* facultava ao beneficiário uma tutela, em face de arremetidas de terceiros[2642]. Mais tarde, admitiu-se que os proprietários particulares pudessem, eles próprios, fazer concessões do mesmo tipo. As meras *actiones in personam*, na hipótese de tais concessões serem reconduzidas à locação, eram insuficientes para garantir a paz pública: donde a intervenção do pretor.

III. A evolução romana da superfície implicou a sua consolidação. Além da tutela inicial, tipicamente possessória, ter-lhe-ão sido conferidos meios de defesa próprios do domínio[2643]. Isso permitiu, por um lado, fortalecer a posição do superficiário, enquanto titular do que hoje se diria direito real autónomo e, por outro, aproximá-la das "servidões pessoais".

288. Evolução intermédia e codificações

I. Na evolução subsequente, a vulgarização levou a que o superficiário fosse havido como proprietário de implante: uma edificação ou uma plantação. Justiniano recuperou o pensamento clássico, mas apenas em parte. Nas fontes encontramos a superfície ora como um direito próprio de construir ou de manter a construção em terreno alheio, ora como uma servidão, ora, até, como enfiteuse[2644]. Estas flutuações documentam dificuldades dogmáticas de construção da superfície que se mantêm, até hoje.

II. Na Alta Idade Média, a necessidade de incentivar o desenvolvimento agrícola jogou a favor da superfície, ainda que sempre num pano de fundo de indefinição dogmática[2645]. Mais tarde, a superfície foi recondu-

[2641] Raúl Ventura, *Direito das coisas* cit., 323; Adolf Schmidt, *Das Recht der Superficies*, SZRom 11 (1890), 121-164 (136 ss., com os textos); Nicola Coviello, *Della superficie* cit., 70 ss.; Heinrich Vogt, *Das Erbbaurecht* cit., 44, 86 e *passim*.

[2642] Francesco Sitzia, *Superficie (diritto romano)*, ED XLIII (1990), 1459-1463 (1461).

[2643] *Idem*, 1462-1463. Max Kaser, *Das römische Privatrecht* cit., I, 2.ª ed., § 107, II (456).

[2644] Max Kaser, *idem*, II, 2.ª ed., § 248, II (307-308), com indicação dos textos pertinentes.

[2645] Italo Birocchi/Maria Cristina Lampis, *Superficie (diritto intermedio)*, ED XLIII (1990), 1464-1471 (1465).

zida a um *dominium utile* próprio da enfiteuse. Encontramos, em Bártolo, afirmações desse tipo[2646]. Digamos que a superfície se conservou como um elemento larvar, ao longo da História, podendo ser recuperada logo que a evolução da realidade imobiliária a ela teve de fazer apelo.

III. O Código Napoleão não consagrou a superfície, no que tem sido entendido como um repúdio pelos antigos vínculos feudais. Todavia, numa via facilitada por, em França, não ter singrado o princípio da tipicidade dos direitos reais, a jurisprudência veio admitir o direito de superfície, com o perfil tradicional[2647], acabando por ser acolhida em textos legais[2648]. Também o Código Civil italiano de 1865 foi omisso quanto à superfície. No entanto, admitia a propriedade de plantas separadas do solo[2649]. Ocorreu um debate quanto à reintrodução da *superficies* que conduziria à sua consignação, no Código de 1942.

IV. O BGB alemão, assente na sólida pandectística que o antecedeu durante o século XIX, reconheceu a superfície (*Erbbaurecht*) nos seus §§ 1012 a 1017[2650]. O § 1012 dava a noção seguinte:

> Um prédio pode ser onerado de modo que aquele em cujo benefício a oneração haja sido estabelecida tenha o direito, transmissível em vida ou por morte de ter, acima ou abaixo desse prédio, uma construção.

A proibição de estabelecer uma propriedade por pisos, tipo propriedade horizontal, levou a que a superfície ganhasse um especial relevo[2651]. Logo em 1919, uma lei relativa à superfície revogou os §§ 1012 a 1017 do BGB. Seguiu-se uma Lei de 2013 e, depois, outras complementações[2652].

[2646] *Idem*, 1466/II.
[2647] CssFr 16-dez.-1873, S 1874, 457-600, anot. de J. E. Labbé, *idem*, 457-458.
[2648] *Tratado*, XIII, 286 ss., com indicações.
[2649] Domenico Simoncelli, *"Superficies"* cit., 1216. *Vide* o artigo 448.º do *Codice* de 1865.
[2650] *Planck's Kommentar zum BGB*, 3.ª ed. (1906), 349-356.
[2651] *Supra*, n.º 226.
[2652] *Tratado*, XIII, 109.

V. O Código Civil de 1942 optou pelo restabelecimento do direito de superfície[2653]. Nessa linha afetou-lhe o título III do Livro III (Da propriedade), situado antes da enfiteuse e do usufruto (artigos 952.º a 956.º)[2654].

Tem o seguinte conteúdo: 952.º (constituição de direito de superfície); 953.º (constituição por tempo indeterminado); 954.º (extinção do direito de superfície); 955.º (construção subterrânea); 956.º (proibição de propriedade separada do solo)[2655].

Como se vê, o Código Civil italiano acolheu uma regulamentação sintética, deixando recair o regime nas regras gerais do Direito das coisas.

289. A experiência lusófona

I. O Direito de superfície não constou dos clássicos portugueses da pré-codificação. Admitimos que o seu papel prático fosse preenchido pela enfiteuse, muito difundida, quer no plano urbano, quer no rústico. Não obstante, o Código de Seabra continha, no seu artigo 2308.º, a norma seguinte[2656]:

> O dono do predio, onde existirem arvores alheias, poderá adquiril-as, pagando o seu valor, excepto se, por effeito de contrato, se tiver obrigado a conserval-as no dominio alheio, por certo numero de annos, que nunca poderão exceder a trinta.

A doutrina da época, citando uma Lei de 9 de junho de 1773, considera que o objetivo do preceito era o de "libertar a propriedade de servidões insignificantes, mas muito prejudiciaes"[2657]. Facto é que a presença

[2653] *Vide* a *Relazione al codice civile* cit., n.º 444-446 (94).

[2654] *Vide* Attilio Guarneri, *La superficie/Artt 952-956* (2007), 217 pp.; Alberto Giletta, em Filippo Preite/Marcello di Fabio (org.), *Codice della proprietà e dei diritti immobiliari* (2015), 1813-1856; Angelo Riccio, em Massimo Franzoni/Rita Rolli, *Codice civile commentato*, I (2018), 1254-1270. Ainda quanto à superfície no Direito italiano: Lino Salis, *Superficie (diritto civile)*, NssDI XVIII (1971), 944-954; Giulio Pasetti Bombardella, ED XLIII (1990), 1471-1489.

[2655] No tocante a plantações.

[2656] José Dias Ferreira, *Codigo civil annotado*, V, 1.ª ed., 70.

[2657] *Idem*, IV, 2.ª ed. (1905), 248; esta anotação não constava da 1.ª ed..

de árvores alheias, no terreno, documenta uma hipótese clara de superfície vegetal. Segundo Cunha Gonçalves, referindo essa Lei, a situação em causa poderia advir: (a) da venda do terreno com reserva das árvores; (b) da venda ou legado das árvores, ainda que isoladas em separado do terreno; (c) de partilhas entre co-herdeiros. Este Autor identificava, aí, um "verdadeiro direito de superfície"[2658]. Embora o pensamento de Seabra fosse o de expropriar essas árvores, admitia que, enquanto isso não ocorresse e tratando-se de "árvores protetoras", o dono delas poderia substituí-las.

II. O direito de superfície foi formalmente introduzido no nosso ordenamento pela Lei n.º 2:030, de 22 de junho de 1948. A Parte II desse diploma intitulava-se, precisamente, "do direito de superfície", preenchendo os artigos 21.º a 29.º[2659]. O artigo 21.º/1 apresentava a "nova" figura[2660]:

> O direito real que consiste na faculdade de implantar e manter edifício próprio em chão alheio, sem aplicação das regras sobre acessão imobiliária, chama-se direito de superfície.

O n.º 3 prosseguia, considerando a superfície "propriedade imperfeita" e sujeita a registo; o n.º 4 considerava-a alienável a título oneroso ou gratuito, transmissível por sucessão e suscetível de hipoteca. O artigo 22.º fixava uma limitação severa: só o Estado, as autarquias e as pessoas de utilidade pública administrativa podiam constituir a superfície, em terrenos do seu domínio privado. Tratava-se, pois, de um esquema que permitia a essas entidades, sem abrir mão do seu direito de propriedade, promover a utilização útil do terreno.

III. A Lei n.º 2:030, de 22 de junho de 1948, fixava os deveres do superficiário, entre os quais a construção de edifício, a sua conservação e a sua reconstrução, em caso de destruição, a sua aplicação ao fim convencionado e o pagamento de um preço único ou de uma "pensão anual" (23.º). Ao superficiário era, entre outros aspetos, garantida a "propriedade do edifício" (24.º). Outros aspetos eram contemplados: iremos encontrá-los no Código Civil.

[2658] Luís da Cunha Gonçalves, *Tratado de Direito civil* cit., XI, n.º 1782 (761).
[2659] DG I, n.º 143, de 22-jun.-1948, 529-538 (531-532).
[2660] *Idem*, 531/II.

III. Aquando da preparação do Código Civil, em 1944, em reunião da Comissão Revisora, foram tomadas algumas decisões. Designadamente, quanto ao Direito das coisas[2661]:

> Resolveu-se manter a enfiteuse por se reconhecerem as vantagens que ainda hoje pode ter sem o inconveniente da perpetuidade, dada a possibilidade de remissão. Resolveu-se ainda que se consagrem outros direitos de gozo, pelo menos o direito de superfície.

Note-se que esta decisão foi anterior à Lei n.º 2:030, de 22 de junho de 1948. A superfície estava, pois, pré-anunciada.

IV. Na elaboração dos anteprojetos, o direito de superfície foi confiado a Pires de Lima. Este Autor elaborou um articulado, infelizmente sem explicações ou justificações de motivos[2662]. Ocupava 18 artigos, ordenados em quatro capítulos: disposições gerais, constituição, direitos e encargos do superficiário e do proprietário e extinção. A matéria atravessou, com clarificações, as 1.ª (1517.º a 1534.º)[2663] e 2.ª (1524.º a 1543.º)[2664] revisões ministeriais, bem como o Projeto (1524.º a 1543.º)[2665].

V. Na sequência dos preparatórios, o Código Civil distribuiu a superfície por 19 artigos, ordenados em 4 capítulos, nos termos seguintes[2666], indicando-se, depois da epígrafe, o preceito da Lei n.º 2:030 a que correspondem:

I – Noções gerais: 1524.º (noção), 21.º; 1525.º (objeto), 21.º/5; 1526.º (direito de construir sobre edifício alheio); 1527.º (direito de superfície constituído pelo Estado ou por pessoas coletivas públicas), 22.º;

[2661] Adriano Vaz Serra, *A revisão geral do Código Civil/Alguns factos e comentários*, BMJ 2 (1947), 24-76 (38).

[2662] Fernando Pires de Lima, *Direito de superfície (Anteprojecto para o futuro Código Civil)*, BMJ 123 (1963), 217-224.

[2663] *1.ª Revisão* cit., 117-124.

[2664] *2.ª Revisão* cit., 110-118.

[2665] *Projecto* cit., 447-452.

[2666] Quanto aos comentários: Pires de Lima/Antunes Varela, *Código civil anotado* cit., III, 2.ª ed., 586-613; Rui Pinto/Cláudia Trindade, *Código Civil anotado* cit., II, 2.ª ed., 366-402; Fernando A. Ferreira Pinto/Diogo Pessoa, Ana Afonso e Fernando A. Ferreira Pinto/Isabel Teixeira Duarte, no UCP/*Comentário ao Código Civil* cit., 652-697.

II – Constituição do direito de superfície: 1528.º (princípio geral) e 1529.º (servidões);

III – Direitos e encargos do superficiário e do proprietário: 1530.º (preço); 1531.º (pagamento das prestações anuais); 1532.º (fruição do solo antes do início da obra); 1533.º (fruição do subsolo); 1534.º (transmissibilidade dos direitos), 21.º/4; 1535.º (direito de preferência), 24.º, *e*) e *d*);

IV – Extinção do direito de superfície: 1536.º (causas de extinção), 27.º e 28.º; 1537.º (falta de pagamento das prestações anuais); 1538.º (extinção pelo decurso do prazo), 28.º; 1539.º (extinção de direitos reais constituídos sobre o direito de superfície), 28.º/4; 1540.º (direitos reais constituídos pelo proprietário); 1541.º (permanência dos direitos reais); 1542.º (extinção por expropriação).

VI. O articulado relativo à superfície teve uma única alteração: pontual, mas muito significativa. O Decreto-Lei n.º 257/91, de 18 de julho, modificou o artigo 1525.º, introduzindo um n.º 2[2667]:

> O direito de superfície pode ter por objeto a construção ou a manutenção de obra sob solo alheio.

Visou-se, com essa medida, facilitar a construção e a exploração de parques subterrâneos, designadamente em centros urbanos. Consegue-se, por esta via, descongestionar as áreas de circulação, com ganhos urbanísticos e ambientais. O direito de superfície está hoje integrado nos roteiros de Direitos Reais[2668].

[2667] Este diploma teve, na origem, um estudo e um anteprojeto de nossa autoria.

[2668] José de Oliveira Ascensão, *O direito de superfície referente a plantações*, em *Estudos sobre a superfície e a acessão* (1973), 75 pp., 7-39; *idem*, *Direito civil/Reais* cit., 5.ª ed., 523-533; Luís A. Carvalho Fernandes, *Lições de Direitos Reais* cit., 6.ª ed., 431-455; Henrique Sousa Antunes, *Direitos Reais* cit., 435-455; José Alberto Vieira, *Direitos Reais* cit., 3.ª ed., 757-782; José Luís Ramos, *Manual de Direitos Reais* cit., 2.ª ed., 465-480; Luís Menezes Leitão, *Direitos Reais* cit., 9.ª ed., 381-398.

§ 69.º ENQUADRAMENTO E CONSTITUIÇÃO DA SUPERFÍCIE

290. Noção e modalidades

I. O artigo 1524.º dá a noção seguinte:

> O direito de superfície consiste na faculdade de construir ou manter, perpétua ou temporariamente, uma obra em terreno alheio, ou de nele fazer ou manter plantações.

Comparando com a noção do artigo 21.º/1 da Lei n.º 2:030, verifica-se o alargamento à chamada superfície vegetal. A noção legal, como é frequente, presta-se a observações críticas que constituem a base de algumas precisões. Sublinhamos duas:

(1) a superfície não é a faculdade de construir "ou" manter um edifício: é a de construir e manter;
(2) tão-pouco será a de fazer plantações: antes de as fazer e de as manter.

II. O artigo 1524.º permite fixar as modalidades de superfície. Temos, à partida, a superfície urbana e a superfície vegetal. Quanto à urbana, pode ser edificada ou para edificação (*ad inaedificandum*) consoante, aquando da sua constituição, venha facultar a construção de um edifício ou, antes, recaia sobre um edifício já construído.

Paralelamente, a superfície vegetal pode visar uma plantação a efetuar pelo superficiário (*ad implantandum*) ou uma plantação já existente.

III. De acordo com a sua duração, a superfície pode ser temporária ou perpétua. Diz-se superfície temporária aquela que deva extinguir-se pelo decurso de determinado prazo [*vide* os artigos 1524.º, 1530.º/2 e 1536.º/1, *c*)]; caso contrário, diz-se perpétua.

IV. A superfície pode, na sua constituição, obrigar o seu beneficiário ao pagamento de um preço ou, pelo contrário, implicar a sujeição a prestações anuais. Neste último caso, o fundeiro verá surgir a seu favor obrigações devidas pelo superficiário, seja ele quem for. Trata-se de um ónus real que onera a superfície, razão por que distinguiremos, nessa base, a superfície onerada da superfície plena. A superfície onerada pode ser perpetuamente onerada ou temporariamente onerada, consoante as aludidas obrigações se formem apenas durante um prazo determinado ou, pelo contrário, surjam indefinidamente. É o que deduzimos do artigo 1530.º[2669].

V. O direito de superfície pode ser constituído por particulares ou pelo Estado ou pessoas coletivas de direito público, em terrenos do seu domínio privado. No primeiro caso, aplica-se o Código Civil e, no segundo, legislação especial com o Código como direito[2670] subsidiário. Falamos, por isso, em superfície civil e superfície administrativa. Veja-se o artigo 1527.º do Código Civil.

291. **O objeto e a constituição**

I. A superfície, de acordo com as modalidades acima referidas, pode visar um terreno, construído ou a construir ou um fundo rústico, plantado ou a plantar. Não vemos, na lei, nada que limite a superfície vegetal a árvores. Pode reportar-se a outro tipo de culturas, como a de cereais ou de legumes. A ideia de excluir vegetais com um ciclo produtivo anual, embora sufragada por bons autores, fragiliza, sem razão de ser, uma situação que pode ser útil, em substituição da derrogada enfiteuse.

[2669] Esta disposição pode levantar dúvidas mercê da sua redação e da sua epígrafe. Se entendermos por preço o elemento essencial de um contrato de compra e venda (artigo 874.º), é de distinguir a superfície constituída com esse correspetivo – que é comprada – daquela que se constitui onerada. Nada impede que uma superfície seja comprada mediante um preço e, simultaneamente, onerada, isto é, gravada pelo cânon superficiário). Caso a constituição da superfície implique um preço, este pode ser pago a prestações, nos termos gerais (artigo 934.º). Simplesmente, essas prestações nada têm a ver com as provenientes do funcionamento do eventual ónus real. São sempre devidas, concretamente, pela pessoa que se obrigou a pagar as prestações, e não pelo superficiário, seja ele quem for, como sucede no ónus.

[2670] RGm 20-jan.-2022 (Fernanda Proença Fernandes), Proc. 1766/08.

II. O artigo 1525.º/1, no caso da superfície edificada ou a edificar, permite que ela abranja uma parte do solo não necessária à sua implantação, desde que tenha utilidade para o uso da obra.

III. O artigo 1525.º/2, versão inicial, proibia a superfície subterrânea, isto é, aquela que tivesse por objeto uma obra no subsolo. A doutrina da época já sustentava que tal obra, com natureza superficiária seria possível quando inerente à edificação: uma cave ou alicerces, como exemplo[2671]. A evolução do urbanismo ditou necessidades inversas: pense-se em parques subterrâneos ou em mercados também subterrâneos. Por isso, o Decreto-Lei n.º 257/91, de 18 de julho, acima referido[2672], inverteu a norma, permitindo tal tipo de superfície. Hoje, o termo "superfície" deve ser tomado em sentido técnico-jurídico e não no seu alcance comum.

IV. A superfície pode constituir-se por contrato, testamento ou usucapião. Pode, ainda, resultar da alienação de obra ou árvores já existentes, separadamente da propriedade do solo, nos termos do artigo 1528. Está sujeita a registo predial.

A constituição importa a constituição das servidões necessárias ao uso e fruição da obra ou das árvores; se o título constitutivo não for explícito, por falta de acordo, decide o tribunal (1529.º/1)[2673]. Tais servidões oneram a propriedade do fundeiro e não a de terceiros, salvo se o prédio de base já estiver, previamente, onerado (1529.º/2).

292. **O direito de sobrelevação**

I. O Código Civil consagra ainda a figura do direito de sobrelevação[2674], versão da superfície[2675], que se caracteriza, simultaneamente, por

[2671] Pires de Lima/Antunes Varela, *Código Civil anotado* cit., III, 2.ª ed., 592.

[2672] *Supra*, n.º 289, V.

[2673] RLx 2-jul.-2019 (Isabel Fonseca), Proc. 14205/16.

[2674] Além das obras gerais já referidas: Luís Carvalho Fernandes, *Do direito de ação, Nos 20 anos do CSC*, III (2007), 61-88; Paulo Soares do Nascimento, *O direito de superfície previsto no artigo 1526.º do Código Civil: direito de sobreelevação*, Est. Martim de Albuquerque (2010), 539-578.

[2675] *Vide* Lino Salis, *Il condominio negli edifici*, 2.ª ed. (1956), 177; Federigo Alessandro Marina/Giovanni Giacobbe, *Condominio negli edifici*, ED VIII (1961), 816-837 (826 ss.). Como se vê, em Itália, e não obstante o reconhecimento de se tratar de uma figura

duas ordens de especialidades, referentes ao seu objeto e ao seu conteúdo. Quanto ao objeto é, forçosamente, um edifício alheio. Quanto ao conteúdo, traduz-se na faculdade de construir sobre ele, isto é, de o sobrelevar, com a aquisição subsequente da porção construída. É o que dispõe o artigo 1526.º.

Simplesmente, atuado o direito de ação, sujeito, aliás, desde já, às disposições referentes também à constituição da propriedade horizontal, manda a citada disposição do Código Civil que se apliquem as regras da propriedade horizontal, "passando o construtor a ser condómino das partes referidas no artigo 1421.º". Consequentemente, extingue-se a superfície, com a conclusão da sobrelevação, nascendo, em sua substituição, um direito de propriedade horizontal.

Esta solução resulta natural se considerarmos que a divisão de um mesmo prédio em frações individualmente atribuídas a vários titulares só é possível nos termos da propriedade horizontal. Se, para o efeito, se pudesse recorrer à superfície, conseguia-se defraudar o espírito e a letra do artigo 1421.º, o qual não admite que as partes necessariamente comuns do edifício não pertençam a algum ou alguns dos condóminos. Pense-se no solo e nos acessos: se não fosse o dispositivo do artigo 1526.º, chegava-se a uma situação em tudo semelhante à propriedade horizontal, mas em que algum ou alguns dos condóminos, a pretexto de serem meros superficiários, não tinham direito a essas partes, necessariamente comuns.

II. O direito de sobrelevação e o seu exercício ou, se se quiser, a constituição do direito de superfície, quando opere sobre um edifício que já esteja em regime de propriedade horizontal, exige alteração do título constitutivo[2676]. Pense-se que o seu funcionamento vai alterar a composição e distribuição das partes comuns, bem como as permilagens. A alteração do título constitutivo da propriedade horizontal só é possível quando decidida por unanimidade (1419.º/1). Por isso, a ação de edifício que já esteja em regime de propriedade horizontal só é possível com a concordância de todos os condóminos[2677].

de superfície, considera-se o direito de ação aquando da análise da propriedade horizontal.

2676 A menos, evidentemente, que esse direito nele se compreendesse, *ab initio*.

2677 Caso falte essa concordância dos condóminos e, não obstante, se proceda à sobrelevação, ocorre a nulidade – por ilegitimidade – de quaisquer negócios jurídicos que tenham propiciado essa operação. Consequentemente: devem ser aplicadas, diretamente ou por analogia, mas até às últimas consequências, as regras da acessão (construção em solo alheio), havendo que o atender à boa ou má-fé do construtor e ao valor relativo das coisas.

III. Se o edifício a sobrelevar for, ele próprio, superficiário, a questão complica-se. Caso a autorização para a sobrelevação fosse concedida apenas pelo superficiário, chegaríamos à conclusão[2678] de que o novo superficiário viria a adquirir comunhão no solo, por força do artigo 1526.º, *in fine*, propriedade exclusiva de uma pessoa que não se pronunciara sobre a referida sobrelevação e que, sem qualquer compensação, via comprimir o seu direito. Pensamos, por isso, que a solução deve ser outra:

(1) ou o proprietário do solo dá o seu acordo e então, caso o perfil das frações o permita, constitui-se, entre todos os intervenientes, uma propriedade horizontal, com extinção da superfície anterior;
(2) ou o proprietário do solo não dá tal acordo e então a "superfície" ou a "superfície a constituir por parte do superficiário" é nula, resultando da operação apenas uma comunhão de superficiários.

Sendo a superfície um direito a implantar em terreno alheio, o superficiário, que não tem qualquer terreno não pode constituir, ele próprio, uma superfície.

293. Natureza

I. Queda a natureza da superfície ou, mais precisamente, dos direitos do fundeiro e do superficiário.

Em relação ao fundeiro, não são possíveis dúvidas: trata-se de um direito de propriedade, como repetidamente indica o Código Civil (artigos 1524.º, 1527.º, 1528.º, 1531.º/2, 1532.º, 1533.º, 1534.º e 1535.º). Simplesmente, é um direito de propriedade onerado pela coexistência de um poderoso concorrente – o direito do superficiário –, o que lhe retira, ou pode retirar, várias faculdades importantes – *maxime* o uso e fruição da superfície. Constituem-se diversas relações reais destinadas a compor o conflito de sobreposição propriedade-superfície. É a essa luz que devem ser encarados o ónus real, o direito de preferência e o direito de aquisição do implante.

[2678] Que parece defendida por Pires de Lima/Antunes Varela, *Código Civil anotado* cit., III, 2.ª ed., 593.

II. As complicações surgem com o direito do superficiário. Alguma doutrina tem entendido que o direito do superficiário é simplesmente um direito de propriedade sobre o implante, isto é, o "direito de propriedade superficiária". Trata-se de uma posição defendida, entre nós, por Oliveira Ascensão[2679] e por Pires de Lima e Antunes Varela[2680], com o fundamento de que, nos termos do artigo 1528.º, "o direito de superfície (...) pode resultar da alienação de obra ou árvores já existentes, separadamente da propriedade do solo". Ora alienar uma coisa é alienar o direito de propriedade sobre uma coisa. Por outro lado, o artigo 1538.º/1[2681], vem estabelecer que, na superfície temporária, o proprietário do solo adquire, logo que expire o prazo, a propriedade das árvores. Se adquire essa propriedade é porque ela existe e não lhe pertencia, só podendo assistir ao superficiário.

III. O direito do superficiário, à semelhança do que sucede com o direito do "proprietário horizontal", pode, por vezes, estar próximo do direito de propriedade. Mas não é propriedade porque, dada a noção qualitativa do domínio, verificamos que a superfície não reúne os predicados exigidos para tal. Assim:

(1) a superfície não é um direito exclusivo: não se limita a admitir a possibilidade de coexistência com outros direitos reais: pressupõe sempre essa coexistência, tanto mais que não há imóveis *nullius*, por força do artigo 1345.º;
(2) a superfície não é um direito pleno: a permissão normativa que a institui não é geral, em relação à coisa afetada. Muito pelo contrário, a lei especializa claramente a permissão em causa, determinando que é a faculdade de construir, plantar e manter plantas e construções.

Uma vez verificado o implante, o direito do superficiário sobre ele é, tendencialmente, pleno. Simplesmente também aí se não verifica a exclusividade: não se trata, pois, de propriedade, mas sim de um direito real próprio e autónomo. Podemos aceitar a designação de "propriedade superficiária", com a ressalva de o adjetivo "superficiária" traduzir precisamente o não se tratar de propriedade, mas sim de algo já diferente.

[2679] *Vide Estudos sobre a superfície e a acessão* cit., 11 ss..
[2680] *Código Civil anotado* cit., III, 2.ª ed., 589.
[2681] Oliveira Ascensão, *Estudos sobre a superfície e a acessão* cit., 21.

Aliás, se fosse propriedade *proprio sensu*, o direito sobre o implante deveria ser estudado como capítulo ou subcapítulo do direito de propriedade e não como manifestação de superfície.

III. Já se defendeu ser a superfície um direito de propriedade sobre o implante e sobre o solo por ele ocupado ou ainda uma compropriedade sobre o mesmo solo, de que beneficiariam fundeiro e superficiário. Porém, em face da lei portuguesa, esta posição é indefendível, uma vez que o Código vigente, muito claramente, atribui o solo apenas ao fundeiro, como se pode verificar, por exemplo, pela leitura dos artigos 1529.º, 1532.º e 1533.º.

IV. Finalmente, é pouco produtivo um caminho que conduza à quebra da unidade jurídico-dogmática da figura; a superfície traduz uma forma unitária de afetar coisas corpóreas, ainda que, concretamente, a sua unidade aparente divergências de fundo, em casos concretos.

Metodologicamente, é menos correto descobrir, na superfície, um direito de propriedade sobre um implante ou, caso o implante ainda se não tenha realizado, um "direito a implantar". O direito é sempre o mesmo, só que se apresenta com faculdades concretamente diferentes, consoante o que resulta do seu título constitutivo ou consoante exista ou não já o edifício ou plantação superficiários.

V. O direito do fundeiro é um direito de propriedade. Simplesmente, estando esse direito onerado por superfície, sofre várias restrições, quer quanto ao conteúdo, quer quanto ao objeto, uma vez que não se estende ao implante. Como, porém, o implante está ou pode estar também afetado aos fins do proprietário, em termos de ónus real (1530.º/1), de preferência (1535.º) e de aquisição (1538.º/1), torna-se, com isso, também, um direito real complexo.

§ 70.º O CONTEÚDO E A EXTINÇÃO DA SUPERFÍCIE

294. O conteúdo

I. A situação jurídica da superfície é complexa, centrando-se em torno de dois sujeitos: o titular do terreno – o fundeiro – e o titular do direito de superfície propriamente dito – o superficiário.

II. Percorrendo o Código Civil, verificamos que o conteúdo positivo do direito do superficiário consiste, essencialmente, nas seguintes faculdades:

(1) construir ou plantar em terreno alheio [1524.º; veja-se também o 1536.º/1, *b*)]; a doutrina considera existir aqui um poder de transformação;
(2) manter edifícios ou plantações em terreno alheio, considerando-se como seu titular, em detrimento das regras da acessão (1524.º);
(3) constituir as servidões necessárias para o correto aproveitamento dos implantes (1529.º);
(4) usar, fruir e dispor dos bens implantados; veja-se o 1529.º/1 "(...) necessárias ao uso e fruição da obra (...)" e o 1534.º.

Quanto ao seu conteúdo negativo, para lá daquilo que resulta da teoria geral dos direitos reais, há que salientar a possibilidade da incidência de um ónus real, onerando o direito do superficiário (1530.º/1).

III. Quanto ao direito do fundeiro, verificamos que ele abrange:

(1) a propriedade do terreno, o que implica a presença de todas as faculdades próprias do direito real de propriedade, não comprimidas pela concorrência da superfície; algo inutilmente, embora com o mérito de evitar dúvidas, o Código autonomizou as seguintes:

(a) o uso e fruição da superfície do solo antes de o superficiário proceder ao implante, desde que não se prejudique este (1532.º);
(b) o uso e fruição do subsolo, com responsabilidade pelos danos que daí advenham para o superficiário (1533.º);
(c) a disposição do seu direito (1534.º).

(2) um direito de preferência na venda ou dação em cumprimento do direito de superfície, graduado em último lugar entre os vários direitos de preferência existentes (1535.º/1);
(3) um ónus real – o cânon superficiário (1530.º/1);
(4) um direito de aquisição sobre o implante, caso a superfície deva extinguir-se pelo decurso do prazo (1538.º/1).

IV. As diversas faculdades em se analisam os direitos do superficiário e do fundeiro não são constantes, salvo a propriedade do solo por parte do fundeiro. De facto, pode haver ou não implante, direito de implantar, servidões, preferências e ónus reais, consoante o tipo de superfície constituído, ou o grau de avanço no exercício desse direito.

V. O objeto do direito de superfície é, necessariamente, uma coisa imóvel. Incide, nomeadamente, sobre o implante e, em termos de edificação ou de plantação, sobre o solo necessário à implantação e ainda sobre o solo que, não sendo necessário à implantação, tenha, no entanto, utilidade para o uso da obra (1525.º/1).

295. **Especificidades de regime**

I. Como um direito real que é, são aplicáveis à superfície as regras relativas aos direitos reais de gozo, com especial relevo para a posse[2682] e o registo predial. A superfície é um direito muito intenso, próximo da propriedade. Apresenta, ainda, algumas especificidades de regime.

II. Quanto ao pagamento do "cânon superficiário", quando exista, remete o artigo 1531.º/1, para as regras referentes ao pagamento do foro

[2682] *Vide* o STJ 12-jan.-2021 (José Raínho), Proc. 8279/16; há que verificar o título, sob pena de se poder cair na mera tolerância.

enfitêutico, tal como resulta dos artigos 1505.º e 1506.º. Se a interpretação desses artigos não levanta dúvidas de maior, surge, no entanto, a questão de saber se, em face da extinção da enfiteuse, operada pelos Decretos-Leis n.º 195-A/76, de 16 de março e n.º 233/76, de 2 de abril, eles se encontram ainda em vigor, ou se, pelo contrário, não terão sido revogados, o que nos obrigaria a integrar uma lacuna. Na verdade, a resposta é negativa: os artigos 1505.º e 1506.º continuam em vigor na matéria de superfície. Os aludidos decretos apenas visaram a extinção da enfiteuse e não a revogação do regime, que através deles se aplica à superfície, figura, aliás, que o legislador do pós-25 de abril de 1974 tem tentado incrementar.

III. O título constitutivo da superfície dispõe de certa latitude quanto à concreta configuração dos direitos do fundeiro e do superficiário. Assim, em matéria de cânon superficiário (1530.º/1), de formas de extinção da superfície (1536.º/2) e de eventual indemnização ao superficiário, em caso de extinção (1538.º/2).

296. A extinção

I. O artigo 1536.º/1 alinha seis factos extintivos da superfície. O n.º 2 desse preceito inclui um sétimo facto, dependente do título constitutivo. Vamos ver.

A superfície extingue-se se o superficiário não concluir a obra ou não fizer a plantação dentro do prazo fixado ou, na falta de fixação, no prazo de dez anos – 1536.º/1, *a*). Esta regra remonta à Lei n.º 2:030, que previa a superfície como um direito real constituído por concessão de entidades públicas, com o fito de construções de interesse público. Mas em cenários puramente privados, a norma também é relevante. Com efeito, diversas pretensões do fundeiro dependem de haver implante. O título constitutivo pode fixar o prazo que as partes entenderem e, designadamente, prazos superiores aos dez anos. Este último prazo é puramente supletivo. E ao decurso do prazo para a edificação ou a plantação, haveria que aplicar as regras gerais, por via do artigo 258.º/2; todavia, aproveitando o final desse preceito, o artigo 1536.º/3 manda aplicar o regime da prescrição.

II. A alínea *b*) do artigo 1536.º/1, prevê a extinção da superfície caso, destruída a obra ou as árvores, o superficiário não reconstruir ou não replantar nos prazos decorrentes da alínea *a*). Também aqui funcionam as regras da prescrição (1536.º/3).

Sendo a superfície temporária, a extinção sobrevém pelo decurso do prazo – alínea *c*). Desta feita, aplicam-se as regras da caducidade.

A superfície extingue-se por confusão, isto é, pela reunião, na mesma pessoa, dos direitos de superfície e de propriedade – alínea *d*). A confusão não tem lugar se, sobre algum dos direitos em causa incidir uma garantia real ou outro direito. Vale o artigo 871.º/2 e 4, se necessário por analogia.

O desaparecimento ou a inutilização do solo extinguem a superfície – 1536.º/1, *e*). Não há direitos sem objeto.

III. A superfície extingue-se por expropriação por utilidade pública. Nessa eventualidade, cessa também o direito do fundeiro. O artigo 1542.º explicita que, a cada um dos titulares atingidos, cabe a parte da indemnização correspondente ao valor do respetivo direito.

Por fim, o artigo 1536.º/2 prevê a extinção da superfície, caso o título constitutivo o faculte, pela destruição da obra ou das plantas ou pela ocorrência de qualquer condição resolutiva.

IV. O direito ao recebimento de prestações anuais extingue-se caso estas não sejam pagas durante 20 anos. Mas o superficiário não adquire, com isso, o direito ao solo: salvo se, tendo invertido o título da posse, invocar, com êxito, a usucapião em seu benefício (1537.º/1). Ao decorrer deste prazo de 20 anos aplicam-se as regras da prescrição (1537.º/2): uma situação semelhante à resultante do artigo 1536.º/1, *a*) e *b*).

V. A extinção da superfície por decurso do prazo implica que o proprietário adquira, logo, a propriedade da obra ou das árvores (1538.º/1). Aparentemente, temos uma aquisição automática, com prejuízo para a regra do artigo 303.º, mandada aplicar pelo artigo 1536.º/3: a aquisição opera mesmo sem ser invocada pelo fundeiro.

Supletivamente, o artigo 1538.º/2 compensa o superficiário que perca o seu direito, através das regras do enriquecimento sem causa. Quando, com culpa, o superficiário tenha provocado deteriorações na obra ou nas plantações, deve indemnizar. Essa indemnização cruza-se com a eventualmente devida pelo enriquecimento: as primeiras cinco palavras do artigo 1538.º/3 devem ser interpretadas restritivamente: há sempre responsabilidade por deteriorações culposas, procedendo-se a um encontro de contas quando a contraparte tenha enriquecido.

VI. A extinção, pelo decurso do prazo, da superfície implica (naturalmente) a extinção dos direitos reais de gozo ou de garantia que ele tenha constituído em beneficio de terceiros (1539.º/1); uma saída aplicável aos direitos pessoais de gozo. Quanto aos direitos reais: se o superficiário receber alguma indemnização, nos termos do artigo 1538.º/2, eles transferem-se para a indemnização (1539.º/2).

Quanto aos direitos constituídos pelo proprietário sobro o solo: eles transferem-se à obra e às plantas adquiridas por via do artigo 1538.º: tal o dispositivo do artigo 1540.º.

Quando sobrevenha uma extinção da superfície perpétua ou da temporária, antes do termo, os direitos reais constituídos sobre os implantes ou sobre o solo continuam a onerar separadamente as duas parcelas. Opera o regime normal logo que o prazo decorra: tudo segundo o artigo 1541.º.

CAPÍTULO II

SERVIDÕES PREDIAIS

§ 71.º ORIGEM E EVOLUÇÃO DAS SERVIDÕES

297. Direito romano

I. No Direito romano arcaico, atingido o nível da propriedade por famílias ou individual, o primeiro "direito real" a autonomizar-se terá sido a propriedade[2683]. Todavia, desde cedo se verificou que o acesso e a utilização de parcelas rústicas implicava a travessia de terrenos vizinhos. Tal será a origem das primeiras servidões ou *iura itinerum*, na linguagem subsequente. As servidões de passagem não teriam sido reconhecidas na Lei das XII Tábuas[2684]. De facto, elas colocam problemas de conceção, que dificultam a sua captação jurídica. Defendeu-se que o beneficiário seria o proprietário da faixa de terreno pela qual se efetuava a passagem[2685], que ambos os titulares envolvidos seriam comproprietários[2686] ou ainda que estaríamos em face de uma propriedade funcionalmente limitada[2687].

[2683] Max Kaser, *Das römische Privatrecht* cit., I, 2.ª ed., § 38, I (143). *Vide* a rec. de Paul Koschaker a Emilio Bussi, *La formazione dei dogmi di diritto privato nel diritto commune (diritti reali e diritti di obbligazione)* (1937), X + 377 pp., SZRom (1938), 252-266 (258 ss.).

[2684] Michel Humbert, *La loi des XII Tables* cit., 355-360.

[2685] Gennaro Franciosi, *Studi sulle servitù prediali* (1967), XVI + 253 pp., 89-95, rec. Georges Hubrecht, Latomus 28 (1969), 531 e de Max Kaser, SZRom 85 (1968), 517-522.

[2686] Giuseppe Grosso, *La servitù prediali nel diritto romano* (1969), XXVIII + 355 pp., 23-48, rec. Gunter Wesener, SZRom 88 (1971), 435-440; Maria Floriana Cursi, *Modus servitutis. Il ruolo dell'autonomia privata nella costruzione del sistema tipico delle servitù prediali* (1999), XI + 405 pp., 62-67, rec. Herwig Stiegler, SZRom 121 (2004), 600-605.

[2687] Max Kaser, *Geteiltes Eigentum im älteren römischen Recht*, FS Paul Koschaker I (1939), 445-478 (448-455).

II. As questões que, em reconstituição natural, terão levado à omissão do tema nas XII Tábuas não podiam recusar a realidade dos factos. Deste modo, as servidões vieram a impor-se, enquanto direitos atribuídos ao dono de um fundo de ampliar as utilidades deste através de algumas utilidades inerentes a um fundo vizinho. As primeiras servidões reconhecidas foram o *iter* (direito de passar a pé ou a cavalo), o *actus* (direito de fazer passar animais ou veículos), e a *via* (misto de *iter* e de *actus*), quanto a *iura itinerum*. Depois, temos as servidões de águas ou *iura aquarum*: o *aquae ductus* (aqueduto, ou direito de fazer passar a água pelo prédio vizinho), a *servitus aquae haustus* (servidão de presa, ou direito de captar a água no prédio vizinho) e a *servitus navegandi* (direito de atravessar um prédio vizinho, navegando num rio ou num lago). A literatura sobre as servidões no Direito romano é extensa[2688]; além disso, as diversas obras sobre servidões comportam rubricas históricas.

III. As servidões, já no Direito romano prestam-se a latos desenvolvimentos. Elas podem dar azo a situações jurídicas muito diversificadas. Implicam relações entre pessoas, em regra com interesses contrapostos, o que requer uma fina sensibilidade regulativa. Podemos adiantar que a generalidade das questões atuais encontrara já, no Direito romano, vias de solução adequadas.

IV. A diversidade de situações levou a que, nos fragmentos clássicos que nos chegaram, ocorram sugestivas e sempre atuais classificações. Assim[2689]:

(1) *iura pradiorum* e *rusticorum*, ou servidões rústicas e urbanas, em função do tipo de prédios em jogo[2690];

[2688] Além dos títulos já citados, com exemplos: Biondi Biondo, *La categoria romana delle "servitutes"* (1938), 706 pp., rec. Alexander Beck, SZRom 60 (1940), 265-272; Battista Silvestre Camagna, *Servitù prediali*, NDI XII/1 (1940), 188-197 (188 ss.); Mario Caravalle, *Servitù prediali (diritto romano)*, NssDI XVII (1970), 118-130; Alessandro Corbino, *Servitù (diritto romano)*, ED XLII (1990), 243-262, onde podem ser confrontadas muitas dezenas de títulos. Todas as obras gerais versam as servidões; referimos: Pietro Bonfante, *Corso di diritto romano*, III – *Diritti reali* cit., 19 ss.; Max Kaser, *Das römische Privatrecht* cit., I, 2.ª ed., § 105 (440-447); entre nós, Raúl Ventura, *Direito das coisas* cit., 263-292; António Santos Justo, *Direito romano*, III (Direitos reais) cit., 173-189.

[2689] Seguimos o alinhamento de Raúl Ventura, *Direito das coisas* cit., 267-268.

[2690] L. von der Pfordten, *Ueber den Unterschied zwischen servitutes praediorum*

(2) dentro das servidões rústicas, ocorria a contraposição já referida, entre os *iura itinerum* e os *iura quarum*;

(3) nas servidões urbanas, surgiam:

(a) os *iura stillicidiorum* que abrangem: a *servitus stillicidii* ou *fluminis* ou direito de dirigir para o prédio vizinho a água da chuva, a *servitus stillicidii non avertendi* ou direito de receber a chuva do prédio serviente e a *servitus cloacae immitendi* ou direito de dirigir esgotos para o prédio serviente;

(b) os *iura parietum*, que abarcam: a *servitus tigni immitendi* ou direito de introduzir traves no muro do prédio serviente; a *servitus oneris faciendi* ou direito de apoiar uma construção sobre o edifício vizinho; a *servitus proiciendi* ou direito de lançar varandas ou balcões sobre o prédio alheio; a *servitus protegendi*, do mesmo tipo, mas com os espaços cobertos;

(c) os *iura luminium*, que integram: a *servitus altius non tollendi* ou o encargo vizinho de não construir acima de certa altura: a *servitus tollendi*, que traduz o inverso: o direito de construir acima de certa altura: a *servitus ne luminibus officiatur* ou o encargo de não retirar a luz ao prédio dominante; a *servitus ne prospectui officiatur*, ou encargo de não assombrar o prédio vizinho com plantações; a *servitus luminis imnitendi* ou a de poder abrir janelas no muro vizinho.

298. Os princípios clássicos

I. A propósito do Direito romano, ocorre a tradição, na doutrina, de repertoriar os princípios básicos das servidões prediais[2691]. Alguns deles operam, ainda hoje. Assim:

(1) *servitus fundo utilis esse debet*: a servidão deve ser útil ao fundo: significa que as servidões visam ampliar, à custa do prédio serviente, as utilidades do prédio dominante: tudo se passa como se ocorressem relações entre prédios e não entre pessoas;

urbanorum und rusticorum, AcP 22 (1839), 6-31.

[2691] *Vide* os nossos *Direitos Reais*, n.º 329 (2, 1032-1036), com indicações.

(2) o *modus* da servidão: o conteúdo desta é modelado pelo exercício; não há exercícios parciais ou com quebra temporais; ou seja, como exemplo: uma servidão de passagem das 10 às 12 horas, é una, com essa modelação e não uma sucessão de encargos;
(3) *per partes servitus neque adquiri neque imponi potest*: a servidão grava todo o prédio serviente, a favor de todo o prédio dominante; daqui decorre o ainda vigente princípio da indivisibilidade das servidões.

II. Ocorrem, de seguida, quatro princípios que, não sendo hoje reconhecidos como exclusivos das servidões, auxiliam no entendimento da sua dogmática. São eles[2692]:

(1) *neminis res suae servit*: os prédios serviente e dominante devem pertencer a titulares diferentes; temos aqui um fenómeno de confusão que não é específico da servidão;
(2) *servitus causa perpetua esse debet*: as servidões devem satisfazer uma necessidade contínua, e não transitória, do fundo dominante[2693];
(3) *servitus servitutis esse non potest*: não poderia haver uma servidão sobre outra ou, mais precisamente, uma vez que se lida, aqui, com os dois conceitos de servidão (real e pessoal), não pode haver um direito real menor sobre uma servidão;
(4) *servitus in faciendo consistere nequit*: as servidões implicam apenas uma sujeição passiva para o dono do prédio dominado, e não a eventualidade de obrigações positivas.

299. **Constituição, exercício e extinção**

I. A constituição das servidões rústicas, inicialmente consideradas *res mancipi* exigiam a forma solene da *mancipatio*. Nas urbanas, bastaria a *in iure cessio*: não eram *mancipi*. Mais tarde, bastaria o acordo das partes ou um testamento. A usucapião não seria possível. Mas no Direito justinianeu, admitia-se a *patientia*: tendo sido consentido um exercício compatí-

[2692] Com indicações, os nossos *Direitos Reais* cit., 1034-1035.

[2693] Silvio Perozzi, *Perpetua causa nelle servitù prediali romane*, sep. RISG XIII (1893), 85 pp., rec. Max Weber, SZRom 14 (1893), 290-292.

vel com uma servidão, esta surgiria. A *adjudicatio* já era conhecida: numa divisão de coisa comum, o juiz podia decidir o surgimento das servidões necessárias.

II. A servidão devia ser exercida nos seus precisos limites. Todavia, ela incluía poderes instrumentais, como os de fazer as obras ou reparações necessárias. A servidão devia comportar um mínimo de inconvenientes para o prédio serviente e, havendo necessidade de mudanças, não podia comportar maiores sacrifícios.

III. A mudança de proprietário de qualquer dos prédios envolvidos deixava intacta a servidão. Esta podia extinguir-se por confusão ou reunião, na mesma titularidade, dos prédios dominante e serviente, por renúncia ou por não-uso, durante, inicialmente, dois anos.

300. **Período intermédio e codificações**

I. Aquando da vulgarização, o termo *servitus* perdeu o alcance clássico: passou a designar limitações e encargos de tipo público e servidões legais[2694]: Justiniano, aquando das compilações do *Corpus Iuris Civilis*, recuperou as servidões. Mas introduziu (ou oficializou) uma contraposição entre servidões prediais – as acima consideradas, a propósito do Direito romano – e as pessoais. Estas envolviam os direitos reais menores que não implicavam relações entre prédios, com exemplo no usufruto, no uso e na habitação.

II. Também com Justiniano firmou-se o princípio da atipicidade das servidões. Estas, desde que se enquadrassem nos princípios básicos, podiam ser criadas ou adaptadas pelas partes. Também se admitiu a constituição de servidões pela *longi temporis praescriptio*, ao fim de 10 anos[2695]. A *vindicatio servitutis* passou a *actio confessoria*.

III. Na Idade Média, variando de acordo com as regiões, a ideia de "servidão" foi alargada a múltiplas ocorrências de delimitação da proprie-

[2694] Max Kaser, *Das römische Privatrecht* cit., II, 2.ª ed., § 241, IV, 1 (270) e § 246, I (298).

[2695] *Idem*, § 246, II, 3 (301).

dade, mercê de interesses considerados superiores[2696]. Ocorreram, depois, servidões *in faciendum*, isto é, situações nas quais alguém – normalmente camponeses – ficava obrigado a prestar determinados serviços aos senhores de certas terras, fossem elas quais fossem[2697]. As servidões, ainda que deturpadas do seu sentido inicial, desempenharam um papel na estruturação do feudalismo.

IV. A Revolução Francesa aboliu os vínculos feudais. E assim, as servidões recuperaram o cunho romano. O Código Napoleão consagrou-lhes o título IV do seu livro sobre a propriedade (637.° e 638.°). Definia-as nestes termos[2698]:

> Une servitude est une charge imposée sur un héritage pour l'usage et l'utilité d'un héritage appartenant à un autre proprietaire.

Num primeiro capítulo ocupava-se das "servidões que derivam da situação dos locais" (640.° a 648.°), das "servidões estabelecidas por lei" (649.° a 685.°) e das servidões derivadas de facto do homem (686.° a 710.°). As duas primeiras categorias têm a ver com o Direito da vizinhança.

O Código italiano de 1865 seguiu, de perto, essa orientação (531.° a 672.°)[2699].

[2696] *Vide* Italo Birocchi/Maria Cristina Lampis, *Servitù (diritto intermedio)*, ED XLII (1990), 262-274 (263 ss.); *vide* Mario Caravale, *Ricerche sulle servitù prediale nel medio evo/L'età romano-barbarica* (1969), 190 pp., ponderando várias zonas italianas; rec. Hermann Lange, SZRom 88 (1971), 508-511; Francesco Panero, *La servitù tra Francia e Italia nei secoli IX-XIV/Un problema si storia comparata*, Studi storici 32 (1991), 799-836.

[2697] Helmut Coing, *Europäisches Privatrecht/1500 bis 1800*, I – *Älteres Gemeines Recht* (1985), § 68 (341 ss.) e § 71 (348 ss.); Birocchi/Lampis, *Servitù (diritto intermedio)* cit., 265 ss..

[2698] *Code civil des français* cit., 156.

[2699] Cabe referir: Ernesto de la Ville, *Trattato sintetico delle servitù prediali nei loro rapporti con gli altri istituti giuridici*, I – *Parte generale* (1906), XV + 812 pp., II – *Parte speciale/Acque e consorzi private* (1910), IV + 677 pp. e III – *Parte speciale/Communione, distanze, velute e passagio* (1911), 706 pp.; em comentário ao Código Civil: Matteo Galdi, *Delle servitù prediale* I (1913), VII + 449 pp.; II (1914), 453 pp., III (1915), 516 pp.. A extensão destas obras deriva de incluírem o Direito de vizinhança. Quanto a uma obra geral: Carmelo Scuto, *Delle servitù prediali* (1929), 453 e, no ponto específico da usucapião, Alessandro Marracino, *L'acquisto delle servitù per prescrizione* (1911), IX + 223 pp..

V. Diferente, como referido[2700], foi a solução do BGB alemão. Este diploma, na linha da grande pandectística que o antecedeu, conservou a contraposição entre as servidões pessoais (por exemplo, o usufruto) e as servidões prediais. Quanto a estas e à semelhança do que sucede com a experiência napoleónica, avulta a manutenção dos quadros romanos: uma resiliência comum a Direitos Reais.

VI. O Código Civil italiano de 1942 regressou ao Direito clássico. O título VI do Livro relativo à propriedade versa as servidões prediais (artigos 1027.º a 1099.º). Comporta oito capítulos[2701]:

I – Disposições gerais (1027.º a 1031.º);
II – Das servidões coativas (1032.º a 1057.º);
III – Das servidões voluntárias (1058.º a 1060.º);
IV – Servidões adquiridas por usucapião e por destinação de pai de família (1061.º e 1062.º);
V – Do exercício das servidões (1063.º a 1071.º);
VI – Da extinção das servidões (1072.º a 1078.º);
VII – Das ações de defesa das servidões (1079.º);
VIII – De algumas servidões em matéria de águas (1080.º a 1099.º).

Este Código teve influência no regime das servidões adotado pelo nosso Código de 1966.

[2700] *Supra*, n.º 268, IV.

[2701] Francesco Messineo, *La servitù (Artt. 1027-1099 Cod Civ.)* (1949), 281 pp.; Roberto Triola, *La servitù/Artt. 1027-1099* (2008), XXII + 802 pp.; Alessandro Ciatti Caimi e Francesca Cortica, em Filippo Preite/Marcello di Fabio, *Codice della proprietà* cit., 2269-2446; Jacobo Labò, Eleonora Maria Pierazzi, Stefano Gatti e Sara Scola, em Massimo Franzoni/Rita Rolli, *Codice civile commentato* cit., I, 1354-1446. Entre os artigos de referência: Alberto Burdese, *Servitù prediali (diritto vigente)*, NssDI XVIII (1970), 130-167; Marco Comporti, *Servitù (diritto privato)*, ED XLII (1990), 274-332, com numerosas indicações.

§ 72.º A EXPERIÊNCIA LUSÓFONA DAS SERVIDÕES

301. Pré-codificação e Código de Seabra

I. As Ordenações não referiam, praticamente, as servidões[2702]. A matéria caía no Direito comum, de feição romana. Os clássicos da pré-codificação apresentavam a matéria, com as suas classificações, remetendo para as obras do *usus modernus pandectarum* e o Código Napoleão[2703]. Coelho da Rocha desenvolve as servidões com uma maior consistência dogmática. Integra, nelas, contudo, matéria de Direito de vizinhança[2704].

II. O Código de Seabra foi decisivo para a modernização do Direito português das servidões. Dedica-lhe o capítulo V (Das servidões) do Título relativo à propriedade perfeita e à propriedade imperfeita (2267.º a 2286.º), com a ordenação seguinte[2705]:

Secção I – Disposições gerais (2267.º a 2271.º);
Secção II – Das servidões constituídas por facto do homem (2272.º a 2281.º);
Secção III – Das servidões constituídas pela natureza da cousa ou pela lei (2282.º a 2286.º).

[2702] José Dias Ferreira, *Codigo Civil annotado* cit., V, 1.ª ed., 47. Veja-se, no entanto, a monografia de António Pinto de Meyrelles Barriga, *As servidões prediais em Direito peninsular e português (subsídios para a História do Direito português)* (s/d, mas 1935), 220 pp.: uma dissertação de doutoramento em Ciências Históricas, na Faculdade de Direito de Lisboa.

[2703] Assim, José Homem Correia Teles, *Digesto português* cit., III, 3.ª ed., artigos 433.º a 503.º (64-74).

[2704] M. A. Coelho da Rocha, *Instituições de Direito civil* cit., §§ 587-606 (403-417).

[2705] José Dias Ferreira, *Codigo Civil annotado* cit., V, 1.ª ed., 47-61; Luís da Cunha Gonçalves, *Tratado de Direito civil* cit., XI, 572-713.

A matéria obteve uma regulação bastante sintética, englobando, todavia, aspetos do Direito de vizinhança.

302. **Preparatórios e Código Civil de 1966**

I. Na preparação do que seria o Código Civil de 1966, a parte relativa às servidões foi entregue a Pires de Lima. Este Autor elaborou um anteprojeto em 35 artigos, acompanhando, cada um deles, de uma breve explicação[2706]. Embora breves, essas explicações são úteis para o conhecimento da matéria. Daí, o articulado passou à 1.ª Revisão Ministerial (1535.º a 1567.º): "perdeu" dois artigos, mas conheceu poucas alterações[2707]. Novos retoques derivaram da 2.ª Revisão (1543.º a 1575.º)[2708] e do Projeto (1543.º a 1575.º)[2709]. Note-se que o anteprojeto das servidões foi, entre 10 de maio de 1957 e 31 do mesmo mês e ano, revisto por uma comissão. Das respetivas sessões resultaram atas, que foram publicadas[2710]. Participaram, sob a presidência de Antunes Varela, Adriano Vaz Serra, Fernando Pires de Lima, Manuel Gomes da Silva e Guilherme Braga da Cruz, professores, Acácio de Oliveira Carvalho, juiz e Luis Lopes Navarro, Fernando de Castro e Mario Tavarela Lobo, advogados. A toada geral foi de louvor ao trabalho de Pires de Lima. Ocorreram discussões nalguns pontos, embora com poucos reflexos no trabalho final.

II. O Código Civil dedica, às servidões, 33 dos seus artigos. O conhecimento geral do seu sistema é sempre útil para a aplicação de cada um dos seus preceitos. Assim, relevamos, no seu título VI do livro III:

Capítulo I – Disposições gerais (1543.º a 1546.º);
Capítulo II – Constituição de servidões (1547.º a 1549.º);
Capítulo III – Servidões legais (1550.º a 1563.º):
  Secção I – Servidões legais de passagem (1550.º a 1556.º);
  Secção II – Servidões legais de águas (1557.º a 1563.º);

[2706] Fernando Pires de Lima, *Servidões prediais (Anteprojeto de um título do futuro Código Civil)*, BMJ 64 (1957), 5-39.
[2707] *1.ª Revisão* cit., 125-140.
[2708] *2.ª Revisão* cit., 117-132.
[2709] *Projecto* cit., 452-464.
[2710] *Actas da Comissão Revisora do Anteprojecto sobre servidões prediais do futuro Código Civil português*, BMJ 136 (1964), 77-147.

Capítulo IV – Exercício das servidões (1564.º a 1568.º);
Capítulo V – Extinção das servidões (1569.º a 1575.º).

A matéria tem sido estudada em anotações e comentários ao Código Civil[2711] e em obras gerais[2712].

III. O tema das servidões tem relevo, sobretudo, no domínio da propriedade rústica. Ocorre, todavia, também nas áreas urbanas. Tal como sucede com zonas que põem, frente a frente, interesses antagónicos, muitas vezes complementados por desavenças de ordem pessoal, as servidões dão azo a alguma litigiosidade. Além disso, constituem um excelente banco de ensaio para a doutrina de Direitos Reais.

[2711] Pires de Lima/Antunes Varela, *Código Civil anotado* cit., III, 2.ª ed., 613-686; Rui Pinto/Cláudia Trindade, em *Código Civil anotado* cit., II, 2.ª ed., 402-453; Maria Elisabete Ferreira, Isabel Menéres Campos e Francisco Barona, em UCP/*Comentário ao Código Civil* cit., 697-747.

[2712] O nosso *Direitos Reais*, 2, 1028-1047; José de Oliveira Ascensão, *Direito civil/ /Reais* cit., 5.ª ed., 488-512; Luís A. Carvalho Fernandes, *Lições de Direitos Reais* cit., 6.ª ed., 457-476; Henrique Sousa Antunes, *Direitos Reais* cit., 456-491; Rui Pinto Duarte, *Curso de Direitos Reais* cit., 4.ª ed., 310-322; José Alberto Vieira, *Direitos Reais* cit., 3.ª ed., 783-813; José Luís Ramos, *Manual de Direitos Reais* cit., 2.ª ed., 519-538; António Santos Justo, *Direitos Reais* cit., 7.ª ed., 453-487; Luís Menezes Leitão, *Direitos Reais* cit., 9.ª ed., 399-430.

§ 73.º O REGIME DAS SERVIDÕES

303. Disposições gerais

I. O artigo 1543.º define servidão como:

> (…) o encargo imposto num prédio em proveito exclusivo de outro prédio pertencente a dono diferente; diz-se serviente o prédio sujeito à servidão e dominante o que dela beneficia.

Esta noção retoma, com retoques, o artigo 2267.º do Código de Seabra, sendo de aludir aos artigos 637.º e 536.º dos Códigos Napoleão e italiano de 1865, respetivamente. Está ainda próximo do artigo 1027.º do Código italiano de 1942[2713].

II. Do artigo 1543.º inferem-se vários pontos clássicos. Assim, a servidão: (1) é um encargo, isto é, representa um peso ou uma compressão de utilidades; (2) imposto num prédio: embora o Direito opere entre pessoas, aqui tudo se passa como se o próprio prédio fosse gravado, afastando-se as antigas servidões pessoais; (3) em proveito exclusivo de outro prédio: não valem as servidões pessoais nem os (antigos) atravessadouros (1383.º e 1384.º); (4) pertencendo os prédios e distintos donos: logicamente.

III. O artigo 1544.º, de certo modo inspirado nos artigos 1028.º e 1029.º do Código italiano[2714], dá uma larga latitude à autonomia das partes, para configurar as servidões. Estas podem:

(1) visar quaisquer utilidades;
(2) ainda que futuras ou eventuais;
(3) mesmo que não aumentem o valor do prédio dominante.

[2713] Roberto Triola, *La servitù* cit., 5-30.
[2714] *Idem*, 33-66.

Apenas é necessário que as "utilidades" sejam suscetíveis de ser gozadas por intermédio do prédio dominante. A dúvida pode residir na ideia de utilidade[2715]. Esta constitui uma vantagem, mas não necessariamente económica. Afigura-se-nos que utilidade será o que as partes, no exercício da sua autonomia privada e sem violar a lei, entendam constituir o conteúdo da servidão.

IV. O principio da inseparabilidade das servidões preenche o artigo 1545.º. Elas ficam ligadas, para sempre aos prédios dominantes e servientes que as sustentem. O n.º 2 explica, de resto, que a afetação das utilidades próprias de uma servidão a outros prédios implica como que uma novação: a extinção da servidão antiga e a constituição da nova. A regra constava já do artigo 2268.º do Código de Seabra.

V. Também o clássico princípio da indivisibilidade das servidões encontrou assento no Código Civil: artigo 1546.º. Se o prédio serviente for dividido, cada porção fica sujeita à parte da servidão que lhe cabia; se for dividido o dominante, goza cada parcela da servidão preexistente, "sem alteração nem mudança", na enfática locução legal. Este princípio emerge do facto de a servidão gravar todo o prédio serviente, a favor de todo o prédio dominante: e não, apenas, as parcelas diretamente atingidas ou beneficiadas.

304. **Modalidades**

I. A origem e o conteúdo das servidões podem ser enriquecidos através da indicação das suas modalidades. Não se retomam algumas categorias romanas, que integram, hoje, o Direito da vizinhança[2716].

As servidões podem ser prediais ou pessoais. Estas últimas documentam apenas direitos reais menores, que aproveitam a beneficiários

[2715] Veja-se a monografia de Paolo Vitucci, *Utilità e interesse nelle servitù prediale/ /La costituzione convenzionale di servitù* (1974), 198 pp.. Uma hipótese interessante é a das servidões de linhas elétricas: Giovanni Paterno, *La servitù di elettrodotto* (2000), XI + + 356 pp..

[2716] Quanto às modalidades de servidões, com indicações, *vide* o nosso *Direitos Reais* cit., II, n.º 330 (1036-1039). O artigo 2270.º do Código de Seabra comportava uma série de modalidades, omitidas no Código atual, mas que mantêm relevância.

independentemente de deterem quaisquer prédios. Hoje, perante o Direito português, não são havidas como verdadeiras servidões. Por isso, não há que falar em servidões "prediais": não há outras. Também surgem, nas prediais, as rústicas e as urbanas. Hoje elas não suscitam diferenças de regime.

II. As servidões são legais ou voluntárias consoante derivem da lei ou sejam constituídas no âmbito da autonomia da vontade. Falava-se ainda em servidões naturais quando derivassem da natureza das coisas. Esta classificação tem hoje importância, na medida em que o Código Civil consagra todo um capítulo às servidões legais (1550.º a 1563.º). O traço mais característico das servidões legais reside no artigo 1547.º/2:

> As servidões legais, na falta de constituição voluntária, podem ser constituídas por sentença judicial ou por decisão administrativa, conforme os casos.

Por isso se chama ainda às servidões legais servidões coativas ou servidões judiciais.

III. As servidões são classificadas em positivas ou negativas, consoante o seu conteúdo permita ao titular do prédio dominante praticar atos sobre o prédio serviente ou beneficiar da obrigação de não praticar determinados atos por parte do titular do prédio serviente. A doutrina alemã, na sequência do BGB, § 1018 e, em seu seguimento, Oliveira Ascensão, distinguem ainda as servidões desvinculativas.

Dispõe o referido preceito do Código alemão:

> Um prédio pode ser onerado a favor do proprietário respetivo de outro prédio de modo que este possa beneficiar desse prédio de certas formas ou não possam nesse prédio ser praticados certos atos ou que fique excluído o exercício de um direito proveniente da propriedade do prédio onerado em face do outro prédio.

Esta última modalidade de servidão traduz o tipo desvinculativo: por força da servidão excluir-se-ia uma faculdade do prédio dominado em face do prédio dominante. Parece-nos que a servidão de vistas prevista no artigo 1362.º do Código Civil seria um exemplo claro desta modalidade.

IV. As servidões dizem-se contínuas ou descontínuas consoante o seu uso seja ou não incessante, dependente ou não da vontade do homem.

De acordo com a publicidade de que sejam acompanhadas, as servidões dizem-se aparentes ou não aparentes; as primeiras, ao contrário das segundas, revelam-se por sinais exteriores permanentes (1548.º). Esta distinção tem importância uma vez que, como sabemos, só as servidões aparentes podem ser constituídas por usucapião [1548.º/1 e 1293.º, *a*), *a contrario*], estando também sujeitas a mero registo enunciativo.

305. A constituição

I. O artigo 1547.º/1 indica diversas formas de constituição de servidões: contrato, tratamento, usucapião ou destinação do pai de família. A constituição por contrato ou por testamento remete-nos para o título constitutivo da servidão. Esta corresponde a um tipo aberto, pelo que as partes têm uma liberdade acentuada para configurar o seu conteúdo. A usucapião só é possível relativamente a servidões aparentes (1548.º). De outro modo, faltará a posse dotada de publicidade, necessária para a usucapião (1297.º). O contrato é formal e está sujeito a registo.

II. A destinação do pai de família é uma forma específica de constituição de servidões. Prevista no artigo 1549.º, ela remonta ao artigo 2274.º do Código de Seabra, tendo acolhimento no artigo 1062.º do Código italiano de 1942[2717]. Ela postula: (1) dois prédios do mesmo dono ou duas frações de um só prédio; (2) com sinais de serventia de um para com o outro; (3) a separação entre os dois prédios ou as duas frações. Tudo reunido, os sinais são havidos, em face de nova ordenação predial, como "prova de servidão".

III. A destinação do pai de família merece algum levantamento jurisprudencial. Assim:

RPt 6-set.-2021: indica os seus requisitos[2718];
RCb 9-nov.-2021: pedida a constituição de uma servidão por usucapião, pode o tribunal decretá-la por destinação do pai de familia[2719];

[2717] Roberto Triola, *La servitù* cit., 419-438.
[2718] RPt 6-set.-2021 (Fátima Andrade), Proc. 451/17.
[2719] RCb 9-nov.-2021 (Carlos Moreira), Proc. 310/18.

STJ 10-mar.-2022: a constituição por destinação do pai de família é objetiva, sendo irrelevante a intenção do "pai"[2720];

RGm 5-mai.-2022: o ato constitutivo da servidão, tratando-se de destinação do pai de família, é a própria separação jurídica dos dois prédios ou das duas parcelas[2721].

[2720] STJ 10-mar.-2022 (João Cura Mariano), Proc. 310/18.
[2721] RGm 5-mai.-2022 (José Flores), Proc. 221/18.

§ 74.º SERVIDÕES LEGAIS

306. Generalidades; servidões de passagem

I. As servidões dizem-se legais quando, não sendo constituídas por ato de autonomia privada ou por outra via adequada, elas possam sê-lo por decisão judicial. O Código Civil dá uma atenção especial a esta matéria, tendencialmente litigiosa. Distingue servidões legais de passagem (1550.º a 1556.º) e servidões legais de águas (1557.º a 1563.º).

II. As servidões legais de passagem são aquelas cuja constituição os titulares de prédios (1550.º/1):

> (...) que não tenham comunicação com a via pública, nem condições que permitam estabelecê-la sem excessivo incómodo ou dispêndio, têm a faculdade de exigir a constituição de servidões de passagem sobre os prédios rústicos vizinhos.

A sua constituição implica o pagamento de uma indemnização correspondente ao prejuízo que o prédio serviente vai sofrer (1554.º), sendo essa indemnização agravada até ao dobro quando o encrave absoluto ou relativo que origina a servidão derive de ato voluntário e não justificado (1552.º).

O encrave diz-se absoluto quando não haja, materialmente, comunicação com a via pública e relativo quando essa comunicação exista mas seja economicamente inviável. Na vigência do Código de Seabra, havia autores que defendiam a necessidade de o encrave ser absoluto para dar lugar à constituição de "servidão legal" (Dias Ferreira e Cunha Gonçalves)[2722].

[2722] *Vide* Carlos Gonçalves Rodrigues, *Da servidão legal de passagem* (1962), 200. O problema está hoje legislativamente solucionado: Pires de Lima/Antunes Varela, *Código Civil anotado* cit., III, 2.ª ed., 637-638.

III. A servidão legal de passagem pode provir não só da falta de comunicação com a via pública, mas também da necessidade de alcançar (...) fontes, poços e reservatórios públicos (...) e (...) correntes do domínio público (...), nos termos e condições do artigo 1556.º.

IV. Existe a possibilidade, por parte do potencial prédio serviente, de evitar a constituição da servidão quando se trate de (...) quintas muradas, quintais, jardins ou terreiros adjacentes a prédios urbanos (...), adquirindo o prédio encravado pelo seu justo valor (1551.º/1), judicialmente fixado, em caso de necessidade, e havendo licitação quando sejam dois ou mais os titulares interessados (1551.º/2).

A lei preocupou-se, assim, em evitar a proliferação das servidões legais de passagem, ideia essa que surge, novamente, no artigo 1555.º, que confere ao titular do prédio onerado com servidão legal de passagem, "qualquer que tenha sido o seu título constitutivo", direito de preferência na venda ou dação em cumprimento do prédio dominante.

307. **Servidões legais de águas**

I. As servidões de águas podem constituir-se por qualquer das formas genericamente tratadas na teoria geral dos direitos reais. Têm a especialidade de versarem o aproveitamento das águas e de sofrerem os entorses ditados pelo regime próprio da propriedade das águas. O Código Civil prevê, no entanto, cinco hipóteses de servidões de águas que, a não serem voluntariamente constituídas, podem sê-lo pelo tribunal, a pedido do titular dominante. São, pois, servidões legais de águas que vamos sucintamente analisar com a prevenção de que podem, também, ser voluntárias.

II. O Código Civil refere, nos artigos 1557.º e 1558.º, duas servidões de aproveitamento de águas, para gastos domésticos e para fins agrícolas. Tentando reduzi-las ao menor denomiador comum, diremos que a sua constituição requer as seguintes condições:

(1) um prédio sem água bastante para fins domésticos ou agrícolas, em condições que não sejam de excessivo incómodo ou dispêndio;
(2) com prédios vizinhos onde haja águas sobrantes ou sem utilização;
(3) o pagamento prévio de uma quantia compensatória.

Constituída a servidão, pode o titular do prédio dominante aproveitar as águas em causa existentes no prédio serviente para as finalidades indicadas.

III. Surge, de seguida, a servidão legal de presa[2723]: servidão legal nos termos da qual os titulares de prédios que tenham direito por qualquer título[2724] a águas particulares existentes em prédio vizinho podem fazer nesse prédio as obras necessárias ao represamento e derivação da respetiva água (1559.º). Necessário é ainda que indemnizem o prejuízo causado com a servidão no prédio serviente. O artigo 1560.º dispõe sobre a constituição de servidão legal de presa para o aproveitamento de águas públicas.

IV. Finalmente, temos as servidões legais de aqueduto e de escoamento, tratadas nos artigos 1561.º, 1562.º e 1563.º, respetivamente, do Código Civil. Pela servidão legal de aqueduto permite-se a constituição de um direito real nos termos do qual determinadas águas a que se tenha direito podem ser conduzidas por prédio alheio em proveito do prédio dominante[2725]. O princípio geral do "ótimo económico" para os prédios intervenientes em servidões é expressamente recordado pelo n.º 3 do artigo 1561.º. Chamamos a atenção para as diversas indemnizações que, neste campo, podem ter lugar, bem como para a faculdade que assiste ao titular do prédio serviente de aproveitamento de águas sobrantes, desde que indemnize a pessoa com direito às águas e suporte a parte correspondente ao seu benefício nas despesas de condução (n.º 4).

A servidão legal de escoamento, possível sobre os prédios oneráveis por servidão de aqueduto (1563.º/4), deriva da necessidade de dar escoamento às águas sobejas existentes em determinados prédios, ou de modificar o escoamento natural das águas, que deve ser tolerado, nos termos do artigo 1351.º, independentemente da figura da servidão. Sobre a matéria dispõe o artigo 1563.º do Código Civil.

[2723] *Vide*, para maiores desenvolvimentos, Guilherme Alves Moreira, *As águas no Direito civil português*, II – *Das servidões das águas*, 2.ª ed. (1960), 173 ss..

[2724] Quanto à explicação da complicada fórmula encontrada pelo Código, *vide* Pires de Lima/Antunes Varela, *Código Civil anotado* cit., III, 2.ª ed., 653-654.

[2725] Pires de Lima/Antunes Varela, *Código Civil anotado* cit., III, 2.ª ed., 657 ss..

§ 75.º EXERCÍCIO E EXTINÇÃO DAS SERVIDÕES

308. O exercício das servidões

I. Ao exercício das servidões dedica o Código Civil os artigos 1564.º a 1568.º. O regime concreto de cada servidão deve resultar do respetivo título constitutivo (1564.º); na sua falta ou insuficiência aplicam-se as regras supletivas do Código Civil (1565.º ss.), de que o princípio geral, constante do artigo 1565.º/2, é:

(1) satisfazer as necessidades normais e previsíveis do prédio dominante;
(2) com o menor prejuízo possível para o prédio serviente.

Manifesta-se, o princípio do melhor aproveitamento económico possível, quer do prédio dominante, quer do prédio dominado.

II. Ao abrigo deste princípio, as obras que o titular do prédio dominante haja que fazer no prédio dominado devem ser efetuadas (...) no tempo e pela forma que sejam mais convenientes para o proprietário do prédio serviente (1566.º/2). Igualmente o titular do prédio serviente pode exigir a mudança da servidão legal para local diferente, desde que não prejudique o dominante (1568.º/1), podendo também o titular do prédio dominante promover essa mudança se daí lhe advierem vantagens e não se prejudicar o titular do prédio serviente (1568.º/2). Estas faculdades são irrenunciáveis.

III. A servidão compreende tudo o que seja necessário ao seu uso e conservação (1565.º/1). Assim sendo, o titular do prédio dominante pode fazer obras no prédio serviente, desde que não torne mais onerosa a servidão (1566.º/1). O artigo 1567.º contém depois normas importantes no que toca aos encargos com as obras.

Vê-se aí que embora o regime normal seja o de as obras serem custeadas pelo titular do prédio dominante, o titular do prédio serviente pode ter de as suportar:

(1) quando também beneficie dessas obras e na medida do seu benefício;
(2) quando a isso esteja obrigado, nos termos do título constitutivo.

Em qualquer das hipóteses, a pessoa gravada com os encargos derivados das obras pode desonerar-se renunciando ao direito respetivo. É uma hipótese do chamado "abandono liberatório".

309. A extinção das servidões

I. A extinção das servidões vem tratada no artigo 1569.º. O seu n.º 1 começa por alinhar cinco formas de extinção:

a) Pela reunião dos dois prédios, dominante e serviente, no domínio da mesma pessoa;
b) Pelo não-uso durante vinte anos, qualquer que seja o motivo;
c) Pela aquisição, por usucapião, da liberdade do prédio;
d) Pela renúncia;
e) Pelo decurso do prazo, se tiverem sido constituídas temporariamente.

A reunião dos dois prédios no domínio de uma pessoa corresponde a uma situação de confusão. O não-uso durante vinte anos, qualquer que seja o motivo, integra a previsão do artigo 298.º/3. Os artigos 1570.º (começo do prazo para a extinção pelo não-uso), 1571.º (impossibilidade de exercício), 1572.º (exercício parcial) e 1573.º (exercício em época diversa) veio densificar o regime do não-uso.

II. O artigo 1569.º, *c*) reporta-se à chamada *usucapio libertatis*. Segundo alguns autores[2726], a *usucapio libertatis*, tratada no artigo 1574.º, seria uma forma de usucapião. A *usucapio libertatis* é uma forma de extin-

[2726] Assim, José de Oliveira Ascensão, *Direito Reais*, 1.ª ed. (1971), 337; posteriormente, Oliveira Ascensão, *Direito civil/Reais* cit., 5.ª ed., 413-414, veio aceitar a posição que defendemos no nosso *Direito Reais*, 2, 1042.

ção específica das servidões prediais que opera quando, opondo-se o titular do prédio serviente ao exercício da servidão, decorram os prazos fixados para a usucapião. Aqui deixamos expresso o regime da *usucapio libertatis*. A tese que vê, na *usucapio libertatis*, uma modalidade de usucapião está implicada na ideia da servidão como um desmembramento da propriedade. O titular do prédio serviente adquiriria, assim, as faculdades que lhe faltariam para reintegrar a plenitude do seu domínio, o que não é, hoje, aceitável, em face do abandono da teoria do desmembramento, a favor da oneração. De facto, estamos aqui em face de um modo específico de extinção da servidão, havendo que preencher os requisitos do artigo 1574.º.

III. A renúncia pode ser liberatória ou simples. O titular, por mera decisão sua, sem necessidade de acordo do dono do prédio dominante (1569.º/5), põe termo ao seu direito. Sendo constituídas a termo, o expirar do prazo provoca, naturalmente, a cessação da servidão.

IV. O artigo 1569.º/2 comporta uma regra relevante: as servidões constituídas por usucapião podem, a requerimento do proprietário serviente, ser declaradas judicialmente extintas, quando se mostrem desnecessárias ao prédio dominante. Esta regra aplica-se às servidões legais, mesmo que constituídas "voluntariamente". Tendo havido indemnização, ela é restituída, no todo ou em parte, consoante as circunstâncias (1569.º/3). Também as servidões de águas previstas nos artigos 1557.º e 1558.º podem ser reunidas judicialmente, desde que o proprietário serviente demonstre que, da água, quer fazer um aproveitamento justificado. Quanto à indemnização: aplica-se o artigo 1569.º/3, mas a remição não pode ser exigida antes de decorridos dez anos sobre a constituição da servidão (1569.º/4).

V. Finalmente: as servidões ativas constituídas pelo usufrutuário não se extinguem com o termo do usufruto. Elas passam, com a extinção deste, para a titularidade do dono da raiz (1575.º).

FIM DO XIV VOLUME

ÍNDICE DE JURISPRUDÊNCIA

JURISPRUDÊNCIA PORTUGUESA

Tribunal Constitucional

Supremo Tribunal de Justiça (Pleno)

Supremo Tribunal de Justiça

Relação de Évora

Relação de Guimarães

Relação de Lisboa

Relação do Porto

Câmara Corporativa

JURISPRUDÊNCIA ESTRANGEIRA

Alemanha

Bundesverfassungsgericht

Reichsgericht

Bundesgerichtshof

Tribunais de apelação

Primeira instância

França

Conselho Constitucional

Cour de Cassation

ÍNDICE ONOMÁSTICO

ÍNDICE BIBLIOGRÁFICO

AAVV (com.) – *Code de l'environnement* (Dalloz), 25.ª ed., 2022.

Abello, Luigi – *vide* Chironi, Giampietro P..

Abranches, João de Pina Madeira – *Até onde se pode extender a acção do Estado em quanto à propriedade territorial, e com respeito á cultura e saude publica?*, 1864.

Abreu, António José Teixeira de – *Lições de Direito civil português*, I, 1898; 2.ª ed., 1905.

Actas da Comissão revisora do anteprojecto sobre servidões prediais do futuro Código civil português, BMJ 136 (1964), 77-158.

Ahrens, Martin – no PWW/BGB, 15.ª ed. (2020), §§ 1105 ss..

Aicher, Josef – *Das Eigentum als subjektives Recht*, 1975.

Akkermann, Bram – *vide* Erp, Sjef van.

Albano, Raffaele – *Muro*, NssDI X (1964), 1013-1028.

Albuquerque, Pedro de – *Alojamento local e propriedade horizontal/Anotação crítica ao acórdão uniformizador de jurisprudência STJ 22-02-2022*, 2022.

Alchiam, Armen A./Demsetz, Harold – *The Property Right Paradigm*, em The Journal of Economic History 33 (1973), 16-27.

Alexandre, Isabel – *vide* Freitas, José Lebre de.

Almeida, A. A. Tavares de – *Da propriedade horizontal ou por andares*, BMJ 55 (1956), 311-318.

Almeida, Carlos Ferreira de – *Transmissão contratual de propriedade/Entre o mito da consensualidade e a realidade de múltiplos regimes*, Themis 11 (2005), 5-17.

Almeida, João Augusto Simões Veloso de – *Comentário à lei de águas*, 1.ª ed., 1937; há 2.ª ed., 1958, com um prefácio de Fernando Pires de Lima.

Althammer, Christoph/Roth, Herbert – no *Staudingers Kommentar, §§ 903-924 (Privates Nachbarrecht)*, 2020.

Alvermann, Michael – *Neuausgabe der Verdingungsordnung für Bauleistung (VOB) – Ausgabe 1992*, NJW 1993, 1244-1245.

Amaral, Diogo Freitas do – *A utilização do domínio público pelos particulares*, 1965;

– *Direito do urbanismo/Sumários*, 1992, polic..

Amaral, Diogo Freitas do/Fernandes, José Pedro – *Comentário à lei dos terrenos do domínio hídrico/Decreto-Lei n.° 468/71, de 5 de Novembro*, 1978.
Amati, Riccardo – *Il condominio pro diviso delle case*, RDComm XXV (1927) 1, 333-350.
Ana Pacheco, Isabel – *Código das expropriações anotado*, 2022.
Andrade, Abel – *Commentario ao Codigo Civil Portuguez (Artt. 359.º e segg.)*, I, 1895.
Andrade, Manuel de – *Teoria geral da relação jurídica*, 1, 1960.
Andrade, Margarida Costa – *vide* Jardim, Mónica.
Andreae, Fockema – *Die Intertiatio im fränkischen Fahrnisprozess*, SZGerm 33 (1912), 129-138.
Andriske, Wolfgang – *vide* Pappermann, Ernst.
Ankum, Hans – *Pomp. D. 41,7,5,pr: Die occupatio einer res mancipi: derelicta und der Ausdruck in bonis alicuius esse in den klassischen römischen Rechtsquellen*, SZRom 103 (1986), 248-274.
Antunes, Ana Filipa Morais/Moreira, Rodrigo – em UCP/*Comentário ao Código Civil/Direito das coisas*, 2021.
Antunes, Henrique Sousa – *Direitos Reais*, 2017.
Antunes, Henrique Sousa/Moreira, Rodrigo/Gomes, Fátima/Gouveia, Rita – em UCP/*Comentário ao Código Civil/Direito das coisas*, 2021.
Apathy, Peter – *Die actio Publiciana beim Doppelkauf vom Nichteigenstümer*, SZRom 99 (1982), 158-187.
Apolloni, Ettore – *Biblioteca*, ED V (1959), 332-345.
Appelhagen, Horst G. – *Neuerungen in dem Verdingungsordnung für Bauleistungen*, BB 1974, 343-346.
Arangio-Ruiz, Vincenzo – *Corso di instituzioni di diritto romano*, II – *Diritti reali e di obbligazione*, 1921.
Araújo, Fábio Caldas de – *vide* Medina, José Miguel Garcia.
Araújo, Fernando – *Teoria económica do contrato*, 2007.
Argiroffi, Carlo – *Della azioni e difesa della proprietà*, 2011.
Armbrüster, Christian – *Eigentumschutz durch den Beseitigungsanspruch nach § 1004 BGB und durch Deliktsrecht*, NJW 2003, 3087-3090.
Armbrüster, Christian – *Grundfälle zum Wohnungseigentumsrecht*, JuS 2002, 141-144, 245-250, 348-350, 450-453, 564-569 e 665-669.
Arndts Ritter von Arnesberg, Ludwig – *Lehrbuch der Pandekten*, 9.ª ed., 1877.
Ascensão, José de Oliveira – *As relações jurídicas reais*, 1962;
– *A tipicidade dos direitos reais*, 1968;
– *Direito Reais*, 1.ª ed., 1971;
– *Estudos sobre a superfície e a acessão*, 1973;
– *O direito de superfície referente a plantações*, em *Estudos sobre a superfície e a acessão* (1973), 7-39;

– *O urbanismo e o direito de propriedade*, em INA/*Direito do Urbanismo* (1989), 319-344;
– *Acção de reivindicação*, ROA 1997, 513-545;
– *Direito civil/Reais*, 1993; 5.ª ed., 2000;
– *A preservação do equilíbrio imobiliário como princípio orientador da relação de vizinhança*, Est. Henrique Mesquita 1 (2009), 205-230.

Astuti, Guido – *Acque (storia)*, ED I (1958), 346-387;
– *Acque private*, ED I (1958), 387-400.

Auby, Jean-Bernard/Périnet-Marquet Hugues/Noguellou, Razen – *Droit de l'urbanisme et de la construction*, 12.ª ed., 2020.

Avenarius, Martin – *Der Freiflug des Falken – mobilia non habent sequelam*, NJW 1993, 2589-2590.

Axer, Peter – *Die Widmung als Schlüsselbegrif des Rechts der öffentlichen Sachen als Rechtsgebiet*, 1994.

Azara, Alberto – *Tesoro*, no NssDI XIX (1973), 235-243.

Azevedo, Álvaro Villaça – *Curso de Direito civil/Direito das coisas*, 2.ª ed., 2019.

Azzara, Antonio – em Mariano d'Amelio (dir.), *Codice civile/Libro della proprietà/ /Commentario* (1942), 458-475.

Bachof, Otto – *vide* Wolff , Hans J..

Badura, Peter – *Möglichkeiten und Grenzen des Zivilrechts bei der Gewährleistung öffentlicher und sozialer Erfordernisse im Bodenrecht*, AcP 176 (1976), 119-144.

Baker, Sir John Hamilton – *An Introduction to English Legal History*, 5.ª ed., 2019.

Balbi, Giovanni – *Obbligazione reale*, NssDI XI (1965), 666-674.

Baldus, Christian – no *Münchener Kommentar zum BGB*, 8, 8.ª ed., 2020.

Balzarini, Mario – *Specificazione (diritto romano)*, NssDI XVII (1970), 1084-1087.

Bar, Christian von – *Gemeineuropäisches Sachenrecht*, I – *Grundlagen, Gegenstände sachenrechtlichen Rechtsschutzes, Arten und Erscheinungsformen subjektiver Sachenrechte*, 2015 e II – *Besitz; Erwerb und Schutz subjektiver Sachenrecht*, 2019.

Barassi, Ludovico – *I diritti reali limitati, in particolare l'usufrutto e le servitù*, 1937;
– *La proprietà: con riferimento al progetto di codice civile*, 1939;
– *La proprietà nel nuovo codice civile*, 1941.

Barata, J. F. Nunes – *Domínio público*, Pólis II (1984), 706-711.

Barbero, Domenico – *L'usufrutto e i diritti affini*, 1952.

Barbosa, Augusto – *Repertorium iuris civilis et canonici*, ed. Lião, 1663.

Bärmann, Johannes/Pick, Eckhart – *WEG, Wohnungseigentumsgesetz Kommentar*, 2020.

Barni, Gianluigi – *Proprietà (diritto intermedio)*, NssDI XIV (1967), 120-124.
Baron, Julius – *Pandekten*, 9.ª ed., 1896.
Barona, Francisco – *vide* Ferreira, Maria Elisabete.
Barriga, António Pinto de Meyrelles – *As servidões prediais em Direito peninsular e português (subsídios para a História do Direito português)*, s/d, mas 1935.
Bartholomeyczik, Horst – *Das Gesamthandsprinzip beim gesetzlichen Vorkaufsrecht der Miterben*, FS Nipperdey I (1965), 145-175.
Bartlsperger, Richard – *Verkehrssicherungspflicht und öffentliche Sache*, 1970.
Bártolo – *Commentaria* (séc. XIV), D. 41.2.17, Anot. 4 = Bartolus a Saxoferrato, *In primam digesti novi*, ed. Lião 1581.
Bartolomei, Franco – *L'espropriazione nel Diritto pubblico*, parte geral, I, 1965.
Barzel, Yoram – *Economic Analysis of Property Rights*, 2.ª ed., 1999.
Basanoff, Vsevolod – *Partus ancillae*, s/d mas 1929.
Bastos, Jacinto Rodrigues – *Direito das coisas*, 1, 1975.
Battis, Ulrich – *Öffentliches Baurecht und Raumordnungsrecht*, 7.ª ed., 2017.
Baudry, G. – *L'expropriation pour cause de utilité publique*, 3.ª ed., 1953.
Baur, Fritz – *Der Beseitigungsanspruch nach § 1004 BGB/Zugleich ein Beitrag zum Problem der Rechtswidrigkeit auf dem Gebiet des Güterschutzes*, AcP 160 (1961), 465-493;
– recensão a Eduard Picker, *Der negatorische Beseitigungsanspruch* (1972), AcP 175 (1975), 177-180;
– *Möglichkeiten und Grenzen des Zivilrechts bei der Gewährleistung öffentlicher und sozialer Erfordernisse im Bodenrecht*, AcP 176 (1976), 97-118.
Baur, Fritz/Baur, Jürgen F./Stürner, Rolf – *Sachenrecht*, 18.ª ed., 2009;
Baur, Jürgen F. – *vide* Baur, Fritz.
Beaucamp, Guy – *vide* Stollmann, Frank.
Beboul-Maupin, Nadège – *Droit des biens*, 8.ª ed., 2020.
Bechmann, August – *Zur Lehre vom Eigenthumserwerb durch Accession und von den Sachgesammtheiten*, 1867;
– *Ueber den Rechtsgrund des Eigenthumserwerbs durch Specification*, AcP 47 (1864), 25-50.
Beck, Alexander – recensão a Biondi Biondo, *la categoria romana delle "servitutes"* (1938), SZRom 60 (1940), 265-272.
Beerbühl, Hubertus Schulte – *vide* Jeromin, Curt M..
Behrends, Okko – *Die römische Feldmeßkunst: interdisziplinäre Beiträge zu ihrer Bedeutung für die Zivilisationsgeschichte Roms*, 1992.
Behrends e outros, Okko – *Corpus juris civilis/Text und Übersetzung*, I – *Institutionen*, 2.ª ed., 1997.
Behrends, Okko/Knütel, Rolf/Kupisch, Berthold/Seiler, Hans Hermann – *Corpus iuris civilis/Text und Übersetzung*, II, 1995.

Belfiore, Angelo – *Interpretazione e dommatica nella teoria dei diritti reali*, 1979.
Bellomo, Mario – *Confini (regolamento di) (diritto romano)*, ED VIII (1961), 955-962.
Benedetto, Maria Ada – *Acque (diritto intermedio)*, NssDI I/1 (1957), 195-206.
Berger, Adolf – *Zur Passivlegitimation bei der actio aquae pluviae aecendae*, SZRom 31 (1910), 405-406.
Berger, Christian – no *Jauernig Kommentar*, 17.ª ed., 2018;
– *vide* Brehm, Wolfgang.
Bernardes, Luís – *vide* Moutinho, José Lobo.
Bernholz, Peter – *Property rights, contracts, cyclical social preferences and the Coase theorem: a synthesis*, European Joumal of Political Economy, 13 (1997), 419-442.
Bezzenberger, Tilman – *Der negatorische Beseitigungsanspruch und die Kosten der Ersatzvornahme*, JZ 2005, 373-377.
Bianca, C. Massimo – *Diritto civile*, VI – *La proprietà*, 2.ª ed., 2017.
Biermann, Johannes – *Superficies solo cedit*, JhJb 34 (1895), 169-280.
Biondo, Biondi – *La categoria romana delle "servitutes"*, 1938;
– *Communione (diritto romano)*, NssDI III (1959), 855-857.
Birocchi, Italo/Lampis, Maria Cristina – *Servitù (diritto intermedio)*, ED XLII (1990), 262-274;
– *Superficie (diritto intermedio)*, ED XLIII (1990), 1464-1471.
Bleicken, Jochen – *Überlegungen zum Volkstribunat des Tiberius Sempronius Gracchus*, HZ 247 (1988), 265-293.
Blomeyer, Arwed – *Die außerpositiven Grundlagen des Privateigentums*, 1929.
Blomeyer, Jürgen – *Die Rechtsnatur der Gesamthand*, JR 1971, 397-403.
Böhmer, Werner – *Grundfragen der verfassungsrechtlichen Gewährleistung des Eigentums in der Rechtsprechung des Bundesverfassungsgerichts*, NJW 1985, 2561-2574.
Boldt, Antje – em Burkhard Messerschmidt/Wolfgang Voit, *Privates Baurecht*, 4.ª ed., 2022, § 632, 957-976.
Bolla, Giangastone – *Diritto agrario*, ED XII (1964), 846-855.
Bombardella, Giulio Pasetti – *Superficie (diritto privato)*, ED XLIII (1990), 1471-1489
Bonelli, Gustavo – *I concetti di comunione e di personalità nella teorica delle società commerciali*, RDComm I (1903) I, 285-328.
Bonfante, Pietro – *La derelizione e l'apprensione di cose derelitte* (1917), em *Scritti giuridici: varii*, II – *Proprietà e servitù*, 1918;
– *Corso di diritto romano*, II – *La proprietà*, 1, 1926 e 2, 1928; III – *Diritti reali*, 1933, reimp., 1972.
Born, Arthur – *Das preussische Baupolizeirecht/Kommentar*, 1902, reimp., 2019.
Boron, Angelo – *Codice civile per gli Stati di S. M. Il Re di Sardegna*, 1842.

Borrachero, Miguel – *El animus en la ocupación*, ADP XLI (1957), 1063-1087.
Borsari, Luigi – *Commentario del codice civile italiano*, II, 1872.
Borsay, Peter – (org.) *The Eighteeth-Century Town (1688-1820)*, 1990.
Bove, Lucio – *Acque (diritto romano)*, NssDI I/1 (1957), 191-195.
Bowles, Samuel/Choi, Jung-Kyoo – *The Neolithic Agricultural Revolution and the Origins of Private Property*, no Journal of Political Economy, 2018.
Boxer, C. R. – recensão a José-Augusto França, *Une ville des lumières: la Lisbonne de Pombal* (1965), The American Historical Revue 71 (1966), 590-591.
Bozzi, Aldo – *Commissione*, NDI III (1938), 394.
Brackenhoffer, Jacob F. – *De finium regundorum actione*, 1784.
Branca, Giuseppe – *Accessione*, ED I (1958), 261-272.
Brasiello, Ugo – *Proprietà (diritto romano)*, NssDI XIV (1967), 111-120.
Brehm, Wolfgang/Berger, Christian – *Der verendete Falke/LG Bom, NJW 1993, 940*, JuS 1994, 14-16.
Breton, André – *Théorie générale de la renonciation aux droit réels*, RTDC 27 (1928), 264-549.
Bretone, Mario – *La nozione romana di usufrutto* – I. *Dalle origini a Diocleziano*, 1962.
Breuilly, John – recensão a Hannes Siegrist/David Sugarmann, *Geschichte als historisch-vergleichende Eigentumswissenschaft/Rechts-, kultur- und gesellschaftsgeschichtliche Perspektiven*, em Siegrist/David Sugarmann, *Eigentum im internationalen Vergleich (18.-20. Jahrhundert)* (1999), The American Historical Review, 105 (2000), 1703-1704.
Bridge, Michael – *Personal Property Law*, 4.ª ed., 2015.
Brito, Miguel Nogueira de – *A justificação da propriedade privada numa democracia constitucional*, 2007.
Brizzolari, Valerio – *La rinuncia alla proprietà immobiliare*, RDCiv LXIII (2017), 187-221.
Broggini, Gerardo – *Regolamento di confini (diritto romano)*, NssDI XV (1968), 247-256.
Brone, Massimo – *Regolamento di confini (diritto vigente)*, NssDI XV (1968), 256-261.
Brückner, Bettina – no *Münchener Kommentar zum BGB*, 8, 8.ª ed., 2020.
Buchda, Gerhard – *Geschichte und Kritik der deutschen Gesamthandlehre*, 1936.
Bulla, Simon – no *Grosskommentar BGB/Werkvertrag*, § 631, 2018.
Burdese, Alberto – *Servitù prediali (diritto vigente)*, NssDI XVIII (1970), 130-167; – *Diritto privato romano*, 4.ª ed., 1993, reimp., 2019.
Busacca, Carlo – *Tesoro (diritto romano)*, ED XLIV (1992), 382-391.
Busche, Jan – no *Münchener Kommentar zum BGB*, 6, 8.ª ed., 2020.
Butera, Antonio – *La rivendicazione nel diritto civile, commerciale e processuale*, 1911.

Caetano, Marcello – *Em torno do conceito de expropriação por utilidade pública*, O Direito, 1949;
– *Portugal e a internacionalização dos problemas Africanos (História de uma batalha: da liberdade dos mares às Nações Unidas)*, 4.ª ed., 1971;
– *Manual de Direito administrativo*, 2, 9.ª ed. (col. Freitas do Amaral), 1972.
Caimi, Alessandro Ciatti/Cortica, Francesca – em Filippo Preite/Marcello di Fabio, *Codice della proprietà e dei diritti immobiliari* (2015), 2269-2446.
Calado, Margarida – *Urbanismo e poder no Portugal do século XVIII*, em UAL/ /Actas do Colóquio Lisboa Iluminista e o seu tempo (1997), 171-184.
Calore, Emanuela – *Superficies solo cedit: il legame naturale tra superficie et suolo nel diritto romano e la scelta dei codificatore latinoamericani del XIX secolo sul diritto di superficie e sulla propretà orizzontale*, na *Net*.
Camagna, Battista Silvestre – *Servitù prediali*, NDI XII/1 (1940), 188-197.
Cambrenghi, Vincenzo Caputi – *Beni pubblici (uso dei)*, em *Digesto delle Discipline Pubblicistiche*, 2 (1987), 304-318.
Campos, Isabel Meneres – *vide* Ferreira, Maria Elisabete.
Canotilho, Gomes – *A utilização do domínio público pelos cidadãos*, em Est. Freitas do Amaral (2010), 1073-1086.
Canotilho, Gomes/Moreira, Vital – *Constituição da República Portuguesa Anotada*, 1, 4.ª ed., 2007.
Caravale, Mario – *Ricerche sulle servitù prediale nel medio evo/L' età romano--barbarica*, 1969;
– *Servitù prediali (diritto romano)*, NssDI XVII (1970), 118-130.
Carita, Helda – *O Bairro Alto e a legislação urbana para Lisboa nos séculos XVI e XVII*, em UAL/Actas do Colóquio Lisboa Iluminista e o seu tempo, 1997.
Carlin, Gaston – *Nemo plus iuris ad alium transferre potest quam ipse habet/ /Insonderheit mit Bezug auf dem Erwerb dinglicher Rechte an Mobilien*, 1981.
Carneiro, Manuel Borges – *Direito civil de Portugal* (póstumo), IV, 1840.
Carnelutti, Francesco – *Personalità giuridica e autonomia patrimoniale nella società e nella comunione*, RDComm XI (1913), I, 86-127.
Carugno, Pasquale – *L'espropriazione per pubblica utilità*, 1950.
Carvalho, Josué Tomazi de/Fidelis, Júnior Divino/Maciel, Marcela Albuquerque – *Direito agrário*, 2.ª ed., 2018.
Carvalho, Moraes – *Da expropriação por utilidade pública*, 1878.
Carvalho, Orlando de – *Introdução à posse*, RLJ 122 (1989), 292-294.
Carvalho, Raquel – *Introdução ao Direito do urbanismo*, 3.ª ed., 2021.
Carvalho, Rivera Martins de – *Subsídios para a história da expropriação em Portugal*, BMJ 21 (1950), 5-36.
Cascio, Salvatore Orlando – *Abitazione (diritto di)*, na ED I (1958), 91-102.

Caselli, Giovanni – *La multiproprietà/La direttiva comunitaria 94/47 del 26 ottobre 1994/Dottrina, Giurisprudenza e Proposta di legge in Italia*, 3.ª ed., 1995.

Caupers, João – *O domínio público*, Themis VIII (2009), 108-116.

Cavallaro, Michela – *Il condominio negli edifici*, 2009.

Cavalli, Gino – *Stillicidio*, NssDI XVIII (1971), 438-440.

Champin, Amadeo de Fuenmayor – *La revocacion de la propriedad*, 1941.

Chauffardet, Marcel – *Le problème de la perpétuité de la propriété/Étude de sociologie juridique et de droit positif*, 1933.

Childe, Vere Gordon – *The Most Ancient East/The Oriental Prelude to European Prehistory*, 1929;

– *What Happened in History*, 1948 = trad. italiana, *Il progresso nel mondo antico/L'evoluzione delle società umane della preistoria agli inizi dell' étà clássica*, 1975.

Chiovenda, Giuseppe – *Istituzioni di diritto processuale civile*, I – *I concetti fondamentali/La dottrina delle azioni*, 1933.

Chironi, Giampietro P. – *Istituzioni di diritto civile italiano*, 1.ª ed., 1888-1889; 2.ª ed., 1912.

Chironi, Giampietro P./Abello, Luigi – *Trattato di diritto civile italiano*, I – *Pare generale*, 1904.

Choi, Jung-Kyoo – *vide* Bowles, Samuel.

Cicero, Cristiamo – *Della comunione, Artt. 1100-1166*, 2017.

Cirillo, Cianpiero Paolo – *Tesoro (diritto vigente)*, ED XLIV (1992), 395-401.

Ciulei, Georg – *Finium regundorum*, SZRom 81 (1964), 303-308.

Clark, Geoffrey A. – recensão a Alan H. Simmons, *The Neolitic Revolution in the Near East/Transforming the Human Landscape* (2007), American Anthropologist 110 (2008), 143-144.

Coase, Ronald Harry – *The Problem of Social Cost*, em The Joumal of Law & Economics, 3 (1960), 1-44.

Code Civil da Dalloz, 120.ª ed., 2021.

Code Civil des Français, 1804.

Codice civile/Testo e relazione ministeriale, 1943.

Código Civil/Livro III – Direito das coisas (2.ª Revisão Ministerial), 1965.

Código Civil/Livro III – Direito das coisas, BMJ 124 (1963), 24-83.

Coelho, Francisco Manuel de Brito Pereira – *A renúncia abdicativa no direito civil (algumas notas tendentes à definição do seu regime)*, 1995.

Coelho, Luís da Câmara Pinto – *Da compropriedade no Direito português*, 1, 1939;

– *Subsídios para o estudo da requisição*, RFDUL X (1954), 5-37;

– *Da comunhão de propriedade e da comunhão de outros direitos reais*, BMJ 102 (1961), 181-206 e 103 (1961), 155-282.

Coing, Helmut –*Europäisches Privatrecht/1500 bis 1800*, I – *Älteres Gemeines Recht*, 1985 e II – *19. Jahrhundert*, 1989.
Cola, Livia di – em Filippo Preite/Marcello di Fabio, *Codice della proprietà e dei diritti immobiliari* (2015), art. 948.º.
Collecção das Leys, Decretos e Alvarás de D. Jozé o I, 1, 1790.
Colognesi, Luigi Capogrossi – *Proprietà (diritto romano)*, ED XXXVII (1988), 160-225;
– *Ownership and Power in Roman Law*, em Paul J. du Plessis/Clifford Ando/ Kaius Tuori, *The Oxford Handbook of Roman Law and Society* (2020), 524-536.
Colombini, Giovanna – *Demanio e patrimonio dello Stato e degli enti pubblici*, em *Digesto delle Discipline Pubblicistiche*, 5 (1990), 1-31.
Coma, Martin Bassols – *História do Direito do urbanismo na Europa*, INA/*Direito do urbanismo* (1989), 109-142.
Comporti, Marco – *Diritti reali in generale*, 1980;
– *Servitù (diritto privato)*, ED XLII (1990), 274-332;
– *Stillicidio*, ED XLIII (1990), 1089-1092.
Condanari-Michler – recensão a Manlio Sargenti, *L'actio aquae pluviae arcendae/ /Contributo alla dottrina della responsabilità per danno nel diritto romano* (1940), SZRom 62 (1942), 436-439.
Condesso, Fernando dos Reis/Condesso, Ricardo Alexandre Azevedo – *Direito do urbanismo e do ambiente*, 2.ª ed., 2022.
Condesso, Ricardo Alexandre Azevedo – *vide* Condesso, Fernando dos Reis.
Conte, Paolo – *Compendio di diritto agrario*, 6.ª ed., 2016.
Corbino, Alessandro – *Servitù (diritto romano)*, ED XLII (1990), 243-262.
Cordeiro, A. Barreto Menezes – *Do Trust no Direito civil*, 2014.
Cordeiro, António – *Direito da arquitectura*, 7.ª ed., 2004.
Cordeiro, António Menezes – *A Constituição patrimonial privada*, em Jorge Miranda (org.), *Estudos sobre a Constituição*, III (1979), 365-437;
– *Direitos Reais*, 1, 1979 e 2, 1979;
– *Da natureza do direito do locatário*, 1980;
– *Tratado de Direito civil*, 13 volumes, 1999-2022;
– *A posse: perspectivas dogmáticas actuais*, 3.ª ed., 2000;
– *Da enfiteuse: extinção e sobrevivência*, O Direito 2008, 285-315;
– *Da nacionalização do BPN*, RDS 2009, 57-91;
– *Litigância de má-fé, abuso do direito de ação e culpa "in agendo"*, 3.ª ed., 2014;
– *Da boa fé no Direito civil*, 1984, 8.ª reimp., 2019;
– *Código Civil Comentado* 1 (2020), 78-80;
– *Código das Sociedades Comerciais anotado*, 5.ª ed., 2022;
– *Direito das sociedades*, I, 5.ª ed., 2022;

– *Direito comercial*, 5.ª ed., 2022;
– *A lei alemã de modernização do Direito das sociedades de pessoas de 2021*, RDS 2022, 9-22.

Cornils, Mathias – *vide* Ossenbühl, Fritz.

Correia, Fernando Alves – *O plano urbanístico e o princípio da igualdade*, 1989;
– *As grandes linhas da recente reforma do Direito do urbanismo português*, 2000, reimp.;
– *Manual de Direito do urbanismo*, IV, 2010;
– *Direito do ordenamento do território e do urbanismo*, 12.ª ed., 2020.

Correia, Fernando Alves/Correia, José Alves – *Regime jurídico dos programas e dos planos territoriais*, 2021.

Correia, José Alves – *vide* Correia, Fernando Alves.

Cortese, Ennio – *Azione confessoria e negatoria (diritto intermedio)*, ED IV (1959), 843-844.

Cortica, Francesca – *vide* Caimi, Alessandro Ciatti.

Cosack, Konrad/Mitteis, Heinrich – *Lehrbuch des bürgerlichen Rechts*, II – – *Sachenrecht*, 7.ª e 8.ª ed., 1924.

Cosel, Heinrich – *Actiones finium regundorum delibatio*, 1653.

Costa, Emilio – *Le acque nel diritto romano*, 1919.

Costa, Mário Júlio de Almeida – *Raízes do censo consignativo/Para a história do crédito medieval português*, 1961.

Costantino, Michele – *Contributo alla teoria della proprietà*, 1967.

Coutume du Comté et Bailliage d'Auxerre, ed. Paris, 1693.

Coutumes du Duché, Bailliage et Prévôté d'Orléans, ed. Paris, 1780.

Couturier, Isabelle – (com.) *Code rural et de la pêche maritime* (Dalloz), 41.ª ed., 2021.

Coviello, Nicola – *Della superficie*, no AG XLIX (1892), 3-195.

Cramer, Stefan – em Burkhard Messerschmidt/Wolfgang Voit, *Privates Baurecht*, 4.ª ed., 2022, § 650f, 1734-1783.

Croom-Gestefeld, Johanna – *Dingliche Ansprüche und das allgemeine Schuldrecht*, ZfPW 2022, 285-309.

Cujacius, Jacobus – *Observationes et emendationes* (1556-1595), Lib X, Cap. XVI = *Opera*, III, ed. Veneza, 1788.

Cuq, Edouard – *Études sur le Droit babylonien. Les lois assyriennes et les lois hittites*, 1929.

Cursi, Maria Floriana – *Modus servitutis. Il ruolo dell'autonomia privata nella costruzione del sistema tipico delle servitù prediali*, 1999.

Dähne, Harald – *Die sogenannte Baufreiheit/Das Bauen und die Eigentumsgarantie*, Jura 2003, 455-461.

Dannemann, Gerhard/Schulze, Reiner – *German Civil Code, Bürgerliches Gesetzbuch (BGB)*, I, *Article-by-Article Commentary*, 2020.

Darmstaedter, Friedrich – *Der Eigentumsbegriff des Bürgerlichen Gesetzbuchs*, AcP 151 (1950/51), 311-342.

Das Verfassung des Deutschen Reiches, 1919, ed. facsimilada.

Davys, Mark – *Land Law*, 11.ª ed., 2019.

Deiana, Giommaria – *Abbandono (diritto civile)*, ED I (1958), 5-16 n 1394.

Delvincourt, Claude-Étienne – *Cours de Code Civil*, I, 1824.

Demolombe, Charles – *Cours de Code Napoléon*, IX – *Traité de la distinction des biens/De la propriété/De l'usufruit, de l'usage et de l'habitation*, I, 1881.

Demsetz, Harold – *vide* Alchiam, Armen A..

Dernburg, Heinrich – *Das Sachenrecht des Deutschen Reichs und Preußens*, 2.ª ed., 1901.

Dernburg, Heinrich – *Pandekten*, I, 7.ª ed., col. Johannes Biermann, 1902.

Devy-Vareta, Nicole – *O regime florestal em Portugal através do século XX (1903-2003)*, Revista da Faculdade de Letras/Geografia, Porto, XIX (2003), 447-455.

Dias, Cristina – *Da acessão no âmbito da titularidade dos bens no regime de comunhão de adquiridos/Bens adquiridos por virtude de titularidade de bens próprios*, em Estudos 10.º Aniversário da Licenciatura em Direito da Universidade do Minho (2004), 229-249.

Diehn, Thomas – *vide* Pfeifer, Axel.

Díez-Picazo, Luis – *Fundamentos del derecho civil patrimonial*, IV – *Derechos reales*, 2012.

Diniz, Maria Helena – *Curso de Direito civil brasileiro*, 4 – *Direito das coisas*, 34.ª ed., 2020.

Domat, Jean – *Les loix civiles dans leur ordre naturel*, 1689, cit. pela ed. conjunta de Paris, 1756.

Donellus, Hugo – *Commentarii de iure civili* (a partir de 1565 e publ. nos finais do séc. XVI) = *Opera omnia*, II, ed. Roma, 1828.

Dossetto, Mario – *Comunione (diritto civile)*, NssDI III (1959), 857-878.

Driard, Jacques-Henri – *vide* Mehll-Schonder, Marie-Christine.

Dross, W. – *Que l'article 544 du code civil nous dit-il de la propriété*, RTDC 2017, 27 ss..

Drost, Ulrich/Ell, Marcus – *Das neue Wasserrecht*, 3.ª ed., 2021.

Duarte, Rui Pinto – *A jurisprudência portuguesa sobre acessão industrial imobiliária/Algumas observações*, Themis 5 (2002), 255-264;

– *Dois apontamentos sobre acessão industrial imobiliária*, Est. Henrique Mesquita, 1 (2009), 783-795;

– *Evolução do regime da propriedade horizontal*, em Elsa Vaz de Sequeira/ /Fernando Oliveira e Sá, *Código Civil/Edição comemorativa do cinquentenário* (2017), 525-553.
Dubarry, Julien – *Le transfert conventionnel de propriété/Essai sur le mécanisme translatif à la lumière des droits français et allemand*, 2014.
Dümchen, Erich – *Schuld und Haftung, insbesondere bei den Grundpfandrecht. Die Reallastenfrage*, JhJb 54 (1909), 355-468.
Duranton, Alexandre – *Cours de Droit civil suivant le Code français*, II, 4.ª ed., 1841.
Düring, Günter – *Das Eigentum als Menschenrecht*, ZstaatsW 109 (1953), 326--350.
Düssing, Mechtild/Martinez, José – *Agrarrecht*, 2.ª ed., 2022.

Eichler, Hermann – *Wandlungen des Wandlungen des Eigentumsbegriffes in der deutschen Rechtsauffassung und Gesetzgebung*, 1938;
– *Institutionen des Sachenrechts/Ein Lehrbuch*, I – *Allgemeiner Teil*, 1954; II/1 – *Eigentum und Besitz*, 1957;
– recensão a Urs Neuenschwander, *Die Leistungspflichten der Grundeigentümer im französischen Code Civil und im schweizerischen ZGB unter besonderer Berücksichtigung des Nachbarrechts* (1966), RabelsZ 32 (1968), 773-775.
Eickmann, Dieter – no PWW/BGB, 3.ª ed. (2008), §§ 1105 ss..
Eidenmüller, Horst – *Effizienz als Rechtsprinzip/Möglichkeiten und Grenzen der ökonomischen Analyse des Rechts*, 2.ª ed., 1998.
Eifert, Martin – em Friedrich Schoch (publ.), *Besonderes Verwaltungsrecht*, 2018.
Eisenhart, Johann Friedrich – *Ad leg. XIII. D. finium regundorum*, 1761.
Ell, Marcus – *vide* Drost, Ulrich.
Elvers, Rudolf – *Die römiche Servitutenlehre*, 1856.
Endemann, Wilhelm – *Das ländliche Wasserrecht*, 1862.
Engländer, Konrad – *Die regellmässige Rechtsgemeinschaft*, I – *Grundlegung*, 1914.
Erbguth, Wilfried – *Recht der öffentlichen Sachen*, Jura 2008, 193-200.
Erichsen, Hans-Uwe – (org.) *Allgemeines Verwaltungsrecht*, 10.ª ed., 1995.
Erp, Sjef van – *Comparative Property Law*, em Mathias Reimann/Reinhard Zimmermmann (ed.), *The Oxford Handbook of Comparative Law* (2008), 1043-1070.
Erp, Sjef van/Akkermann, Bram – (ed.) *Cases, Materials and Text on Property Law*, 2018.
Es, Peter Christiaan van – *De actio negatoria. Een studie naar de rechtsvorderlijke zijde van het eigendomsrecht*, 2005.
Esposito, Chiara – em Massimo Franzoni/Rita Rolli, *Codice civile commentato*, I, 2018.

Estorninho, Maria João – *A utilização do domínio público por particulares, de Diogo Freitas do Amaral, revisitado (quase) 50 anos depois*, em Est. Freitas do Amaral (2010), 119-126.

Fabio, Marcello di – *vide* Preite, Filippo.

Fabricius, Fritz – *Zur Theorie des stückelosen Effektengiroverkhrs mit Wertrechten aus Staatsanleihen/Zugleich ein Beitrage zur Frage der Abgrenzung von Schuldrecht und Sachenrecht*, AcP 162 (1963), 457-484.

Faust, Florian – *vide* Fehling, Michael.

Favara, Ettore – *Abbandono di fundo*, NssDI I (1957), 8-13.

Fehling, Michael/Faust, Florian/Römman, Thomas – *Durchblick: Grund und Grenzen des Eigentums- und Vermögensschutzes*, JuS 2006, 18-25.

Ferid, Murad/Sonnenberger, Jürgen – *Das französische Zivilrecht*, 2 – *Einzelne Schuldverhältnisse. Sachenrecht*, 2.ª ed., 1986.

Fernandes, José Pedro – *Domínio público/Mitologia e realidade*, sep. RDES, 1975;

– *vide* Amaral, Diogo Freitas do.

Fernandes, Luís A. Carvalho – *Da natureza jurídica do direito de propriedade horizontal*, CDP n.º 15 (2006), 3-14 = Est. Ruy de Albuquerque, I (2006), 269-284;

– *Da renúncia dos direitos reais*, Est. Dias Marques (2007), 571-592;

– *Do direito de sobrelevação, Nos 20 anos do CSC*, III (2007), 61-88;

– *Aquisição do direito de propriedade na acessão industrial imobiliária*, Est. Oliveira Ascensão, 1 (2008), 637-665;

– *Lições de Direitos Reais*, 6.ª ed., 2009.

Fernández, Tomás Ramón – *O Direito do urbanismo em Espanha*, INA/*Direito do urbanismo* (1989), 187-210.

Ferrari e outros, Chiara – em Massimo Franzoni/Rita Rolli, *Codice civile commentato con dottrina e giurisprudenza*, I (2018), 1085-1254.

Ferreira, João Pedro de Melo – *Código das expropriações anotado*, 2.ª ed., 2000.

Ferreira, José Dias – *Codigo civil portuguez annotado*, I, 1.ª ed., 1870; V, 1.ª ed., 1876

– *idem*, I, 2.ª ed., 1894 e IV, 2.ª ed., 1905;

– *Código de processo civil portuguez annotado*, I, 1887.

Ferreira, Maria Elisabete/Campos, Isabel Meneres/Barona, Francisco – em UCP/ /*Comentário ao Código Civil/Direito das coisas* (2021), 697-747.

Ferreri, Silvia – *Rivendicazione (diritto vigente)*, ED XLI (1989), 49-63.

Feser, Edward – *Classical Natural Law Theory. Property Rights, and Taxation*, em *Social Philosophy and Policy* 27 (2010), 21-52.

Finkenhauser, Thomas – recensão a Jochen Lehmann, *Sachherrschaft und Sozialbindung?/Ein Beitrag zu Gegenwart und Geschichte des zivilrechtlichen Eigentumsbegriffs* (2004), SZGerm 122 (2005), 1007-1011.

Firsching, Karl – *Die Verwendungsansprüche des Unternehmers gegen den Eigentümer*, AcP 162 (1963), 440-455.

Flach, Dieter – *Das Zwölftafelgesetz/Herausgegeben, übersetzt und kommentiert*, 2004.

Flannery, Tim – *Europe: a Natural History*, 2019.

Floβmann, Ursula – *Eigentumsbegriff und Bodenordnung im historischen Wandel/ /Ein Beitrag zum Rechtsverständnis der kontitutionellen Eigentumsgewährleistung des 19. Jahrhundert*, 1976.

Flume, Werner – *Gesellschaft und Gesamthand*, ZHR 136 (1972), 177-207.

Fonseca, José Martins da – *Acção de reivindicação; causa de pedir; factos constitutivos dos direitos de autor*, RMP 28 (1986), 35-51.

Fonseca, Manuel Baptista Dias da – *vide* Pardal, Francisco Rodrigues.

Forsthoff, Ernst – *Res sacrae*, AöR 70 (1940), 209-254;
 – *Lehrbuch des Verwaltungsrechts* – 1, *Allgemeiner Teil*, 10.ª ed., 1974.

Foulquier, Norbert – *Droit administratif des biens*, 5.ª ed., 2019.

França, José-Augusto – *Une ville des lumières: la Lisbonne de Pombal*, 1965;
 – *Lisboa pombalina e a estética do iluminismo*, em UAL/Actas do Colóquio Lisboa Iluminista e o seu tempo (1997), 11-22.

Francesco, Lucio – *vide* Majo, Adolfo di.

Franciosi, Gennaro – *Studi sulle servitù prediali*, 1967;
 – *Occupazione (storia)*, ED XXIX (1979), 610-616.

Franzen, Martin – no *Münchener Kommentar zum BGB*, 4, 8.ª ed. (2019), Vor § 481.

Franzoni, Massimo – em Franzoni/Rolli, *Codice civile commentato* I, 2018.

Freitas, José Lebre de/Alexandre, Isabel – *Código de processo civil anotado*, 1, 4.ª ed., 2021; 2, 4.ª ed., 2019.

Freitas, Serafim de – *De iusto imperio lusitanorum asiatico*, 1625.

Friedberg, Emil – *De finium inter ecclesiam et civitatem regunderum judicio quid medii aevi doctores et leges statuerint*, 1861;
 – *Die Gränzen zwischen Staat und Kirche und die Garantien gegen deren Verletzung*, 1872.

Friedrichs, Karl – *Bürgerliches und öffentliches Sachenrecht*, AöR 40 (1921), 257-348.

Fuccillo, Lanfranco – em Filippo Preite/Marcello di Fabio, *Codice della proprietà e dei diritti immobiliari* (2015), art. 1139 (2554-2599).

Furtado, J. Pinto – *Do alojamento local, sua relação com a propriedade horizontal*, RDC 2017, 529-574.

Gaeta, Dante – *Demanio aeronautico*, ED XII (1964), 84-85.
Gagliano, Pablo Stolze/Pamplona Filho, Rodolfo – *Novo curso de Direito civil, 5 – Direitos reais*, 2.ª ed., 2020.
Gaier, Reinhard – no *Münchener Kommentar zum BGB*, 8, 8.ª ed., 2020.
Galdi, Matteo – *Delle servitù prediale* I, 1913; II, 1914 e III, 1915.
Gallo, Paolo – *La proprietà, i diritti reali limitati, il possesso*, 2019.
Gambaro, Antonio – *Il diritto di proprietà*, 1995.
Gandolfi, Giuseppe – *Onere reali*, ED XXX (1980), 127-149.
Garcia, Ana Zaera – *Superficies solo cedit*, AFDUDC 12 (2008), 1007-1015.
García, Fernando Flores – recensão a Manuel Battle Vasquez, *La propriedad de casas por pisos*, 2.ª ed. (1954), RFDMex 22 (1956), 208-209.
Garcia, Maria da Glória – *Direito do urbanismo/Relatório*, 1999.
Garnu, J. F. – *O Direito do urbanismo em Inglaterra*, INA/*Direito do urbanismo* (1989), 211-222.
Gatti, Stefano – *vide* Labò, Jacobo.
Gaudemet, Yves – *Droit administratif des biens*, 15.ª ed., 2014 ;
– *vide* Laubadère, André de.
Georgiades, Apostolos – *Eigentumsbegriff und Eigentumsverhältnis*, FG Joahnnes Sontis (1977), 149-166.
Geraldes, António Abrantes/Pimenta, Paulo/Sousa, Luís Pires de – *Codigo de Processo Civil anotado*, I, 2018.
Geri, Lina Bigliazzi – *Oneri reali e obbligazioni "propter rem"*, 1984.
Germanò, Alberto – *Manuale di diritto agrario*, 8.ª ed., 2016.
Giacobbe, Giovanni – *vide* Marina, Federigo Alessandro.
Gierke, Julius von – *Bürgerliches Recht/Sachenrecht*, 1925.
Giesen, Richard – *Scheinbestandteil – Beginn und Ende*, AcP 202 (2002), 689-721.
Giletta, Alberto – em Filippo Preite/Marcello di Fabio (org.), *Codice della proprietà e dei diritti immobiliari* (2015), 1813-1856.
Giorgianni, Michele – *vide* Nicolò, Rosario.
Girolami, Matilde – em Giuseppe Trabucchi, *Istituzioni di diritto civile*, 40.ª ed., 2019.
Glück, Christian Friedrich von – *Die Pandecten*, VIII, 1807 e X, 1808.
Godefroy, Jacques – *Fragmenta XII. Tabularum suis nunc primum tabulis restituta probationis notis*, ed. Heidelberg, 1616.
Gomes, Fátima – *vide* Antunes, Henrique Sousa.
Gomes, José Osvaldo – *Manual dos loteamentos urbanos*, 1983.
Gomes, Júlio Manuel Vieira – *O conceito de enriquecimento, o enriquecimento forçado e os vários paradigmas do enriquecimento sem causa*, 1998;
– *Da acessão, mormente da acessão industrial imobiliária*, 2020.
Gomes, Orlando – *Direitos reais*, atual. Luiz Edson Fachin, 21.ª ed., 2012.
Gonçalves, Augusto Penha – *Curso de Direitos Reais*, 2.ª ed., 1993.

Gonçalves, Carlos Roberto – *Direito civil brasileiro, 5 – Direito das coisas*, 15.ª ed., 2020.
Gonçalves, Fernando – *Evolução histórica do Direito do urbanismo em Portugal (1851-1988)*, em INA/*Direito do Urbanismo* (1989), 225-268.
Gonçalves, Luís da Cunha – *Tratado de Direito civil português/em Comentário ao Código Civil português*, III, 1930; IX, 1934; XI, 1937 e XII, 1938;
– *Da propriedade horizontal ou por andares/Breve estudo e comentário do Decreto n.º 40.333 de 14 de outubro de 1955*, 1955.
Gonzalez, José Alberto – *Relações de vizinhança*, 1994;
– *Restrições de vizinhança (de interesse particular)*, 2.ª ed., 2010.
Göppert, Heinrich Robert – *Ueber die Bedeutung von ferruminare und adplumbare in den Pandekten*, 1869.
Göppert, Heinrich Robert – *Ueber die organischen Erzeugnisse/eine Untersuchung aus dem römischen Sachenrecht*, 1869;
– *Zu ferruminare*, SZGerm 9 (1870), 241-243.
Gorla, Gino – *L'accessione nel diritto civile italiano (Contributo alla dotrina dei modi d'acquisto della proprietà)*, RISG VI (nova série) (1931), 87-162.
Göschen, Johann Friedrich Ludwig – *Grundriss zu Pandektenvorlesungen*, 1831.
Gouveia, Jaime Augusto Cardoso de – *Construção jurídica de propriedade*, 1919.
Gouveia, Rita – *vide* Antunes, Henrique Sousa.
Grand, Remi – *vide* Mehll-Schonder, Marie-Christine.
Grimm, Christian/Norer, Roland – *Agrarrecht*, 4.ª ed., 2015.
Grossi, Paolo – *La proprietà e le proprietà nell' officina dello storico*, em Enrico Cortese, *La proprietà e le proprietà*, 1988;
– *Proprietà (diritto intermedio)*, ED XXXVII (1988), 225-254.
Grosso, Giuseppe – *La servitù prediali nel diritto romano*, 1969.
Grotius, Hugo – *De iure praede*, 1603.
Grziwotz, Herbert/Lüke, Wolfgang/Saller, Roland Rudolf – *Nachbarrecht*, 3.ª ed., 2020.
Gsell e outros, Beate – *Grosskommentar BGB/Werkvertrag*, §§ 631-651, 2018.
Gualazzini, Ugo – *Comunione (diritto intermedio)*, ED VIII (1961), 240-245.
Guariglia, Filippo – em Massimo Franzoni/Rita Rolli, *Codice civile commentato*, I (2018), art. 978.º-1020.º (1298-1346).
Guarino, Antonio – *Comunione (diritto romano)*, ED VIII (1961), 232-239;
– *Istituzioni di Diritto romano*, 2006.
Guarneri, Attilio – *La superficie/Artt 952-956*, 2007.
Guarneri, Attilio/Tessera, Davide – *Dell' usufrutto, dell' uso e dell' abitazione*, 2017.
Guedes, António Agostinho – em UCP/*Comentário ao Código Civil/Direito das coisas*, 2021.

Guedes, Armando Marques – *Natureza jurídica do acto de declaração de utilidade pública ou equivalente*, RFDUL, 1949;
– *A concessão* I, 1954;
– *Direito do Mar*, 2.ª ed., 1998.
Guerra, Armando – *Da propriedade horizontal e da propriedade superficiária*, 2.ª ed., 1964.
Guimarães, Cristina – *Os planos territoriais: que desafios?*, em Atas do I Congresso de Direito do urbanismo, coord. Fernanda Paula Oliveira (2019), 49-62.
Guizzi, Francesco – *Confusione nella proprietà (diritto romano)*, NssDI IV (1959), 87-89.
Gursky, Karl-Heinz/Wiegand, Wolfgang – no *Staudingers Kommentar*, III, *Eigentum 2 – Erwerb und Verlust des Eigentums*, 2017.
Guyet – *Bemerkungen aus dem römischen Oeconomierechte*, AcP 17 (1834), 31-76.

Haas, Günter – *Die Werwendungsersatzansprüche im Eigentüner-Besitzer-Verhältnis und die aufgedrängte Bereicherung*, AcP 176 (1976), 1-27.
Hackl, Karl – *vide* Kaser, Max.
Hade, Ulrich – *Das Recht der öffentlichen Sachen*, JuS 1993, 113-118.
Hager, Günter – *Grundfälle zur Systematik des Eigentüner-Besitzerverhältnisses und der bereicherungsrechtlichen Kondiktionen*, JuS 1987, 877-882.
Hallwachs, Annette e Günter/Lane, Paul C. – *Time-Sharing in der USA am Beispiel Floridas*, NJW 1996, 3243-3248.
Hardinghaus, Herbert – *Öffentliche Sachherrschaft und öffentliche Sachwaltung/ eine Untersuchung des deutschen Rechts der öffentlichen Sachen verglichen mit dem französichen Recht des Domaine public*, 1966.
Harpprecht, Johann – *Judicium finium regundorum*, 1612.
Hebel, Johann Peter – *Das neue BGB-Bauvertragsrecht: Textausgabe mit Einführung, Gesetzesmaterialien und Erläuterungen zu den wichtigsten Neuerungen*, 2018.
Heck, Philipp – *Grundriss des Sachenrecht*, 2.ª ed., 1930.
Hedemann, Justus Wilhelm – *Sachenrecht des Bürgerlichen Gesetzbuches*, 1924.
Heiermann, Wolfgang – *Gewährleistung nach dem Bauvertragsrecht unter besonderer Berücksichtigung der Novellierung der Verdingungsordnung für Bauleistungen (VOB) 1973*, BB 1974, 958-964.
Heineccius (Heinecke), Johann Gottlieb – *Elementa juris civilis secundum ordinem pandectarum*, 3.ª ed., 1732, 5.ª ed. Frankfurt, 1747 e 1749, ed. póstuma.
Heinemann, Jörn – *Gesetz über das Erbbaurecht*, no *Münchener Kommentar zum BGB*, 8, 8.ª ed. (2020), 1623-1790.
Heinze, Christian – no *Staudingers Kommentar §§ 854-882*, 2018.

Hellmann, Wolfram G. – *Die Multipropriété Frankreich/Nach der Reform durch das Gesetz Nr. 86-16, "relative aux sociétés d'attribution d'immeubles en jouissance à temps partagé"*, 1989.

Helmschrott, Johann – *Wesen und rechtliche Behandlung des Grenzscheidungsanspruchs: dargestellt unter besonderer Berücksichtigung der actio finium regundorum des römischen Rechts*, 1930.

Herrler, Sebastian – no Christian Grüneberg (ex-Palandt), *Kommentar zum Bürgerliches Gesetzbuch*, 81.ª ed., 2022.

Herrmann, Elke – *Der Störer nach § 1004 BGB/Zugleich eine Untersuchung zu den Verpflichteten der §§ 907, 908 BGB*, 1987.

Heβ, Burkhard – *Dienstbarkeit und Reallast im System dinglicher Nutzungs- und Verwertungsrechte*, AcP 198 (1998), 489-515.

Hildebrandt, Thomas – *Time-Sharing-Verträge in der Rechtspraxis*, I, NJW 1994, 1992-1996 e II, NJW 1996, 3249-3256;
– em Burkhard Messerschmidt/Wolfgang Voit, *Privates Baurecht*, 4.ª ed., 2022, § 647, 1561-1571 e § 650e, 1712-1734.

Hinrichts, Focke Tannen – *Zur Geschichte der Klage finium regundorum*, SZRom 111 (1994), 242-279.

Hirschfeld, Otto – *Der Grundbesitz der römischen Kaiser in den ersten drei Jahrhunderten*, KLIO 2 (1902), 45-72.

Hoffmann, Emil – *Ueber das Wesen der actio finium regundorum, namentlich in ihrem Unterschied von der rei vindicatio*, AcP 31 (1848), 493-534.

Höfling, Wolfram – *Grundzüge des öffentlichen Sachenrechts*, JA 1987, 605-611.

Hofmann, Hans – em Bruno Schmidt-Bleibtreu/Franz Klein/Hans Hofmann/ /Hans-Günter Hennecke, *GG/Kommentar zum Grundgesetz*, 14.ª ed. (2018), Art. 14.

Hohloch, Gerhard – *Die negatorischen Ansprüch und ihre Beziehungen zum Schadensersatzrecht*, 1976.

Holt, Richard/Rosser, Gervase – (org.) *The Medieval Town*, 1990.

Hopkins, Nicholas – *vide* McFarlane, Ben.

Hubrecht, G. – recensão a Manuel Battle Vasquez, *La propriedad de casas por pisos*, 3.ª ed. (1956), RIDC 1957, 773-774.

Hubrecht, Georges – recensão a Gennaro Franciosi, *Studi sulle servitù prediali* (1967), Latomus 28 (1969), 531.

Humbert, Michel – *La Loi des XII Tables/Édition et commentaire*, 2018.

Ibanez, Patrice – *vide* Mehll-Schonder, Marie-Christine.

Impallomeni, Gianbattista – *Specificazione (diritto romano)*, ED XLIII (1990), 267-270.

Innarelli, Antonio – *Proprietà e beni: saggi di diritto privato*, 2018.

Irelli, Vincenzo Cerulli – *Beni pubblici*, em *Digesto delle Discipline Pubblicistiche*, 2 (1987), 273-303.
Iro, Gert/Riss, Olaf – *Sachenrecht*, 7.ª ed., 2019.

Jacoby, Florian – *vide* Peters, Frank.
Jacquot, Henri/Priet, François/Marie, Soazic – *Droit de l'urbanisme*, 8.ª ed., 2019.
Jahr, Günther – *Schadensersatz wegen deliktischer Nutzungsentziehung/zu Grundlagen des Rechtsgüterschutzes und des Schadensersatzrechts*, AcP 183 (1983), 725-794.
Jakobs, Horst Heinrich – *Die Begrenzung des Verwendungsersatzes*, AcP 167 (1967), 350-393.
Jakobs, Horst Heinrich/Schubert, Werner – *Die Beratung des Bürgerlichen Gesetzbuchs/in systematischer Zusammenstellung der unveröffentlichen Quellen/Sachenrecht*, I, §§ 854-1017, 1985 e II, §§ 1018-1296, 1991.
Jarass, Hans D. – *Grundstrukturen des Immissionsschutzrechts*, JuS 2009, 608-614.
Jardim, Mónica/Andrade, Margarida Costa – *O desaparecimento e recomposição de imóveis – a perda, a acessão e a demarcação*, RevCDOUA XII, n.º 24 (2009), 57-76.
Jehle, Christina – *Die Timesharing – Richtlinie der EU von 26. Oktober 1994 und deren Umsetzung in den deutschsprachigen Ländern*, 2001.
Jenniβen e outros, Georg – *WEG Kommentar*, 7.ª ed., 2022.
Jeromin, Curt M./Klose, Bernhard/Ring, Gerhard/Beerbühl, Hubertus Schulte – – (org.) *Nachbarrecht*, 2021.
Josserand, Louis-Étienne – *Cours de Droit civil positif français*, I, 1932.
Jubault, Christian – *Droit civil/Les successions, les libéralités*, 2.ª ed., 2006.
Justo, António Santos – *Direito privado romano* – III (*Direitos reais*), 1997;
– *Direitos Reais*, 7.ª ed., 2020.

Kaden, Erich-Hans – recensão a Vsevolod Basanoff, *Partus ancillae*, s/d mas (1929), SZRom 51 (1931), 532-534.
Karlowa, Otto – *Römische Rechtsgeschichte*, 2 – *Privatrecht und Civilprozess*, 1905.
Kaser, Max – *Geteiltes Eigentum im älteren römischen Recht*, FS Paul Koschaker I (1939), 445-478;
– *Typen der römischen Bodenrechte in der späteren Republik*, SZRom 75 (1942), 1-81;
– *Partus ancillae*, SZRom 75 (1958), 156-200;
– recensão a Gennaro Franciosi, *Studi sulle servitù prediali* (1967), SZRom 85 (1968), 517-522;

– *Das römische Privatrecht*, I – *Das altrömische, das vorklassische und klassische Recht*, 2.ª ed., 1971; II – *Die nachklassischen Entwicklungen*, 2.ª ed., 1975.

Kaser, Max/Hackl, Karl – *Das römische Zivilprozessrecht*, 2.ª ed., 1996.

Katzenstein, Matthias – *Der Beseitigungsanspruch nach § 1004 BGB/Zu dem Grundlagen negatorischer Haftung*, AcP 211 (2011), 58-104.

Kawasumi, Yoshikazu – *Von der römischen actio negatoria zum negatorischen Beseitigungsanspruch des BGB*, 2001.

Kiefner, Hans – *Klassizität der 'probatio diabolica'?*, SZRom 81 (1964), 212-232.

Kipp, Theodor – *vide* Windscheid, Bernhard.

Kirsch, Guy – *Neue Politische Ökonomie*, 5.ª ed., 2004.

Kirschdörfer e outros, Rainer – *Von Wandel einer Institution/Die Geschichte des Eigentums*, em *Eigentum*, 2018.

Kischel, Uwe – *Rechtsvergleichung*, 2015.

Klar, Manuel – *vide* Kübling, Jürgen.

Klauser, Karl-August – *Aufwendungsersatz bei Neubauten und Werterhöhenden Verwendungen auf fremdem Grund und Boden/Zum Problem der aufgedrängten Bereicherung*, NJW 1965, 513-518.

Klose, Bernhard – *vide* Jeromin, Curt M..

Klose, Martin – *Das Eigentum als* nudum ius *im Bürgerlichen Recht/Kritische Würdigung eines juristischen Fabelwesens*, 2016.

Kniffka, Rolf – *Die Zukunft des Baurechts*, FS 50 Jhare Deutches Anwaltsinstitut (2003), 131-146.

Knütel, Rolf – *vide* Behrends, Okko.

Köbler, Gerhard – recensão a Yoshikazu Kawasumi, *Von der römischen actio negatoria zum negatorischen Beseitigungsanspruch des BGB* (2001), SZGerm 129 (2009), 751.

Kohler, Joseph – *Zur Lehre von den Pertinenzen*, JhJb 26 (1888), 1-184.

Kohler, Jürgen – *Schwebende Vindikationsklagen*, NJW 1988, 1054-1059.

Koos, Oliver – *vide* Moufang, Oliver.

Kopp, Ferdinand – *vide* Mayer, Franz.

Koschaker, Paul – recensão a Emilio Bussi, *La formazione dei dogmi di diritto privato nel diritto commune (diritti reali e diritti di obbligazione)* (1937), SZRom (1938), 252-266.

Kraft, Alfons – *Verwendungsersatzansprüche des Werkunternehmers gegen den Eigentümer der reparierte Sache*, NJW 1963, 1849-1853.

Kretzschmar, Ferdinan – *Das neurechtliche Erbbaurecht: Verordnung über das Erbbaurecht von 15.Jan.1919*, 1919.

Kromer, Michael – *Sachenrecht des öffentlichen Rechts/Probleme und Grundlagen eines Allgemeinen Teils des Öffentlichen Sachenrechts*, 1985.

Krückmann, Ludwig – *Von den Pandekten zum Bürgerlichen Gesetzbuch*, II, 1899.

Krückmann, Paul – *Institutionen des Bürgerlichen Gesetzbuches*, 2.ª ed., 1899.
Kübling, Jürgen/Klar, Manuel – anot. a BVerfG 17-ago.-2011, JZ 2012, 414-418.
Kues, Jarl-Hendrick – *vide* Leinemann, Ralf.
Kuhlenbeck, Ludwig – *Vom der Pandekten zum Bürgerlichen Gesetzbuch/Eine dogmatische Einführung in das Studium des Bürgerlichen Rechts*, II, 1899.
Kühlewein, Friedrich – *De iure et actione finium regundorum*, 1646.
Kupisch, Berthold – *vide* Behrends, Okko.

Labetoulle, Daniel – *vide* Rougevin-Baville, Michel.
Labò, Jacobo/Pierazzi, Eleonora Maria/Gatti, Stefano/Scola, Sara – em Massimo Franzoni/Rita Rolli, *Codice civile commentato con dottrina e giurisprudenza*, I (2018), 1354-1446.
Lammers, Karl – *Eigentumserwerb durch Verbindung und Vermischung*, 1932.
Lampis, Maria Cristina – *vide* Birocchi, Italo.
Landi, Guido – *Espropriazione per pubblica utilità*, ED XV (1966), 806-834.
Lane, Paul C. – *vide* Hallwachs, Annette e Günter.
Langa, Pierre – *La révolution urbaine/L'urbanisme au service de l'économie* (no interior: *L'arquitecture ao secours de l'économie politique*), 1946.
Lange, Hermann – recensão a Mario Caravale, *Ricerche sulle servitù prediale nel medio evo/L'età romano-barbarica* (1969), SZRom 88 (1971), 508-511.
Langheim, Gerd-Hinrich – no *Staudingers Kommentar zum BGB*, §§ 741-764 (2002), 1-291.
Larenz, Karl – *Zur Lehre von der Rechtsgemeinschaft*, JhJb 83 (1933), 108-177.
Lasaulx, Robert Schultze-von – recensão a Harry Westermann, *Lehrbuch des Sachenrechts* (1951), AcP 151 (1950), 449-461.
Laubadère, André de/Venezia, Jean-Claude/Gaudemet, Yves – *Traité de droit administratif*, 2, 9.ª ed., 1992.
Laudenklos, Frank – *Methode und Zivilrecht in der ökonomischen Analyse des Rechts*, em Joachim Rückert, *Fälle und Fallen in der neueren Methodik des Zivilrechts seit Savigny* (1997), 289-313.
Laurent, François – *Principes de droit civil français*, VI, 3.ª ed., 1878.
Lazzarini, Sergio – *In tema di acque/Profili di diritto romano*, 2018.
Lehmann, Jochen – *Sachherrschaft und Sozialbindung?/Ein Beitrag zu Gegenwart und Geschichte des zivilrechtlichen Eigentumsbegriffs*, 2004.
Leidig, Alexander – em Burkhard Messerschmidt/Wolfgang Voit, *Privates Baurecht*, 4.ª ed., 2022, § 650, 1601-1643.
Leinemann, Ralf/Kues, Jarl-Hendrick – *BGB-Bauvertragsrecht*, 2018.
Leisner, Walter – *Baufreiheit oder staatliche Baurechtsverleihung?*, DVBl 1992, 1065-1072.
Leitão, Alexandra – *A utilização do domínio público hídrico por particulares*, 2012.

Leitão, Luís Menezes – *Direitos Reais*, 9.ª ed., 2020.
Lemke, Reiner – no *PWW/BGB Kommentar*, 15.ª ed., 2020.
Lenel, Otto – *Über Ursprung und Wirkung der Exceptionen*, 1876.
Lenger, Maria-Thérèse – recensão a Edoardo Volterra, *Bibliografia di diritto agrario romano* (1951), Latomus 12 (1953), 355-356.
Lenkeit, Olaf – em Burkhard Messerschmidt/Wolfgang Voit, *Privates Baurecht*, 4.ª ed., 2022, §§ 650i-650.º, 1810-1914.
Leupertz, Stefan – em Burkhard Messerschmidt/Wolfgang Voit, *Privates Baurecht*, 4.ª ed., 2022, §§ 650c-650d, 1691-1712.
Liet-Veaux, Georges – *O Direito do urbanismo em França*, INA/*Direito do urbanismo* (1989), 143-159.
Ligou, Daniel – recensão a José-Augusto França, *Une ville des lumières: la Lisbonne de Pombal* (1965), Revue d'Histoire Économique et Sociale 44 (1966), 268.
Lima, A. Carlos – *Aspectos do usufruto simultâneo e sucessivo. Contitularidade de direitos*, ROA 1983, 41-61.
Lima, Fernando Pires de – *Lições de Direito civil (direitos reais)*, por David Augusto Fernandes, 3.ª ed., 1945-46;
– *Servidões prediais (Anteprojeto de um título do futuro Código Civil)*, BMJ 64 (1957), 5-39;
– *Do usufruto, uso e habitação*, BMJ 79 (1958), 35-101;
– *Direito de propriedade (Anteprojecto para o futuro Código Civil)*, BMJ 123 (1963), 225-285;
– *Direito de superfície (Anteprojecto para o futuro Código Civil)*, BMJ 123 (1963), 217-224.
Lima, Fernando Pires de/Varela, João de Matos Antunes – *Código Civil Anotado*, III, 2.ª ed., 1984.
Lingenthal, Karl Solomo Zachariä von – *Handbuch des Französischen Civilrechts*, 1, 5.ª ed., publ. August Anschütz, 1853;
– *Le droit civil français*, trad. G. Massé/Ch. Vergé, II, 1855.
Link, Christoph – recensão a Emil Friedberg, *Die Gränzen zwischen Staat und Kirche und die Garantien gegen deren Verletzung* (1872), SZKan 52 (1966), 495-505.
Lobo, Mário Tavarela – *As águas no Direito português e no Direito comparado*, 1976;
– *Manual do Direito das águas*, 1, 2.ª ed., 1999 e 2, 2.ª ed., 1999.
Löhse, Andrea – *§ 1004 BGB als Rechtsgrundlage für Zahlungsansprüche*, AcP 201 (2001), 902-931.
Loiseau, Gregoire – *Typologie des choses hors du commerce*, RTDC 2000, 47-63.
Longo, Giannetto – *Occupazione (diritto romano)*, NssDI XI (1965), 731-732.
Lopes, Manuel Baptista – *Expropriações por utilidade pública*, 1968.

Lorenz, Stephen – *Mala fides superveniens im Eigentümer-Besitzer-Verhältnis und Wissenszurechnung von Hilfspersonen*, JZ 1994, 549-555.

Lovato, Andrea/Pugliatti, Salvatore/Solidoro, Laura – *Diritto privato romano*, 2.ª ed., 1983.

Lücke, Wolfgang – em Herbert Grziwotz/Wolfgang Lüke/Roland Rudolf Saller, *Nachbarrecht/Praxishandbuch*, 3.ª ed., 2000.

Lühr, Rolf-Peter – *vide* Pappermann, Ernst.

Lüke, Wolfgang – *vide* Grziwotz, Herbert.

Luzzato, Ruggero – *La comproprietà nel diritto italiano*, 1908;
– *La comproprietà nel diritto italiano/Nuovi studii*, 1909.

Machete, Rui – *O domínio público e a rede eléctrica nacional*, ROA 2001, 1367-1411.

Mackeldey, Ferdinand – *Manuel de Droit romain*, trad. Jules Beving, 3.ª ed., 1846.

Mackenzie, Judith-Anne/Nair, Arune – *Textbook on Land Law*, 18.ª ed., 2020.

Magazzu, Andrea – *Confini (Regolamento di) (diritto vigente)*, ED VIII (1961), 963-970.

Maiorca, Carlo – *Commissione*, NssDI III (1959), 656-667.

Maiorca, Sergio – *Unione*, NssDI XX (1975), 16-60.

Maiwald, Christian – em Bruno Schmidt-Bleibtreu, *Kommentar zum Grundgesetz*, 14.ª ed., 2018.

Majo, Adolfo di/Francesco, Lucio – *Proprietà edilizia*, ED XXXVII (1988), 337-367.

Mankopff, A. J. – *Allgemeines Landrecht für die Preussischen Staaten*, 1, 1837.

Mansell, Heinz-Peter – no Jauernig/*Kommentar zum BGB*, 17.ª ed., 2018.

Manthe, Ulrich – *Gaius Institutiones/Die Institutionen des Gaius*, publ., trad. e com., 2004.

Marcadé, Victor-Napoléon – *Explication théorique et pratique du Code Napoléon* (cont. Paul Pont), III, 5.ª ed., 1859.

Marcos, Rui Manuel de Figueiredo – *A legislação pombalina*, no BFD Supl. XXXIII (1990), 1-314.

Marie, Soazic – *vide* Jacquot, Henri.

Marin, Jacobo – em Massimo Franzoni/Rita Rolli, *Codice civile commentato con dottrina e giurisprudenza*, I, 2018.

Marina, Federigo Alessandro/Giacobbe, Giovanni – *Condominio negli edifici*, ED VIII (1961), 816-836.

Marques, José Dias – *Direitos Reais (Parte Geral)*, I, 1960.

Markus, Jochen – *Die neue VOB/B 2006: nach der Novelle ist vor der Novelle*, NJW 2007, 545-550.

Marracino, Alessandro – *L'acquisto delle servitù per prescrizione*, 1911.

Marrone, Matteo – *Rivendicazione (diritto romano)*, ED XLI (1989), 1-29.

Marrone, Matteo – *Manuale di diritto privato romano*, 2004.

Martin, Olivier – *Histoire de la coutume de la Prévôté et Vicomté de Paris*, II, 1925.

Martinek, Michael – *Das neue Teilzeit-Wohnrechtgesetz/Mißratener Verbraucherschutz bei Time-Sharing-Verträgen*, NJW 1997, 1193-1199;
– no *Staudingers Kommentar zum BGB*, §§ 433-487 (2004), Vorbem zu §§ 481-487.

Martinez, José – *vide* Düssing, Mechtild.

Martino, Francesco de – *Della proprietà* (artigos 810-956), no *Commentario*, de Antonio Scialoja/Giuseppe Branca, 4.ª ed., 1976.

Martins, António Carvalho – *Acessão*, 1992.

Marty, Gabriel/Raynaud, Pierre – *Droit civil*, II – *Les biens*, I, 1965.

Marzo, Salvatore di – *Proprietà*, NDI X (1939), 670-673.

Massa, Michele – *Confisca (diritto e procedura penale)*, ED VIII (1961), 980-992.

Mattei, Ugo – *I diritti reali*, 2 – *La proprietà*, 2.ª ed., 2019.

Maunz, Theodor – *Hauptprobleme des öffentlichen Sachenrechts/Eine Studie zur Methodik und Dogmatik des deutschen Verwaltungsrechts*, 1933.

Mayer, Franz/Kopp, Ferdinand – *Allgemeines Verwaltungsrecht*, 5.ª ed., 1985.

Mayer, Otto – *Eisenbahn und Wegerecht*, AöR 16 (1901), 38-87 e 203-243;
– *Le droit administratif allemand*, com pref. de H. Berthélemy, 1905;
– *Deutsches Verwaltungsrecht*, 2, 2.ª ed., 1917 e 3.ª ed., 1924.

Mayer, Ruy – *O problema da água na agricultura portuguesa*, BFD VIII (1926), 116-141.

McFarlane, Ben/Hopkins, Nicholas/Nield, Sarah – *Land Law*, 2.ª ed., 2020.

Medeiros, Rui – *vide* Miranda, Jorge.

Medicus, Dieter – recensão a Mario Bretone, *La nozione romana di usufrutto* – I. *Dalle origini a Diocleziano* (1962), SZRom 81 (1964), 424-430.

Medina, José Miguel Garcia/Araújo, Fábio Caldas de – *Código Civil comentado*, 2014.

Mehll-Schonder, Marie-Christine/Driard, Jacques-Henri/Grand, Remi/Ibanez, Patrice/Pissaloux, Jean-Luc – *Code de l'urbanisme/Annoté et Commenté*, 30.ª ed., 2021.

Meincke, Jens Peter – *Superficies solo cedit*, SZRom 88 (1971), 136-183.

Mell, Wolfgang-Rüdiger – recensão a Ursula Floβmann, *Eigentumsbegriff und Bodenordnung im historischen Wandel/Ein Beitrag zum Rechtsverständnis der kontitutionellen Eigentumsgewähleistung des 19. Jahrhundert* (1976), SZGerm 95 (1978), 371-377.

Melo, Marco Aurélio Bezerra de – *Direito civil/Coisas*, 2019.

Melo, Pascoal de – *Institutiones Juris Civilis Lusitani*, Liber III, *De jure rerum*, 4.ª ed., 1815, reimp., 1845, trad. de Miguel Pinto de Meneses, *Instituições do Direito civil português*, BMJ 165 (1967), 52-53;

– *Institutiones juris civilis lusitani*, Liber IV – *De obligationibus et actionibus*, ed. 1815, reimp. 1845;
– *Instituições de Direito Civil Português*, Liv. I – *Direito público*, Título IV – – *Do erário e do fisco*, BMJ 161 (1966), 132 ss..

Mendes, Armindo Ribeiro – *A propriedade horizontal no Código Civil de 1966*, ROA 1970, 5-78.

Mendes, Isabel Pereira – *Direito real de habitação periódica*, 1993.

Mendes, Joana – *Direito administrativo da água*, em Paulo Otero/Pedro Gonçalves, *Tratado de Direito administrativo especial* 2 (2009), 12-134.

Mendes, João de Castro/Sousa, Miguel Teixeira de – *Manual de processo civil*, 1, 2022.

Mengoli, Giancarlo – *O Direito do urbanismo em Itália*, INA/*Direito do urbanismo* (1989), 161-186.

Merêa, Paulo – *Codigo civil brasileiro anotado*, 1917.

Merkens, Dieter – em Burkhard Messerschmidt/Wolfgang Voit, *Privates Baurecht*, 4.ª ed., 2022, §§ 644-645, 1515-1559.

Mertens, Hans-Georg – *Zum Inhalt des Beseitigungsanspruchs aus § 1004 BGB*, NJW 1972, 1783-1786.

Mesquita, Manuel Henrique – *Uma nova figura real: o direito de habitação periódica*, RDE VIII (1982), 49-60;
– *Obrigações reais e ónus reais*, 1990;
– anotação a STJ 3-abr.-1991 (Ricardo da Velha), BMJ 406 (1991), 644-652 = RLJ 128 (1995), 119-126, *idem*, 126-128 e 149-154.

Mesquita, Miguel – *A oposição às emissões em relações de vizinhança*, Est. Manuel Henrique Mesquita, II (2009), 197-225.

Messerschmidt, Burkhard – em Burkhard Messerschmidt/Wolfgang Voit, *Privates Baurecht*, 4.ª ed., 2022, § 632.ª, 976-1007, §§ 639-641, 1266-1490, § 646, 1559-1560 e § 650g, 1783-1809.

Messerschmidt, Burkhard/Voit, Wolfgang – *Privates Baurecht/Kommentar zu §§ 613 ff BGB samt systematischen Darstellungen sowie Kurzkommentieriung zu VOB/B, HOAI und BauFordSiG*, 4.ª ed., 2022.

Messineo, Francesco – *La servitù (Artt. 1027-1099 Cod Civ.)*, 1949.

Meuron, Stephan – *De iure et controversiis limitum ac finium regundorum*, 1693.

Meyer – *Ueber das Verhältniß der rei vindicatio zur actio Publiciana*, AcP 79 (1892), 446-450.

Miceli, Thomas J. – *Economics of the Law/Torts, Contracts, Property, Litigation*, 1997.

Michalski, Lutz – *Anwendungsbereich, Funktion und dogmatische Einordnung der Eigentümer-Besitzer-Verhältnisses*, FS Wolfgang Gitter 65. (1995), 577-646.

Milushka, Rojas Ulloa – *La naturaleza jurídica de la multipropiedad/Forma moderna e práctica de adquirir un bien immueble*, 2011.

Miranda, Alcir Gursen de – *Direito agrário e ambiental*, 2003.
Miranda, João – *Estudos de Direito do ordenamento do território e do urbanismo*, 2016.
Miranda, Jorge/Medeiros, Rui – *Constituição Portuguesa Anotada*, I, 2.ª ed., 2010; II, 1.ª ed., 2006.
Miranda, Pontes de – *Tratado de Direito privado*, XII, 1955.
Mitteis, Heinrich – *vide* Cosack, Konrad.
Mittermaier – *Beiträge zur Lehre der Beweislast bei der actio negatoria*, AcP 19 (1836), 285-302.
Mocci, Antonio – *Ferrovie dello Stato*, ED XVII (1968), 219-262.
Molina, Mónica Castagna/Sousa Júnior José Geraldo de/Neto, Fernando da Costa Tourinho – *Introdução crítica ao Direito agrário*, 2002.
Sousa Júnior José Geraldo de/Neto, Fernando da Costa Tourinho – *Introdução crítica ao Direito agrário*, 2002.
Mommsen, Theodor – *Corpus iuris civilis/Digesta*, I, 8.ª ed., 1899.
Moncada, Luís Cabral de – *Lições de Direito civil*, 2, 3.ª ed., 1959.
Moniz, Ana Raquel Gonçalves – *A concessão de uso privativo do domínio público: instrumento de dinamização dos bens dominiais*, Est. Castanheira Neves 3 (2010), 293-366.
Monteiro Filho, Carlos – *vide* Tepedino, Gustavo.
Moreira, Carlos – *Do domínio público*, 1 – *Os bens dominiais*, 1931.
Moreira, Guilherme Alves – *Instituições de Direito civil*, III – *Dos direitos reaes*, s/d, mas 1904;
– *As águas no Direito civil portuges*, I – *Propriedade das águas*, 2.ª ed., 1960 e II – *Das servidões das águas*, 2.ª ed., 1960, equivalente à original, de 1919.
Moreira, Rodrigo – *vide* Antunes, Ana Filipa Morais;
– *vide* Antunes, Henrique Sousa.
Moreira, Vital – *vide* Canotilho, Gomes.
Moreno, Alejo Garcia (org.) – *Código civil español*, 2.ª ed., 1906.
Mosich, Walther – *Das Grundeigen und seine Begrenzung nach §§ 905 und 906 BGB*, JhJb 80 (1930), 254-330.
Moufang, Oliver/Koos, Oliver – em Burkhard Messerschmidt/Wolfgang Voit, *Privates Baurecht*, 4.ª ed., 2022, §§ 633-638, 1008-1266.
Moutinho, José Lobo/Bernardes, Luís – *Estudo sobre o direito real de habitação periódica*, DJ VII (1993), 403-416 e VIII (1994), 295-364.
Muckel, Stefam/Ogorek, Markus – *Öffentliches Baurecht*, 4.ª ed., 2020.
Muller, Gustav – *The Legal-Historical Context of Urban Forced Evictions in South Africa*, Fundamina 19/2 (2013), 367-396.
Müller, Klaus – *Deliktsrechtliche Haftung im Eigentüner-Besitzer-Verhältnis*, JuS 1983, 516-520.

Murphy, Liam/Nagel, Thomas – *The Myth of Ownership/Taxes and Justice*, 2002.
Musolino, Giuseppe – em Filippo Preite/Marcello di Fabio, *Codice della proprietà e dei diritti immobiliari* (2015), art. 1117-1138 (2527-2554).

Nabais, José Casalta – *Regime dos bens culturais móveis*, RLJ 151 (2021), 73-98.
Nader, Paulo – *Curso de Direito civil*, 4 – *Direito das coisas*, 7.ª ed., 2017.
Nagel, Matthias – *Erbbaurechtsgesetz*, 2022.
Nagel, Thomas – *vide* Murphy, Liam.
Nair, Arune – *vide* Mackenzie, Judith-Anne.
Nascimento, Paulo Soares do – *O direito de superfície previsto no artigo 1526.º do Código Civil: direito de sobreelevação*, Est. Martim de Albuquerque (2010), 539-578.
Nazareno-Mizzau, Marco/Parodi, Nuccia – em Filippo Preite/Marcello di Fábio, *Codice della proprietà e dei diritti immobiliari* (2015), 812.º.
Neto, Abílio – *Código civil anotado*, 20.ª ed., 2018.
Neto, Fernando da Costa Tourinho – *vide* Molina, Mónica Castagna.
Neuenschwander, Urs – *Die Leistungspflichten der Grundeigentümer im französischen Code Civil und im schweizerischen ZGB unter besonderer Berücksichtigung des Nachbarrechts*, 1966.
Neuner, Georg – *Wesen und Arten der Privatrechtsverhältnisse/Eine civilistische Ausführung, nebst einem Anhange, den Grundriß zu einem neuen Systeme für die Darstellung des Pandektenrechts enthaltend*, 1866.
Nicolini, Ugo – *Espropriazione per pubblica utilità (storia)*, ED XV (1961), 802-806.
Nicolò, Rosario/Giorgianni, Michele – *Usufrutto*, NDI XII/2 (1940), 778-801.
Nield, Sarah – *vide* McFarlane, Ben.
Noguellou, Razen – *vide* Auby, Jean-Bernard.
Norer, Roland – *vide* Grimm, Christian.
Novais, António Reis – *Renúncia a direitos fundamentais*, DJAP, 1.º Supl., 2007, 409-425.

Oberhauser, Iris – em Burkhard Messerschmidt/Wolfgang Voit, *Privates Baurecht*, 4.ª ed., 2022, §§ 648-649, 1572-1600 e § 650h, 1809-1810.
Oberleitner, Franz – *Europäisches Wasserrecht/Die Gewässer in Rechtsvorschriften der Europäischen Gemeinschaft*, 2009.
Oechsler, Jürgen – *Vertragliche Schuldverhältnisse*, 2.ª ed., 2017;
– no *Münchener Kommentar zum BGB*, 8, 8.ª ed. (2020), §§ 958-964.
Oertmann, Paul – *Der Dinglichkeitsbegriff*, JhJb 31 (1892), 415-467;
– *Zur Struktur der subjektiven Privatrecht*, AcP 123 (1925), 129-160.
Ogorek, Markus – *vide* Muckel, Stefam.

Oliveira, Fernanda Paula – *Direito do urbanismo/Do planeamento à gestão*, 4.ª ed., 2021.
Olsen, Dirk – *Die geschichtliche Entwicklung des zivilrechtlichen Eigentumsbegriffs*, JuS 1984, 328-335.
Onions (ed.), C. T. – *The Oxford Dictionary of English Etymology*, 1966.
Opitz, Oswaldo – *vide* Opitz, Silvia.
Opitz, Silvia/Opitz, Oswaldo – *Curso completo de Direito agrário*, 11.ª ed., 2017.
Ordenações Afonsinas – 5 livros, ed. Gulbenkian.
Ordenações Filipinas – 5 livros, ed. Gulbenkian.
Ordenações Manuelinas – 5 livros, ed. Gulbenkian.
Ors, Álvaro d' – *Derecho privado romano*, 10.ª ed., 2004.
Ortloff, Hermann – *Rechtsschutz betr. Uebergang, Ueberfall, Grenzbaum im Nachbarrecht*, AbürgR 17 (1900), 234-291.
Ossenbühl, Fritz – *Staatshaftungsrecht*, 5.ª ed., 1998.
Ossenbühl, Fritz/Cornils, Mathias – *Staatshaftungsrecht*, 6.ª ed., 2013.
Ossig, Alfred – *Römisches Wasserrecht*, 1898.
Ott, Claus – *vide* Schäfer, Hans-Bernd.
Otte, Gerhard – recensão a Elke Herrmann, *Der Störer nach § 1004 BGB/Zugleich eine Untersuchung zu den Verpflichteten der §§ 907, 908 BGB* (1987), AcP 195 (1995), 303-306.
Otto, Carl Ed./Schilling, Bruno/Sintenis, Carl Friedrich Ferdinand – *Das Corpus Juris Civilis in's Deutsche übersetzt*, IV, 1831.
Ottolenghi, Enzo – *vide* Tabet, Andrea.

Pacheco, A. F. Carneiro – *Código Civil português actualizado*, I, 1920.
Paladini, Andrea – *Superficie (diritto romano)*, NssDI XVIII (1971), 941-944.
Pampaloni, Muzio – *Sopra il significato delle parole ferruminare ed adplumbare nelle pandette e sopra il fondamento giuridico dell'acquisto di proprietà per ferruminazione in diritto romano*, AG XXIII (1879), 223-299;
– *Il concetto classico dell'usufruto*, BIDR XXII (1910), 109-154.
Pamplona Filho, Rodolfo – *vide* Gagliano, Pablo Stolze.
Panero, Francesco – *La servitù tra Francia e Italia nei secoli IX-XIV/Un problema si storia comparata*, Studi storici 32 (1991), 799-836.
Papier, Hans-Jürgen – *Recht der öffentlichen Sachen*, 3.ª ed., 1998;
– *Recht der öffentlichen Sachen*, em Dirk Ehlers/Hermann Pünder, *Allgemeines Verwaltungsrecht*, 15.ª ed. (2016), § 38 (815-879).
Pappermann, Ernst – *Grundfälle zum öffentlichen Sachenrecht*, JuS 1979, 794-799.
Pappermann, Ernst/Lühr, Rolf-Peter/Andriske, Wolfgang – *Recht der öffentlichen Sachen*, 1987.
Pardal, Francisco Rodrigues/Fonseca, Manuel Baptista Dias da – *Da propriedade horizontal no Codigo Civil e legislação complementar*, 2.ª ed., 1979.

Parmigiani, Umberto – em Massimo Franzoni/Rita Rolli, *Codice civile commentato con dottrina e giurisprudenza*, I, 2018.

Parodi, Nuccia – *vide* Nazareno-Mizzau, Marco.

Paterno, Giovanni – *La servitù di elettrodotto*, 2000.

Patti, Claudia – em Massimo Franzoni/Rita Rolli, *Codice civile commentato con dottrina e giurisprudenza*, I, 2018.

Paulick, Heinz – *Zur Dogmatik des Wohnungseigentums nach dem* Wohnungseigentumsgesetz *vom 15. März 1951*, AcP 152 (1952/1953), 420-432.

Pawlowski, Hans-Martin – *Substanz- oder Funktionseigentum?*, AcP 165 (1965), 396-420.

Peine, Franz-Joseph – *Das Recht der des öffentlichen Sachen/neue Gesetze und Rechtsprechung im Überblick*, JZ 2006, 593-608.

Pejovich, Svetozar – *The Economics of Property Rights/Towards a Rheory of Comparative Systems*, 1990.

Penco, Angel Acedo – *Derechos reales y derecho immobiliario registral*, 3.ª ed., 2016.

Pereira, Caio Mário da Silva – *Instituições de Direito Civil*, IV – *Direitos reais*, 27.ª ed., 2019.

Pereira, Manuel Gonçalves – *Expropriações por utilidade pública*, BMJ 109 (1961), 45-359.

Peretti-Griva, Domenico Riccardo – *Il regime della proprietà delle case divisi fra più condomini: studio teorico-pratico com referimenti di giurisprudenza*, 1928;

– *Casa di vari proprietari*, NDI II (1937), 911-917.

Périnet-Marquet Hugues – *vide* Auby, Jean-Bernard.

Perlingieri, Pietro – *Introduzione alla problematica della proprietà*, 1971.

Pernigotti, Ugo – *Acque pubbliche*, ED I (1958), 400-429.

Perozzi, Silvio – *Perpetua causa nelle servitù prediali romane*, sep. RISG XIII, 1893.

Perticone, Giacomo – *La proprietà e i suoi limiti*, 1930.

Pescatore, Gabriele/Ruperto, Cesare – *Codice civile annotato*, 7.ª ed., 1978.

Pessoa, Diogo – em UCP/*Comentário ao Código Civil/Direito das coisas* (2021), 165-166.

Peters, Frank – recensão a Francesco Sitzia, *Ricerche in tema di "actio aquae pluviae arcendae"/Dalle XII tavole all'epoca clássica* (1975), SZRom 96 (1979), 413-415;

– *Das Pfandrecht als Recht zum Besitz/Zur Wirkungsweise des § 986 BGB*, JZ 1995, 390-392.

Peters, Frank/Jacoby, Florian – no *Staudingers Kommentar zum BGB*, §§ 631-651 (*Werkvertragsrecht*), 2014.

Petrocchi, Carlo – *Acque (diritto privato)*, NssDI I/1 (1957), 206-201.

Pezzana, Aldo – *Azione confessoria e negatoria (diritto romano)*, ED, IV (1959), 838-842.

Pfeifer, Axel/Diehn, Thomas – no *Staudingers Kommentar §§ 925-984*, 2017.

Pflüger, H. H. – *Ueber die probatio diabolica*, AcP 77 (1891), 16-27.

Pfordten, L. von der – *Ueber den Unterschied zwischen servitutes praediorum urbanorum und rusticorum*, AcP 22 (1839), 6-31.

Picard, Maric – *vide* Planiol, Marcel.

Picece, Luigi – *Le teorie del diritto di proprietà/studio critico-ricostruttivo*, 1911.

Pick, Eckhart – *vide* Bärmann, Johannes.

Picker, Eduard – *Der negatorische Beseitigungsanspruch*, 1972;

– recensão a Gerhard Hohloch, *Die negatorischen Ansprüch und ihre Beziehungen zum Schadensersatzrecht* (1976), AcP 178 (1978), 499-504.

Pierazzi, Eleonora Maria – *vide* Labò, Jacobo.

Pimenta, Paulo – *vide* Geraldes, António Abrantes.

Pinho, José Cândido de – *As águas no Código Civil*, 2005.

Pinto, Carlos Mota – *Direitos reais*, 1971, reimp., 1975;

– *Compropriedade, propriedade horizontal, direito de superfície, servidões prediais, usufruto, uso e habitação*, sep. RDES 1977.

Pinto, Mário Jorge de Lemos – *Código das expropriações anotado*, 1984.

Pinto, Mário Luís Rocha – *vide* Rodrigues, Teresa.

Pinto, Paulo Mota – *O direito das coisas no primeiro século de vigência do Código Civil*, em António Pinto Monteiro (coord.), *50 anos do Código Civil* (2019), 185-209.

Pinto, Rui/Trindade, Cláudia – *Código Civil anotado* (coord. Ana Prata), II (2017), 138-143.

Pires, António – *Da propriedade por andares*, 1949, dact..

Piscione, Piergiovanni – *Confisca (diritto amministrativo)*, ED VIII (1961), 974-980.

Pissaloux, Jean-Luc – *vide* Mehll-Schonder, Marie-Christine.

Pissarra, Nuno Andrade – *Das ações reais* 1, 2021.

Pitão, Gustavo França – *vide* Pitão, José António França.

Pitão, José António França/Pitão, Gustavo França – *Condomínio e propriedade horizontal*, 2.ª ed., 2020.

Placentinus – *Summa de actionum varietatibus* (séc. XII), ed. Ludwig Wahrmund, *Die summa "De actionum varietatibus" des Placentinus*, em *Quellen zur Geschichte des römisch-kanonischen Processes im Mittelalter*, IV/3, 1925.

Planck – *Kommentar zum BGB*, III – *Sachenrecht*, 3.ª ed., 1906.

Planck, Gottlieb – (org.) *Bürgerliches Gesetzbuch Kommentar*, III – *Sachenrecht*, 3.ª ed., 1906.

Planck's Kommentar zum BGB, 3.ª ed., 1906.

Planiol, Marcel – *Traité élémentaire de droit civil*, 1, 3.ª ed., 1904.

Planiol, Marcel/Ripert, Georges/Picard, Maric – *Traité pratique de Droit civil français*, III, 2.ª ed., 1952.
Platner, Viktor – *Sachenrecht*, 1875.
Plisecka, Anna – *Accessio and specificatio reconsidered*, TS 74 (2006), 45-60.
Plucknett, Theodore F.T. – *A Concise History of the Common Law*, 2010.
Pollice, Paolo – *Introduzione allo studio di diritti reali*, 1999.
Possner, Richard Allen – *Economic Analysis of Law*, 5.ª ed., 1998.
Pothier, Robert-Joseph – *Traité du contrat de société/Second Appendice, Du voisinage* = *Œuvres de Pothier*, IV, 1846, reimp, 1993;
– *Premier appendice du contrat de société/Du quasi-contract de société* = *Œuvres de Pothier*, IX, 1846, reimp., 1993;
– *Traité du droit de domaine de propriété* (1772) = *Œuvres de Pothier*, IX (1846, reimp., 1993),
Preite, Filippo/Fabio, Marcello di – (org.) *Codice della proprietà e dei diritti immobiliari*, 2015.
Priet, François – *vide* Jacquot, Henri.
Projecto de Codigo Civil Portuguez, 1867.
Projecto de Código Civil, 1966.
Puchta, Georg Friedrich – *Pandekten*, 7.ª ed., por Adolph Rudorff, 1853.
Pugliatti, Salvatore – em Mariano d'Amelio (dir.), *Codice civile/Libro della proprietà/Commentario* (1942), 121-523;
– *La proprietà nel nuovo diritto*, 1964;
– *vide* Lovato, Andrea.
Pugliese, Giovanni – *Abitazione e uso (diritto romano)*, NssDI I/1 (1957), 55-56;
– *Usufrutto (diritto romano)*, NssDI XX (1975), 316-326.

Queiró, Afonso – *Lições de Direito administrativo*, 2, 1959;
– *As praias e o domínio público*, RLJ 96 (1964), 321-324, 337-341 e 353-355.
Querci, Francesco Alessandro – *Demanio marittimo*, ED XII (1964), 92-110.

Raff, Thomas – no *Münchener Kommentar zum BGB*, 8, 8.ª ed., 2020.
Raiser, Ludwig – *Eigentumsanspruch und Recht zum Besitz*, FS Martin Wolff (1952), 123-139;
– *Verwendungsansprüche des Werkunternehmers*, JZ 1958, 681-685;
– *vide* Wolff, Martin.
Ramos, José Luís Bonifácio – *O regime e a natureza jurídica do direito dos recursos geológicos dos particulares*, 1994;
– *As coisas públicas nos finais do século XX*, Estudos em Honra de Pedro Soares Martinez 2 (2000), 547-570;
– *O achamento de bens culturais subaquáticos*, 2008;

– *O domínio público e o domínio privado: mitos e sonhos*, Est. Sérvulo Correia II (2010), 487-522 = O Direito 141 (2009), 815-852;
– *Direitos reais administrativos: ficção ou realidade?*, 2019;
– *Direitos reais e bens culturais móveis*, 2021;
– *Manual de Direitos Reais*, 2.ª ed., 2020.

Rapp, Manfred – no *Staudingers Kommentar zum BGB*, 3 – *Sachenrecht, ErbbauRG, §§ 1018-1112* (2017), 1-275.

Raynard, Jacques/Seube, Jean-Baptiste – *Droit civil/Contrats spéciaux*, 5.ª ed., 2015.

Raynaud, Pierre – *vide* Marty, Gabriel.

Rebelo, Marta Sá – em UCP/*Comentário ao Código Civil/Direito das coisas*, 2021, 627-651.

Rehme, Paul – recensão a Hermann Eichler, *Wandlungen des Wandlungen des Eigentumsbegriffes in der deutschen Rechtsauffassung und Gesetzgebung* (1938), SZ Germ 59 (1939), 617-619.

Reinhard – *Ueber das Recht des Eingenthümers, gegenüber dem Nachbarrecht und dem Recht auf Entschädigung/Dabei insbesondere von der cautio damni infecti und der actio negatoria*, AcP 30 (1847), 216-248.

Reinhard, Micahel – *Wasserrecht*, 3.ª ed., 2020.

Reinhard, Rudolf – *Wo liegen für den Gesetzgeber die Grenzen, gemäß Art. 14 des Bonner Grundgesetzes über Inhalt und Schranken des Eigentums zu bestimmen?*, em Reinhard/Scheuner, *Verfassungsschutz des Eigentums/zwei Abhandlungen* (1954), 1-62.

Reinhardt e outros, Micahel – *Wasserverbandsgesetz*, 2.ª ed., 2021.

Reis, José Alberto dos – *Código de Processo Civil explicado*, 1939;
– *Código de Processo Civil anotado*, III, 1950.

Renteria, Pablo – *vide* Tepedino, Gustavo.

Rescigno, Pietro – *Per uno studio sulla propietà*, RDCiv XVIII (1972), I, 1-67.

Resina, Judith Sole – *Codi Civil de Catalunya*, 14.ª ed., 2020.

Reymann, Christoph – no *Staudingers Kommentar, §§ 1018-1112* (2017), §§ 1105-1112.

Riboldi, Cesare – *Ferrovie concesse*, ED XVII (1968), 263-288.

Ricci, Francesco – *Abitaziome e uso*, NDI I (1937), 36-43.

Riccio, Angelo – em Massimo Franzoni/Rita Rolli, *Codice civile commentato*, I (2018), 1254-1270.

Riccobono, Salvatore – *Interpretazione e critica del fr. 63 D. 24-1 Paulus III, ad neratium ed il requesito della furtività nell'actio de tigno iunato*, AG LIII (1894), 521-543 e AG LIV (1895), 265-281;
– *Lezioni di Istituzioni*, 1907-1908;
– *Usus*, em St. Vittorio Scialoja I (1933), 579 ss.;
– *Mala fides superveniens nocet*, Appolinaris 21 (1948), 25-35.

Rigault, Nicolas – *Auctores finium regundorum*, 1614.

Ring, Gerhard – *vide* Jeromin, Curt M..

Rintelen, Claus von – em Burkhard Messerschmidt/Wolfgang Voit, *Privates Baurecht*, 4.ª ed., 2022, § 631, 913-957 e §§ 650a-650b, 1643-1691.

Ripert, Georges – *vide* Planiol, Marcel.

Riss, Olaf – *vide* Iro, Gert.

Rizzi, Luigi/Rizzi, Vincenzo – *Il condominio negli edifici e le enorme sulla comunione generale secondo il vigente codice civile (Artt. 1100-1139)*, 1, 1964.

Rizzi, Vincenzo – *vide* Rizzi, Luigi.

Rocha, Manuel António Coelho da – *Instituições de Direito civil portuguez*, 2.ª ed., 1848.

Rodger, Alan – *Actio Confessoria and Actio Negatoria*, SZRom 88 (1971), 184--214;

– *The Palingenesis of Paul's Commentary on the actio aquae pluviae arcendae*, SZRom 105 (1988), 726-728.

Rodrigues Júnior, Manuel – *A revindicação e o direito civil português*, RLJ 57 (1924), 113-115, 129-131, 145-146, 161-162, 177-179, 193-194 e 209-211;

– *A compropriedade no Direito civil português*, DLJ 58 (1925), 17-20, 33-36, 49-51, 65-68, 81-83 e 97-99.

Rodrigues, Carlos Gonçalves – *Da servidão legal de passagem*, 1962.

Rodrigues, Manuel – *A posse*, 1924.

Rodrigues, Teresa/Pinto, Mário Luís Rocha – *A evolução urbana em Portugal no último século (1890-1991)*, em População e sociedade 3 (1997), 7-22.

Röhl, Hans Christian – *vide* Röhl, Klaus F..

Röhl, Klaus F./Röhl, Hans Christian – *Allgemeine Rechtslehre/Ein Lehrbuch*, 3.ª ed., 2008.

Rohlfs, Gerhard – *Zur Herkumft von altfranz* ***Entercier***, Romanische Forschungen 64 (1952), 140-144.

Romano, Salvatore – *Sulla nozione di proprietà*, RTDPC XV (1960) 1, 337-352.

Römman, Thomas – *vide* Fehling, Michael.

Rönnberg, Wilhelm – *Die Grenzschweidungsklage nach römischem und gemeinem Recht sowie nach den Entwürfen eines bürgerlichen Gesetzbuches für das Deutsche Reich*, AburgR 11 (1896), 119-179 e 251-286.

Rosa, Elena la – *vide* Tommasini, Raffaele.

Rosa, Salvatore – *vide* Sandulli, Aldo M..

Rossano, Michele – *L'espropriazione per pubblica utilità*, NssDI VI (1960), 937-955;

– *L'espropriazione per pubblica utilità*, I, 1964.

Rosser, Gervase – *vide* Holt, Richard.

Rossi, Adelaide – em Massimo Franzoni/Rita Rolli, *Codice civile commentato con dottrina e giurisprudenza*, I, 2018.

Rossi, Giovanni – *Usufrutto (diritto intermedio)*, ED XLV (1992), 1100-1111.

Roth, Herbert – *Das Eigentümer-Besitzer-Verhältnis*, JuS 2003, 936-943;
– *vide* Staudinger, Ansgar.

Rougevin-Baville, Michel/Saint Marc, Renaud Denoix de/Labetoulle, Daniel – – *Leçons de droit administratif*, 1989.

Ruhwinkel, Sebastian – no *Münchener Kommentar zum BGB*, 8, 8.ª ed., 2020.

Rümelin, G. – recensão a Scheurl, *Zur Lehre von der Teilbarkeit der Rechte. Bedeutung der Begriffsbildung und legislatorische Behandlung*, JhJb 28 (1889), 386-484.

Ruperto, Cesare – *vide* Pescatore, Gabriele.

Russo, Giacomo – *Accessione (diritto di)*, NDI I (1937), 67-77;
– em Mariano d' Amelio, *Codice civili/Libro della proprietà/Commentario* (1942), 498 ss..

Saint Marc, Renaud Denoix de – *vide* Rougevin-Baville, Michel.

Saliou, Catherine – *Aux limites du jardin. Le droit et les limites du jardin dans le monde romain*, em Paul van Ossel/Anne-Marie Guinier-Sorfets, *Archéologie des jardins* (2014), 195-202.

Saliou, Catherine – *Les lois des bâtiments/Voisinage et habitat urbain dans l'Empire romaine*, 2015.

Salis, Lino – *La comunione*, 1939;
– *Il condominio negli edifici*, NssDI III (1959), 1116-1162;
– *Il condominio negli edifici*, 2.ª ed., 1956;
– *Superficie (diritto civile)*, NssDI XVIII (1971), 944-954.

Saller, Roland Rudolf – *vide* Grziwotz, Herbert.

Salvador, Manuel J. G. – *Elementos da reivindicação*, 1958;
– *Suplemento aos elementos da reivindicação*, 1962.

Samson, Benvenuto – *Die Wandlungen des Eigentumsbegriffs in der SBZ*, JR 1961, 41-47.

Sandulli, Aldo M. – *Autostrade*, ED IV (1959), 525-529;
– *Bene pubblici*, ED V (1959), 277-300.

Sandulli, Aldo M./Rosa, Salvatore – *Aerodromo*, ED I (1958), 637-641.

Sanfilippo, Cesare – *Accessione (diritto romano)*, NDI I (1937), 64-67 e NssDI I (1957), 129-132.

Sanger, August – *Gemeinschaft und Rechtsteilung*, 1913.

Sannwald, Rüdiger – em Schmidt-Bleibtreu e outros, *Grundgesetz Kommentar*, 14.ª ed., 2018.

Santis, Angelo Danilo de – em Filippo Preite/Marcello di Fabio, *Codice della proprietà e dei diritti immobiliari*, 2015.

Santos, Elsa Sequeira – *A aquisição por acessão é potestativa?*, Est. Oliveira Ascensão, 1 (2008), 697-710;
– *Código Civil anotado* (coord. Ana Prata), II, 2.ª ed., 2022.

Santos, J. A. – *Código das expropriações anotado e comentado*, 2.ª ed., 2000.

Santucci, Gianni – *Die rei vindicatio im klassischen Recht/Ein Überblick*, Fundamina 2014, 833-846.

Sardinha, José Miguel – *Direito do urbanismo e legislação complementar (Colectânea de legislação)*, 1993.

Sargenti, Manlio – *L'actio aquae pluviae arcendae/Contributo alla dottrina della responsabilità per danno nel diritto romano*, 1940.

Sartre, Jean-Paul – *Huis clos*, 1944, na ed. de 1947.

Saβ, Cral – *Preuβisches Baupolizeirecht*, 1909.

Scacchi, Arianna – *La proprietà temporanea*, 2005.

Scaduto, Gioacchino – em Mariano d' Amelio (org.), *Codice civile/Libro della proprietà/Commentario* (1942), 899-900.

Scapini, Nevio – *Usufrutto (dirito romano)*, ED XLV (1992), 1088-1100.

Schäfer, Hans-Bernd/Ott, Claus – *Lehrbuch der ökonomischen Analyse des Zivilrecht*, 4.ª ed., 2005.

Schapp, Jan – *Das Verhältnis von privatem und öffentlichem Nachbarrecht* (1978), 256 pp., com rec. Otto Mühl, AcP 180 (1980), 300-307, onde pode ser confrontado um resumo da obra.

Scheele, E. – *Das Preussische Wasserrecht*, 1860.

Schilling, Bruno – *vide* Otto, Carl Ed..

Schlimpert, Denis – *Integrale und funktionale Verbindung aus Sachen im französischen und deutschen Recht*, 2015.

Schlossmann, Siegmund – *Ueber den Begriff des Eigenthums*, JhJb 45 (1903), 289-390.

Schmidt, Adolf – *Das Recht der Superficies*, SZRom 11 (1890), 121-164.

Schmidt, Friedrich Victor – *De actione finium regundorum*, 1850.

Schmidt-Jortzig – *Vom öffentlichen Eigentum zur öffentliche Sache*, NVwZ 1987, 1025-1031.

Schmidt-Rimpler, Walter – *Die Eigentümerdienstbarkeit: zugleich in Beitrag zur Lehre von der Konfusion dinglicher Rechte, nebst einem Excurs über die Erbenhaftung im B.G.B.*, 1911.

Schnabel, Christian – recensão a Peter Christiaan van Es, *De actio negatoria. Een studie naar de rechtsvorderlijke zijde van het eigendomsrecht* (2005), SZRom 127 (2010), 629-632.

Schoemam – *vide* Silberg.

Schöllbauer, Ernst – *Die actio aquae pluviae arcendae/Ein Beitrag zur Geschichte des römischen Agrarrechtes*, SZRom 54 (1934), 233-257.

Schönfeld, Friedrich – *Verwendungsansprüche des Werkunternehmers bei Unwirksamkeit des Werkvertrages*, JZ 1959, 301-304.

Schroeder, Klaus-Peter – *Grundgesetz und Schatzregal*, JZ 1989, 676-679.

Schubert, Werner – *vide* Jakobs, Horst Heinrich.

Schubert, Werner – *Zur Entstehung der VOB (Teile A und B) von 1926*, FS Hermann Korbion. 60 (1986), 389-410.

Schulz, Fritz – *System der Rechte auf den Eingriffserwerb*, AcP 105 (1909), 1-488.

Schulze, Reiner – *vide* Dannemann, Gerhard.

Schünemann, Wolfgang B. – *Grundprobleme der Gesamthandgesellsschaft*, 1975.

Schuppert, Gunnar Folke – *Eigentum Neu Denken/Ein Rechtsinstitut zwischen Wandel und Resilienz*, 2019.

Schwarz, Otto Georg – *Die Gestaltung der actio finium regundorum in den XII Tafeln und den Schriften der römischen Feldmesser/ein Beitrag zur Geschichte des römischen Civilprozesse*, 1897.

Schwenker, Christian/Wessel, Markus – em Burkhard Messerschmidt/Wolfgang Voit, *Privates Baurecht*, 4.ª ed. (2022), 2153-2247.

Schwenker, Hans Christian/Wessel, Markus – em Burkhard Messerschmidt//Wolfgang Voit, *Privates Baurecht*, 4.ª ed., 2022, §§ 650p-650t, 1914-1948.

Schwiedland, Eugen – *Das Eigentum*, 2.ª ed., 1918.

Schwind, Ernst Freih. von – *Die Reallastenfrage*, JhJb 33 (1894), 1-148.

Scialoja, Vittorio – *Teoria della proprietà nel diritto romano*, por Pietro Bonfante, I, 1933 e II, 1939.

Sciascia, Gaetano – *Occupazione*, NDI IX (1939), 3.

Sciumè, Alberto – *Rivendicazione (diritto intermedio)*, ED XLI (1989), 29-49.

Scola, Sara – *vide* Labò, Jacobo.

Scuto, Carmelo – *Delle servitù prediali*, 1929.

Seabra, António Luiz de – *A propriedade. Philosophia do Direito. Para ser de introducção ao commentario sobre a lei dos foraes*. Vol. I, Parte I, 1850; – *Codigo Civil Portuguez*, 1859.

Seckelmann, Margrit – recensão a Hannes Siegrist/David Sugarmann, *Geschichte als historisch-vergleichende Eigentumswissenschaft/Rechts-, kultur- und gesellschaftsgeschichtliche Perspektiven*, em Siegrist/David Sugarmann, *Eigentum im internationalen Vergleich (18.-20. Jahrhundert)* (1999), SZGerm 119 (2002), 922-926.

Seidel, Hans-Jürgen – *Das Zurückbehaltungsrecht als Recht zum Besitz im Sinne des § 986 BGB?*, JZ 1993, 180-185.

Seiler, Hans Hermann – *vide* Behrends, Okko.

Seldon – *Mare clausum seu de dominio maris*, 1635.

Sell, Karl – *Römische Lehre der dinglichen Rechte oder Sachen-Rechte*, I – – *Römische Lehre des Eigenthums*, 2.ª ed., 1852.

Selmer, Peter – *Grundrechte: Ersteigerte Mobilfrequenznutzungsrechte als Eigentum*, JuS 2012, 1053-1055.

Sequeira, Elsa Vaz de – *Contitularidade de direitos: noção e efeitos*, ROA 2015, 859-893;

– *Da contitularidade de direitos no Direito civil/Contributo para a sua análise morfológica*, 2015;

– *Da distinção entre contitularidade de direitos e concorrência de direitos*, Est. Bernardo Xavier II (2015), 39-70;

– *Compropriedade: uso e administração da coisa comum*, em Elsa Vaz de Sequeira/Fernando Oliveira e Sá (org.), *Código Civil/Edição comemorativa do cinquentenário* (2017), 501-524;

– em UCP/*Comentário ao Código Civil/Direito das coisas*, 2021.

Serra, Adriano Vaz – *A revisão geral do Código Civil/Alguns factos e comentários*, BMJ 2 (1947), 24-76;

– anotação a STJ 2-fev.-1973, RLJ 107 (1974), 45-48;

– anotação a STJ 9-mar.-1976 (José António Fernandes), BMJ 255 (1976), 143-147 = RLJ 110 (1977), 59-61, *idem*, 61-64.

Seube, Jean-Baptiste – *vide* Raynard, Jacques.

Seuffert, Johann Adam – *Lehrbuch des praktischen Pandektenrechts*, I, 1825.

Sheehan, Duncan – *The Principles of Personal Property*, 2.ª ed., 2019.

Shomerus, Andreas – *Gerichtliche Durchsetzung von Rückzahlungsansprüchen aus Time-Sharing-Verträgen in Spanien*, NJW 1996, 3239-3243.

Siegrist, Hannes/Sugarmann, David – *Geschichte als historisch-vergleichende Eigentumswissenschaft/Rechts-, kultur- und gesellschaftsgeschichtliche Perspektiven*, em Siegrist/David Sugarmann, *Eigentum im internationalen Vergleich (18.-20. Jahrhundert)*, 1999.

Silberg/Schoemam – *The Law of Property*, 3.ª ed. por D.G. Kleyn/A. Boraine/W. der Plessis, 1952.

Silbert, Albert – recensão a José-Augusto França, *Une ville des lumières: la Lisbonne de Pombal* (1965), Revue Historique 236 (1966), 497-499.

Simler, Philippe – *vide* Terré, François.

Simmons, Alan H. – *The Neolitic Revolution in the Near East/Transforming the Human Landscape*, 2007.

Simoncelli, Domenico – *"Superficies"*, NDI XII/1 (1939), 1224-1225;

– *Diritti di superficie*, NDI XII/1 (1939), 1212-1224.

Sintenis, Carl Friedrich Ferdinand – *Das praktische gemeine Civilrecht*, I – *Die allgemeinen Lehren und das Sachenrecht*, I, 3.ª ed., 1868;

– *vide* Otto, Carl Ed..

Sirks, A. J. Boudevijn – *vide* Zwalve, Wilhelm J..

Sitzia, Francesco – *Ricerche in tema di "actio aquae pluviae arcendae"/Dalle XII tavole all'epoca clássica*, 1975;

– *Superficie (diritto romano)*, ED XLIII (1990), 1459-1463.
Soares, António Quirino Duarte – *Acessão e benfeitorias*, CJ/Supremo IV (1996) 1, 11-30;
– *Construção sobre edifício alheio*, DCP 12 (2005), 3-12.
Solidoro, Laura – *vide* Lovato, Andrea.
Sonnenberger, Jürgen – *vide* Ferid, Murad.
Sousa (de Lobão), Manuel de Almeida e – *Fasciculo de dissertações juridico--praticas*, 1816;
– *Tratado historico sobre todos os direitos relativos a cazas*, 1817;
– *Notas a Mello*, III, 1825;
– *Notas de uso pratico e criticas/addições, illustrações, e remissões (à imitação das de Muller a Struvio)/Sobre todos os Titulos e todos os §§ do Livro 3.º das Instituições de Direito Civil Lusitano do Doutor Pascoal José de Mello Freire*, Parte III, 1825;
– *Tratado historico, encyclopedico, critico, pratico sobre todos os direitos relativos a casas*, 1829, ed. Imprensa Nacional, 1881;
– *Tratado pratico e compendiario das aguas/Com duas dissertações analogas: primeira sobre as aguas pluviaes; segunda sobre as aguas subterrâneas*, 1911, reimp..
Sousa Júnior, José Geraldo de – *vide* Molina, Mónica Castagna.
Sousa, Luís Pires de – *vide* Geraldes, António Abrantes.
Sousa, Miguel Teixeira de – *vide* Mendes, João de Castro.
Spantigati, Frederico – *Diritto urbanístico*, 1990.
Sprau, Hartwig – no Christian Grüneberg (ex-Palandt), *Kommentar zum Bürgerliches Gesetzbuch*, 81.ª ed., 2022, 1331-1341.
Stammler, Rudolf – *Eigentum und Besitz*, no *Handwörterbuch der Staatswissenschaften*, III, 3.ª ed. (1909), 608-628.
Staudinger, Ansgar/Roth, Herber – no *Staudingers Kommentar zum BGB*, §§ 903-924, *Privates Nachbarrecht*, 2020.
Steimle, Theodor – *Das deutsche Recht und der Eigentumsbegriff*, Zeitschrift für Nationalökonomie/Journal of Economics 10 (1942), 293-304.
Stickler, Thomas – em Burkhard Messerschmidt/Wolfgang Voit, *Privates Baurecht*, 4.ª ed., 2022, §§ 642-643, 1490-1515.
Stiegler, Herwig – recensão a Maria Floriana Cursi, *Modus servitutis. Il ruolo dell'autonomia privata nella costruzione del sistema tipico delle servitù prediali* (1999), SZRom 121 (2004), 600-605.
Stieper, Malte – no *Staudingers Kommentar*, prenot. §§ 90-103 e §§ 90-124, 2017.
Stillicidio, NDI XII/1 (1940), 891-894 (sem indicação de autor).
Stober, Rolf – *vide* Wolff, Hans J..
Stolfi, Nicola – *Diritto civile*, II – *Diritti reali*, 1 – *Il possesso e la proprietà*, 1926;
– *Il possesso e la proprietà*, 1926.

Stollmann, Frank/Beaucamp, Guy – *Öffentliches Baurecht*, 12.ª ed., 2020.
Straub, Nadja – *Die Entwicklung des Wasserrecht in Preußen im 19. Jahrhundert*, 2019.
Stürner, Rolf – *vide* Baur, Fritz.
Sugarmann, David – *vide* Siegrist, Hannes.

Tabet, Andrea – *Specificazione (diritto vigente)*, NssDI XVII (1970), 1087-1090.
Tabet, Andrea/Ottolenghi, Enzo – *La proprietà*, 1968.
Talamanca, Mario – *Lineamenti di storia del diritto romano*, 2.ª ed., 1989.
Talice, Carlo – *Strade*, ED XLIII (1990), 1111-1130.
Tartuce, Flávio – *Direito civil*, 4 – *Direito das coisas*, 12.ª ed., 2020.
Tavares, José – *Os princípios fundamentais do Direito civil*, I, 2.ª ed., 1929.
Teixeira, António Ribeiro de Liz – *Curso de direito civil portuguez*, II/1, *Do direito das cousas com relação à propriedade illimitada*, 1848.
Teles, José Homem Correia – *Digesto Portuguez* 1, 3.ª ed., 1849; III, 3.ª ed., 1849.
Teonesco, Ferrarotti – *Commentario teorico pratico comparato al codice civile italiano*, II, 1873; III, 1873 e IV, 1873.
Tepedino, Gustavo/Monteiro Filho, Carlos/Renteria, Pablo – *Fundamentos de Direito civil*, 5 – *Direitos reais*, 2020.
Terré, François/Simler, Philippe – *Droit civil/Les biens*, 10.ª ed., 2018.
Tessera, Davide – *vide* Guarneri, Attilio.
Thibaut, Anton Friedrich Justus – *System des Pandekten-Rechts*, II, 5.ª ed., 1818.
Thode, Reinhold – em Burkhard Messerschmidt/Wolfgang Voit, *Privates Baurecht*, 4.ª ed., 2022, §§ 650u-650v, 1948-1963.
Thole, Christian – no *Staudingers Kommentar*, 3 – *Sachenrecht §§ 985-1011 (Eigentumsschutz und Eigentümer-Besitzer-Verhältnis)*, 2019.
Thomae, Johannes – *De finium regundorum*, 1650.
Thon, August – *Rechtsnorm und subjektives Recht/Untersuchung zur allgemeinen Rechtslehre*, 1878.
Thümmel, Hans-Wolf – *Abscheid vom Stockwerkseigentum (?)*, JZ 1980, 125-134.
Thür, Gerhard – *Justinians Publiciana und directa "in rem"*, SZRom 89 (1972), 362-375.
Tigerström, Friedrich Wilhelm von – *Die bonae fidei possessio oder das Recht des Besitzes/eine civilistische Abhandlung*, 1836.
Tobias, H. – *Eigentumserwerb durch Verbindung*, AcP 94 (1903), 371-464.
Tommasini, Raffaele/Rosa, Elena la – *I modi di acquisto della proprietà/Artt. 922-945*, em Francesco D. Busnelli (dir.), *Il codice civile/Commentario*, 2017.
Tönnies, Ferdinand – *Das Eigentum*, 1926.
Trabucchi, Alberto – *Occupazione (diritto privato)*, ED XXIX (1979), 616-626;
– *La facoltà di edificare tra diritto pubblico e diritto privato*, RDCiv XXVI (1980), II, 42-56.

Trifone, Romualdo – *Oneri reali (storia del diritto)*, NssDI XI (1965), 926-928.
Trindade, Cláudia – *vide* Pinto, Rui.
Triola, Roberto – *Vicinato*, ED XLVI (1993), 686-702;
– *La prelazione legale e voluntaria*, 2.ª ed., 2007;
– *La servitù/Artt. 1027-1099*, 2008.
Tuhr, Andreas von – *Allgemeiner Teil des Deutschen Bürgerlichen Rechts*/I – – *Allgemeine Lehre und Personenrecht*, 1910, reimp., 1957.

Ugolini, Sonia – em Massimo Franzoni/Rita Rolli, *Codice civile commentato con dottrina e giurisprudenza*, I, 2018.
Urbani, Paolo – *Urbanistica (diritto amministrativo)*, ED XLV (1992), 868-883.

Vacca, Letizia – *Derelictio e acquisto delle "res pro derelictio habitae": letture della fonti e tradizione sistemática*, 1984.
Valero, Antonio Monserrat – *Curso de derecho civil de Cataluña/Derechos Reales*, 2020.
Vangerow, Karl Adolph von – *Lehrbuch der Pandekten*, I, 7.ª ed., 1876.
Varela, João de Matos Antunes – *vide* Lima, Fernando Pires de.
Vasquez, Manuel Battle – *La propriedad de casas por pisos*, 2.ª ed., 1954 e 3.ª ed., 1956.
Vassalli, Filippo – *Per una definizione legislativa dei diritto di proprietà* (1939) = Studi Giuridici, II (1939), 367-372.
Venandet e outros, Guy – *Code Civil annoté*, 120.ª ed., 2021.
Venezia, Jean-Claude – *vide* Laubadère, André de.
Venezian, Giacomo – *Il diritto civile secondo la doctrina e la giurisprudenza*, 2 – – *Dell'usufrutto, dell'uso e dell'abitazione*, 1913.
Venosa, Sílvio de Salvo – *Direito civil*, 4 – *Direitos reais*, 20.ª ed., 2020.
Ventura, Raúl – *O direito de superfície*, RFDUL V (1948), 104-124;
– *História do Direito romano*, II – *Direito das Coisas*, 1968;
– *Aditamento às lições de História do Direito romano/Direitos Reais/O direito de usufruto*, 1971, polic..
Vidal, A. Lúcio – *O direito real de habitação periódica*, 1984.
Vidari, Gian Savino Pene – *Tesoro (diritto intermedio)*, ED XLIV (1992), 391-394.
Vieira, José Alberto – *Direitos Reais*, 3.ª ed., 2020.
Vieweg, Klaus/Werner, Almuth – *Sachenrecht*, 8.ª ed., 2008.
Vignali, Giovanni – *Commentario del codice civile italiano*, II, 1880.
Ville, Ernesto de la – *Trattato sintetico delle servitù prediali nei loro rapporti con gli altri istituti giuridici*, I – *Parte generale*, 1906; II – *Parte speciale/Acque e consorzi private*, 1910 e III – *Parte speciale/Communione, distanze, velute e passagio*, 1911.

Vinnius, Arnoldus – *In quatuor libros Institutionun imperialium commentarius academieus et forensi*, ed. Nuremberga, 1726.

Violante, Ana – em Massimo Franzoni/Rita Rolli, *Codice civile commentato con dottrina e giurisprudenza*, I, 2018.

Vitale, Vittorio – *Rivendicazione (Azione di) (Diritto commerciale)*, NDI XI (1939), 875-884.

Vitucci, Elio – *Proprietà (diritto civile)*, NDI X (1939), 673-695.

Vitucci, Paolo – *Utilità e interesse nelle servitù prediale/La costituzione convenzionale di servitù*, 1974.

Vogt, Gustav – *Zur Theorie der Handelsgesellschaft, insbesonder der Aktiengesellschaft*, ZHR 1 (1858), 477-539.

Vogt, Heinrich – *Das Erbbaurecht des klassischen römischen Rechts*, 1950.

Voigt, Moritz – *Über den Bestand und die historische Entwickelung der Servituten und Servitutenklagen während der römischen Republik*, 1874, separata.

Voit, Wolfgang – em Burkhard Messerschmidt/Wolfgang Voit, *Privates Baurecht*, 4.ª ed. (2022), 1965-2152;
– *vide* Messerschmidt, Burkhard.

Volterra, Edoardo – *Bibliografia di diritto agrario romano*, 1951;
– *Istituzioni di diritto privato romano*, 1961.

Wächter, Carl Georg von – *Pandekten*, publ. Oskar von Wächter, II, 1880.

Wald, Arnold – *Direito civil/Direito das coisas*, 13.ª ed., 2011.

Waldeck, Johann Peter – *Juris civilis heineccianne*, ed. Göttingen, 1800; ed. de Coimbra, 1814, reimp., 1887.

Walsmann, Hans – *Der Versicht/Allgemeine Grundlagen einer Versichtslehre im Privatrecht*, 1912.

Waltjen, Dagmar – *Das Eigentümer-Besitzer-Verhältnis und Ansprüch aus ungerechfertiger Bereicherung*, AcP 175 (1975), 109-142.

Ward, Peter D. – *Rare Earth: Why Complex Life is Uncommon in the Universe*, 2000.

Watson, Alan – *The Law of Property in the Lates Roman Republic*, 1968.

Weber, Max – recensão a Silvio Perozzi, *Perpetua causa nelle servitù prediali romane*, sep. RISG XIII (1893), SZRom 14 (1893), 290-292.

Wendt, Otto – *Lehrbuch der Pandekten*, 1888;
– *Ueber die Beweislast bei der rei vindicatio*, AcP 76 (1890), 397-438;
– *Wie etwas heißt und was es ist! Warnung vor falschen Schlußfolgerungen aus Namen und Bezeichnung*, AcP 103 (1908), 417-460.

Wenger, Leopold – recensão a Emilio Costa, *Le acque nel diritto romano* (1919), SZRom 41 (1920), 307-309;
– *Superficies solo cedit*, Philologus 88 (1933), 254-258.

Werner, Almuth – *vide* Vieweg, Klaus.

Wesener, Gunter – recensão a Giuseppe Grosso, *La servitù prediali nel diritto romano* (1969), SZRom 88 (1971), 435-440.

Wessel, Markus – *vide* Schwenker, Hans Christian.

Wicke, Hartmut – no Grüneberg (ex-Palandt) *Kommentar zum BGB*, 81.ª ed. (2022), 3039-3124.

Wieacker, Franz – *Wandlungen der Eigentumsverfassung*, 1935;
– *Sachbegriff, Sacheinbeit und Sachzuordnung*, AcP 148 (1943), 57-104.

Wiegand, Wolfgang – *vide* Gursky, Karl-Heinz.

Wieling, Hans Joseph – *Die Nutzungen des gutgläubigen Besitzers, insbesondere in fehlegeschlagenen Vertragsverhältnissen*, AcP 169 (1969), 137-170;
– *Von untergegangen, schlafenden und aufgewachten Eigentum bei Sachverbindungen*, JZ 1985, 511-518;
– recensão a Letizia Vacca, *Derelictio e acquisto delle "res pro derelictio habitae": letture della fonti e tradizione sistemática* (1984), SZRom 103 (1986), 556-561.

Wietek, Siegfried Manfred – *Wohnunseigentum in Frankreich*, 1976.

Wietersheim, Mark von – (org.) *Bauvertragsrecht nach BGB und VOB/B*, 2018;
– *Privates Baurecht*, 4.ª ed., 2021.

Willoweit, Dietmar – *Dominium und proprietas/Zur Entwicklung der Eigentumsbegriff in der mittelalterlichen und neuzeitlichen Rechtswissenschaft*, Historiches Jahrbuch 84 (1974), 131-156.

Windscheid, Bernhard – *Lehrbuch des Pandektenrechts*, I, 9.ª ed., por Theodor Kipp, 1906.

Windscheid, Bernhard/Kipp, Theodor – *Lehrbuch des Pandektenrechts*, 9.ª ed., 1906.

Wirth, Karl Friedrich – *Beiträge zur Systematik des römischen Civilrechts/insbesondere hinsichtlich obligatorischer und dinglicher Rechte*, 1856.

Wolff, Hans J./Bachof, Otto/Stober, Rolf – *Verwaltungsrecht* – 1, 10.ª ed., 1994.

Wolff, Manfred – *Die Verwendungsersatzansprüche des Besitzers im Anspruchssystem*, AcP 166 (1966), 188-228.

Wolff, Martin/Raiser, Ludwig – *Sachenrecht/Ein Lehrbuch*, 10.ª ed., 1957.

Wolff, Reinmar – em Burkhard Messerschmidt/Wolfgang Voit, *Privates Baurecht*, 4.ª ed. (2022), 2249-2281.

Zambrano, Virginia – em Filippo Preite/Marcello di Fabio, *Codice della proprietà e dei diritti immobiliari*, 2015.

Zanini, Leonardo Estevam de Assis – *Direito civil/Direito das coisas*, 2019.

Zeuner, Albrecht – *Zum Verhältnis zwischen Vindikation und Besitzrecht*, FS Wilhelm Felgenträger 70. (1969), 423-433.

Zippelius, Reinhold – *Grundfragen des öffentlichen Sachenrechts und das Bayerische Strassen- und Wegegesetz*, DöV 1958, 838-850.

Zipsky, Anne R. – *Time-Sharing von Ferienimmobilien/Vertragsgestaltung und Steuerrecht*, 2003.

Zwalve, Wilhelm J./Sirks, A. J. Boudevijn – *Grundzüge der europäischen Privatrechtsgeschichte/Einführung und Sachenrecht*, 2012.

ÍNDICE IDEOGRÁFICO

Grande Oeste
The Great West

Rui Faquini

Fotografias
Photographs

Paulo Bertran

Introdução
Introduction

Evandro Salles

Edição de Fotos e Programação Visual
Photo Edition and Grafic Design

Uma homenagem da Americel
A tribute from Americel

AMERICEL

L·G·E EDITORA

The Great West

Central and Western Brazil: this is what the self-styled positivist heroes, who inaugurated the Republic in 1889, called the current Central-West of Brazil.

From time to time, parts of Brazil are reorganized and resized, in tandem with the country's internal expansion and its historical adaptation to demographic and socio-political changes.

In general, the Center and the West of the Country are the kingdom of the savannahs – the famous Cerrado.

The Cerrado first presages its arrival in the north of Paraná. It then spreads through the center of São Paulo, colors half of Minas, and overflows to its heartland in the Central-West. It seems to breathe through the vast Amazonian ocean of Amapá, Acre, Rondônia....

The explanation: the Cerrado, at least 45 million years old, predates the Amazon Forest, a young forest that has only been around for a mere 20,000 years. The savannahs appeared at the turn of the last ice age in the midst of what we, with a certain arrogance and lack of understanding, call the utmost in climate eras, i.e. the current climate with which the caprices of history have blessed us.

In a way, because of its antiquity the Cerrado has evolved more than other ecosystems into a diversity of natural landscapes, as the reader will glean from the images found in this book.

The mountains here do not rise in the way of standard ranges. Instead, they burst forth as crests on ravaged tablelands, as in the formation of the luxurious deserts of Jalapão in Tocantins, the Chapada dos Guimarães or the engaging Chapada dos Veadeiros.

Or else, as T. Veiga would say, the Cerrado brazenly exposes the rocky surgical sutures of the three ancient proto-continents of the Brazilian shield, as in the tortured structures of the Serra da Mesa, the Pireneus Mountains and the Serra Dourada, in Goiás Velho.

All ancient. All gold-bearing.

Man too is old here. At least 11,000 years ago, humans populated a number of corners of the savannah. The first Indians left their marks in Serranópolis in Goiás, the Shelter of the Sun in Mato Grosso, the ridges of Tocantins and the limestone caves of the Minas Gerais Cerrado.

Eleven thousand years is only a reference point that might, after further dating, be pushed even farther back in time. Judging by the quality of their stone tools and by their art, the pre-historic humans of the Cerrado were just as developed as the peoples who inhabited

Grande Oeste

Brasil Central e Ocidental: assim denominaram o Centro-Oeste atual do Brasil os auto-heróis positivistas que inauguraram a República em 1889.

De tanto em tanto o Brasil tem suas partes reorganizadas e redimensionadas, acompanhando sua expansão interna e uma inelutável conformação histórica de mudanças demográficas e sóciopolíticas.

No geral, o centro e o ocidente do país são o reino das Savanas - o famoso Cerrado.

Anuncia-se primeiro o Cerrado no norte do Paraná. Toma o centro de São Paulo, cobre metade de Minas, deborda para sua área nuclear do Centro-Oeste. E como que respira pelo oceano amazônico do Amapá, do Acre, da Rondônia...

Explica-se: o Cerrado, velho de pelo menos 45 milhões de anos, antecedia a Floresta Amazônica, mata jovem com escassos 20.000 anos, surgida na virada da última idade glacial, dentro disto que com certa arrogância e inconsciência chamamos de nosso “ótimo” climático, ou seja, o clima atual com o qual nos abençoou a volubilidade da História.

Em certo sentido, portanto, da antiguidade, o Cerrado evoluiu mais que outros ecossistemas, o que pode constatar o leitor nas imagens deste livro, no sentido da diversidade das suas paisagens naturais.

As serras aqui não sobem em normais patamares orográficos. Antes, eclodem na forma de cristas de chapadas derruídas, como na gênese do deserto luxuriante do Jalapão tocantinense, da Chapada dos Guimarães ou da insinuante Chapada dos Veadeiros.

Ou, diretamente, diria T. Veiga, expõem-se como as suturas cirúrgicas rochosas dos três protocontinentes arcaicos do escudo brasileiro, como nas estruturas torturadas de Serra da Mesa, dos Montes Pireneus e da Serra Dourada, em Goiás Velho.

Todas antiqüíssimas. Todas auríferas.

O homem é velho ali. Há pelo menos 11.000 anos povoa a savana em diversos quadrantes. Serranópolis em Goiás, o Abrigo do Sol em Mato Grosso, os espigões do Tocantins ou as grutas calcáreas do Cerrado mineiro, em todos eles o proto-índio deixou suas marcas.

Aquela datação de 11.000 anos é apenas referencial, pode ser

Europe during the same age.

The oldest populations, whose remains are found in shelters at a depth of around two meters, were probably not numerous. They were probably nomads as well, since the variegations in the Cerrado landscapes are based in part on the variations throughout the year in the flora and fauna which would have been their food sources.

On the other hand, the indigenous peoples who adopted crop-raising techniques evolved more recently, over the last two thousand years. At least the most recent of the indigenous peoples, those encountered by the colonizers of the Americas, were of Mongolian origin.

The Central-West and almost all of the Cerrado were populated primarily by the Jês Indians, in turn surrounded on all sides by the Tupis, recent arrivals on the coast who were pressing inland.

At the beginning of the 20th century, they divided into diverse sub-ethnicities, mollified and protected by the famous marshal, Rondon, who himself was an Indian. While overseeing the installation of the telegraph along the western borders of the country, Rondon founded a number of the present cities and villages in the area. The State of Rondônia owes its name to Rondon; Goiás, to the Indian Goiá; and Tocantins to the Tucantin, or toucan-nosed, Indians.

Among other significant socio-economic and migratory subtleties of the Brazilian Central-West is the fact that it was colonized two times over its three centuries of history. Or, better, it was colonized and recolonized in quantitative and geo-economic terms.

As always, the Bandeirantes explorers from São Paulo, themselves half-breed Indians, were the first to arrive. In other words, the colonization of the entire interior and of a major part of the Brazilian coast was undertaken by these Brazilians, with or without the support of the Portuguese State, and, sometimes despite Portuguese shudders. The explorers who reached Tocantins in 1697 were also Brazilians, from Bahia.

Gold was discovered in Minas Gerais, Mato Grosso and Goiás, in that order, in the early 1700s. It appeared in such volumes over the next century that it made it possible for Brazil to acquire almost half of its present territory. Gold was the standard coin for trade at the time and the result was a powerful injection of funds into international markets, so much so that the modern world was forged in part by the excess of Brazilian gold.

Two hundred years before the founding of Brasilia, the cattle track which was essential as a supply road for the western mines was torn from the landscape. It linked Salvador in Bahia, then the capital of Brazil, with the former capital of Mato Grosso called Vila Bela da Santíssima Trindade, located on the Guaporé River along the border with Bolivia. The Royal Road had posts for the collection of colonial taxes.

muito mais antiga. Pela qualidade de seus instrumentos de pedra e pelos seus grafismos, o homem pré-histórico do Cerrado nada deve ao homem que habitava a Europa à mesma época.

As populações mais antigas, cujos restos encontram-se em abrigos a cerca de dois metros de fundura, não deveriam ser grandes e seguiriam um estilo de vida nômade, visto que a variedade paisagística do Cerrado também se assenta em variações da fauna e da flora que cobrem todo o período anual em matéria de fontes alimentares.

Já os indígenas adeptos de culturas agrícolas parecem surgir mais recentemente, ao longo dos últimos dois mil anos. Seriam já de raça asiática mongólica, pelo menos esses mais recentes, encontrados pelos colonizadores nas Américas.

No Centro-Oeste e em quase toda a área do Cerrado eram sobretudo índios Jês, cercados por todos os lados pelos Tupis em expansão, recentes no litoral.

Em princípios do século XX dividiam-se em diversas subetnias, apaziguadas e protegidas pelo famoso Marechal Rondon, ele próprio um índio. Rondon, ao passo que comandava a instalação do telégrafo cobrindo as fronteiras ocidentais do país, deu princípio a diversas cidades e aldeamentos atuais. O Estado de Rondônia deve seu nome a Rondon. Goiás, ao índio Goiá, Tocantins aos índios Tucantins, nariz de tucano.

No que pesem outras sutilezas sócioeconômicas e migratórias o Centro-Oeste do Brasil foi colonizado duas vezes, ao longo de três séculos de História. Ou melhor, colonizado e recolonizado, em termos quantitativos, geoeconômicos.

Como sempre os bandeirantes paulistas, mestiços com índios, foram os primeiros a chegar, ou seja, a colonização de todo o interior e da maior parte do litoral brasileiro foi feita por esses brasileiros, com ou sem o apoio do Estado português, aliás, às vezes, ao seu arrepio. São também brasileiros bahianos os sertanistas que atingiram o Tocantins em 1697.

O ouro, descoberto sucessivamente em Minas Gerais, Mato Grosso e Goiás nos anos iniciais de 1700, ocorreu em tal volume ao longo de um século que possibilitou ao Brasil a aquisição de quase metade de sua massa territorial presente. Ao mercado internacional forneceu poderosa injeção de recursos para o então vigente padrão metálico de trocas, de sorte que o mundo moderno passa pelos excessos do ouro brasileiro.

Duzentos anos antes de Brasília, rasgou-se a estrada tropeira fundamental à manutenção das minas do oeste: a que ligava Salvador da Bahia, ainda capital, à Vila Bela da Santíssima

From Salvador the road crossed over the São Francisco River in Carinhanha and passed through the middle of what is now the Federal District, by the farms of Mestre D'Armas and Sobradinho, formerly the Sertão do Campo Aberto. It reached Meia Ponte, now the vibrant tourist city of Pirenópolis, with its waterfalls spouting from the massive Pireneus Mountains. There, it crossed the road from the south and north/northeast of Brazil. The road from the north/northeast passed by the mines of Tocantins, discovered in the 1730s by explorers from São Paulo, Pernambuco and Bahia.

The road continued in a westerly direction. At the next stop in the foothills of the Serra Dourada, and opening over the enormous flatlands of the Araguaia River beaches, a town arose, called Vila Boa de Goiás, or the City of Goiás, Old Goiás. Founded by Anhanguera in 1726, it was the capital that governed the entire enormous, original territory of Goiás (including the Minas Triangle Region; Carolina, now in Maranhão; the modern state of Tocantins, and the Federal District), until the construction of Goiânia in the 1930s.

In Pirenópolis, the Feasts of the Divine Holy Spirit and the Cavalhadas take us back centuries to the medieval European tradition of jousts between Moors and Christians. And, in Goiás, a candidate World Heritage site, an enchanted, nocturnal presentation of the Passion of Christ is shown during Holy Week, while hooded actors bring to mind episodes drawn from the Inquisition in 1749.

In the old cities of the states of Goiás and Mato Grosso, and on the farms that succeeded the colonial land grants, the isolation may have imposed a system that was more of a matriarchy– from the indigenous heritage – than a patriarchy. People kept in touch by participating in never-ending pilgrimages in glorification of the Divine Holy Spirit. Even today, areas that were (and are) totally isolated occasionally become gatherings of thousands of people joined by devotion, romantic attachments and trade.

Here and there, black communities arose, made up either of runaway slaves or wanderers, of free or liberated blacks, because the Central-West was the scene of one of the most intense of the abolitionist campaigns.

But let us not delude ourselves with strict notions of static evolution. Near the end of the 19th century, Cuiabá could boast of street cars and steam engines, Goiás Velho of street lights and beer breweriesp, and, in both cities, pianos imported from France and Germany could be heard, with music flowing from their keys into colonial alleyways.

In 1872 the Goiás Philharmonic, with its orchestra of 50 musicians, performed the same program at the Imperial Theatre in Rio de Janeiro as the program being performed that very same year at the Scala in Milan and at the Paris Opera. Brazil — as always,

Trindade, no Rio Guaporé - fronteira com a Bolívia - capital antiga de Mato Grosso. A Estrada Real, com postos para arrecadação dos impostos coloniais.

De Salvador transpunha o S. Francisco em Carinhanha e trespassava o Distrito Federal ao meio, pelas fazendas do Mestre D'Armas e de Sobradinho, antigo Sertão do Campo Aberto. Atingia Meia Ponte, atual vibrante cidade turística de Pirenópolis, com suas cachoeiras vertendo do maciço dos Montes Pireneus. Ali se cruzava com a estrada do Sul e do Norte/Nordeste do Brasil, esta última através das minas do Tocantins, descobertas nos anos 1730 por bandeirantes paulistas, pernambucanos e bahianos.

Seguindo-se rumo oeste, na próxima paragem, sotoposta à Serra Dourada e abrindo-se sobre as planícies enormes das praias do Araguaia, erguia-se Vila Boa de Goiás, Cidade de Goiás, Goiás Velha, a capital fundada pelo Anhanguera em 1726 e que comandou toda a enorme área original goiana (incluía o Triângulo Mineiro, Carolina-MA, Tocantins e o DF), até a construção de Goiânia nos anos 1930.

Em Pirenópolis as Festas do Divino e as Cavalhadas remetem-nos à tradição milenar das justas medievais européias entre Mouros e Cristãos. Já em Goiás, candidata a Patrimônio da Humanidade, a encenação feérica, noturna, é a do drama da Paixão na Semana Santa, com os encapuzados lembrando episódios ali protagonizados pela Inquisição em 1749.

Nas velhas cidades goianas e matogrossenses, nas fazendas sucessoras das sesmarias coloniais, o isolamento impusera talvez mais o matriarcado - herança indígena - do que o patriarcalismo. Todos se comunicavam por intermináveis romarias em louvor ao Divino Espírito Santo e lugares havia (e há) totalmente êrmos, que a épocas certas reúnem milhares de pessoas em devoção, namoros e negócios.

Aqui e ali espalhavam-se comunidades negras, ou de origem quilombola ou simplesmente erráticas, de negros livres ou libertados, pois foi das mais intensas a campanha abolicionista no Centro-Oeste.

Não nos iludamos, porém, com noções estreitas de imobilismo. Em fins do século 19, Cuiabá era dotada de linhas de bonde e de vapores, Goiás Velho de iluminação e cervejarias e em ambas as cidades ouviam-se pianos, importados da França e da Alemanha, a jorrarem suas teclas por sobre os becos coloniais.

Em 1872, a Filarmônica de Goiás, com sua orquestra de 50 músicos, executava o mesmo programa do Teatro Imperial do

oddly right up there with what is most modern. And yet archaic in social and economic terms.

Our voyage takes us next to Cuiabá on the old Royal Road, where the gold was so abundant that children collected it from the rushing streams. Today's new city has been left to intersperse with what is left of the old.

Its neighbor, the Chapada dos Guimarães tableland, juts up with its deep canyons, its Jesuit church and the legendary Mount of Saint Jerome, the starting point for the gold routes of the 18th century.

From there, it continues, through the Chapada dos Parecis mesa, to Vila Bela da Santíssima Trindade, now in ruins, where erotic paintings in the palace of the captains-general once portrayed love with the local Indian maidens. Farther on runs the proud Guaporé River where in 1820 the young painter, Adrian Aimé Taunay, the most promising among the many talented foreign expeditionaries of the day, lost his life by drowning.

From Vila Bela to the south spills that drowned proto-continent, the Pantanal of Mato Grosso. In many ways, the Pantanal is similar to the Araguaia and to the Cerrado floodplains in northwest Minas Gerais. The Pantanal marshes join the other two wetlands to form the aquatic component that adorns the Cerrado biome.

Who would guess that the Pantanal and its wealth of fauna is one of the most strife-ridden regions in the history of Brazil? During the early days of the mining era in Mato Grosso, the famous Monções, groups of prospectors and raiders out to capture Indians, passed through the area on their way from São Paulo to Cuiabá. And by the late 1700s, it is estimated that 4,000 of the settlers in the region had been killed by the feared Paiaguás Indians, excellent canoeists, closely allied with 10,000 Guaicurus, expert horse-riding Indians. Without rescue, in the rivers or in the fields of the Pantanal...... And yet settlers managed to found cattle ranches, even today the quickest economic fix when using the fields of the Cerrado. And, in the case of Mato Grosso do Sul, they harvested mate leaves for tea, and ipecac, an emetic.

But something far more valuable began to appear: Peruvian silver, which was deliberately (but covertly) smuggled to the Portuguese territories, in exchange for Brazilian gold, which was also smuggled.

The routes followed by those taking the Andean silver to Brazilian ports covered such enormous distances that they still seem apalling today.

When Spain took over the control of Sacramento, in what today is Uruguay, the Portuguese could no longer use the Plate River route to smuggle out the silver. What remained was the route through Salvador in Bahia, via Goiás and Tocantins, a route which made

Rio de Janeiro, que era também o mesmo, naquele ano, do Scala de Milão e da Ópera de Paris. O Brasil, sempre estranhamente acostado à modernidade. E arcaico em matéria social e econômica.

Segue-se, nesta viagem, Cuiabá, sobre a antiga Estrada Real, a cidade nova atual, deixando-se entremear pelos restos da antiga, e onde o ouro era tão pródigo que crianças o colhiam nas enxurradas.

Vizinha erige-se a Chapada dos Guimarães com seus *canyons* profundos, sua igreja jesuíta e o legendário Morro de São Jerônimo, marco inicial de roteiros de ouro do século 18.

Dali seguia-se, através da Chapada dos Parecis, para Vila Bela da Santíssima Trindade, hoje em ruínas, onde existiram, no palácio dos capitães-generais, pinturas eróticas lembrando amores com as índias da terra. Adiante, corre soberbo o Rio Guaporé, onde em 1820 o jovem pintor Adrian Aimé Taunay, o mais promissor talento das várias expedições estrangeiras do tempo, perdeu a vida afogado.

De Vila Bela para o sul derrama-se o protocontinente afogado do Pantanal matogrossense. Em muito assemelha-se o Pantanal ao Araguaia e ao Cerrado de várzea do noroeste mineiro: inclui os alagadiços como o terceiro componente, aquífero, com que se orna o bioma Cerrado.

Quem reconheceria no Pantanal em meio a tal exuberância da vida animal, uma das regiões mais conflituosas da história brasileira? No início da mineração mato-grossense, passavam por ali as famosas Monções, com destino de São Paulo ao Cuiabá. Em fins dos 1700 estimavam-se em 4.000 os colonizadores mortos na região pelos temíveis índios Paiaguás, canoeiros exímios, aliados de perto de 10.000 guaicurus, índios cavaleiros peritos. Sem salvação, nos rios ou nos campos pantanais... E mesmo assim, implantavam-se fazendas de gado, a solução econômica imediata, até hoje, ao aproveitamento dos campos do Cerrado. E naquele caso do Mato Grosso do Sul, a extração da erva-mate nativa e da ipecacuanha, poderoso purgante.

Mas um valor mais alto se alinhava: a prata peruana e seu consentido (mas velado) contrabando para os domínios portugueses, a troco do ouro brasileiro, também contrabandeado.

As rotas para atingirem-se os portos brasileiros com a prata andina até hoje parecem monstruosas, pelo impacto das distâncias.

Havendo a Espanha tomado Sacramento, no atual Uruguai, aos portugueses fechou-se o contrabando pelo Rio da Prata. Sobrou

more than a few people from Mato Grosso and Goiás quite rich. And, of course, people in Bahia.

Another astonishing silver route also remained, down the Madeira and Amazon Rivers to the port of Belém. The Madeira River was a veritable orgy of navigational obstacles. However, it was still well traveled because of the incentives of the contraband silver, and the diamonds and gold from Mato Grosso.

Someone must have had an interest in the smuggling, if not the Crown itself, at least the regional Spanish authorities, for although there were a few minor skirmishes, no major military effort to stop the contraband ever occurred. This was true despite the highly militarized border and its garrisons, for example Corumbá and Cáceres. The Príncipe da Beira Fort, a huge rock construction on the border, seems not to have fired a single shot. Rondon found it at the beginning of the 20th century, overtaken by the forest and in ruins.

Much more serious was the Triple Alliance War against Paraguay, with the violent capture of Corumbá, the entry port to the Pantanal, by the fanatic men from the Guarani Republic. There were not a million casualties in the war, as some of the wilder literature claims. The real count would be closer to 100,000, if that, even if all the belligerents were included. But Brazilians were killed like flies during the battles in the swamps of the Pantanal. Yet even so, and even today, the borders in Paraguay and Bolivia, with no access to the Pacific Ocean, seem to be geopolitically disrespectful. But a solution should obviously not be at the expense of the Brazilian half-continent, contrary to what the Paraguayans had understood at the time.

And the first sort of solution is what the dazed Bolivians agreed to and reluctantly accepted when Brazilians, seized by the rubber fever, invaded Acre.

It is there – to conclude this chapter about the Great West – that the paths of Rondônia and Acre cross.

In Rondônia it was noted that constant Brazilian encroachments had occurred along the Madeira River since colonial times. It occurred to Brazil's diplomats that the invaded portion of Acre might be exchanged for Bolivian access to a river port on the Madeira River which, via the Amazon River, could take the Bolivians to the Atlantic. A railway would bypass the worst of the Madeira River rapids.

Thus, as a form of reparations for the taking of Acre, Brazil hired a foreign company to build the 200 kilometers of the Madeira-Mamoré railway to allow Bolivian products and citizens, otherwise encapsulated in the center of South America, to pass through Brazilian territory.

a rota para Salvador da Bahia, via Goiás e Tocantins, com a qual não poucos mato-grossenses e goianos se enriqueceram. E os baianos, claro.

Sobrou também a incrível rota da prata pelos Rios Madeira e Amazonas, até o porto de Belém, sendo o Rio Madeira uma verdadeira orgia em matéria de obstáculos à navegação. E no entanto navegadíssimo, pelos estímulos que o contrabando da prata e também dos diamantes e do ouro favoreciam em Mato Grosso.

Deveriam existir também interesses, senão da Coroa mas das autoridades espanholas regionais no mesmo assunto, de forma que houve alguns rebates militares sem maiores consequências, apesar da militarização da fronteira, origem de guarnições como Corumbá e Cáceres. O Forte Príncipe da Beira, gigantesco marco de pedra nas lindes parece que não disparou um único tiro. Rondon encontrou-o nos primórdios do século 20 tomado pelo mato e em ruínas.

De mais sério, houve a Guerra do Paraguai, com a tomada violenta de Corumbá, porta de entrada do Pantanal, pelos homens fanatizados da República Guarani. Não chegou nunca a guerra a um milhão de mortos, como andou afirmando certa frágil literatura. Chegaria, se tanto, no cômputo de todos os beligerantes, a 100.000. Matou brasileiros como moscas, nas sessões paludosas do Pantanal. Mesmo assim parece um desrespeito geopolítico ainda atual o Paraguai e a Bolívia sem saída para o Oceano Pacífico. Não à custa do semicontinente brasileiro, evidentemente, como entenderam à época os paraguaios.

E foi no que acedeu e conformou-se a Bolívia em transe, quando os brasileiros, na febre da goma da borracha, invadiram o Acre.

E é ali - para finalizarmos este painel sobre o Grande Oeste -, onde se cruzam os caminhos de Rondônia e Acre.

Na Rondônia já vimos o Rio Madeira semidevassado desde os tempos coloniais. Ocorria agora à diplomacia trocar o Acre invadido pelo acesso da Bolívia a um porto fluvial no Rio Madeira que, a partir do Rio Amazonas, desse-lhe arribação ao Atlântico. Uma estrada de ferro que contornasse as piores corredeiras do Madeira.

Como reparação, portanto, pela posse do Acre, o Brasil empreitou no exterior os duzentos quilômetros da ferrovia Madeira-Mamoré para escoar, através de território brasileiro, a produção boliviana e o trânsito de cidadãos do país encapsulado no centro da América do Sul.

Building the railway cost 30,000 lives, because of malaria and carelessness, in addition to the total insolvency of mega-businessman Persival Farqhar. In 1914, shortly after the inauguration of the Railway, the Panama Canal began to operate. The costs involved in transporting goods through the precarious Bolivian river port were no longer feasible. Some of the remains of the Railway still lie near Porto Velho....

The Cerrado sets down the last of its islands in Rondônia, engulfed in the immense green of the Amazon. To the dismay of the facile Brazilian coastline, composer Guilherme Vaz crafts new passages of Brazilian symphonic music by listening to the heart of America beating in the echoes of the Ji-Paraná region and by drawing from those depths. There the Cerrado and the Amazon merge. Whites and Indians, all half-breeds, all explorers.

The last recolonization of the Central-West took place when its internal and external distances were shortened. Intense road building, beginning in 1914. The founding of Brasilia in 1960. Intense migratory flows, the creation of new states. Recolonization that was above all agrarian and urban, rather than cultural. The former imaginary and collective unconscious produced during two centuries of seclusion are still transmitted in some form and will still be the subject of interminable studies and surprises.

But voilà *Brasilia, the master opus that invalidated the old paradigms of Brazil. And its founder, the Statesman of the Brazilians.*

Not the placid and bureaucratic Brasilia, for not even this version of the city is clear to its mortal inhabitants. But Brasilia as the Brazilian Sphinx. The Sphinx that queries itself from its place in the center of the Country, the Sphinx that is startled by history's compulsive denial of fate in Brazil.

Maybe, as in cosmic physics, distortions of territorial spaces also produce distortions in perceptible time; perception involving not individual psychological time alone, but also psychological time as perceived collectively in this Great Brazilian West. Spaces now deeply marked and dated by human activities.

In our childhood worlds and circumstances photographer Rui Faquini and I, born a mere 50 years ago, came to know technologies and material and cultural products dating from the 19th century. Our socio-cultural voyage should have taken 100 normal years, such was the relative leap in time in the Great West.

Each time I look at Rui's photos or reexamine them, I am immediately startled to see how the details, the color, and the contributions made by simple or complex objects come together in Rui's vision (and in my capacity for perception), to craft landscapes out of the Old Cerrado that are fully familiar and somehow totally new.

Custou a ferrovia 30.000 mortos de impaludismo e incúria, além da insolvência universal do megaempresário Persival Farqhar. Em 1914, pouco depois de inaugurada a Ferrovia, entrou a funcionar o Canal do Panamá, inviabilizando em matéria de custos de transporte o precário porto fluvial boliviano. Parte dos restos da Ferrovia jazem nas proximidades de Porto Velho...

Em Rondônia, deita suas últimas ilhas o Cerrado, engolfado na imensidão verde da Amazônia. Auscultando o coração da América nos ecos de Ji-Paraná, o maestro Guilherme Vaz constrói novos trechos da música sinfônica brasileira, *de profundis*, ao arrepio das facilidades litorais. Onde Cerrado e Amazônia se fundem. Brancos e índios, todos mestiços, todos bandeirantes.

A recolonização última do Centro-Oeste deu-se pelo encurtamento de suas distâncias internas e externas. Rodoviação intensa desde 1914. A fundação de Brasília em 1960. Migrações intensas, criações de novos Estados. Mais uma recolonização agrária e urbana do que cultural. O imaginário e o inconsciente coletivo antigos produzidos em dois séculos de insulamento transmite-se de alguma forma e ainda serão objeto de intermináveis investigações e surpresas.

Mas eis Brasília, a obra máxima que inutilizou os paradigmas antigos do Brasil. E seu fundador, o estadista da raça.

Não exatamente a plácida e burocrática cidade de Brasília, nem ela própria nítida para seus viventes mortais. Mas ela, a Esfinge brasileira. A Esfinge que se pergunta, posta ao centro do país, estarrecida pelo negacear compulsivo dos destinos na História do Brasil.

Talvez, como na física cósmica, as distorções dos espaços territoriais produzam distorções também no tempo perceptível, e que não há de ser apenas o psicológico individual, mas o coletivo, neste Grande Oeste. Espaços agora ferreamente marcados e datados pela ação humana.

O fotógrafo Rui Faquini e eu próprio, nascidos a meros 50 anos, conhecemos na infância ambientes e circunstâncias, tecnologias e fazeres materiais e culturais que remontavam ao século 19. Nossa viagem sócio-cultural caberia em 100 anos normais, tal foi o avanço relativo do tempo no Grande Oeste.

Ao ver e rever as fotos do Rui, logo me espantou como tais detalhes, tais cores, tais aportes de objetos simples ou complexos construíram, em sua visão, (e na minha capacidade de percepção), paisagens do Velho Cerrado sobejamente conhecidas e no entanto absolutamente novas.

Maybe it's the light. Maybe the floral arrangements he makes up out of the different Cerrado landscapes create, in addition to the perspective and the vanishing points, an unexpected sub-tropical refraction of light, sometimes producing the effect of sculpture, sometimes appearing in subtle beams. Cameras do not react well to rules of light and depth of field that have been created in other latitudes. Once, in Tocantins, a Japanese camera refused to work, simply because of thermal stress.

Finally, let us talk of Rui Faquini and his extraordinary photography. In the many years that I delighted in and admired his work, I have seen a parade of fantastic sequences of light and form, above all light, that few people in this century have been capable of extracting from nature.

Selecting the images to be included here was a real dilemma. Evandro Salles, an artist who appears here as the project's graphic designer, Liana Fraifeld and I myself initially tried to put together a book by themes, in chapters.

We soon gave up. Beauty, simple esthetics, triumphed over the other categories, so much so that we did not even think of using titles or other resources. Images imposed and explained themselves and, in the end – all emulsified by the light of the Cerrado – reveal Rui Faquini's multifaceted Great West to us.

Fragments of a greater and unknown writing, as if under a process of transmutation.

The Central-West that arose could be a synopsis of all the landscapes in the world, chosen from among the most provocative….. Or, none of them, and so only those that surpassed it in other configurations of turbulent, self-eviscerated time and space.

Central West on line.
The Haunted Ranch, the Great Brazilian West
15°48'55" (H), latitude south,
longitude: 48°24'18" (V)

Paulo Bertran

Talvez a luz. Talvez os arranjos florísticos das diferentes paisagens de Cerrado, criem, além das perspectivas e pontos de fuga, um fator subtropical imprevisto de refração de luz, às vezes escultórica, às vezes em feixos sutis. As máquinas fotográficas não reagem bem aos cânones de luz e profundidade, pensados em outras latitudes. Em Tocantins, certa vez, a máquina japonesa recusou-se a funcionar, de puro *stress* térmico.

Falemos enfim de Rui Faquini e de sua extraordinária obra fotográfica. Nos muitos anos que a aprecio e admiro, vi desfilar fantásticas seqüências de luz e forma, luz sobretudo, como pouquíssimos no século souberam extraí-la da natureza.

Selecionar as imagens que aqui estão foi problemático. Evandro Salles, artista plástico que responde pelo projeto gráfico, eu próprio e Liana Fraifeld, tentamos inicialmente formar um livro temático, em capítulos.

Logo renunciamos. O Belo, o simplesmente estético, triunfou sobre outras categorias, de forma a nem mesmo pensarmos em legendação ou outros recursos. Imagens que se impunham e se auto-explicavam e, ao fim - todas emulcionadas à luz do Cerrado - expondo-nos o Grande Oeste multifacetado.

Fragmentos de uma escrita maior e desconhecida, como que em processo de transmutação.

O Centro-Oeste que surgia podia ser como um breviário de todas as paisagens do mundo, entre as mais instigantes... Ou nenhuma delas e tão só aquelas que o superavam em outras configurações de tempo e de espaço revoltos, eventrados.

Centro-Oeste on line.
Fazenda do Assombrado, Grande Oeste do Brasil
15°48'55" (H) de latitude sul,
longitude de 48°24'18" (V)

Paulo Bertran

Grande Oeste

The Great West

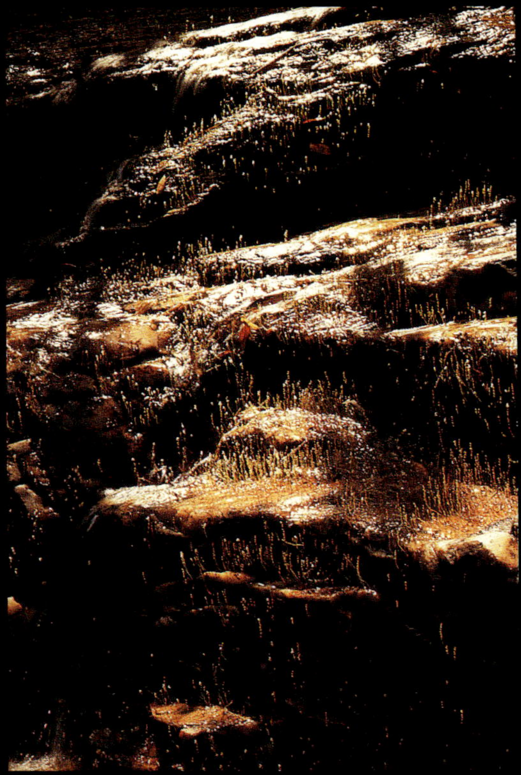

Fanta

RILLON
1001

HOTEL

ANFIP

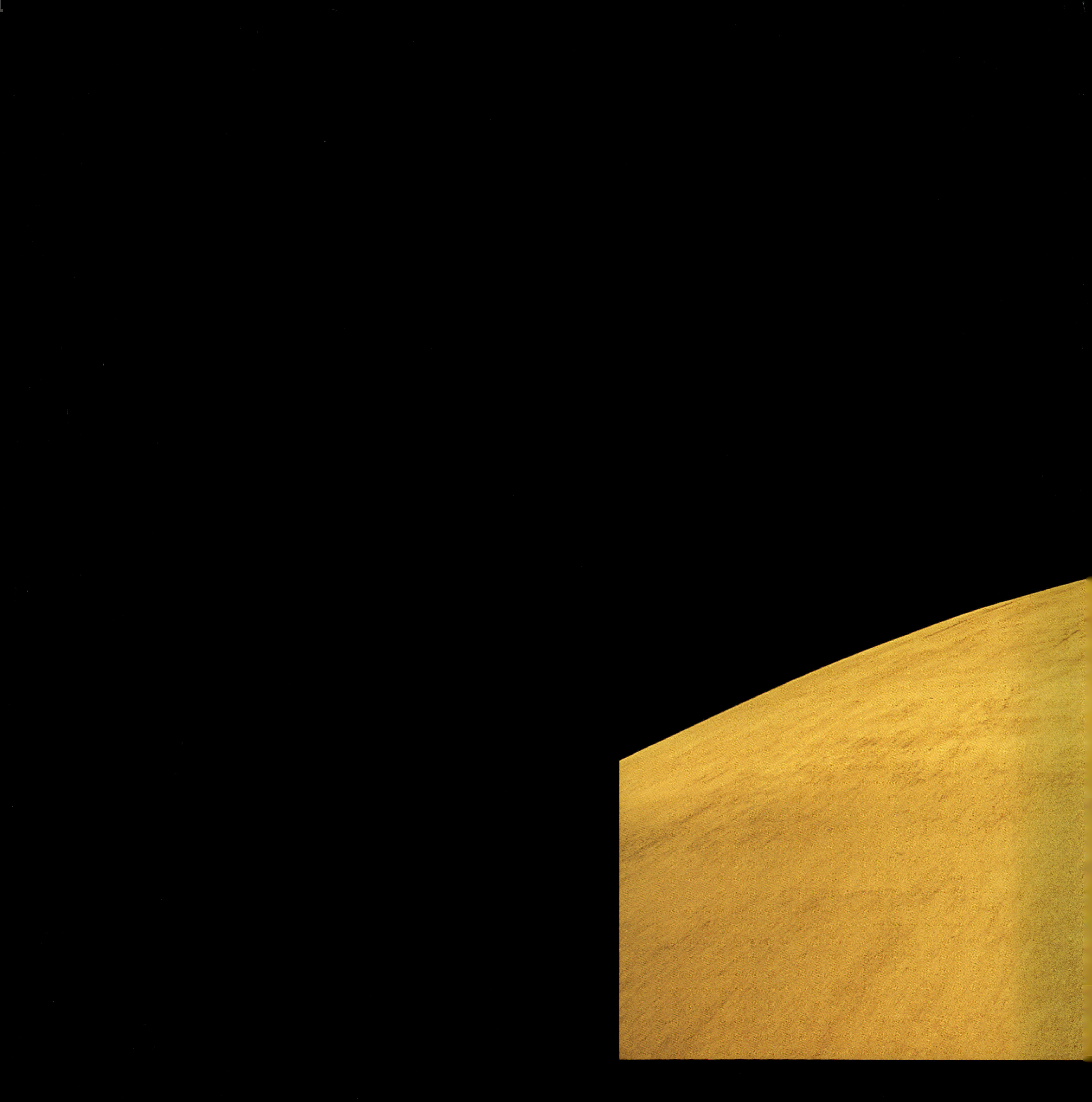

Índice Geral de Fotografias

General Index of Photographs

Campo de Cerrado, Goiás
Field in the Cerrado savannahs, Goiás
1998

Ipê Amarelo
Tabebuia sp.
1997

Serra da Mesa, Goiás
Serra da Mesa, Goiás
1996

Sucupira Preta
Bowdichia virgilioides H.B.K.
1999

Floresta Amazônica, Rondônia
The Amazon Rainforest, Rondônia
1999

Por do Sol no Distrito Federal
Sunset in the Distrito Federal
1985

Campo de Cerrado, Distrito Federal
Field in the Cerrado savannahs, Federal District
1998

Campo de Cerrado, Distrito Federal
Field, Distrito Federal
1996

Pantanal, Mato Grosso
The Pantanal, Mato Grosso
1994

Nascentes em Bonito, Mato Grosso do Sul
Springs, Bonito, Mato Grosso do Sul
1999

Pepalanto
Pepalanthus speciosus (Bong.) Koern
1995

Chapada dos Guimarães, Mato Grosso
Chapada dos Guimarães tablelands, Mato Grosso
1999

Montanhas do Planalto Central, Distrito Federal
Mountains of the Central Highlands, Distrito Federal
1998

Chapada dos Veadeiros, Goiás
Chapada dos Veadeiros tablelands, Goiás
1999

Chapada dos Veadeiros, Goiás
Chapada dos Veadeiros tablelands, Goiás
1999

Cidade de Pedra na Chapada dos Guimarães, Mato Grosso
The City of Stone, Chapada dos Guimarães tablelands, Mato Grosso
1999

Cachoeira Véu de Noiva na Chapada dos Guimarães, Mato Grosso
The Bride's Veil Waterfalls, Chapada dos Guimarães tablelands, Mato Grosso
1999

Chapada dos Guimarães, Mato Grosso
Chapada dos Guimarães tablelands, Mato Grosso
1999

Rio Paraguai, Mato Grosso
Paraguay River, Mato Grosso
1994

Rio Araguaia, Goiás
Araguaia River, Goiás
1998

Amanhecer no Pantanal, Mato Grosso
Sunrise in the Pantanal, Mato Grosso
1999

Vale da Lua na Chapada dos Veadeiros, Goiás
The Valley of the Moon in the Chapada dos Veadeiros Tablelands, Goiás
1996

Rio Madeira, Rondônia
Madeira River, Rondônia
1999

Rio Tocantins, Tocantins
Tocantins River, Tocantins
1994

Gruta de Terra Ronca, Goiás
Terra Ronca Cave, Goiás
1999

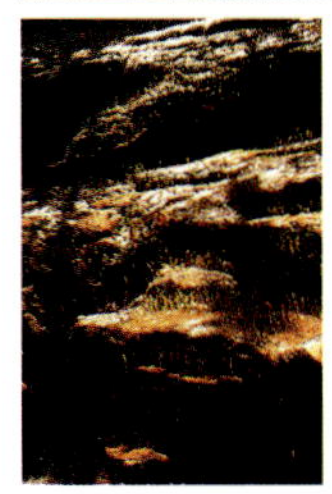
Várzea do Lobo em Pirenópolis, Goiás
Várzea do Lobo wetlands in Pirenópolis, Goiás
1996

Várzea do Lobo em Pirenópolis, Goiás
Várzea do Lobo wetlands in Pirenópolis, Goiás
1999

Várzea do Lobo em Pirenópolis, Goiás
Várzea do Lobo wetlands in Pirenópolis, Goiás
1999

Inscrições rupestres na Pousada das Araras em Serranópolis, Goiás
Rock art at Pousada das Araras in Serranópolis, Goiás
1999

Inscrições rupestres na Pousada das Araras em Serranópolis, Goiás
Rock art at Pousada das Araras in Serranópolis, Goiás
1999

Gruta de Terra Ronca, Goiás
Terra Ronca Cave, Goiás
1999

Gruta de Terra Ronca, Goiás
Terra Ronca Cave, Goiás
1999

Gruta de São Bernardo, Goiás
São Bernardo Cave, Goiás
1999

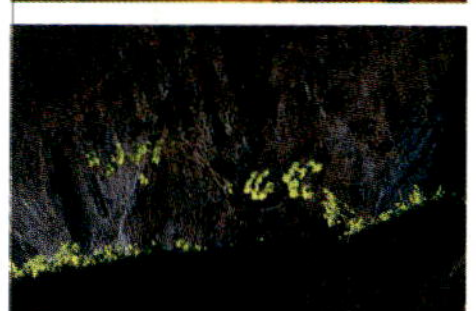

Gruta de Terra Ronca, Goiás
Terra Ronca Cave, Goiás
1999

Pousada das Araras em Serranópolis, Goiás
Pousada das Araras Guest Ranch in Serranópolis, Goiás
1999

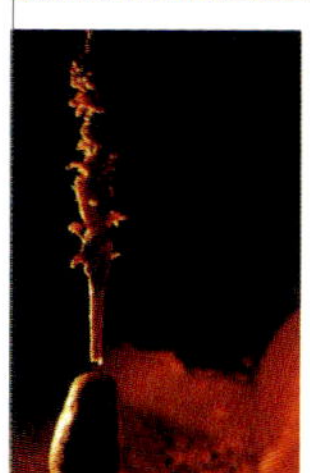

Gruta de São Bernardo, Goiás
São Bernardo Cave, Goiás
1999

Gruta de Terra Ronca, Goiás
Terra Ronca Cave, Goiás
1999

Morro do Cabeludo na Serra dos Pireneus, Goiás
Cabeludo Hill at Pireneus Mountais, Goiás
1996

Deserto do Jalapão, Tocantins
Jalapão Desert, Tocantins
1999

Montanhas do Planalto Central, Goiás
Mountains of the Central Highlands, Goiás
1998

Serra dos Pireneus, Goiás
Pireneus Mountains, Goiás
1997

Deserto do Jalapão, Tocantins
Jalapão Desert, Tocantins
1999

Campo de Canela de Ema em Goiás
Canela de Ema field in Goiás
1996

Chapada dos Guimarães
Chapada dos Guimarães

Campo de Cerrado, Goiás
Field in the Cerrado savannahs, Goiás
1998

Por do Sol no Distrito Federal
Sunset in the Distrito Federal
1985

Deserto do Jalapão, Tocantins
Jalapão Desert, Tocantins
1999

Floresta Amazónica, Rondônia
The Amazon Rainforest, Rondônia
1999

Várzea do Lobo, Goiás
Várzea do Lobo wetlands, Goiás
1999

Serranópolis, Goiás
Serranópolis, Goiás
1999

Chapada dos Guimarães, Goiás
Chapada dos Guimarães wetlands, Goiás
1999

Morro do Cabeludo na Serra dos Pireneus, Goiás
Cabeludo Hill at Pireneus Mountais, Goiás
1996

Deserto do Jalapão, Tocantins
Jalapão Desert, Tocantins
1999

Serranópolis, Goiás
Serranópolis, Goiás
1999

Fogo no Cerrado
Fire in the Cerrado
1999

Fogo no Cerrado
Fire in the Cerrado
1998

Apocynaceae
1989

Folhagem Amazônica
Amazonic Foliage
1992

Turnera longiflora Camb.
1999

Carcará, Mato Grosso
Carcará, Mato Grosso
1999

Tucano, Mato Grosso do Sul
Toucan, Mato Grosso do Sul
1999

Vitória Régia
Giant Water Lily
1994

Mosquitinho
Eriocaulaceae
1999

Ariranha, Pantanal do Mato Grosso
Giant Otter, the Pantanal, Mato Grosso
1999

Pacari
Lafoensia pacari St. Hil.
1999

Flor aquática em vereda de buritis, Goiás
Aquatic flower in buriti palm's stream, Goiás
1997

Piraputangas do Rio Sucuri em Bonito, Mato Grosso do Sul
Piraputanga fish in the Sucuri River, Bonito, Mato Grosso do Sul
1999

Cardeal, Mato Grosso
Brazilian Cardinal, Mato Grosso
1999

Caliandra
Calliandra sp.
1998

Utricularia sp.
1999

Caliandra
Calliandra dysantha Benth.
1995

Árvore do Cerrado
Cerrado's Tree
1998

Ipê Amarelo
Tabebuia sp.
1999

Ipê Branco
Tabebuia impetiginosa (Mart.) Standl.
1997

Cagaita
Eugenia dysenterica Mart. Ex DC
1999

Ipê Rosa
Tabebuia odontodiscus
1996

Cagaita
Eugenia dysenterica Mart. Ex DC.
1999

Índios Xavantes, Mato Grosso
Xavantes Indians, Mato Grosso
1997

Índia Suruí, Rondônia
Suruí Indian, Rondônia
1977

Índios Xavantes, Mato Grosso
Xavantes Indians, Mato Grosso
1997

Índios Xavantes, Mato Grosso
Xavantes Indians, Mato Grosso
1997

Índios Kuicuro, Mato Grosso
Kuicuro Indians, Mato Grosso
1997

Índios Xavantes, Mato Grosso
Xavantes Indians, Mato Grosso
1997

Índia Caritiana, Rondônia
Caritiana Indian, Rondônia
1999

Estrada no Distrito Federal
Road, Federal District
1985

Mastro do Divino Espírito Santo em Goiás Velho, Goiás
Mast of the Holy Spirit at Goiás Velho, Goiás
1996

Estrada no Acre
Road, Acre
1992

Estrada em Goiás
Road, Goiás
1999

Estrada na Chapada dos Guimarães, Mato Grosso
Road, Chapada dos Guimarães Tablelands, Mato Grosso
1994

Estrada no Mato Grosso do Sul
Road, Mato Grosso do Sul
1999

Estrada no Mato Grosso do Sul
Road, Mato Grosso do Sul
1999

Estrada no Jalapão, Tocantins
Road, Jalapão, Tocantins
1999

Estrada no Distrito Federal
Road, Federal District
1993

Estrada em Niquelândia, Goiás
Road, Niquelândia, Goiás
1999

Estrada no Jalapão, Tocantins
Road, Jalapão, Tocantins
1999

Fazenda Babilônia, Goiás
Babilônia Farm, Goiás
1998

Guia de Boiada, Mato Grosso
Cattle round up, Mato Grosso
1999

Gado na sombra da Castanheira em Rondônia
Cattle in the shade of a Brazil nut tree in Rondônia
1999

Campo de plantação, Mato Grosso do Sul
Plantation field, Mato Grosso do Sul
1999

Campo de cana de açucar em Mato Gosso do Sul
Sugar cane field in Mato Grosso do Sul
1999

Meninas Calunga, Goiás
Calunga girls, Goiás
1992

Homens Calunga, Goiás
Calunga men, Goiás
1999

Levantamento do Mastro no Vão de Almas, território Calunga, Goiás
Raising the Mast, Vão de Almas, Calunga territory, Goiás
1999

Festa do Império no Vão de Almas, território Calunga, Goiás
Feast of the Empire, Vão de Almas, Calunga territory, Goiás
1999

Folia do Divino em Goiás
Feast of the Holy Spirit in Goiás
1997

Folia do Divino em Goiás
Feast of the Holy Spirit in Goiás
1997

Folia do Divino em Goiás
Feast of the Holy Spirit in Goiás
1997

Folia do Divino em Goiás
Feast of the Holy Spirit in Goiás
1998

Festa das Cavalhadas na Igreja do Bonfim em Pirenópolis, Goiás
The Feast of the Jousts, Bonfim Church in Pirenópolis, Goiás
1996

Levantamento do Mastro no Vão de Almas, território Calunga, Goiás
Raising the Mast, Vão de Almas, Calunga territory, Goiás
1999

Mascarado em Pirenópolis, Goiás
Masked reveller in Pirenópolis, Goiás
1996

Procissão do Fogaréu, Goiás
Hooded participants in the Passion of Christ, Goiás
1998

Mastro na Igreja do Bonfim em Pirenópolis, Goiás
Mast, Bonfim Church in Pirenópolis, Goiás
1996

Cruzeiro da Igreja do Bonfim em Pirenópolis, Goiás
Transept, Bonfim Church in Pirenópolis, Goiás
1996

Mascarados em Pirenópolis, Goiás
Masked revellers in Pirenópolis, Goiás
1996

Procissão do Fogaréu, Goiás
Hooded participants in the Passion of Christ, Goiás
1998

Cavalhadas em Pirenópolis, Goiás
Jousts in Pirenópolis, Goiás
1996

Mastros religiosos em Trindade, Goiás
Religious masts, Trindade, Goiás
1997

Mascarado em Pirenópolis, Goiás
Masked reveller in Pirenópolis, Goiás
1996

Igreja em Mato Grosso do Sul
Church in Mato Grosso do Sul
1999

Festa do Império no Vão de Almas, território Calunga, Goiás
Feast of the Empire, Vão de Almas, Calunga territory, Goiás
1999

Mascarados em Pirenópolis, Goiás
Masked revellers in Pirenópolis, Goiás
1996

Igreja de N.S. Rosário em Pirenópolis, Goiás
Our Lady of the Rosary Church, Pirenópolis, Goiás
1996

Encenação da Paixão de Cristo no Distrito Federal
Presentation of the Passion of Christ in the Distrito Federal
1997

Procissão do Fogaréu, Goiás
The Procession of the Torches, Goiás
1999

Mulher Calunga, Goiás
Calunga woman, Goiás
1992

Folia do Divino em Goiás
Feast of the Holy Spirit in Goiás
1998

Mulher Calunga, Goiás
Calunga woman, Goiás
1999

Cidade de Goiânia, capital de Goiás
Goiânia, the capital of Goiás
1995

Cidade de Porto Velho, capital de Rondônia
Porto Velho, the capital of Rondônia
1999

Cidade de Goiânia, capital de Goiás
Goiânia, the capital of Goiás
1999

Cidade de Cuiabá, capital do Mato Grosso
Cuiabá, the capital of Mato Grosso
1999

Cidade de Olhos D'Água, Goiás
Olhos D'Água, Goiás
1991

Cidade de Cuiabá, capital do Mato Grosso
Cuiabá, the capital of Mato Grosso
1999

Cidade de Cáceres, Mato Grosso
Cáceres, Mato Grosso
1994

Bar em Dois Irmãos, Goiás
Bar, Dois Imãos, Goiás
1999

Circo em Colinas, Goiás
Circus in Colinas, Goiás
1997

Hotel em Ji-Paraná, Rondônia
Hotel, Ji-Paraná, Rondônia
1999

Interior de casa em Pirenópolis, Goiás
Interior view of house in Pirenópolis, Goiás
1996

Igreja de Santa Bárbara em Goiás Velho, Goiás
Santa Barbara's Church, Goiás Velho, Goiás
1997

Igreja da Chapada dos Guimarães, Mato Grosso
Church, Chapada dos Guimarães tablelands
1999

Igreja da Boa Morte e Palácio dos Capitães Generais, Goiás Velho, Goiás
The Church of the Holy Death and the Palace of the Captains General, Goiás Velho - 1996

Chafariz em Goiás Velho, Goiás
Fountain, Goiás Velho, Goiás
1996

Torres de comunicação
Telecommunication Towers
1999

Alto falante
Loudspeaker
1997

Antena artesanal de TV
Handmade TV aerial
1998

Torres de Comunicação
Telecommunication Towers
1999

Arredores de Brasília
The outskirts of Brasília
1986

Brasília
1986

Palácio do Itamaraty, Brasília
Itamaraty Palace, Brasília
1986

Esplanada dos Ministérios, Brasília
The Esplanade of the Ministries, Brasília
1986

Brasília
1998

Brasília
1998

Congresso Nacional, Brasília
The Congress, Brasília
1995

Catedral de Brasília
Brasília's Cathedral
1992

Museu do Índio, Brasília
The Indian Museum, Brasília
1997

Nuvem sobre Brasília
Cloud over Brasília
1998

Nota do Editor - As fotografias que compõem este livro foram publicadas em seu formato original, sem nenhum corte.

Rui Faquini

Rui Faquini was born in Morrinhos in the state of Goiás in 1943, at a time when the state was an isolated world unto itself, far from industrialization, asphalt and access to modernity. Nevertheless, Goiás had a universe of ranches and farms, culture rich in arts and crafts, and a wealth of folk festivals and community activities that provided Faquini with a solid foundation from which to research and explore other corners of the world. From Goiás, he moved on to Brasilia, Japan, Switzerland, Italy and England. He also found his way to Iran in 1965, when he decided to become a photographer, braving risks in his work on religion in what was then communist Yugoslavia. And he returned to Brazil for good in 1975, after having perfected his photographic studies and techniques in European studios. Faquini's goal was to document his own country – but he soon realized just how difficult that task would be. Brazil is huge. Access is a problem, as is funding for this expensive art. He therefore began to work in advertising and has collaborated with a number of advertising agencies in Brasilia and other states over the last 25 years. He also has travelled systematically throughout Brazil to document regions that most Brazilians know almost nothing about. In the process he has compiled archives containing about 20,000 photographs, taken primarily in the Center-West and North of Brazil. Faquini is a founding member of the Brasilia Union of Photographers and has also been an associate of ABRAFOTO – the Brazilian Association of Photography in Advertising – since 1990. Countless numbers of his photographs have appeared in magazines, books, other publications and exhibitions.

Rui Faquini

Rui Faquini nasceu em Morrinhos, Goiás, no ano de 1943. O Estado de Goiás em 1943, ainda muito longe da industrialização, sem asfalto e sem aceso à modernidade, mantinha-se como um mundo isolado. No entanto, o universo das fazendas, sua cultura artesanal, a riqueza das festas e dos mutirões lhe deram uma base definitiva para pesquisar e buscar outros cantos do mundo. De Goiás, foi para Brasília, Japão, Suiça, Itália e Inglaterra. Andou também pelo Irã em 1965, quando resolveu se tornar fotógrafo. Realizou trabalhos arriscados sobre religião na antiga Iugoslávia comunista. E retornou definitivamente ao Brasil, em 1975, após ter aperfeiçoado o estudo e as técnicas fotográficas em estúdios europeus. Vinha com a meta de documentar o seu próprio país. Logo verificou a dificuldade que isto representava. O país é enorme, com grandes dificuldades de acesso e escassez de recursos para bancar arte tão cara. Começa então a dedicar-se ao trabalho publicitário.

Nesses últimos 25 anos, vem atendendo a diversas agências de propaganda de Brasília e de outros estados. Viaja sistematicamente para documentar regiões pouco conhecidas da maioria dos brasileiros, formando um arquivo de aproximadamente vinte mil imagens, principalmente das regiões Centro-Oeste e Norte do Brasil. É membro fundador da União dos Fotógrafos de Brasília e associado à ABRAFOTO (Associação Brasileira de Fotografia Publicitária) desde 1990. Tem inúmeras fotos publicadas em revistas, livros e outras edições, além de realizar exposições periódicas.

Ficha Técnica

Fotografia
Photography
Rui Faquini

Texto
Text
Paulo Bertran

Edição de Fotos e Programação Visual
Photo Edition and Graphic Design
Evandro Salles

Assistente de Arte
Art assistent
Jarbas Delani

Produção Gráfica
Graphic Production
Antonio Carlos Navarro

Seleção de Fotos
Image Selection
Rui Faquini, Paulo Bertran, Liana Fraifeld e Evandro Salles

Produção
Production
Liana Fraifeld

Tradução para o Inglês
Translation
Phillips Traduções

Assistente de fotografia
Photography assistent
Ariel Cardoso de Magalhães

Identificação das Plantas do Cerrado
Botanical Indentification
Carolyn Proença

Fotolitos
Films
TAKANO EDITORA GRAFICA LTDA.

Impressão
Print
Martha Graphic e Quick Printer

Papel do Miolo
Paper
Scheufelen BVS Plus Glossy 170 g/m^2
Importação: Vivox Com. Imp. e Exp. Ltda.

Capa Dura
Hard Cover
Cia. Melhoramentos

Agradecimentos do fotógrafo
Photographer's acknowledgements
Abdon Bucar, Alexandre Accioly, Alexandre Magno, Alexandre Quaresma, Ana Augusta Rocha, Ana Cláudia e Tadeu Veiga, Arthur Fish, Bismarque Villa Real, Cacique Tibúrcio, Catarina e Evandro Eyer, Elim Dutra, Gisela Magalhães, Guilherme Vaz, J. Bamberg, Juan Pratjinestós, Kazuo Okubo, Luís Clementino, Luismar Faquini, Marcelo Safadi, Marta Rocha, Paulo Bertran, Paulo de Souza, Ricardo Monte Rosa, Roberto Linsker, Rossana e Fernando Madueño, Seu Delmiro, Seu Ramiro, Sebastião Aires de Abreu, Sérgio Bernardes, Sônia Paiva, Tainá Frota, Tânia Quaresma, Vanessa Brito, Wagner Hermuche, Wilson e Maria, Alódio Tovar (in memoriam), João Benio (in memoriam), Paulo Magalhães (in memoriam).

L·G·E EDITORA

Setor de Indústrias Gráficas, Q. 02 nº 460
70610 - 400 - Brasília DF
Tel: 0XX 61 343 1300 - Fax: 0XX 61 343 1495
Email: quickprint@tba.com.br

Faquini, Rui
Grande Oeste (Imagens do Centro Oeste do Brasil)
Rui Faquini - Brasília: LGE Editora, 1999
120 p.: 167 il.; 28 cm

I. Grande Oeste (Brasil). II. Título
CDU 77.061 ISBN 86654 - 03 - 5